东营市河口区
人民代表大会志

1995—2016

（上册）

《东营市河口区人民代表大会志》编纂委员会　编

方志出版社
Publishing House of Local Records

图书在版编目（CIP）数据

东营市河口区人民代表大会志．1995-2016/《东营市河口区人民代表大会志》编纂委员会编．——北京：方志出版社，2017.12
ISBN 978-7-5144-2797-4

Ⅰ．①东… Ⅱ．①东…Ⅲ．①地方各级人民代表大会—工作概况—东营市—1995-2016 Ⅳ．① D624.524

中国版本图书馆 CIP 数据核字（2017）第 310457 号

东营市河口区人民代表大会志（1995—2016）

编　　者：《东营市河口区人民代表大会志》编纂委员会
责任编辑：刘方圆

出 版 人：冀祥德
出 版 者：方志出版社
地址 北京市朝阳区潘家园东里 9 号（国家方志馆 4 层）
邮编 100021
网址 http：//www.fzph.org
发　　行：方志出版社图书经销中心
电　　话：（010）67110500
经　　销：各地新华书店
印　　刷：济南领航数码印刷有限公司

开　　本：889×1194　1/16
印　　张：50.25
字　　数：1512 千字
版　　次：2017 年 12 月第 1 版　2017 年 12 月第 1 次印刷
印　　数：0001 ～ 1000 册

ISBN 978-7-5144-2797-4　定价：298.00 元

《东营市河口区人民代表大会志》编纂委员会

《东营市河口区人民代表大会志》编审人员

主　　审　张胜双

主　　编　丁水林

执行主编　马士文　王学军　王景忠（特邀）

编　　辑　颜廷涛　崔友朋　于晓英　刘高峰　陈志军　牛俊昌

　　　　　姜　华　王学玲　何树林　张维岩　陈守明　张　彬

　　　　　孙希华　李丙安　郭延峰　房炳林　刘晓刚　张明海

序·

盛世修志，存史资政。《东营市河口区人民代表大会志(1995—2016)》的编纂出版，是我区政治和文化生活中的一件大事，也是新时期河口人大工作的一项重要成果，对于进一步坚持和完善人民代表大会制度，更好地发挥地方国家权力机关职能优势，加快推进美丽幸福新河口建设，具有重要现实意义和深远历史意义。

人民代表大会制度是我国的根本政治制度。人民代表大会制度自建立以来，伴随着我国社会主义建设事业的伟大进程，历经磨砺，在坚持中探索，在发展中完善，日益显示出强大的生命力和无比的优越性。自1984年建立东营市河口区人民代表大会及其常务委员会以来，在中共河口区委的正确领导下，区人大及其常委会依照宪法和法律赋予的职权，紧紧围绕党的中心工作，紧密团结人大代表和人民群众，勇于探索实践，积极开拓奋进，为人民代表大会制度在河口区的发展和完善做了大量卓有成效的工作，为全区经济建设、政治建设、文化建设、社会建设和生态文明建设，发挥了地方国家权力机关应有的重要作用。

“以史为鉴，可以知兴替。”在河口区人大及其常委会换届选举之际，编纂《东营市河口区人民代表大会志(1995—2016)》，把散存于各个部门和个人手中的相关资料挖掘、整理出来，升华成为系统、科学的历史文献，为人们认识、研究并坚持和完善人民代表大会制度提供可资借鉴的珍贵史料，是一件意义重大的事情。两年来，全体编纂人员本着对历史、对后人高度负责的态度，认真学习修志知识，精心研究篇目设置，博采精收历史资料，反复修正志书文稿，力求做到设置科学、资料翔实、体例规范、客观准确、文风朴实，编纂一部融思想性、科学性、资料性、权威性和实用性为一体的珍贵文献。志书坚持辩证唯物主义和历史唯物主义的观点，遵循方志编纂通则，根据人民代表大会的性质和地方人大工作的特点，以记述河口区人民代表大会及其常务委员会的工作和建设为重点，系统记载了人民代表大会在河口区建立、发展、完善的历程，全面反映了全区人大工作的概貌，以翔实的史实雄辩地见证了人民代表大会制度是人民的选择、历史的必然，是具有中国特色的最佳政权组织形式。

历史记载过去，历史昭示未来。我们坚信，在新的历史时期，人民代表大会制度和河口区人大工作必将迎来更加美好、更加辉煌的明天！

是为序。

中共河口区委书记
河口区人大常委会主任　许增杰

2016年12月

序

《东营市河口区人民代表大会志（1995—2016）》即将印刷成书，这是一件很有意义的事。它的出版，对于帮助人们了解河口人大历史，宣传人民代表大会制度，推动全区社会主义民主法治建设将起到重要作用。

1984年9月8日，东营市河口区第十届人民代表大会第一次会议胜利召开，标志着我区地方国家权力机关的正式成立。1996年5月，区人大常委会编纂出版了《东营市河口区人民代表大会志（1984—1994）》，翔实记述了十年来河口区人民代表大会制度的发展历史。1995年以来，区人大常委会紧紧围绕区委决策部署、政府着力推进、群众普遍关心的热点难点问题，充分运用监督权、重大事项决定权、人事任免权三大职权，秉承继承、创新、发展理念，在加强民主与法治建设、推进依法治区、保障改革开放和经济建设顺利进行、促进社会全面发展、维护社会稳定等方面做了大量卓有成效的工作，发挥了重要作用。这一不懈奋斗的历程很有必要以“志”的形式记录下来，存史传世，资治育人。

全书共分三编，21章，78节，另有序、凡例、区情、概述、大事记、人物、附录、后记等内容，总计150余万字。本书以马克思列宁主义、毛泽东思想、邓小平理论、“三个代表”重要思想、科学发展观为指导，深入贯彻习近平总书记系列重要讲话精神，运用辩证唯物主义和历史唯物主义的观点和方法，遵循地方志编纂通则，根据人民代表大会的性质和地方人大工作的特点，纵述历史，横陈现状，略古详今，力求融资料性、思想性和科学性于一体，充分体现了“存史、育人、资政”的编纂初衷，必将成为河口区民主法治建设史上的珍贵资料。

本志自编纂以来，受到社会各界的广泛关注和大力支持，历届人大老领导对本书的编纂工作提出了许多宝贵的指导性意见，编委会成员付出了艰辛的努力，各基层人大给予了积极配合，在此一并表示感谢！

居今鉴往，开启未来，我们已经站在新的起点上。《东营市河口区人民代表大会志（1995—2016）》的出版发行，对于学习研究人民代表大会制度、总结历届人大常委会工作经验、推进人大工作，承前启后，再续新篇，将会产生积极而深远的影响。让我们在中共河口区委的坚强领导下，牢记使命，依法履职，不忘初心，继续前进，为率先全面建成小康社会、加快建设美丽幸福新河口做出新的贡献。

河口区人大常委会党组书记
第一副主任

2016年12月

2008 年 6 月 17 日，市人大常委会第一副主任周燕明（前排左二）到河口区调研

2015 年 3 月 26 日，市人大常委会第一副主任陈泽浦（右三）到河口区调研

2017 年 7 月 25 日，市人大常委会主任郑建军（前排左三）到河口区督导企业安全生产，并调研经济社会发展及人大工作

2017 年 7 月 25 日，市人大常委会主任郑建军到河口区调研人大工作。图为在六合街道查看代表工作站建设

1993 年 2 月 17 — 19 日，河口区第十三届人民代表大会第一次会议召开

1998 年 1 月 14 — 17 日，河口区第十四届人民代表大会第一次会议召开

2003 年 1 月 17 — 20 日，河口区第十五届人民代表大会第一次会议召开

2007 年 12 月 8 — 10 日，河口区第十六届人民代表大会第一次会议召开

2012 年 2 月 2 — 4 日，河口区第十七届人民代表大会第一次会议召开

2017 年 2 月 13 — 15 日，河口区第十八届人民代表大会第一次会议召开

2006 年 2 月 27 日，区委书记赵豪志在区十五届人大四次会议上

2009 年 1 月 9 日，区委书记、区人大常委会主任郑建军在区十六届人大二次会议上

2011 年 1 月 15 日，区委书记、区人大常委会主任聂建军在区十六届人大五次会议上

2016 年 1 月 20 日，区委书记、区人大常委会主任苟增杰在区十七届人大五次会议上

2006 年 2 月 25 日，代区长聂建军在区十五届人大四次会议第一次全体会议上作政府工作报告

2010 年 1 月 5 日，区长武林中在区十六届人大四次会议第一次全体会议上作政府工作报告

2011 年 8 月 22 日，代区长荀增杰在区十六届人大六次会议第一次全体会议上作政府工作报告

2016 年 1 月 18 日，代区长刘斯杰在区十七届人大五次会议第一次全体会议上作政府工作报告

2017 年 2 月 13 日，代区长田兵兵在区十八届人大一次会议第一次全体会议上作政府工作报告

2006 年 2 月 25 日，区人大常委会主任刘秀田在区十五届人大四次会议第一次全体会议上作区人大常委会工作报告

2011 年 1 月 14 日，区人大常委会第一副主任王树臣在区十六届人大五次会议第二次全体会议上作区人大常委会工作报告

2017 年 2 月 14 日，区人大常委会第一副主任张胜双在区十八届人大一次会议第二次全体会议上作区人大常委会工作报告

2017 年 2 月 15 日在区十八届人大一次会议第三次全体会议上，区委书记苟增杰祝贺田兵兵同志当选为区人民政府区长

2017 年 2 月 15 日在区十八届人大一次会议第三次全体会议上，区委书记苟增杰祝贺张胜双同志当选为区人大常委会主任

执行宪法宣誓制度。图为 2016 年 1 月 20 日，新当选的区人大常委会主任苟增杰进行宪法宣誓

执行宪法宣誓制度。图为 2016 年 1 月 20 日，新当选的区人民政府区长刘斯杰进行宪法宣誓

执行宪法宣誓制度。图为 2017 年 2 月 15 日，新当选的区人大常委会主任张胜双与区人大常委会组成人员集体进行宪法宣誓

执行宪法宣誓制度。图为 2017 年 2 月 15 日，新当选的区人民政府区长田兵兵与副区长王晓勇、李广俊、徐文棠、胡琳集体进行宪法宣誓

坚持党的领导。图为中共河口区委于 2014 年 12 月 18 日召开全区人大工作会议

建立人大、政协、纪委三机关协同监督制度。图为 2008 年 6 月 2 日召开河口区人大、政协、纪委“三机关”协同监督工作第一次联系会议

狠抓党组建设。2014 年 10 月 24 日，召开区人大常委会党组及人大机关党的群众路线教育实践活动总结会议

狠抓党风廉政建设。图为 2017 年 1 月 24 日，召开区人大常委会党组 2016 年度民主生活会

加强对区镇人大换届选举工作的领导。图为 2016 年 10 月 12 日，召开河口区选举委员会第一次会议，研究部署区镇两级人大换届选举具体工作

区镇两级人大换届选举工作从基础抓起。图为 2016 年 9 月 2 日，区人大常委会副主任郭存三带队到河口公安分局调研全区户籍人口情况

依法推进区镇两级人大换届选举工作。图为 2016 年 12 月 15 日召开的选举区十八届人大代表黄河路选区选举大会现场

选民认真填写选票

选民投出神圣一票

按时张贴选举公告

2004 年 5 月 28 日，区人大常委会主任刘秀田（二排右三）带队调研全区治安防控体系建设

2009 年 5 月 20 日，区人大常委会第一副主任王树臣（前排右三）带领部分区人大常委会组成人员对全区甲型 H1N1 流感防控工作进行专题调研

2014 年 7 月 10 日，区人大常委会第一副主任张胜双（前排左二）组织部分市区人大代表对全区重点工程和民生实事进展情况进行集中视察

2015 年 7 月 16 日，区人大常委会第一副主任张胜双主持召开市区人大代表集中视察座谈会

2007 年 7 月 10 日，区人大常委会副主任渠怀德（左一）、曲德民（左二）、房建民（右三）视察河口区看守所在押人员管理教育工作

2009 年 6 月 30 日，区人大常委会副主任杨学贤（前排右二）、丁水林（前排右一）调研“三网绿化”工作

2008 年 1 月 29 日，区人大常委会副主任房建民（右一）调研全区经济运行工作情况

2008 年 9 月 23 日，区人大常委会副主任丁水林（右四）调研食品安全工作

2015 年 9 月 17 日，区人大常委会副主任赵淑萍到区河务局召开工作评议座谈会

2015 年 11 月 17 日，区人大常委会副主任郭存三（左一）对《中华人民共和国治安管理处罚法》贯彻实施情况进行执法检查

2015 年 10 月 13 日，区人大常委会副主任闫长林（左三）调研全区油区工作

2017 年 5 月 5 日，区人大常委会副主任郭玉珍（右一）对《中华人民共和国食品安全法》贯彻实施情况进行执法检查

2017 年 3 月 30 日，区人大常委会副主任孙学诗（右三）调研全区精准扶贫工作

2017 年 10 月 13 日，区人大常委会副主任王端吉（前排右二）带队调研全区安全生产工作

坚持定期听取审议专项工作报告制度。图为 2017 年 8 月 31 日在区十八届人大常委会第六次会议上听取区政府关于 2017 年上半年国民经济和社会发展计划执行情况的报告

实行专项工作报告满意度测评制度。图为常委会组成人员对听取审议的专项工作报告进行满意度测评投票

加强代表建议督办工作。图为 2015 年 3 月 6 日召开的全区人大代表建议工作会议现场

加强代表建议办理制度化建设。图为 2015 年 8 月 5 日组织开展的代表建议办理面对面答复座谈会现场

坚持干部任前法律知识考试。图为 2017 年 5 月 10 日对任命人员进行任前法律知识考试

严格执行任命程序。图为 2011 年 7 月 29 日被任命人员在区十六届人大常委会第二十七次会议上领取任命书

实施工作评议推进政府工作。图为 2015 年 8 月 20 日召开的区人大常委会评议政府部门工作动员会议现场

工作评议从实处入手。图为 2015 年 9 月 16 日区人大常委会副主任闫长林带队到区畜牧局进行工作评议调查

2015 年 10 月 15 日，在区十七届人大常委会第三十次会议上，常委会组成人员认真填写工作评议票

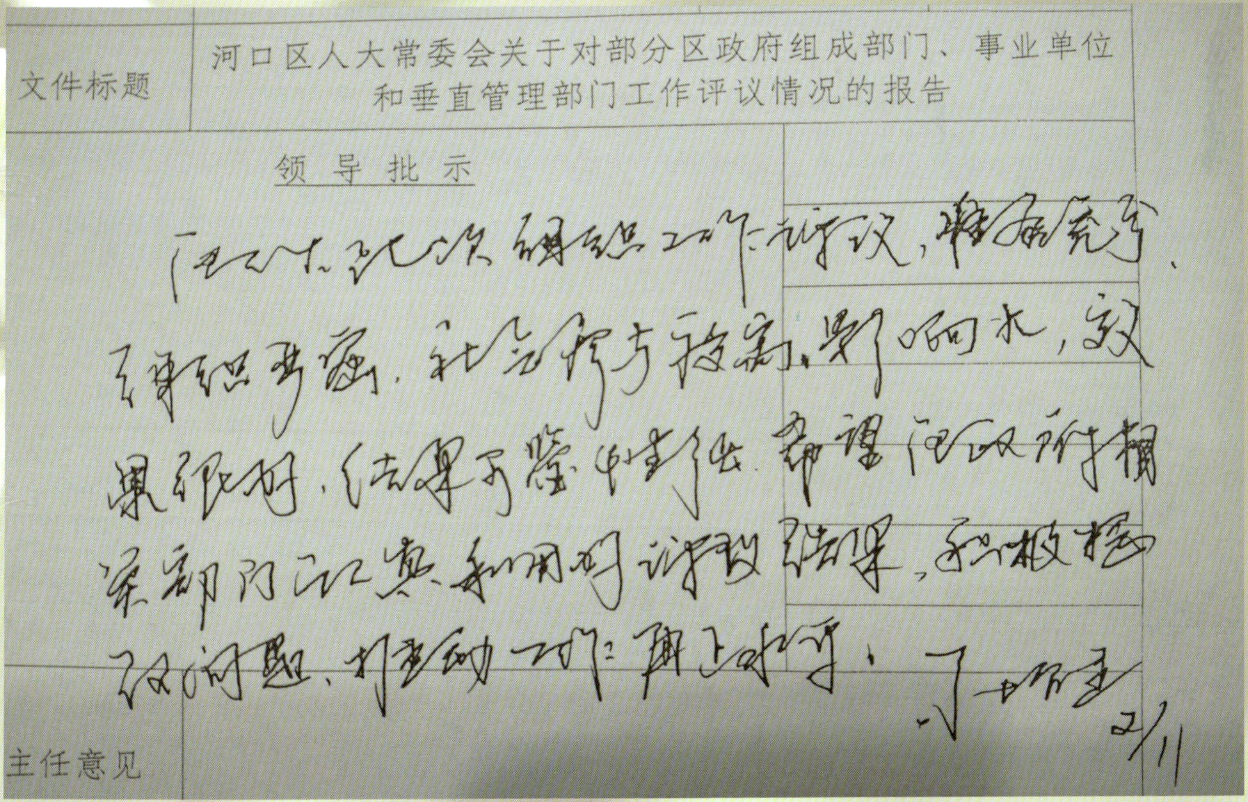

文件标题	河口区人大常委会关于对部分区政府组成部门、事业单位和垂直管理部门工作评议情况的报告

领 导 批 示

区人大这次组织工作评议，准备充分，组织严密，社会参与度高、影响大，效果很好，结果可鉴性强。希望区政府相关部门认真利用好评议结果，积极整改问题，推动工作再上水平。 荀增杰 11/2

主任意见

2015 年 11 月 2 日，区委书记荀增杰对 2015 年区人大评议政府部门工作作出重要批示

区人大常委会通过专题调查、代表视察等方式推进全区城乡公交一体化建设。图为 2014 年 11 月 20 日，市区人大代表视察城乡公交一体化建设现场

区人大常委会首次启动专题询问。图为 2015 年 5 月 6 日区人大常委会大气污染防治工作专题询问会议现场

依法推进人大代表述职评议工作。图为 2014 年 5 月 23 日新户镇双泉选区举行区人大代表述职评议大会

加强代表培训工作。2016 年 7 月 3-9 日，区人大常委会第一副主任张胜双、副主任郭存三带领部分区人大代表到全国人大北京培训基地参加专题培训

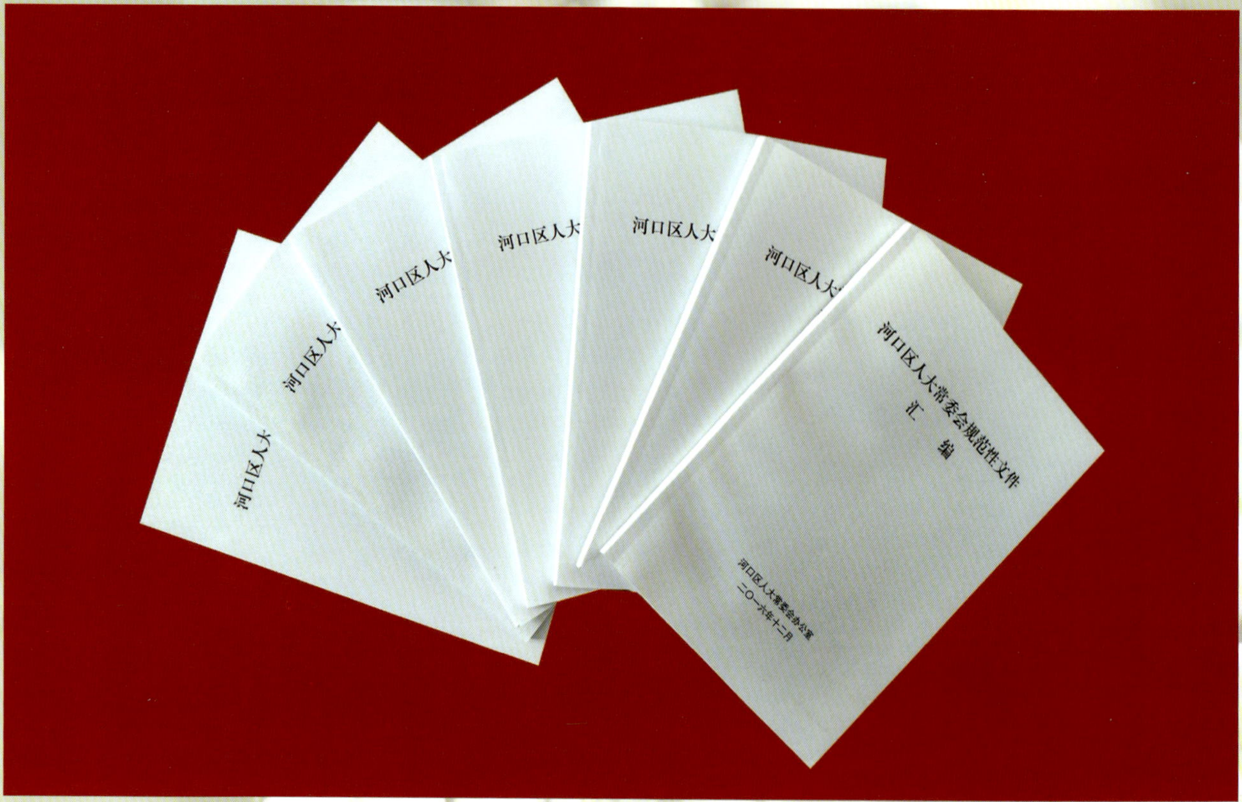

加强工作规范化建设。图为 2016 年 12 月整理成册的河口区人大常委会规范性文件汇编

加强宣传阵地建设。图为自 2009 年 6 月创刊发行的河口区人大常委会刊物《河口人大》

东营市河口区第十七届人大常委会主任 副主任合影
2017.2

东营市河口区第十八届人大常委会主任 副主任合影
2017.2

东营市河口区第十八届人大常委会组成人员合影 2017.2

东营市河口区第十八届人大常委会主任 副主任与各专门委员会组成人员合影 2017.2

东营市河口区第十七届人大常委会主任 副主任与人大机关全体成员合影 2017.2

装饰一新的河口区人大政协办公大楼

凡　例

一、《东营市河口区人民代表大会志（1995—2016）》是全面记述1995年至2016年东营市河口区人民代表大会践行人民代表大会制度的资料性著述。本志以马克思列宁主义、毛泽东思想、邓小平理论、“三个代表”重要思想、科学发展观、习近平新时代中国特色社会主义思想为指导，坚持辩证唯物主义和历史唯物主义的立场、观点和方法，坚持实事求是的原则，力求做到资料性与科学性的统一。

二、本志编纂的原则：事以类从，类为一编；横排竖写，详近略远；存真求实，确保质量，突出行业和地方特点。

三、时间断限：本部志书为《东营市河口区人民代表大会志（1984——1994）》的续志，时间断限与其衔接。上限为1995年，下限为2016年。为说明原委，个别内容适当上溯或下延。

四、本志采用述、记、志、图、表、录等体裁，以志为主。结构采用章、节、目等层次。首设区情、概述、大事记；主体部分设区历届人民代表大会，区人大常委会，乡镇人民代表大会；后设人物、附录，横排纵写，纵横结合。全书共设21章78节，其中区情、概述、大事记、人物、附录均不设章次。

五、本志中地理名称、各级政府、职务称谓、会议（大会）届次等均以当时当地的历史沿革和习惯称呼为准。在记述中为叙述方便，有时采用约定俗成的一些简称或提法，如“区人大常委会”即“河口区人民代表大会常务委员会”；“区**届人大**次会议”即“河口区第**届人民代表大会第**次会议”；“一府两院”即“河口区人民政府、河口区人民法院、河口区人民检察院”；“中共河口区委”即“中国共产党东营市河口区委员会”等。所有法律名称首次出现的用全称，后括诠简称后使用简称。

六、本志采用纪事本末体和编年体相结合的体式。大事记采用编年体式记述内容；分志采用纪事本末体式记述人民代表大会和常委会的工作内容。

七、《东营市河口区人民代表大会志》文体采用语体文，真实记载、著述河口区人大常委会工作的史实，寓褒贬于史实之中，秉持志书“述而不论”的原则。

八、数字以区人大常委会掌握的数字为准。数字用法以《中华人民共和国国家标准GBT15835—2011出版物上数字用法的规定》为准；计量单位以《中华人民共和国计量单位名称与符号方案（试行）》为准。

九、志书资料来源：主要来自区人大常委会和镇街人大的档案资料以及有关人士回忆等，并参考《河口区志》、《河口年鉴》等已出版的志鉴。志内所用统计数据多取于区人大常委会对外公布的资料。各种资料经考证鉴别载入，行文中不注明出处。

目 录

第二编　历届区人大常委会

第三编 乡镇人民代表大会

区情

区 情

“黄河入海，地理坐标；石油兴业，城市符号。”九曲黄河，千回百转，汇千流，纳百川，奔腾而下，浩荡东来，以开天辟地的自然伟力，以填海造陆的磅礴气势，在渤海之滨孕育出共和国最年轻的土地——黄河三角洲。河口区就坐落在黄河三角洲的最前沿。在这片自然资源富集的广袤土地上，为适应石油勘探开发需要，促进本地经济社会全面发展，经国务院批准，东营市河口区于 1984 年 10 月正式成立。

东营市河口区位于山东省北部，渤海南岸，黄河入海口北侧。东、北两面临海，西与滨州市沾化区为邻，南与利津县接壤，东南面与垦利区毗邻。地跨北纬 37° 45′～38° 10′，东经 118° 07′～119° 05′。南北宽 43 公里，东西长 79 公里，总面积 2365.13 平方公里。海岸线长 214.21 公里。境内人口以汉族居多，少数民族人口较少。境内少数民族主要来自胜利油田的干部、职工及家属。2016 年末，全区常住（户籍）人口 21.98 万人。人口出生率为 11.42‰，死亡率为 3.7‰，自然增长率为 7.72‰。

一

河口区境域，清道光十年（1830 年）始有人居住。清代属武定府沾化县忠信乡和利津县永和乡。1931 年，国民政府将乡里设置改为区乡（镇）设置，境域属沾化县第六区、第七区和利津县第五区。其中，第六区辖 1 个镇 9 个乡，即义和镇、蒲台乡、仁爱乡、王集乡、瑞丰乡、大英乡、郭王乡、裕丰乡、新丰乡、仁合乡。第七区辖 2 个镇 7 个乡，即太平镇、新户镇、顺江乡、西汪乡、西华乡、东华乡、丁家乡、徐坝乡、新民乡。第五区辖 11 个乡，即第四乡、第五乡、第六乡、第七乡、第八乡、第九乡、第十乡、新安乡、新立乡、新义乡、新仁乡。

清河区进驻垦区后，1941 年 9 月成立垦区建设委员会。1941 年 11 月，东部地区（今六合街道一带）划属垦区第三区（驻罗家镇）。1942 年 1 月，清河区在郭局村设立海防办事处，为县级行政机构。1943 年 5 月，海防办事处归清河区垦区地委领导。1944 年 2 月，归渤海行署领导。1946 年春，海防办事处撤销，郭家局子一带并入沾化县七区。

1942 年 8 月，沾化县六区以义和庄为界，划为南六区和北六区，并建立八区。9 月，七区西部划为三区。1943 年 10 月，三区又并入七区。1944 年 4 月，八区并入北六区。1945 年 3 月，南、北六区合并，仍称六区。

1942 年 1 月，垦区建设委员会改为垦区行政委员会，1943 年 4 月改称垦利县抗日民主政府。1947 年 6 月，垦利县三区改为罗镇区，设立肖庙乡。

1948 年 3 月，成立海滨县，境内七区北部和郭局一带划归海滨县。海滨县在郭局设办事处。1949 年 6 月，沾化县六区、七区分别改为义和区、太平区。1950 年 2 月，太平区复改称七区，义和区改称八区。同时海滨县撤销，郭局区复归沾化县，为十区。东部属垦利县罗镇区。

20 世纪 50 年代，相继在孤岛地区建立国营孤岛共青团林场、同兴农场、青坨农场、黄河农场、济南军区农牧场。

1952 年区下建乡，境域分别属沾化县七区、八区、十区和垦利县三区。其中，七区辖 10 个乡：六合乡、新合乡、永合乡、大楼乡、太和乡、西华乡、牛王乡、东华乡、仁合乡、太平乡；八区辖 13 个乡：义和乡、小河乡、河东乡、同和乡、大牟乡、刘坨乡、兴和乡、仁和乡、河北乡、民生乡、李坨乡、新建乡、劝学乡；十区辖 4 个乡：郭局乡、耿局乡、新户乡、顺江乡。1955 年三区改称罗镇区，辖境内广胜乡、安义乡、肖庙乡。1956 年 3 月，垦利县建制撤销，境内肖庙乡、同兴乡随罗镇区划归利津县。5 月，沾化县将十区的郭局乡、新户乡、耿局乡、顺江乡并入七区。1957 年撤区并乡，境内沾化县所属区域设义和镇、太平乡、郭局乡、新合乡、新户乡、东华乡、大牟乡、刘坨乡、劝学乡、仁韩乡。利津县所属部分未变。1958 年 9 月，建立人民公社，境域西部建立义和公社、刘坨公社、郭局公社、太平公社。东部属利津县罗镇公社和联合、同兴公社。同年11月，利津县并入沾化县，境域全部隶属于沾化县。1959年10月恢复垦利县后，于1960年7月将境内沾化县所辖太平、郭局、义和、刘坨、罗镇、同兴、联合等公社划归垦利县。同年，同兴、联合两公社改建为农场，属山东省渤海农垦局管辖。1961年9月区划调整，沾化县、利津县分治，原属垦利县的太平、郭局、义和、刘坨等4个公社复归沾化县，罗镇公社仍属垦利县。1963年2月撤大公社改建为区，下设小公社，境域西部属沾化县太平区和义和区。太平区辖：太平公社、新户公社、东华公社、老鸦公社、郭局公社（1965年撤销郭局公社，建立郭局渔业公社）、三合公社。义和区辖：义和公社、刘坨公社、小河公社、四扣公社、大牟公社、劝学公社、仁韩公社、大山公社。东部属垦利县肖庙公社、荆家公社。

1963年，中国人民解放军总后勤部在孤岛地区建立军马场（济南军区黄河三角洲生产基地前身，后改为济南军区黄河三角洲综合训练基地）。1964年11月，垦利县所属罗镇区和山东省渤海农垦局所属同兴、联合农场划归利津县。1966年2月—1967年4月，济南军区军马场接收国营孤岛共青团林场、同兴农场。1968年，撤区并小公社，境域西部（属沾化县）成立义和人民公社、四扣人民公社、太平人民公社、新户人民公社、郭局渔业公社（1969年3月更名为海防渔业公社）。南部（属利津县）成立六合人民公社。境域东部属垦利县管辖。

1972年7月，胜利油田在河口设立河口指挥部和钻井第二指挥部，在孤岛设立孤岛指挥部。1973年，沾化县在河口设河口办事处。1979年1月，垦利县在孤岛设孤岛办事处。

1982年11月，根据国务院〔82〕国函字249号《关于山东省设立东营市的批复》设立河口区，为东营市市辖区。1984年1月12日，河口区人民政府开始筹建。9月6日，东营市河口区第十届人民代表大会召开，9月8日选举产生了区政府组成人员，河口区人民政府正式成立。9月26日，利津县将代管的义和镇、太平乡、新户乡、四扣乡、六合乡（包括罗镇乡的新胜、协胜、新合、三义和4村）和河口办事处移交河口区。1985年7月，垦利县将孤岛办事处管辖权移交河口区。至此，全区辖1个镇、4个乡、2个办事处，即义和镇、太平乡、新户乡、四扣乡、六合乡、河口办事处、孤岛办事处，163个村民委员会。

1992年6月，山东省人民政府第〔92〕鲁政函字50号、51号文件批复，撤销孤岛办事处，设立孤岛镇、仙河镇。2000年，全区辖3个镇、4个乡、1个办事处，共有178个村民委员会、234个自然村，36个街道居民委员会。2001年2月，撤销四扣乡建制，四扣乡与河口办事处合并组成河口街道。2009年，全区辖新户乡、太平乡、六合乡、义和镇、孤岛镇、仙河镇、河口街道，共3个乡、3个镇、1个街道，178个村民委员会、44个居民委员会（含油田）。

2010年5月8日，经山东省人民政府批准，对河口区行政区划进行调整。撤销六合乡设置六合街道，撤销新户乡成立新户镇，撤销太平乡，将其行政区域并入新户镇。至此，河口区辖河口街道、六合街道、新户镇、义和镇、孤岛镇、仙河镇，共2个街道、4个镇、178个村民委员会、44个居民委员会（含油田）。

二

河口区所在的黄河三角洲属典型的黄河冲积平原，是中国沿海地区土地、石油、天然气、盐卤、地热、浅海资源最为富集的“金三角”，具有显著的资源优势和巨大的发展潜力。河口区属鲁北平原，为黄河淤积填海形成的陆地。由于黄河尾闾摆动的原因，古河滩高低起伏，地势变化较大，总的趋势是西南向高，北、东部至海平面，义和镇南部黄河故道处为境内最高点，最高高程7.6米（黄海基准面）。境内黄河故道纵横，主要有二河、三河、四河等，其它主要河流有挑河、沾利河、马新河、潮河、草桥沟等属常年性河流，由南向北入海。河口区地貌类型有缓岗、古河滩高地、浅滩洼地、微斜平地、海滩地等。全区土壤有潮土和盐土2个类型，有潮土、盐化潮土、滨海盐土3个亚类。

全区农作物品种达数百种，其中主要粮食作物品种有小麦、玉米、大豆、水稻、谷子、高粱、地瓜、黍、稷、绿豆、赤豆、豇豆（有红、白、花各色）等。其中小麦播种面积最大，各镇、街道都有种植。玉米适应性较强，种植分布较广，是构成一年二作的主要下茬作物。大豆主要分布在新户镇、义和镇，是本区的第三大粮食作物。境内经济作物主要是棉花、花生，多数分布在土壤质地为沙壤、轻壤地区。另外，蓖麻、芝麻、向日葵等全区亦有零星种植。蔬菜品种较为丰富，主要有黄瓜、西红柿、芹菜、辣椒、茄子、葱、蒜、白菜、土豆、扁豆、芸豆、韭菜、菠菜、油菜、胡萝卜、紫薯、萝卜、食用菌等。

全区共有木本植物 136 种，43 个变种和类型（不含盆栽花木），分属 44 科 79 属。其中，针叶树种 17 种，隶属 2 科 8 属；阔叶树种 162 种（包括变种），隶属 41 科 71 属。有栽培、半栽培及野生果树 34 种，179 个品种，分属 10 科 9 属。境内采集到草本植被 93 种，分属 35 科 84 属。其中，禾本科 17 种，菊科 13 种，豆科10种，藜科6种，十字花科4种，其他各科1～3种。

根据土地变更调查资料统计。至 2010 年末，河口区土地总面积为 340.1 万亩，其中，农用地 153.83 万亩，建设用地 26.14 万亩，未利用地 160.12 万亩。农用地中耕地 57.35 万亩，园地 1.25 万亩，林地 4.7 万亩，牧草地 0.3 万亩，其它农用地 90.23 万亩。建设用地中城镇村及工矿用地 19.36 万亩，公路用地 2.03 万亩，港口码头用地 1.36 万亩，水库水面 7.3 万亩，水工建筑用地 3.39 万亩；未利用地中其他草地 6.62 万亩，河流水面 6.71 万亩，沿海滩涂 74.62 万亩，内陆滩涂 2.46 万亩，盐碱地 69.72 万亩。

河口区的主要矿产资源有石油、天然气、地热、煤、贝壳、卤水等。其中，石油、天然气利用程度较高。河口区的地热资源主要分布在渤海湾南新户镇、义和镇、孤岛镇以及五号桩地区，埋深 1300 ～ 2000 米，水温在 50℃～ 90℃。全区煤资源主要分布于孤岛镇、义和镇。其中孤岛—五号桩含煤区位于河口区孤岛镇—仙河镇—五号桩一带，呈北东向分布，长约 28 公里、宽 9.5 ～ 12 公里，面积约 280 平方公里，主要为烟煤，该区煤层埋藏深度为 1800 ～ 2000 米左右；义和含煤区位于河口区义和镇—新户镇大王北一带，呈北西向分布，长约 23 公里，宽 6 ～ 14 公里，煤层埋藏深度为 1200 ～ 1800 米左右。由于埋藏较深，现有的技术条件不适宜开发利用。全区卤水属于中深层卤水，分布五号桩一带，分布面积 40 平方公里。矿体埋深 60 ～ 200 米。初步估算储量 2.34 亿立方米。

河口区地处黄泛平原渤海之滨，淡水资源匮乏。由于区域内主要河道皆为季节性河流，汇流面积小，且径流量主要集中于汛期降水，加之河流源短流急，以及因盐碱土地的盐化，地表水的含盐量较高，故地表径流难以利用。同样，地下水矿化度高，多为苦咸水，也难以利用。黄河水是唯一可供利用的（客水）淡水资源。引用黄河水主要依托辖区内的王庄灌区和东水源灌区，多年平均引水量 8000 万立方米。根据多年实测降雨资料分析，河口区年平均降雨量为 554.6 毫米，年平均径流深 57.2 毫米，地表径流 1.22 亿立方米。

三

河口区地处黄河三角洲前沿、胜利油田腹地，是东营市重点打造的北部经济增长极、现代农业示范区和统筹城乡发展先行区。先后荣获全国文明城市、国家卫生城市、国家环保模范城市、中国优秀旅游城市、中国经济转型发展示范区、中国宜居宜业典范区等荣誉称号。河口区认真贯彻落实中央和省、市决策部署，紧紧围绕“一极两区”的目标定位，不断完善切合河口实际的发展路子，团结带领广大干部群众攻坚克难、扎实苦干，开创了经济快速增长、民生持续改善、社会全面进步的良好局面，在建设美丽幸福新河口的征程上迈出了坚实步伐。2016 年，全区实现生产总值 261.5 亿元，同比增长 7.7%；完成固定资产投资 332.2 亿元；实现规模以上工业总产值 1027.8 亿元，增长 9.4%；完成一般公共预算收入 18.06 亿元，增长 4.5%；城乡居民人均可支配收入分别达到 39198 元和 15596 元，分别增长 7.3% 和 8.2%。

（一）推动产业转型升级，综合实力显著提升。坚持以增量优化带动产业转型升级，把项目建设作为实现跨越发展的重要抓手，按照“一产调优、二产调强、三产调大”的产业转调思路，大力实施重大项目攻坚，实现了发展速度、质量和效益同步提升，荣获首批“中国经济转型发展示范区”称号。一是工业实力显著增强。坚定不移实施工业强区战略，中海、富海、富宇、彩客化学、科德化工、金信新材料等一批龙头项目顺利实施，以石油化工、精细化工、有色金属、装备制造为主的四大产业集群初步形成，工业实力和发展后劲显著增强。全区规模以上工业企业发展到135家，主营业务收入过十亿元企业达到14家，富海集团成功跻身2016年中国企业500强。园区经济发展壮大，河口经济开发区产值突破百亿元，连续两年荣获“山东省投资环境最佳园区”称号；蓝色经济产业园投产、在建项目总投资超过365亿元，2015年产值突破300亿元，成为拉动区域发展的强大引擎。科技支撑能力明显增强，新增省级以上研发平台10家，获得国家发明专利授权60项，顺利通过全国科技进步先进县区考核，高新技术产业产值占工业总产值的比重达到45%。突出抓好化工企业“三评级一评价”，深入推进化工产业转型升级。截至2016年，随着华联石化200万吨重油催化裂化、400万吨劣质油预处理等油品质量提升项目成功实施以及中海石化500万吨升级改造项目的顺利推进，传统产品将全部达到国五标准；继华亚国联作为全国首家进入民用航空燃料生产领域的民营企业、航空汽油品质优于国际标准后，红海化工年产15万吨高标准航空煤油生产项目产能又位居全省首位，两家企业联手将蓝色经济产业园打造成为全省最大的航空燃料生产基地；彩客化学DSD、DMSS项目成功打破了国外技术壁垒，总体技术水平和产品质量达到国际先进水平。二是现代农业快速崛起。积极转变发展理念，充分发挥土地广阔、水网密集以及滩涂、浅海资源丰富的优势，把发展现代农业作为转方式、调结构、惠民生、促和谐的基础工程、朝阳工程和战略工程，与工业化、城镇化建设统筹谋划、同步推进，努力打造全国一流的现代农业示范区。畜牧业方面，先后引进了新加坡澳亚、印尼佳发和江西正邦等一批国内外知名龙头企业，全面推进投资13.7亿元的澳亚高端乳制品加工、投资3.4亿元的澳源肉牛屠宰加工、投资12.88亿元的正邦生态产业园等农业龙头项目，推动了畜牧业全链条、高端化发展。渔业方面，大力推进“海上河口”建设，以打造现代化渔业生产基地为目标，全面提升百万亩生态渔业区和中心渔港基础设施建设，全区优质水产养殖面积达到56万亩。加强与中科院海洋研究所、中国海洋大学、省海洋环境研究院等高校院所的对接合作，围绕海参、贝类、对虾健康养殖与病害防治等方面，联合建立了十余家研发机构，打造了代表性广、适用性强、可复制的产业协作“海生·河口”模式，开启了海上粮仓建设的新篇章。三是加快发展现代服务业。坚持规模和质量并重，提高供给能力和扩大消费需求并举，积极推动服务业发展提速、比重提高、层次提升。大力发展现代物流、金融保险、科技服务等现代服务业，加快培育资金、土地、劳动力、技术、产权等要素市场，增强发展活力。整合物流、金融资源，规划建设电子商务集聚区，提升完善黄河三角洲石油化工交易中心等大宗商品交易平台建设，与阿里巴巴蚂蚁金服签订战略合作框架协议，围绕“互联网+”开展全方位合作，促进电子商务与实体经济融合发展。依托滨海长廊、鸣翠湖、神仙沟、万亩槐林等旅游资源，集中突破生态旅游业，做大做强湿地槐花节、全国摄影大展等特色品牌。全力推进企业剥离非主营业务，共剥离服务业企业131家，完成纳限服务业企业62家。

（二）加强基础设施建设，推动城乡统筹发展。抓住新型城镇化建设的重大机遇，按照“建好城市、以城带乡、推动城乡统筹发展”的总体要求，不断加大规划建设管理力度，先后荣获“中国宜居宜业典范区”“中国新型城镇化示范奖”等称号，成功创建为全国文明城市。在中心城区，加快老城区改造提升步伐，加快老城区改造提升步伐，城中村改造和油田大院子“退二进三”取得重大进展，协胜、李坨等村庄改造全部完成，河采、海胜等工矿用地得到高效利用，油地群众在城市共建中得到更多实惠。在抓好老城改造提升的同时，重点规划建设了15.6平方公里的湖滨新区，鸣翠湖湿地公园成功创建为国家AAA级景区，打造了群众向往、景色秀美的城市大客厅。在镇村，以乡村文明建设行动为抓手，加强农业农村基础设施建设，相继实施了清脏治乱、农水会战、公路畅通、饮水安全、电网改造五大工程，农村生产生活条件显著改善。同时，高度重视重大基础设施建设，国家级中心渔港开港运营，兴港路、西外环、河仙路、蓝埕路等骨干道路竣工通车，最大限度改善区位条件、培植后发优势。

（三）以安全环保为底线，不断优化区域发展环境。始终将安全和环保作为发展必须坚守的底线和不可逾越的红线，从生产和生活两头入手、治理和保护两手齐抓、约束和激励两端发力，下决心把安全发展的环境维护好、把生态环境建设好。一是扎实开展城市公共安全提升行动。深化安全生产管理体制改革，全面推进安全生产网格化、实名制管理，层层落实责任，建立全覆盖、无缝隙的责任体系。严格落实企业主体责任，实施安全生产风险抵押金制度，提高企业本质安全水平。按照“属地管理、谁主管谁负责和管行业必须管安全”的原则，落实镇街、开发区“打非治违”主体责任、行业部门监管责任，持续保持“打非治违”高压态势。强化安全生产执法，建立隐患排查长效机制，推行企业外聘专家查隐患制度，开展安全生产隐患大排查快整治严执法集中行动，突出抓好危险化学品、油气管道、道路交通、消防安全等重点行业领域整治，切实消除了影响公共安全的突出问题和隐患。二是扎实开展水气污染整治专项行动。不断加大环保投入，2015 年实施了总投资 5.2 亿元的 21 项环保重点工程。水污染治理方面，在省控河流达标的基础上，继续推进河流综合治理，确保市控及以上河流稳定达到地表水五类水质标准。重点抓好道路雨污排改造、企业废水处理、人工湿地建设等工程项目，加强污水处理厂管理运营，全面消除污水直排。大气污染治理方面，以 PM2.5 和挥发性有机物治理为重点，实施好燃煤锅炉超低排放改造、燃煤小锅炉淘汰、异味治理等 7 项治理工程，抓好扬尘污染治理、煤炭燃烧控制、机动车污染防治、餐饮油烟治理、秸秆和垃圾禁烧、污染物自动监控等管控工作，空气质量连续五年位居全市前列。三是高度重视生态建设。牢固树立生态文明理念，加强绿地、湿地建设，开展大规模生态修复，大力实施三年增绿计划，新增绿化面积 7.26 万亩，修复湿地 5600 亩，封育天然柽柳林 1 万亩，推动生态环境持续改善。

（四）着力保障改善民生，提升群众幸福指数。牢固树立以人为本、执政为民的理念，瞄准全省领先、全国一流的目标定位，持续用力、久久为功，全方位、成系统地抓好各项民生工程，在全省率先实现了农村学前三年免费教育、农民农业生产性水费全部免除、城乡有线电视户户通和数字化整体转换，群众满意度不断提高，2012—2016 年全市科学发展综合考核群众满意度调查四夺全市第一。一是不断完善社会保障体系。健全完善覆盖城乡的社会保障体系，城乡居民养老保险基础养老金及个人缴费补贴均位列全省首位，在全省率先实现了医疗保险和养老保险城乡并轨、残疾人残障补贴全覆盖。不断完善“阳光 190”社会救助体系，实现了社会救助工作的全方位、广覆盖。扎实推进养老服务体系建设，在全省率先实现五保老人区级集中供养，河口区中心敬老幸福园被民政部授予“全国农村五保供养工作先进单位”称号。统筹抓好各类群体就业，大力实施就业富民工程，多渠道开发就业岗位，成功创建为“省级创业型示范城市”。二是大力发展社会事业。坚持教育优先发展，成系统、大幅度改善学前教育、义务教育和高中教育办学条件，在全市率先实现小班化教学，区一中、区实验学校、河安小学与北大青鸟集团实现合作办学，成功创建为全国义务教育均衡发展示范区。深化医药卫生体制改革，抓住被列为全省第二批县级公立医院改革试点县区的机遇，建立健全公立医院综合改革目标管理考核、分级诊疗、“三调解一保险”医患纠纷调解等机制，积极推进医疗联合体和区、镇、村三级卫生医疗体系建设，全面实施“先诊疗后结算”等便民服务措施，不断满足群众看病就医需求。深化文化体制改革，加快国家公共文化服务体系示范区建设，提升公共文化服务水平。扎实推进养老服务体系建设，在全省率先实现五保老人区级集中供养，河口区中心敬老幸福园被民政部授予“全国农村五保供养工作先进单位”称号。三是全面加强社会治理。加强社会治安综合治理，完善治安综合防控体系，着力构建“五网一台”立体化社会治安防控体系，严厉打击各类违法犯罪，深入推进平安河口建设。加强信访工作基层基础建设，加快推动信访工作法制化进程，依法解决信访突出问题，严格落实领导干部公开接访、带案下访、包靠重点信访案件等制度，实现了信访案件存量明显减少、增量有效控制、信访秩序更加规范有序。积极创新社会管理，整合全区热线资源，开通3612345民生热线，累计受理群众诉求32万件，及时妥善解决了一大批群众关心关注的热点难点问题，被授予“山东省服务名牌”。

“神奇新淤地，魅力黄河口。”河口区从昔日“人无歇凉地，鸟无树做窝”的茫茫荒滩，变成了黄河三角洲高效生态经济区和山东半岛蓝色经济区“两大国家战略”发展前沿。今后，河口区将继续高举油地军港“团结共建，共兴共荣”的大旗，凝心聚力，开拓创新，为助推黄蓝国家战略实施，加快建设美丽幸福新河口而努力奋斗。

概 述

概 述

1984年6月，根据《山东省人民代表大会常务委员会关于新增设省辖市人民代表大会几个问题的决定》，中共东营市委、市人大常委会、市人民政府召开专题会议，决定东营、河口、牛庄3个区的人民代表大会届次，顺延原所在县人民代表大会的届次。当时，河口区由利津县代管。1984年，利津县人民代表大会为第十届，因此，河口区第一届人民代表大会即命名为“河口区第十届人民代表大会”。1984年9月8日，东营市河口区第十届人民代表大会第一次会议召开，选举产生了东营市河口区第十届人民代表大会常务委员会。

在1995年1月至2016年12月的22年间，河口区人民代表大会及其常委会在区委的坚强领导下，高举中国特色社会主义伟大旗帜，以邓小平理论、“三个代表”重要思想和科学发展观为指导，认真贯彻落实习近平总书记系列重要讲话精神，围绕改革、发展、稳定大局，认真履行宪法和法律赋予的职权，在探索中前进，在创新中提高，各项工作取得了长足进展，为推动全区经济建设、政治建设、文化建设、社会建设、生态文明建设做出了重要贡献。

认真行使重大事项决定权，推进决策的科学化、民主化。依法讨论、决定本行政区域内的政治、经济、文化和社会等方面的重大事项，是《中华人民共和国宪法》和法律赋予人大及其常委会的一项重要职权，是人民当家作主、管理国家事务的重要方式。二十余年来，区人民代表大会会议和区人大常委会会议，坚持“抓大事、议大事”的原则，紧紧围绕改革、发展、稳定中的重大事项和人民群众普遍关心的热点问题，深入调查研究，认真进行审议，共作出决议、决定200项，内容涉及规划编制、财政经济、依法治区、社会治理、社会事业等方面的重要事项以及人大制度和人大工作中的重点问题。主要有：1995年3月，区十三届人大常委会第十六次会议作出关于批准实施《东营市河口区土地利用总体规划及基本农田保护区规划》的决定；1996年6月，区十三届人大常委会第二十五次会议审议通过关于在全区公民中开展第三个五年法制宣传教育的决议；1997年6月，区十三届人大常委会第三十一次会议审议通过《河口区科学技术发展“九五”计划及2010年规划纲要》；1999年7月，区十四届人大常委会第十一次会议作出关于在全区各级人大代表中开展学习宣传贯彻江泽民总书记视察东营重要谈话和题词精神活动的决定；2001年9月，区十四届人大常委会第二十七次会议作出关于在全区公民中开展第四个五年法制宣传教育的决议、关于全区实施冬枣产业化的决议；2002年1月，区十四届人大常委会第三十次会议作出关于批准《河口区城镇体系规划》和《河口区干线公路两侧建设规划》的决议；2005年6月，区十五届人大常委会第十六次会议通过关于对重要审议意见进行公告的决定；2006年11月，区十五届人大常委会第二十八次会议通过关于河口区农业生态环境综合治理工程资金运作有关问题的决议；2008年7月，区十六届人大常委会第四次会议通过关于东营市河口区国有资产运营有限责任公司河口区城区基础设施建设工程项目贷款有关问题的决议；2009年10月，区十六届人大常委会第十三次会议通过关于开展“法治河口”创建活动的决议；2014年12月，区十七届人大常委会第二十三次会议通过关于批准《河口新型城镇化项目建设和融资有关问题的报告》的决议；2015年2月，在区十七届人大常委会第二十四次会议通过了关于加强预算决算审查监督的决定；2016年6月，区十七届人大常委会第三十七次会议通过关于批准设立城市发展基金的决议，等等。区人大常委会在行使重大事项决定权时，坚持充分发扬民主，严格依法办事，真实反映民意，力求使决议、决定符合实际，做到既有前瞻性、又有可操作性。在作出决议、决定后，区人大常委会注重跟踪检查，加强监督，促进了各项决议、决定的实施。

积极行使监督权，推进“一府两院”依法行政、公正司法。监督《中华人民共和国宪法》和法律、法规的实施，监督本级行政机关、审判机关、检察机关的工作，是《宪法》和法律赋予人大及其常委会的重要职权，是人民依法管理国家事务的重要内容。区人大及其常委会把加强对本级“一府两院”的法律监督和工作监督放在重要位置，在实践中积极探索新渠道、新方式，不断增强监督力度，努力提高监督实效。区人民代表大会会议期间，代表审议各项工作报告和议案，以代表团审议为主，辅以专题审议和大会审议等形式，充分发表意见，集体讨论、决定问题。“一府两院”负责人及有关人员到会听取代表意见，回答代表询问。在人民代表大会闭会期间，区人大常委会每年有重点地选择一些事关经济社会发展大局和人民群众反映强烈的问题，采取听取和审议工作报告、调查视察和执法检查等方式，加强对“一府两院”的法律监督和工作监督。先后制定了《东营市河口区人民代表大会常务委员会监督本区司法机关执行法律的办法》《东营市河口区人民代表大会常务委员会关于加强司法个案监督的暂行规定》《东营市河口区人民代表大会常务委员会关于办理常委会会议审议意见的试行办法》《东营市河口区人民代表大会常务委员会区级预算审查监督办法》。为进一步增强对专项工作报告的审议效果，2012 年 8 月，区十七届人大常委会第五次会议通过了《东营市河口区人民代表大会常务委员会关于对区人民政府、区人民法院、区人民检察院专项工作报告实行满意度测评的暂行办法》，对报告机关产生了积极的约束、激励作用。另外，还出台了《专题调查办法》和《专题询问办法》，每年利用 2~3 个月的时间集中开展一次专题调查或专题询问，解决人民群众普遍关注的突出问题。二十余年来，区人大常委会共听取审议“一府两院”工作报告 322 项，开展专题调查、执法检查等活动 441 次。2013 年 2 月，区十七届人大常委会第八次会议通过了《东营市河口区人民代表大会常务委员会工作评议暂行办法》。2013—2015 年，区人大常委会分三批对 45 个区政府组成部门、事业单位和垂直管理部门进行了工作评议，对于改进部门工作、推动经济社会发展起到了积极作用。加强信访工作制度建设，2003 年 7 月，区十五届人大常委会第三次会议通过了《东营市河口区人民代表大会常务委员会处理人民群众来信来访办法》。二十余年来，共受理人民群众来信来访 2631 件（次）。

依法行使人事任免权，推进地方国家政权建设。选举和任免国家机关工作人员，是《中华人民共和国宪法》和法律赋予人大及其常委会的一项重要职权，是实现人民当家作主的重要形式。区人大及其常委会坚持党管干部和依法选举、任免干部相统一的原则，充分发扬民主，严格依法办事，认真做好选举和人事任免工作。1998 年 4 月，区十四届人大常委会第二次会议通过了《东营市河口区人民代表大会常务委员会人事任免办法》，对任免范围、任免程序等作了具体规定，以后又进行了两次修订完善。2015 年 10 月，区十七届人大常委会第三十一次会议通过了《东营市河口区人民代表大会常务委员会拟任命人员任前法律知识考试办法》。1995 年—2016 年，区人大常委会共依法任免国家机关工作人员 1128 人（次）。2016 年 1 月，在区十七届人大五次会议上，新当选的区人大常委会主任、区人民政府区长，表决通过的区人大专门委员会副主任委员共 7 名同志首次进行了宪法宣誓。

加强和改进代表工作，充分发挥代表作用。人大代表是国家权力机关的组成人员，是人民代表大会的主体。代表工作是人大及其常委会的基础性工作。区人大常委会十分重视发挥代表作用，不断加强和改进代表工作。根据《中华人民共和国宪法》和法律的有关规定，区人大常委会先后制定了《东营市河口区人民代表大会代表守则》《东营市河口区人民代表大会代表联系群众制度》《东营市河口区第十七届人民代表大会代表考核办法》等多项制度，促进了代表工作的规范化、制度化。每次换届后，按照就近就地、便于联系和活动的原则，及时建立区人大代表中心组和代表小组，对代表进行培训。重视做好人民代表大会闭会期间的代表工作，通过常委会组成人员分工联系代表，不定期召开代表座谈会，向代表寄送人大刊物和资料，组织代表参加执法检查、工作评议、集中视察，邀请代表列席区人大常委会会议，组织开展评选表彰优秀建议和优秀代表等多种形式，加强与代表的联系，为代表依法执行职务创造条件，有效丰富了闭会期间代表活动内容，增强了代表当家作主的责任感和使命感。为进一步创新代表培训模式，提高代表培训层次，2015 年、2016 年，分别组织 90 多名区人大代表赴浙江大学、全国人大北京培训基地开展素质提升培训，系统学习相关知识，取得了积极效果。为加大对代表提出的议案、建议的督办力度，确保办理质量，2012 年 8 月，区十七届人大常委会第五次会议通过了《东营市河口区人民代表大会常务委员会关于办理区人民代表大会代表建议的办法》；2012 年 11 月，区十七届人大常委会第十七次主任会议通过了《东营市河口区人民代表大会代表建议办理面对面答复暂行办法》，积极探索代表建议督办的新模式、新举措和新方法，取得显著效果。1995—2016 年，区人大代表共提出议案、建议 1548 件，全部办理答复完毕，办理工作满意率有效提高。2014 年 2 月，区十七届人大常委会第十七次会议通过《东营市河口区人民代表大会代表述职办法》。3 年间，先后组织 150 余名区人大代表向原选区选民述职，代表履职意识有了明显增强。区人大常委会注重加强对乡镇人大换届选举工作的指导。1995 年以来，先后组织 5 次区级和 5 次乡镇人大换届选举。每次换届选举，区人大常委会都依法建立机构，广泛宣传，周密组织，坚持加强党的领导、充分发扬民主、严格依法办事的有机统一，保证了换届选举工作的顺利进行。

切实加强自身建设，不断提高履职能力。根据《中华人民共和国宪法》和法律的有关规定，结合实际，区人大及其常委会先后制定了《东营市河口区人民代表大会常务委员会议事规则》《东营市河口区人民代表大会常务委员会主任会议议事规则》《河口区人大常委会党组工作规则》《东营市河口区人民代表大会常务委员会组成人员守则》等多项制度。区人大常委会重视政治理论、法律和人大知识的学习，通过订阅报刊杂志、举办辅导培训班、集中学习等方式，组织常委会组成人员学习法律法规和有关业务知识，不断提高组成人员的政治理论水平和依法履职能力。为适应区人大常委会工作需要，1995 年，区十三届人大常委会工作机构设置为一室五科，即办公室、法制科、代表联络科、教科文卫科、财经科、信访科。2006 年 7 月，区十五届人大常委会工作机构调整为二室五工委，即办公室，内设信访科（副科级）、人大机关服务中心（股级）；人事代表工作室；内务司法工作委员会；财政经济工作委员会；城乡建设环境保护工作委员会；农业与农村工作委员会；教育科学文化卫生工作委员会。2015 年 4 月，区人大常委会设立预算工作委员会。区十七届人大常委会工作机构调整为二室六工委，即办公室，内设信访科（副科级）、人大机关服务中心（副科级事业单位）；人事代表工作室；内务司法工作委员会；财政经济工作委员会；预算工作委员会；城乡建设环境保护工作委员会；农业与农村工作委员会；教育科学文化卫生工作委员会。2016 年 1 月，区十七届人民代表大会第五次会议，表决设立 5 个区人大专门委员会，即内务司法委员会、财政经济委员会、教育科学文化卫生委员会、城乡建设环境保护委员会、农业与农村委员会。区人大常委会办事机构和工作机构相应调整为一室二工委，即办公室，内设信访科（副科级）、人大机关服务中心（副科级事业单位）；人事代表工作委员会；预算工作委员会。常委会高度重视作风建设，围绕区委中心工作和常委会年度工作重点，深入基层，深入群众，开展调查研究。每次常委会会议前，根据会议议题，组织相关人员，开展会前调查，为审议专项报告提供可靠依据。加强人大宣传工作，先后创办了《河口人大》、河口人大网站、区人大代表履管理职服务平台等，提高了对外宣传力度；坚持每年召开一次全区人大宣传信息工作会议，总结经验，表彰先进，部署任务；加强与各级党委宣传部门和新闻单位的沟通和联系，广泛深入地开展人大制度、人大工作和民主法制的宣传。加强对镇街人大的业务指导，2012 年 6 月，出台了《东营市河口区人民代表大会常务委员会关于进一步加强镇、街道人大工作的意见》，促进了镇街人大整体工作水平的提高。

区委对人大工作十分重视，多次召开专题会议，研究解决人大工作中的有关问题。2005 年 12 月、2014 年 12 月先后召开全区人大工作会议，分别印发《中共河口区委关于进一步加强人大工作的意见》《中共河口区委关于进一步加强和改进人大工作的意见》，保证和促进了全区人大工作健康顺利开展。

大事记

大事记

1995 年

1 月 18 ～ 20 日 河口区第十三届人民代表大会第三次会议在区委礼堂召开，出席会议代表 133 名。会议听取审议了区人大常委会、区人民政府、区人民法院、区人民检察院工作报告；审查批准了河口区 1995 年国民经济和社会发展计划、1994 年财政决算和 1995 年财政预算；补选了 2 名区人大常委会委员。

3 月 15 日 区十三届人大常委会第十六次会议在区人大常委会会议室召开。区人大常委会主任周庆成，副主任高顺德、韩廷村、岳树德、张凤田及委员共 11 人出席会议。副区长孙学孟，各乡（镇）、办事处人大工作办公室及人大机关各科室的负责人列席会议。会议听取审议了区人民政府关于春季农业生产准备情况、关于《东营市河口区土地利用总体规划（送审稿）》《东营市河口区基本农田保护区规划（送审稿）》的汇报；作出了东营市河口区人大常委会关于批准实施《东营市河口区土地利用总体规划及基本农田保护区规划》的决定；审议通过了河口区人大常委会 1995 年工作要点。最后进行了人事任免事项，任命胡广德为河口区人大常委会教科文卫科科长，朱子贤为河口区人大常委会办公室副主任，鲍学功为河口区人大常委会办公室副主任；赵永光为河口区司法局局长；任命李国华、徐国平、王小川为河口区人民法院副院长；任命王荣昌、刘光明、王春国为河口区人民检察院副检察长、检察委员会委员，车开明为河口区人民检察院检察长、检察委员会委员。

4 月中旬 市人大常委会组成人员对河口区贯彻实施城市规划法情况进行执法检查。

5 月 16 日 区十三届人大常委会第十七次会议在区人大常委会会议室召开。区人大常委会主任周庆成，副主任高顺德、韩廷村、岳树德、张凤田及委员等 11 人出席了会议。副区长马汝忠，区法院、检察院、计生委、公安分局及各乡（镇）、办事处人大工作办公室和区人大机关各科室的负责人列席了会议。会议听取审议了区政府关于区直工业生产情况、计划生育工作情况、社会治安情况的汇报，作出了东营市河口区人大常委会关于在国家机关中实行执法责任制的决定、东营市河口区人大常委会关于编写《东营市河口区人民代表大会志》的决定、东营市河口区人大常委会关于四扣乡十三届人大三次会议重新召开的决定。最后进行了人事任免事项，任命宋国斌为河口区工业委员会主任，于绍兰为河口区土地管理局局长，李国华为河口区人民法院代理院长、审判委员会委员，王荣昌为河口区人民检察院代理检察长、检察委员会委员。

5 月 23 ～ 25 日 市人大常委会主任刘怿，副主任王丁海、李献军、张希芝，秘书长王洪胜及市人大财经委负责人和部分市、县人大代表，对河口区贯彻实施农业法和农业技术推广法及当前农业生产情况进行视察。

5 月 23 ～ 26 日 区人大常委会副主任韩廷村带领法制科、信访科负责人对全区基层司法机关建设情况进行调查。

7 月 14 日 区十三届人大常委会第十八次会议在区人大常委会会议室召开。区人大常委会主任周庆成，副主任韩廷村、岳树德、张凤田及委员共 10 人出席了会议。副区长马汝忠、区人民法院代院长李国华、区人民检察院代检察长王荣昌，区计统委、区财政局的负责人，各乡镇、办事处人大工作办公室及人大机关各科室负责人列席了会议。会议听取审议了区人民政府关于上半年国民经济和社会发展计划执行情况、财政收支预算执行情况的汇报以及区人民法院、区人民检察院上半年工作情况的汇报，审议通过了区人大常委会上半年工作总结。

8月1～4日 市人大常委会组织部分委员和人大代表，对河口区贯彻实施《中华人民共和国妇女权益保障法》《山东省实施＜中华人民共和国妇女权益保障法＞办法》情况进行视察。

8月28～31日 区人大常委会组织部分人大常委会委员、区政府副区长、区教委、区人大常委会教科文卫科的负责人，对全区义务教育工作进行视察。

9月14日 区十三届人大常委会第十九次会议在区人大常委会会议室召开。区人大常委会主任周庆成，副主任高顺德、李隆玉、岳树德、张凤田及委员共11人出席了会议。区教委、区环保局、区工商行政管理分局负责人，各乡（镇）、办事处人大工作办公室及人大机关各科室负责人列席会议。会议听取审议了区人民政府关于贯彻实施《中华人民共和国环境保护法》情况、全区教育工作情况、工商行政管理情况的汇报，并进行了人事任免事项。

10月6～9日 省人大常委会委员、法制委副主任委员赵洪成，城环委副主任委员赵永贵、农经委副主任委员曹学亮，原省人大信访处处长徐忠甫等18人组成的省人大老干部参观团到河口区考察。

10月25～26日 区人大常委会组织相关科室负责人在听取区科委关于1995年全区科技工作情况汇报后，分别到新户乡及义和镇的梁家村等地，实地考察了“滨海盐碱地区杏树密植早期丰产技术试验”“枣粮间作技术推广”“枣树嫩枝扦插人工育苗”“盐田卤水的综合利用”“春萝1号引种试验”“苹果密植园改造试验”“草莓立体化种植”等科技项目，并观看了新户乡、义和镇科技文化培训中心及部分村科技文化大院的建设情况。

11月16日 区十三届人大常委会第二十次会议在区人大常委会会议室举行。区人大常委会主任周庆成，副主任高顺德、李隆玉、韩廷村、岳树德及委员共10人出席了会议。副区长程景坤、区人民法院、区人民检察院、区财政局、审计局、劳动局、科委的负责人，各乡（镇）、办事处人大工作办公室及人大机关各科室负责人列席会议。会议听取审议了区人民政府关于《中华人民共和国预算法》《中华人民共和国审计法》《中华人民共和国劳动法》贯彻实施情况的汇报以及全区科技工作情况的汇报；作出了东营市河口区人大常委会关于进行河口区1996年乡镇人大换届选举的决定和关于确定分配乡镇人大代表名额的决定，审议通过了关于全区1996年乡镇人大换届选举工作的实施方案。

1996年

2月27日 区十三届人大常委会第二十三次会议在区人大常委会机关会议室举行。会议审议通过了《河口区人大常委会工作报告（讨论稿）》，听取了韩廷村副主任关于区十三届人大四次会议筹备情况的报告；作出了关于召开区十三届人大四次会议的决定。根据区人大常委会主任会议的提请，决定任命耿振勇为区人民法院副院长、代理院长、审判委员会委员。

3月11～14日 河口区第十三届人民代表大会第四次会议在区委礼堂召开。与会代表145人。大会听取审议了区长王少飞所作的关于河口区国民经济及社会发展“九五”计划及2010年远景目标纲要（草案）的报告、区计划委员会主任王守业所作的关于河口区1995年国民经济和社会发展计划执行情况及1996年国民经济和社会发展计划（草案）的报告、区财政局局长张树芹所作的关于河口区1995年财政预算执行情况和1996年财政预算（草案）的报告、区人大常委会主任周庆成所作的区人大常委会工作报告、区人民法院代院长耿振勇所作的区人民法院工作报告、区人民检察院代检察长王荣昌所作的区人民检察院工作报告，并作出了相应的决议。大会补选耿振勇为区人民法院院长，王荣昌为区人民检察院检察长。

4月1～3日 区人大常委会副主任高顺德带领部分委员到仙河、孤岛、义和、六合等乡镇对区政府“打假”工作情况进行实地调查。

4月16日 《东营市河口区人民代表大会志（1984—1994）》编撰完成，是河口区最先成书的专业志。

4月17日 区十三届人大常委会第二十四次会议在区人大常委会机关会议室举行。会议听取了区政府关于全区村民委员会换届选举工作情况的汇报；审议并原则通过了《河口区乡镇财政管理体制改革办法》；会议任命区人大常委会工作人员2人，任命法院审判人员1人。

6月13日 区十三届人大常委会第二十五次会议在区人大常委会机关会议室举行。会议听取审议了区人民政府关于计划生育工作情况的汇报、关于《中华人民共和国科学技术进步法》贯彻实施情况的汇报、关于1995年度区级预算执行情况的审计工作报告；审议通过了《东营市河口区人民代表大会常务委员会关于在全区公民中开展第三个五年法制宣传教育的决议》；根据主任会议的提请，决定任命区人大常委会机关工作人员1人；根据区长王少飞的提请，任命区政府工作人员2人。

7月20～28日 区人大常委会副主任高顺德及部分委员对全区5个乡镇落实《中华人民共和国义务教育法》《中华人民共和国教育法》《中华人民共和国教师法》的情况进行调查。重点调查了解教师待遇落实和“普九”工作情况。调查中发现河口区“普九”工作面临的重要问题是经费不足，校舍建设工作不能按期完成，教学仪器及教具不能按时到位。调查组提出了解决问题的建议。

8月13～14日 区十三届人大常委会第二十六次会议在区人大常委会机关会议室召开。会议听取审议了区人民政府关于1996年上半年国民经济和社会发展计划执行情况的汇报，关于1996年上半年财政预算执行情况的汇报，关于全区教育工作情况及教育法律法规贯彻实施情况的汇报，关于区十三届人大四次会议代表建议办理情况的汇报；听取审议了区人民法院和区人民检察院1996年上半年工作情况的汇报；审议通过了区人大常委会关于组织全区人大代表“围绕河口区‘二次创业’开展建功立业活动”的决定；根据区长王少飞的提请，任命王明杰为河口区副区长，同时任命1名区政府工作人员。

10月15日 区十三届人大常委会第二十七次会议在区人大常委会机关会议室举行。会议听取审议了区人民政府关于贯彻实施《中华人民共和国森林法》及林业生产情况的汇报，关于贯彻实施水法及水利建设工作情况的汇报；根据主任会议的提请，决定任命区人大常委会工作人员1人；根据区人民法院院长耿振勇的提请，任命法院副院长、审判委员会委员、审判庭庭长共10人，免职7人。

12月12日 区十三届人大常委会第二十八次会议在区人大常委会机关会议室举行。会议听取审议了区人民政府关于贯彻价格管理条例积极开展物价工作的汇报、关于打假工作情况的汇报。

1997年

2月1日 区十三届人大常委会第二十九次会议召开。会议审议通过了区人大常委会1997年工作要点；听取了韩廷村副主任关于区十三届人大五次会议筹备情况的汇报，决定了召开区十三届人大五次会议的有关事项；通过了区人大常委会工作报告（讨论稿）。

2月18～20日 河口区第十三届人民代表大会第五次会议在区委礼堂召开。与会代表140人。会议听取审议了区长王少飞所作的政府工作报告、区计划委员会主任李顺祥所作的关于河口区1996年国民经济和社会发展计划执行情况及1997年国民经济和社会发展计划（草案）的报告、区财政局局长张树芹所作的关于河口区1996年财政预算执行情况和1997年财政预算的报告、区人大常委会副主任张凤田所作的河口区人大常委会工作报告、区人民法院院长耿振勇所作的河口区人民法院工作报告、区人民检察院检察长王荣昌所作的区人民检察院工作报告，并作出了相应的决议。会议决定接受区人大常委会主任周庆成的辞职请求，补选刘汝彬为河口区人大常委会主任。

3月25日 区十三届人大常委会第三十次会议在区人大常委会机关会议室举行。会议听取审议了区人民政府关于春季农业生产准备情况的汇报；关于贯彻实施《山东省计划生育条例》情况的汇报；关于市政公用事业管理情况的汇报；审议通过了区人大常委会关于表彰1996年“围绕河口区二次创业开展建功立业活动”先进代表、先进代表小组和先进乡镇人大办公室的决定，表决通过了有关人事任免事项。

4月16日 区人大常委会召开河口区人大代表“建功立业”活动表彰大会。对全区各条战线上涌现出来的先进代表、先进代表小组、先进乡镇人大办公室进行表彰。区人大常委会副主任张凤田宣读了表彰决定；区委书记任树梓、区人大常委会主任刘汝彬分别作了重要讲话；先进代表、先进代表小组组长作了典型发言。

5月20～21日 齐鲁县级人大工作研讨会第

十七次会议在河口区召开。高青、邹平、济阳、章丘、博兴、利津、河口七个县（市）区的人大常委会主任（副主任）等出席会议。会议围绕如何做好新形势下的县级人大换届选举工作进行了研究和探讨。河口区人大常委会主任刘汝彬主持会议。中共河口区委书记任树梓到会致辞，东营市人大常委会副主任任兴业到会讲话，山东省人大常委会人事代表工作室副主任马效东、东营市人大常委会人事代表室主任王相举应邀出席会议。

6月3日　区十三届人大常委会第三十一次会议在区人大常委会机关会议室举行。会议听取审议了区人民政府关于法制工作情况、财政审计情况和食品卫生法贯彻实施情况的汇报。审议通过了《河口区科学技术发展“九五”计划及2010年规划纲要》。根据区长王少飞的提请，任命张洪恩为河口区副区长。批准区人民检察院提请许可逮捕一名区人大代表的报告，其人大代表资格由原选区予以罢免。

7月22日　区十三届人大常委会第三十二次会议在区人大常委会机关会议室召开。会议听取审议了区人民政府关于1997年上半年国民经济和社会发展计划执行情况的汇报，关于1997年上半年财政预算执行情况的汇报，关于社会治安情况的汇报；区人民法院关于1997年上半年工作情况的汇报；区人民检察院关于1997年上半年工作情况的汇报。根据区长王少飞的提请，决定免去马汝忠河口区副区长职务。

9月5日　区十三届人大常委会第三十三次会议在区人大常委会机关会议室举行。会议听取审议了区人民政府关于抗灾工作情况的汇报，关于贯彻实施《中华人民共和国行政诉讼法》情况的汇报。根据区长王少飞的提请，任命王丛林为副区长。

9月10～15日　区人大常委会副主任韩廷村组织部分区人大代表对区政府贯彻实施《中华人民共和国行政诉讼法》情况进行视察。重点查看法制机构、执法队伍、审查备案制度建设情况。

11月7日　区十三届人大常委会第三十四次会议在区人大常委会机关会议室举行。会议作出了区人民代表大会换届选举的决定，依法任命了区换届选举委员会组成人员；审议通过了《东营市河口区1998年区人民代表大会换届选举工作实施方案》。

11月7日～12月23日　区人大常委会领导组织区人民代表大会换届选举工作。历经建立机构、组织发动、培训骨干，划分选区、选民登记，提名酝酿候选人，选举代表四个阶段，选举产生了河口区第十四届人民代表大会代表155名。

12月30日　区十三届人大常委会第三十五次会议在区人大常委会机关会议室举行。会议听取了韩廷村副主任作的换届选举工作总结。听取审议了区人大常委会代表资格审查委员会主任委员张凤田作的关于代表资格的审查报告；听取了韩廷村副主任关于区十四届人大一次会议筹备情况的汇报，作出了关于召开区十四届人大一次会议的决定，决定了区十四届人大一次会议列席人员范围，讨论通过了提交区十四届人大一次会议审议的常委会工作报告；审查批准了区财政局局长张树芹所作的关于调整1997年财政收支预算的报告。根据区长王少飞的提请，决定免去董树平副区长职务，任命张兆明为副区长；根据主任会议的提请，决定免去王少飞的区长职务，任命徐春福为河口区代理区长。

1998年

1月14～17日　河口区第十四届人民代表大会第一次会议在区委礼堂召开。154名代表出席了会议。会议听取审议了代理区长徐春福所作的政府工作报告、区计划委主任李顺祥所作的关于河口区1997年国民经济和社会发展计划执行情况及1998年国民经济和社会发展计划（草案）的报告、区财政局局长张树芹所作的关于河口区1997年财政预算执行情况和1998年财政预算（草案）的报告、区人大常委会主任刘汝彬所作的区人大常委会工作报告、区法院院长耿振勇所作的区人民法院工作报告、区检察院检察长王荣昌所作的区人民检察院工作报告，并作出了相应的决议。大会选举出出席东营市第四届人民代表大会代表37名；选举刘汝彬为区人大常委会主任，程景坤、韩廷村、张凤田、张士明、贾希铎、于连泽为副主任，王学锋、刘玉芹、刘增玺、周玉娥、胡广德、郝轮光、贾秉琴、崔家文、闫玉泰、鲍学功为委员；选举徐春福为河口区人民政府区长，孙学孟、王丛林、张兆明、张树芹为副区长；耿振勇为区人民法院院长；王荣昌为区人民检察院检察长（报经东营市人民检察院检察长提请市人大常委会批准）。

1月16日 区十四届人大一次会议主席团第三次会议，根据大会议案审查委员会关于议案审查结果的报告，对新户乡代表团李积德等11名代表、太平乡代表团张胜双等10名代表、义和镇代表团孙卫东等11名代表、四扣乡代表团刘焕星等11名代表提出的《关于解决乡镇公办教师工资发放渠道问题的议案》进行研究，决定在大会结束后，由区十四届人大常委会组织有关人员，进行专题调查研究，提出办理意见，提交区十四届人大常委会第一次会议审议决定。

3月6日 区第十四届人大常委会第一次会议在区人大常委会会议室举行。会议听取审议了区人民政府关于春季农业生产情况的汇报；讨论通过了区人大常委会1998年工作要点；根据主任会议的提请，任命区人大常委会工作人员6人、免职4人；根据区长徐春福的提请，任命区政府工作人员27人。会议审议通过了副区长孙学孟代表区政府所作的关于解决乡镇公办教师工资发放渠道问题的议案办理结果的报告。

3月13日 区人大常委会为新任命的27名区政府工作人员举行了任命书颁发仪式。区人大常委会主任刘汝彬，副主任程景坤、韩廷村、张凤田、张士明、贾希铎出席了任命书颁发仪式。被任命的区政府工作人员就如何履行好工作职责作了表态发言。

3月18日 市人大常委会主任张万湖、副主任滕化迎到河口区检查指导工作。区人大常委会主任刘汝彬汇报了换届以来的主要工作。张万湖对区人大常委会所做工作给予了肯定，并就今后人大工作提出了具体要求。

4月21日 区第十四届人大常委会第二次会议在区人大常委会会议室举行。会议讨论通过了区人大常委会有关工作制度，制定了区人大常委会机关工作规范；讨论通过了区人大常委会关于加强自身建设的决定；讨论通过了区十四届人大常委会代表资格审查委员会组成人员名单；根据区长徐春福的提请，任命渠怀德、曲同德为河口区副区长；根据主任会议的提请，任命河口办事处人大工作办公室工作人员1人，免职1人。

4月28日 由区人大常委会副主任张士明带队，组织驻各农业乡镇的区人大代表参观了河口采油厂三木公司、济军生产基地、孤东采油厂东方集团公司。组织驻油田各单位的区人大代表参观了东营市第四木器厂、三合油毡纸厂、新户枣粮间作示范基地。通过油地人大代表的活动，增进了解，加强联系，发挥了人大代表在油地共建中的桥梁纽带作用。

5月12～15日 区人大常委会副主任韩廷村带领部分驻会委员和人大代表，对区人民检察院的工作进行视察。此次视察结合全国政法系统开展的“教育整顿”活动，坚持“听、看、议、访”相结合，对检察院的工作进行了多层次、多方面了解，并对干警执法情况进行了评议。

5月26日 区十四届人大常委会第三次会议在区人大常委会会议室举行。会议听取审议了区人民政府关于城乡规划、建设和管理工作情况的汇报，关于计划生育工作情况的汇报，关于林业生产情况的汇报，关于工业生产情况的汇报。根据区长徐春福的提请，任命区政府工作人员1人，免职1人；根据区人民法院院长耿振勇的提请，任命区法院审判庭庭长1人。

6月2～5日 区人大常委会副主任张凤田组织部分区人大代表对全区食品卫生情况进行视察。听取了区卫生局的工作汇报，重点查看了河口、孤岛、仙河、义和等地的农贸市场、副食品批发部、饭店和摊点小吃，指出了区政府在食品卫生工作方面存在的不足，提出了改进意见。

7月16日 区十四届人大常委会第四次会议在区人大常委会会议室举行。会议听取审议了区人民政府关于1998年上半年国民经济和社会发展计划执行情况的汇报，关于1998年上半年财政收支预算执行情况的汇报；区人民法院关于上半年工作情况的汇报；区人民检察院关于上半年工作情况的汇报；作出了关于“区人大常委会代表联络科”更名为“区人大常委会人事代表工作室”的决定。

8月11～13日 区人大常委会副主任贾希铎组织部分区人大代表对区政府贯彻实施环境保护法情况进行视察，实地查看了河口采油厂、济军生产基地造纸厂等17个单位的污染治理工作。听取了区环保局的工作汇报，并召开座谈会，广泛征求各方面的意见和建议。

9月18日 区十四届人大常委会第五次会议在区人大常委会会议室举行。会议听取审议了区人民政府关于实施义务教育法及全区教育工作情况的汇报，关于实施药品管理法及卫生工作情况的汇报，关于环境保护法贯彻实施情况的汇报；会议接受了刘汝彬辞去区人大常委会主任职务的请求，推选程景坤为代主任；根据区长徐春福的提请，任命区政府工作人员1人，免职1人。

11月5日 区十四届人大常委会第六次会议在区人大常委会会议室举行。会议讨论通过了关于河口区1999年乡镇人大换届选举的决定；讨论通过了1999年全区乡镇人大换届选举工作实施方案。

11月6日 全市人大办公室主任联席会议在河口区召开。市人大常委会秘书长王洪胜、办公室主任杨振福及各县区的人大办公室主任出席了会议。会议围绕如何为“三会”搞好服务进行了研讨。

11月10日 召开全区乡镇人大换届选举工作会议。区人大常委会副主任程景坤代表区人大常委会就做好乡镇人大换届选举工作提出了意见，张士明副主任宣读了《河口区1999年乡镇人大换届选举工作实施方案》。区委副书记刘秀田到会讲话。

11月18日 区十四届人大常委会第七次会议在区人大常委会会议室举行。会议听取审议了区政府关于贯彻实施审计法及开展审计工作情况的汇报，关于社会治安综合治理情况的汇报，关于实施水法及全区水利工作情况的汇报，关于办理区人大常委会例会建议和代表建议情况的汇报；依法任命了各乡镇选举委员会组成人员，作出了关于区十四届人大二次会议召开时间的决定。

1999年

2月2～4日 河口区第十四届人民代表大会第二次会议在区委礼堂召开，138名代表出席了会议。会议听取审议了区人大常委会、区人民政府、区人民法院和区人民检察院六项报告，并作出了相应的决议；审查批准了河口区1999年国民经济和社会发展计划及财政预算；补选刘秀田为河口区人大常委会主任。

3月1日 区十四届人大常委会第九次会议在区人大常委会会议室举行。区人大常委会主任刘秀田，副主任程景坤、韩廷村、张凤田、张士明、贾希铎、于连泽及委员共16人出席了会议。副区长孙学孟，区政协副主席岳观祥，区法院院长耿振勇，区检察院检察长王荣昌及区人大机关各科室负责人、区政府有关部门负责人，各乡镇（办事处）人大主席（主任）及两名区人大代表列席了会议。会议听取审议了区人民政府关于全区社会治安情况的汇报，审议通过了河口区人大常委会1999年工作要点，任命周乐平为河口区副区长。

5月10～24日 区人大常委会组织部分市、区人大代表对15个上级驻河口区部门单位的工作情况进行了评议。评议工作分动员准备、集中调查、民主评议、评后整改四个阶段。通过走访、调查，代表们以无记名投票方式对15个部门进行了评议打分。区地税局、农村信用社、工商局、国税局被评为人大代表满意单位；区农发行、电信局、邮政局、农行、公路局、河口建行、仙河建行、财产保险公司、人寿保险公司、工商行、气象局被评为人大代表基本满意单位。

5月18日 区十四届人大常委会第十次会议在区人大常委会会议室举行。区人大常委会主任刘秀田，副主任程景坤、韩廷村、张凤田、张士明、贾希铎、于连泽及委员共16人出席了会议。副区长孙学孟，区政协副主席岳观祥，区法院院长耿振勇，区检察院检察长王荣昌，区人大常委会机关各科室负责人、区政府有关部门负责人，各乡镇（办事处）人大主席（主任）及两名区人大代表列席了会议。会议听取审议了区政府关于贯彻实施农业法及春季农业生产情况的汇报，关于村镇规划及房改工作情况的汇报，关于贯彻实施村民委员会组织法及村民委员会换届选举工作情况的汇报，关于反腐倡廉工作情况的汇报；审议通过了河口区人大常委会人事任免补充规定，分别根据区人大常委会主任会议、区长徐春福、区法院院长耿振勇、区检察院检察长王荣昌的提请，决定任免了区人大常委会机关及“一府两院”工作人员39人。

6月21～24日 区人大常委会副主任张凤田、张士明组织部分常委会委员和人大代表，深入义和镇、六合乡、孤岛镇、仙河镇和河口城区及有关单位，对区政府贯彻实施食品卫生法及卫生工作情况进行了视察。

7月16日 区十四届人大常委会第十一次会议在区人大常委会会议室召开。副主任程景坤、韩廷村、张凤田、张士明、贾希铎及委员共14人出席了会议。副区长孙学孟、区政协副主席岳观祥、区人民法院院长耿振勇，区人民检察院检察长王荣昌，区人大常委会各科室、区政府有关部门主要负责人，各乡镇（办事处）人大主席（主任）及两名区人大代表列席了会议。会议听取审议了区政府关于1999年上半年国民经济和社会发展计划执行情况，关于1999年上半年财政预算执行情况，区人民法院关于1999年上半年工作情况，区人民检察院关于1999年上半年工作情况的汇报；讨论通过了区人大常委会关于办理代表建议、批评和意见的办法；作出了《区人大常委会关于在全区各级人大代表中开展学习宣传贯彻江泽民总书记视察东营重要谈话和题词精神活动的决定》。

8月20日 区人大常委会召开“代表好建议和办理代表建议先进单位”总结表彰大会。本次会议评出代表好建议6条、办理代表建议先进单位4个，并进行了表彰。

9月3日 市人大常委会副主任王丁海、城环委副主任委员王大祥一行5人到河口区调查城建工作。听取了区政府和孤岛、仙河社区关于城乡规划建设管理工作情况的汇报，实地察看了部分城建项目建设和管理情况。

9月16日 区十四届人大常委会第十二次会议在区人大常委会会议室召开。区人大常委会主任刘秀田，副主任程景坤、韩廷村、张凤田、张士明、于连泽及委员共14人出席了会议。副区长张树芹、区政协副主席马崇志、区法院院长耿振勇、区检察院检察长王荣昌，区人大常委会各科室、区政府有关部门的负责人及各乡镇（办事处）人大主席（主任）列席了会议。会议听取审议了区政府关于土地管理、工业生产、个体私营经济及贯彻实施《山东省科学技术进步条例》情况的汇报；通过了人事任免事项。

9月21日 市人大常委会副主任王丁海、城环委副主任委员王大祥组织人大代表和市区环保局、市海洋水产局负责人一行12人对孤岛采油厂、济军造纸厂、桩西采油厂、孤东采油厂的污水排放入海情况进行了全面调查。

12月16日 区十四届人大常委会第十四次会议在区人大常委会会议室召开。区人大常委会主任刘秀田，副主任程景坤、韩廷村、张凤田、张士明、于连泽及委员共14人出席了会议。副区长孙学孟、区政协副主席岳观祥、区人民法院院长耿振勇，区人民检察院检察长王荣昌，区人大常委会各科室、区政府有关部门主要负责人，各乡镇（办事处）人大主席（主任）及两名区人大代表列席了会议。会议听取审议了区政府关于区十四届人大二次会议以来代表建议、批评和意见及常委会例会建议办理情况的汇报，程景坤副主任关于区十四届人大三次会议筹备情况的汇报；通过了关于召开区十四届人大三次会议的决定，关于区十四届人大三次会议列席人员范围的决定，提交区十四届人大三次会议的河口区人大常委会工作报告；补选刘秀田为市人大代表。

2000年

1月26日 区十四届人大常委会第十五次会议在区人大常委会会议室举行。区人大常委会主任刘秀田，副主任程景坤、韩廷村、张凤田、张士明、贾希铎、于连泽及委员共15人出席了会议。副区长张兆明，区政协副主席岳观祥，区法院院长耿振勇，区检察院检察长王荣昌及区人大常委会机关各科室、区政府有关部门主要负责人，各乡镇（办事处）人大主席（主任）及两名区人大代表列席了会议。会议听取审议了区政府关于全区招商引资工作情况的汇报，审议通过了河口区人大常委会代表资格审查委员会关于补选代表的代表资格的审查报告；讨论决定了关于河口区人大代表工作“评先树优”活动的有关事宜；讨论通过了河口区人大常委会2000年工作要点。

2月17日 区人大常委会召开代表工作“评先树优”总结表彰大会，对1999年以来发挥代表作用事迹突出的代表，办理代表建议先进单位、代表评议“满意单位”进行了表彰，并进行了交流发言。

2月27～29日 河口区第十四届人民代表大会第三次会议在区委礼堂召开，154名代表出席了会议。会议听取审议了区政府工作报告、关于河口区1999年国民经济和社会发展计划执行情况与2000年国民经济和社会发展计划的报告、关于河口区1999年财政预算执行情况和2000年财政预算的报告、河口区人民代表大会常务委员会工作报告、河口区人民法院工作报告、河口区人民检察院工作报告，并分别作出了决议。

3月28日 区十四届人大常委会第十六次会议在区人大常委会会议室举行。区人大常委会主任刘秀田，副主任程景坤、韩廷村、张凤田、张士明、贾希铎、于连泽及委员共15人出席了会议。副区长孙学孟，政协副主席岳观祥，区法院院长耿振勇，区检察院检察长王荣昌及区人大常委会机关各科室、区政府有关部门主要负责人，各乡镇（办事处）人大主席（主任）及两名区人大代表列席了会议。会议听取审议了区政府关于科技工作情况的汇报，关于水产工作情况的汇报，关于城乡建设工作情况的汇报，关于普法工作情况的汇报；通过人事任免事项。

4月6日 在《中华人民共和国全国人民代表大会和地方各级人民代表大会代表法》颁布实施8周年之际，区人大常委会组织了系列宣传纪念活动。

5月1日 河口电视台首次播送《河口天气预报》。张凤田、闫玉泰两位代表在河口区第十四届人民代表大会第三次会议上，提出了“关于河口电视台增设气象预报节目的建议”。区政府及有关部门高度重视、积极办理。后经区广电局、气象局等考察论证，在借鉴省、市和其它县区相关经验的基础上，自当年5月1日开始，在每晚的《河口新闻》之后，播送《河口天气预报》。

5月10～15日 区人大常委会对《中华人民共和国土地管理法》贯彻实施情况进行了检查。检查人员深入油田有关单位，了解依法用地情况，针对存在的问题，提出了改进建议，纠正了土地违法行为，维护了法律尊严。

5月16日 区十四届人大常委会第十七次会议在区人大常委会会议室举行。区人大常委会刘秀田，副主任程景坤、韩廷村、张凤田、张士明、贾希铎、于连泽及委员共15人出席了会议。副区长张树芹，区法院院长耿振勇，区检察院检察长王荣昌及区人大常委会机关各科室、区政府有关部门主要负责人，各乡镇（办事处）人大主席（主任）及两名区人大代表列席了会议。会议听取审议了区政府关于1999年财政决算报告与1999年财政预算执行情况和其他财政收支情况的审计工作报告，审查批准了1999年财政决算；听取审议了区政府关于全区教育工作情况的汇报，关于土地管理情况的汇报；通过了人事任免事项。

5月23日 市人大常委会副主任蒋成全一行6人到河口区调查计划生育工作。听取了区政府关于计划生育工作情况的汇报，并到有关乡镇、村进行实地调查。

5月24日 市人大常委会副主任刘玉良一行6人到河口区调查水利工作。

6月15日 区人大常委会对《中华人民共和国食品安全法》贯彻落实情况进行调查。指出了油地卫生防疫部门工作中存在的问题，要求相关部门切实把人民群众的身体健康放在心上，密切协作，严格执法，共同把河口区的食品卫生工作做好，保证全区人民饮食安全。

7月21日 市人大常委会副主任蒋成全一行到河口区调查了解教育投入和小学布局调整工作情况。

7月26日 区十四届人大常委会第十八次会议在区人大常委会会议室举行。区人大常委会主任刘秀田，副主任程景坤、韩廷村、张凤田、张士明、贾希铎、于连泽及委员共15人出席了会议。副区长张树芹，区法院院长耿振勇，区检察院检察长王荣昌及区人大机关各科室、区政府有关部门主要负责人，各乡镇（办事处）人大主席（主任）及两名区人大代表列席了会议。会议听取审议了区政府关于2000年上半年国民经济和社会发展计划执行情况的汇报，关于2000年上半年财政预算执行情况的汇报；区人民法院关于2000年上半年工作情况的汇报；区人民检察院关于2000年上半年工作情况的汇报。

8月20日～9月15日 区人大常委会对全区实施《中华人民共和国刑事诉讼法》的情况进行了检查。督促司法机关公正司法，有效打击违法犯罪分子，努力维护全区政治稳定和社会安定。

9月13～25日 区人大常委会对全区贯彻实施《中华人民共和国义务教育法》情况进行了视察，配合省人大常委会视察组对我区义务教育工作情况进行了调研。

9月19日 区十四届人大常委会第十九次会议在区人大常委会会议室举行。区人大常委会主任刘秀田，副主任程景坤、韩廷村、张凤田、张士明、贾希铎、于连泽及委员共15人出席了会议。副区长张兆明，区政协副主席岳观祥，区法院院长耿振勇，区检察院检察长王荣昌及区人大常委会机关各科室、区政府有关部门主要负责人，各乡镇（办事处）人大主席（主任）及两名区人大代表列席了会议。会议听取审议了区政府关于全区实施“工业强区”战略情况的汇报，关于全区社会治安情况的汇报，关于贯彻落实《国务院关于全面推进依法行政的决定》情况的汇报，关于贯彻实施环境与资源保护法律法规情况的汇报。通过了人事任免事项，依法罢免了孟德义的市人大代表职务。

9月25日 省人大常委会视察组对河口区贯彻实施《中华人民共和国义务教育法》情况进行了视察，对义务教育工作情况进行了调研。

11月3～8日 区人大常委会副主任程景坤、贾希铎组织部分驻会委员和市、区人大代表，对全区企业改革情况进行调查。

11月16日 区十四届人大常委会第二十次会议在区人大常委会会议室举行。区人大常委会主任刘秀田，副主任程景坤、韩廷村、张凤田、张士明、贾希铎、于连泽及委员共15人出席了会议。副区长孙学孟，区政协副主席岳观祥，区法院院长耿振勇，区检察院检察长王荣昌及区人大常委会机关各科室、区政府有关部门主要负责人，各乡镇（办事处）人大主席（主任）及两名区人大代表列席了会议。会议听取审议了区政府关于企业改革工作情况的汇报，关于人事制度改革工作情况的汇报，关于全区文化工作情况的汇报。

11月22日 区人大常委会在仙河镇组织召开乡镇人大工作座谈会。区人大常委会组成人员，各乡镇党委书记、人大主席，部分区、乡镇人大代表参加座谈会，共同研讨新形势下做好乡镇人大工作的思路、方法。

12月19日 区十四届人大常委会第二十一次会议在区人大常委会会议室举行。区人大常委会主任刘秀田，副主任程景坤、韩廷村、张凤田、张士明、贾希铎、于连泽及委员共15人出席了会议。副区长孙学孟，区政协副主席岳观祥，区法院院长耿振勇，区检察院检察长王荣昌及区人大常委会机关各科室、区政府有关部门主要负责人，各乡镇（办事处）人大主席（主任）及两名区人大代表列席了会议。会议听取了区政府关于《河口区国民经济和社会发展第十个五年计划纲要（草案）》编制情况的汇报，讨论通过了区人大常委会关于述职评议工作的实施意见，作出了关于召开区十四届人大四次会议的决定，通过了人事任免事项。

2001年

1月15日 区十四届人大常委会第二十二次会议在区人大常委会会议室举行。会议讨论通过了提交区十四届人大四次会议审议的区人大常委会工作报告，接受了杜秀成、李增良两名区人大代表的辞职请求，补选张汝聪、闫鹏山为东营市第四届人大代表。

2月6日 区十四届人大常委会第二十三次会议在区人大常委会会议室举行。会议讨论通过了区人大常委会2001年工作要点，听取了程景坤副主任关于区十四届人大四次会议筹备工作情况的汇报，审查批准了代表资格审查委员关于补选代表的代表资格审查报告；任命王树臣为河口区人民政府副区长，冯俊海为河口区人民法院审判委员会委员、副院长、代院长。

3月4～7日 河口区第十四届人民代表大会第四次会议在区委礼堂召开，154名代表出席了会议。会议听取审议了区人民政府关于河口区国民经济和社会发展第十个五年计划纲要的报告，区人大常委会、区人民法院、区人民检察院的工作报告及计划、财政报告，并作出了相应的决议；审查批准了河口区2001年国民经济和社会发展计划及财政预算报告；接受了韩廷村、张凤田、于连泽关于辞去区人大常委会副主任职务的请求，补选梁如贵、杨学贤为区人大常委会副主任，冯俊海为区人民法院院长。

3月28日 区十四届人大常委会第二十四次会议在区人大常委会会议室举行。会议听取审议了区人民政府关于贯彻实施《中华人民共和国产品质量法》情况的汇报，关于贯彻实施《山东省计划生育工作条例》情况的汇报，关于畜牧业发展情况的汇报；任命蔡森昌为河口区街道人大工作办公室副主任。

4月26日 区人大常委会在区交通局四楼会议室召开述职评议动员会议。会上，宣布了述职评议工作方案；区人大常委会主任刘秀田作了动员讲话，就如何做好述职评议工作提出了要求，强调“一府两院”被评议部门负责人要提高认识，统一思想，端正态度，主动向人大常委会报告工作，自觉接受评议监督。

5月23日　区十四届人大常委会第二十五次会议在区人大常委会会议室举行。会议听取审议了区人民政府关于2000年财政决算的报告，关于2000年财政预算执行情况和其他财政收支情况的审计工作报告，审查批准了2000年财政决算；听取审议了区政府关于贯彻实施《中华人民共和国税收管理法》情况的汇报。会议任命曹文生为河口区人大常委会教科文卫科科长，赵玉洪为河口区人大常委会法制科科长，王宪印为河口区人大常委会人事代表工作室主任，王玉清为河口区人民政府办公室主任，王光和为河口区经济贸易委员会主任，刘芳仁为河口区人事局局长，李顺祥为河口区监察局局长，宁洪儒为河口区水利局局长。

6月18～21日　区人大常委会副主任梁如贵带队，部分常委会委员和人大代表参加，深入各乡镇、科技局等有关单位，对河口区科技发展情况进行了视察。

7月18日　区十四届人大常委会第二十六次会议在区人大常委会会议室举行。会议听取审议了区人民政府关于全区社会治安情况的汇报，区人民法院关于2001年上半年工作情况的汇报，区人民检察院关于2001年上半年工作情况的汇报，区人民政府关于2001年上半年国民经济和社会发展计划执行情况的汇报，关于2001年上半年财政预算执行情况的汇报；对区计划委员会主任扈洪文、区公安分局局长逯学树进行了述职评议；通过了人事任免事项。

9月26日　区十四届人大常委会第二十七次会议在区人大常委会会议室举行。会议听取审议了区人民政府关于环境保护工作情况的汇报，关于教育工作情况的汇报，关于海洋与渔业工作情况的汇报；关于全区“三五”普法、依法治理情况及“四五”普法、“四五”依法治区规划的汇报，并作出决议；关于全区实施冬枣产业化情况的汇报，并作出决议；关于呈报《撤销河口区设立黄河口市的请示》的汇报，并作出决议。会议任命石振平、郑参军为河口区人民政府副区长；并对区司法局局长李捷民、区教委主任曲德民进行了述职评议。

11月1～2日　区人大常委会组成人员、部分区人大代表及区人大常委会机关有关科室的负责人分成四个小组，对全区招商引资情况进行了视察。这次视察，通过听取汇报，走访客商，较为广泛地了解了我区招商引资软环境建设情况以及招商引资工作中存在的困难和问题，并提出了建议意见。

11月22日　区十四届人大常委会第二十八次会议在区人大常委会会议室举行。会议听取审议了区人民政府关于贯彻实施《中华人民共和国土地管理法》情况的汇报，关于全区就业再就业和社会保障工作情况的汇报，关于全区交通工作情况的汇报；任命王文献为河口区人民法院副院长；对区土地局局长房建民、区劳动和社会保障局局长赵培光、区交通局局长王庆华进行了述职评议。

12月27日　区十四届人大常委会第二十九次会议在区人大常委会会议室举行。会议听取审议了关于补选的区人大代表的代表资格审查报告；审议通过了关于乡镇人大换届选举工作的决定，审议通过了乡镇人大换届选举工作实施方案，任命了各乡镇选举委员会组成人员，审查批准了河口区2001年财政预算调整方案；通过了关于召开十四届人大五次会议的决定。

12月28日　区人大常委会在区人大常委会会议室召开全区乡镇人大换届选举工作会议。会议通过了《河口区人大常委会关于2002年全区乡镇人大换届选举工作实施方案》，对全区乡镇人大换届选举工作进行了安排部署。

2002年

1月18日　区十四届人大常委会第三十次会议在区人大常委会会议室举行。会议听取审议了区人民政府关于《河口区城镇体系规划》和《河口区干线公路两侧建设规划》的议案，并作出了决议；听取审议了区十四届人大五次会议筹备工作情况的汇报；讨论通过了提交大会审议的河口区人大常委会工作报告和河口区人大常委会2002年工作要点。任命张胜双为河口街道人大工作办公室主任，董子平为河口街道人大工作办公室副主任。

1月29～31日　区第十四届人民代表大会第五次会议在区委礼堂召开，156名代表出席了会议。会议听取审议了区人大常委会、区人民政府、区人民法院、区人民检察院六项报告，并作出了相应的决议，审查批准了河口区2002年国民经济和社会发展计划及财政预算。

3月18日 区十四届人大常委会第三十一次会议在区人大常委会会议室举行。会议听取审议了区人民政府关于水利建设情况的汇报，关于农业产业结构调整情况的汇报；对区农业局局长孙卫东进行了述职评议；任命朱子贤为河口区人大常委会财经科科长、王忠华为河口区人大常委会人事代表工作室副主任，并对机构更名的科局主要负责人进行了重新任命。

4月15～19日 区人大常委会组织部分常委会委员、人大代表和有关科室人员对代表法的贯彻情况进行了视察。

5月16日 区十四届人大常委会第三十二次会议在区人大常委会会议室举行。会议听取审议了区人民政府关于小城镇建设情况的汇报，关于村委换届选举工作情况的汇报，关于全区文化体育工作情况的汇报；关于2001年财政决算的报告，关于2001年财政预算执行情况和其他财政收支情况的审计工作报告，审查批准了2001年财政决算。对区民政局局长马士良、区审计局局长高志勇进行了述职评议。

6月17～20日 区人大常委会副主任梁如贵带队，部分常委会委员和人大代表参加，深入到各乡镇、卫生局等有关单位，对河口区《中华人民共和国食品卫生法》及有关法律法规的贯彻实施情况进行了调查。

7月25日 区十四届人大常委会第三十三次会议在区法院五楼会议室举行。会议听取审议了区人民政府关于2002年上半年国民经济和社会发展计划执行情况的汇报，关于2002年上半年财政预算执行情况的汇报，关于全区社会治安工作情况的汇报，区人民法院关于2002年上半年工作情况的汇报，区人民检察院关于2002年上半年工作情况的汇报；对区人民法院的副院长、区检察院的副检察长进行了述职评议；任命高志刚为河口区人民政府副区长。

9月19～20日 区人大常委会副主任贾希铎带队，部分常委会委员和人大代表参加，深入到新户乡、义和镇、济军生产基地、孤岛采油厂、孤岛胜利机械厂、桩西采油厂等单位，对河口区《中华人民共和国环境保护法》及有关法律法规的贯彻实施情况进行了调查。

9月26日 区十四届人大常委会第三十四次会议在区人大常委会会议室举行。会议听取审议了区人民政府关于全区卫生工作情况的汇报，关于科技工作情况的汇报，关于贯彻实施《中华人民共和国环境保护法》情况的汇报。对区科技局局长张敏进行了述职评议；通过了人事任免事项。

11月15日 区十四届人大常委会第三十五次会议在区政府五楼会议室举行。会议听取审议了区人民政府关于宣传贯彻人口与计划生育法情况的汇报，区人民法院关于法官队伍建设情况的汇报，区人民检察院关于检察官队伍建设情况的汇报；作出关于区人大换届选举及召开区十五届人大一次会议的决定，任命了区选举委员会组成人员，通过了区人大换届选举实施方案。

11月16日 区人大常委会在区政府五楼会议室召开换届选举工作会议。区委常委、组织部部长、区选举委员会副主任委员黄高潮宣布了区选举委员会和各乡镇选举委员会、河口街道选举工作指导组成员名单，区人大常委会副主任杨学贤传达了河口区2003年人大换届选举工作实施方案，区委副书记、区人大常委会主任刘秀田对换届选举工作提出了具体要求。

12月30日 区十四届人大常委会第三十六次会议在区委四楼会议室举行。会议任命赵豪志为河口区人民政府副区长、代区长，郭学增为河口区人民政府副区长，魏玉民为河口区人民检察院检察委员会委员、副检察长、代检察长。

2003年

1月8日 区十四届人大常委会第三十七次会议在区委四楼会议室举行。会议讨论通过了提交大会审议的河口区人大常委会工作报告；听取了河口区选举委员会关于河口区人民代表大会换届选举工作情况的汇报；听取了河口区第十五届人民代表大会第一次会议筹备工作情况的汇报，并就相关事宜作出了决定；审议通过了区人大常委会代表资格审查委员会关于区十五届人大代表的代表资格审查报告；审查批准了河口区人民政府关于2002年财政预算调整方案。

1月17～20日 东营市河口区第十五届人民代表大会第一次会议在金河会场召开，160名代表出席了会议。会议听取审议了区人民政府工作报告和计划、财政报告，以及区人大常委会、区人民法院、区人民检察院的工作报告，审查批准了河口区2003年国民经济和社会发展计划及财政预算。会议选举刘秀田为河口区人大常委会主任，程景坤、渠怀德、杨学贤、张焕洲、曲德民、房建民为河口区人大常委会副主任；选举赵豪志为区长，崔建华、张兆明、王树臣、张敏、李积德、郭学增为副区长；选举冯俊海为河口区人民法院院长，魏玉民为河口区人民检察院检察长。选举产生了出席东营市第五届人民代表大会代表36名。

3月11日 区十五届人大常委会第一次会议在区政府五楼会议室举行。会议讨论通过了河口区人大常委会2003年工作要点和河口区人大常委会代表资格审查委员会组成人员名单，任命石振平、郑参军、高志刚为河口区副区长，马士文为河口区人大常委会办公室主任，李秀庄为河口区人大常委会办公室副主任，胡敬斌为河口区人大常委会信访科科长，郭本东为河口街道人大工作办公室主任，王玉清为河口区人民政府办公室主任，扈洪文为河口区发展计划局局长，王光和为河口区经济贸易局局长，张胜双为河口区教育局局长，姜凤君为河口区科学技术局局长，逯学树为东营市公安局河口分局局长，李顺祥为河口区监察局局长，马士良为河口区民政局局长，李捷民为河口区司法局局长，刘建忠为河口区财政局局长，刘芳仁为河口区人事局局长，赵培光为河口区劳动和社会保障局局长，薄纯新为河口区国土资源局局长，陈丰先为河口区建设局局长，王庆华为河口区交通局局长，张兆栋为河口区水利局局长，孙卫东为河口区农业局局长，王端吉为河口区卫生局局长，卢洪鹏为河口区计划生育局局长，高志勇为河口区审计局局长，刘建国为河口区统计局局长，王学峰为河口区招商工作委员会办公室主任，韩学君为河口区安全生产监督管理局局长，胡友文为河口区文化体育局局长，李长存为河口区物价局局长。同时，还任命了河口区人民法院13名审判人员。会议接受了张玉平、王学峰辞去河口区人大常委会委员职务的请求。

5月上旬 区人大常委会组织部分委员和人大代表分组深入到农村和油田基层单位对油区治安情况进行了专题调查。针对存在的问题，建议区政府集中进行一次整治，打击盗油、私接天然气等不法行为，维护油区治安稳定。

5月中旬 区人大常委会组织部分委员、人大代表对《中华人民共和国环境保护法》的贯彻实施情况进行了调查。建议区政府要严格执行“三同时”制度，注重从源头上抓起，特别是在项目建设中，要把好第一道审批关，在环境评价、污染治理设施运行以及污染物达标排放等方面严格要求，防止新污染源产生及老污染源反弹。加强城市环境综合整治，不断提高城市环境质量。

5月16日 区十五届人大常委会第二次会议在区人民检察院五楼会议室举行。会议听取审议了区人民政府关于贯彻落实人事法律法规及人事工作情况的汇报，关于贯彻落实《中华人民共和国环境保护法》及环保工作情况的汇报，关于全区油区治安工作情况的汇报；关于2002年财政预算执行情况和其他财政收支情况的审计报告，审查批准了2002年区级财政决算。对区财政局局长刘建忠、区人事局局长刘芳仁进行了述职评议。任命于跃亮为河口区交通局局长，杨芳为河口区司法局局长，刘岩山为河口区物价局局长，同时任命了1名审判人员和3名检察员。

7月16日 区十五届人大常委会第三次会议在区人民法院五楼会议室举行。会议听取审议了区人民政府关于2003年上半年国民经济和社会发展计划执行情况的汇报，关于2003年上半年财政预算执行情况的汇报，区人民法院关于2003年上半年工作情况的汇报，区人民检察院关于2003年上半年工作情况的汇报；讨论通过了《东营市河口区人大常委会议事规则（修正案）》《东营市河口区人大常委会处理人民群众来信来访办法》《东营市河口区人大常委会关于加强司法个案监督的暂行规定》《东营市河口区人大常委会关于加强自身建设的决定》。任命付兆钦为河口区人民政府办公室主任。

7月22日 区人大常委会组织22名全国、市、区人大代表，在区政府有关人员的陪同下，对全区涉及农业、工业、城建等方面15个重点项目建设情况进行了视察。代表们一致认为，新一届政府坚持以“三个代表”重要思想为指导，深入贯彻中共十六大精神，围绕富民强区、全面建设小康社会的总目标，开拓创新，与时俱进，扎实工作，取得了明显成绩。人代会上确定的“八件实事”“十大工程”等重点项目的实施，有力地推动了河口区经济和社会的快速健康发展。

8月上旬 按照区人大常委会组成人员分工联系代表制度的要求，区人大常委会组成人员通过召开座谈会、个别走访等形式，普遍与代表进行了联系。在联系代表的过程中，常委会组成人员深入代表所在单位，宣传中共十六大精神，向代表们通报全区经济社会发展情况和区人大常委会的主要工作，听取代表对全区各项工作的建议和意见。

9月16日 区十五届人大常委会第四次会议在区国土资源局五楼会议室举行，会议听取审议了区人民政府关于全区工商管理工作情况的汇报，关于物价工作情况的汇报，关于质量技术监督工作情况的汇报，关于国土资源管理工作情况的汇报。任命高振恒、王克孝、曹国华为河口区副区长，王学春为河口区招商工作委员会办公室主任，岳桂杰为河口区人民法院副院长、审判委员会委员。

10月16日 区人大常委会组织13名区人大代表，在区政府负责人的陪同下，对全区构建农民健康保障体系工作情况进行了视察。通过视察，代表们肯定了区政府在构建农民健康保障体系中所做的大量工作，对河口区农民医疗状况表示满意。希望区政府能够进一步加大工作力度，把好事办好，实事办实，为广大农民提供可靠的医疗保障，提高农民的健康水平，加快河口区全面建设小康社会的步伐。

11月18日 区十五届人大常委会第五次会议在区油区办公室七楼会议室举行。会议听取审议了区人民政府关于交通工作情况的汇报，关于学习贯彻《中华人民共和国人口与计划生育法》及计生工作情况的汇报，关于全区广播电视事业发展情况的汇报，关于办理代表建议和人大常委会审议意见情况的汇报；关于调整2003年财政收支预算和关于申请国家开发银行贷款的报告，并作出了批准的决定。会议对区计生局局长卢洪鹏进行了述职评议。任命宋景义为河口区人民检察院检察员、检察委员会委员，韩黎为河口区人民检察院检察委员会委员。

12月9日 区十五届人大常委会第六次会议在区委四楼会议室举行。会议讨论通过了区人大常委会关于召开河口区第十五届人民代表大会第二次会议的决定，接受了张玉平、刘秉卿、刘梅叶辞去河口区第十五届人民代表大会代表职务的请求。

12月17日 区十五届人大常委会第七次会议在区委四楼会议室举行。会议听取审议了区十五届人大二次会议有关问题的汇报，讨论通过了提交区十五届人大二次会议审议的人大常委会工作报告，审查批准了区人大常委会代表资格审查委员会关于补选的区人大代表的代表资格审查报告；听取审议了区政府关于河口区与山西省阳泉市矿区缔结友好关系的报告，并作出批准的决定。任命宋守强为河口区副区长，补选李清玲为东营市第五届人民代表大会代表，接受了崔建华辞去河口区人民政府副区长职务的请求。

2004年

1月5～7日 东营市河口区第十五届人民代表大会第二次会议在金河会场召开，160名代表出席了会议。会议听取审议了区人民政府工作报告、财政报告，关于东营市河口区城市规划、建设和管理情况的报告及区人大常委会、区人民法院、区人民检察院的工作报告，书面审议了计划报告，审查批准了河口区2004年国民经济和社会发展计划及财政预算。会议补选马士文为河口区第十五届人民代表大会常务委员会委员。

3月16日 区十五届人大常委会第八次会议在区人民法院五楼会议室举行。区人大常委会副主任房建民主持会议。会议听取审议了区政府关于卫生工作情况的汇报，关于环境保护工作情况的汇报，关于贯彻落实《中华人民共和国劳动法》情况的汇报，关于海洋与渔业工作情况的汇报；讨论通过了区人大常委会2004年工作要点。会议对区卫生局局长王端吉进行了述职评议。

5月20日 区十五届人大常委会第九次会议在区人民检察院五楼会议室举行。区人大常委会副主任张焕洲主持会议。会议听取审议了区政府关于社会治安工作情况的汇报，关于教育工作情况的汇报；关于2003年区级财政预算执行审计情况及审计工作情况的汇报，关于2003年区级财政决算的报告，审查批准了2003年区级财政决算；听取审议了区政府关于“平安河口”建设情况的汇报，并作出了决议。会议对区教育局局长张胜双进行了述职评议。最后，通过了人事任免事项。

7月1日 区人大常委会组织15名市区人大代表，在区政府有关人员的陪同下，利用一天时间，对全区创建文明城市工作进行了视察。代表们认为，区政府及有关部门认识到位，责任到位，措施到位，创建文明城市工作取得了显著成效。创建文明城市事关经济社会发展全局，事关河口长远发展，事关广大人民群众的切身利益。建议区政府及有关职能部门进一步强化措施，扎实推进，确保如期顺利达标，真正把河口区建设成为一个经济发展、环境优美、秩序优良、社会文明、文化繁荣的现代化城市。

7月20日 区十五届人大常委会第十次会议在区建设局七楼会议室举行。区人大常委会主任刘秀田主持会议。会议听取审议了区政府关于2004年上半年国民经济和社会发展计划执行情况的汇报，关于2004年上半年财政预算执行情况的汇报；关于调整2004年财政收支预算的报告，并作出了批准的决定。听取审议了区人民法院和区人民检察院关于2004年上半年工作情况的汇报。会议讨论通过了《河口区人大常委会会议公民旁听办法（试行）》和《河口区人大常委会关于办理常委会审议意见办法（试行）》。会议任命张旭东为河口区副区长，王玉清为河口区民政局局长。

7月21～31日 区人大常委会组成人员分组对区人大代表进行了集中走访。通报区人大常委会2004年上半年工作情况；征求代表对河口区经济建设、民主法制建设和投资软环境建设方面的意见和建议，解决代表在工作、生活及执行代表职务中遇到的具体问题，帮助代表有效地履行职责。

8月18日 区人大常委会组织部分驻会委员、区人大代表，对全区公路建设情况进行了视察。

9月22日 区十五届人大常委会第十一次会议在区交通局四楼会议室举行。区人大常委会副主任程景坤主持会议。会议听取审议了区政府关于工业运行及民营经济发展情况的汇报，关于计划生育工作情况的汇报，关于招商引资及投资软环境建设情况的汇报，关于贯彻实施《中华人民共和国统计法》及统计工作情况的汇报。会议对区招商工作委员会办公室主任王学春和区统计局局长刘建国进行了述职评议。

9月24日 区人大常委会组织15名驻油田、济军生产基地的区人大代表，在区政府负责同志的陪同下，对全区的城市建设和管理情况、招商引资情况、特色农业发展情况、“平安河口”创建情况进行了视察。通过视察，代表们增进了对地方社会经济发展状况的了解，提高了对河口发展成果的总体认识，深受鼓舞，倍受振奋。代表们一致认为，区政府紧紧围绕富民强区、全面建设小康社会的总目标，开拓创新，与时俱进，扎实工作，取得了明显的成绩。代表们对河口美好的未来充满了信心。针对视察中发现的问题，代表们提出了相应的建议意见。

11月25日 区十五届人大常委会第十二次会议在区国税局二楼会议室举行。区人大常委会副主任渠怀德主持会议。会议听取审议了区人民法院、区人民检察院、区财政局、区计划局关于区十五届人大常委会第十次会议审议意见办理情况的汇报；区政府关于贯彻实施《中华人民共和国农业法》及农业工作情况的汇报，关于科技工作情况的汇报，关于城市管理行政执法工作情况的汇报，关于办理人大代表建议和人大常委会审议意见情况的汇报；审查批准了区人民法院关于提请确定人民陪审员名额的报告；作出了关于召开河口区第十五届人民代表大会第三次会议的决定。会议对区政府办公室主任付兆钦和区科技局局长姜凤君进行了述职评议。会议通过了人事任免事项。

12月21日 区十五届人大常委会第十三次会议在区委四楼会议室举行。区人大常委会副主任杨学贤主持会议。会议听取审议了区十五届人大三次会议筹备工作情况的汇报，审查批准了区人大常委会代表资格审查委员会关于补选的区十五届人大代表的代表资格审查报告，讨论通过了关于提交区十五届人大三次会议的常委会工作报告。会议任命胡敬斌为区人大常委会法制科科长。

2005年

1月5～7日 东营市河口区第十五届人民代表大会第三次会议在金河会场召开，159名代表出席了会议。会议听取审议了区人民政府工作报告、关于东营市河口区2004年社会治安工作情况的报告、区人大常委会工作报告、区人民法院工作报告、区人民检察院工作报告，书面审议了计划、财政两个报告，审查批准了河口区2005年国民经济和社会发展计划及财政预算。会议补选王学锋、胡敬斌为河口区第十五届人民代表大会常务委员会委员。

2月28日 区十五届人大常委会第十四次会议在区人民法院四楼会议室举行。区人大常委会主任刘秀田主持会议。会议听取审议了区政府关于贯彻落实《中华人民共和国产品质量法》情况的汇报，关于村委会换届选举工作情况的汇报；关于“工业发展年”活动安排情况的汇报，并作出了决议。会议讨论通过了区人大常委会2005年工作要点。会议任命了20名人民陪审员。

4月21日 区十五届人大常委会第十五次会议在区人民检察院五楼会议室举行。区人大常委会副主任程景坤主持会议。会议听取审议了区政府关于打击重大恶性刑事犯罪及“命案必破”工作情况的汇报，关于文化体育工作情况的汇报；关于2004年区级财政决算的报告，关于2004年区级财政预算执行情况和其他财政收支审计情况及审计工作情况的报告，审查批准了2004年区级财政决算。会议任命了1名人民陪审员。

6月16日 区十五届人大常委会第十六次会议在区财政局八楼会议室举行。区人大常委会副主任渠怀德主持会议。会议听取审议了区政府关于贯彻执行《中华人民共和国税收征收管理法》及税收工作情况的汇报，关于林业工作情况的汇报，关于“四五”普法及依法治理情况的汇报。会议讨论通过了《东营市河口区人民代表大会常务委员会关于聘用法律和财经顾问的决定》《东营市河口区人民代表大会常务委员会关于对重要审议意见进行公告的决定》和《东营市河口区人民代表大会常务委员会关于组织人大代表向选民述职活动的意见》。会议对区司法局局长杨芳进行了述职评议。

6月22日 区人大常委会组织22名全国、市、区人大代表，对全区“工业发展年”活动开展情况及重点项目进展情况进行了视察。代表们一致认为，区政府认真贯彻落实科学发展观，紧紧围绕加快发展这一主题，突出“工业发展年”活动和重点工程建设两条主线，真抓实干，大力推进，取得了显著成效。针对视察中发现的问题，建议区政府及有关部门进一步强化措施，扎实推进，按期完成目标任务。

7月11～15日 区人大常委会组成人员分组对人大代表进行了集中走访。通报全区经济运行情况及区人大常委会2005年上半年工作情况，征求代表建议意见，帮助代表解决在工作、生活及执行代表职务中遇到的具体问题，为代表履行职务创造有利条件。

8月2日 区十五届人大常委会第十七次会议在区地税局九楼会议室举行。区人大常委会副主任杨学贤主持会议。会议听取审议了区政府关于2005年上半年国民经济和社会发展计划执行情况的汇报，关于2005年上半年财政预算执行情况的汇报；关于调整2005年财政收支预算的报告，并作出了批准的决定；听取审议了区人民法院和区人民检察院2005年上半年工作情况的汇报。会议决定聘用王萍、刘光明、陈志伟为区十五届人大常委会法律顾问，牟洁、廖永雄、侯建鸣为区十五届人大常委会财经顾问。会议决定任命纪峰为河口区副区长，免去高振恒、曹国华的河口区副区长职务。

9月22日 区十五届人大常委会第十八次会议在区计生局四楼会议室举行。区人大常委会副主任曲德民主持会议。会议听取审议了区政府关于食品药品监督管理工作情况的汇报，关于贯彻落实《中华人民共和国土地管理法》及国土资源管理情况的汇报，关于交通工作情况的汇报。会议对区国土资源局局长薄纯新和区交通局局长于跃亮进行了述职评议。会议任命陈建英为区人大常委会法制科科长，盖凤鸣为区人大常委会教科文卫科科长，李秀庄为区人大常委会信访科科长，孙华强为区人大常委会办公室副主任，张吉明为区监察局局长，韩传华为区劳动和社会保障局局长，李同君为区安全生产监督管理局局长。会议还任命了8名审判人员和1名检察人员。

10月8日～11月22日 区人大常委会组织常委会委员、部分人大代表对上级驻河口行政执法部门进行了集中评议调查。评议调查围绕部门依法履行职责情况、队伍建设情况、为民服务和为当地经济社会发展服务情况、工作配合情况、接受人大及其常委会监督情况等五个方面进行。评议调查组以严肃认真的态度和积极负责的精神，客观公正地评价了每个被评议部门的工作，实事求是地肯定了取得的成绩，指出了存在的问题。

11月22日 区十五届人大常委会第十九次会议在区人民法院五楼会议室举行。区人大常委会副主任房建民主持会议。会议听取审议了区政府关于贯彻落实《中华人民共和国安全生产法》及安全工作情况的汇报，关于人口和计划生育工作情况的汇报，关于办理人大代表建议和人大常委会审议意见情况的汇报。会议对12个上级驻河口行政执法部门进行了集中测评，区地税分局、区国税局位居前两名。会议决定免去王克孝的河口区副区长职务。

12月22～26日 区人大常委会组织部分驻河口的市人大代表对“工业发展年”活动开展、农业增产、农民增收、小康文明村建设情况进行了视察。代表们一致认为，区政府立足河口实际，开拓创新，与时俱进，扎实工作，取得了显著的成绩。针对视察中发现的问题，代表们提出了相应的建议意见。

2006年

1月17日 区十五届人大常委会第二十次会议在区人大常委会会议室举行。区人大常委会主任刘秀田主持会议。会议听取审议了河口区国有资产运营有限责任公司河口区污水处理厂建设项目资金运作有关问题的报告，并作出了决议。会议补选崔兆武、高连昌、冯立军为东营市第五届人民代表大会代表。

2月13日 区十五届人大常委会第二十一次会议在区财政局六楼会议室举行。区人大常委会主任刘秀田主持会议。会议讨论通过了关于提交区十五届人大四次会议的常委会工作报告，听取审议了区人民政府关于调整2005年财政收支预算的报告，并作出批准的决定；审议通过了区人大常委会关于授予区地税分局、区国税局“人民满意单位”称号的决定。会议进行了人事任免事项。

2月20日 区十五届人大常委会第二十二次会议在区人大常委会会议室举行。区人大常委会主任刘秀田主持会议。会议讨论通过了区人大常委会关于召开区十五届人大四次会议的决定，关于区十五届人大四次会议列席人员范围的决定。审议通过了区人大常委会代表资格审查委员会关于补选的区十五届人大代表的代表资格审查报告。

2月25～27日 东营市河口区第十五届人民代表大会第四次会议在区礼堂召开，160名代表出席了会议。会议听取审议了区人民政府工作报告，关于工业发展年活动开展情况的报告及区人大常委会、区人民法院、区人民检察院的工作报告，书面审议了计划、财政报告，审查批准了河口区2006年国民经济和社会发展计划及财政预算。会议补选聂建军为河口区人民政府区长，丁水林为河口区人大常委会副主任，毕建军、张希武、荀军松为河口区第十五届人民代表大会常务委员会委员。

3月31日 区十五届人大常委会第二十三次会议在区人大常委会会议室举行。区人大常委会副主任渠怀德主持会议。会议听取审议了区政府关于贯彻落实《中华人民共和国农业技术推广法》情况的汇报，关于贯彻落实《中华人民共和国电力法》情况的汇报。会议任命张俊海为区人民政府副区长，李益民为区人民法院代理院长，李砺生为区人民检察院代理检察长。

5月18日 区十五届人大常委会第二十四次会议在区人大常委会会议室举行。区人大常委会主任刘秀田主持会议。会议审议通过了关于同意对区十五届人大代表赵广田采取强制措施的决定。

5月19日 全市人大工作座谈会在河口区召开。会上，河口区委书记赵豪志致辞，市人大常委会副主任李长君传达全国人大常委会研究室原主任程湘清《关于地方人大及其常委会行使“四权”的几个问题的论述》，各县区人大常委会主任进行汇报交流，市人大常委会党组书记、第一副主任姜振邦作重要讲话。会后，与会人员分别到东营黄河口家具实业有限公司、东营大城厨具有限公司、黄河口高新技术企业创业园等地进行了现场视察。

5月23日 区十五届人大常委会第二十五次会议在区人大常委会会议室举行。区人大常委会副主任杨学贤主持会议。会议听取审议了区政府关于畜牧工作及畜牧疫情防控情况的汇报，关于打黑除恶工作情况的汇报；关于2005年区级财政决算、2005年区级财政预算执行情况和其他财政收支审计情况及审计工作情况的汇报，审查批准了2005年区级财政决算。会议还听取审议了关于河口区生态农业基地建设项目贷款情况的报告，并作出相关决议。

7月18日 区十五届人大常委会第二十六次会议在区人大常委会会议室举行。区人大常委会副主任曲德民主持会议。会议听取审议了区政府关于2006年上半年国民经济和社会发展计划执行情况、财政预算执行情况的报告；关于在全区公民中开展法制宣传教育的第五个五年规划（草案）和《河口区2006-2010年依法治区规划（草案）》的汇报，并作出相关决议。听取审议了区人民法院关于审判管理及审判质量监督工作情况的汇报，区人民检察院关于查办和预防职务犯罪工作情况的汇报。会议审议通过了区人大常委会关于调整内设机构的决议。区人大常委会内设机构为7个，分别为办公室，内设信访科（副科级）、机关离退休干部服务中心（副科级事业单位）；人事代表工作室；内务司法工作委员会；财政经济工作委员会；城乡建设环境保护工作委员会；农业与农村工作委员会；教育科学文化卫生工作委员会。同时，撤销原有的区人大常委会法制科、教科文卫科、财经科、信访科（正科级），其职能划入办公室和相应的工作委员会。最后，会议进行了人事任免事项。

8月2日 区人大常委会组织20名市、区人大代表，对全区招商引资新上项目进展情况进行了视察。代表们认为，全区招商引资新上项目进展情况良好，多数重点在建项目进展顺利，“工业立区”的口号已经真正落实到具体行动中，相信在不久的将来，一个充满活力的工业化河口就会展现在人们面前。针对存在问题，建议区政府及有关部门进一步强化措施，扎实推进，努力实现区域经济的跨越式发展。

8月上旬 区人大常委会组成人员分别对基层区人大代表及驻油田、济军生产基地的区人大代表进行了集中走访。向他们通报了全区经济、社会事业发展情况和区人大常委会2006年上半年工作情况，征求了代表们关于全区农田水利、社会治安、交通、通讯、城建等方面的意见和建议。

9月13日 区人大常委会组织20名市、区人大代表，对全区盐业开发情况进行为期一天的视察。代表们认为，全区上下深入实施“工业立区”战略，充分发挥盐业资源优势，统一规划，精心组织，河口的资源优势正在逐步转化为经济优势，盐业必将成为全区富民强区的支柱产业。同时，针对存在的问题，提出了建议意见。

9月20日 区十五届人大常委会第二十七次会议在区人大常委会会议室举行。区人大常委会副主任房建民主持会议。会议听取审议了区政府关于全区盐业开发情况的汇报，关于贯彻实施《中华人民共和国环境影响评价法》及环境保护工作情况的汇报。

11月7日 区人大常委会组织25名区人大代表，对全区教育工作情况进行了视察。代表们一致认为，近年来，区政府坚持“科教兴区”战略，把教育放在优先发展的战略地位，认真贯彻《中华人民共和国教育法》等一系列法律法规，教育投入逐年增长，办学条件进一步改善，全区教育事业发展迅速，教育质量明显提高，教育工作上了一个新的台阶。针对工作中存在的问题，建议整合油地基础教育资源，增强学校综合竞争力，确保全区教育事业均衡、健康发展。

11月22日 区十五届人大常委会第二十八次会议在区人大常委会会议室举行。区人大常委会副主任张焕洲主持会议。会议听取审议了区政府关于教育工作情况的汇报，关于贯彻实施《中华人民共和国传染病防治法》及卫生工作情况的汇报，关于土地利用总体规划修编情况的汇报，关于办理人大代表建议和人大常委会审议意见情况的汇报。会议还听取审议了区政府关于河口区农业生态环境综合治理工程贷款的报告，并作出相关决议。

12月5日 区人大常委会和区委宣传部联合召开了全区人大宣传工作会议。区人大常委会副主任渠怀德主持会议。会上，区人大常委会主任刘秀田，区委常委、宣传部部长成希琴分别作了讲话，书面印发了《河口区委宣传部、区人大常委会办公室关于进一步加强和改进人大宣传工作的意见》。

12月下旬 区人大常委会组织河口区选举的市人大代表就我区国民经济和社会发展情况进行了视察。集中听取了区政府关于经济和社会发展情况的汇报，深入到仙河镇海参养殖基地、新华联盐业有限公司、六合乡于家新村等地进行了实地视察。代表们对河口区经济和社会发展情况表示满意。区政府团结带领全区人民，坚持以科学发展观为指导，不断解放思想，及时调整优化经济结构，改变经济增长方式，开拓创新，扎实工作，顺利完成了年初确定的各项目标任务，推动了经济社会的又好又快发展。

12月26日　区人大常委会组织召开全区《中华人民共和国各级人民代表大会常务委员会监督法》学习培训会议。区人大常委会副主任杨学贤主持会议。会上，观看了全国人大法律委员会主任委员杨景宇的辅导报告录像，区人大常委会主任刘秀田作了讲话。

2007年

1月12日　区十五届人大常委会第二十九次会议在区人大常委会会议室举行。区人大常委会主任刘秀田主持会议。会议听取审议了区人民政府关于调整2006年财政收支预算的报告，并作出批准的决定。会议讨论通过了区人大常委会关于召开区十五届人大五次会议的决定，关于区十五届人大五次会议列席人员范围的决定。审查批准了区人大常委会代表资格审查委员会关于补选的区十五届人大代表的代表资格审查报告。听取审议了区十五届人大五次会议筹备工作情况的报告。会议补选马登雨、郑建军为市五届人大代表。会议进行了人事任免事项。

1月20～22日　东营市河口区第十五届人民代表大会第五次会议在区礼堂召开，155名代表出席了会议。会议听取审议了区人民政府工作报告，关于社会主义新农村建设重点工作情况的报告及区人大常委会、区人民法院、区人民检察院的工作报告，书面审议了计划、财政报告，审查批准了河口区2007年国民经济和社会发展计划及财政预算。会议补选黄高潮为河口区人大常委会副主任，李益民为河口区人民法院院长，李砺生为河口区人民检察院检察长。

3月28日　区十五届人大常委会第三十次会议在区人大常委会会议室举行。区人大常委会主任刘秀田主持会议。会议听取审议了区政府关于统筹城乡就业工作情况的报告，关于建筑活动监督管理工作情况的报告。会议讨论通过了区人大常委会2007年工作要点。

5月17日　区十五届人大常委会第三十一次会议在区人大常委会会议室举行。区人大常委会副主任渠怀德主持会议。会议听取审议了区政府关于全区治安防控措施落实情况的报告，关于城乡居民合作医疗工作情况的报告，关于城乡居民饮用水监督管理工作情况的报告。会议还进行了人事任免事项。

5月18日　区人大常委会组织15名区人大代表，对河口区安康居住工程建设情况进行了视察。集中听取了工程建设指挥部关于安康居住工程建设情况的汇报，并到工程现场进行实地察看。代表们一致认为，河口区安康居住工程自开工建设以来，工程建设指挥部工作人员科学运作，高效服务，按照“打造精品工程、建设优质小区”的工作目标，对规划设计、施工企业资质审查、工程监理、建材供应、质量管理、安全管理等各个环节，严格执法，加强监督管理，保证了整个工程顺利扎实推进。针对存在的问题和不足，代表们提出了意见和建议。

6月26日　区十五届人大常委会第三十二次会议在区人大常委会会议室举行。区人大常委会副主任杨学贤主持会议。会议听取审议了区政府关于全区农民增收情况的报告，关于2006年区级财政决算、2006年区级财政预算执行情况和其他财政收支审计情况及审计工作情况的报告，审查批准了2006年区级财政决算。会议还听取审议了区人大常委会执法检查组关于《中华人民共和国妇女权益保障法》贯彻实施情况的执法检查报告。

7月10日　区人大常委会组织20名区人大代表，对河口区看守所在押人员管理教育情况进行了视察。代表们对区看守所多年来的工作给予了充分肯定，对在押人员的管理教育情况表示满意。同时，围绕改善条件、优化环境、强化措施、提高实效等提出意见建议。

7月18日　区十五届人大常委会第三十三次会议在区人大常委会会议室举行。区人大常委会副主任曲德民主持会议。会议听取审议了区政府关于2007年上半年国民经济和社会发展计划执行情况、财政预算执行情况的报告。听取审议了区人民法院关于民事审判执行工作情况的报告，区人民检察院关于反渎职侵权工作情况的报告。最后，会议进行了人事任免事项。

9月7日　区人大常委会组织20名区人大代表，对全区税收征收管理工作情况进行了视察。视察中，听取了区政府关于全区税收征收管理工作情况的汇报，并进行了讨论发言。对富海集团有限公司、黄河口家具实业有限公司、腾达管业有限公司等企业进行了视察。

9月12日　区十五届人大常委会第三十四次会

议在区人大常委会会议室举行，区人大常委会副主任房建民主持会议。会议审议通过了2007年区乡两级人大换届选举工作实施方案，表决通过了关于2007年区乡人民代表大会换届选举的决定、关于任命区选举委员会组成人员的决定、关于任命各乡镇选举委员会和河口街道选举工作指导组组成人员的决定。

9月14日　全区人大换届选举工作会议在区人大常委会会议室举行。区人大常委会副主任黄高潮主持会议。会议传达了《河口区人大常委会关于2007年区乡两级人大换届选举工作实施方案》，书面印发了《省、市人大换届选举工作会议精神传达提纲》。区人大常委会主任刘秀田，区委常委、组织部部长张成彬出席会议并作讲话。

10月19日　全市人大内务司法工作座谈会在河口召开。市人大常委会委员、市人大内司法委副主任委员高连昌主持会议，市人大常委会副主任、市人大内司委主任委员刘庆华出席会议并讲话，各县区人大常委会相关人员进行了座谈交流。座谈会结束后，与会人员分别到河口区“三网绿化”工程、河口区污水处理厂、河口区集中供暖工程和河口区银河公园改造工程参观考察。

10月23日　区十五届人大常委会第三十五次会议在区人大常委会会议室举行。区人大常委会副主任黄高潮主持会议。会议听取审议了区政府关于全区民族与宗教工作情况的报告，关于产品质量监督管理工作情况的报告。

10月30日　区十五届人大常委会第三十六次会议在区人大常委会会议室举行。区人大常委会主任刘秀田主持会议。会议任命段鸿、隋华杰为河口区人民政府副区长，王永跃为河口区人民政府办公室主任，杨月明为河口区发展和改革局局长，毕建军为河口区教育局局长，孙守山为河口区人事局局长，殷爱民为河口区人口和计划生育局局长。

11月20日　区十五届人大常委会第三十七次会议在区人大常委会会议室举行。区人大常委会主任刘秀田主持会议。会议听取审议了区政府关于调整2007年度财政收支预算的报告，并作出批准的决定。听取审议了区十六届人大一次会议筹备工作情况的报告，区选举委员会关于换届选举工作情况的报告。审查批准了区人大常委会代表资格审查委员会关于区十六届人大代表的代表资格审查报告。会议讨论通过了关于召开区十六届人大一次会议的决定，关于区十六届人大一次会议列席人员范围的决定。审议通过了提交区十六届人大一次会议的常委会工作报告，

12月8～10日　东营市河口区第十六届人民代表大会第一次会议在区礼堂召开。157名代表出席了会议。会议听取审议了政府工作报告、河口区2006年国民经济和社会发展计划执行情况及2007年国民经济和社会发展计划（草案）的报告、河口区2006年财政预算执行情况和2007年财政预算（草案）的报告、河口区人大常委会工作报告、河口区人民法院工作报告、河口区人民检察院工作报告，并分别作出决议。会议选举郑建军为河口区人大常委会主任，王树臣、杨学贤、房建民、丁水林、赵淑萍为副主任，马士文等17人为河口区人大常委会委员；选举聂建军为河口区人民政府区长，成希琴、李积德、郭学增、张俊海、段鸿、隋华杰为副区长；选举李益民为河口区人民法院院长，李砺生为河口区人民检察院检察长。选举产生了出席东营市第六届人民代表大会代表38名。

2008年

1月24日　区十六届人大常委会第一次会议在区人大常委会会议室举行。区人大常委会第一副主任王树臣主持会议。会议讨论通过了河口区人大常委会2008年工作要点，表决通过了区十六届人大常委会代表资格审查委员会组成人员名单。会议任命王永跃为河口区人民政府办公室主任，杨月明为河口区发展和改革局局长，刘岩山为河口区物价局局长，杨立民为河口区经济贸易局局长，李同君为河口区安全生产监督管理局局长，毕建军为河口区教育局局长，王春霞为河口区文化体育局局长，姜凤军为河口区科学技术局局长，陈军为河口公安分局局长，宋卫华为河口区监察局局长，王志华为河口区民政局局长，杨芳为河口区司法局局长，张希臣为河口区财政局局长，孙守山为河口区人事局局长，韩传华为河口区劳动和社会保障局局长，陈丰先为河口区建设局局长，陈朝霞为东营市城市管理行政执法局河口区分局局长，于跃亮为河口区交通局局长，张兆栋为河口区水利局局

长，孙卫东为河口区农业局局长，王端吉为河口区卫生局局长，殷爱民为河口区人口和计划生育局局长，高志勇为河口区审计局局长，刘建国为河口区统计局局长，李露为河口区招商工作委员会办公室主任。会议还任命了部分审判人员和检察人员。区委书记、区人大常委会主任郑建军为新任命人员颁发了任命书。

3月26日 区十六届人大常委会第二次会议在区人大常委会会议室举行。区人大常委会副主任杨学贤主持会议。会议听取审议了区人民政府关于全区公共文化服务体系建设情况的报告，关于全区石油化工产业发展情况的报告。会议表决通过了《东营市河口区人民代表大会常务委员会关于加强人民检察院监督员工作的意见（试行）》。

5月20日 为推动《山东省普通中小学管理基本规范》在河口区的贯彻实施，区人大常委会组织部分人大代表对全区素质教育工作情况进行了视察。建议区政府要积极借鉴外地经验，结合河口实际，理智、稳妥地推行素质教育。

5月22日～6月12日 为全面了解全区油区工作情况，总结近年来油地共建的经验和成效，区人大常委会组织59名市、区人大代表，分8个专题，对全区油区工作进行了专题调查，围绕加强组织领导，理顺油区工作管理体制；完善服务机制，帮助油田解决实际问题；油地携手，加大油区治安综合治理力度；加强政策扶持，支持油田和改制企业加快发展提出了意见建议。

5月27日 区十六届人大常委会第三次会议在区人大常委会会议室举行。区人大常委会副主任房建民主持会议。会议听取审议了区政府关于全区环境保护工作情况的报告，关于全区“三网”绿化工程建设情况的报告。会议还进行了人事任免事项。

6月25日 区人大常委会组织20名市、区人大代表对河口区特色种植业、特色养殖业发展情况进行了视察。建议区政府要扶持龙头企业，培育市场中介组织，带动特色农业发展，切实增加农民收入，为建设社会主义新农村奠定良好的产业基础。

7月2日 区人大常委会组织部分人大代表，对全区电网建设情况进行了视察。建议区政府要编制好全区电力发展规划，统筹城乡建设规划与电网建设规划。城乡建设详规要充分考虑供电基础设施建设要求，为电网建设留足空间。同时，要及时拆除废旧线路，进一步整合电力、广电、电信资源。

7月29日 区十六届人大常委会第四次会议在区人大常委会会议室举行。区人大常委会副主任杨学贤主持会议。会议听取审议了区政府关于全区公安队伍建设情况的报告，关于2008年上半年国民经济和社会发展计划执行情况的报告，关于2008年上半年财政预算执行情况的报告，关于2007年区级财政决算的报告、2007年区级财政预算执行情况和其他财政收支情况的审计工作报告，审查批准了2007年区级财政决算。讨论通过了《东营市河口区人民代表大会代表守则》和《东营市河口区人民代表大会常务委员会组成人员守则》。会议还听取审议了区政府关于河口区城区基础设施建设工程项目贷款的报告，并作出了决议。

9月26日 区十六届人大常委会第五次会议在区人大常委会会议室举行。区人大常委会副主任房建民主持会议。会议听取审议了区政府关于贯彻实施《中华人民共和国城乡规划法》情况的报告，区人民法院关于民商事审判调解工作情况的报告，区人民检察院关于诉讼监督工作情况的报告。会议还进行了人事任免事项。

10月14日 区人大常委会组织25名区人大代表对全区重点工程和便民实事进行了视察。针对个别项目资金到位不及时、施工环境不宽松、建设进度不够快等问题，建议区政府加强调度，强化措施，加快推进，取信于民，有效地保证了年度目标任务的完成。

11月28日 区十六届人大常委会第六次会议在区人大常委会会议室举行，区人大常委会第一副主任王树臣主持会议。会议听取审议了区政府关于贯彻实施《中华人民共和国节约能源法》情况的报告，关于贯彻实施《中华人民共和国劳动合同法》情况的报告，关于办理人大代表建议和人大常委会审议意见情况的报告，讨论通过了《东营市河口区人民代表大会常务委员会区级预算审查监督办法》，作出了关于召开区十六届人大二次会议的决定和关于区十六届人大二次会议列席人员范围的决定。最后，区委书记、区人大常委会主任郑建军作了讲话。

12月30日 区十六届人大常委会第七次会议在

区人大常委会会议室举行。区人大常委会副主任房建民主持会议。会议听取审议了区十六届人大二次会议筹备工作情况的报告，通过了提交区十六届人大二次会议的常委会工作报告，审查批准了区人民政府关于调整2008年度财政收支预算的报告。会议还进行了人事任免事项。

2009年

1月4～6日 东营市河口区第十六届人民代表大会第二次会议在区礼堂召开，152名代表出席了会议。会议听取审议了区人大常委会、区人民政府、区人民法院、区人民检察院的工作报告，书面审议了计划、财政报告，审查批准了河口区2009年国民经济和社会发展计划及财政预算。

2月26日 区十六届人大常委会第八次会议在区人大常委会会议室举行。区人大常委会副主任杨学贤主持会议。会议讨论通过了河口区人大常委会2009年工作要点，分别听取审议了区政府关于产品质量监督工作和卫生工作情况的汇报。

3月10日 区十六届人大常委会第九次会议在区人大常委会会议室举行。区人大常委会第一副主任王树臣主持会议。会议接受了聂建军区长的辞呈，任命武林中为河口区人民政府代理区长。会议还进行了其他人事任免事项。

4月24日 区十六届人大常委会第十次会议在区人大常委会会议室举行。区人大常委会副主任房建民主持会议。会议听取审议了区政府关于计划生育工作情况的报告，关于建筑市场清理整顿情况的报告，关于油地携手打击和预防涉油违法犯罪情况的报告。会议还听取审议了区政府关于河口区生态防护林工程建设项目贷款的报告，并作出决议。

5月20日 区人大常委会组织部分人大常委会组成人员对全区甲型H1N1流感防控工作进行专题调研。调查组听取了区政府关于全区甲型H1N1流感防控工作情况的汇报，查看了部分防控现场。调查组对全区甲型H1N1流感防控工作给予了充分肯定，并就下步如何更好地开展工作提出了意见建议。

6月8日 区十六届人大常委会第十一次会议在区人大常委会会议室举行，区人大常委会副主任房建民主持会议。会议审查批准了区人大常委会代表资格审查委员会关于补选的区十六届人大代表的代表资格的审查报告；讨论通过了区人大常委会关于召开区十六届人大三次会议的决定；听取审议了区十六届人大三次会议筹备工作情况的报告。最后，会议进行了人事任免事项。

6月16～17日 东营市河口区第十六届人民代表大会第三次会议在区礼堂召开，155名代表出席了会议。会议听取审议了区人民政府工作报告。会议补选聂建军为河口区人大常委会主任，武林中为河口区人民政府区长，王永跃为河口区人民政府副区长，宋继圣为河口区人民检察院检察长。

6月24日 区人大常委会组织部分人大常委会组成人员和区人大代表对全区农业发展及农民增收情况进行了专题调查。调查组分别听取了区政府和部分乡镇关于全区农业发展及农民增收情况的汇报，召开了相关部门人员参加的座谈会，查看了部分现场。调查组对全区农业发展及农民增收工作提出了意见建议。

6月 东营市河口区人大常委会主办刊物—《河口人大》创刊。设置领导讲话、决策传递、会议专栏、监督纵横、制度建设、代表风采、共建园地、信息交流、大事记、知识窗、艺苑等栏目。2009年第一期为总第一期，当年出版2期。刊名由市人大常委会第一副主任周燕明题写。

7月10日 区人大常委会组织部分常委会组成人员对全区安全生产监督管理工作情况进行调查。调查组听取了部门的情况汇报，实地察看了中海石化、汇海制药等企业的安全生产工作，并广泛征求了企业的意见。针对工作中存在的问题，调查组向区政府提出了建议。

7月22日 区人大常委会副主任丁水林带队对全区防汛工作进行了调查。调查组先后到挑河、草桥沟进行了实地察看，听取了区政府关于防汛工作情况的汇报，建议区政府要加强联系，协调配合，通力合作，采取积极有力的措施，真正将防汛工作落实到位。

7月27日 区人大常委会第一副主任王树臣，副主任杨学贤、房建民、丁水林到区烟草专卖局进行调研。听取了区烟草专卖局关于上半年工作情况的汇报，重点围绕加强内部管理、强化社会责任、实行严格执法等问题进行了座谈。

7月28日　区人大常委会副主任房建民带领调查组，就全区国民经济和社会发展计划执行情况到区发改局和新户乡进行调查，并召开了由区经贸局、农业局、财政局、水利局、民政局等相关部门负责人参加的座谈会。

7月30日　区人大常委会副主任丁水林带队到区检察院调查反贪污贿赂工作开展情况。调查组听取了区检察院关于反贪污贿赂工作情况的汇报，并查看了相关资料。

8月1～10日　区人大常委会对全区62个部门、单位的招商引资及软环境建设工作进行集中评议。4个评议调查组分别由区人大常委会第一副主任、副主任带队，区人大常委会委员、部分人大代表参加，深入被评议部门、单位听取工作汇报，查阅相关资料，召开座谈会，详细了解招商任务完成情况和招商引资软环境建设情况。各调查组深入10家企业进行了重点调查，召开了58家企业负责人参加的座谈会，征求意见建议，并填写了“评议意见书”。同时，区人大常委会还征求了区级人大代表和部分群众的意见。期间，共发放“评议意见书”380余份。

8月11～13日　区人大常委会组成人员分组集中走访了区人大代表。通报了区人大常委会2009年以来主要工作情况，征求了代表们对区人大常委会和“一府两院”工作的意见建议。

8月26～27日　区十六届人大常委会第十二次会议召开。区人大常委会副主任杨学贤主持会议。会议听取了区招商办、发改局、经贸局、外经贸局、开发区管委会、农业局、科技局、旅游局主要负责人关于招商引资工作的述职报告，并对有关部门、单位招商引资及软环境建设情况进行了民主评议；会议听取审议了区政府关于招商引资情况的报告，关于2009年上半年国民经济和社会发展计划执行情况的报告，关于2009年上半年财政预算执行情况的报告，关于2008年区级财政决算的报告，关于2008年区级财政预算执行情况和其他财政收支情况的审计工作报告，关于调整2009年度财政收支预算的报告，批准了2008年区级财政决算和关于调整2009年度财政收支预算的报告；听取审议了区人民法院关于执行工作情况的报告，区人民检察院关于反贪污贿赂工作情况的报告。最后，进行了人事任免事项。

9月14日　市人大常委会第一副主任周燕明作出批示：《河口人大》刊物政治性强，内容丰富，印刷质量高，是一部很好可读的刊物，对于宣传党的方针政策和促进人大工作将起到很好作用。望《河口人大》越办越好。

9月22日　区人大常委会副主任丁水林带队，对特色农业发展情况进行调查。调查组听取了相关情况的汇报，并实地察看了天河湾冬枣专业合作社、东营志鹏珍禽养殖公司、新兴食用菌生产基地、丰旺貂狐貉养殖小区。围绕打造优势品牌产业、做大做强龙头企业等提出了意见建议。

10月12日　区人大常委会副主任丁水林带领调查组对新农村建设工作进行调研。调查组听取了区农业局关于社会主义新农村建设情况的汇报，与13个相关部门、单位的负责人进行座谈，实地察看了部分企业、农民专业合作社、村居，详细了解了全区新农村建设工作开展情况。

10月13日　区人大常委会副主任杨学贤带领调查组，就“民主法治示范村”创建情况到部分乡镇进行调查。调查组通过听汇报、查资料、看现场等形式，全面了解“民主法治示范村”创建情况。

10月16日　区人大常委会副主任房建民带队，就全区中小学校基础设施配套建设情况进行调查。调查组听取了区教育局及各学校主要负责人的情况汇报，先后到区一中、实验学校、河运小学、义和镇中心小学，察看和了解学校的基础设施配套建设情况。

10月18日　区人大常委会副主任丁水林带队，对素质教育工作情况进行调查。调查组听取了区教育局关于素质教育工作情况的汇报，并进行了座谈。提出了积极创新教育教学方法，不断提高学校管理水平和教育教学质量等建议。

10月23日　区十六届人大常委会第十三次会议召开。区人大常委会副主任房建民主持会议。会议听取审议了区政府关于“民主法治示范村”创建情况的报告，关于社会主义新农村建设工作情况的报告，关于中小学设施配套建设情况的报告；关于开展“法治河口”创建活动的报告，并作出了决议。会议任命了6名检察人员。

10月26日 区人大常委会副主任丁水林带队到区广播电视局调研。听取了区广电局关于2009年以来主要工作情况的汇报，实地察看了广电中心建设工程进展情况。就广电局班子建设、干部队伍建设和广电中心建设提出了意见建议。

11月20日 区人大常委会第一副主任王树臣带队，到区建设局调研城市建设工作。调查组听取了区建设局主要负责人关于河口城市规划建设情况的汇报，先后到西湖公园、油田职工住房建设现场进行了实地察看。调查组对全区城市建设工作提出了意见建议。

11月25日 区人大常委会组织部分区人大代表，对2009年全区重点工程和便民实事进展情况进行了集中视察。听取了区政府关于2009年全区重点工程和便民实事进展情况的全面汇报，实地察看了区经济适用房、东营市第二殡仪馆、黄河路东延、羊栏河水厂、文体艺术中心、广电中心、河安小学等建设现场，以及河安小学西侧道路及渤海路配套工程、西湖公园北岸绿化衬砌工程进展情况。

12月4～5日 区人大常委会第一副主任王树臣带队，对全区道路建设管理情况进行了调查。调查组听取了区交通局关于全区城乡道路建设管理情况的汇报，分别到六合乡和义和镇调查了解农村公路建设情况，征求人大代表对农村公路建设方面的意见建议。就农村公路建设标准、公路维护、贫困村公路建设、公路规划等方面的问题进行了讨论，围绕如何充分发挥职能部门作用，积极构建大交通网络，更好地服务新农村建设等提出了意见建议。

12月8日 区人大常委会组织驻河口区的市人大代表，就河口区经济社会发展情况进行了视察。听取了区政府关于全区经济社会发展情况的汇报，分别到海鑫石油、安诺琪纺织、常青树化工、文体艺术中心、河安小学等处进行了实地察看。代表们就发挥区位资源优势、优化生态环境、关注就业和社会保障等提出了意见建议。

12月9日 区人大常委会副主任杨学贤带队，就区十六届人大二次会议以来人大代表建议和人大常委会审议意见办理情况进行调研。

12月11日 区十六届人大常委会第十四次会议召开。区人大常委会第一副主任王树臣主持会议。会议听取审议了区政府关于道路建设管理情况的报告，海洋与渔业工作情况的报告，2009年招商引资工作情况的报告，办理人大代表建议和人大常委会审议意见情况的报告。会议讨论通过了区人大常委会关于召开区十六届人大四次会议的决定和关于接受盖凤鸣、陈桂林、赵呈安3名代表辞职请求的决定。区委书记、区人大常委会主任聂建军出席会议并作讲话。

12月10～20日 各乡镇、街道人大分别组织本辖区的区级人大代表，集中开展会前视察活动。

12月29日 区十六届人大常委会第十五次会议召开。区人大常委会副主任房建民主持会议。会议听取审议了区十六届人大四次会议筹备情况的报告，讨论通过了提交区十六届人大四次会议的常委会工作报告，审查批准了区人大常委会代表资格审查委员会关于补选的区十六届人大代表的代表资格审查报告，讨论通过了关于召开区十六届人大四次会议的决定、关于区十六届人大四次会议列席人员范围的决定；听取审议了区人民政府关于调整2009年度财政收支预算的报告，并作出批准的决定。最后，会议进行了人事任免事项。

2010年

1月5～7日 东营市河口区第十六届人民代表大会第四次会议在区礼堂召开，155名代表出席了会议。会议听取审议了区人民政府工作报告，关于城乡规划建设管理工作的报告及区人大常委会、区人民法院、区人民检察院工作报告，书面审议了计划、财政报告，审查批准了河口区2010年国民经济和社会发展计划及财政预算。会议补选郑爱国、李同君为河口区人大常委会委员。

1月12日 区十六届人大常委会第十六次会议召开。区人大常委会副主任杨学贤主持会议。会议补选万会标、高一、吴国华为东营市第六届人大代表。

3月1～3日 区人大常委会副主任丁水林带队，对全区科技工作情况进行调查。听取了区科技局关于科技工作情况的汇报，召开了相关部门负责人参加的座谈会，查看了相关资料，分别到义和镇和部分企业进行了实地查看。调查组就如何发挥科技在黄河三角洲高效生态经济区建设中的支撑作用提出了意见建议。

3月2～4日 区人大常委会副主任房建民带队，对全区安全生产法实施情况进行调查。调查组分别听取了区安监局、开发区管委会、孤岛镇相关工作情况的汇报，召开了旅游业、工业和商贸流通、危化品等安全生产工作委员会办公室主任参加的座谈会，查看了相关资料，分别到天泰加油站、天汇加气站、中海化工、金岛实业、枣园化工、汇海医药进行了实地查看。调查组就如何贯彻实施好安全生产法、发挥好执法监察职能、强化企业安全生产主体责任等提出了意见建议。

3月9日 区十六届人大常委会第十七次会议召开。区人大常委会副主任杨学贤主持会议。会议听取审议了区政府关于安全生产法实施情况的报告，关于科技工作情况的报告，讨论通过了河口区人大常委会2010年工作要点。最后，会议进行了人事任免事项。

3月17日 区人大常委会副主任丁水林带队到孤岛镇调研旅游业发展情况。调查组实地查看了神仙岛生态园和孤岛农博园、植物园旅游景区。建议孤岛镇要把握黄河三角洲高效生态经济区开发建设上升为国家战略的机遇，深入挖掘旅游资源，坚持油地军结合，统筹规划、突出特色、科学定位，把“军旅马场、魅力田园、神秘孤岛”这一旅游品牌打响。

4月14日 市人大常委会第一副主任周燕明、秘书长孙三民一行到河口区调研人大代表工作。在区委书记、区人大常委会主任聂建军，区人大常委会第一副主任王树臣，副主任杨学贤、丁水林的陪同下，周燕明先后来到河口街道、河口采油厂、渤海钻井总公司查看人大代表活动场所，听取了代表工作开展情况汇报，查看相关资料，并与部分人大代表进行座谈。周燕明对做好人大工作提出了具体要求。

4月15日 区人大常委会第一副主任王树臣、副主任杨学贤到新户乡调研经济社会发展情况。先后到新户乡育苗海参养殖开发项目、国华瑞风风力发电项目、南六合新型农民居住区、镜湖花园新型农民集中居住区建设现场进行了实地察看，听取情况介绍，提出建议意见。

5月13日 市人大常委会第一副主任周燕明、副主任郭丰濮到河口区走访慰问残疾人。区委书记、区人大常委会主任聂建军，区委副书记孙红军，区人大常委会第一副主任王树臣，区委常委、区委办公室主任张胜双，区人大常委会副主任房建民等陪同走访。

5月19日 区十六届人大常委会第十八次会议在区人大常委会会议室召开。区人大常委会副主任房建民主持会议。会议听取审议了区政府关于食品安全法实施情况的报告，关于劳动就业工作情况的报告，关于油地公安维稳工作协调机制运转情况的报告。最后，进行了人事任免事项。

6月1日 区人大常委会副主任杨学贤一行分别到河口街道和新户镇检查指导“五五”普法工作。检查指导组分别听取了关于“五五”普法、依法治理工作情况的汇报，并到司法所实地查看了相关档案资料。

6月4日 2010年“河口环保世纪行”活动正式启动。区人大常委会城乡建设环境保护工作委员会主任王宪印宣读了关于开展2010年“河口环保世纪行”活动的意见。区人大常委会副主任房建民对活动开展工作提出了具体要求。区直各部门、单位和各镇、街道的分管领导，油田驻河口二级单位的环保科长，油地电视台的负责人参加了启动仪式。

7月23日 区十六届人大常委会第十九次会议在区人大常委会会议室召开。区人大常委会第一副主任王树臣主持会议。会议听取审议了区政府关于2010年上半年国民经济和社会发展计划执行情况的报告，关于2010年上半年财政预算执行情况的报告，关于2009年区级财政决算的报告、关于2009年区级财政预算执行和其他财政收支情况的审计工作报告，审查批准了2009年区级财政决算。听取审议了区人民法院关于队伍建设情况的报告。会议还进行了人事任免事项。区委书记、区人大常委会主任聂建军参加会议并讲话。

8月中、下旬 区人大常委会组成人员分组到各镇、街道集中走访联系区人大代表。通报全区经济社会发展情况和区人大常委会工作情况，征求代表意见建议。

8月31日 区人大常委会副主任丁水林一行五人，到仙河镇调研黄河口特优农产品“三大基地”培育和农业龙头企业建设情况。实地察看了3万亩大闸蟹养殖基地、海星万亩海参养殖基地、海参育苗厂、长盈水产加工厂等农产品培育基地和农业龙头企业，对下一步农产品基地培育和农业龙头企业发展提出了意见建议。

9月1日　区人大常委会第一副主任王树臣，区人大常委会副主任杨学贤、房建民到区人口计生局进行工作调研。听取了人口计生局工作情况汇报，察看了区人口计生局基础设施建设情况。

9月2日　区人大常委会副主任丁水林带领区人大调研组，到孤岛镇调研农产品“三大基地”培育、农业龙头企业和农民专业合作组织建设情况。实地查看了东营银河水产养殖公司黄河口大闸蟹养殖基地、三丰香油、军绿食品加工、金盛饲料等农产品生产基地和农业龙头企业。

9月14日　区人大常委会副主任杨学贤就新农保工作到河口街道调研。听取了河口街道负责人关于新农保工作情况的汇报，并查看了相关资料。杨学贤对河口街道新农保工作给予了充分肯定，就下一步工作提出了意见建议。

9月29日　区十六届人大常委会第二十次会议召开。区人大常委会副主任房建民主持会议。会议听取审议了区政府关于工业经济发展和产业结构调整工作情况的报告，关于黄河口特优农产品“三大基地”培育和农业龙头企业建设情况的报告，关于新型农村社会养老保险工作情况的报告，区人民检察院关于预防职务犯罪工作情况的报告。会议还进行了人事任免事项。

10月15日　区人大常委会副主任丁水林到新户镇调研冬枣产业发展。丁水林一行先后到太二村、老鸦村、东鲍井村冬枣收购点和新户镇百枣园进行实地察看，详细了解河口区冬枣产业生产、销售情况，对今后冬枣产业发展提出了意见建议。

10月27～29日　区人大常委会成立环境保护工作调查组，对全区环境保护工作进行专题调查。区人大常委会第一副主任王树臣，副主任杨学贤、房建民、丁水林参加了调查。调查组先后到区环保分局、河口经济开发区，听取了相关情况的汇报，实地查看了部分污染治理现场和部分企业环保措施落实情况，针对调查中发现的问题提出了意见建议。

11月8日　区人大常委会副主任房建民带队，就全区“重大项目攻坚行动”开展情况进行调查。调查组听取了相关情况的汇报，实地查看了部分在建和投产的重大项目，召开了由区发改局、项目攻坚办、黄河三角洲建设办主要负责人参加的座谈会，查找存在的问题，提出了意见建议。

11月10日　区人大常委会副主任杨学贤就全区“机关效能提升行动”开展情况进行调研。调研组先后到区监察局、国土局、交通局、六合街道，听取了相关工作汇报。就下一步工作，杨学贤副主任提出了意见建议。

11月11日　区人大常委会副主任丁水林带队，就全区“和谐城乡建设行动”开展情况进行调查。调查组听取了相关情况的汇报，实地查看了部分社区、镇街建设现场。

11月30日　区十六届人大常委会第二十一次会议举行。区人大常委会副主任杨学贤主持会议。会议表决通过了人民满意单位评选办法，并对全区53个部门单位进行了工作评议。授予区检察院、经信局、计生局、国税局、油区办“人民满意单位”称号。会议听取审议了区政府关于“重大项目攻坚、和谐城乡建设、机关效能提升”三大行动开展情况的报告。会议还通过了人事任免事项。

12月5日　区人大常委会第一副主任王树臣在区公安分局负责同志的陪同下，先后到仙河交警三中队、孤岛油地军维稳联动指挥中心、三义和警务室、六和派出所和区公安分局进行实地观摩，并听取了2010年公安工作情况的汇报。王树臣副主任就如何充分发挥职能作用、维护全区社会稳定提出了意见建议。

12月6日　市人大常委会副主任温晓杰带领调研组对我区药品安全工作进行调研。调研组先后到仙河药业有限公司、河口社区钻井卫生院、河口医药公司、百姓大药房等地进行了实地察看。温晓杰副主任对我区药品安全工作给予了充分肯定，并对下一步的工作提出了意见建议。

12月7日　区人大代表招商引资工作推进小组组成人员座谈会召开。与会人员就全区招商引资工作进行了交流发言。区人大常委会第一副主任王树臣就充分发挥人大代表招商引资工作推进小组的作用，确保完成招商引资任务提出了要求。

12月9日　区人大常委会举行“人民满意单位”授牌仪式。首先全面总结了区人大常委会对“一府两院”工作评议情况，然后为区检察院、经信局、计生局、国税局、油区办等五个“人民满意单位”颁发了奖牌。获奖单位作了典型发言。区人大常委会第一副主任王树臣出席会议并讲话。

12月14日 区人大常委会组织部分区人大代表对全区2010年重点工程和便民实事进展情况进行了集中视察。实地察看了河滨小区二期工程、王庄二干二分干衬砌改造工程、压缩式垃圾转运站建设工程、海宁路改造工程等，听取了相关工作情况汇报，并提出了意见建议。

12月16日 区人大常委会组织驻河口区的市人大代表就全区经济社会发展情况进行了视察。先后到河安社区、黄河口文化体育艺术中心、栋明铝业、华锐风电、河滨社区经济适用房、四扣社区、富海石化等地进行了实地察看；听取了全区经济社会发展情况的汇报，并就今后工作提出了意见建议。

12月23日 区人大常委会第二十二次会议召开。区人大常委会第一副主任王树臣主持会议。会议讨论通过了区人大常委会关于召开区十六届人大五次会议的决定、关于区十六届人大五次会议列席人员范围的决定；会议还进行了人事任免事项。区委书记、区人大常委会主任聂建军出席会议并作重要讲话。

2011年

1月10日 区十六届人大常委会第二十三次会议召开。区人大常委会副主任房建民主持会议。会议听取审议了区十六届人大五次会议筹备工作情况的报告，讨论通过了提交区十六届人大五次会议的常委会工作报告、关于接受有关人员辞职请求的决定，审查批准了区人大常委会代表资格审查委员会关于补选的区十六届人大代表的代表资格审查报告、区人民政府关于调整2010年度财政收支预算的报告。

1月13～15日 东营市河口区第十六届人民代表大会第五次会议在区礼堂召开，150名代表出席了会议。会议听取审议了区人大常委会、区人民政府、区人民法院、区人民检察院的工作报告，书面审议了计划、财政两个报告和“十二五”规划纲要，审查批准了河口区2011年国民经济和社会发展计划、财政预算及“十二五”规划纲要。会议补选郭存三为区人大常委会副主任，王学春为区人民政府副区长，胡友泉为区人民法院院长，孙学诗、王忠华、王学军、李仁玲、徐楠楠为区人大常委会委员。

1月26日 区委书记、区人大常委会主任聂建军走访慰问老干部和部分困难职工。在区委常委、办公室主任张胜双，区委常委、组织部部长张成彬，区人大常委会副主任房建民，区政协副主席王丛林的陪同下，聂建军先后走访慰问了朱瓒、王汉统、李允和、周庆成、张理清、孙学孟等老干部。聂建军还看望了特困失业职工张爱凤、李伟忠和刘新霞。

2月15日 区人大常委会副主任丁水林带领水利、农业、气象等部门负责人，到义和镇调研抗旱工作情况。调研组实地查看了义和镇义胜水库、王集水库、河口泵站等开闸蓄水情况，对义和镇抗旱工作给予了充分肯定，并就下一步如何应对日益严峻的抗旱形势，进一步做好抗旱工作，提出具体意见。

3月8日 市人大常委会第一副主任周燕明一行到河口区调研经济社会发展情况。调研组先后查看了华锐风机制造项目、湖滨新区建设情况，并听取了河口区经济社会发展情况以及人大工作情况汇报。周燕明对我区经济社会发展情况给予了充分肯定，并就如何实现河口区域经济协调发展、人大工作再上新水平提出了要求。市人大常委会秘书长孙三民，区委书记、区人大常委会主任聂建军，区委副书记杨同贤，区人大常委会第一副主任王树臣，区委常委、副区长马保文等陪同调研。

3月10日 区人大常委会第一副主任王树臣到六合街道对经济社会发展情况和信访工作情况进行调研。王树臣先后到六合街道三义和村改造现场、中海物流、梅家无公害蔬菜种植基地进行了实地查看，并听取了六合街道工作情况的汇报。王树臣对六合街道如何促进经济发展、社会稳定以及充分发挥人大代表作用提出了明确要求。

3月15日 区人大常委会第一副主任王树臣带队，对河口蓝色经济开发区规划建设情况进行专项视察。视察组先后视察了基础设施配套项目及红海化工、沃驰化工、戴瑞克新型材料等落户企业。王树臣对河口蓝色经济开发区规划建规工作给予了充分肯定，并对下一步如何加快蓝色经济开发区建设提出了意见。

3月16日 区人大常委会副主任丁水林带领部

分人大代表到新户镇、义和镇调研水利基础设施建设情况。听取了新户镇、义和镇主要负责人关于水利基础设施建设情况的汇报，实地查看了河口泵站、大山片三万亩土地开发、王集水库。针对当前水利设施建设存在的问题，调研组提出了意见建议。

3月17日　区人大常委会副主任郭存三带领部分人大代表到河口街道调查河口蓝色经济开发区规划建设情况，召开有关村党支部书记座谈会，了解土地迁占中存在的困难，征求解决问题的意见建议。

3月18日　区人大常委会副主任房建民参加区人力资源和社会保障局党务政务公开动员会议。房建民肯定了区人力资源和社会保障局在机关效能提升、党务政务公开方面的一些创新做法，就下一步工作提出了建议。

3月30日　区十六届人大常委会召开第二十四次会议。区人大常委会副主任房建民主持会议。会议讨论通过了河口区人大常委会2011年工作要点和河口区第十六届人大常委会代表资格审查委员会组成人员名单；听取审议了区政府关于水利基础设施建设情况的报告，关于山东河口蓝色经济开发区规划建设情况的报告。会议还进行了人事任免事项。

4月14日　区人大常委会第一副主任王树臣调研全区重大项目建设情况。王树臣先后察看了山东戴瑞克新材料有限公司和东营兴和管业有限公司建设情况，并对全区的重大项目提出了意见建议。区委常委、纪委书记侯永强，区人大常委会副主任房建民陪同调研。

4月15日　市人大调研组来我区调研执法规范化建设工作。在区人大常委会副主任房建民的陪同下，调研组到区公安分局进行了实地查看，并听取了全区执法规范化工作情况的汇报。调研组对全区执法规范化工作给予了充分肯定，并对下一步工作提出了意见建议。

4月26日　区人大常委会副主任丁水林带队调研全区棉花播种和农资准备情况。在区农业局相关负责人的陪同下，丁水林到义和镇查看了棉花播种和农资店农资准备情况，对今后的棉花生产以及农民增收工作提出了意见建议。

5月10日　区人大常委会副主任丁水林带领调研组对全区医药卫生体制改革工作进行专题调研。调研组一行先后到义和镇和六合街道河安社区等基层单位进行了实地调研，并听取了关于深化医药卫生体制改革工作情况的汇报。丁水林对河口区医药卫生体制改革工作给予充分肯定，对进一步加快卫生体制改革提出了意见建议。

5月13日　区人大常委会副主任房建民带队调查全区经济犯罪侦查工作情况。调查组分别到河口公安分局、河滨公安分局、海滨公安分局进行实地调查，听取了相关工作汇报。房建民对如何进一步做好经济犯罪侦查工作提出意见建议。

5月16日　区人大常委会组织部分人大代表视察湖滨新区规划建设情况。代表们先后察看了河聚路美化亮化工程、滨湖路南延工程、河祥路西延工程、鸣翠湖景观建设工程、湖滨新区项目展示、李坨旧村改造工程、黄河路西延工程和区人防应急指挥中心建设工程，详细了解湖滨新区的建设情况。在听取了相关负责人的情况介绍后，代表们对如何加快湖滨新区规划建设工作提出了意见建议。区委常委、副区长马保文、区政协副主席张兆栋陪同视察。

5月26日　区十六届人大常委会第二十五次会议召开。区人大常委会副主任房建民主持会议。会议听取审议了区政府关于湖滨新区规划建设情况的报告，关于经济犯罪侦查工作情况的报告，关于医药卫生体制改革情况的报告，审查批准了区人大常委会代表资格审查委员会关于补选代表的代表资格的审查报告。会议还通过了人事任免事项。

5月27日　市人大常委会副主任郭丰璞一行到河口区调研城乡低保工作情况。在市民政局局长纪梅英，区人大常委会第一副主任王树臣，区人大常委会副主任房建民、丁水林，副区长段鸿陪同下，郭丰璞一行先后到区“阳光190”社会救助中心、义和镇民政办、区中医院以及义和镇东北村低保户家中进行查看；听取了河口区城乡低保工作情况的汇报。郭丰璞对我区低保工作给予了充分肯定，并对下一步工作提出了意见建议。

6月1日　区人大常委会第一副主任王树臣到仙河镇调研。王树臣先后到东营君威节能环保有限公司油泥砂处理项目、东营乐和农业开发有限公司生态养殖开发项目及神州路十分场改造施工现场进行了实地查看。在听取相关情况介绍后，王树臣对进一步加快仙河镇经济社会发展提出意见建议。

6月8日 区人大常委会副主任房建民到孤岛镇调研基层稳定工作情况。听取了孤岛镇主要负责同志的情况汇报后，房建民就如何搞好孤岛镇安全稳定工作提出意见建议。

6月22日 区人大常委会副主任丁水林带领机关包村帮扶工作人员到六合街道庙二村走访慰问老党员和贫困党员，为他们送去了慰问金和慰问品。

6月28日 区人大常委会第一副主任王树臣率团到滨州市开展招商活动。王树臣一行实地参观考察了山东博兴恒宇精密薄板有限公司，听取了公司生产经营情况介绍，就项目建设和招商工作进行了进一步接洽。

7月1日 区人大常委会副主任丁水林带队调研黄河防汛和刁口河生态调水情况。调查组听取了有关情况汇报，实地查看了当前黄河汛情和工程防守情况，并到崔家节制闸和罗家屋子闸查看了刁口河生态调水情况。

7月6日 区人大常委会副主任房建民带队对全区道路交通安全管理工作进行调研。调研组先后到海康路与德胜街交叉口、钻井岗、河口区交警三中队进行了实地察看，并听取了交警管理大队关于道路交通安全管理工作情况的汇报。房建民对如何优化全区道路交通安全环境，确保道路安全畅通提出意见建议。

7月9日 区十六届人大常委会第二十六次会议召开。区人大常委会第一副主任王树臣主持会议。会议通过了接受武林中辞去河口区人民政府区长请求的决定，任命荀增杰为河口区人民政府代区长。区委书记、区人大常委会主任聂建军出席会议并作重要讲话。

7月11日 区人大常委会副主任丁水林带队调研全区防汛工作。调研组先后到挑河闸、草桥沟闸等地实地察看了水位以及防洪设施运行情况，并听取了工作情况汇报。

7月12日 区人大常委会副主任郭存三到新户镇调研社会稳定工作及防潮堤建设情况。郭存三听取了相关情况汇报，实地察看了部分现场，提出了意见建议。

7月13日 区人大常委会副主任郭存三带队到区财政局调研河口区2010年区级财政决算情况和2011年上半年财政收支预算执行情况。在听取了区财政工作情况的汇报后，郭存三就加强财源建设、狠抓收入征管、深化财政改革等提出意见建议。

7月19日 区人大常委会副主任丁水林到区广播电视台调研。实地查看了广电中心工程建设情况，听取了工作情况汇报。丁水林对区广播电视台工作开展情况给予了充分肯定，并对加大重点工程推进力度、加快有线网络建设提出意见建议。

7月20日 区人大常委会副主任房建民就2011年上半年计划、经济、金融、统计等进行调研。在听取相关部门工作汇报后，房建民对各部门如何发挥职能作用、推动全区经济社会健康发展提出意见建议。

7月21日 区人大常委会第一副主任王树臣一行到潍坊高新技术产业开发区考察招商。考察组一行参观了潍坊高新技术产业开发区展厅，现场听取了情况介绍，并与当地科技、招商等部门进行洽谈。双方表示愿意加深了解，找准结合点，促进共同发展。

7月29日 区十六届人大常委会第二十七次会议召开。区人大常委会副主任房建民主持会议。会议听取审议了区政府关于2011年上半年国民经济和社会发展计划执行情况的报告、关于2010年区级财政决算（草案）的报告、关于2010年区级财政预算执行和其他财政收支情况的审计工作报告、关于2011年上半年财政预算执行情况的报告，审查批准了2010年区级财政决算，同时审议批准了关于在全区公民中开展法制宣传教育的第六个五年规划和河口区2011—2015年依法治区规划，通过了区人大常委会代表资格审查委员会关于补选荀增杰为区十六届人大代表的代表资格审查报告，任命马文俊等11人为河口区人民法院审判员。

8月上旬 区人大常委会组成人员分组到各镇、街道走访区人大代表，与人大代表进行座谈。座谈会上，通报了区人大常委会和区政府上半年工作情况。与会的各位代表积极建言献策，分别就城市规划建设、环境保护、招商引资等提出意见建议。

8月10日 区十六届人大常委会召开第二十八次会议。区人大常委会副主任郭存三主持会议。会议听取审议了区人大常委会副主任房建民所作的区十六届人大六次会议筹备工作情况的报告，讨论通过了区人大常委会关于召开区十六届人大六次会议的决定、关于区十六届人大六次会议列席人员范围的决定。

8月17日　区人大常委会第一副主任王树臣到河口蓝色经济开发区就山东宝沃能源股份有限公司项目建设进行调研。王树臣详细了解了项目推进情况和存在的问题，并对下一步建设推进工作提出建议。

8月22～23日　东营市河口区第十六届人民代表大会第六次会议在区礼堂召开。会议听取了代区长苟增杰所作的区人民政府工作报告，补选苟增杰为河口区人民政府区长。

8月26日　区人大常委会副主任丁水林到新户镇就冬枣生产情况进行调研。对老鸦村和东鲍井村进行了实地查看，了解冬枣标准化生产情况。丁水林对新户镇在冬枣标准化生产方面做出的努力给予充分肯定，并对冬枣增产增收提出意见建议。

9月15日　区人大常委会副主任房建民带领区人大常委会执法检查组，到区法院检查《中华人民共和国法官法》实施情况。在听取了相关情况汇报后，房建民对如何更好地贯彻好法官法提出建议。

9月18～21日　区人大常委会副主任丁水林一行到河口街道、六合街道、仙河镇、孤岛镇、义和镇调研学前教育工作情况。在听取了关于学前教育工作情况的汇报、征求了基层幼儿教师的意见建议后，丁水林建议教育主管部门要提高认识，坚定信心，精心组织，有序推进，努力打造一支高素质的幼儿教师队伍，全面提高农村学前教育质量。

9月20日　区人大常委会副主任房建民到区检察院调研民事行政检察工作。在听取区检察院相关负责人关于民事行政检察工作的情况汇报后，房建民就加大宣传力度、提高人民群众对民事行政检察工作的知晓度提出了建议。

9月22日　区人大常委会副主任郭存三到区城市管理局进行调研。在听取了区城市管理局、住房和城乡建设局、机关事务管理局关于城市基础设施建设和供热供气有关情况的汇报后，郭存三就相关工作提出了要求。

9月30日　区十六届人大常委会第二十九次会议召开。区人大常委会副主任房建民主持会议。会议听取审议了区政府关于供热供气及城市基础设施建设情况的报告，关于学前教育工作情况的报告，区人民法院关于《中华人民共和国法官法》贯彻执行情况的报告，区人民检察院关于民事行政检察工作情况的报告；审议通过了关于区镇两级人大换届选举工作的实施方案，表决通过了关于区镇两级人大换届选举的决定、关于任命区选举委员会组成人员的决定、关于任命各镇选举委员会和街道选举工作指导组组成人员的决定。会议还进行了人事任免事项。

10月12日　区人大常委会副主任丁水林到义和镇调研人大换届工作及特色农业发展情况。在听取了义和镇有关汇报后，丁水林就如何做好人大换届选举、积极发展特色农业提出了意见。

10月19日　区人大常委会副主任丁水林一行到新户镇调研冬枣生产情况。丁水林一行先后到新盛冬枣专业合作社、东鲍井村冬枣交易市场进行实地察看，详细了解冬枣生产、销售情况，并听取了新户镇、区林业局关于冬枣生产情况的汇报。

11月8日　区人大常委会副主任丁水林到新户镇调研海洋经济发展情况，与部分人大代表进行了座谈，并对部分公司进行了视察。

11月9日　市人大常委会第一副主任周燕明在区委书记、区人大常委会主任聂建军，区委副书记、区长苟增杰，区委副书记杨同贤，区人大常委会第一副主任王树臣的陪同下，对河口区人大换届选举工作进行检查指导。听取了河口区关于人大换届选举工作情况的汇报后，周燕明对河口区人大换届选举的各项推进工作给予了充分肯定，并对下一步工作提出要求。

11月11日　区人大常委会副主任丁水林就人大换届选举工作到义和镇调研。丁水林一行听取了义和镇主要负责人关于人大换届选举工作的情况汇报，对加强人大换届选举宣传工作提出要求。

11月14日　区人大常委会副主任房建民到新户镇、仙河镇、河口街道和东营港经济开发区指导人大换届选举工作。

11月14～17日　区人大常委会副主任房建民带领部分委员就全区油区工作进行调研。房建民一行先后到油田井场、油气开发中心、油区办管道监管股、新户镇、义和镇、六合街道等进行实地查看。听取了区油区办负责人关于油区工作情况的汇报，对下一步油区工作提出要求。

11月30日　区十六届人大常委会第三十次会议召开。区人大常委会副主任郭存三主持会议。听取审议了区政府关于招商引资工作情况的报告，关于油区工作情况的报告，关于海洋经济发展情况的报告，关于“机关效能提升行动”开展情况的报告。

12月6日　区十六届人大常委会第三十一次会议召开。区人大常委会副主任房建民主持会议。会议依法免去段鸿、王学春的河口区人民政府副区长职务，任命王秀凤、高加夫、赵明印为河口区人民政府副区长。区人大常委会主任聂建军为新任命的人员颁发任命书，并作重要讲话。

12月12日　区人大常委会召开选举委员会工作会议。会议审议通过了区十七届人大代表候选人名单，审议通过了区十七届人大代表选举办法。区人大常委会副主任房建民主持会议，并就选举前的征求意见和督导工作进行了安排部署。

12月13日　区人大常委会副主任房建民就人大换届选举工作先后到河口街道、新户镇、义和镇进行调研。

12月14日　区人大常委会副主任丁水林一行到六合街道就区人大代表选举工作进行调研。

12月16日　区镇两级人大代表进行同步选举。依法选举产生区十七届人大代表161名，镇新一届人大代表185名。

2012年

2月2～4日　河口区第十七届人民代表大会第一次会议在区礼堂召开。155名代表出席会议。会议听取审议了区人大常委会、区人民政府、区人民法院、区人民检察院工作报告，书面审议了计划、财政报告，审查批准了河口区2012年国民经济和社会发展计划及财政预算。会议选举聂建军为区人大常委会主任，张胜双、丁水林、赵淑萍、郭存三、闫长林为区人大常委会副主任；苟增杰为区人民政府区长，马保文、曹永湖、王秀凤、高加夫、王英明、赵明印为区人民政府副区长；胡友泉为区人民法院院长，宋继圣为区人民检察院检察长；马士文、马学君、马剑光、王忠华、王学军、朱春光、刘凤霞、孙明、李仁玲、李延春、陈建英、陈锋之、周青蓉、徐楠楠、郭守勤、郭学峰、韩青为区人大常委会委员。选举东营市第七届人民代表大会代表37名。

2月20日　区人大常委会副主任丁水林到孤岛镇接待群众来访，并对孤岛镇基层稳定工作进行了调研。孤岛镇主要负责人汇报了孤岛镇近期的信访工作情况。丁水林对孤岛镇的信访工作给予充分肯定，同时对信访维稳工作提出了要求。

3月14日　区十七届人大常委会第一次会议召开。区人大常委会第一副主任张胜双主持会议。会议讨论通过了河口区人大常委会2012年工作要点。第一副主任张胜双对新一届人大常委会的工作提出了要求。会议还进行了人事任免事项。

3月15日　区人大常委会副主任丁水林调研全区引黄春灌工作。在查看了部分引黄春灌现场后，丁水林对下一步引黄春灌工作提出了要求。

3月31日　区十七届人大常委会第二次会议召开。区人大常委会第一副主任张胜双主持会议。会议通过了河口区第十七届人大常委会代表资格审查委员会组成人员名单；任命了22名新一届区政府组成人员。区委书记、区人大常委会主任聂建军为新任命人员颁发任命书，并作重要讲话。

4月10～12日　区人大常委会副主任丁水林一行到新户镇、义和镇、六合街道、河口街道和仙河镇调研畜牧业发展情况。丁水林对各镇街近年来畜牧业发展情况给予充分肯定，并就规划好标准化养殖小区、建设好龙头企业、加强畜牧产品监管、加强人才队伍建设等提出建议。

4月11～12日　区人大常委会副主任闫长林一行到区安监局、孤岛镇调查安全生产法贯彻落实情况。实地查看了部分生产现场，召开了区安监局、经信局、住房城乡建设局、交通局、商务局、质监局、开发区管委会、金岛实业有限责任公司、山东中海化工集团有限公司主要负责人参加的座谈会，听取了相关情况汇报。闫长林对近年来全区贯彻实施安全生产法情况给予充分肯定，就加强安全生产基础建设、严格落实安全生产责任、降低安全事故发生率、强化部门间的协调配合、提高安全保障水平等提出建议。

4月17～18日　区人大常委会副主任郭存三先后到河口公安分局及其所属的河口派出所、开发区派出所、新户派出所和新户镇、河安社区、海宁社区等单位，通过听汇报、查资料、看现场、座谈等方式，对全区社会治安防控体系建设情况进行调查，对今后我区治安防控体系建设工作提出要求。

4 月 27 日　区十七届人大常委会第三次会议召开。区人大常委会副主任闫长林主持会议。会议听取审议了区政府关于畜牧业发展情况的报告、关于《中华人民共和国安全生产法》贯彻情况的报告、关于社会治安防控体系建设情况的报告；讨论通过了关于接受有关人员辞职请求的决定。会议还进行了人事任免事项。

5 月 16 日　市人大常委会第一副主任田振玉，副主任王秀华、温晓杰、张传胜，秘书长孙三民等到我区调研。田振玉一行先后到山东晨阳菌业有限公司、山东海螺型材有限公司、山东黄河三角洲石油化工电子商务有限公司、湖滨新区、民生热线、东营港经济开发区华懋新材料有限公司、万通海欣仓储公司、3 万吨级码头现场、东营港经济开发区规划展厅等地进行了实地查看。市委常委、政法委书记、东营港经济开发区党工委书记张庆华，区委书记、区人大常委会主任、东营港经济开发区党工委副书记聂建军，区委副书记、区长、东营港经济开发区管委会主任苟增杰，区人大常委会第一副主任张胜双，区委常委、区委办公室主任徐竞科，区人大常委会副主任赵淑萍、闫长林及相关负责人陪同调研。

5 月 24 日　区人大常委会第一副主任张胜双一行到六合街道调研。在六合街道相关负责人的陪同下，张胜双一行先后到六合街道毕家咀村、老庙社区、于家村等地进行调研，并与下派干部及村干部进行座谈，听取了相关情况汇报。张胜双在座谈时强调各下派干部到村以后，要深入基层、深入群众，把访民情、解民忧、强组织、帮民富、促和谐作为工作重点，强化措施，狠抓落实。区人大常委会副主任闫长林、区人大常委会办公室主任马士文陪同调研。

6 月 14 日　区人大常委会副主任丁水林到义和镇就林果生产情况进行调研。丁水林一行先后到义和镇梁家村大棚葡萄种植示范园、梁王万亩林果生产基地和西韩无花果种植园进行了实地查看。丁水林就做大做强林果产业，整合规范农村合作组织，发挥典型带动作用，大力发展绿色、有机农业基地等提出了要求。

6 月 20 日　区人大常委会副主任闫长林带领调查组到河口经济开发区调查财政工作。座谈会上，河口经济开发区管委会汇报了河口经济开发区 2012 年 1—5 月财政收支预算执行情况；就当前财政工作存在的困难和问题，以及下一步主要工作措施进行了交流。

6 月 21 日　市人大常委会原第一副主任、市创业促进会会长姜振邦一行到河口区视察创业促进会工作开展情况。在区人大常委会第一副主任张胜双的陪同下，姜振邦一行先后到黄河口特色文化主题馆、新角度广告有限公司东营分公司、艺世博琴行等地进行了实地查看，了解各自的经营情况和下一步打算。姜振邦对我区创业促进会工作开展情况给予充分肯定，并对河口区创业促进会今后发展提出了希望。

6 月 22 日　区人大常委会副主任丁水林带领调查组对新户镇上半年国民经济和社会发展计划执行情况进行调查。

6 月 23 日　区人大常委会副主任丁水林一行到区住建局调研城建重点项目实施情况。丁水林一行听取了城建重点项目推进情况的汇报，先后视察了湖滨新区、海康路改造、城乡环卫一体化、开发区污水处理厂等建设项目和城市功能配套项目。

6 月 29 日　区十七届人大常委会第四次会议召开。区人大常委会副主任郭存三主持会议。会议听取审议了区政府关于 2012 年上半年国民经济和社会发展计划执行情况的报告，听取审议了区政府关于 2011 年区级财政决算（草案）的报告、2011 年区级财政预算执行和其他财政收支情况的审计工作报告、关于 2012 年上半年财政预算执行情况的汇报，审查批准了 2011 年区级财政决算。听取审议了区人民检察院关于监所检察工作情况的报告。讨论通过了区人大常委会代表资格审查委员会关于补选代表的代表资格审查报告。会议还进行了人事任免事项。

7 月 24 日　市人大常委会副主任温晓杰到河口区走访联系市人大代表。座谈会上，通报了市人大常委会上半年主要工作开展情况及全市上半年经济社会发展情况。驻河口区市人大代表结合市人大常委会和“一府两院”工作，提出了意见和建议。温晓杰就人大代表如何履行好职责提出了要求。区委书记、区人大常委会主任聂建军，区人大常委会第一副主任张胜双，区人大常委会副主任郭存三参加座谈会。

8月7日 区人大常委会第一副主任张胜双到河口街道走访联系区人大代表。张胜双查看了河口街道人大代表活动室，听取了有关情况汇报。座谈会上，通报了区人大常委会2012年以来的主要工作和全区上半年经济社会发展情况，征求了与会代表的意见建议。

8月14日 区人大常委会副主任郭存三到义和镇就上半年经济社会发展情况进行调研。在义和镇主要负责人的陪同下，郭存三一行先后视察了博丰蔬菜建设基地、灵芝花园建设现场和仁韩社区农民学校，听取了相关工作情况汇报。

8月15日 区人大常委会副主任闫长林对全区城乡建设工作进行调研。闫长林一行先后查看了海盛路改造工程、海宁路垃圾中转站、海昌路绿化工程、湖滨新区、李坨社区等施工现场，听取了相关情况汇报。

8月29日 区十七届人大常委会第五次会议召开。区人大常委会副主任闫长林主持会议。会议听取审议了区政府关于"和谐城乡建设行动"开展情况的报告、关于农业科技创新和服务体系建设情况的报告，区人民法院关于刑事审判工作情况的报告。讨论通过了《东营市河口区人民代表大会常务委员会关于对区人民政府、区人民法院、区人民检察院专项工作报告实行满意度测评的暂行办法》《东营市河口区人民代表大会常务委员会关于办理区人民代表大会代表建议的办法》。

10月11日 市人大常委会调研组来我区调研文化产业发展情况。在区人大常委会副主任丁水林、副区长赵明印的陪同下，市人大常委会调研组先后到山东自然网络科技有限公司、东营弘雅工艺品有限公司、六合街道河安社区和湖滨新区进行实地查看，听取了有关情况介绍。调研组对河口区文化产业取得的成绩表示肯定，希望河口区不断完善政策，调整结构，深化改革，精心培育，增强文化发展后劲；要加大对文化产业资金投入的力度，充分发挥财政资金的引导和带动作用；要大力发展大众文化，面向基层、面向农村，不断丰富和满足人民群众的精神文化需要；要不断提升文化档次，不断壮大文化产业龙头企业，全力促进文化产业又好又快发展。

10月17日 市、区两级人大代表60余人对全区重点项目和便民实事进展情况进行视察。

10月18日 市人大常委会第一副主任田振玉带队到河口区走访慰问老年人，并到山东河口蓝色经济开发区视察。田振玉一行在区委副书记、区长、东营港经济开发区管委会主任苟增杰，区人大常委会第一副主任张胜双，副区长赵明印的陪同下，到新户镇太平敬老院及部分老人家中走访，给他们送去慰问金和慰问品，并向他们致以节日的祝福。随后，田振玉一行到山东晨宇机械有限公司、戴瑞克橡胶助剂项目、山东海跃化工有限责任公司等项目现场进行实地查看，听取有关情况汇报，了解企业发展情况。

10月31日 区十七届人大常委会第六次会议召开。区人大常委会副主任郭存三主持会议。会议听取审议了区政府关于城乡基础教育标准化建设情况的报告、关于环境保护工作情况的报告、关于招商引资工作情况的报告，并对听取和审议的三个专项工作报告进行了满意度测评。会议还进行了人事任免事项。

11月2日 区人大常委会副主任丁水林带队视察全区学校食堂食品安全工作。丁水林一行先后察看了义和镇中学、新户镇太平中学、新户镇中学、河口区一中、河安幼儿园等学校食堂卫生和食品安全情况。丁水林在现场听取了各学校有关负责人的工作汇报，对存在的安全隐患提出了整改意见。

11月6日 区人大常委会副主任郭存三就"六五"普法工作进行调研。在副区长赵明印，区政协副主席、司法局局长杨芳的陪同下，郭存三一行先后到区住建局、实验学校、河安社区、开发区派出所进行现场调研，并听取了相关情况汇报。

11月22日 区人大常委会副主任丁水林一行对文化建设工作进行调研。丁水林一行先后到新户、义和两镇，河口、六合两个街道及区广播电视台和文广新局进行实地调研，分别视察了各镇街文化设施建设、农村文化建设、部分社区公共文化设施建设情况，听取了相关情况汇报并召开座谈会，对进一步加强文化建设提出了意见建议。

11月28日 区人大常委会副主任闫长林就全区"重大项目攻坚行动"开展情况进行调研。闫长林一行先后视察了山东晨宇机械有限公司、山东富宇化工有限公司、山东海螺型材有限公司等企业，听取了有关情况的汇报，并对如何实施好"重大项目攻坚行动"

提出建议。

12月19日　区十七届人大常委会第七次会议召开。区人大常委会副主任闫长林主持会议。会议听取审议了区政府关于“重大项目攻坚行动”开展情况的报告、关于文化建设工作情况的报告、关于普法依法治理及法治河口创建工作情况的报告，并对听取和审议的三个专项工作报告进行了满意度测评。听取审议了区十七届人大二次会议筹备工作情况的报告，讨论通过了区人大常委会关于召开区十七届人大二次会议的决定、关于区十七届人大二次会议列席人员范围的决定。会议还进行了人事任免事项。

2013年

1月3～5日　河口区第十七届人民代表大会第二次会议在区礼堂召开。出席会议代表158名。会议听取审议了区人大常委会、区人民政府、区人民法院、区人民检察院的工作报告，书面审议了计划、财政报告，审查批准了河口区2013年国民经济和社会发展计划及财政预算。会议补选王宏伟、伍忠民为河口区第十七届人民代表大会常务委员会委员。

2月21日　区十七届人大常委会第八次会议召开。会议听取审议了区人民政府关于调整2012年度财政收支预算的报告，并作出了批准的决定。讨论通过了区人大常委会2013年工作要点、区人大常委会工作评议暂行办法、区人大常委会执法检查办法、区人大常委会专题调查办法、区人大代表联系群众制度。

3月11日　全区人大代表建议工作会议召开。会议回顾总结了2012年度区人大代表建议工作开展情况，对2012年度提出优秀建议的10名人大代表和5个代表建议办理工作先进单位进行了表彰，对区十七届人大二次会议上代表提出的54件建议进行了交办，并就2013年全区人大代表建议工作进行安排部署。

3月21日　市人大常委会副主任温晓杰就公共卫生服务体系建设情况到河口区调研。在区人大常委会副主任丁水林，副区长王秀凤的陪同下，温晓杰一行先后到六合卫生院、六合范家社区卫生服务中心、区疾病预防控制中心等地进行了实地查看，详细了解有关情况并进行座谈交流。温晓杰对河口区公共卫生服务体系建设工作给予充分肯定，并对今后工作提出建议。

4月9～10日　区人大常委会副主任丁水林对全区计划生育工作进行调研。座谈会上，区人口计生局、人社局、卫生局、药监分局、公安分局等单位主要负责人就近年来计生工作情况进行了汇报，并就有关问题进行了讨论。

4月10～13日　区人大常委会副主任闫长林带领调研组就物价工作开展调研。调研组先后到益生堂药物连锁店、银座购物广场、东营博润药业、区人民医院、常青树化工有限公司、河口区一号仓农资超市、义和领全农资服务中心、河口区田园农业生产资料服务中心等地进行实地查看。召开座谈会，听取区物价部门工作汇报，并就有关问题进行了讨论。

4月20日　市人大常委会调研组就人大工作开展情况到义和镇调研。调研组一行到梁家村区人大代表创业基地、人大代表中心活动室等进行了实地查看，听取了义和镇关于人大工作和人大代表创业工作情况的汇报。调研组对义和镇人大和人大代表创业工作予以肯定，要求进一步加强领导，强化措施，采取多种形式，更有成效地开展代表活动，以代表创业，带动全民创业，为经济社会发展做出新贡献。区人大常委会第一副主任张胜双、副主任丁水林陪同调研活动。

4月26日　区十七届人大常委会第九次会议召开。会议听取审议了区政府关于人口和计划生育工作情况的报告、关于《中华人民共和国道路交通安全法》贯彻落实情况的报告、关于物价工作情况的报告，并对三个专项工作报告进行了满意度测评。讨论通过了区人大常委会代表资格审查委员会关于补选代表的代表资格的审查报告。会议还进行了人事任免事项。

6月16日　区人大常委会副主任闫长林在区人社局主要负责同志的陪同下，到河口街道调研劳动就业公共服务平台建设情况。闫长林听取了河口街道工作情况汇报，查看了有关资料，并先后到公共服务大厅、“数字街道”综合服务平台进行了实地查看。

6月17日　区人大常委会副主任丁水林到新户镇、义和镇等地调研林业工作。丁水林对新户镇、义和镇林业发展情况进行了实地查看，详细了解林业发展情况，并召开座谈会和部分人大代表、村支部书记、林业大户等进行座谈。

6月18日 市人大常委会副主任张传胜到河口区督导检查“六五”普法依法治理工作。在区委副书记杨同贤，区人大常委会副主任郭存三，副区长赵明印，区政协副主席杨芳的陪同下，张传胜一行先后到我区孤岛镇社区工作站、六合街道范家村、汇海医药、河口黄河河务局、河安社区、区实验学校等地进行了现场查看，并召开座谈会听取河口区“六五”普法依法治理工作情况汇报。张传胜对我区普法工作给予肯定，并提出了要求。区委书记、区人大常委会主任聂建军参加座谈会，并介绍了河口区经济社会发展情况。区委常委、政法委书记王永跃主持座谈会。

6月20日 区十七届人大常委会第十次会议召开。会议决定罢免魏汉森的东营市第七届人民代表大会代表职务。

6月25日 区人大常委会第一副主任张胜双到新户镇调研防汛工作。先后察看了马家水库、潮河桥及潮河河道治理情况，听取了新户镇负责同志相关情况汇报。张胜双强调，要强化措施，搞好各项防汛应急预案和预警预报，加强防汛物资保障，做好防御海潮、洪涝等灾害准备，确保防汛工作万无一失。区政协副主席、水利局局长张兆栋参加调研。

6月28日 区十七届人大常委会第十一次会议召开。会议听取审议了区政府关于林业工作情况的报告、关于社会保障工作情况的报告、区人民法院关于商事审判工作情况的报告，并对这三个专项工作报告进行了满意度测评。

6月29日 区人大常委会第一副主任张胜双，区委常委、组织部部长王兴法到仙河镇走访老党员。在仙河镇主要负责人的陪同下，张胜双、王兴法先后到老党员孙明月、吕桂荣家中走访，给他们送去了慰问金和慰问品，并致以了节日的问候。张胜双要求各相关部门一定要给予老党员更多的关心和照顾，切实帮他们解决遇到的实际困难和问题，让他们安享晚年。

7月11日 区人大常委会副主任丁水林带队调研防汛工作。在有关工作人员的陪同下，丁水林先后到沾利河、马新河、气象局驻义和镇、新户镇炮点以及部分农田和新户镇东风村受灾农田进行了实地察看。

7月18日 市人大常委会第一副主任田振玉到河口区走访联系市人大代表。座谈会上，市人大常委会秘书长魏光青通报了全市上半年经济社会发展情况和市人大常委会主要工作开展情况，区委书记、区人大常委会主任、东营港经济开发区党工委副书记聂建军汇报了我区上半年经济社会发展情况。与会的市人大代表结合市人大常委会和“一府两院”工作提出了意见建议。田振玉对今后人大工作提出了要求。区委副书记、区长、东营港经济开发区管委会主任苟增杰，区人大常委会第一副主任张胜双，区人大常委会副主任郭存三参加座谈会。

7月26日 组织部分市、区人大代表对2013年全区重点工程和便民实事进展情况进行集中视察。在区委常委、副区长曹永湖及相关负责人的陪同下，区人大常委会第一副主任张胜双，区人大常委会副主任丁水林、郭存三、闫长林和部分市、区人大代表到海宁小区改造工程现场、河口蓝色经济开发区、五保老人集中供养中心、集中供热中心、湖滨新区、协胜村拆迁改造现场、黄河方舟食品科技园、刺槐林场、仙河澳亚奶牛牧场等地进行了实地查看，并召开座谈会。

7月31日 区人大常委会副主任丁水林到各镇街查看受灾情况，指导抗灾救灾。在区农业局、林业局等相关人员陪同下，丁水林先后到六合街道、河口街道、义和镇、新户镇，查看农田积水及棉花、玉米等农作物受灾情况。

8月13日 区人大常委会副主任丁水林带领调查组，就全区国民经济和社会发展计划执行情况进行调查。调查组先后到河宁小区改造、海昌路配套、海宁路绿化、康宁河衬砌等城建重点项目进行了实地查看，召开座谈会，听取了区住建局、城管局、湖滨新区开发建设管理办公室等单位的情况汇报。

8月28日 区十七届人大常委会第十二次会议召开。会议听取审议了区政府关于2013年上半年国民经济和社会发展计划执行情况的报告、关于2012年区级财政决算（草案）的报告、2012年区级财政预算执行和其他财政收支情况的审计工作报告、关于2013年上半年财政预算执行情况的报告，对听取审议的专项工作报告进行了满意度测评。会议审查批准了2012年区级财政决算。会议还进行了人事任免事项。

8月30日 市人大常委会副主任、市妇儿工委副主任张传胜就“两个规划”工作实施情况到河口区进行终期检查评估。座谈会上，副区长王秀凤汇报了我区实施山东省妇女发展项目规划、山东省儿童发展项目规划工作情况，部分妇儿工委成员单位作了汇报发言。张传胜对河口区“两个规划”实施工作给予充分肯定。区委副书记杨同贤主持会议，市委组织部副部长李廷华、市妇联主席张敏、区人大常委会副主任郭存三、区政协副主席郭玉珍等出席座谈会。

10月15日 区人大常委会副主任丁水林就医改工作到义和镇调研。丁水林一行先后到薄家村、三合村、大山村的医务室和义和中医院进行了实地调研，详细了解了基本药物使用情况、基本公共卫生服务开展情况，并听取了医务人员对医改工作的意见和建议。

10月25日 区十七届人大常委会第十三次会议召开。会议对15个区政府组成部门、事业单位和垂直管理部门进行了工作评议。主要评议部门单位依法履职情况、班子队伍建设情况、为民服务和为经济社会发展服务情况、机关效能提升情况以及接受区人大及其常委会监督和执行区人大及其常委会决议决定等情况。

10月31日 区十七届人大常委会第十四次会议召开。会议听取审议了区政府关于医药卫生体制改革情况的报告、关于《中华人民共和国产品质量法》贯彻落实情况的报告、区人民检察院关于反渎职侵权工作情况的报告，并对上述三个专项工作报告进行了满意度测评。会议还进行了人事任免事项。

12月10日 区人大常委会副主任闫长林带领部分区人大代表就全区新型城镇化建设情况进行了调研。闫长林一行先后到义和镇王二村、颐和家园、同合村，新户镇镜湖社区，河口街道四扣社区、二吕社区、协胜村别墅区，孤岛镇苑社区和槐林温泉旅游景区等建设现场进行了实地查看，听取了全区新型城镇化建设情况的汇报。闫长林对河口区新型城镇化建设工作给予了充分肯定，对今后工作提出了建议。

12月26日 区十七届人大常委会第十五次会议召开。会议听取审议了区政府关于新型城镇化建设情况的报告、关于民政工作情况的报告，并对听取审议的专项工作报告进行了满意度测评。会议审查批准了河口区人民政府关于调整2013年度财政收支预算的报告。听取审议了关于区十七届人大三次会议筹备工作情况的报告。讨论通过了关于召开区十七届人大三次会议的决定、关于区十七届人大三次会议列席人员范围的决定、提交区十七届人大三次会议的常委会工作报告。审查批准了区人大常委会代表资格审查委员会关于补选代表的代表资格审查报告。会议还进行了人事任免事项。补选朱晨曦、张敏、武小娜为东营市第七届人大代表。

2014年

1月21日 区人大常委会第一副主任张胜双带队走访慰问老党员、优抚对象、困难群众和部分离退休老干部。

2月19～20日 河口区第十七届人民代表大会第三次会议在区礼堂召开，出席会议代表159名。会议听取审议了区人大常委会、区人民政府、区人民法院、区人民检察院工作报告，书面审议了计划、财政报告，审查批准了河口区2014年国民经济和社会发展计划及财政预算。会议补选曹志海为区人民法院院长，闫彬、李晓、刘学东为河口区第十七届人民代表大会常务委员会委员。

2月25日 区十七届人大常委会第十七次会议召开。会议讨论通过了《河口区人大常委会2014年工作要点》《东营市河口区人民代表大会常务委员会专题询问办法》《东营市河口区人民代表大会常务委员会规范性文件备案审查办法》《东营市河口区人民代表大会代表述职办法》。会议决定任命李萍为河口区食品药品监督管理局局长，徐化义为河口区工商行政管理局局长，包茂东为河口区质量技术监督局局长。会议决定免去胡少文、孙丰霞的河口区人民检察院检察员职务。

3月7日 区人大常委会党组及机关党的群众路线教育实践活动动员会议召开。会议传达学习了中央、省委、市委、区委有关会议和文件精神，对区人大常委会党组和机关党的群众路线教育实践活动进行具体安排。区人大常委会党组及机关党的群众路线教育实践活动领导小组组长、区人大常委会第一副主任张胜双主持会议并讲话。省市赴河口联合督导组及区委督导组有关负责人到会指导。区人大常委会副主任丁水林、郭存三等参加会议。

4月25日　区十七届人大常委会第十八次会议召开。会议听取审议了区政府关于水利工作情况的报告、关于科技工作情况的报告，区法院关于审判管理工作情况的报告，并对上述报告进行了满意度测评。讨论通过了关于接受刘冬红辞去区人大代表职务的请求的决定。会议决定免去韩松青的河口区经济和信息化局局长职务，陈金军、陈兴功、蒋时祥、刘树国、孙建林、王建宇、蔚庆忠、张广文、张金涛、张希成、张旭河、李占尧、于丰秋的河口区人民法院人民陪审员职务。会议决定任命陈守明、王立江、刘小燕、王争、刘俊霞、李文彩、陈丙美、陈建民、董国杰、杨婉、刘学伟、乔永莉、高希文、张忠卫、陈素芳、刘凌飞、张莉琨、张丽萍、薄鸿伟、单展华、王忠兴、杨云峰、李顺祥、邵云灵、郭翠萍、刘中伟、郑建忠、胡成勇、宋立园、薄其利、张月友、张林松、杨树甄、张光军、张兆君为河口区人民法院人民陪审员；任命李志红、臧晓晓、孙志奇、王东森为河口区人民检察院检察员。

6月27日　区十七届人大常委会第十九次会议召开。会议听取审议了区政府关于旅游工作情况的报告、关于《中华人民共和国土地管理法》贯彻落实情况的报告，区检察院关于侦查监督工作情况的报告，并对上述报告进行了满意度测评。讨论通过了区人大常委会关于批准区政府《关于区生活垃圾综合处理项目〈特许经营协议〉及区生活垃圾综合处理费纳入区财政综合预算管理的报告》的决定。会议决定免去郑晓杰的河口区人民法院民事审判第一庭副庭长、审判员职务，张庆莹河口区人民法院审判员职务。会议决定任命牟焕军为河口区卫生和计划生育局（中医药管理局）局长，肖志红、侯广飞为河口区人民法院审判员。

7月10日　区人大常委会组织部分市区人大代表对全区重点工程和便民实事进展情况进行集中视察。在区委常委、副区长马保文等陪同下，区人大常委会第一副主任张胜双，区人大常委会副主任赵淑萍、郭存三、闫长林以及部分市区人大代表先后到海宁小区节能改造项目、河安社区老年人日间照料中心、区一中新校、北玻玻璃项目、超级稻产业化实验室、神州澳亚牧场等地进行了现场观摩，并召开了视察座谈会。

7月15日　区人大常委会第一副主任张胜双带队到新户镇集中走访联系人大代表，并召开座谈会征求代表意见建议，了解基层人大代表和群众普遍关心的热点难点问题。座谈会通报了区人大常委会上半年工作情况，书面通报了上半年全区经济社会发展情况；新户镇汇报了上半年经济社会发展情况和新户镇人大工作开展情况。与会代表围绕经济发展、社会民生、生态环境等方面提出了意见和建议。区人大常委会副主任赵淑萍参加座谈会。

7月16日　区人大常委会副主任丁水林一行到河口街道集中走访联系人大代表，并召开座谈会征求代表意见建议，了解基层人大代表和群众普遍关心的热点难点问题。

7月16日　区人大常委会副主任郭存三分别到仙河镇和孤岛镇集中走访联系代表。在听取了区人大代表的意见建议后，郭存三副主任对仙河镇、孤岛镇人大工作给予肯定，同时要求各人大代表认真履行职责，及时反映基层群众心声，督促解决基层实际困难。

7月17日　区人大常委会副主任闫长林到六合街道集中走访联系人大代表，并召开座谈会征求代表意见建议。六合街道主要负责人参加座谈会。

7月22日　市人大常委会党组副书记、副主任王秀华带领部分市人大常委会委员到河口区开展集中走访联系人大代表活动。在区人大常委会第一副主任张胜双、区人大常委会副主任郭存三的陪同下，王秀华一行实地查看了六合街道范家村建设情况，与部分市人大代表进行了交流。

8月5～6日　区人大常委会副主任丁水林、赵淑萍到新户镇和河口街道召开区人大代表建议办理面对面答复座谈会。

8月7日　区人大常委会党组专题民主生活会情况通报会召开。会议对区人大常委会党组专题民主生活会查摆出来的问题提出了详细整改措施，区人大常委会第一副主任、党组副书记张胜双出席会议并讲话。区人大常委会副主任郭存三主持会议，区人大常委会副主任丁水林、赵淑萍、闫长林等参加会议。

8月8日　区人大常委会副主任郭存三到义和镇

召开区人大代表建议办理面对面答复座谈会。

8月9日　区人大常委会副主任闫长林到孤岛镇召开区人大代表建议办理面对面答复座谈会。

8月13日　区人大常委会副主任丁水林到新户镇就上半年经济运行情况进行调研。

8月25日　区人大常委会评议政府部门工作动员会议召开。区人大常委会副主任郭存三宣读了《河口区人大常委会关于对部分区政府组成部门、事业单位和垂直管理部门进行工作评议的实施方案》，区人大常委会第一副主任张胜双主持会议并讲话。区人大常委会副主任丁水林、赵淑萍、闫长林等参加会议。

8月28日　区十七届人大常委会第二十次会议召开。会议听取审议了区政府关于2014年上半年国民经济和社会发展计划执行情况的报告，关于2014年上半年财政预算执行情况的报告，关于2013年区级财政决算（草案）的报告、2013年区级财政预算执行和其他财政收支情况的审计工作报告，审查批准了2013年财政决算。会议对听取审议的专项报告进行了满意度测评。

8～10月　河口区人大常委会组织开展对区经信局、教育局、司法局、人社局、住建局、文体广新局、审计局、食品药品监管局、油工委、海洋与渔业局、金融办、森林公安分局、国土资源分局、邮政局、粮食局等15个部门单位的工作评议。

10月8～9日　区人大常委会副主任丁水林带领区人大常委会调研组对全区海洋与渔业工作情况进行调研。

10月9日　区十七届人大常委会第二十一次会议召开。常委会组成人员对部分区政府组成部门、事业单位和垂直管理部门进行工作评议。讨论通过了《关于接受武小娜辞去市七届人大代表职务的请求的决定》。

10月11日　区人大常委会副主任赵淑萍就公安基层基础建设工作到新户镇调研。

10月24日　区人大常委会党组及机关党的群众路线教育实践活动总结会议召开。区人大常委会第一副主任张胜双出席会议并讲话。省市赴河口联合督导组副组长许冬霞，区人大常委会副主任丁水林、赵淑萍、郭存三、闫长林等出席会议。

10月30日　区十七届人大常委会第二十二次会议召开。会议听取审议了区政府关于海洋与渔业工作情况的报告、关于城市管理工作情况的报告、关于加强公安基层基础工作情况的报告，并对听取审议的专项工作报告进行了满意度测评。通过了《区人大常委会关于批准区政府调整河口区国民经济和社会发展第十二个五年规划纲要部分指标的决定》。

11月12日　市人大常委会2014年部门工作评议征求意见座谈会在河口区召开。会上，部分市区人大代表对全市12个被评议部门提出了意见建议，并对被评议部门进行了测评打分。市人大常委会副主任温晓杰出席会议并讲话。区人大常委会第一副主任张胜双、区人大常委会副主任郭存三等参加座谈会。

11月18日　《山东人大工作》副主编李云刚到义和镇就乡村文明建设、生态农业发展等情况进行调研。区人大常委会第一副主任张胜双、副主任丁水林，义和镇主要负责人等陪同调研活动。

11月20日　区人大常委会组织部分市、区人大代表视察全区经济社会发展情况。在区委常委、副区长曹永湖及相关负责人陪同下，区人大常委会第一副主任张胜双，区人大常委会副主任丁水林、赵淑萍、郭存三、闫长林及部分市、区人大代表先后到河口采油厂彩园小区、城乡客运总站、区社会治安视频监控中心、环城水系友谊河贯通工程、区一中新校建设、义和镇中心学校春苗营养厨房、义和镇鹤缘养老中心、义和镇艾河村、新户镇明湖社区、新户澳亚牧场等地或项目现场进行了实地查看，听取有关情况介绍，详细了解了全区经济社会发展情况。

11月21日　区人大常委会副主任丁水林带领镇街人大负责人及区人大机关工作人员到垦利县人大学习新闻宣传工作。丁水林一行先后参观学习了胜坨镇、垦利街道人大宣传工作，听取了垦利县人大宣传工作情况和经验介绍。丁水林要求，要认真学习借鉴垦利县人大宣传工作的经验和做法，制定推进措施，加大宣传力度，以活动开展带动宣传，以奖惩考核促进宣传，以阵地建设保障宣传，努力开创区镇人大宣传工作新局面。

11月27日　区人大常委会第一副主任张胜双、副主任郭存三等到区检察院视察工作。在区委常委、政法委书记王永跃，区检察院检察长宋继圣等陪同下，张胜双一行先后查看了区检察院微信平台、办案工作区、案管办公室、检察文化长廊、廉政文化长廊、控申接待室、黄河驿站、派驻仙河检察室等，听取了区检察院2014年以来的工作情况汇报。

12月4日 组织开展以“弘扬宪法精神，建设法治中国”为主题的国家宪法日暨法制宣传日活动，加强法制宣传教育，普及法律知识。区人大常委会副主任郭存三参加宣传活动。

12月5日 全区人大工作座谈会召开。会议由区人大常委会副主任郭存三主持，区人大常委会第一副主任张胜双，副主任丁水林、闫长林等出席。会上，各镇、街道人大汇报了前期工作情况和今后工作打算，并就贯彻落实党的十八届四中全会精神，做好代表联系群众工作进行了座谈交流。

12月10日 区人大常委会副主任郭存三就全区《2011—2015年依法治区规划》实施工作进行调研。在区政协副主席、司法局局长杨芳等陪同下，郭存三先后到六合街道、区卫计局、区法院、区国土分局等，通过现场查阅卷宗、听取汇报和座谈交流等方式，全面了解全区依法治区工作开展情况。

12月18日 全区人大工作会议召开。会议深入学习贯彻中共十八届四中全会和习近平总书记系列重要讲话精神，传达贯彻省、市人大工作会议精神，对进一步加强和改进人大工作进行安排部署。市委常委、区委书记、区人大常委会主任聂建军出席会议并作讲话。区委副书记、区长、东营港经济开发区管委会主任荀增杰主持会议。区人大常委会第一副主任张胜双传达全市人大工作会议精神。区政协主席李积德，区委常委马保文、侯永强、曹永湖、王兴法、徐竞科，区人大常委会副主任、委员，各副区长，区人民法院院长、区人民检察院检察长，各镇街道、区直各部门单位主要负责同志，区人民法院审判委员会委员、区人民检察院检查委员会委员，市区人大代表等参加会议。

12月26日 区十七届人大常委会第二十三次会议召开。会议听取审议了区政府关于食品安全工作情况的报告、关于《2011——2015年依法治区规划》实施情况的报告，并对以上报告进行了满意度测评。听取审议了区十七届人大四次会议筹备工作情况的报告。讨论通过了区人大常委会关于批准区人民政府《关于河口新型城镇化项目建设和融资有关问题的报告》的决议、关于批准河口区2014年度财政预算调整的决定、关于召开区十七届人大四次会议的决定、关于区十七届人大四次会议列席人员范围的决定，区人大常委会代表资格审查委员会关于补选代表的代表资格的审查报告。讨论通过了关于接受徐楠楠辞去区人大代表、区人大常委会委员职务的请求的决定，关于接受杨江普辞去区人大代表职务的请求的决定，关于接受刘云战辞去区人大代表职务的请求的决定。会议决定免去邵云波的河口区城市管理局局长职务。会议决定任命刘高峰为区人大常委会财政经济工作委员会副主任，王明元为河口区城市管理局局长，张波、高维聪为区人民检察院检察员。

2015年

1月14～16日 东营市河口区第十七届人民代表大会第四次会议在区礼堂召开。出席会议代表156名。会议听取审议了区人大常委会、区人民政府、区人民法院、区人民检察院工作报告，书面审议了计划、财政报告，审查批准了河口区2015年国民经济和社会发展计划及财政预算。

2月3日 区十七届人大常委会第二十四次会议召开。区人大常委会副主任郭存三主持会议。会议讨论通过了河口区人大常委会2015年工作要点、河口区人民代表大会常务委员会关于加强预算决算审查监督的决定。

2月3日 区人大常委会副主任丁水林主持召开《东营市河口区人民代表大会志（1995—2016）》编纂工作会议，全面安排部署编纂工作。

2月4～5日 区人大常委会副主任丁水林、郭存三、闫长林分别带队走访慰问老干部。

2月5日 区人大常委会第一副主任张胜双到区人大机关帮扶村六合街道毕家咀村走访慰问困难群众。

2月6日 区人大常委会第一副主任张胜双带队到六合街道走访慰问低保户陈兴民、抗日老战士陈广增。

2月9日 区人大常委会第一副主任张胜双带队走访慰问老干部。

3月6日 河口区人大代表建议工作会议召开。区人大常委会第一副主任张胜双讲话，区委常委、副区长曹永湖就政府系统办理代表建议工作讲了具体意见。会议由区人大常委会副主任郭存三主持。

3月10～25日 区人大常委会组成人员分组对全区大气污染防治工作进行专题调研。

3月26日 市人大常委会第一副主任陈泽浦、副主任张传胜到河口区调研。陈泽浦一行先后到仙河澳亚牧场、中海化工集团、晨阳菌业项目、北玻玻璃、海螺型材、湖滨新区等地实地查看，详细了解企业生产经营和项目建设情况。市委常委、区委书记、区人大常委会主任聂建军，区委副书记、区长、东营港经济开发区管委会主任苟增杰，区人大常委会第一副主任张胜双等陪同调研。

4月7～10日 区人大常委会副主任丁水林带队调查全区学前教育工作。调查组深入各社区、镇街和区直幼儿园，听取有关情况汇报，实地查看教育教学现场。召开座谈会，征求有关部门单位、人大代表、教师及幼儿家长的意见建议。

4月29日 区十七届人大常委会第二十五次会议召开。会议听取审议了区政府关于学前教育工作情况的报告，区检察院关于公诉情况的报告，并对听取审议的专项工作报告进行了满意度测评。会议任命了15名区人民法院人民陪审员。区人大常委会副主任闫长林主持会议。

5月6日 区十七届人大常委会召开第二十六次会议，对大气污染防治工作进行专题询问。这是区人大常委会首次开展专题询问工作。区人大常委会副主任闫长林主持会议。副区长王英明代表区政府汇报了全区大气污染防治工作情况，并作表态发言。会上，9名区人大常委会组成人员、2名人大常委会工作委员会负责人、2名市人大代表围绕17个方面的问题进行了询问，区环保分局、畜牧局、住建局、城管局、财政局等部门主要负责人到会应询。会后，区人大常委会向区政府印发了《专题询问意见书》，提出了12条具体建议。

5月13日 区人大常委会第一副主任张胜双到所联系企业进行调研。张胜双一行先后到山东汇泰养殖有限公司、山东栋明铝业有限公司实地查看了企业的生产经营和安全生产情况，详细了解企业发展中存在的困难和问题。

5月14日 市人大常委会调研组到河口区调研乡村旅游工作。在区人大常委会副主任丁水林、副区长赵明印等陪同下，市人大常委会委员、市人大民侨外委副主任委员耿振东、李桂华，市旅游局党组副书记、调研员陈际锦等一行先后到槐花岛生态园、孤岛槐树林温泉旅游区、仙河澳亚现代牧场、鸣翠湖湿地风景区等地进行了实地察看，听取了有关情况介绍。

5月17～23日 区人大常委会组织45名代表到浙江大学进行专题培训。区人大常委会第一副主任张胜双在开班典礼上作动员讲话，浙江大学继续教育学院副院长袁方致辞。

6月1日 区人大常委会党组副书记、第一副主任张胜双为人大机关全体党员干部讲“三严三实”专题教育党课。

6月1日 出台《河口区人大常委会党组及机关开展“三严三实”专题教育实施方案》。

6月5日 区人大常委会副主任郭存三带领部分区人大常委会委员对区人民法院民事审判工作进行调研。

6月5日 区人大常委会副主任闫长林带领部分区人大常委会委员、人大代表对全区交通运输工作进行调研。

6月18日 市人大常委会人代工委主任董希涧到新户镇调研代表履职承诺、述职评议、市人大代表小组建设等情况。

6月26日 区十七届人大常委会第二十七次会议召开。会议听取审议了区政府关于交通运输工作情况的报告、区法院关于民事审判工作的报告，并对听取审议的专项工作报告进行了满意度测评。会议还表决通过了人事任免事项。

6月29日 区人大常委会第一副主任张胜双到孤岛镇走访慰问中华人民共和国成立前老党员，向他们致以节日的问候和诚挚的祝福，并送上慰问金和慰问品。

7月16日 区人大常委会组织部分市、区人大代表对全区重点工程和便民实事进展情况进行集中视察。在区委常委、副区长曹永湖等陪同下，区人大常委会第一副主任张胜双，副主任丁水林、赵淑萍、郭存三、闫长林与市、区人大代表，先后视察了河口采油厂河园建设项目、省控河流污染治理、环城防护林建设、彩客化学项目、河口蓝色经济开发区集中供热项目、蓝埕路建设、100万亩生态渔业区建设、城乡环卫一体化建设、华联石化200万吨/年重油催化裂化系列项目、湖滨新区以及河口一中新校建设和环城水系友谊河贯通工程等建设项目。下午组织召开座谈会，副区长赵明印向与会代表汇报了2015年全区重点工程和为民办实事进展情况，代表们进行了讨论发言。

7月17日 市人大常委会副主任闫树信到河口区走访联系市人大代表。座谈会上，通报了上半年全市经济社会发展和市人大常委会主要工作情况。区委副书记、区长、东营港经济开发区管委会主任苟增杰通报了河口区上半年经济社会发展情况，与会代表结合市人大常委会和“一府两院”工作提出了意见建议。区人大常委会第一副主任张胜双等出席座谈会。

7月22日 区人大常委会第一副主任张胜双带队到六合街道集中走访联系人大代表。通报上半年全区经济社会发展和区人大常委会工作情况，听取六合街道上半年经济社会发展情况汇报，征求人大代表的意见建议。

7月22日 区人大常委会副主丁水林、赵淑萍带队先后到新户镇、义和镇集中走访联系人大代表。

7月22日 区人大常委会副主任郭存三到河口街道集中走访联系人大代表。

7月23日 区人大常委会副主任闫长林先后到孤岛镇、仙河镇集中走访联系人大代表。

8月5日 区人大常委会副主任郭存三到孤岛镇召开区人大代表建议办理面对面答复座谈会。区委政法委、区财政局、河口公安分局、区教育局等12个承办单位及孤岛镇、仙河镇主要负责人和提出建议的代表参加会议。

8月6日 区人大常委会副主任赵淑萍、闫长林分别到新户镇和河口街道召开区人大代表建议办理面对面答复座谈会。区交通运输局、区城市管理局、区环保分局等12个承办单位，面对面答复了14名代表提出的25件建议。

8月7日 区人大常委会副主任丁水林分别到六合街道和义和镇召开区人大代表建议办理面对面答复座谈会。区水利局、民政局、财政局、文广新局等单位就承办的代表建议进行了现场答复。

8月20日 区人大常委会评议政府部门工作动员会议召开。会议宣读了《河口区人大常委会关于对部分区政府组成部门、事业单位和垂直管理部门进行工作评议的实施方案》。副区长赵明印就主动接受人大工作评议作了表态发言，区人大常委会第一副主任张胜双出席会议并讲话。副主任闫长林主持会议，并就会议精神的贯彻落实讲了意见。区人大常委会副主任丁水林、赵淑萍、郭存三等出席会议。

8月26日 市人大常委会第一副主任陈泽浦来河口区看望慰问抗战老战士。陈泽浦先后到抗战老战士耿宝申、于现贵家中，代表党委、政府给他们送去祝福，衷心祝愿老战士们健康长寿。

8月26日 市人大常委会第一副主任陈泽浦到河口区调研人大代表工作。在区委副书记、区长、东营港经济开发区管委会主任苟增杰，区人大常委会第一副主任张胜双，区委常委、办公室主任徐竞科等陪同下，陈泽浦一行走访看望了驻河口区的部分市人大代表，并到河口采油厂“代表之家”、河口街道人大代表活动室进行了现场查看，详细听取了有关情况汇报。在召开的座谈会上，苟增杰汇报了全区经济社会发展情况，张胜双汇报了全区人大工作开展情况。区人大常委会副主任郭存三，各镇人大副主席、街道人大工委副主任等参加座谈会。

8月28日 区十七届人大常委会第二十八次会议召开。会议听取审议了区政府关于2015年上半年国民经济和社会发展计划执行情况的报告、关于2014年财政决算和2015年上半年预算执行情况的报告、关于2014年区级财政预算执行和其他财政收支情况的审计工作报告，并对听取审议的专项工作报告进行满意度测评。会议讨论通过了《关于批准2014年区级财政决算的决议》。表决通过了人事任免事项。区人大常委会副主任闫长林主持会议。

8—10月 区人大常委会组织开展对区民政局、财政局、交通运输局、水利局、卫计局、安监局、畜牧局、林业局、政务服务中心、广播电视台、黄河三角洲建设办公室、公安分局、公路分局、气象局、河务局等15个部门单位的工作评议。该项活动历时两个半月，参评人员900多人，整理归纳写实性意见建议124条。区人大常委会自2013年以来已连续三年开展对部门单位的工作评议，共评议部门单位45个。

9月30日 区十七届人大常委会第二十九次会议召开。区人大常委会第一副主任张胜双主持会议。

会议通过了关于接受荀增杰辞去河口区区长职务的请求的决定，决定任命刘斯杰为河口区副区长、代理区长。

10月13日 区人大常委会副主任丁水林就农村土地流转情况到义和镇调研。

10月13日 区人大常委会副主任闫长林到区油工委调研油区工作开展情况。

10月15日 区十七届人大常委会第三十次会议召开。会议对部分区政府组成部门、事业单位和垂直管理部门进行工作评议。区人大常委会第一副主任张胜双主持会议。

10月30日 区十七届人大常委会第三十一次会议召开。会议听取审议了区政府关于农村土地经营权流转工作情况的报告、关于油区工作情况的报告，并对两个专项工作报告进行了满意度测评。会议讨论通过了《东营市河口区人民代表大会常务委员会组织人大代表旁听区人民法院庭审办法》、《东营市河口区人民代表大会常务委员会拟任命人员任前法律知识考试办法》、《东营市河口区第十七届人民代表大会常务委员会代表资格审查委员会关于补选代表的代表资格的审查报告》。会议表决通过了有关人事任免事项。区人大常委会副主任郭存三主持会议。

11月2日 区委书记荀增杰对《河口区人大常委会关于对部分区政府组成部门、事业单位和垂直管理部门工作评议情况的报告》作出批示：“区人大此次组织工作评议，准备充分，组织严密，社会参与度高，影响大，效果很好，结果可鉴性强。希望区政府相关部门认真利用好评议结果，积极整改问题，推动工作再上水平。”

11月9～10日 河口区人大常委会作为东营市唯一的县区代表，在济南召开的全省县乡人大工作座谈会上做经验交流。区委书记、区人大常委会主任荀增杰，区人大常委会第一副主任张胜双出席座谈会。

11月7～13日 区人大常委会副主任丁水林带队，组织部分区人大代表及人大机关工作人员赴浙江大学继续教育学院进行学习培训。

11月17日 区人大常委会副主任郭存三带领执法检查组，就《中华人民共和国治安管理处罚法》贯彻实施情况开展执法检查。

11月20日 区人大常委会副主任丁水林到区广播电视台调研。

12月4日 东营市县乡人大工作座谈会在东营宾馆召开。会上，河口区新户镇人大作了交流发言。区人大常委会第一副主任张胜双、区委组织部部长王兴法等参加会议。

12月7～9日 区人大常委会副主任丁水林调研公共文化服务体系建设工作。

12月8～9日 区人大常委会副主任郭存三到区人社局及部分企业调研《中华人民共和国劳动合同法》贯彻落实情况。

12月17日 区人大常委会组织部分市区人大代表视察全区经济社会发展情况。在区委常委、副区长曹永湖及相关负责人陪同下，区人大常委会第一副主任张胜双，区人大常委会副主任丁水林、赵淑萍与市区人大代表先后到澳源牛业肉牛屠宰加工项目、神仙沟人工湿地水质净化工程、港城拆迁及基础设施建设项目、孤东采油厂孤东佳苑建设项目、农水会战项目、挑河面条沟人工湿地水质净化工程、蓝埕路建设项目、金信新材料无氧铜材及稀贵金属提取项目、蓝区集中供热项目、六一干清淤工程、营柴动力多缸柴油机及零部件生产项目、富海西湖印象幼儿园等进行了实地查看，并听取了相关工作情况汇报。

12月31日 区十七届人大常委会第三十二次会议召开。会议听取审议了区政府关于公共文化服务体系建设情况的报告、关于《中华人民共和国劳动合同法》贯彻落实情况的报告，并对听取审议的专项报告进行了满意度测评。会议讨论通过了区人大常委会关于批准2015年河口区地方政府债务限额及区级财政预算调整的决定、区人大常委会关于召开区十七届人大五次会议的决定、区人大常委会关于区十七届人大五次会议列席人员范围的决定，讨论通过了提交区十七届人大五次会议的常委会工作报告。会议还表决通过了人事任免事项。区人大常委会副主任闫长林主持会议。

2016年

1月4日 河口区人大常委会机关组织全体党员学习《中国共产党廉洁自律准则》和《中国共产党纪律处分条例》。区人大常委会第一副主任张胜双对学习活动提出明确要求。

1月13日 区十七届人大常委会第三十三次会议召开。会议表决通过了《关于接受聂建军辞去河口区人大常会主任职务的请求的决定》，讨论通过了区人大常委会代表资格审查委员会关于补选代表的代表资格的审查报告。区人大常委会副主任闫长林主持会议。

1月18～20日 东营市河口区第十七届人民代表大会第五次会议在区礼堂召开。出席会议代表153名。会议听取审议了区人大常委会、区人民政府、区人民法院、区人民检察院工作报告，书面审议了计划、财政报告和“十三五”规划纲要（草案），并作出了批准的决定。表决通过了《东营市河口区第十七届人民代表大会第五次会议关于设立河口区第十七届人民代表大会专门委员会的决定》，决定设立河口区第十七届人民代表大会内务司法委员会、财政经济委员会、教育科学文化卫生委员会、城乡建设环境保护委员会、农业与农村委员会。大会补选荀增杰为区人大常委会主任，刘斯杰为区人民政府区长；表决通过了区人大专门委员会副主任委员。大会上，新当选的区人大常委会主任荀增杰、区人民政府区长刘斯杰和表决通过的区人大专门委员会副主任委员周青蓉、李晓、宋学峰、李仁玲、王宏伟进行了宪法宣誓。

1月27日 区十七届人大常委会第三十四次会议召开。会议补选刘斯杰、张树芹为市七届人大代表。区人大常委会副主任郭存三主持会议。

2月25日 区人大常委会第一副主任张胜双、副主任闫长林到六合街道小义和村调研包村帮扶工作。

2月26日 区十七届人大常委会第三十五次会议召开。会议讨论通过了河口区人大常委会2016年工作要点，进行了人事任免事项。区人大常委会副主任闫长林主持会议。

2月26日 区人大常委会副主任丁水林到新户镇太和村对接扶贫工作。

2月29日 区人大常委会副主任郭存三到义和镇千二村走访贫困户。

2月29日 区人大常委会副主任闫长林到新户镇西华村对接扶贫工作。

3月1日 区人大机关副科级以上干部到河口街道坨子村与困难户对接扶贫工作。

3月16日 区人大机关全体人员参加全区义务植树活动。

3月18日 全区人大代表建议工作会议召开。区人大常委会副主任郭存三主持会议。宣读了《河口区人大常委会关于表彰2015年度提出优秀建议的区人大代表和人大代表建议办理工作先进单位的决定》、《河口区人大常委会关于表彰2015年度人大工作先进单位和优秀区人大代表的决定》、《河口区人大常委会关于表彰2015年度全区人大宣传工作先进单位、先进个人的决定》，对区十七届人大五次会议上人大代表提出的建议进行了交办。区委常委、副区长曹永湖就政府系统代表建议办理工作提出明确要求。

3月22日 平阴县人大常委会副主任付丽、刘广申等一行12人到河口区学习专题询问、工作评议和专项报告满意度测评等工作。区人大常委会副主任丁水林、郭存三及相关委室负责人等陪同。

3月22～24日 区人大常委会副主任闫长林带队赴江苏省宜兴市、江阴市就工业企业转型升级工作进行考察学习。考察学习组先后考察了宜兴市、江阴市经济产业园，并分别进行了座谈交流，详细了解两个地区在工业企业转型升级方面采取的办法和措施，学习人大常委会在监督政府转方式调结构方面的先进经验。

4月5日 市人大常委会副主任温晓杰一行到河口区调研统计法贯彻实施情况。在区委副书记、区长刘斯杰，区委常委、副区长曹永湖、区人大常委会副主任闫长林等陪同下，温晓杰一行先后到六合街道统计站、晨阳菌业、汇海医药等地进行了实地查看。市统计局负责人就全市贯彻实施统计法工作情况进行综合汇报，区统计局、六合街道就统计法贯彻实施情况作了发言。

4月7日 区人大常委会副主任丁水林一行到区人民医院进行调研。听取了关于项目建设和购置大型医疗器械工作进展情况的汇报，并进行了实地查看。

4月20日 区人大常委会副主任丁水林调研全区旅游工作。先后查看了鸣翠湖湿地风景区、草桥沟、义和镇黄河故道农业休闲区、新户镇百万亩渔业区、通和水产公司等，了解全区主要旅游项目建设和游客接待、安全、管理等情况。

4月29日 区十七届人大常委会第三十六次会议召开。会议听取审议了区政府关于城乡环卫一体化工作情况的报告、区法院关于行政审判工作的报告，对听取审议的专项工作报告进行了满意度测评。表决通过了人事任免事项。区人大常委会副主任郭存三主持会议。

5月16日 市人大常委会副主任张传胜到河口区调研食品安全工作。在区委书记、区人大常委会主任荀增杰，区委副书记、区长刘斯杰，区人大常委会第一副主任张胜双，区人大常委会副主任丁水林，副区长刘茂和等陪同下，张传胜一行先后到区一中食堂、胜大超市、刘坨芳馨餐具消毒中心、河口街道高效生态农业循环经济区进行了实地调研。

5月24日 市人大常委会委员、财经委副主任委员、常委会预算工委主任张树芹到河口区走访联系部分市人大代表。

5月25～27日 区人大常委会副主任郭存三带队，先后到济南正宇软件公司、蓬莱市等地考察人大信息化平台建设情况。

6月6日 区人大常委会党组书记、第一副主任张胜双为区人大机关全体党员上“两学一做”学习教育专题党课。

6月30日 区十七届人大常委会第三十七次会议召开。会议审议通过了《东营市河口区人大常委会关于批准设立城市发展基金的决议》，听取审议了区政府关于物业管理工作情况的报告、区检察院关于规范司法行为工作情况的报告，会议对听取审议的专项工作报告进行满意度测评，与会人员对各项工作报告进行了审议发言，提出了意见建议。会议任命徐文棠为河口区人民政府副区长。区人大常委会副主任闫长林主持会议。

7月14日 区人大常委会组织部分市、区人大代表对全区重点工程项目和为民办实事情况进行集中视察。在区委常委、副区长曹永湖等陪同下，区人大常委会党组书记、第一副主任张胜双，区人大常委会副主任丁水林、赵淑萍、郭存三、闫长林等带领部分市区人大代表先后实地视察了澳亚高端乳制品加工项目、仙河镇中心小学建设项目、中海石化升级改造及配套项目、环城防护林建设工程、挑河人工湿地水质净化工程、河口蓝色经济产业园蒸汽热源集中供应项目、曙光汇泰渔光互补光伏发电项目、海宁路绿化提升工程、黄河路改造提升工程等。

7月21日 区人大常委会党组书记、第一副主任张胜双带领区人大常委会部分组成人员到河口街道开展集中走访联系人大代表活动。

7月21日 区人大常委会副主任丁水林带领区人大常委会部分组成人员到六合街道开展集中走访联系人大代表活动。

7月26日 区人大常委会副主任闫长林带领区人大常委会部分组成人员到孤岛镇、仙河镇开展集中走访联系人大代表活动。

8月2日 区十七届人大常委会第三十八次会议召开。会议决定接受朱林华辞去东营市河口区第十七届人民代表大会代表职务的请求。区人大常委会第一副主任张胜双主持会议。

8月26日 区十七届人大常委会第三十九次会议召开。会议听取审议了区政府关于2016年上半年国民经济和社会发展计划执行情况的报告、关于河口区2015年财政决算和2016年上半年预算执行情况的报告、关于2015年区级财政预算执行和其他财政收支情况的审计工作报告，并对以上报告进行了满意度测评。会议审查批准了2015年区级财政决算。会议作出了关于批准2016年河口区地方政府债务限额及区级预算调整的决定、关于河口区2016—2020年依法治区规划的决议、关于在全区公民中深入开展第七个五年法治宣传教育的决议。区人大常委会副主任郭存三主持会议。

8月30日 区人大常委会党组书记张胜双主持召开区人大常委会党组会议。会议讨论通过了《中共河口人大常委会党组关于做好区镇两级人民代表大会换届选举工作的意见》，决定提交区委常委会议讨论。

8月30日 区委书记、区人大常委会主任荀增杰主持召开七届区委第133次常委（扩大）会议。讨论通过了《中共河口区人大常委会党组关于做好区镇两级人民代表大会换届选举工作的意见》，会议研究并原则同意区人大常委会党组关于做好区镇两级人民代表大会换届选举工作的意见。会议要求，要按照市委的总体部署和区委统一安排，搞好与全区换届工作的衔接，严格标准、严格规定、严格程序、严明纪律，确保换届选举依法有序进行。要结合河口区实际，加强对代表结构的分析、研判，科学合理确定代表结构，规范代表候选人职业分类，准确认定代表候选人身份，进一步优化代表结构。要强化社会宣传，扩大社会的知晓面和参与率，保障选民的知情权，为人大换届营造良好环境氛围。要把党的领导贯穿于换届选举工作全过程和各方面，重要情况及时向区委请示汇报。

8月30～31日 区人大常委会副主任丁水林带领执法检查组对全区贯彻实施《中华人民共和国食品安全法》情况进行专项执法检查。

9月2日 区人大常委会副主任郭存三带队到河口公安分局对区镇两级人大换届选举工作进行调研。

9月22日 区十七届人大常委会举行第四十次会议。会议通过了《东营市河口区人大常委会关于区镇两级人大换届选举工作的实施方案》；通过了《东营市河口区人大常委会关于区镇两级人大换届选举的决定》；通过了《东营市河口区人大常委会关于任命河口区选举委员会组成人员的决定》；通过了《东营市河口区人大常委会关于任命各镇选举委员会和街道选举工作指导组组成人员的决定》。会议表决通过了有关人事任免事项。区人大常委会副主任闫长林主持会议。

10月12日 河口区选举委员会第一次会议召开。会议研究讨论了《区十八届人大代表名额分配方案》。

10月14日 区十七届人大常委会举行第四十一次会议。会议决定免去张学锋的河口区人民政府副区长职务。区人大常委会党组书记、第一副主任张胜双主持会议。

10月20日 区人大常委会党组书记、第一副主任张胜双先后到新户镇、义和镇、仙河镇、孤岛镇调研区镇两级人大换届选举工作。

10月24日 市人大常委会党组成员、副主任张传胜到河口区调研区镇两级人大换届选举工作。在区委书记、区人大常委会主任苟增杰，区人大常委会党组书记、第一副主任张胜双，区委常委、区委办公室主任陈桂林，区人大常委会副主任郭存三等陪同下，张传胜一行到义和镇进行了实地查看，听取了区镇有关情况介绍。

10月25日 区人大常委会党组书记、第一副主任张胜双到河口街道、六合街道调研区镇两级人大换届选举工作。

10月26日 河口区举行仪式欢送区人大机关干部牛俊昌赴济捐献造血干细胞。市红十字会常务副会长李英慧、区人大常委会副主任丁水林、副区长徐文棠等出席欢送仪式。

10月28日 区十七届人大常委会第四十二次会议举行。会议听取审议了区政府关于城乡公交一体化工作情况、区政府关于养老服务体系建设情况的报告，与会常委会组成人员进行了审议发言、提出了意见建议，会议对听取审议的两个专项工作报告进行了满意度测评。区人大常委会副主任闫长林主持会议。

11月1日 区人大常委会副主任丁水林到新户镇、义和镇督导检查区镇两级人大换届选举工作。

11月7日 河口区选举委员会第二次会议召开。会议研究讨论各镇街区人大代表选区划分和选民小组建立等工作。会议原则通过，全区六个镇街共划分选举区人大代表选区67个，建立选民小组430个，涉及选民175070人。区人大常委会党组书记、第一副主任张胜双，区委常委、纪委书记侯永强，区委常委、宣传部部长高立燕，区委常委、组织部部长、统战部部长赵明印，区人大常委会副主任丁水林、郭存三、闫长林等出席会议。

11月8日 区人大常委会副主任郭存三主持召开区镇两级人大换届选举工作调度会议，听取各镇街工作汇报，安排部署下一步选民登记和提名推荐代表候选人工作。郭存三指出，各镇街要认真做好选民登记、候选人推荐工作，统筹谋划，压茬进行，严格程序，强化责任，确保将各项工作做到实处。各镇人大主席、副主席，街道人大工委主任、副主任及区选举委员会办公室成员参加会议。

11月16日 区选举委员会第三次会议召开。会议研究讨论《关于区人大代表选举选民登记审核情况的报告》。会议原则通过该项报告。区人大常委会党组书记、第一副主任张胜双，区委常委、纪委书记侯永强，区委常委、政法委书记王永跃，区委常委、组织部部长、统战部部长赵明印，区人大常委会副主任丁水林、郭存三、闫长林等出席会议。

11月17日 市人大常委会副主任张传胜到河口区检查督导人大换届选举工作。区委书记、区人大常委会主任苟增杰、区委副书记、区长刘斯杰，区人大常委会第一副主任张胜双，区人大常委会副主任郭存三等陪同检查。

11 月 28 日 河口区选举委员会第四次会议在区人大常委会四楼会议室召开。会议研究讨论《关于区人大代表选举提名推荐初步候选人情况的报告》，会议原则通过该项报告。区人大常委会党组书记、第一副主任张胜双，区委常委、纪委书记侯永强，区委常委、政法委书记王永跃，区委常委、组织部部长、统战部部长赵明印，区人大常委会副主任丁水林、闫长林等出席会议。

11 月 29 日 区选举委员会办公室召开各镇人大主席、副主席，街道人大工委主任、副主任及工作人员会议。部署初步候选人张榜公示工作，并对下一步正式候选人确定、选举筹备等工作进行安排。

12 月 7 日 河口区选举委员会第五次会议召开。会议研究讨论《关于酝酿确定区十八届人大代表正式候选人工作情况的报告》，会议原则通过该项报告。区人大常委会党组书记、第一副主任张胜双，区委常委、纪委书记侯永强，区委常委、政法委书记王永跃，区委常委、组织部部长、统战部部长赵明印，区人大常委会副主任丁水林、郭存三、闫长林等出席会议。

12 月 12 日 市人大常委会副主任李永元到河口区调研人大换届选举工作。区委书记、区人大常委会主任苟增杰，区人大常委会党组书记、第一副主任张胜双，区人大常委会副主任郭存三及相关负责人陪同调研。

12 月 15 日 河口区区镇两级人大换届选举日。依法选举产生区十八届人大代表 163 名，镇新一届人大代表 185 名。

12 月 19 日 河口区选举委员会召开第六次会议。听取了区十八届人大代表选举结果的情况汇报，确认选举结果有效，并提交有关会议审查。会议由区人大常委会副主任丁水林主持。

12 月 19 日 区第十七届人民代表大会常务委员会代表资格审查委员会召开会议，审查河口区第十八届人民代表大会代表资格审查报告，提交区十七届人大常委会第四十四次会议讨论研究。会议由区人大常委会副主任郭存三主持。

12 月 21 日 区十七届人大常委会举行第四十四次会议。会议表决通过了有关人事任免事项。会议听取审议了区政府关于职业教育工作情况、区政府关于治安防控体系建设情况的报告，与会常委会组成人员进行了审议发言、提出了意见建议，会议对听取审议的两个专项工作报告进行了满意度测评。会议讨论通过了区人大常委会代表资格审查委员会关于河口区第十八届人民代表大会代表资格的审查报告。会议讨论通过了区人大常委会关于批准 2016 年河口区区级财政预算调整的决定。会议由区人大常委会党组书记、第一副主任张胜双主持。

第一编 历届区人民代表大会

第一编 历届区人民代表大会

第一章 历届人大代表的选举

第一节 历届区人民代表大会代表的选举

河口区第十三届人民代表大会代表的选举

按照《中华人民共和国地方各级人民代表大会和地方各级人民政府组织法》、《中华人民共和国选举法》的有关规定，根据全省选举工作会议精神和市人大常委会的安排，河口区人大代表换届选举工作，从1992年10月开始准备，11月中旬全面展开，前后经过3个多月的时间。1993年2月19日召开河口区第十三届人民代表大会第一次会议。整个选举工作，充分发扬民主，严格依法办事，取得了圆满成功。

在换届选举过程中，共划分91个区人大代表选区，227个乡镇人大代表选区。据统计，全区总人口177543人，18周岁以上的125986人，选民总数为125812人，暂停行使选举权的9人，无法行使选举权的163人，被剥夺选举权利的2人。按照法律规定和实施方案安排，全区统一在1992年11月22日前张榜公布了选民名单。在提名推荐候选人环节，第一轮提名推荐区人大代表候选人311名，是应选代表名额的2.4倍。在反复酝酿协商的基础上，确定正式代表候选人243名，是应选代表名额的1.56倍，符合选举法的规定。投票选举阶段，参选率达97%，选出区人大代表144名，乡镇人大代表385名。

从区人大代表构成比例看，工人占24%，农民占34%，干部占25%，知识分子占17%；党员占66%；妇女占24%。区人大代表中，35岁以下的29人，占代表总数的20%；36-55岁的103人，占代表总数的72%；56岁以上的12人，占代表总数的8%。大专以上文化程度的33人，占代表总数的23%；初中以上文化程度的90人，占代表总数的63%；小学文化程度的21人，占代表总数的14%。

河口区选举委员会组成人员名单

（1992年10月16日区十二届人大常委会第十八次会议通过）

主　任：周庆成

副主任：高顺德　王春荣　韩廷村　岳树德

委　员：（资料缺失）

河口区第十四届人民代表大会代表的选举

根据宪法和法律规定，按照省市关于换届选举工作的意见和要求，河口区于1997年11月7日至11月23日进行了区级人大代表的换届选举。这次换届选举工作，是“两法”修改实施后首次进行的，涉及面广，工作量大，时间紧，任务重，政策性和法律性很强。整个过程自始至终贯彻了坚持党的领导，充分发扬民主，严格依法办事的原则，保证了代表选举工作的顺利进行。

河口区辖四乡三镇一个办事处，总人口179105人，其中18周岁以上136726人，无法行使选举权的274人。参加投票的选民130994人，参选率达96%。

全区共划分选区85个，选出区人大代表155名（代表名额为156名，选举日前1名候选人工作调动，缺额1名），从选举结果看，代表构成比例符合省市有关规定，工人60名，占代表总数的38.71%；农民39名，占25.17%；干部32名，占20.65%；知识分子23名，占14.83%；军人代表1名，占0.64%。中共党员109名，占代表总数的70.32%；妇女代表38名，占24.52%；上届代表29名，占代表总数的19%。代表年龄结构比较合理，35岁以下的45人，占代表总数的29%；36-55岁的107人，占69%；56岁以上的3人，占1.9%。代表文化程度有所提高，大专以上文化程度的58名，占37.4%；中专（高中）文化程度的46名，占29.7%；初中文化程度的45名，占29%；小学文化程度的6名，占3.8%。

在提名推荐候选人阶段，第一轮提名推荐代表候选人为842名，是应选代表的5.4倍。其中，10人以上提名推荐147名，占提名总数的17%。于选举日的15日前进行了张榜公布。在反复酝酿协商的基础上，确定正式代表候选人241名，符合法律规定，于选举日的5日前进行了张榜公布。

河口区选举委员会组成人员名单

（1997年11月7日区十三届人大常委会第三十四次会议通过）

主　任：刘汝彬

副主任：吴国华　高顺德　韩廷村　岳树德　张凤田

委　员：（按姓名笔画为序）

王学锋　刘玉琴　李永丰　张　静　郭本东　贾秉琴　扈洪文　崔家文　黄高潮　渠怀德　鲍学功

办公室主任：崔家文（兼）

河口区第十五届人民代表大会代表的选举

根据宪法、选举法的规定，按照省市关于换届选举的意见和要求，河口区于2002年11月中旬至2003年1月上旬进行了区十五届人民代表大会代表的选举。本次选举工作以宪法、选举法为依据，充分发扬民主，严格依法办事，精心准备，严密组织，圆满完成了换届选举任务。河口区辖三乡三镇、1个街道。常住人口195666人，其中，18周岁以上148994人。依法实登选民148683人，占人口数的76%，占18周岁以上人口数的99.8%。全区共划分74个选区，代表选举日为2002年12月26日。由于下派参选的区级领导干部当时不能确定，因而4个选区选举日推迟到2003年1月6日。本次换届参加投票的选民145190人，参选率达97.7%。选出区人大代表160名。

从选举结果看，一是代表整体结构更趋合理。工人56名，占代表总数的35%；农民42名，占26.3%；干部34名，占21.2%；知识分子26名，占16.2%；军人代表2名，占1.3%。中共党员125名，占代表总数的78.1%；妇女代表41名，占25.6%；上届代表39名，占代表总数的23.8%。二是代表知识化、年轻化程度普遍提高。大学本科以上文化程度的60名，占37.5%；大专及高职文化程度的43名，占26.9%；中专（高中）文化程度的41名，占25.6%；初中以下文化程度的16名，占10%。35岁以下的33人，占代表总数的20.6%；36~55岁的119人，占74.4%；56岁以上的8人，占5%。三是政治素质、议政能力明显提高。一大批坚持党的基本路线，忠实实践“三个代表”重要思想，具有较强的社会活动能力和参政议政能力，能够带领群众共同致富和大胆进行企业改革、富有开拓创新精神的人才被选为人大代表，增加了人民代表大会的生机和活力。

在换届选举工作中，全区共举办各类培训班53期，召开调度会96次，培训骨干860余人次。始终坚持充分发扬民主和严格依法办事原则，按照法定程序开展每一阶段的工作。一是合理划分选区，依法搞好选民登记工作。各乡镇街道依据分配的代表名额共划分74个选区，认真开展选民登记。登记完成后，区选举委员会认真进行了检查复核，于12月2日前进行了张榜公布。二是尊重选民意愿，认真做好提名推荐、酝酿确定正式代表候选人工作。做到不定调子、不划框子，放手让选民提名推荐，全区第一轮提名推荐代表候选人为508名，是应选代表的3.2倍。其中，10人以上提名推荐132名，占提名总数的26%。于选举日15日前张榜公布。本着提高代表素质、优化代表结构、好中选优的原则，组织选民反复酝酿协商，确定正式代表候选人235名，是应选代表的1.5倍，于选举日的5日前进行了张榜公布。三是精心组织，认真搞好投票选举。在选举日，区直和乡镇机关投票时间一律定于12月26日上午8点，农村选区一律定于12月26日上午9点。区人大7个巡视指导组分别到所包乡镇对选举情况进行认真检查指导，发现问题及时处理。由于措施得力，70个选区的代表选举一次成功。推迟选举的4个选区于2002年12月31日公布了正式代表候选人名单，对选民进行了补充登记，于2003年1月6日进行了投票选举。

河口区选举委员会组成人员名单

（2002年11月15日区十四届人大常委会第三十五次会议通过）

主　任：刘秀田

副主任：黄高潮　程景坤　张士明　贾希铎

梁如贵　杨学贤

委　员：（按姓名笔画为序）

马士文　王玉清　王宪印　王春霞

刘亚东　刘建忠　张玉平

办公室主任：王宪印（兼）

河口区第十六届人民代表大会代表的选举

根据省、市人大常委会的决定和区人大常委会2007年区乡两级人大换届选举工作实施方案，河口区区乡人大换届选举工作从2007年9月中旬开始到12月10日前结束。全区共选出区人大代表157名。换届选举工作组织严密，进展顺利，圆满成功。一是广大选民主人翁责任感进一步增强。全区常住人口为205278人，选民160445人，占总人口数的78.16%。151148人参加了区级人大代表选举，参选率为94.2%。乡镇常住人口为70108人，选民55287人，占总人口数的78.86%。49364人参加了乡镇人大代表选举，参选率达到89.29%。二是代表素质普遍提高，结构比较合理。当选的157名区人大代表中：男性115名，占73.2%；女性42名，占26.8%。中共党员117名，占74.5%；非中共党员40名，占25.5%。工人41名，占26.1%；农民39名，占24.9%；干部42名，占26.6%；知识分子33名，占21.1%；军人2名，占1.3%。35岁以下的22人，占代表总数的14%；36-55岁的129人，占82.2%；56岁以上的6人，占3.8%。大学本科以上文化程度的86名，占代表总数的54.8%；大专文化程度的33名，占21%；中专（高中）文化程度的31名，占19.7%；初中以下文化程度的7名，占4.5%。区十五届人大代表64名，占40.8%，保持了代表工作的连续性。当选的277名乡镇人大代表中：35岁以下的73名，占26.4%；36岁至55岁的189名，占68.2%；56岁以上的15名，占5.4%。大学本科以上文化程度的64名，占代表总数的23.1%；大专文化程度的38名，占13.7%；中专（高中）文化程度的100名，占36.1%；初中以下文化程度的75名，占27.1%。新一届区乡人大代表，知识结构和年龄结构有了明显改善，既注重了代表的广泛性，又注重了代表的基本素质，一大批在经济建设和社会事业中做出突出贡献的优秀人士进入国家权力机关，为区乡人民代表大会更好地履行职权奠定了基础。

在选举过程中，一是科学划分选区，扎实开展选民登记。根据选举法有关规定，结合我区实际，农村选区按居住状况划分；机关、团体、企事业单位，按生产、工作单位和行业系统划分。严格遵守每一选区人口大体相等和选举1~3名代表的法律规定。采取大选区套小选区的方法划分选区，方便选民登记和选举的组织工作，保证选民就近投票。共划分区人大代表选区74个，乡镇人大代表选区195个。选民登记中，在严把年龄关、政治条件关、精神病和痴呆傻人员认定关、选民申诉关的基础上，按照已明确的选民登记范围进行选民登记。采取设立选民登记站或由选民登记员上门挨家挨户进行登记等形式，对登记的选民名单互相沟通，逐人复查对照，进行反复核对，认真审查选民资格。经选举委员会审定后，于10月25日前公布了选民名单。选民登记按照不错、不漏、不重的要求，做到了全面、细致、及时、准确、扎实，切实保障了选民的选举权利。

二是认真做好提名推荐代表候选人工作。在提名推荐和确定代表候选人阶段，各级选举工作机构坚持从保障选民的选举权利出发，充分发动选民提名推荐初步代表候选人，严格按法定程序开展工作。区选举委员会组成人员深入选区及时了解初步代表候选人提名情况，具体指导各选区做好初步代表候选人的提名推荐工作。特别强调各政党推荐的代表候选人一定不能超过应选代表名额，要广泛发动选区选民踊跃参加推荐代表候选人。各乡镇、街道层层召开动员会议，认真组织选民积极参与提名推荐代表候选人。截至11月2日，全区提名推荐区人大代表初步候选人386名，是应选代表的2.5倍。其中，政党推荐205名，人民团体推荐33名，选民10人以上联名推荐148名；提名推荐乡镇人大代表初步候选人488名，是应选代表的1.8倍。其中政党推荐287名，人民团体推荐22名，选民10人以上联名推荐 179名。

三是依法组织选民民主协商、确定正式代表候选人。在公布初步代表候选人名单后，选举工作进入了确定正式代表候选人阶段。选举委员会及时研究部署并提出具体要求，各选区把提名推荐的初步代表候选人名单交给选区供选民反复酝酿、协商，让选民比较、筛选。区选举委员会根据多数选民的意见，确定区人大代表正式候选人237名，于11月12日前全部张榜公布。

四是周密组织部署，做好区乡人大代表投票选举工作。为保证投票选举工作顺利进行，选举委员会重点抓了以下几个方面：一是先后召开了两次乡镇、街道选举工作机构负责人会议。学习选举大会的投票程序、选举人大代表办法、大会主持词，强调投票选举前的准备工作及注意事项。二是各乡镇、街道切实加强领导，认真组织投票选举主持人、监票员、计票员的学习培训，掌握选举程序和法律要求；合理安排集中投票时间，动员选民踊跃参选，及时为因故不能到场投票的选民办理委托投票手续，及早布置投票站、流动票箱设置等具体事宜，将选票分发至各选区、投票点。三是全力以赴抓选举。选举日，各级选举工作机构成员深入选区、投票点对选举情况认真检查指导，发现问题及时处理，保证了选举工作的顺利进行。由于组织精心，安排周密，区乡两级均于11月18日同步进行了投票选举，成功选出了区乡两级人大代表。

济军黄河三角洲生产基地、区人武部依照《中国人民解放军选举全国人民代表大会和县级以上地方各级人民代表大会代表的办法》的规定，及时建立选举工作机构，加强宣传发动，充分发扬民主，严格依法办事，较好地完成了选举工作任务。

河口区选举委员会组成人员名单

（2007年9月12日区十五届人大常委会第三十四次会议通过）

主　任：刘秀田

副主任：张成彬　黄高潮　渠怀德　杨学贤　张焕洲　曲德民　房建民　丁水林

委　员：马士文　陈建英　孟维芳　张希臣　刘凤霞

办公室主任：陈建英（兼）

河口区第十七届人民代表大会代表的选举

按照中央和省、市、区委的总体安排部署，根据区人大常委会关于区镇两级人大换届选举工作实施方案，河口区第十七届人民代表大会代表的选举工作，从2011年9月底开始，至2011年12月16日结束。历经建立组织、培训骨干、宣传发动、划分选区、选民登记、提名协商确定正式代表候选人、投票选举等阶段，精心安排，周密组织，换届选举工作圆满成功。共划分区级人大代表选区69个（包括济军生产基地和区人武部）。各选区在区选举委员会规定的选举日依法进行了投票，共选出区十七届人民代表大会代表161名。

本届代表的构成情况是，男性114名，占代表总数的70.8%；女性47名，占29.2%。中共党员117名，占代表总数的72.7%；非中共党员44名，占27.3%。工人55名，占代表总数的34.2%；农民43名，占26.7%；干部32名，占19.9%；专业技术人员29名，占18%；军人2名，占1.2%。

本届代表的年龄结构是，35岁以下的18人，占代表总数的11.2%；36~55岁的133人，占82.6%；56岁以上的10人，占6.2%。

本届代表的文化结构是，大学本科以上文化程度的110名，占代表总数的68.3%；大专文化程度的10名，占6.2%；中专（高中）文化程度的33名，占20.5%；初中以下文化程度的8名，占5.0%。

本届代表是在充分发扬民主、严格依法办事的基础上由选民直接选举产生的。这次换届选举，是选举法修改后首次实行城乡按相同人口比例选举人大代表，是社会主义民主政治建设的重要实践。在选民登记中，严把年龄关、政治条件关、精神病和痴呆傻人员认定关、选民申诉关，按照已明确的选民登记范围和登记办法进行选民登记。对登记的选民名单互相沟通，逐人复查对照，进行反复核对，认真审查选民资格。经选举委员会审定后，于2011年11月20日前公布了选民名单。全区常住人口为213882人，选民172604人，占总人口数的80.7%。

各级选举工作机构坚持从保障选民的选举权利

出发，充分发动选民提名推荐初步代表候选人，严格按法定程序开展工作。区选举委员会组成人员深入选区及时了解初步代表候选人提名情况，具体指导各选区工作。截至2011年12月1日，全区提名推荐区人大代表初步候选人301名，是应选代表的近2倍。其中政党推荐131名，人民团体推荐30名，选民10人以上联名推荐140名。女性94名，占总提名人数的31.2%。

在选举工作中，充分尊重10人以上选民联合提名推荐代表候选人的权利，把选民联合提名推荐的代表候选人同各政党、各人民团体提名推荐的代表候选人同样对待，同样介绍。同时，充分尊重选民的民主权利，坚持实行差额选举。经过选民反复酝酿协商，根据较多数选民的意见和法律规定的差额比例，最后确定正式代表候选人为231名，是应选代表的1.4倍，符合选举法规定的差额比例，于2011年12月8日前全部张榜公布。在代表选举中，没有把未经依法提名的人列入代表候选人的情况；每个选区选出的代表都未超过本选区的应选代表名额；当选的161名代表全部获得了法定票数；选举的方法步骤都是按照选举法规定的程序进行的，维护了法律的严肃性。依法选出的区十七届人大代表具有广泛的代表性，较好地体现了广大选民的意志。

经过精心组织、周密安排，区镇两级均于2011年12月16日同步进行了投票选举，成功选出了区镇两级人大代表。164688人参加了区级人大代表选举，参选率达到95.4%。

济军生产基地、区人武部在区选举委员会办公室的积极协调下，依照《中国人民解放军选举全国人民代表大会和县级以上地方各级人民代表大会代表的办法》的规定，及时建立选举工作机构，加强宣传发动，充分发扬民主，严格依法办事，圆满完成了选举工作任务。

河口区选举委员会组成人员名单

（2011年9月30日区十六届人大常委会第二十九次会议通过）

主　任：王树臣

副主任：张成彬　侯永强　王永跃　房建民

丁水林　赵淑萍　郭存三

委　员：（按姓名笔画为序）

马士文　王端吉　卢玉峰　宋言胜

宋学峰　张　军　陈建英　金建村

缪金学

办公室主任：陈建英（兼）

河口区第十八届人民代表大会代表的选举

按照中央和省、市、区委的总体安排部署，在市人大常委会的有力指导下，区人大常委会严格遵循“坚持党的领导，充分发扬民主，严格依法办事”的原则，精心组织，依法实施，扎实推进区镇两级人大换届选举工作。该项工作从2016年10月开始，至2017年2月15日结束，前后经过5个多月的时间，历经建立组织、培训骨干、宣传发动、划分选区、选民登记、提名确定正式代表候选人、投票选举、召开人代会等阶段，严格把关，积极推进，换届选举工作取得圆满成功。2016年12月15日，在法定选举日，依法选举产生了区人大代表163名，镇人大代表185名。

本届代表的构成情况是，男性105名，占代表总数的64.4%；女性58名，占35.6%。中共党员104名，占代表总数的63.8%；非中共党员59名，占36.2%。工人27名，占代表总数的16.6%；农民38名，占23.3%；干部57名，占35%；专业技术人员30名，占18.4%；军人2名，占1.2%；其他9名，占5.5%。本届代表的年龄结构是，35岁以下的9人，占代表总数的5.5%；36-55岁的150人，占92%；56岁以上的4人，占2.5%。本届代表的文化结构是，大学本科以上文化程度的106名，占代表总数的65%；大专文化程度的28名，占17.2%；中专（高中）文化程度的18名，占11%；初中以下文化程度的11名，占6.7%。

一、加强组织领导，健全完善工作机构。为加强换届选举工作的组织领导，区委成立了选举工作领导小组，批准了区人大常委会党组关于区镇两级人大换届选举工作的意见。根据区委安排部署，区人大常委会组依法任命了区镇选举委员会和街道选举工作指导组，根据换届选举领导小组的统一部署，办理选举事务。区人大常委会组建成立了3个换届选举工作督导组和区选举委员会办公室，各镇街抽调精干人员组建了选举工作办公室，在各选区配备了专职联络员，建立起了“一级抓一级，层层抓落实”的工作机制，形成了纵横有序、责任明确的工作网络和运作机制。

二、加强宣传培训，营造浓厚舆论氛围。为充分调动选民参加换届选举的积极性和自觉性，区选举委员会会同区委宣传部和相关部门单位，通过电视媒体、悬挂横幅、张贴标语、设立网站专栏和宣传展板等多种形式，认真抓好宣传教育工作，全区共编印宣传资料6000余份，悬挂横幅200余幅，为整个换届选举工作营造了良好的法律环境和舆论氛围。同时，加强业务培训，强化工作指导。10月18日，区选举委员会举办专题培训班，对工作人员进行了业务培训。各镇街也采取以会代训、现场培训等形式，培训选举骨干，熟悉工作流程，逐步建立起一支精通业务，勇于担当的工作队伍。建立区人大常委会副主任包镇街制，有效加强了对换届选举工作的督导。

三、严格工作程序，换届选举工作依法进行。一是科学划分选区。根据选举法的有关规定，结合全区实际，农村选区按居住状况划分，机关、团体、企事业单位按生产、工作单位和行业系统划分。本着每一代表所代表的人口数大体相等的原则，在有利于选民登记、有利于选举组织、有利于统筹协调的前提下，科学预算，合理设置，做好选区划分和选民小组建立工作。全区6个镇街共划分选举区人大代表选区67个，建立选民小组420个。11月7日，区选举委员会召开第二次会议，对选区划分、选民小组建立情况进行了研究讨论。11月10日，各镇、街道对选区划分、选民小组建立情况进行了张榜公布。二是扎实开展选民登记工作。以选区、选民小组为单位，分别组建了村级、企业、行政事业单位选民登记工作机构。严格按照“三增三减”的原则，积极做好参选单位和选民名单的登记、核实和复查，保证单位无遗漏，选民登记不错、不漏、不重。针对辖区油田单位多、企业多的实际情况，按照管辖区域，严格审核，落实责任，每个单位、每个企业、每个社区逐一登记，核实信息，精确统计。为确保选民资格真实有效，对公安分局提供的户籍人口进行了一一核实；对于特殊人员的身份，由区法院、检察院和公安分局进行核实。根据登记结果，河口区总人口224226人，选民人数170384人，占总人口的76%。男性选民84671人，女性选民85713人；汉族选民169733人，少数民族选民651人。11月16日，区选举委员会召开第三次会议，对区人大代表选举选民资格进行了审查。三是严格做好提名推荐初步代表候选人、酝酿确定正式代表候选人工作。本着“注重素质、优化结构、好中选优”的原则，严格执行相关法律法规，严格落实人选标准，保证代表候选人人选符合规定条件和要求。做好全面考察审核工作，由组织部门牵头，各镇选举委员会、街道选举工作指导组配合，对所有初步代表候选人人选进行了民主测评、信息核实、身份确定等相关审查工作，充分听取了候选人所在单位党组织的意见，广泛征求周围群众的意见，保证了正式代表候选人人选素质质量。统战部门也对非公有制企业的代表候选人进行了全面测评与审核，确保了所有候选人人选把关到位。11月28日，区选举委员会召开第四次会议，对初步代表候选人名单进行了讨论审议，并以选区为单位对初步代表候选人名单进行了张榜公布。在完成初步代表候选人提名推荐的基础上，扎实开展酝酿确定正式代表候选人工作。12月6日，区选举委员会召开第五次会议，就酝酿确定正式代表候选人情况和选举办法进行了讨论审议。12月7日上午，区选举委员会向区委常委会会议作了专题汇报，区委常委会讨论通过后，12月8日以选区为单位及时对正式代表候选人名单进行了张榜公布。全区共酝酿确定正式代表候选人231名。四是认真搞好投票选举工作。为保证投票选举工作顺利进行，区选举委员会办公室组织召开了镇选举委员会、街道选举工作指导组相关人员会议，学习选举大会的筹备组织、投票程序、选举人大代表办法等，强调投票选举前的准备工作及注意事项。各镇街都强化责任，明确分工，合理安排，扎扎实实地做好投票工作。区人大常委会各副主任按照指导分工，分赴各镇街现场督导检查，发现问题及时处理，保证了选举工作的顺利进行。整个选举工作环环紧扣，依法有序，区镇两级人大代表选举工作圆满完成。

四、严肃换届纪律，营造风清气正的换届环境。整个换届选举过程，非常重视换届纪律的宣传教育。2016年9月20日，组织区人大常委会机关全体人员观看了警示教育片《镜鉴》，学习了《严肃换届纪律文件选编》；10 月 18 日，组织所有工作人员观看了警示教育片《警钟》；2017 年 2 月 12 日，召开人代会前，组织所有人大代表观看了警示教育片《警钟》《镜鉴》。9 月 28 日，区人大常委会党组书记与党组成员，区人大常委会办公室主任与换届选举工作人员，分别进行了谈心谈话，重申中央“九严禁”和换届风气监督“五个责任主体”内容及要求，切实增强了领导干部和换届工作人员的政治意识和法律意识。整个过程风清气正，依法进行，为换届选举工作的圆满完成提供了坚强保障。

河口区选举委员会组成人员名单

（2016 年 9 月 22 日区十七届人大常委会第四十次会议通过）

主　任：张胜双

副主任：侯永强　高立燕　王永跃　赵明印

丁水林　赵淑萍　郭存三　闫长林

委　员：（按姓名笔画为序）

马士文　王学军　王新宏　王端吉

孙学军　张　军　张　林　张承年

陈锋之　周义村　綦崇河

办公室主任：王学军（兼）

第二节 历届区人民代表大会代表名单

（代表工作单位及职务均为时任职务）

河口区第十三届人大代表名单

（1993 年 2 月）

【新户乡代表团】房建民、云玉胜、刘学友、王奎炳、王书才、孙树林、李金岭、张凤莲（女）、张友国、刘俊杰、王丛林、段金茹（女）、刘爱英（女）

【太平乡代表团】李顺祥、程方花（女）、火保印、杜金明、刘宝玉、王恩平（女）、杨振法、刘廷兰、张景柱、董兆祥（1997.6 罢免）

【义和镇代表团】邵朝秋、王学元、杨传华、徐宝安、杨天俊、刘清占、孟维武、王荣昌、薛会山、于邦山、牟凤云（女）、孙在忠、王树仁、薄其芹、王春荣、马学军、赵成安、黄增芹（女）、张如喜、罗红岩（女）

【四扣乡代表团】李辉、王玉彬、侯巨亮、王树堂、孙相义、刘秉卿（女）、李同生、胡培贤

【六合乡代表团】孙卫东、孙振乾、刘增玺、张凤田、张金合、李干泉、李金兰（女）、张立、韩廷村、蒋时林、李俊荣、李茂荣（女）、陈景山

【区直、仙河镇、孤岛镇、河口办事处代表团】张殿国、王少飞、连兴民、周玉娥（女）、刘炳峰、张建华、徐长明

【济南军区开发局代表团】陈惠泉、李树福、张炳芹（女）、李成业、姜运光

【孤岛采油厂代表团】申友武、徐凤梅（女）、尹居敏（女）、张洁（女）、江承祥、李金堂、吴淑君（女）、刘昌良、郝轮光、杨克云（女）、岳树德、黄高潮、于恩贵、赵俊玉（女）、胡建国、杨明远、李厚生

【孤东采油厂、桩西采油厂、钻井一分公司代表团】王建胜、薛贵亭、姚玉香（女）、姜鹏远、周宝生（女）、白玉玺、李宽勤、张梅英（女）、张明、周庆成、陈启范、张鹏（女）、孙曰明、佟泰禄、牛传江、李秀芹（女）、李万选

【河口采油厂代表团】马保太、李隆玉（女）、李恩诗、夏安平、孙荣成、贾秉芹（女）、王其荣（女）、付万岭、魁跃、李小芳（女）、张积友、栾香春（女）、梁基贞、谭顺钦、谢尚友、高树山、尤顺启

【河口钻井代表团】张炳华、李秀丽（女）、杨梅花（女）、高顺德、许长生、林萌、白禄、张国发、祝道良、万秀兰（女）、任卫东、周庆海、李长贵、李新年、刘仁堂、杨克云（女）、冯相

河口区第十四届人大代表名单（1998年1月）

表1—1

姓　名	性别	工作单位及职务	党派	备注
新户乡代表团（14名）				
李积德	男	新户乡党委副书记、乡长	中共党员	后调至义和团
刘汝彬	男	区人大常委会主任	中共党员	1998.6调离
刘玉琴	女	区人大常委会委员、财经科科长	中共党员	—
鲍学功	男	区人大常委会委员、区委政法委副书记	中共党员	—
吴炳礼	男	新户乡党委书记	中共党员	2001.2调离
李增良	男	新户乡人大主席	中共党员	2001.2辞职
刘俊杰	男	永合村党支部书记	中共党员	—
周树荣	女	麻郭村妇代会主任	群　众	—
邓树槐	男	三义村村委会主任	中共党员	—
李金岭	男	东村党支部书记	中共党员	—
林元贵	男	老鸦村党支部书记	中共党员	—
云玉胜	男	兴河村党支部书记	中共党员	—
宫怀勤	男	郭局村会计	群　众	—
杨冬花	女	新户乡中学教师	群　众	—
太平乡代表团（12名）				
张胜双	男	太平乡党委书记	中共党员	—
李长存	男	区物价局局长	中共党员	—
火保印	男	区建委正科级科员	中共党员	—
韩廷村	男	区人大常委会副主任	中共党员	—
闫玉泰	男	区人大常委会委员、教科文卫科科长	中共党员	—
刘梅叶	女	兴华村团支部书记	群　众	—
赵宝民	男	太二村党支部书记	中共党员	—
马树寿	男	马家村党支部书记	中共党员	—
杨奎忠	男	刘鄌村党支部书记	中共党员	—
刘廷兰	男	双泉村党支部书记	中共党员	—
张景柱	男	联合村党支部书记	中共党员	—
李翠秀	女	太平乡中心小学教师	群　众	—
义和镇代表团（22名）				
房建民	男	区土地局局长	中共党员	—

续表 1—1

姓　名	性别	工作单位及职务	党派	备注
王少飞	男	区委书记	中共党员	2001.2 调离
吴国华	男	区委副书记	中共党员	—
张士明	男	区人大常委会副主任	中共党员	—
杜秀成	男	区水利局正科级科员	中共党员	2001.2 辞职
孙卫东	男	区农业局局长	中共党员	—
薄其芹	男	西河村党支部书记	中共党员	—
孔宪文	男	东南村党支部书记	中共党员	—
王宗田	男	东北村村委会主任	群　众	—
魏祥坤	男	七顷村村委会主任	中共党员	—
李丰年	男	薄家村村民	群　众	—
赵占鳌	男	宝三二村村民	群　众	—
姜新民	男	五二村党支部书记	中共党员	—
张荣德	男	河一村党支部书记	中共党员	—
张玉忠	男	王一村村民	群　众	—
周金华	男	围子村党支部书记	中共党员	—
苟建华	男	大英村村民	群　众	—
李清玲	女	义和中学教师	中共党员	—
杨传华	女	大牟村妇代会主任	群　众	—
王素琴	女	义和供销社工人	群　众	—
崔安荣	女	区中医院医士	中共党员	—
单振菊	女	德民村妇代会主任	群　众	—
四扣乡代表团（10名）				
牛永昌	男	四扣乡党委书记	中共党员	2001.2 调离
刘秀田	男	区委副书记、区人大常委会主任	中共党员	—
徐春福	男	区人民政府区长	中共党员	—
周玉娥	女	区人大常委会委员、东营建行河口支行行长	中共党员	—
刘焕星	男	四扣乡人大主席	中共党员	—
董子平	男	八吕村党支部书记	中共党员	—
刘金堂	男	六扣村党支部书记	中共党员	2000.4 离世
张丙臣	男	六吕村团支部书记	群　众	—
刘秉卿	女	新建村妇代会主任	群　众	—
魏平安	男	三合村会计	群　众	—
六合乡代表团（14名）				
杨学贤	男	六合乡党委书记	中共党员	—

续表 1—1

姓　名	性别	工作单位及职务	党派	备注
郭存三	男	六合乡乡长	中共党员	—
胡宗泉	男	六合乡人大主席	中共党员	后调至新户团
张荣玉	女	六合乡农机站职工	群　众	—
陈风超	男	后沟村党支部书记	中共党员	—
张　立	男	梅家村村民	群　众	—
刘增玺	男	区人大常委会委员、闫家村党支部书记	中共党员	—
张成训	男	后毕村党支部书记	中共党员	—
程景坤	男	区人大常委会副主任	中共党员	—
綦文叶	女	东崔村妇代会主任	中共党员	—
胡广德	男	区人大常委会委员、法制科科长	中共党员	—
毕延福	男	西崔村党支部书记	中共党员	—
陈景山	男	庙一村党支部书记	中共党员	—
蒋时林	男	三义和村党支部书记	中共党员	—
孤 岛 镇 代 表 团 （26 名）				
宁洪儒	男	孤岛镇党委书记	中共党员	—
郝轮光	男	区人大常委会委员、孤岛采油厂纪委书记	中共党员	—
申强力	男	孤岛采油厂工农科副科长	中共党员	—
梁福元	男	孤岛采油厂地质开发室主任	中共党员	—
朱晓玲	女	孤岛采油厂工会干事	中共党员	—
魏树田	男	滨海供电公司副书记	中共党员	—
董鹏章	男	集输孤岛压气站团支部书记	中共党员	—
彭盼旺	男	孤岛采油厂作业一队指导员	中共党员	—
王淑兰	女	孤岛采油厂集团公司副经理	中共党员	—
谭新生	男	孤岛特车工会主席	中共党员	—
任风祯	男	孤岛准备大队机械队副队长	中共党员	—
侯建亮	男	孤岛运输大队工会干事	中共党员	—
叶传森	男	孤四区工人	中共党员	—
张瑞迎	男	孤岛社区中心副书记、纪委书记	中共党员	—
岳树德	男	河口采油厂副处级调研员	中共党员	—
张凤田	男	区人大常委会副主任	中共党员	—
张建华	男	孤岛镇正科级科员	中共党员	—
张洪金	男	胜利油田五十五中教师	中共党员	—
马汝雪	男	孤岛社区综合大队工人	中共党员	—
安西臣	男	孤岛社区园林公司工人	中共党员	—

续表 1—1

姓　名	性别	工作单位及职务	党派	备注
李树财	男	油建公司管理站书记	中共党员	—
李文燕	女	济军生产基地林果管理处副处长	中共党员	—
武新房	男	济军生产基地工会主任	中共党员	—
巩庆华	女	济军生产基地造纸厂车间副主任	群　众	—
肖本荣	女	济军生产基地十四分厂工人	群　众	—
杨桂芬	女	济军生产基地二团政工科科长	群　众	—
仙 河 镇 代 表 团 （21 名）				
盖树祥	男	仙河镇党委书记	中共党员	—
周长江	男	海洋石油开发公司书记、经理	中共党员	—
杨继才	男	孤东采油厂党委副书记	中共党员	—
崔家文	男	区人大常委会委员、人事代表工作室主任	中共党员	—
周晋微	女	孤东采油厂供应站工会主席	中共党员	—
王　建	男	孤东采油厂运输大队六中队副队长	中共党员	—
李桂春	女	孤东运输大队保管员	群　众	—
李志敏	女	孤东采油厂采油三矿三队井站站长	群　众	—
郭善岭	男	孤东采油厂采油一矿十三队工人	群　众	—
孟庆龙	男	孤东作业大队服务队工人	中共党员	—
李建设	男	仙河镇人大副主席	中共党员	—
郑成山	男	桩西采油厂副厂长	中共党员	—
尹怀益	男	仙河社区管理中心镇西物业站工人	中共党员	—
姜　毅	女	胜利油田六十二中教师	群　众	—
梁道连	男	仙河社区生活公司副经理	中共党员	—
于连泽	男	区人大常委会副主任、仙河社区管理中心预算站站长	无党派	—
韩　梅	女	钻井一公司机关车队司机	群　众	—
鲁德清	男	钻井一公司工会主席	中共党员	—
邓安立	男	桩西采油厂运输特车大队司机	群　众	—
曹玉荣	女	桩西采油厂农工商公司高级畜牧师	群　众	—
王学峰	男	区人大常委会委员、团区委书记	中共党员	—
河 口 办 事 处 代 表 团 （36 名）				
贾希铎	男	区人大常委会副主任	中共党员	—
梁基祯	男	河采集输职工	中共党员	—
吴宏禄	男	河采一厂职工	中共党员	—
秦玉欣	男	河采集输职工	中共党员	—
栾香春	女	河口三木公司总经理	中共党员	—

续表 1—1

姓　名	性别	工作单位及职务	党派	备注
谢尚友	男	河采井下作业大队副队长	中共党员	—
李爱荣	女	河采准备大队工人	群　众	—
贾秉琴	女	区人大常委会委员、区工会主席	中共党员	—
马　威	男	河采生产科科长	中共党员	1999.7 调离
刘亚东	男	河采纪委书记	中共党员	—
银清林	男	河采二厂副矿长	中共党员	—
高树山	男	河采特车职工	群　众	—
赵淑萍	女	河采动态室主任	群　众	—
喻德英	女	河口水厂后勤职工	群　众	—
彭　霞	女	河口电测站职工	群　众	—
朱传凤	女	河口录井公司一分公司职工	群　众	—
崔洪涛	男	运输四公司修理厂工程师	中共党员	—
李　霞	女	钻井二公司干事	群　众	—
卢　飞	男	钻井集团机械公司司机	群　众	—
石成家	男	钻井集团一公司管具公司材料组长	中共党员	—
徐春霞	女	钻井北星集团工贸公司管汇厂工人	群　众	—
杨仕良	男	钻井集团物资供应站工会干事	群　众	—
高惠英	女	机械厂河口一分厂工人	群　众	—
霍崇伦	男	钻井集团一公司党委书记	中共党员	2000.1 调离
李海庭	男	固井一公司老年工作站工人	中共党员	—
郭洪才	男	区广播电视局局长	中共党员	—
黄高潮	男	区委常委、组织部部长	中共党员	—
郭金玉	男	区一中工会主席	中共党员	—
陈贵才	男	区委常委、人武部政委	中共党员	2001.12 调离
刘兴军	男	油建三分公司二中队职工	群　众	—
汪文仲	女	油田第四医院医师	群　众	—
张世禄	男	运输五公司党委副书记	中共党员	—
张孝芬	女	油建三公司二处后勤会计	群　众	—
张国勋	男	运输公司四分公司职工	中共党员	—
刘焕江	男	河采社区党委副书记	中共党员	—
宫剑波	男	油田十三中教师	中共党员	—

第十四届届中补选代表

表 1—2

姓　名	性别	工作单位及职务	党派	备注
任树梓	男	区委书记	中共党员	1998.12 补选
孙学孟	男	区委常委、副区长	中共党员	1998.12 补选
王　敏	男	钻井集团总公司党委副书记	中共党员	2000.1 补选
韩吉顺	男	区委书记	中共党员	2001.2 补选
田治颖	男	区委副书记	中共党员	2001.2 补选
梁如贵	男	区政协副主席、区委统战部部长	中共党员	2001.2 补选
李同生	男	四扣乡四扣村党支部书记	中共党员	2001.2 补选
付兆钦	男	太平乡党委书记	中共党员	2001.2 补选
王观花	女	区委常委、区纪委书记	中共党员	2001.12 补选
尤　涛	男	区人武装部部长	中共党员	2001.12 补选
闫长林	男	六合乡党委书记	中共党员	2001.12 补选
王良进	男	孤岛镇党委书记	中共党员	2001.12 补选
成希琴	女	仙河镇党委书记	中共党员	2001.12 补选

河口区第十五届人大代表名单（2003 年 1 月）

表 1—3

姓　名	性别	工作单位及职务	党派	备注
新　户　乡　代　表　团　（15 名）				
郭存三	男	新户乡党委书记、人大主席	中共党员	2007.1 调离
孟凡吾	男	新户乡党委副书记、乡长	中共党员	—
李秀庄	男	新户乡人大副主席	中共党员	—
刘金枝	女	新户乡卫生院护士长	中共党员	—
张泽兰	女	新户乡中学教师	群　众	—
林元贵	男	老鸦村党支部书记	中共党员	—
李金岭	男	东村党支部书记	中共党员	—
周树荣	女	麻郭村计生专干	中共党员	—
王和国	男	东鲍井村党支部书记	中共党员	—
马　良	男	郭局村村委会主任	群　众	—
常守臣	男	新户乡东风村村民	群　众	—
刘俊峰	男	东华村党支部书记	中共党员	—
王宪印	男	区人大常委会人事代表工作室主任	中共党员	—
曲同德	男	区人民政府副区长	中共党员	2007.1 调离

续表 1—3

姓　名	性别	工作单位及职务	党派	备注
曲德民	男	河口区一中党委书记、教育局局长	中共党员	—
太平乡代表团（13名）				
黄高潮	男	区委常委、区委组织部部长	中共党员	—
曹文生	男	区人大常委会教科文卫科长	中共党员	—
付兆钦	男	太平乡党委书记、人大主席	中共党员	2007.1 调离
孙学诗	男	太平乡党委副书记、乡长	中共党员	—
马树寿	男	马家村党支部书记	中共党员	—
杨奎忠	男	刘鄆村党支部书记	中共党员	—
张化平	男	星南村村委委员	中共党员	—
张希成	男	太和村党支部书记	中共党员	—
王胜林	男	南李村党支部书记	中共党员	—
高占花	女	南楼村计生主任	中共党员	—
刘梅叶	女	兴华村妇代会主任	群　众	2003.12 辞职
李延成	男	区委副书记、区委宣传部部长	中共党员	2004.12 调离
李翠秀	女	太平乡中心小学教师	群　众	—
义和镇代表团（24名）				
高荣德	男	梁家村党支部书记	中共党员	—
薛景伟	女	义和镇政府职工	群　众	—
孙青城	男	同合村村民	中共党员	—
吕红霞	女	薄家村计生专干	群　众	—
魏祥坤	男	七顷村党支部书记	中共党员	—
孙红军	男	区委副书记	中共党员	—
渠怀德	男	区人民政府副区长	中共党员	—
魏玉民	男	区人民检察院检察长	中共党员	2007.1 调离
寇学华	女	后夹村党支部书记	中共党员	—
马如汉	男	艾河村村委会主任	群　众	—
王洪伟	男	西河村党支部书记	中共党员	—
焦念光	男	西南村党支部书记	中共党员	—
马学君	男	大英村党支部书记	中共党员	—
毕建军	男	义和镇党委副书记、镇长	中共党员	—
周金华	男	围子村村民	中共党员	—
张金涛	男	小河村村委会主任	中共党员	—
王学锋	男	区委组织部副部长	中共党员	—
张　迪	女	义和中学教师	群　众	—

续表 1—3

姓　名	性别	工作单位及职务	党派	备注
刘秀田	男	区委副书记、区人大常委会主任	中共党员	—
李积德	男	义和镇党委书记、人大主席	中共党员	—
徐　峰	男	义和镇中医院药剂士	群　众	—
张连武	男	大牟村党支部书记	中共党员	—
索小芳	女	草场村村民	群　众	—
李金锋	男	义和镇人大副主席	中共党员	—
河 口 街 道 代 表 团 （43 名）				
韩吉顺	男	区委书记	中共党员	2006.2 调离
张胜双	男	河口街道党工委书记	中共党员	—
李寿年	男	河口街道党工委副书记、办事处主任	中共党员	—
董子平	男	河口街道人大工作办公室副主任	中共党员	—
尤　涛	男	区人武部部长	中共党员	2004.12 调离
冯俊海	男	区人民法院院长	中共党员	2007.1 调离
尹西杰	男	河口工商分局局长	中共党员	—
梁金魁	男	区政协原副主席	中共党员	—
张法义	男	河口街道海宁居委会主任	中共党员	—
王成泉	男	河口区第二建筑公司总经理	中共党员	—
梁秀云	女	金瀚枣树研究所副所长	中共党员	—
杨业堂	男	李坨村党支部书记	中共党员	—
成玉岭	男	东劝村党支部书记	中共党员	—
刘学让	男	三合村党支部书记	中共党员	—
刘秉卿	女	新建村党支部副书记	中共党员	2003.12 辞职
赵振秀	女	民生村妇代会主任	群　众	—
刘亚东	男	河口采油厂副厂长	中共党员	—
龙　玲	女	河口采油厂工会副主席	中共党员	—
单建民	男	通海工贸有限公司生产经营部主任	中共党员	—
李国新	男	河口采油厂副总经济师	中共党员	—
王舒宜	男	河口采油厂集输大队大队长	中共党员	—
龚凤兰	女	河口采油厂财务资产管理中心副主任	无党派	—
张英勇	男	河口采油厂油地工作科书记	中共党员	—
国　梁	男	河口采油厂采油四矿教导员、党委书记	中共党员	—
王立江	男	河口采油厂采油一矿采油九队指导员	中共党员	—
高相夫	男	渤海钻井总公司工会主席	中共党员	—
任卫东	男	渤海钻井二公司副经理	中共党员	—

续表 1—3

姓　名	性别	工作单位及职务	党派	备注
马泮玉	男	渤海钻井总公司合同管理科副科长	群　众	—
张　燕	女	渤海钻井总公司财务中心副主任	群　众	—
金建忠	男	渤海钻井总公司副总工程师	群　众	—
侯宝森	男	河口社区管理中心副主任	中共党员	—
杨寿昌	男	河口社区管理中心副总经济师	中共党员	—
谭桂芳	女	河口社区管理中心第十幼儿园园长	群　众	—
周光华	女	运输总公司四分公司党委书记	中共党员	—
杨　新	男	运输总公司运输五公司纪委书记、工会主席	中共党员	—
陈德建	男	运输总公司运输九公司党委书记	中共党员	—
贾　萍	女	胜利石油化工建设有限公司八分公司职工	群　众	—
杨同明	男	电力管理总公司河口供电公司党委书记	中共党员	2006.2 调离
李明峰	男	测井一公司工会主席	中共党员	—
朱传凤	女	地质录井公司录井一分公司政工干事	群　众	—
高振恒	男	胜建集团公司第二工程处经理	中共党员	2006.2 调离
李　霞	女	渤海钻井总公司钻井二公司工会干事	群　众	—
刘爱梅	女	渤海钻井总公司机修厂团委书记	中共党员	—
六合乡代表团（16名）				
赵豪志	男	区人民政府副区长、代理区长	中共党员	2007.1 调离
闫长林	男	六合乡党委书记、人大主席	中共党员	—
綦文叶	女	东崔村妇代会主任	中共党员	—
巴树村	男	广河村党支部书记	中共党员	—
蒋时林	男	三义和村党支部书记	中共党员	2006.2 离世
张希武	男	范家村党支部书记	中共党员	—
李瑞香	女	梅家村妇代会主任	群　众	—
刘增玺	男	闫家村党支部书记	中共党员	—
陈云峰	男	前沟村党支部书记	中共党员	—
陈景山	男	庙一村党支部书记	中共党员	—
刘怀科	男	区总工会主席	中共党员	—
张承训	男	后毕村党支部书记	中共党员	—
刘俊霞	女	六合乡中学教师	群　众	—
房建民	男	区国土资源局局长	中共党员	—
王永跃	男	六合乡党委副书记、乡长	中共党员	—
王洪志	男	六合乡政府科技副乡长	群　众	—
孤岛镇代表团（24名）				

续表 1—3

姓　名	性别	工作单位及职务	党派	备注
王良进	男	孤岛镇党委书记、人大主席	中共党员	—
张吉明	男	孤岛镇党委副书记、镇长	中共党员	—
刘　平	男	孤岛采油厂副厂长	中共党员	2007.1 调离
李青云	男	孤岛采油厂副总会计师	中共党员	—
李　峰	男	孤岛采油厂监测大队副大队长	群　众	—
王　晖	女	孤岛采油厂作业一大队机动员	中共党员	—
王英石	男	孤岛采油厂孤三生产管理区副经理	群　众	—
魏树田	男	孤岛采油厂生产准备大队党委书记	中共党员	—
刘彩青	女	孤岛化工公司经营办公室主任	群　众	—
李卫东	女	孤岛采油厂作业二大队维修队经管员	群　众	—
李广庭	男	胜利油建公司一分公司工程师	群　众	2003.12 调离
吴宗让	男	电力总公司孤岛供电大队大队长	中共党员	—
王艳梅	女	供水公司孤岛水厂净化站指导员	中共党员	2006.2 调离
苏　健	男	济军生产基地副政委	中共党员	—
刘明贤	男	济军生产基地二团七分厂厂长	中共党员	—
郭文兰	女	济军生产基地中学教师	群　众	—
张瑞迎	男	孤岛社区党委副书记、纪委书记	中共党员	—
李增顺	男	胜利油田第五十五中校长	中共党员	—
马　艳	女	孤岛社区管理中心团委副书记	群　众	—
高新利	男	孤岛社区朝阳物业党委书记、经理	中共党员	—
杨学贤	男	区人大常委会副主任	中共党员	—
张玉平	男	区人大常委会办公室主任	中共党员	2003.12 辞职
尚胜波	男	团区委书记	中共党员	2004.12 调离
朱子贤	男	区人大常委会财经科科长	中共党员	—
仙河镇代表团（25名）				
孙学孟	男	区委副书记、副区长	中共党员	—
程景坤	男	区人大常委会副主任	中共党员	—
王春霞	女	区妇联主席	中共党员	—
赵玉洪	男	区人大常委会法制科科长	中共党员	2004.12 离世
成希琴	女	仙河镇党委书记、人大主席	中共党员	—
王志华	男	仙河镇党委副书记、镇长	中共党员	—
张国明	男	海洋石油开发公司副经理	中共党员	—
郑连华	男	孤东采油厂党委常委、副厂长	中共党员	—
吴风东	男	孤东采油厂副总工程师兼生产办主任	中共党员	—

续表 1—3

姓　名	性别	工作单位及职务	党派	备注
李卫东	男	孤东采油厂治安保卫大队长	中共党员	—
黄德翠	女	孤东采油厂监测大队测井中队技术员	群　众	—
范嘉玉	女	孤东采油厂档案室主任	群　众	—
赵广田	男	孤东采油厂工农科科长	中共党员	—
朱月福	男	东方实业集团公司党委书记、总经理	中共党员	—
张文杰	男	电力管理总公司孤北热电厂政治教导员、党委书记	中共党员	—
郑成山	男	桩西采油厂党委常委、副厂长	中共党员	—
李培智	男	桩西采油厂副总经济师	中共党员	—
高玲玲	女	桩西采油厂桩一生产管理区采油三队指导员	中共党员	—
刘国增	男	仙河社区管理中心副主任	中共党员	—
牟云立	男	仙河社区管理中心镇东物业公司经理	中共党员	—
汪春梅	女	仙河社区管理中心第一幼儿园园长	中共党员	—
成斯利	男	渤海钻井一公司党委副书记、纪委书记	中共党员	—
韩　梅	女	渤海钻井一公司车队司机	群　众	—
蔡童芝	女	孤东地质所计算机室主任	群　众	—
张焕洲	女	区政协副主席	无党派	—

第十五届届中补选代表

表 1—4

姓　名	性别	工作单位及职务	党派	备注
聂建军	男	区委副书记、代理区长	中共党员	2006. 2 补选
宋守强	男	区委常委、副区长	中共党员	2006. 2 补选 2007. 1 调离
张成彬	男	区委常委、区委组织部部长	中共党员	2006. 2 补选
丁水林	男	区柽柳林场场长、林业局局长	中共党员	2006. 2 补选
王臣才	男	区武装部部长	中共党员	2006. 2 补选
薄纯新	男	孤岛镇党委书记、人大主席	中共党员	2006. 2 补选
荀军松	男	团区委书记	中共党员	2006. 2 补选
姜则才	男	胜建集团第二工程处经理	中共党员	2006. 2 补选
侯湘华	男	区人武部部长	中共党员	2004. 12 补选 2006. 2 调离
胡敬斌	男	区人大常委会办公室副主任、信访科科长	中共党员	2004. 12 补选
马士文	男	区人大常委会办公室主任	中共党员	2003. 12 补选
张　彬	男	仙河镇党委书记、人大主席	中共党员	2003. 12 补选

续表 1—4

姓　名	性别	工作单位及职务	党派	备注
郭本东	男	河口街道党工委书记、人大工作办公室主任	中共党员	2003.12 补选 2007.1 调离
商桂林	男	太平乡党委书记、人大主席	中共党员	2003.12 补选
郑建军	男	区委书记	中共党员	2007.1 补选
王树臣	男	区委常委，区政府副区长、党组副书记	中共党员	2007.1 补选
张　敏	女	区政府副区长	中共党员	2007.1 补选
李益民	男	区人民法院代理院长	中共党员	2007.1 补选
李砺生	男	区人民检察院代理检察长	中共党员	2007.1 补选

河口区第十六届人大代表名单（2007年12月）

表 1—5

姓　名	性别	工作单位及职务	党派	备注
新户乡代表团（15名）				
杨学贤	男	区人大常委会副主任	中共党员	—
丁水林	男	区人大常委会副主任	中共党员	—
王宪印	男	区人大常委会委员、城环工委主任	中共党员	—
孟凡吾	男	新户乡党委书记、人大主席	中共党员	2011.1 调离
徐文棠	男	新户乡党委副书记、乡长	中共党员	—
信连合	男	新户乡人大副主席	中共党员	2011.1 辞职
李清玲	女	区人大常委会委员，区一中党组副书记	中共党员	—
常守臣	男	东营市通和水产公司总经理	群　众	—
陈升会	男	新户乡盐业发展办副主任	中共党员	—
于跃芳	女	新户乡团委书记	中共党员	后调至太平团
王子龙	男	永合村党支部书记	中共党员	—
王云龙	男	东六合村党支部委员、村委会委员	中共党员	—
王焕青	女	新户卫生院药剂科主任	群　众	—
张泽兰	女	新户中学教师	群　众	—
李金岭	男	东村党支部书记	中共党员	—
太平乡代表团（14名）				
刘秀田	男	区人大常委会主任	中共党员	—
盖举波	男	区委常委、区委政法委书记	中共党员	2011.1 调离
盖凤鸣	男	区人大常委会教科文卫工作委员会主任	中共党员	2009.12 辞职
周青蓉	女	区人大常委会委员、内务司法工作委员会主任	中共党员	—

续表 1—5

姓　名	性别	工作单位及职务	党派	备注
孙学诗	男	太平乡党委书记、人大主席	中共党员	—
韩　东	男	太平乡党委副书记、乡长	中共党员	2011.1 辞职
王新华	男	太平乡人大副主席	中共党员	—
郭守勤	男	区人大常委会委员，河口宾馆董事长	中共党员	—
王胜林	男	南李村党支部书记、村委会主任	中共党员	—
张希成	男	太和村党支部书记、村委会主任	中共党员	—
杨奎忠	男	刘瞿村党支部书记、村委会主任	中共党员	—
张化平	男	星南村村民	群　众	—
李翠秀	女	太平乡中心小学教师	群　众	—
高占花	女	南楼村计生主任	群　众	—
义和镇代表团（24 名）				
王树臣	男	区人大常委会党组副书记、副主任	中共党员	—
渠怀德	男	区人大常委会原副主任	中共党员	—
曲德民	男	区人大常委会原副主任	中共党员	—
马士文	男	区人大常委会委员、办公室主任	中共党员	—
王学春	男	义和镇党委书记、人大主席	中共党员	2011.3 辞职
缪金学	男	义和镇党委副书记、镇长	中共党员	2011.1 辞职
高忠岐	男	义和镇人大副主席	中共党员	—
张　迪	女	义和中心幼儿园副园长	群　众	—
刘凤霞	女	区人大常委会委员，区妇联主席	中共党员	—
韩　青	男	区人大常委会委员，区人民医院院长	中共党员	—
贾红梅	女	区中医院职工	群　众	—
梁连胜	男	梁家村村民	群　众	—
张金涛	男	小河村党支部书记	中共党员	—
魏祥坤	男	七顷村党支部书记	中共党员	—
袁成华	男	三合村党支部书记	中共党员	—
陈占梅	女	薄家村村民	群　众	—
魏传红	男	西韩村村委会主任	群　众	—
马学君	男	大英村党支部书记	中共党员	—
寇学华	女	后夹村党支部书记	中共党员	—
沈金华	男	中夹村村委会主任	群　众	—
张连武	男	大牟村党支部书记	中共党员	—
焦念光	男	西南村党支部书记	中共党员	—
高树忠	男	西北村村民	群　众	—

续表 1—5

姓　名	性别	工作单位及职务	党派	备注
王洪卫	男	西河村党支部书记	中共党员	—
河 口 街 道 代 表 团 （41 名）				
郑建军	男	区委书记、区人大常委会主任	中共党员	—
房建民	男	区人大常委会副主任	中共党员	—
秦广智	男	区人武部部长	中共党员	—
李寿年	男	河口街道党工委书记、人大工作办公室主任	中共党员	—
陈桂林	男	河口街道党工委副书记、办事处主任	中共党员	2009. 12 辞职
董子平	男	河口街道人大工作办公室副主任	中共党员	—
王乃余	男	区人大常委会委员、河口街道八吕村党支部书记	中共党员	—
李培景	男	新建村党支部书记	中共党员	—
张景荣	女	六吕村村民	群　众	—
赵振秀	女	民生村计生主任、妇代会主任	群　众	—
刘治国	男	三合村团支部书记	群　众	—
陈丰先	男	区建设局局长	中共党员	—
张希臣	男	区财政局局长	中共党员	2011. 1 辞职
孙卫东	男	区农业局局长	中共党员	—
燕清然	男	区供电公司经理	中共党员	—
刘小燕	女	区职业高中教师	民　盟	—
商同林	男	河口采油厂党委常委、副厂长	中共党员	—
赵淑萍	女	区人大常委会副主任、河口采油厂副厂长	无党派	—
国　梁	男	河口采油厂党委常委、工会主席	中共党员	—
龙　玲	女	河口采油厂工会主席	中共党员	—
王俊峰	男	河口采油厂油地工农科书记	中共党员	—
单建民	男	胜利通海集团有限公司副总经理	中共党员	—
王立江	男	河口采油厂采油三矿工会主席	中共党员	—
高洪科	男	河口采油厂财务资源管理中心副主任	群　众	—
黄玉兰	女	河口采油厂二矿二队女子班班长	群　众	—
郑爱国	男	渤海钻井总公司党委副书记、工会主席	中共党员	—
马泮玉	男	渤海钻井总公司市场合同部副科长	群　众	—
汪清林	男	渤海钻井管具有限公司总经理	中共党员	—
邢建军	男	渤海钻井总公司油地工作科科长	中共党员	—
刘爱梅	女	渤海钻井总公司办公室副主任	中共党员	—
吴　芸	女	渤海固井公司秘书	群　众	—
李　翔	男	河口社区管理中心副主任	中共党员	2009. 12 辞职

续表 1—5

姓　名	性别	工作单位及职务	党派	备注
朱林华	男	河口社区胜利十三中校长	中共党员	—
杜　敏	男	河口社区绿苑房开公司生产部主任	群　众	—
纪丽霞	女	供水公司孤河水厂副队长	群　众	—
杨　新	男	孤岛老年管理站副主任、总支书记	中共党员	—
吕道清	男	测井作业部副主任	群　众	—
贾　萍	女	胜利油建八分公司计量节能员	群　众	—
万　静	女	供电公司劳资干事	群　众	—
姜则才	男	胜建集团二处经理	中共党员	—
郑雪梅	女	河口采油厂井下作业大队安全办主任	群　众	—
六合乡代表团（16名）				
孙红军	男	区委副书记	中共党员	2011.1 调离
侯永强	男	区委常委、区纪委书记	中共党员	—
李砺生	男	区人民检察院检察长	中共党员	—
陈建英	女	区人大常委会委员、人事代表工作室主任	中共党员	—
朱春光	男	六合乡党委书记、人大主席	中共党员	—
牟焕民	男	六合乡党委副书记、乡长	中共党员	后调至 河口街道团
赵呈安	男	六合乡人大副主席	中共党员	2009.12 辞职
荀军松	男	团区委书记	中共党员	后调至义和团 2009.12 辞职
陈兴功	男	庙一村党支部书记	中共党员	—
綦文叶	女	东崔村妇代会主任	群　众	—
刘俊霞	女	六合乡中学教师	群　众	—
张承训	男	后毕村党支部书记	中共党员	—
李瑞香	女	梅家村妇代会主任	群　众	—
张希武	男	范家村党支部书记	中共党员	—
巴树村	男	广河村党支部书记	中共党员	—
周义霞	女	荆家村妇代会主任	群　众	—
孤岛镇代表团（24名）				
聂建军	男	区委书记、区人大常委会主任	中共党员	—
张成彬	男	区委常委、区委组织部部长	中共党员	—
卢玉峰	男	区委组织部副部长	中共党员	—
薄纯新	男	孤岛镇党委书记、人大主席	中共党员	2011.3 辞职
李金峰	男	孤岛镇党委副书记、镇长	中共党员	—

续表 1—5

姓　名	性别	工作单位及职务	党派	备注
崔风桐	男	孤岛镇人大副主席	中共党员	2011.1 辞职
李瑜昌	男	孤岛社区党委副书记、纪委书记、工会主席	中共党员	—
马　艳	女	孤岛社区思想政治工作部副主任	中共党员	—
王玉杰	男	孤岛宏海实业公司党委书记	中共党员	—
王培祥	男	孤岛采油厂党委副书记、纪委书记	中共党员	—
姜　娜	女	孤岛采油厂工艺所油化室主任	群　众	—
韩明俊	女	孤岛采油厂孤二区劳资干事	民　建	—
许俊峰	男	孤岛采油厂孤一区党委书记	中共党员	—
蒲宝林	男	金岛实业有限责任公司副董事长	中共党员	—
孔丽华	女	井下作业三公司准备二大队工会干事	群　众	—
齐卫东	男	井下作业三公司作业五大队教导员	中共党员	—
宋树东	男	供水车管四队调度员	群　众	—
董廷江	男	胜利油建公司一分公司副经理	中共党员	—
王兆岭	男	孤岛供电公司副经理	中共党员	—
金明坤	男	集输孤岛分厂调度员	中共党员	—
刘士勤	男	区人大常委会委员，中海化工集团董事长、党委书记	中共党员	—
尚登贤	男	济军生产基地副政委	中共党员	2011.1 辞职
刘明贤	男	济军生产基地二团七分场场长	中共党员	—
欧阳引娣	女	济军生产基地医院内科副主任	群　众	—
仙河镇代表团（23名）				
黄高潮	男	区政协主席	中共党员	—
成希琴	女	区委常委、副区长	中共党员	2011.1 调离
卢洪鹏	男	仙河镇党委书记、人大主席	中共党员	2011.3 辞职
张英然	女	仙河镇党委副书记、镇长	中共党员	—
陈建岐	男	仙河镇人大副主席	中共党员	后调至河口街道团
白林虎	男	孤东采油厂党委副书记、纪委书记	中共党员	2011.1 辞职
孙朝辉	女	孤东采油厂财资管理中心副主任	中共党员	—
朱月福	男	东方实业集团董事长兼总经理	中共党员	—
张东岩	男	孤东采油厂油地工作科科长	中共党员	—
边艳梅	女	孤东采油厂机关车队指导员	中共党员	—
蔡童芝	女	孤东信息管理中心副主任	群　众	—
王宏伟	男	北方实业有限公司董事长、总经理、党委书记	中共党员	—
李培智	男	区人大常委会委员，桩西采油厂党委副书记、纪委书记	中共党员	—

续表 1—5

姓　名	性别	工作单位及职务	党派	备注
高玲玲	女	桩西采油厂一区机关主管政工办主任、组织纪检干事	中共党员	—
牟云立	男	仙河社区管理中心纪委书记、工会主席	中共党员	—
陈惠琴	女	仙河社区物业公司建设小区经理	群　众	—
汪春梅	女	仙河社区学前教育中心主任	中共党员	—
刘恩胜	男	孤岛采油厂副厂长	中共党员	后调至孤岛团
张艾军	男	钻井一公司生产办主任	中共党员	—
陈步军	男	区人大常委会委员、区总工会主席	中共党员	—
张国明	男	海洋采油厂副厂长	中共党员	—
李益民	男	区人民法院院长、党组书记	中共党员	2010.7 调离
陈　强	男	滨海供电公司党委书记、政治教导员	中共党员	

第十六届届中补选代表

表 1—6

姓　名	性别	工作单位及职务	党派	备注
李同君	男	区人大常委会委员、教科文卫工作委员会主任	中共党员	2009.12 补选
高连欣	男	六合乡党委副书记、乡长	中共党员	2009.12 补选
高　东	男	东营圣澳建业有限公司董事长	中共党员	2009.12 补选
武林中	男	区委副书记、区长	中共党员	2009.6 补选 2011.7 调出
苟增杰	男	区委副书记、代理区长，东营港经济开发区管委会主任	中共党员	2011.7 补选
陈步先	男	新户镇党委副书记、镇长	中共党员	2011.5 补选
王　峰	男	孤岛镇党委副书记、镇长	中共党员	2011.5 补选
王云涛	男	仙河镇党委副书记、镇长	中共党员	2011.5 补选
盖金春	男	孤东采油厂党委副书记、工会主席	中共党员	2011.5 补选
马剑光	男	河口社区管理中心副主任	中共党员	2011.5 补选
杨同贤	男	区委副书记	中共党员	2011.1 补选
马保文	男	区委常委、副区长	中共党员	2011.1 补选
郭存三	男	区政协副主席、区总工会主席	中共党员	2011.1 补选
胡友泉	男	区人民法院代理院长、党组书记	中共党员	2011.1 补选
徐楠楠	女	团区委书记	中共党员	2011.1 补选
王忠华	男	区人大常委会财政经济工作委员会主任	中共党员	2011.1 补选
王学军	男	区人大常委会农业与农村工作委员会主任	中共党员	2011.1 补选
李仁玲	女	区人大常委会城乡建设环境保护工作委员会主任	中共党员	2011.1 补选

续表 1—6

姓　名	性别	工作单位及职务	党派	备注
王　新	男	济南军区黄河三角洲生产基地副主任	中共党员	2011.1 补选
李良春	男	山东海星集团有限公司总经理	中共党员	2009.6 补选
王宗起	男	胜利商贸有限责任公司董事长兼总经理、山东源远投资担保有限公司董事长	群　众	2009.6 补选
宋继圣	男	东营市人民检察院反渎职侵权局局长、检察员	中共党员	2009.6 补选
牛保坤	男	区人武部部长	中共党员	2009.6 补选
陈　军	男	东营市公安局河口分局局长	中共党员	2009.6 补选
高安军	男	区供电公司经理	中共党员	2009.6 补选

河口区第十七届人大代表名单（2011 年 12 月）

表 1—7

姓　名	性别	工作单位及职务	党派	备注
新户镇代表团（25 名）				
张胜双	男	区人大常委会副主任、党组副书记	中共党员	—
胡友泉	男	区人民法院院长	中共党员	2013.12 调离
陈锋之	男	区人大常委会委员、区委组织部副部长	中共党员	—
马士文	男	区人大常委会委员、办公室主任	中共党员	—
王忠华	男	区人大常委会委员、财经工委主任	无党派	2013.12 辞职
闫　彬	男	新户镇党委书记、人大主席	中共党员	—
张学亮	男	新户镇党委副书记、镇长	中共党员	—
郭树勇	男	新户镇人大副主席	中共党员	2013.04 辞职
高　东	男	东营圣澳有限责任公司董事长	中共党员	—
王胜林	男	新户镇南李村村民	群　众	—
张廷坤	男	新户镇莲藕合作社理事长	中共党员	—
路来国	男	新户镇麻郭村党支部书记、村委会主任	中共党员	—
王甲燕	女	新户镇艾和村村委会委员、综治主任	群　众	—
王英福	男	新户镇马家村党支部书记	中共党员	—
杨奎忠	男	新户镇刘瞿村党支部书记	中共党员	—
李振玉	女	新户镇肥城村村委会委员	群　众	—
姜花刚	男	新户镇南楼村党支部书记	中共党员	—
林立香	女	新户镇丁家村计生专干	群　众	—
张久明	男	东营鑫大地有限公司总经理	中共党员	—
李金岭	男	新户镇东村党支部书记、村委会主任	中共党员	—
王焕青	女	新户镇新户卫生院药剂师	群　众	—

续表 1—7

姓 名	性别	工作单位及职务	党派	备注
常守臣	男	东营通和水产公司经理	群 众	—
李秀林	女	新户镇太平幼儿园园长	中共党员	—
李宝祥	男	新户镇郭局村村委会主任	群 众	—
张文平	男	东营汇泰公司董事长	中共党员	2012.1 辞职
义 和 镇 代 表 团（24 名）				
杨同贤	男	区委副书记	中共党员	—
王永跃	男	区委常委、区委政法委书记	中共党员	—
丁水林	男	区人大常委会副主任	中共党员	—
李延春	男	区人大常委会委员、区实验学校校长、区教育局副局长	中共党员	—
马学君	男	区人大常委会委员、义和镇大英村党支部书记、村委会主任	中共党员	—
徐文棠	男	义和镇党委书记、人大主席	中共党员	—
苟军松	男	义和镇党委副书记、镇长	中共党员	—
綦建成	男	义和镇党委副书记、纪委书记	中共党员	—
李金峰	男	义和镇人大副主席	中共党员	2013.4 辞职
张 迪	女	义和镇中心幼儿园园长	群 众	—
刘冬红	女	义和镇大牟村计生主任	中共党员	2014.4 辞职
李振平	男	义和镇五一村党支部书记、村委会主任	中共党员	—
寇学华	女	义和镇后夹村党支部书记、村委会主任	中共党员	—
陈甲文	男	义和镇薄家村党支部书记、村委会主任	中共党员	—
孙学芳	女	义和镇南太平村村委会委员	群 众	—
袁成华	男	义和镇三合村党支部书记、村委会主任	中共党员	—
袁延安	男	义和镇王集村党支部书记、村委会主任	中共党员	—
王金柱	男	义和镇冬枣技术员	群 众	—
王宗起	男	胜利商贸有限责任公司董事长、山东富通典当有限公司董事长	群 众	—
王洪伟	男	义和镇西河村党支部书记、村委会主任	中共党员	—
焦念光	男	义和镇西南村党支部书记、村委会主任	中共党员	—
王玉红	男	义和镇艾河村村委会主任	群 众	—
王 争	男	河口区中医院副院长	中共党员	—
张 敏	女	义和镇六顷五村村委会委员	群 众	—
河 口 街 道 代 表 团（35 名）				
聂建军	男	区委书记、区人大常委会主任、东营港经济开发区党工委书记	中共党员	2016.1 调离
郭存三	男	区人大常委会副主任、区总工会主席	中共党员	—

续表 1—7

姓　名	性别	工作单位及职务	党派	备注
赵淑萍	女	区人大常委会副主任、河口采油厂副厂长	无党派	—
牛保坤	男	区人武部部长	中共党员	2012.2 调离
陈建英	女	区人大常委会委员、人事代表工作室主任	中共党员	2012.04 辞职
马剑光	男	区人大常委会委员、河口社区管理中心副主任	中共党员	—
于克强	男	河口公安分局党委委员、指挥中心（办公室）主任、河口分局负责人	中共党员	2016.1 调离
仉文海	男	区供电公司经理	中共党员	2015.10 调离
王端吉	男	区财政局局长	中共党员	—
陈朝霞	女	区住房和城乡建设局局长	中共党员	—
商同林	男	河口采油厂党委常委、副厂长	中共党员	2014.12 调离
牟焕民	男	河口街道党工委书记、人大工作办公室主任	中共党员	—
张吉胜	男	河口街道党工委副书记、办事处主任	中共党员	—
张希亮	男	河口街道人大工作办公室副主任	中共党员	—
单建民	男	胜利通海集团有限公司副总经理	中共党员	—
国　梁	男	河口采油厂党委常委、工会主席	中共党员	—
罗丽华	女	胜利石油管理局电力管理总公司河口供电公司站长	群　众	—
王玉国	男	热力大队党委书记、副大队长	中共党员	—
王乃余	男	河口街道八吕村党支部书记、村委会主任	中共党员	—
程显来	男	河口街道李坨村党支部书记	中共党员	—
殷鹏霄	男	河口街道三合村村委会主任	中共党员	—
赵振凤	女	河口街道三合村计生主任	群　众	—
刘新香	女	供水公司河滨制水厂运行班长	群　众	—
杨红娥	女	河口街道五顷村计生主任	群　众	—
刘克军	男	金色河口实业有限公司董事长兼总经理	中共党员	—
朱林华	男	胜利第十三中学校长	中共党员	—
王晓云	女	河口社区职工医院医生	群　众	—
王立江	男	河口采油厂采油二矿党委副书记	中共党员	—
王俊峰	男	河口采油厂油地工作科书记	中共党员	—
孙家珍	女	河口采油厂定额价格管理站职工	群　众	—
郑雪梅	女	河口采油厂准备大队作业设备主管师	群　众	—
黄秀芹	女	河口采油厂地质研究所地质室主任、主管师	群　众	—
董艳霞	女	河口采油厂采油四矿三队职工	群　众	—
王延军	男	胜建二处副经理	中共党员	—
杨学山	男	油建八分公司党委书记	中共党员	2013.4 调离

续表 1—7

姓　名	性别	工作单位及职务	党派	备注
六合街道代表团（25名）				
苟增杰	男	区委副书记、区长、东营港经济开发区管委会主任	中共党员	—
侯永强	男	区委常委、区纪委书记	中共党员	—
闫长林	男	区人大常委会副主任	中共党员	—
陈丰先	男	河口经济开发区党工委书记、管委会主任	中共党员	—
周青蓉	女	区人大常委会委员、内务司法工作委员会主任	中共党员	—
王学军	男	区人大常委会委员、农业与农村工作委员会主任	中共党员	—
李仁玲	女	区人大常委会委员、城乡建设环境保护工作委员会主任	中共党员	—
郑爱国	男	渤海钻井总公司党委副书记、纪委书记	中共党员	—
朱春光	男	六合街道党工委书记、人大办主任	中共党员	2013.4 调离
高连欣	男	六合街道党工委副书记、办事处主任	中共党员	2013.4 辞职
李希平	男	六合街道人大工作办公室副主任	中共党员	—
张希武	男	六合街道范家村党支部书记	中共党员	2015.8 辞职
蒋时祥	男	六合街道三义和村党支部书记	中共党员	—
陈兴功	男	六合街道庙一村党支部书记	中共党员	—
张承训	男	六合街道后毕村党支部书记	中共党员	2015.8 辞职
陈长山	男	六合街道庙二村党支部书记	中共党员	—
刘俊霞	女	六合街道中学教师	群　众	—
李凤梅	女	六合街道芦山村报账员	群　众	—
薄　燕	女	六合街道六合村妇代会主任	群　众	—
姜志英	女	六合街道义和村妇代会主任	群　众	—
张光温	男	渤海钻井二公司科员	群　众	—
刘爱梅	女	渤海钻井总公司计生办副主任	中共党员	—
吴　芸	女	渤海固井纪检干事	群　众	—
马泮玉	男	渤海钻井市场合同科副科长	群　众	—
孙继光	男	胜利油田万和公司董事长	中共党员	—
孤岛镇代表团（26名）				
李积德	男	区政协主席	中共党员	—
马保文	男	区委常委、副区长	中共党员	2016.1 调离
杨学贤	男	区人大常委会原副主任	中共党员	—
徐楠楠	女	区人大常委会委员、团区委书记	中共党员	2014.12 辞职
刘凤霞	女	区人大常委会委员、区妇联主席	中共党员	—
李同君	男	区人大常委会教育科学文化卫生工作委员会主任	中共党员	—
冯志强	男	孤岛采油厂厂长、党委副书记	中共党员	2013.4 调离

续表 1—7

姓　名	性别	工作单位及职务	党派	备注
王保平	男	孤岛社区管理中心主任	中共党员	2013.4 调离
巩　蕾	男	济军生产基地政治部主任	中共党员	2014.12 调离
李金锋	男	孤岛镇党委书记、人大主席	中共党员	2015.10 调离
王　峰	男	孤岛镇党委副书记、镇长	中共党员	—
房文利	男	孤岛镇人大副主席	中共党员	2013.4 辞职
欧阳引娣	女	济军生产基地医院内科副主任	群　众	—
薛秋梅	女	济军生产基地实验学校高级教师	群　众	—
王东艳	女	孤岛采油厂作业大队（西区）会计	群　众	—
韩明俊	女	孤岛采油厂孤二油藏经营管理区劳资干事	民建会员	—
山永兰	女	孤岛采油厂地质研究所主管师	群　众	—
许俊峰	男	孤岛采油厂副总经济师、油地工作部主任	中共党员	2014.12 调离
陈　娟	女	孤岛采油厂集输注水大队技术组责任师	群　众	2013.4 调离
蒲宝林	男	金岛实业有限责任公司副董事长	中共党员	—
杨美华	女	油气集输总厂孤岛分厂主任师	群　众	—
任　军	男	滨河水源大队主任技师	群　众	—
王兆岭	男	孤岛供电公司党委书记	中共党员	2015.10 调离
董廷江	男	胜利油建公司一分公司党委书记	中共党员	2013.4 调离
戴绍祥	男	孤岛社区园林绿化专家、绿化环卫大队党委书记	中共党员	—
梁海燕	女	孤岛社区第三幼儿园教师	群　众	—
仙 河 镇 代 表 团（26 名）				
王兴法	男	区委常委、区委组织部部长	中共党员	2016.8 调离
房建民	男	区人大常委会原副主任	中共党员	—
宋继圣	男	区人民检察院检察长	中共党员	—
郭学峰	男	区人大常委会委员、东营港经济开发区管委会办公室主任	中共党员	—
孙　明	男	区人大常委会委员、海洋采油厂党委常委、副厂长	中共党员	—
韩　青	男	区人大常委会委员、区人民医院院长	中共党员	2013.4 辞职
郭守勤	男	区人大常委会委员、河口宾馆有限责任公司董事长	中共党员	—
盖金春	男	孤东采油厂党委副书记、工会主席	中共党员	—
张英然	女	仙河镇党委书记、人大主席	中共党员	—
王云涛	男	仙河镇党委副书记、镇长	中共党员	—
杨江普	男	仙河镇人大副主席	中共党员	2014.12 辞职
李良春	男	山东海星集团有限公司总经理	中共党员	—
商祥毅	男	孤东采油厂规划计划科科长	中共党员	—

续表 1—7

姓 名	性别	工作单位及职务	党派	备注
张东岩	男	孤东采油厂油地工作科科长	中共党员	—
孙朝辉	女	孤东采油厂财务资产管理中心副主任	中共党员	—
刘 荣	女	孤东采油厂采油二矿 19 队采油工	中共党员	—
朱月福	男	东方公司董事长兼总经理	中共党员	—
郭丙元	男	桩西采油厂副总经济师兼组织科科长	中共党员	—
吴孔香	女	桩西采油厂桩一生产区采油工	群 众	—
王宏伟	男	胜利北方公司董事长兼总经理	中共党员	—
邱文德	男	海洋采油厂研究所钻井工程师	中共党员	—
高 赟	女	滨海供电公司变电检修队主管	群 众	—
吴振洋	男	仙河社区管理中心副主任	中共党员	—
张艳明	女	仙河社区管理中心经营管理部副主任	中共党员	—
郑慧芹	女	仙河社区管理中心滨海医院护士	群 众	—
成海陆	男	渤海钻井一公司生产办主任	中共党员	—

第十七届届中补选代表

表 1—8

姓 名	性别	工作单位及职务	党派	备注
董 凯	男	区人武部部长	中共党员	2012.6 补选 2016.1 调离
伍忠民	男	区人大常委会教科文卫工作委员会主任	中共党员	2012.6 补选
王宏伟	男	区人大常委会农业与农村工作委员会主任	中共党员	2012.6 补选
曹志海	男	区人民法院党组书记、副院长	中共党员	2013.4 补选
杨月明	男	六合街道党工委书记	中共党员	2013.4 补选
张素霞	女	六合街道党工委副书记、办事处主任	中共党员	2013.4 补选
陈守明	男	新户镇人大副主席	中共党员	2013.4 补选
张 彬	男	义和镇人大副主席	中共党员	2013.4 补选
刘学东	男	区人民医院院长	中共党员	2013.4 补选
孙 峰	男	东营市森林公安局河口分局主任科员	中共党员	2013.4 补选
张清海	男	区市政工程公司董事长兼总经理	中共党员	2013.4 补选
李 晓	男	区人大常委会财政经济工作委员会主任	中共党员	2013.12 补选
刘云战	男	孤岛镇人大副主席	中共党员	2013.12 补选 2014.12 辞职
卢 峰	男	孤岛采油厂党委副书记、纪委书记，孤岛社区管理中心党委副书记、纪委书记	中共党员	2013.12 补选

续表 1—8

姓　名	性别	工作单位及职务	党派	备注
饶耀现	男	孤岛采油厂副厂长、孤岛社区管理中心副主任	中共党员	2013. 12 补选
刘　淦	男	团区委书记	中共党员	2014. 12 补选
祝升禹	男	孤岛镇人大副主席	中共党员	2014. 12 补选
刘晓刚	男	仙河镇人大副主席	中共党员	2014. 12 补选
冯勇成	男	河口采油厂党委副书记、工会主席	中共党员	2014. 12 补选
马　健	男	区国税局党组书记、局长	中共党员	2014. 12 补选
刘志刚	男	义和镇同合村党支部书记、村委会主任，东营市精诚无缝钢管有限责任公司董事长	中共党员	2014. 12 补选
孙少军	男	济南军区黄河三角洲综合训练基地副政委	中共党员	2014. 12 补选
姜其慧	男	孤岛采油厂副厂长	中共党员	2014. 12 补选
刘斯杰	男	区委副书记、代理区长	中共党员	2015. 10 补选
荆曰国	男	六合街道荆家村党支部书记、村委会主任	中共党员	2015. 10 补选
张锋基	男	六合街道六合村党支部书记、村委会主任	中共党员	2015. 10 补选
田兵兵	男	区委副书记	中共党员	2016. 1 补选
曹永湖	男	区委常委，区政府副区长	中共党员	2016. 1 补选
张　河	男	区人武部部长	中共党员	2016. 1 补选
宋学峰	男	区人大常委会教育科学文化卫生工作委员会主任	中共党员	2016. 1 补选

河口区第十八届人大代表名单（2016 年 12 月）

表 1—9

姓　名	性别	工作单位及职务	党派	备注
新 户 镇 代 表 团（25 名）				
张胜双	男	河口区人大常委会党组书记、第一副主任	中共党员	—
赵明印	男	河口区委常委、组织部部长、统战部部长	中共党员	—
李宪廷	男	河口区新户镇一顷六村党支部书记、村委会主任	中共党员	—
高丽燕	女	新户镇肥城村村民	群　众	—
荀军松	男	新户镇党委书记	中共党员	—
闫　彬	男	蓝色经济产业园党工委书记、服务中心主任	中共党员	—
李金岭	男	新户镇东村党支部书记、村委会主任	中共党员	—
宋继圣	男	河口区人民检察院检察长、党组书记	中共党员	—
门福军	男	新户镇西华村党支部书记、村委会主任	中共党员	—
杨娟娟	女	新户镇仁义村委委员、计生专干	群　众	—
杨玉伟	男	新户镇人大主席	中共党员	—
王国芬	女	新户镇太三村委委员	群　众	—

续表 1—9

姓　名	性别	工作单位及职务	党派	备注
王玉翠	女	新户镇太平中学老师	群　众	—
宋学锋	男	区人大教育科学文化卫生委员会副主任委员	中共党员	—
朱耀东	男	新户镇东鲍井村党支部书记、村委会主任	中共党员	—
吴俊国	男	新户镇镜湖社区书记、西村村委会主任	中共党员	—
李　萍	女	区市场监督管理局局长、党组书记	中共党员	—
盖金荣	女	新户镇郭局村村民	群　众	—
孟凡华	女	新户镇东六合村计生专干	群　众	—
王宏伟	男	区人大农业与农村委员会副主任委员	中共党员	—
孙卫祥	男	河口街道政协委员联络室主任	中共党员	—
常守臣	男	新户镇东风村村民、通和水产公司总经理	群　众	—
王焕青	女	新户镇卫生院药剂师	群　众	—
张廷坤	男	新户镇联合村村民、河口苗丰专业合作社理事长	中共党员	—
蔺丽美	女	新户镇丁家集村委委员	群　众	—
义 和 镇 代 表 团（25 名）				
王永跃	男	河口区委常委、政法委书记	中共党员	—
李积德	男	河口区政协主席、党组书记	中共党员	2017.1 去世
李振平	男	五一村党支部书记、村委会主任	中共党员	—
于珊红	女	五二村计生专职主任	群　众	—
郭存三	男	河口区人大常委会副主任、党组成员，总工会主席、党组书记	中共党员	—
寇学华	女	后夹村村民	中共党员	—
曹志海	男	河口区人民法院院长、党组书记	中共党员	—
刘志刚	男	同合村党支部书记、村委会主任	中共党员	—
吴翠婵	女	义和镇中心学校教师	群　众	—
刘士成	男	中共河口区委组织部副部长、老干部局局长、新户镇党委副书记（挂职）	中共党员	—
王瑞红	男	区总工会党组副书记、常务副主席	中共党员	—
孙学芳	女	南太平村委委员	群　众	—
黄润超	男	区政府办公室副主任、主任科员	中共党员	—
袁延安	男	王集村委会主任	中共党员	—
李振江	男	区人大财政经济委员会副主任委员	中共党员	—
王金柱	男	梁家村冬枣技术员	群　众	—
王云涛	男	义和镇党委书记	中共党员	—
魏立香	女	西南村计生专职主任	群　众	—

续表 1—9

姓　名	性别	工作单位及职务	党派	备注
杨庆云	女	东南村年丰庄园负责人	群　众	—
綦建成	男	义和镇党委副书记、镇长	中共党员	—
王玉红	男	艾河村党支部书记、村委会主任	中共党员	—
李佩玉	女	河口区中医院医师、康复科主任	群　众	—
祝升禹	男	义和镇人大主席	中共党员	—
马学君	男	大英村党支部书记、村委会主任	中共党员	—
杨振山	男	围子村村民	群　众	—
河口街道代表团（35名）				
刘克军	男	胜利油田金色河口实业集团有限公司董事长兼总经理	中共党员	—
赵淑娟	女	物业服务一公司物业服务二班班长	中共党员	—
单连波	男	胜利石油管理局河口医院主治医师、副院长	群　众	—
崔振花	女	胜利第十三中学高中部高级教师	群　众	—
黄秀芹	女	河口采油厂地质研究所高级工程师、主管师	群　众	—
孙家珍	女	河口采油厂基建工程管理中心科员	群　众	—
王立江	男	河口采油厂治安保卫中心高级政工师、副主任	中共党员	—
张兵兵	女	河口采油厂采油管理五区工会主席	中共党员	—
马　翔	男	河口采油厂高级政工师、工会副主席	中共党员	—
邓　鲁	女	河口采油厂人力资源科科员	群　众	—
谭志平	男	河口采油厂井下作业大队党委书记	中共党员	—
冯勇成	男	河口采油厂高级政工师、党委副书记、工会主席	中共党员	—
李　竹	女	河口采油厂集输大队压气站职工	群　众	—
王　莉	女	胜利油建运维保分公司输气工	群　众	—
宓　源	男	中石化胜建工程二处项目经理	群　众	—
王端吉	男	区财政局局长、党组书记	中共党员	—
陈建岐	男	河口街道党工委宣传委员	中共党员	—
秦安忠	男	利津县委常委、县人民政府副县长	中共党员	—
卢玉峰	男	河口区委组织部副部长，区人力资源和社会保障局局长、党组书记	中共党员	—
魏育智	男	区水利局党组书记	中共党员	—
崔文泉	男	河口区供电公司总经理	中共党员	—
牟焕民	男	河口街道党工委书记	中共党员	—
罗丽华	女	胜利石油管理局河口供电公司职工	群　众	—
苟增杰	男	中共河口区委书记，区人大常委会主任	中共党员	—
陈万来	男	河口街道党工委副书记	中共党员	—

续表 1—9

姓　名	性别	工作单位及职务	党派	备注
董子虎	男	河口街道八吕村党支部书记	中共党员	—
张月友	男	河口街道李坨村党支部书记	中共党员	—
杨长春	男	河口街道六吕村党支部书记	中共党员	—
李　晓	男	区人大财政经济委员会副主任委员	中共党员	—
殷鹏霄	男	河口街道三合村党支部书记	中共党员	—
刘树国	男	河口街道南旺村党支部书记	中共党员	—
刘新香	女	供水公司河口分公司职工	群　众	—
杨红娥	女	河口街道五顷村计生主任	群　众	—
常爱娥	女	河口街道新建村村民	群　众	—
王建民	男	河口区人武部副部长兼军事科长	中共党员	—
六合街道代表团（27名）				
杨丰文	男	六合街道人大工委主任	中共党员	—
张英珍	女	小义和村村医	群　众	—
蒋时祥	男	三义和村党支部书记	中共党员	—
张素霞	女	六合街道党工委书记	中共党员	—
张清海	男	区市政工程公司高级工程师、经理	中共党员	—
陈长山	男	庙二村党支部书记、村委会主任	中共党员	—
缪金学	男	区发展改革局局长、党组书记	中共党员	—
李凤梅	女	芦苫村村委委员、妇代会主任	群　众	—
张锋基	男	六合村党支部书记、村委会主任	中共党员	—
郭玉珍	女	区政协副主席、科技局副局长	无党派	—
李吉海	男	区纪委、监察局派驻第四纪检组书记、监察室主任	中共党员	—
荆曰国	男	荆家村党支部书记、村委会主任	中共党员	—
田兵兵	男	中共河口区委副书记	中共党员	—
陈丰先	男	河口经济开发区党工委书记、开发区管委会主任	中共党员	—
刘俊霞	女	六合中学高级教师	群　众	—
李延春	男	河口区实验学校高级教师、校长	中共党员	—
张光温	男	河口区域钻井协调部生产办公室科员	群　众	—
孙　娟	女	渤海钻井总公司办公室秘书	群　众	—
王学军	男	区人大常委会人事代表工作委员会主任	中共党员	—
李西峰	女	渤海钻前公司党政办团青干事	中共党员	—
李　萍	女	渤海固井公司安全办干事	群　众	—
刘凤霞	女	区妇联主席	中共党员	—
周青蓉	女	区人大内务司法委员会副主任委员	中共党员	—

续表 1—9

姓　名	性别	工作单位及职务	党派	备注
张淑梅	女	渤海工程运输公司加油站站长	群　众	—
王明华	男	区委区直机关工委书记	中共党员	—
孙继光	男	胜利油田万和集团董事长	中共党员	—
高吉林	男	东营千硕建筑安装有限责任公司经理	群　众	—
孤 岛 镇 代 表 团（25 名）				
张作霞	男	东营市纪委宣传部部长	中共党员	—
闫长林	男	河口区人大常委会副主任、党组成员	中共党员	—
马士文	男	河口区人大常委会办公室主任、党组成员	中共党员	—
李金水	男	孤岛采油厂高级政工师、采油管理五区党委书记、副经理	中共党员	—
王　峰	男	孤岛镇党委书记	中共党员	—
朱艳玲	女	孤岛采油厂采油管理六区注采 603 站技术员	群　众	—
李希平	男	区人大农业与农村委员会副主任委员	中共党员	—
张衍军	男	孤岛采油厂政工师、副厂长，孤岛社区管理中心党委委员、副主任	中共党员	—
张善飞	男	孤岛采油厂高级政工师、油地工作科科长	中共党员	—
胡友成	男	孤岛镇党委副书记、镇长	中共党员	—
高　东	男	东营圣澳建业有限公司董事长、东营市恒建混凝土有限公司董事长	中共党员	—
姜　琰	女	孤岛采油厂集输大队垦西联合站工人	群　众	—
李　辉	男	六合街道党工委委员、办事处副主任	中共党员	—
贾永利	男	胜利油田金岛实业有限责任公司副书记、副总经理	中共党员	—
刘　梅	女	孤岛采油厂准备大队油管厂工人	群　众	—
孟爱英	女	油气集输总厂孤岛分厂高级工程师、主管师	群　众	—
梁玉梅	女	胜利油建一分公司工会干事	群　众	—
刘江敏	女	电力管理总公司孤岛供电管理区变电工作四站孤四变站长	群　众	—
张可全	男	滨河供水公司孤北水源站职工	群　众	—
马海燕	女	孤岛医院护理部副主任护师	农工党	—
饶耀现	男	孤岛社区高级工程师、副主任	中共党员	—
戴绍祥	男	孤岛社区副总工程师、环卫绿化大队大队长	中共党员	—
孙少军	男	济军综合训练基地副政委	中共党员	—
薛秋梅	女	济军综合训练基地实验学校教师	群　众	—
阳引娣	女	基地医院内科副主任医师	群　众	—

续表 1—9

姓　名	性别	工作单位及职务	党派	备注
仙 河 镇 代 表 团（26 名）				
李建民	男	区委办公室常务副主任	中共党员	—
王晓勇	男	广饶县人民政府副县长	中共党员	—
田　红	女	孤东采油厂注采 304 站采油工	群　众	—
冯金忠	男	高级政工师、孤东采油厂党委副书记、纪委书记	中共党员	—
刘梅青	女	孤东采油厂采油管理五区经营管理室办事员	群　众	—
蔡童芝	女	孤东采油厂信息（档案）管理中心工程师、副主任	群　众	—
孙学诗	男	垦利区人民政府副区长	中共党员	—
张红军	男	孤东采油厂投资计划科经济师、主任科员	群　众	—
燕　华	女	孤东采油厂地质所规划管理室高级工程师、副主任	群　众	—
吕洪新	男	区委党史研究室主任	中共党员	—
刘长水	男	孤东采油厂油地工作科高级经济师、科长	中共党员	—
刘爱民	男	东方公司党委书记、副董事长	中共党员	—
韩春亮	男	仙河镇党委副书记、镇长	中共党员	—
谢　静	女	桩西采油厂采油管理四区集输 401 站技术副站长	群　众	—
董召磊	男	仙河镇人大主席	中共党员	—
王宏伟	男	胜利油田北方实业集团有限责任公司董事长、党委书记、总经理	中共党员	—
郭子江	男	高级工程师、桩西采油厂副厂长	中共党员	—
郑慧芹	女	中级护理主管护师、仙河社区滨海医院护士	群　众	—
刘宗辉	男	仙河社区高级经济师、党委副书记、纪委书记、工会主席	中共党员	—
金晓凤	女	幼儿园一级教师、仙河社区学前教育中心幼儿教师	群　众	—
高长英	女	滨海供电管理区线路工作二站工人	群　众	—
孙　明	男	海洋采油厂高级工程师、党委常委、副厂长	中共党员	—
肖　丽	女	海洋采油厂科研所开发室高级工程师、责任师	群　众	—
朱贵宝	男	区人大常委会预算工作委员会副主任	中共党员	—
邓国利	女	渤海仙河区域钻井协调部党政办公室科员	群　众	—
高照洪	男	东营港经济开发区管委会副调研员	中共党员	—

第三节　驻河口区历届全国、省人大代表名单

驻河口区的全国第十届人大代表名单（2003 年 3 月）

表 1—10

姓　名	性别	工作单位及职务	党派	备注
赵淑萍	女	河口采油厂副总工程师、地质研究所所长	无党派	

驻河口区的山东省第八届人大代表名单（1993 年 3 月）

表 1—11

姓　名	性别	工作单位及职务	党派	备注
王奎炳	男	新户乡麻郭村党支部书记	中共党员	

驻河口区的山东省第九届人大代表名单（1998 年 3 月）

表 1—12

姓　名	性别	工作单位及职务	党派	备注
王少飞	男	河口区委书记	中共党员	

驻河口区的山东省第十届人大代表名单（2003 年 3 月）

表 1—13

姓　名	性别	工作单位及职务	党派	备注
赵豪志	男	河口区人民政府区长	中共党员	
聂建军	男	河口区人民政府区长	中共党员	2006 年 2 月任现职

驻河口区的山东省第十一届人大代表名单（2008 年 1 月）

表 1—14

姓　名	性别	工作单位及职务	党派	备注
聂建军	男	河口区委书记、区人大常委会主任	中共党员	
刘其靖	女	河口区实验学校教师	中共党员	

驻河口区的山东省第十二届人大代表名单（2013 年 1 月）

表 1—15

姓　名	性别	工作单位及职务	党派	备注
苟增杰	男	河口区委副书记、区长，东营港经济开发区管委会主任	中共党员	

第四节 河口区选出的历届东营市人大代表名单

东营市第三届人大代表名单（1993 年 3 月）

（37 名，按姓名笔画为序）

丁恩海	马学军	马桂香（女）	王少飞	王书元
王曰坤（女）	王春芝（女）	化贵卿	巴中一	石惠琴（女）
刘庆礼	刘国庆	刘忠厚	刘荣庭	刘家祥
刘增喜	孙玉英（女）	李同生	李兆芳	李守学
杨奎忠	连兴民	张世禄	张希芝	陈仁贤
尚恩英（女）	周庆成	孟德义	胡建国	袁　础
徐秋兰（女）	殷爱民	高洁录	唐生海	曹树森
崔延林	翟清连			

东营市第四届人大代表名单（1998 年 2 月）

表 1—16

姓　名	性别	工作单位及职务	党派	备注
赵芳清	男	东营市政协主席	中共党员	—
张宗义	男	东营市委副书记、胜利石油管理局党委副书记（正局级）	中共党员	—
吕雪萍	女	东营市委常委、宣传部部长	中共党员	—
张昌祥	男	东营市人大常委会副主任	九三学社	—
潘维忠	男	东营市人大常委会调研室主任	无党派	—
李雨春	女	胜利石油管理局财务处副处长	无党派	—
王少飞	男	河口区委书记	中共党员	—
刘汝彬	男	河口区委副书记、区人大常委会主任	中共党员	—
徐春福	男	河口区委副书记、代区长	中共党员	—
马学军	男	河口区义和镇大英村党支部书记	中共党员	—
韦　凤	女	钻井集团一公司钻前公司器材供应站工人	群　众	—
宁洪儒	男	河口区孤岛镇党委书记、镇长	中共党员	—
刘　平	男	孤岛采油厂副厂长	中共党员	—
刘志春	男	胜利油田第六十二中学校长	中共党员	—
刘国庆	男	河口采油厂厂长	中共党员	—
刘增玺	男	河口区六合乡闫家村党支部书记	中共党员	—
杨学旺	男	桩西采油厂总经济师	中共党员	—

续表 1—16

姓　名	性别	工作单位及职务	党派	备注
李清玲	男	河口区义和中学教师	中共党员	—
连兴民	男	河口区人武部部长	中共党员	—
张世禄	男	石油天然气总公司运输三公司政工办主任	中共党员	—
张志和	男	孤东采油厂东方实业集团公司党委书记、总经理	中共党员	—
张英勇	男	河口采油厂工农环保科科长	中共党员	—
张瑞迎	男	孤岛社区管理中心党委副书记兼纪委书记	中共党员	—
卓新立	男	孤东采油厂一矿十四队班长	群　众	—
周长江	男	海洋石油开发公司党委书记、经理	中共党员	—
周树荣	女	河口区新户乡麻郭村妇代会主任	群　众	—
郑淑英	女	河口区建材公司车间主任	群　众	—
孟德义	男	河口区职业高中校长	中共党员	2000.9 罢免
段玉荣	女	河口区太平乡仁义村妇代会主任	群　众	—
袁玉香	女	桩西采油厂作业大队女工干事	群　众	—
殷爱民	男	河口区仙河镇副镇长	中共党员	—
高洁禄	男	油建二公司三分公司生产调度员	中共党员	—
黄　奔	女	孤岛采油厂孤一生产管理区地质队队长	群　众	—
崔延林	男	济南军区黄河三角洲生产基地主任	中共党员	—
韩希忠	男	河口社区管理中心主任	中共党员	—
董子平	男	河口区四扣乡八吕村党支部书记	中共党员	—
霍崇伦	男	钻井集团一公司党委书记	中共党员	—

东营市第五届人大代表名单（2003 年 2 月）

表 1—17

姓　名	性别	工作单位及职务	党派	备注
刘曙光	男	省纪委委员，东营市委副书记、纪委书记	中共党员	—
王玉君	男	东营市副市长	中共党员	—
蒋成全	男	东营市人大常委会原副主任	中共党员	—
张昌祥	男	东营市人大常委会副主任	九三学社	—
赵淑萍	女	河口采油厂副总地质师兼地质研究所所长	无党派	—
马芙蓉	女	山东省国税局助理巡视员	中共党员	—
于永初	男	山东省东营军分区政治委员	中共党员	—
牟　洁	女	河口采油厂审计科科长	群　众	—
王爱明	女	渤海钻井总公司钻井二公司技术科技术员	群　众	—
李润普	男	胜利油建公司八分公司党委书记	中共党员	—

续表 1—17

姓　名	性别	工作单位及职务	党派	备注
武善波	男	胜利油田运输总公司四公司经理	中共党员	—
李世喜	男	孤岛采油厂党委副书记	中共党员	—
曲明敏	男	滨河供水分公司经理	中共党员	—
叶贵忠	男	油气集输孤岛公司职工	群　众	—
李　敏	男	仙河社区党委副书记、纪委书记	中共党员	—
郑连华	男	孤东采油厂副厂长	中共党员	—
刘明岱	男	桩西采油厂党委书记	中共党员	—
朱庆国	男	海洋石油开发公司党委书记	中共党员	—
蔚庆忠	男	新户乡九顷村党支部书记	中共党员	—
李振平	男	义和镇五一村党支部书记、村委会主任	中共党员	—
邱延菊	女	义和镇东北村计生主任	群　众	—
刘增玺	男	六合乡闫家村党支部书记	中共党员	—
崔立霞	女	仙河镇渔村妇代会主任、幼儿教师	群　众	—
韩吉顺	男	河口区委书记	中共党员	—
刘秀田	男	河口区委副书记、区人大常委会主任	中共党员	—
赵豪志	男	河口区委副书记、代理区长	中共党员	—
张本琪	男	河口采油厂厂长	中共党员	—
贾乃新	男	渤海钻井总公司党委书记、副总经理	中共党员	—
吴峻山	男	河口区农业局副局长	群　众	—
付兆钦	男	河口区太平乡党委书记、人大主席	中共党员	—
王良进	男	河口区孤岛镇党委书记、人大主席	中共党员	—
刘焕江	男	河口社区管理中心党委副书记、纪委书记	中共党员	—
徐东萍	女	孤岛采油厂地质研究所技术员	群　众	—
崔建生	男	孤岛社区管理中心主任、党委副书记	中共党员	—
蔡童芝	女	孤东地质所计算机室主任	群　众	—
许荣华	女	河口区人民医院副院长	中共党员	—
王洪凤	女	河口街道办事处科技副主任	无党派	—
王延书	男	济军生产基地主任	中共党员	—

第五届届中补选代表

表 1—18

姓　名	性别	工作单位及职务	党派	备注
崔兆武	男	东营市市长助理、市水利局局长	中共党员	2006.1 补选
高连昌	男	东营市委政法委常务副书记	中共党员	2006.1 补选

续表 1—18

姓　名	性别	工作单位及职务	党派	备注
冯立军	男	东营市科协主席	中共党员	2006.1 补选
马登雨	男	东营市委常委、市纪委书记	中共党员	2007.1 补选
郑建军	男	河口区委书记	中共党员	2007.1 补选

东营市第六届人大代表名单（2008 年 1 月）

表 1—19

姓　名	性别	工作单位及职务	党派	备注
于树健	男	东营市政协主席	中共党员	—
王玉君	男	东营市副市长	中共党员	后调出
宗承敏	男	东营市副市长	中共党员	—
马登雨	男	东营市委常委、市纪委书记	中共党员	—
王树臣	男	河口区人大常委会党组副书记、副主任	中共党员	—
王洪凤	女	河口区行政服务中心副主任	无党派	—
巴洪斌	男	东营市市长助理，东营港经济开发区管委会主任、党工委书记	中共党员	—
白林虎	男	孤东采油厂党委副书记、纪委书记	中共党员	2010.12 辞职
冯立军	男	东营市人大常委会委员、副秘书长、办公室主任	中共党员	—
刘焕江	男	河口社区管理中心党委书记	中共党员	—
杨奎忠	男	河口区太平乡刘鄆村党支部书记	中共党员	—
杨桂楠	男	东营市人大常委会委员、市人大财经委副主任委员	中共党员	—
苏培军	男	胜利石油化工建设有限责任公司八分公司党委书记	中共党员	—
李世喜	男	孤岛采油厂党委书记	中共党员	—
李寿年	男	河口区河口街道党工委书记、人大工作办公室主任	中共党员	—
李振平	男	河口区义和镇五一村党支部书记	中共党员	—
张吉平	男	渤海钻井一公司机动办现场管理员	中共党员	—
张希武	男	河口区六合乡范家村党支部书记	中共党员	—
张瑞迎	男	孤岛社区管理中心党委书记	中共党员	—
陈建邦	男	仙河社区管理中心党委副书记、主任	中共党员	—
荆发茹	女	东营市胜利第十三中学教师	群　众	—
赵淑萍	女	河口区政协副主席，河口采油厂副厂长	无党派	—
聂建军	男	河口区委书记、人大常委会主任	中共党员	—
夏中华	男	油气集输总厂孤岛分厂孤东采气队职工	中共党员	—
徐东萍	女	孤岛采油厂地质研究所综合室副主任	群　众	—
郭瑞华	男	桩西采油厂环保监督站副站长	中共党员	—

续表 1—19

姓　名	性别	工作单位及职务	党派	备注
高连昌	男	东营市人大常委会委员、市人大内务司法委员会副主任委员	中共党员	—
黄秀芹	女	河口采油厂地质研究所地质室责任师、高级工程师	群　众	—
崔立霞	女	河口区仙河镇渔村妇代会主任	中共党员	—
崔兆武	男	东营市人大常委会副主任、市人大农业与农村委员会主任委员	中共党员	—
康沼亭	男	海洋采油厂副总政工师、工会副主席	中共党员	—
焦淑双	女	渤海钻井总公司技术科科员	群　众	—
蔡童芝	女	孤东采油厂信息工程管理中心副主任、高级工程师	群　众	—
蔚庆忠	男	河口区新户乡九顷村党支部书记	中共党员	—
翟建平	男	济南军区黄河三角洲生产基地主任	中共党员	—
颜捷先	男	东营市人大常委会原副主任	中共党员	—
薄纯新	男	河口区孤岛镇党委书记、人大主席	中共党员	—
成海陆	男	渤海钻井一公司生产办主任	中共党员	—
孙浦华	男	井下作业三公司党委书记	中共党员	后调出

第六届届中补选代表

表 1—20

姓　名	性别	工作单位及职务	党派	备注
万会标	男	东营市委常委、东营军分区政委	中共党员	2010.1 补选
吴国华	男	东营市人大财政经济委员会副主任委员	中共党员	2010.1 补选
高　一	男	东营市人民政府副市长	中共党员	2010.1 补选
李桂华	男	东营市市直机关党工委书记	中共党员	2010.12 补选
周林森	男	河口社区管理中心党委副书记、主任	中共党员	2010.12 补选

东营市第七届人大代表名单（2012 年 3 月）

表 1—21

姓　名	性别	工作单位及职务	党派	备注
张秋波	男	省人大常委会委员，东营市委原书记、人大常委会原主任	中共党员	—
马登雨	男	省委第七巡视组组长	中共党员	—
赵豪志	男	东营市委常委，常务副市长	中共党员	—
万会标	男	东营市委常委，东营军分区政委	中共党员	—
郑建军	男	东营市委常委，市委组织部部长	中共党员	—

续表 1—21

姓　名	性别	工作单位及职务	党派	备注
武林中	男	东营市委常委（援疆），省援疆工作指挥部副总指挥，省第七批援疆干部副领队	中共党员	2014.10 转出
崔兆武	男	东营市人大常委会原副主任	中共党员	—
张俊海	男	东营市公安局局长、党委书记	中共党员	2013.12 转出
宋春友	男	济南军区黄河三角洲生产基地主任	中共党员	2014.1 转出
聂建军	男	河口区委书记，区人大常委会主任，东营港经济开发区党工委副书记	中共党员	—
苟增杰	男	河口区委副书记，区长，东营港经济开发区管委会主任	中共党员	—
张胜双	男	河口区人大常委会副主任、党组副书记	中共党员	—
谢　毅	男	东营市人大常委会委员，农业农村委副主任委员	中共党员	—
魏汉森	男	东营市人大常委会委员，农业农村委副主任委员	中共党员	2013.6 罢免
李世喜	男	孤岛采油厂党委书记、孤岛社区管理中心党委书记	中共党员	—
李培智	男	桩西采油厂党委书记	中共党员	—
陈鸿亭	男	海洋采油厂党委书记	中共党员	—
王　军	男	渤海钻井总公司党委书记	中共党员	—
周林森	男	河口社区管理中心主任、党委副书记	中共党员	—
李　敏	男	仙河社区管理中心党委书记	中共党员	—
宋文玉	男	河口采油厂党委副书记、纪委书记	中共党员	—
徐文棠	男	义和镇党委书记、人大主席	中共党员	—
李金锋	男	孤岛镇党委书记、人大主席	中共党员	—
王洪凤	女	河口区行政服务中心副主任	无党派	—
刘小燕	女	河口区职业教育中心教师	民　盟	—
贾相晟	男	东营市亚通石化有限公司总裁	中共党员	—
罗　冰	男	富海集团有限公司董事长	中共党员	—
刘士勤	男	山东中海化工集团有限公司董事长	中共党员	—
蒲宝林	男	胜利油田金岛实业有限责任公司副董事长	中共党员	—
张希武	男	六合街道范家村党支部书记	中共党员	2015.8 辞职
李培景	男	河口街道新建村党支部书记	中共党员	—
李宪廷	男	新户镇一顷六村党支部书记、村委会主任	中共党员	—
崔立霞	女	仙河镇渔村村委会委员兼幼儿园园长	中共党员	—
荆发茹	女	东营市胜利第十三中学教师	群　众	—
王燕军	女	孤岛社区学前教育中心第五幼儿园园长	中共党员	—
王　丹	女	河口采油厂采油二矿六队地质技术员	群　众	—

续表 1—21

姓　名	性别	工作单位及职务	党派	备注
任艳红	女	油气集输总厂孤岛分厂孤岛原油库技师	群　众	—
矫艳君	女	胜利油建八分公司材料库提料员	群　众	—
刘　荣	女	孤东采油厂采油二矿 19 队采油工	群　众	—
何学民	男	市委常委、东营军分区政委	中共党员	从其他团转入
傅玉恩	男	济南军区黄河三角洲生产基地主任	中共党员	从其他团转入
马代鑫	男	孤岛采油厂厂长、党委副书记，孤岛社区管理中心主任、党委副书记	中共党员	2013.12 从其他团转入 2014.4 调出

第七届届中补选代表

表 1—22

姓　名	性别	工作单位及职务	党派	备注
朱晨曦	男	东营市政府党组成员，市公安局局长，滨海公安局第一政委	中共党员	2013.12 补选
张　敏	女	东营市妇联主席	中共党员	2013.12 补选
武小娜	女	东营海润钢管集团董事长、东营市弘雅工艺品有限公司总经理	中共党员	2013.12 补选 2014.10 辞职
刘斯杰	男	河口区委副书记、区长	中共党员	2016.1 补选
张树芹	女	东营市人大常委会预算工作委员会主任	中共党员	2016.1 补选

东营市第八届人大代表名单（2017 年 2 月）

表 1—23

姓　名	性别	工作单位及职务	党派	备注
刘士合	男	山东省人大常委会委员、财经委主任委员	中共党员	—
张秋波	男	山东省人大常委会原委员、城环资委原副主任委员	中共党员	—
郑建军	男	东营市人大常委会党组书记	中共党员	—
聂建军	男	东营市委常委，市委统战部部长	中共党员	—
何学民	男	东营军分区政委	中共党员	—
宋　波	男	济南军区黄河三角洲综合训练基地司令员	中共党员	—
杜振波	男	中共东营市委副秘书长，东营港经济开发区党工委书记	中共党员	—
荀增杰	男	中共河口区委书记	中共党员	—
田兵兵	男	中共河口区委副书记，区人民政府区长、党组书记，区政协主席、党组书记	中共党员	—
张胜双	男	河口区人大常委会主任、党组书记	中共党员	—

续表 1—23

姓　名	性别	工作单位及职务	党派	备注
魏光青	男	东营市人大常委会党组成员、秘书长、机关党组书记	中共党员	—
薄成收	男	东营市纪委（监察局）派驻第五纪检组书记（主任）	中共党员	—
张树芹	女	东营市人大常委会预算审查工作委员会主任，市人大财经委副主任委员	中共党员	—
成希琴	女	东营市档案局局长、党组书记	中共党员	—
赵　勇	男	胜利石油管理局副总工程师兼海洋采油厂厂长、党委副书记	中共党员	—
李培智	男	桩西采油厂党委书记	中共党员	—
王培祥	男	孤岛采油厂党委书记、副厂长，孤岛社区管理中心党委书记、副主任	中共党员	—
郝大山	男	孤东采油厂党委书记、副厂长	中共党员	—
张仁坚	男	渤海钻井总公司党委书记	中共党员	—
周林森	男	河口社区管理中心主任、党委副书记	中共党员	—
任尚敦	男	仙河社区管理中心主任、党委副书记	中共党员	—
王光卿	男	河口采油厂副厂长	中共党员	—
陈万来	男	河口区河口街道党工委副书记、办事处主任	中共党员	—
綦建成	男	河口区义和镇党委副书记、镇长	中共党员	—
罗　冰	男	富海集团有限公司董事长	中共党员	—
刘士勤	男	山东中海化工集团有限公司董事长	中共党员	—
陈增辉	男	大唐东营发电有限公司党委书记、副总经理	中共党员	—
孙继光	男	胜利油田万和石油工程技术有限责任公司董事长、总经理	中共党员	—
韩桂鲜	女	河口区教育局核算中心主任	群　众	—
高长春	女	河口区第一中学教师	群　众	—
荆发茹	女	东营市胜利第十三中学教师	群　众	—
周　岩	女	河口区卫计局基层卫生和妇幼保健股负责人	农工党	—
马少忠	男	河口区新户镇九顷村党支部书记、村委会主任	中共党员	—
孙立峰	男	河口区义和镇围子村党支部书记、村委会主任	中共党员	—
陈长山	男	河口区六合街道庙二村党支部书记、村委会主任	中共党员	—
任艳红	女	油气集输总厂孤岛分厂孤岛原油库技师	群　众	—
王　丹	女	河口采油厂注采 802 站技术副站长	群　众	—
田　红	女	孤东采油厂采油管理三区注采 304 站采油工	群　众	—
郭　丽	女	桩西采油厂采油管理二区综合管理室青年干事	群　众	—
姚海虹	女	山东仕通化工有限公司质量监督中心质检员	群　众	—

第八届届中补选代表

表 1—24

姓　名	性别	工作单位及职务	党派	备注
郭顺先	男	东营市发改委党组书记、市区域办党组书记，市经济和信息化委员会主任	中共党员	2017.3 补选
杜延明	男	东营市旅游发展委员会主任、党组书记	中共党员	2017.3 补选

第二章 第十三届人民代表大会

（1993～1997年）

东营市河口区第十三届人民代表大会任期为1993年2月至1997年12月，实际任期4年零10个月。任期内，共举行5次会议。共听取审议“一府两院”工作报告40项；共督办区人大代表提出的议案、建议、批评和意见209件。

第一节 第三次会议

（1995年1月18～20日）

1995年1月18～20日，东营市河口区第十三届人民代表大会第三次会议在区委礼堂召开。会期3天。会议听取审议了区人大常委会、区人民政府、区人民法院、区人民检察院工作报告；审查批准了河口区1995年国民经济和社会发展计划、1994年财政决算和1995年区级财政预算；补选了2名区人大常委会委员。

（一）预备会议。1月17日下午，东营市河口区第十三届人民代表大会第三次会议在区委礼堂召开了预备会议。应到代表146人，实到98名，缺席48名。会议由区人大常委会副主任岳树德主持，副主任韩廷村作关于大会筹备情况的报告。会议选举产生了大会主席团和秘书长；审议通过了大会议案审查委员会名单、大会财政预决算审查委员会名单；审议通过了大会议程。

（二）第一次全体会议。1月18日上午，东营市河口区第十三届人民代表大会第三次会议在区委礼堂召开第一次全体会议。应到代表146人，实到133人，因病因事缺席13人。会议由区委书记任树梓主持。听取了区人民政府区长王少飞作的政府工作报告。

报告提出，1994年，在市委、市政府和区委的正确领导下，在区人民代表大会及其常委会的监督下，区政府团结带领全区人民，认真贯彻落实中共十四届三中全会精神，坚持“抓住机遇、深化改革、扩大开放、加快发展、保持稳定”的方针，集中精力发展经济，大力发展各项社会事业，开拓进取，扎实工作，有力地促进了全区经济和各项社会事业的发展，全区出现了政治稳定、经济繁荣、社会事业蓬勃发展的良好局面。报告共分三个部分：一是1994年全区国民经济和社会事业稳步发展，为全面完成“八五”计划打下了坚实的基础；二是明确任务目标，突出工作重点，促进全区国民经济和社会事业的持续、快速、健康发展；三是转变政府职能，加强自身建设，更好地担负起历史和人民赋予的光荣使命。

报告提出，回顾总结1994年的政府工作，注意把握了这样几点：一是在工作方法上，注重深入实际，调查研究，切实转变工作作风，实行现场办公，当场解决经济和社会发展中的问题。二是在工作安排上，采取了签定目标责任制的形式，明确责任，分清职权，严格奖惩。三是在工作运行过程中，注重狠抓关键时期和关键环节，以此推动整个工作全面开展，确保工作的顺利完成。四是注重用好科技推动力量，狠抓科技投入和科技推广，增加科技含量。五是注重典型引路，充分发挥典型的推动作用，坚持抓典型带全面，积极培育龙头企业和新兴产业，以此带动全区经济的快速发展。六是注重转变政府职能，加强政府自身建设，坚持两个文明建设一起抓，强化宏观领导和微观服务，努力提高决策水平和工作质量。

报告提出，政府工作中还存在着不少问题和不足。一是思想解放不够，整体开放意识和争创一流工作的意识有待进一步增强，组织发展社会主义市场经济的领导水平需要进一步提高。二是经济工作还面临着许多困难，工农业基础薄弱的局面仍没有根本改变，棉花生产未出现大的突破，工业生产中主导产业尚未形成，经济效益低的问题还没有根本扭转，经济工作上没有唱出在全市有影响的拿手戏。三是有的政府部门抓经济工作或为经济建设服务的力度不够，工作推诿扯皮、不负责任、效率低下的现象仍然存在，影响了政府整体功能的发挥。政府机关思想、作风、纪律建设仍需进一步加强。

报告提出，1995 年是全面完成“八五”计划的决定性一年。大政方针、目标任务都已经明确，关键是要狠抓落实，真抓实干。要认清形势，抓住机遇，勇敢地肩负起历史的重任，满怀信心地去实现振兴河口的宏伟目标。要在区委的领导下，解放思想，实事求是，振奋精神，开拓进取，为圆满完成 1995 年的各项任务，推动全区经济和社会事业快速、健康发展而努力奋斗。

会议还听取了区计划统计委员会主任王守业作的关于河口区 1994 年国民经济和社会发展计划执行情况及 1995 国民经济和社会发展计划（草案）的报告；区财政局局长张树芹作的关于河口区 1994 年财政决算和 1995 年财政收支预算（草案）的报告。

（三）第二次全体会议。1 月 19 日上午，东营市河口区第十三届人民代表大会第三次会议在区委礼堂召开第二次全体会议。应到代表 146 人，实到 131 人，因病因事缺席 15 人。会议由区人大常委会副主任李隆玉主持。会议听取了区人大常委会主任周庆成作的区人大常委会工作报告。

报告指出，1994 年，在区委的领导和市人大常委会的指导下，区人大常委会认真贯彻党的十四届三中、四中全会精神，坚持党的基本路线，全面落实区十三届人大二次会议决议，紧紧围绕经济建设这个中心，认真履行宪法和法律赋予的各项职权，扎实有效地开展各项工作，为坚持和完善人民代表大会制度，推进全区社会主义民主法制建设，保障和促进改革开放，加快黄河三角洲的开发建设做出了积极的贡献。报告分四大部分：一是审议决定重大事项，保障促进改革开放和经济建设健康发展；二是强化法律监督，积极推进各项事业依法治理；三是重视加强代表工作，充分发挥人大代表的作用；四是适应形势发展需要，加强常委会自身建设。

报告指出，区人大常委会在全体代表和全区人民的大力支持下，依照宪法和法律赋予的职权，围绕改革开放、经济建设和民主法制建设，开展了卓有成效的工作，取得了新的进展。但是，按照中共十四大和十四届三中、四中全会的要求，工作上还有不少差距和不适应的方面，主要是：整体议政水平有待于进一步提高，监督力度有待强化，自身建设和人民代表大会制度宣传工作需要进一步加强。

报告指出，中共十四届三中、四中全会分别对建立社会主义市场经济及党的组织建设提出了新的、更高的要求。新的形势和任务，给人大工作也提出了新的要求。在新的一年里，区人大常委会工作的指导思想和主要任务是：以邓小平建设有中国特色社会主义理论和党的基本路线为指导，认真贯彻党的十四届三中、四中全会精神，全面落实区十三届人大三次会议的各项决议，紧紧围绕经济建设这个中心，忠实履行宪法和法律赋予的职权，大力推进社会主义民主与法制建设，把开展部门执法责任制活动、加强与代表的联系、办理代表建议意见等当作重点来抓，大力支持和监督政府抓好经济工作，适时作出决议、决定，在中共河口区委的领导下，进一步解放思想，开拓创新，为促进改革开放，加快河口地区的经济发展做出新的贡献。

会议还听取了区人民法院院长刘焕江作的区人民法院工作报告，区人民检察院检察长张瑞迎作的区人民检察院工作报告。

（四）第三次全体会议。1 月 20 日上午，东营市河口区第十三届人民代表大会第三次会议在区委礼堂召开第三次全体会议。应到代表 146 人，实到 119 人，因病因事缺席 27 人。会议由韩廷村主持。本次会议审议通过了关于六个报告的决议，即关于区人民政府工作报告的决议、关于河口区 1994 年国民经济和社会发展计划执行情况和 1995 年计划草案的决议、关于河口区 1994 年财政决算和 1995 年财政预算草案的决议、关于河口区人大常委会工作报告的决议、关于区人民法院工作报告的决议、关于区人民检察院工作报告的决议。大会进行了选举，依法补选周玉娥、刘增玺为区十三届人大常委会委员。

东营市河口区第十三届人民代表大会第三次会议主席团、秘书长名单

（1995 年 1 月 17 日预备会议通过）

主席团：（按姓名笔画排列）
马保太　王丛林　王春荣　王奎炳　王建胜
王荣昌　申友武　孙卫东　许长生　刘汝彬
刘炳峰　任树梓　吴国华　李　辉　李万选
李忠华　李顺祥　李隆玉　张凤田　张建华
连兴民　陈启范　陈惠泉　林　荫　周庆成
岳树德　徐长明　高顺德　韩廷村
秘书长：陈启范（兼）

东营市河口区第十三届人民代表大会第三次会议主席团常务主席名单

（1995 年 1 月 17 日主席团第一次会议推定）
（按姓名笔画为序）

刘汝彬　任树梓　吴国华　李隆玉　张凤田
周庆成　岳树德　高顺德　韩廷村

东营市河口区第十三届人民代表大会第三次会议副秘书长名单

（1995 年 1 月 17 日主席团第一次会议决定）

国殿忠　胡广德　王恭泉　鲍学功

东营市河口区第十三届人民代表大会第三次会议议案审查委员会名单

（1995 年 1 月 17 日预备会议通过）

主任委员：张凤田
副主任委员：杨天俊
委　　员（按姓名笔画为序）：
孙荣成　张建华　徐长明

东营市河口区第十三届人民代表大会第三次会议财政预、决算审查委员会名单

（1995 年 1 月 17 日预备会议通过）

主任委员：岳树德
副主任委员：周玉娥（女）
委　　员（按姓名笔画为序）：
连兴民　陈惠泉　侯巨亮

东营市河口区第十三届人民代表大会第三次会议各代表团临时党支部书记、副书记名单

新户乡代表团　书　记：王丛林
副书记：房建民
太平乡代表团　书　记：李顺祥
副书记：李长存
义和镇代表团　书　记：王荣昌
副书记：杨庆顺
四扣乡代表团　书　记：王庆华
副书记：张建明
六合乡代表团　书　记：岳观祥
副书记：孙卫东
孤岛镇代表团　书　记：刘庆礼
副书记：张建华
仙河镇代表团　书　记：盖树祥
副书记：刘炳峰
河口办事处代表团　书　记：郭洪才

东营市河口区第十三届人民代表大会第三次会议各代表团团长、副团长名单

新户乡代表团　团　长：王丛林
副团长：房建民
太平乡代表团　团　长：李顺祥
副团长：李长存
义和镇代表团　团　长：王荣昌
副团长：杨庆顺
四扣乡代表团　团　长：王庆华
副团长：侯巨亮
六合乡代表团　团　长：岳观祥
副团长：孙卫东
孤岛镇代表团　团　长：刘庆礼
副团长：张建华

仙河镇代表团　团　长：盖树祥
　　　　　　　副团长：刘炳峰
河口办事处代表团　团　长：郭洪才
　　　　　　　　　副团长：徐长明

第二节　第四次会议

（1996 年 3 月 11 ～ 14 日）

1996 年 3 月 11 ～ 14 日，河口区第十三届人民代表大会第四次会议在河口召开。会期 4 天。与会代表 145 人。大会听取审议了区长王少飞关于河口区国民经济和社会发展“九五”计划及 2010 年远景目标纲要（草案）的报告；区计划委员会主任王守业关于河口区 1995 年国民经济和社会发展计划执行情况及 1996 年国民经济和社会发展计划（草案）的报告；区财政局局长张树芹关于河口区 1995 年财政预算执行情况和 1996 年财政预算（草案）的报告；区人大常委会主任周庆成所作的区人大常委会工作报告；区人民法院代院长耿振勇所作的区人民法院工作报告；区人民检察院代检察长王荣昌所作的区人民检察院工作报告；并作出了相应决议。大会补选耿振勇为区人民法院院长，王荣昌为区人民检察院检察长。

（一）预备会议。3 月 10 日下午，东营市河口区第十三届人民代表大会第四次会议在区委礼堂召开预备会议。会议由区人大常委会副主任岳树德主持，副主任韩廷村讲话。会议确立了大会的指导思想，即坚持以建设有中国特色社会主义理论和党的基本路线为指导，深入贯彻党的十四届五中全会和区三次党代会精神，认真总结“八五”经验，共商经济发展大计，实事求是确定“九五”计划和 2010 年远景目标，安排好今年经济和社会发展的各项任务；充分发扬民主，严格依法办事，搞好选举工作。进一步动员全区人民解放思想，振奋精神，同心同德，奋力开拓，真抓实干，为推进社会主义民主与法制建设，巩固和发展安定团结的政治局面，促进油田开发建设，胜利实施“九五”计划，实现河口第二步发展战略目标而努力奋斗。

（二）第一次全体会议。3 月 11 日上午，东营市河口区第十三届人民代表大会第四次会议在区委礼堂召开第一次全体会议。会议由区委书记任树梓主持。会议听取了区长王少飞作的关于河口区国民经济和社会发展“九五”计划及 2010 年远景目标纲要（草案）的报告。报告分为五大部分：一是团结奋斗，求实开拓，河口区胜利完成“八五”各项任务；二是认清形势，明确任务，牢牢把握“九五”计划和到 2010 年经济发展的目标和重点；三是统筹规划，全面安排，促进社会全面进步；四是着眼长远，立足当前，为实施“九五”计划开好头、起好步；五是转变作风，求真务实，为圆满完成“九五”计划及 2010 年远景目标而奋斗。

报告提出，回顾“八五”历程，主要工作经验是：始终坚持党的基本路线，紧紧扭住经济建设这个中心，集中精力发展社会生产力；坚持理论联系实际，善于做结合的文章，实施科学决策，增强工作的预见性、主动性和创造性；坚持“两个满意、一个放心”的工作目标，油地结合，工农兵共建，共同促进区域经济发展；弘扬求实务实抓落实的工作作风，注重狠抓关键时期和关键环节，着力解决热点难点问题，以此推动整体工作的全面开展；坚持两手抓，两手都要硬，加强民主法制建设，强化社会治安综合治理，维护社会稳定。这些基本经验，是全区人民实践经验的总结，是全区人民集体智慧的结晶，是宝贵的精神财富，必须在今后的工作中继续坚持，并在实践中不断丰富、发展和完善。

报告提出，在充分肯定“八五”成就的同时，还要清醒地看到前进中的困难和问题。主要是农业基础脆弱，抗灾能力不强；地方工业总量少，规模小，缺乏支柱产业和拳头产品；部分企业管理不善，结构调整缓慢，生产经营比较困难，经济效益不高；建设资金紧张，管理、技术人才匮乏，劳动者素质亟待提高；社会治安中还存在一些薄弱环节，形势不容乐观。从政府工作来看，主要是思想、工作、作风还不能很好地适应发展市场经济的新形势，有些部门“中心”意识不强，服务观念淡薄，工作效率不高；廉政建设和反腐败斗争任务还很艰巨。

报告提出，今后 15 年是承前启后、继往开来的重要时期，是中国建立社会主义市场经济体制，全面实现第二步战略目标、并向第三步战略目标迈出重大步伐的关键时期，也是河口区全力实施全面发展和振兴的第一步发展战略，进行“第二次创业”至关重要的时期。我们必须以高度的历史责任感和时代紧迫感，抢抓机遇，奋发图强，努力开创跨世纪的新局面。“九五”和到2010年经济工作的指导思想和奋斗目标是：以邓小平建设有中国特色社会主义理论和中共十四届五中全会精神为指针，解放思想，总结经验，抓住机遇，以经济建设为中心，深化改革，扩大开放，促进区域经济持续、快速、健康发展，确保20世纪末人均国内生产总值实现第三个翻番，人民生活达到小康水平。在此基础上，再经过10年的努力奋斗，到2010年，培植起现代化的产业结构体系，形成现代化、集约型、外向型经济区，把河口区建设成为综合功能型的工业港口城市。

会议还听取了区计划委员会主任王守业作的关于河口区1995年国民经济和社会发展计划执行情况及1996年国民经济和社会发展计划（草案）的报告，区财政局局长张树芹作的关于1995年财政预算执行情况和1996年财政预算（草案）的报告。

（三）第二次全体会议。3月12日下午，东营市河口区第十三届人民代表大会第四次会议在区委礼堂召开第二次全体会议。会议由李隆玉主持。区人大常委会主任周庆成作了区人大常委会工作报告。

报告指出，过去的一年，是全面完成“八五”计划，并为“九五”计划顺利实施奠定基础的一年。一年来，区人大常委会在区委的领导下，坚持以建设有中国特色社会主义理论和党的基本路线为指导，认真贯彻中共十四届五中全会和区三次党代会精神，紧紧围绕改革、发展、稳定这个大局，积极履行宪法和法律赋予的各项职权，大力加强社会主义民主与法制建设，为坚持和完善人民代表大会制度，保障全区经济和各项社会事业的健康发展，促进胜利油田开发建设，圆满完成我区“八五”计划，做出了积极的贡献。报告分五大部分：一是以落实执法责任制为总抓手，强化法律监督；二是以经济建设为中心，努力提高工作监督水平；三是以贯彻实施《中华人民共和国全国人民代表大会和地方各级人民代表大会代表法》为重点，认真开展代表工作；四是加强领导，精心组织，全力以赴地做好乡镇人大换届选举工作；五是加强自身建设，开创人大机关工作新局面。

报告指出，一年来，常委会认真履行宪法和法律赋予的职责，努力工作，取得了一定成绩，但与形势任务的要求和人民的期望仍有差距。主要是，监督工作特别是法律监督力度还不够；审议水平有待于进一步提高；调查研究还缺乏深度和广度；同代表的联系还不够广泛，代表作用的发挥还不够充分。这些应在今后的工作中认真加以解决。

报告指出，1996年是实施“九五”计划的起步年，也是加快实施河口第二步发展战略目标至关重要的一年。在新的一年里，常委会要在区委的领导下，继续坚持以邓小平建设有中国特色社会主义理论和党的基本路线为指导，深入贯彻党的十四届五中全会和区三次党代会精神，全面落实区十三届人大四次会议作出的决议，紧紧围绕经济建设这个中心和建立社会主义市场经济体制这个目标，积极主动地开展人大工作，依法行使好各项职权，进一步加强社会主义民主与法制建设，为促进经济持续、快速、健康发展和社会全面进步，保障河口区“九五”计划的顺利实施做出积极贡献。

会议还听取了区人民法院代院长耿振勇作的河口区人民法院工作报告，区人民检察院代检察长王荣昌作的河口区人民检察院工作报告。

（四）第三次全体会议。3月14日上午，东营市河口区第十三届人民代表大会第四次会议在区委礼堂召开第三次全体会议。应到代表146人，实到136人，因事因病请假10人，符合法定人数。会议由韩廷村主持。通过了六个报告的决议，即关于河口区国民经济和社会发展“九五”计划及2010年远景目标纲要（草案）的决议；关于河口区1995年国民经济和社会发展计划执行情况及1996年国民经济和社会发展计划（草案）的决议；关于河口区1995年财政预算执行情况和1996年财政预算（草案）的决议；关于河口区人大常委会工作报告的决议；关于区人民法院工作报告的决议；关于区人民检察院工作报告的决议。大会进行了选举，补选耿振勇为区人民法院院长，王荣昌为区人民检察院检察长。

东营市河口区第十三届人民代表大会第四次会议主席团、秘书长名单

（1996年3月10日预备会议通过）

主席团：共27人

任树梓　周庆成　刘汝彬　吴国华　高顺德
李隆玉　韩廷村　岳树德　张凤田　王奎炳
陈启范　王建胜　马保太　连兴民　陈惠泉
王春荣　王丛林　孙卫东　许长生　房建民
申友武　李　辉　李万选　李顺祥　张建华
李忠华　刘炳峰

秘书长：陈启范（兼）

东营市河口区第十三届人民代表大会第四次会议主席团常务主席名单

（1996年3月10日主席团第一次会议推定）

任树梓　周庆成　刘汝彬　吴国华　高顺德
李隆玉　韩廷村　岳树德　张凤田

东营市河口区第十三届人民代表大会第四次会议副秘书长名单

（1996年3月10日主席团第一次会议决定）

国殿忠　胡广德　王恭泉　鲍学功

东营市河口区第十三届人民代表大会第四次会议议案审查委员会名单

（1996年3月10日预备会议通过）

主任委员：张凤田
副主任委员：杨天俊
委　　员：孙荣成　徐长明

东营市河口区第十三届人民代表大会第四次会议财政预、决算审查委员会名单

（1996年3月10日预备会议通过）

主任委员：岳树德
副主任委员：周玉娥（女）
委　　员：陈惠泉　孙卫东

东营市河口区第十三届人民代表大会第四次会议各代表团临时党支部书记、副书记名单

新户乡代表团　书　记：王丛林
　　副书记：李积德
太平乡代表团　书　记：李长存
　　副书记：张胜双
义和镇代表团　书　记：房建民
　　副书记：郭存三
四扣乡代表团　书　记：王庆华
　　副书记：张建明
六合乡代表团　书　记：岳观祥
　　副书记：孙卫东
孤岛镇代表团　书　记：刘庆礼
　　副书记：宁洪儒
仙河镇代表团　书　记：张明开
　　副书记：孙辉毅
河口办事处代表团　书　记：郭洪才

东营市河口区第十三届人民代表大会第四次会议各代表团团长、副团长名单

新户乡代表团　团　长：王丛林
　　副团长：李积德
太平乡代表团　团　长：李长存
　　副团长：张胜双
义和镇代表团　团　长：房建民
　　副团长：郭存三
四扣乡代表团　团　长：王庆华
　　副团长：刘焕星
六合乡代表团　团　长：岳观祥
　　副团长：孙卫东
孤岛镇代表团　团　长：刘庆礼
　　副团长：宁洪儒
仙河镇代表团　团　长：张明开
　　副团长：孙辉毅
河口办事处代表团　团　长：郭洪才
　　副团长：徐长明

第三节 第五次会议

（1997 年 2 月 18 ～ 20 日）

1997 年 2 月 18 ～ 20 日，河口区第十三届人民代表大会第五次会议在河口召开。会期 3 天。与会代表 140 人。会议听取审议了区长王少飞所作的政府工作报告；区计划委员会主任李顺祥所作的关于河口区 1996 年国民经济和社会发展计划执行情况及 1997 年国民经济和社会发展计划（草案）的报告；区财政局局长张树芹所作的关于河口区 1996 年财政预算执行情况和 1997 年财政预算（草案）的报告；区人大常委会副主任张凤田所作的河口区人大常委会工作报告；区人民法院院长耿振勇所作的河口区人民法院工作报告；区人民检察院检察长王荣昌所作的区人民检察院工作报告；并作出了相应的决议。会议决定接受区人大常委会主任周庆成的辞职请求，补选刘汝彬为河口区人大常委会主任。

（一）预备会议。2 月 17 日下午，东营市河口区第十三届人民代表大会第五次会议在区委礼堂召开预备会议。应到代表 146 名，因事因病请假 6 名，实到代表 140 名，符合法定人数。会议通过了大会主席团、秘书长名单；通过了大会议案审查委员会名单；通过了大会财政预决算审查委员会名单；通过了大会议程。区人大常委会副主任韩廷村作了关于大会筹备情况的报告。预备会议结束后，在区委礼堂就地召开了党员代表会议。区委书记任树梓讲话。

会议确立了大会的指导思想和主要任务。指导思想是，在区委的领导下，坚持党的基本路线和建设有中国特色社会主义理论，深入贯彻党的十四届五中、六中全会、区委三届四次全委会议和全区经济工作会议精神，牢牢把握大局，以“二次创业”为动力，紧紧围绕两个根本性转变和“工业强区、农业富民、企地结合、城乡一体”的总体思路，认真总结过去一年的工作，实事求是地确定 1997 年全区经济和社会发展的主要任务，进一步动员全区人民解放思想，振奋精神，同心同德，开拓奋进，为建立完善社会主义市场经济体制，加快奔小康步伐，加强社会主义精神文明建设和民主法制建设，巩固和发展安定团结的政治局面，促进油田的开发建设，保障国民经济持续、快速、健康发展和社会全面进步而努力奋斗。主要任务是，听取并审议河口区人民政府工作报告；听取并审议河口区 1996 年国民经济和社会发展计划执行情况及 1997 年国民经济和社会发展计划（草案）的报告；审查批准河口区 1996 年国民经济和社会发展计划执行情况及 1997 年国民经济和社会发展计划；听取并审议河口区 1996 年财政预算执行情况和 1997 年财政预算；听取并审议河口区人大常委会工作报告；听取并审议河口区人民法院工作报告；听取并审议河口区人民检察院工作报告。

（二）第一次全体会议。2 月 18 日上午，东营市河口区第十三届人民代表大会第五次会议在区委礼堂召开第一次全体会议。会议由周庆成同志主持。会议听取了区长王少飞作的区人民政府工作报告。报告共分四大部分：一是 1996 年政府工作回顾和总体任务目标；二是统一思想，理清思路，集中力量加快全区经济发展步伐；三是立足实际，突出重点，大力加强社会主义精神文明建设；四是转变作风，强化素质，切实把各项工作措施落到实处。

报告提出，1996 年是实施“九五”计划及 2010 年远景目标的第一年，也是河口区经济建设和各项社会事业取得重大进展的一年。一年来，在市委、市政府和区委的正确领导下，区政府组织带领全区人民，以邓小平建设有中国特色社会主义理念为指导，深入贯彻中共十四届五中、六中全会精神，坚持以经济建设为中心，紧紧围绕“工业强区，农业富民，企地结合，城乡一体”的总体工作思路，认真落实区十三届人大四次会议确定的工作任务，执行区人大及其常委会的各项决定决议，团结协作，密切配合，艰苦奋斗，迎难而上，圆满完成和超额完成了全年计划指标，实现了“九五”开门红。预计全区国内生产总值达 3.55 亿元，比上年增长 20.9%，其中本区 3.4 亿元，增长 32.7%。工农业总产值 4.74 亿元，增长 28.1%，其中本区 4 亿元，增长 31%，地方固定资产投资 1.5 亿元，增长 63.6%；地方财政收入实现 7016.1 万元，增长 31.1%，增幅创历史最高水平；农民人均纯收入达 2009 元，比上年增收 506 元，增长 33.7%。人口自然增长率为 6.48‰。

报告提出，在过去的一年中，区政府坚持“为官一任，造福一方；求真务实，勤政为民”的为政思想，结合实际，创造性地开展工作，在振兴河口、繁荣河口的宏伟实践中迈出了坚实的一步。（一）思想统一，目标一致，形成了团结一心、共谋发展的工作格局。（二）重点突破，带动全局，经济建设取得重大进展。（三）积极实践，大胆探索，改革开放取得新成果。（四）着眼大局，携手合作，油地结合、工农共建工作开创了新局面。（五）完善职能，强化措施，各项社会事业蓬勃发展。（六）转变作风，狠抓落实，工作刚性明显增强。

报告提出，在改革、发展和工作运行过程中，还存在不少问题。一是经济社会发展面临许多困难和薄弱环节。农业基础条件相对较差，受制于“水”的问题仍然很突出，农、林、牧、渔业总体科技含量偏低，农业内部结构调整和产业化的推行步伐缓慢。现有企业管理层次低、水平差，整体效益不佳，总量增长缓慢；建设资金和技术管理人才严重不足。供电关系不顺，建设用电紧张，严重制约了经济的发展。二是个别政府部门和单位，抓经济或为经济建设服务的力度不够，本职工作抓落实不够，作风拖拉，主动性不强，工作效率低下。部分工作人员缺乏应有的进取精神，满足于看家守摊，争创一流的意识明显不够。三是政府工作的督促检查还不能及时到位，力度需要进一步加大，部署多、督查少，部署严、督查松的问题仍然存在，与快节奏、高效率的要求还有一定的差距。

报告提出，1997 年是实施“九五”计划的第二年，巩固和发展业已形成的良好的社会环境和安定团结的政治局面，加快全区经济和各项社会事业的更快发展，仍是政府工作的中心任务。1997 年区政府工作的基本思路是：认真贯彻落实中共十四届五中、六中全会精神，正确处理改革、发展、稳定的关系，把握大局，再接再厉，同心同德，开拓前进；继续坚持“工业强区，农业富民，企地结合，城乡一体”的总体思路，围绕两个根本性转变，加快农业产业化和农村小康建设进程，推动工业发展实力扩张，加大市场培育力度，提高对外开放水平，积极培植新的经济增长点，大力加强社会主义精神文明建设，积极搞好工农兵共建，进一步转变政府作风，努力促进全区经济的快速发展和社会全面进步。主要计划指标确定为：全区国内生产总值 4.3 亿元，增长 21.1%，其中本区 4.1 亿元，增长 20.6%。工农业总产值 5.87 亿元，增长 23.9%，其中本区 5.12 亿元，增长 27.9%。工业总产值 3.56 亿元，增长 35.1%，其中本区 2.91 亿元，增长 45.4%；农业总产值 2.31 亿元，增长 10%，其中本区 2.21 亿元，增长 10.4%。本区粮食总产量实现 5 万吨，增长 24.3%，其中夏粮 2 万吨，秋粮 3 万吨。地方固定资产投资完成 2 亿元，增长 33.3%。出口收购总值 3450 万元，增长 14.6%。地方财政收入实现 7750 万元，增长 10.5%。乡镇企业总产值达到 8.34 亿元，增长 23.2%。社会消费品零售总额实现 5 亿元，增长 4.6%。农民人均纯收入达到 2500 元，增加 491 元，增长 24.4%。人口自然增长率控制在 7‰以内。

报告提出，1997 年是实施“九五”计划的重要一年，我区改革与发展的任务非常艰巨。要在区委的正确领导下，以良好的精神面貌和强烈的责任意识，团结带领全区人民，积极投入新一年度的工作，铺下身子，真抓实干，廉洁勤政，艰苦创业，努力夺取各项工作的新胜利，以开发建设的新业绩迎接香港回归和中共十五大的胜利召开。

会议还听取了区计划委员会主任李顺祥作的关于河口区 1996 年国民经济和社会发展计划执行情况及 1997 年国民经济和社会发展计划（草案）的报告；听取了区财政局局长张树芹作的关于 1996 年财政预算执行情况和 1997 年财政预算（草案）的报告。会后，各代表团和列席人员审议了以上三个报告。

（三）第二次全体会议。2 月 19 日上午，东营市河口区第十三届人民代表大会第五次会议在区委礼堂召开第二次全体会议。会议听取了张凤田副主任作的河口区人大常委会工作报告。报告分三大部分：一是强化监督意识，拓宽监督渠道，加大监督力度，保障全区改革开放和经济建设的顺利进行；二是做好代表工作，充分发挥常委会的重要民主渠道作用；三是加强自身建设，努力提高人大工作水平。

报告指出，1996 年是河口区实施国民经济和社会发展“九五”计划、2010 年远景目标纲要的第一年，是全区改革开放和现代化建设快速、持续、稳定发展的一年；是全区上下响应中共十四届六中全会号召，积极推进精神文明建设，以“二次创业”为动力，各项事业取得显著成绩的一年。1996 年，常委会在区委领导下，以邓小平建设有中国特色社会主义理论为指导，深入贯彻中共十四届五中、六中全会精神，紧紧围绕经济建设这个中心和建立社会主义市场经济体制的目标，扎扎实实地履行宪法和法律赋予的各项职权，努力开创人大工作新局面，为全区经济及各项事业的繁荣发展做出了积极贡献。

报告指出，1996 年，常委会在区委领导下和全区人民的大力支持下，围绕当前中心工作，履行宪法和法律赋予的各项职权，积极进取，开拓创新，努力提高人大工作水平，开创了人大工作新局面，保障和促进了全区经济及各项事业的蓬勃发展。但也应看到，常委会的工作距离党的要求和人民的期望还有很大差距，主要是监督力度尚需加大，工作水平同改革开放的新形势还不相适应，自身建设有待于进一步加强。

报告指出，中共十四届五中、六中全会精神提出了更高更新的要求，在新的一年里，要继续以邓小平建设有中国特色社会主义理论和党的基本路线为指导，以“二次创业”为动力，总结经验，开拓创新，解放思想，大胆探索，切实增强责任感和使命感，以新的思想、新的观念、新的作为勤奋扎实地做好各项工作，推动河口区两个文明建设的快速发展，以实际行动迎接中共十五大的顺利召开。

会议还听取了院长耿振勇作的河口区人民法院工作报告；听取了检察长王荣昌作的河口区人民检察院工作报告。

（四）第三次全体会议。2 月 20 日上午，东营市河口区第十三届人民代表大会第五次会议在区委礼堂召开第三次全体会议。会议由区委书记任树梓主持。会议通过了六个报告的决议，即关于河口区人民政府工作报告的决议；关于河口区 1996 年国民经济和社会发展计划执行情况及 1997 年国民经济和社会发展计划（草案）的决议；关于河口区 1996 年财政预算执行情况和 1997 年财政预算（草案）的决议；关于河口区人大常委会工作报告的决议；关于区人民法院工作报告的决议；关于区人民检察院工作报告的决议。会议决定接受区人大常委会主任周庆成的辞职请求，补选刘汝彬为河口区人大常委会主任。

东营市河口区第十三届人民代表大会第五次会议主席团、秘书长名单

（1997 年 2 月 17 日预备会议通过）

主席团：共 25 人

任树梓　周庆成　刘汝彬　吴国华　高顺德
李隆玉　韩廷村　岳树德　张凤田　王奎炳
王建胜　马保太　连兴民　陈惠泉　王春荣
王丛林　孙卫东　许长生　房建民　申友武
李　辉　李万选　张建华　李忠华　火宝印

秘书长：韩廷村（兼）

东营市河口区第十三届人民代表大会第五次会议主席团常务主席名单

（1997 年 2 月 17 日主席团第一次会议推定）

任树梓　周庆成　刘汝彬　吴国华　高顺德
李隆玉　韩廷村　岳树德　张凤田

东营市河口区第十三届人民代表大会第五次会议副秘书长名单

（1997 年 2 月 17 日主席团第一次会议决定）

崔家文　胡广德　鲍学功

东营市河口区第十三届人民代表大会第五次会议议案审查委员会名单

（1997 年 2 月 17 日预备会议通过）

主 任 委 员：张凤田
副主任委员：杨天俊
委　　　员：孙荣成　徐长明

东营市河口区第十三届人民代表大会第五次会议财政预、决算审查委员会名单

（1997 年 2 月 17 日预备会议通过）

主 任 委 员：岳树德
副主任委员：周玉娥（女）
委　　　员：陈惠泉　孙卫东

东营市河口区第十三届人民代表大会第五次会议各代表团临时党支部书记、副书记名单

新户乡代表团　书　记：王丛林
　　　　　　　副书记：李积德
太平乡代表团　书　记：李长存
　　　　　　　副书记：张胜双
义和镇代表团　书　记：高法中
　　　　　　　副书记：郭存三
四扣乡代表团　书　记：王庆华
　　　　　　　副书记：张建明
六合乡代表团　书　记：岳观祥
　　　　　　　副书记：孙卫东
孤岛镇代表团　书　记：刘庆礼
　　　　　　　副书记：宁洪儒
仙河镇代表团　书　记：张明开
　　　　　　　副书记：孙辉毅
河口办事处代表团　书　记：郭洪才
　　　　　　　　　副书记：张培宪

东营市河口区第十三届人民代表大会第五次会议各代表团团长、副团长名单

新户乡代表团　团　长：王丛林
　　　　　　　副团长：李积德
太平乡代表团　团　长：李长存
　　　　　　　副团长：张胜双
义和镇代表团　团　长：高法中
　　　　　　　副团长：郭存三
四扣乡代表团　团　长：王庆华
　　　　　　　副团长：刘焕星
六合乡代表团　团　长：岳观祥
　　　　　　　副团长：孙卫东
孤岛镇代表团　团　长：刘庆礼
　　　　　　　副团长：宁洪儒
仙河镇代表团　团　长：张明开
　　　　　　　副团长：孙辉毅
河口办事处代表团　团　长：郭洪才
　　　　　　　　　副团长：吴秀铎

第三章 第十四届人民代表大会
（1998～2002年）

东营市河口区第十四届人民代表大会任期为1998年1月至2002年12月，实际任期5年。任期内，共举行5次会议。共听取审议“一府两院” 工作报告28项；就52个方面的问题作出决议、决定；共督办区人大代表提出的议案、建议、批评和意见310件。

第一节 第一次会议
（1998年1月14～17日）

1998年1月14～17日，东营市河口区第十四届人民代表大会第一次会议在河口召开。本次会议应到代表155名，实到代表152名，因事因病请假3名。不是人大代表的区委常委、区人民政府组成人员，区人民法院院长、区人民检察院检察长，出席区政协五届一次会议的全体委员，区政府有关部门及群众团体的负责人列席了会议。大会听取并审议了六个报告，完成了选举事项。

（一）预备会议。1月13日下午，东营市河口区第十四届人民代表大会第一次会议在区委礼堂召开预备会议。张凤田主持会议。韩廷村作了关于区十四届人大一次会议筹备情况的说明。会议选举产生了大会主席团和秘书长；通过了大会议案审查委员会名单；通过了大会财政预、决算审查委员会名单；通过了大会议程。预备会议结束后，在区委礼堂就地召开了党员代表会议。由刘秀田主持。宣布了区委关于成立大会主席团临时党委的决定；区委书记王少飞作了讲话。

会议确定了指导思想和主要任务。指导思想是，坚持以邓小平理论和党的基本路线为指导，深入贯彻中共十五大和区委三届六次全委扩大会议精神，认真总结过去五年的工作，共商经济和社会发展大计，实事求是地确定1998年及今后五年经济和社会发展的各项任务，充分发扬民主，严格依法办事，选出政治坚定、开拓创新、依法办事、廉洁务实，全心全意为人民服务，具有领导现代化建设能力的跨世纪的区级国家机关领导人员，进一步动员全区人民解放思想，振奋精神，同心同德，奋力开拓，为加强社会主义精神文明建设、民主法制建设和工农共建、维护社会稳定，胜利实现我区国民经济和社会发展“九五”计划和2010年远景目标而努力奋斗。主要任务是，听取审议河口区人民政府工作报告；听取审议河口区1997年国民经济和社会发展计划执行情况及1998年国民经济和社会发展计划（草案）的报告，审查批准河口区1997年国民经济和社会发展计划执行情况及1998年计划；听取审议河口区1997年财政预算执行情况和1998年财政预算（草案）的报告，审查批准河口区1997年财政预算执行情况和1998年财政预算；听取审议河口区人大常委会工作报告；听取审议河口区人民法院工作报告；听取审议河口区人民检察院工作报告；进行选举。

（二）第一次全体会议。1月14日上午，东营市河口区第十四届人民代表大会第一次会议在区委礼堂召开第一次全体会议。会议由刘汝彬主持。代区长徐春福作了政府工作报告。报告共分五大部分：一是过去五年工作的回顾；二是抢抓机遇，奋发进取，努力开创全区国民经济和社会事业跨世纪发展的新局面；三是深化改革，扩大开放，逐步建立适应社会主义市场经济发展的新机制；四是高举团结旗帜，深化油地结合，共同建设繁荣文明的河口区；五是进一步加强政府自身建设，努力提高政府工作水平，切实担负起历史赋予的光荣使命。

报告提出，河口区第十三届人民政府任期的五年，是河口区历史上极不平凡的五年。五年来，认真贯彻“工业强区，农业富民，企地结合，城乡一体”

的总体指导思想，整体抓提高，单项求突破，在土地开发、海洋和滩涂开发、城乡建设、油地共建等方面做了大量工作，实施了“科教兴区”“依法治区”“三三战略”“百万千”富民工程和“海上河口”建设等重大经济社会发展措施。在全区上下组织开展了轰轰烈烈、扎实有效的“二次创业”活动，我区的项目建设和工业总量取得历史性的突破。对非国有经济进行了重新定位，确立了大力发展乡镇企业和民营经济的新思路，研究出台了一系列鼓励发展民营经济和机关干部领办创办示范基地、示范项目的政策措施。五年来的政府工作，是全区各行各业、各条战线认真贯彻落实中共十四大、十五大精神，进一步解放思想，实事求是，开拓奋进，拼搏苦干的五年；是在建立社会主义市场经济体制的深刻变革进程中，正确处理改革、发展、稳定的关系，全区社会稳定、政通人和、经济和各项社会事业蓬勃发展的五年；也是大胆探索，勇于实践，把握机遇，科学决策，不断把各项工作推向新阶段的五年。（一）国民经济持续快速发展，综合经济实力显著增强。（二）经济发展后劲进一步增强，整体素质有了新的提高。（三）各项改革不断深化，对外开放迈出新的步伐。（四）城乡市场繁荣活跃，财贸金融事业稳步发展。（五）城乡面貌发生可喜变化，人民生活水平进一步提高。（六）政治思想领域高度统一，社会环境空前稳定。（七）工农兵共建进一步深化，发展区域经济的合力不断增强。（八）精神文明建设扎实有效，各项社会事业蓬勃发展。

报告提出，根据中共十五大精神，区政府对富民强区奔小康和一系列关系全局的重大问题作了新的部署，全区上下思想进一步解放，改革开放和经济发展步伐明显加快。尽管农业遇到了严重的自然灾害，粮棉等农产品减产，林牧渔业减收，但全区经济整体实力仍然保持了良好的增长态势。全区国内生产总值比上年增长14.2%；乡镇企业总产值比上年增长38.7%；全区工业总产值比上年增长33.8%，工业利税增长13.9%；第三产业增加值增长23.3%；建安业总产值增长31.8%；地方财政收入增长27.3%。

报告提出，回顾过去五年的工作，全区各级和广大干部群众团结协作，艰苦奋斗，在实践中探索和积累了许多成功经验。把这些经验集中起来，就是毫不动摇地坚持党在社会主义初级阶段的基本路线，高举邓小平理论伟大旗帜，以经济建设为中心，以“三个有利于”为标准，解放思想、实事求是，努力做好上级指示精神与我区实际相结合的文章，走符合河口区情、具有河口特色的发展路子；就是坚持地方与油田互相支持、共同发展的方针，加大工农兵共建力度，拓宽合作开发领域，发挥好油田和地方两个积极性，在携手加快建设物质文明的同时，努力建设社会主义精神文明，创造安定团结的政治局面，形成“振兴河口、繁荣河口”的强大精神动力，推进社会全面进步；就是坚持辩证、科学的工作方法，抓两头带中间，抓重点促全局，分类指导，分步推进，集中力量实施重点突破，促进全盘工作高效运转；就是坚持求真务实的工作态度，强化激励约束机制，加大行政推动力度，狠抓各项工作措施的落实；就是坚持群众路线，从群众中来到群众中去，广泛开展调查研究，多为人民群众办实事、办好事，密切干群关系，树立良好的政府形象，为各项工作的开展奠定坚实的群众基础。坚持这些基本经验，依靠全区人民的力量，经过不懈的努力，改革开放和现代化建设事业就会不断推向前进。

报告提出，在充分肯定成绩和认真总结经验的同时，也要清醒地看到前进中的困难和问题。一是思想解放不够，整体改革开放意识不强，小生产观念和计划经济体制带来的旧思想严重制约着经济的发展。二是现有企业规模小、总量少、档次低，不少企业运行机制不活，管理粗放，负债率高，生产经营比较困难，职工就业和再就业压力增大。三是农业基础条件仍然比较脆弱，抗御自然灾害的能力需要进一步提高；农业科技含量偏低，经营方式相对落后，产业化推行步伐缓慢。四是主导产业和主导产品优势不明显，对外开放力度不大，外向型经济发展不快。五是政府自身建设有待加强，有些部门职责不清，作风不实，效率不高的问题还比较突出。

报告提出，今后五年是推动河口区实现经济和各项社会事业全面振兴的重要历史时期。今后五年政府工作总的指导思想是：高举邓小平理论伟大旗帜，全面贯彻落实中共十五大精神，继续坚持“工业强区，农业富民，企地结合，城乡一体”的总体发展战略，加快推进经济体制和经济增长方式的根本转变；坚持

“三个有利于”标准，深化改革，扩大开放，进一步强化壮大工业，搞活流通，放手发展乡镇企业和民营经济，努力实现全区国民经济的持续快速健康发展；大力加强社会主义精神文明建设，协调发展各项社会事业，促进社会全面进步。根据《“九五”计划及2010年远景目标纲要》，主要计划指标确定为：到2002年，全区国内生产总值达到10亿元，年均增长16%。一、二、三产业增加值分别达到2.5亿元、4.9亿元和2.6亿元，年均增长分别为7.2%、27.8%和11.1%。工农业总产值达到13亿元，年均增长18.9%。地方固定资产投资累计完成10亿元，年均投资2亿元。地方财政收入实现1.4亿元，年均增长9.4%。按新口径统计，乡镇企业总产值达到3.3亿元，年均增长18.9%。社会消费品零售总额实现7亿元，年均增长7.3%。农民人均纯收入达到5000元，年均增长23.3%。人口自然增长率控制在7‰以内。围绕上述指导思想和任务目标，今后五年要在深化改革、扩大开放的同时，重点抓好以下几项工作。（一）全面实施农业产业化，加快农业和农村经济发展步伐。（二）坚持发展与提高并重，努力增强工业整体实力。（三）创造宽松环境，放手发展民营经济。（四）搞活商品流通，切实做好财贸金融工作。（五）加强城乡基础设施建设，创造良好的生产、生活条件。（六）积极推进民主法制建设，巩固和发展稳定的政治社会环境。（七）加强有中国特色社会主义文化建设，促进社会全面进步。

会议还听取了区计划委主任李顺祥作的关于河口区1997年国民经济和社会发展计划执行情况及1998年国民经济和社会发展计划（草案）的报告；区财政局局长张树芹作的关于河口区1997年财政预算执行情况和1998年财政预算（草案）的报告。会后，各代表团和列席人员分组审议了政府、计划、财政三个报告。

（三）第二次全体会议。1月15日下午，东营市河口区第十四届人民代表大会第一次会议在区委礼堂召开第二次全体会议。会议由韩廷村主持。区人大常委会主任刘汝彬作东营市河口区人民代表大会常务委员会工作报告。

报告指出，过去的五年，是河口区国民经济和社会发展“八五”计划胜利完成，“九五”计划及2010年远景目标纲要全面展开的重要历史时期，全区的改革开放、经济发展和社会各项事业都取得了重大成就。五年来，区人大常委会在中共河口区委的领导下，认真贯彻落实党的十四大和十五大精神，以邓小平理论为指导，以“二次创业”为动力，按照区委提出的“工业强区、农业富民、企地结合、城乡一体”的总体发展思路，认真履行宪法和法律赋予的各项职责，积极开展工作，有力地推动了河口区经济及社会各项事业的顺利发展。一是加大力度，监督工作有了新突破。常委会通过组织开展民主评议、推行执法责任制等多种形式，不断强化监督职能，拓宽监督领域，完善监督机制，进一步密切了同人民群众的联系，化解了社会矛盾，推动了全区各项事业的发展。五年中常委会审议“一府两院”工作报告40项，进行各种形式的执法检查30多次，配合省市人大进行专项执法检查20多次，全区执法水平有了新的提高，依法治区工作逐步走上正轨。二是夯实基础，代表工作有了新起色。常委会以贯彻实施代表法为重点，努力提高代表建议办理质量，着重在采纳率上下功夫，做到件件有着落、事事有回音。五年中共接待代表来访180余人次，办理代表建议批评和意见209条；围绕加强同代表和乡镇人大的联系，建立了乡镇人大主席走访区人大代表制度，达到了沟通信息、交流经验、推动代表工作的目的；围绕代表小组活动的开展，有计划地组织代表进行视察、调查，广泛了解社情民意，为当地经济发展献计献策，切实发挥了人大代表的模范带头作用。三是内强素质，自身建设提高到新水平。常委会组成人员以学习中共十四大、十五大精神和邓小平理论为总抓手，讲政治，讲大局，坚持群众路线，重视调查研究，积极参与全区中心工作，思想作风和工作作风有了大的转变，科学决策水平有了新的提高。

报告指出，人大工作是党的事业的重要组成部分，坚持和完善人民代表大会制度是建设有中国特色社会主义的重要内容。只有坚定不移地坚持和依靠党的领导，坚持以邓小平理论和党的基本路线为指导，坚持服从服务于党的中心任务，才能保证人大工作的正确方向；只有忠实履行职责，充分发扬民主，严格依法办事，人大的地位和作用才能充分体现出来；只有同人大代表和群众始终保持密切联系，全心全意为人民谋利益，才能更好地代表人民依法行使职权；

只有树立高度的责任感和使命感，不断加强自身建设，才能形成强大的合力，发挥整体效能，使人大工作不断开拓前进。

报告指出，今后五年是承前启后，继往开来的五年，是河口区实施强区战略和跨世纪宏伟目标的关键时期。新的形势和任务，对人大工作提出了更高的要求。我们坚信，在新的一年里，新一届人大常委会将在中共河口区委的领导下，高举邓小平理论的伟大旗帜，认真学习贯彻中共十五大精神，更加全面地履行宪法赋予的神圣职责，不辜负全区人民寄予的厚望，创造性地做好各项工作，为河口区经济和社会的全面发展做出更大的贡献。

会议还听取了区人民法院院长耿振勇作的区人民法院工作报告；区人民检察院检察长王荣昌作的区人民检察院工作报告。会后，各代表团和大会列席人员分组审议了人大、法院、检察院三个工作报告。

（四）第三次全体会议。1月17日上午，东营市河口区第十四届人民代表大会第一次会议在区委礼堂召开第三次全体会议。应到代表155人，实到152人，因事因故请假3人。会议由王少飞主持。会议通过了六个报告的决议，即关于区人民政府工作报告的决议、关于河口区1997年国民经济和社会发展计划执行情况及1998年国民经济和社会发展计划的决议、关于河口区1997年财政预算执行情况和1998年财政预算的决议、关于区人大常委会工作报告的决议、关于区人民法院工作报告的决议、关于区人民检察院工作报告的决议。会议根据大会选举办法，进行了各项选举工作。代表们对大会主席团提名推荐的候选人进行了充分酝酿，并联合提名推荐区人大常委会副主任候选人1人，区政府副区长候选人1人，区人大常委会委员候选人1人。主席团将全部候选人名单交全体代表酝酿、讨论后，确定了正式候选人。区人大常委会主任、区人民政府区长、区人民法院院长、区人民检察院检察长的选举只提出一名候选人，根据法律规定，进行了等额选举。区人大常委会副主任正式候选人7名，选举6名；区政府副区长正式候选人5名，选举4名；区人大常委会委员正式候选人11名，选举10名。代表们以无记名投票方式，进行了选举。选举结果是：刘汝彬为区人大常委会主任，程景坤、韩廷村、张凤田、张士明、贾希铎、于连泽为区人大常委会副主任，王学锋、刘玉芹、刘增玺、周玉娥、胡广德、郝伦光、贾秉琴、崔家文、闫玉泰、鲍学功为区人大常委会委员；徐春福为河口区人民政府区长，孙学孟、王丛林、张兆明、张树芹为副区长；耿振勇为区人民法院院长；王荣昌为区人民检察院检察长。选举出出席市四届人民代表大会的代表37名。

东营市河口区第十四届人民代表大会第一次会议主席团、秘书长名单

（1998年1月13日预备会议通过）

主席团：（29人，按姓名笔画排列）

于连泽　王少飞　牛永昌　宁洪儒　刘亚东
刘汝彬　刘秀田　刘焕江　李长存　李积德
杨学贤　杨继才　吴国华　张士明　张凤田
张瑞迎　陈贵才　岳树德　周长江　武新房
房建民　郝伦光　贾希铎　徐春福　郭洪才
盖树祥　韩廷村　程景坤　霍崇伦

秘书长：韩廷村（兼）

东营市河口区第十四届人民代表大会第一次会议主席团常务主席名单

（1998年1月13日主席团第一次会议推定）

王少飞　刘汝彬　徐春福　刘秀田　吴国华
程景坤　韩廷村　张凤田　张士明　贾希铎
于连泽

东营市河口区第十四届人民代表大会第一次会议副秘书长名单

（1998年1月13日主席团第一次会议决定）

崔家文　扈洪文　渠怀德　鲍学功

东营市河口区第十四届人民代表大会第一次会议议案审查委员会组成人员名单

（1998年1月13日预备会议通过）

主任委员：张凤田

副主任委员：胡广德
委　　员（按姓名笔画为序）：
刘焕江　杜秀成　张胜双

东营市河口区第十四届人民代表大会第一次会议财政预、决算审查委员会组成人员名单

（1998 年 1 月 13 日预备会议通过）

主 任 委 员：岳树德
副主任委员：周玉娥
委　　员（按姓名笔画为序）：
刘亚东　吴炳礼　胡宗泉

东营市河口区第十四届人民代表大会第一次会议各代表团临时党支部书记、副书记名单

新户乡代表团　书　记：李积德
副书记：李增良
太平乡代表团　书　记：李长存
副书记：火保印
义和镇代表团　书　记：房建民
副书记：杜秀成
四扣乡代表团　书　记：牛永昌
副书记：刘焕星
六合乡代表团　书　记：杨学贤
副书记：胡宗泉
孤岛镇代表团　书　记：宁洪儒
副书记：张建华
仙河镇代表团　书　记：盖树祥
副书记：杨继才
河口办事处代表团　书　记：郭洪才
副书记：霍崇伦

东营市河口区第十四届人民代表大会第一次会议各代表团团长、副团长名单

新户乡代表团　团　长：李积德
副团长：李增良
太平乡代表团　团　长：李长存
副团长：火保印
义和镇代表团　团　长：房建民
副团长：杜秀成
四扣乡代表团　团　长：牛永昌
副团长：刘焕星
六合乡代表团　团　长：杨学贤
副团长：胡宗泉
孤岛镇代表团　团　长：宁洪儒
副团长：张建华
仙河镇代表团　团　长：盖树祥
副团长：杨继才
河口办事处代表团　团　长：郭洪才
副团长：霍崇伦

第二节 第二次会议

（1999 年 2 月 2 ～ 4 日）

1999 年 2 月 2 ～ 4 日，在区委礼堂召开河口区第十四届人民代表大会第二次会议，138 名代表出席了会议。会议听取审议了区人大常委会、区人民政府、区人民法院、区人民检察院工作报告，审查批准了河口区 1999 年国民经济和社会发展计划，审查批准了河口区 1999 年财政预算；补选刘秀田为河口区人大常委会主任。

（一）预备会议。2 月 1 日下午，东营市河口区第十四届人民代表大会第二次会议在区委礼堂召开预备会议。韩廷村主持会议。会议听取了区人大常委会代理主任程景坤作的关于区十四届人大二次会议筹备情况的报告。会议通过了大会议程；选举产生了大会主席团和秘书长；通过了大会议案审查委员会名单；通过了大会财政预、决算审查委员会名单。预备会议结束后，在区委礼堂就地召开了代表中的党员会议，刘秀田主持会议，吴国华宣布了区委关于成立大会主席团临时党委的决定，徐春福讲话。

会议确定了大会的指导思想和主要任务。指导思想是，在区委的正确领导下，高举邓小平理论伟大旗帜，以党的基本路线和十五大精神为指导，认真总结过去一年的工作，实事求是地确定今年全区经济社会发展的主要任务；动员全区人民进一步解放思想，抢抓机遇，开拓奋进，加快发展，为大力推进社会主义民主和法制建设，巩固和发展安定团结的政治局面，保障国民经济持续、快速、健康发展和社会全面进步面努力奋斗。主要任务是，听取和审议区人大常委会、区人民政府、区人民法院和区人民检察院工作报告，并作出决议；补选区人民代表大会常务委员会主任。

（二）第一次全体会议。2月2日上午，东营市河口区第十四届人民代表大会第二次会议在区委礼堂召开第一次全体会议。会议由程景坤主持。区长徐春福作政府工作报告。报告共分三大部分：一是团结拼搏，迎难而上，过去一年政府工作取得显著成绩；二是抢抓机遇，负重奋进，努力开创国民经济和各项社会事业发展新局面；三是转变作风，改善服务，切实加强政府自身建设。

报告提出，在过去的一年中，由于受亚洲金融危机、国际油价下跌和国内市场变化的影响，我区经济遇到了前所未有的困难。面对异常严峻的形势，全区上下在市委、市政府和区委的正确领导下，认真贯彻落实中共十五大和十五届三中全会精神，坚持以经济建设为中心，全面落实“工业强区，农业富民，企地结合，城乡一体”的总体工作思路，发扬伟大的抗洪精神，保持积极的精神状态，创造性地推进改革与发展，较好地完成了经济社会事业发展的目标和任务。预计全区完成国内生产总值5.74亿元，增长18.3%，其中第一产业增加值2.4亿元，增长32.1%；第二产业增加值1.65亿元，增长17%；第三产业增加值1.69亿元，增长8%。工农业总产值7.94亿元，增长42.5%。实现社会消费品零售总额45252万元，增长0.2%。完成财政收入10206万元，增长14.3%；农民人均纯收入达到2303元，增收557元，增长31.9%。人口自然增长率为7.24‰。

报告指出，在充分肯定成绩的同时，更应该看到自身的不足和问题。一是农业基础条件较差，抗御自然灾害的能力较弱；农业产业化发展缓慢，缺乏有带动辐射作用的龙头项目。二是企业少、规模小、档次低的问题仍然存在；企业营销管理水平低，人才匮乏，生产经营困难，经济效益差；职工就业和再就业压力增大。三是财源结构不合理，地方财源严重不足；油田面临重重困难，有关政策不断调整，保持财政收入的稳定增长面临重大困难。四是干部群众的思想观念还比较落后，还不适应新形势和新任务的需要；机关干部职工的整体素质，尤其是在困难和压力面前打胜仗、打硬仗的素质，还需要进一步提高。

报告提出，1999年政府工作的指导思想是：高举邓小平理论伟大旗帜，深入贯彻中共十五大和十五届三中全会精神，按照中央“统一思想、坚定信心，抓住机遇、知难而进，团结一致、艰苦奋斗”的总体要求，坚持“三个有利于”标准，深化改革，扩大开放，稳定和加强农业，壮大发展工业，加强基础设施建设，积极开拓市场，大力发展个体私营经济，协调发展各项社会事业，努力保持国民经济持续快速健康发展和社会全面进步。主要经济和社会发展指标确定为：国内生产总值增长17.8%，达到6.76亿元。其中农业增加值增长8.3%，达到2.6亿元；工业增加值增长18.2%，达到1.3亿元；建筑业增加值增长49.1%，达到8200万元；第三产业增加值增长20.7%，达到2.04亿元。财政收入增长10.03%，达到11230万元。乡村集体以上工业利税总额增长16.6%，达到1900万元。粮食总产量66000吨，其中本区57600吨，与去年基本持平。果品产量9000吨，其中本区8700吨，与去年基本持平。肉蛋奶总产量增长30%，达到18600吨。水产品总产量增长9.1%，达到48000吨。农民人均纯收入增长21.6%，达到2800元，增收497元。社会消费品零售总额增长10.5%，达到5亿元。出口创汇增长35.1%，达到300万美元。实际利用外资增长3.2倍，达到310万美元。技改投入增长28.6%，达到6535万元。再就业率保持在60%以上。人口自然增长率控制在9‰以内。

报告提出，建设河口，发展河口，加快富民强区步伐，我们面临的任务光荣而艰巨。各级政府及其工作人员要深入开展以“讲学习、讲政治、讲正气”为主要内容的“三讲”教育活动，进一步加强自身建设，努力提高工作效率和工作水平，更好地担负起组织经济建设和管理社会事务的重任。（一）加强思想建设，进一步增强开拓进取的勇气和本领。（二）加强组织建设，形成纪律严明、团结协作的强大合力。（三）加强作风建设，提高工作效率。（四）加强廉政建设，当好人民公仆。

会议还听取了区计划委主任扈洪文作的关于河口区1998年国民经济和社会发展计划执行情况及1999年国民经济和社会发展计划（草案）的报告；区财政局

局长韩崇泰作的关于河口区 1998 年财政预算执行情况和 1999 年财政预算（草案）的报告。会后，各代表团和列席人员分组审议了政府、计划、财政三个报告。

（三）第二次全体会议。2 月 3 日上午，东营市河口区第十四届人民代表大会第二次会议在区委礼堂召开第二次全体会议。会议由区人大常委会副主任张凤田主持。区人大常委会副主任程景坤作了东营市河口区人民代表大会常务委员会工作报告。

报告指出，在过去的一年里，区人大常委会在区委的正确领导下，深入贯彻中共十五大及省、市、区党代会精神，认真落实区十四届人大一次会议的各项决议，紧紧围绕全区经济建设和改革开放大局，忠实履行宪法和法律赋予的各项职权，积极推进河口区的社会主义民主与法制建设，为促进河口区经济发展和社会的全面进步发挥了重要作用。一是强化工作监督，推动全区各项工作顺利开展；二是强化法律监督，促进全区各项事业依法治理；三是重视代表工作，发挥代表在全区两个文明建设中的作用；四是认真组织，依法搞好乡镇人大换届选举工作；五是加强自身建设，努力提高整体素质和决策水平。

报告指出，1999 年是 20 世纪的最后一年，是承前启后，继往开来的一年，是河口区全面完成“九五”计划，确定新目标、迎接新挑战的关键一年。在新的一年里，常委会要在区委的领导下，继续坚持党的基本路线和基本方针，深入贯彻中共十五大及省、市、区党代会精神，牢牢把握大局，紧紧围绕经济建设和改革开放的总体目标，依法行使好各项职权，为促进我区经济发展和社会的全面进步做出更大的贡献。

会议听取了区人民法院院长耿振勇作的河口区人民法院工作报告、区人民检察院检察长王荣昌作的河口区人民检察院工作报告。会后，各代表团和大会列席人员分组审议了人大、法院、检察院三个工作报告。

（四）第三次全体会议。2 月 4 日上午 9 时，东营市河口区第十四届人民代表大会第二次会议在区委礼堂召开第三次全体会议。会议由王少飞主持。会议通过了六个报告的决议，即关于区人民政府工作报告的决议、关于河口区 1998 年国民经济和社会发展计划执行情况及 1999 年国民经济和社会发展计划的决议、关于河口区 1998 年财政预算执行情况和 1999 年财政预算的决议、关于区人大常委会工作报告的决议、关于区人民法院工作报告的决议、关于区人民检察院工作报告的决议。会议补选刘秀田为河口区人大常委会主任。

东营市河口区第十四届人民代表大会第二次会议主席团、秘书长名单

（1999 年 2 月 1 日预备会议通过）

主席团：(30 人，按姓名笔画排列）

于连泽　王少飞　王观花　牛永昌　宁洪儒
刘亚东　刘秀田　刘焕江　孙学孟　李积德
杨学贤　杨继才　吴国华　吴炳礼　张士明
张凤田　张胜双　张瑞迎　陈贵才　岳树德
周长江　郝轮光　贾希铎　徐春福　郭洪才
黄高潮　盖树祥　韩廷村　程景坤　霍崇伦

秘书长：程景坤（兼）

东营市河口区第十四届人民代表大会第二次会议主席团常务主席名单

（1999 年 2 月 1 日主席团第一次会议推定）

王少飞　徐春福　刘秀田　吴国华　黄高潮
程景坤　韩廷村　张凤田　张士明　贾希铎
于连泽

东营市河口区第十四届人民代表大会第二次会议副秘书长名单

（1999 年 2 月 1 日主席团第一次会议决定）

崔家文　王玉清　刘芳仁　崔建国

东营市河口区第十四届人民代表大会第二次会议议案审查委员会组成人员名单

（1999年2月1日区十四届人大二次会议预备会议通过）

主任委员：张士明
副主任委员：鲍学功
委　　员（按姓名笔画为序）：
刘焕江　刘焕星　李建设

东营市河口区第十四届人民代表大会第二次会议财政预决算审查委员会组成人员名单

（1999年2月1日区十四届人大二次会议预备会议通过）

主 任 委 员：程景坤

副主任委员：刘玉琴

委　　员（按姓名笔画为序）：

刘亚东　吴炳礼　周玉娥

东营市河口区第十四届人民代表大会第二次会议各代表团临时党支部书记、副书记名单

新户乡代表团　书　记：吴炳礼
副书记：王端吉

太平乡代表团　书　记：张胜双
副书记：付兆钦

义和镇代表团　书　记：李积德
副书记：毕建军

四扣乡代表团　书　记：牛永昌
副书记：李寿年

六合乡代表团　书　记：杨学贤
副书记：郭存三

孤岛镇代表团　书　记：宁洪儒
副书记：王良进

仙河镇代表团　书　记：徐普希
副书记：成希琴

河口办事处代表团　书　记：商桂林
副书记：张培宪

东营市河口区第十四届人民代表大会第二次会议各代表团团长、副团长名单

新户乡代表团　团　长：吴炳礼
副团长：王端吉

太平乡代表团　团　长：张胜双
副团长：付兆钦

义和镇代表团　团　长：李积德
副团长：毕建军

四扣乡代表团　团　长：牛永昌
副团长：刘焕星

六合乡代表团　团　长：杨学贤
副团长：郭存三

孤岛镇代表团　团　长：宁洪儒
副团长：王良进

仙河镇代表团　团　长：徐普希
副团长：成希琴

河口办事处代表团　团　长：商桂林
副团长：蔡森昌

第三节　第三次会议

（2000年2月27～29日）

2000年2月27～29日，河口区第十四届人民代表大会第三次会议在区委礼堂召开，会期3天。154名代表出席了会议。会议听取审议了河口区人民政府工作报告、关于河口区1999年国民经济和社会发展计划执行情况与2000年国民经济和社会发展计划的报告、关于河口区1999年财政预算执行情况和2000年财政预算的报告、河口区人民代表大会常务委员会工作报告、河口区人民法院工作报告、河口区人民检察院工作报告，并分别作出了决议。

（一）预备会议。2月26日下午，东营市河口区第十四届人民代表大会第三次会议在区委礼堂召开预备会议。会议听取了程景坤作的关于区十四届人大三次会议筹备情况的报告。会议通过了大会议程；选举产生了大会主席团和秘书长；通过了大会议案审查委员会名单；通过了大会财政预、决算审查委员会名单。预备会议结束后，在区委礼堂就地召开了代表中的党员会议。由区人大常委会主任刘秀田主持。吴国华宣布了区委关于成立大会主席团临时党委的决定。区委书记王少飞作了讲话。

会议确定了这次大会的指导思想和主要任务。指导思想是：在中共河口区委的领导下，高举邓小平理论伟大旗帜，以中共十五大和十五届三中、四中全会精神为指导，认真总结过去一年的工作，实事求是地确定今年全区经济社会发展的主要任务；动员全区人民进一步解放思想，抢抓机遇，开拓进取，迎难奋进，加快河口的建设和发展，大力推进社会主义民主和法制建设，为促进河口经济及社会的全面进步而奋斗。

主要任务是，听取和审议区人大常委会、区人民政府、区人民法院和区人民检察院的六个报告，并作出相应决议。

（二）第一次全体会议。2 月 27 日上午，东营市河口区第十四届人民代表大会第三次会议在区委礼堂召开第一次全体会议。主席团成员、区委常委、政协主席、济军基地领导、法院院长、检察院检察长在主席台就座。会议由区人大常委会主任刘秀田主持。区政府区长徐春福作政府工作报告。报告共分四大部分：一是 1999 年政府工作回顾；二是今年政府工作的总体要求和主要目标；三是今年突出抓好的重点工作；四是建设高效务实廉洁的政府。

报告提出，1999 年是河口区发展史上极不平凡的一年。面对复杂的发展环境，全区上下认真贯彻落实中共十五大和十五届三中、四中全会精神，紧紧抓住江泽民总书记视察东营和河口区被列入改革开放试点县（区）的机遇，坚持以经济建设为中心，牢牢把握改革发展稳定的大局，团结奋进，扎实工作，较好地完成了区十四届人大二次会议确定的各项任务，有力地促进了全区经济和社会发展。1999 年，预计完成地方国内生产总值 69296 万元，比 1998 年增长 20.7%，其中第一产业增长 15.8%，第二产业增长 24.7%，第三产业增长 23.8%；实现社会消费品零售总额 50778 万元，增长 12.2%；完成地方全社会固定资产投资 38077 万元，增长 177%。

报告提出，回顾过去一年的工作，全区广大干部群众在战胜困难中经受了锻炼和考验，政府及其部门驾驭复杂局势的能力进一步提高。一是毫不动摇地坚持以经济建设为中心，集中精力谋求发展。从我区实际出发，学习借鉴外地先进经验，确立了全党抓经济、重点抓工业、突出抓招商的工作指导方针。全面实施“大开放、大招商、大发展”战略，实行目标管理责任制，上下联动，全民动手，着力创造招商环境。二是结合实际，积极探索具有河口特色的发展之路。围绕提高农业效益、增加农民收入，逐步确立了畜牧、水产、林枣、芦苇四大主导产业，并据此加强基础设施和龙头企业建设，加快推进科技兴农步伐。立足工业经济结构的优化升级和经济总量的膨胀，大力推进产学研结合、油地军结合，积极扶持税源大户，全力组织增上项目，坚持面向市场，深化改革，初步实现了由政府直接办企业、搞管理向宏观调控、协调服务的转变，坚持“政府组织，部门牵头，油地共建共管”的工作思路，深入开展“城乡建设管理年”活动，完善城市规划，拓展发展空间，提高管理水平，城市建设管理工作步入了一个新的历史阶段。三是着眼河口的长期繁荣和发展，充分利用改革开放试点县（区）的大好机遇，加大宣传推介力度，积极争取项目和优惠政策，得到了上级有关部门的大力支持和帮助。四是探索建立新的政府工作管理、保障机制，进一步完善目标分解和督查考核办法，落实责任，严格奖惩，推动了作风转变和效率提高。

报告提出，河口区在经济社会发展中仍面临不少困难和问题，结构性矛盾比较突出。农业产业化水平低，特色产业规模小，龙头企业少，带动作用不强，农民增收缓慢；工业发展基础差，缺乏骨干企业和拳头产品，科技总体水平不高，高新技术产业和产品比重小，市场竞争力不强；财源结构不合理，主体财源不稳定，地方财源薄弱，财政增收困难；城市功能尚不完善，小城镇规划建设比较落后，不适应农村经济发展的需要；就业和再就业、治理“三乱”、减轻农民负担等一些群众反映强烈的热点、难点问题还没有解决好，影响社会稳定的因素还比较多，工作力度需要进一步加大；部分部门中心意识不强，加快发展的氛围不浓，服务和服从于经济建设不够有力；干部队伍整体素质还不够高，对现代经济知识学习较少，驾驭市场经济的能力较差，等等。

报告提出，2000 年政府工作的指导思想和总体要求是：以邓小平理论和党的基本路线总揽全局，坚持以经济建设为中心，以改革开放为动力，以招商引资为突破口，着力调整优化经济结构，大力推进科技进步，进一步深化油地军结合，不断加强基础设施和城市建设，努力改善人民生活；全面发展社会事业，积极抓好精神文明和民主法制建设，切实保持社会稳定，不断加快河口区的建设和发展。经济和社会发展的主要预期目标为：国内生产总值增长 15.4%，其中，第一产业增长 6%，第二产业增长 18.9%，第三产业增长 25%。地方全社会固定资产投资增长 5.1%。外贸出口总值增长 34%，实际利用外资增长 3.94 倍。社会消费品零售总额增长 10.3%。地方财政收入增长 6.04%。农民人均纯收入 2600 元，增长 6.2%。城镇登记失业率控制在 1.7% 以内。人口自然增长率控制在 9‰以内。

会议还听取了区计划委主任扈洪文作的关于河口区 1999 年国民经济和社会发展计划执行情况及 2000 年国民经济和社会发展计划（草案）的报告；区财政局局长韩崇泰作的关于河口区 1999 年财政预算执行情况和 2000 年财政预算（草案）的报告。会后，各代表团和列席人员分组在驻地或指定地点审议了政府、计划、财政三个报告。

（三）第二次全体会议。2 月 28 日上午，东营市河口区第十四届人民代表大会第三次会议在区委礼堂召开第二次全体会议。会议由区人大常委会副主任韩廷村主持。区人大常委会主任刘秀田作东营市河口区人民代表大会常务委员会工作报告。报告共分四大部分：一是牢牢把握工作大局，促进经济和社会全面发展；二是认真贯彻实施依法治国方略，积极推进依法治区；三是密切联系群众，充分发挥人大代表的作用；四是以“三讲”教育为动力，切实加强自身建设，努力提高整体素质和工作水平。

报告指出，区十四届人大二次会议以来，区人大常委会在区委的领导下，高举邓小平理论伟大旗帜，深入贯彻中共十五大和十五届三中、四中全会精神，全面落实区十四届人大二次会议决议，紧紧围绕改革、发展、稳定大局，认真履行宪法和法律赋予的各项职权，大力加强社会主义民主法制建设，积极推进依法治区进程，为保障和促进我区经济社会发展、油田开发建设作出了积极的贡献。

报告指出，2000 年，区人大常委会工作的指导思想是：在区委的领导下，高举邓小平理论伟大旗帜，深入贯彻党的十五大和十五届三中、四中全会精神，全面落实区十四届人大三次会议确定的各项任务，紧紧围绕改革、发展、稳定这个大局，解放思想，开拓创新，扎实有效地履行宪法和法律赋予的各项职权，认真实施依法治国方略，大力加强民主法制建设，积极推进依法治区进程，为促进全区经济快速发展和社会全面进步做出新的贡献。

会议听取了区人民法院院长耿振勇作的河口区人民法院工作报告、区人民检察院检察长王荣昌作的河口区人民检察院工作报告。会后，各代表团和大会列席人员分组在指定地点审议了人大、法院、检察院工作报告。

（四）第三次全体会议。2 月 29 日上午 8 时，东营市河口区第十四届人民代表大会第三次会议在区委礼堂召开第三次全体会议。会议由王少飞主持。会议通过了关于六个报告的决议，即关于河口区人民政府工作报告的决议、关于河口区 1999 年国民经济和社会发展计划执行情况与 2000 年国民经济和社会发展计划的决议、关于河口区 1999 年财政预算执行情况和 2000 年财政预算的决议、关于河口区人民代表大会常务委员会工作报告的决议、关于河口区人民法院工作报告的决议、关于河口区人民检察院工作报告的决议。通过了河口区第十四届人民代表大会第三次会议财政预决算审查委员会关于河口区 1999 年财政预算执行情况和 2000 年财政预算草案的审查报告，通过了河口区第十四届人民代表大会第三次会议议案审查委员会关于议案的审查报告。

东营市河口区第十四届人民代表大会第三次会议主席团、秘书长名单

（2000 年 2 月 26 日预备会议通过）

主席团：（28 人，按姓名笔画排列）

于连泽　王　敏　王少飞　王观花（女）
牛永昌　宁洪儒　刘亚东　刘秀田　刘焕江
李积德　杨学贤　杨继才　吴国华　吴炳礼
张士明　张凤田　张胜双　张瑞迎　陈贵才
岳树德　周长江　郝轮光　贾希铎　郭洪才
黄高潮　盖树祥　韩廷村　程景坤

秘书长：程景坤（兼）

东营市河口区第十四届人民代表大会第三次会议主席团常务主席名单

（2000 年 2 月 26 日主席团第一次会议推定）

王少飞　刘秀田　吴国华　程景坤　韩廷村
张凤田　张士明　贾希铎　于连泽

东营市河口区第十四届人民代表大会第三次会议副秘书长名单

（2000 年 2 月 26 日主席团第一次会议决定）

张玉平　刘芳仁　王玉清　崔建国

东营市河口区第十四届人民代表大会第三次会议议案审查委员会组成人员名单

（2000 年 2 月 26 日预备会议通过）

主 任 委 员：张士明
副主任委员：崔家文
委　　　员（按姓名笔画为序）：
刘焕江　刘焕星　李建设

东营市河口区第十四届人民代表大会第三次会议财政预决算审查委员会组成人员名单

（2000 年 2 月 26 日预备会议通过）

主 任 委 员：程景坤
副主任委员：刘玉琴
委　　　员（按姓名笔画为序）：
刘亚东　吴炳礼　周玉娥

东营市河口区第十四届人民代表大会第三次会议各代表团临时党支部书记、副书记名单

新户乡代表团　书　记：吴炳礼
副书记：王端吉
太平乡代表团　书　记：张胜双
副书记：付兆钦
义和镇代表团　书　记：李积德
副书记：毕建军
四扣乡代表团　书　记：牛永昌
副书记：李寿年
六合乡代表团　书　记：杨学贤
副书记：郭存三
孤岛镇代表团　书　记：宁洪儒
副书记：王良进
仙河镇代表团　书　记：徐普希
副书记：成希琴
河口办事处代表团　书　记：商桂林
副书记：张培宪

东营市河口区第十四届人民代表大会第三次会议各代表团团长、副团长名单

新户乡代表团　团　长：吴炳礼
副团长：王端吉
太平乡代表团　团　长：张胜双
副团长：付兆钦
义和镇代表团　团　长：李积德
副团长：毕建军
四扣乡代表团　团　长：牛永昌
副团长：刘焕星
六合乡代表团　团　长：杨学贤
副团长：郭存三
孤岛镇代表团　团　长：宁洪儒
副团长：王良进
仙河镇代表团　团　长：徐普希
副团长：成希琴
河口办事处代表团　团　长：商桂林
副团长：蔡森昌

第四节　第四次会议

（2001 年 3 月 5～7 日）

2001 年 3 月 5～7 日，东营市河口区第十四届人民代表大会第四次会议在区委礼堂召开，154 名代表出席了会议。会期 3 天。会议听取审议了区人民政府关于河口区国民经济和社会发展第十个五年计划纲要的报告，听取审议了区人大常委会、区人民法院、区人民检察院工作报告及计划、财政报告，并作出了相应的决议，审查批准了河口区 2001 年国民经济和社会发展计划及财政预算。接受了韩廷村、张凤田、于连泽关于辞去区人大常委会副主任职务的请求；补选梁如贵、杨学贤为区人大常委会副主任，冯俊海为区人民法院院长。

（一）预备会议。3 月 4 日下午，东营市河口区第十四届人民代表大会第四次会议在区委礼堂召开预备会议。会议由区人大常委会副主任张凤田主持，副主任程景坤作关于区十四届人大四次会议筹备情况的报告。会议通过了大会议程；通过了大会主席团和秘书长名单；通过了大会议案审查委员会名单；通过了大会财政预算审查委员会名单。预备会议结束后，在区委礼堂就地召开了党员代表会议。刘秀田主持并宣布了区委关于成立大会主席团临时党委的决定。区委书记韩吉顺讲话。

会议确立了大会的指导思想和主要任务。指导思想是，在中共河口区委的领导下，高举邓小平理论伟大旗帜，认真落实“三个代表”重要思想，深入贯彻党的十五大和十五届五中全会精神，全面总结过去一年的工作，实事求是地确定 2001 年及今后五年全区经济和社会发展的主要任务；动员全区人民进一步解放思想，抢抓机遇，开拓进取，迎难奋进，加快我区改革发展步伐，大力推进社会主义民主与法制建设，全面落实区委四届四次全委会确定的各项任务，为顺利实现河口区经济和社会发展的宏伟目标而奋斗。主要任务是，听取和审议区人大常委会、区人民政府、区人民法院、区人民检察院的六个报告，并作出相应的决议；补选区十四届人大常委会副主任和区人民法院院长。

（二）第一次全体会议。3 月 5 日上午，东营市河口区第十四届人民代表大会第四次会议在区委礼堂召开第一次全体会议。会议由区人大常委会主任刘秀田主持。会议听取了区长徐春福作的关于河口区国民经济和社会发展第十个五年计划纲要（草案）的报告。报告共分四大部分：一是团结奋斗，求实开拓，“九五”计划确定的主要任务胜利完成；二是明确任务，把握重点，努力实现全区经济社会跨越式发展；三是着眼长远，立足当前，为实施“十五”计划开好头、起好步；四是转变职能，改进作风，努力建设务实、高效、廉洁的政府。

报告提出，“九五”时期，在市委、市政府和区委的正确领导下，全区人民高举邓小平理论伟大旗帜，认真执行区人大及其常委会的各项决议，积极采纳区政协参政议政的意见，坚持深化改革，扩大开放，集中精力发展经济，推动社会事业全面进步，圆满完成了“九五”计划确定的主要任务，为“十五”经济和社会发展奠定了良好基础。（一）国民经济持续快速健康发展，综合经济实力显著增强。（二）各项改革进一步深化，对外开放迈出新的步伐。（三）基础设施建设步伐加快，经济社会发展的承载能力不断增强。（四）油地军结合不断加强，合作领域进一步扩展。（五）社会事业蓬勃发展，精神文明和民主法制建设得到加强。（六）城乡居民收入稳定增长，实际生活水平明显提高。

报告提出，回顾“九五”历程，有许多经验值得总结。最主要的就是：始终坚持以邓小平理论和党的基本路线为指导，立足河口实际，不断解放思想，大胆探索，创造性地开展工作，在城市建设、油地军结合、产学研结合以及招商引资、发展民营经济等方面探索了一系列成功的路子；紧紧扭住经济建设这个中心，集中精力求发展，千方百计膨胀经济总量，不断加快经济结构调整，努力提高经济运行质量；坚持以改革为动力，大力推进企业体制改革和科技创新，努力扩大对外开放，不断为经济发展注入新的活力；坚持民主科学决策，对事关全局的重大事项和重点工作，深入调查研究，广泛征求意见，积极稳妥决策；坚持“两手抓，两手都要硬”的方针，正确处理改革、发展、稳定的关系，加强思想政治工作，搞好党风廉政建设，推进两个文明协调发展；高举团结发展的旗帜，充分发挥油区优势，不断深化油地军结合，形成促进区域经济发展的强大合力；坚持求实务实抓落实，建立健全运行管理机制，全面加大工作督查力度，促进工作作风转变和工作效率提高。这些经验，是全区人民智慧的结晶，也是今后加快发展的宝贵财富，应该在今后的工作中继续坚持，并在实践中不断丰富、发展和完善。

报告提出，“九五”期间，河口区在经济社会发展中存在的问题是：一是思想解放程度不够，市场意识、开放意识、竞争意识和开拓创新意识不强，少数干部的工作作风不够扎实，缺乏艰苦创业、奋勇争先的精神。二是经济结构单一，经济总量少。农业产业化水平低，科技含量不高，抵御自然灾害和市场风险的能力不强，农民收入增长缓慢；现有地方工业规模小，缺乏骨干企业和拳头产品，市场竞争力差；第三产业发展相对滞后。三是经济外向度不高，利用外资和对外贸易规模小；科技创新能力不强，人才特别是高层次人才缺乏。四是财源结构不合理，主体财源不稳定，地方财源尤其是乡镇财源薄弱，财政增收困难。五是招商引资环境还有待于进一步优化，还没有形成全民招商、人人创造软环境的局面，政策落实中的“梗阻”现象时有发生。六是廉政建设的有关规定落实不够，有的工作人员仍然存有为政不廉现象。

报告提出，今后五年是开启现代化建设新征程的重要时期。在经济全球一体化步伐进一步加快，科技进步突飞猛进，市场竞争更加激烈的形势下，既面临着新的发展机遇，又面临着更加严峻的挑战。只要我们认清形势，抓住机遇，勇于迎接挑战，努力趋利避害，就一定能够开创出我区经济社会发展的新局面。“十五”期间，全区经济社会发展的总任务是：高举邓小平理论伟大旗帜，认真落实江泽民总书记“艰苦奋斗，开拓创新，加快黄河三角洲的建设和发展”的指示精神，以发展为主题，以结构调整为主线，以改革开放和科技进步为动力，以提高人民生活水平为根本出发点，大力实施科教兴区、经济国际化、城市化、可持续发展战略，努力提高国民经济整体素质和综合竞争力，全面推进社会进步，为把河口区建设成为环境优美、经济繁荣、社会文明的新河口奠定坚实的基础。主要预期目标为：国内生产总值年均增长13.3%左右；地方固定资产投资年均增长15%以上；地方财政收入年均增长7%以上；出口总值年均增长28%以上；城镇居民可支配收入和农民人均纯收入年均分别增长3.1%和6.5%左右；城市化水平达到70%以上；人口自然增长率控制在8‰以下。

报告提出，实现“十五”奋斗目标，必须遵循经济发展规律，顺应经济社会发展的趋势，抓住关键，突出重点，启动内力，借助外力，凝聚全力，乘势而上，努力促进经济持续增长和社会全面进步。发展是硬道理，是解决一切矛盾和问题的关键。河口基础差、底子薄，更要毫不动摇地坚持以经济建设为中心，任何时候、任何情况下都要紧紧扭住发展不放松，把膨胀经济总量和经济结构调整放在同等重要的位置，通过总量的增加推动结构的优化升级。改革开放和科技进步是加快发展的动力。我们必须拿出更多的精力，全面推进改革开放和科技进步，把经济增长转移到依靠科技进步和提高劳动者素质上来。加入世贸组织，对外开放将进入一个新阶段。我们要以更加积极的姿态加快实施经济国际化战略。现代经济是以城市为载体的经济，要通过实施城市化战略，扩大城市规模，拓展市场需求和经济增长空间。在推进现代化建设的过程中，要树立人类与自然、经济与社会相互协调的发展观，促进人口、资源、环境与经济协调发展。（一）加快经济总量膨胀和结构调整，提高整体素质和竞争能力。（二）加强基础设施建设，创造良好的发展环境。（三）推进体制改革与创新，增强发展的动力和活力。（四）扩大招商引资，提高对外开放水平。（五）深化油地军结合，加速区域经济社会发展。（六）加快科技教育发展，推动社会全面进步。（七）深入实施三项基本国策，增强可持续发展能力。（八）加强精神文明和民主法制建设，促进全区改革和发展顺利进行。

报告提出，2001年是跨入新世纪、实施“十五”计划的第一年。做好全年的各项工作，保持良好的发展势头，具有极其重要的意义。在实际工作中，要突出抓好以下几个方面。（一）加快经济结构调整和总量膨胀。（二）扩大招商引资。（三）加强基础设施和城市建设。（四）努力做好财税工作。（五）全面发展各项社会事业。

会议还听取了区计划委主任扈洪文作的关于河口区2000年国民经济和社会发展计划执行情况及2001年国民经济和社会发展计划草案的报告、区财政局局长韩崇泰作的关于河口区2000年财政预算执行情况和2001年财政预算草案的报告。

（三）第二次全体会议。3月6日上午，东营市河口区第十四届人民代表大会第四次会议在区委礼堂召开第二次全体会议。会议由韩廷村主持。区人大常委会主任刘秀田作东营市河口区人民代表大会常务委员会工作报告。报告共分四部分，一是坚持以经济建设为中心，保障和促进经济社会全面发展；二是强化法律监督，大力推进依法治区进程；三是重视强化基础工作，充分发挥代表作用；四是适应形势发展需要，努力加强自身建设。

报告指出，过去的一年，是河口区实施国民经济和社会发展“九五”计划的最后一年，全区的改革开放、经济建设和社会各项事业取得了重大成就。一年来，区人大常委会在区委的领导下，坚持以邓小平理论、党的十五大精神和“三个代表”重要思想为指导，紧紧围绕经济建设这个中心，全面落实区十四届人大三次会议决议，把保障宪法和法律的实施作为首要职责，把促进发展和加强民主法制建设作为主要任务，把维护人民群众的利益作为根本出发点，积极进取，奋力开拓，各项工作都有了新的进展，为加快我区经济社会发展和油田的开发建设，保障“九五”计划的全面完成，发挥了地方国家权力机关的重要作用。

报告指出，2000年，常委会各方面工作都取得了较大成绩，但按法律赋予的职权衡量，有些方面还不到位，主要是：监督工作，特别是法律监督工作力度还不够，对有法不依、执法不严、违法不究，以及以言代法、以权压法现象的监督检查还缺少强有力的措施；按照常委会的职权有计划地组织调查研究不够，影响了有些议题的审议质量；同人大代表和群众联系的渠道和方式还需要进一步拓宽和改进；对人大及其常委会作出的决议决定和提出的建议督促落实的措施有待继续强化；述职评议和民主评议工作还相对滞后。

报告指出，2001年是进入新世纪、实施“十五”计划的第一年，做好今年的工作意义重大。区人大常委会工作的指导思想是：在区委的领导下，坚持以邓小平理论和“三个代表”重要思想为指导，深入贯彻中共十五大、十五届五中全会和区委四届四次全委会精神，按照“以发展为主题，以结构调整为主线，以改革开放和科技进步为动力，以提高人民生活水平为根本出发点”的总体要求，紧紧围绕“十五”计划的实施，解放思想，开拓创新，忠实履行宪法和法律赋予的各项职权，突出监督重点，加大监督力度，注重监督实效。大力推进民主法制建设，全面落实区十四届人大四次会议确定的各项任务，为实现“十五”计划的良好开局，促进全区经济快速健康发展和社会全面进步做出更大的贡献。一是突出发展主题，加大工作监督力度；二是围绕依法治区，强化法律监督；三是提高人事任免质量，强化对任命干部的监督；四是改进和加强代表工作，更好地发挥代表作用；五进一步加强常委会自身建设，努力提高整体水平。

会议还听取了区人民法院代院长冯俊海作的区人民法院工作报告；区人民检察院检察长王荣昌作的区人民检察院工作报告。会后，各代表团和大会列席人员分组审议了人大、法院、检察院三个工作报告。

（四）第三次全体会议。3月7日上午，东营市河口区第十四届人民代表大会第四次会议在区委礼堂召开第三次全体会议。会议由韩吉顺主持。会议通过了关于六个报告的决议，即关于东营市河口区国民经济和社会发展第十个五年计划纲要和关于《纲要》报告的决议、关于东营市河口区2000年国民经济和社会发展计划执行情况与2001年国民经济和社会发展计划的决议、关于东营市河口区2000年财政预算执行情况和2001年财政预算的决议、关于东营市河口区人民代表大会常务委员会工作报告的决议、关于东营市河口区人民法院工作报告的决议、关于东营市河口区人民检察院工作报告的决议。通过了东营市河口区第十四届人民代表大会第四次会议财政预算审查委员会关于河口区2000年财政预算执行情况和2001年财政预算草案的审查报告，通过了东营市河口区第十四届人民代表大会第四次会议议案审查委员会关于议案的审查报告。接受了韩廷村、张凤田、于连泽关于辞去区人大常委会副主任职务的请求。补选梁如贵、杨学贤为区人大常委会副主任，冯俊海为区人民法院院长。

东营市河口区第十四届人民代表大会
第四次会议主席团常务主席名单

（2001年3月4日预备会议通过）

主席团：(30名，按姓名笔画排列)

于连泽　王　敏　王观花（女）　田治颖
付兆钦　宁洪儒　刘亚东　刘秀田　刘焕江
李积德　杨学贤　杨继才　吴国华　张士明
张凤田　张胜双　张瑞迎　陈贵才　岳树德
周长江　郑成山　郝轮光　贾希铎　郭存三
黄高潮　盖树祥　梁如贵　韩吉顺　韩廷村
程景坤

秘书长：程景坤（兼）

东营市河口区第十四届人民代表大会第四次会议
主席团常务主席名单

（2001年3月4日主席团第一次会议推定）

韩吉顺　刘秀田　吴国华　田治颖　黄高潮
程景坤　韩廷村　张凤田　张士明　贾希铎
于连泽

东营市河口区第十四届人民代表大会第四次会议
副秘书长名单

（2001年3月4日主席团第一次会议决定）

张玉平　王玉清　刘芳仁　崔建国　胡敬斌

东营市河口区第十四届人民代表大会第四次会议
议案审查委员会组成人员名单

（2001年3月4日预备会议通过）

主任委员：张士明
副主任委员：崔家文
委　　员（按姓名笔画为序）：
刘焕江　刘焕星　李建设

东营市河口区第十四届人民代表大会第四次
会议财政预算审查委员会组成人员名单

（2001年3月4日预备会议通过）

主任委员：程景坤
副主任委员：刘玉琴
委　　员（按姓名笔画为序）：
刘亚东　周玉娥　郭存三

东营市河口区第十四届人民代表大会第四次会议
各代表团第一召集人、召集人名单

仙河镇代表团　第一召集人：盖树祥
召集人：杨继才　李建设
孤岛镇代表团　第一召集人：宁洪儒
召集人：郝轮光　张瑞迎
六合乡代表团　第一召集人：杨学贤
召集人：刘增玺
河口街道办事处代表团　第一召集人：张胜双
召集人：刘亚东　刘焕江
王　敏
义和镇代表团　第一召集人：李积德
召集人：房建民
太平乡代表团　第一召集人：付兆钦
召集人：马树寿
新户乡代表团　第一召集人：郭存三
召集人：胡宗泉

第五节　第五次会议

（2002年1月29～31日）

2002年1月29～31日，在区委礼堂召开河口区第十四届人民代表大会第五次会议，156名代表出席了会议。会议听取审议了区人民政府、区人大常委会、区人民法院、区人民检察院的六个报告，并作出了相应决议；审查批准了河口区2002年国民经济和社会发展计划及财政预算。

（一）预备会议。1月28日下午，东营市河口区第十四届人民代表大会第五次会议在区礼堂举行预备会议。会议通过了区十四届人民代表大会第五次会议议程，通过了大会主席团和秘书长名单，通过了大会议案审查委员会名单，通过了大会财政预算审查委员会名单。区人大常委会副主任杨学贤主持会议，区人大常委会副主任程景坤对会议的有关问题进行了说明，并就如何开好会议提出了具体要求。

确定了大会的指导思想和主要任务。会议的指导思想是：在中共河口区委的领导下，高举邓小平理论伟大旗帜，认真落实“三个代表”重要思想，深入贯彻中共十五届五中、六中全会精神，全面总结过去一年的工作，实事求是地确定2002年全区经济和社会发展的主要任务；动员全区人民进一步解放思想，抢抓机遇，开拓进取，迎难奋进，加快我区改革发展步伐，大力推进社会主义民主与法制建设，为顺利实现我区经济和社会发展的宏伟目标而奋斗。大会的主要任务是：听取和审议区人大常委会、区人民政府、区人民法院、区人民检察院工作报告，并作出相应的决议。

（二）第一次全体会议。1月29日上午，东营市河口区第十四届人民代表大会第五次会议在区委礼堂举行第一次全体会议。会议听取了区长徐春福作的河口区人民政府工作报告。报告共分三大部分：一是团结实干，开拓创新，2001年工作取得显著成效；二是抢抓机遇，奋发有为，努力开创国民经济和各项社会事业发展的新局面；三是积极适应入世要求，切实加强和改进政府工作。

报告提出，2001年是实施“十五”计划的第一年，也是我区经济社会取得显著成效的一年。一年来，全区上下在区委的正确领导下，以邓小平理论和“三个代表”重要思想为指导，认真贯彻区人大及其常委会的各项决议，团结实干，开拓创新，保持了国民经济和社会事业的良好发展势头，取得了物质文明和精神文明建设的新成就。（一）国民经济持续快速发展，综合经济实力明显增强。（二）大力实施招商引资，对外开放迈出新的步伐。（三）城市和基础设施建设步伐加快，经济发展的承载力不断增强。（四）积极推进体制改革与创新，经济发展活力进一步增强。（五）油地军结合不断深入，合作领域不断扩展。（六）社会事业全面发展，精神文明和民主法制建设得到加强。（七）城乡居民收入稳步增长，人民物质文化生活水平进一步提高。

报告提出，在过去的一年中，各级各部门瞄准年初工作目标，负重奋进，开拓创新，创造性地开展工作。重点把握了以下几点：（一）牢牢把握经济建设这个中心，坚定不移地推进招商引资、民营经济发展和油地军共建，集中财力实施区经济试验园区建设，为河口经济腾飞奠定了基础。（二）围绕富民强区壮财政和发展高效生态经济这一核心，狠抓农业产业结构调整，在坚持水产、林果、畜牧、芦苇四大主导产业的基础上，下决心突出冬枣产业，加强龙头企业建设，加快实施农业产业化步伐。（三）大力实施工业强区战略，加强产学研结合，提高科技与工业经济的结合度，工业经济的发展活力不断增强。（四）树立经营城市的理念，积极引入市场机制，加快城市建设，在全市率先以招投标方式公开拍卖土地，建设了河宁农贸市场和海宁住宅小区，实现了城市经济发展的破题。（五）坚持把群众利益放在首位，深入开展“民情恳谈”活动，筹措资金近千万元，认真解决群众关心的热点难点问题，扎扎实实为群众办实事。（六）坚持两手抓，两手都要硬，加强精神文明建设，深入开展严打整治斗争，努力保持社会稳定，创造了良好的发展环境。

报告提出，河口区经济社会发展中的矛盾仍然比较突出。一是干部队伍的思想观念、工作方式、机制体制等还不能适应新形势的要求，思想不解放，因循守旧，不思进取，工作中缺乏雷厉风行、真抓实干的精神。二是农业结构调整慢，产业化水平低，龙头带动能力弱，农业生产效益低，农民收入增长不快。三是地方工业总量小、档次低，缺少自己的名牌和拳头产品；高新技术含量低，外资比例小，科技创新能力不强，高层次人才十分匮乏。四是财政增收的不稳定因素增加，刚性支出增多，财政压力增大，特别是乡镇财政比较困难。五是就业和再就业等群众反映强烈的热点难点问题没有根本解决，影响社会稳定的因素还比较多。

报告提出，2002年是我国加入世贸组织的第一年，也是加快实施“十五”计划的关键一年，做好今年的工作意义重大。河口区经济社会发展既面临不少困难和挑战，也面临许多机遇和有利条件。从国际国内经济环境看，全球经济增长明显放缓，国际市场需求疲软，出口面临的困难和压力增大。原油价格增减不定，加之国家实行企业和个人所得税分享政策，给我区财政增收带来很大压力。入世后，市场竞争更加激烈，经济在短期内将受到一定冲击。但是我们也要看到，全球经济衰退的背后正孕育着一次新的经济结构调整和国际资本流动，发达国家必然加快劳动密集型产业向发展中国家转移，国际资本必然加快由经济不景气国家流向经济稳定增长国家，尤其是入世之后，我国将在更大范围和更深程度上融入世贸经济体系，这对我们扩大出口和利用外资是一个大好机会。从我区情况看，随着冬枣产业化的深入实施，河口区发展农业四大主导产业的优势日益明显；园区的大规模开发建设以及招商引资的成功实践，为全区经济发展注入了强大活力；经营土地、经营城市理念的引入激活了城市基础设施建设，经济发展环境不断优化；干部群众思想进一步解放，市场意识、发展意识明显增强。所有这些经验，都将为河口区经济发展带来巨大的推动力。

报告提出，今年政府工作总的指导思想是：坚持以邓小平理论和中共十五大精神为指针，进一步贯彻落实江泽民总书记“七一”重要讲话精神，按照“三个代表”的要求，正确把握形势，抢抓机遇，围绕增加农民收入、增加财政收入、增加就业岗位，扩大对外开放，不断深化改革，加快结构调整，培育新的经济增长点，提高经济运行质量，全面发展社会事业，努力改善人民生活，切实保持社会稳定，促进国民经济持续快速健康发展和社会全面进步。经济和社会发展主要预期目标为：国内生产总值增长6%，其中地方国内生产总值增长15%。地方固定资产投资与上年持平。地方财政收入增长8%。社会消费品零售总额增长9.6%。外贸出口增长12.5%，吸引外商直接投资增长30%。城镇居民人均可支配收入增长7%，农民人均纯收入增长7.2%。人口自然增长率控制在9‰以内。

报告提出，为实现上述目标，在实际工作中，我们要突出抓好三个重点，着力推进四项工作。突出抓好的三个重点是：（一）坚定不移地抓好招商引资，努力扩大对外开放。（二）加快经济结构调整与发展，努力增强综合经济实力和竞争力。（三）加强城市和基础设施建设，努力增强经济发展的承载能力。着力推进的四项工作是：（一）扎实推进高效生态经济发展和绿色产业示范区建设。（二）加快推进改革与创新。（三）不断深化油地军结合。（四）全面加强各项社会事业和精神文明建设。

报告提出，做好2002年的政府工作，任务艰巨，责任重大。要高举邓小平理论伟大旗帜，紧密团结在以江泽民同志为核心的党中央周围，在区委的坚强领导下，团结带领全区人民，统一思想，坚定信心，励精图治，开拓创新，努力夺取改革开放和现代化建设的新胜利，以优异的成绩迎接中共十六大的召开！

会议还听取了区计划委员会主任扈洪文作的关于河口区2001年国民经济和社会发展计划执行情况与2002年国民经济和社会发展计划（草案）的报告；区财政局局长刘建忠作的关于河口区2001年财政预算执行情况和2002年财政预算（草案）的报告。

（三）第二次全体会议。1月30日上午，东营市河口区第十四届人民代表大会第五次会议在区委礼堂举行第二次全体会议。会议听取了区人大常委会主任刘秀田作的河口区人大常委会工作报告。

报告指出，过去的一年，区人大常委会在区委的领导下，坚持以邓小平理论和“三个代表”重要思想为指导，深入贯彻中共十五届五中、六中全会和江泽民总书记“七·一”讲话精神，按照“以发展为主题，以结构调整为主线，以改革开放和科技进步为动力，以提高人民生活水平为根本出发点”的总体要求，紧紧围绕“十五”计划的实施，忠实履行宪法和法律赋予的各项职权，积极探索，奋力开拓，各项工作都取得了新的进展，为实现“十五”计划的良好开局，促进全区经济快速健康发展和社会全面进步，较好地发挥了地方国家权力机关应有的作用。报告分四大部分：一是强化工作监督，依法审议决定重大事项；二是加强法律监督，大力推进依法治区进程；三是重视强化基础工作，充分发挥代表作用；四是适应形势发展需要，不断加强自身建设。

报告指出，一年来，区人大常委会的各项工作取得了显著成绩。但按法律赋予的职权衡量，有些方面还不到位，监督工作特别是法律监督的力度需要进一步加大；同人大代表和人民群众联系的方式和途径需要进一步改进和拓宽；对人大及其常委会作出的决议决定和提出的意见建议督促落实的措施需要进一步强化。

报告指出，中国已加入世界贸易组织，面临的任务更加艰巨，做好今年的工作意义重大。区人大常委会工作的指导思想是：在区委的领导下，坚持以邓小平理论和“三个代表”重要思想为指导，按照“八个坚持，八个反对”的要求，深入贯彻中共十五届五中、六中全会精神，紧紧围绕加快发展这个主题，忠实履行宪法和法律赋予的各项职权，突出监督重点，加大监督力度，注重监督实效，全面落实区十四届人大五次会议确定的各项任务，大力推进民主法制建设，加快河口区的建设和发展，以实际行动迎接中共十六大的召开。要高举邓小平理论伟大旗帜，以“三个代表”重要思想为指导，在区委的领导下，同心同德，锐意进取，开拓创新，为完成本次大会确定的各项任务，实现河口区经济和社会的全面发展而努力奋斗。

会议还听取了区人民法院院长冯俊海作的河口区人民法院工作报告，区人民检察院检察长王荣昌作的河口区人民检察院工作报告。

（四）第三次全体会议。1月31日上午，东营市河口区第十四届人民代表大会第五次会议在区礼堂举行第三次全体会议。大会依次表决通过了关于东营市河口区人民政府工作报告的决议、关于河口区2001年国民经济和社会发展计划执行情况与2002年计划的决议、关于东营市河口区2001年财政预算执行情况和2002年财政预算的决议、关于河口区人民代表大会常务委员会工作报告的决议、关于河口区人民法院工作报告的决议、关于河口区人民检察院工作报告的决议，审查批准了河口区2001年国民经济和社会发展执行情况和2002年计划、河口区2001年财政预算执行情况和2002年财政预算。

东营市河口区第十四届人民代表大会第五次会议主席团、秘书长名单

（2002年1月28日预备会议通过）

主席团：(30名，按姓名笔画排列）

于连泽　王　敏　王良进　尤　涛　田治颖
付兆钦　成希琴　刘亚东　刘秀田　刘焕江
李积德　杨学贤　杨继才　吴国华　张士明
张凤田　张胜双　张瑞迎　岳树德　周长江
郑成山　郝轮光　贾希铎　郭存三　黄高潮
闫长林　梁如贵　韩吉顺　韩廷村　程景坤

秘书长：程景坤（兼）

东营市河口区第十四届人民代表大会第五次会议主席团常务主席名单

（2002年1月28日主席团第一次会议推定）

韩吉顺　刘秀田　吴国华　田治颖　黄高潮
程景坤　张士明　贾希铎　梁如贵　杨学贤

东营市河口区第十四届人民代表大会第五次会议副秘书长名单

（2002年1月28日主席团第一次会议决定）

张玉平　王玉清　马士文　崔建国　胡敬斌

东营市河口区第十四届人民代表大会第五次会议议案审查委员会组成人员名单

（2002年1月28日预备会议通过）

主任委员：张士明
副主任委员：崔家文
委　　员（按姓名笔画为序）：
刘焕江　刘焕星　李建设

东营市河口区第十四届人民代表大会第五次会议财政预算审查委员会组成人员名单

（2002年1月28日预备会议通过）

主任委员：程景坤
副主任委员：刘玉琴
委　　员（按姓名笔画为序）：
刘亚东　周玉娥　郭存三

东营市河口区第十四届人民代表大会第五次会议各代表团第一召集人、召集人名单

仙河镇代表团　第一召集人：成希琴
召集人：盖树祥
孤岛镇代表团　第一召集人：王良进
召集人：郝轮光　张瑞迎
武新房
六合乡代表团　第一召集人：闫长林
召集人：刘增喜
河口街道代表团　第一召集人：张胜双
召集人：刘亚东　刘焕江
王　敏
义和镇代表团　第一召集人：李积德
召集人：房建民
太平乡代表团　第一召集人：付兆钦
召集人：李长存
新户乡代表团　第一召集人：郭存三
召集人：胡宗泉

第四章 第十五届人民代表大会
（2003～2007年）

东营市河口区第十五届人民代表大会任期为2003年1月至2007年12月，实际任期5年。任期内，共举行5次会议。共审议“一府两院”工作报告106项；作出决议决定38项；共督办区人大代表提出的议案、建议、批评和意见326件。

第一节 第一次会议
（2003年1月17～20日）

2003年1月17～20日，河口区第十五届人民代表大会第一次会议在区礼堂召开，会议应到代表160人，实到160人。会议听取并审议了河口区人民政府工作报告、河口区2002年国民经济和社会发展计划执行情况及2003年国民经济和社会发展计划（草案）的报告、河口区2002年财政预算执行情况和2003年财政预算（草案）的报告、河口区人大常委会工作报告、河口区人民法院工作报告、河口区人民检察院工作报告，并分别作出决议；选举刘秀田为区人大常委会主任，程景坤、渠怀德、杨学贤、张焕洲、曲德民、房建民为副主任；选举赵豪志为河口区人民政府区长，崔建华、张兆明、王树臣、张敏、李积德、郭学增为区长；选举冯俊海为区人民法院院长，魏玉民为区人民检察院检察长；选举出席东营市第五届人民代表大会代表36名。

（一）预备会议。1月16日下午，东营市河口区第十五届人民代表大会第一次会议在区礼堂举行预备会议。会议通过了大会议程，选举产生了大会主席团和秘书长，通过了大会议案审查委员会名单，通过了大会财政预算审查委员会名单。区人大常委会副主任杨学贤主持会议，区人大常委会副主任程景坤对会议的有关问题进行了说明，并就如何开好会议提出了具体要求。

会议确定了大会的指导思想：在中共河口区委的领导下，高举邓小平理论伟大旗帜，认真落实“三个代表”重要思想，深入贯彻中共十六大精神，全面总结过去五年的工作，实事求是地确定今后五年全区经济和社会发展的主要任务；动员全区人民进一步解放思想，抢抓机遇，开拓进取，与时俱进，加快我区改革发展步伐，全面建设小康社会，大力推进社会主义民主与法制建设，为顺利实现全区经济和社会发展的宏伟目标而奋斗。

会议确定了大会的主要任务：听取并审议河口区人民政府工作报告；听取并审议河口区人民政府关于河口区2002年国民经济和社会发展计划执行情况与2003年国民经济和社会发展计划草案的报告，审查、批准河口区2002年国民经济和社会发展计划执行情况的报告与2003年国民经济和社会发展计划；听取并审议河口区人民政府关于河口区2002年财政预算执行情况与2003年财政预算草案的报告，审查、批准河口区2002年财政预算执行情况的报告和2003年财政预算；听取并审议河口区人民代表大会常务委员会工作报告；听取并审议河口区人民法院工作报告；听取并审议河口区人民检察院工作报告；选举产生新一届区级政权领导班子以及市五届人大代表。

（二）第一次全体会议。1月17日上午，东营市河口区第十五届人民代表大会第一次会议第一次全体会议在区礼堂隆重开幕。会议由区委书记韩吉顺主持，会议听取了区人民政府代区长赵豪志作的题为《齐心协力，奋发有为，加快建设美丽富裕文明的新河口》的政府工作报告；区发展计划局局长扈洪文作的关于河口区2002年国民经济和社会发展计划执行情况与2003年国民经济和社会发展计划草案的报告；区财政局局长刘建忠作的关于河口区2002年财政预算执行情况和2003年财政预算（草案）的报告。

政府工作报告共分四部分：一是过去五年工作的

回顾；二是与时俱进，开拓创新，努力实现全区经济社会发展的新跨越；三是2003年的工作重点；四是转变职能，改进作风，建设务实高效廉洁的政府。

报告提出，1998年以来，全区上下高举邓小平理论伟大旗帜，认真贯彻“三个代表”重要思想，正确处理改革发展稳定的关系，保持了国民经济和社会事业的快速健康发展，取得了物质文明和精神文明建设的新成就。一是国民经济综合实力显著增强。二是改革开放实现新的突破。三是城乡面貌发生巨大变化。四是油地军结合取得丰硕成果。五是社会事业蓬勃发展。六是精神文明和民主法制建设得到加强。七是人民群众生活水平进一步提高。

报告提出，2002年，区政府团结带领全区人民，艰苦奋斗，开拓创新，克服困难，励精图治，保持了经济社会快速发展的良好势头。预计全区地方国内生产总值比上年增长19%，规模以上工业增加值增长39.4%，全社会固定资产投资增长91.9%，社会消费品零售总额增长15.2%，地方财政收入增长29.1%，农民人均纯收入增长6.4%。

报告回顾了过去五年的工作经验：始终坚持以邓小平理论和“三个代表”重要思想为指导，立足河口实际，不断解放思想，大胆探索，创造性地开展工作，在城市建设、油地军共建、产学研结合以及招商引资、发展民营经济等方面探索了一系列成功的路子；紧紧扭住经济建设这个中心，集中精力求发展，千方百计膨胀经济总量，不断加快经济结构调整，努力提高经济运行质量；坚持以改革为动力，大力推进企业体制改革和科技创新，扩大对外开放，不断为经济发展注入新的活力；坚持民主科学决策，对事关全局的重大事项和重点工作，深入调查研究，广泛征求意见，积极稳妥决策；坚持“两手抓，两手都要硬”的方针，正确处理改革、发展、稳定的关系，加强思想政治工作，搞好党风廉政建设，推进两个文明协调发展；高举团结发展的旗帜，充分发挥油区优势，不断深化油地军结合，形成促进区域经济发展的强大合力；坚持求实务实抓落实，建立健全运行管理机制，加强政务督查，实施“政府”提速，促进工作作风转变和工作效率提高。这些经验，是全区人民智慧的结晶，也是今后加快发展的宝贵财富，应该在今后的工作中继续坚持，并在实践中不断丰富、发展和完善。

报告也提出了全区经济社会发展存在的困难和问题：一是思想解放程度不够，改革开放意识、市场竞争意识和开拓创新意识不强，少数干部工作作风不够扎实，因循守旧，不思进取，工作中缺乏雷厉风行、真抓实干、奋勇争先的精神。二是经济结构性矛盾比较突出，经济总量小。农业基础脆弱，产业化水平低，效益不高，农民收入增长缓慢；地方工业规模小、档次低，缺乏骨干企业和拳头产品，市场竞争力不强；第三产业发展相对滞后。三是经济外向度不高，利用外资和对外贸易规模小；高新技术含量低，科技创新能力不强，人才特别是高层次人才十分匮乏。四是财源结构单一，主体财源不稳定，地方财源尤其是乡镇财源建设滞后，财政增收难度大。五是城市基础设施和社会公益设施还比较落后，城市功能还不完善，与城市化的总体要求相差甚远，不能从根本上满足人民群众日益增长的精神文化需求。六是招商引资环境还有待于进一步优化，有些优惠政策和承诺服务还没有落到实处。七是就业和再就业等群众反映强烈的热点难点问题还没有彻底解决，影响社会稳定的因素还比较多。

报告提出，今后五年，是全面建设小康社会、加快推进社会主义现代化建设的关键时期。既面临着国外资本、产业、技术加速向国内转移，南方沿海发达地区的产业、资本快速向北方转移的大好机遇，又面临着境内油田存续企业和济军生产基地企业重组改制、东营港扩建及环渤海公路修建的良好契机。只要我们紧紧抓住这些机遇，加快发展，就一定能够开创出经济社会发展的新局面。今后五年，全区经济社会发展的指导思想是：坚持以邓小平理论和“三个代表”重要思想为指导，认真贯彻落实中共十六大精神，围绕全面建设小康社会，进一步凝聚各方力量，深入实施工业强区、农业产业化、招商引资、民营经济发展和城镇化战略，深化改革，扩大开放，提升经济实力，推进社会进步，提高人民群众生活水平，努力把河口区建设成为美丽富裕文明的新河口。展望未来五年，全区的奋斗目标是：高效生态农业快速发展，农业产业化水平迅速提高，农业综合生产能力显著增强，为农业实现工业化运作奠定坚实基础。走新型工业化的路子，努力培植特色型工业，实现骨干企业集团化、主导产业优势化、拳头产品品牌化。

城市建设实现新的突破，初步建成以“大空间、大水面、大绿地”为特色，能充分体现滨海石油风貌，周围清水绿树环绕、城内功能完善的现代化城市。社会事业快速发展，教育体系、科技文化创新体系和全民医疗卫生体系日趋完善，可持续发展能力增强，整个社会逐步走上生产发展、生活富裕、生态良好的文明发展道路。人民群众的物质生活更加殷实，精神文化生活更加丰富。

报告提出，2003 年是新一届政府任期的第一年，也是深入贯彻十六大精神、全面建设小康社会的开局之年。开好头、起好步，对于顺利实现今后五年的奋斗目标具有十分重要的意义。区政府在扎扎实实做好今年各项工作，全面完成年度任务目标的同时，突出办好八件实事，建设好十大工程。八件实事：一是构建农民健康体系。完善农村合作医疗保险制度，增强医疗服务功能，搞好乡镇卫生院达标和全科医疗站配套建设。二是实施社区综合性服务中心建设。建设融老年活动中心和残疾人康复中心于一体的社区综合服务中心。三是解决农村中小学生“吃住行”问题。建设寄宿制学校 10 处，解决农村学生的住宿、午餐问题。四是实现村村通有线电视。五是搞好利民桥建设。改造新建各类农用生产桥 25 座。六是建设城区公益设施。年内建设城区垃圾中转站、中心路停车站点等公益设施。七是实施城乡自来水管网配套建设。改造油田原有的供水管网，解决河口城区、河口街道和义和镇部分村庄及油田生产区的生活用水问题。八是河口城区调压储气站建设。建设储存天燃气 1.2 万立方米的调压站，解决城区居民生活用气问题。十大工程：一是王庄二干一分干节水改扩建二期工程。在一期工程的基础上，延伸至新户，搞好配套及干渠两侧绿化建设。二是渔港建设工程。重点实施原东营港内港池的清淤、衬砌及附属功能的配套建设。三是市政广场建设工程。搞好广场绿化、湖面等设施建设，为市民创造一个良好的休闲娱乐场所。四是国家环保模范城市和卫生城市创建工程。年内实现“双创”目标。五是万亩造纸林试点工程。重点搞好太平、六合 2000 亩示范园。六是城市道路改造建设工程。搞好中心路、河一路、河滨路东延，海昌路及其他道路建设。七是开发区配套完善工程。配套河二路以北区块，实施发展大道北延及 6 号、8 号路东延，建设标准化厂房。八是污水、垃圾处理厂建设工程。年内建设污水处理厂和垃圾处理厂各一处。九是河口环城水系工程。年内开挖 10 公里。十是神仙沟综合治理工程。重点搞好神仙沟城区段清淤、衬砌和绿化，改善孤岛、仙河居住生活环境。

报告提出，新一届政府担负着领导全区人民全面建设小康社会的光荣使命。必须积极适应形势的要求，进一步转变职能，改进作风，以更加务实高效、昂扬向上的工作姿态和精神风貌，努力加快全区经济社会的发展。

报告最后提出，中共十六大描绘出了全面建设小康社会的宏伟蓝图，我们的任务光荣而艰巨。报告号召高举邓小平理论伟大旗帜，全面贯彻“三个代表”重要思想，紧紧围绕在党中央周围，在区委的正确领导下，团结带领全区人民，聚精会神搞建设，一心一意谋发展，为建设美丽富裕文明的新河口而努力奋斗。

会议还听取了区发展计划局局长扈洪文作的关于河口区 2002 年国民经济和社会发展计划执行情况与 2003 年国民经济和社会发展计划（草案）的报告；区财政局局长刘建忠作的关于河口区 2002 年财政预算执行情况和 2003 年财政预算（草案）的报告。会议结束后，各代表团和大会列席人员分别在指定地点对政府、计划、财政三个报告进行了审议讨论。

（三）第二次全体会议。1 月 18 日下午，东营市河口区第十五届人民代表大会第一次会议第二次全体会议在区礼堂举行。全体代表、列席人员参加了会议。会议听取了区人大常委会主任刘秀田作的河口区人民代表大会常务委员会工作报告。

报告指出，过去的五年，河口区国民经济和社会发展“九五”计划胜利完成，“十五”计划及 2010 年远景目标纲要全面展开，全区改革开放、经济建设和社会各项事业都取得了重大成就。五年来，区人大常委会在中共河口区委的领导下，以邓小平理论和党的基本路线为指导，以全心全意为人民服务为宗旨，深入贯彻中共十五大和十六大精神，认真实践“三个代表”重要思想，紧紧围绕“九五”和“十五”计划的实施，切实履行宪法和法律赋予的职责，各项工作都有了新的进展，较好地发挥了地方国家权力机关的职能作用，为河口区经济快速健康发展和社会全面进步做出了积极的贡献。一、强化工作监督，依法审议决定重大事项；二、强化法律监督，推进了依法治区的进程；三、提高人事任免质量，加强了对任命干部的监督管理；四、重视强化基础工作，充分发挥人大代表的作用；五、精心组织，周密安排，依法做好区人大换届选举工作；六、适应新形势发展需要，进一步加强了常委会自身建设。

报告指出，回顾五年来的工作得出了许多启示，人大工作是党的事业的重要组成部分，坚持和完善人民代表大会制度是中国民主政治建设的重要内容。只有坚定不移地坚持和依靠党的领导，坚持以邓小平理论和“三个代表”重要思想为指导，坚持服从服务于党的中心任务，才能保证人大工作的正确方向；只有忠实履行职责，充分发扬民主，严格依法办事，人大的地位和作用才能充分体现出来；只有同人大代表和人民群众始终保持密切联系，全心全意为人民谋利益，才能更好地代表人民依法行使好职权；只有树立高度的责任感和使命感，不断加强自身建设，才能形成强大的合力，发挥整体效能，推动人大工作不断开拓前进。

报告提出，新一届区人大常委会工作的指导思想是：在中共河口区委的领导下，坚持以邓小平理论和“三个代表”重要思想为指导，深入贯彻中共十六大精神，紧紧围绕“十五”计划的实施和全面建设小康社会的奋斗目标，忠实履行宪法和法律赋予的各项职权，突出监督重点，加大监督力度，注重监督实效，大力推进民主法制建设，全面落实区十五届人大一次会议确定的各项任务，与时俱进，开拓创新，为促进全区经济快速健康发展和社会全面进步做出积极的贡献。一是突出发展主题，加大工作监督力度。二是围绕保障促进发展，进一步强化法律监督。三是提高人事任免质量，强化对任命干部的监督。四是改进和加强代表工作，更好地发挥代表作用。

报告最后指出，中共十六大提出全面建设小康社会的奋斗目标，鼓舞人心，催人奋进，摆在面前的任务光荣而艰巨。要高举邓小平理论伟大旗帜，认真贯彻落实“三个代表”重要思想，在区委的领导下，同心同德，锐意进取，与时俱进，开拓创新，为全面完成本次大会确定的各项目标任务，促进河口区经济快速健康发展和社会全面进步而努力奋斗。

会议听取区人民法院院长冯俊海作的河口区人民法院工作报告，区人民检察院代检察长魏玉民作的河口区人民检察院工作报告；会议通过了大会选举办法。会议结束后，各代表团和大会列席人员分别在指定地点审议了区人大、区法院、区检察院工作报告。

（四）第三次全体会议。1 月 20 日上午，东营市河口区第十五届人民代表大会第一次会议第三次全体会议在区礼堂举行。全体代表、列席人员参加。大会举行了选举，以无记名投票方式，选举刘秀田为河口区第十五届人民代表大会常务委员会主任；程景坤、渠怀德、杨学贤、张焕洲（女）、曲德民、房建民为副主任；王成泉、王学锋、王春霞（女）、王宪印、朱子贤、刘亚东、刘怀科、刘国增、张玉平、尚胜波、赵玉洪、郭存三、曹文生、蒋时林为委员；选举赵豪志为河口区人民政府区长，崔建华、张兆明、王树臣、张敏（女）、李积德、郭学增为副区长；选举冯俊海为河口区人民法院院长，魏玉民为河口区人民检察院检察长。大会还依次表决通过了关于东营市河口区人民政府工作报告的决议、关于河口区 2002 年国民经济和社会发展计划执行情况与 2003 年计划的决议、关于东营市河口区 2002 年财政预算执行情况和 2003 年财政预算的决议、关于东营市河口区人民代表大会常务委员会工作报告的决议、关于东营市河口区人民法院工作报告的决议、关于东营市河口区人民检察院工作报告的决议。

东营市河口区第十五届人民代表大会第一次会议主席团、秘书长名单

（2003 年 1 月 16 日预备会议通过）

主席团：（27 名，按姓名笔画排列）

王良进　尤　涛　付兆钦　冯俊海　成希琴
曲德民　刘亚东　刘秀田　刘国增　孙红军
孙学孟　苏　健　李延成　李积德　杨学贤
张胜双　张焕洲　国　梁　房建民　赵豪志
郭存三　黄高潮　闫长林　渠怀德　韩吉顺
程景坤　魏玉民

秘书长：程景坤（兼）

东营市河口区第十五届人民代表大会第一次会议主席团常务主席名单

（2003 年 1 月 16 日主席团第一次会议推定）

韩吉顺　刘秀田　赵豪志　孙学孟　孙红军
黄高潮　程景坤　渠怀德　杨学贤　张焕洲
曲德民　房建民

东营市河口区第十五届人民代表大会第一次会议副秘书长名单

（2003 年 1 月 16 日主席团第一次会议决定）

张玉平　王玉清　马士文　崔建国　胡敬斌

东营市河口区第十五届人民代表大会第一次会议议案审查委员会组成人员名单

（2003 年 1 月 16 日预备会议通过）

主任委员：杨学贤
副主任委员：王宪印
委　　员（按姓名笔画排列）：
马学军　李秀庄　张瑞迎
高相夫　董子平

东营市河口区第十五届人民代表大会第一次会议财政预算审查委员会组成人员名单

（2003 年 1 月 16 日预备会议通过）

主任委员：程景坤
副主任委员：朱子贤
委　　员（按姓名笔画排列）：
王成泉　尹西杰　毕建军
李青云　龚凤兰

东营市河口区第十五届人民代表大会第一次会议各代表团临时党支部书记、副书记名单

新户乡代表团　书　记：郭存三
　　　　　　　副书记：孟凡吾
太平乡代表团　书　记：付兆钦
　　　　　　　副书记：孙学诗
义和镇代表团　书　记：李积德
　　　　　　　副书记：毕建军
河口街道代表团　书　记：张胜双
　　　　　　　副书记：张学武
六合乡代表团　书　记：闫长林
　　　　　　　副书记：王永跃
孤岛镇代表团　书　记：王良进
　　　　　　　副书记：张吉明
仙河镇代表团　书　记：成希琴
　　　　　　　副书记：王志华

东营市河口区第十五届人民代表大会第一次会议各代表团团长、副团长名单

新户乡代表团　团　长：郭存三
　　　　　　　副团长：孟凡吾
太平乡代表团　团　长：付兆钦
　　　　　　　副团长：孙学诗
义和镇代表团　团　长：李积德
　　　　　　　副团长：毕建军
河口街道代表团　团　长：张胜双
　　　　　　　副团长：蔡森昌
六合乡代表团　团　长：闫长林
　　　　　　　副团长：王永跃
孤岛镇代表团　团　长：王良进
　　　　　　　副团长：张吉明
仙河镇代表团　团　长：成希琴
　　　　　　　副团长：王志华

第二节　第二次会议
（2004 年 1 月 5 ～ 7 日）

2004 年 1 月 5 ～ 7 日，东营市河口区第十五届人民代表大会第二次会议在金河会场召开，应到代表 160 名，实到代表 155 名。会议听取审议了区人民政府工作报告、财政报告，关于东营市河口区城市规划、

建设和管理情况的报告及区人大常委会、区人民法院、区人民检察院的工作报告，书面审议了计划报告，审查批准了河口区 2004 年国民经济和社会发展计划及财政预算。会议补选马士文为河口区第十五届人民代表大会常务委员会委员。

（一）预备会议。1 月 5 日上午，东营市河口区第十五届人民代表大会第二次会议在金河会场举行预备会议。会议通过了大会议程，选举产生了大会主席团和秘书长，通过了大会议案审查委员会名单，通过了大会财政预算审查委员会名单。区人大常委会副主任渠怀德主持会议。区人大常委会副主任程景坤作关于区十五届人大二次会议筹备情况的报告，并就如何开好会议提出了具体要求。预备会议结束后，在金河会场就地召开代表中的党员会议。会议由刘秀田主持，宣布了大会主席团临时党委名单。李延成讲话。

（二）第一次全体会议。1 月 5 日下午，东营市河口区第十五届人民代表大会第二次会议在金河会场举行第一次全体会议，人大代表、政协委员、列席人员和秘书处工作人员参加会议。区人大常委会主任刘秀田主持会议。区长赵豪志作政府工作报告。

报告提出，过去的一年，在市委、市政府和区委的正确领导下，在区人大、区政协的监督支持下，新一届区政府团结带领全区人民，坚持以 “三个代表”重要思想为指导，全面贯彻中共十六大和十六届三中全会精神，不断解放思想，开拓创新，拼搏奋斗，全力推进国民经济和社会事业的发展，胜利完成了区十五届人大一次会议所确定的各项目标任务。报告分为四大部分：一是 2003 年政府工作回顾；二是解放思想，干事创业，努力加快全区国民经济跨越式发展；三是统筹兼顾，努力推动社会全面进步；四是不断改进政府工作，努力建设务实、高效、廉洁的政府。

报告提出，在过去的一年中，各级各部门瞄准年初确定的工作目标，紧紧围绕发展第一要务，扎实苦干，锐意进取，创造性地开展工作。突出把握了以下几点：一是发挥比较优势，培育特色经济。二是强化市场意识和创新意识，坚持用市场经济的手段发展经济。三是推行政务公开，建设阳光政府。四是规范行政行为，坚持依法行政。五是实施政府提速，优化发展环境。六是完善激励约束机制，营造干事创业的良好氛围。

报告提出，全区经济和社会发展中仍然存在一些问题和薄弱环节。地方经济比较薄弱，对石油工业依赖性较强；工业化程度较低，企业规模小，缺少骨干企业和拳头产品；农业产业化水平不高，龙头带动能力弱；现代服务业层次低，服务功能不强；城乡二元结构矛盾仍比较突出；科技创新能力不足，高层次专业人才缺乏，劳动者整体素质亟待提高；部分城乡居民生活还比较困难，就业和再就业压力仍然很大；我们的思想观念、工作方式、体制机制等还不适应市场经济的要求和发展。

报告提出，2004 年是建区 20 周年，也是河口区加快实施“三步跨越”，全面建设小康社会的重要一年，做好今年的工作意义重大。当前，河口区既面临着国外的产业、资本、技术加速向国内转移，南方沿海发达地区的产业、资本快速向北方转移的机遇，又面临着东营港扩建及海港火力发电厂、环渤海高速公路、黄东大铁路即将建设的良好契机。2004 年政府工作的总体思路和要求是：坚持以邓小平理论和“三个代表”重要思想为指导，深入贯彻党的十六大和十六届三中全会精神，以庆祝建区 20 周年为抓手，以加快发展为主题，围绕“再造一个河口”，实施“三步跨越”，实现“两个率先”的总目标，抓住解放思想、转换机制、扩大投资“三个关键”，突出工业扩张、农业增效、城乡建设、社会稳定“四个重点”，大力推进招商引资、民营经济、油地军结合“三项工作”，努力加快河口经济社会的跨越式发展。

区财政局局长刘建忠作了关于河口区 2003 年财政预算执行情况和 2004 年财政预算（草案）的报告。区建设局局长陈丰先作了关于河口区城市规划、建设和管理情况的报告。书面提交了国民经济和社会发展计划报告。

大会结束后，各代表团和大会列席人员分别在指定地点审议政府、财政、计划和城建四个报告。

（三）第二次全体会议。1 月 6 日下午，东营市河口区第十五届人民代表大会第二次会议在金河会场举行第二次全体会议。会议由区人大常委会副主任程景坤主持。区人大常委会主任刘秀田作东营市河口区人民代表大会常务委员会工作报告。

报告指出，过去的一年，是河口区改革开放和社会主义现代化建设的关键一年。全区人民在区委的正确领导下，高举邓小平理论伟大旗帜，以“三个代表”重要思想为指导，深入贯彻党的十六大和十六届三中全会精神，解放思想，实事求是，与时俱进，干事创业，加快发展，为实现富民强区、全面建设小康社会的总目标，打下了坚实基础。一年来，区人大常委会根据全区的工作大局，认真履行宪法和法律赋予的职权，各方面的工作都有了新的进展，为加强河口区的民主法制建设，推进依法治区进程，保障和促进河口经济快速健康发展及社会全面进步做出了新的贡献。一是强化工作监督，依法审议决定重大事项；二是大力推进依法治区，为加快发展创造良好的法制环境；三是重视强化基础工作，充分发挥人大代表的作用；四是改进审议方式，推动了人大工作的创新与发展；五是适应新形势发展需要，进一步加强了常委会自身建设。

报告指出，2004 年及今后一段时期是河口区实现富民强区、全面建设小康社会总目标的关键时期。新的形势和任务，对人大工作提出了新的更高的要求。区人大常委会要在区委的正确领导下，牢记全区人民的重托，更加全面地履行宪法和法律赋予的神圣职责，创造性地做好各项工作。一是继续把监督工作放在重要位置，紧紧围绕增强监督实效，切实加强对行政机关、审判机关和检察机关的工作监督，进一步实现监督工作的制度化、规范化。二是密切同人大代表、人民群众和乡镇人大的联系，更好地发挥人大代表的作用，鼓励和指导乡镇人大创新工作，扩大公民对人大工作的知情权和有序参与，使人大工作更好地代表人民的意志，符合最广大人民群众的根本利益。三是加强常委会自身建设，努力建设一支高素质的机关干部队伍，以适应新形势下人大承担的繁重任务。

报告指出，全面建设小康社会的奋斗目标，鼓舞人心，催人奋进。要在区委的领导下，高举邓小平理论伟大旗帜，认真贯彻落实“三个代表”重要思想，同心同德，锐意进取，开拓创新，为全面建设小康社会，推进河口的改革发展事业作出新的更大的贡献。

会议听取了区人民法院院长冯俊海作的河口区人民法院工作报告；区人民检察院检察长魏玉民作的河口区人民检察院工作报告。会议讨论通过了大会补选办法。

（四）第三次全体会议。1 月 7 日下午，东营市河口区第十五届人民代表大会第二次会议在金河会场举行第三次全体会议。全体代表、列席人员出席会议。会议由区委书记韩吉顺主持。大会举行了选举事项，补选马士文为河口区第十五届人民代表大会常务委员会委员。会议通过了关于河口区人民政府工作报告的决议、关于河口区 2003 年财政预算执行情况和 2004 年财政预算的决议、关于河口区城市规划、建设和管理情况的报告的决议、关于河口区 2003 年国民经济和社会发展计划执行情况与 2004 年计划的决议、关于河口区人民代表大会常务委员会工作报告的决议、关于河口区人民法院工作报告的决议、关于河口区人民检察院工作报告的决议。

区委书记韩吉顺在主持会议时指出，会议作出的各项决议，体现了全区人民的意志，代表了广大人民的利益。会议审议批准了政府工作报告和其他各项报告，确定了今年河口区经济和社会发展的各项目标任务，并顺利补选产生了一名区人大常委会委员。会议自始至终充分发扬民主，严格依法办事。代表们以饱满的政治热情和高度的主人翁责任感，积极参政议政，紧紧围绕如何深入贯彻中共十六大和十六届三中全会精神，进一步深化改革，扩大开放，推动经济结构的战略性调整，促进经济持续快速健康发展，积极推进民主与法制建设，全面建设小康社会等事关河口发展的重大问题，建言献策，提出了许多很好的意见和建议。同时，对河口区的农业产业化、城市建设、招商引资及社会稳定等方面的问题，代表们也进行了充分的讨论，并给予了极大的关注。这次会议必将激励和动员全区人民高举邓小平理论伟大旗帜，全面贯彻落实“三个代表”重要思想，满怀信心地把河口区改革开放和社会主义现代化建设事业推向一个崭新的阶段。

韩吉顺强调，现在正处在实现全面建设小康社会目标，提前基本实现现代化的关键时期。做好今年工作，对巩固和发展全区大好形势，推动经济和社会各项事业全面进步，具有十分重要的意义。我们要清醒地看到，前进中还存在许多困难和亟待解决的问题，完成 2004 年经济社会发展目标和各项任务仍然十分艰巨繁重。要认清形势，振奋精神，切实肩负起党和人民赋予的光荣使命，在区委的领导下，以邓小平理论和“三个代表”重要思想为指导，忠实履行宪法和法律赋予的各项职权，充分发挥代表的模范带头作用，以忘我的精神，饱满的热情，科学的态度，扎实的工作，与时俱进，开拓创新，推进河口区经济和社会各项事业的全面发展。

东营市河口区第十五届人民代表大会第二次会议主席团、秘书长名单

（2004年1月5日预备会议通过）

主席团（共26名）：

韩吉顺　刘秀田　李延成　孙红军　曲同德
孙学孟　黄高潮　成希琴　程景坤　渠怀德
杨学贤　张焕洲　曲德民　房建民　尤　涛
郭存三　商桂林　毕建军　闫长林　郭本东
王良进　张　彬　刘亚东　刘国增　苏　健
国　梁

秘书长：　程景坤（兼）

东营市河口区第十五届人民代表大会第二次会议主席团常务主席名单

（2004年1月5日主席团第一次会议推定）

韩吉顺　刘秀田　李延成　孙红军　曲同德
黄高潮　程景坤　渠怀德　杨学贤　张焕洲
曲德民　房建民

东营市河口区第十五届人民代表大会第二次会议副秘书长名单

（2004年1月5日主席团第一次会议决定）

马士文　付兆钦　韩传华　胡敬斌　李秀庄

东营市河口区第十五届人民代表大会第二次会议议案审查委员会组成人员名单

（2004年1月5日预备会议通过）

主 任 委 员：渠怀德
副主任委员：王宪印
委　　　员：郭存三　马学军　董子平
　　　　　　高相夫　张瑞迎

东营市河口区第十五届人民代表大会第二次会议财政预算审查委员会组成人员名单

（2004年1月5日预备会议通过）

主 任 委 员：程景坤
副主任委员：朱子贤
委　　　员：李青云　龚凤兰　尹西杰
　　　　　　毕建军　王成泉

东营市河口区第十五届人民代表大会第二次会议各代表团临时党支部书记、副书记名单

新户乡代表团　书　记：郭存三
　　　　　　　副书记：孟凡吾
太平乡代表团　书　记：商桂林
　　　　　　　副书记：孙学诗
义和镇代表团　书　记：毕建军
　　　　　　　副书记：王明华
河口街道代表团　书　记：郭本东
　　　　　　　副书记：李寿年
六合乡代表团　书　记：闫长林
　　　　　　　副书记：王永跃
孤岛镇代表团　书　记：王良进
　　　　　　　副书记：张吉明
仙河镇代表团　书　记：张　彬
　　　　　　　副书记：王志华

东营市河口区第十五届人民代表大会第二次会议各代表团团长、副团长名单

新户乡代表团　团　长：郭存三
　　　　　　　副团长：孟凡吾
太平乡代表团　团　长：商桂林
　　　　　　　副团长：孙学诗
义和镇代表团　团　长：毕建军
　　　　　　　副团长：王明华
河口街道代表团　团　长：郭本东

副团长：董子平

六合乡代表团　团　长：闫长林

副团长：王永跃

孤岛镇代表团　团　长：王良进

副团长：张吉明

仙河镇代表团　书　记：张　彬

副书记：王志华

第三节　第三次会议

（2005 年 1 月 5 ～ 7 日）

2005 年 1 月 5 ～ 7 日，东营市河口区第十五届人民代表大会第三次会议在金河会场召开，159 名代表出席了会议。会议听取审议了区人民政府工作报告、关于河口区 2004 年社会治安工作情况的报告、区人大常委会工作报告、区人民法院工作报告、区人民检察院工作报告，书面审议了计划、财政两个报告，审查批准了河口区 2005 年国民经济和社会发展计划及财政预算。会议补选王学锋、胡敬斌为河口区第十五届人民代表大会常务委员会委员。

（一）预备会议。1 月 5 日上午，东营市河口区第十五届人民代表大会第三次会议在金河会场举行预备会议。会议由区人大常委会副主任渠怀德主持。会议通过了大会议程；选举产生了大会主席团和秘书长；通过了大会议案审查委员会名单；通过了大会财政预算审查委员会名单。区人大常委会副主任程景坤作了关于区十五届人大三次会议筹备情况的报告，并就如何开好会议提出了具体要求。预备会议结束后，在金河会场就地召开了代表中的党员会议，区人大常委会主任刘秀田主持，宣布大会主席团临时党委名单。区委书记韩吉顺讲话。

（二）第一次全体会议。1 月 5 日下午，东营市河口区第十五届人民代表大会第三次会议在金河会场举行第一次全体会议。全体代表、政协委员、列席人员和秘书处工作人员参加。主席团成员、区委常委、区长、法院院长、检察院检察长以及两名特邀老领导在主席台就座。会议由区人大常委会主任刘秀田主持。区长赵豪志作政府工作报告。

报告回顾了 2004 年的工作。过去一年，在市委、市政府和区委的正确领导下，在区人大、区政协的监督支持下，区政府团结带领全区人民，认真贯彻落实科学发展观，不断解放思想，干事创业，迎难奋进，胜利完成了区十五届人大二次会议所确定的各项目标任务，开创了国民经济和社会发展的新局面。全年实现生产总值 37 亿元，比上年增长 15.5%，其中地方生产总值突破 20 亿元，达到 22.5 亿元，增长 32.5%；完成全社会固定资产投资 72.4 亿元，增长 15.5%，其中地方完成 35 亿元，增长 54.2%；社会消费品零售总额达到 8.9 亿元，增长 14.1%；实现地方财政收入 2.68 亿元，增长 37.13%；各项存款余额 68 亿元，贷款余额 20 亿元，分别比年初增加 7.05 亿元、3.92 亿元；城镇居民人均可支配收入 12000 元，农民人均纯收入 3870 元，分别比上年增长 1801 元、523 元。主要经济指标均大幅提高，区域综合经济实力明显增强，“十五”计划主要预期目标提前一年基本完成。一是工业经济迅猛扩张。二是农业和农村经济稳步发展。三是开放和改革迈出新的步伐。四是城乡建设取得新成绩。五是各项社会事业全面繁荣。六是十七项重点工程进展顺利。七是政府自身建设不断加强。

报告提出，2004 年，面对新的形势和日益激烈的竞争，全区上下聚精会神搞建设，一心一意谋发展，展现出思想观念大更新、油地军校大团结、经济社会大发展、城乡面貌大变化、发展环境大改善的可喜局面，创出了建区以来的 6 个历史之最：地方经济总量增加最多、增速最快，规模以上工业增加值、利润、利税增速最快，固定资产投资规模最大，城镇居民可支配收入增长最快，农民人均纯收入增加最多，冬枣、水产及棉花产量最高。工作中，突出把握了以下几点：一是不断解放思想，创新完善发展思路。二是突出重点，解决难点，化解了一系列矛盾和问题。三是坚持以人为本，努力为群众办实事、办好事。四是深化油地军校共建，凝聚发展合力。五是保持良好的精神状态，营造干事创业的浓厚氛围。

报告指出了存在的困难和问题：工业化程度较低，企业规模小，骨干企业支撑带动能力不强；对石油资源产业依存度过高，尚未形成优势主导型产业，经济增长和财政增收后劲不足；农业生产比较粗放，产业化水平低，农民持续增收难度较大；现代服务业发展滞后，综合服务功能不强；城乡二元结构矛盾比较突出，困难群众的生产生活条件亟待改善。特别是面对国家的宏观调控政策，投融资渠道狭窄，建设资金紧张的矛盾更加突出；有些政府部门的思想观念、工作方式、体制机制等还不能适应新形势发展的需要，工作效率和服务质量有待于进一步提高，等等。

报告提出，2005 年是实施“十五”计划的最后一年，也是全区经济社会实现跨越发展的重要一年，做好 2005 年的工作意义重大。当前，国际经济正在复苏，产业转移步伐加快；国家宏观调控基本保持稳定，投资、消费、出口对经济的拉动趋于平衡，经济和社会发展的宏观环境进一步改善；特别是山东加工制造业基地建设和黄河三角洲开发的加快，以及东营港、环渤海高速公路、黄东大铁路等重大基础设施的建设等，都将为河口带来前所未有的历史机遇；此外，经过建区 20 年来的发展，加速全区经济社会发展的基础更加牢固，环境更加优化。总体上看，2005 年加快经济社会发展的有利条件较多。只要抓住机遇，开拓进取，扎实奋斗，就一定能够夺取河口跨越式发展的新胜利。

报告提出，2005 年政府工作的总体要求是：全面贯彻落实科学发展观和中共十六届四中全会精神，紧紧围绕经济建设这个中心，“抓住一条主线，突出三大重点，营造三个环境，发挥三大力量”，全面提升经济综合竞争力，推动社会进步，加快经济社会发展的新跨越。抓住“一条主线”，就是坚持以“工业发展年”活动统领全局，坚定不移地实施“工业强区”战略。突出“三大重点”，就是突出抓大企业、大产业和大项目，加速壮大工业；突出搞好荒碱地开发、水利建设和产业化经营，稳步提升农业；突出完善功能、扩张规模和提升形象，大力加强城市建设。营造“三个环境”，就是营造稳定和谐的社会环境，营造优质高效的服务环境，营造团结奋进的创业环境。发挥“三大力量”，就是依靠招商引资借助外力，扩大对外开放；依靠民营经济启动内力，释放经济增长的活力；依靠油地军校共建凝聚合力，全面加快区域经济发展。主要预期目标是：全区实现生产总值 42 亿元，比 2004 年增长 13.5%，其中地方生产总值完成 27.94 亿元，增长 24.2%。地方固定资产投资完成 45.5 亿元，增长 30%。社会消费品零售总额实现 10 亿元，增长 14%。地方财政收入完成 2.9 亿元，按可比口径增长 10.56%；外贸出口总值完成 2100 万美元，增长 40%；农民人均纯收入达到 4140 元，增长 7%。重点做好以下八个方面的工作。一是实施大企业带动战略，加速壮大工业经济。二是推进农业产业化，全面提升农业综合效益。三是强化基础设施建设，加快推进城市化进程。四是扩大招商引资，努力提高对外开放水平。五是放手发展民营经济，培植新的经济增长点。六是抓好财税金融工作，保障经济稳健高效运行。七是加快发展各项社会事业，推动社会全面进步。八是深化油地军校共建，推进区域经济社会大融合。

报告提出，在全面推进各项工作的同时，集中实施十二项重点工程：一是城区道路建设改造工程，实施海河路北延和西湖路建设配套。二是城乡道路改造工程，实施河滨路城区段和滨海路拓宽改造，建设龙四路、义牟路、义英路、义兴路、新盐路等 5 条乡村公路。三是中心商业区改造续建工程，完成一期工程主体建设和道路改造。四是黄河广场与银河公园通透工程，拆除部分建筑物，逐步实现水域、绿地对接。五是环城水系建设工程，开挖北环水系，实施海昌路东侧部分衬砌，全面实现“六河相连”。六是城郊生态林建设工程，在中心城北侧建设 10.6 公里生态林带，实施河滨路城区段和辛河路城区以南段绿化。七是农业综合开发工程，实施 2.3 万亩荒碱地开发、2.7 万亩土地开发整理和 1 万亩中低产田改造。八是东水源配套工程，打通西、北支线，实现全线贯通。九是骨干工业企业扩建工程，实施富海石化 50 万吨 / 年焦化、30 万吨 / 年汽柴油加氢、5000 立方 / 小时制氢、100 万吨 / 年常减压和中海石化 50 万吨 / 年焦化、30 万吨 / 年联合加氢及 1.2 万千瓦热电联产等骨干技术改造项目。十是实施开发区配套工程，突出搞好标准化厂房建设和水电路等基础设施配套。十一是实施城乡集中供水村村通工程，完成河口至孤岛自来水主管线和新户乡、太平乡、义和镇分支管线铺设，全区自来水入村率达到 60% 以上。十二是东部小城镇建设工程，实施仙河镇的神州路配套、滨港路城区段改造、红旗渠城区段清淤和孤岛镇的神仙沟综合治理、朝阳区生活污水处理厂建设。以上工程概算总投资 11.7 亿元。

报告提出，按照为民、务实、清廉的要求，进一步加强自身建设，不断提高执政能力和水平，努力建设人民满意的政府。一是加强学习培训，全面提高公务员队伍素质。二是强化机关效能建设，提升工作效率。三是改进作风，狠抓工作落实。四是搞好廉政建设，增强拒腐防变能力。

报告最后提出，新的目标已经确立，新的形势催人奋进，新的事业任重道远。要高举邓小平理论伟大旗帜，在中共十六大和十六届四中全会精神指引下，在中共河口区委的正确领导下，凝聚全区人民的智慧和力量，解放思想，抢抓机遇，励精图治，奋发有为，为全面建设小康社会，推动全区经济社会的跨越式发展而努力奋斗。

会议还听取了区公安分局局长逯学树作的关于河口区社会治安工作情况的报告。书面提交了计划、财政两个报告。大会结束后，各代表团、大会列席人员分别在指定地点审议和讨论政府、财政、计划、社会治安情况四个报告。

（三）第二次全体会议。1月6日下午，东营市河口区第十五届人民代表大会第三次会议在金河会场举行第二次全体会议。参加人员同第一次全体会议。主席团成员、区委常委、区长、法院院长、检察院检察长在主席台就座。会议由区人大常委会副主任程景坤主持。区人大常委会主任刘秀田作河口区人民代表大会常务委员会工作报告。

报告指出，区十五届人大二次会议以来，区人大常委会在区委的领导下，以邓小平理论和“三个代表”重要思想为指导，紧紧依靠全体代表和全区人民，认真贯彻落实中共十六大和十六届四中全会精神，坚持以人为本、全面协调可持续的科学发展观，围绕改革发展稳定中的热点难点和关系群众切身利益的问题，积极行使宪法法律赋予的重大事项决定权、监督权和人事任免权，认真负责地开展了各项工作，保障和促进了全区物质文明、政治文明和精神文明的协调发展。2004年，共召开了6次常委会会议，听取和审议“一府两院”专项报告21项，在对每项报告充分调查研究的基础上，提出审议意见109条，作出决议决定7项，推动了全区经济发展和社会进步。

报告指出了存在问题。对照宪法和法律的规定，按照“三个代表”重要思想的要求，对照广大人民群众的期望，常委会工作还存在不少差距：对法律法规实施情况的监督在有些方面仍不够有力；常委会有些议题的审议还缺乏深度；审议意见的可操作性还需加强；人大代表的作用有待于进一步发挥；常委会的自身建设还需要不断努力；人大工作创新的空间还需要进一步拓宽。

报告指出，2005年是落实中共十六大和十六届四中全会精神、全面建设小康社会的重要一年，是完成本届常委会各项任务的关键一年。在新的一年里，区人大常委会要在河口区委的领导下，坚持以邓小平理论和“三个代表”重要思想为指导，紧紧围绕区委提出的全面建设小康社会的总体目标，切实履行宪法和法律赋予的职责，求真务实，奋发进取，努力把各项工作提高到一个新的水平。一是加强工作监督，推动全区物质文明、政治文明、精神文明协调发展。二是加大法律监督力度，为推进依法治区创造良好的环境。三是加强制度建设，积极推进人大常委会工作的公开化、民主化、程序化。四是加强自身建设，努力提高依法执政水平。

报告最后指出，面对新形势、新任务、新要求，深感责任重大。只要坚持党的领导，坚持以邓小平理论和“三个代表”重要思想为指导，坚持以人为本和全面协调可持续的科学发展观，紧紧依靠全区人民群众，抢抓机遇，真抓实干，目标就一定能够达到。要在区委的坚强领导下，解放思想，实事求是，与时俱进，开拓创新，为加快河口区民主政治建设和依法治区进程，为全面实现建设小康社会的宏伟目标而努力奋斗！

会议听取了区人民法院院长冯俊海作的河口区人民法院工作报告，区人民检察院检察长魏玉民作的河口区人民检察院工作报告。会议讨论通过了大会补选办法。

（四）第三次全体会议。1月7日下午，东营市河口区第十五届人民代表大会第三次会议在金河会场举行第三次全体会议。全体代表、列席人员和秘书处工作人员参加。会议由区委书记韩吉顺主持。大会进行了投票选举，会议通过了关于河口区人民政府工作报告的决议、关于河口区2004年国民经济和社会发展计划执行情况与2005年国民经济和社会发展计划的决议、关于河口区2004年财政预算执行情况及2005年财政预算的决议、关于河口区2004年社会治安工作情况的报告的决议、关于河口区人民代表大会常务委员会工作报告的决议、关于河口区人民法院工作报告的决议、关于河口区人民检察院工作报告的决议。补选王学锋、胡敬斌为河口区第十五届人民代表大会常务委员会委员。

东营市河口区第十五届人民代表大会第三次会议主席团、秘书长名单

（2005 年 1 月 5 日预备会议通过）

主席团：（25 名，按姓名笔画排列）
王良进　成希琴（女）　毕建军　曲同德
曲德民　刘亚东　刘秀田　刘国增　闫长林
孙红军　孙学孟　苏　健　杨学贤　张　彬
张焕洲（女）　国　梁　房建民　侯湘华
郭本东　郭存三　黄高潮　商桂林　渠怀德
韩吉顺　程景坤
秘书长：程景坤（兼）

东营市河口区第十五届人民代表大会第三次会议主席团常务主席名单

（2005 年 1 月 5 日主席团第一次会议推定）

韩吉顺　刘秀田　孙红军　曲同德　黄高潮
程景坤　渠怀德　杨学贤　张焕洲（女）
曲德民　房建民

东营市河口区第十五届人民代表大会第三次会议副秘书长名单

（2005 年 1 月 5 日主席团第一次会议决定）

马士文　付兆钦　韩传华　胡敬斌　李秀庄

东营市河口区第十五届人民代表大会第三次会议议案审查委员会组成人员名单

（2005 年 1 月 5 日预备会议通过）

主任委员：渠怀德
副主任委员：王宪印
委　　员：郭存三　马学军　董子平
高相夫　张瑞迎

东营市河口区第十五届人民代表大会第三次会议财政预算审查委员会组成人员名单

（2005 年 1 月 5 日预备会议通过）

主任委员：程景坤
副主任委员：朱子贤
委　　员：李青云（女）　龚凤兰（女）
尹西杰　毕建军　王成泉

东营市河口区第十五届人民代表大会第三次会议各代表团临时党支部书记、副书记名单

新户乡代表团　书　记：郭存三
副书记：孟凡吾
太平乡代表团　书　记：商桂林
副书记：孙学诗
义和镇代表团　书　记：毕建军
副书记：王明华
河口街道代表团　书　记：郭本东
副书记：李寿年
六合乡代表团　书　记：闫长林
副书记：王永跃
孤岛镇代表团　书　记：王良进
副书记：张吉明
仙河镇代表团　书　记：张　彬
副书记：王志华

东营市河口区第十五届人民代表大会第三次会议各代表团团长、副团长名单

新户乡代表团　团　长：郭存三
副团长：孟凡吾
太平乡代表团　团　长：商桂林
副团长：孙学诗
义和镇代表团　团　长：毕建军
副团长：王明华
河口街道代表团　团　长：郭本东
副团长：董子平
六合乡代表团　团　长：闫长林
副团长：王永跃

孤岛镇代表团　　团　长：王良进

　　　　　　　　副团长：张吉明

仙河镇代表团　　团　长：张　彬

　　　　　　　　副团长：王志华

第四节　第四次会议

（2006年2月25～27日）

2006年2月25～27日，东营市河口区第十五届人民代表大会第四次会议在区礼堂召开，160名代表出席了会议。会议听取审议了区人民政府工作报告，关于工业发展年活动开展情况的报告及区人大常委会、区人民法院、区人民检察院的工作报告，书面审议了计划、财政报告，审查批准了河口区2006年国民经济和社会发展计划及财政预算。会议补选聂建军为河口区人民政府区长，丁水林为河口区人大常委会副主任，毕建军、张希武、荀军松为河口区第十五届人民代表大会常务委员会委员。

（一）预备会议。2月25日上午，东营市河口区第十五届人民代表大会第四次会议在区礼堂举行预备会议。会议由区人大常委会副主任杨学贤主持。会议通过了大会议程；选举产生了大会主席团和秘书长；通过了大会议案审查委员会名单；通过了大会财政预算审查委员会名单。区人大常委会副主任渠怀德作关于区十五届人大四次会议筹备情况的报告。预备会议结束后，在区礼堂就地召开代表中的党员会议，由渠怀德主持。宣布了大会主席团临时党委名单，区委书记赵豪志讲话。

（二）第一次全体会议。2月25日下午，东营市河口区第十五届人民代表大会第四次会议在区礼堂举行第一次全体会议。全体代表、政协委员、列席人员和秘书处工作人员参加。主席团成员、区委常委、代区长、法院院长、检察院检察长、区人大常委会副主任预备人选以及两名特邀老领导在主席台就座。会议由刘秀田、程景坤分别主持。

会议听取了代区长聂建军作的政府工作报告。

报告对“十五”时期的政府工作进行了回顾。五年来，在市委、市政府的正确领导下，在历届区领导班子打下的良好基础上，全区人民高举邓小平理论和“三个代表”重要思想伟大旗帜，认真落实科学发展观，凝心聚力，开拓进取，干事创业，全区改革开放和现代化建设取得了新的成就，经济社会步入了新的发展阶段。一是综合经济实力跃上新台阶。2005年，全区生产总值达到33.8亿元，是2000年的3.2倍，年均增长26.1%，高于“十五”计划预期12.8个百分点；地方财政收入达到3.42亿元，是2000年的2.8倍，年均增长23.1%；全社会固定资产投资达到58.2亿元，年均增长70.2%，五年累计完成投资129亿元，是“九五”期间固定资产投资总和的10倍；三次产业比例调整到14.8：63：22.2，第二产业占生产总值的比重提高了31个百分点。与“九五”时期相比，全区经济总量持续增加、结构逐步优化、质量效益显著提高。二是工业经济迅猛扩张。2005年，全区规模以上工业完成增加值14.15亿元、销售收入52.3亿元、工业固定资产投资20.5亿元，分别是“九五”期末的11.3倍、17.5倍和21倍。加快培植“三个一批”，石油化工、盐及盐化工发展成为支柱产业，石油综合加工能力达到500万吨，原盐生产能力达到140万吨；全区规模以上工业企业由8家增加到44家，其中销售收入过亿元的达到8家，富海、中海、黄河口家具等骨干企业快速膨胀，支撑带动能力明显增强；一批重点项目相继建成投产，五年实施投资千万元以上项目110个。高新技术产业产值占规模以上工业总产值的比重由17.7%提高到25%。三是农业综合效益稳步提高。产业化经营水平不断提升，冬枣、水产等优势产业持续壮大，冬枣种植面积达到12万亩，浅海滩涂护养面积扩大到37万亩，工厂化养殖面积达到2.1万平方米；农业龙头企业发展到35家。农业综合开发力度进一步加大，五年累计投资1.2亿元，开发整理荒碱地14.5万亩，农民人均新增耕地0.7亩。各级对“三农”的支持力度明显加大，五年用于“三农”的财政性投入达到3.5亿元，是“九五”期间的2倍。四是服务业快速发展。2005年实现社会消费品零售总额10.43亿元，是2000年的1.9倍；商贸设施日益完善，河口商贸城、黄河口建材批发市场、河颐农贸市场建成投用。金融事业稳步发展，2005年末全区金融机构各项存款余额80.89亿元、贷款余额23.56亿元，分别是“九五”期末的2.3倍和4.4倍。民营经济蓬勃发展，全区民营企业、个体工商业户分别发展到1144家和4674户。五是城乡面貌焕然一新。城市建设改造步伐加快，黄河广场、城南生态园、西湖公园、环城水系、污水处理厂等一大批市政公用设施建成投用或正在建设中，城市功能更加完善；新建、改造城区道路26.7公里，形成了“四纵七横”的城市发展框架；新增绿化面积70万平方米，绿地覆盖率达到35%；中心城建成区面积由14平方公里扩大到19.2平方公里。城市管理体制进一步理顺，环境综合整治扎实有效，市容市貌显著改善，荣获全省城市环境综合整治工作先进区和创建省级文明城市工作先进区称号。小城镇和村庄改造建设力度加大，城镇化水平由66.2%提高到70%。公路交通发展迅速，五年投资3.81亿元，建设、改造等级公路117.6公里、农村道路523.6公里。水利建设不断加强，投资1.2亿元，先后实施了王庄二干衬砌改造、东水源建设、沾利河与神仙沟治理等一批重点工程，形成了引蓄排节一体化水系，引水供水能力大大提高。城乡电网改造全面完成，220千伏河口变电站建成投用，电网供电最大负荷达到15亿千瓦。“数字化河口”加快推进，信息化水平不断提高。六是改革开放迈出新的步伐。招商引资取得丰硕成果，五年引进到位外来固定资产投资29.3亿元，为经济和社会发展注入了巨大活力。外经外贸持续扩大，五年累计利用外资4626万美元，完成出口总值6695万美元，分别是“九五”期间的9.7倍和6倍。开发区快速发展，建成区面积达到9平方公里，入驻企业93家，成为对外开放和工业发展的重要载体。企业改革不断深化，乡及乡以上国有、集体企业改制全面完成，济军基地企业和油田存续企业改制稳步推进；财政改革力度加大，政府采购全面推行，集中支付规范运作；区乡机构改革、事业单位改革、农村税费改革、行政审批制度改革进展顺利；经营城市和市政公用事业改革深入实施；投融资、粮食流通、社会保障等领域的改革取得新进展。七是各项社会事业全面进步。“科教兴区”战略深入实施，五年共实施市级以上科技项目64项，引进转化科技成果77项。认真落实教育优先发展的方针，全面推进素质教育，教育教学质量不断提高；加强教育设施建设，办学条件明显改善。医疗卫生事业迅速发展，公共卫生服务水平和突发性公共卫生事件应急处理能力显著增强。人口与计划生育水平进一步提高，耕地资源得到严格保护，环境质量不断提升。国防动员、人民防空和双拥共建工作扎实开展。文体、广电、外事侨务、民族宗教、对台、档案、统计、史志、气象、防震、黄河防汛等工作取得新成绩。妇女儿童、老年人、残疾人权益得到保障。思想道德建设不断深入，群众性精神文明创建活动广泛开展，创建文明城市和“信用河口”建设扎实有效。基层民主不断扩大，普法教育和依法治区深入实施。加强“平安河口”建设，依法严厉打击违法犯罪，妥善化解各类社会矛盾，毫不动摇地抓好安全生产，保持了社会持续稳定。大力推进政府工作提速，加大行政效能监察力度，行政效率和服务水平不断提升，经济发展环境明显优化。八是人民群众生活明显改善。城镇居民人均可支配收入由“九五”期末的8597元增加到13505元，农民人均纯收入由2549元增加到4482元，分别高出全省平均水平2825元和682元。2005年被省政府授予全省农民增收先进区。加强农村基础设施建设，实施了城乡集中供水、有线电视入户、农村道路建设、“一池三改”和市场改造工程，基本实现了村村通自来水、通柏油路、通客车、通有线电视，2000余户群众用上了洁净的沼气，极大地提高了群众生活质量。大力减轻农民负担，全面取消农业特产税、农业税及附加，停征了乡村公益事业金，免除了义务教育阶段收费，彻底结束了农民缴粮纳税的历史。扎实做好就业再就业工作，五年新增城镇就业6583人，城镇登记失业率控制在2%以内。加大社会保障力度，初步构建起了以“阳光190”社会救助中心为平台，集医疗救助、教育救助、住房救助、临时救助、法律援助于一体的新型社会救助体系，累计发放救济、救助资金2421万元；建立起了覆盖全区城镇职工、农民和城镇居民的医疗保险网络，有效地解决了群众看病难、看病贵的问题；社会养老保险覆盖面进一步扩大，城乡低保实现了应保尽保；为城镇贫困居民建设安居楼房280套，为农村特困群众建设安居住房240套，解决了部分困难群众住房难的问题。

报告提出，2005年，全区人民团结一致，抢抓机遇，埋头苦干，奋发进取，圆满完成了区十五届人大三次会议确定的各项主要任务，实现了经济社会又快又好发展。全区生产总值比上年增长33.5%，全社会固定资产投资增长66.1%，社会消费品零售总额增长15.6%，外贸出口增长44.4%，地方财政收入可比增长37.02%，城镇居民人均可支配收入增长4.4%，农民人均纯收入增长15.8%，为实施“十一五”规划奠定了坚实基础。

报告提出，过去的五年是全区经济持续快速增长、综合实力实现大提升的五年；是城乡面貌日新月异、发生显著变化的五年；是各项事业蓬勃发展、社会全面进步的五年；是人民群众得实惠最多、生活水平大幅改善的五年。这五年里，全区有十项重要经济指标实现了翻番：规模以上工业增加值、产品销售收入翻了四番；地方固定资产投资、实际利用外资翻了三番；全区生产总值、外贸出口总值、各项贷款余额翻了两番；第三产业增加值、地方财政收入、各项存款余额均翻了一番多。五年的成就鼓舞人心，催人奋进！这是在市委、市政府和区委的正确领导下，在区人大及其常委会的监督支持下，全区人民团结奋斗、辛勤劳动的结果；是人民政协、民主党派参政议政、油地军齐心协力、携手共建的结果。

报告提出，五年来，不断强化对经济社会发展规律的认识，正确应对各种复杂形势和激烈的竞争，知难而进，勇于探索，大胆实践，积累了丰富的经验。一是始终坚持以科学发展观统揽全局，不断解放思想，更新观念，敢闯敢试，比学赶超，打破常规推进发展，开创了经济社会发展的崭新局面。二是始终坚持把上级指示精神与河口实际相结合，创造性地开展工作，确立了“全党抓经济、重点抓工业、突出抓招商、关键抓投入”的工作思路，实施了工业强区、招商引资、农业产业化、城镇化和民营经济五大战略，促进了经济社会的快速健康发展。三是始终坚持把重点项目建设作为重中之重，扩大投入，加强调度，跟踪落实，以重点项目带动了全局工作的进展。四是始终坚持把群众利益放在工作首位，围绕群众所需所盼，每年实施一批民心工程，尽心竭力为群众办实事、办好事，极大地提高了群众的生产生活水平。五是始终坚持油地军团结共建，认真贯彻“思想抓融合、资源抓整合、项目抓结合”的工作方针，不断加大共建力度，共同推进各项改革，联手共建基础设施，齐抓共管油区治安，促进了区域经济社会各项事业的全面融合。六是始终坚持求真务实抓落实，建立完善科学的责任目标决策、执行、监督体系，强化督查考核，加大工作推动力度，确保了决策科学、执行有力；在推进发展的过程中，广大干部群众始终保持奋发有为、昂扬向上的精神状态和开拓进取、埋头苦干的扎实作风，营造出了和谐稳定、风正气顺、心齐劲足的浓厚氛围。这些经验是全区人民智慧的结晶，是战胜困难加快发展的法宝。

报告提出，回顾五年的发展历程，也清醒地认识到，在前进道路上还面临着许多困难和问题，政府工作中还存在一些不足和薄弱环节。主要是：经济总量小，经济结构不够合理，增长方式仍比较粗放，特别是对石油资源的依赖过大；自主创新能力不强，能源资源综合利用水平不高；农业产业化水平低，工业支撑拉动能力弱，服务业发展滞后；城市综合功能还不完善，辐射带动能力不强；财源结构不合理，主体税源不稳固；城乡二元结构矛盾突出，城乡差距、贫富差距仍然较大，部分群众生活还比较困难；社会事业发展与群众的需求还有一定差距，维护社会安全稳定、促进协调发展的任务还很艰巨；政府自身建设还需加强，个别部门工作人员作风不扎实、工作效率较低，等等。

报告提出，“十一五”是河口区加快发展的关键时期。这一时期，经济全球化趋势将深入发展，科技进步、生产要素和产业转移加快；国家宏观调控更加成熟，宏观发展环境日益完善；环渤海经济圈、山东加工制造业基地和半岛城市群的建设进一步加快，对河口区的发展必将产生巨大的拉动作用；东营港扩建、荣乌高速、东港铁路等基础设施的实施，将进一步打开河口区对外开放的通道；经过多年的发展，河口区已步入了工业化、城镇化快速推进的阶段，经济社会发展全面加速，发展的活力更强，后劲更足，基础更加牢固。同时，这一时期国内外竞争更加激烈；经济社会发展与资源环境的矛盾日益突出；社会发展滞后于经济发展的“短腿”效应正在显现；社会稳定面临较大压力。总体上看，机遇大于挑战。要正确把握形势，振奋精神，抢抓机遇，开拓进取，推动全区经济社会在新的起点上继续向前快速迈进。

报告提出，“十一五”时期全区经济社会发展的指导思想是：以邓小平理论和“三个代表”重要思想为指导，全面贯彻落实科学发展观，坚持“强工、重农、活商、兴城”的发展思路，深入实施工业强区、农业产业化、城镇化、招商引资和科教兴区“五大战略”，优化经济结构，转变增长方式，完善体制机制，推进自主创新，努力提高国民经济整体素质和综合竞争力，为把河口建设成为新型工业化城市和新兴的港口经济区奠定坚实基础。综合考虑未来五年我区经济社会发展的趋势和条件，“十一五”时期的主要预期目标是：全区生产总值年均增长24%左右；地方财政收入年均增长15%左右；地方固定资产投资年均增长20%左右；规模以上工业增加值年均增长35%左右；城镇居民人均可支配收入年均增长8%以上；农民人均纯收入年均增长12%以上；单位生产总值能耗比“十五”末降低20%以上。

报告提出，围绕上述奋斗目标，“十一五”时期要突出重点，着力推进“八项工作”，努力实现“八个加快”：一是深入推进“工业强区”战略，加快建设化学工业基地。二是大力推进农业现代化，加快建设社会主义新农村。三是积极发展现代服务业，加快建设区域性商贸物流中心。四是强化基础设施建设，加快建设黄河三角洲湿地生态城市。五是扩大改革开放，加快提升经济外向度。六是坚持开发节约保护并举，加快建设资源节约型和环境友好型社会。七是深化油地军共建，加快推进区域经济社会大融合。八是扎实推进各项社会事业，加快构建和谐河口。

报告提出，2006年全区经济社会发展的主要预期目标是：生产总值增长26%；万元生产总值能耗降低4%；地方财政收入按可比口径增长17.32%；全社会固定资产投资增长25%以上；外贸出口总值增长20.6%；实际利用外资增长20%以上；城镇居民人均可支配收入增长10%；农民人均纯收入增长10%；城镇登记失业率控制在2%以下；人口自然增长率控制在7.9‰以内。突出抓好六个重点：一是继续开展好工业发展年活动；二是扎实做好“三农”工作；三是加大城市和基础设施建设力度；四是深入开展招商引资；五是努力做好财税工作；六是全面发展各项社会事业。

报告提出，在全面推进各项工作的同时，着力为民办好十件实事，实施好十大工程。十件实事：一是实施4万亩荒碱地开发和2万亩中低产田改造；二是完善城乡特困群众救助体系，提高救助标准，扩大救助范围，改善群众生活质量；三是深入实施城乡供水一体化工程，提高农村自来水入户率；四是建设社会主义新农村，编制村庄规划，推进村庄合并，加强小康文明村建设，提升农村文明程度；五是实施健康关爱工程，提高群众健康水平；六是免除城乡学校义务教育阶段课本费、作业本费和杂费；七是推进超市进乡镇、放心店进村和放心粮油进社区；八是完善城乡居民合作医疗体系，扩大医疗保障范围；九是实施广电中心大楼建设和农村户户通有线电视工程；十是深入推进“平安河口”建设，完善治安、信访基础设施，提高防控能力，增强群众的安全感。十大工程：一是城市生态水系建设工程，实施景观水系规划及轮廓开挖、挑河城区段治理与环城水系贯通配套；二是安康居住工程，起步建设安康小区，搞好河滨小区周边区块整治及配套；三是城市道路建设改造工程，实施城区北外环、河聚路建设、渤海路西延和运二路改造；四是沿海防渗排碱河开挖工程，完成马新河至沾利河标段建设；五是城郊绿化工程，实施河辛路绿化，完成城北防护林配套和现有台面绿化；六是东部城镇建设工程，实施仙河镇红旗沟、卫东河改造和孤岛镇光明路拓宽改造、神仙沟景观水系建设；七是“一区三园”建设工程，加强开发区基础设施配套，加快推进富海、中海工业园和临港化工园的规划建设；八是城区西区建设改造工程，完成李坨新村住宅建设；九是城建项目续建工程，重点搞好中心商业区、公园对接和海河路北延等项目建设；十是污水处理厂建设工程，完成厂区建设及管网配套。以上实事和工程概算总投资16.32亿元。

报告提出，新形势、新任务对政府工作提出了更高要求，必须把政府自身建设摆在更加突出的位置，按照为民、务实、清廉、高效的要求，坚持科学行政、民主行政、依法行政，努力建设党和人民满意的政府。一是加强学习，提高综合执政能力；二是转变职能，提高管理服务能力。三是强化法治，提高依法行政能力。四是廉洁自律，提高拒腐防变能力；五是改进作风，提高督查落实能力。

报告最后提出，站在新起点，增创新优势，实现新发展，是时代的呼唤，是人民的重托，是历史赋予的神圣职责。报告号召要高举邓小平理论和“三个代表”重要思想伟大旗帜，在中共河口区委的坚强领导下，紧紧依靠全区人民，解放思想，抢抓机遇，同心同德，干事创业，为全面完成“十一五”规划的目标任务，加快建设一个繁荣、富裕、文明的新河口而努力奋斗！

会议听取了区人大常委会主任刘秀田作的河口区人民代表大会常务委员会工作报告。

报告指出，一年来，常委会在中共河口区委的领导下，坚持以邓小平理论和“三个代表”重要思想为指导，深入贯彻中共十六大和十六届四中、五中全会精神，认真执行区十五届人大三次会议决议，牢固树立和落实科学发展观，贴近中心，服务大局，开拓创新，干事创业，忠实履行了宪法和法律赋予的职权，为推进改革发展稳定发挥了重要作用。一是加强工作监督，保障和促进了经济和社会事业更快更好地发展；二是强化法律监督，有力推进了民主法制建设；三是活跃代表工作，更好地发挥了代表作用；四是坚持与时俱进，切实加强了常委会自身建设。

报告指出，2005年，常委会的工作取得了一定的成绩，但也存在一些问题和不足。主要是监督工作在某些方面还不够到位；代表作用发挥还不够充分；对人大及其常委会决定事项和代表建议的督办落实还缺乏过硬的措施。

报告指出，在新的一年里，区人大常委会将以邓小平理论为指导，深入贯彻中共十六届五中全会精神，认真落实《中共河口区委关于进一步加强人大工作的意见》，依法履职，在推进社会主义民主法制建设，依法保障和促进全区物质文明、政治文明、精神文明协调发展中发挥积极作用。一是加大工作监督力度，在增强监督实效上有新突破。二是强化法律监督，在积极推进民主法制建设上有新突破。三是切实搞好述职评议，在监督选任干部依法行政上有新突破。四是创新代表工作，在发挥代表作用上有新突破。

报告最后指出，河口发展的宏伟蓝图已经绘就。回首过去，成果辉煌；展望未来，前程似锦。我们肩负的使命神圣而光荣，责任重大而艰巨。要高举邓小平理论和“三个代表”重要思想伟大旗帜，在中共河口区委的坚强领导下，进一步解放思想，扎实工作，开拓奋进，为河口区站在新起点，实现新发展做出新的更大的贡献。

会议还听取了区经贸局局长陈步军作的关于工业发展年活动开展情况的报告、区人民法院院长冯俊海作的河口区人民法院工作报告、区人民检察院检察长魏玉民作的河口区人民检察院工作报告。会议讨论通过了大会选举办法，书面提交了计划、财政两个报告和“十一五”规划纲要。

（三）第二次全体会议。2月27日上午，东营市河口区第十五届人民代表大会第四次会议在区礼堂举行第二次全体会议。参加人员同第一次全体会议。主席团成员、区委常委、代区长、法院院长、检察院检察长及区人大常委会副主任预备人选在主席台就座。会议由区人大常委会主任刘秀田主持。会上，8名代表进行集中审议发言。

（四）第三次全体会议。2月27日下午，东营市河口区第十五届人民代表大会第四次会议在区礼堂举行第三次全体会议。全体代表、列席人员和秘书处工作人员参加。会议由区委书记赵豪志主持。通过了关于接受有关人员辞职请求的决定；进行了大会选举，补选聂建军为河口区人民政府区长，丁水林为河口区人大常委会副主任，毕建军、张希武、荀军松为河口区第十五届人民代表大会常务委员会委员。通过了八个决议，即关于河口区人民政府工作报告的决议、关于河口区国民经济和社会发展第十一个五年规划纲要的决议、关于河口区2005年国民经济和社会发展计划执行情况与2006年国民经济和社会发展计划的决议、关于河口区2005年财政预算执行情况及2006年财政预算的决议、关于河口区工业发展年活动开展情况的报告的决议、关于河口区人民代表大会常务委员会工作报告的决议、关于河口区人民法院工作报告的决议、关于河口区人民检察院工作报告的决议。

东营市河口区第十五届人民代表大会第四次会议主席团、秘书长名单

（2006年2月25日预备会议通过）

主席团：（27名，按姓名笔画排列）

王永跃　王臣才　成希琴（女）　毕建军
曲同德　曲德民　刘亚东　刘秀田　刘国增
孙红军　孙学孟　苏　健　杨学贤　张　彬
张成彬　张焕洲（女）　国　梁　房建民
孟凡吾　赵豪志　郭本东　郭存三　黄高潮
商桂林　渠怀德　程景坤　薄纯新
秘书长：渠怀德（兼）

东营市河口区第十五届人民代表大会第四次会议主席团常务主席名单

（2006年2月25日主席团第一次会议推定）

赵豪志　刘秀田　孙红军　曲同德　黄高潮
张成彬　程景坤　渠怀德　杨学贤
张焕洲（女）　曲德民　房建民

东营市河口区第十五届人民代表大会第四次会议副秘书长名单

（2006年2月25日主席团第一次会议决定）

马士文　付兆钦　王学锋　胡敬斌　李秀庄　孙华强

东营市河口区第十五届人民代表大会第四次会议议案审查委员会组成人员名单

（2006年2月25日预备会议通过）

主任委员：渠怀德
副主任委员：王宪印
委　　员：张瑞迎　高相夫　王春霞
　　　　　董子平　马学军

东营市河口区第十五届人民代表大会第四次会议财政预算审查委员会组成人员名单

（2006年2月25日预备会议通过）

主任委员：程景坤
副主任委员：朱子贤
委　　员：龚凤兰（女）　李青云（女）
　　　　　王成泉　毕建军　尹西杰

东营市河口区第十五届人民代表大会第四次会议各代表团临时党支部书记、副书记名单

新户乡代表团　书　记：孟凡吾
　　　　　　　副书记：徐文棠
太平乡代表团　书　记：商桂林
　　　　　　　副书记：孙学诗
义和镇代表团　书　记：毕建军
　　　　　　　副书记：缪金学
河口街道代表团　书　记：郭本东
　　　　　　　副书记：李寿年
六合乡代表团　书　记：王永跃
　　　　　　　副书记：朱春光
孤岛镇代表团　书　记：薄纯新
　　　　　　　副书记：李金锋
仙河镇代表团　书　记：张　彬
　　　　　　　副书记：王志华

东营市河口区第十五届人民代表大会第四次会议各代表团团长、副团长名单

新户乡代表团　团　长：孟凡吾
　　　　　　　副团长：徐文棠
太平乡代表团　团　长：商桂林
　　　　　　　副团长：孙学诗
义和镇代表团　团　长：毕建军
　　　　　　　副团长：缪金学
河口街道代表团　团　长：郭本东
　　　　　　　副团长：董子平
六合乡代表团　团　长：王永跃
　　　　　　　副团长：朱春光
孤岛镇代表团　团　长：薄纯新
　　　　　　　副团长：李金锋
仙河镇代表团　团　长：张　彬
　　　　　　　副团长：王志华

第五节 第五次会议

（2007 年 1 月 20 ～ 22 日）

2007 年 1 月 20 ～ 22 日，东营市河口区第十五届人民代表大会第五次会议在区礼堂召开，会期3天。155 名代表出席了会议。会议听取审议了区人民政府工作报告，关于社会主义新农村建设重点工作情况的报告及区人大常委会、区人民法院、区人民检察院的工作报告，书面审议了计划、财政报告，审查批准了河口区 2007 年国民经济和社会发展计划及财政预算。会议补选黄高潮为河口区人大常委会副主任，李益民为河口区人民法院院长，李砺生为河口区人民检察院检察长。

（一）预备会议。1 月 20 日上午，东营市河口区第十五届人民代表大会第五次会议在区礼堂举行预备会议。会议通过了区十五届人民代表大会第五次会议议程，选举产生了大会主席团和秘书长，通过了大会议案审查委员会名单，通过了大会财政预算审查委员会名单。区人大常委会副主任杨学贤主持会议，区人大常委会副主任渠怀德对会议的有关问题进行了说明，并就如何开好会议提出了具体要求。预备会议结束以后，在区礼堂就地召开了代表中的党员会议，会议由区人大常委会主任刘秀田主持。会议宣布了大会主席团临时党委名单；区委书记郑建军作了讲话。

（二）第一次全体会议。1 月 20 日下午 2 时，东营市河口区第十五届人民代表大会第五次会议在区礼堂举行第一次全体会议。全体代表、政协委员、列席人员和秘书处工作人员参加。主席团成员、区委常委、法院代院长、检察院代检察长以及两名特邀老领导在主席台就座。会议由刘秀田同志主持。会议听取了区长聂建军作的政府工作报告。

报告回顾了 2006 年政府工作。2006 年是“十一五”规划的开局之年，也是全区上下真抓实干、取得显著成绩的一年。一年来，在中共河口区委的正确领导下，在区人大和区政协的监督支持下，区政府团结带领全区人民，牢固树立科学发展观，解放思想，干事创业，圆满完成了区十五届人大四次会议确定的目标任务，国民经济和各项社会事业在新的起点上实现了良好发展。一是经济总量跃上新台阶。预计全区实现生产总值 48 亿元，比上年增长 30%。万元 GDP 综合能耗降低 5%。完成地方财政收入 3.61 亿元，增长 29.5%。全社会固定资产投资达到 61 亿元，增长 30%。完成社会消费品零售总额 12 亿元，增长 15%。各项存款余额达到 88 亿元、贷款余额 26.7 亿元，分别比年初增长 8.8%、13.4%。全区个体工商业户达到 5891 户、私营企业 1553 家，上缴税金增长 13%。二是工业发展实现新突破。全区规模以上工业完成增加值 30 亿元、主营业务收入 90 亿元、利税 12 亿元、利润 6 亿元，分别增长 63%、70%、70% 和 90%，保持了高幅增长的良好态势。主导产业快速膨胀。石化产业完成产值 55 亿元、销售收入 53 亿元，实现了翻番；盐业开发面积达到 40 万亩，完成原盐产量 30 万吨，投资过千万元的盐业企业发展到 5 家。企业群体不断壮大。新增规模以上工业企业 9 家，达到 53 家；新增主营业务收入过亿元的企业 3 家，达到 12 家。完成工业固定资产投资 30 亿元，增长 46%；实施投资过 1000 万元的工业项目 39 个，其中过亿元的 7 个。河口经济开发区承载功能不断增强，新入驻企业 19 家，被国家发改委批准为省级经济开发区。三是农业和农村经济取得新成效。农业生产喜获丰收。冬枣、棉花、水产、畜牧、芦苇五大主导产业完成产值 11 亿元，成为带动农民增收的重要支柱。农业产业化水平不断提升。农业龙头企业发展到 48 家，实施农副产品加工项目 12 个，完成投资 1.53 亿元；农村市场体系不断完善，建成乡镇超市 9 个、村级放心店 47 个，黄河口冬枣批发市场、黄河口水产品批发市场建成投用。农业基础条件不断改善。完成荒碱地开发 4.3 万亩，中低产田改造 3.6 万亩；新增林木面积 1.6 万亩；挑河疏浚、羊栏河水库衬砌、河王渠改造工程全面完成。新农村建设初见成效。村庄建设总体规划和布局调整规划编制完成，村庄搬迁合并顺利起步，涉及 7 个村 308 户；农村基础设施建设不断加强，新建沼气池 560 个，自来水入户率达到 40%。四是对外开放迈出新步伐。产业招商成效显著。共引进正式投产、在建项目 416 个，到位外来固定资产投资 9.9 亿元，其中投资过千万元的项目 46 个，过亿元的项目 12 个；签订合同项目 100 个，合同外来投资41.6亿元，超额完成目标任务。对外贸易不断扩大。完成进出口总额3730万美元，增长22%；出口创汇3250万美元，增长22%；实际利用外资1450万美元；外经贸队伍不断壮大，有出口业绩的企业达到19家。五是城乡面貌发生新变化。城市总体规划修编完成新一轮评审，编制各类修建性详规6项，城区详规覆盖率达到80%。依靠城市经营和油地共建，加大中心城建设力度，新建、改造北外环、河聚路、渤海路西延等城区道路5条13.8公里，新建跨水系桥梁2座，路网框架不断完善；水系建设、中心商业区改造、污水处理厂建设等工程进展顺利，城市功能更加完备；银河公园与黄河广场对接、西湖公园续建工程完成主体景观，城市形象进一步提升。加强城市环境综合整治，市容市貌大为改观。加大城市经营力度，依法招拍挂土地8宗678.9亩，实现收益7605万元；房地产市场日益活跃，新增建筑面积10.4万平方米。基础设施建设步伐加快。滨海大道绿色生态河一期和东营中心渔港一期工程顺利完成，北部海防大堤建设稳步推进；改造乡村道路78条197.2公里，全区公路通车里程达到1855.7公里；电力、通讯、信息网络建设加快推进，承载能力不断增强。六是人民群众生活有了新的改善。城镇居民人均可支配收入15100元、农民人均纯收入5006元，分别增长11.9%和12.1%；城乡人均储蓄存款达到3.3万元，比年初增加940元。新增就业2047人，城镇登记失业率控制在2%以内。社会保障体系逐步完善，城乡低保、城乡居民医疗保障、农村“五保供养”标准进一步提高，共发放社会救济救助资金553.98万元。区直机关安康工程全面启动，河滨小区与220户农村特困群众住房顺利完工入住，群众生活条件明显改善。为民办的十件实事全部达到时间进度，使广大群众得到了更多的实惠。七是各项社会事业取得新进展。科技创新成果显著，实施科技计划项目22个，新申请专利175件，省级以上高新技术企业达到6家。教育事业加快发展，顺利通过省级教育示范区验收；街道中学撤并与职教中心搬迁顺利完成；城乡义务教育收费“三免”政策全面落实，财政补贴资金460万元。群众健康关爱工程圆满完成，乡镇卫生院平稳上划。文化体育事业繁荣发展，成功举办了第三届职工运动会和广场文化艺术节，黄河广场被评为全省十佳文化广场，黄河路社区被评为全国文化先进社区。低生育水平持续稳定，环境保护和耕地保护力度加大，人口、资源、环境实现协调发展。创建省级双拥模范城和基层武装部达标顺利通过验收。审计、物价、统计、广播电视工作不断加强，民族宗教、旅游、人防、打私工作深入开展，食品药品、老龄、妇女儿童、残疾人、档案、史志等工作都取得了新的成绩。“平安河口”建设扎实有效，社会秩序持续稳定。扎实开展信用河口、小康文明村、文明城市等创建活动，社会文明程度进一步提高。

报告提出，做好新形势下的政府工作，必须牢牢把握以下几点。第一，必须坚持以解放思想为先导，创新发展思路。第二，必须转变经济增长方式，科学推进发展。第三，必须加强油地军共建，凝聚发展合力。第四，必须执政为民，维护群众利益。第五，必须求真务实，狠抓工作落实。报告指出，当前河口区经济社会发展中还面临不少困难和问题。主要是：经济结构性矛盾比较突出，工业支撑、带动作用还不够强，服务业所占比重较低；城乡发展不够协调，乡镇经济相对滞后，农业生产比较粗放，农民增收难度较大；基础设施不够完善，城市建设亮点不多；地方财源规模小、数量少，增收压力较大；改善生态、保持稳定、促进经济社会协调发展的任务仍很艰巨；个别部门工作效率和服务水平有待进一步提高，等等。对这些困难和问题，区政府将认真研究措施，努力加以解决。

报告提出，2007年是全面贯彻落实科学发展观、推进和谐社会建设的重要一年，也是深入实施“十一五”规划、全面加快经济社会发展的关键一年。新的一年里，面临着诸多有利发展的机遇和条件。国家继续实施宏观调控政策，必将有利于河口区充分发挥土地、电力等资源优势，加快承接国内外产业、项目和资金转移。省委、省政府确定以东营为主战场，实施黄河三角洲开发战略，建设黄河三角洲高效生态经济区，必将为河口区加快发展带来重大历史机遇，提供更加广阔的平台。东营港、环渤海高速公路、黄大铁路等重大基础设施建设进入关键时期，东营港经济开发区被市政府确定为两个最大经济增长平台之一，必将对河口区经济社会发展起到巨大辐射带动作用。经过多年的发展，河口区经济和各项事业迈上了新的台阶，发展环境更加优化；全区上下精神饱满、群情振奋，油地军团结一心，干事创业、加快发展的热情空前高涨。只要抓住机遇，发挥优势，真抓实干，一定能够克服各种困难，开创各项工作的新局面。

报告提出，2007年政府工作的总体要求是：坚持以科学发展观统领全局，紧紧抓住黄河三角洲高效生态经济区开发建设的战略机遇，围绕打造化学工业基地、新兴港口经济区和湿地生态家园的总体定位，着力调整优化经济结构、膨胀经济总量，着力推进改革创新、扩大对外开放，着力节能降耗、改善生态环境，努力促进经济社会又好又快发展，为加快建设经济繁荣、环境优美、社会和谐的新兴滨海工业城市奠定坚实基础。2007年经济社会发展的主要预期目标是：全区生产总值增长23%；社会消费品零售总额增长12.5%；外贸出口总额增长15%；实际利用外资增长10%；万元GDP综合能耗降低5%；地方财政收入增长15%；全社会固定资产投资增长15%；城镇居民人均可支配收入增长10%；农民人均纯收入增长10%；城镇登记失业率控制在2%以内；人口自然增长率控制在8‰以内。为实现上述目标任务，工作中要突出重点，统筹兼顾，抓好以下五个方面的工作。一是突出调整优化经济结构，努力壮大经济综合实力；二是突出深化改革和对外开放，努力增强经济发展活力；三是突出统筹城乡发展，努力提升城镇化水平；四是突出资源节约与环境保护，努力改善生态环境；五是突出经济社会协调发展，努力构建和谐社会。

报告提出，新的形势，新的任务，对政府工作提出了新的更高要求。必须牢固树立和落实科学发展观，按照务实、创新、廉洁、高效的要求，大力加强政风建设，全面提高服务水平，努力建设党和人民满意的政府。一是加强学习，提高创新发展的能力；二是转变职能，提高依法行政的能力；三是求真务实，提高执政为民的能力；四是廉洁自律，提高拒腐防变的能力。

报告提出，新的形势鼓舞人心，新的目标催人奋进。要高举邓小平理论和“三个代表”重要思想伟大旗帜，以科学发展观统领经济社会发展全局，在中共河口区委的坚强领导下，紧紧依靠全区人民，齐心协力攻难关，一心一意促发展，为建设富裕、文明、和谐的新河口而努力奋斗。

会议还听取了区农业局局长孙卫东作的关于社会主义新农村建设重点工作情况的报告。同时，书面提交了计划、财政两个报告。

（三）第二次全体会议。1月21日，东营市河口区第十五届人民代表大会第五次会议在区礼堂举行第二次全体会议。区人大常委会副主任渠怀德主持会议。区人大常委会主任刘秀田作河口区人民代表大会常务委员会工作报告。

报告指出，一年来，区人大常委会在中共河口区委的领导下，坚持以邓小平理论和“三个代表”重要思想为指导，深入贯彻党的十六大和十六届五中、六中全会精神，认真执行区十五届人大四次会议决议，围绕中心，以人为本，突出重点，讲求实效，在发挥代表作用、加强制度建设、提高审议质量、增强监督实效等方面做了大量工作，为推进社会主义民主法制建设、构建社会主义和谐社会发挥了重要作用。一是贯彻落实科学发展观，促进经济社会全面协调发展。区人大常委会始终把促进发展作为第一要务，本着议大事、抓重点、求实效的原则，切实加强了对“一府两院”的工作监督。一年来，先后听取审议“一府两院”专项工作报告25项，组织专题视察调研35次，作出决议决定12项，有力地推动了全区经济社会的健康发展。二是维护公平正义，积极推进和谐社会构建。一年来，常委会不断加大执法监督力度，突出重点，注重实效，有效地促进了“一府两院”依法行政、公正司法。三是创新代表活动载体，进一步提高代表工作水平。区人大常委会通过督办代表建议、完善代表活动机制、规范乡镇人大工作等措施，积极开展代表活动，充分发挥人大代表依法管理国家事务的作用。四是以提高履职水平为目标，不断加强常委会自身建设。常委会始终坚持把自身建设摆在突出位置来抓，强化学习，深入调研，积极创新，依法履职，不断提升工作水平。

报告指出，过去的一年，区人大常委会工作取得了一定的成绩，在不少领域有了新的突破，但仍有一些需要进一步改进和提高的方面：工作监督和法律监督还需要进一步深化，重大问题的决策水平有待进一步提高，在组织代表活动、发挥代表作用等方面还有较大的开拓空间。对此，常委会将在今后的实践中，努力探索，不断改进。

报告指出，2007年是实施“十一五”规划、站在新起点实现新发展的关键一年，也是本届人大常委会工作的最后一年。在新的一年里，区人大常委会要认真落实区六次党代会精神，坚持党的领导、人民当家作主和依法治国的有机统一，牢固树立和落实科学发展观，围绕中心，服务大局，切实履行宪法和法律赋予的各项职能，在推进全区物质文明、政治文明、精神文明协调发展和构建社会主义和谐社会的历史进程中发挥应有的作用。一是围绕大局，突出重点，全面提高审议工作质量；二是加大力度，依法履职，努力增强监督工作实效；三是加强服务，改进方法，进一步拓展代表工作；四是凝聚合力，开拓进取，加强常委会自身建设。

报告最后指出，河口区的发展进入了新的时期。要高举邓小平理论和“三个代表”重要思想伟大旗帜，在中共河口区委的领导下，认真履行宪法和法律赋予的职责，与时俱进，开拓创新，为推进“和谐河口”建设，促进区域经济跨越发展和社会全面进步而努力奋斗。

会议还听取了区人民法院代院长李益民作的河口区人民法院工作报告，区人民检察院代检察长李砺生作的河口区人民检察院工作报告。另外，会议讨论通过了大会选举办法。

（四）第三次全体会议。1月22日下午，东营市河口区第十五届人民代表大会第五次会议在区礼堂举行第三次全体会议。会议由区委书记郑建军主持。大会进行了选举，会议补选黄高潮为河口区人大常委会副主任，李益民为河口区人民法院院长，李砺生为河口区人民检察院检察长。会议审议通过了关于河口区人民政府工作报告的决议、关于河口区2006年国民经济和社会发展计划执行情况与2007年国民经济和社会发展计划的决议、关于河口区2006年财政预算执行情况及2007年财政预算的决议、关于河口区社会主义新农村建设重点工作情况的报告的决议、关于河口区人民代表大会常务委员会工作报告的决议、关于河口区人民法院工作报告的决议、关于河口区人民检察院工作报告的决议。

东营市河口区第十五届人民代表大会第五次会议主席团、秘书长名单

（2007年1月20日预备会议通过）

主席团：（25名，按姓名笔画排列）

丁水林　王永跃　王臣才　成希琴（女）
毕建军　曲德民　刘亚东　刘秀田　刘国增
孙红军　孙学孟　苏　健　李寿年　杨学贤
张　彬　张成彬　张焕洲（女）　国　梁
郑建军　房建民　孟凡吾　黄高潮　商桂林
渠怀德　薄纯新

秘书长：渠怀德（兼）

东营市河口区第十五届人民代表大会第五次会议主席团常务主席名单

（2007年1月20日主席团第一次会议推定）

郑建军　刘秀田　孙红军　张成彬　黄高潮
渠怀德　杨学贤　张焕洲（女）　曲德民
房建民　丁水林

东营市河口区第十五届人民代表大会第五次会议副秘书长名单

（2007年1月20日主席团第一次会议决定）

马士文　王学锋　胡敬斌　崔延军　李秀庄　孙华强

东营市河口区第十五届人民代表大会第五次会议议案审查委员会组成人员名单

（2007年1月20日预备会议通过）

主任委员：丁水林
副主任委员：王宪印
委　　员：张瑞迎　高相夫　王春霞（女）
董子平　马学军

东营市河口区第十五届人民代表大会第五次会议财政预算审查委员会组成人员名单

（2007 年 1 月 20 日预备会议通过）

主任委员：渠怀德
副主任委员：朱子贤
委　　员：龚凤兰（女）　李青云（女）　毕建军　王成泉　尹西杰

东营市河口区第十五届人民代表大会第五次会议各代表团临时党支部书记、副书记名单

仙河镇代表团　书　记：张　彬
副书记：张英然
孤岛镇代表团　书　记：薄纯新
副书记：李金锋
六合乡代表团　书　记：王永跃
副书记：张希武
河口街道代表团　书　记：李寿年
副书记：侯宝森
义和镇代表团　书　记：毕建军
副书记：李金峰
太平乡代表团　书　记：商桂林
副书记：孙学诗
新户乡代表团　书　记：孟凡吾
副书记：林元贵　李金岭

东营市河口区第十五届人民代表大会第五次会议各代表团团长、副团长名单

仙河镇代表团　团　长：张　彬
副团长：张英然
孤岛镇代表团　团　长：薄纯新
副团长：李金锋
六合乡代表团　团　长：王永跃
副团长：张希武
河口街道代表团　团　长：李寿年
副团长：侯宝森
义和镇代表团　团　长：毕建军
副团长：李金峰
太平乡代表团　团　长：商桂林
副团长：孙学诗
新户乡代表团　团　长：孟凡吾
副团长：林元贵

第五章 第十六届人民代表大会
（2007～2011年）

东营市河口区第十六届人民代表大会任期为2007年12月至2011年12月，实际任期4年。任期内，共举行6次会议。共听取审议“一府两院”专项工作报告73个；作出决议决定26项；共督办区人大代表提出的议案、建议、批评、意见358件。

第一节 第一次会议
（2007年12月8～10日）

2007年12月8～10日，东营市河口区第十六届人民代表大会第一次会议在区礼堂召开。会议听取审议了河口区人民政府工作报告、河口区2006年国民经济和社会发展计划执行情况及2007年国民经济和社会发展计划（草案）的报告、河口区2006年财政预算执行情况和2007年财政预算（草案）的报告、河口区人大常委会工作报告、河口区人民法院工作报告、河口区人民检察院工作报告，并分别作出决议。会议选举郑建军为河口区人大常委会主任，王树臣、杨学贤、房建民、丁水林、赵淑萍为副主任，马士文等17人为河口区人大常委会委员；选举聂建军为河口区人民政府区长，成希琴、李积德、郭学增、张俊海、段鸿、隋华杰为副区长；选举李益民为河口区人民法院院长，李砺生为河口区人民检察院检察长。会议还选举郑建军等38人为出席东营市第六届人民代表大会代表。

（一）预备会议。12月7日下午，河口区第十六届人民代表大会第一次会议在区礼堂举行预备会议。会议应到代表157人，实到代表152人。渠怀德主持会议。会议通过了大会议程，选举产生了大会主席团和秘书长，通过了大会议案审查委员会名单，通过了大会财政预算审查委员会名单。区人大常委会副主任杨学贤对会议的几个有关问题进行了说明，就如何开好会议提出了具体要求。

（二）第一次全体会议。12月8日上午，东营市河口区第十六届人民代表大会第一次会议召开。主席团常务主席郑建军、刘秀田、聂建军、孙红军、王树臣、张成彬、渠怀德、杨学贤、曲德民、房建民、丁水林、赵淑萍在主席台前排就座。

主席团常务主席郑建军主持会议。区长聂建军作了题为《开拓进取，奋发图强，为建设富强文明和谐的新河口而努力奋斗》的工作报告。报告共分为过去五年的工作回顾、今后五年的目标任务、加强政府自身建设三个部分。报告指出，本届政府任期的五年，是我区发展历程中不平凡的五年。五年来，在市委、市政府和区委的正确领导下，在区人大、区政协的监督支持下，区政府团结带领全区人民，以邓小平理论和“三个代表”重要思想为指导，深入贯彻落实科学发展观，解放思想，开拓创新，抢抓机遇，奋力拼搏，圆满完成了区十五届人大一次会议确定的目标任务，开拓了经济社会发展的新局面。

报告提出，过去的五年是全区综合实力显著提升、城乡面貌深刻变化、各项事业蓬勃发展、人民生活明显改善的五年。五年来取得的成就，为河口今后的发展奠定了坚实的基础。成绩来之不易，这是市委、市政府和区委正确领导的结果，是区人大依法监督和区政协参政议政的结果，是油地军港和全区人民同心同德、团结奋斗的结果。

报告提出，今后五年是河口区全面建设小康社会，努力实现跨越发展的关键时期。纵观国内外发展环境，机遇与挑战并存，机遇大于挑战。国家把发展黄河三角洲生态高效经济列入“十一五”规划，省委、省政府确定以东营为主战场实施黄河三角洲开发，市委、市政府把黄河三角洲开发作为全市科学发展的总战略，提出“东进西扩、南融北通”的规划部署，大力推进“三路两港一场”等重大基础设施建设，黄河三角洲大开放、大开发的序幕已经拉开。机遇稍纵即逝，发展时不待我。必须树立忧患意识和危机意识，增强加快发展的责任感和紧迫感，解放思想，抢抓机遇，坚定信心，乘势而上，努力推动全区经济社会在新起点上实现新的跨越。

报告提出，今后五年，全区经济社会发展的总体要求是：高举中国特色社会主义伟大旗帜，深入贯彻中共十七大精神，全面落实科学发展观，突出和谐发展主题，发挥港口、海洋、生态优势，大力推进经济文明、社会文明、生态文明建设，着力优化经济结构，深入改革开放，强化自主创新，全方位融入黄河三角洲开发总体战略，努力打造海洋经济强区、新兴港口经济区和生态宜居城市，为建设富裕、文明、和谐的新河口而努力奋斗。

报告提出，今后五年的奋斗目标是：综合实力明显增强；社会事业明显进步；生态环境明显改善。聂建军指出，全方位融入黄河三角洲开发建设，实现经济社会和谐发展，是当前和今后一段时期必须牢牢把握的工作主题。全区上下务必强化机遇意识和责任意识，依据黄河三角洲开发建设总体规划，进一步明确定位，科学布局，突出特色，重点突破，努力推动经济社会在新起点上实现更好更快发展。一是优化提升产业结构，加快构筑现代产业体系；二是突出发展海洋经济，加快建设海洋经济强区；三是坚持统筹城乡发展，加快建设生态宜居城市；四是深入推进各项改革，加快扩大对外开放；五是大力推进生态建设，加快提升区域竞争力；六是全面发展各项事业，加快构建和谐社会。

报告提出，新的形势和任务对新一届政府提出了更新、更高的要求。必须坚持依法行政，从严治政，科学执政，加快转变政府职能，推进管理创新，树立崭新新形象，担负起人民赋予的重任。一要转变职能，建设服务型政府；二要依法行政，建设法治型政府；三要狠抓落实，建设责任型政府；四要从严治政，建设廉洁型政府。聂建军最后说，站在新起点，再创新优势，实现新发展，是时代的呼唤，是人民的重托，是历史赋予的神圣职责。要高举中国特色社会主义伟大旗帜，在中共河口区委的坚强领导下，万众一心，开拓奋进，全方位融入黄河三角洲开发大潮，为夺取全面建设社会主义新胜利、建设富裕文明和谐的新河口而努力奋斗。

（三）第二次全体会议。12 月 9 日上午，东营市河口区第十六届人民代表大会第一次会议在区礼堂举行第二次全体会议。会议由区人大常委会副主任杨学贤主持。区人大常委会主任刘秀田作河口区人民代表大会常务委员会工作报告。

报告指出，区十五届人大常委会选举产生以来的五年，是河口区改革开放和现代化建设取得显著成绩的五年。五年来，区人大常委会在中共河口区委的领导下，高举中国特色社会主义伟大旗帜，以邓小平理论和“三个代表”重要思想为指导，深入贯彻落实科学发展观，认真履行宪法和法律赋予的各项职权，与时俱进，开拓创新，为推动全区经济建设、政治建设、文化建设和社会建设做出了积极贡献。一是贯彻落实科学发展观，推进经济社会又好又快发展。五年来，常委会始终坚持以科学发展观为统领，紧紧抓住全区经济社会发展中的重大问题和人民群众关心的热点难点问题，切实加大监督力度，先后审议“一府两院”工作报告 106 项，作出决议决定 38 项。二是坚持以人为本，努力促进社会公平正义。 五年来，常委会始终坚持把加强法律监督作为推进依法治区工作的重要环节，积极探索有效途径，努力推进依法行政、公正司法。加强评议工作，完善权力制约机制。加大对“一府两院”及被任命人员的监督力度，逐步建立完善了社会公示、经济审计、法律考试、述职评议等制度。五年来，先后对财政局、教育局、司法局、交通局、计生局等 11 个部门的负责人进行了述职评议，提出了具体的整改意见。坚持党管干部原则与人大依法行使任免权相结合，本届共任命国家机关工作人员 142 名，免职 54 名，接受辞呈 9 名。将人大信访作为了解社情民意、维护公民合法权益、密切与人民群众联系的重要工作来抓。五年来，共受理来信来访 740 件次，其中来信 172 件，来访 568 人次，办理上级人大批转信访 44 件，在畅通民情、疏解民忧、推进基层民主法制建设等方面发挥了积极作用。三是拓展代表工作空间，激发人大工作活力。立足油区特点，以人大代表为纽带，促进油地军融合。常委会组成人员每年都结合中心工作和审议议题走访驻油田、济军生产基地的人大代表，通报全区经济社会发展情况，广泛征求代表意见。认真督办代表建议，提高代表履职积极性。常委会每年举行一次“双评”活动，即评选“代表好建议”和“办理代表建议先进单位”。五年来，共督促办理代表建议326件，促进了一些热点问题的解决。精心组织换届选举，进一步优化代表结构。在各乡镇选举委员会和街道选举工作指导组的共同努力下，同时直接选举产生了新一届区人大代表157名，乡镇人大代表277名，代表结构得到了进一步优化，广大选民经历了一次社会主义民主政治建设的实践，当家作主的意识得到进一步增强。四是创新工作机制，增强人大监督实效。五年来，区人大常委会围绕提高常委会会议审议质量和审议意见办理实效，积极探索新路子，研究新办法，先后实行了八项工作制度，为人大常委会依法履职提供了可靠的制度保证。五是加强常委会自身建设，不断提高履职水平。五年来，常委会深入开展了“保持共产党员先进性”教育活动、“作风建设年”活动及“解放思想、改进作风，全面落实科学发展观”教育活动，认真学习了邓小平理论和“三个代表”重要思想及中共十六大、十七大精神，坚定了贯彻落实科学发展观的自觉性，进一步增强了政治意识、大局意识和责任意识，牢牢把握了人大工作的政治方向。同时，不断加强法律知识和人大业务知识的学习，有效地提高了常委会组成人员和机关工作人员的业务素质。

报告通过对五年人大工作的实践总结，揭示做好地方人大工作，要始终把握好以下几点：一是必须坚持正确的政治方向。要以马克思列宁主义、毛泽东思想、邓小平理论和“三个代表”重要思想为指导，用科学发展观统领人大工作；坚持党的领导、人民当家作主和依法治国的有机统一，全面贯彻党的路线方针政策，使党委的主张经过法定程序成为国家意志，保证人大工作沿着正确方向健康发展。二是必须坚持以经济建设为中心。要把推进改革开放和经济建设作为人大监督工作的主要内容，积极探索监督经济工作的有效形式，努力找准与经济建设的最佳结合点，依法行使各项职权，切实推进全区经济建设和社会发展。三是必须坚持维护最广大人民群众的根本利益。人大工作必须以人为本，把实现好、维护好、发展好最广大人民群众的根本利益作为出发点和归宿。要保持同人民群众的血肉联系，自觉地把人大工作置于人民群众的监督之下，使人大工作顺应民心，反映民意，集中民智，贴近民生，切实保证人民当家作主。四是必须坚持依法监督。人大及其常委会要依法履职，敢于监督，提高监督水平，增强监督实效；要坚持实事求是的原则，正确处理监督与被监督的关系，寓支持于监督之中，做到善于监督。五是必须坚持民主集中制原则。人大及其常委会无论是决定重大事项，行使人事任免权，还是开展监督工作，都必须充分发扬民主，严格依法按程序办事。

报告指出，常委会的工作同宪法和法律赋予的职责，同党和人民群众的期望相比，还存在差距和不足。主要是：法律监督和工作监督的针对性和实效性还需要进一步提高，代表知情知政、参与管理地方国家和社会事务的渠道有待于进一步拓宽，常委会组成人员的作用有待于进一步发挥。这些都需要在今后的工作中努力加以改进。

报告指出，中共十七大为新形势下做好地方人大工作提出了新的更高的要求。面对新的形势和任务，新一届人大及其常委会，必将更好地凝聚全体代表的智慧和力量，担当起历史赋予的重任，在区委的领导下，继往开来，与时俱进，人大工作必将出现崭新的局面。提出以下建议：一是要始终把推动经济社会发展作为人大工作的首要任务；二是要始终把发展社会主义民主政治作为人大工作的基本职责；三是要始终把与时俱进、开拓创新作为推进人大工作的重要动力；四是要始终把加强自身建设作为提高人大工作水平的重要保证。

报告最后指出，即将产生的河口区第十六届人民代表大会常务委员会将肩负着人民的重托，履行神圣的职责。在中共河口区委的领导下，新一届人大常委会一定能够求真务实，锐意进取，深入贯彻中共十七大精神，继续谱写出人大工作的新篇章，为河口经济社会又好又快发展再创新的业绩，再铸新的辉煌。

会议还听取了区人民法院院长李益民作的河口区人民法院工作报告；区人民检察院检察长李砺生作的河口区人民检察院工作报告。会议还讨论通过了大会选举办法。

（四）第三次全体会议。12月10日下午，区十六届人大一次会议举行第三次全体会议，大会主席团常务主席郑建军、刘秀田、聂建军、孙红军、王树臣、张成彬、渠怀德、杨学贤、曲德民、房建民、丁水林、赵淑萍在主席台前排就座。

刘秀田主持会议。大会通过无记名投票的方式选举产生了区人大常委会主任、副主任、委员，区人民政府区长、副区长，区人民法院院长，区人民检察院检察长和出席东营市第六届人民代表大会代表。会议依次通过了关于河口区人民政府工作报告的决议，关于河口区2007年国民经济和社会发展计划执行情况与2008年国民经济和社会发展计划的决议，关于河口区2007年财政预算执行情况和2008年财政预算的决议，关于河口区人大常委会工作报告的决议，关于河口区人民法院工作报告的决议，关于河口区人民检察院工作报告的决议。

新当选的区长聂建军提出，当前，河口正处在加快发展的关键时期。经过历届区委、区政府的艰苦努力，全区经济社会蓬勃发展，综合实力快速提升，干部群众精神饱满、热情高涨，为今后的发展提供了坚实的物质基础和人才保证。黄河三角洲大开放、大开发战略的实施和东营港等重大基础设施的建设，为河口的发展带来了千载难逢的历史机遇。站在新起点，实现新跨越，建设富裕、文明、和谐的新河口，既是全区人民的共同心愿，也是新一届政府的崇高使命。

聂建军提出，新一届政府受命于河口建设和发展的关键时期，面对历史机遇和人民重托，责任重大、任务艰巨。面对光荣而神圣的职责，新一届政府郑重承诺：第一，始终坚持民主集中制原则，以团结凝聚发展合力；第二，始终坚持发展是第一要务，努力实现又好又快发展；第三，始终坚持人民的利益高于一切，千方百计为群众谋利益；第四，始终坚持求真务实的作风，努力推动工作指导的转变；第五，始终坚持严格要求，做廉洁勤政的楷模。

区委书记、新当选的区十六届人大常委会主任郑建军致闭幕词。郑建军说，作为新一届的区人大代表，我们将继续保持讲政治、讲大局、讲奉献的优良品质，继续保持谦虚谨慎的工作作风和求真务实的敬业精神，依法履行宪法和法律赋予的职责，了解民情，集中民智，反映民意，为推进和谐河口建设做出应有的贡献。作为新一届的区人大常委会主任，我将和其他人大常委会组成人员一道，勤勉务实，开拓创新，既要忠实地履行宪法和法律赋予的职责，又要善于把坚持党的领导、充分发扬民主、严格依法办事三者有机的结合起来，加强监督，注重实效，努力把新时期的人大工作推向一个新的层面。希望新当选的“一府两院”领导同志以振兴河口为己任，继续保持勤政廉政、公道正派的优良品德和务实高效的工作作风，奋发进取，埋头苦干，扎实工作，以新的气魄、新的干劲、新的作为，干出新的水平，成就新的伟业，为建设富强和谐文明的新河口做出更大的贡献。

郑建军指出，今后的五年，是河口区经济社会发展不大进则大退的关键时期，全体人大代表代表着全区23万人民行使当家作主的权利，任务光荣，责任重大。希望各位代表回到自己的工作岗位后，充分发挥模范带头作用和监督督办作用，强化职责意识，积极宣传本次大会的精神，带头贯彻本次大会的各项决议，把全区人民的思想统一到大会精神上来，把智慧凝聚到大会确定的目标任务上来，把力量集中到加快河口区又好又快发展上来。区人大及其常委会作为地方国家权力机关，肩负着光荣而艰巨的历史使命，要在区委的正确领导下，坚持权为民所用、情为民所系、利为民所谋，认真履行宪法和法律赋予的决定权、监督权和人事任免权，明确任务，围绕中心，服务大局，开拓进取，努力把我区的人大工作不断向前推进。

郑建军最后说，新一届人大肩负着承前启后、继往开来的历史使命，面临着光荣而又艰巨的任务。在新的伟大征程中，让我们以党的十七大精神为指导，以科学发展观总揽全局，紧紧抓住黄河三角洲开发建设的重大战略机遇，咬定和谐发展、加快发展不放松，同心同德、励精图治，真抓实干、开拓进取，努力推进经济文明、社会文明和生态文明建设，为把河口区建设成为充满活力、富有魅力、文明和谐的新河口而努力奋斗。

东营市河口区第十六届人民代表大会第一次会议主席团、秘书长名单

（2007年12月7日预备会议通过）

主席团：（28名，按姓名笔画为序）

丁水林　王学春　王树臣　卢洪鹏　曲德民
朱春光　刘秀田　孙红军　孙学诗　李寿年
李砺生　李益民　李培智　李　翔　杨学贤
张成彬　尚登贤　郑建军　房建民　孟凡吾

赵淑萍（女）　侯永强　秦广智　聂建军
黄高潮　盖举波　渠怀德　薄纯新
秘书长：杨学贤（兼）

东营市河口区第十六届人民代表大会第一次会议主席团常务主席名单

（2007年12月7日主席团第一次会议推定）

郑建军　刘秀田　聂建军　孙红军　王树臣
张成彬　渠怀德　杨学贤　曲德民　房建民
丁水林　赵淑萍（女）

东营市河口区第十六届人民代表大会第一次会议副秘书长名单

（2007年12月7日主席团第一次会议决定）

马士文　王永跃　胡敬斌　卢玉峰
李秀庄　陈建英（女）　孙华强

东营市河口区第十六届人民代表大会第一次会议议案审查委员会组成人员名单

（2007年12月7日预备会议通过）

主任委员：房建民
副主任委员：陈建英（女）
委　　员（按姓名笔画为序）：
刘凤霞（女）　李培智　张希武
高忠岐　董子平

东营市河口区第十六届人民代表大会第一次会议财政预算审查委员会组成人员名单

（2007年12月7日预备会议通过）

主任委员：渠怀德
副主任委员：王宪印
委　　员（按姓名笔画为序）：
刘士勤　孙学诗　李金岭
陈丰先　苟军松

东营市河口区第十六届人民代表大会第一次会议各代表团临时党支部书记、副书记名单

仙河镇代表团　书　记：卢洪鹏
副书记：张英然
孤岛镇代表团　书　记：薄纯新
副书记：李金峰
六合乡代表团　书　记：朱春光
副书记：牟焕民
河口街道代表团　书　记：李寿年
副书记：商同林
义和镇代表团　书　记：王学春
副书记：缪金学
太平乡代表团　书　记：孙学诗
副书记：韩　东
新户乡代表团　书　记：孟凡吾
副书记：徐文棠

东营市河口区第十六届人民代表大会第一次会议各代表团团长、副团长名单

仙河镇代表团　团　长：卢洪鹏
副团长：张英然
孤岛镇代表团　团　长：薄纯新
副团长：李金峰
六合乡代表团　团　长：朱春光
副团长：牟焕民
河口街道代表团　团　长：李寿年
副团长：商同林
义和镇代表团　团　长：王学春
副团长：缪金学
太平乡代表团　团　长：孙学诗
副团长：韩　东
新户乡代表团　团　长：孟凡吾
副团长：徐文棠

第二节 第二次会议

（2009 年 1 月 4 ～ 6 日）

2009 年 1 月 4 ～ 6 日，东营市河口区第十六届人民代表大会第二次会议在区礼堂召开，152 名代表出席了会议。会议听取审议了区人大常委会、区人民政府、区人民法院、区人民检察院的工作报告，书面审议了计划、财政报告，审查批准了河口区 2009 年国民经济和社会发展计划及财政预算。

（一）预备会议。1 月 3 日下午，河口区第十六届人民代表大会第二次会议在区礼堂举行预备会议。区人大常委会主任郑建军、副主任王树臣、杨学贤、房建民、丁水林、赵淑萍在主席台就座。房建民主持会议。会议通过了大会议程，选举产生了本次会议的主席团和秘书长，通过了大会议案审查委员会名单，通过了大会财政预算审查委员会名单。杨学贤作了讲话，就开好本次大会和有关注意事项讲了意见。

（二）第一次全体会议。1 月 4 日上午，区十六届人大二次会议第一次全体会议在区礼堂召开。主席团常务主席郑建军、孙红军、王树臣、盖举波、张成彬、侯永强、杨学贤、房建民、丁水林、赵淑萍在主席台前排就座。区人大常委会第一副主任王树臣主持会议。区长聂建军作政府工作报告。

报告共分三部分：一是 2008 年政府工作回顾；二是 2009 年政府工作安排；三是加强政府自身建设。报告指出，2008 年是本届政府的开局之年，也是经济社会发展很不平凡的一年。一年来，在市委、市政府和区委的正确领导下，全区上下坚持以科学发展观统领全局，深入实施“作风立区、产业强区、生态兴区”战略，解放思想，开拓进取，扎实工作，圆满完成了区十六届人大一次会议确定的目标任务，国民经济和社会事业实现了又好又快发展。

报告提出，2008 年，经济综合实力跃上新的台阶，产业结构调整取得新的成效，对外开放实现新的突破，城乡面貌发生新的变化，人民生活水平有了新的提高，和谐社会建设取得新的进展。做好新形势下的政府工作，必须牢牢把握以下几点。一是必须坚持科学发展不动摇，加快工作指导转变。二是必须坚持以解放思想为先导，加大改革创新力度。以“贯彻落实科学发展观，争当黄河三角洲开发建设排头兵”活动和“记三情、铸三线”活动为抓手，动员全区上下进一步解放思想，转变观念，强化争先创优意识，深化体制机制创新，为经济发展注入了新的活力。三是必须坚持把群众利益放在首位，切实解决好民生问题。四是必须坚持油地军港团结共建，推动区域和谐发展。五是必须坚持求真务实、重抓落实的思想，努力提高政府执行力。经验值得总结，成绩来之不易。这是市委、市政府和区委正确领导的结果，是区人大监督支持和区政协参政议政的结果，是全区上下、油地军港和社会各界团结奋斗、真抓实干的结果。

报告提出，2009 年是河口区加快实施“十一五”规划、推进经济社会跨越发展的关键一年。既面临前所未有的严峻挑战，也面临前所未有的重大机遇。河口务必要科学判断形势，坚定发展信心，强化忧患意识、竞争意识和责任意识，牢牢把握机遇，主动迎接挑战，努力克服困难，推动经济社会在新起点上实现更好更快发展。

报告提出，2009 年政府工作的总体要求是：认真贯彻党的十七大和十七届三中全会精神，全面落实科学发展观，深入实施“作风立区、产业强区、生态兴区”战略，立足保持经济平稳较快发展，着力扩大投资规模，转变发展方式，优化产业结构，推进改革创新，加快构筑以“一区五园一带两线三基地”为主体的产业发展新格局，为全面融入黄河三角洲开发建设奠定坚实基础。

报告提出，2009 年经济社会发展的主要预期目标是：全区生产总值增长 16%，全社会固定资产投资增长 20%，社会消费品零售总额增长 16%，一般预算财政收入增长 8%，外贸出口总值增长 10%，吸收外商直接投资与去年持平，城镇居民人均可支配收入增长 8%，农民人均纯收入增长 10%，城镇登记失业率控制在 2% 以内，居民消费价格总水平涨幅控制在 4% 以内。主要约束性指标是：万元生产总值能耗降低 5.8%，二氧化硫排放量与去年持平，化学需氧量削减 10%，人口自然增长率控制在 6.24‰以内。

报告提出，新的形势和任务，对政府自身建设提出了新的更高要求。必须加强学习，深入思考，勇于实践，开拓创新，加快转变工作职能，不断提高政府执行力、公信力和创新力，为经济社会发展提供强有力的行政保障。一要解放思想，开拓创新，提高科学发展能力。二要转变职能，务实为民，提高公共服务能力。三要规范运行，强化监督，提高依法行政能力。四要求真务实，真抓实干，提高工作落实能力。五要执政为民，廉洁勤政，提高拒腐防变能力。聂建军最后说，河口正处在加快发展的关键时期，形势逼人，任重道远。高举中国特色社会主义伟大旗帜，在中共河口区委的坚强领导下，团结和依靠全区人民，同心同德，励精图治，负重奋进，锐意进取，为夺取全面建设小康社会新胜利、建设富裕文明和谐的新河口而努力奋斗。

（三）第二次全体会议。1月5日上午，区十六届人大二次会议第二次全体会议召开。主席团常务主席郑建军、孙红军、王树臣、盖举波、张成彬、侯永强、杨学贤、房建民、丁水林、赵淑萍在主席台前排就座。杨学贤主持会议。区人大常委会第一副主任王树臣作区人大常委会工作报告。

报告指出，2008年，区人大常委会在区委的领导下，认真贯彻中共十七大和十七届三中全会精神，深入实践科学发展观，全面有效地履行宪法和法律赋予的职权，充分调动代表依法履职、干事创业的积极性，为建设富裕文明和谐的新河口做出了积极贡献，实现了本届常委会工作开好局、起好步的目标。

报告指出，人大常委会牢牢把握经济社会发展大局，紧紧围绕"作风立区、产业强区、生态兴区"战略，着力深化工作监督，紧扣发展主题，推动中心工作；强化预算审查监督，确保财政平稳运行；切实关注民生，推动和谐社会建设；完善工作制度，强化对任命干部的监督。人大常委会坚持把人民群众普遍关注的热点问题作为法律监督的重点，着力在加大监督力度、改进监督方式、提高监督实效上下功夫，保证了法律法规的贯彻实施。常委会十分重视代表作用的发挥，注重拓宽渠道，加强联系，努力为代表履行职务创造条件，提供服务。常委会审议通过了《东营市河口区人民代表大会常务委员会组成人员守则》，并建立了个人履职档案。建立河口区人大常委会网站，对外宣传力度明显加大。常委会机关深入开展了"实践科学发展观，争当黄河三角洲开发建设排头兵"活动和"记三情铸三线"主题实践活动，并结合实际，启动开展了以"运转高效、充满活力、风正气顺"为主要内容的"和谐人大"品牌创建活动。继续坚持调查前学法和法律专题培训制度，先后组织集中学习和专业辅导30多次。积极参加和承办市人大召开的有关会议和组织的有关活动，加强了与各县区人大的密切联系和工作交流。

报告最后指出，过去一年取得的成绩，是区委对人大工作正确领导的结果，是全体代表、常委会组成人员共同努力的结果，是"一府两院"和社会各界密切配合、大力支持的结果。新的一年里，人大常委会要在区委的领导下，紧紧围绕全区中心工作，认真履行宪法和法律赋予的各项职权，为保持全区经济平稳较快增长、推动社会主义新农村建设、促进社会和谐稳定提供有力保障。

会上，区人民法院院长李益民、区人民检察院检察长李砺生分别作了河口区人民法院工作报告和河口区人民检察院工作报告。

（四）第三次全体会议。1月6日上午，区十六届人大二次会议第三次全体会议召开。区委书记、区人大常委会主任郑建军主持会议。会议审议通过了河口区人民政府工作报告的决议，关于河口区2008年财政预算执行情况及2009年财政预算的决议、关于河口区2008年国民经济和社会发展计划执行情况与2009年国民经济和社会发展计划的决议，关于河口区人大常委会工作报告的决议，关于河口区人民法院工作报告的决议，关于河口区人民检察院工作报告的决议。

东营市河口区第十六届人民代表大会第二次会议主席团、秘书长名单

（2009年1月3日预备会议通过）

主席团：（22名，按姓名笔画为序）

丁水林　王学春　王树臣　卢洪鹏　朱春光
孙红军　孙学诗　李寿年　李培智　李　翔
杨学贤　张成彬　尚登贤　郑建军　房建民
孟凡吾　赵淑萍（女）　侯永强　秦广智

黄高潮　盖举波　薄纯新
秘书长：杨学贤（兼）

东营市河口区第十六届人民代表大会第二次会议主席团常务主席名单

（2009 年 1 月 3 日主席团第一次会议推定）

郑建军　孙红军　王树臣　盖举波　张成彬
侯永强　杨学贤　房建民　丁水林
赵淑萍（女）

东营市河口区第十六届人民代表大会第二次会议副秘书长名单

（2009 年 1 月 3 日主席团第一次会议决定）

马士文　王永跃　高祥涛　卢玉峰　孟维芳
陈建英（女）　孙华强

东营市河口区第十六届人民代表大会第二次会议议案审查委员会组成人员名单

（2009 年 1 月 3 日预备会议通过）

主任委员：杨学贤
副主任委员：陈建英（女）
委　　员（按姓名笔画为序）：
刘凤霞（女）　李培智
张希武　高忠岐　董子平

东营市河口区第十六届人民代表大会第二次会议财政预算审查委员会组成人员名单

（2009 年 1 月 3 日预备会议通过）

主任委员：房建民
副主任委员：王宪印
委　　员（按姓名笔画为序）：
刘士勤　孙学诗　李金岭
陈丰先　荀军松

东营市河口区第十六届人民代表大会第二次会议各代表团临时党支部书记、副书记名单

仙河镇代表团　书　记：卢洪鹏
　　副书记：张英然
孤岛镇代表团　书　记：薄纯新
　　副书记：李金峰
六合乡代表团　书　记：朱春光
　　副书记：牟焕民
河口街道代表团　书　记：李寿年
　　副书记：商同林
义和镇代表团　书　记：王学春
　　副书记：缪金学
太平乡代表团　书　记：孙学诗
　　副书记：韩　东
新户乡代表团　书　记：孟凡吾
　　副书记：徐文棠

东营市河口区第十六届人民代表大会第二次会议各代表团团长、副团长名单

仙河代表团　团　长：卢洪鹏
　　副团长：张英然
孤岛代表团　团　长：薄纯新
　　副团长：李金峰
六合代表团　团　长：朱春光
　　副团长：牟焕民
河口街道代表团　团　长：李寿年
　　副团长：商同林
义和代表团　团　长：王学春
　　副团长：缪金学
太平代表团　团　长：孙学诗
　　副团长：韩　东
新户代表团　团　长：孟凡吾
　　副团长：徐文棠

第三节 第三次会议

（2009 年 6 月 16 ～ 17 日）

2009 年 6 月 16 ～ 17 日，东营市河口区第十六届人民代表大会第三次会议在区礼堂召开，155 名代表出席会议。会议听取审议了区人民政府工作报告。会议补选聂建军为河口区人大常委会主任，武林中为河口区人民政府区长，王永跃为河口区人民政府副区长，宋继圣为河口区人民检察院检察长。

（一）预备会议。6 月 16 日上午，河口区第十六届人民代表大会第三次会议举行预备会议。区人大常委会第一副主任王树臣、副主任杨学贤、房建民、丁水林、赵淑萍在主席台就座，房建民主持会议。会议通过了大会议程，选举产生了本次会议主席团和秘书长。杨学贤在讲话时提出，各位代表要认真贯彻大会的指导思想，不辱使命，不负重托，尽职尽责，努力把这次会议开成一个民主团结、求实创新、开拓奋进的大会，为加快推进黄河三角洲开发，实现富民强区新跨越做出新的更大的贡献。

（二）第一次全体会议。6 月 16 日下午，河口区第十六届人民代表大会第三次会议在区礼堂隆重开幕。主席团常务主席聂建军、孙红军、王树臣、盖举波、张成彬、侯永强、杨学贤、房建民、丁水林、赵淑萍在主席台前排就座。本次会议应到代表 160 人，实到 155 人，因事、因病请假 5 人。王树臣主持会议。代区长武林中向大会作政府工作报告。

报告共分两个部分：一是 2009 年以来经济社会发展情况；二是下半年工作安排。一年来，在市委、市政府和区委的正确领导下，全区上下坚持以科学发展观统领全局，紧紧围绕区十六届人大二次会议确定的目标任务，努力克服宏观经济环境变化带来的不利影响，坚定信心，积极作为，扎实工作，工业经济呈现回暖态势，投资拉动作用持续增强，农业和农村经济稳步发展，招商引资取得新的成绩，基础承载能力进一步增强，社会各项事业协调发展。总的看，上半年经济运行比较平稳，取得的成绩比预想的要好。但我们也清醒地看到当前宏观经济环境仍然非常复杂，经济运行中还面临不少困难和问题。

报告提出，当前黄河三角洲开发建设正处在国家战略层面上顺利推进，规划有望在 8 月正式批复，黄河三角洲已成为我国继珠三角、长三角、天津滨海新区之后的又一开放开发的热点地区。河口区位于黄河三角洲最前沿，区位优势日益明显。为适应新形势发展，区委、区政府科学谋划，研究确定了“一区五园一带两线三基地”的发展思路，描绘出了大发展的蓝图，为加快融入黄河三角洲开发建设奠定了基础。机遇大好，形势逼人，只要全区上下统一思想，坚定信心，奋力拼搏，就一定能战胜困难，在黄河三角洲开发建设中干出一番事业，实现经济社会发展的新跨越。

报告提出，下半年是实现全年目标任务的关键时期，区政府将认真贯彻区委六届八次全会精神，紧紧围绕“一区五园一带两线三基地”的发展布局，突出“生态立区，工业强区，关注民生，和谐发展”的主题，深入实施项目带动战略，着力扩大投资规模，提升产业层次，转变发展方式，努力推动经济社会平稳较快发展，确保圆满完成区十六届人大二次会议确定的目标任务。具体工作中，全区将着力在八个方面实施突破：一是突出招商引资，在工业强区上实施突破；二是实施项目带动战略，在扩大投资上实施突破；三是大力发展现代农业，在农民增收上实施突破；四是加强城乡基础设施建设，在优化环境上实施突破；五是狠抓增收节支，在财源建设上实施突破；六是深化油地军港协作，在团结共建上实施突破；七是着力保障和改善民生，在和谐发展上实施突破；八是加强政府自身建设，在推进落实上实施突破。

报告最后提出，做好 2009 年的各项工作，任务艰巨，责任重大。要在市委、市政府和区委的坚强领导下，深入贯彻落实科学发展观，真抓实干，开拓进取，奋力完成区十六届人大二次会议确定的目标任务，为加快融入黄河三角洲开发建设，实现经济社会又好又快发展做出不懈的努力。

会议通过了关于接受有关人员辞职请求的决定，通过了大会选举办法。

（三）第二次全体会议。6 月 17 日上午，区十六届人大三次会议举行第二次全体会议，大会主席团常务主席聂建军、孙红军、王树臣、盖举波、张成彬、侯永强、杨学贤、房建民、丁水林、赵淑萍在主席台前排就座。孙红军主持会议。

大会首先进行选举。通过无记名投票的方式选举产生了河口区人大常委会主任、河口区人民政府区长、一名副区长和区人民检察院检察长。

会上，新当选的区长武林中讲话。武林中说："非常感谢大家的信任，选举我为河口区区长。我深知这份信任意味着责任，它的背后是全区23万人民的重托。此时此刻，我站在这里忐忑不安，如何担负起这份信任和重托，使河口区经济社会实现更好更快的发展，对我既是一种检阅，更是一种挑战、一种考验。我将尽心竭力，埋头苦干，扎实地做好每一件事情，积极地推进每一项建设，忠实地履行好我的职责，让各位代表放心，不辜负全区人民的期望。"

武林中表示，当前全球金融危机仍然继续蔓延，河口区经济也面临严峻的挑战。面对困难和挑战，将和政府所有组成人员一起始终保持奋发有为的精神状态，以求真务实的工作作风，紧紧围绕"一区五园一带两线三基地"的工作思路，高举油地军港团结大旗，以符合河口产业规划要求的大项目好项目为载体，以招商引资为强力手段，全力打好扩大投资、企业运行、结构调整三大战役，努力保增长、保民生、保稳定，全力以赴完成全年的目标任务，实现经济社会平稳较快发展。

武林中说，人民政府为人民永远是政府的天职。在今后的工作和生活中，一定会牢记"关注民生、和谐发展"的要求，始终把为人民群众谋福祉放在心上，努力做到"问政于民、问需于民、问计于民"，不图虚名，不搞短期行为，不做表面文章，真心实意地为老百姓做好事、办实事、解难事，使推动科学发展的过程成为为民造福的具体行动，使改革的成果惠及全区人民。

武林中最后说："我坚信，在市委、市政府的正确领导下，有以建军书记为班长的区委的正确领导，有区人大及其常委会和各位代表的支持、监督和帮助，有全区人民同心同德、共同奋斗，我们一定会在黄河三角洲开发建设中率先崛起，河口的明天一定会更加美好！"

孙红军在讲话时对新当选的同志表示祝贺，同时希望新当选的同志们要牢记全体代表和全区人民的重托，以振兴河口为己任，努力做到"权为民所用，情为民所系，利为民所谋"，奋发进取，埋头苦干，扎实工作，为全面推进河口经济社会发展做出应有的贡献。

孙红军说，黄河三角洲开发建设，为推进大开放、大开发带来了千载难逢的历史机遇。各位代表代表着全区23万人民行使当家做主的权利，任务光荣，责任重大。希望各位代表回到自己的工作岗位后，充分发挥模范带头作用和监督作用，强化责任意识，积极宣传本次大会的精神，把全区人民的思想统一到区委的决策部署上来，把力量集中到加快河口区又好又快发展上来。要充分发挥人大代表联系群众的桥梁纽带作用，密切与人民群众的联系，及时了解民情，充分反映民意，高度关注民生，重视和维护人民群众最关心、最直接、最现实的利益问题，努力使改革发展的成果惠及广大人民群众，依法行使好人大代表的职权。

东营市河口区第十六届人民代表大会
第三次会议主席团、秘书长名单
（2009年6月16日预备会议通过）

主席团：（22名，按姓名笔画为序）
丁水林　王学春　王树臣　牛保坤　卢洪鹏
朱春光　孙红军　孙学诗　李寿年　李培智
李　翔　杨学贤　张成彬　尚登贤　房建民
孟凡吾　赵淑萍（女）　侯永强　聂建军
黄高潮　盖举波　薄纯新
秘书长：杨学贤（兼）

东营市河口区第十六届人民代表大会
第三次会议主席团常务主席名单
（2009年6月16日主席团第一次会议推定）

聂建军　孙红军　王树臣　盖举波　张成彬
侯永强　杨学贤　房建民　丁水林　赵淑萍（女）

东营市河口区第十六届人民代表大会
第三次会议副秘书长名单
（2009年6月16日主席团第一次会议决定）

马士文　高祥涛　王云涛　卢玉峰　孟维芳

陈建英（女）　孙华强

东营市河口区第十六届人民代表大会第三次会议各代表团临时党支部书记、副书记名单

仙河代表团	书　记：	卢洪鹏
	副书记：	张英然
孤岛代表团	书　记：	薄纯新
	副书记：	李金峰
六合代表团	书　记：	朱春光
	副书记：	牟焕民
河口街道代表团	书　记：	李寿年
	副书记：	商同林　陈桂林
义和代表团	书　记：	王学春
	副书记：	缪金学
太平代表团	书　记：	孙学诗
	副书记：	韩　东
新户代表团	书　记：	孟凡吾
	副书记：	徐文棠

东营市河口区第十六届人民代表大会第三次会议各代表团团长、副团长名单

仙河代表团	团　长：	卢洪鹏
	副团长：	张英然
孤岛代表团	团　长：	薄纯新
	副团长：	李金峰
六合代表团	团　长：	朱春光
	副团长：	牟焕民
河口街道代表团	团　长：	李寿年
	副团长：	商同林　陈桂林
义和代表团	团　长：	王学春
	副团长：	缪金学
太平代表团	团　长：	孙学诗
	副团长：	韩　东
新户代表团	团　长：	孟凡吾
	副团长：	徐文棠

第四节　第四次会议

（2010 年 1 月 5 ～ 7 日）

2010 年 1 月 5 ～ 7 日，东营市河口区第十六届人民代表大会第四次会议在区礼堂召开，155 名代表出席了会议。会议听取审议了区人民政府工作报告，关于城乡规划建设管理工作的报告及区人大常委会、区人民法院、区人民检察院的工作报告，书面审议了计划、财政报告，审查批准了河口区 2010 年国民经济和社会发展计划及财政预算。会议补选郑爱国、李同君为河口区人大常委会委员。

（一）预备会议。1 月 4 日下午，河口区第十六届人民代表大会第四次会议举行预备会议。会议通过了区十六届人大四次会议议程，选举产生了区十六届人大四次会议主席团和秘书长，通过了区十六届人大四次会议议案审查委员会名单，通过了区十六届人大四次会议财政预算审查委员会名单。区人大常委会副主任房建民主持会议，区人大常委会副主任杨学贤对会议的有关问题进行了说明，并就如何开好会议提出要求。区人大常委会主任聂建军，区人大常委会第一副主任王树臣，区人大常委会副主任丁水林、赵淑萍在主席台就座。

（二）第一次全体会议。1 月 5 日上午，东营市河口区第十六届人民代表大会第四次会议在区礼堂隆重开幕。会议高举中国特色社会主义伟大旗帜，以中共十七大和十七届三中、四中全会精神为指导，深入贯彻落实科学发展观，充分发扬民主，严格依法办事，认真总结过去一年的工作，审议决定全区经济社会发展和民主法治建设的重大事项。主席团常务主席聂建军、王树臣、盖举波、张成彬、侯永强、杨学贤、房建民、丁水林、赵淑萍在主席台前排就座。聂建军主持会议。区长武林中代表河口区人民政府作工作报告。

政府工作报告共分三部分：一是 2009 年政府工作回顾。二是 2010 年政府工作的基本要求和主要任务。三是努力建设人民满意的服务型政府。报告提出，过去的一年是充满艰辛而又极不平凡的一年，面对国际金融危机的严重冲击和宏观经济形势的深刻变化，

全区人民在市委、市政府和区委的坚强领导下，坚定信心，迎难而上，共克时艰，经受住了严峻考验，圆满完成了区十六届人大二次会议确定的目标任务。一是积极应对严峻挑战，国民经济保持平稳较快增长。二是实施重大项目攻坚，发展后劲进一步增强。三是加强基础设施建设，城乡面貌发生新的变化。四是全力保障改善民生，社会事业取得新的进展。五是注重加强自身建设，政府施政能力进一步提高。

报告提出，回顾过去一年的政府工作，积累了宝贵的经验。一是坚持发展第一要务，科学判断形势，明确发展定位；二是找准制约区域发展的根本症结，创新运作机制，全力攻坚克难；三是时刻把群众利益放在首位，尽心竭力办实事，解难题，让群众共享改革发展成果；四是深化油地军港团结共建，凝聚发展合力，促进区域和谐；五是重抓落实的思想，求真务实，真抓实干。关于2010年政府工作的基本要求和主要任务，武林中指出，2010年我们面临的形势依然严峻复杂，挑战与机遇并存，当前国际金融危机的影响依然存在，国内经济回升基础还不牢固，内需增长后劲不足，保增长的任务十分艰巨，在认清困难和压力的同时，也要充分看到面临的重大机遇和有利条件。

报告提出，2010年是实施黄河三角洲国家战略的开局之年，也是实施“十一五”规划的最后一年，做好2010年的工作意义重大，影响深远，要全面贯彻党的十七大和十七届三中、四中全会精神，深入贯彻落实科学发展观，紧紧抓住黄河三角洲国家战略实施的重大机遇，按照“站在新起点，着眼新阶段，树立新目标，开创新局面”的要求，围绕当前“一区五园一带两线”和五大基地发展格局，突出“生态立区、工业强区、关注民生、和谐发展”这一主题，深入实施工业化和城镇化双轮驱动战略，大力开展重大项目攻坚、和谐城乡建设、政府效能提升三大行动，着力转变发展方式，深化改革开放，推进机制创新，保障改善民生，努力实现经济社会平稳较快发展，为推动在黄河三角洲开发建设中率先崛起而努力奋斗。

报告就2010年的主要任务提出了明确目标：全区生产总值增长18%，全社会固定资产投资增长27%，规模以上工业主营业务收入增长30%，社会消费品零售总额增长19%，一般预算财政收入增长11%，外贸出口总值增长10%，城镇居民人均可支配收入增长10%，农民人均纯收入增长11%，城镇登记失业率控制在2%以内。主要约束性指标是：万元生产总值能耗、二氧化硫排放量、化学需氧量持续下降，人口自然增长率控制在6.1‰以内。武林中指出，新的形势和任务对政府工作提出了新的更高要求，我们必须与时俱进，开拓创新，切实加强政府自身建设，不断提高管理社会、促进发展、服务人民的能力和水平。一是要解放思想，提高创新力；二是要加强效能建设，提高执行力；三是要坚持依法行政，提高公信率；四是要保持清正廉洁，提高约束力。报告最后提出，今天的河口已经站在了一个新的历史起点上，要在市委、市政府和区委的坚强领导下，高举油地军港团结发展的大旗，发扬求真务实、真抓实干的作风，开拓创新，攻坚克难，团结奋进，全面完成今年确定的各项目标任务，为加快推进黄河三角洲高效生态经济区建设、实现河口率先崛起而努力奋斗。

会上，区建设局局长陈朝霞作了河口区人民政府关于城乡规划建设管理工作的报告。会议书面提交了计划、财政报告。

（三）第二次全体会议。1月6日上午，东营市河口区第十六届人民代表大会第四次会议在区礼堂举行第二次全体会议。会议由杨学贤同志主持。区人大常委会第一副主任王树臣作河口区人民代表大会常务委员会工作报告。

报告指出，过去的一年，区人大常委会在区委的领导下，全面贯彻中共十七大和十七届三中、四中全会精神，深入实践科学发展观，紧紧围绕“科学规划‘一区五园一带两线’经济发展新格局，全力打造五大基地，努力实现在黄河三角洲开发建设中率先崛起”的总体发展战略，贴近中心，突出重点，依法履职，力促发展，各项工作都有了新的进展。一是改进加强工作监督，促进全区经济社会科学发展。牢固树立以人为本、科学发展的理念，把区委决策部署、政府着力推动、群众普遍关注、人大职权范围内的重大事项作为监督重点，先后听取审议了区人民政府、区人民法院和区人民检察院专项工作报告22个，形成书面审议意见56条；组织开展视察调研活动36次，提出意见建议280多条。二是强化法律监督，大力推进依法治区。围绕经济社会发展大局，适时开展法律监督活动。听取审议了区政府关于民主法治示范村创建情况和开展“法治河口”创建活动的汇报、关于贯彻实施产品质量法情况的汇报、关于贯彻实施人口与计划生育法情况的汇报、关于民事执行工作情况的汇报、关于反贪污贿赂工作情况的汇报，并就有关事项作出决议。坚持党管干部与人大依法任免干部的统一，任命国家机关工作人员 21 名，免去职务 14 名，接受辞职 6 名。继续坚持干部任前法律知识考试和大会供职制度，切实增强所任干部接受监督、依法行政的自觉性。继续坚持人大、政协、纪委“三机关”协同监督机制，重点围绕干部作风建设和勤政廉政建设等，进行检查、评议，促进了政风行风建设。高度重视信访工作，全年共接待群众来访 76 人次，受理群众来信 31 件。三是充分发挥代表作用，增强人大工作活力。认真贯彻代表法，积极为代表依法履行职责提供服务、创造条件。四是加强自身建设，提高依法履职能力。为适应新时期人大工作的需要，更好地依法履行职责，常委会不断研究探讨关于加强自身建设的新路子、新办法，并狠抓了各项具体措施的落实。

报告指出，工作中还有许多需要改进的地方。主要是：人大监督工作在某些方面还不够到位；发挥代表作用的渠道还不够多，代表执行职务的能力还需要进一步增强；常委会和机关自身建设还存在不少薄弱环节。

报告指出，2010 年是实施“十一五”规划的最后一年，也是河口区面临重大发展机遇的一年。胡锦涛总书记亲临东营视察，发表重要讲话，作出重要指示，对我们推动科学发展、推进开发建设具有重大指导意义。国务院批复《黄河三角洲高效生态经济区发展规划》，标志着黄河三角洲开发建设正式上升为国家战略，这必将激励置身于黄河三角洲前沿阵地的河口人民坚定信心、开拓奋进，谱写大发展、大跨越的壮丽篇章。省委、省政府加速推进“山东半岛蓝色经济区”建设，着力打造以海洋产业为基础、以高新技术为支撑、海陆区域相统筹的高端产业聚集区，为河口区实现又好又快发展提供了强大动力，创造了有利环境。面对新的形势和任务，必须抓住机遇，迎接挑战，奋力把河口的各项事业推向前进。

报告指出，2010 年区人大常委会工作的总体要求是：在区委的领导下，以中共十七大和十七届四中全会精神为指导，深入贯彻落实科学发展观，紧紧围绕“科学规划‘一区五园一带两线’经济发展新格局，全力打造五大基地，努力实现在黄河三角洲开发建设中率先崛起”的总体发展战略，认真履行法定职责，抓住关键，突出重点，更加富有成效地开展工作，努力推动全区经济社会实现跨越发展。一是围绕中心，服务大局，认真行使好重大事项决定权；二是突出重点，加大力度，切实增强监督实效；三是改进工作，创新机制，充分发挥代表作用；四是解放思想，积极作为，不断加强自身建设。

报告最后指出，面对新的形势、新的挑战，我们肩负的任务光荣而艰巨。要高举中国特色社会主义伟大旗帜，深入贯彻落实科学发展观，在区委的领导下，进一步解放思想，振奋精神，锐意进取，真抓实干，为加快推进全区经济社会发展，实现在黄河三角洲开发建设中率先崛起而努力奋斗。

会议还听取了区人民法院院长李益民作的河口区人民法院工作报告；区人民检察院检察长宋继圣作的河口区人民检察院工作报告。会议讨论通过了大会选举办法。

（四）第三次全体会议。1 月 7 日上午，东营市河口区第十六届人民代表大会第四次会议在区礼堂举行第三次全体会议。全体代表、列席人员和秘书处工作人员参加。会议由区人大常委会第一副主任王树臣主持。大会进行了选举，补选郑爱国、李同君为河口区人大常委会委员。通过了关于河口区人民政府工作报告的决议、关于城乡规划建设管理工作报告的决议、关于河口区 2009 年国民经济和社会发展计划执行情况与 2010 年国民经济和社会发展计划的决议、关于河口区 2009 年财政预算执行情况及 2010 年财政预算的决议、关于河口区人大常委会工作报告的决议、关于河口区人民法院工作报告的决议、关于河口区人民检察院工作报告的决议。

东营市河口区第十六届人民代表大会第四次会议主席团、秘书长名单

（2010 年 1 月 4 日预备会议通过）

主席团（21 名，按姓名笔画为序）：

丁水林　王学春　王树臣　牛保坤　卢洪鹏
朱春光　孙红军　孙学诗　李寿年　李培智
杨学贤　张成彬　尚登贤　房建民　孟凡吾
赵淑萍（女）　侯永强　聂建军　黄高潮
盖举波　薄纯新
秘书长：杨学贤（兼）

东营市河口区第十六届人民代表大会第四次会议主席团常务主席名单

（2010 年 1 月 4 日主席团第一次会议推定）

聂建军　孙红军　王树臣　盖举波　张成彬
侯永强　杨学贤　房建民　丁水林
赵淑萍（女）

东营市河口区第十六届人民代表大会第四次会议副秘书长名单

（2010 年 1 月 4 日主席团第一次会议决定）

马士文　高祥涛　王云涛　卢玉峰
陈建英（女）　崔树峰　孙华强

东营市河口区第十六届人民代表大会第四次会议议案审查委员会组成人员名单

（2010 年 1 月 4 日预备会议通过）

主任委员：杨学贤
副主任委员：陈建英（女）
委　　员（按姓名笔画为序）：
刘凤霞（女）　李培智　张希武
高忠岐　董子平

东营市河口区第十六届人民代表大会第四次会议财政预算审查委员会组成人员名单

（2010 年 1 月 4 日预备会议通过）

主任委员：房建民
副主任委员：王宪印
委　　员（按姓名笔画为序）：
刘士勤　孙学诗　李金岭
陈丰先　苟军松

东营市河口区第十六届人民代表大会第四次会议各代表团临时党支部书记、副书记名单

新户乡代表团　书　记：孟凡吾
副书记：徐文棠
太平乡代表团　书　记：孙学诗
副书记：韩　东
义和镇代表团　书　记：王学春
副书记：苟军松
河口街道代表团　书　记：李寿年
副书记：商同林　牟焕民
六合乡代表团　书　记：朱春光
副书记：高连欣
孤岛镇代表团　书　记：薄纯新
副书记：李金峰
仙河镇代表团　书　记：卢洪鹏
副书记：张英然

东营市河口区第十六届人民代表大会第四次会议各代表团团长、副团长名单

新户乡代表团　团　长：孟凡吾
副团长：徐文棠
太平乡代表团　团　长：孙学诗
副团长：韩　东
义和镇代表团　团　长：王学春
副团长：苟军松
河口街道代表团　团　长：李寿年
副团长：商同林　牟焕民
六合乡代表团　团　长：朱春光
副团长：高连欣
孤岛镇代表团　团　长：薄纯新
副团长：李金峰
仙河镇代表团　团　长：卢洪鹏
副团长：张英然

第五节 第五次会议

（2011 年 1 月 13 ～ 15 日）

2011 年 1 月 13 ～ 15 日，东营市河口区第十六届人民代表大会第五次会议在区礼堂召开。150 名代表出席了会议。会议听取审议了区人大常委会、区人民政府、区人民法院、区人民检察院工作报告，书面审议了计划、财政两个报告和“十二五”规划纲要，审查批准了河口区 2010 年国民经济和社会发展计划、财政预算及“十二五”规划纲要。会议补选郭存三为区人大常委会副主任，王学春为副区长，胡友泉为区人民法院院长，孙学诗、王忠华、王学军、李仁玲、徐楠楠为区人大常委会委员。

（一）预备会议。1 月 12 日下午，河口区第十六届人民代表大会第五次会议在区礼堂举行预备会议。会议通过了大会议程，选举产生了大会主席团和秘书长，通过了大会议案审查委员会名单，通过了大会财政预算审查委员会名单。区人大常委会副主任房建民主持会议，区人大常委会副主任杨学贤对会议的有关问题进行了说明，并就如何开好会议提出了具体要求。

（二）第一次全体会议。1 月 13 日上午，东营市河口区第十六届人民代表大会第五次会议在区礼堂隆重开幕。会议高举中国特色社会主义伟大旗帜，以中共十七大和十七届五中全会精神为指引，深入贯彻落实科学发展观，充分发扬民主，严格依法办事，认真总结区十六届人大四次会议以来的工作，审议决定全区经济社会发展和民主法制建设的重大事项。主席团常务主席聂建军、杨同贤、王树臣、张成彬、侯永强、杨学贤、房建民、丁水林、赵淑萍在主席台前排就座。聂建军主持会议。副区长马保文作政府工作报告。

政府工作报告共分四部分：一是“十一五”时期政府工作回顾；二是“十二五”时期的奋斗目标和总体要求；三是 2011 年的政府工作任务；四是加强政府自身建设。报告提出，“十一五”时期是河口发展历程中极不平凡的五年。五年来，在市委、市政府和区委的正确领导下，全区上下深入贯彻落实科学发展观，解放思想，干事创业，锐意改革，拼搏进取，积极应对国际金融危机和各种挑战，全面推进黄河三角洲高效生态经济区建设，国民经济呈现出又好又快发展的良好势头，圆满完成了“十一五”规划各项目标任务。经济总量快速膨胀，综合实力大幅提升；经济结构不断优化，产业支撑带动能力明显增强；基础设施建设进一步加强，统筹城乡发展取得新成效；各项改革深入推进，对外开放实现新突破；社会事业蓬勃发展，保持了和谐稳定的良好局面；民生保障力度加大，人民生活水平迈上新台阶。

报告提出，2010 年是实施黄河三角洲高效生态经济区建设国家战略的开局之年。一年来，按照区委高点定位、率先崛起的要求，针对制约发展的关键问题，强化措施，集中突破，举全区之力实施重大项目攻坚、和谐城乡建设和机关效能提升“三大行动”，取得了显著成效。

报告提出，过去的五年是河口经济快速发展、社会全面进步、城乡面貌发生深刻变化、人民群众得到实惠最多的五年。五年来的生动实践是对中央、省、市和区委科学决策的有力见证，五年来的丰硕成果凝聚着社会各界、全区干部群众的聪明才智和辛勤汗水。这些成绩的取得是市委、市政府和区委正确领导的结果，是区人大及其常委会监督支持、人民政协和各民主党派参政议政的结果，是全区上下、油地军港、社会各界齐心协力共同奋斗的结果。

报告提出，“十二五”时期是河口区全面建设小康社会、深化改革开放、加快转变经济发展方式的关键时期，也是全力实施国家战略实现在黄河三角洲高效生态经济区建设中率先崛起的攻坚时期。展望“十二五”，既面临重大机遇，也面临重要挑战，我们务必要增强机遇意识、忧患意识和责任意识，牢牢把握战略机遇，积极应对各种挑战，坚定信心，攻坚克难，乘势而上，更加奋发有为的推动经济社会又好又快发展。

报告提出，“十二五”时期，全区经济社会发展的指导思想是，高举中国特色社会主义伟大旗帜，全面贯彻落实科学发展观和中共十七届五中全会精神，以科学发展为主题，以加快转变经济发展方式为主线，深入实施“科学规划‘一区五园一带两线’经济发展新格局，全力打造五大基地，努力实现在黄河三角洲开发建设中率先崛起”总战略，加快推进工业化、城镇化和农业化进程，着力提升产业素质，完善基础设施，深化改革开放，保障改善民生，促进经济社会在新起点上实现新跨越，率先建成黄河三角洲高效生态经济发展先行区、山东半岛蓝色经济发展创新区和中国宜居宜业湿地之城。

报告提出，“十二五”时期的奋斗目标是，综合实力显著提升，产业支撑带动能力显著增强，人居环境显著改善，人民生活水平显著提高。为确保实现上述目标任务，“十二五”时期着力推进五项重点工作：一是全面推进黄河三角洲高效生态经济区建设，加快构筑区域发展新高地；二是转变经济发展方式，加快促进产业结构优化升级；三是坚持开发与保护并重，加快构建绿色低碳生活体系；四是深化体制机制创新，加快改革开放步伐；五是着力保障改善民生，加快推进和谐河口建设。

报告提出，做好2011年的工作对于“十二五”开好头、起好步，以优异成绩迎接建党90周年具有十分重要的意义。2011年全区经济社会发展的主要预期目标是，全区生产总值增长17%以上，一般预算财政收入增长15%，全社会固定资产投资增长不低于20%，社会消费品零售总额增长18%以上，进出口总额增长15%，实际利用外资增长15%，城镇居民人均可支配收入和农民人均纯收入增长10%以上，城镇登记失业率控制在2%以内。主要约束性指标是万元生产总值能耗、二氧化硫排放量、化学需氧量持续下降，人口自然增长率控制在4.2‰以内。围绕实现上述目标，重点抓好五个方面的工作：一要努力保持经济平稳较快发展，二要深入实施三大行动，三要加强生态文明建设，四要强化财税收支管理，五要努力改善群众生活。全面建设小康社会，努力实现率先崛起，对政府工作提出了新的更高的要求。必须以更加开阔的视野、更加饱满的热情、更加扎实的工作，义不容辞地肩负起为民、务实、清廉的神圣职责，努力开创政府工作的新局面。一要解放思想，提升境界；二要依法行政，科学决策；三要务实高效，积极作为；四要执政为民，廉洁勤政。

报告最后提出，再续“十一五”规划，开创“十二五”新篇，是时代赋予的光荣使命，要高举邓小平理论和“三个代表”重要思想的伟大旗帜，深入贯彻落实科学发展观，在中共河口区委的坚强领导下，紧紧依靠全区人民，解放思想，抢抓机遇，奋发有为，继往开来，为全面完成“十二五”规划目标任务，实现在黄河三角洲开发建设中率先崛起而努力奋斗。

会议书面提交了计划、财政两个报告和“十二五”规划纲要（草案）。

（三）第二次全体会议。1月14日上午，区十六届人大五次会议第二次全体会议在区礼堂举行。146名人大代表出席会议，大会主席团常务主席聂建军、杨同贤、王树臣、侯永强、杨学贤、房建民、丁水林在主席台前排就座。房建民主持会议。区人大常委会第一副主任王树臣作东营市河口区人民代表大会常务委员会工作报告。

报告指出，过去的一年，区人大常委会在区委的坚强领导下，认真贯彻落实中共十七大和十七届四中、五中全会精神，深入学习实践科学发展观，紧紧围绕“科学规划‘一区五园一带两线’经济发展新格局，全力打造五大基地，努力实现在黄河三角洲开发建设中率先崛起”的总体发展战略，以推进“三大行动”和保障改善民生为重点，认真履行宪法和法律赋予的职责，贴近中心，强化监督，探索创新，扎实工作，为推动科学发展、促进社会和谐做出了新的贡献。一是围绕大局，依法履职，全力推进高效生态经济区建设；二是贴近基层，关注民生，切实维护社会和谐稳定；三是改进工作，创新机制，充分发挥代表作用；四是解放思想，积极作为，不断加强自身建设。

报告指出，2011年是实施“十二五”规划的第一年也是实施国家战略实现率先崛起的关键一年，要增强机遇意识，牢记历史使命，努力奋发进取，切实把思想和行动统一到区委的决策部署上来，把智慧和力量凝聚到加快推进黄河三角洲开发建设上来。今年区人大常委会工作的总体要求是：全面贯彻中共十七大、十七届五中全会精神，深入学习实践科学发展观，以加快推进黄河三角洲高效生态经济区建设为目标，按照“科学规划‘一区五园一带两线’经济发展新格局，全力打造五大基地，努力实现在黄河三角洲开发建设中率先崛起”的总体发展战略，紧紧围绕加快转变发展方式这条主线，认真履行法定职能，着力增强工作实效，为促进全区经济社会又好又快发展做出积极贡献。一要认真行使重大事项决定权；二要进一步增强监督工作；三要进一步做好代表工作；四要进一步提高履职能力。

会上，区人民法院代院长胡友泉作了河口区人民法院工作报告，区人民检察院检察长宋继圣作了河口区人民检察院工作报告。会议还通过了接受有关人员辞职请求的决定，通过了大会选举办法。

（四）第三次全体会议。1月15日上午，东营市河口区第十六届人民代表大会第五次会议举行第三次全体会议。聂建军主持会议。

大会首先进行选举事项，以无记名投票的方式，依法补选了区人大常委会副主任和委员、区人民政府副区长、区人民法院院长。大会依次表决通过了关于东营市河口区人民政府工作报告的决议、关于东营市河口区国民经济和社会发展第十二个五年规划纲要的决议、关于东营市河口区2010年国民经济和社会发展计划执行情况与2011年国民经济和社会发展计划的决议、关于东营市河口区2010年财政预算执行情况和2011年财政预算的决议、关于东营市河口区人大常委会工作报告的决议、关于东营市河口区人民法院工作报告的决议、关于东营市河口区人民检察院工作报告的决议。

聂建军在讲话时说，河口区第十六届人民代表大会第五次会议，在区委的领导下，经过全体代表的共同努力，圆满完成了各项任务。会议全面回顾了我区“十一五”期间的工作，深入分析了当前面临的形势，研究部署了“十二五”期间和2011年的工作。会议期间，与会代表以高度的主人翁责任感和饱满的政治热情，忠诚履行职责，认真审议报告，议全局之事，立发展之论，建肺腑之言，献务实之策，使大会通过的各项报告、确定的目标任务、作出的决议决定，更加符合科学发展观的要求，符合中央和省、市、区委的决策部署，符合河口实际，充分体现了全区人民的意志和愿望。会议开得隆重热烈、富有成效，是一次团结民主、共谋发展的大会，是一次凝聚人心、鼓舞斗志的大会，是一次承前启后、继往开来的大会，对于进一步动员和激励全区人民，坚定发展信念，明确发展目标，落实发展举措，在新的起点上推动河口科学发展、跨越发展，具有十分重要和深远的意义。

聂建军希望新当选的同志们要牢记全体代表和全区人民的重托，以振兴河口为己任，继续保持勤政廉政、公道正派的优良品德和务实高效的工作作风，奋发进取，埋头苦干，扎实工作，以新的干劲、新的作为，为实施国家战略、实现率先崛起做出新的更大贡献。

聂建军指出，当前，河口面临着黄河三角洲高效生态经济区和山东半岛蓝色经济区“两大国家战略”加快实施的重大历史机遇，正处在推动科学发展、跨越发展的关键时期。做好2011年的工作，对进一步巩固和发展全区大好形势，推动“十二五”发展开好局起好步，实现高点定位、率先崛起的奋斗目标，具有十分重要的意义。各位代表代表着全区人民行使当家作主的权力，任务光荣，责任重大。希望各位代表回到自己的工作岗位后，充分发挥模范带头作用和监督作用，强化责任意识，积极宣传本次大会的精神，把全区人民的思想统一到区委的决策部署上来，把力量集中到推动科学发展、跨越发展上来。要充分发挥人大代表联系群众的桥梁、纽带作用，密切与人民群众的联系，及时了解民情，充分反映民意，高度关注民生，重视和维护人民群众最关心、最直接、最现实的利益问题，努力使改革发展的成果惠及广大人民群众。

聂建军最后说：“描绘新蓝图，迎接新挑战，我们的任务光荣而艰巨；启动新规划，实现新目标，河口的明天灿烂而美好。让我们在市委、市政府的坚强领导下，以党的十七大和十七届五中全会精神为指导，全面贯彻落实科学发展观，抢抓历史机遇，乘势开拓进取，锐意改革创新，奋力攻坚克难，努力推动科学发展跨越发展，为实现高点定位、率先崛起而努力奋斗！”

东营市河口区第十六届人民代表大会
第五次会议主席团、秘书长名单

（2011年1月12日预备会议通过）

主席团（20名，按姓名笔画为序）：

丁水林	王学春	王树臣	王　新
牛保坤	卢洪鹏	朱春光	孙学诗
李寿年	李培智	杨同贤	杨学贤
张成彬	郑爱国	房建民	赵淑萍（女）
侯永强	聂建军	黄高潮	薄纯新

秘书长：杨学贤（兼）

东营市河口区第十六届人民代表大会
第五次会议主席团常务主席名单

（2011年1月12日主席团第一次会议推定）

聂建军　杨同贤　王树臣　张成彬　侯永强
杨学贤　房建民　丁水林　赵淑萍（女）

东营市河口区第十六届人民代表大会
第五次会议副秘书长名单

（2011年1月12日主席团第一次会议决定）

马士文　高祥涛　王云涛　卢玉峰
崔树峰　陈建英（女）　孙华强

东营市河口区第十六届人民代表大会
第五次会议议案审查委员会组成人员名单

（2011年1月12日预备会议通过）

主任委员：杨学贤
副主任委员：陈建英（女）
委　　员（按姓名笔画为序）：
刘凤霞（女）　李培智　张希武
高忠岐　董子平

东营市河口区第十六届人民代表大会
第五次会议财政预算审查委员会组成人员名单

（2011年1月12日预备会议通过）

主任委员：房建民
副主任委员：王忠华
委　　员（按姓名笔画为序）：
许俊峰　孙学诗　李金岭
陈丰先　苟军松

东营市河口区第十六届人民代表大会第五次会议各代表团临时党支部书记、副书记名单

仙河镇代表团　书　记：卢洪鹏
副书记：张英然
孤岛镇代表团　书　记：薄纯新
副书记：李金锋
六合街道代表团　书　记：朱春光
副书记：高连欣
河口街道代表团　书　记：李寿年
副书记：陈桂林
义和镇代表团　书　记：王学春
副书记：苟军松
新户镇代表团　书　记：孙学诗
副书记：徐文棠

东营市河口区第十六届人民代表大会第五次会议各代表团团长、副团长名单

仙河镇代表团　团　长：卢洪鹏
副团长：张英然
孤岛镇代表团　团　长：薄纯新
副团长：李金锋
六合街道代表团　团　长：朱春光
副团长：高连欣
河口街道代表团　团　长：李寿年
副团长：陈建岐
义和镇代表团　团　长：王学春
副团长：苟军松
新户镇代表团　团　长：孙学诗
副团长：徐文棠

第六节　第六次会议

（2011年8月22～23日）

2011年8月22～23日，东营市河口区第十六届人民代表大会第六次会议在区礼堂召开。会议听取了代区长苟增杰所作的区人民政府工作报告，补选苟增杰为河口区人民政府区长。

（一）预备会议。8月22日上午，河口区第十六届人民代表大会第六次会议预备会议在区礼堂举行。会议应到代表156人，实到代表150人。王树臣主持会议。会议通过了大会议程，选举产生了大会主席团和秘书长。王树臣对会议的几个有关问题进行了说明，就如何开好会议提出了具体要求。

（二）第一次全体会议。8月22日下午，东营市河口区第十六届人民代表大会第六次会议在区礼堂隆重开幕。主席团常务主席聂建军、杨同贤、王树臣、侯永强、房建民、丁水林、赵淑萍、郭存三在主席台前排就座。聂建军主持会议。代区长苟增杰作河口区人民政府工作报告。

政府工作报告共分三个部分：一是今年以来政府工作开展情况，二是下半年政府重点工作，三是加强政府自身建设。

报告指出，2011年是“十二五”开局之年，是实施“黄蓝”国家战略的关键之年。在市委、市政府和区委的正确领导下，全区上下深入贯彻落实科学发展观，按照“黄蓝融合、海陆统筹、港区一体、协调发展”的工作要求，奋力抢抓机遇，乘势开拓奋进，黄蓝经济区建设实现崭新开局，经济社会发展保持良好势头。一是经济保持又好又快发展，二是产业结构得到明显优化，三是“三大行动”取得新的成效，四是社会民生建设不断发展。

关于下半年政府重点工作，报告指出，当前黄河三角洲高效生态经济区、山东半岛蓝色经济区在河口融合交汇、叠加推进。市委、市政府着眼战略全局和长远发展作出了“港区城一体发展”的重大决策。河口作为两大国家战略的融合交汇区和发展最前沿，作为东营港的腹地支撑区和最强辐射区，凭借丰富的土地、海洋、油气、生态等资源优势，已经站在了全新的历史起点上。同时，经过多年的发展，河口区综合实力显著增强，基础设施日趋完善，发展环境更加优化。特别是2011年以来，把湖滨新区和山东河口蓝色经济开发区建设作为承接黄蓝两大战略的重要载体，举全区之力，加快推进建设，全面拉开了区域经济发展新框架，河口已经成为全市最活跃的经济板块和各地客商热切关注的投资热土。机遇稍纵即逝，发展时不我待，只要全区上下统一思想，抢抓机遇，坚定信心，乘势而上，就一定能开创黄蓝经济区建设的新局面，夺取经济社会发展的新胜利。苟增杰指出，下半年是实现全年目标任务的关键时期。我们要深入落实科学发展观，认真贯彻区十六届人大五次会议和区委六届二十二次全体会议精神，紧紧围绕“发挥港口优势，科学规划‘一港三区一带三线一城’经济发展新格局，全力打造五大基地，努力实现在黄河三角洲开发建设中高点定位率先崛起”的区域总体发展思路，全力推进黄蓝经济区建设和港区城一体发展。着力转变发展方式，推进城乡统筹，深化改革开放，保障改善民生，确保圆满完成全年各项经济社会发展任务，为顺利实现“十二五”目标开好局、起好步。一是实施重大项目攻坚，在产业结构调整升级上实现新突破；二是深化和谐城乡建设，在增强综合承载能力上实现新突破；三是全面深化改革开放，在提升经济发展活力上实现新突破；四是着力保障改善民生，在促进社会和谐稳定上实现新突破。

关于加强政府自身建设，报告指出，新的形势和任务对政府工作提出了新的更高要求，必须增强责任感和使命感，以饱满的热情、全新的姿态、昂扬的斗志，奋发进取，积极作为，切实肩负起历史赋予的重任。一要创新各项思维，提升思想境界；二要加强效能建设，全力提速提效；三要坚持依法行政，科学民主决策；四要牢记为民宗旨，保持清廉本色。

报告最后指出，站在新起点，务求新突破，坚持新作为，开创新局面，是时代赋予我们的崇高使命和光荣职责。要在市委、市政府和区委的坚强领导下，认真贯彻落实科学发展观，抢抓机遇，真抓实干，开拓进取，继往开来，奋力完成十六届人大五次会议确定的目标任务，努力实现“十二五”规划良好开局，为加快黄蓝经济区建设、推动河口率先崛起而努力奋斗。

会议通过了大会选举办法。

（三）第二次全体会议。8月23日上午，东营市河口区第十六届人民代表大会第六次会议举行第二次全体会议。大会主席团常务主席聂建军、杨同贤、王树臣、张成彬、侯永强、房建民、丁水林、赵淑萍、郭存三在主席台前排就座。聂建军主持会议。

会议以无记名投票的方式，补选苟增杰为河口区人民政府区长。

会上，新当选的河口区人民政府区长苟增杰说：“非常感谢大家的信任与支持，选举我为河口区区长。我深知这份信任意味着沉甸甸的责任，它的背后是全区29万人民的厚望与重托。我来河口工作已经1个半月的时间，虽然时间不长，但我深深地体会到河口是一块充满生机和希望的‘风水宝地’，深深地被这里丰富的自然资源和巨大的发展潜力所吸引，被这里纯朴和热情的百姓所打动，被全区上下争先创优、大干快上的发展氛围所感染，被油地军港同心协力、共建美好家园的和谐气氛所感动。能够融入这片生机无限的热土，成为29万河口人民中的一员，为河口的发展和百姓的福祉尽职尽力，我感到无上光荣。”

荀增杰说：“今天的河口，经过历届区委、区政府和全区人民的共同努力，经济社会发展取得了令人瞩目的成绩；黄蓝两大国家战略的实施和港区城一体布局的确立，使河口的发展站在了新的起点，正处于跨越发展、率先崛起的紧要关头。我深刻地明白，手中的权力是人民赋予的。我一定牢记执政为民的要求，时时刻刻把为群众谋福祉放在首位，深怀爱民之心，恪守为民之责，善谋富民之策，多办利民之事，真心实意地为老百姓做好事、解难事，最大限度地让群众享受到改革开放和经济发展带来的丰硕成果。”

荀增杰表示，将以身作则、严于律己，带头执行政府的各项规章制度，决不用手中的权力谋取私利，努力做到仰不负党、俯不愧民，树立政府和自身的良好形象。荀增杰最后说，我坚信，在市委、市政府的正确领导下，有以建军书记为班长的区委的坚强领导，有区人大及其常委会和各位代表的监督支持，有胜利油田、济军生产基地等部门单位的鼎力相助，有全区人民的同心同德、共同奋斗，一定能够实现河口率先崛起、跨越发展的宏伟目标，一定能够创造更加灿烂美好的明天。

聂建军在致闭幕词时说，这次大会，是在全区上下大力实施黄蓝国家战略、加快推进港区城一体化发展的新形势下召开的一次重要会议。大会以科学发展观为指导，认真总结2011年以来经济社会发展情况，深入分析当前面临的形势，安排部署下一步工作任务，选举产生了新的区人民政府区长。会议期间，各位代表肩负全区人民的重托与期盼，以饱满的政治热情和高度负责的精神，忠诚履行职责，依法行使权力，确保了大会圆满成功。这次大会进一步统一了思想，明确了任务，鼓舞了干劲，必将动员和激励全区人民抢抓黄蓝叠加、港区一体重大发展机遇，豪情满怀地投身黄蓝经济区建设，开创河口科学发展、和谐发展、率先发展的新局面。

聂建军说，适应黄蓝战略交汇叠加和“港区一体、统筹发展”的新形势新任务，区委、区政府在科学研究论证的基础上，进一步完善确定了“发挥港口优势，科学规划‘一港三区一带三线一城’经济发展新格局，全力打造五大基地，努力实现在黄河三角洲开发建设中高点定位、率先崛起”的区域总体发展思路，完全符合科学发展观的要求，符合河口实际，体现了全区人民的共同意愿，也得到了市委、市政府的充分肯定。我们要把这个总体发展思路作为一面旗帜高高举起，以此统一全区上下的思想和行动，动员各个方面紧紧围绕这个思路和目标，强力推进重大项目攻坚、和谐城乡建设、机关效能提升“三大行动”，奋力把河口的各项事业推向前进。

聂建军最后表示，让我们在市委、市政府的坚强领导下，深入贯彻落实科学发展观，紧紧抓住“港区一体、统筹发展”的重大机遇，积极作为，攻坚克难，全面开创各项事业发展新局面，为实现在黄河三角洲开发建设中高点定位、率先崛起而努力奋斗。

东营市河口区第十六届人民代表大会
第六次会议主席团、秘书长名单

（2011年8月22日预备会议通过）

主席团（20名，按姓名笔画为序）：

丁水林　王树臣　王　新　牛保坤　朱春光
孙学诗　杨同贤　李寿年　李金峰　李培智
张成彬　张英然（女）　郑爱国　房建民
赵淑萍（女）　侯永强　聂建军　徐文棠
郭存三　黄高潮

秘书长：房建民（兼）

东营市河口区第十六届人民代表大会
第六次会议主席团常务主席名单

（2011年8月22日主席团第一次会议推定）

聂建军　杨同贤　王树臣　张成彬　侯永强
房建民　丁水林　赵淑萍（女）　郭存三

东营市河口区第十六届人民代表大会第六次会议副秘书长名单

（2011年8月22日主席团第一次会议决定）

马士文　高祥涛　卢玉峰　金建村
陈建英（女）　孙华强　孙　杰

东营市河口区第十六届人民代表大会第六次会议各代表团临时党支部书记、副书记名单

新户镇代表团　书　记：孙学诗
　　副书记：陈步先
义和镇代表团　书　记：徐文棠
　　副书记：苟军松
河口街道代表团　书　记：李寿年
　　副书记：商同林　牟焕民
六合街道代表团　书　记：朱春光
　　副书记：高连欣
孤岛镇代表团　书　记：李金峰
　　副书记：王　峰
仙河镇代表团　书　记：张英然
　　副书记：王云涛

东营市河口区第十六届人民代表大会第六次会议各代表团团长、副团长名单

新户镇代表团　团　长：孙学诗
　　副团长：陈步先
义和镇代表团　团　长：徐文棠
　　副团长：苟军松
河口街道代表团　团　长：李寿年
　　副团长：商同林　牟焕民
六合街道代表团　团　长：朱春光
　　副团长：高连欣
孤岛镇代表团　团　长：李金峰
　　副团长：王　峰
仙河镇代表团　团　长：张英然
　　副团长：王云涛

第六章 第十七届人民代表大会
（2012～2016年）

东营市河口区第十七届人民代表大会任期为2012年2月至2016年12月，实际任期5年。任期内，共举行5次会议。共听取审议"一府两院"专项工作报告75项；作出决议决定52项；共督办区人大代表提出的议案、建议、批评、意见406件。

第一节 第一次会议
（2012年2月2～4日）

2012年2月2～4日，东营市河口区第十七届人民代表大会第一次会议在区礼堂召开。会议应到代表160，实到代表155名。会议听取审议了河口区人大常委会、人民政府、人民法院、人民检察院工作报告，书面审议了河口区2011年国民经济和社会发展计划执行情况及2012年国民经济和社会发展计划（草案）的报告、河口区2011年财政预算执行情况和2012年财政预算（草案）的报告。会议选举聂建军为河口区人大常委会主任，张胜双、丁水林、赵淑萍、郭存三、闫长林为区人大常委会副主任，马士文、马学君、马剑光、王忠华、王学军、朱春光、刘凤霞、孙明、李仁玲、李延春、陈建英、陈锋之、周青蓉、徐楠楠、郭守勤、郭学峰、韩青为区人大常委会委员；选举荀增杰为河口区人民政府区长，马保文、曹永湖、王秀凤、高加夫、王英明、赵明印为副区长；选举胡友泉为河口区人民法院院长，宋继圣为河口区人民检察院检察长；选举出席东营市第七届人民代表大会代表37名。

（一）预备会议。2月1日下午，区十七届人大一次会议预备会议在区礼堂举行。郭存三主持会议。会议通过了大会议程，选举产生了大会主席团和秘书长，通过了大会议案审查委员会名单，通过了大会财政预算审查委员会名单。房建民对会议的几个有关问题进行了说明，就如何开好会议提出了具体要求。预备会议结束后，在区礼堂就地召开了代表中的党员会议，会议由区委副书记、区长荀增杰主持。会议宣布了大会主席团临时党委名单；区委书记聂建军作了讲话。

（二）第一次全体会议。2月2日上午，东营市河口区第十七届人民代表大会第一次会议在区礼堂隆重开幕。聂建军主持会议。区长荀增杰作题为《全力以赴抓发展，不遗余力惠民生，为实现河口富民强区新跨越而努力奋斗》的政府工作报告。

报告共分四大部分：一是十六届政府工作回顾；二是今后五年的目标任务和工作重点；三是2012年政府工作安排；四是加强政府自身建设。报告提出，本届政府任期的四年，是河口发展史上极不寻常、极不平凡的四年。四年来，在市委、市政府和区委的正确领导下，在区人大、政协的监督支持下，区政府团结带领全区人民，深入贯彻落实科学发展观，牢牢把握黄蓝两大国家战略叠加实施的历史机遇，解放思想，奋发有为，圆满完成了区十六届人大一次会议确定的目标任务，为实现河口高点定位、率先崛起奠定了坚实基础。过去的四年，是经济平稳快速增长、综合实力大幅提升的四年；是发展方式加快转变、产业结构日趋优化的四年；是基础设施不断完善、城乡面貌显著改观的四年；是改革开放全面深化、发展活力持续迸发的四年；是社会事业全面进步、人民生活明显改善的四年；是政府职能加快转变、发展环境更加优化的四年。2011年，是实施"十二五"规划的开局之年。这一年，着力保运行、保增长，经济社会发展跃上新台阶；着力扩投入、调结构，重大项目建设实现新突破；着力打基础、谋长远，黄蓝经济区建设打开新局面；着力惠民生、增民利，人民生活水平得到新提高。

报告提出，今后五年，是河口加快实施黄蓝国家战略、全面建设小康社会的关键时期，也是加速经济转型、实现跨越崛起的攻坚时期。按照区“十二五”规划和区第七次党代会精神，今后五年工作的指导思想是：高举中国特色社会主义伟大旗帜，深入贯彻落实科学发展观，紧紧围绕“发挥港口优势，科学规划‘一港三区一带三线一城’经济发展新格局，全力打造五大基地，努力实现在黄河三角洲开发建设中高点定位、率先崛起”的总体发展思路，牢牢把握“港区联动、工业优先、富民强区”的工作基调，全力实施国家战略，深度推进港区融合，着力转变发展方式，推进城乡统筹，深化改革开放，保障改善民生，努力实现经济社会又好又快发展，为全面建设新兴港口城市、实现富民强区新跨越奠定坚实的基础。

今后五年重点抓好四个方面的工作：一是全面实施国家战略，开创陆海统筹发展新局面；二是着力优化产业结构，加快构筑现代产业新高地；三是深度推进城乡统筹，加快建设秀美宜居新河口；四是更加关注民计民生，努力建设和谐幸福新家园。

关于2012年政府工作安排，报告提出，2012年是新一届政府开局之年，做好全年的工作，意义重大，影响深远。综合考虑各种因素，2012年全区经济社会发展主要预期目标是：全区生产总值增长17%，全社会固定资产投资增长25%，社会消费品零售总额增长17%，一般预算财政收入增长16%，进出口总值增长15%，实际利用外资增长20%，城镇居民人均可支配收入、农民人均纯收入分别增长11%和12%；人口自然增长率控制在5‰以内；全面完成上级下达的年度节能减排任务。工作中，重点抓好五个方面的工作，一要坚定不移地实施强农富民工程，全面推进农村发展繁荣；二要坚定不移地实施重大项目攻坚，加快构筑现代产业体系；三要坚定不移地推进和谐城乡建设，增强城市综合承载能力；四要坚定不移地推进改革开放创新，激发科学发展强大动力；五要坚定不移地改善民生增进民利，提高人民群众幸福指数。

报告指出，群众利益无小事，民生之计大于天。2012年，在深入调查研究、广泛征求民意的基础上，确定了总投资6.41亿元的11件便民实事。对这些工程，将严格落实责任，明确标准时限，加强督查考核，确保说到做到、全部兑现、取信于民。

对于加强政府自身建设，报告指出，未来五年注定是河口大发展、大变化、大提升的五年，人民群众对政府工作寄予更大期望。新一届政府将以更加昂扬的斗志、更加务实的作风、更加有力的举措，高标准做好各项工作，义不容辞地肩负起为民、务实、清廉的神圣职责。一是要坚持与时俱进，增强政府创新力；二是要规范行政行为，增强政府公信力；三是要加强效能建设，增强政府执行力；四是要保持清正廉洁，增强政府向心力。

报告最后指出，时代赋予重任，艰辛铸就伟业。让我们更加紧密地团结起来，在市委、市政府和区委的坚强领导下，高举中国特色社会主义伟大旗帜，紧紧依靠全区人民，锲而不舍、攻坚克难，励精图治、加快发展，奋力开创河口富民强区、率先崛起的灿烂明天，以更加优异的成绩迎接中共十八大胜利召开。

会议书面提交了计划、财政两个报告。

（三）第二次全体会议。2月3日上午，东营市河口区第十七届人民代表大会第一次会议第二次全体会议在区礼堂举行。张胜双主持会议。房建民作东营市河口区人民代表大会常务委员会工作报告。

报告指出，区十六届人大常委会选举产生以来的四年，是我区改革开放和现代化建设事业取得显著成绩的四年。四年来，区人大常委会在中共河口区委的坚强领导下，高举中国特色社会主义伟大旗帜，以邓小平理论和“三个代表”重要思想为指导，深入贯彻落实科学发展观，认真履行宪法和法律赋予的职责，与时俱进，开拓创新，为推动全区经济建设、政治建设、文化建设、社会建设和生态文明建设做出了积极贡献。一是围绕大局，依法履职，全力推进黄蓝经济区建设；二是贴近基层，关注民生，切实维护社会和谐稳定；三是突出重点，注重实效，扎实推进依法治区；四是改进工作，完善机制，充分发挥代表作用；五是解放思想，积极作为，不断加强自身建设。

报告指出，区十六届人大常委会四年来所取得的成绩，是在中共河口区委正确领导下，认真践行科学发展观的结果；是在历届人大工作基础上，常委会全体组成人员和广大代表共同努力的结果；是社会各界和广大人民群众大力支持的结果。2012年是新一届人大常委会的开局之年，也是实施“十二五”规划、建设黄蓝经济区的关键一年。面对新的形势和任务，区十七届人大及其常委会必将会更好地凝聚全体代表的智慧和力量，担当起历史赋予的重任，在区委的坚强领导下，继往开来，与时俱进，不断开创人大工作的新局面。建议区十七届人大及其常委会，要始终把推动经济社会发展作为人大工作的首要任务；要始终把发展社会主义民主政治作为人大工作的基本职责；要始终把维护人民群众根本利益作为人大工作的出发点和落脚点；要始终把加强和改进代表工作作为推进人大工作的重要动力；要始终把加强自身建设作为提高人大工作水平的重要保证。

报告最后指出，即将产生的河口区第十七届人民代表大会常务委员会肩负着人民的重托，履行神圣的职责。在中共河口区委的坚强领导下，新一届人大常委会一定能够求真务实，锐意进取，深入贯彻落实科学发展观，继续谱写人大工作的新篇章，为实现河口在黄河三角洲开发建设中高点定位、率先崛起再创新的业绩，再铸新的辉煌。

会议听取了区人民法院院长胡友泉作的河口区人民法院工作报告、区人民检察院检察长宋继圣作的河口区人民检察院工作报告。

会议通过了大会选举办法。

（四）第三次全体会议。2月4日下午，东营市河口区第十七届人民代表大会第一次会议举行第三次全体会议。聂建军主持会议。大会首先举行选举事项，以无记名投票的方式依法选举产生了河口区第十七届人大常委会主任、副主任、委员，新一届河口区人民政府区长、副区长，区人民法院院长、区人民检察院检察长，东营市第七届人民代表大会代表。

大会表决通过了关于河口区人民政府工作报告的决议、关于河口区2011年国民经济和社会发展计划执行情况与2012年国民经济和社会发展计划的决议、关于河口区2011年财政预算执行情况和2012年财政预算的决议、关于河口区人大常委会工作报告的决议、关于河口区人民法院工作报告的决议、关于河口区人民检察院工作报告的决议。

会上，新当选的河口区人民政府区长荀增杰讲话。荀增杰说："能够为河口的发展贡献力量，为河口的人民做些事情，这是我人生最大的福分！对此，我感到无比的荣耀与自豪。当前，河口正处在跨越发展的紧要关头，黄蓝两大国家战略在此交汇融合、叠加实施，市委、市政府继去年作出港区城一体发展重大部署后，今年又将其列为全市三大增长极之一，为河口的发展提供了广阔的舞台。在这样一个关键时期，作为新当选的河口区政府区长，我深感责任神圣而重大，使命艰巨而光荣。我唯有把代表的信任、人民的重托转化为勤勉工作的不竭动力，按照区第七次党代会和本次大会通过的决议，同政府全体人员一道坚定地推进富民强区、团结共建和港区协调发展，倾注全部的智慧和力量，勤奋敬业，善谋实干，努力把河口建设成为富有魅力、充满活力、文明富强的新兴港口城市和湿地生态家园，推动河口在新的起点上实现新的更大的跨越。"

荀增杰说："我深知信任意味着责任，我更深知与全区人民的期待和赋予的重任相比，我的阅历尚浅、能力有限，但我相信天道酬勤、勤能补拙，我更相信团结可以移山、众志定可成城。我将坚持把团结作为为政之要，自觉维护和促进几大班子、油地军港和社会各界的团结和谐，凝聚全区人民的智慧，集中社会各界的力量，与大家一道齐心协力干事业，凝心聚力促发展，努力争当团结发展的楷模和表率。"

荀增杰最后说："各位代表、同志们，责任在心重千钧、使命在肩当奋进，我坚信有以聂建军书记为班长的区委的坚强领导，有区人大、区政协和各位代表的监督与支持，有胜利油田、济军生产基地等部门单位的鼎力相助，只要全区人民团结一心、同舟共济、不遗余力、不懈奋斗，我们的家园一定会更加美丽，人民的生活一定会更加幸福，河口的明天一定会更加美好！"

聂建军在主持会议时说，河口区第十七届人民代表大会第一次会议在大会主席团的领导和主持下，经过全体代表的共同努力，圆满完成了各项任务，会议通过的各项决议决定符合上级要求、符合河口实际，体现了全区人民的共同意愿。这次大会是一次民主团结、求真务实的大会，是一次凝聚人心、鼓舞斗志的大会。作为新一届区人大常委会我们将和全体人大代表一道，勤勉务实、开拓创新，忠实履行宪法和法律赋予的职责，加强监督注重实效，努力把新时期的人大工作推向一个新水平。希望新当选的一府两院的领导同志要以振兴河口为己任，继续保持勤政廉政、公道正派的优良品德和务实高效的工作作风，奋发进取、埋头苦干、扎实工作，以新的干劲、新的作为为开创港区城一体化发展新局面，推动河口实现在黄河三角洲开发建设中高点定位、率先崛起作出新的更大贡献。

聂建军指出，今后五年，河口的发展面临重大历史机遇和诸多积极因素，正处在大有作为、跨越发展的重要机遇期。各位代表着全区29万人民行使当家做主的权利，任务光荣、责任重大。希望各位代表充分发挥模范带头作用和监督作用，强化职责意识，积极宣传本次大会精神，带头贯彻本次大会的各项决议，把全区人民的思想迅速统一到大会精神上来，把智慧凝聚到大会确定的目标任务上来，把力量集中到加快我区又好又快发展上来。要充分发挥人大代表联系群众的桥梁纽带作用，密切与人民群众的联系，及时了解民情、充分反映民意，高度关注民生，重视和维护人民群众最关心、最直接、最现实的利益问题，努力使改革发展的成果惠及广大人民群众。

聂建军最后说："各位代表、同志们，新一届人大肩负着承前启后、继往开来的历史使命，面对着光荣而艰巨的发展任务，在新的伟大征程中，让我们在市委市政府的坚强领导下，深入贯彻落实科学发展观，抢抓历史机遇，乘势开拓奋进，全面实施黄蓝两大国家战略，加快推进黄蓝经济开发区开发建设，奋力开创港区城一体化发展的新局面，为把河口建设成富有魅力、充满活力、文明富强的新兴港口城市和湿地生态家园而努力奋斗！"

东营市河口区第十七届人民代表大会第一次会议主席团、秘书长名单

（2012年2月1日预备会议通过）

主席团（25名，按姓名笔画为序）：

丁水林　马剑光　王永跃　王兴法　牛保坤
巩　蕾　朱春光　闫长林　闫　彬　牟焕民
孙　明　杨同贤　李金锋　李积德　宋继圣
张英然（女）　张胜双　荀增杰　房建民
胡友泉　赵淑萍（女）　侯永强　聂建军
徐文棠　郭存三

秘书长：房建民（兼）

东营市河口区第十七届人民代表大会第一次会议主席团常务主席名单

（2012年2月1日主席团第一次会议推定）

聂建军　荀增杰　杨同贤　张胜双　侯永强
王永跃　王兴法　房建民　丁水林　赵淑萍（女）
郭存三　闫长林

东营市河口区第十七届人民代表大会第一次会议副秘书长名单

（2012年2月1日主席团第一次会议决定）

马士文　陈桂林　高祥涛　陈锋之
金建村　陈建英（女）　孙华强

东营市河口区第十七届人民代表大会第一次会议议案审查委员会组成人员名单

（2012年2月1日预备会议通过）

主任委员：房建民
副主任委员：陈建英（女）
委　　员（按姓名笔画为序）：
马学君　王立江　刘凤霞（女）
李希平　郭树勇

东营市河口区第十七届人民代表大会第一次会议财政预算审查委员会组成人员名单

（2012年2月1日预备会议通过）

主任委员：郭存三
副主任委员：王忠华
委　　员（按姓名笔画为序）：
朱月福　李延春　李金岭
张希武　徐楠楠（女）

东营市河口区第十七届人民代表大会第一次会议各代表团临时党支部书记、副书记名单

新户镇代表团	书　记：	闫　彬
	副书记：	张学亮
义和镇代表团	书　记：	徐文棠
	副书记：	荀军松
河口街道代表团	书　记：	牟焕民
	副书记：	张吉胜
六合街道代表团	书　记：	朱春光
	副书记：	高连欣
孤岛镇代表团	书　记：	李金锋
	副书记：	王　峰
仙河镇代表团	书　记：	张英然
	副书记：	王云涛

东营市河口区第十七届人民代表大会第一次会议各代表团团长、副团长名单

新户镇代表团	团　长：	闫　彬
	副团长：	张学亮
义和镇代表团	团　长：	徐文棠
	副团长：	荀军松
河口街道代表团	团　长：	牟焕民
	副团长：	张吉胜
六合街道代表团	团　长：	朱春光
	副团长：	高连欣
孤岛镇代表团	团　长：	李金锋
	副团长：	王　峰
仙河镇代表团	团　长：	张英然
	副团长：	王云涛

第二节　第二次会议

（2013 年 1 月 3 ～ 5 日）

2013 年 1 月 3 ～ 5 日，东营市河口区第十七届人民代表大会第二次会议在区礼堂召开。出席会议代表 158 名。会议听取审议了区人大常委会、区人民政府、区人民法院、区人民检察院的工作报告，书面审议了计划、财政报告，审查批准了河口区 2013 年国民经济和社会发展计划及财政预算。会议补选王宏伟、伍忠民为河口区第十七届人民代表大会常务委员会委员。

（一）预备会议。1 月 2 日下午，区十七届人大二次会议在区礼堂举行预备会议。区人大常委会副主任闫长林主持会议。会议通过了大会议程，选举产生了大会主席团和秘书长，通过了大会议案审查委员会名单，通过了大会财政预算审查委员会名单。区人大常委会副主任郭存三对大会筹备情况作了说明，并就如何开好会议提出了具体要求。预备会议结束后，在区礼堂就地召开了代表中的党员会议，会议由荀增杰主持。会议宣布了大会主席团临时党委名单；聂建军作了讲话。

（二）第一次全体会议。1 月 3 日上午，东营市河口区第十七届人民代表大会第二次会议在区礼堂召开。区委书记、区人大常委会主任聂建军主持会议。区长荀增杰作政府工作报告。

报告共分三大部分：一是 2012 年政府工作回顾，二是 2013 年政府工作总体要求和目标任务，三是加强政府自身建设。报告提出，2012 年，是深入贯彻区第七次党代会精神，全面建设生态文明典范区的开局之年，也是迎难奋进、成果丰硕的一年。一年来，在区委的坚强领导下，全区上下凝心聚力谋发展，千方百计惠民生，经济社会发展取得了显著成绩：一是积极应对各种挑战，经济实现逆势上扬；二是着力转变发展方式，产业层次大幅提升；三是强力推进城乡建设，人居环境更加秀美；四是着力深化改革创新，发展活力明显增强；五是倾力保障改善民生，群众生活更加幸福；六是狠抓政府自身建设，行政效能明显提升。

报告提出，2012 年，遇到的挑战异常严峻，付出的努力非比寻常，取得的成绩来之不易。这些成绩的取得，是区委坚强领导的结果，是人大代表、政协委员监督支持的结果，是全区人民、社会各界团结奋斗的结果，同时，也凝结着全体政府工作人员的努力和汗水。特别是济军生产基地和驻区各油田单位鼎力支持、积极参与，为河口大地蓬勃发展注入了强大动

力；广大企业和企业家扎根河口、创新创业，为全区经济强筋壮骨提供了有力支撑。回顾过去的一年，在困难面前没有放慢脚步，在机遇面前没有错失良机。深刻地体会到：要想实现富民强区、率先崛起，必须永葆昂扬向上的精神状态；面对全区人民的殷切期待，面对日益激烈的区域竞争，唯有牢记发展、心系民生，毫不懈怠、毫不放松，才能在攀登的道路上坚韧不拔、勇攀高峰，才能在发展的大潮中激流勇进、勇立潮头；要想实现富民强区、率先崛起，必须恪守艰苦奋斗的优良传统，要学习孺子牛的俯首之态、奉献之情、拓荒之劲，把全部心思和精力倾注到干事创业上来，夙夜在公，不惜汗水，埋头苦干，一往无前；要想实现富民强区、率先崛起，必须秉承勇于担当的宝贵品质，时刻保持敢为人先的闯劲、勇往直前的拼劲、百折不挠的韧劲，事不避难，攻坚克难，越是艰险越向前；要想实现富民强区、率先崛起，必须弘扬团结包容的协作精神；无论现在，还是将来，我们都要高举油地军港“团结共建、共兴共荣”的大旗，倍加珍视团结，更加精诚团结，凝心聚力，同舟共济，努力建设好共同的家园。

报告提出，2013年是全面贯彻落实党的十八大精神的开局之年，也是实施“十二五”规划承前启后的关键一年，做好2013年的政府工作，责任重大、影响深远。如今的河口，占据天时地利人和，只要放手大干、埋头苦干、真抓实干，就一定能不负全区人民的重托！朝着“两个率先”的目标阔步前进！具体工作中重点坚持“五个不动摇”、实现“五个新突破”：一是坚持工业强区不动摇，在加速膨胀经济总量上实现新突破；二是坚持城乡统筹不动摇，在构筑新型城镇体系上实现新突破；三是坚持强农富民不动摇，在现代农业快速崛起上实现新突破；四是坚持三产兴区不动摇，在增强经济发展活力上实现新突破；五是坚持惠民利民不动摇，在提高群众幸福指数上实现新突破。同时，2013年将继续办好建成启用河口中心敬老幸福园、启动区一中新校建设、实施河宁小区水电路暖整体改造、实施幸福家庭创建工程、实施全区有线电视数字化工程等十大民生实事。

报告提出，当前河口正处于发展的关键时期，人民群众对政府工作寄予更大期望。我们将始终按照为民、务实、清廉的要求，全面加强自身建设，努力建设堪当重任、人民满意的政府。一要心系百姓，执政为民；二要解放思想，攻坚克难；三要转变作风，求真务实；四要依法行政，廉洁奉公。

报告提出，油地军港团结协作是河口实现富民强区、率先崛起的最大优势，要以更大力度支持油田单位增储上产，解决好职工住房、油区治安等实际问题；以更大力度支持济军基地发展生产、改善民生；以更大力度支持东营港的开发与建设。油地携手，军民同心，区港联动，共谋发展，共建美好的家园。

会议书面提交了计划、财政两个报告。

（三）第二次全体会议。1月4日上午，东营市河口区第十七届人民代表大会第二次会议第二次全体会议在区礼堂举行。郭存三主持会议。张胜双作东营市河口区人民代表大会常务委员会工作报告。

报告指出，2012年，区人大常委会在区委的坚强领导下，坚持以科学发展观为指导，紧紧围绕“发挥港口优势，科学规划‘一港三区一带三线一城’经济发展新格局，全力打造五大基地，努力实现在黄河三角洲开发建设中高点定位、率先崛起”的总体发展思路，牢牢把握“港区联动，工业优先，富民强区”的工作基调，贴近中心，突出重点，依法履职，积极作为，实现了本届常委会工作开好局、起好步的目标。一是把握工作大局，依法推动经济社会又好又快发展；二是高度关注民生，努力维护社会和谐稳定；三是加强法律监督，扎实推进民主法制建设；四是创新工作机制，充分发挥代表主体作用；五是加强自身建设，不断提升依法履职能力。

报告指出，过去一年取得的成绩，是区委正确领导、常委会组成人员和人大代表共同努力的结果，是区人民政府、区人民法院、区人民检察院协同工作的结果，是广大人民群众和社会各界大力支持的结果。2013年是全面贯彻落实中共十八大精神的第一年，也是全力实施“黄蓝”国家战略、建设生态文明典范城市的关键一年。中共十八大胜利召开，描绘了全面建成小康社会、加快推进社会主义现代化的宏伟蓝图，指明了前进的方向。2013年区人大常委会工作的总体要求是：在区委的坚强领导下，认真学习贯彻中共十八大精神，以科学发展观为指导，紧紧围绕“发挥港口优势，科学规划‘一港三区一带三线一城’经济发展新格局，全力打造五大基地，努力实现在黄河三角洲开发建设中高点定位、率先崛起”的总体发展思路，以加快推进工业化、信息化、城镇化和农业现代化为重点，认真履行法定职责，大胆实践，积极创新，更加富有成效地开展工作，为实现两个率先宏伟目标做出新的更大的贡献。一要突出重点，加大力度，切实增强监督实效；二要强化措施，完善机制，扎实推进人大代表工作；三要解放思想，积极作为，不断加强自身建设。

会议听取了区人民法院副院长曹志海作的河口区人民法院工作报告，区人民检察院检察长宋继圣作的河口区人民检察院工作报告。

会议通过了大会选举办法。

（四）第三次全体会议。1月5日上午，东营市河口区第十七届人民代表大会第二次会议举行第三次全体会议。区委书记、区人大常委会主任聂建军主持会议。

大会首先进行选举事项，以无记名投票的方式，补选了2名区人大常委会委员。大会依次表决通过了关于河口区人民政府工作报告的决议、关于河口区2012年国民经济和社会发展计划执行情况与2013年国民经济和社会发展计划的决议、关于河口区2012年财政预算执行情况和2013年财政预算的决议、关于河口区人大常委会工作报告的决议、关于河口区人民法院工作报告的决议、关于河口区人民检察院工作报告的决议。

聂建军在主持会议时说，区十七人大二次会议，在大会主席团的领导和主持下，经过全体代表的共同努力，圆满完成了各项任务。会议期间，与会代表以高度的主人翁责任感和饱满的政治热情，忠诚履行职责，认真审议报告，积极建言献策，使大会通过的各项报告、确定的目标任务、作出的决议决定，更加符合科学发展观的要求，符合上级和区委的决策部署，符合河口的发展实际，充分体现了全区人民的意志和愿望。这是一次民主团结、求真务实的大会，是一次凝聚人心、鼓舞斗志的大会，对于进一步动员和激励全区人民，坚定发展信念，明确发展目标，落实发展举措，在新的起点上推动河口科学发展、跨越发展，具有十分重要和深远的意义。

聂建军指出，2013年是全面贯彻落实中共十八大精神的开局之年，也是加快实施黄蓝国家战略、实现“两个率先”的关键一年。中共十八大描绘了全面建成小康社会、加快推进社会主义现代化的宏伟蓝图，为我们指明了前进的方向。当今的河口面临着重大历史机遇和诸多积极因素，正处在大有作为、跨越发展的重要战略机遇期。要沿着十八大指引的前进方向，紧紧围绕“发挥港口优势，科学规划‘一港三区一带三线一城’经济发展新格局，全力打造五大基地，努力实现在黄河三角洲开发建设中高点定位、率先崛起”的总体发展思路，以勇于担当、攻坚克难的精神，深入实施重大项目攻坚、和谐城乡建设、机关效能提升“三大行动”，努力开创河口科学发展、跨越发展的新局面。

东营市河口区第十七届人民代表大会第二次会议主席团、秘书长名单

（2013年1月2日预备会议通过）

主席团（21名，按姓名笔画为序）：

丁水林　马剑光　王永跃　王兴法　巩　蕾
朱春光　闫长林　闫　彬　牟焕民　孙　明
杨同贤　李金锋　李积德　张英然（女）
张胜双　赵淑萍（女）　侯永强　聂建军
徐文棠　郭存三　董　凯

秘书长：郭存三（兼）

东营市河口区第十七届人民代表大会第二次会议主席团常务主席名单

（2013年1月2日主席团第一次会议推定）

聂建军　杨同贤　张胜双　侯永强　王永跃
王兴法　丁水林　赵淑萍（女）　郭存三
闫长林

东营市河口区第十七届人民代表大会第二次会议副秘书长名单

（2013年1月2日主席团第一次会议决定）

马士文　陈桂林　高玉志　陈锋之　张　林
王学军　孙华强

东营市河口区第十七届人民代表大会第二次会议议案审查委员会组成人员名单

（2013 年 1 月 2 日预备会议通过）

主 任 委 员：郭存三
副主任委员：王学军
委　　　员（按姓名笔画为序）：
马学君　王立江　刘凤霞（女）
李希平　郭树勇

东营市河口区第十七届人民代表大会第二次会议财政预算审查委员会组成人员名单

（2013 年 1 月 2 日预备会议通过）

主 任 委 员：闫长林
副主任委员：王忠华
委　　　员（按姓名笔画为序）：
朱月福　李延春　李金岭
张希武　房文利

东营市河口区第十七届人民代表大会第二次会议各代表团临时党支部书记、副书记名单

新户镇代表团　书　记：闫　彬
副书记：张学亮
义和镇代表团　书　记：徐文棠
副书记：苟军松
河口街道代表团　书　记：牟焕民
副书记：张吉胜
六合街道代表团　书　记：朱春光
副书记：高连欣
孤岛镇代表团　书　记：李金锋
副书记：王　峰
仙河镇代表团　书　记：张英然
副书记：王云涛

东营市河口区第十七届人民代表大会第二次会议各代表团团长、副团长名单

新户镇代表团　团　长：闫　彬
副团长：张学亮
义和镇代表团　团　长：徐文棠
副团长：苟军松
河口街道代表团　团　长：牟焕民
副团长：张吉胜
六合街道代表团　团　长：朱春光
副团长：高连欣
孤岛镇代表团　团　长：李金锋
副团长：王　峰
仙河镇代表团　团　长：张英然
副团长：王云涛

第三节　第三次会议

（2014 年 2 月 19 ～ 20 日）

2014 年 2 月 19 ～ 20 日，东营市河口区第十七届人民代表大会第三次会议在区礼堂召开。出席会议代表 159 名。会议听取审议了区人大常委会、区人民政府、区人民法院、区人民检察院的工作报告，书面审议了计划、财政报告，审查批准了河口区 2014 年国民经济和社会发展计划及财政预算。会议补选刘茂和为区人民政府副区长，曹志海为区人民法院院长，闫彬、李晓、刘学东为河口区第十七届人民代表大会常务委员会委员。

（一）预备会议。2 月 18 日下午，区十七届人大三次会议在区礼堂举行预备会议。闫长林主持会议。会议表决通过了大会议程，选举产生了大会主席团和秘书长，通过了大会议案审查委员会名单，通过了大会财政预算审查委员会名单。郭存三就大会的总体要求和主要任务、各项报告的审议、议案问题、选举工作和大会的组织领导及其他有关问题进行了说明，并就如何开好会议提出了具体要求。预备会议结束后，在区礼堂就地召开了代表中的党员会议，会议由区委副书记、区长苟增杰主持。会议宣布了大会主席团临时党委名单；区委书记、区人大常委会主任聂建军作了讲话。

（二）第一次全体会议。2 月 19 日上午，河口区第十七届人民代表大会第三次会议在区礼堂隆重开幕。聂建军主持会议，区长苟增杰作政府工作报告。

报告共分四大部分：一是2013年政府工作回顾；二是面临的形势和2014年工作总体要求；三是2014年重点工作；四是加强政府自身建设。报告指出，刚刚过去的一年，是全面贯彻落实中共十八大精神的开局之年，也是迎难奋进、成果丰硕的一年。一年来，在区委的坚强领导下，全区上下凝心聚力谋发展，心无旁骛抓落实，经济社会发展取得了显著成就。一是全力促进经济增长，综合实力跃上新台阶；二是着力优化产业结构，转型发展取得新成效；三是强力推进城乡建设，统筹发展迈出新步伐；四是倾力保障改善民生，群众生活达到新水平。

报告提出，2014年是全面贯彻落实中共十八届三中全会精神的开局之年，也是实施“十二五”规划、实现“两个率先”的关键一年。新的一年，市委、市政府对河口发展寄予厚望，在政策、资金、项目等方面给予大力支持，为乘势发展带来了重大机遇。新的一年，随着城镇、园区和重大交通设施的完善，河口的资源红利、空间潜力、承载能力将得到更为充分的显现，吸引投资、聚集要素的能力明显增强，为跨越发展提供了广阔空间。新的一年，全区上下干事创业的热情更加高涨，油地军港团结发展的意愿更加强烈，特别是经过30年的发展，锤炼了一支有激情、敢担当、能干事的干部队伍，为加快发展积蓄了强大动力。只要坚定信心、不懈努力，就一定能再创佳绩、再立新功，夺取经济社会发展的新胜利。

报告提出，2014年政府工作的总体要求是：以中共十八届三中全会和习近平总书记系列重要讲话精神为指导，牢牢把握“高境界、高标准、高起点、大作为”的总要求，紧紧围绕“实施黄蓝战略、实现两个率先”，更加注重优化经济结构，更加注重推进改革开放，更加注重强化创新驱动，更加注重生态环境建设，更加注重保障改善民生，加快构筑区港城一体发展新格局，奋力打造全市发展速度最快、质量最好、环境最优的重要经济增长极。

报告提出，一是坚定不移地推进工业强区，在增强综合实力上实现更大突破。将继续坚持工业强区不动摇，按照传统产业高端化、新兴产业规模化、主导产业集群化的要求，全力招引大项目、培育大企业、建设大园区，构筑起支撑跨越发展的现代工业体系。二是坚定不移地推进强农富民，在振兴现代农业上实现更大突破。实践证明，河口发展现代农业大有空间、大有可为。将以更大力度实施强农富民工程，加快实施总投资40亿元的17个农业项目，带动农业生产从农户向基地转变、从规模向链条延伸、从传统向现代迈进，打造全国知名、特色鲜明的现代农业示范区。三是坚定不移地推进城乡统筹，在建设秀美家园上实现更大突破。新型城镇化建设是大势所趋、群众所盼、发展所需。将遵循规律，顺势而为，积极推进以人为核心的城镇化，全力打造统筹城乡发展先行区。四是坚定不移地发展第三产业，在优化产业结构上实现更大突破。将用足用好服务业发展引导资金，强化政策扶持，主攻优势业态，不断提高服务业发展的规模、档次和水平。五是坚定不移地推进改革创新，在增强发展活力上实现更大突破。改革是解困之道、动力之源、发展之要。将以更大决心和力度推进改革创新，以改革增活力、挖潜力、添动力，抢占新一轮发展的先机。六是坚定不移地保障改善民生，在增进群众福祉上实现更大突破。群众期盼所指，就是政府努力所向。将在更广范围、更深层次、更高标准上推进和谐社会建设，努力把河口打造成为最具幸福感的首善之区。

报告提出，面对形势发展的新要求和全区人民的新期待，我们将忠诚履责，尽心尽责，勇于担责，扎实开展好群众路线教育实践活动，不断提高管理社会、服务群众、促进发展的能力和水平。一是解放思想，攻坚克难，增强创新力；二是转变职能，高效服务，增强公信力；三是转变作风，狠抓落实，增强执行力；四是勤俭节约，清正廉洁，增强向心力。

报告最后提出，展望未来，重任在肩；履职践诺，重在实干。要在区委的坚强领导下，锲而不舍攻坚克难，励精图治加快发展，为实现河口富民强区新跨越、谱写人民幸福生活新篇章而努力奋斗。

会议书面提交了东营市河口区2013年国民经济和社会发展计划执行情况与2014年国民经济和社会发展计划（草案）的报告、东营市河口区2013年财政预算执行情况和2014年财政预算（草案）的报告。

（三）第二次全体会议。2月20日上午，河口区第十七届人民代表大会第三次会议第二次全体会议在区礼堂召开。区人大常委会副主任郭存三主持会议。会议听取了区人大常委会第一副主任张胜双作的东营市河口区人民代表大会常务委员会工作报告。

报告指出，2013年，区人大常委会在区委的坚强领导下，坚持以邓小平理论、“三个代表”重要思想、科学发展观为指导，全面贯彻落实中共十八大和十八届二中、三中全会精神，积极适应新形势新任务对人大工作的新要求，依法履职，务实创新，为推进全区经济社会发展和民主法治建设做出了积极贡献。一是围绕中心，服务大局，依法推动经济社会科学发展。牢固树立中心意识和大局观念，把党委决策部署、政府着力推进、人民群众普遍关心、人大职权范围内的重大事项作为监督重点，先后听取审议“一府两院”专项工作报告15项，作出决议决定11项，组织开展视察调查和执法检查活动25次，提出意见建议130余条，有力地推动了全区经济社会健康发展。二是贴近基层，关注民生，切实维护人民群众根本利益。坚持群众利益高于一切，群众疾苦重于一切，群众呼声先于一切，把保障和改善民生、维护群众合法权益摆在更加突出的位置，综合运用多种监督方式，督促支持政府为民办实事、做好事、解难事。三是立足实际，突出重点，扎实推进民主法治建设。把加强民主法治建设作为根本任务，从构建和谐社会的大局出发，强化法律监督，推进依法治区，努力维护社会公平正义。四是适应形势，创新机制，努力提高依法监督实效。正确把握监督与支持、继承与创新的关系，积极探索加强监督工作的新思路、新方法，在重大事项的审议决定、重点工作的监督推进等方面，研究了一系列改进措施。五是夯实基础，创建平台，充分发挥人大代表主体作用。人大工作的根基是代表、活力在代表。常委会认真贯彻落实代表法，不断完善代表工作机制，创新代表工作方式，提高代表工作水平，支持和引导代表为推动河口发展贡献力量。六是解放思想，改进作风，不断提高依法履职水平。积极适应新形势、新任务的要求，坚持把加强自身建设作为强基固本的首要任务来抓，不断提高依法履行职责的能力和水平，为做好人大工作提供了有力保证。

报告指出，2014年区人大常委会工作的总体要求是：在区委的坚强领导下，深入学习贯彻中共十八大和十八届三中全会精神，以邓小平理论、“三个代表”重要思想、科学发展观为指导，紧紧围绕全区中心工作，认真履行法定职责，大胆实践，务实创新，勇于担当，积极作为，为加快推进经济社会跨越发展做出新的更大的贡献。一是坚持科学发展，改进监督方式，切实提高监督实效；二是强化服务保障，发挥主体作用，不断提高代表工作活力；三是加强自身建设，适应发展要求，全面提高人大工作水平。

会议听取了区人民法院代院长曹志海作的河口区人民法院工作报告，区人民检察院检察长宋继圣作的河口区人民检察院工作报告。

会议讨论通过了大会选举办法。

（四）第三次全体会议。2月20日下午，区十七届人大第三次会议举行第三次全体会议。张胜双主持会议。

大会首先进行选举事项，以无记名投票的方式依法选举产生3名区人大常委会委员，1名区人民政府副区长和区人民法院院长。大会表决通过了关于东营市河口区人民政府工作报告的决议、关于东营市河口区2013年国民经济和社会发展计划执行情况与2014年国民经济和社会发展计划的决议、关于东营市河口区2013年财政预算执行情况和2014年财政预算的决议、关于东营市河口区人大常委会工作报告的决议、关于东营市河口区人民法院工作报告的决议、关于东营市河口区人民检察院工作报告的决议。

会上，聂建军作了讲话。一是必须审时度势、坚定信心。当前，河口作为全市“一个龙头、三个增长极”发展布局的重要一极和东营港的腹地支撑区，正处在实施黄蓝国家战略、加快推进“两个率先”的关键时期，面临着诸多重大机遇和积极因素。市委、市政府对河口的发展寄予厚望，明确提出河口区要“高点定位，做优增量，打造现代农业示范区和统筹城乡发展先行区”。目标决定前景，追求决定态度，定位决定方向。只要我们坚定信心、鼓足勇气，科学谋划、合理布局，按照既定的发展思路坚持不懈地干下去，“两个率先”的宏伟目标就一定能够实现，河口的明天一定会更加美好。

二是必须解放思想、创新实干。实现跨越发展、率先崛起，归根结底要靠人，要靠人的思想解放。我们与发达地区之间的差距，表面上看是经济发展水平的差距，实质上是思想解放的差距，是思维方式的差距，是创新意识的差距。面对新形势新任务，大家要牢牢把握“高境界、高标准、高起点、大作为”

的工作总要求，以当前正在推进的“转作风，促发展；提标准，上水平”工作为动力，进一步转变作风、提升境界，牢记使命、拼搏进取，努力推动全区整体发展上台阶上水平。要牢固树立赶超跨越、勇争一流的境界标准，以高远的境界谋划发展，不断提升工作标准，勇于超越自我，奋力争先进位，努力做到单项工作争第一、整体工作上水平。要在苦干实干上下功夫，以强烈的使命感和责任感抓工作，以时不我待、只争朝夕的精神抓推进，以雷厉风行、务实高效的作风抓落实，确保大会确定的各项目标任务落到实处、见到实效。

三是必须抓住重点、集中突破。这次大会深入贯彻落实中共十八大和十八届三中全会精神，科学确定了当前和今后一个时期的目标任务，对全年各项工作进行了安排部署。实现既定目标任务，要在整体推进的同时，集中精力解决重点问题、做好重点工作，以重点突破推动整体工作上水下。要牢牢抓住项目建设这个牵动全局的牛鼻子，全力以赴深化重大项目攻坚，重点抓好年内实施的总投资531.4亿元的72个重点项目，以项目的大攻坚实现量的跨越、质的提升。

四是必须尊重民意、集中民智。人民群众是我们一切工作的力量源泉，民心不可弃，民心不可违。人大代表来自于人民群众，代表着人民群众，更应该真心诚意地为民代言、为民谋利。作为一名人大代表，一定要认真落实联系群众制度，积极参与到全区即将开展的党的群众路线教育实践活动中来，经常深入基层、深入一线、深入群众，及时把群众的所思、所盼反映上来。要积极做好凝心聚力、释疑解惑、化解矛盾的工作，引导群众以合理合法的形式表达自己的意愿，当好党委、政府联系群众的桥梁和纽带。要积极参与社会管理、公共服务和生态文明建设，努力化解社会矛盾，营造和谐民风，维护社会稳定。各级领导干部要作真情关注民生、努力维护民权的表率，怀着对群众的深厚感情，密切联系群众，真诚服务群众，着力解决事关群众切身利益的热点难点问题。

东营市河口区第十七届人民代表大会第三次会议主席团、秘书长名单

（2014年2月18日预备会议通过）

主席团：（20名，按姓名笔画为序）

丁水林　马剑光　王永跃　王兴法　闫长林
闫　彬　牟焕民　孙　明　杨月明　杨同贤
李金锋　李积德　张英然（女）　张胜双
赵淑萍（女）　侯永强　聂建军　徐文棠
郭存三　董　凯

秘书长：郭存三（兼）

东营市河口区第十七届人民代表大会第三次会议主席团常务主席名单

（2014年2月18日主席团第一次会议推定）

聂建军　杨同贤　张胜双　侯永强
王永跃　王兴法　丁水林　赵淑萍（女）
郭存三　闫长林

东营市河口区第十七届人民代表大会第三次会议副秘书长名单

（2014年2月18日主席团第一次会议决定）

马士文　陈桂林　高玉志　陈锋之
张　林　王学军

东营市河口区第十七届人民代表大会第三次会议议案审查委员会组成人员名单

（2014年2月18日预备会议通过）

主 任 委 员：郭存三
副主任委员：王学军
委　　员（按姓名笔画为序）：
马学君　王立江　刘凤霞（女）
李希平　陈守明

东营市河口区第十七届人民代表大会第三次会议财政预算审查委员会组成人员名单

（2014年2月18日预备会议通过）

主 任 委 员：闫长林
副主任委员：李　晓
委　　员（按姓名笔画为序）：
朱月福　刘云战　李延春

李秀林　张希武

东营市河口区第十七届人民代表大会第三次会议各代表团临时党支部书记、副书记名单

新户镇代表团	书　记：	闫　彬
	副书记：	张学亮
义和镇代表团	书　记：	徐文棠
	副书记：	苟军松
河口街道代表团	书　记：	牟焕民
	副书记：	张吉胜
六合街道代表团	书　记：	杨月明
	副书记：	张素霞
孤岛镇代表团	书　记：	李金锋
	副书记：	王　峰
仙河镇代表团	书　记：	张英然
	副书记：	王云涛

东营市河口区第十七届人民代表大会第三次会议各代表团团长、副团长名单

新户镇代表团	团　长：	闫　彬
	副团长：	张学亮
义和镇代表团	团　长：	徐文棠
	副团长：	苟军松
河口街道代表团	团　长：	牟焕民
	副团长：	张吉胜
六合街道代表团	团　长：	杨月明
	副团长：	张素霞
孤岛镇代表团	团　长：	李金锋
	副团长：	王　峰
仙河镇代表团	团　长：	张英然
	副团长：	王云涛

第四节　第四次会议

（2015 年 1 月 14 ～ 16 日）

2015 年 1 月 14 ～ 16 日，河口区第十七届人民代表大会第四次会议在区礼堂召开。应出席代表 160 人，实到代表 147 人。

（一）预备会议。1 月 13 日下午，区十七届人大四次会议在区礼堂举行预备会议。闫长林主持会议。会议表决通过了大会议程，选举产生了大会主席团和秘书长，通过了大会议案审查委员会名单，通过了大会财政预算审查委员会名单。郭存三就大会的总体要求和主要任务、各项报告的审议、议案问题、大会的组织领导及其他有关问题进行说明，并就如何开好会议提出了具体要求。预备会议结束后，在区礼堂就地召开了代表中的党员会议，会议由苟增杰主持。会议宣布了大会主席团临时党委名单；区委书记、区人大常委会主任聂建军作了讲话。

（二）第一次全体会议。1 月 14 日上午，东营市河口区第十七届人民代表大会第四次会议在区礼堂开幕。聂建军主持会议。区长苟增杰作政府工作报告。

报告提出，过去的一年，紧扣“为民、务实、清廉”主题，扎实开展群众路线教育实践活动，全区干部职工精神面貌焕然一新，累计解决群众诉求 2.6 万件，大幅提高民生保障标准 11 项，及时办理建议提案 262 件；投资 1150 万元开通了城市公交；清理规范区级审批事项 127 项，各类业务办理时间在原有基础上压缩了一半以上；全年查处党纪政纪案件 19 起、20 人，处理违反八项规定问题 9 起、13 人，党风正了、政风清了、干部更自律了。在 2014 年全市群众满意度电话调查中，河口区干部作风评议得分再次取得五县区第 1 名的好成绩。这些成绩的取得，是区委坚强领导的结果，是人大代表、政协委员监督支持的结果，是全区上下、油地军港、社会各界团结奋斗的结果。

报告提出，2015 年是全面深化改革的关键之年，是全面推进依法治国的开局之年，也是全面完成“十二五”规划的收官之年。从面临的形势看，尽管改革发展的压力很大，但中国经济发展进入新常态，改革红利正在加速释放，换挡、调速、提质成为新的趋势。只要积极应对，顺势而为，发展的空间会更加广阔。从担负的任务看，市委、市政府提出将河口区打造成为北部经济增长极、现代农业示范区和统筹城乡发展先行区，是对河口的准确判断和全新定位，为放大自身优势、加快赶超跨越指明了方向。从自身的条件看，经过建区 30 年的不懈努力，河口区的综合实力、经济承载能力和要素集聚能力有了很大提高，资源活力、发展潜力逐步显现，特别是当前，全区上下风清、气正、心齐、劲足，干事创业的热情空前高涨。只要我们忠诚履责、勇于担当，宏伟的目标一定能够圆满实现！河口的明天必将更加美好灿烂！

报告提出，做好今年的政府工作，必须立足大格局、把握大趋势，主动适应经济发展新常态，在顺应趋势、发挥优势中开拓前行，在更高水平上推动河口事业发展。适应经济发展新常态，最关键的是加快施政理念新转变，让政府工作更加理性、更加务实、更富成效。工作中，要坚持质效优先的导向，放稳步伐，以实实在在的业绩，加快转调升级，努力实现有质量、高效益、更稳定的增长。要秉承集约高效的理念，坚决摒弃拼资源、拼土地、拼政策的粗放发展方式，向改革要红利、向创新要活力、向开放要动力，以全新的理念抓招商、推项目、筑产业，为未来积蓄更强后劲、提供更广空间。要弘扬求真务实的精神，坚持一切从河口实际出发，凡事尽力而为、量力而行，不搞花拳绣腿，少拉财政饥荒，尽心竭力把好事办好、把实事办实，努力赢得群众真心称赞。继续保持不辞辛劳的干劲、抓铁有痕的拼劲，立言立行，善作善成，以钉钉子精神，在抓基础、抓具体、抓落实上下功夫，一件一件地把河口的事情办好。只要全区上下同心戮力，油地军港团结奋斗，就一定能够战胜一切艰难险阻，河口发展的美好蓝图就一定能够变成生动现实。

（三）第二次全体会议。1 月 15 日上午，东营市河口区第十七届人民代表大会第四次会议在区礼堂举行第二次全体会议。区委副书记杨同贤主持会议。区人大常委会第一副主任张胜双作东营市河口区人民代表大会常务委员会工作报告。

报告指出，过去的一年，区人大常委会在区委的坚强领导下，全面贯彻落实中共十八届三中、四中全会和习近平总书记系列重要讲话精神，以党的群众路线教育实践活动为统领，认真行使法定职权，听取审议专项工作报告 15 项，开展视察调查和执法检查 28 次，提出意见建议 120 余条，作出决议决定 11 项，为推进全区经济社会发展和民主法治建设做出了积极贡献。一是把握工作大局，依法推动全区经济社会科学发展；二是关注民情民愿，切实维护人民群众根本利益；三是加强法律监督，扎实推进民主法治建设；四是完善工作机制，努力提高依法监督实效；五是充分发挥代表作用，不断增强人大工作生机活力；六是加强自身建设，努力提高履职能力和工作水平。

报告指出，过去一年取得的成绩，是区委正确领导、常委会组成人员和全体代表共同努力的结果，是区人民政府、区人民法院、区人民检察院协同工作的结果，是广大人民群众和社会各界大力支持的结果。

报告指出，2015 年区人大常委会工作的总体要求是：在区委的坚强领导下，深入贯彻落实中共十八届三中、四中全会和习近平总书记系列重要讲话精神，以邓小平理论、“三个代表”重要思想、科学发展观为指导，紧紧围绕全区中心工作，认真履行法定职责，大胆实践，务实创新，为加快推进法治河口建设和经济社会跨越发展做出新的更大的贡献。一是要坚持党的领导，坚定人大工作正确的政治方向；二是要依法履行职责，切实增强监督实效；三是要强化服务保障，充分发挥代表作用；四是要加强自身建设，进一步提高人大工作水平。

报告最后指出，做好新形势下的人大工作，是时代赋予的光荣任务和历史使命。要在区委的坚强领导下，坚定不移走中国特色社会主义政治发展道路，勇于担当，锐意进取，努力开创河口区人大工作新局面，为加快推进黄蓝国家战略、实现“两个率先”宏伟目标而努力奋斗。

会议听取了区人民法院院长曹志海作的河口区人民法院工作报告，区人民检察院检察长宋继圣作的河口区人民检察院工作报告。

（四）第三次全体会议。1 月 16 日上午，东营市河口区第十七届人民代表大会第四次会议举行第三次全体会议。张胜双主持会议。

大会依次表决通过了关于东营市河口区人民政府工作报告的决议、关于东营市河口区 2014 年国民经济和社会发展计划执行情况与 2015 年国民经济和社会发展计划的决议、关于东营市河口区 2014 年财政预算执行情况和 2015 年财政预算的决议、关于东营市河口区人大常委会工作报告的决议、关于东营市河口区人民法院工作报告的决议、关于东营市河口区人民检察院工作报告的决议。

市委常委、区委书记、区人大常委会主任聂建军讲话。聂建军说，会议期间，各位代表以高度的主人翁责任感和饱满的政治热情，忠诚履行职责，认真审议报告，积极建言献策，使大会通过的报告决议、确定的目标任务，更加符合科学发展观的要求，符合上级和区委的决策部署，符合河口的发展实际，充分体现了全区人民的共同愿望和根本利益。这次会议的成功召开，必将进一步激励和引领全区人民，以更加坚实的步伐，向着新的宏伟目标奋勇前进。希望大家按照会议的部署要求，紧紧围绕全区中心工作，在抢抓机遇中锐意开拓，在攻坚克难中奋力前行，确保圆满完成各项目标任务，奋力开创河口科学跨越的新局面。

聂建军在讲话中提出三点意见。一是认清形势，把握机遇，坚定科学跨越的信心和决心；二是履职尽责，凝聚合力，全力服务区域经济社会发展；三是锁定目标，振奋精神，全力做好当前各项工作。

聂建军最后说，任重道远需弘毅，扬帆奋进正当时。面对全区人民过上美好生活的新期待，面对蕴含机遇、充满挑战的新形势，面对转型升级、科学跨越的新任务，一定要牢固树立大有可为、大有作为的信念，把握大局大势，积极担当作为，奋力开创科学跨越的新局面，共创河口更加美好灿烂的明天。

东营市河口区第十七届人民代表大会
第四次会议主席团、秘书长名单
（2015 年 1 月 13 日预备会议通过）

主席团：（21 名，按姓名笔画为序）
丁水林　马剑光　王永跃　王兴法　闫长林
闫　彬　牟焕民　孙少军　孙　明　杨月明
杨同贤　李金锋　李积德　张英然（女）
张胜双　赵淑萍（女）　侯永强　聂建军
徐文棠　郭存三　董　凯
秘书长：郭存三（兼）

东营市河口区第十七届人民代表大会
第四次会议主席团常务主席名单
（2015 年 1 月 13 日主席团第一次会议推定）

聂建军　杨同贤　张胜双　侯永强　王永跃
王兴法　丁水林　赵淑萍（女）　郭存三
闫长林

东营市河口区第十七届人民代表大会
第四次会议副秘书长名单
（2015 年 1 月 13 日主席团第一次会议决定）

马士文　陈锋之　高玉志　张　林
王学军　孙　杰

东营市河口区第十七届人民代表大会
第四次会议议案审查委员会组成人员名单
（2015 年 1 月 13 日预备会议通过）

主 任 委 员：郭存三
副主任委员：王学军
委　　　员（按姓名笔画为序）：
马学君　王立江　刘凤霞（女）
李希平　陈守明

东营市河口区第十七届人民代表大会
第四次会议财政预算审查委员会组成人员名单
（2015 年 1 月 13 日预备会议通过）

主 任 委 员：闫长林
副主任委员：李　晓
委　　　员（按姓名笔画为序）：
朱月福　李延春　李秀林（女）
张希武　张希亮

东营市河口区第十七届人民代表大会第四次会议各代表团临时党支部书记、副书记名单

新户镇代表团　书　记：闫　彬
副书记：张学亮
义和镇代表团　书　记：徐文棠
副书记：苟军松
河口街道代表团　书　记：牟焕民
副书记：张吉胜
六合街道代表团　书　记：杨月明
副书记：张素霞

孤岛镇代表团　　书　记：李金锋
　　　　　　　　副书记：王　峰
仙河镇代表团　　书　记：张英然
　　　　　　　　副书记：王云涛

东营市河口区第十七届人民代表大会第四次会议各代表团团长、副团长名单

新户镇代表团　　团　长：闫　彬
　　　　　　　　副团长：张学亮
义和镇代表团　　团　长：徐文棠
　　　　　　　　副团长：荀军松
河口街道代表团　团　长：牟焕民
　　　　　　　　副团长：张吉胜
六合街道代表团　团　长：杨月明
　　　　　　　　副团长：张素霞
孤岛镇代表团　　团　长：李金锋
　　　　　　　　副团长：王　峰
仙河镇代表团　　团　长：张英然
　　　　　　　　副团长：王云涛

第五节　第五次会议

（2016 年 1 月 18 ～ 20 日）

2016 年 1 月 18 ～ 20 日，河口区第十七届人民代表大会第五次会议在区礼堂隆重召开。来自全区各条战线的 147 名人大代表，齐聚区礼堂，听取并审议各项工作报告，共商河口发展大计，共谋建设良策。

（一）预备会议。1 月 17 日下午，区十七届人大五次会议在区礼堂举行预备会议。区人大常委会副主任闫长林主持会议。会议应到代表 159 人，实到代表 147 人。会议表决通过了大会议程，选举产生了大会主席团和秘书长，通过了大会议案审查委员会名单，通过了大会财政预算审查委员会名单。区人大常委会副主任郭存三就大会筹备工作进行了说明，并就如何开好会议提出了具体要求。预备会议结束后，在区礼堂就地召开了代表中的党员会议，会议由区委副书记、代区长刘斯杰主持。会议宣布了大会主席团临时党委名单；区委书记荀增杰作了讲话。

（二）第一次全体会议。1 月 18 日上午，东营市河口区第十七届人民代表大会第五次会议第一次全体会议在区礼堂举行。区委书记荀增杰主持会议，代区长刘斯杰作政府工作报告。

报告指出，过去的五年，是经济平稳快速增长、综合实力大幅提升的五年，是发展方式加快转变、产业结构明显优化的五年，是基础设施不断完善、城乡面貌大为改观的五年，是改革开放全面深化、发展活力持续迸发的五年，是社会事业全面进步、人民生活明显改善的五年，是政府职能加快转变、发展环境不断优化的五年。五年来，在市委、市政府和区委的坚强领导下，全区上下以实施黄蓝国家战略为统领，精诚团结干事业，凝心聚力促发展，圆满完成了“十二五”规划各项目标任务，为全面建成小康社会打下了坚实基础。初步统计，全区生产总值由 2010 年的 141.3 亿元增加到 260 亿元，按可比口径，年均增长 14.3%；三次产业比例由 6.4：56.4：37.2 调整为 5.8：51.3：42.9。五年来，围绕群众所急所需所盼，投资 36 亿元实施了 51 件便民实事，是民生投入最大、群众受益最多的时期。五年间，在全省最早实行农村学前三年免费教育，率先实现残障补贴全覆盖，是全省唯一实现五保老人区级集中供养的县区；五年间，5 次上调城乡低保和农村五保标准，5 次上调城乡医保财政补助标准，3 次上调基础养老金标准，2 次上调老年生活救助金标准，综合保障水平位居全国前列；五年间，创新设立了 3612345 民生热线，累计受理群众来电 29 万余件，一大批民生问题得到解决，架起了党群干群关系的连心桥；五年间，开通了城市公交，建成了集中供热中心，实现了城区 24 小时供气，彻底解决了困扰市民多年的生活难题。

报告指出，刚刚过去的一年，是“十二五”收官之年。一年来，面对经济下行压力加大、原油价格持续走低、企业经营困难增多、投资后劲明显不足等不利因素，坚持稳中求进、好中求快、危中求机，全力稳定经济增长、优化发展环境、保障改善民生、推进区域发展，全区经济社会取得平稳较快增长，人民群众得到更多实惠。

报告指出，未来五年，是全面建成小康社会的决胜时期。展望未来，面临诸多机遇和挑战。从发展的趋势看，经济长期向好的基本面没有改变，随着经济进入新常态，仍处于大有作为的重要战略机遇期。从发展的基础看，河口区综合实力大大增强，承载能力更加稳固，油地军港团结一心，全区上下人心思进，为加快发展积蓄了强大正能量。从发展的优势看，随着区域竞争格局的深度调整，河口的土地、海洋、港口等资源优势更加凸显，在吸引投资、集聚要素等方面潜力更大、空间更广、后劲更足。从发展的前景看，区委七届八次全会审时度势、科学决策，确定了建设美丽幸福新河口的奋斗目标，落实好、实现好这一目标，必将引领河口走向富强。

报告指出，今后五年工作的指导思想是：以中共十八大、十八届三中、四中、五中全会精神和习近平总书记系列重要讲话精神为指导，紧紧围绕“四个全面”战略布局，全面适应经济发展新常态，加快产业转型，推进城乡统筹，深化改革开放，保障改善民生，率先全面建成小康社会，全力打造全市北部经济增长极、现代农业示范区和统筹城乡发展先行区，加快建设美丽幸福新河口。

报告指出，“一极两区”是建设美丽幸福新河口的核心载体，是赢得主动、赢得优势、赢得未来的关键所在，关系到河口的前途和命运，关系到全区人民的根本利益。增长极，代表着活力足、潜力大、实力强，空间广阔、优势明显，是承接产业转移、构筑产业高地的发展沃土；示范区，代表着高标准、高质量、高水平，基础坚实、特色鲜明，是发展现代农业、培育新型农民的典型样板；先行区，代表着见事早、行动快、成效大，条件具备、时机成熟，是推进城乡统筹、率先实现小康的现实选择。未来五年，要切实增强机遇意识、忧患意识、责任意识，在抢抓机遇中阔步前行，在迎接挑战中砥砺奋进，拿出更大的担当，使出更大的干劲，努力建设经济繁荣、城市秀美、社会和谐、人民富裕的美丽幸福新河口。

就2016年政府工作安排，报告指出，2016年是实施“十三五”规划的开局之年，做好2016年的工作，至关重要。面对复杂严峻的经济形势，在深入研判、反复论证的基础上，确定今年的主要预期目标是：生产总值增长7.5%，全社会固定资产投资增长10%，社会消费品零售总额增长10%，一般公共预算收入增长6.5%，城镇居民人均可支配收入增长8%，农村居民人均可支配收入增长10%，城镇登记失业率控制在3%以内，全面完成上级下达的节能减排任务。具体要抓好8个方面的工作：一是坚持工业强区，全力扶持企业发展、大力培育主导产业、强力推进项目建设，增强区域综合实力。二是坚持农业富民，进一步提升优化农业规划、集中培育优势产业、改善农业生产条件、提升农业经营水平，繁荣发展现代农业。三是坚持三产兴区，着力改造提升传统服务业、集中突破生态旅游业、加快发展新兴服务业，不断增强经济发展活力。四是坚持城乡统筹，坚持高起点规划、高标准建设、高效能管理，建设秀美宜居家园。五是坚持改革创新，以深化改革激活内力、以扩大开放吸引外力、以自主创新增添活力，不断增强经济发展活力。六是坚持绿色发展，狠抓安全生产、强力整治污染、持续改善生态，坚守安全环保底线。七是坚持惠民利民，建立更完善的保障体系、发展更普惠的社会事业、实施更有效的社会治理，努力增进百姓福祉。八是坚持文化引领，培育传承我们河口海纳百川、兼容并蓄的包容精神，不畏艰险、勇闯新路的拓荒精神和坚忍不拔、润物不争的柽柳精神。

关于加强政府自身建设，报告指出，全区人民对政府工作寄予厚望、充满期待。将按照为民务实清廉和忠诚干净担当的要求，牢固树立担当亮剑的责任意识，坚决破除因循守旧、小成即满的思想障碍，立足全市找位次，瞄准全省找标杆，放眼全国找先进，高点定位，争先创优，奋力把河口的事业推向前进。大力弘扬务实苦干的优良作风，提振精气神，凝聚正能量，做到干事有激情、做事高标准、遇事敢担当，以踏石留印、抓铁有痕的劲头推进事业发展。始终坚持规范高效的行政准则，自觉接受人大法律监督、政协民主监督和社会舆论监督，深入实施“七五”普法教育，严格依照法定权限和程序行使权力，争当尊法学法守法用法的表率。始终恪守清正廉洁的政治本色，从区政府班子做起，把纪律和规矩挺在前面，严明党纪政纪，强化监督制约，筑牢拒腐防变的思想防线。全体政府工作人员都要自觉加强党性锻炼，正确行使手中权力，努力树立廉洁勤政的干部形象。

会议书面提交了计划、财政两个报告和“十三五”规划纲要（草案）。

（三）第二次全体会议。1月19日上午，东营市河口区第十七届人民代表大会第五次会议在区礼堂举行第二次全体会议。区委副书记田兵兵主持会议。区人大常委会第一副主任张胜双作东营市河口区人民代表大会常务委员会工作报告。

报告指出，2015年，区人大常委会在区委的坚强领导下，全面贯彻落实中共十八大和十八届三中、四中、五中全会精神，深入学习贯彻习近平总书记系列重要讲话精神，以开展“三严三实”专题教育为动力，紧紧围绕“一极两区”总目标，认真履行法定职权，听取审议“一府两院”专项工作报告11项，开展视察调查和执法检查19次，提出意见建议100余条，作出决议决定6项，为推进全区经济社会发展和民主法治建设做出了积极贡献。一是强化中心意识，积极推进财政预决算审查监督、计划执行工作和保障能力建设，聚力推动新常态下经济社会科学发展；二是坚持把增进民生福祉作为各项工作的出发点和落脚点，积极推动解决人民群众最关心最直接最现实的利益问题，努力实现发展成果更多更公平惠及全区人民；三是把加快推进法治河口建设、维护宪法法律权威作为根本任务，积极组织开展普法宣传、视察调查、执法检查等活动，着力推进严格执法、公正司法、全民守法；四是正确把握监督与支持的关系，在法律框架内积极探索深化监督工作的有效途径，使人大监督工作更好地体现时代性、富有创造性；五是充分发挥代表主体作用，把尊重代表主体地位、提高服务保障水平摆上突出位置，不断总结经验、创新方式，努力为代表履行职责搭建平台，支持和保证人大代表依法执行职务、发挥作用；六是按照区委统一部署，深入开展“三严三实”专题教育，自觉加强政治建设、作风建设和干部队伍建设，不断提高依法履职能力，为做好新形势下的人大工作提供了有力保证。

报告指出，常委会的工作还存在一些薄弱环节。主要是：监督工作还不够到位，监督方式相对单一，刚性监督有待深化，监督实效需要增强；代表主体作用的发挥还不够充分，议案建议办理质量还需要提高，代表活动的形式、知情知政的渠道有待进一步拓宽；人大领域的许多改革还不到位，自身建设和履职能力需要进一步提高。

报告指出，2016年是实施“十三五”规划的开局之年，是全面加强基层人大工作和建设的重要一年，也是本届人大常委会依法履职的最后一年。做好今年的人大工作，任务艰巨，意义重大。2016年区人大常委会工作的总体要求是：在区委的坚强领导下，全面贯彻落实党的十八届三中、四中、五中全会和习近平总书记系列重要讲话精神，紧紧围绕“一极两区”目标定位，切实加强和改进人大工作，更加有效地履行宪法和法律赋予的职权，为加快推进全区经济社会发展和民主法治建设做出新的更大的贡献。一是坚持党的领导，保证人大工作正确方向。二是完善监督方式，深化监督工作。三是强化服务保障，充分发挥代表作用。四是加强自身建设，进一步提高工作水平。

报告指出，时代赋予的任务光荣而艰巨。要在区委的坚强领导下，高举中国特色社会主义伟大旗帜，牢记使命，锐意进取，不断开创人大工作新局面，为率先全面建成小康社会、加快建设美丽幸福新河口而努力奋斗。

会议听取了区人民法院院长曹志海作的河口区人民法院工作报告，区人民检察院检察长宋继圣作的河口区人民检察院工作报告。会议通过了大会选举办法，通过了关于设立区人大专门委员会的决定和区人大专门委员会副主任委员人选表决办法。

（四）第三次全体会议。1月20日上午，区十七届人大五次会议举行第三次全体会议。

张胜双主持会议。会议补选苟增杰为区人大常委会主任，刘斯杰为区人民政府区长，表决通过了5名区人大专门委员会副主任委员，周青蓉为内务司法委员会副主任委员，李晓为财政经济委员会副主任委员，宋学峰为教育科学文化卫生委员会副主任委员，李仁玲为城乡建设环境保护委员会副主任委员，王宏伟为农业与农村委员会副主任委员。新当选的区人大常委会主任苟增杰、区人民政府区长刘斯杰，表决通过的5名区人大专门委员会副主任委员，进行了宪法宣誓。

大会依次表决通过了关于东营市河口区人民政府工作报告的决议、关于东营市河口区国民经济和社会发展第十三个五年规划纲要的决议、关于东营市河口区2015年国民经济和社会发展计划执行情况与2016年国民经济和社会发展计划的决议、关于东营市河口区2015年财政预算执行情况和2016年财政预算的决议、关于东营市河口区人大常委会工作报告的决议、关于东营市河口区人民法院工作报告的决议、关于东营市河口区人民检察院工作报告的决议。

区委书记、区人大常委会主任苟增杰在讲话时说，各位代表牢记人民的重托，以高度的主人翁责任感和饱满的政治热情，认真履行职责，积极建言献策，共商发展大计，体现了心系河口、忠于人民的责任担当，展示了奋发向上、开拓进取的精神风貌。会议审议通过的区“十三五”规划纲要、政府工作报告和其他各项报告，凝聚着全体代表的集体智慧，体现了全区人民的共同意愿，完全符合河口实际，是今后五年全区经济社会发展的重要指导性文件，必将激励和动员全区干部群众，以更加坚实的步伐，在抢抓机遇中锐意开拓，在攻坚克难中奋力前行，奋力开创河口科学跨越的新局面。

苟增杰指出，2016年是“十三五”的开局之年，也是全面建成小康社会决胜阶段的起步之年，做好全年各项工作意义重大、影响深远。实现建设美丽幸福新河口的宏伟目标，离不开全区干部群众的团结奋斗，更离不开人大的强力推动和有效监督。希望区人大及其常委会和广大人大代表，坚持以服务发展为己任，进一步把思想和行动统一到此次大会精神上来，积极引领新常态，全力推动新发展，确保“十三五”开好局、起好步。一要始终不渝凝聚思想共识，坚定敢打必胜的信心。二要始终不渝全力服务发展，充分发挥人大职能作用。三要始终不渝加强自身建设，树立权力机关良好形象。四要始终不渝强化党的领导，奋力开创人大工作新局面。

苟增杰最后说：“正站在扬帆“十三五”、启航新征程的重要历史阶段，时代赋予我们重任，人民寄予我们厚望。让我们在市委、市政府的坚强领导下，以新的境界、新的作风、新的举措，团结带领全区人民，万众一心，拼搏进取，为率先全面建成小康社会、加快建设美丽幸福新河口而共同奋斗！”

东营市河口区第十七届人民代表大会第五次会议主席团、秘书长名单

（2016年1月17日预备会议通过）

主席团：（21名，按姓名笔画为序）

丁水林　马剑光　王永跃　王兴法　王　峰
田兵兵　闫长林　闫　彬　牟焕民　孙少军
杨月明　李积德　张英然（女）　张　河
张胜双　苟增杰　赵淑萍（女）　侯永强
徐文棠　郭存三　郭学峰

秘书长：郭存三（兼）

东营市河口区第十七届人民代表大会第五次会议主席团常务主席名单

（2016年1月17日主席团第一次会议推定）

苟增杰　田兵兵　张胜双　侯永强　王永跃
王兴法　丁水林　赵淑萍（女）　郭存三
闫长林

东营市河口区第十七届人民代表大会第五次会议副秘书长名单

（2016年1月17日主席团第一次会议决定）

马士文　陈锋之　高玉志　张　林
王学军　孙　杰

东营市河口区第十七届人民代表大会第五次会议议案审查委员会组成人员名单

（2016年1月17日预备会议通过）

主 任 委 员：郭存三
副主任委员：王学军
委　　员（按姓名笔画为序）：
马学君　王立江　刘凤霞（女）
李希平　陈守明

东营市河口区第十七届人民代表大会第五次会议财政预算审查委员会组成人员名单

（2016 年 1 月 17 日预备会议通过）

主 任 委 员：闫长林

副主任委员：李　晓

委　　　员（按姓名笔画为序）：

朱月福　孙　峰　李延春

李秀林（女）　张希亮

东营市河口区第十七届人民代表大会第五次会议各代表团临时党支部书记、副书记名单

新户镇代表团　书　记：闫　彬

副书记：张学亮

义和镇代表团　书　记：徐文棠

副书记：苟军松

河口街道代表团　书　记：牟焕民

副书记：张吉胜

六合街道代表团　书　记：杨月明

副书记：张素霞

孤岛镇代表团　书　记：王　峰

副书记：祝升禹

仙河镇代表团　书　记：张英然

副书记：王云涛

东营市河口区第十七届人民代表大会第五次会议各代表团团长、副团长名单

新户镇代表团　团　长：闫　彬

副团长：张学亮

义和镇代表团　团　长：徐文棠

副团长：苟军松

河口街道代表团　团　长：牟焕民

副团长：张吉胜

六合街道代表团　团　长：杨月明

副团长：张素霞

孤岛镇代表团　团　长：王　峰

副团长：祝升禹

仙河镇代表团　团　长：张英然

副团长：王云涛

第七章 第十八届人民代表大会

（2017 年～）

2017 年 2 月 13～15 日，河口区第十八届人民代表大会第一次会议在区礼堂隆重召开。会议听取审议了各项工作报告，并作出相应决议。大会依法选举产生了河口区十八届人大常委会主任、副主任、委员，新一届河口区人民政府区长、副区长，区人民法院院长、区人民检察院检察长，东营市第八届人民代表大会代表，表决通过了区十八届人大专门委员会组成人员名单。

（一）预备会议。2 月 12 日下午，区十八届人大一次会议在区礼堂举行预备会议。区人大常委会副主任闫长林主持会议。会议表决通过了大会议程，选举产生了大会主席团和秘书长，通过了大会议案审查委员会名单，通过了大会财政预算审查委员会名单。区人大常委会副主任郭存三就大会筹备工作进行了说明，并就如何开好会议提出了具体要求。预备会议结束后，在区礼堂就地召开了代表中的党员会议，会议由区委副书记、代区长田兵兵主持。会议宣布了大会主席团临时党委名单；区委书记、区人大常委会主任苟增杰作了讲话。

（二）第一次全体会议。2 月 13 日上午，东营市河口区第十八届人民代表大会第一次会议在区礼堂举行。区人大常委会第一副主任张胜双主持会议。代区长田兵兵作政府工作报告。

报告指出，十七届政府任期的五年，是全区经济社会发展历程中极不平凡的五年。五年来，在市委、市政府和区委的正确领导下，在区人大、区政协的监督支持下，区政府团结带领全区人民，主动适应新常态，积极应对新挑战，全力以赴稳增长、调结构、促改革、惠民生、防风险，圆满完成了区十七届人大一次会议确定的目标任务，为建设美丽幸福新河口奠定了坚实基础。这五年，经济平稳较快增长，综合实力大幅跃升；这五年，转型升级深入推进，产业结构加速优化；这五年，基础设施不断完善，城乡面貌焕然一新；这五年，改革开放持续深化，发展活力日益增强；这五年，社会事业全面进步，人民生活持续改善。过去的五年，我们倾力保障改善民生，集中财力为民办实事、办好事，是民生投入最大，群众得实惠最多的五年；这五年，政府职能加快转变，作风建设持续深化。2016 年是全面实施“十三五”规划的开局之年，也是建设美丽幸福新河口的冲锋之年。一年来，抓运行、稳增长，经济平稳健康发展；抓项目、扩投入，发展后劲持续增强；抓建设、强管理，城乡融合加快推进；抓安全、保生态，发展环境不断优化；抓脱贫、惠民生，人民生活更加幸福。

报告强调，历史启迪未来，往事昭示前程。五年砥砺奋进，五年积极探索，付出了超乎寻常的努力，取得了超乎想象的成效，开创了跨越发展的新局面。回顾五年来的工作，深刻体会到，办好河口的事情，推进河口的发展，必须始终坚持党的领导，必须坚守科学跨越的发展理念，必须大力弘扬务实担当的精神，必须秉持执政为民的质朴情怀，必须不断深化团结共建。回首五年，共同走过了难忘的奋斗历程，取得了科学发展的辉煌成就。这是区委坚强领导、科学决策的结果，是区人大、区政协和社会各界有效监督、大力支持的结果，是全区上下、油地军港、社会各界同心协力、拼搏进取的结果。

报告指出，今后五年是河口率先全面建成小康社会的决胜阶段，也是打造“一极两区”、建设美丽幸福新河口的关键时期。区第八次党代会描绘了今后五年河口发展的宏伟蓝图，为河口的发展指明了方向。上下同欲者强，一以贯之者胜。一定要抢抓机遇，乘势而上，积极作为，奋力开创河口经济社会发展的新局面。

今后五年的预期目标是：牢牢把握区党代会提出的“双倍增”目标，努力实现全区生产总值年均增长 7% 左右，一般公共预算收入与经济保持同步增长，全社会固定资产投资年均增长11%左右，社会消费品零售总额年均增长10%左右，城镇登记失业率控制在3.5%以内。一是着力推进产业强区，提升经济发展质量效益；二是着力推进生态立区，建设宜居宜业魅力城市；三是着力推进富民兴区，厚植创新发展内生动力。四是着力建设幸福之区，提高普惠共享民生水平。经过五年奋斗拼搏，河口的经济发展将更加科学，产业迈向高端，结构优化升级，质量效益全面提升；经过五年奋斗拼搏，河口的生态环境将更加优美，天蓝地绿水清，老城焕发新颜，新区巍然崛起，宜居宜业宜游；经过五年奋斗拼搏，河口的社会发展将更加文明，人民幸福安康，社会祥和安定。我们坚信，一个经济发达、环境优美、生态宜居、百姓富足、社会和谐的美丽幸福之城必将矗立在渤海之滨，犹如一颗光彩夺目的明珠，熠熠生辉。

报告指出，2017年，是全面贯彻落实区第八次党代会精神的开局之年，也是新一届政府任期的第一年，做好今年的工作意义重大。我们要牢牢把握稳中求进这个工作总基调，以提高发展质量效益为核心，以推进供给侧结构性改革为主线，努力推动全区经济社会实现新的发展。综合考虑各种因素，主要预期目标是：全区生产总值增长7%，一般公共预算收入增长6%，全社会固定资产投资增长10%，社会消费品零售总额增长10%，城乡居民人均可支配收入分别增长7.5%和9%，城镇登记失业率控制在3.5%以内，全面完成市下达的节能减排任务。工作中重点做好五个方面的工作，一是加快产业转型升级，努力构建现代产业体系；二是加速推进城乡融合，努力打造秀美宜居家园；三是突出抓好安全环保，努力优化区域发展环境；四是深入推进改革开放，努力增强经济发展活力；五是持续保障改善民生，努力提升人民幸福指数。

报告强调，站在新起点，开创新未来。新形势、新任务对政府工作提出了新的更高要求，我们必须按照为民、务实、清廉的要求，进一步解放思想，干事创业，努力建设忠诚、专业、务实、担当、廉洁的人民满意政府。一要铸就忠诚品格，建设责任政府；二要恪守专业理念，建设法治政府；三要锻造务实作风，建设实干政府；四要弘扬担当精神，建设开拓政府；五要倡树廉洁正气，建设清廉政府。

会议还书面提交了关于东营市河口区2016年国民经济和社会发展计划执行情况与2017年国民经济和社会发展计划（草案）的报告、关于东营市河口区2016年财政预算执行情况和2017年财政预算（草案）的报告。

（三）第二次全体会议。2月14日上午，东营市河口区第十八届人民代表大会第一次会议在区礼堂举行第二次全体会议。区委副书记王永跃主持会议。区人大常委会第一副主任张胜双作河口区人民代表大会常务委员会工作报告。

报告指出，过去的五年，区人大常委会在区委的坚强领导下，高举中国特色社会主义伟大旗帜，以邓小平理论、“三个代表”重要思想、科学发展观为指导，全面贯彻落实中共十八大和十八届三中、四中、五中、六中全会精神，深入贯彻落实习近平总书记系列重要讲话精神，把握时代大势，回应社会关切，紧紧围绕“一极两区”总目标，认真履行法定职责，为推进改革发展和民主法治建设做出了积极贡献。五年来，听取审议“一府两院”专项工作报告75项，开展专题调查和执法检查110余次，开展专题询问1次，组织代表集中视察9次，提出意见建议300余条，作出决议决定52项。一是服务工作大局，依法推动全区经济社会科学发展；二是坚持履职为民，切实维护人民群众根本利益；三是加强法律监督，扎实推进民主法治建设；四是完善工作机制，努力提高依法监督实效；五是提高保障水平，充分发挥人大代表主体作用；六是加强自身建设，不断提升依法履职能力。

报告指出，过去的五年，依法履行职责，积极创新实践，实现了河口区人大工作的新突破，开创了河口区民主法治建设的新境界。区十七届人大常委会五年来所取得的成绩，是区委坚强领导、常委会组成人员和全体人大代表共同努力的结果，是“一府两院”和有关部门协同配合的结果，也是社会各界和广大人民群众大力支持的结果。新一届区人民代表大会已经组成，新一届区人大常委会即将选举产生。区第八次党代会深刻分析了河口面临的形势和任务，科学谋划了河口发展的未来。我们坚信，在区委的坚强领导下，在全区人民的大力支持下，区十八届人大及其常委会一定能够担负起历史赋予的重任，与时俱进，求实创新，不断开创人大工作的新局面。

报告对今后的工作提出四点建议，一要坚持党的领导，树立正确政治方向；二要围绕工作大局，依法履行职责；三要紧紧依靠人大代表和人民群众，努力增强工作实效；四要切实加强自身建设，不断提高履职能力。

报告指出，2017 年是新一届人大及其常委会的开局之年，也是全面建成小康社会的决胜之年。在新的一年里，建议重点抓好四项工作：一是研究制定区人大专门委员会工作规则，明确专门委员会法定职责和运转程序，推动各专门委员会依法有序开展工作。二是听取审议区政府关于计划和预算执行、环境保护、精准扶贫、安全生产、农村土地“三权分置”、文化惠民、科技等项工作报告；听取审议区法院关于执行工作情况的报告、区检察院关于诉讼监督工作情况的报告；对国有资产管理工作进行专题调查；对《东营市城镇容貌和环境卫生管理条例》进行执法检查。三是科学编制代表培训计划，加强代表培训工作，提高培训实效，进一步发挥代表主体作用。四是加强常委会组成人员理论与法律学习，提高履职能力，实现新一届人大常委会工作的良好开局。潮起海天阔，扬帆正当时。报告号召要更加紧密地团结在以习近平总书记为核心的党中央周围，在区委的坚强领导下，牢记使命，依法履职，不忘初心，继续前进，为率先全面建成小康社会、加快建设美丽幸福新河口做出新的贡献，以优异成绩迎接中共十九大胜利召开。

会议还听取了区人民法院院长曹志海作的河口区人民法院工作报告，区人民检察院检察长宋继圣作的河口区人民检察院工作报告。会议还通过了大会选举办法、通过了关于设立区十八届人大专门委员会的决定和通过了区十八届人大专门委员会组成人员人选表决办法。

（四）第三次全体会议。2 月 15 日下午，东营市河口区第十八届人民代表大会第一次会议举行第三次全体会议。区委书记、区人大常委会主任荀增杰主持大会。大会依法选举产生了河口区十八届人大常委会主任、副主任、委员，新一届河口区人民政府区长、副区长，区人民法院院长、区人民检察院检察长，东营市第八届人民代表大会代表，表决通过了区十八届人大专门委员会组成人员名单。

大会还依次表决通过了关于东营市河口区人民政府工作报告的决议、关于东营市河口区 2016 年国民经济和社会发展计划执行情况与 2017 年国民经济和社会发展计划的决议、关于东营市河口区 2016 年财政预算执行情况和 2017 年财政预算的决议、关于东营市河口区人大常委会工作报告的决议、关于东营市河口区人民法院工作报告的决议、关于东营市河口区人民检察院工作报告的决议。

新当选的区人大常委会主任、副主任、委员，新当选的区人民政府区长、副区长，新当选的区人民法院院长，表决通过的区人大各专门委员会副主任委员和委员等，依次进行了宪法宣誓。

荀增杰在主持讲话时说，这次大会，是一次承前启后、继往开来的大会，是一次统一思想、凝聚共识的大会，是一次求真务实、团结奋进的大会。会议期间，各位代表牢记人民的重托，以高度的主人翁责任感和饱满的政治热情，认真履行职责，积极建言献策，共商发展大计，体现了心系河口、忠于人民的责任担当，展示了奋发向上、开拓进取的精神风貌。审议通过的各项报告和决议决定，完全符合上级指示精神，符合区委部署要求，符合河口发展实际，体现了全区人民的共同意愿。会议的召开，必将鼓舞和激励全区人民，以更加坚定的信心、更加饱满的热情、更加高昂的斗志，向着率先全面建成小康社会、加快建设美丽幸福新河口的宏伟目标奋勇前进。

荀增杰希望，新当选的同志牢记职责，不辱使命，恪尽职守，勤勉为民，忠实履行宪法和法律赋予的职责，正确行使人民赋予的权力，尽心尽力为河口发展服务，尽职尽责为河口人民服务，在历届领导班子打下的良好基础上，把河口各项事业更好地推向前进。

荀增杰指出，过去五年，是河口发展历程中应对复杂挑战、实现跨越发展的五年。五年来，经过全区上下的团结奋斗和不懈努力，河口已进入加快转型、全面提升、跨越发展的新阶段，展现出更加美好的光明前景。今后五年，是河口大有可为的战略机遇期、转型升级的跨越期、创新发展的加速期和全面深化改革的攻坚期，身上肩负的使命光荣、责任重大。这次大会，紧紧围绕区第八次党代会确定的指导思想和目标思路，科学谋划了今后五年及2017年全区经济社会发展的主要任务和重点工作，凝聚了共识、明确了目标、提出了思路举措。大家要认真贯彻落实区第八次党代会和这次人代会精神，积极引领新常态、抢抓新机遇、务求新作为，努力在率先全面建成小康社会，加快建设美丽幸福新河口上迈出更加坚实的步伐，创造出无愧于时代、无愧于人民、无愧于历史的新业绩。

苟增杰强调，人大代表是一份荣誉，更是一份责任。希望全体代表倍加珍惜党和人民的信任，始终以饱满的政治热情和良好的精神状态，充分发挥主体作用，带头学习宣传好这次大会精神，带头贯彻落实好大会的决策部署，真正把大会确定的各项任务转化为全区人民的共同意志和自觉行动，共同创造更加美好幸福的生活。全区各级人大组织要坚持围绕中心、服务大局，找准工作着力点和突破口，深入调查研究，积极建言献策，加强监督检查，抓好自身建设，提高履职水平，为推动河口在新起点上跨越赶超作出新的更大贡献。

东营市河口区第十八届人民代表大会
第一次会议主席团、秘书长名单

（2017年2月12日预备会议通过）

主席团：（27名，按姓名笔画为序）

王云涛　王永跃　王建民　王　峰　王端吉
田兵兵　冯勇成　闫长林　牟焕民　孙少军
孙　明　孙学诗　李建民　宋继圣　张作霞
张胜双　张衍军　张素霞（女）　苟军松
苟增杰　赵明印　秦安忠　郭子江
郭玉珍（女）　郭存三　高照洪　曹志海

秘书长：郭存三（兼）

东营市河口区第十八届人民代表大会
第一次会议主席团常务主席名单

（2017年2月12日主席团第一次会议通过）

苟增杰　田兵兵　王永跃　张胜双
赵明印　秦安忠　张作霞　郭玉珍（女）
郭存三　闫长林　孙学诗　王端吉

东营市河口区第十八届人民代表大会
第一次会议副秘书长名单

（2017年2月12日主席团第一次会议通过）

黄润超　刘士成　高玉志　张　林
王学军　陈永峰

东营市河口区第十八届人民代表大会
第一次会议议案审查委员会组成人员名单

（2017年2月12日预备会议通过）

主 任 委 员：孙学诗
副主任委员：王学军
委　　员（按姓名笔画为序）：
刘凤霞（女）　杨丰文　陈建歧
祝升禹　燕　华（女）

东营市河口区第十八届人民代表大会
第一次会议财政预算审查委员会组成人员名单

（2017年2月12日预备会议通过）

主 任 委 员：闫长林
副主任委员：李振江
委　　员（按姓名笔画为序）：
王瑞红　刘长水　朱贵宝
黄秀芹（女）　蒋时祥

东营市河口区第十八届人民代表大会第一次会议
各代表团临时党支部书记、副书记名单

新户镇代表团　书　记：苟军松
　　　　　　　副书记：孙卫祥
义和镇代表团　书　记：王云涛
　　　　　　　副书记：綦建成
河口街道代表团　书　记：牟焕民
　　　　　　　副书记：陈万来
六合街道代表团　书　记：张素霞
　　　　　　　副书记：李吉海
孤岛镇代表团　书　记：王　峰

副书记：胡友成
仙河镇代表团　书　记：李建民
副书记：韩春亮

东营市河口区第十八届人民代表大会第一次会议
各代表团团长、副团长名单

新户镇代表团　团　长：苟军松
副团长：孙卫祥
义和镇代表团　团　长：王云涛
副团长：綦建成
河口街道代表团　团　长：牟焕民
副团长：陈万来
六合街道代表团　团　长：张素霞
副团长：李吉海
孤岛镇代表团　团　长：王　峰
副团长：胡友成
仙河镇代表团　团　长：李建民
副团长：韩春亮

东营市河口区第十八届人民代表大会
各专门委员会组成人员名单

内务司法委员会
主 任 委 员：宋学峰
副主任委员：周青蓉（女）
委　　员（按姓名笔画为序）：
王立江　吴翠婵（女）　戴绍祥

财政经济委员会
主 任 委 员：李振江
副主任委员：王瑞红
委　　员（按姓名笔画为序）：
刘长水　黄秀芹（女）　蒋时祥

教育科学文化卫生委员会
主 任 委 员：李　萍（女）
副主任委员：吕洪新　　李　晓
委　　员（按姓名笔画为序）：
马海燕（女）　王金柱　刘俊霞（女）

城乡建设环境保护委员会
主 任 委 员：马士文
副主任委员：魏育智
委　　员（按姓名笔画为序）：
李振平　　张清海　　张善飞

农业与农村委员会
主 任 委 员：王明华
副主任委员：李希平　王宏伟
委　　员（按姓名笔画为序）：
王玉红　　董子虎　　董召磊

第二编 历届区人大常委会

第二编　历届区人大常委会

第一章 历届区人大常委会组成人员

根据地方组织法规定，县、自治县、不设区的市、市辖区的人大常委会由本级人民代表大会在代表中选举主任、副主任若干人和委员若干人组成。具体名额由省人大常委会依法确定。

第一节　区十三届人大常委会组成人员

1993 年 2 月 19 日，河口区第十三届人民代表大会第一次会议选举产生河口区第十三届人大常委会组成人员 12 人。

主　任：周庆成

副主任：高顺德　李隆玉（女）　韩廷村
　　　　岳树德　张凤田

委　员：（按姓名笔画为序）
　　　　王奎炳　申友武　杨天俊
　　　　陈启范　贾秉琴（女）　黄高潮

河口区第十三届人大常委会组成人员在任期内变动如下：

1993 年 8 月 14 日，河口区第十三届人大常委会第三次会议，决定接受黄高潮辞去河口区第十三届人大常委会委员职务的请求。

1997 年 2 月 20 日，河口区第十三届人民代表大会第五次会议，决定接受周庆成辞去河口区第十三届人大常委会主任职务的请求；补选刘汝彬为河口区人大常委会主任。

第二节　区十四届人大常委会组成人员

1998 年 1 月 17 日，河口区第十四届人民代表大会第一次会议选举产生河口区第十四届人大常委会组成人员 17 人。

主　任：刘汝彬

副主任：程景坤　韩廷村　张凤田
　　　　张士明　贾希铎　于连泽

委　员：（按姓名笔画为序）
　　　　王学锋　郝轮光　阎玉泰
　　　　周玉娥（女）　胡广德　刘玉琴（女）
　　　　刘增玺　贾秉琴（女）　崔家文
　　　　鲍学功

河口区第十四届人大常委会组成人员在任期内变动如下：

1998 年 9 月 18 日，河口区第十四届人大常委会第五次会议，决定接受刘汝彬辞去河口区第十四届人大常委会主任职务的请求；决定推选程景坤为区人大常委会代理主任。

1999 年 2 月 4 日，河口区第十四届人民代表大会第二次会议，补选刘秀田为河口区第十四届人大常委会主任。

2001 年 3 月 7 日，河口区第十四届人民代表大会第四次会议，决定接受韩廷村、张凤田、于连泽辞去河口区第十四届人大常委会副主任职务的请求；补选梁如贵、杨学贤为河口区第十四届人大常委会副主任。

第三节　区十五届人大常委会组成人员

2003 年 1 月 20 日，河口区第十五届人民代表大会第一次会议选举产生河口区第十五届人大常委会组成人员 21 人。

主　任：刘秀田

副主任：程景坤　渠怀德　杨学贤
　　　　张焕洲（女）　曲德民　房建民

委　员：（按姓名笔画为序）

王成泉　王学锋　王春霞（女）
王宪印　朱子贤　刘亚东
刘怀科　刘国增　张玉平
尚胜波　赵玉洪　郭存三
曹文生　蒋时林

河口区第十五届人大常委会组成人员在任期内变动如下：

2003 年 3 月 11 日，河口区第十五届人大常委会第一次会议，决定接受王学锋、张玉平辞去河口区第十五届人大常委会委员职务的请求。

2004 年 1 月 7 日，河口区第十五届人民代表大会第二次会议，补选马士文为河口区第十五届人大常委会委员。

2004 年 12 月 21 日，河口区第十五届人大常委会第十三次会议，决定接受尚胜波辞去河口区第十五届人大常委会委员职务的请求。

2005 年 1 月 7 日，河口区第十五届人民代表大会第三次会议，补选王学锋、胡敬斌为河口区第十五届人大常委会委员。

2006 年 2 月 13 日，河口区第十五届人大常委会第二十一次会议，决定接受郭存三辞去河口区第十五届人大常委会委员职务的请求。

2006 年 2 月 20 日，河口区第十五届人大常委会第二十二次会议，因蒋时林代表去世，其河口区第十五届人大常委会委员职务终止。

2006 年 2 月 27 日，河口区第十五届人民代表大会第四次会议，补选丁水林为河口区第十五届人大常委会副主任；毕建军、苟军松、张希武为河口区第十五届人大常委会委员。

2006 年 7 月 18 日，河口区第十五届人大常委会第二十六次会议，决定接受王春霞辞去河口区第十五届人大常委会委员职务的请求。

2007 年 1 月 22 日，河口区第十五届人民代表大会第五次会议，补选黄高潮为河口区第十五届人大常委会副主任。

2007 年 5 月 17 日，河口区第十五届人大常委会第三十一次会议，决定接受毕建军辞去河口区第十五届人大常委会委员职务的请求。

第四节　区十六届人大常委会组成人员

2007 年 12 月 10 日，河口区第十六届人民代表大会第一次会议选举产生河口区第十六届人大常委会组成人员 23 人。

主　任：郑建军

副主任：王树臣　杨学贤　房建民
丁水林　赵淑萍（女）

委　员：（按姓名笔画为序）

马士文　王乃余　王宪印
卢玉峰　刘士勤　刘凤霞（女）
李培智　李清玲（女）李　翔
陈步军　陈建英（女）苟军松
周青蓉（女）孟凡吾　郭守勤
盖凤鸣　韩　青

河口区第十六届人大常委会组成人员在任期内变动如下：

2009 年 6 月 17 日，河口区第十六届人民代表大会第三次会议，补选聂建军为河口区第十六届人大常委会主任。

2009 年 12 月 11 日，河口区第十六届人大常委会第十四次会议，决定接受盖凤鸣辞去河口区第十六届人大常委会委员职务的请求。

2009 年 12 月 29 日，河口区第十六届人大常委会第十五次会议，决定接受苟军松辞去河口区第十六届人大常委会委员职务的请求。

2010 年 1 月 7 日，河口区第十六届人民代表大会第四次会议，补选郑爱国、李同君为河口区第十六届人大常委会委员。

2010 年 12 月 23 日，河口区第十六届人大常委会第二十二次会议，决定接受王宪印、陈步军辞去河口区第十六届人大常委会委员职务的请求。

2011 年 1 月 15 日，河口区第十六届人民代表大会第五次会议，补选郭存三为河口区第十六届人大常委会副主任；补选王忠华、王学军、孙学诗、李仁玲、徐楠楠为河口区第十六届人大常委会委员。

2012 年 1 月 9 日，河口区第十六届人大常委会第三十二次会议，决定接受王树臣辞去河口区第十六届人大常委会副主任职务的请求。

第五节 区十七届人大常委会组成人员

2012年2月4日，河口区第十七届人民代表大会第一次会议选举产生河口区第十七届人大常委会组成人员23人。

主　任：聂建军

副主任：张胜双　丁水林　赵淑萍（女）　郭存三　闫长林

委　员：（按姓名笔画为序）

马士文　马学君　马剑光
王忠华　王学军　朱春光
刘凤霞（女）　孙　明　李仁玲（女）
李延春　陈建英（女）　陈锋之
周青蓉（女）　徐楠楠（女）　郭守勤
郭学峰　韩　青

河口区第十七届人大常委会组成人员在任期内变动如下：

2012年4月27日，河口区第十七届人大常委会第三次会议，决定接受陈建英辞去河口区第十七届人大常委会委员职务的请求。

2013年4月26日，河口区第十七届人大常委会第九次会议，决定接受朱春光、韩青辞去河口区第十七届人大常委会委员职务的请求。

2013年12月26日，河口区第十七届人大常委会第十五次会议，决定接受王忠华辞去河口区第十七届人大常委会委员职务的请求。

2013年1月5日，河口区第十七届人民代表大会第二次会议，补选王宏伟、伍忠民为河口区第十七届人大常委会委员。

2014年2月20日，河口区第十七届人民代表大会第三次会议，补选刘学东、闫彬、李晓为河口区第十七届人大常委会委员。

2014年12月26日，河口区第十七届人大常委会第二十三次会议，决定接受徐楠楠辞去河口区第十七届人大常委会委员职务的请求。

2016年1月13日，河口区第十七届人大常委会第三十三次会议，决定接受聂建军辞去河口区第十七届人大常委会主任职务的请求。

2016年1月20日，河口区第十七届人民代表大会第五次会议，补选荀增杰为河口区第十七届人大常委会主任。

第六节 区十八届人大常委会组成人员

2017年2月15日，河口区第十八届人民代表大会第一次会议选举产生河口区第十八届人民代表大会常务委员会组成人员30人：

主　任：张胜双

副主任：郭玉珍（女）　郭存三　闫长林　孙学诗　王端吉

委　员：（按姓名笔画为序）

马士文　王明华　王学军
王焕青（女）　王瑞红　冯勇成
吕洪新　朱贵宝　刘士成
刘凤霞（女）　孙　明　李延春
李希平　李振江　李　萍（女）
宋学峰　张衍军　周青蓉（女）
殷鹏霄　郭子江　高　东
高照洪　黄润超　魏育智

第二章 历届区人大常委会党组

第一节 区十三届人大常委会党组

（1993年5月至1998年1月）

党组书记

周庆成（1993年5月～1997年2月）

刘汝彬（1997年2月任职）

党组副书记

高顺德（1993年5月～1998年1月）

韩廷村（1993年5月任职）

党组成员

岳树德（1993年5月～1997年9月）

张凤田（1993年5月任职）

王春荣（1993年5月～1997年12月）

崔家文（1997年2月任职）

第二节 区十四届人大常委会党组

（1998年1月至2003年1月）

党组书记

刘汝彬（1998年7月离职）

刘秀田（1998年7月任职）

党组副书记

程景坤（1998年2月任职）

韩廷村（2001年2月离职）

党组成员

张凤田（2001年2月离职）

张士明（1998年2月～2003年1月）

贾希铎（1998年2月～2003年1月）

崔家文（1999年4月离职）

梁如贵（2001年2月～2003年1月）

杨学贤（2001年2月任职）

第三节 区十五届人大常委会党组

（2003年1月至2007年12月）

党组书记

刘秀田（2007年12月离职）

王树臣（2007年12月任职）

党组第一副书记

黄高潮（2007年1月～2007年12月）

党组副书记

程景坤（2006年3月离职）

渠怀德（2006年3月～2007年12月）

杨学贤（2006年3月任职）

党组成员

渠怀德（2003年2月～2006年3月）

房建民（2003年2月任职）

曲德民（2003年2月～2007年12月）

马士文（2003年2月任职）

丁水林（2006年3月任职）

第四节 区十六届人大常委会党组

（2007年12月至2012年2月）

党组书记

王树臣（2008年4月离职）

郑建军（2008年4月～2009年3月）

聂建军（2009年3月任职）

党组第一副书记

王树臣（2008年4月～2011年12月）

党组副书记

黄高潮（2007年1月～2007年12月）

杨学贤（2010年12月离职）

党组成员

房建民（2012 年 2 月离职）

丁水林

郭存三（2010 年 12 月任职）

马士文

第五节　区十七届人大常委会党组

（2012 年 2 月至 2017 年 4 月）

党组书记

聂建军（2015 年 8 月离职）

张胜双（2015 年 8 月任职）

党组副书记

张胜双（2011 年 12 月～ 2015 年 8 月）

党组成员

丁水林（2017 年 3 月离职）

郭存三

闫长林

马士文

孙学诗（2016 年 12 月任职）

黄润超（2016 年 12 月任职）

第六节　区十八届人大常委会党组

党组书记

张胜双

党组副书记

郭存三

闫长林

党组成员

孙学诗

王端吉

马士文

黄润超

第三章　区人大常委会工作机构设置

第一节　机构概述

1984 年 9 月 8 日，河口区第十届人民代表大会第一次会议，依法选举产生河口区人大常委会。此后，为适应区人大常委会工作需要，人大常委会工作机构逐步得到充实和加强。

第十三届人大常委会工作机构设置为 1 室 5 科，即：办公室、代表联络科、法制科、教科文卫科、财经科、信访科。

1998 年 7 月 16 日，河口区第十四届人大常委会第四次会议决定将“代表联络科”更名为“人事代表工作室”。人大常委会工作机构设置为 2 室 4 科，即：办公室、人事代表工作室、法制科、教科文卫科、财经科、信访科。

2004 年 12 月 27 日，区人大常委会机关成立人大机关服务中心（东河编发〔2004〕10 号），股级事业单位。

2006 年 7 月 18 日，河口区第十五届人大常委会第二十六次会议，根据区人大常委会主任会议的提请，决定将工作机构调整为 2 室 5 工委，即：办公室，内设信访科（副科级）、人大机关服务中心（股级）；人事代表工作室；内务司法工作委员会；财政经济工作委员会；城乡建设环境保护工作委员会；农业与农村工作委员会；教育科学文化卫生工作委员会。同时，撤销原有的河口区人民代表大会常务委员会法制科、教科文卫科、财经科、信访科（正科级），其职能划入办公室和相应的工作委员会。

2006 年 12 月，人大机关服务中心升格为副科级事业单位（东河编发〔2006〕60 号）。

2015 年 4 月 30 日，河口区人大常委会设立预算工作委员会（东河编发〔2015〕18 号）。

2016 年 1 月 19 日，河口区第十七届人民代表大会第五次会议，依法设立区十七届人大内务司法、财政经济、教科文卫、城建环保、农业农村 5 个专门委员会。区人大常委会内务司法、财政经济、教科文卫、城建环保、农业与农村 5 个工作委员会相应撤销。

2016 年 2 月 16 日，“人事代表工作室”更名为“人事代表工作委员会”（东河编发〔2016〕5 号）。至此，区人大常委会办事机构和工作机构调整为 1 室 2 工委，即：办公室，内设信访科（副科级）、人大机关服务中心（副科级事业单位）；人事代表工作委员会；预算工作委员会。

区人大常委会在河口街道、六合街道设立工作委员会，配备专职主任 1 名、副主任 1 名；新户镇、义和镇、孤岛镇、仙河镇设专职主席 1 名、副主席 1 名。

在山东河口经济开发区设置人大工作委员会，配备专职主任 1 名、副主任 1 名。

自 2016 年 2 月开始，区人大常委会主任、副主任及转到人大工作的常委会、人大专门委员会专职委员，使用单列编制，不再使用区人大机关行政编制。

第二节　机构人员组成

办公室

主　任：陈启范（1990 年 5 月～ 1996 年 4 月）
崔家文（1996 年 4 月～ 1999 年 5 月）
张玉平（1999 年 5 月～ 2003 年 3 月）
马士文（2003 年 3 月～ 2017 年 1 月）
黄润超（2017 年 1 月任职）

副主任：朱子贤（1995 年 3 月～ 2002 年 3 月）
鲍学功（1995 年 3 月～ 1998 年 3 月）
崔建国（1998 年 3 月～ 2003 年 3 月）
胡敬斌（2000 年 5 月～ 2005 年 9 月）
李秀庄（2003 年 3 月～ 2006 年 7 月）
孙华强（2005 年 9 月～ 2013 年 4 月）
王宏伟（2009 年 6 月～ 2012 年 4 月）
张曙光（2012 年 4 月～ 2013 年 12 月）
陈志军（2013 年 12 月任职）

代表联络科

科　长：陈启范（1996 年 4 月～ 1996 年 6 月）

　　　　鲍学功（1998 年 3 月～ 1998 年 7 月）

副科长：张　静（1996 年 10 月～ 1998 年 3 月）

人事代表工作室

主　任：鲍学功（1998 年 7 月～ 1998 年 12 月）

　　　　崔家文（1999 年 5 月～ 2001 年 5 月）

　　　　王宪印（2001 年 5 月～ 2006 年 7 月）

　　　　陈建英（2006 年 7 月～ 2012 年 4 月）

　　　　王学军（2012 年 4 月～ 2016 年 4 月）

副主任：王忠华（2002 年 3 月～ 2009 年 12 月）

　　　　颜廷涛（2010 年 9 月～ 2016 年 4 月）

人事代表工作委员会

主　任：王学军（2016 年 4 月任职）

副主任：颜廷涛（2016 年 4 月任职）

法制科

科　长：胡广德（1998 年 3 月～ 2001 年 5 月）

　　　　赵玉洪（2001 年 5 月～ 2004 年 7 月）

　　　　胡敬斌（2004 年 12 月～ 2005 年 9 月）

　　　　陈建英（2005 年 9 月～ 2006 年 7 月）

内务司法工作委员会

主　任：周青蓉（2006 年 7 月～ 2016 年 1 月）

副主任：何树林（2013 年 4 月～ 2016 年 1 月）

信访科（2006 年 7 月，根据东河办字〔2005〕12 号文件，信访科降为副科级单位，划归办公室）

科　长：王恭泉（1999 年 5 月～ 2000 年 4 月）

　　　　崔建国（2000 年 5 月～ 2003 年 3 月）

　　　　胡敬斌（2003 年 3 月～ 2004 年 12 月）

　　　　李秀庄（2005 年 9 月～ 2006 年 7 月）

　　　　于晓英（2012 年 4 月任职）

副科长：王恭泉（1990 年 3 月～ 1999 年 5 月）

　　　　周青蓉（1999 年 5 ～ 2006 年 7 月）

财经科

科　长：刘玉琴（1998 年 3 月～ 2001 年 5 月）

　　　　朱子贤（2002 年 3 月～ 2006 年 3 月）

副科长：张振昌（1996 年 6 月～ 1998 年 3 月）

财政经济工作委员会

主　任：张俊海（2006 年 7 月～ 2009 年 6 月）

　　　　王忠华（2009 年 12 月～ 2013 年 12 月）

　　　　李　晓（2013 年 12 月～ 2016 年 1 月）

副主任：刘高峰（2014 年 12 月～ 2016 年 1 月）

城乡建设环境保护工作委员会

主　任：王宪印（2006 年 7 月～ 2010 年 9 月）

　　　　李仁玲（2010 年 9 月～ 2016 年 1 月）

副主任：张玉芳（2013 年 4 月～ 2015 年 12 月）

农业与农村工作委员会

主　任：李秀庄（2006 年 7 月～ 2009 年 12 月）

　　　　王学军（2010 年 9 月～ 2012 年 4 月）

　　　　王宏伟（2012 年 4 月～ 2016 年 1 月）

副主任：牛俊昌（2015 年 12 月～ 2016 年 1 月）

教科文卫科

科　长：胡广德（1995 年 3 月～ 1998 年 3 月）

　　　　闫玉泰（1998 年 3 月～ 2001 年 5 月）

　　　　曹文生（2001 年 5 月～ 2004 年 5 月）

　　　　盖凤鸣（2005 年 9 月～ 2006 年 7 月）

副科长：盖凤鸣（1998 年 3 月～ 2005 年 9 月）

教育科学文化卫生工作委员会

主　任：盖凤鸣（2006 年 7 月～ 2009 年 6 月）

　　　　李同君（2009 年 6 月～ 2012 年 4 月）

　　　　伍忠民（2012 年 4 月～ 2015 年 12 月）

　　　　宋学峰（2015 年 12 月～ 2016 年 1 月）

副主任：石　明（2012 年 4 月～ 2015 年 6 月）

　　　　王学玲（2015 年 8 月～ 2016 年 1 月）

预算工作委员会

主　任：朱贵宝（2017 年 1 月任职）

副主任：朱贵宝（2015 年 12 月～ 2017 年 1 月）

区人大机关服务中心

主　任　何树林（2004 年 12 月～ 2013 年 2 月）

　　　　牛俊昌（2013 年 2 月～ 2015 年 11 月）

　　　　崔友朋（2015 年 11 月任职）

附：东营市河口区人大常委会各委室工作职责

办公室工作职责

一、负责区人民代表大会会议、常委会会议、常委会主任会议等有关会议的筹备工作；

二、负责起草区人大常委会综合文字材料，负责编纂区人大史志和年鉴，负责会议材料的审核把关工作；

三、负责区人大常委会领导同志公务活动的组织、协调和安排；

四、负责人大机关宣传报道、综合调研、信息交流工作；

五、负责区人大机关文电、档案、督查、信访、办公自动化管理、值班、保密等方面的工作；

六、负责区人大机关财务、接待、外事及机关行政事务和安全保卫等工作；

七、负责区人大常委会同市人大常委会、区直有关部门及乡镇（街道）人大联系的有关工作；

八、根据区人大常委会主任意见或工作需要，协调区人大机关各委室的工作；

九、负责机关离退休干部的管理和服务工作；

十、负责《人民权利报》等代表所需报刊杂志的征订、发放工作；

十一、承办区人大常委会和主任会议交办的其他事项。

内务司法工作委员会工作职责

一、参与区人民代表大会会议、常委会会议、常委会主任会议等有关会议的筹备工作；

二、对区“一府两院”向区人大常委会提请审议的贯彻法律法规的规范性文件、行政规章及法制建设方面的报告进行审阅，并提出意见；

三、调查了解对法律、法规以及决议、决定的贯彻实施情况，为人大常委会进行监督提供依据，建议区人大常委会听取有关部门关于法律实施和工作情况的报告；

四、对区内司法部门的工作和执法情况进行检查。发现违法行为或其他重大问题时，按照人大常委会或主任会议的安排，做好调查研究，提出处理建议；

五、协助区人大常委会搞好法制宣传教育，监督有关部门搞好普法依法治理工作；

六、做好公民、法人、其他组织的控告审诉工作，督促有关部门认真处理公民的重要审诉案件；

七、参与区人大常委会组织的有关活动，办理区人大常委会和主任会议交办的有关工作；

八、负责联系市人大相关专门委员会、区“一府两院”对口部门的有关工作。

财政经济工作委员会工作职责

一、参与区人民代表大会会议、常委会会议、常委会主任会议等有关会议的筹备工作；

二、审阅全区国民经济和社会发展计划草案，区级财政预决算草案和执行情况的报告，以及国民经济和社会发展计划、财政收支预算的调整报告，并提出意见；

三、调查了解全区对财政经济方面的法律、行政法规、地方性法规的实施情况，为区人大常委会进行法律监督做准备，并对有关违法事件提出处理建议；

四、审阅区人民政府和下一级人民代表大会有关财政经济方面的规章和决议、决定，对其中同法律、法规相抵触的问题，向常委会主任会议提出报告；

五、对全区财政经济方面的重大事项和人民群众反映强烈的重大问题进行调查研究，向常委会主任会议提出报告；

六、对属于区人大常委会职权范围内与财政经济有关的问题，进行调查研究，为区人大常委会审议、决定重大事项做准备；

七、参与区人大常委会组织的有关活动，办理区人大常委会和主任会议交办的有关工作；

八、负责联系市人大相关专门委员会、区“一府两院”对口部门的有关工作。

教育科学文化卫生工作委员会工作职责

一、参与区人民代表大会会议、常委会会议、常委会主任会议等有关会议的筹备工作；

二、负责对全区教育、科学、文化、卫生方面的重大事项进行调查研究，为区人大常委会实施法律监督和工作监督提供依据；

三、对区政府及其有关部门贯彻执行教科文卫方面的法律、法规、方针政策情况进行调查，并提出建议；

四、对区政府向区人大常委会提请审议的有关教科文卫方面的报告进行审阅，提出意见；

五、研究区政府有关教科文卫方面的规范性文件，对其中同法律、法规相抵触的决定、规定等，向人大常委会主任会议提出修改或撤销的意见；

六、参与区人大常委会组织的有关活动，办理区人大常委会和主任会议交办的有关工作；

七、负责联系市人大相关专门委员会、区“一府两院”对口部门的有关工作。

城乡建设环境保护工作委员会工作职责

一、参与区人民代表大会会议、常委会会议、常委会主任会议等有关会议的筹备工作；

二、对区内城乡建设、环境保护方面的工作以及规划的制订和实施，进行调查研究和执法检查，并提出建议；

三、研究区政府有关城环方面的重要文件，对其中同法律法规相抵触的决定、规定等，向区人大常委会主任会议提出修改或撤销意见；

四、调查了解城环方面的法律、法规在本区的实施情况，为人大常委会进行法律监督提供依据；

五、对区政府向人大常委会提请审议的有关城环方面的报告进行审阅，并提出意见；

六、在有关城环方面的法律、法令、法规公布以后，督促检查有关部门进行学习、宣传和贯彻落实；

七、参与区人大常委会组织的有关活动，办理区人大常委会和主任会议交办的有关工作；

八、负责联系市人大相关专门委员会、区“一府两院”对口部门的有关工作。

农业与农村工作委员会工作职责

一、参与区人民代表大会会议、常委会会议、常委会主任会议等有关会议的筹备工作；

二、对区政府向区人大常委会提请审议的有关农业与农村方面的报告进行审阅，并提出意见建议；

三、调查了解全区的农业与农村工作，对有关部门学习、宣传、贯彻实施农业与农村方面法律、法规的情况，进行监督检查，为人大常委会进行监督提供参考资料；

四、审阅区政府有关农业与农村方面的规范性文件，对同法律、法规相抵触的问题，向人大常委会主任会议报告；

五、协助区人大常委会搞好农业与农村法律、法规的宣传工作；

六、参与区人大常委会组织的有关活动，办理区人大常委会和主任会议交办的有关工作；

七、负责联系市人大相关专门委员会、区“一府两院”对口部门的有关工作。

人事代表工作委员会工作职责

一、参与区人民代表大会会议、常委会会议、常委会主任会议等有关会议的筹备工作；

二、负责承办区人大常委会人事任免和评议的具体工作；

三、负责与区人大代表和驻我区的全国、省、市人大代表的联系，为代表执行职务提供服务；

四、督办人大代表提出的议案、建议、批评和意见；

五、承办区人大换届选举和选举我区出席全国、省、市人大代表以及区人大常委会指导乡镇人大换届选举的具体工作；

六、负责区人大常委会联系乡镇（街道）人大有关人事代表方面的具体工作，承办人大代表和人大干部的培训工作；

七、承担区人大常委会代表资格审查委员会交办的具体工作；

八、负责代表活动的组织和服务工作；

九、承办区人大常委会和主任会议交办的其他事项。

预算工作委员会工作职责

一、负责区人大及其常委会批准预算草案、预算调整方案、决算草案的初审工作；

二、负责征集人大代表、专家学者等对预算、预算执行、预算调整、决算方面的意见建议；

三、负责对预算收入、支出情况进行分析和预测，开展预决算审查监督的调查研究，向区人大常委会提出意见建议；

四、负责对部门预算资金、重点项目预算资金、专项资金使用情况进行监督检查；

五、负责对审计工作情况进行监督检查，督促有关部门对审计发现的预算执行和其他财政收支中的问题进行整改；

六、承担区人大常委会听取审议区政府关于预算执行、预算调整、决算等专项工作报告的具体工作，组织开展相关专题调研，提交调研报告；

七、负责预算决算方面政府规范性文件备案审查工作，做好备案审查意见的起草工作；

八、负责对相关法律法规执行情况进行检查，提出意见建议。

九、负责办理区人大常委会交办的人大代表有关建议和政协委员有关提案；

十、负责受理人大代表和人民群众有关预算决算方面的来信来访；

十一、负责做好区人大常委会和主任会议交办的其他事项。

第四章 历届区人大常委会规章制度

根据《中华人民共和国宪法》《中华人民共和国选举法》《中华人民共和国全国人民代表大会和地方各级人民代表大会代表法》和省市人大常委会制定的地方性法规，河口区历届人大常委会不断加强制度建设，先后制定和修订常委会主任会议议事规则、人事任免、代表联系群众、信访等多个规则和办法，为常委会履行职责提供了有力保证。

第一节 区十四届人大常委会规章制度

区十四届人大常委会加强制度建设，修订了《东营市河口区人民代表大会常务委员会议事规则》等制度，先后制定通过了《东营市河口区人民代表大会常务委员会联系区人民代表大会代表办法》《东营市河口区人民代表大会常务委员会关于区人大代表持证视察的决定》《东营市河口区人民代表大会常务委员会视察和调查工作制度》《东营市河口区人民代表大会常务委员会人事任免办法》《东营市河口区人民代表大会常务委员会监督本区司法机关执行法律的办法》等制度，保证了区人大常委会工作的正常运行。

东营市河口区人民代表大会常务委员会议事规则修正案

（1991 年 7 月 16 日区十二届人大常委会第十次会议通过，1998 年 4 月 21 日区十四届人大常委会第二次会议修正，2003 年 7 月 16 日区十五届人大常委会第三次会议修正）

第一章 总 则

第一条 根据《中华人民共和国宪法》《中华人民共和国地方各级人民代表大会和地方各级人民政府组织法》的有关规定，结合东营市河口区人民代表大会常务委员会（以下简称区人大常委会）的工作实践和需要，制定本规则。

第二条 区人大常委会会议审议议案、决定问题应当充分发扬民主，实行民主集中制的原则。

第三条 本规则适用于区人大常委会会议期间的全体会议和分组会议。

第二章 会议的召开

第四条 区人大常委会会议每两个月至少举行一次。

区人大常委会会议由主任召集并主持，主任可以委托副主任召集并主持会议。

第五条 区人大常委会会议必须有全体组成人员的过半数出席方能举行。

第六条 区人大常委会会议议程草案，由区人大常委会主任会议拟定，提请区人大常委会全体会议审议通过。

区人大常委会举行会议的时候，区人大常委会组成人员均应出席会议。因病或其他特殊原因不能出席的，要向常委会主任或主持工作的副主任请假。

第七条 区人大常委会举行会议，应当在举行会议的二十日以前将开会日期、建议会议讨论的主要事项等，通知区人大常委会组成人员。临时召集的会议，可临时通知。

第八条 区人大常委会举行会议的时候，区人民政府、区人民法院、区人民检察院的负责人列席会议。

区人大常委会举行会议的时候，可以邀请区政协主席或副主席列席会议。

区人大常委会各工作部门负责人、区政府有关部门负责人列席会议。

乡镇人民代表大会主席或副主席、街道人大办公室主任或副主任列席会议。必要时，可以邀请有关的全国、省、市、区人民代表大会代表和有关方面人士列席会议。

第九条 区人大常委会举行会议时，可采用全体会议和分组会议等形式。分组会议的审议情况，应由召集人向全体会议进行报告。

第十条 区人大常委会全体会议或分组会议审

议议案或工作报告时，应当通知有关部门派人到会，听取意见，回答询问。

第三章　议案的提出和审议

第十一条　区人大常委会主任会议可以向区人大常委会提出属于区人大常委会职权范围内的议案，由区人大常委会会议审议。

区人民政府可以向区人大常委会提出属于常委会职权范围内的议案，由主任会议决定提请区人大常委会会议审议。

区人大常委会组成人员三人以上联名可以向区人大常委会提出属于区人大常委会职权范围内的议案，由主任会议决定是否提请区人大常委会会议审议。

不提请审议的应当向区人大常委会会议报告或者向提案人说明。

向区人大常委会提出议案的时间，一般应在常委会会议举行一个月以前，送交区人大常委会办公室或有关的工作部门。

第十二条　区人大常委会主任会议根据需要，可以委托区人大常委会有关工作部门代拟议案草案，并向区人大常委会会议作出说明。

第十三条　对列入区人大常委会会议的议案，提出议案的机关和区人大常委会有关工作部门应当提供有关资料。

对人事任免案，提请任免的机关要在举行会议的十日以前，将人事任免的提请及有关材料报区人大常委会人事代表工作室。举行会议时，提请任免的机关应当介绍提请任免人员的基本情况和任免理由。必要时，有关负责人应到会回答询问。

对拟任命的国家机关工作人员，根据区人大常委会主任会议的决定，对其原职务期间的经济责任审计情况进行调查，并对其进行法律知识考试。

对任命的国家机关工作人员，根据区人大常委会主任会议的决定，可以听取他们的述职报告，对其依法执行职务情况进行评议。

第十四条　区人大常委会全体会议听取关于议案的说明。提出议案的机关负责人可以在区人大常委会全体会议、分组会议上对议案作补充说明。

第十五条　列入区人大常委会会议的议案，在交付表决前，提案机关或者提案人要求撤回的，对该议案的审议即行终止。

第十六条　列入区人大常委会会议的议案，在审议中有重大问题需要进一步研究的，经主任会议提出，全体会议同意，可以暂不提付表决，交有关工作部门进一步研究，并向下次或者以后的区人大常委会会议报告。

第十七条　区人大常委会认为必要的时候，可以组织关于特定问题的调查委员会，对有关问题进行调查，并根据调查委员会的报告作出相应的决议。

第四章　工作报告的听取和审议

第十八条　区人大常委会全体会议听取区人民政府及其工作部门、区人民法院、区人民检察院的工作报告。

第十九条　对列入区人大常委会听取审议的工作报告，报告机关要在举行会议的十日以前书面送交区人大常委会办公室，再由区人大常委会办公室在举行会议的五日以前送交区人大常委会组成人员。区人大常委会组成人员和有关工作部门在会前围绕其内容进行调查研究，形成的调查研究材料提交区人大常委会会议。

会前区人大常委会组成人员的调查可以统一组织，可以单独持代表证视察、调查，也可以联合进行。对关系全区大局和人民群众反映强烈的重点问题，成立专题调查组，必要时可以邀请区人大代表和有关方面人员参加。

第二十条　区人大常委会全体会议听取工作报告后，进行全体会议审议或分组会议审议。

区人大常委会主任会议可以根据调查的情况确定一到三名组成人员作为重点发言人，在全体会议上进行重点发言。

主任会议可以决定将工作报告交常委会有关工作部门讨论并提出参阅意见。

第二十一条　区人大常委会认为必要时，可以对所审议的工作报告作出决议、决定。

第五章　质　询

第二十二条　在区人大常委会会议期间，区人大常委会组成人员三人以上联名，可以向区人大常委会书面提出对区人民政府、区人民法院和区人民检察院的质询案。

第二十三条　质询案必须写明质询的对象、质询的问题和内容。质询案的主要内容：

（一）有关地方国家机关违反宪法、法律的重大问题；

（二）有关区人民政府组成人员和区人民法院、区人民检察院领导成员的严重失职、渎职行为；

（三）有关地方国家机关工作失误，造成严重后果的事件；

（四）其他需要质询的重大事项。

第二十四条 质询案由主任会议决定，交由受质询机关在区人大常委会全体会议上作口头答复，或者由受质询机关书面答复。

质询案以口头答复的，应当由受质询机关的负责人到会答复。

质询案以书面答复的，应当由受质询机关负责人签署，由主任会议印发常委会会议或者印发提质询案的常委会组成人员。提质询案的区人大常委会组成人员如对受质询机关的答复不满意，可以继续质询并要求再作答复。

第六章 发言、表决和决议、决定的实施

第二十五条 区人大常委会组成人员和列席会议的人员，在接到会议通知后，要按照会议拟审议议题，认真做好准备，包括学习有关的法律和文件，进行必要的调查研究。

学习法律或相关知识坚持以自学为主，也可以在会议上集体学习，学习的内容和方式，由主持会议的主任或副主任视情况决定。

区人大常委会组成人员在会议上应当积极发言。发言时应围绕议题，简明扼要地阐述对有关问题的态度、观点及建议、批评和意见。

区人大常委会组成人员在会议上提出的批评、意见和建议应有理由、有根据、有方案，具有针对性和可操作性。

第二十六条 对于区人大常委会组成人员的审议发言，要做好记录，及时整理归档。重要的建议和意见，要形成审议意见书，印发区人民政府、区人民法院、区人民检察院和有关部门办理，办理情况由区人大常委会有关工作机构督查落实。

对于审议意见书提出的问题，办理部门办结后要向区人大常委会作出书面报告或说明。

第二十七条 区人大常委会组成人员在区人大常委会会议上发言，不受法律追究。

第二十八条 区人大常委会表决议案，采取无记名投票方式、举手方式或者其它方式。

第二十九条 人事任免案逐人进行表决。

第三十条 表决议案经区人大常委会全体组成人员的过半数通过。

表决结果由会议主持人当场宣布。

第三十一条 区人大常委会对工作报告作出的决议、决定，由提请报告的机关办理或贯彻执行，并将执行情况于两个月内书面报告区人大常委会。区人大常委会可以对落实情况进行调查。

第三十二条 区人大常委会决定任命的地方国家机关工作人员，由主任或主任委托副主任颁发任命书，并举行颁发仪式。

第七章 附 则

第三十三条 本规则自区人大常委会会议通过之日起施行。具体实施中的问题，由区人大常委会主任会议负责解释。修改权属于区人大常委会。

东营市河口区人民代表大会
常务委员会主任会议议事规则

（1998年4月21日区十四届人大常委会第二次会议通过）

为依法开好主任会议，处理好常务委员会的日常工作，根据《中华人民共和国地方各级人民代表大会和地方各级人民政府组织法》的规定，制定本规则。

第一章 会议的召开

第一条 常务委员会主任会议由主任、副主任组成。

第二条 主任会议每半月举行一次，必要时，可随时召开。

第三条 主任会议由主任召集并主持，主任不能出席会议时，可委托一名副主任召集并主持。

第四条 召开主任会议时办公室主任列席会议，根据工作需要，各室、科负责人可列席会议，必要时，可邀请区人民政府、区人民法院、区人民检察院及有关方面负责人列席会议。

第五条 主任会议的召开日期、会议议程，列席人员范围由主任决定，办公室要在开会前一至三天将会议日期、议程通知出席、列席人员和有关单位。

第六条 召开主任会议时，会议组成人员除因病或其他特殊情况请假外，应当出席会议。

第七条 召开主任会议，要认真做好记录。必要时，形成会议纪要，印发有关单位。

第二章 听取和讨论工作报告

第八条 讨论确定常务委员会向人民代表大会作的工作报告（草案），提请常务委员会会议审议。

第九条 听取、讨论代表资格审查委员会关于人大代表资格的审查报告，提请常务委员会会议审议。

第十条 讨论、拟定常务委员会年度工作要点和常务委员会会议的年度工作安排计划草案，提请常务委员会会议审议。

第十一条 听取、讨论常务委员会组织视察团（组）的专题报告，决定是否提请常务委员会会议审议。

第十二条 听取、讨论对区人大代表提出的议案、建议、批评和意见办理情况的报告，提请常务委员会会议审议。

第十三条 听取、讨论区人民政府、区人民法院、区人民检察院对区人民代表大会及其常委会决议、决定贯彻执行情况的报告，决定是否提请常务委员会会议审议。

第十四条 讨论区人民政府、区人民法院、区人民检察院和常委会各室、科的专项工作报告（汇报），提出意见，做出决定；或者提请常务委员会会议审议，主任会议做出决定的，必要时，应提交下一次常委会会议审议确认。

第十五条 听取、讨论区人民政府关于财政预算部分变更的报告，提请常务委员会会议审议。

第三章 关于议案和质询案

第十六条 主任会议可以向常务委员会提出属于常务委员会职权范围内的议案，提请常务委员会会议审议。

第十七条 讨论区人民政府、区人民法院、区人民检察院向常务委员会职权范围内的议案，提请常务委员会会议审议。

第十八条 讨论常务委员会组成人员三人以上联名向常务委员会提出的属于常务委员会职权范围内的议案，决定是否提请常务委员会会议审议；不提请或者暂时不提请常务委员会审议的议案，应当向提案人说明。

第十九条 讨论常务委员会的决议、决定（草案），提请常务委员会会议审议。

第二十条 讨论撤销区人民政府不适当的决定和命令的议案，提请常务委员会会议审议。

第二十一条 讨论常务委员会组成人员三人以上联名向常务委员会书面提出的对区人民政府、区人民法院、区人民检察院的质询案，决定交受质询机关答复。

受质询机关在本次常务委员会期间不能做出答复的，应当说明理由，由主任会议决定答复时间。

第四章 决定事项

第二十二条 拟定常务委员会会议议程草案，并提请常务委员会全体会议通过，决定常务委员会会议的召开日期、日程和列席人员的范围。

第二十三条 讨论、决定召开区人民代表大会准备工作的有关事项。

第二十四条 讨论、决定联系区人大代表，发挥人大代表作用的重大事项。

第二十五条 讨论、决定组织常务委员会组成人员和人大代表视察的事项。

第二十六条 讨论和处理人大代表和人民群众重要来信来访。

第二十七条 听取、讨论区人大代表和人民群众普遍关心、迫切要求解决的重大问题，提出建议和意见，决定交有关部门办理。

第二十八条 在区人大常委会主任、区人民政府区长、区人民法院院长、区人民检察院检察长因故不能担任职务的时候，讨论主任、区长、院长、检察长的代理人选，提请常务委员会会议审议。

第二十九条 讨论常务委员会组成人员、区人民政府区长、副区长、区人民法院院长、区人民检察院检察长向常务委员会提出的辞职申请，提请常务委员会会议审议。

第三十条 讨论确定代表资格审查委员会主任委员、副主任委员、委员的人选，提请常务委员会会议审议。

第三十一条 讨论提出常务委员会各办事机构主任、副主任、科长、副科长的任免案，提请常务委员会会议审议。

第三十二条 讨论区人民政府、区人民法院、区人民检察院提请的人事任免案，决定是否提请常务委员会会议审议。

第三十三条 讨论任免案时，提请机关应当介绍被任免人员的基本情况、考核情况和任免理由，必要时，有关负责人应到会答复询问。

第三十四条 讨论撤销区人民政府个别副区长职务的事项和由常务委员会任命的本级国家机关工作人员职务的事项，并提请常务委员会会议审议。

第三十五条 讨论、决定补选本区东营市人民代表大会的代表和罢免个别代表的事项，提请常务委员会会议审议。

第三十六条 审议讨论司法机关对区人大代表刑事拘留或逮捕事项，报常务委员会批准。

第三十七条 对重大申诉控告案件，主任会议可责成有关司法机关调查处理，并在两个月内向常务委员会报告处理结果。

第三十八条 对控告司法机关负责人的案件，主任会议可提出意见，提请常务委员会会议决定。

第三十九条 审议、批准常务委员会各室、科的年度工作计划，并检查其执行情况。

第四十条 讨论、决定常务委员会设立工作机构和机关自身建设的重大事项。

第四十一条 讨论、决定授予本地区的荣誉称号，并提请常务委员会会议审议。

第四十二条 决定常务委员会授权的其他事项。

第五章 附 则

第四十三条 本规则自通过之日起施行。

东营市河口区人民代表大会常务委员会联系区人民代表大会代表办法

（1998年4月21日区十四届人大常委会第二次会议通过）

第一条 根据《中华人民共和国全国人民代表大会和地方各级人民代表大会代表法》、《山东省实施〈中华人民共和国全国人民代表大会和地方各级人民代表大会代表法〉办法》，参照《东营市人民代表大会常务委员会联系市人民代表大会代表办法》，结合我区实际情况，制定本办法。

第二条 密切联系区人民代表大会（以下简称区人大）代表是区人大常委会的重要职责。区人大常委会应当加强同区人大代表的联系。

第三条 联系代表主要围绕区人民代表大会及其常务委员会审议、讨论、决定的问题和人民群众普遍关心的热点、难点问题，听取、受理代表对各方面工作的建议、批评和意见。

第四条 区人大常委会联系区人大代表采取直接与代表联系和通过选举单位与代表联系的方式进行。

第五条 区人大及其常委会在审议重要议案及作出重要决议、决定前，必要时将草案印发有关代表，或就某一专题召开座谈会征求意见，也可邀请对所审议议题了解情况的代表列席常委会会议，直接听取代表意见。

第六条 区人大常委会和区人大各工作部门围绕区人大及其常委会审议的议题组织的专题调查、视察活动，可以就地吸收有关的区人大代表参加。

第七条 区人民代表大会举行会议前，由区人大常委会根据区人民代表大会拟审议、讨论的主要事项及代表的意见，集中安排代表视察、调查，为出席大会做好准备。

第八条 区人大常委会经常保持同代表选举单位、所在单位的密切联系，及时了解代表和人民群众的意见和要求。

区人大常委会依法监督有关部门为代表执行职务提供司法保障、时间保障、经济保障、物质保障和组织保障。

第九条 区人大常委会组成人员按乡镇（办事处）分工联系代表，并加强同各所在单位的联系，每年至少深入所在单位两次。通过走访代表、参加代表小组活动等多种形式直接听取、了解代表和人民群众的意见和要求。

第十条 常委会办事机构根据工作职责，按工作单位或定点联系代表，听取代表的意见和要求，并及时向常委会写出联系代表情况汇报。

第十一条 区人大常委会办事机构及时向代表提供常委会会刊，有关法律、法规等学习材料，为代表知情知政、开展活动创造条件。

第十二条 区人大常委会办事机构要认真接待代表来访，处理代表来信，人大代表重要的来访、来信应由有关的科室负责人接待或处理，凡涉及重大问题，要及时报告区人大常委会主任或分管副主任，由主任或副主任决定接待或批办。

第十三条 区人大常委代表联络科负责与代表联系的日常工作。

第十四条 乡镇人大主席、副主席应协助区人大常委会联系区人大代表，在列席区人大常委会会议前，要围绕拟审议的议题，根据需要，征求驻当地的区人大代表的意见，并向区人大常委会反映。区人大常委会会议的重要情况，可根据需要，向驻当地的区人大代表通报。

第十五条 各乡镇人民代表大会举行会议时，可以通知本单位选出的区人大代表或部分代表列席。各乡镇人大主席团在组织本级人大代表视察或其它重大活动时，可以吸收有关的区人大代表参加。

第十六条 各乡镇人大受区人大常委会委托，组织区人大代表进行视察和专题调查，召开代表座谈会，征求对各方面工作的意见，并协助安排代表小组开展活动。

第十七条 各乡镇人大应支持区人大代表依法执行职务，认真听取和处理代表的建议、批评和意见。对应由区直机关组织处理的问题，及时向区人大常委会反映。

第十八条 区人民代表大会闭会期间，区人大代表在区人大常委会办事机构的协助下，按照就地就近便于组织活动的原则，与乡镇人大代表混合编组，每个代表小组推选一至二名召集人，负责组织小组活动。区人大代表小组每年活动不少于两次。

第十九条 区人大常委会和选举单位，要及时了解代表活动情况。总结交流经验，使代表活动制度化、经常化。

第二十条 区人大代表执行代表职务期间，其所在单位按正常出勤对待、享受其所在单位的工资和其它待遇。无固定工资收入的区人大代表执行代表职务，由区人大常委会一次性给予适当补贴。

第二十一条 区人大代表调离本工作单位或本行政区域后，要及时报告原选举单位转报区人大常委会备案。

第二十二条 区人大代表要同原选举单位和人民群众保持密切联系，积极参加原选举单位安排的有关活动。

第二十三条 区人大代表执行代表职务情况，应如实向原选举单位反映，自觉接受原选举单位和人民群众的监督。

第二十四条 区人大代表应及时向所在单位的人民群众宣传区人民代表大会的精神，了解大会决议、决定以及法律、法规的贯彻实施情况，向区人大及其常委会提出建议。

第二十五条 区人大常委会主任、副主任应采取走访代表、批办代表建议、接待代表来访等，加强同区人大代表的联系，广泛了解代表及人民群众的意见和要求。

第二十六条 对省人大代表和市人大代表的联系，按省人大常委会和市人大常委会联系代表的有关规定执行。

第二十七条 本办法自通过之日起实施。

东营市河口区人民代表大会常务委员会关于区人大代表持证视察的决定

（1998年4月21日区十四届人大常委会第二次会议通过）

根据宪法和地方组织法的有关规定，为了使人大代表更好地依法行使职权，充分发挥人大代表的作用，加强对行政机关、审判机关和检察机关的监督，及时反映人民群众的意见和要求，结合我区的实际情况，对区人大代表持证视察作如下决定：

一、由区人大常委会统一制发东营市河口区人民代表大会代表证，区人大代表可持证进行视察。

二、代表持证视察的内容，主要是了解宪法和法律、法规在我区的实施情况；省、市、区人民代表大会及其常务委员会通过各项决定、决议的贯彻执行情况；本级人民政府、人民法院、人民检察院和国家工作人员的执法、守法情况以及与人民生活密切相关的工作和问题。

三、代表持证视察，应本着就地就近的原则和灵活多样的方式进行。代表主要应在本选区或工作、居住的乡、镇和单位范围内就地视察，也可按照区人大常委会的安排参加其它视察。

代表可以个人持证单独视察，也可以与其他代表联合视察。视察的具体内容、单位和日期由代表自行确定。

四、代表持证视察后，可向被视察单位或政府主管提出建议、批评和意见，所提意见，凡需乡、镇处理的，交乡、镇人大主席团责成有关部门处理，凡属区直有关部门处理的，一律填写代表批评、建议和意见专用纸，由区人大常委会办事机构交有关机关和单位研究处理并负责答复。代表持证视察时，不直接处理问题。

五、区人民政府、法院、检察院及所属各部门单位要认真接待人大代表的视察，为人大代表视察提供方便。各单位应选派对工作比较熟悉的干部向代表介绍情况，答复代表的询问，必要时应由单位负责人向代表介绍工作情况，听取代表提出的建议、批评和意见，如对代表视察进行刁难或打击报复者，要严肃处理。

六、代表所在单位要积极支持代表的视察活动，保证代表视察工作的顺利进行。

七、代表在视察工作中，要积极主动地向干部、群众宣传宪法法律，支持“一府两院”开展工作；要严格依法办事，廉洁奉公，模范地遵守宪法和法律及各项规章制度，自觉地接受人民群众的监督。

八、代表证的使用期限与代表任期相同，代表任期届满或调离河口区行政区域，代表证自行作废。如有遗失，应立即报告区人大常委会办公室。

东营市河口区人民代表大会常务委员会视察和调查工作制度

（1998年4月21日区十四届人大常委会第二次会议通过）

为了进一步搞好常务委员会的视察和调查研究工作，更好地履行宪法和法律赋予的职责，特制定如下制度：

一、视察和调查的内容主要围绕党的中心工作和常委会的审议议题以及人民群众普遍关心的热点难点问题。

二、常务委员会可以统一组织视察和调查；也可以根据工作分工和工作需要，进行不定期的视察和调查；如有特殊问题，常务委员会可以组织特定问题调查委员会进行调查。常务委员会驻会的主任、副主任、委员，每年下基层的时间不少于两个月，调查研究不少于一个月。

三、常务委员会的视察和调查研究，要从法律和工作监督出发，调查研究时既要了解“一府两院”工作中存在的问题，也要总结推广工作中的成绩和经验。

四、视察和调查要坚持群众路线的工作方法和实事求是的原则，除听取必要的汇报外，还要深入基层，采取召开座谈会、个别走访、实地察看及查阅资料等形式，了解情况，广泛听取群众意见。

五、常务委员会在组织视察和调查时，可邀请驻地的人大代表参加，并根据工作需要，吸收有关单位工作人员参加。

六、视察和调查前，常务委员会有关的室、科要制定出详细的计划，明确视察和调查的主要内容，做好各项组织准备工作。

七、在组织视察和调查前，要根据视察和调查内容，组织参加人员学习国家有关的法律、法规和党的方针、政策，必要时可听取有关单位或部门的情况介绍。

八、视察和调查结束后，要及时将视察和调查的情况进行汇总，写出有事实、有分析、有建议的视察报告和调查报告。

九、视察和调查发现的问题，可以在审议“一府两院”工作报告时提出，也可以交有关部门处理；对于某些重大问题，可依法提出议案或质询案。

十、本制度自常务委员会通过之日起施行。

东营市河口区人民代表大会常务委员会人事任免办法

（1998年4月21日区十四届人大常委会第二次会议通过）

第一章　总　则

第一条　根据《中华人民共和国宪法》《中华人民共和国地方各级人民代表大会和地方各级人民政府组织法》《中华人民共和国人民法院组织法》和《中华人民共和国人民检察院组织法》的有关规定，参照《东营市人大常委会人事任免办法》，结合我区情况制定本办法。

第二条　区人民代表大会常务委员会（以下简称区人大常委会）任免国家机关工作人员，坚持干部的“四化”方针和德才兼备、任人唯贤的原则，坚持民主集体制，严格依法办事。

第三条　区人大常委会任免区人大常委会机关工作人员、区人民政府组成人员、区人民法院审判人员、区人民检察院检察人员和地方组织法规定的需要由常委会决定通过的其他人员适用本办法。

第二章　区人民代表大会常务委员会有关人员的任免

第四条　区人大常委会主任因健康情况不能工作或缺位时，根据主任会议的提名，在副主任中决定代理主任的人选，直到主任恢复健康或区人民代表大会选出新的主任为止。

第五条　根据主任会议的提名，通过区人大常委会代表资格审查委员会主任委员、副主任委员和委员。

第六条　根据主任会议的提名，通过特定问题调查委员会的组成人员。

第七条　区人民代表大会换届时，根据主任会议提名，决定任命区选举委员会组成人员，其任期到下届人民代表大会第一次会议召开为止。

乡镇选举委员会组成人员，由乡镇人民代表大会主席团提名，报区人大常委会决定公布。

第八条　在区人民代表大会闭会期间，受理区人大常委会个别组成人员提出的辞职请求，并决定是否接受辞职。决定接受辞职后，报区人民代表大会备案。

第九条　根据主任会议的提名，决定区人大常委会工作部门主要负责人的任免。

第三章　区人民政府组成人员的任免

第十条　在区人民代表大会闭会期间，区长因故不能担任职务时，根据主任会议的提名，从副区长中决定代理区长的人选。

第十一条　在区人民代表大会闭会期间，根据区长的提名，决定副区长的个别任免。

根据区长的提名，决定区人民政府组成部门的局长、主任的任免。

第十二条　在区人民代表大会闭会期间，受理区长、副区长提出的辞职请求，并决定是否接受辞职。决定接受辞职后，报区人民代表大会备案。

第十三条　在区人民代表大会闭会期间，根据区长或主任会议的提请，决定撤销个别副区长、区政府组成部门的局长、主任的职务。

第四章　人民法院审判人员的任免

第十四条　在区人民代表大会闭会期间，区人民法院院长因故不能担任职务时，根据主任会议的提名，从副院长中决定代理院长的人选。

第十五条　根据区人民法院院长的提名，任免区人民法院副院长、庭长、副庭长、审判委员会委员、审判员。

初任审判员的人选，必须参加最高人民法院统一组织的考试，成绩合格者才能提请任命。

第十六条　在区人民代表大会闭会期间，受理区人民法院院长提出的辞职请求，并决定是否接受辞职。区人大常委会决定接受辞职后，报区人民代表大会备案。

第十七条　根据区人民法院院长或主任会议的提请，决定撤销区人民法院副院长、庭长、副庭长、审判委员会委员、审判员的职务。

第五章　人民检察院检察人员的任免

第十八条　在区人民代表大会闭会期间，区人民检察院检察长因故不能担任职务时，根据主任会议的提名，从区人民检察院副检察长中决定代理检察长的人选，区人大常委会决定后，由人大常委会、区人民检察院分别报送市人大常委会、市人民检察院备案。

第十九条　根据区人民检察院检察长的提名，任免区人民检察院副检察长、检察委员会委员、检察员。

初任检察员人选，必须参加最高人民检察院统一组织的考试，成绩合格者才能提请任命。

第二十条　在区人民代表大会闭会期间，受理区人民检察院检察长提出的辞职请求，并决定是否接受辞职。决定接受辞职后，由区人民检察院报经市人民检察院，提请市人大常委会批准。

第二十一条　根据区人民检察院检察长或主任会议的提请，决定撤销区人民检察院副检察长、检察委员会委员、检察员的职务。

第六章　任免办理程序

第二十二条　提请区人大常委会任免人员，由提请单位提交任免报告（附简历、考察情况）、任免呈报表。

在区人民代表大会闭会期间，请求辞职的人员，由本人以书面形式向区人大常委会提出辞职请求。

提请任免报告、任免呈报表、辞职请求均应于区人大常委会会议召开十日以前送区人大常委会。

第二十三条　对提请任免的报告、辞职请求，由主任会议决定是否提交区人大常委会列入会议议程。

对被提请任免的人员由主任会议决定是否由区人大常委会作进一步考察。

第二十四条 区人大常委会主任会议、区长、区人民法院院长、区人民检察院检察长，提请区人大常委会任免人员时，应作提请任免说明。

第二十五条 换届时，继续提请任命的区人民政府组成人员，在区人大常委会表决任命前，应向区人大常委会作述职报告。

第二十六条 区人大常委会决定人事任免事项，采用无记名投票的方式表决。如需采用其它方式表决，由常委会全体会议临时决定。所有表决，均以区人大常委会全体组成人员的过半数通过。若连续两次不能通过，不能再提名同一职务人选。

第二十七条 区人大常委会决定的代理人员和辞职人员，任免通过的代表资格审查委员会组成人员、特定问题调查委员会组成人员、人民法院副院长、区人民检察院副检察长，由区人大常委会公告。

区人大常委会任免的人员，由区人大常委会书面通知提请单位。

区人大常委会决定接受请求辞职人员的请求后，书面通知请求辞职的本人及其工作单位。

需要报上级机关批准（或备案）和下达批复的，分别由区人大常委会、区人民政府、区人民法院、区人民检察院按照规定程序办理。

第二十八条 经区人大常委会任命的区人大常委会机关工作人员、区政府组成人员、区人民法院审判人员、区人民检察院检察人员，区人大常委会颁发任命书。任命书由区人大常委会主任署名。

第二十九条 区人大常委会举行颁发任命书仪式，由区人大常委会主任或副主任向任命的区人大常委会机关工作人员、区政府组成人员、区人民法院副院长、区人民检察院副检察长颁发任命书。

经区人大常委会任命的其他人员，由区人大常委会委托提请单位负责人进行谈话，提出要求，代发任命书。

第三十条 凡经区人大常委会决定任命的区人大常委会代表资格审查委员会组成人员、区人民政府组成人员任期到区人民代表大会换届时为止。换届时不另行办理免职手续。

经区人大常委会任命的区人大常委会机关工作人员，区人民法院审判人员，区人民检察院检察人员任期不以区人民代表大会届满为限，区人民代表大会换届时不须办理任免手续。工作变动或离休、退休，须按本办法办理免职手续。在任职期间亡故，由提请任命的单位报区人大常委会备案。

第三十一条 区人大常委会任命的国家机关工作人员，因工作机构撤销或合并不再担任原职的，不办理免职手续，由提请单位报区人大常委会备案。

由区人大常委会任命的国家机关工作人员，因工作机构名称改变，而工作性质和范围没有变动的，不再重新办理任命手续，由提请单位报区人大常委会备案。

第三十二条 区人大常委会组成人员，其代表资格被选举单位罢免的，所担任的常委会的职务相应撤销，由区人大常委会公告。

区人大常委会组成人员迁出或调离本区的，其区人大代表资格自行终止，所担任的区人大常委会的职务也相应消失，由区人大常委会报区人民代表大会备案。

第七章 附 则

第三十三条 本办法自通过之日起施行。

东营市河口区人民代表大会常务委员会监督本区司法机关执行法律的办法

（1998年4月21日区十四届人大常委会第二次会议通过）

为了加强对区人民法院、区人民检察院和区公安分局、司法局（以下简称司法机关）执行宪法和法律情况的监督，根据《中华人民共和国宪法》和《中华人民共和国地方各级人民代表大会和地方各级人民政府组织法》的规定，结合河口区实际情况，制定本办法。

一、区司法机关各项执法活动均应接受区人民代表大会及其常务委员会的监督，要严格依法办事。

二、区人民代表大会及其常务委员会对司法机关监督的内容是：

（一）宪法、法律、行政法规和地方性法规的贯彻实施情况。

（二）国家方针、政策的贯彻执行情况。

（三）上级和本级人民代表大会及其常务委员会有关决议、决定的贯彻执行情况。

（四）区人民代表大会及其常务委员会交办的有关事项的办理情况。

（五）涉及区人大代表、区人民代表大会选举和区人大常委会任命的国家机关工作人员违法的案件，以及在全区有影响的重大案件的审理情况。

（六）人民群众对司法机关及其工作人员的申诉和意见的办理情况。

（七）区人大常委会依法监督的其他工作。

三、区人民法院、人民检察院每年向区人民代表大会报告工作。必要时，有关司法机关还应就某项重大案件或某一方面的工作，向区人大常委会作出报告。区人民代表大会及其常委会听取报告作出的决议和提出的意见，司法机关应认真办理，并及时报告办理情况。

四、区司法机关的工作计划、总结、情况简报、有关案件的统计资料等，均应报送区人大常委会。区司法机关的上级业务部门下发的重要指导性文件，要及时报区人大常委会领导传阅。

五、区人大常委会根据需要，定期或不定期的对司法机关执法情况进行视察和检查，司法机关对视察和检查中提出的意见，应认真研究办理，并报告结果。

六、司法机关对区人大常委会转交的群众申诉，控告信件，必须及时认真办理，检查落实，不得推诿和拖延。重要申诉和控告案件，司法机关的领导要亲自督促办理，要求答复处理结果的，应及时办结答复。因情况复杂，三个月内尚不能办结的，应将办理情况向区人大常委会报告。

七、区人大常委会提出办理意见的案件，司法机关应当查明情况，迅速办理。办理的意见与人大常委会意见不一致时，应将办理情况及时报告人大常委会。

八、区人民检察院应履行法律监督的职责。对侦察、审判活动是否合法实行监督。发现违反宪法和法律的行为或者运用法律不当，必须纠正或提出抗诉，对执法中的重大问题，应当及时报告区人大常委会。

区人民法院对已经发生法律效力的判决和裁定，如果发现确有错误，应按照审判监督程序予以纠正。

九、司法机关对于干警的违法行为，应当认真查处，不得姑息迁就。

司法机关及其工作人员必须秉公执法。对严重违法乱纪的，对申诉有理和控告有据的案件故意顶着不办的，对明知是错而拒不纠正的，经区人大常委会核实后，按以下办法处理：

（一）责成法院院长、检察院检察长或公安分局局长作出答复；

（二）责成有关人员作出书面检查；

（三）建议有关部门给予相应的纪律处分；

（四）决定撤销由区人大常委会任命的职务；

（五）触犯刑律的，由司法机关依法追究刑事责任。

十、区人大常委会对司法机关的正确执法予以支持，对正确的判决和处理予以维护。

十一、区人大常委会有关实施法律监督方面的具体工作，由其办事机构联系办理。

十二、本办法自区人大常委会通过之日起施行。

第二节 区十五届人大常委会规章制度

区十五届人大常委会加强制度建设，先后制定通过了《东营市河口区人民代表大会常务委员会处理人民群众来信来访办法》《东营市河口区人民代表大会常务委员会关于加强司法个案监督的暂行规定》《东营市河口区人民代表大会常务委员会关于办理常委会审议意见的试行办法》《东营市河口区人民代表大会常务委员会会议公民旁听试行办法》《东营市河口区人大常委会党组工作制度》等制度，保证了区人大常委会工作的正常运行。

东营市河口区人民代表大会常务委员会处理人民群众来信来访办法

（2003年7月16日区十五届人大常委会第三次会议通过）

第一章 总 则

第一条 为做好人民群众来信来访工作，根据《中华人民共和国宪法》、《中华人民共和国地方各级人民代表大会和地方各级人民政府组织法》、《山东省各级人民代表大会常务委员会信访工作条例》和《东营市人民代表大会常务委员会处理人民群众来信来访办法》的有关规定，结合我区实际情况，制定本办法。

第二条 人民群众通过书信或者走访等形式，向区人大常委会反映情况，提出批评、建议、申诉，对国家机关工作人员违法违纪行为提出控告、检举，是宪法和法律赋予的民主权利，应当依法予以保护。

第三条 信访人进行信访活动，必须遵守宪法、法律、法规和政策规定，不得损害国家、社会、集体的利益和其他公民的合法权益。

第四条 本办法所称人民群众来信来访，是指公民、法人或其他组织通过书信、电报、电话、走访等形式，向地方国家权力机关反映情况，要求解决问题，提出批评、建议、申诉，对国家机关工作人员的违法、失职行为提出控告、检举，并由有关机关和单位负责处理的活动。

第五条 区人大常委会信访工作，以邓小平理论和“三个代表”重要思想为指导，坚持为人民服务，为党的中心工作服务，为人大及其常委会实施法律监督和工作监督服务。

第六条 区人大常委会信访科负责接待处理人民群众来信来访的日常工作。

第二章 处理原则

第七条 坚持一切从实际出发，实事求是的原则。

第八条 坚持依法办事的原则。按照宪法和法律规定以及党和国家的方针、政策处理问题。

第九条 坚持“分组负责，归口办理”的原则。属于区直有关部门和乡（镇）、街道处理的信访案件，应及时转交处理。对自查案件，应组织专门班子进行调查处理。

第十条 坚持民主集中制原则。重大信访案件由区人大常委会主任会议或常委会会议研究处理意见或作出决议、决定。任何单位和个人都不得以常委会名义处理或要求有关方面处理当事人提出的无理要求。

第十一条 坚持保密原则，对控告、检举的信访人进行保护，不得将控告、检举的信访人及其反映的问题泄露给被控告、检举的单位和个人。

第三章 受理范围

第十二条 受理信访案件范围：

（一）对区人民代表大会及其常委会作出的决议、决定及工作的建议、批评和意见；

（二）对区人民代表大会及其常委会选举和任命的国家机关工作人员违法行为的检举和控告；

（三）对乡（镇）人民代表大会决议、决定的建议、批评和意见；

（四）对区人民政府的决议、决定、命令和工作的建议、批评和意见；对区“一府两院”复议、复查处理不服的申诉和意见；对区人民法院生效判决、裁定和区人民检察院不批准巡捕、不起诉决定的申诉和意见；

（五）对区人大代表和经区人民代表大会及其常委会选举的市人大代表的代表资格提出质疑或要求罢免的意见、建议；

（六）对本行政区域内各级人大换届选举工作中违反法律规定和营私舞弊的检举和控告；

（七）全国人大、省、市人大及其常委会和本级人民代表大会交办的信访案件；

（八）人民群众反映的属于区人大及其常委会职权范围内的其他事项。

第十三条 需立案处理的信访案件：

（一）上级机关交办并要求报告处理结果的重大案件；

（二）区人大常委会主任、副主任交办并要求报告处理结果的信访案件；

（三）控告、检举区人大及其常委会选举、任命的干部和区人大代表的信访案件；

（四）反映带有全局性、普遍性问题，性质严重或比较重大的信访案件。

第四章 处理程序

第十四条 对人民群众来信来访的处理程序：

（一）对受理的信访案件，统一由信访科办理登记转办手续。信访科受理的信访案件，要及时送区人大常委会分管副主任阅批后办理；区人大常委会主任、副主任受理的信访案件，分别按其批示的意见办理；上级人大转办的信访案件和区人大常委会各工作部门受理的信访案件，按常委会主任和分管副主任批示意见办理。

（二）对转办要查处结果的信访案件，区人大常委会工作部门要及时督办，并对承办单位的结案报告进行初步审查，送交批办的常委会主任、副主任审定后，向上级人大写出处理报告并答复信访人。

（三）对涉及部门较多或难以确定承办单位的信访案件，由分管信访工作的副主任协调处理。

（四）需提交区人大常委会主任会议研究办理的信访案件，由常委会分管信访工作的副主任提出初步意见，由常委会主任确定；需提交常委会会议审议的信访案件，其程序按区人大常委会议事规则进行。

（五）需要查阅、调阅案卷的，经区人大常委会主任会议决定，按有关规定办理。

（六）对人民群众反映强烈，事实清楚的重大信访案件，由区人大常委会主任会议提请常委会会议决定，可以成立特定问题调查委员会。

（七）信访科对来信来访的登记、转办、催办及处理过程中的记录、结案报告等有关材料，应及时立卷归档。

第十五条 对人民群众的来信来访，要逐案登记，认真处理。凡立案查办的，要案案有结果，做到事实清楚，定性准确，处理恰当，手续完备。

第十六条 区人大常委会立案转办的信访案件，承办单位要抓紧办理；对急办案件，按办理时限要求报告处理结果；对比较复杂的案件，应在收函之日起三个月内处理完毕，并向区人大常委会报告处理结果。逾期不能结案的，应报告办理情况并说明原因。对立案转办的信访案件，区人大常委会及有关办事机构认为事实不清或者处理不当的，退回原承办单位重新复议，承办单位自接到复议通知之日起，两个月内应复议处理完毕。

第十七条 在接待来信来访工作中，信访工作人员有下列行为之一的，要给予批评教育、行政处分：

（一）对来信有意拖办、积压或对应接访而拒不接访的；

（二）对有理有据的申诉控告案件推诿、扯皮或拒不办理的；

（三）将控告、检举材料转交或透露给当事人或利害关系人的；

（四）利用职权引诱、恐吓、胁迫当事人的；

（五）其他违法违纪行为。

第十八条 对来信来访已作过恰当处理，如信访人有下列行为之一的，区人大常委会可责成有关部门视情节给予批评教育、行政处罚，或者按照法律规定处理。

（一）无理取闹，长期滞留，不听劝告，妨碍国家机关工作人员执行公务的；

（二）聚众闹事，拦车堵门，张贴大字报、小字报、标语等扰乱国家机关正常工作秩序的；

（三）侮辱、威胁、殴打、伤害信访工作人员的；

（四）利用信访渠道捏造事实诬陷他人，或者造谣惑众的；

（五）其他违法行为。

第十九条 区人大常委会主任、驻会副主任坚持轮流接访制度。由信访科负责做好登记、记录、协调和其他有关服务工作。

第二十条 对人民群众来信来访中具有重要价值的建议，或带有全局性、动态性的问题，信访科要及时反映，准确提供信息。

第五章 附 则

第二十一条 本《办法》执行中的具体问题由区人大常委会主任会议解释。

第二十二条 本《办法》自区人大常委会会议通过之日起施行。

东营市河口区人民代表大会常务委员会关于加强司法个案监督的暂行规定

（2003年7月16日区十五届人大常委会第三次会议通过）

第一条 为充分发挥区人大及其常委会法律监督职能，加强司法个案监督，切实维护宪法、法律尊严和当事人的合法权益，根据《中华人民共和国地方各级人民代表大会和地方各级人民政府组织法》及省、市人大常委会的有关规定，结合河口区实际，制定本规定。

第二条 司法个案是指有关司法机关办理的已经发生法律效力的具体刑事、民事和行政案件。

第三条 区人大常委会行使司法个案监督权。

区人大常委会在司法个案监督中应当坚持实事求是、依法办事和集体行使职权的原则。司法机关应当接受区人大常委会对司法案件的监督。

区人大常委会支持司法机关依法行使职权，不直接办理具体案件，有关司法案件的判决、裁定、决定等由司法机关依照具体程序办理。

第四条 区人大常委会信访科为区人大常委会受理申诉、控告案件的部门；区人大常委会法制科为区人大常委会办理司法个案监督的工作部门。

信访科受理申诉、控告案件后，凡是符合上述范围、要求的案件，立案后按程序及时移交区人大常委会法制科。由区人大常委会法制科协调区人大常委会有关组成人员，按区人大常委会处理人民群众来信来访办法有关规定办理。

当事人直接寄交区人大常委会领导的申诉、控告案件材料，由领导签批处理意见，经信访科登记后，可以直接交法制科办理。

法制科要做好调查、转办、督办工作，办结后要及时立卷归档，并将处理结果抄送有关领导和信访科。

第五条 区人大常委会监督司法个案的来源：

（一）公民、法人和其他组织对司法机关发生法律效力的判决、裁定、决定不服，提出申诉的刑事、民事和行政案件。

（二）上级人大常委会、上级有关部门领导、区委领导和区人大常委会主任、副主任批示交办的案件。

（三）全国、省、市、区人大代表在执法检查和视察、调查活动中发现的认为处理有误并有一定事实根据的案件。

（四）乡、镇人民代表大会及其主席团或主席、副主席，街道人大工作办公室主任、副主任书面提请区人大常委会关注的案件。

（五）区人大常委会认为应按个案监督程序办理的其他案件。

第六条 受理申诉控告案件，应当符合以下要求：

（一）申诉人必须持有申诉书和司法机关已经发生法律效力的判决书、裁定书、决定书及其他法律文书。

（二）控告干警违法办案的案件，事实要基本清楚，并有一定证据证明。

第七条 区人大常委会对司法机关及其工作人员在办理案件中有下列情形之一的实施重点监督：

（一）主要事实不清，证据不足，定性处理明显不当的；

（二）有罪定无罪、无罪定有罪或者量刑严重不当，适用法律严重错误的；

（三）徇私舞弊、贪赃枉法的；

（四）非法拘禁、刑讯逼供，滥用职权，严重侵犯他人人身、财产权利的；

（五）不依法履行职责，玩忽职守，造成严重后果的；

（六）应当办理而不办理，或者不应该办理而越权办理，以及其他严重违反法定程序的；

（七）其他有严重违法行为的。

第八条 区人大常委会办理司法个案监督案件，应遵守下列程序：

（一）区人大常委会信访科按照《东营市河口区人民代表大会常务委员会处理人民群众来信来访办法》立案，并进行初步审查后，移交法制科办理。

（二）区人大常委会法制科收到移交、转办、交办、批转的案件和申诉、控告材料后，要认真审阅，逐案搞好登记。

（三）在认真听取当事人意见的基础上，对当事人提供的有关材料从事实是否清楚，证据是否充分，适用法律是否得当，审理程序是否合法，判决、裁定、决定是否公正等方面进行认真审查。

（四）在审查案件过程中，如果认为有必要进一步了解案情时，可按程序向有关单位分管领导和办案人员进行了解。如果确有必要，经区人大常委会主任会议批准，可发出调卷函调卷，有关单位应当积极配合。

（五）案件审查结束后，区人大常委会法制科形成书面意见，由区人大常委会分管副主任召集有关组成人员进行审议。根据审议情况，分别按下列方式处理：

1. 认为案情简单，处理公正或基本公正的，转有关单位阅处，不要结果。

2. 认为案情比较重大，问题比较明显的，转有关单位阅处，并要求报告处理结果。

3. 认为案件重大典型，疑点较多，存在问题明显的，要将申诉材料转办案单位的同时，并通知其做好汇报准备，由分管副主任召集有关组成人员听取该单位分管领导和办案人员汇报，提出处理建议，提交主任会议审议或转有关单位处理。需要交区人大常委会讨论决定的案件，要及时提交主任会议研究决定。

4. 特别重大或全国、省、市、区人大代表反映强烈的案件，可依法向办案单位提出质询，需组成特定问题调查委员会的，办理该案的常委会组成人员可以建议常委会主任会议提请区人大常委会作出决定。

5. 控告干警违法的案件，按照干部管理权限转有关单位依法查处。案件比较重大的，有关单位要书面报告结果。

（六）承办单位接到区人大常委会法制科的案件督办函后，要依法认真办理，要求报告结果的，结案后要将结果及时报区人大常委会。

（七）区人大常委会接到案件办理结果后，要认真审查。对处理结果满意的，由区人大常委会分管副主任签发，及时反馈给办案单位，并通知当事人；

对处理结果不满意的，可视具体情况，再按上述程序向承办单位提出意见，承办单位要进一步认真办理。

第九条 区人大常委会有关工作人员要本着对法律负责和对当事人负责的精神，认真对待群众的每一件控告、申诉案件，忠实履行职责，认真督办。

第十条 对确因违法造成错案的，要按照《山东省司法工作人员违法办案责任追究条例》和有关规定，督促有关单位追究有关人员的责任。

第十一条 案件受理主管部门，在履行监督职责的过程中，如遇到重大问题，要及时向区人大常委会报告。

第十二条 参与区人大常委会实施司法个案监督人员，应当严格履行法律职责，依法办事，遵守纪律，保守秘密。

第十三条 本规定自通过之日起施行。具体实施中的问题，由区人大常委会主任会议解释。

东营市河口区人民代表大会常务委员会关于办理常委会会议审议意见的试行办法

（2004年7月20日区十五届人大常委会第十次会议通过）

第一章 总 则

第一条 为进一步规范常委会会议审议意见办理程序，切实增强“一府两院”办理审议意见的责任感，增强常委会审议意见的办理实效，提高人大常委会监督水平，制定本办法。

第二条 听取审议“一府两院”工作报告，是人大常委会行使职权的基本形式之一。常委会会议审议意见的交办与反馈，直接关系到人大常委会权力行使的实效，直接影响到人大常委会的权威，“一府两院”必须给予高度重视。

第二章 审议意见书的形成

第三条 审议意见书是地方人大常委会对“一府两院”工作报告审议结果进行书面表达的规范性文书，是常委会意志的一种表现形态，是按照民主集中制原则形成的审议结果，表达了人大常委会的集体意见，具有人民意志的属性。

第四条 审议意见书是介于常委会决定、决议与代表批评、建议和意见之间的一种会议成果载体。审议意见书的法律效力低于常委会决定或决议，法律地位高于代表的批评、建议和意见。

第五条 在人大常委会会议结束后，根据常委会审议的工作报告的内容，由办公室对审议意见进行整理，归纳出针对性比较强、比较集中的意见，形成审议意见书初稿，提请主任会议研究。主任会议对审议意见书初稿进行研究，形成审议意见书。

第三章 审议意见的办理

第六条 审议意见书形成后，由区人大常委会办公室签发，转交“一府两院”进行办理。“一府两院”应在两个月内办理完毕，并向区人大常委会报告办理结果。

第七条 “一府两院”接到审议意见书后，将审议意见所涉及的事项进一步细化分解到各组成部门，限期办理完毕。

第八条 各承办部门对审议意见中所提出的一些具体的、马上能够办得到的事项要立即进行整改和落实；对一些深层次的、长远的问题，通过建立和健全制度逐步进行整改。

第四章 跟踪督办

第九条 审议意见书转交有关部门办理后，“一府两院”要在下次常委会会议上对审议意见办理落实情况进行汇报，各承办部门的主要负责人要对审议意见的办理落实情况进行口头汇报，对因客观条件限制，当时不能立即办理的，要向常委会会议作出解释。常委会组成人员对审议意见办理不满意的，予以退回重新办理，直到满意为止。

第十条 区人大常委会收到审议意见办理情况的报告和听取有关部门汇报后，成立专题调查组，对办理情况进行实地检查，查看审议意见办理报告的真实性和审议意见办理的现实效果。

第五章 附 则

第十一条 本办法由河口区人大常委会负责解释。

第十二条 本办法自通过之日起施行。

东营市河口区人民代表大会常务委员会会议公民旁听试行办法

（2004年7月20日区十五届人大常委会第十次会议通过）

第一条 为了进一步密切区人民代表大会常务委员会与人民群众的联系，便于公民更好地了解区人民代表大会常务委员会行使职权的情况，拓宽公民参与管理国家事务的渠道，根据宪法、地方组织法、山东省人大常委会会议公民旁听办法的有关规定，结合我区实际，制定本办法。

第二条 年满十八周岁、户籍在河口区或者户籍不在河口区但在河口区连续居住满一年的公民，可以依照本办法的规定申请旁听区人民代表大会常务委员会会议。依法被限制人身自由或者剥夺政治权利的人除外。

第三条 区人民代表大会常务委员会主任会议根据需要，决定区人民代表大会常务委员会会议安排公民旁听，并决定旁听会议的范围。

旁听包括申请旁听和邀请旁听。每次会议参加旁听的人数不超过7人。

第四条 区人民代表大会常务委员会人事代表工作室根据区人民代表大会常务委员会主任会议的决定，具体组织公民旁听。

第五条 安排旁听的区人民代表大会常务委员会会议，由区人大常委会人事代表工作室在会议举行十五日前通过河口人民广播电台、河口电视台发布公告，公布会议举行的时间、地点、建议议题和接受旁听申请的有关事宜。

第六条 公民申请旁听人民代表大会常务委员会会议，应当于会议举行十日前持本人身份证或者其他有效证件到所在乡、镇、街道人大办公室提出书面申请，所在乡、镇、街道的人大办公室同意后于会议召开七日前报区人大常委会人事代表工作室。

第七条 区人大常委会人事代表工作室对旁听申请进行审查，提出审查意见，于会议五日前提请区人大常委会主任会议研究决定旁听人员。

第八条 旁听人员确定后，由区人大常委会人事代表工作室在会议举行二日前通知旁听公民本人。

第九条 旁听公民应当按照通知要求到区人大常委会人事代表工作室领取旁听证，参加会议旁听。

第十条 旁听公民必须遵守会场纪律和会议有关规定。

第十一条 公民旁听会议时无发言权和表决权。

旁听公民可以在会议审议议题的范围内，书面向区人民代表大会常务委员会提出意见、建议。

第十二条 本办法自通过之日起实施。

东营市河口区人大常委会党组工作制度

一、东营市河口区人民代表大会常务委员会党组是河口区人大常委会的领导核心，在中共河口区委的领导下进行工作，完成区委交办的各项任务。

二、党组每半年向区委作一次工作汇报，人大常委会审议决定的重大事项，事先由党组请示区委同意。

三、党组会议每两个月召开一次，必要时可随时召开。每半年召开一次民主生活会。

四、党组会议由党组书记召集主持，或由党组书记委托一名副书记召集并主持。

五、党组会议议程由党组书记决定，在会议进行中，党组成员可以临时提出新的议题，经会议主持人同意后列入议程。

六、党组召开会议时，根据需要，可以邀请区委组织部门、区人大常委会机关、区人民政府、区人民法院、区人民检察院的党员领导干部、党员列席会议。

七、会议坚持民主集中制的原则，少数服从多数，对重大问题的决定，必须充分讨论，反复酝酿，在统一认识的基础上做出决议、决定。

八、党组负责传达上级和本级党委的重要文件和会议精神以及决议、决定。

九、讨论、制定区人大常委会的年度工作要点和年度例会计划，提出建议，提请主任会议、常务委员会会议通过后实施。

十、讨论、制定区人民代表大会会议、常务委员会会议、主任会议的议程草案，提出建议，按法定程序通过后实施。

十一、讨论并原则通过常务委员会向代表大会所作的工作报告（草案），提请主任会议、常务委员会会议审议。

十二、讨论通过以常委会或党组名义制发的重要文件（草案），常委会文件经常务委员会会议审议通过，党组文件经党组讨论通过。

十三、讨论决定区人大常委会选举工作，指导乡（镇）换届选举，向主任会议、常务委员会会议提出建议。

十四、讨论决定区人大常委会、区人民政府、区人民法院、区人民检察院依法提请区人大常委会任免的工作人员。

十五、在区人民代表大会换届时，对下届区人大常委会组成人员和区人大常委会机关工作人员的人选，向区委提出意见和建议。

十六、讨论决定区人民代表大会会议筹备工作中的重大问题。

十七、讨论区人大常委会机关的重大问题，指导区人大常委会机关党支部的工作。

第三节 区十六届人大常委会规章制度

区十六届人大常委会加强制度建设，先后制定通过了《东营市河口区人民代表大会常务委员会关于加强人民检察院监督员工作的意见（试行）》《东营市河口区人民代表大会代表守则》《东营市河口区人民代表大会常务委员会组成人员守则》《东营市河口区人民代表大会常务委员会区级预算审查监督办法》等制度，保证了区人大常委会工作的正常运行。

东营市河口区人民代表大会常务委员会关于加强人民检察院监督员工作的意见（试行）

（2008年3月26日区十六届人大常委会第二次会议通过）

为切实加强对区人民检察院查办职务犯罪案件的监督，按照中共中央《关于进一步加强人民法院、人民检察院工作的决定》精神，根据有关法律规定，结合河口实际，现就进一步加强人民检察院监督员（下称人民监督员）工作制定如下意见：

一、人民监督员的职责

（一）人民监督员制度，是指从社会各界中选任公道正派、具有一定的文化、政策、法律知识水平的人士担任人民监督员，依照一定的程序，对检察机关查办职务犯罪工作进行外部监督的一种制度。

（二）人民监督员对区人民检察院查办职务犯罪案件的下列情形实施监督：

1. 犯罪嫌疑人不服逮捕决定的；

2. 拟撤销案件的；

3. 拟不起诉的。

涉及国家秘密或者经特赦令免除刑罚以及犯罪嫌疑人死亡的职务犯罪案件不适用前款规定。

（三）人民监督员发现区人民检察院在查办职务犯罪案件中具有下列情形之一的，可以提出意见：

1. 应当立案而不立案或者不应当立案而立案的；

2. 超期羁押的；

3. 违法搜查、扣押、冻结的；

4. 应当给予刑事赔偿而不依法予以确认或者不执行刑事赔偿决定的；

5. 检察人员在办案中有徇私舞弊、贪赃枉法、刑讯逼供、暴力取证等违法违纪情况的。

（四）人民监督员参加区人民检察院查办职务犯罪案件工作的执法检查活动，发现有违法违纪情况的，可以提出意见和建议。

（五）对刑事案件羁押期限的监所检察监督情况，人民监督员可以提出意见和建议。

（六）人民监督员应当公平公正地履行监督职责，促进区人民检察院正确行使检察权。人民监督员参加案件的监督工作，应当保守秘密，不得泄露评议表决情况；不得对其他人民监督员施加不正当影响；不得私自会见案件当事人及其委托人。

二、人民监督员的资格

（一）人民监督员应当具备下列条件：

1. 拥护中华人民共和国宪法；

2. 有选举权和被选举权；

3. 年满二十三周岁；

4. 公道正派，有一定的文化水平和政策法律知识

5. 身体健康。

（二）下列人员不宜担任人民监督员：

1. 党委、政府及其组成部门的负责人；

2. 人民代表大会常务委员会的组成人员；

3. 人民法院、人民检察院、公安机关、国家安全机关、司法行政机关的在职人员；

4. 执业律师、人民陪审员等法律工作者；

5、其他因职务原因可能影响履行人民监督员职责的人员。

（三）下列人员不得担任人民监督员：

1. 因犯罪受过刑事处罚或者受到刑事追究的；

2. 受到开除公职或者开除留用处分的。

三、人民监督员的任免

（一）选任人民监督员，应当遵循公开、公正的

原则，并注意吸收社会各阶层人员，以体现人民监督员的广泛性和代表性。

（二）人民监督员的名额为五至七人。

（三）选任人民监督员应通过一定的方式向社会告知，符合担任人民监督员条件的公民，本人可以向所在单位、户籍所在地的基层组织申请，由其所在单位、户籍所在地的基层组织向区人大常委会内务司法工作委员会推荐。

（四）对于被推荐担任人民监督员的公民，由区人大常委会内务司法工作委员会考察并提出人民监督员拟任人选。

（五）由区人大常委会内务司法工作委员会将拟任人选向区人大常委会主任会议报告，经主任会议确认后提请区人大常委会任命，并颁发人民监督员任命书。

人民监督员的任期为三年，连续不得超过两个任期。

人民监督员对区人大常委会负责。

（六）人民监督员有下列情形之一的，由区人大常委会主任会议提请常委会免去其人民监督员职务：

1. 本人申请辞去人民监督员职务的；

2. 无正当理由，拒绝参加监督活动，影响监督工作正常进行的；

3. 具有本意见第二部分第（二）、（三）条所列情形之一的；

4. 违反与监督工作有关的法律及相关规定，造成严重后果的；

5. 其它不宜继续担任人民监督员的情形。

四、人民监督员的监督工作

（一）区人民检察院查办职务犯罪案件，实行人民监督员制度，接受社会监督。

（二）人民监督员依照相关法律和相关规定对检察机关查办职务犯罪活动实施监督。

（三）人民监督员的监督程序，由区人民检察院根据工作需要启动或由区人大常委会内务司法工作委员会根据社会关注和群众反映强烈的问题确定启动。

（四）参加案件监督的人民监督员，由人民监督员办事机构在人民监督员名单中按三人以上的单数，采用随机抽取的办法确定。

（五）人民监督员监督案件实行回避制度，回避由检察长确定，报区人大常委会内务司法工作委员会备案。

（六）人民监督员的监督工作应当依照下列步骤进行：

1. 由案件承办人向人民监督员全面、客观地介绍案情并出示主要证据；

2. 由案件承办人向人民监督员说明与案件相关的法律适用情况；

3. 人民监督员可以向案件承办人提出问题，必要时可以旁听案件承办人讯问犯罪嫌疑人、询问证人、听取有关人员陈述、听取本案律师的意见；

4. 人民监督员根据案件情况，独立进行评议、表决。表决采用无记名投票方式，按少数服从多数的原则形成表决意见。

（七）对人民监督员的表决意见，检察长审查后不同意的，一律提交检察委员会讨论，检察委员会的决定与人民监督员表决意见不一致时，应当由区人民检察院向人民监督员作出说明。参加监督的多数人民监督员对检察委员会的决定有异议的，可以要求提请上一级人民检察院复核。

（八）人民监督员对有关案件的监督必须在规定时间内完成，区人民检察院不得因人民监督员的监督而超过办案期限。

（九）人民监督员监督案件处理完毕，区人民检察院应及时将人民监督员的监督意见和处理结果报区人大常委会内务司法工作委员会备案。

五、人民监督员的工作保障

（一）人民监督员在区人大常委会的监督下依法对区人民检察院查办职务犯罪案件进行监督，受法律保护。

（二）人民监督员所在单位或者户籍所在地的基层组织应当保障人民监督员依法参加监督活动。

（三）区人民检察院应当为人民监督员履行职责提供必要的工作条件，认真对待人民监督员提出的意见和建议。根据监督工作需要，邀请人民监督员列席有关会议、参加有关活动、了解检察工作情况。

（四）区人民检察院应严格遵照本意见（试行）接受人民监督员的监督，不得缩小案件监督范围；不得诱导、控制、规避人民监督员对案件的监督；不得干扰人民监督员对案件的评议和表决；不得泄露人民监督员的评议、表决情况。违反此规定的，对主要责任人和其他直接责任人员依纪处理。

（五）对打击报复或者阻碍人民监督员履行职责的，应当交有关部门依法依纪给予处理。

（六）人民监督员因履行职责所支出的交通、住宿、就餐、通讯等费用，应由区人民检察院在财政专项经费中给予补助；无固定收入的人民监督员在参加监督活动期间，由区人民检察院参照当地职工上年平均货币工资，按实际工作日给予相应补助。人民监督员在节假日参加监督工作的，由区人民检察院给予适当补助。

有工作单位的人民监督员参加监督活动期间，所在单位不得克扣或者变相克扣其工资、奖金及其它福利待遇。

（七）实施人民监督员制度所需经费，由区财政按有关规定给予保障。

（八）区人民检察院每年向区人大常委会主任会议或常委会汇报一次人民监督员工作情况。

（九）人民监督员工作承办机构设在区人民检察院，负责具体办理监督工作事宜。

六、区人民检察院根据本意见（试行）制定实施办法，报区人大常委会备案

七、本意见自公布之日起施行

东营市河口区人民代表大会代表守则

（2008年7月29日区十六届人大常委会第四次会议通过）

第一条 为保证东营市河口区人民代表大会代表（以下简称区人大代表）依法履行职责，根据宪法和代表法的有关规定，结合我区实际，制定本守则。

第二条 区人大代表必须模范遵守宪法和法律，全心全意为人民服务，维护人民群众的根本利益，自觉接受人民群众的监督。

第三条 区人大代表应努力学习中国特色社会主义理论；学习宪法、法律法规和党的方针政策；学习依法行使职权所必备的人大工作业务知识及科学文化等知识，增强社会主义民主法制观念，提高依法履行职责的能力。

第四条 区人大代表必须切实履行职责，积极参加人民代表大会会议期间的工作和闭会期间的活动。因病、因事不能参加区人民代表大会会议的，应在区人民代表大会会议召开前，填写请假报告单，由原选区所在乡镇、街道报区人大常委会人事代表工作室，经人事代表工作室审核后，报区人大常委会主持工作的副主任批准；大会期间，应通过大会秘书长向大会主席团常务主席请假。在闭会期间，不能按时参加区人大常委会安排参加的会议和活动的，应通过区人大常委会人事代表工作室向常委会主持工作的副主任请假。

第五条 区人大代表未经批准，届内缺席一次人民代表大会会议的，在区人大代表中予以通报；缺席两次的，按照法律规定代表资格自行终止。在闭会期间，对于区人大常委会安排出席的会议或参加的活动，未经批准，届内缺席一次的，在区人大代表中予以通报；缺席两次的，责成其写出书面检讨；缺席三次的，建议本人提出辞职申请。

第六条 区人大代表参加会议期间的工作和闭会期间的活动，应当遵循法律要求和有关程序性的规定。

第七条 区人大代表在参加会议或活动前，要围绕会议议题或活动内容进行调查研究，听取人民群众的意见。

第八条 区人大代表在参加会议或活动时，应认真思考分析，充分发表意见。

第九条 区人大代表应按照规定参加区人大常委会组织的视察调查、执法检查、专题调研、代表小组活动和其他代表活动。通过活动，可以向有关单位提出建议、批评和意见，但不直接处理问题。

第十条 区人大代表应邀列席本级人民代表大会常务委员会会议。

第十一条 区人大代表应积极参加区人大常委会组织的代表培训活动。

第十二条 区人大代表按照区人大常委会的安排，参加与代表职责有关的社会活动，应邀担任与代表职责有关的社会职务。未经区人大常委会安排，区人大代表应邀担任与代表职责有关的社会职务的，应告知区人大常委会人事代表工作室。

第十三条 区人大代表应密切联系人民群众，注重调查研究，听取人民群众的意见、要求，向区人民代表大会或区人大常委会提出高质量的议案以及对各方面工作的建议、批评和意见。

第十四条 区人大代表应在自己参加的生产、工作和社会活动中，协助宪法和法律的实施，严守国家

秘密，维护法律尊严和国家利益。

第十五条 区人大常委会为区人大代表建立履职档案，由人事代表工作室记录代表出席区人民代表大会和参加闭会期间代表活动的情况，定期向常委会报告，并于年底向其所在单位和全体区级人大代表通报。

第十六条 本守则自通过之日起施行。

东营市河口区人民代表大会常务委员会组成人员守则

（2008年7月29日区十六届人大常委会第四次会议通过）

第一条 为加强东营市河口区人民代表大会常务委员会（以下简称常委会）自身建设，使常委会组成人员更好地履行职责，根据宪法和法律有关规定，制定本守则。

第二条 常委会组成人员应模范遵守宪法和法律法规，全心全意为人民服务，维护人民群众的根本利益；按照民主集中制的原则，依法行使职权，认真履行职责；坚持党的领导，自觉接受区人民代表大会代表和人民群众的监督。

第三条 常委会组成人员应努力学习中国特色社会主义理论；学习宪法、法律法规和党的方针政策；学习依法行使职权所必备的人大工作业务知识及科学文化等知识，增强社会主义民主法制观念，提高行使职权的能力。

第四条 常委会组成人员应按时出席常委会会议。因病、因事不能出席常委会会议的，应提前向常委会主任或主持工作的副主任请假，并告知常委会办公室。

第五条 常委会组成人员的工作和其他社会活动应服从常委会工作需要，未经批准，每年缺席常委会会议两次以内的，在常委会组成人员中予以通报；缺席三次以上的，建议向常委会提出辞呈。

第六条 常委会组成人员应当按会议通知做好有关会议内容的审议准备。在常委会会议上应就审议的议题发表意见，参加对议案的表决。

常委会组成人员提出议案应遵守常委会议事规则和其他有关规定。

第七条 常委会组成人员应密切联系人大代表和人民群众，听取并反映他们的意见和要求。

第八条 常委会组成人员应当加强调查研究，按规定参加常委会组织的视察调查、专题调研、执法检查等活动。对于常委会安排参加的活动，未经批准，届内缺席一次的，在常委会组成人员中予以通报；缺席两次的，责成其写出书面检讨；缺席三次的，建议向常委会提出辞呈。

第九条 常委会组成人员应当坚持求真务实，保持清正廉洁，严守国家秘密，维护法律尊严和国家利益。

第十条 建立常委会组成人员履职档案，由常委会办公室记录常委会组成人员出席常委会会议和参加活动情况，定期向常委会报告，并于年底向其所在单位和全体区级人大代表通报。

第十一条 本守则自通过之日起施行。

东营市河口区人民代表大会常务委员会区级预算审查监督办法

（2008年11月28日区十六届人大常委会第六次会议通过）

第一条 为了加强区级预算审查监督，规范预算行为，保障全区经济和社会事业的健康发展，根据《中华人民共和国各级人民代表大会常务委员会监督法》《山东省省级预算审查监督条例》和《东营市人民代表大会常务委员会市级预算审查监督办法》等有关规定，结合本区实际，制定本办法。

第二条 区人民代表大会常务委员会（以下简称区人大常委会）根据区人民代表大会批准的预算，监督区级预算的执行；审查、批准区级预算的变更方案；审查、批准区级决算；撤销区人民政府关于预算、决算的不适当的决定、命令。

区人大常委会财政经济工作委员会（以下简称区人大财经工委）负责对区级预算初步方案、草案、区级预算变更方案草案、区级决算草案进行初步审查。

第三条 区人民政府（以下简称区政府）负责编制区级预算、决算草案；向区人民代表大会作关于预算草案和预算执行情况的报告；向区人大常委会报告区级预算变更方案、决算及预算的执行情况，提出对区级预算执行和其他财政收支的审计工作报告。

区财政部门负责本级预算草案、决算草案和预算变更方案草案的具体编制以及本级总预算的执行和管理工作；提出本级预算超收收入使用方案；负责监督检查区级各预算部门、单位及其所属各单位预算的执行；及时将预算草案、决算草案、预算变更方案草案、预算超收收入使用方案的主要内容及有关资料报送区人大财经工委。

预算收入征收部门必须依法及时、足额征收应征的预算收入。

区审计部门负责对区级预算执行情况和区级各预算部门、单位的预算执行、决算的审计监督。

第四条　区政府应当根据社会主义市场经济发展的要求，建立和完善公共财政体系。按照先有预算、后有支出，严格按预算支出的原则，细化预算和实行部门预算；合理确定公共支出范围，调整收入分配关系，增强社会保障能力；健全、完善转移支付制度，强化财政的宏观调控功能，促进全区资源的优化配置和区域经济的协调发展。

区级预算收入的编制应当建立在对国民经济和社会发展科学预测的基础上；预算支出的编制应当坚持量入为出、收支平衡的原则。

第五条　区级各预算部门、单位应当按照《中华人民共和国预算法》和有关法律、法规的规定，在区政府规定的时间内完成本部门、单位预算和政府采购预算草案编制工作。区级预算初步方案应当在财政年度开始前全部编制完毕。

第六条　区财政部门在区级预算编制过程中，应当及时向区人大财经工委通报有关本级预算编制的指导思想、收支初步安排、预算编制中的重大变化以及可用财力等方面的情况。

区人大财经工委应对本级预算草案编制情况、重点收支项目进行调查研究，听取有关部门的意见和建议，并向区政府财政部门通报；财政部门应当及时反馈研究意见。

第七条　区人民代表大会举行会议三十日前，区财政部门应当将下列资料提交区人大财经工委进行初步审查：

（一）预算编制的依据及说明；

（二）科目列到类、重要的列到款的预算收支总表和政府基金预算表；

（三）按类别划分的上级财政返还和对下级补助支出表；

（四）预算外收支表；

（五）政府投资项目预算安排表；

（六）农业、教育、科技及社会保障支出表；

（七）政府债务情况和偿债资金安排情况；

（八）各部门预算草案及说明；

（九）区人大财经工委要求提供的其他资料。

第八条　区人大财经工委应当对区级预算的初步方案进行审查。审查的主要内容是：

（一）预算安排是否符合法律、法规的规定和国家的财政经济政策，是否符合本区经济和社会发展的实际情况；

（二）预算内容是否真实、完整，应纳入预算的收入是否全部纳入预算；

（三）预算安排是否坚持量入为出、收支平衡的原则；

（四）预算支出是否保证了政府公共支出合理需要，农业、教育、科技支出是否达到了法定增长比例，社会保障支出是否落实；

（五）预备费是否按法定比例设置；

（六）为实现预算拟采取的措施是否积极可行；

（七）其他重要事项。

区人大财经工委在初步审查过程中，区政府财政部门主要负责人及其他有关部门负责人应当按要求说明情况；必要时可对有关问题进行专题调查。

区人大财经工委初步审查后，应当提出初步审查意见，并向区政府财政部门通报，财政部门应当及时研究、反馈意见。

第九条　区政府财政部门应当在区人民代表大会批准预算之日起三十日内，批复区级各预算部门、单位预算。

第十条　区人大财经工委要按照区人大常委会的要求对区级预算执行情况进行监督，监督的主要内容是：

（一）贯彻落实区人民代表大会关于预算决议的情况；

（二）预算收入依法征缴情况，有无擅自减征、免征、缓征、预征，有无截留、挪用、坐支、隐匿收入；

（三）预算超收收入、预备费、上年结转资金和上级补助款项的使用情况；

（四）预算外收支情况；

（五）对下级财政返还和转移支付情况；

（六）部门预算资金、专项资金、政府投资项目资金的拨付、使用及效益情况；

（七）政府性基金、政府债务的管理使用情况；

（八）政府担保资金的使用和效益情况；

（九）实行政府采购和国库集中收付的情况；

（十）预算执行中发生的其他重大事项。

第十一条 区财政、税务等部门应当按时向区人大财经工委报送预算收支、预算外收支和税收征收进度报表等资料；其他各有关部门应当及时向区人大财经工委提交有关经济、金融、统计等综合性统计报表以及有关资料。

第十二条 区政府应当将下列事项及时报区人大常委会备案：

（一）区政府制定的关于预算方面的规定；

（二）区级预算与各乡镇（街道）预算有关收入和支出项目的划分、区对下级返还或者体制补助的具体办法；

（三）上报市财政部门的预算收支总表和批复的区级一级预算部门、单位的预算收支表；

（四）区对下级转移支付表；

（五）区人大常委会认为应当报送备案的其他事项。

第十三条 区人大常委会每年第三季度听取和审议区政府关于上半年预算执行情况的报告。区政府应当按照本办法第十条规定的内容报告预算执行情况。

第十四条 在区级预算执行中，需要动用超预算收入追加支出时，区政府应当及时编制超收收入使用方案，并向区人大常委会报告情况。

区政府在决算报告中应当向区人大常委会报告超预算收入的使用情况。

第十五条 区级预算因特殊情况必须变更时，区政府应当编制预算变更方案草案，并及时提交区人大常委会审查批准。

区财政部门应当在区人大常委会举行会议审查和批准的十五日前，将预算变更方案草案提交区人大财经工委进行初步审查，并在初步审查后及时将修改情况向区人大财经工委反馈。

区人大财经工委应当向区人大常委会提交审查报告。

第十六条 有下列情形之一的属于本办法所称的预算变更：

（一）预计年度预算收入完不成预算计划引起赤字的；

（二）预计年度预算支出增加额超过预算收入增加额引起赤字的；

（三）重大建设项目追加预算支出在五百万以上的；

（四）新增重大建设项目支出的；

（五）农业、教育、科技、社会保障支出预算以及区人民代表大会批准预算决议中提出确保的其它支出预算需要调减的；

（六）增加预备费。

第十七条 区级预算支出应当严格按照预算科目执行。不同预算科目之间的资金总额因特殊情况需要调整使用的，区政府应当报区人大常委会备案。

第十八条 区人大常委会认为必要时，可以要求区政府责成审计部门就预算执行中的突出问题进行专项审计。审计结果应当向区人大常委会报告。必要时，区人大常委会可以对审计结果作出相应的决议、决定。

第十九条 区审计部门在制定年度预算执行审计计划时，应当及时向区人大财经工委通报有关情况；审计计划制定后应当报区人大财经工委备案。

第二十条 区人民代表大会代表和区人大常委会组成人员依照法定程序，对预算、预算执行、预算变更和决算中的有关问题提出质询案，区政府或者有关部门必须认真研究处理并及时给予答复。

第二十一条 预算年度终结后，区政府应及时编制本级决算草案。决算草案应当按照区人民代表大会批准的预算所列科目编制，并按预算数、调整数或者变更数以及实际执行数分别列出，变化较大的要作出说明。

第二十二条 区财政部门、审计部门应当在区人大常委会举行会议审查批准区级决算的二十日前，分别向区人大财经工委提交区级决算草案、区级预算执行和其他财政收支的审计工作报告，区人大财经工委进行初步审查。初步审查时，财政部门应当同时提交下列材料：

（一）预算科目分列到类、款、项的决算收支明细表；

（二）转移支付、专项拨款、上级补助收入及本级补助下级支出等明细表；

（三）预算外收支明细表；

（四）政府性基金收支明细表；

（五）本级基本建设资金明细表；

（六）农业、教育、科技、社会保障、政府投资项目等重点专项资金支出情况；

（七）国债资金使用情况；

（八）有关决算的相关说明材料；

（九）区人大常委会要求提供的其它资料。

审计部门应当同时提交下列材料：

（一）审计项目基本情况统计表及说明；

（二）违法违规资金统计表及说明；

（三）重点审计项目的审计报告；

（四）区人大常委会要求提供的其它资料。

区人大财经工委应当向区人大常委会提交区级决算草案的审查报告。

区人大常委会对决算草案及关于决算草案的报告和审计工作报告审议后，作出是否批准本级决算的决议。必要时，可以对审计工作报告作出决议。

第二十三条 区政府应当根据区人大常委会关于决算草案和审计工作报告的决议或审议意见，制定整改措施，对违法违纪问题，应当依法纠正或者作出处理，并在当年第四季度向区人大常委会报告纠正情况和处理结果。

第二十四条 决算批准后，区政府财政部门应当自批准之日起三十日内批复本级各部门、单位决算，并报区人大常委会备案。

第二十五条 本办法由区人大常委会负责解释。

第二十六条 本办法自通过之日起施行。

第四节 区十七届人大常委会规章制度

区十七届人大常委会加强制度建设，先后制定通过了《东营市河口区人民代表大会常务委员会关于进一步加强镇、街道人大工作的意见》《东营市河口区人民代表大会常务委员会关于对区人民政府、区人民法院、区人民检察院专项工作报告实行满意度测评的暂行办法》《东营市河口区人民代表大会常务委员会关于办理区人民代表大会代表建议的办法》《东营市河口区第十七届人民代表大会代表考核办法（试行）》《东营市河口区人民代表大会代表建议办理面对面答复暂行办法》《东营市河口区人民代表大会常务委员会执法检查办法》《东营市河口区人民代表大会常务委员会专题调查办法》《东营市河口区人民代表大会常务委员会工作评议暂行办法》《东营市河口区人民代表大会常务委员会规范性文件备案审查办法》《东营市河口区人民代表大会代表述职办法》《东营市河口区人民代表大会常务委员会专题询问办法》《东营市河口区人民代表大会常务委员会关于加强预算决算审查监督的决定》《东营市河口区人民代表大会常务委员会拟任命人员任前法律知识考试办法》《东营市河口区人民代表大会常务委员会组织区人大代表旁听区人民法院庭审办法》《东营市河口区人大常委会党组工作规则》等制度，保证了区人大常委会工作的正常运行。

东营市河口区人民代表大会常务委员会关于进一步加强镇、街道人大工作的意见

为进一步做好基层人大工作，促进区、镇人大代表依法履职，推动全区人大工作上水平、上台阶，经区人大常委会主任会议研究，现就进一步加强镇、街道人大工作提出如下意见：

一、加强基础建设，深入推进镇、街道人大工作

各镇、街道人大要不断增强工作责任感和使命感，承上启下，开拓创新，认真做好新一届人大各项工作。镇人大副主席、街道人大工作办公室副主任要把主要精力放在人大工作上；配备专职工作人员，主要从事基层人大工作。要按照区人大常委会关于基层人大规范化建设的有关要求，设立单独人大办公室和代表活动室，配置必要的办公和活动设施，健全各项规章制度，真正使基层人大工作步入制度化、程序化、规范化轨道。

二、规范代表小组建设，搭建代表履职平台

各镇、街道人大要针对换届后代表变动较大的实际，尽快对驻本区内的市、区、镇人大代表进行重新编组，确立代表小组活动地点，配齐配强代表小组长和联络员。建立代表小组组长和联络员定期考核、动态管理制度，对不胜任的及时进行调整。要强化代表小组活动室基础设施建设，设立代表公示栏，公

开代表们的基本资料及监督电话，印发代表联系卡，进一步拓展代表与选民联系渠道。条件好的代表小组可以设立公开电话、征求意见箱、电子邮箱、建设小组网站，将每个代表小组活动室都建成“代表之家”。调整后的代表小组分组情况，包括代表小组活动地点、各组代表名单、代表类别（市、区或镇级），组长、副组长、联络员名单，要及时报区人大常委会人事代表工作室。

三、强化代表学习培训，提升代表整体素质

各镇、街道人大要结合各自实际，把对代表的学习培训作为人大工作的重中之重，精心制定培训方案，科学确定学习内容，完善学习培训机制。采取集中培训和分片、分组培训相结合，组织理论学习和聘请专家讲座相结合，安排本辖区优秀人大代表介绍经验与代表间交流研讨相结合，观摩先进代表小组和外出参观学习相结合等形式，积极组织人大代表认真学习党的路线、方针、政策及事关黄蓝国家战略的相关文件，学习宪法、监督法、代表法等与代表执行职务相关的法律法规，努力增强学习培训实效，不断提升代表整体素质。

四、广泛开展代表活动，充分发挥代表作用

坚持以“代表之家”为主要活动阵地，积极组织代表开展视察、专题调研、执法检查和评议部门工作，参加旁听案件庭审，听取部门专题汇报，参与矛盾纠纷排查调处，开展代表建功立业活动等，创新活动方式，丰富活动内容，确保代表活动有计划、有制度、有成效、有亮点。继续深入开展好代表进社区、进选区联系选民活动，组织代表深入基层、深入群众，广泛收集社情民意，为代表依法履职奠定基础。区人大常委会将通过督查指导、分片工作调度、召开现场观摩会议等形式，培育代表活动先进典型，宣传代表工作先进经验，为更好地开展代表活动营造良好氛围。

五、完善建议办理程序，提高代表建议办理质量

各镇、街道人大要进一步完善代表建议的提出、交办和督办程序。要组织引导代表站在全局的高度想问题、谋发展，所提建议要符合科学发展观的要求，符合河口实际，真正体现人民群众的愿望，有层次、有质量、可操作。代表建议所反映的问题属于本区域范围内的事项，镇、街道人大要严格按程序及时转交有关部门办理；对涉及全区经济和社会发展大局的事项，要及时报经区人大常委会转交有关部门办理。要积极探索和改进代表建议办理工作，完善督办机制，加大督办力度，提高督办实效，确保代表建议得到及时有效办理，切实提高代表满意率。

六、健全管理服务机制，保障代表依法履职

建立健全向代表定期通报工作制度，加强与代表的联系，有计划地邀请代表参加人大的各项会议和相关活动，让代表更好地了解人大工作情况。要精心组织安排，为代表活动提供优质服务，活动前引导代表充分准备，活动中鼓励代表积极发言提出意见，活动后认真研究代表所提意见建议。要建立激励约束机制，对代表参加活动提出明确要求，保证年内驻本辖区的代表至少参加一次活动。加强对代表的日常评议考核，完善代表履职登记制度，对代表履职情况进行具体量化，在一定范围内公示。合理安排代表述职，确保本届内每名代表累计述职一次以上。对履职好、贡献大、群众满意度高的人大代表给予表彰奖励；对在闭会期间经常不参加活动，长期不提出意见建议，不能发挥作用的代表，由原选举单位对其提出批评、警示，如无改进，劝其辞去代表职务或依照法律规定进行处理。

七、改进人大宣传工作，提升人大宣传工作水平

各镇、街道人大要把人大宣传工作列入重要议事日程，制定宣传工作方案，建立宣传奖惩制度，充分利用新闻媒体和网络资源，广泛宣传人大代表的先进事迹，不断扩大人大代表在人民群众中的影响力，努力营造全社会尊重代表、支持代表依法履职的良好氛围。要注重挖掘人大工作中的特色和亮点，对落实人民代表大会制度和开展基层人大工作的好经验、好做法，及时向区人大常委会机关和各类媒体报送信息稿件。

八、切实加强组织领导，确保意见顺利实施

为推动全区人大工作整体上水平，区人大常委会制定了《镇、街道人大工作考核办法》（附后），采取集中考核与日常考核相结合的方式，对基层人大工作实行量化考核。

各镇、街道人大要切实加强组织领导，结合实际制定具体的实施意见，落实责任，明确任务，依法认真履行各项职责，推动全区基层人大工作再上新台阶。各代表小组和每名人大代表要按照本意见和镇、街道人大的安排，积极参加代表活动，切实发挥好代表作用，为实施国家战略、实现率先崛起做出应有的贡献。

附：镇、街道人大工作考核办法

2012年6月11日

镇、街道人大工作考核办法

为规范镇、街道人大工作，推进基层民主政治建设，根据《河口区人大常委会关于进一步加强镇、街道人大工作的意见》，制定镇、街道人大工作考核办法。

一、考核的内容与标准

镇、街道人大工作考核实行百分制计分，按照加强人大自身建设、加强代表培训、巩固代表活动阵地、创新开展代表活动、提高代表建议质量、强化人大工作宣传等六个方面分别逐项打分。同时，为鼓励创新，突出特色，对相关工作设置加分项。具体计分标准如下：

序号	考评项目	分数		考评标准
1	加强人大自身建设，认真履行各项职权	20分	5分	组织保障有力、基础设施齐全。镇人大专职副主席、街道人大工作办公室专职副主任主要精力用于人大工作（1分）。镇、街道人大办公室配备专职工作人员，主要从事人大工作（1分，依据相关文件认定）。有单独的人大办公室、代表活动室，并配置必要的办公设施（3分）。上述项不具备的，其相应分值扣除。
			5分	开展工作符合规定要求。认真落实区人大常委会的各项决议、决定以及各种会议精神、通知等工作任务（1分）。按要求及时参加区人大常委会的会议及其他活动（2分，每缺勤1次扣0.5分，扣完为止）。工作有计划、有总结，并按要求及时上报区人大（2分，缺1项扣1分，不按时上报每次扣0.5分，扣完为止）。
			6分	认真召开人大例会。定期召开镇人大主席团会议及街道人大工作办公室会议，会议次数、内容符合相关规定。无会议记录、会议通知、签到等材料的不得分，材料不全的每缺1项扣1分，扣完为止。
			2分	各项制度健全。各镇、街道代表活动室设立人大代表公示栏，各项工作制度、职责分工完善上墙，各类展板齐全。不符合要求的，每缺1项扣0.5分，扣完为止。
			2分	档案管理规范。建立档案记录管理制度，设专人管理，配备统一的档案橱柜，各项档案资料齐全，分类装订立档，且摆放整齐，目录清晰。整理不规范、摆放不整齐或未形成档案资料的每缺1项扣0.5分，扣完为止。
2	加强代表学习培训，提高代表整体素质	20分	20分	以代表小组为主体，每半年至少集体学习一次。精心制定每年的代表学习培训计划，明确培训时间、参训代表、内容等，采取集中培训、分片、分组培训、专家讲座、代表小组集体学习、外出参观学习等形式组织开展代表学习培训活动。严格培训考勤制度，无学习培训计划、培训资料、参训代表名单、学习笔记的不得分，代表小组集体学习，每少1个次扣2分，参训代表每少1人次扣0.5分，扣完为止。
3	巩固代表活动阵地，强化代表服务保障	15分	5分	进一步规范代表小组建设。及时对辖区内的市、区、镇代表进行混合编组，配齐配强代表小组长和联络员，健全工作制度，公开有关信息，代表小组活动室6月底前全部达到规范化标准；认真做好代表联系选民工作，结合实际确定代表联系点、联络员或代表固定联系的选民，制作代表联系选民卡片并及时发放。各有关名单及时上报区人大人事代表工作室。达不到要求的每缺1项扣1分，扣完为止。
			3分	加强代表小组活动的检查指导。坚持每季度召开一次代表小组组长会议制度，研究代表工作；每半年走访联系代表一次；每季度至少一次到代表小组检查指导工作，指导代表小组至少每季度开展一次代表活动。召开会议和组织活动要有通知、有签到、有记录，代表活动及时记入履职档案。不开展的不得分，每缺1项扣0.5分，扣完为止。拓宽代表知情知政渠道。建立健全向代表通报工作情况制度。组织（邀请）代表列席区人大常委会、镇人大主席团、街道人大工作办公室会议。
			3分	参加政府及有关部门工作通报会议、视察、评议等活动。有年度安排计划、参加（列席）代表名单、会议（活动）通知等资料的得2分，不按要求组织的不得分，每少1项扣0.5分，扣完为止。为代表订阅报刊杂志及必要的书籍，完成区人大分配的报刊订阅任务（1分）。完不成订阅任务的不得分。
			4分	依法保障代表执行职务。对代表活动室建设，本级财政予以支持和保障（2分）；代表活动经费，列入本级财政预算，并按时足额落实，发放代表误工补贴（2分）。落实不按时的扣1分，落实不足或不落实的不得分（以有关补贴发放表、凭证为据）。

序号	考评项目	分数		考 评 标 准
4	创新开展代表活动，激发代表履职热情	20 分	10 分	认真组织代表开展联系选民活动。定期组织代表开展进社区、进选区走访联系选民活动，精心制定活动计划，做好通知代表、安排活动、告知选民等工作。在代表接待选民过程中，指定专人负责做好各项服务工作，按照有关规定及时转交和督促办理代表意见建议。活动不开展的不得分，活动计划措施不到位，活动记录不全、资料不完备的每次扣 2 分，扣完为止。
			5 分	定期组织开展代表视察、调查、评议活动。年内组织人大代表开展视察、调查或执法检查等活动不少于 4 次，每次都有通知、有方案、有签到，活动结束后要写出有情况、有问题、有建议的报告，并及时报区人大人事代表工作室。开展对镇、街道有关职能部门工作的评议活动，有方案、有测评、有汇报、有总结、有部门整改等完整资料，达到规定要求的，得 5 分。组织活动每少 1 次扣 1 分；组织不规范，材料不全的每缺 1 项扣 1 分，扣完为止。
			5 分	加强对代表履职情况的监督和管理。健全代表激励和约束机制，建立代表履职登记簿、代表活动记录本等，加强对代表的日常评议考核，真实记录和反映代表依法履职情况，并在一定范围内公示，接受选民监督，同时也作为评先树优的依据。代表无履职记录、无代表活动记录的每人扣 0.5 分；履职记录每少 1 项扣 0.5 分，扣完为止。
5	不断增强责任意识，提高代表建议质量	10 分	5 分	重视做好代表建议提出工作。引导代表深入进行调查研究，广泛联系选民，听取意见建议，立足区域经济和社会发展全局，围绕广大人民群众最关心、最迫切、最希望解决、当前又能办好的事情提出意见建议。年内区人大代表所提建议不少于本团代表总数的 20%（3 分），每低 1% 扣 0.5 分，此项扣完为止。镇人大对本级代表建议提出数量、标准作出规定，并引导代表向本级人大、政府及有关部门积极提出意见建议（2 分，根据文件资料评分，没有的不得分）。
			5 分	认真做好代表建议转交和办理工作。对闭会期间区人大代表提出的建议，各镇、街道人大认真审核，及时报区人大人事代表工作室按程序组织办理（2 分）。未及时上报的不得分。镇人大要及时将本级代表提出的议案、建议、批评和意见转交政府或有关部门办理，督促承办部门认真办理并在规定期限内答复代表（3 分）。没有交办记录、书面答复意见，答复代表不及时、代表不满意、材料不完备的每 1 件次扣 0.5 分，扣完为止。
6	强化人大宣传工作，营造代表履职浓厚氛围	15 分	12 分	高度重视，加强调度，确保完成年度宣传任务。各镇、街道认真制定宣传计划，建立人大宣传工作制度。积极向区级以上人大刊物和网站投递稿件，报送人大工作信息，每季度至少向区人大报送信息 3 篇。以上内容完成任务的得 12 分；完不成任务的，每少完成一个月任务扣 1 分。
			3 分	加强对典型事迹的宣传。充分利用新闻媒体和网络资源，对代表工作新做法、开展特色代表活动和活动中涌现出的优秀代表事迹广泛进行宣传，积极营造尊重人大代表、支持代表履职的浓厚氛围。不开展上述活动的不得分。
7	健全激励机制，发挥典型带动作用（加分项）	每单项累计不超过 10 分		认真开展代表活动，举办专题辅导讲座、人大业务知识竞赛、法律知识考试或组织代表到区外参观学习人大工作的每类次加 0.5 分。 年内本代表团代表所提建议被评为优秀建议的每件加 1 份；注重发挥代表作用，代表帮助选民每解决一件较有影响的困难或实事加 0.5 分（有事迹、有记录，经核实并以区人大人事代表工作室认定为准）。
				代表信访在接待处置、社会治安稳定中发挥重要作用，每成功处置一次影响社会稳定的重大事件或信访案件加 0.5 分。
				重视基层人大和代表宣传工作，超额完成宣传任务的，每超额完成一个月任务（以区人大办公室认定为准）加 0.5 分，最多加 3 分；在省级报刊头版头条或刊物发表人大宣传稿件，每篇加 1 分；在国家级报刊头版头条或刊物发表人大宣传稿件，每篇加 3 分。
				善于探索创新，特色鲜明，亮点突出，某项工作经验得到区级以上单位认可推广或在区级以上会议作典型介绍的，经考核确认后，区级的每次加 1 分，市级的每次加 2 分，省级以上的每次加 3 分；本辖区内市级以下代表被区级新闻媒体宣传报道、在区级会议上介绍经验或在全区推广典型经验的每人得 0.5 分，市级的每次得 1 分，省级（含省级）以上的每次得 2 分。

二、考核方式

各镇、街道人大每季度向区人大常委会人事代表工作室书面汇报一次工作情况，作为日常考核。区人大常委会于每年的7月份对镇、街道人大工作开展情况进行一次督查，年底进行全面考核。考核时，采取听取镇、街道人大工作汇报、实地察看现场、查阅相关资料、召开选民和代表座谈会、走访选民和群众等方式，全面了解基层人大工作开展情况。考核结果于第二年年初公布，并进行总结表彰。

三、本办法自通过之日起施行。

东营市河口区人民代表大会常务委员会关于对区人民政府、区人民法院、区人民检察院专项工作报告实行满意度测评的暂行办法

（2012年8月29日区十七届人大常委会第五次会议通过）

第一条 为进一步规范对区人民政府、区人民法院、区人民检察院的依法监督，切实增强区人大常委会会议的审议效果，根据《中华人民共和国各级人民代表大会常务委员会监督法》和《河口区人民代表大会常务委员会议事规则》的有关规定，结合工作实际，制定本办法。

第二条 对区人大常委会会议听取审议的区人民政府及其工作部门、区人民法院、区人民检察院的专项工作报告，由区人大常委会组成人员以无记名投票的方式进行满意度测评。

第三条 满意度测评分满意、基本满意、不满意三个等次。

第四条 满意度测评内容由区人大常委会主任会议决定。

主要包括以下五个方面：

（一）报告工作是否实事求是；

（二）所报告工作的实绩和社会效果如何；

（三）报告查找的问题是否客观、准确；

（四）报告拟采取的措施是否可行、有力；

（五）综合评价。

第五条 对会议听取审议的专项工作报告采用综合测评票进行测评，即若干项工作报告印发一张测评票，测评票上分列题目，分列测评内容，待各项工作报告审议结束后，一并进行投票测评。当场计票，当场公布测评结果。

第六条 常委会组成人员在对专项工作报告进行满意度测评时，要根据测评内容逐项在“满意”“基本满意”“不满意”三个等次中选择一个等次划“√”；不选择、多选择或填写符号不正确的不予计票。

第七条 综合评价满意票达到常委会与会组成人员80%以上的，为满意；综合评价满意票和基本满意票之和超过常委会与会组成人员50%的，为基本满意；综合评价不满意票等于或超过常委会与会组成人员50%的，为不满意。确定为不满意的，该项工作报告不予通过。

第八条 专项工作报告未通过的，报告机关应根据常委会提出的审议意见认真进行整改，并在下次或指定的常委会会议上重新报告该项工作。如果重新报告仍未通过，区人大常委会主任会议将根据常委会组成人员的意见，对报告机关依法提出质询。

第九条 听取审议专项工作报告满意度测评结果连同审议意见报告区委，印发区人民政府及有关部门、区人民法院、区人民检察院，必要时向社会公布。

第十条 本办法由区人大常委会主任会议负责解释。

第十一条 本办法自通过之日起施行。

东营市河口区人民代表大会常务委员会关于办理区人民代表大会代表建议的办法

（2012年8月29日区十七届人大常委会第五次会议通过）

第一章 总 则

第一条 为切实保障区人民代表大会代表（以下简称代表）依法行使提出建议、批评和意见（以下简称建议）的权利，进一步规范代表建议办理工作，根据《中华人民共和国地方各级人民代表大会和地方各级人民政府组织法》《中华人民共和国全国人民代表大会和地方各级人民代表大会代表法》，结合我区实际，制定本办法。

第二条 本办法所称代表建议，是指代表书面向区人民代表大会及其常务委员会提出的对本区各方

面工作的建议。

第三条 代表提出建议，是法律赋予代表的职权，是代表人民参与管理国家事务、监督国家机关工作的重要形式。全区各级机关和企事业单位应为代表提出建议提供必要的条件和服务。

第二章 代表建议的提出

第四条 代表应当围绕全区改革发展稳定的大局，政治、经济、文化、社会生活中的重大问题和人民群众普遍关心的问题，对区人民代表大会及其常务委员会、区人民政府及其部门、区人民法院、区人民检察院和其他机关、组织的工作提出建议。

第五条 代表对各方面工作提出建议，可以在区人民代表大会会议期间向大会提出，也可以在区人民代表大会闭会期间向区人大常委会提出；可以一人提出，也可以联名提出。联名提出的，领衔代表应当使参加联名的代表了解所提建议的内容；参加联名的代表应当确认所提建议的内容能够真实表达自己的意愿。

第六条 代表建议应当一事一议，实事求是，事由清楚，意见具体，按要求填写或打印在代表建议专用纸上，并亲笔签名。

第七条 下列情况不应当作为代表建议提出：

（一）不属于本区所辖区域内的国家机关和组织职权范围的；

（二）涉及解决代表本人及其亲属个人问题的；

（三）代转人民群众来信的；

（四）涉及学术探讨、广告宣传和产品推介的；

（五）没有实际内容的；

（六）其他不应当作为代表建议的。

经审查，不作为代表建议的，在区人民代表大会会议期间由大会秘书处告知并退还代表；在闭会期间由区人大常委会人事代表工作室告知并退还代表。

第八条 代表可以要求撤回本人提出的建议。代表建议转交承办单位之后，代表要求撤回的，应当说明理由，由区人大常委会人事代表工作室与有关承办单位协调同意后撤回建议。

第三章 代表建议的交办

第九条 代表向区人民代表大会及其常务委员会提出的对各方面工作的建议，由大会秘书处或区人大常委会办事机构按照内容不同分别转交区人民政府、区人民法院、区人民检察院或其他机关和组织办理。属于区人大常委会职责范围内的，由其办事机构负责办理。

第十条 对于代表本人要求予以保密或者代表所提建议可能使代表或当事人受到打击、报复、要挟等行为侵害的，交办机关及承办单位应当为其保密。

第十一条 承办单位对交办的代表建议应及时认真审阅，对不属于或部分不属于本单位职责范围的，应在收到代表建议五日内向交办单位说明情况，由交办单位提出办理意见。承办单位不得自行将代表建议转交其他机关、组织。

第四章 代表建议的办理

第十二条 办理代表建议实行分级负责，归口办理的原则。对代表提出的建议，分别由区人大常委会有关办事机构、区人民政府及其所属部门、区人民法院、区人民检察院和其他有关机关、组织研究办理。

第十三条 对代表建议办理工作，承办单位应当健全制度，严格程序，实行主要领导分管、专人负责，确保办理质量。对属于区政府职责范围内的代表建议，应当通过区长办公会议等形式研究办理工作，承办单位答复代表建议的内容要报经分管副区长审阅同意。对属于区人民法院、区人民检察院职责范围内的代表建议，由院长、检察长负总责，按要求认真做好办理工作。

第十四条 承办单位在办理代表建议的过程中，应当加强与代表的联系、沟通，通过走访、座谈等多种形式，充分听取意见或邀请相关代表参与研究。

第十五条 代表建议涉及两个以上单位办理的，主办单位应主动同协办单位协商办理，协办单位要积极配合，主动向主办单位提出办理意见。无法确定主办单位的，各承办单位应分别办理属于本单位职责范围的事项。承办单位意见不一致时，由主办单位牵头协商，取得共识；多次协商仍不能达成共识时，由主办单位向交办机关说明情况，提出建议。

第十六条 对区人民代表大会会议期间提出的建议，会议期间不能办理的，有关机关、组织应在会后三个月内作出答复。对闭会期间代表提出的建议，有关机关、组织应在收到代表建议三个月内作出答复。遇有特殊情况，在规定时间内不能提出办理意见答复代表的，应当及时向交办机关和代表说明情况，但对代表建议的正式答复最迟不得超过六个月。对时间性强、急需解决的代表建议，应立即办理。

第十七条 办理代表建议应按照有关法律、法规、政策，结合实际情况，加强调查研究，注重解决实际问题。凡是能够解决的，应明确落实时间和具体措施，抓紧解决；因客观条件限制暂时不能解决的，应当列入计划，积极创造条件逐步解决；确实不能解决的，应当如实向代表说明情况，取得代表的谅解。

第十八条 承办单位要以正式文件答复代表建议，主要负责人审核签发，加盖公章，并抄送区人大常委会人事代表工作室、区人民政府督查考核办公室各一份。答复代表建议要严肃认真，实事求是，态度诚恳，答复明确。

第十九条 对代表建议要逐件答复，不能并件答复。代表联名提出的建议，承办单位应当分别答复代表。承办单位不得以下属单位的名义答复代表建议。

第二十条 代表建议需两个以上单位办理的，由主办单位负责答复，协办单位可根据主办单位意见参与答复活动。无法确定主办单位的，各承办单位分别答复。

第二十一条 答复代表建议应采取面复形式，即由承办单位主要负责人或分管负责人向代表本人送达答复文件，征求代表意见，并当面回答代表提出的问题。代表对办理情况是否满意可不当场表态，自答复之日起5日内填写《人大代表建议办理情况意见反馈表》，直接寄送区人大常委会人事代表工作室。承办单位不得要求代表违背意愿签署意见。

第二十二条 代表建议答复后，遇有下列情况应当再次答复代表。

（一）代表建议所提问题正在解决或列入计划解决的，应当在落实后再次答复代表。如落实时限较长，可根据进展情况分阶段向代表答复。

（二）因情况发生变化，致使原答复不能落实的，应及时向区人大常委会人事代表工作室报告，并再次答复代表，向代表说明原因。

（三）代表对答复不满意或要求重新答复的，应当继续办理，并在一个月内答复代表。

（四）答复过程中，代表在原建议范围内又提出补充建议的，应当在研究办理后再次答复。

第五章 代表建议办理工作的监督检查

第二十三条 对代表建议办理工作，区人大常委会可以通过视察、评议、跟踪督办、询问和质询、特定问题调查等多种形式进行监督检查。

第二十四条 区人大常委会人事代表工作室负责代表建议的收集、转办、催办、督办。有关机关、组织必须如实报告办理情况，并按催办、督办要求办理。对办理工作不认真、答复文稿不规范的承办单位，应责成其重新办理。

第二十五条 经区人大常委会主任会议研究，对关系国计民生、办理难度大的代表建议可以重点督办，由常委会各副主任分工负责督促落实。

第二十六条 代表可以依照法律规定对代表建议办理工作进行视察、检查、调查、询问。承办单位要根据代表要求，协助代表开展活动，认真回答代表提出的问题。

第二十七条 区人大常委会可以选择适当时机对提出优秀建议的代表和办理代表建议先进单位予以表彰奖励。

第二十八条 区人大常委会人事代表工作室负责综合代表建议办理情况，向区人大常委会报告，经审议后书面印发区人民代表大会会议。

第二十九条 有下列情形之一的，区人大常委会主任会议可以责成承办单位限期整改并报告处理结果；情节严重的，责成有关机关依法依规追究承办单位责任人及其工作人员的责任：

（一）对代表建议办理不认真，敷衍塞责，推诿扯皮，答复意见不符合实际，答复意见不落实又不说明原因的；

（二）贻误工作造成损失的；

（三）对代表进行刁难、无理指责或者打击报复的；

（四）违反本办法第十条规定，给代表造成伤害的。

第六章 附 则

第三十条 本办法由区人大常委会主任会议负责解释，修改权属于区人大常委会。

第三十一条 本办法自通过之日起施行。

东营市河口区第十七届人民代表大会代表考核办法（试行）

（2012 年 9 月 24 日区十七届人大常委会第十四次主任会议通过）

为充分调动人大代表依法履行职责的积极性，激励代表为推动全区经济社会发展建言献策、建功立业，根据《中华人民共和国全国人民代表大会和地方各级人民代表大会代表法》，结合我区实际，制定本办法。

一、考核范围

河口区第十七届人民代表大会代表。

二、考核内容和记分标准

考核内容分计分项和加分项。包括三项内容。

（一）执行代表职务情况（计分项，满分 80 分）

1. 提出议案、建议（20 分）。在大会会议期间和大会闭会期间，联名提出一件议案、建议，领衔代表记 5 分，其他代表计 1 分；被评为优秀代表建议的，领衔代表另计 5 分，其他代表另计 1 分；代表个人提出一件建议计 3 分，被评为优秀代表建议的另计 3 分。累计计分超过 20 分的，按 20 分计算。

2. 联系选民（20 分）。广泛联系选民，认真听取和反映选民意见，有记录、有资料、有实效，据情记 5~10 分；不开展该项工作的不计分。定期向选民述职，选民满意的计 10 分，基本满意的计 6 分，不满意的不计分。

3. 出席人民代表大会会议（20 分）。按时参加人民代表大会预备会议、全体会议和分组审议讨论，计 15 分；请假每半天扣 2 分，无故不参加每半天扣 4 分，扣完 15 分为止。认真审议各项工作报告并积极发言，计 5 分；审议报告不认真、发言不积极的，酌情扣分。全程不参加会议的不计分。

4. 开展和参加履职活动（20 分）。加强履职学习和调查研究，不断提高执行代表职务的能力，有学习心得和调研成果的，据情计 5~10 分。积极参加区人大常委会、各镇街人大和代表小组组织的各项活动，每参加一次记 3 分，累计计分超过 10 分的，按 10 分计算。

（二）履行岗位职责情况（计分项，满分 20 分）

在工作岗位上尽职尽责，圆满完成年度工作任务，在单位被认定为优秀或称职的，计 20 分；一般或基本称职的，计 10 分；较差或不称职的，不计分。

（三）被宣传和受表彰情况（加分项）

人大代表在执行代表职务、履行岗位职责或参加社会公益活动中，表现突出，成效明显，其事迹在新闻媒体宣传报导或本人受到表彰的，据情予以加分。年度内，区级宣传或表彰的加 5 分，市级加 10 分，省级加 15 分，国家级加 20 分。

三、考核方法

（一）提出议案、建议情况。由区人大常委会人事代表工作室按实际收到的代表议案、建议数量考核计分。经审查不作为代表建议的不计分。

（二）联系选民情况。由各镇街人大负责，根据代表小组或选民的意见，提出对每名代表的计分评定意见，经区人大常委会人事代表工作室审核后确定最终计分。

（三）出席人民代表大会会议情况。由各代表团负责，记录代表出席会议和参加分组审议讨论情况，提出对每名代表的计分评定意见，经区人大常委会人事代表工作室审核后确定最终计分。

（四）开展和参加履职活动情况。由区人大常委会人事代表工作室和各镇街人大分别负责，记录代表参加活动情况，统计代表书面提交的学习心得和调研成果，并据实予以计分。最终计分由区人大常委会人事代表工作室确定。

（五）履行岗位职责情况。由各镇街人大负责，收集代表所在单位意见，并据情予以计分。

（六）宣传、表彰情况。由区人大常委会人事代表工作室负责，与各镇街人大、代表所在单位及代表本人联系，统计宣传、表彰人大代表的相关资料、文件、证书等情况，根据加分标准予以加分。

四、考核结果的运用

根据考核分数将人大代表分为优秀、称职、不称职三个等次。考核分数在 80 分以上的为优秀；50 分~79 分为称职；50 分以下为不称职。考核结果在年底公布。对年度考核优秀的人大代表，进行通报表扬。对年度考核不称职的人大代表，进行通报批评；对连续两年考核不称职的人大代表，区人大常委会主任会议将征求选民意见，对代表进行询问或责令辞职。

五、本办法自2013年1月1日起试行。

东营市河口区人民代表大会
代表建议办理面对面答复暂行办法

（2012年11月12日区十七届人大常委会第十七次主任会议通过）

第一条 为规范区人大代表建议办理面对面答复工作，根据《东营市河口区人民代表大会常务委员会关于办理区人民代表大会代表建议的办法》，制定本办法。

第二条 本办法所称区人大代表建议办理面对面答复，是指由区人大常委会副主任牵头组织，以区人民代表大会会议确定的代表团为单位，以召开会议的形式，由代表建议承办单位主要负责人就代表建议办理工作，向提出建议的代表集中进行的面对面答复活动。

第三条 区人大代表建议办理面对面答复活动，每年组织两次，根据代表建议交办时间，分别在7-8月和11-12月组织。

第四条 由两个以上单位办理代表建议的，由主办单位主要负责人负责答复，协办单位可根据主办单位意见参与答复活动。无法确定主办单位的，各承办单位主要负责人分别答复。

第五条 在代表建议办理面对面答复会议上，承办单位要将代表建议办理情况或办理意见，以正式文件的形式逐件印发代表，并进行详细汇报。承办单位主要负责人要认真回答会议上代表提出的相关问题。提出建议的代表根据承办单位主要负责人的汇报和回答，填写《河口区人民代表大会代表建议办理情况满意度测评表》。

第六条 对时间性强、急需解决的代表建议或在较短时间内能够办理的代表建议，承办单位应提前将办理情况答复代表，并征求代表意见，但不能要求代表签署满意度意见。代表建议办理情况或办理意见已提前答复代表的，在面对面答复会议上，承办单位主要负责人仍要作出汇报，并回答代表提出的相关问题。

第七条 代表建议办理面对面答复会议，由牵头组织的区人大常委会副主任主持，并就代表建议办理工作现场督办。

第八条 代表建议面对面答复满意度测评结果向社会公布，并作为评选代表建议办理工作先进单位的主要依据和区人大常委会评议部门工作的重要内容。

第九条 本办法由区人大常委会主任会议负责解释。

第十条 本办法自2013年1月1日起施行。

东营市河口区人民代表大会
代表联系群众制度

（2013年2月21日区十七届人大常委会第八次会议通过）

第一条 为加强区人大代表（以下简称代表）与群众的联系，促进代表依法履职，根据《中华人民共和国全国人民代表大会和地方各级人民代表大会代表法》、《中华人民共和国地方各级人民代表大会和地方各级人民政府组织法》的有关规定，结合我区实际，制定本制度。

第二条 密切联系群众是代表的法定职责和义务。代表要增强责任意识和依法履职意识，不断拓宽联系领域，创新联系方式，丰富联系内容，切实做好联系群众工作。

第三条 代表联系群众的范围原则上以原选区群众为主。

第四条 代表联系群众的主要内容：

（一）宣传党的方针政策和国家法律法规，宣传各级党委的决策部署和区人民代表大会及其常委会的决议决定；

（二）听取群众对区人大常委会、区人民政府、区人民法院和区人民检察院工作的意见和要求；

（三）对全区经济社会发展和民主法制建设中的重大问题，以及群众普遍关心的问题进行调查研究，充分集中民智、反映民意；

（四）广泛收集人民群众的建议、批评和意见，为参加区人大及其常委会的各项活动作准备；

（五）向原选区选民报告履职情况，回答群众对代表工作和代表活动情况的询问，主动接受监督。

第五条 代表联系群众的主要方式：

（一）组织召开座谈会、集中走访、发放信函或调查问卷等；

（二）设立公示专栏，公开代表的工作单位、职务和联系方式，为群众反映情况提供方便；

（三）深入基层、深入群众开展专题调查活动；

（四）积极参加原选区群众组织的有关活动；

（五）选择若干名有代表性的群众，保持经常性联系，听取意见和要求。

第六条 代表对群众反映的意见和建议，要及时归纳整理，以书面形式向区人大常委会人事代表工作室提出，转交有关机关和组织办理。

第七条 代表要严格遵守代表法，在联系群众工作中，要如实反映群众的意见，原则上不直接处理问题。

第八条 区人大常委会人事代表工作室负责指导镇街人大完善人大代表联系群众工作机制，并协同做好代表联系群众的协调、组织、服务等工作。

第九条 加强代表联系群众宣传工作，定期开展代表联系群众工作交流活动，评先树优，推广经验。

第十条 代表所在单位应支持代表开展联系群众活动，并协助做好相关工作，提供必要保障。

第十一条 本制度自通过之日起施行。

东营市河口区人民代表大会常务委员会执法检查办法

（2013年2月21日区十七届人大常委会第八次会议通过）

第一条 为规范和加强区人大常委会的执法检查工作，保证法律法规在本行政区域内的贯彻实施，根据《中华人民共和国地方各级人民代表大会和地方各级人民政府组织法》《中华人民共和国各级人民代表大会常务委员会监督法》等有关法律法规的规定，结合我区实际，制定本办法。

第二条 执法检查的对象主要是本行政区域内法律法规实施主管机关，即区人民政府及其行政执法部门、区人民法院、区人民检察院以及其他负有执法责任的组织和单位。

第三条 法律法规实施的主管机关在接受区人大常委会的执法检查时，要主动配合工作，按照区人大常委会的有关要求，组织学习、宣传动员、进行自查，并在组织检查的十日前将自查情况书面报送区人大常委会有关工作机构。

第四条 常委会组织执法检查根据下列途径确定：

（一）人大常委会在审议专项工作报告时发现的突出的执法问题；

（二）人大代表对“一府两院”工作提出的建议、批评和意见中集中反映的执法问题；

（三）人大常委会工作机构在调查研究中发现的突出的执法问题；

（四）人民群众来信来访中集中反映的执法问题；

（五）社会普遍关注的其他执法问题。

第五条 执法检查坚持依法办事、实事求是、精干效能的原则，每年选择1~2个关系全区改革发展稳定大局和群众切身利益、社会普遍关注的重大问题，组织执法检查。

第六条 执法检查计划列入区人大常委会年度工作要点，经区人大常委会会议讨论通过，印发常委会组成人员，通知执法检查的对象，并向社会公布。

执法检查的对象认为需要对其负责实施的法律法规进行执法检查的，可以在每年年初向常委会有关工作机构书面提出，经工作机构报主任会议同意后，列入执法检查年度计划。

执法检查计划在实施过程中，主任会议可以根据实际情况需要进行适当调整。

第七条 区人大常委会根据执法检查内容组织执法检查组。执法检查组由常委会组成人员和区人大代表组成，其成员名单由常委会有关工作机构提出，主任会议研究确定。根据需要，可邀请有关专业人员参加执法检查工作。

第八条 执法检查前，常委会执法检查组要拟定执法检查工作方案，提交主任会议讨论决定。要组织执法检查组成员学习有关法律法规和政策，收集有关资料。

在执法检查中，检查组可以采取听取汇报、召开座谈会、个别走访、实地考察、抽样调查、调阅有关档案（案卷）资料等方法，真实准确地了解掌握法律法规实施主管机关的执法情况。

执法检查结束后，执法检查组要及时提出执法检查报告，由主任会议决定是否提请常委会会议审议。执法检查报告内容主要包括：对所检查的法律法规实施情况进行评价，提出执法工作中存在的问题和改进执法工作的建议。

第九条 常委会会议审议执法检查报告时，一并听取审议法律法规实施主管机关的报告。

第十条 常委会会议、主任会议对执法检查报告的审议意见连同执法检查报告，一并交法律法规实施主管机关研究处理。有关机关要在两个月内将研究处理情况向区人大常委会提出书面报告。常委会有关工作机构可进行跟踪检查。

第十一条 对于执法检查中发现的重要问题或者违法违规案件，常委会将依法组成特定问题调查委员会，并根据调查结果作出相应的决议、决定。

第十二条 执法检查中发现法律法规实施主管机关制定的规范性文件与法律法规相抵触的，常委会可以依法予以撤销，或者建议有关机关予以处理。

第十三条 有下列情形之一的，常委会责令其限期改正，并建议有关机关依照管理权限对其有关责任人员给予批评或者行政处分；情节严重的，对其主要负责人依法予以撤职：

（一）拒绝或者妨碍执法检查的；

（二）隐瞒其实际情况或者提供虚假情况的；

（三）阻挠反映情况或者对反映情况人打击报复的；

（四）不执行常委会有关决议、决定的；

（五）不办理或者拖延办理常委会会议、主任会议审议意见和执法检查报告中提出的建议，又不说明理由的。

第十四条 本办法由主任会议负责解释。

第十五条 本办法自通过之日起施行。

东营市河口区人民代表大会常务委员会专题调查办法

（2013年2月21日区十七届人大常委会第八次会议通过）

第一条 为做好区人大常委会专题调查工作，根据《中华人民共和国全国人民代表大会和地方各级人民代表大会代表法》《中华人民共和国各级人民代表大会常务委员会监督法》，结合本区实际，制定本办法。

第二条 区人大常委会可以对本行政区域内的国家行政机关、司法机关的工作进行专题调查。国家行政机关、司法机关必须支持区人大常委会依法开展专题调查。

第三条 通过开展专题调查活动，更深入地了解社情民意、掌握真实情况，提出更具针对性和可操作性的意见建议，进一步提高区人大常委会的监督实效。

第四条 专题调查的主要内容：

（一）区委重大决策部署贯彻落实情况；

（二）区人民政府、区人民法院和区人民检察院着力推进的重点工作；

（三）人民群众普遍关心的热点、难点问题；

（四）人大代表提出的建议、批评和意见集中反映的问题；

（五）人大常委会认为应该开展的专题调查工作。

第五条 区人大常委会每年至少开展一次专题调查活动。专题调查计划列入区人大常委会年度工作要点，并向社会公布。人大代表也可以自行开展专题调查活动。

第六条 区人大常委会根据调查内容，成立专题调查组。调查组可安排熟悉情况或具有专业特长的人大代表参加，也可吸纳不是人大代表的相关专业人员参加。

第七条 开展专题调查，可采取实地察看、听取汇报、召开座谈会、查阅资料、问卷调查等多种形式，力求全面、深入地了解真实情况。

第八条 代表相约开展专题调查活动，应由代表书面提出开展调查活动的意见，报区人大常委会人事代表工作室备案，由区人大常委会人事代表工作室具体组织协调。

第九条 专题调查前，要制定调查方案。调查方案主要包括调查内容、时间安排、方法步骤，以及参加调查的人员范围等。调查结束后，要及时提出专题调查报告。调查报告要紧紧抓住调查中发现的影响和阻碍科学发展的思想观念、发展路径和体制机制等深层次的矛盾和问题，研究提出破解发展难题、推动科学发展的意见建议。

第十条 专题调查报告完成后提交主任会议审议。主任会议也可根据情况提请常委会会议审议。

第十一条 区人大常委会会议审议专题调查报告时，被调查部门主要负责人应到会听取意见、说明情况、回答询问。

第十二条 区人大常委会会议、主任会议对专题调查报告的审议意见连同专题调查报告，一并交由区人民政府、区人民法院、区人民检察院研究处理。必要时，将专题调查情况书面报告区委。

第十三条 区人大常委会认为必要时，可以对专题调查情况作出决议、决定。

第十四条 区人民政府、区人民法院、区人民检察院应在两个月内，将区人大常委会审议意见和决议、决定的办理、执行情况向区人大常委会提出书面报告。

第十五条 区人大常委会相关委室或专题调查组要加强对“一府两院”办理情况的督查，及时提出意见。必要时，向主任会议提出建议，组织有关人员再次调查。

第十六条 本办法由主任会议负责解释。

第十七条 本办法自通过之日起施行。

东营市河口区人民代表大会常务委员会工作评议暂行办法

（2013年2月21日区十七届人大常委会第八次会议通过）

第一条 为保障区人大常委会依法行使监督职权，增强监督工作实效，促进依法行政、公正司法，根据《中华人民共和国地方各级人民代表大会和地方各级人民政府组织法》《中华人民共和国各级人民代表大会常务委员会监督法》，结合我区实际，制定本办法。

第二条 本办法所称工作评议，是指由区人大常委会组织，对区人民政府及其工作部门、区人民法院、区人民检察院和本行政区域内垂直管理的国家行政机关、具有社会管理职能的其他组织进行的工作评议。

第三条 工作评议坚持党的领导、依法办事、实事求是、民主公开、注重实效的原则。

第四条 工作评议的内容是：

（一）依法履行职责情况；

（二）班子、队伍建设情况；

（三）为民服务和为经济社会发展服务情况；

（四）机关效能提升情况；

（五）接受人大及其常委会的监督和执行人大及其常委会的决议、决定情况；

（六）区人大常委会认为需要评议的其他工作情况。

第五条 工作评议列入区人大常委会年度工作要点，在区人大常委会的领导下进行。成立若干个由区人大常委会副主任为组长的工作评议调查组，并广泛吸纳人大代表和其他社会成员参加。

第六条 工作评议分年度、分批次进行。每一次评议的对象，由区人大常委会主任会议确定。

第七条 工作评议采取写实性评议和计分式评议相结合的办法。写实性评议旨在查找被评议单位存在的突出问题；计分式评议旨在确定被评议单位的评议名次。计分式评议采用百分制，其中人大代表评议占20分，单位干部职工评议占10分，其他社会成员评议占20分，区人大常委会组成人员评议占50分。

第八条 工作评议按照准备、调查、评议、整改四个阶段进行。

第九条 准备阶段的主要工作是：

（一）制定工作评议方案；

（二）确定参评人员；

（三）制作写实性和计分式评议票；

（四）通知评议对象做好接受评议的准备工作。

第十条 调查阶段的主要工作和基本要求是：

（一）通过新闻媒体公布被评议单位和评议内容，开通专线电话、公布电子信箱等，征求社会各界的意见和建议；

（二）工作评议调查组采取听取汇报、约见询问、走访座谈、查阅资料、问卷调查等方式对被评议单位工作进行评议调查；

（三）组织被评议单位干部职工对本单位工作进行评议；

（四）工作评议调查组成员应依法履职，清正廉洁，保守秘密，严肃认真地参加评议活动；

（五）被评议单位要按照工作评议方案规定的内容准备汇报材料。汇报材料应实事求是，既要肯定成绩，又要找出存在的问题。

第十一条 评议阶段的主要工作是：

（一）由各工作评议调查组负责，分批次召开由人大代表和其他社会成员参加的评议会，对被评议单位进行写实性和计分式评议；

（二）汇总社会各界对被评议单位的意见建议；

（三）各评议调查组写出评议调查报告，向区人大常委会主任会议汇报；

（四）区人大常委会组织会议，对被评议单位进行写实性和计分式评议。

第十二条 整改阶段的主要工作和基本要求是：

（一）评议结果经主任会议审定后，以书面形式向被评议单位反馈；

（二）被评议单位应在20天内制定并报送整改方案，两个月内向区人大常委会报告整改情况；

（三）区人大常委会评议调查组对被评议单位整改情况进行回访调查。认为整改不彻底或不满意的，可责成被评议单位重新整改。重新整改的时限为一个月。

第十三条 工作评议结果以书面形式向区委报告，向区人民政府、区人民法院、区人民检察院以及垂直管理单位的上级主管部门通报，并通过新闻媒体、人大网站等向社会公布。

第十四条 本办法由主任会议负责解释。

第十五条 本办法自通过之日起施行。

东营市河口区人民代表大会常务委员会规范性文件备案审查办法

（2014年2月25日区十七届人大常委会第十七次会议通过）

第一条 为加强规范性文件备案审查工作，根据《中华人民共和国各级人民代表大会常务委员会监督法》《山东省各级人民代表大会常务委员会规范性文件备案审查规定》等法律法规，结合本区实际，制定本办法。

第二条 区人民政府发布的决定、命令、办法、规定以及其他涉及公民、法人和其他组织权利义务、具有普遍约束力的文件，各镇人民代表大会作出的具有普遍约束力的决议、决定等，应当报送区人大常委会备案。

第三条 区人民政府、各镇人民代表大会应当自规范性文件公布之日起三十日内报送区人大常委会备案。报送规范性文件备案，应当提交备案报告、规范性文件文本、关于规范性文件制定目的和必要性的说明、规范性文件的制定依据等资料，装订成册，一式五份，并同时报送电子文本。

每年一月三十一日前，报送机关应当将上一年度制定的规范性文件目录报送备查。

第四条 区人大常委会内务司法工作委员会（以下简称内司工委）是区人大常委会规范性文件备案审查工作机构，负责规范性文件备案审查的日常工作，承担报送备案的规范性文件的接收、登记、审查和存档的具体工作，负责协调组织备案审查的有关工作。

区人大常委会各工作委员会按照职责分工，承担相关规范性文件的审查工作。

第五条 备案审查工作按照主动审查与被动审查相结合，初步审查与正式审查相结合的原则进行。

第六条 区人大常委会对规范性文件主要审查是否存在下列情形：

（一）同法律、法规相抵触；

（二）同上级人大及其常委会或者区人大及其常委会的有关决议、决定相抵触；

（三）超越法定权限，限制或者剥夺公民、法人和其他组织的合法权利，或者增加公民、法人和其他组织的义务；

（四）违反法定程序制定规范性文件；

（五）其他不适当的情形。

第七条 对报送备案的规范性文件，由区人大常委会内司工委接收、登记后进行初审，认为有必要进一步审查的，提出审查建议，经区人大常委会主任会议同意后，向相关工作委员会分送，由相关工作委员会进行正式审查并提出审查意见。规范性文件的内容涉及两个或两个以上工作委员会职责范围的，内司工委应同时分送各相关工作委员会。

第八条 区人民政府、区人民法院、区人民检察院、各镇人民代表大会认为区人大常委会接受备案审查的其他国家机关制定的规范性文件有本办法第六条所列情形之一，向区人大常委会书面提出审查要求的，内司工委接收、登记，经区人大常委会主任会议同意后，向相关工作委员会分送，由相关工作委员会进行正式审查并提出审查意见。

第九条 本办法第八条规定之外的国家机关、社会团体、企业事业单位和其他组织以及公民认为区人大常委会接受备案审查的规范性文件有本办法第六条所列情形之一，向区人大常委会书面提出审查建议的，内司工委接收、登记后，对规范性文件进行初步审查并提出办理意见。需进一步审查的，经区人大常委会主任会议同意后，向相关工作委员会分送，由相关工作委员会进行正式审查并提出审查意见。

第十条 国家机关、社会团体、企业事业单位和其他组织以及公民书面提出审查要求或者审查建议，应当向区人大常委会内司工委提交审查要求书或者审查建议书一式五份。审查要求书或者审查建议书应当写明提出审查要求或者审查建议的主体及联系方式、要求或者建议审查的规范性文件名称、审查的事项和理由。

对不属于区人大常委会备案审查的规范性文件，内司工委应当告知提出审查要求或者审查建议的组织或者公民向有权进行备案审查的机关提出。

第十一条 区人大常委会自收到对规范性文件的审查要求或者审查建议之日起三个月内审查完毕。在审查期间，不影响规范性文件的执行。

第十二条 在规范性文件审查工作中，应当与制定机关沟通情况，征询意见，制定机关应当积极配合。必要时，审查工作可以通过召开联合审查会议、论证会、听证会等方式，广泛听取相关部门、专家及社会各界的意见。

第十三条 区人大常委会各工作委员会对需要进行正式审查的规范性文件，应当在一个月内提出审查意见。审查意见认为规范性文件存在本办法第六条所列情形之一的，由内司工委汇总后形成审查意见书，报区人大常委会主任会议研究。主任会议认为需要修改或者废止的，提出由制定机关自行修改或者废止该规范性文件的书面审查意见，由内司工委送达规范性文件制定机关。

第十四条 规范性文件制定机关应当自收到区人大常委会主任会议书面审查意见之日起一个月内，提出是否修改或者废止该规范性文件的意见，并书面告知区人大常委会内司工委。内司工委应当及时将制定机关的处理意见向区人大常委会相关工作委员会反馈，并向区人大常委会主任会议报告。

制定机关修改或者废止规范性文件的，应当自书面告知内司工委之日起一个月内修改或者废止。制定机关修改规范性文件的，应当将修改后的规范性文件重新公布，并按照本办法报送备案。

第十五条 规范性文件制定机关收到区人大常委会主任会议书面审查意见后，在规定时间内对规范性文件不予修改或者废止的，内司工委可以提出撤销该规范性文件的建议，由区人大常委会主任会议决定提请常委会会议审议。

区人大常委会会议审议撤销规范性文件的议案时，该规范性文件制定机关应当派人到会听取意见，回答询问。

第十六条 区人大常委会依照有关法律及区人大常委会议事规则规定的程序，对撤销规范性文件的议案进行审议，并作出撤销或者不予撤销的决定。

第十七条 规范性文件审查工作结束后十五日内，内司工委应当将审查结果书面告知提出审查要求或者审查建议的国家机关、社会团体、企业事业单位和其他组织以及公民。

第十八条 国家机关、社会团体、企业事业单位和其他组织以及公民，认为区人民政府组成部门、派出机构、直属事业单位制定的涉及公民、法人和其他组织的权利义务、具有普遍约束力的规范性文件有本办法第六条所列情形之一，向区人大常委会书面提出审查建议的，由内司工委进行研究，认为需要修改或者废止的，应当提出审查意见，报经区人大常委会主任会议同意后，交区人民政府限期处理，并报告处理结果。

第十九条 国家机关、社会团体、企业事业单位和其他组织以及公民，认为区人民法院、区人民检察院为执行法律、法规和司法解释制定的具有普遍约束力的规范性文件有本办法第六条所列情形之一，向区人大常委会书面提出审查建议的，由内司工委进行研究，认为需要修改或者废止的，应当提出审查意见，报经区人大常委会主任会议同意后，责成制定机关限期处理，并报告处理结果。

第二十条 规范性文件制定机关未按规定期限报送规范性文件备案，或者报送的文件材料不齐全的，内司工委应当通知其限期报送或者补充报送；逾期仍不报送的，区人大常委会主任会议可视情要求其作出说明，或者建议有关机关对相关人员依法追究责任。

第二十一条 内司工委应当在规范性文件审查工作结束后，及时将备案审查材料统一存档。

第二十二条 本办法由区人大常委会主任会议负责解释。

第二十三条 本办法自通过之日起施行。

东营市河口区人民代表大会代表述职办法

（2014年2月25日区十七届人大常委会第十七次会议通过）

第一条 为加强区人大代表（以下简称代表）与原选区选民的联系，促进代表更好地依法履职，根据《中华人民共和国全国人民代表大会和地方各级人民代表大会代表法》的规定，结合我区实际，制定本办法。

第二条 本办法所称代表述职，是指根据统一安排，有目的、有计划地组织代表向原选区选民报告依法执行代表职务的情况，听取选民意见，接受选民监督。

第三条 代表述职的主要内容：

（一）贯彻落实党的路线方针政策，宣传维护国家法律法规，执行人大及其常委会决议、决定情况；

（二）人代会期间履行代表职责情况，包括出席会议、审议报告和参加选举的情况；

（三）闭会期间履行代表职责情况，包括列席区人大常委会会议情况，参加区人大常委会、各镇街人大、各代表小组组织的各项活动及其他活动情况；

（四）深入群众，调查研究，提出意见建议情况；

（五）为群众办实事、办好事，解决群众关注的热点难点问题情况；

（六）在本职工作和社会活动中，发挥模范带头作用情况。

第四条 代表述职应以选区为单位，一般采取召开选民代表会议的形式进行。同一个选区有多名代表的，要同时安排述职。

因特殊原因，代表不能现场述职的，可以进行书面述职。

第五条 代表述职工作由区人大常委会人事代表工作室、镇人民代表大会、街道人大工作办公室负责，制定代表述职工作计划，落实年度述职人员，组织推选选民代表和召开代表述职会议。

每位代表在任期内至少向选民述职一次。

第六条 代表述职会议可由镇人大、街道人大工作办公室负责人或各代表小组组长召集并主持，区人大常委会人事代表工作室作好指导。

第七条 在述职会议召开前，应组织述职的代表走访选民，听取意见，写好述职报告，确保述职活动实效。

第八条 代表述职会议，选民代表一般不少于30人。农村选区的选民代表应从村“两委”班子成员、群众组织负责人、致富带头人、老党员、老干部和群众威信较高的村民中推选；城区选区选民代表应从代表所在单位负责人、单位主管部门班子成员、同行业单位负责人、居委会和社区负责人，以及有较高威信的居民中推选。

召开代表述职会议的时间、地点等有关事项应提前三天进行公告。

第九条 代表述职后，应组织与会选民按照满意、基本满意、不满意三个档次，以无记名投票方式进行评议，当场公布评议结果。

对不满意票超过半数的代表，要做好教育引导工作，并在半年之内组织第二次述职。

第十条 述职代表应认真听取选民的评议意见，回答选民的询问。

第十一条 代表对选民提出的意见建议，要认真进行整改，并将整改情况报区人大常委会人事代表工作室，同时向选民代表报告。

第十二条 代表所在单位要积极创造条件，为代表述职提供保障。

第十三条 本办法由区人大常委会主任会议负责解释。

第十四条 本办法自通过之日起施行。

东营市河口区人民代表大会常务委员会专题询问办法

（2014年2月25日区十七届人大常委会第十七次会议通过）

第一条 为加强区人大常委会监督工作，提高监督实效，根据《中华人民共和国各级人民代表大会常务委员会监督法》《中华人民共和国全国人民代表大会和地方各级人民代表大会代表法》的有关规定，结合我区实际，制定本办法。

第二条 本办法所称专题询问，是指由区人大常委会组织，以召开会议的形式，对“一府两院”某一方面工作集中开展的专门询问活动。

第三条 专题询问工作坚持依法办事、实事求是、客观公正、民主公开的原则。

第四条 专题询问的主体是区人大常委会组成

人员。受询问机关是区人民政府及其部门、区人民法院、区人民检察院。

第五条 专题询问会议，由主持人、询问人、受询问人和列席人员组成，具体人员由区人大常委会主任会议决定。主持人由区人大常委会副主任担任；询问人设3-5人，由区人大常委会组成人员担任；受询问人是指受询问机关主要负责人；列席人员一般应包括人大代表、区人大常委会相关工作机构负责人、区政府分管副区长、受询问机关相关人员等。

第六条 专题询问会议由区人大常委会相关工作委员会具体组织，办公室、人事代表工作室做好配合。

第七条 专题询问议题的确定：

（一）区人大常委会组成人员、区人大常委会各工作机构、区人大代表、驻河口的全国和省市人大代表，可结合审议工作报告、视察调查、执法检查等，围绕事关全区发展大局、影响社会和谐稳定和人民群众普遍关注的热点难点问题，提出专题询问议题。专题询问议题要符合河口实际，具有较强的针对性和可行性。

（二）专题询问议题应以书面形式提出，写明询问对象、询问事由和询问的具体内容。专题询问议题提出后，由区人大常委会办公室统一接收，根据议题内容转交相关工作委员会审核；由相关工作委员会提出审核建议，提交主任会议讨论决定。

第八条 专题询问议题确定后，区人大常委会办公室应在召开专题询问会议三十日前书面告知受询问机关。受询问机关主要负责人应按规定到会回答询问。主要负责人因特殊情况无法到会的，经区人大常委会主任会议同意后，可书面委托有关人员到会回答询问。

第九条 开展专题询问前，成立专题询问工作组，对询问议题进行调查研究，提出专题询问工作方案，提请区人大常委会主任会议研究同意后组织实施。专题询问工作方案应包括专题询问的目的、方法步骤、参加人员、问题设计以及会议时间、地点、程序等。

第十条 专题询问问题的设计要科学合理，既要表述清晰、直截了当，又要把握实质、切中要害。询问人要对询问的问题做深入细致的了解，掌握真实情况和相关业务知识。询问前，询问人与受询问人可就个别问题进行沟通。

第十一条 专题询问会议采取“一问一答”的形式进行。询问人在听取受询问人回答后，认为不清楚或不满意的可以追问。列席会议的人大代表、常委会工作机构负责人，经主持人同意后，也可以提出询问。

受询问人回答问题要认真负责、实事求是。当场不能回答的，应当说明原因，经询问人同意后，在专题询问会议结束后七个工作日内向询问人进行书面答复。受询问人答非所问或发言冗长的，主持人可当场叫停，并要求其会后书面答复。书面答复件应由受询问机关主要负责人签署。

第十二条 询问人要求提供相关材料的，受询问机关应当按时如实提供。因涉及国家秘密或其它原因不能提供的，应当作出说明。

第十三条 受询问人回答问题不认真、态度不好或提供虚假情况欺骗询问人的，区人大常委会将根据有关规定追究责任。

第十四条 专题询问会议结束后，由相关工作委员会负责，对专题询问情况进行整理，形成询问意见，经区人大常委会主任会议审定后，转交受询问机关办理。受询问机关应在两个月内向区人大常委会报告询问意见办理情况。

第十五条 区人大常委会相关工作委员会要加强对询问意见办理情况的跟踪监督。对办理结果不满意的，可责成受询问机关重新办理。

第十六条 本办法由区人大常委会主任会议负责解释。

第十七条 本办法自通过之日起施行。

东营市河口区人民代表大会常务委员会关于加强预算决算审查监督的决定

（2015年2月3日区十七届人大常委会第二十四次会议通过）

为加强对政府全口径预算决算的审查监督，强化预算约束、规范预算执行、提高预算绩效、推动预算公开，促进建立全面规范、公开透明的预算制度，根据《中华人民共和国预算法》《中华人民共和国各级人民代表大会常务委员会监督法》《山东省人民代表大会常务委员会关于加强预算决算审查监督的决定》等法律法规，结合本区实际，作如下决定：

一、建立健全全口径预算体系，促进预算制度改革

1. 区政府应当依照有关法律法规规定，将政府的全部收入和支出纳入预算，建立包括一般公共预算、政府性基金预算、国有资本经营预算、社会保险基金预算的全口径预算体系。

2. 一般公共预算：预算收入应当包括本级收入、上级政府对本级政府的税收返还和转移支付、下级政府的上解收入。预算支出应当包括本级支出、对上级政府的上解支出、对下级政府的税收返还和转移支付。

3. 政府性基金预算：预算收入应当包括本级收入、上级政府对本级政府的补助收入、下级政府的上解收入。预算支出应当包括本级支出、对上级政府的上解支出、对下级政府的补助支出。

4. 国有资本经营预算：预算收入应当包括利润收入、股利、股息收入、国有产权转让收入、清算收入、其他收入，上年结转收入和结余。预算支出应当包括资本性支出、费用性支出、调入一般公共预算支出、其他支出，结转下年支出。

5. 社会保险基金预算：预算收入应当包括社会保险费收入、利息收入、政府补贴收入、转移收入、上级政府的补助收入、下级政府的上解收入、其他收入。预算支出应当包括社会保险费待遇支出、转移支出、补助下级支出、对上级政府的上解支出、其他支出。

6. 各类预算的编制，应当遵循统筹兼顾、勤俭节约、量力而行、讲求绩效和收支平衡的原则。一般公共预算收入的编制，应当与经济和社会发展水平相适应，与财政政策相衔接；一般公共预算支出的编制，应当在保证基本公共服务合理需要的前提下，优先安排上级和本区确定的重点支出。

要加大政府性基金预算、国有资本经营预算与一般公共预算的统筹力度，建立将政府性基金预算中应当统筹使用的资金列入一般公共预算的机制，加大国有资本经营预算资金调入一般公共预算的力度。加强社会保险基金预算管理，做好基金结余的保值增值，在精算平衡的基础上实现社会保险基金预算的可持续运行。

二、严格预算审查程序，把握预算审查重点

7. 区政府财政部门应当在区人民代表大会会议举行的三十日前，将预算草案（含街道、开发区，下同）的初步方案提交区人民代表大会常务委员会（以下简称区人大常委会）预算工作机构征求意见，然后提交区人大常委会进行初步审查。初步审查的重点应当由平衡状态向支出预算和政策拓展，并按本决定第十条规定的内容，提出初步审查意见。

区政府财政部门应当对区人大常委会的初步审查意见，研究处理并及时反馈。区人大常委会的初步审查意见和区政府财政部门反馈的处理情况报告，应当印发区人民代表大会代表。区人大常委会预算工作机构还应当向区人大常委会提出预算分析报告，并印发区人民代表大会代表。

8. 建立预算审查前听取区人民代表大会代表和社会各界意见的制度。区人大常委会应当在代表大会举行会议前，采用多种形式，组织区人民代表大会代表，就预算草案听取选民和社会各界的意见。

区政府财政部门在预算编制期间，应当向区人大常委会预算工作机构通报预算编制情况、征求意见；区人大常委会预算工作机构应当在预算审查前，通过多种形式向有关专家学者、社会各界征求预算安排的意见和建议，并及时向区政府财政部门反馈。

9. 区级预算由区人民代表大会审查和批准。区政府在区人民代表大会举行会议期间，向会议作关于总预算草案和总预算执行情况的报告。预算报告内容应当包括：落实区人民代表大会关于预算决议的情况，上一年预算执行情况，当年预算安排的原则、依据、支出政策和重点收支项目安排情况，完成预算的措施、工作重点以及与预算有关重要事项的说明等。

区政府编报的预算草案应当进行细化：本级一般公共预算支出，按其功能分类应当编列到项；按其经济性质分类，基本支出应当编列到款；重点支出以及重大投资项目预算应当逐项单独编列，并做具体说明。本级政府性基金预算、国有资本经营预算、社会保险基金预算支出，按其功能分类应当编列到项。

10. 区人民代表大会对预算草案以及预算报告重点审查以下内容：上一年预算执行情况是否符合区人民代表大会预算决议的要求；预算安排是否符合预算法以及有关法律、法规的规定；预算安排是否贯彻国民经济和社会发展的方针政策；预算收入和预算支出编制是否完整；对下级政府的转移性支出预算是否规范、适当；预算安排举借的债务是否合法、合理，是否有偿还计划和稳定的偿还资金来源；重点支出和

重大投资项目的预算安排是否妥当；完成预算提出的政策措施是否切实可行；与预算有关重要事项的说明是否清晰；以及区人民代表大会代表和社会各界关心的重点、热点问题等。

11. 区人民代表大会举行会议期间，人民代表大会代表审查预算报告和预算草案时，可以采取代表团分组审议、联组审议或者组织部分代表集中审议方式，让代表充分发表意见。区人大常委会预算工作机构，应当及时汇总代表们的审查意见，并向大会主席团报告。

12. 区人民代表大会召开期间，应当成立大会预算审查委员会，并由预算审查委员会向大会主席团提出关于总预算草案和总预算执行情况的审查报告。内容应当包括：对上一年预算执行和落实区人民代表大会预算决议的情况作出评价；对本年度预算草案是否符合法律、法规规定，是否可行作出评价；对区人民代表大会批准预算草案和预算报告提出建议；对执行年度预算、改进预算管理、提高预算绩效、加强预算监督等提出意见。

三、强化预算约束，规范预算执行

13. 区级预算经区人民代表大会批准后，区政府财政部门应当在二十日内向各部门批复预算，各部门应当在接到区政府财政部门批复的本部门预算后十五日内向所属各单位批复预算；预算安排对镇政府的一般性转移支付和专项转移支付应当在三十日和六十日内正式下达。区政府财政部门应当将批复各部门的预算和批复下级政府的转移支付预算，抄送区人大常委会预算工作机构。

14. 区政府应当及时汇总下级报送的预算，并报区人大常委会备案。区人大常委会对区政府备案的汇总预算，应当进行备案审查。

15. 区政府应当严格执行区人民代表大会批准的预算，切实提高预算收支的及时性、均衡性和有效性。政府的全部收入应当上缴国家金库或者财政专户，并纳入预算管理，任何部门、单位和个人不得截留、占用、挪用或者拖欠。预算收入征收部门和单位必须依照法律法规规定，及时、足额征收应征的预算收入，严禁有税不收或者收过头税，严禁虚收空转；政府不得向预算收入征收部门和单位下达收入指标；严禁超预算或者无预算安排支出，严禁虚列支出、转移或者套取预算资金；严格控制各部门、各单位的机关运行经费和楼堂馆所等基本建设支出。

预算执行中的特定事项，按照国务院规定实行权责发生制的有关情况，应当向区人大常委会报告。

16. 预算年度开始后，区级预算草案在区人民代表大会批准前，可以安排下列支出：上一年度结转的支出，参照上一年同期的预算支出数额安排必须支付的本年度部门基本支出、项目支出，以及对下级政府的转移性支出；法律规定必须履行支付义务的支出，以及用于自然灾害等突发事件处理的支出。上述安排支出的情况，应当在预算草案的报告中作出说明。

17. 区政府与镇政府之间应当建立财力保障与事权和支出责任相匹配的财政体制。区对镇的财政体制，由区政府按照上级政府规定制定，报区人大常委会备案。

18. 依法实行国库集中收缴和集中支付制度，对政府全部收入和支出实行国库集中收付管理。区级国库应当按照财政体制规定，及时准确办理预算收入的收纳、划分、留解、退付和预算支出的拨付。区级国库库款的支配权属于区政府财政部门。区政府应当加强对区级国库的管理和监督，合理调节国库资金余额，建立财政暂付款、暂存款定期清理机制，严格控制财政暂付款、暂存款规模。区级国库应当定期对国库资金的运行情况进行分析，分析报告抄送区人大常委会预算工作机构。

19. 区级财政专户按照法律、行政法规和国务院规定设立，财政专户资金支配权属于区政府财政部门，未经区政府财政部门同意，其他任何部门、单位和个人无权冻结、动用财政专户资金。区级财政专户资金，应当纳入全口径预算管理，接受区人大常委会监督。

20. 预算执行中，区政府一般不制定新的增加财政收入或者支出的政策和措施，也不制定减少财政收入的政策和措施；必须作出并需要进行预算调整的，应当在预算调整方案中作出安排。

出现下列情况之一的，应当进行预算调整：需要增加或者减少预算总支出的；需要调入预算稳定调节基金的；需要调减预算安排的农业、教育、科技、文化、卫生、社会保障等重点支出数额的；需要增加举借债务数额的。

区政府必须进行的预算调整，应当编制预算调整方案。预算调整方案应当说明预算调整的理由、项目和数额，并按照法定程序和时限报区人大常委会审查批准。

区政府财政部门应当在区人大常委会举行会议审查和批准三十日前，将预算调整方案报区人大常委会预算工作机构进行初步审查。

21. 财政转移支付应当规范、公正、公开，以一般性转移支付为主，以推进地区间基本公共服务均等化为主要目标。建立一般性转移支付正常增长机制，增加一般性转移支付的规模和比例。清理、整合、规范专项转移支付项目，逐步取消竞争性领域专项资金和地方资金配套。新设立专项转移支付项目，应当符合法律、法规和行政规章的规定。

区政府应当将对下级政府的转移支付预计数提前告知下级政府，下级政府应当将区政府提前下达的转移支付预计数编入本级预算。接受增加专项转移支付时，区政府应当向区人大常委会报告有关情况。

22. 区级一般公共预算可以设立预算周转金、预算稳定调节基金。预算周转金、预算稳定调节基金，由区政府财政部门管理，分别用于区政府调剂预算年度内季节性收支差额和弥补以后年度预算资金的不足。

23. 预算执行中出现超收，超收的部分用于补充预算稳定调节基金；出现短收，通过调入预算稳定调节基金或者其他预算资金、削减支出实现平衡。如采取上述措施后仍不能实现平衡，区政府通过申请上级政府临时救助实现平衡，并在下一年度预算中归还。

政府性基金预算和国有资本经营预算如出现超收，结转下年安排；如出现短收，通过削减支出实现平衡。

24. 加强结转结余支出管理。上一年度预算的结转资金，应当在下一年度用于结转项目支出；连续两年未用完的结转资金，应当作为结余资金管理；要加快支出进度，建立财政结余结转资金定期清理机制，有效控制新增结余结转资金。一般公共预算的结余资金，应当补充预算稳定调节基金。

四、加强预算执行监督，提高预算支出绩效

25. 区政府应当在每年六月至九月期间向区人大常委会报告预算执行情况。区人大常委会对区级预算执行实施监督，必要时就预算执行中的重大事项或者特定问题组织调查，有关的政府、部门、单位和个人应当如实反映情况和提供必要材料。

区人大常委会举行会议期间，常委会组成人员依照法律规定程序就预算、决算中的有关问题提出询问或者质询，受询问或者受质询的有关政府或者财政部门必须及时给予答复。

26. 区人大常委会预算工作机构承担预算执行日常监督的具体工作。日常监督应当定期就本区和区级预算收支情况进行调研，监督预算执行。应当强化预算约束，加强对重点支出预算和重大投资项目预算以及部门预算执行情况的监督，督促其严格按照批准的预算执行。

区人大常委会预算工作机构开展预算执行监督，形成的调研报告，应当印发区人大常委会会议，并抄送区政府有关部门。

逐步建立区人大常委会预算工作机构与政府财税部门、国库联网的信息平台，加强预算信息交流，实现财税信息共享。

27. 区政府、各部门、各单位应当对预算支出情况开展绩效评价，建立“花钱必问效、无效必问责”机制。切实强化支出责任和效率意识，逐步将绩效管理范围覆盖各预算单位和所有财政资金，将绩效评价重点由项目支出拓展到部门整体支出以及对政策、制度、管理等方面的评价、评估，加强绩效评价结果应用，将评价结果作为调整支出结构、完善财政政策和科学安排预算的重要依据，实现预算绩效管理与预算编制、执行、监督有机结合，实行预算绩效奖惩制度。

28. 规范政府债务管理，防范地方财政风险。区政府向上级政府转借的一般债务、专项债务，应当分类纳入一般公共预算和政府性基金预算管理，并列入区级预算调整方案，报区人大常委会批准。举借、转借的债务应当有偿还计划和稳定的偿还资金来源，只能用于公益性资本支出和适度归还存量债务，不得用于经常性支出。

区政府应当严格控制政府债务规模，规范举债行为，除按照上级政府下达的限额举借、转借的债务外，不得以任何方式举借债务。除法律另有规定外，区政府及其所属部门不得为任何单位和个人的债务以任何方式提供担保。区政府应当建立债务风险评估和预警机制、应急处置机制以及责任追究制度。

区政府财政部门对本级以及下级政府债务实施监督，审计部门应当定期对本级以及下级政府债务进行审计。区政府债务管理情况以及区政府审计部门对政府债务的审计情况，应当向区人大常委会报告。

29. 区政府应当结合预算安排，加强对行政事业资产、政府文化资产的管理和配置，提高政府资产的使用效益。区政府财政部门应当适时按照年度编制以权责发生制为基础的政府综合财务报告，全面反映政府整体财务状况、运行情况和财政中长期可持续性。逐步建立政府综合财务报告公开机制，并向区人大常委会报告。

30. 区政府审计部门应当依法对区级预算执行和其他财政收支进行年度审计，适时对重大项目进行专项审计、对重大政策落实情况进行审计调查，审计结果和调查情况向区人大常委会报告；区人大常委会应当对审计报告提出审议意见，必要时，可以进行询问、质询和对重大问题展开调查，并作出相应决议。

被审计部门和单位，应当严格执行审计决定，区人大常委会预算工作机构应当及时督促审计查出问题的整改。

区政府应当按照区人大常委会的决议或者审议意见加强和改进审计工作，并将审计工作报告中指出问题的纠正情况和处理结果或者执行决议的情况向区人大常委会报告，及时向社会公开。

五、加强决算审查监督，推动预算决算公开

31. 区政府财政部门编制区级决算草案，应当符合法律、行政法规的规定，做到收支真实、数额准确、内容完整、报送及时。经区政府审计部门审计后，报区政府审定，由区政府提请区人大常委会审查和批准。

区政府财政部门编制决算草案应当与预算相对应，按照预算数、调整预算数、决算数分别列出，一般公共预算支出应当按其功能分类编列到项，按其经济性质分类编列到款。

区政府财政部门在区人大常委会举行会议审查批准决算草案的三十日前，应当将全口径决算草案提交区人大常委会预算工作机构征求意见，预算工作机构对决算的意见应当向区人大常委会报告。

32. 区政府在提请区人大常委会审议的决算草案、预算执行情况、审计报告中，应当报告重点支出、重大投资项目资金使用绩效情况。

区人大常委会预算工作机构，应当对区级预算重大资金的使用绩效进行跟踪调研，必要时，区人大常委会可以对政府投资的重大项目建设、重大民生政策落实情况进行专项监督。

33. 区人大常委会应当结合区政府提出的上一年度预算执行和其他财政收支的审计工作报告，对区级决算草案进行审查。

审查决算的重点为：预算收入情况；支出政策实施情况和重点支出、重大投资项目资金的使用以及绩效情况；结转资金的使用情况；资金结余情况；区级预算调整以及执行情况；财政转移支付安排执行情况；经批准举借债务的规模、结构、使用、偿还等情况；区级预算周转金规模和使用情况；区级预备费使用情况；超收收入安排情况，预算稳定调节基金的规模和使用情况；区人民代表大会批准的预算决议落实情况；其他与决算有关的重要情况。区人大常委会预算工作机构根据区人大常委会的工作安排，可以对各部门决算进行抽查。

区政府财政部门应当按照区人大常委会关于决算的决议，加强和改进下一年度的预算编制、预算执行和决算工作。

34. 区级决算经区人大常委会批准后，区政府财政部门应当在二十日内向各部门批复决算。各部门应当在接到区政府财政部门批复的本部门决算后十五日内向所属单位批复决算。区政府应当将经批准的决算以及下级政府上报备案的决算汇总，报市政府备案。同时，区政府应当将下级政府报送备案的决算汇总后，报区人大常委会备案。

35. 经区人民代表大会或者区人大常委会批准的预算、预算调整、决算、预算执行情况的报告以及报表，应当在批准后二十日内由区政府财政部门向社会公开，并对区政府财政转移支付安排、执行的情况以及举借债务的情况等重要事项作出说明。

经区政府财政部门批复的部门预算、决算以及报表，应当在批复后二十日内由各部门向社会公开，并对部门预算、决算中机关运行经费的安排、使用情况等重要事项作出说明。区政府、各部门、各单位应当将政府采购的情况及时向社会公开。以上公开事项，涉及国家秘密的除外。

36. 镇政府编制本级预算草案、预算调整方案和决算草案，确实需要由上级政府代编的，应当报省政府批准。镇级预算草案、预算调整方案和决算草案，应当报镇人民代表大会审查和批准。

本决定自通过之日起执行。

东营市河口区人民代表大会常务委员会拟任命人员任前法律知识考试办法

（2015年10月30日区十七届人大常委会第三十一次会议通过）

第一条 为进一步规范拟任命人员任前法律知识考试组织工作，根据地方组织法和《区人大常委会人事任免办法》的规定，制定本办法。

第二条 向区人大常委会提请任命的国家机关工作人员，必须具备履行职责相关法律知识。

区人大常委会通过组织任前法律知识考试，衡量被提请任命人员是否具备履行职责所需的相关法律知识。

第三条 任前法律知识考试的对象

（一）区人大常委会各工作机构、办事机构负责人，各街道人大工作委员会主任、副主任；

（二）区人民政府副区长、区人民政府组成部门的局长、主任；

（三）区人民法院副院长、庭长、副庭长、审判委员会委员、审判员、人民陪审员；

（四）区人民检察院副检察长、检察委员会委员、检察员；

（五）其他需要由区人大常委会决定任命的人员。

第四条 任前法律知识考试的内容

（一）公共法律部分：《中华人民共和国宪法》、《中华人民共和国地方各级人民代表大会和地方各级人民政府组织法》《中华人民共和国各级人民代表大会常务委员会监督法》《中华人民共和国公务员法》等。

（二）专业法律部分：根据拟任命干部的职位、工作性质，确定相应的法律知识考试内容。

（三）建立法律知识考试题库，题型主要包括选择、判断、简答、论述等。考试试题从相关题库中随机抽取，其中公共法律知识占百分之六十，专业法律知识占百分之四十。

第五条 任前法律知识考试的组织形式

（一）法律知识考试由区人大常委会主任会议组织，具体考务工作由区人大常委会内务司法工作委员会和办公室负责。

（二）提请任命机关应当在区人大常委会会议召开10日前将被提请任命人员名单书面提报区人大常委会。

（三）法律知识考试设立统一考场；具体时间、地点，由区人大常委会办公室通知被提请任命人员。

（四）考试前，区人大常委会内务司法工作委员会按照办法第四条规定的内容，向参考人员公布考试范围。考试采取闭卷方式进行，答题时间为120分钟。

（五）评卷人员按照统一的评分标准评定考试成绩。考试人员的试卷由区人大常委会内务司法工作委员会存档。

第六条 任前法律知识考试的纪律要求

（一）负责组织法律知识考试的工作人员必须认真履行职责，按照公平、公正原则，周密细致地组织好各个环节的工作。

（二）严格遵守保密纪律，不得以任何形式对外泄露考试试题。

（三）参加考试的人员应自觉维护考场秩序，服从考试工作人员的管理。

（四）如有特殊情况经批准不能按时参加考试的，任命前以其他方式另行安排考试。

第七条 任前法律知识考试成绩

（一）考试成绩按百分制计分。满60分的为合格，不满60分的为不合格。只有法律知识考试合格的，才能提请区人大常委会任命；不合格的可以补考一次，经补考仍不合格的，不能提请任命。

（二）法律知识考试成绩经主任会议审查确认后，在区人大常委会正式任命前公布。

（三）参加考试的人员对考试成绩有异议的，可以要求复查。

第八条 本办法由区人大常委会主任会议负责解释，自区人大常委会会议审议通过之日起施行。

东营市河口区人民代表大会常务委员会组织区人大代表旁听区人民法院庭审办法

（2015年10月30日区十七届人大常委会第三十一次会议通过）

第一条 为进一步加强司法监督，维护审判公正，促进法律普及，保障公民、法人和其他组织的合法权益，根据宪法和有关法律规定，制定本办法。

第二条 区人大代表（以下简称人大代表）旁听庭审在区人大常委会的组织下进行，由区人大常委会内务司法工作委员会、人事代表工作室和区人民法院负责实施，每2个月组织一次，每次安排6-10名人大代表。

第三条 人大代表旁听庭审的案件应为区人民法院公开审理的民商事案件、刑事案件、行政案件等，涉及国家秘密、商业秘密、个人隐私等不公开审理的案件除外。

第四条 区人民法院应从近期拟开庭的案件中，精心选出2-3件符合本办法第三条规定的案件，整理好案件的简要情况，于案件开庭10日前报区人大常委会内务司法工作委员会。旁听的案件由区人大常委会根据区人民法院的提报确定。

第五条 旁听庭审的案件确定后，区人大常委会内务司法工作委员会应在案件开庭前3个工作日通知区人民法院。

第六条 组织人大代表旁听庭审，原则上以镇、街道代表团为单位召集。必要时，内务司法工作委员会可根据案件性质，会同人事代表工作室，有针对性地选择人大代表参加旁听。

第七条 人大代表旁听庭审，区人民法院应当在审判庭设立人大代表旁听席。

第八条 人大代表旁听区人民法院庭审，应当坚持不影响区人民法院独立行使审判权的原则，执行回避制度，遵守庭审纪律，维护庭审秩序，不得当庭对审判结果进行评判。旁听过程中，应重点关注以下内容：

（一）庭审的程序是否合法，审判是否公正；

（二）当事人的诉讼权利是否得到保障；

（三）案件事实是否查明，证据是否当庭质证；

（四）审判人员驾驭庭审的能力如何；

（五）庭审过程中是否存在违法或者不当行为；

（六）其他。

第九条 区人大常委会制发人大代表旁听庭审征求意见表，庭审结束后，组织人大代表填写。区人大常委会内务司法工作委员会负责收集整理人大代表对区人民法院审理案件的意见和建议，对需要转交区人民法院的意见和建议，经主任会议研究同意后，转交区人民法院办理。

第十条 对区人大常委会转交办理的意见和建议，区人民法院应认真分析研究，整改落实，并在1个月内将办理结果向区人大常委会作书面报告，由区人大常委会内务司法工作委员会向提出意见和建议的人大代表反馈。

第十一条 经人大代表旁听的案件，其判决或处理结果，区人民法院应当书面报告区人大常委会，由区人大常委会内务司法工作委员会告知人大代表。

第十二条 人大代表参加旁听庭审的情况，由区人大常委会人事代表工作室做好记录，纳入人大代表年度履职考核内容。

第十三条 本办法由区人大常委会会议审议通过，自2016年1月1日起施行。

东营市河口区人大常委会党组工作规则

（2016年8月18日河口区人大常委会党组会议通过）

第一章 总 则

第一条 为加强区人大常委会党组（简称“常委会党组”）自身建设，提高常委会党组工作的科学化水平，保证党的路线方针政策和区委决策部署的落实，根据《中国共产党章程》《中国共产党党组工作条例（试行）》和党内有关规定，结合区人大常委会实际，制定本规则。

第二条 常委会党组在区委领导下开展工作，是区人大常委会的领导核心。

第三条 常委会党组工作应当遵循以下原则：

（一）坚持党的领导，保证党的理论和路线方针政策贯彻落实；

（二）坚持全面从严治党，依据党章和其他党内法规开展工作，落实管党治党责任；

（三）坚持民主集中制，确保常委会党组的活力和党的团结统一；

（四）坚持常委会党组发挥领导核心作用与常委会依法履行职责相统一，把党的主张通过法定程序转化为人大及其常委会的决议决定。

第二章　职责任务

第四条　常委会党组应当认真履行政治领导责任，做好理论武装和思想政治工作，负责学习、宣传、贯彻执行党的理论和路线方针政策，贯彻落实区委的决策部署，发挥好把方向、管大局、保落实的重要作用。

第五条　常委会党组及其成员应当加强思想政治建设，坚定理想信念，严守政治纪律和政治规矩，不断增强政治意识、大局意识、核心意识、看齐意识。严肃党内政治生活，按照规定召开民主生活会，开展严肃认真的批评和自我批评。严格落实中央和省市区委关于改进工作作风、密切联系群众的各项规定，坚决反对形式主义、官僚主义、享乐主义和奢靡之风。切实增强践行“三严三实”“两学一做”要求的思想自觉和行动自觉。严格遵守党员领导干部廉洁从政、廉洁用权、廉洁修身、廉洁齐家的有关规定，自觉接受党组织和党员群众的监督。严格遵守党的组织纪律、群众纪律、工作纪律、生活纪律和保密纪律，做维护党的纪律的表率。

第六条　常委会党组讨论和决定下列重大问题：

（一）需要向区委请示报告的重要事项；

（二）人大及其常委会机构设置、工作职责、人员编制等事项；

（三）区人民代表大会会议筹备工作方案，区镇人大换届选举工作方案；

（四）区人大常委会年度工作要点，提交会议的区人大常委会工作报告；

（五）区人大常委会监督、决定、任免工作中的重要事项；

（六）重要决策、重要活动安排、大额资金使用等事项；

（七）以区委名义召开的全区人大工作会议的建议方案；

（八）机关领导班子建设、干部队伍建设和人才队伍建设；

（九）机关党支部和党员队伍建设方面的重要事项；

（十）意识形态工作、思想政治工作和精神文明建设方面的重要事项；

（十一）党风廉政建设和反腐败工作方面的重要事项；

（十二）其他应当由常委会党组讨论决定的重要事项。

第七条　常委会党组应当贯彻党管干部原则，按照信念坚定、为民服务、勤政务实、敢于担当、清正廉洁的好干部标准，加强干部队伍建设，完善干部培养选拔机制，加强干部教育培训，从严管理监督干部。

第八条　常委会党组应当按照全面从严治党要求，认真履行党要管党、从严治党主体责任，落实党建工作责任制。按照“讲政治、有信念，讲规矩、有纪律，讲道德、有品行，讲奉献、有作为”的要求，加强党员队伍建设。常委会党组成员应发挥表率作用，带动党员干部加强政治理论学习，坚持理论联系实际，运用马克思主义的立场、观点和方法，研究新情况、解决新问题，形成“认真学习、民主讨论、积极探索、求真务实”的风气。常委会党组书记应当履行抓党建第一责任人的职责，其他党组成员根据分工抓好职责范围内党的建设工作。

常委会党组应当加强对机关党支部工作的指导，支持驻人大机关纪检组履行监督责任。

第三章　组织原则

第九条　常委会党组书记主持常委会党组全面工作，负责召集和主持党组会议，组织党组活动。常委会党组成员根据常委会党组决定，分工负责有关工作，行使相关职权。

常委会党组书记和党组成员具有同等的发言权和表决权。

第十条　常委会党组必须自觉服从区委领导，坚决执行区委的指示和决定，坚决维护区委权威。

第十一条　建立健全常委会党组向区委请示报告工作制度，每年至少作 1 次全面报告，遇有重大问题应当及时请示报告。落实区委重要决策部署的情况，应当进行专题报告。

第十二条　常委会党组对有关重要问题作出决定时，应当根据需要充分征求党员群众的意见。重要情况应当及时进行通报。

第十三条　常委会党组实行集体领导和个人分

工负责相结合的制度。凡属常委会党组职责范围内的事项，必须经常委会党组集体讨论作出决定。如遇紧急情况，必须由个人作出决定时，事后应迅速向常委会党组报告。

常委会党组书记应当带头执行民主集中制，不得凌驾于组织之上，不得独断专行。党组成员应当认真执行党组集体决定，勇于担当、敢于负责，切实履行职责。

第十四条 以常委会党组名义发布或者上报的文件、发表的文章，以及党组成员代表常委会党组的讲话和报告，应当事先经常委会党组集体讨论或者传批审定。常委会党组成员署名发表的与工作有关的文章，应当事先经常委会党组审定或者经常委会党组书记批准。

常委会党组成员在调查研究、检查指导工作或者参加其他活动时发表的个人意见，应当符合常委会党组决定精神。

第四章 议事决策

第十五条 常委会党组议事决策应当坚持集体领导、民主集中、个别酝酿、会议决定，重大决策应当充分协商，实行科学决策、民主决策、依法决策。

第十六条 常委会党组作出重大决策，一般应当在调查研究基础上提出方案，充分听取各方面意见，进行风险评估和合法合规性审查，经过集体讨论决定。

第十七条 常委会党组讨论决定问题，必须执行少数服从多数的原则。对于少数人的不同意见，应当认真考虑。

第十八条 常委会党组议事决策一般采用党组会议形式。常委会党组会议一般每月召开一次，遇有重要情况可以随时召开。

常委会党组会议由党组书记召集并主持。党组书记不能出席会议时，由党组书记委托党组副书记召集并主持。根据工作需要，必要时可召开常委会党组扩大会议。

常委会党组会议由常委会党组书记、副书记和党组成员组成。根据会议内容和需要，会议召集人可安排其他列席人员。

第十九条 常委会党组会议议题由常委会党组书记提出，或者由其他党组成员提出建议、党组书记综合考虑后确定。会议举行时一般不临时增加议题。

会议需要听取汇报的，议题汇报人员应认真准备会议材料，经党组书记审定后，提前一天送与会人员。

第二十条 常委会党组会议应当有半数以上党组成员到会方可召开。讨论决定涉及全局性的重大问题和干部任免事项，必须有三分之二以上党组成员到会。党组成员因故不能参加会议的应当在会前向党组书记请假，对会议议题的重要意见可以用书面形式表达，会后由会议召集人指定专人及时向其通报会议情况。常委会党组会议议题涉及本人或者其亲属以及存在其他需要回避情形的，有关党组成员应当回避。

第二十一条 常委会党组会议议题提交表决前，应当进行充分讨论。会议表决时，实行一人一票制。会议决定多个事项的，必须逐项表决。推荐、提名干部和决定干部任免、奖惩，必须逐个表决。表决可以采取口头、举手、无记名投票或者记名投票等方式进行，赞成票超过应到会党组成员半数为通过。未到会党组成员的书面意见不得计入票数。表决实行主持人末位表态制。

第二十二条 紧急情况下，来不及召开党组会议，或因人数不足无法召开党组会议，又必须尽快作出决定的，由常委会党组书记临机处置，事后及时向党组通报。

第二十三条 常委会党组文件由党组书记签发，在特殊或者紧急情况下，也可以由党组书记委托党组副书记签发。

第二十四条 常委会党组会议应安排专人做好记录，对决定的事项应整理会议纪要，经主持人审签后印发党组成员，并通知有关部门或者有关人员办理。

常委会党组会议材料、纪要以及原始记录，要按规定确定密级、归档和保管。

第二十五条 常委会党组会议作出的决议，由党组成员按分工落实或组织有关部门实施。负责组织实施的党组成员，应当及时向党组报告决议实施情况。

常委会党组决策一经作出，应当坚决执行。党组成员对党组决策有不同意见的，可以保留或者向上级党组织反映，但在常委会党组决策改变前应当坚决执行。

第二十六条 常委会党组会议作出的决策，确需进行重大调整或者变更的，应当由常委会党组集体讨论决定。

第二十七条 人大常委会办公室具体承办常委

会党组会议的通知、记录、会议纪要以及有关文件的起草、分送、归档；负责常委会党组决议的督办工作。

第五章　民主生活会

第二十八条　常委会党组成员既要参加机关党支部的组织生活会，又要参加常委会党组民主生活会。

第二十九条　常委会党组民主生活会由党组书记召集和主持，党组成员参加。其他列席人员由党组书记根据需要确定。

第三十条　因故缺席常委会党组民主生活会的人员要事先请假并应提交书面发言，列入会议记录。会后，由主持人或由主持人委托参加会议的其他同志将会议情况和批评意见转告缺席人。

第三十一条　常委会党组民主生活会按照有关规定每年召开一次。根据上级机关的要求和实际需要，也可随时召开专题民主生活会。

第三十二条　常委会党组民主生活会召开前，应认真做好以下准备工作：

（一）根据区委要求，结合中心工作和党组需要解决的重大问题，确定民主生活会的主题和内容；

（二）征求有关部门单位和人大代表、党员群众的意见建议，会前以书面形式原汁原味反馈给每一位党组成员；

（三）认真学习与民主生活会主题相关的理论文章和材料，为开好民主生活会奠定思想基础；结合个人思想和工作实际，针对反馈的意见建议，认真思考，剖析根源，撰写发言提纲；

（四）党组书记与党组成员之间、党组成员相互之间开展谈心，沟通情况，交换意见，交流思想。

第三十三条　对常委会党组民主生活会提出来的问题，应制定有针对性的整改措施，切实加以解决。党组民主生活会的基本情况和整改措施应按规定在一定范围内以适当形式进行通报，接受干部群众监督。

第六章　思想作风和党风廉政建设

第三十四条　常委会党组及其成员必须坚持解放思想、实事求是、与时俱进、开拓创新，认真落实中央和省市区委关于加强和改进作风建设的各项规定要求，不断改进工作作风，改进领导方式和工作方法，提高领导水平。

第三十五条　常委会党组及其成员要自觉践行党的根本宗旨，密切联系群众，关心群众疾苦，切实帮助群众解决实际问题。

第三十六条　常委会党组及其成员要集中精力议大事、抓大事，精简会议、文件，减少事务性活动，提高工作效率和质量。

第三十七条　常委会党组成员要坚持深入基层调查研究，不断研究新情况，总结新经验，解决新问题，创造性地开展工作。

调查研究要统筹安排，增强针对性、实效性；要轻车简从，不搞迎送，不接受超标准接待，不收受礼品。

第三十八条　常委会党组成员必须保持谦虚谨慎、不骄不躁和艰苦奋斗的作风，讲党性、重品行、作表率，公道正派，忠于职守，勤俭节约，自觉接受党员群众的监督。

第三十九条　常委会党组及其成员要认真贯彻执行中央和上级党组织关于党风廉政建设和反腐败工作的部署要求，认真贯彻落实领导干部廉洁自律各项规定，健全制度，强化监督，不断提高党员干部拒腐防变的意识和能力。

第四十条　本规则自通过之日起施行。

中共河口区委办公室
转发《中共河口区人大常委会党组
关于改进审计工作情况及审计查出问题
整改情况向区人大常委会报告机制
有关意见的请示》的通知

各镇党委、街道党工委，区委各部门，区直各部门、单位党组（党委）：

《中共河口区人大常委会党组关于改进审计工作情况及审计查出问题整改情况向区人大常委会报告机制有关意见的请示》已经区委领导同志同意，现转发给你们，请认真贯彻执行。

中共河口区委办公室

2016 年 11 月 1 日

中共河口区人大常委会党组关于改进审计工作情况及审计查出问题整改情况向区人大常委会报告机制的意见的请示

区委：

加强审计和审计查出问题整改工作，是维护国家财经秩序的重要举措。改进审计工作情况及审计查出问题整改情况向区人大常委会报告机制，对于推进审计工作及审计查出问题整改工作制度化、长效化，增强人大监督的针对性和实效性具有重要作用。根据中央、省、市有关文件精神，结合我区实际，现就改进审计工作情况及审计查出问题整改情况向区人大常委会报告的机制提出以下意见。

一、改进报告方式，完善报告内容

1. 按照区人大常委会监督工作计划要求，区政府应当在每年6—8月份向区人大常委会提出本级预算执行和其他财政收支的审计工作报告（以下简称审计工作报告）。审计工作报告由区政府委托区审计机关主要负责人向区人大常委会报告。

2. 审计工作报告应当坚持全面客观、实事求是的原则，深刻揭示和反映预算执行、其他财政收支中的矛盾以及财税、财务管理机制、体制方面存在的问题，并注重分析深层次的原因，有针对性地提出审计建议。区审计机关应当将审计工作报告反映的问题列出清单作为报告附件，一并报区人大常委会会议审议。

3. 区审计机关应当根据审计工作报告和区政府要求，结合区人大常委会关于区级决算、审计工作报告的决议和审议意见，并与区人大财经委、常委会预算工委沟通协商后，确定审计查出的突出问题和重点整改的部门单位。

4. 在区人大常委会听取和审议审计工作报告后的6个月内，区政府向区人大常委会提出审计查出问题整改情况的报告（以下简称审计整改报告）。审计整改报告由区政府委托区审计机关主要负责人向区人大常委会报告。

5. 审计整改报告应当与审计工作报告揭示的问题和提出的建议相对应，包括下列内容：区人大常委会有关决议和审议意见的落实情况；有关审计查出的突出问题的整改情况；已形成结论的相关责任人的处理情况；结合整改工作建立长效机制的情况；未完成整改的问题及其原因、继续整改的主要措施和整改时限；区人大常委会要求报告的其他内容。同时，附报审计查出问题整改情况汇总清单。重点整改部门单位的整改结果，应当作为审计整改报告的附件，提交区人大常委会会议审议。

6. 根据监督工作需要，区人大常委会要求区审计机关开展的专项审计情况，由区审计机关主要负责人向区人大常委会报告。

二、规范审议程序，明确监督重点

7. 区人大常委会在听取和审查区级决算草案及其报告的同时，听取和审议审计工作报告，并结合审查区级决算草案及其报告的情况对审计工作报告提出审议意见或作出相关决议。

8. 区人大常委会在审议审计整改报告时，应当把督促审计查出问题整改工作同监督政府、部门预算执行结合起来，对审计查出问题比较突出的单位整改情况的报告进行重点审议。

9. 区人大常委会在审议审计工作报告和审计整改报告时，区审计机关的负责人应当列席会议；有关被审计单位负责人应当到会听取意见，回答询问。

10. 区审计机关应当在区人大常委会听取审计工作报告、审计整改报告前的20日内将报告稿送区人大常委会预算工委征求意见，在15日内将报告送区人大财经委进行初步审查，10日内将修改后的报告报区人大常委会。区人大财经委、常委会预算工委在对报告进行初步审查或提出意见时，可以根据工作需要调阅有关原始审计资料、审计报告，核实有关情况；审计机关、有关被审计单位应当予以配合。区人大财经委应当向区人大常委会提交初步审查意见。

三、加强督促办理，实施跟踪检查

11. 区人大常委会应当加强对审计查出问题整改情况的监督，根据需要可以开展专题询问，必要时可以进行质询和对特定问题进行调查。

12. 区政府应当对审计整改工作专题研究部署，建立审计整改联动机制，将整改工作纳入政府督查督办事项范围，强化行政问责，督促审计查出问题的整改工作。

13. 被审计单位作为整改主体，其主要负责人是整改第一责任人，应当按照区人大常委会、区政府的要求，明确责任，制定措施，全面整改审计查出的问题，在规定期限内将整改结果向区政府或者主管部门报告，并书面报送区审计机关。

14. 被审计单位的主管部门对审计建议落实负有督导责任，对审计查出的问题，应当及时督促整改；对普遍性、倾向性的问题，应当及时研究，完善制度规定。

15. 区审计机关应当健全整改检查跟踪机制，建立整改工作台账，定期进行督促调度，并及时向区人大财经委和常委会预算工委通报有关情况。

16. 区人大财经委、常委会预算工委应当对审计查出的突出问题的整改情况进行督促检查，区审计机关和财政、税务以及其他有关部门应当积极配合。

四、推动结果运用，增强监督实效

17. 区人大常委会应当把审计结果，作为审查批准区级决算草案、预算调整方案的重要依据；把审计查出问题整改作为监督区政府及其组成部门、区法院、区检察院履职情况的重要内容，作为监督区本级预算和部门预算执行、提高预算绩效、维护财经秩序的工作重点。

18. 有关部门应当坚持审计问责，对那些问题易发多发的部位和屡查屡犯的单位，严明财经纪律，依法依纪追究责任；应当充分利用审计成果，加大审计信息公开力度，发挥警示震慑作用，推动建章立制，真正做到解决一个问题、堵塞一个漏洞、建立一套有效制度。

19. 区审计机关对审计中发现的涉嫌违纪、违法的案件线索，应当及时移送有关主管部门、纪检监察、司法机关查处。有关主管机关、单位应当依法及时作出处理，并将处理结果书面告知审计机关。移送及查处的情况，应当在审计整改报告中充分反映和说明。

20. 区财政、税务部门应当将审计结果作为加强税费征管、提高收入质量、调整支出结构、完善财税政策和科学安排预算的重要依据，作为加强财政、税务管理和部门财务管理的重要抓手，充分利用审计倒逼机制，推动现代预算制度建设。

21. 区人大常委会听取和审议的审计工作报告、审计整改报告以及有关决议或者审议意见，除涉及国家秘密和被审计单位工作秘密的内容外，区人大常委会、区政府及有关部门应当及时向社会公布。同时，积极做好新闻宣传工作，努力营造加强人大监督、推进审计查出问题整改、规范预算管理、严格依法理财的良好舆论氛围。

以上建议如无不妥，请批转有关部门贯彻执行。

中共河口区人大常委会党组
2016 年 10 月 19 日

第五章 历届区人大常委会会议

自1995年至2016年的22年间，河口区第十三、十四、十五、十六、十七届人民代表大会常务委员会共召开会议170次，其中，第十三届人民代表大会常务委员会召开会议20次，第十四届人民代表大会常务委员会召开会议37次，第十五届人民代表大会常务委员会召开会议37次，第十六届人民代表大会常务委员会召开会议31次，第十七届人民代表大会常务委员会召开会议45次。

第一节 区十三届人大常委会会议

河口区第十三届人大常委会自1995年至1997年3年间，共举行常委会会议20次。其中，1995年召开常委会会议7次；1996年召开常委会会议6次；1997年召开常委会会议7次。

1995年

1995年，河口区第十三届人大常委会共召开常委会会议7次。

3月15日，区十三届人大常委会第十六次会议在区人大常委会会议室召开。区人大常委会主任周庆成，副主任高顺德、韩廷村、岳树德、张凤田及委员共11人出席会议。副区长孙学孟，各乡（镇）、办事处人大工作办公室及人大机关各科室的负责同志列席会议。会议听取审议了区人民政府关于春季农业生产准备情况，关于《东营市河口区土地利用总体规划（送审稿）》及《东营市河口区基本农田保护区规划（送审稿）》的报告；作出了东营市河口区人大常委会关于批准实施《东营市河口区土地利用总体规划及基本农田保护区规划》的决定；审议通过了河口区人大常委会1995年工作要点。最后进行了人事任免事项，任命胡广德为河口区人大常委会教科文卫科科长，朱子贤为河口区人大常委会办公室副主任，鲍学功为河口区人大常委会办公室副主任；任命赵永光为河口区司法局局长；任命李国华、徐国平、王小川为河口区人民法院副院长；任命王荣昌、刘光明、王春国为河口区人民检察院副检察长、检察委员会委员，车开明为河口区人民检察院检察长、检察委员会委员。

5月16日，区十三届人大常委会第十七次会议在区人大常委会会议室召开。区人大常委会主任周庆成，副主任高顺德、韩廷村、岳树德、张凤田及委员11人出席了会议。副区长马汝忠，区法院、检察院、计生委、公安分局及各乡（镇）、办事处人大工作办公室和区人大机关各科室的负责同人列席了会议。会议听取审议了区政府关于区直工业生产情况的报告、关于计划生育工作情况的报告、关于社会治安情况的报告；作出了东营市河口区人大常委会关于在国家机关中实行执法责任制的决定、东营市河口区人大常委会关于编写《东营市河口区人民代表大会志》的决定、东营市河口区人大常委会关于四扣乡十三届人大三次会议重新召开的决定。最后进行了人事任免事项，任命宋国斌为河口区工业委员会主任，于绍兰为河口区土地管理局局长；任命李国华为河口区人民法院代理院长，审判委员会委员；王荣昌为河口区人民检察院代理检察长、检察委员会委员，同时，任命了部分审判人员和检察人员。

7月14日，区十三届人大常委会第十八次会议在区人大常委会会议室召开。区人大常委会主任周庆成，副主任韩廷村、岳树德、张凤田及委员共10人出席了会议。副区长马汝忠、区人民法院代院长李国华、区人民检察院代检察长王荣昌，区计统委、区财政局的负责人，各乡（镇）办事处人大工作办公室及人大机关各科室负责人列席了会议。会议听取审议了区政府关于上半年国民经济和社会发展计划执行情况的报告、关于财政收支预算执行情况的报告，区人民法院、区人民检察院关于上半年工作情况的报告；审议通过了区人大常委会上半年工作总结。

9月14日，区十三届人大常委会第十九次会议在区人大常委会会议室召开。区人大常委会主任周庆成，副主任高顺德、李隆玉、岳树德、张凤田及委员共11人出席了会议，区教委、区环保局、区工商行政管理分局的负责人，各乡（镇）、办事处人大工作办公室及人大机关各科室负责人列席会议。会议听取审议了区政府关于《中华人民共和国环境保护法》贯彻实施情况的报告、关于全区教育工作情况的报告、关于全区工商行政管理情况的报告；进行了人事任免事项。

11月16日，区十三届人大常委会第二十次会议在区人大常委会会议室举行。区人大常委会主任周庆成，副主任高顺德、李隆玉、韩廷村、岳树德及委员共10人出席了会议。副区长程景坤，区人民法院、区人民检察院、区财政局、区审计局、区劳动局、区科委的负责同志，各乡（镇）、办事处人大工作办公室及人大机关各科室负责人列席会议。会议听取审议了区政府关于《中华人民共和国预算法》《中华人民共和国审计法》《中华人民共和国劳动法》贯彻实施情况的报告、关于全区科技工作情况的报告；作出了东营市河口区人大常委会关于进行河口区1996年乡镇人大换届选举的决定和关于确定分配乡镇人大代表名额的决定；审议通过了关于全区1996年乡镇人大换届选举工作的实施方案。

（区十三届人大常委会第二十一次、第二十二次会议资料缺失）。

1996年

1996年，河口区第十三届人大常委会共召开常委会会议6次。

2月27日，区十三届人大常委会第二十三次会议在区人大机关会议室召开。会议审议通过了《河口区人大常委会工作报告》；听取审议了关于区十三届人大四次会议筹备情况的报告；作出了关于召开区十三届人大四次会议的决定。会议任命耿振勇为区人民法院副院长、代理院长、审判委员会委员。

4月17日，区十三届人大常委会第二十四次会议在人大机关会议室召开。会议听取了区政府关于全区村民委员会换届选举工作情况的报告；审议并原则通过了《河口区乡镇财政管理体制改革办法》；任命区人大常委会工作人员2人，任命法院审判人员1人。

6月13日，区十三届人大常委会第二十五次会议在区人大机关会议室召开。会议听取审议了区政府关于计划生育工作情况的报告、关于《中华人民共和国科学技术进步法》贯彻实施情况的报告、关于1995年度区级预算执行情况的审计工作报告；审议通过了《东营市河口区人民代表大会常务委员会关于全区公民中开展第三个五年法制宣传教育的决议》。任命区人大常委会机关工作人员1人；任命区政府工作人员2人。

8月13—14日，区十三届人大常委会第二十六次会议在区人大机关会议室召开。会议听取审议了区政府关于1996年上半年国民经济和社会发展计划执行情况的报告、关于1996年上半年财政预算执行情况的报告、关于全区教育工作情况及教育法律法规贯彻实施情况的报告，关于区十三届人大四次会议代表建议办理情况的报告；听取审议了区人民法院和区人民检察院关于1996年上半年工作情况的报告；审议通过了区人大常委会关于组织全区人大代表“围绕河口区‘二次创业’开展建功立业活动”的决定。任命王明杰为河口区副区长，同时任命1名区政府工作人员。

10月15日，区十三届人大常委会第二十七次会议在区人大机关会议室召开。会议听取审议了区政府关于贯彻实施《中华人民共和国森林法》及林业生产情况的报告、关于贯彻实施水法及水利建设工作情况的报告。任命区人大常委会工作人员1人；任命法院副院长、审判委员会委员、审判庭庭长共10人，免职7人。

12月12日，区十三届人大常委会第二十八次会议在区人大机关会议室召开。会议听取审议了区政府关于认真贯彻价格管理条例积极开展物价工作的报告、关于全区打假工作情况的报告。

1997年

1997年，河口区第十三届人大常委会共召开常委会会议7次。

2月1日，区十三届人大常委会第二十九次会议召开。会议审议通过了区人大常委会1997年工作重点；听取了关于区十三届人大五次会议筹备情况的报告，决定了召开区十三届人大五次会议的有关事项；通过了提交区十三届人大五次会议的区人大常委会工作报告。

3 月 25 日，区十三届人大常委会第三十次会议在区人大机关会议室召开。会议听取审议了区政府关于春季农业生产准备情况的报告、关于贯彻实施《山东省计划生育条例》情况的报告、关于市政公用事业管理情况的报告；审议通过了区人大常委会关于表彰 1996 年“围绕河口区‘二次创业’开展建功立业活动”先进代表、先进代表小组和先进乡镇人大办公室的决定；表决通过了有关人事任免事项。

6 月 3 日，区十三届人大常委会第三十一次会议在区人大机关会议室召开。会议听取审议了区政府关于法制工作情况的报告、关于财政审计情况的报告、关于食品卫生法贯彻实施情况的报告；审议通过了《河口区科学技术发展“九五”计划及 2010 年规划纲要（草案）》。任命张洪恩为河口区副区长；批准区人民检察院提请许可逮捕一名区人大代表的报告，其人大代表资格由原选区予以罢免。

7 月 22 日，区十三届人大常委会第三十二次会议在区人大机关会议室召开。会议听取审议了区政府关于 1997 年上半年国民经济和社会发展计划执行情况的报告、关于 1997 年上半年财政预算执行情况的报告、关于社会治安情况的报告，区人民法院关于 1997 年上半年工作情况的报告、区人民检察院关于 1997 年上半年工作情况的报告。会议决定免去马汝忠的河口区副区长职务。

9 月 5 日，区十三届人大常委会第三十三次会议在区人大机关会议室召开。会议议听取审议了区政府关于抗灾工作情况的报告、关于贯彻实施《中华人民共和国行政诉讼法》情况的报告。会议任命王丛林为区政府副区长。

11 月 7 日，区十三届人大常委会第三十四次会议在区人大机关会议室召开。会议作出了区人民代表大会换届选举的决定，依法任命了区换届选举委员会组成人员；审议通过了《东营市河口区 1998 年区人民代表大会换届选举工作实施方案》。

12 月 30 日，区十三届人大常委会第三十五次会议在区人大机关会议室召开。会议听取了韩廷村副主任所作的换届选举工作报告；听取审议了区人大常委会代表资格审查委员会主任委员张凤田关于代表资格的审查报告；听取了韩廷村副主任关于区十四届人大一次会议筹备情况的报告，作出了关于召开区十四届人大一次会议的决定；决定了区十四届人大一次会议列席人员范围；讨论通过了提交区十四届人大一次会议审议的常委会工作报告；审查批准了关于调整 1997 年财政收支预算的报告。会议决定免去董树平的副区长职务，任命张兆明为副区长；决定免去王少飞的区长职务，决定徐春福为河口区代理区长。

第二节　区十四届人大常委会会议

河口区第十四届人大常委会届内共举行常委会会议 37 次。其中，1998 年召开常委会会议 8 次；1999 年召开常委会会议 6 次；2000 年召开常委会会议 7 次；2001 年召开常委会会议 8 次；2002 年召开常委会会议 8 次。

1998 年

1998 年，区十四届人大常委会共召开常委会会议 8 次。

3 月 6 日，区十四届人大常委会第一次会议在区人大常委会会议室召开。会议听取审议了区政府关于春季农业生产情况的报告，副区长孙学孟所作的关于区十四届人大一次会议议案处理结果的报告；讨论通过了区人大常委会 1998 年工作要点。会议任命区人大常委会工作人员 6 人，免职 4 人；任命区政府工作人员 27 人。

4 月 21 日，区十四届人大常委会第二次会议在区人大常委会会议室召开。会议讨论通过了区人大常委会各项工作制度，制定了区人大常委会机关工作规范；讨论通过了区人大常委会关于加强自身建设的决定，区十四届人大常委会代表资格审查委员会名单（草案）。会议任命渠怀德、曲同德为河口区副区长；任命河口办事处人大工作办公室工作人员 1 人，免职 1 人。

5 月 26 日，区十四届人大常委会第三次会议在区人大常委会会议室召开。会议听取审议了区政府关于城乡规划、建设和管理工作情况的报告、关于计划生育工作情况的报告、关于林业生产情况的报告、关于工业生产情况的报告。会议任命区政府工作人员1人，免职1人；任命区法院审判庭庭长1人。

7月16日，区十四届人大常委会第四次会议在区人大常委会会议室召开。会议听取审议了区政府关于1998年上半年国民经济和社会发展计划执行情况的报告、关于1998年上半年财政收支预算执行情况的报告，区人民法院关于1998年上半年工作情况的报告，区人民检察院关于1998年上半年工作情况的报告。作出了关于“代表联络科”更名为“人事代表工作室”的决定。

9月18日，区十四届人大常委会第五次会议在区人大常委会会议室召开。会议听取审议了区政府关于实施义务教育法及全区教育工作情况的报告、关于实施药品管理法及卫生工作情况的报告、关于环境保护法贯彻实施情况的报告。会议接受了刘汝彬辞去区人大常委会主任职务的请求，推选程景坤为代主任；会议任命区政府工作人员1人，免职1人。

11月5日，区十四届人大常委会第六次会议在区人大常委会会议室召开。会议讨论通过了关于河口区1999年乡镇人大换届选举的决定和1999年全区乡镇人大换届选举工作实施方案。

11月18日，区十四届人大常委会第七次会议在区人大常委会会议室召开。会议听取审议了区政府关于贯彻实施审计法及开展审计工作情况的报告、关于社会治安综合治理情况的报告、关于实施水法及全区水利工作情况的报告；区政府关于办理区人大常委会例会建议和代表建议情况的报告。会议任命了各乡镇选举委员会组成人员，作出了关于区十四届人大二次会议召开时间的决定。

12月8日，区十四届人大常委会第八次会议在区人大常委会会议室召开。会议审查批准了《关于调增科技三项经费支出预算的报告》。

1999年

1999年，区十四届人大常委会共召开常委会会议6次。

3月1日，区十四届人大常委会第九次会议在区人大常委会机关会议室召开。区人大常委会主任刘秀田，副主任程景坤、韩廷村、张凤田、张士明、贾希铎、于连泽及委员共16人出席了会议，副区长孙学孟、区政协副主席岳观祥、区法院院长耿振勇、区检察院检察长王荣昌及区人大机关各科室、区政府有关部门负责人，各乡镇（办事处）人大主席（主任）及两名区人大代表列席了会议。会议听取审议了区人民政府关于全区社会治安情况的报告；审议通过了河口区人大常委会1999年工作要点。任命周乐平为河口区副区长。

5月18日，区十四届人大常委会第十次会议在区人大常委会机关会议室召开。区人大常委会主任刘秀田，副主任程景坤、韩廷村、张凤田、张士明、贾希铎、于连泽及委员共16人出席了会议，副区长孙学孟，区政协副主席岳观祥，区法院院长耿振勇，区检察院检察长王荣昌及区人大机关各科室、区政府有关部门负责人，各乡镇（办事处）人大主席（主任）及两名区人大代表列席了会议。会议听取审议了区政府关于贯彻实施农业法及春季农业生产情况的报告、关于村镇规划及房改工作情况的报告、关于贯彻实施村民委员会组织法及村民委员会换届选举工作情况的报告、关于反腐倡廉工作情况的报告，并提出了建议意见；会议审议通过了河口区人大常委会人事任免补充规定。会议任免区人大常委会机关及“一府两院”工作人员39人。

7月16日，区十四届人大常委会第十一次会议在区人大常委会机关会议室召开。副主任程景坤、韩廷村、张凤田、张士明、贾希铎及委员共14人出席了会议。副区长孙学孟、区政协副主席岳观祥、区人民法院院长耿振勇、区人民检察院检察长王荣昌，区人大常委会各科室、区政府有关部门主要负责人，各乡镇（办事处）人大主席（主任）及两名区人大代表列席了会议。会议听取审议了区政府关于1999年上半年国民经济和社会发展计划执行情况的报告、关于1999年上半年财政预算执行情况的报告，区人民法院关于1999年上半年工作情况的报告，区人民检察院关于1999年上半年工作情况的报告。讨论通过了区人大常委会关于办理代表建议、批评和意见的办法；作出了区人大常委会关于在全区各级人大代表中开展学习宣传贯彻江泽民总书记视察东营重要谈话和题词精神活动的决定。

9月16日，区十四届人大常委会第十二次会议在区人大常委会机关会议室召开。区人大常委会主任刘秀田，副主任程景坤、韩廷村、张凤田、张士明、于连泽及委员共14人出席了会议。副区长张树芹、区政协副主席马崇志、区法院院长耿振勇、区检察院检察长王荣昌，区人大常委会各科室、区政府有关部门负责人及各乡镇（办事处）人大主席（主任）列席了会议。会议听取审议了区政府关于土地管理工作情况的报告、关于工业生产情况的报告、关于个体私营经济发展情况的报告、关于贯彻实施《山东省科学技术进步条例》情况的报告。会议还通过了人事任免事项。

（区十四届人大常委会第十三次会议资料缺失。）

12月16日，区十四届人大常委会第十四次会议在区人大常委会机关会议室召开。区人大常委会主任刘秀田，副主任程景坤、韩廷村、张凤田、张士明、于连泽及委员共14人出席了会议。副区长孙学孟、区政协副主席岳观祥、区人民法院院长耿振勇、区人民检察院检察长王荣昌，区人大常委会各科室、区政府有关部门主要负责人，各乡镇（办事处）人大主席（主任）及两名区人大代表列席了会议。会议听取审议了区政府关于区十四届人大二次会议以来代表建议、批评和意见及常委会例会建议办理情况的报告，程景坤副主任所作的关于区十四届人大三次会议筹备情况的报告。会议通过了关于召开区十四届人大三次会议的决定，关于区十四届人大三次会议列席人员范围的决定；讨论通过了提交区十四届人大三次会议的河口区人大常委会工作报告。会议补选刘秀田为市人大代表。

2000年

2000年，区十四届人大常委会共召开常委会会议7次。

1月26日，区十四届人大常委会第十五次会议在区人大常委会机关会议室召开。区人大常委会主任刘秀田，副主任程景坤、韩廷村、张凤田、张士明、贾希铎、于连泽及委员共15人出席了会议，副区长张兆明、区政协副主席岳观祥、区法院院长耿振勇、区检察院检察长王荣昌及区人大常委会机关各科室、区政府有关部门负责人，各乡镇（办事处）人大主席（主任）及两名区人大代表列席了会议。会议听取审议了区政府关于全区招商引资工作情况的报告；审议通过了河口区人大常委会代表资格审查委员会关于补选代表的代表资格的审查报告；讨论决定了关于河口区人大代表工作“评先树优”活动的有关事宜，并通过了表彰决定；讨论通过了河口区人大常委会2000年工作要点。

3月28日，区十四届人大常委会第十六次会议在区人大常委会机关会议室召开。区人大常委会主任刘秀田，副主任程景坤、韩廷村、张凤田、张士明、贾希铎、于连泽及委员共15人出席了会议。副区长孙学孟、政协副主席岳观祥、区法院院长耿振勇、区检察院检察长王荣昌及区人大机关各科室、区政府有关部门负责人，各乡镇（办事处）人大主席（主任）及两名区人大代表列席了会议。会议听取审议了区政府关于科技工作情况的报告、关于水产工作情况的报告、关于城乡建设工作情况的报告、关于普法工作情况的报告。会议还通过了人事任免事项。

5月16日，区十四届人大常委会第十七次会议在区人大常委会机关会议室召开。区人大常委会主任刘秀田，副主任程景坤、韩廷村、张凤田、张士明、贾希铎、于连泽及委员共15人出席了会议。副区长张树芹、区法院院长耿振勇、区检察院检察长王荣昌及区人大常委会机关各科室、区政府有关部门负责人，各乡镇（办事处）人大主席（主任）及两名区人大代表列席了会议。会议听取审议了区政府关于1999年财政决算报告与1999年财政预算执行情况和其他财政收支情况的审计工作报告，审查批准了1999年财政决算；听取审议了区政府关于全区教育工作情况的报告、关于土地管理情况的报告。会议还进行了人事任免事项。

7月26日，区十四届人大常委会第十八次会议在区人大常委会机关会议室召开。区人大常委会主任刘秀田，副主任程景坤、韩廷村、张凤田、张士明、贾希铎、于连泽及委员共15人出席了会议。副区长张树芹、区法院院长耿振勇、区检察院检察长王荣昌及区人大机关各科室、区政府有关部门责任人，各乡镇（办事处）人大主席（主任）及两名区人大代表列席了会议。会议听取审议了区政府关于2000年上半年国民经济和社会发展计划执行情况的报告、关于2000年上半年财政预算执行情况的报告，区人民法院关于2000年上半年工作情况的报告，区人民检察院关于2000年上半年工作情况的报告。

9月19日，区十四届人大常委会第十九次会议在区人大常委会机关会议室召开。区人大常委会主任刘秀田，副主任程景坤、韩廷村、张凤田、张士明、贾希铎、于连泽及委员共15人出席了会议。副区长张兆明、区政协副主席岳观祥、区法院院长耿振勇、区检察院检察长王荣昌及区人大常委会机关各科室、区政府有关部门负责人，各乡镇（办事处）人大主席（主任）及两名区人大代表列席了会议。会议听取审议了区政府关于全区实施“工业强区”战略情况的报告、关于全区社会治安情况的报告、关于贯彻落实《国务院关于全面推进依法行政的决定》情况的报告、关于贯彻实施环境与资源保护法律法规情况的报告。会议通过了人事任免事项，依法罢免了孟德义的市人大代表职务。

11月16日，区十四届人大常委会第二十次会议在区人大常委会机关会议室召开。区人大常委会主任刘秀田，副主任程景坤、韩廷村、张凤田、张士明、贾希铎、于连泽及委员共15人出席了会议。副区长孙学孟、区政协副主席岳观祥、区法院院长耿振勇、区检察院检察长王荣昌及区人大机关各科室、区政府有关部门负责人，各乡镇（办事处）人大主席（主任）及两名区人大代表列席了会议。会议听取审议了区政府关于企业改革工作情况的报告、关于人事制度改革工作情况的报告、关于全区文化工作情况的报告，提出了改进意见。

12月19日，区十四届人大常委会第二十一次会议在区人大常委会机关会议室召开。区人大常委会主任刘秀田，副主任程景坤、韩廷村、张凤田、张士明、贾希铎、于连泽及委员共15人出席了会议。副区长孙学孟、区政协副主席岳观祥、区法院院长耿振勇、区检察院检察长王荣昌及区人大常委会机关各科室、区政府有关部门负责人，各乡镇（办事处）人大主席（主任）及两名区人大代表列席了会议。会议听取审议了区政府关于《河口区国民经济和社会发展第十个五年计划纲要（草案）》编制情况的报告；讨论通过了区人大常委会关于述职评议工作的实施意见；作出了关于召开区十四届人大四次会议的决定。会议通过了人事任免事项。

2001年

2001年，区十四届人大常委会共召开常委会会议8次。

1月15日，区十四届人大常委会第二十二次会议在区人大常委会机关会议室召开。会议讨论通过了提交区十四届人大四次会议审议的区人大常委会工作报告。接受了杜秀成、李增良两名区人大代表的辞职请求，并补选张汝聪、闫鹏山为东营市第四届人大代表。

2月6日，区十四届人大常委会第二十三次会议在区人大常委会机关会议室召开。会议讨论通过了区人大常委会2001年工作要点；听取了程景坤副主任关于区十四届人大四次会议筹备工作情况的报告；审查批准了代表资格审查委员关于补选代表的代表资格的审查报告。会议任命王树臣为河口区人民政府副区长；任命冯俊海为河口区人民法院审判委员会委员、副院长、代院长。

3月28日，区十四届人大常委会第二十四次会议在区人大常委会机关会议室召开。会议听取审议了区政府关于贯彻实施《中华人民共和国产品质量法》情况的报告、关于贯彻实施《山东省计划生育工作条例》情况的报告、关于畜牧业发展情况的报告。会议任命蔡森昌为河口街道人大工作办公室副主任。

5月23日，区十四届人大常委会第二十五次会议在区人大常委会机关会议室召开。会议听取审议了区政府关于2000年财政决算的报告，并作出批准的决定；听取审议了区政府关于2000年财政预算执行情况和其他财政收支情况的审计工作报告、关于贯彻实施《中华人民共和国税收管理法》情况的报告。会议任命曹文生为河口区人大常委会教科文卫科科长，赵玉洪为河口区人大常委会法制科科长，王宪印为河口区人大常委会人事代表工作室主任；任命王玉清为河口区人民政府办公室主任，王光和为河口区经济贸易委员会主任，刘芳仁为河口区人事局局长，李顺祥为河口区监察局局长，宁洪儒为河口区水利局局长。

7月18日，区十四届人大常委会第二十六次会议在区人大常委会机关会议室召开。会议听取审议了区政府关于全区社会治安情况的报告、关于2001年上半年国民经济和社会发展计划执行情况的报告、关于2001年上半年财政预算执行情况的报告，区人民法院关于上半年工作情况的报告、区人民检察院关于上半年工作情况的报告。会议对区计划委员会主任扈洪文、区公安分局局长逯学树进行了述职评议。会议进行了人事任免事项。

9月26日，区十四届人大常委会第二十七次会议在区人大常委会机关会议室召开。会议听取审议了区政府关于环境保护工作情况的报告、关于教育工作情况的报告、关于海洋与渔业工作情况的报告、关于全区“三五”普法、依法治理情况及“四五”普法、“三五”依法治区规划的报告、关于全区实施冬枣产业化情况的报告、关于呈报《撤销河口区设立黄河口市的请示》的报告，并作出决议。会议任命石振平、郑参军为河口区人民政府副区长。会议对区司法局局长李捷民、区教委主任曲德民进行了述职评议。

11月22日，区十四届人大常委会第二十八次会议在区人大常委会机关会议室召开。会议听取审议了区政府关于贯彻实施《中华人民共和国土地管理法》情况的报告、关于全区就业再就业和社会保障工作情况的报告、关于全区交通工作情况的报告。会议任命王文献为河口区人民法院副院长。会议对区土地局局长房建民、区劳动和社会保障局局长赵培光、区交通局局长王庆华进行了述职评议。

12月27日，区十四届人大常委会第二十九次会议在区人大常委会机关会议室召开。会议听取审议了关于补选的区人大代表资格的审查报告，审议通过了关于乡镇人大换届选举工作的决定，审议通过了关于乡镇人大换届选举工作实施方案，任命了各乡镇人大换届选举委员会，审查批准了河口区2001年财政预算调整方案，通过了关于召开区十四届人大五次会议的决定。

2002年

2002年，区十四届人大常委会共召开常委会会议8次。

1月18日，区十四届人大常委会第三十次会议在区人大常委会机关会议室召开。会议听取审议了区政府关于《河口区城镇体系规划》和《河口区干线公路两侧建设规划》的议案，并作出了决议；听取审议了区十四届人大五次会议筹备工作情况的报告；讨论通过了河口区人大常委会工作报告和河口区人大常委会2002年工作要点。会议任命张胜双为河口街道人大工作办公室主任，董子平为河口街道人大工作办公室副主任。

3月18日，区十四届人大常委会第三十一次会议在区人大常委会机关会议室召开。会议听取审议了区政府关于水利建设情况的报告、关于农业产业结构调整情况的报告。会议对区农业局局长孙卫东进行了述职评议。会议任命朱子贤为河口区人大常委会财经科科长、王忠华为河口区人大常委会人事代表工作办公室副主任，并对因机构更名的科局主要负责人进行了重新任命。

5月16日，区十四届人大常委会第三十二次会议在区人大常委会机关会议室召开。会议听取审议了区政府关于小城镇建设情况的报告、关于村委换届选举工作情况的报告、关于全区文化体育工作情况的报告、关于2001年财政预算执行情况和其他财政收支情况的审计工作报告，审查了2001年区级财政决算，并通过了相关决议。会议对区民政局局长马士良、区审计局局长高志勇进行了述职评议。

7月25日，区十四届人大常委会第三十三次会议在区法院五楼会议室召开。会议听取审议了区政府关于2002年上半年国民经济和社会发展计划执行情况的报告、关于2002年上半年财政预算执行情况的报告、关于全区社会治安工作情况的报告，区人民法院关于2002年上半年工作情况的报告，区人民检察院关于2002年上半年工作情况的报告。会议对区人民法院的副院长、区检察院的副检察长进行了述职评议。会议任命高志刚为河口区人民政府副区长。

9月26日，区十四届人大常委会第三十四次会议在区人大常委会机关会议室召开。会议听取审议了区政府关于全区卫生工作情况的报告、关于科技工作情况的报告、关于贯彻实施《中华人民共和国环境保护法》情况的报告。会议对区科技局局长张敏进行了述职评议。会议进行了人事任免事项。

11 月 15 日，区十四届人大常委会第三十五次会议在区政府五楼会议室召开。会议听取审议了区政府关于宣传贯彻计划生育情况的报告，区人民法院关于法官队伍建设情况的报告，区人民检察院关于检察官队伍建设情况的报告。会议作出了关于区人大换届选举及召开区十五届人大一次会议的决定；任命了区人大换届选举委员会组成人员，通过了区人大换届选举实施方案。

12 月 30 日，区十四届人大常委会第三十六次会议在区委四楼会议室召开。会议任命赵豪志为河口区人民政府副区长、代区长，郭学增为河口区人民政府副区长；魏玉民为河口区人民检察院检察委员会委员、副检察长、代检察长。

2003 年 1 月 8 日，区十四届人大常委会第三十七次会议在区委四楼会议室召开。会议讨论通过了提交区十五届人大一次会议的河口区人大常委会工作报告；听取审议了河口区选举委员会关于河口区人民代表大会换届选举工作情况的报告和河口区第十五届人民代表大会第一次会议筹备工作情况的报告，审查批准了区人大常委会代表资格审查委员会关于区十五届人大代表的代表资格的审查报告和河口区人民政府关于 2002 年财政预算调整方案。

第三节 区十五届人大常委会会议

河口区第十五届人大常委会届内共举行常委会会议 37 次。其中，2003 年召开常委会会议 7 次；2004 年召开常委会会议 6 次；2005 年召开常委会会议 6 次；2006 年召开常委会会议 9 次；2007 年召开常委会会议 9 次。

2003 年

2003 年，区十五届人大常委会共召开常委会会议 7 次。

3 月 11 日，区十五届人大常委会第一次会议在区政府五楼会议室召开。会议讨论通过了河口区人大常委会 2003 年工作要点和河口区人大常委会代表资格审查委员会组成人员名单。会议任命石振平、郑参军、高志刚为河口区副区长；任命马士文为河口区人大常委会办公室主任，李秀庄为河口区人大常委会办公室副主任，胡敬斌为河口区人大常委会信访科科长，郭本东为河口区街道人大工作办公室主任；任命王玉清为河口区人民政府办公室主任，扈洪文为河口区发展计划局局长，王光和为河口区经济贸易局局长，张胜双为河口区教育局局长，姜凤君为河口区科学技术局局长，逯学树为东营市公安局河口分局局长，李顺祥为河口区监察局局长，马士良为河口区民政局局长，李捷民为河口区司法局局长，刘建忠为河口区财政局局长，刘芳仁为河口区人事局局长，赵培光为河口区劳动和社会保障局局长，薄纯新为河口区国土资源局局长，陈丰先为河口区建设局局长，王庆华为河口区交通局局长，张兆栋为河口区水利局局长，孙卫东为河口区农业局局长，王端吉为河口区卫生局局长，卢洪鹏为河口区计划生育局局长，高志勇为河口区审计局局长，刘建国为河口区统计局局长，王学锋为河口区招商工作委员会办公室主任，韩学君为河口区安全生产监督管理局局长，胡友文为河口区文化体育局局长，李长存为河口区物价局局长。同时，还任命了河口区人民法院 13 名审判人员。会议接受了张玉平、王学锋辞去河口区人大常委会委员的请求。

5 月 16 日，区十五届人大常委会第二次会议在区人民检察院五楼会议室召开。会议听取审议了区政府关于贯彻落实人事法律法规及人事工作情况的报告、关于贯彻落实《中华人民共和国环境保护法》及环保工作情况的报告、关于全区油区治安工作情况的报告、关于 2002 年财政预算执行情况和其他财政收支情况的审计报告、关于全区审计工作情况的报告，审查批准了 2002 年区级财政决算。会议对区财政局局长刘建忠、区人事局局长刘芳仁进行了述职评议。会议任命于跃亮为河口区交通局局长、杨芳为河口区司法局局长、刘岩山为河口区物价局局长；任命了 1 名审判人员和 3 名检察员。

7 月 16 日，区十五届人大常委会第三次会议在区人民法院五楼会议室召开。会议听取审议了区政府关于 2003 年上半年国民经济和社会发展计划执行情况的报告、关于 2003 年上半年财政预算执行情况的报告、区人民法院关于上半年工作情况的报告，区人民检察院关于上半年工作情况的报告；会议讨论通过了《东营市河口区人大常委会议事规则(修正案)》《东营市河口区人大常委会处理人民群众来信来访办法》《东营市河口区人大常委会关于加强司法个案监督的暂行规定》《东营市河口区人大常委会关于加强自身建设的决定》。会议任命付兆钦为河口区人民政府办公室主任。

9月16日，区十五届人大常委会第四次会议在区国土资源局五楼会议室召开。会议听取审议了区政府关于全区工商管理工作情况的报告、关于物价工作情况的报告、关于质量技术监督工作情况的报告、关于国土资源管理工作情况的报告。会议任命高振恒、王克孝、曹国华为河口区副区长，王学春为河口区招商工作委员会办公室主任；任命岳桂杰为河口区人民法院副院长、审判委员会委员。

11月18日，区十五届人大常委会第五次会议在区油区办公室七楼会议室召开。会议听取审议了区政府关于交通工作情况的报告、关于学习贯彻《人口与计划生育法》及计生工作情况的报告、关于全区广播电视事业发展情况的报告、关于办理代表建议和人大常委会审议意见情况的汇报、关于调整2003年财政收支预算的汇报和关于申请国家开发银行贷款的报告，并作出了批准的决定。会议对区计生局局长卢洪鹏进行了述职评议。任命宋景义为河口区人民检察院检察员、检察委员会委员，韩黎为河口区人民检察院检察委员会委员。

12月9日，区十五届人大常委会第六次会议在区委四楼会议室召开。会议讨论通过了区人大常委会关于召开东营市河口区第十五届人民代表大会第二次会议的决定。会议接受了张玉平、刘秉卿、刘梅叶辞去东营市河口区第十五届人民代表大会代表职务的请求。

12月17日，区十五届人大常委会第七次会议在区委四楼会议室召开。会议听取了区十五届人大二次会议有关问题的报告；讨论通过了提交区十五届人大二次会议审议的人大常委会工作报告；审查批准了区人大常委会代表资格审查委员会关于补选的区人大代表的代表资格的审查报告；听取审议了区政府关于河口区与山西省阳泉市矿区缔结友好关系的报告，并作出了批准的决定。会议任命宋守强为河口区副区长，补选李清玲为东营市第五届人民代表大会代表，接受了崔建华辞去河口区人民政府副区长职务的请求。

2004年

2004年，区十五届人大常委会共召开常委会会议6次。

3月16日，区十五届人大常委会第八次会议在区人民法院五楼会议室召开。区人大常委会副主任房建民主持会议。会议听取审议了区政府关于卫生工作情况的报告、关于环境保护工作情况的报告、关于贯彻落实《中华人民共和国劳动法》情况的报告、关于海洋与渔业工作情况的报告。会议讨论通过了区人大常委会2004年工作要点。会议对区卫生局局长王端吉进行了述职评议。

5月20日，区十五届人大常委会第九次会议在区人民检察院五楼会议室召开。区人大常委会副主任张焕洲主持会议。会议听取审议了区政府关于社会治安工作情况的报告、关于教育工作情况的报告、关于2003年区级财政预算执行审计情况及审计工作情况的报告、关于2003年区级财政决算的报告，审查批准了2003年区级财政决算。会议还听取审议了区政府关于“平安河口”建设情况的报告，并作出了相应的决议。会议对区教育局局长张胜双进行了述职评议。会议进行了人事任免事项。

7月20日，区十五届人大常委会第十次会议在区建设局七楼会议室召开。区人大常委会主任刘秀田主持会议。会议听取审议了区政府关于2004年上半年国民经济和社会发展计划执行情况的报告、关于2004年上半年财政预算执行情况的报告、关于调整2004年财政收支预算的报告，并作出了批准的决定。会议还分别听取审议了区人民法院和区人民检察院关于上半年工作情况的报告。会议讨论通过了《河口区人大常委会会议公民旁听办法（试行）》和《河口区人大常委会关于办理常委会审议意见办法（试行）》。会议任命张旭东为河口区副区长，王玉清为河口区民政局局长。

9月22日，区十五届人大常委会第十一次会议在区交通局四楼会议室召开。区人大常委会副主任程景坤主持会议。会议听取审议了区政府关于工业运行及民营经济发展情况的报告、关于计划生育工作情况的报告、关于招商引资及投资软环境建设情况的报告、关于贯彻实施《中华人民共和国统计法》及统计工作情况的报告。会议对区招商工作委员会办公室主任王学春和区统计局局长刘建国进行了述职评议。

11月25日，区十五届人大常委会第十二次会议在区国税局二楼会议室召开。区人大常委会副主任渠怀德主持会议。会议听取审议了区人民法院、区人民检察院、区财政局、区计划局关于区十五届人大常委会第十次会议审议意见办理情况的报告，区政府关于贯彻实施《中华人民共和国农业法》及农业工作情况的报告、关于科技工作情况的报告、关于城市管理行政执法工作情况的报告。会议听取了关于办理人大代表建议和人大常委会审议意见情况的汇报，审查批准了区人民法院关于提请确定人民陪审员名额的报告，作出了关于召开河口区第十五届人民代表大会第三次会议的决定。会议对区政府办公室主任付兆钦和区科技局局长姜凤君进行了述职评议。会议进行了人事任免事项。

12月21日，区十五届人大常委会第十三次会议在区委四楼会议室召开。区人大常委会副主任杨学贤主持会议。会议听取审议了区十五届人大三次会议筹备工作情况的报告，审查批准了区人大常委会代表资格审查委员会关于补选的区十五届人大代表的代表资格的审查报告，讨论通过了关于提交区十五届人大三次会议的常委会工作报告。会议任命胡敬斌为区人大常委会法制科科长。

2005年

2005年，区十五届人大常委会共召开常委会会议6次。

2月28日，区十五届人大常委会第十四次会议在区人民法院四楼会议室召开。区人大常委会主任刘秀田主持会议。会议听取审议了区政府关于贯彻落实《中华人民共和国产品质量法》情况的报告、关于村委会换届选举工作情况的报告、关于“工业发展年”活动安排情况的报告，并做出了相应的决议。会议讨论通过了区人大常委会2005年工作要点。会议任命了20名人民陪审员。

4月21日，区十五届人大常委会第十五次会议在区人民检察院五楼会议室召开。区人大常委会副主任程景坤主持会议。会议听取审议了区政府关于打击重大恶性刑事犯罪及“命案必破”工作情况的报告、关于文化体育工作情况的报告、关于2004年区级财政预算的报告及2004年区级财政预算执行情况和其他财政收支审计情况及审计工作情况的报告，审查批准了2004年区级财政决算。会议任命了1名人民陪审员。

6月16日，区十五届人大常委会第十六次会议在区财政局八楼会议室召开。区人大常委会副主任渠怀德主持会议。会议听取审议了区政府关于贯彻执行《中华人民共和国税收征收管理法》及税收工作情况的报告、关于林业工作情况的报告、关于“四五”普法及依法治理情况的报告。会议讨论通过了《东营市河口区人民代表大会常务委员会关于聘用法律和财经问题顾问的决定》《东营市河口区人民代表大会常务委员会关于对重要审议意见进行公告的决定》和《东营市河口区人民代表大会常务委员会关于组织人大代表向选民述职活动的意见》。会议对区司法局局长杨芳进行了述职评议。

8月2日，区十五届人大常委会第十七次会议在区地税局八楼会议室召开。区人大常委会副主任杨学贤主持会议。会议听取审议了区政府关于2005年上半年国民经济和社会发展计划执行情况的报告、关于2005年上半年财政预算执行情况的报告、关于调整2005年财政收支预算的报告，并做出了批准的决定。会议还分别听取审议了区人民法院和区人民检察院关于2005年上半年工作情况的报告。会议决定聘用王萍、刘光明、陈志伟为区十五届人大常委会法律顾问，牟洁、廖永雄、侯建鸣为区十五届人大常委会财经顾问。会议任命纪峰为河口区副区长，免去高振恒、曹国华的河口区副区长职务。

9月22日，区十五届人大常委会第十八次会议在区计生局四楼会议室召开。区人大常委会副主任曲德民主持会议。会议听取审议了区政府关于食品药品监督管理工作情况的报告、关于贯彻落实《中华人民共和国土地管理法》及国土资源管理情况的报告、关于交通工作情况的报告。会议对区国土资源局局长薄纯新和区交通局局长于跃亮进行了述职评议。会议任命陈建英为区人大常委会法制科科长，盖凤鸣为区人大常委会教科文卫科科长，李秀庄为区人大常委会信访科科长，孙华强为区人大常委会办公室副主任；任命张吉明为区监察局局长，韩传华为区劳动和社会保障局局长，李同君为区安全生产监督管理局局长。会议还任命了 8 名审判人员和 1 名检察人员。

11 月 22 日，区十五届人大常委会第十九次会议在区人民法院五楼会议室召开。区人大常委会副主任房建民主持会议。会议听取审议了区政府关于贯彻落实《中华人民共和国安全生产法》及安全工作情况的报告、关于人口和计划生育工作情况的报告、关于办理人大代表建议和人大常委会审议意见情况的报告。会议对 12 个上级驻河口行政执法部门进行了集中测评，区地税分局、区国税局位居前二名。会议免去王克孝的河口区副区长职务。

2006 年

2006 年，区十五届人大常委会共召开常委会会议 9 次。

1 月 17 日，区十五届人大常委会第二十次会议在区人大机关二楼会议室召开。区人大常委会主任刘秀田主持会议。会议听取审议了河口区国有资产运营有限责任公司关于河口区污水处理厂建设项目资金运作有关问题的报告，并作出了相关决议。会议补选崔兆武、高连昌、冯立军为市五届人大代表。

2 月 13 日，区十五届人大常委会第二十一次会议在区财政局六楼会议室召开。区人大常委会主任刘秀田主持会议。会议讨论通过了关于提交区十五届人大四次会议的常委会工作报告；听取审议了区人民政府关于调整 2005 年财政收支预算的报告，并作出批准的决定；审议通过了区人大常委会关于授予区地税分局、区国税局“人民满意单位”称号的决定。最后，会议进行了人事任免事项。

2 月 20 日，区十五届人大常委会第二十二次会议在区人大机关四楼会议室召开。区人大常委会主任刘秀田主持会议。会议讨论通过了区人大常委会关于召开区十五届人大四次会议的决定，关于区十五届人大四次会议列席人员范围的决定。会议审查批准了区人大常委会代表资格审查委员会关于补选的区十五届人大代表的代表资格的审查报告。会议还听取审议了区十五届人大四次会议筹备工作情况的报告。

3 月 31 日，区十五届人大常委会第二十三次会议在区人大常委会会议室召开。区人大常委会副主任渠怀德主持会议。会议听取审议了区政府关于贯彻落实《中华人民共和国农业技术推广法》情况的报告、关于贯彻落实《中华人民共和国电力法》情况的报告。会议任命张俊海为区人民政府副区长，李益民为区人民法院代理院长，李砺生为区人民检察院代理检察长。

5 月 18 日，区十五届人大常委会第二十四次会议在区人大办公楼四楼会议室召开。区人大常委会主任刘秀田主持会议。会议审议通过了关于对区十五届人大代表赵广田采取强制措施的决定。

5 月 23 日，区十五届人大常委会第二十五次会议在区人大常委会会议室召开。区人大常委会副主任杨学贤主持会议。会议听取审议了区政府关于畜牧工作及畜牧疫情防控情况的报告、关于打黑除恶工作情况的报告、关于 2005 年区级财政决算、2005 年区级财政预算执行情况和其他财政收支审计情况及审计工作情况的报告，审查批准了 2005 年区级财政决算。会议听取审议了区政府关于河口区生态农业基地建设项目贷款情况的报告，并作出相关决议。

7 月 18 日，区十五届人大常委会第二十六次会议在区人大常委会会议室召开。区人大常委会副主任曲德民主持会议。会议听取审议了区政府关于 2006 年上半年国民经济和社会发展计划执行情况和财政预算执行情况的报告，关于在全区公民中开展法制宣传教育的第五个五年规划（草案）和《河口区 2006~2010 年依法治区规划（草案）》的报告，并作出相关决议。会议听取审议了区人民法院关于审判管理及审判质量监督工作情况的报告、区人民检察院关于查办和预防职务犯罪工作情况的报告。会议审议通过了区人大常委会关于调整内设机构的决议。区人大常委会内设机构为 7 个，分别为：办公室，内设信访科（副科级）、机关离退休干部服务中心（副科级事业单位）；人事代表工作室；内务司法工作委员会；财政经济工作委员会；城乡建设环境保护工作委员会；农业与农村工作委员会；教育科学文化卫生工作委员会。同时，撤销原有的区人大常委会法制科、教科文卫科、财经科、信访科（正科级），其职能划入办公室和相应的工作委员会。会议进行了人事任免事项。

9月20日，区十五届人大常委会第二十七次会议在区人大常委会会议室召开。区人大常委会副主任房建民主持会议。会议听取审议了区政府关于全区盐业开发情况的报告、关于贯彻实施《中华人民共和国环境影响评价法》及环境保护工作情况的报告。

11月22日，区十五届人大常委会第二十八次会议在区人大常委会会议室召开。区人大常委会副主任张焕洲主持会议。会议听取审议了区政府关于教育工作情况的报告、关于贯彻实施《中华人民共和国传染病防治法》及卫生工作情况的报告、关于土地利用总体规划修编情况的报告、关于办理人大代表建议和人大常委会审议意见情况的报告。会议听取审议了区政府关于河口区农业生态环境综合治理工程贷款的报告，并作出相关决议。

2007年

2007年，区十五届人大常委会共召开常委会会议9次。

1月12日，区十五届人大常委会第二十九次会议在区人大机关四楼会议室召开。区人大常委会主任刘秀田主持会议。会议听取审议了区人民政府关于调整2006年财政收支预算的报告，并作出了批准的决定。会议讨论通过了区人大常委会关于召开区十五届人大五次会议的决定，关于区十五届人大五次会议列席人员范围的决定。会议审查批准了区人大常委会代表资格审查委员会关于补选的区十五届人大代表的代表资格的审查报告。会议听取审议了区十五届人大五次会议筹备工作情况的报告。会议补选马登雨、郑建军为市五届人大代表。会议进行了人事任免事项。

3月28日，区十五届人大常委会第三十次会议在区人大常委会会议室召开。区人大常委会主任刘秀田主持会议。会议听取审议了区政府关于统筹城乡就业工作情况的报告、关于建筑活动监督管理工作情况的报告。会议讨论通过了区人大常委会2007年工作要点。

5月17日，区十五届人大常委会第三十一次会议在区人大常委会会议室召开。区人大常委会副主任渠怀德主持会议。会议听取审议了区政府关于全区治安防控措施落实情况的报告、关于城乡居民合作医疗工作情况的报告、关于城乡居民饮用水监督管理工作情况的报告。会议还进行了人事任免事项。

6月26日，区十五届人大常委会第三十二次会议在区人大常委会会议室召开。区人大常委会副主任杨学贤主持会议。会议听取审议了区政府关于全区农民增收情况的报告，关于2006年区级财政决算、2006年区级财政预算执行情况和其他财政收支审计情况及审计工作情况的报告，审查批准了2006年区级财政决算。会议还听取审议了区人大常委会执法检查组关于《中华人民共和国妇女权益保障法》贯彻实施情况的执法检查报告。

7月18日，区十五届人大常委会第三十三次会议在区人大常委会会议室召开。区人大常委会副主任曲德民主持会议。会议听取审议了区政府关于2007年上半年国民经济和社会发展计划执行情况和财政预算执行情况的报告，区人民法院关于民事审判执行工作情况的报告，区人民检察院关于反渎职侵权工作情况的报告。会议进行了人事任免事项。

9月12日，区十五届人大常委会第三十四次会议在区人大常委会会议室召开。区人大常委会副主任房建民主持会议。会议审议通过了2007年区乡两级人大换届选举工作实施方案；表决通过了关于2007年区乡人民代表大会换届选举的决定，关于任命区选举委员会组成人员的决定，关于任命各乡镇选举委员会和河口街道选举工作指导组组成人员的决定。

10月23日，区十五届人大常委会第三十五次会议在区人大常委会会议室召开。区人大常委会副主任黄高潮主持会议。会议听取审议了区政府关于全区民族与宗教工作情况的报告、关于产品质量监督管理工作情况的报告。

10月30日，区十五届人大常委会第三十六次会议在区人大常委会会议室召开。区人大常委会主任刘秀田主持会议。会议任命段鸿、隋华杰为河口区人民政府副区长，王永跃为河口区人民政府办公室主任，杨月明为河口区发展和改革局局长，毕建军为河口区教育局局长，孙守山为河口区人事局局长，殷爱民为河口区人口和计划生育局局长。

11月20日，区十五届人大常委会第三十七次会议在区人大常委会会议室召开。区人大常委会主任刘秀田主持会议。会议听取审议了区政府关于调整2007年度财政收支预算的报告，并作出了批准的决定。会议听取审议了区十六届人大一次会议筹备工作情况的报告，区选举委员会关于换届选举工作情况的报告。会议审查批准了区人大常委会代表资格审查委员会关于区十六届人大代表的代表资格的审查报告。会议讨论通过了召开区十六届人大一次会议的决定，关于提交区十六届人大一次会议的常委会工作报告，关于区十六届人大一次会议列席人员范围的决定。

第四节　区十六届人大常委会会议

河口区第十六届人大常委会届内共举行常委会会议31次。其中，2008年开常委会会议7次；2009年召开常委会会议8次；2010年召开常委会会议7次；2011年召开常委会会议9次。

2008年

2008年，区十六届人大常委会共召开常委会会议7次。

1月24日，区十六届人大常委会第一次会议在区人大常委会会议室召开。区人大常委会第一副主任王树臣主持会议。会议讨论通过了河口区人大常委会2008年工作要点，表决通过了河口区第十六届人大常委会代表资格审查委员会组成人员名单。会议任命王永跃为河口区人民政府办公室主任，杨月明为河口区发展和改革局局长，刘岩山为河口区物价局局长，杨立民为河口区经济贸易局局长，李同君为河口区安全生产监督管理局局长，毕建军为河口区教育局局长，王春霞为河口区文化体育局局长，姜凤军为河口区科学技术局局长，陈军为河口公安分局局长，宋卫华为河口区监察局局长，王志华为河口区民政局局长，杨芳为河口区司法局局长，张希臣为河口区财政局局长，孙守山为河口区人事局局长，韩传华为河口区劳动和社会保障局局长，陈丰先为河口区建设局局长，陈朝霞为东营市城市管理行政执法局河口区分局局长，于跃亮为河口区交通局局长，张兆栋为河口区水利局局长，孙卫东为河口区农业局局长，王端吉为河口区卫生局局长，殷爱民为河口区人口和计划生育局局长，高志勇为河口区审计局局长，刘建国为河口区统计局局长，李露为河口区招商工作委员会办公室主任。会议还任命了部分审判人员和检察人员。区委书记、区人大常委会主任郑建军为新任命的人员颁发了任命书。

3月26日，区十六届人大常委会第二次会议在区人大常委会会议室召开。区人大常委会副主任杨学贤主持会议。会议听取审议了区人民政府关于全区公共文化服务体系建设情况的报告、关于全区石油化工产业发展情况的报告。会议表决通过了《东营市河口区人民代表大会常务委员会关于加强人民检察院监督员工作的意见（试行）》。

5月27日，区十六届人大常委会第三次会议在区人大常委会会议室召开。区人大常委会副主任房建民主持会议。会议听取审议了区政府关于全区环境保护工作情况的报告、关于全区“三网”绿化工程建设情况的报告。会议进行了人事任免事项。

7月29日，区十六届人大常委会第四次会议在区人大常委会会议室召开。区人大常委会副主任杨学贤主持会议。会议听取审议了区政府关于全区公安队伍建设情况的报告、关于2008年上半年国民经济和社会发展计划执行情况的报告、关于2008年上半年财政预算执行情况的报告、关于2007年区级财政决算的报告、2007年区级财政预算执行情况和其他财政收支情况的审计工作报告，审查批准了2007年区级财政决算。会议讨论通过了《东营市河口区人民代表大会代表守则》和《东营市河口区人民代表大会常务委员会组成人员守则》。会议还听取审议了区政府关于河口区城区基础设施建设工程项目贷款的报告，并作出了决议。

9月26日，区十六届人大常委会第五次会议在区人大常委会会议室召开。区人大常委会副主任房建民主持会议。会议听取审议了区政府关于贯彻实施《中华人民共和国城乡规划法》情况的报告，区人民法院关于民商事审判调解工作情况的报告、区人民检察院关于诉讼监督工作情况的报告。会议进行了人事任免事项。

11月28日，区十六届人大常委会第六次会议在区人大常委会会议室召开。区人大常委会第一副主任王树臣主持会议。会议听取审议了区政府关于贯彻实施《中华人民共和国节约能源法》情况的报告、关于贯彻实施《中华人民共和国劳动合同法》情况的报告，关于办理人大代表建议和人大常委会审议意见情况的报告。会议讨论通过了《东营市河口区人民代表大会常务委员会区级预算审查监督办法》；作出了关于召开区十六届人大二次会议的决定和关于区十六届人大二次会议列席人员范围的决定。区委书记、区人大常委会主任郑建军作了重要讲话。

12月30日，区十六届人大常委会第七次会议在区人大常委会会议室召开。区人大常委会副主任房建民主持会议。会议听取审议了区十六届人大二次会议筹备工作情况的报告，通过了提交区十六届人大二次会议的常委会工作报告，审查批准了区人民政府关于调整2008年度财政收支预算的报告。会议还进行了人事任免事项。

2009年

2009年，区十六届人大常委会共召开常委会会议8次。

2月26日，区十六届人大常委会第八次会议在区人大常委会会议室召开。区人大常委会副主任杨学贤主持会议。会议讨论通过了河口区人大常委会2009年工作要点，分别听取审议了区政府关于产品质量监督工作和卫生工作情况的报告。

3月10日，区十六届人大常委会第九次会议在区人大常委会会议室召开。区人大常委会副主任王树臣主持会议。会议接受了聂建军区长的辞呈，任命武林中为河口区人民政府代理区长。会议进行了其他人事任免事项。

4月24日，区十六届人大常委会第十次会议在区人大常委会会议室召开。区人大常委会副主任房建民主持会议。会议听取审议了区政府关于计划生育工作情况的报告、关于建筑市场清理整顿情况的报告、关于油地携手打击和预防涉油违法犯罪情况的报告。会议听取审议了区政府关于河口区生态防护林工程建设项目贷款的报告，并作出了决议。

6月8日，区十六届人大常委会第十一次会议在区人大常委会会议室召开。区人大常委会副主任房建民主持会议。会议审查批准了区人大常委会代表资格审查委员会关于补选的区十六届人大代表的代表资格的审查报告；讨论通过了区人大常委会关于召开区十六届人大三次会议的决定；听取审议了区十六届人大三次会议筹备工作情况的报告。最后，会议进行了人事任免事项。

8月26日~27日，区十六届人大常委会第十二次会议召开。区人大常委会副主任杨学贤主持会议。会议听取了区招商办、发改局、经贸局、外经贸局、开发区管委会、农业局、科技局、旅游局主要负责人关于招商引资工作的述职报告，并对有关部门、单位招商引资及软环境建设情况进行了民主评议；听取审议了区政府关于招商引资情况的报告、关于2009年上半年国民经济和社会发展计划执行情况的报告、关于2009年上半年财政预算执行情况的报告、关于2008年区级财政决算的报告，关于2008年区级财政预算执行情况和其他财政收支情况的审计工作报告，关于调整2009年度财政收支预算的报告，批准了2008年区级财政决算和关于调整2009年度财政收支预算的报告；听取审议了区人民法院关于执行工作情况的报告，区人民检察院关于反贪污贿赂工作情况的报告。会议最后进行了人事任免事项。

10月23日，区十六届人大常委会第十三次会议召开。区人大常委会副主任房建民主持会议。会议听取审议了区政府关于“民主法治示范村”创建情况的报告、关于社会主义新农村建设工作情况的报告、关于中小学设施配套建设情况的报告，关于开展“法治河口”创建活动的报告，并作出了决议。会议还任命了6名检察人员。

12月11日，区人大常委会第十四次会议召开。区人大常委会第一副主任王树臣主持会议。会议听取审议了区政府关于道路建设管理情况的报告、关于海洋与渔业工作情况的报告、2009年招商引资工作情况的报告，关于办理人大代表建议和人大常委会审议意见情况的报告。会议讨论通过了区人大常委会关于召开区十六届人大四次会议的决定和关于接受盖凤鸣、陈桂林、赵呈安等三名代表辞职请求的决定。区委书记、区人大常委会主任聂建军出席会议并作了重要讲话。

12月29日，区十六届人大常委会第十五次会议召开。区人大常委会副主任房建民主持会议。会议听取审议了区十六届人大四次会议筹备情况的报告，讨论通过了提交区十六届人大四次会议的常委会工作报告，审查批准了区人大常委会代表资格审查委员会关于补选的区十六届人大代表的代表资格的审查报告，讨论通过了关于区十六届人大四次会议列席人员范围的决定，听取审议了区人民政府关于调整2009年度财政收支预算的报告，并做出批准的决定。会议进行了人事任免事项。

2010年

2010年，区十六届人大常委会共召开常委会会议7次。

1月12日，区十六届人大常委会第十六次会议召开。区人大常委会副主任杨学贤主持会议。会议通过无记名投票的方式补选万会标、高一、吴国华为市六届人大代表。

3月9日，区十六届人大常委会第十七次会议召开。区人大常委会副主任杨学贤主持会议。会议听取审议了区政府关于安全生产法实施情况的报告、关于科技工作情况的报告。会议讨论通过了河口区人大常委会2010年工作要点。会议进行了人事任免事项。

5月19日，区十六届人大常委会第十八次会议在区人大常委会会议室召开。区人大常委会副主任房建民主持会议。会议听取审议了区政府关于食品安全实施情况的报告、关于劳动就业工作情况的报告、关于油地公安维稳工作协调机制运转情况的报告。最后，会议进行了人事任免事项。

7月23日，区十六届人大常委会第十九次会议在区人大常委会会议室召开。区人大常委会第一副主任王树臣主持会议。会议听取审议了区政府关于2010年上半年国民经济和社会发展计划执行情况的报告、关于2010年上半年财政预算执行情况的报告、关于2009年区级财政决算的报告、关于2009年区级财政预算执行和其他财政收支情况的审计工作报告，审查批准了2009年区级财政决算。听取审议了区人民法院关于队伍建设情况的报告。会议进行了人事任免事项。区委书记、区人大常委会主任聂建军参加会议，并作重要讲话。

9月29日，区十六届人大常委会第二十次会议召开。区人大常委会副主任房建民主持会议，会议听取审议了区政府关于工业经济发展和产业结构调整工作情况的报告、关于黄河口特优农产品“三大基地”培育和农业龙头企业建设情况的报告、关于新型农村社会养老保险工作情况的报告，区人民检察院关于预防职务犯罪工作情况的报告。会议进行了人事任免事项。

11月30日，区十六届人大常委会第二十一次会议召开。区人大常委会副主任杨学贤主持会议。会议表决通过了人民满意单位评选办法，并对全区53个部门单位进行了工作评议。评选出了区检察院、经信局、计生局、国税局、油区办等五个人民满意单位。会议听取审议了区政府关于“重大项目攻坚、和谐城乡建设、机关效能提升”三大行动开展情况的报告。会议还通过了人事任免事项。

12月23日，区人大常委会第二十二次会议召开。区人大常委会第一副主任王树臣主持会议。会议讨论通过了区人大常委会关于召开区十六届人大五次会议的决定，讨论通过了关于区十六届人大五次会议列席人员范围的决定。会议进行了人事任免事项。区委书记、区人大常委会主任聂建军出席会议并作了重要讲话。

2011年

2011年，区十六届人大常委会共召开常委会会议9次。

1月10日，区十六届人大常委会第二十三次会议召开。区人大常委会副主任房建民主持会议。会议听取审议了区十六届人大五次会议筹备工作情况的报告，讨论通过了提交区十六届人大五次会议的常委会工作报告、关于接受有关人员辞职请求的决定，审查批准了区人大常委会代表资格委员会关于补选的区十六届人大代表的代表资格的审查报告、区人民政府关于调整2010年度财政收支预算的报告和开发区 2010 年度财政收支预算的报告。

3 月 30 日，区十六届人大常委会第二十四次会议召开。区人大常委会副主任房建民主持会议。会议讨论通过了河口区人大常委会 2011 年工作要点和河口区第十六届人大常委会代表资格审查委员会组成人员名单，听取审议了区政府关于水利基础设施建设情况的报告、关于山东河口蓝色经济开发区规划建设情况的报告。会议进行了人事任免事项。

5 月 26 日，区十六届人大常委会第二十五次会议召开。区人大常委会副主任房建民主持会议。会议听取审议了区政府关于湖滨新区规划建设情况的报告、关于经济犯罪侦查工作情况的报告、关于医药卫生体制改革情况的报告，审查批准了区人大常委会代表资格审查委员会关于补选代表的代表资格的审查报告。会议进行了人事任免事项。

7 月 9 日，区十六届人大常委会第二十六次会议召开。区人大常委会第一副主任王树臣主持会议。会议通过了接受武林中同志辞去河口区人民政府区长请求的决定，并通过无记名投票方式决定苟增杰同志为河口区人民政府代区长。区委书记、区人大常委会主任聂建军出席会议并作了重要讲话。

7 月 29 日，区十六届人大常委会第二十七次会议召开。区人大常委会副主任房建民主持会议。会议听取审议了区政府关于 2011 年上半年国民经济和社会发展计划执行情况的报告、关于 2011 年区级财政决算（草案）的报告、关于 2010 年区级财政预算执行和其他财政收支情况的审计工作报告、关于 2011 年上半年财政预算执行情况的报告，审查批准了 2010 年区级财政决算。会议审议批准了关于在全区公民中开展法制宣传教育的第六个五年规划和河口区 2011~2015 年依法治区规划。会议通过了代表资格审查委员会关于补选苟增杰为区人大代表的代表资格的审查报告。会议任命马文俊等 11 名同志为河口区人民法院审判员。

8 月 10 日，区十六届人大常委会第二十八次会议召开。区人大常委会副主任郭存三主持会议。会议听取审议了区人大常委会副主任房建民所作的区十六届人大六次会议筹备工作情况的报告，讨论通过了区人大常委会关于召开区十六届人大六次会议的决定及关于区十六届人大六次会议列席人员范围的决定。

9 月 30 日，区十六届人大常委会第二十九次会议召开。区人大常委会副主任房建民主持会议。会议听取审议了区政府关于供热供气及城市基础设施建设情况的报告、关于学前教育工作情况的报告，区人民法院关于《中华人民共和国法官法》贯彻执行情况的报告，区人民检察院关于民事行政检察工作情况的报告。会议审议通过了关于区镇两级人大换届选举工作的实施方案；表决通过了关于区镇两级人大换届选举的决定，关于任命区选举委员会组成人员的决定，关于任命各镇选举委员会和街道选举工作指导组组成人员的决定。会议进行了人事任免事项。

11 月 30 日，区十六届人大常委会第三十次会议召开。区人大常委会副主任、区总工会主席郭存三主持会议。会议听取审议了区政府关于招商引资工作情况的报告、关于油区工作情况的报告、关于海洋经济发展情况的报告、关于“机关效能提升行动”开展情况的报告。

12 月 6 日，区十六届人大常委会第三十一次会议召开。区人大常委会副主任房建民主持会议。会议依法免去了段鸿、王学春的河口区人民政府副区长职务，任命王秀凤、高加夫、赵明印为河口区人民政府副区长。区委书记、区人大常委会主任作了重要讲话。

第五节　区十七届人大常委会会议

河口区第十七届人大常委会届内共举行常委会会议 45 次。其中，2012 年召开常委会会议 7 次；2013 年召开常委会会议 8 次；2014 年召开常委会会议 8 次；2015 年召开常委会会议 9 次；2016 年召开常委会会议 12 次；2017 年召开 1 次。

2012 年

2012 年，区十七届人大常委会共召开常委会会议 7 次。

3 月 14 日，区十七届人大常委会第一次会议召开。区人大常委会第一副主任张胜双主持会议。会议讨论通过了《河口区人大常委会 2012 年工作要点》。第一副主任张胜双对新一届人大常委会今后工作提出了要求。会议进行了人事任免事项。

3月31日，区十七届人大常委会第二次会议召开。区人大常委会第一副主任张胜双主持会议。会议通过了河口区第十七届人大常委会代表资格审查委员会组成人员名单；任命了22名新一届区人民政府组成人员。区委书记、区人大常委会主任、东营港经济开发区党工委书记聂建军为新任命人员颁发了任命书并作了重要讲话。

4月27日，区十七届人大常委会第三次会议召开。区人大常委会副主任闫长林主持会议。会议听取审议了区政府关于畜牧业发展情况的报告、关于《中华人民共和国安全生产法》贯彻情况的报告、关于社会治安防控体系建设情况的报告；讨论通过了关于接受有关人员辞呈请求的决定。会议进行了人事任免事项。

6月29日，区十七届人大常委会第四次会议召开。区人大常委会副主任郭存三主持会议。会议听取审议了区政府关于2012年上半年国民经济和社会发展计划执行情况的报告、关于2011年区级财政决算（草案）的报告、2011年区级财政预算执行和其他财政收支情况的审计工作报告、2012年上半年财政预算执行情况的报告，审查批准了2011年区级财政决算；听取审议了区人民检察院关于监所检察工作情况的报告。讨论通过了区人大常委会代表资格审查委员会关于补选代表的代表资格的审查报告。会议进行了人事任免事项。

8月29日，区十七届人大常委会第五次会议召开。区人大常委会副主任闫长林主持会议。会议听取审议了区政府关于“和谐城乡建设行动”开展情况的报告、关于农业科技创新和服务体系建设情况的报告，区人民法院关于刑事审判工作情况的报告。会议讨论通过了《东营市河口区人民代表大会常务委员会关于对区人民政府、区人民法院、区人民检察院专项工作报告实行满意度测评的暂行办法》《东营市河口区人民代表大会常务委员会关于办理区人民代表大会代表建议的办法》。

10月31日，区十七届人大常委会第六次会议召开。区人大常委会副主任郭存三主持会议。会议听取审议了区政府关于城乡基础教育标准化建设情况的报告、关于环境保护工作情况的报告、关于招商引资工作情况的报告，对听取和审议的三个专项工作报告进行了满意度测评。会议还进行了人事任免事项。

12月19日，区十七届人大常委会第七次会议召开。区人大常委会副主任闫长林主持会议。会议听取审议了区政府关于“重大项目攻坚行动”开展情况的报告、关于文化建设工作情况的报告、关于普法依法治理及法治河口创建工作情况的报告；对听取和审议的专项工作报告进行了满意度测评。听取审议了关于区十七届人大二次会议筹备工作情况的报告；讨论通过了区人大常委会关于召开区十七届人大二次会议的决定、关于区十七届人大二次会议列席人员范围的决定。会议进行了人事任免事项。

2013年

2013年，区十七届人大常委会共召开常委会会议8次。

2月21日，区十七届人大常委会第八次会议召开。会议听取审议了区人民政府关于调整2012年度财政收支预算的报告，并作出了批准的决定；讨论通过了区人大常委会2013年工作要点、区人大常委会工作评议暂行办法、区人大常委会执法检查办法、区人大常委会专题调查办法、区人大代表联系群众制度。

4月26日，区十七届人大常委会第九次会议召开。会议听取审议了区政府关于人口和计划生育工作情况的报告、关于《中华人民共和国道路交通安全法》贯彻落实情况的报告、关于物价工作情况的报告；对专项工作报告进行了满意度测评。讨论通过了区人大常委会代表资格审查委员会关于补选代表的代表资格的审查报告。会议进行了人事任免事项。

6月20日，区十七届人大常委会第十次会议召开。会议罢免了魏汉森的市七届人大代表职务。

6月28日，区十七届人大常委会第十一次会议召开。会议听取审议了区政府关于林业工作情况的报告、关于社会保障工作情况的报告，区人民法院关于商事审判工作情况的报告；对专项工作报告进行了满意度测评。

8月28日，区十七届人大常委会第十二次会议召开。会议听取审议了区政府关于2013年上半年国民经济和社会发展计划执行情况的报告、关于2012年区级财政决算（草案）的报告、2012年区级财政预算执行和其他财政收支情况的审计工作报告和2013年上半年财政预算执行情况的报告；对听取审议的专项工作报告进行了满意度测评。会议审查批准了2012年区级财政决算。会议还进行了人事任免事项。

10月25日，区十七届人大常委会第十三次会议召开。会议对区发改局、物价局、科技局、农业局、商务局、统计局、城管局、招商局、旅游局、国税局、地税分局、环保分局、工商分局、质监分局、盐务局共15个区政府组成部门、事业单位和垂直管理部门的工作进行了评议。主要评议部门单位依法履职情况、班子队伍建设情况、为民服务和为经济社会发展服务情况、机关效能提升情况以及接受区人大及其常委会监督和执行区人大及其常委会决议决定等情况。

10月31日，区十七届人大常委会第十四次会议召开。会议听取审议了区政府关于医药卫生体制改革情况的报告、关于《中华人民共和国产品质量法》贯彻落实情况的报告，区人民检察院关于反渎职侵权工作情况的报告；对专项工作报告进行了满意度测评。会议进行了人事任免事项。

12月26日，区十七届人大常委会第十五次会议召开。会议听取审议了区政府关于新型城镇化建设情况的报告、关于民政工作情况的报告；对听取审议的专项工作报告进行了满意度测评。会议审查批准了河口区人民政府关于调整2013年度财政收支预算的报告。会议听取审议了区十七届人大三次会议筹备工作情况的报告；讨论通过了关于召开区十七届人大三次会议的决定、关于区十七届人大三次会议列席人员范围的决定、关于补选代表的代表资格的审查报告、区十七届人大三次会议的常委会工作报告。会议进行了人事任免事项。会议补选朱晨曦、张敏、武小娜为东营市第七届人大代表。

2014年

2014年，区十七届人大常委会共召开常委会会议8次。

2月25日，区十七届人大常委会第十七次会议召开。会议讨论通过了《河口区人大常委会2014年工作要点》《东营市河口区人民代表大会常务委员会专题询问办法》《东营市河口区人民代表大会常务委员会规范性文件备案审查办法》《东营市河口区人民代表大会代表述职办法》。会议任命李萍为河口区食品药品监督管理局局长，徐化义为河口区工商行政管理局局长，包茂东为河口区质量技术监督局局长；免去了胡少文的河口区人民检察院检察员职务，孙丰霞的河口区人民检察院检察员职务。

4月25日，区十七届人大常委会第十八次会议召开。会议听取审议了区政府关于水利工作情况的报告、关于科技工作情况的报告，区法院关于审判管理工作情况的报告；对听取审议的专项工作报告进行了满意度测评。会议讨论通过了《关于接受刘冬红辞去区人大代表职务的请求的决定》。会议免去了韩松青的河口区经济和信息化局局长职务，陈金军、陈兴功、蒋时祥、刘树国、孙建林、王建宇、蔚庆忠、张广文、张金涛、张希成、张旭河、李占尧、于丰秋的河口区人民法院人民陪审员职务。会议任命陈守明、王立江、刘小燕、王争、刘俊霞、李文彩、陈丙美、陈建民、董国杰、杨婉、刘学伟、乔永莉、高希文、张忠卫、陈素芳、刘凌飞、张莉琨、张丽萍、薄鸿伟、单展华、王忠兴、杨云峰、李顺祥、邵云灵、郭翠萍、刘中伟、郑建忠、胡成勇、宋立园、薄其利、张月友、张林松、杨树甄、张光军、张兆君为河口区人民法院人民陪审员，李志红、臧晓晓、孙志奇、王东森为河口区人民检察院检察员。

6月27日，区十七届人大常委会第十九次会议召开。会议听取审议了区政府关于旅游工作情况的报告、关于《中华人民共和国土地管理法》贯彻落实情况的报告，区检察院关于侦查监督工作情况的报告；对听取审议的专项工作报告进行了满意度测评。讨论通过了区人大常委会关于批准区政府《关于区生活垃圾综合处理项目〈特许经营协议〉及区生活垃圾综合处理费纳入区财政综合预算管理的报告》的决定。会议决定免去郑晓杰的河口区人民法院民事审判第一庭副庭长、审判员职务，张庆莹河口区人民法院审判员职务。会议决定任命牟焕军为河口区卫生和计划生育局（中医药管理局）局长，肖志红、侯广飞为河口区人民法院审判员。

8月28日，区十七届人大常委会第二十次会议召开。会议听取审议了区政府关于2014年上半年国民经济和社会发展计划执行情况的报告、关于2013年区级财政决算（草案）的报告、2013年区级财政预算执行和其他财政收支情况的审计工作报告、2014年上半年财政预算执行情况的报告，审查批准2013年区级财政决算；对听取审议的专项工作报告进行了满意度测评。

10月9日，区十七届人大常委会第二十一次会议召开。常委会组成人员对区经信局、教育局、司法局、人社局、住建局、文体广新局、审计局、食品药品监管局、油工委、海洋与渔业局、金融办、森林公安分局、国土资源分局、邮政局、粮食局共15个区政府组成部门、事业单位和垂直管理部门的工作进行了评议。会议讨论通过了《关于接受武小娜辞去市七届人大代表职务的请求的决定》。

10月30日，区十七届人大常委会第二十二次会议召开。会议听取审议了区政府关于海洋与渔业工作情况的报告、关于城市管理工作情况的报告、关于加强公安基层基础工作情况的报告；对听取审议的专项工作报告进行了满意度测评；讨论通过了《东营市河口区人民代表大会常务委员会关于批准河口区国民经济和社会发展第十二个五年规划纲要部分指标调整的决定》。

12月26日，区十七届人大常委会第二十三次会议召开。会议听取审议了区政府关于食品安全工作情况的报告、关于《2011—2015年依法治区规划》实施情况的报告；对听取审议的专项工作报告进行了满意度测评。听取审议了区十七届人大四次会议筹备工作情况的报告；讨论通过了区人大常委会关于批准《河口新型城镇化项目建设和融资有关问题的报告》的决议，关于批准河口区2014年度财政预算调整的决定，关于召开区十七届人大四次会议的决定，关于区十七届人大四次会议列席人员范围的决定，区人大常委会代表资格审查委员会关于补选代表的代表资格的审查报告，关于接受徐楠楠辞去区人大代表、区人大常委会委员职务的请求的决定，关于接受杨江普辞去区人大代表职务的请求的决定，关于接受刘云战辞去区人大代表职务的请求的决定。会议免去邵云波的河口区城市管理局局长职务。会议任命刘高峰为区人大常委会财政经济工作委员会副主任，王明元为河口区城市管理局局长，张波、高维聪为区人民检察院检察员。

2015年

2015年，区十七届人大常委会共召开常委会会议9次。

2月3日，区十七届人大常委会第二十四次会议召开。区人大常委会副主任郭存三主持会议。会议讨论通过了《河口区人大常委会2015年工作要点》、《河口区人民代表大会常务委员会关于加强预算决算审查监督的决定》。

4月29日，区十七届人大常委会第二十五次会议召开。区人大常委会副主任闫长林主持会议。会议听取审议了关于全区学前教育工作情况的报告，听取审议了区检察院关于公诉工作情况的报告，同时，会议对听取审议的专项报告进行了满意度评测。区人大常委会第一副主任张胜双、区人大常委会副主任丁水林、郭存三分别在审议中发言，对听取审议的专项工作报告提出了建议意见。会议还任命了15名区人民法院人民陪审员。

5月6日，区十七届人大常委会第二十六次会议暨河口区人大常委会大气污染防治工作专题询问会议召开，就全区大气污染防治工作进行现场询问。区人大常委会副主任闫长林主持会议。这是区人大常委会首次开展专题询问工作。副区长王英明代表区政府汇报了全区大气污染防治工作情况，并作表态发言。会上，围绕百姓关注的大气污染热点问题，9名区人大常委会组成人员、2名人大常委会工作委员会负责同志及2名市人大代表分别提出17个问题，区环保分局、畜牧局、住建局、城管局、财政局等部门主要负责人到会应询。

6月26日，区十七届人大常委会第二十七次会议召开。会议听取审议了区政府关于交通运输工作情况的报告、区法院关于民事审判工作的报告，对听取审议的专项工作报告进行了满意度评测。会议进行了人事任免事项。

8月28日，区十七届人大常委会第二十八次会议召开。区人大常委会副主任闫长林主持会议。会议听取审议了区政府关于2015年上半年国民经济和社会发展计划执行情况的报告、关于河口区2014年财政决算和2015年上半年预算执行情况的报告、关于2014年区级财政预算执行和其他财政收支情况的审计工作报告；对听取审议的专项工作报告进行了满意度测评。会议讨论通过了《关于批准2014年区级财政决算的决议》。会议进行了人事任免事项。

9月30日，区十七届人大常委会第二十九次会议召开。区人大常委会党组书记、第一副主任张胜双主持会议。会议接受苟增杰辞去河口区区长职务的请求，任命刘斯杰为河口区副区长、代理区长。

10月15日，区十七届人大常委会第三十次会议召开。区人大常委会党组书记、第一副主任张胜双主持会议。会议对区民政局、财政局、交通运输局、水利局、卫计局、安监局、畜牧局、林业局、政务服务中心、广播电视台、黄河三角洲建设办公室、公安分局、公路分局、气象局、河务局共15个区政府组成部门、事业单位和垂直管理部门的工作进行了评议。

10月30日，区十七届人大常委会第三十一次会议召开。区人大常委会副主任郭存三主持会议。会议听取审议了区政府关于农村土地经营权流转工作情况的报告、关于油区工作情况的报告，对听取审议的专项工作报告进行了满意度测评。会议讨论通过了《东营市河口区人民代表大会常务委员会组织人大代表旁听区人民法院庭审办法》《东营市河口区人民代表大会常务委员会拟任命人员任前法律知识考试办法》《东营市河口区第十七届人民代表大会常务委员会代表资格审查委员会关于补选代表的代表资格的审查报告》。会议进行了人事任免事项。

12月31日，区十七届人大常委会第三十二次会议召开。区人大常委会副主任闫长林主持会议。会议听取审议了区政府关于公共文化服务体系建设情况的报告、关于《中华人民共和国劳动合同法》贯彻落实情况的报告，对听取审议的专项工作报告进行了满意度测评。会议审查批准了河口区人民政府关于2015年地方政府债务限额及区级财政预算调整的报告；听取了区十七届人大五次会议筹备工作情况的报告。会议讨论通过了区人大常委会关于批准2015年河口区地方政府债务限额及区级财政预算调整的决定、区人大常委会关于召开区十七届人大五次会议的决定、区人大常委会关于区十七届人大五次会议列席人员范围的决定、提交区十七届人大五次会议的常委会工作报告。会议进行了了人事任免事项。

2016年

2016年，区十七届人大常委会共召开常委会会议12次。

1月13日，区十七届人大常委会第三十三次会议召开。区人大常委会副主任闫长林主持会议。会议表决通过了《关于接受聂建军辞去河口区人大常会主任职务的请求的决定》；讨论通过了区人大常委会代表资格审查委员会关于补选代表的代表资格的审查报告。

1月27日，区十七届人大常委会第三十四次会议召开。区人大常委会副主任郭存三主持会议。会议补选刘斯杰、张树芹为市七届人大代表。

2月26日，区十七届人大常委会第三十五次会议召开。区人大常委会副主任闫长林主持会议。会议讨论通过了《河口区人大常委会2016年工作要点》。会议进行了人事任免事项。

4月29日，区十七届人大常委会第三十六次会议召开。区人大常委会副主任郭存三主持会议。会议听取审议了区政府关于城乡环卫一体化工作情况的报告，区法院关于行政审判工作的报告；对听取审议的专项工作报告进行了满意度测评。会议进行了人事任免事项。

6月30日，区十七届人大常委会第三十七次会议召开。区人大常委会副主任闫长林主持会议。会议审议通过了《东营市河口区人大常委会关于批准设立城市发展基金的决议》；听取审议了区政府关于物业管理工作情况的报告、区检察院关于规范司法行为工作情况的报告，会议对听取审议的专项工作报告进行了满意度测评。会议任命徐文棠为河口区人民政府副区长。

8月2日，区十七届人大常委会第三十八次会议召开。区人大常委会党组书记、第一副主任张胜双主持会议。会议接受朱林华辞去区十七届人大代表职务的请求。

8月26日，区十七届人大常委会第三十九次会议召开。区人大常委会副主任郭存三主持会议。会议听取审议了区政府关于2016年上半年国民经济和社会发展计划执行情况的报告、关于河口区2015年财政决算和2016年上半年预算执行情况的报告、关于2015年区级财政预算执行和其他财政收支情况的审计工作报告，审查批准了2015年区级财政决算；对听取审议的专项工作报告进行了满意度测评。会议作出了关于批准2016年河口区地方政府债务限额及区级预算调整的决定、关于河口区2016—2020年依法治区规划的决议、关于在全区公民中深入开展第七个五年法治宣传教育的决议。

9月22日，区十七届人大常委会第四十次会议召开。区人大常委会副主任闫长林主持会议。会议通过了《东营市河口区人大常委会关于区镇两级人大换届选举工作的实施方案》《东营市河口区人大常委会关于区镇两级人大换届选举的决定》《东营市河口区人大常委会关于任命河口区选举委员会组成人员的决定》《东营市河口区人大常委会关于任命各镇选举委员会和街道选举工作指导组组成人员的决定》。会议进行了人事任免事项。

10月14日，区十七届人大常委会第四十一次会议召开。区人大常委会党组书记、第一副主任张胜双主持会议。会议免去了张学锋的河口区人民政府副区长职务。

10月28日，区十七届人大常委会第四十二次会议举行。区人大常委会副主任闫长林主持会议。会议听取审议了区政府关于城乡公交一体化工作情况的报告、关于养老服务体系建设情况的报告，对听取审议的专项工作报告进行了满意度测评。

12月21日，区十七届人大常委会第四十四次会议召开。区人大常委会党组书记、第一副主任张胜双主持会议。会议听取审议了区政府关于职业教育工作情况、关于治安防控体系建设情况的报告，对听取审议的专项工作报告进行了满意度测评。会议讨论通过了区人大常委会代表资格审查委员会关于河口区第十八届人民代表大会代表资格的审查报告。会议作出了区人大常委会关于批准2016年河口区区级财政预算调整的决定。会议进行了人事任免事项。

第六章 历届区人大常委会决议、决定

依法讨论、决定本行政区域内的政治、经济、文化和社会等方面的重大事项，是《宪法》和法律赋予人大及其常委会的一项重要职权，是人民当家作主、管理国家事务的重要方式。22年来，区人民代表大会会议和区人大常委会会议，坚持“抓大事、议大事”的原则，紧紧围绕改革、发展、稳定中的重大事项和人民群众普遍关心的热点问题，深入调查研究，认真进行审议，共作出决议、决定200项，内容涉及规划编制、财政经济、依法治区、社会治理、社会事业等方面的重大事项以及人大制度和人大工作中的重点问题。

第一节 区十三届人大常委会决议、决定

1993年至1997年，区十三届人大常委会坚持把工作监督、法律监督和人事监督有机结合起来，积极探索监督的有效途径、改进监督方式、拓宽监督渠道，并就多个方面的问题作出决议、决定，保证了宪法和法律在河口区的贯彻实施，促进了全区各项事业的顺利发展。

东营市河口区人大常委会关于批准实施《东营市河口区土地利用总体规划及基本农田保护区规划》的决定

（1995年3月15日区十三届人大常委会第16次会议通过）

东营市河口区第十三届人民代表大会常务委员会第十六次会议，1995年3月15日，原则同意区人民政府关于《东营市河口区土地利用总体规划及基本农田保护区规划》。公布后予以实施。

东营市河口区人大常委会关于四扣乡十三届人大三次会议重新召开的决定

（1995年5月16日区十三届人大常委会第17次会议通过）

根据《中华人民共和国地方各级人民代表大会和地方各级人民政府组织法》的有关规定，东营市河口区四扣乡第十三届人大三次会议违背了有关的法定程序。为此，区十三届人大常委会第十七次会议，1995年5月16日决定：东营市河口区四扣乡第十三届人民代表大会第三次会议，于1995年5月25日前重新举行。

东营市河口区人大常委会关于编写《东营市河口区人民代表大会志》的决定

（1995年5月16日区十三届人大常委会第17次会议通过）

根据区十三届人大常委会1995年工作要点的安排，为了充分履行宪法和法律赋予的职权，促进社会主义民主与法制建设，加强地方政权建设，区十三届人大常委会第十七次会议，于1995年5月16日，决定组织编写河口区人民代表大会志，以便回顾建区十年来我区人大工作发展的历程，总结经验，发扬成绩，从中找出规律，更好地开展全区人大工作。具体编写工作由常委会主任会议负责组织实施。

东营市河口区人大常委会关于在国家机关中实行执法责任制的决定

（1995年5月16日区十三届人大常委会第17次会议通过）

为了深入贯彻落实党的十四届三中、四中全会和八届全国人大三次会议精神，适应建立社会主义市场经济体制的需要，加强法律监督，促使国家行政执法机关、司法机关及其工作人员进一步明确执法责任，提高执法水平，保证宪法、法律、法规的正确实施，促进我区改革开放和经济建设持续、快速、健康的发展，区人大常委会决定，自1995年6月起，在全区国家机关中实行执法责任制。

一、实行执法责任制的国家机关，是指区人民政府及其有关执法部门，区人民法院，区人民检察院。执法的内容，主要是全国人大及其常委会、国务院和

山东省人大常委会颁布实施的国家法律法规与地方性法规。

二、实行执法责任制的国家机关必须充分明确各自负责实施的法律法规，并就执行这些法律法规的组织领导、学习宣传、目标任务、保障措施以及考核奖惩等，制定具体的实施方案。要建立健全执法的内部制约、外部监督机制，所有执法人员特别是各级领导干部都要强化执法意识和责任感，严格依法行政，依法办事，不断提高执法水平。要把执法责任制同普法教育、依法治区有机地结合起来，相互促进，共同搞好。

三、加强执法责任制的监督检查。区人大常委会通过例会、主任会议和视察、调查等形式，对国家法律法规的执行情况和国家机关的执法责任、执法效果，进行检查。各执法机关要认真听取群众意见，接受群众监督和舆论监督，定期自查，及时发现并纠正执法违法或执法不当的行为，确保各项法律法规的正确贯彻实施。

四、逐步建立和完善考评制度。区人大常委会要组织区人大代表或委托机关有关科室，不定期地对实行执法责任制的国家机关进行考评，并作为任命干部的重要依据。各行政执法机关和司法机关要根据本单位工作的特点，制定执法责任制的考核内容和评比条件，纳入年度考评范围。对在执法工作中做出显著成绩者，以适当方式予以表彰。

东营市河口区人大常委会
关于进行河口区1996年乡镇人大换届选举的决定

（1995年11月16日区十三届人大常委会第20次会议通过）

根据地方组织法和选举法的有关规定，区十三届人大常委会第二十次会议，1995年11月16日决定，河口区乡镇人大换届选举工作自1995年11月中旬开始，1996年1月5日前选出代表，1996年2月10日前开完换届的乡镇人民代表大会第一次会议。

东营市河口区人大常委会
关于确定分配乡镇人大代表名额的决定

（1995年11月16日区十三届人大常委会第20次会议通过）

根据《山东省县乡两级人民代表大会选举实施细则》第三章第七条第二款关于“乡、民族乡、镇的代表名额基数为四十名，每一千五百人可以增加一名代表；人口不足二千的乡、民族乡、镇的代表总名额可以少于四十名”的规定，东营市河口区人大常委会第二十次会议，1995年11月16日决定：河口区乡镇人大代表的名额分配确定为：

新户乡：51人；太平乡：49人；义和镇：57人；四扣乡：47人；六合乡：51人；孤岛镇：25人；仙河镇：25人。

东营市河口区人大常委会
关于召开区十三届人民代表大会第四次会议的决定

（1996年2月27日区十三届人大常委会第23次会议通过）

东营市河口区十三届人大常委会第二十三次会议决定：东营市河口区第十三届人民代表大会第四次会议于1996年3月11日至14日在河口召开。建议会议的主要议程是：听取和审议河口区人民政府关于河口区国民经济和社会发展第九个五年计划和2010年远景目标纲要（草案）的报告，审查、批准河口区国民经济和社会发展第九个五年计划和2010年远景目标纲要；听取审议河口区人民政府关于河口区1995年国民经济和社会发展计划执行情况与1996年国民经济和社会发展计划（草案）的报告，审查、批准河口区1995年国民经济和社会发展计划执行情况与1996年国民经济和社会发展计划；听取审议河口区人民政府关于河口区1995财政预算执行情况和1996年财政预算（草案）的报告，审查、批准河口区1995年财政预算执行情况和1996年财政预算；听取审议河口区人民代表大会常务委员会工作报告、人民法院工作报告、人民检察院工作报告；选举事项。

东营市河口区人大常委会
关于组织全区人大代表“围绕河口区‘二次创业’开展建功立业活动”的决定

（1996年8月14日区十三届人大常委会第26次会议通过）

为深入贯彻党的十四届五中全会精神，积极响应河口区委“二次创业”的号召，进一步调动全区各级人大代表为我区加快经济发展作贡献的积极性和创造性，充分发挥人大代表在各条战线上的参与决策作用、桥梁纽带作用和模范带头作用，区人大常委会决定组织全区各级人大代表“围绕河口区‘二次创业’开展建功立业活动”，并通过开展这项活动，进一步增强人大代表的创业意识、改革开放意识和市场经济意识，增强执行代表职务的责任感和使命感，为振兴河口经济做出积极贡献。

东营市河口区人大常委会
关于河口区科学技术发展“九五”计划及
到2010年规划纲要的决定

（1997年6月3日区十三届人大常委会第31次会议通过）

东营市河口区第十三届人民代表大会常务委员会第三十一次会议经过认真审议，原则通过《河口区科学技术发展“九五”计划及到2010年规划纲要》。由区人民政府结合我区实际具体负责实施。

东营市河口区人大常委会
关于进行全区1998年人大换届选举的决定

（1997年11月7日区十三届人大常委会第34次会议通过）

根据地方组织法和选举法的有关规定，区十三届人大常委会第三十四次会议，1997年11月7日决定，河口区1998年换届选举工作自1997年11月初开始，1997年12月23日选出代表，1998年1月20日前开完换届的区十四届人民代表大会第一次会议。

关于任命东营市河口区1998年
人大换届选举委员会组成人员的决定

（1997年11月7日区十三届人大常委会第34次会议通过）

根据法律有关规定和实际工作需要，区十三届人大常委会第三十四次会议，1997年11月7日，决定任命东营市河口区1998年换届选举委员会组成人员如下：

主　任：刘汝彬

副主任：吴国华　高顺德　韩廷村　岳树德　张凤田

成　员：（按姓名笔画为序）

王学锋　刘玉琴　李永丰　张　静　郭本东　贾秉琴　扈洪文　崔家文　黄高潮　渠怀德　鲍学功

选举委员会下设办公室，主任由崔家文兼任。

东营市河口区第十三届人大常委会
第35次会议关于召开区十四届人大一次会议的决定

（1997年12月30日区十三届人大常委会第35次会议通过）

东营市河口区第十三届人民代表大会常务委员会第三十五次会议，1997年12月30日决定，区十四届人大一次会议定于1998年1月14日至17日在河口召开。主要建议议程是：

1. 听取并审议河口区人民政府工作报告；

2. 听取并审议河口区人民政府关于河口区1997年国民经济和社会发展计划执行情况与1998年国民经济和社会发展计划（草案）的报告，审查、批准河口区1997年国民经济和社会发展计划执行情况和1998年计划；

3. 听取并审议河口区人民政府关于河口区1997年财政算执行情况和1998年财政预算（草案）的报告，审查、批准河口区1997年财政预算执行情况及1998年财政预算；

4. 听取并审议区人民代表大会常务委员会工作报告；

5. 听取并审议区人民法院工作报告；

6. 听取并审议区人民检察院工作报告；

7. 选举事项；

8. 其他。

东营市河口区第十三届人大常委会
第35次会议关于区十四届人大一次会议
列席人员范围的决定

（1997年12月30日区十三届人大常委会第35次会议通过）

东营市河口区第十三届人民代表大会常务委员会第三十五次会议，1997年12月30日决定，根据区十四届人大一次会议的主要任务及有关规定，列席本次会议的人员范围是：（一）不是代表的区委常委、区委各部门的主要负责人；（二）不是代表的区人民政府副区长和政府序列各委办局的主要负责人；（三）出席政协河口区五届一次会议的全体委员；（四）区人民法院院长、区人民检察院检察长；（五）不是代表的各乡镇党委书记、人大副主席、河口办事处人大办公室主任、乡（镇）长、办事处主任；（六）不是代表的群众团体的主要负责人；（七）不是代表的区属正科级事业单位的主要负责人；（八）上级驻我区的各直属职能部门的主要负责人。

第二节 区十四届人大常委会决议、决定

讨论决定本行政区域内重大事项，是宪法和法律赋予地方人大常委会的一项重要职权。1998 年至 2002 年，区十四届人大常委会紧紧围绕全区中心工作，坚持抓大事、议大事、求实效的原则，加强对区政府、区法院和区检察院的工作监督，把保障和促进经济建设作为全部工作的中心对待，对经济发展中的重要问题及人民群众关心的“热点”、“难点”问题实施了有效监督，并就 52 个方面的问题适时作出决议、决定。

东营市河口区人大常委会
关于区十四届人大二次会议召开时间的决定

（1998 年 11 月 18 日区十四届人大常委会第 7 次会议通过）

东营市河口区第十四届人大常委会第七次会议，1998 年 11 月 18 日决定，东营市河口区第十四届人民代表大会第二次会议于 1999 年 2 月 2 日至 4 日在河口召开。

东营市河口区第十四届人大常委会关于任命
各乡镇 1999 年换届选举委员会组成人员的决定

（1998 年 11 月 18 日区十四届人大常委会第 7 次会议通过）

根据法律规定，我区各乡镇人民代表大会任期到 1999 年 2 月底届满。应依法进行换届选举。区十四届人大常委会第七次会议决定任命各乡镇选举委员会组成人员如下：

新户乡选举委员会

主　任：李积德　乡党委书记

副主任：吴炳礼　乡党委副书记、乡长

　　　　商桂林　乡党委副书记

　　　　王端吉　乡党委副书记

　　　　李增良　乡人大主席

委　员：王宪印　乡纪委书记

　　　　商建国　乡宣传委员

　　　　刘学东　乡组织委员

　　　　李秀庄　乡人大副主席

　　　　王冠武　乡统计站长

　　　　闫　峰　乡文化站长

　　　　杨玉伟　乡团委书记

　　　　韩学芝　乡妇联主席

太平乡选举委员会

主　任：张胜双　乡党委书记

副主任：付兆钦　乡党委副书记、乡长

　　　　张吉明　乡党委副书记

　　　　宋学峰　乡党委副书记

委　员：赵宝华　乡纪委书记

　　　　井建军　乡组织委员

　　　　李建柱　乡宣传委员

　　　　张宝祥　乡政协办主任

　　　　周兰云　乡民政办主任

　　　　王哲海　乡农业助理

　　　　穆建峰　乡司法助理

　　　　刘丽华　乡妇联主席

　　　　杨新泽　乡派出所长

义和镇选举委员会

主　任：孙卫东　镇党委书记

副主任：高登友　镇党委副书记

　　　　赵玉洪　镇人大主席

委　员：杨月中　镇农经站长

　　　　李金锋　镇土地所副所长

　　　　李秀勇　镇财政所长

　　　　孟维亭　镇民政办主任

　　　　李向华　镇团委书记

　　　　刘庆华　镇党委秘书

四扣乡选举委员会

主　任：牛永昌　乡党委书记

副主任：张建明　乡党委副书记

王志华　乡党委副书记
刘焕星　乡人大主席
委　员：李兆新　乡纪委书记
梁润生　乡组织委员
刘凤霞　乡宣传委员
李爱国　乡人武部长
王乃仁　乡民政办主任

六合乡选举委员会
主　任：杨学贤　乡党委书记
副主任：郭存三　乡党委副书记、乡长
纪如峰　乡党委副书记
李炳岭　乡党委副书记
委　员：付兆忠　乡党委副书记
刘玉福　乡纪委书记
王文玉　乡宣传委员
刘玉文　乡党委委员、人武部长
刘星文　乡组织委员
李　炜　乡团委书记
李增玺　区人大常委会委员、闫家村支部书记
陈步先　乡党政办文书

孤岛镇选举委员会
主　任：宁洪儒　镇党委书记
副主任：王良进　镇党委副书记、镇长
薄纯新　镇党委副书记
王希英　镇人大副主席
委　员：刘希华　镇组织委员
胡新荣　镇宣传委员
刘　健　镇党政办副主任
陈常军　镇团委书记
丁红卫　镇妇联主席

仙河镇选举委员会
主　任：盖树祥　镇党委书记
副主任：徐普希　镇组织委员
李建设　镇人大副主席
委　员：李向兵　镇团委书记
韩希洲　镇民政办主任
王光明　镇财政所长
徐迎春　镇妇联主席
陈新国　镇司法所长
李　倩　镇党政办干事

关于批准河口区人民政府关于调增科技三项经费支出预算报告的决定

（1998年12月18日区十四届人大常委会第8次会议通过）

东营市河口区第十四届人民代表大会常务委员会于1998年12月8日举行会议，决定批准河口区人民政府关于调增科技三项经费支出预算的报告，请区政府结合本区实际，认真贯彻执行。

东营市河口区人民代表大会常务委员会关于在全区各级人大代表中开展学习宣传贯彻江泽民总书记视察东营重要谈话和题词精神活动的决定

（1999年7月16日区十四届人大常委会第11次会议通过）

6月23日至24日，江泽民总书记视察了东营市和胜利油田，为市和油田题词："艰苦奋斗，开拓创新，加快黄河三角洲的建设和发展"，"发扬创业精神，从胜利走向胜利"。这是对全区人民的巨大关怀、鼓舞和鞭策。全区上下群情振奋、欢欣鼓舞，焕发出了空前的热情和干劲。为了抓住机遇，乘借江泽民总书记视察的东风，把全区广大人民群众的热情引导好、发挥好，把江泽民总书记视察期间的重要讲话和题词精神认真学习好、贯彻好，区人大常委会决定在全区各级人大代表中开展学习宣传贯彻江泽民总书记视察东营重要谈话和题词精神活动。

一、充分认识江泽民总书记视察的重大意义

江泽民总书记视察东营及我区仙河镇是我区发展史上重要的里程碑，具有划时代的历史意义。江泽民总书记的重要谈话和题词，为我们指明了前进的方向，必将对加快黄河三角洲的建设和发展产生不可估量的深远影响，也必将对全区经济和社会的全面振兴产生巨大的促进作用。全区各级人大代表要深刻认识江泽民总书记这次视察的重大意义，进一步增强加快发展的历史责任感和使命感，充分发挥人大代表联系人民群众的桥梁纽带作用，在各条战线上发挥人大代

表的模范带头作用。

二、认真学习宣传江泽民总书记的重要谈话和题词精神

区人大常委会、各乡镇人大、各代表小组要把学习宣传江泽民总书记谈话和题词精神作为一件大事，制定具体计划，精心组织，周密安排，把学习和宣传江泽民总书记的重要谈话和题词精神作为开展代表活动的重要内容，通过召开座谈会、代表小组学习、联系代表和选民等方式方法，广泛深入地开展学习宣传活动。区人大常委会组成人员要结合学习宣传活动，对驻我区的省市人大代表和区人大代表普遍联系走访一遍，各乡镇人大主席、副主席也要走访联系好本级人大代表，驻我区的各级人大代表每人至少联系本选区和选举单位的选民或代表10名以上。区人大常委会近期要组织部分人大代表进行座谈，认真学习江泽民总书记视察东营和胜利油田的重要谈话和题词精神，从人大常委会及各级人大代表所担负的历史使命的高度，共同商讨抓住机遇，加快河口发展的大计。各乡镇人大办公室要组织相应的代表座谈会。通过座谈、走访联系代表和选民，积极宣传江泽民总书记这次视察的重大意义以及谈话和题词的重要精神，使谈话和题词精神达到家喻户晓、人人皆知，以此振奋全区人民的精神，鼓舞全区人民的斗志，凝聚全区人民的力量，为加快我区的建设和发展创造良好的舆论环境。

三、把学习贯彻江泽民总书记重要谈话和题词精神落实到行动上

区人大常委会及各乡镇人大要积极引导广大选民和群众，把江泽民总书记视察东营激发出来的巨大热情转化为强大动力，着眼长远，立足当前，依法履行好各项职责。全区各级人大代表要根据谈话和题词精神，结合本单位、本部门、本行业实际，按照江泽民总书记谈话和题词精神，结合河口区情，围绕搞好经济建设、生态建设、可持续发展等事关河口发展战略性问题进行深入研究，积极建言献策，发挥人大代表参政议政的职能。要进一步落实区委一系列决策部署，始终保持良好的精神状态，在各自的工作岗位上，发扬艰苦奋斗，开拓创新的精神，解放思想，开拓奋进，为把河口建设成为文明富强的新型城区做出新的贡献。

东营市河口区人民代表大会常务委员会
关于召开区十四届人大三次会议的决定

（1999年12月16日区十四届人大常委会第14次会议通过）

根据宪法和地方组织法的有关规定，结合我区实际，1999年12月16日区十四届人大常委会第14次会议研究决定，东营市河口区第十四届人民代表大会第三次会议于2000年2月27日至29日在河口召开。建议会议主要议程为：听取审议河口区人民政府工作报告；听取审议河口区人民政府关于河口区1999年国民经济和社会发展计划执行情况与2000年国民经济和社会发展计划（草案）的报告，审查、批准河口区1999年国民经济和社会发展计划执行情况及2000年国民经济和社会发展计划；听取审议河口区人民政府关于河口区1999年财政预算执行情况和2000年财政预算（草案）的报告，审查、批准河口区1999年财政预算执行情况和2000年财政预算；听取审议区人民代表大会常务委员会工作报告；听取审议区人民法院工作报告；听取审议区人民检察院工作报告等。

东营市河口区人民代表大会常务委员会
关于区十四届人大三次会议列席人员范围的决定

（1999年12月16日区十四届人大常委会第14次会议通过）

根据地方组织法的规定，区十四届人大常委会第14次会议决定，下列人员列席区十四届人大三次会议：

（一）不是区人大代表的区委常委、区委各部门的主要负责人；

（二）不是区人大代表的副区长和区政府各委、办、局的主要负责人；

（三）出席政协河口区五届三次会议的全体委员；

（四）区法院院长和区检察院检察长；

（五）不是区人大代表的乡镇（办事处）党委书记、人大主席（人大工作办公室主任）、乡镇长（主任）；

（六）不是区人大代表的群众团体的主要负责人；

（七）不是区人大代表的区属正科级事业单位的主要负责人；

（八）上级驻我区的各有关职能部门的负责人。

东营市河口区人民代表大会常务委员会关于大力加强招商引资工作的决议

（2000年1月26日区十四届人大常委会第15次会议通过）

东营市河口区第十四届人民代表大会常务委员会第15次会议，听取并审议了区政府关于招商引资工作情况的汇报。会议原则同意这个汇报，为贯彻落实好区委关于大力开展招商引资工作的决定，推动全区招商引资工作，会议特作如下决议。

一、充分认识招商引资工作的重要性和紧迫性。发展是硬道理，是解决前进中所有问题的关键。面对改革开放的新形势和目前我区经济发展的现状，要加快发展膨胀经济总量，壮大经济实力，必须实施大开放、大招商，借助外力，引进资金，引进项目，引进技术，引进人才。这是新形势下加快全区经济发展的必然选择和重大举措。河口兴衰，人人有责。各级各部门和全区人民要进一步解放思想，更新观念，积极响应区委的号召，充分认识大开放、大招商的重大战略意义，增强加快发展的紧迫感、危机感和责任感，切实把思想和行动统一到区委关于招商引资工作的重大决策和部署上来，统一到加快河口发展这个大局上来，形成人人想招商、抓引资、谋发展的浓厚氛围。在全区范围内迅速掀起全方位招商引资的热潮。

二、切实把招商引资的各项政策措施落到实处。区政府要把招商引资工作作为当前和今后一个时期的重要任务，列入重要议事日程，加强组织领导，实施一把手工程。制定配套政策，落实目标责任，定期协调调度，强化督促检查。要广泛进行思想发动，大力宣传招商引资的重大意义、优惠政策和我区的资源优势、开发潜力、优良环境，总结推广典型经验，普及招商引资基本知识，为搞好招商引资工作奠定坚实基础，使全区广大干部群众做到人人重视招商引资、关心招商引资、支持招商引资、参与招商引资，为招商引资做贡献。要多形式、多渠道搞好招商引资，坚持内商外商一齐招，资金、项目、技术、人才一齐引，最大限度地借助外力，加快发展。招商项目要突出重点，注重质量，讲求实效。要把招商引资与调整经济结构，实施“工业强区”“科教兴区”战略，发展个体私营经济，推进农业产业化，加强油地军、产学研结合，加快城镇建设有机结合起来，努力提高招商的层次和水平。

三、努力为招商引资创造优良环境，提供优质服务。招商引资工作是一项社会系统工程，涉及方方面面，必须全区上下紧密配合，协同动作。各级各部门要努力转变工作作风，提高办事效率，积极为外来投资者提供方便，搞好全方位服务，坚决杜绝设障立卡，侵犯投资者和企业合法权益的现象，对于违反规定的单位和个人，要严肃处理。工商、税务、技术监督等部门要深化服务意识，简化批办手续，认真落实区政府制定的优惠政策，严禁“吃拿卡要”现象的发生。金融部门要立足全局，着眼长远，在招商引资中发挥积极作用，加大对外来投资者的贷款扶持力度，提供优质高效的金融服务。公安机关要积极参与社会治安综合治理，严厉打击各类违法犯罪活动，特别是“村霸”“路霸”“市霸”等社会流氓恶势力，保护外来投资者合法权益，为招商引资创造优良的治安环境。法院、检察院要充分发挥审判、检察职能，为招商引资提供良好的法律服务和司法保障，真正让外地客商来得放心，干得舒心，越干越有信心。

四、充分发挥地方国家权力机关在招商引资中的重要作用。区人大常委会要把招商引资放在人大工作的重要位置，定期听取政府及有关部门的工作汇报，适时组织开展视察、调查，监督和支持政府加大工作力度，狠抓各项目标任务和具体措施的落实，及时帮助研究解决工作中的困难和问题，依法保障招商引资工作的顺利开展。全区各级人大代表要充分发挥模范带头作用和桥梁纽带作用，在招商引资工作中建功立业，作出表率，并以自己的模范行动，影响和带动周围的干部群众搞好招商引资工作，为加快我区的经济发展做出更大的贡献。

会议号召，全区人民要积极行动起来，进一步解放思想，开阔思路，齐心协力，真抓实干，迅速掀起全方位招商引资的热潮，为把我区早日建成经济繁荣、环境优美的新经济区而努力奋斗！

东营市河口区人民代表大会常务委员会关于表彰代表工作先进集体和个人的决定

（2000年1月26日区十四届人大常委会第15次会议通过）

自1998年换届以来，区十四届人大代表和从事乡镇人大工作的干部，在各级党委的领导下，以邓小平理论和党的基本路线为指针，深入贯彻落实党的十五大和十五届三中、四中全会精神，紧紧围绕改革、发展、稳定的大局，立足本职，抓基础，建制度，尽职责，讲奉献，密切与选民的联系，广泛开展视察、调查、民主评议活动，代表素质不断提高，代表工作空前活跃，在全区各条战线上充分发挥了参政议政的作用，联系群众的桥梁纽带作用和经济建设的模范带头作用，有力地促进了全区两个文明建设。

为了树立榜样，鼓励先进，促进全区人大工作再上新台阶，区人大常委会决定：对在代表工作中做出显著成绩的仙河镇人大办公室授予先进乡镇人大办公室称号；对河口办事处代表小组等4个代表小组授予先进代表小组称号；对栾香春等10名区人大代表授予优秀人大代表称号。

希望受表彰的先进集体和优秀代表，珍惜荣誉，谦虚谨慎，戒骄戒躁，发扬成绩，再接再厉，充分发挥模范带头作用。在新的一年里，积极进取，奋发努力，取得新的成绩，做出新的贡献。

区人大常委会要求，各乡镇人大办公室、各代表小组和全体区人大代表，以先进集体和先进个人为榜样，认真履行宪法和法律赋予的各项职权，不断加强自身建设，密切与人民群众的联系，以饱满的热情，开拓的精神，积极投入到全区经济建设和各项工作中去，做出新的成绩，创出好的经验，努力开创我区人大工作的新局面，为促进全区经济和各项事业的健康发展快速发展做出更大贡献。

东营市河口区人民代表大会常务委员会
关于对在1999年民主评议中获
“人大代表满意单位”的上级驻我区部门
进行表彰的决定

（2000年1月26日区十四届人大常委会第15次会议通过）

根据代表法的有关规定和区人大常委会1999年工作要点的安排，经主任会议研究，1999年5月份组织部分市、区人大代表对区地税局等上级驻我区15个部门的工作情况进行了民主评议。在这次民主评议中，经过代表无计名投票测评，区地税局、农村信用社、国税局、工商局被评为“人大代表满意单位”。区农发行、电信局、邮政局、农行、公路局、气象局、河口建行、仙河建行、工商行、人寿保险公司、财产保险公司被评为“人大代表基本满意单位”。区人大常委会决定对获得“人大代表满意单位”的4个部门予以表彰。

希望受表彰的部门，一定要珍惜荣誉，戒骄戒躁，发扬成绩，再接再厉，再创佳绩。其他部门要以受表彰的部门为榜样，振奋精神，克服不足，奋起直追，迎头赶上，创一流工作成绩，为我区经济和各项事业的发展做出更大贡献。

东营市河口区人民代表大会常务委员会
关于批准河口区1999年财政决算的决议

（2000年5月16日区十四届人大常委会第17次会议通过）

河口区第十四届人大常委会第17次会议，2000年5月16日听取了区财政局局长韩崇泰受区人民政府委托所作的《关于河口区1999年财政决算情况的报告》。经审议，决定批准河口区1999年财政决算，批准韩崇泰所作的报告。

东营市河口区人民代表大会常务委员会
关于召开区十四届人大四次会议的决定

（2000年12月19日区十四届人大常委会第21次会议通过）

东营市河口区第十四次人大常委会第21次会议于2000年12月19日决定：东营市河口区第十四届人民代表大会第四次会议于2001年3月5日至7日在河口召开。会议的建议议程是：

（一）听取并审议区人民政府关于河口区国民经济和社会发展第十个五年计划的报告。审查、批准河口区国民经济和社会发展第十个五年计划。

（二）听取并审议区人民政府关于河口区2000年国民经济和社会发展计划执行情况与2001年国民经济和社会发展计划（草案）的报告。审查、批准河口区2000年国民经济和社会发展计划执行情况与2001年国民经济和社会发展计划。

（三）听取审议区人民政府关于河口区2000年财政预算执行情况和2001年财政预算（草案）的报告。审查、批准河口区2000年财政预算执行情况和2001

年财政预算。

（四）听取并审议区人大常委会工作报告。

（五）听取并审议区人民法院工作报告。

（六）听取并审议区人民检察院工作报告。

（七）其他。

东营市河口区人民代表大会常务委员会关于批准河口区人民政府调整2000年财政收支预算的报告的决定

（2000年12月19日区十四届人大常委会第21次会议通过）

东营市河口区第十四届人民代表大会常务委员会第二十一次会议审查了河口区人民政府关于调整2000年财政收支预算的报告，认为区政府在预算执行中，认真执行各项财税政策、措施得力，财政收入完成12113万元，完成预算的101.53%，超收183万元。同时，由于超收，财力增加，支出完成10907万元，完成预算的101.65%，超支177万元，实现了收支平衡，略有结余的目标。同意将收入预算调整为12113万元，支出预算调整为10907万元，批准河口区人民政府关于调整2000年财政收支预算的报告。

东营市河口区人民代表大会常务委员会关于批准河口区人民政府2000年财政决算及决算报告的决定

（2001年5月23日区十四届人大常委会第25次会议通过）

根据东营市河口区第十四届人民代表大会第四次会议的授权，区十四届人大常委会第25次会议于2001年5月23日听取审议了河口区人民政府关于2000年财政决算的报告，经审查，决定批准河口区人民政府2000年财政决算及关于决算的报告。

东营市河口区人民代表大会常务委员会关于同意河口区人民政府呈报《关于撤销河口区、设立黄河口市的请示》的决议

（2001年9月26日区十四届人大常委会第27次会议通过）

河口区第十四届人民代表大会常务委员会第二十七次会议，听取了区民政局局长马士良受区政府委托所作的区人民政府呈报《关于撤销河口区、设立黄河口市的请示》的汇报。经过审议，会议同意这个汇报。会议认为，经过建区十七年来的发展，我区已达到国务院批转民政部《设立县级市标准》的要求，条件已经具备，时机已经成熟。撤区设市对于更好地适应改革开放的新形势，加快河口地区经济和社会事业的发展，推进我区城市化进程，具有重要的现实意义。会议同意区政府《关于撤销河口区、设立黄河口市的请示》，由区人民政府按法定程序报请上级批准。

东营市河口区人民代表大会常务委员会关于在全区公民中开展第四个五年法制宣传教育的决议

（2001年9月26日区十四届人大常委会第27次会议通过）

自1986年以来，按照全国和省市的统一部署，我区在全体公民中实施了三个法制宣传教育五年规划。通过十五年的不懈努力，全区公民的法制观念明显增强，法律知识水平和依法办事的自觉性显著提高，民主法制建设有了很大的进展，为依法推动经济和社会各项事业的发展发挥了重要作用。但是，随着市场经济的发展，特别是依法治国方略的实施，立法步伐的进一步加快，学法、执法的任务更加繁重。为适应新形势、新任务的要求，巩固深化普法和依法治理成果，大力推进依法治区进程，保障“十五”计划目标的实现，区人大常委会认为很有必要在全区公民中继续开展第四个五年法制宣传教育。为此，特作决议如下：

一、第四个五年法制宣传教育要以邓小平理论和“三个代表”重要思想为指导，以保障和促进改革、发展、稳定为目的，按照依法治国的总体要求，结合我区依法治区第三个五年规划的实施，在全体公民中深入开展以宪法、国家基本法律、社会主义市场经济法律法规为主要内容的法律知识的宣传教育，努力实现由提高全民法制观念向增强全民法律素质的转变，由普治并举向全方位推进依法治理的转变，由偏重依靠行政手段向注重运用法律手段的转变，为加快河口区经济和社会的发展，创造更加优良的法制环境。

二、第四个五年法制宣传教育的对象是一切有接受教育能力的公民。重点对象是领导干部、国家公务人员、司法和行政执法人员、青少年学生和企业管理人员。

三、全区一切有接受教育能力的公民都要根据第四个法制宣传教育规划确定的内容，认真学习有关法律法规，做到知法、守法、护法，自觉维护宪法的尊严和法律的权威，勇于同各种违法犯罪行为作斗争，努力在全社会营造人人重视法制建设，人人严格依法办事的良好氛围和局面。各级领导干部要率先垂范，作出表率，带头学法用法，模范遵守宪法法律，不断提高依法决策和依法管理的水平。司法和行政执法人员要努力熟悉和运用与本职工作相关的法律知识，不断提高依法办事的能力，切实做到依法行政、公正司法。中小学校要把法制教育纳入素质教育的重要内容，努力把青少年学生培养成为社会主义“四有”新人。企业经营管理人员要重点学习和掌握与生产经营有关的社会主义市场经济法律法规，不断提高依法管理企业的能力。

四、在实施第四个五年法制宣传教育规划中，要坚持法制教育与法制实践相结合，法制教育与道德教育相结合，普法和依法治理相结合，不图形式，讲求实效，使法制宣传教育开展得既生动活泼，又扎扎实实。要充分发挥各类普法宣传阵地和各类普法宣讲队伍的作用。强化舆论宣传，营造普法氛围，搞好宣讲活动，抓好典型带动。通过法制宣传教育，掀起全面性的学法用法热潮，为推进依法治区奠定更加坚实的基础。

五、搞好法制宣传教育是实现依法治国的基础，是全党全民和社会各界的一项共同任务。实施第四个五年法制宣传教育规划，深入开展全民普法教育工作，必须在各级党委的统一领导下，动员和依靠全社会的力量去完成。一切国家机关、社会团体和企事业组织，都要按照规划要求，结合各自的实际，制定具体的实施方案，认真组织好本系统、本部门、本单位普法对象的法律知识学习，确保第四个五年法制宣传教育规划提出的各项任务落到实处。

东营市河口区人民代表大会常务委员会关于《河口区依法治区第三个五年规划》的决议

(2001年9月26日区十四届人大常委会第27次会议通过)

东营市河口区第十四届人民代表大会常务委员会第二十七次会议审议了《河口区依法治区第三个五年规划》。认为《规划》既体现了依法治国的总体要求，也符合我区的实际，决定予以批准。由区人民政府、区人民法院、区人民检察院认真组织实施。

东营市河口区人民代表大会常务委员会关于加快实施冬枣产业化的决议

(2001年9月26日区十四届人大常委会第27次会议通过)

东营市河口区第十四届人民代表大会常务委员会第二十七次会议听取并审议了区政府关于实施冬枣产业化的汇报，会议原则同意这个汇报。一致认为，近年来区政府制定了一系列鼓励发展冬枣的优惠政策，加大了资金和技术的扶持力度，全区冬枣生产有了一定的规模和效益。为了进一步推动冬枣生产，加快冬枣产业化进程，促进我区经济的快速健康发展，特作如下决议：

一、充分认识实施冬枣产业化的重要性和紧迫性

在新的发展阶段，进一步加强农业，积极推进农业和农村经济结构的战略性调整，提高农业和农村经济的素质和效益，努力增加农民收入，是我区当前农村工作的中心任务。现在兴起的冬枣产业正是全区人民落实这一中心任务的具体行动，是充分挖掘和利用土地资源，改善生态环境，培养主导产业，壮大农村经济，增加农民收入的有效途径。冬枣是黄河三角洲珍贵的枣树品种，品种优良，营养丰富，市场前景广阔，有着极高的生态效益和经济效益，我区气候土质适宜，农民素有种植习惯，有发展冬枣产业得天独厚的自然条件和群众基础。近几年来区政府高度重视这一产业，加大了政策引导和技术指导的力度，冬枣生产有了长足的发展。目前，发展黄河三角洲高效生态经济已列入了国家“十五”计划纲要，正式进入了国家决策。我区作为黄河三角洲的重要组成部分，发展生态农业，全面实施冬枣产业化，有了千载难逢的良好机遇。我们要抓住这一机遇，大力发展冬枣生产，加快产业化进程，把这项工作作为落实“三个代表”重要思想，发展外向农业，培育名优特新产品，增加农民收入，保持农村稳定的“重中之重”抓好、抓实。

二、切实把实施冬枣产业化的各项政策措施落到实处

区政府要把实施冬枣产业化作为当前和今后一

个时期的重要任务，列入重要议事日程，加强组织领导。要完善机制，制定配套政策，落实目标责任，定期协调调度，强化督促检查。要广泛进行思想发动，大力宣传实施冬枣产业化的重大意义、优惠政策和我区的资源优势、开发潜力、优良环境，总结推广经验，普及冬枣生产知识，在我区形成发展这一主导产业的良好氛围。要落实土地承包政策，加快冬枣业开发用地产权制度改革，保护枣农和其他开发者的权益。要进一步提高管理水平，以科技为支撑，坚持高起点、高标准、高质量、高效益，实行区域化布局、专业化生产、一体化经营、社会化服务。要立足实际，努力培植龙头企业，加快冬枣加工、保鲜、储运技术和设备的引进开发，保证我区冬枣业的持续、快速、健康发展。要采取多种形式，搞好科技指导，做好产前、产中、产后服务，特别是要做好以加工和销售为重点的产后服务，切实保证产业效益，保护农民的种植积极性，使这一产业迅速成为“富民强区”的支柱产业。

三、充分发挥地方国家权力机关在实施冬枣产业化中的重要作用

区人大常委会要把这项工作放在人大工作的重要位置，定期听取区政府及有关部门的工作汇报，适时组织视察、调查，监督和支持政府加大工作力度，狠抓各项目标任务和具体措施的落实，及时帮助研究解决工作中的困难和问题，依法保障实施冬枣产业化工作的顺利开展。全区各级人大代表要充分发挥模范带头作用和桥梁纽带作用，在实施冬枣产业化进程中建功立业，作出表率，以自己的模范行动，影响和带动周围干部群众做好冬枣产业化工作，为增加农民收入，维护农村稳定，加快我区经济发展做出更大的贡献。

会议号召，我区人民要积极行动起来，进一步解放思想，开阔思路，齐心协力，真抓实干，迅速掀起实施冬枣产业化的热潮，为把我区建设成为经济繁荣、环境优美的高效生态经济区而努力奋斗！

东营市河口区人民代表大会常务委员会
关于批准河口区人民政府调整2001年财政收支预算的报告的决定

（2001年12月27日区十四届人大常委会第29次会议通过）

东营市河口区第十四届人民代表大会常务委员会第二十九次会议审查了河口区人民政府关于调整2001年财政收支预算的报告。会议认为，今年以来，区政府严格执行区十四届人大四次会议批准的财政预算，采取有效措施，大力组织收入，今年的预算收入有了较大幅度增长，调整2001年财政收支预算符合我区今年的实际情况，同意将收入预算调整为14960万元，支出预算调整为13900万元，批准河口区人民政府关于调整2001年财政收支预算的报告。

东营市河口区人民代表大会常务委员会
关于2002年乡镇人大换届选举的决定

（2001年12月27日区十四届人大常委会第29次会议通过）

根据地方组织法和选举法的有关规定，区十四届人大常委会第二十九次会议于2001年12月27日决定，我区的乡镇人大换届选举工作从2001年12月下旬开始，2002年1月26日前选出新一届乡镇人民代表大会代表，2002年2月26日前召开完换届的乡镇人民代表大会第一次会议。根据选举法第二章第九条规定，各乡镇人大代表名额分配如下：新户乡51人，太平乡49人，义和镇57人，六合乡51人，孤岛镇25人，仙河镇25人。

东营市河口区人民代表大会常务委员会
关于任命各乡镇人大换届选举委员会组成人员的决定

（2001年12月27日区十四届人大常委会第29次会议通过）

根据法律的有关规定，我区现任乡镇人民代表大会任期将届满，应进行换届选举。经区十四届人大常委会第二十九次会议审议，决定任命各乡镇人大换届选举委员会组成人员如下：

新户乡人大换届选举委员会：

主　任：郭存三

副主任：孟凡吾　商建国　缪金学

委　员：李秀庄　高忠起　宋国富　杨玉伟　尚广俊

太平乡人大换届选举委员会：

主　任：付兆钦

副主任：井建军　韩　东　柴　杰

委　员：王哲海　穆建峰　李建柱　李吉海
　　　　张吉胜　李本刚

义和镇人大换届选举委员会：

主　任：李积德

副主任：毕建军　孙士清　张　宏

委　员：刘庆华　任连杰　李向华　李金峰
　　　　孟宪留

六合乡人大换届选举委员会：

主　任：闫长林

副主任：王永跃　徐文棠　王宗华

委　员：吕金发　刘星文　陈步先　杨　凯
　　　　刘汝珍　胡承芳　牛顺昌　胡仕龙
　　　　荆向莹

孤岛镇人大换届选举委员会：

主　任：王良进

副主任：张吉明　刘希华　王希英

委　员：王天华　刘　健　薄万哲　陈常军
　　　　赵　云　丁红卫　宋玉玲

仙河镇人大换届选举委员会：

主　任：成希琴

副主任：王志华　徐迎春

委　员：李向兵　陈新国　王光明　刘清杰
　　　　贾振晔　宋　寒　凌永义　高玉芝

关于召开河口区第十四届人民代表大会第五次会议的决定

（2001年12月27日区十四届人大常委会第29次会议通过）

河口区第十四届人民代表大会常务委员会第二十九次会议，2001年12月27日决定，河口区第十四届人民代表大会第五次会议于2002年1月29日至31日在河口召开。会议主要建议议程是：

（一）听取并审议河口区人民政府工作报告；

（二）听取并审议河口区人民政府关于河口区2001年国民经济和社会发展计划执行情况与2002年国民经济和社会发展计划草案的报告；审查、批准河口区2001年国民经济和社会发展计划执行情况的报告与2002年国民经济和社会发展计划；

（三）听取并审议河口区人民政府关于河口区2001年财政预算执行情况和2002年财政预算草案的报告；审查、批准河口区2001年财政预算执行情况的报告和2002年财政预算；

（四）听取并审议河口区人民代表大会常务委员会工作报告；

（五）听取并审议河口区人民法院工作报告；

（六）听取并审议河口区人民检察院工作报告；

（七）其他。

东营市河口区人民代表大会常务委员会关于《河口区城镇体系规划》和《河口区干线公路两侧建设规划》的决议

（2002年1月18日区十四届人大常委会第30次会议通过）

东营市河口区第十四届人民代表大会常务委员会第三十次会议，听取了区政府关于《河口区城镇体系规划》和《河口区干线公路两侧建设规划》编制情况的汇报。经认真审议，原则同意《河口区城镇体系规划》和《河口区干线公路两侧建设规划》。

东营市河口区第十四届人民代表大会第五次会议关于东营市河口区人民代表大会常务委员会工作报告的决议

（2002年1月31日区十四届人大五次会议第三次全体会议通过）

东营市河口区第十四届人民代表大会第五次会议，审议了刘秀田主任代表区人民代表大会常务委员会所作的工作报告。会议认为，在过去的一年里，区人大常委会在中共河口区委的领导下，坚持以邓小平理论和党的基本路线为指导，按照“三个代表”的要求，全面落实区十四届人大四次会议决议，紧紧围绕加快发展这一主题，忠实履行宪法和法律赋予的各项职权，在审议决定重大事项、开展监督、人事任免、联系代表、自身建设等方面都有了新的进展，为推进民主法制建设，促进全区经济快速健康发展和社会全面进步，发挥了地方国家权力机关的重要作用。会议对区人大常委会一年来的工作表示满意，决定批准这个报告。

会议指出，2002年是我国加入世界贸易组织的第一年，做好今年的工作意义重大。会议要求，在新的一年里，区人大常委会要在中共河口区委的领导下，高举邓小平理论伟大旗帜，深入贯彻党的十五届五中、六中全会精神，紧紧围绕经济建设这个中心，牢牢把握工作大局，依法行使各项职权，及时审议决定事关全区经济和社会发展的重大事项，加大对计划、财政、招商引资、农业产业化等项工作的监督力度，确保全面完成区十四届人大第五次会议确定的目标任务。要认真贯彻依法治国方略，进一步强化法律监督，加大执法检查力度，促进“一府两院”依法行政，公正司法，大力推进依法治区进程。严把干部任命关，认真做好对所任命干部的述职评议工作，切实加强对选任干部的监督，督促其廉洁勤政，正确行使人民赋予的权力。努力改进和加强代表工作，进一步密切同人民群众的联系，充分发挥人大代表在两个文明建设中的重要作用，努力形成深入了解民情，充分反映民意，广泛集中民智的决策监督机制。切实加强常委会的自身建设，认真贯彻“三个代表”重要思想，按照“八个坚持、八个反对”的基本要求，不断提高常委会组成人员的政治、业务素质，创造性地开展人大工作，为进一步坚持和完善人民代表大会制度，大力加强民主法制建设，为促进河口区的建设和发展做出新的更大的贡献！

东营市河口区人民代表大会常务委员会
关于批准河口区人民政府2001年财政决算及
决算报告的决议

（2002年5月16日区十四届人大常委会第32次会议通过）

根据东营市河口区第十四届人民代表大会第五次会议的授权，区十四届人大常委会第三十二次会议听取审议了河口区人民政府关于2001年财政决算的报告，经审查，决定批准河口区人民政府2001年财政决算及关于决算的报告。

东营市河口区人民代表大会常务委员会
关于2003年区人大换届选举及召开区十五届人大
一次会议的决定

（2002年11月15日区十四届人大常委会第35次会议通过）

按照宪法规定，我区第十四届人民代表大会于2003年初任期届满，应依法进行换届选举。省人大常委会确定我区代表总名额为160名。

根据地方组织法和选举法的有关规定及上级人大关于换届选举的决定精神，结合我区实际，区十四届人大常委会第三十五次会议决定，河口区2003年人大换届选举工作自2002年11月中旬开始，2002年12月26日前选出代表，2003年1月17日至20日召开区十五届人民代表大会第一次会议。

东营市河口区人民代表大会常务委员会
关于任命区选举委员会组成人员的决定

（2002年11月15日区十四届人大常委会第35次会议通过）

根据宪法规定，我区第十四届人民代表大会于2003年初任期届满，应依法进行换届选举。为搞好这项工作，东营市河口区第十四届人民代表大会常务委员会第三十五次会议，决定任命区选举委员会组成人员如下：

主　任：刘秀田

副主任：黄高潮　程景坤　张士明　贾希铎
梁如贵　杨学贤

成　员：（按姓名笔画为序）
马士文　王玉清　王宪印　王春霞
刘亚东　刘建忠　张玉平

选举委员会下设办公室，主任由王宪印兼任，牛吉和、马自民、崔建国、胡敬斌任办公室副主任。

河口区选举委员会
关于任命各乡镇、街道办事处选举工作指导组的决定

（2002年11月15日）

为搞好2003年区人大换届选举工作，根据法律规定和工作需要，经河口区选举委员会研究，决定任命各乡镇、街道办事处选举工作指导组组成人员如下：

新户乡选举工作指导组

组　长：郭存三

副组长：商建国　李秀庄

成　员：（按姓名笔画为序）
王兴华　乔延玲　宋富国　郑秀君

太平乡选举工作指导组
组　长：付兆钦
副组长：井建军　王哲海
成　员：（按姓名笔画为序）
火　焱　李建柱　李绍华　穆建峰

义和镇选举工作指导组
组　长：李积德
副组长：孙士清　李金峰
成　员：（按姓名笔画为序）
刘庆华　任连杰　魏有光

河口街道办事处选举工作指导组
组　长：张胜双
副组长：刘凤霞　董子平
成　员：（按姓名笔画为序）
刘杰军　张秀峰　夏庆华　高希武

六合乡选举工作指导组
组　长：闫长林
副组长：徐文棠　李希平
成　员：（按姓名笔画为序）
付永春　刘星文　陈步先　陈瑞堂

孤岛镇选举工作指导组
组　长：王良进
副组长：刘希华　王天华
成　员：（按姓名笔画为序）
曲桂森　刘　健　陈长军　薄万哲

仙河镇选举工作指导组
组　长：成希琴
副组长：陈桂林　徐迎春
成　员：（按姓名笔画为序）
李向兵　周振萍　姜长辉

东营市河口区人民代表大会常务委员会关于批准河口区人民政府调整2002年财政收支预算的决定

（2003年1月8日区十四届人大常委会第37次会议通过）

东营市河口区第十四届人民代表大会常务委员会第三十七次会议，审查了河口区人民政府关于调整2002年财政收支预算的报告。会议认为，2002年以来，区政府严格执行区十四届人大五次会议批准的财政预算，采取有效措施，大力组织收入，严格控制支出，预算执行情况是好的。区政府调整2002年的财政收支预算符合我区的实际情况，同意将我区2002年收入预算调整为18000万元，支出预算调整为19500万元，批准河口区人民政府关于调整2002年财政收支预算的报告。

第三节　区十五届人大常委会决议、决定

讨论决定本行政区域内重大事项，是宪法和法律赋予地方人大常委会的一项重要职权。2003年至2007年，区十五届人大常委会始终坚持以科学发展观为统领，紧紧抓住全区经济社会发展中的重大问题和人民群众关心的热点难点问题，切实加大监督力度，作出决议、决定38项。

东营市河口区人民代表大会常务委员会关于批准河口区人民政府2002年财政决算及决算报告的决议

（2003年5月16日区十五届人大常委会第2次会议通过）

根据东营市河口区第十五届人民代表大会的授权，区十五届人民代表大会常务委员会第二次会议听取审议了河口区人民政府关于2002年财政决算的报告，经审查，决定批准河口区人民政府关于2002年财政决算及关于决算的报告。

东营市河口区人民代表大会常务委员会关于加强自身建设的决定

（2003年7月16日区十五届人大常委会第3次会议通过）

为进一步增强新一届区人大常委会的自身建设，更好地适应新形势、新任务的要求，更加全面有效地履行宪法和法律赋予的各项职权，充分发挥地方国家权力机关在全区经济社会发展中的重要作用，特作如下决定：

一、自觉接受党的领导，坚定正确的工作方向

1. 强化政治意识。坚持党的领导、人民当家作主和依法治国的有机统一，自觉接受区委的领导，

认真领会和贯彻区委的意图，全力维护区委的权威。重大问题及时向区委请示汇报，主动争取区委的重视和支持，确保区委各项重大决策的贯彻实施。要紧紧围绕发展第一要务安排开展人大工作，自觉做到贴近中心，服务大局，积极参与“大招商”，带头搞好“大招商”，多干事，干实事，以实实在在的工作业绩，依法保障和促进全区经济快速发展及社会全面进步。

2. 健全民主集中制度。按照宪法、法律的规定，严格常委会会议活动的法定程序，重大问题集体讨论决定，集体行使职权，不搞个人专断和少数人说了算，做到既不失职，又不越权。对会议研究决定的重大事项，会前围绕议题认真准备，会上充分发表意见，切实尊重和保障常委会组成人员和应邀列席会议的人大代表的民主权利，使会议的各项决策最大限度地体现集体的意志和智慧。要定期召开民主生活会，勇于开展批评和自我批评，及时纠正偏差，改进工作。

3. 正确处理党管干部和人大依法任免干部的关系。坚持任免权与监督权的有机统一，监督人与监督事的紧密结合。对“一府两院”提请任命的干部继续坚持任前供职、法律知识考试等制度，并把离任审计作为干部任命的重要依据，规范任免程序，提高任免质量。积极探索对所任干部监督管理的新路子，继续开展好对所任干部的述职评议活动，不断拓宽监督渠道，改进监督方法，增强监督实效，促使所任干部珍惜用好党和人民赋予的权力，全心全意为人民服务。

4. 倍加顾全大局，倍加珍视团结，倍加维护稳定。充分发挥区人大常委会在加强油地军团结中的重要作用，自觉维护各大班子的团结，坚持公道正派，胸怀坦荡，光明磊落，严以律已，宽以待人。常委会组成人员之间加强思想交流，及时沟通情况，相互尊重，相互信任，相互支持，心往一处想，劲往一处使，齐心协力干事业，一心一意谋发展。

二、坚持与时俱进，努力开拓创新

5. 增强创新意识。正确处理继承与创新的关系，既要认真继承我区历届人大常委会工作的成功经验和做法，又要根据新的形势任务的要求，增强创新意识，坚持在继承中创新，在创新中发展。始终站在时代前列和实践前沿，以创新的观念和勇气面对工作，把创新的精神融入思想和行动，彻底从那些不合时宜的传统观念、做法和体制的束缚中解放出来，努力成为勇于创新和善于创新的典范。

6. 注重创新实践。要把解放思想、与时俱进、开拓创新真正体现在人大工作的各个方面，尤其对议题的审议、调查研究、干部任免等工作要积极探索新思路，研究新办法，推出新举措，使我区人大工作不断取得新进展，在服务大局，促进发展，与区委的中心工作合拍，与“一府两院”的工作合力，与人民群众的愿望合心，使人大工作内容和程序合法，同新形势、新任务相适应等方面有新的作为、新的业绩，大力促进全区物质文明、政治文明和精神文明的协调发展。

三、加强自身学习，提高整体素质

7. 明确学习任务。适应新形势、新任务的要求，切实增强学习的紧迫感和自觉性，深入学习马列主义、毛泽东思想、邓小平理论、“三个代表”重要思想和党的十六大精神，全面准确地把握党的基本理论、基本路线、基本纲领和基本经验。深入学习区五次党代会精神，努力做好与人大工作结合的文章。加强宪法和法律以及经济、科技、金融等方面知识的学习，不断提高整体素质和决策监督水平。

8. 坚持学习制度。做到全年有计划，阶段有安排，具体实施有专人负责，学习时间、学习内容、组织形式三落实。积极参加集中学习活动，坚持每周一次的学法日制度，根据年度执法检查的重点，学习和掌握有关法律知识。要区别不同情况，采取专题辅导、收看录相、座谈讨论等形式，加强对学习内容的理解和认识。在定期组织集中学习的基础上，坚持搞好自学，拓宽学习渠道，丰富学习内容，不断优化知识结构。

9. 努力改进学风。坚持理论联系实际，注重学习效果。要密切联系我区改革开放和经济建设的实际，紧密结合人大工作的特点，突出学习重点，坚持学以致用，把学习理论与解决人大工作中的现实问题有机结合起来，切实增强学习的针对性和实效性。大力倡导独立思考、刻苦钻研的精神，努力争做勤奋学习、善于思考的模范，解放思想、与时俱进的模范，勇于实践、锐意创新的模范。

四、加强作风建设，注重工作实效

10. 牢固树立宗旨观念。要充分利用人大代表联系人民群众这个主渠道和政治优势，加强同人民群众的血肉联系，深入体察民情，充分反映民意，广泛集中民智。要把维护、实现和发展好人民群众的利益作为一切工作的根本出发点和归宿，采取各种形式，督促“一府两院”依法行政，公正司法，解决群众关注的热点、难点问题，真心实意地为群众解难题、办实事、办好事，切实保障人民群众的合法权益。运用多种方式，加强与各级人大代表的联系，不断提高代表议案以及建议、批评和意见办理质量，真正做到权为民所用，利为民所谋，情为民所系，切实把人民群众的热情和积极性凝聚到实现全面建设小康社会的奋斗目标上来。

11. 大兴调查研究之风。常委会驻会组成人员每年至少拿出三分之一的时间，深入基层，深入代表和群众中进行调查研究，其他成员也要结合实际，尽量多搞一些调研活动。每次常委会会议召开前，各科室要根据分工，围绕议题开展专题调研，写出高质量的调查报告，为常委会依法行使职权提供可靠依据，大力推进决策的科学化、民主化，增强监督工作的针对性和实效性。

12. 狠抓工作落实。坚持实事求是，一切从实际出发，决策问题，实施监督，要注重实际效果。对常委会作出的决议、决定，代表提出的意见和建议，要按照领导分工，加强督查，抓好落实。要坚持每周二上午主任碰头会制度，加强工作调度，加快工作节奏，提高工作效率。

13. 认真做好群众来信来访工作。按照有关法律和政策规定，进一步健全完善信访工作制度，依法规范信访案件办理程序。继续坚持主要领导阅批重要来信制度。对重大疑难案件，特别是涉及外来投资者的申诉案件，主任会议听取汇报，研究办理意见，必要时实行个案监督，认真督促有关部门限期办复，提高质量，努力化解社会矛盾，维护社会稳定，依法保障人民群众的合法权益和正当利益。

五、创新制度建设，促进工作规范

14. 完善常委会工作制度。根据形势发展要求和实际工作需要，进一步修订完善常委会议事规则、人事任免办法、加强司法个案监督暂行规定等规则和制度，逐步实现议事、决策的程序化、规范化、具体化，使各项工作有章可循、有序开展、扎实推进。

15. 健全监督制约机制。进一步明确监督的范围、内容、程序和方式，完善落实执法责任制的各项保障措施，加强对项法律法规的监督检查，做到有法必依，执法必严，违法必究。

六、廉洁自律，执政为民

16. 以身作则，严于律己。时刻绷紧廉政这根弦，始终做到自重、自省、自警、自励，带头遵守《廉政准则》以及中央和省、市、区有关廉政建设的规定，坚持领导干部收入申报、礼品登记、重大事项报告、述职述廉、廉政公示等制度，带头做廉洁勤政的模范。

17. 认真落实党风廉政建设责任制。严格执行“一岗双责”的要求，既抓好业务工作，又抓好职责范围内的党风廉政建设。要从点滴做好，管好自己、管好家属子女和身边工作人员，决不允许他们打着领导的旗号办私事、谋私利。采取有效措施，监督和支持司法、监察机关加大打击力度，查处大案要案，推动全区反腐败斗争深入开展。

18. 牢记“两个务必”，保持和发扬谦虚谨慎、艰苦奋斗的优良作风。严格执行中央、省、市、区委关于厉行节约的有关规定，坚决反对讲排场，比阔气，奢侈浪费。决不组织和参与用公款支付的高消费娱乐活动。到基层进行视察、调查或执法检查，轻车简从。

七、加强机关建设，提高服务水平

19. 强化对干部职工的教育管理。大力建设学习型机关，积极组织开展形式多样的学习教育活动，抓好干部职工基本素质、基本技能的训练考核，进一步增强创新意识、大局意识和服务观念，激发大家干事创业，搞好服务。

20. 努力提高机关服务工作的水平和质量。切实加强机关组织制度建设，积极探索机关干部管理的有效途径，通过干部轮岗、交流等方式，提高干部综合素质，注重优秀年轻干部的培养和使用。搞好机关机构改革，优化干部队伍结构。健全完善各项制度，加强岗位目标责任管理，狠抓机关工作作风转变，强化监督约束机制，全面推行规范化服务，努力把人大常委会机关建设成一个团结、奋进、廉洁、高效的文明机关。

东营市河口区人民代表大会常务委员会关于批准河口区人民政府调整2003年财政收支预算的决定

（2003年11月18日区十五届人大常委会第5次会议通过）

东营市河口区第十五届人民代表大会常务委员

会第五次会议，审查了河口区人民政府关于调整2003年财政收支预算的报告。会议认为，今年以来，区政府严格执行区十五届人大一次会议批准的财政预算，采取有效措施，大力组织收入，严格控制支出，预算执行情况是好的。区政府提请本次会议调整的2003年的财政收支预算符合我区的实际情况，同意将我区2003年收入预算调整为19426万元，支出预算调整为21376万元，批准河口区人民政府关于调整2003年财政收支预算的报告。

东营市河口区人民代表大会常务委员会
关于批准河口区人民政府申请国家开发银行贷款的决定

（2003年11月18日区十五届人大常委会第5次会议通过）

东营市河口区第十五届人民代表大会常务委员会第五次会议，审查了河口区人民政府关于申请国家开发银行贷款的报告。会议认为，区政府申请国家开发银行贷款符合我区的实际情况。区政府要抓住这次有利机遇，积极争取国家开发银行贷款，以缓解我区重点基础设施项目建设资金严重不足的压力，促进区域经济快速健康发展，加快我区全面建设小康社会的步伐。会议决定批准河口区人民政府关于申请国家开发银行贷款的报告，由区政府按照市政府的要求向国家开发银行提出申请，同时还要立足我区实际，严格财政收支预算约束，制定还款计划，确保按期还款。会议强调，区政府要进一步细化用款计划，严格用款程序，按照国家开发银行的用途和投资方向使用资金，保证贷款资金发挥应有的效益，加快河口的开发和建设，为提前全面实现小康目标打下坚实的物质基础。

东营市河口区人民代表大会常务委员会
关于召开东营市河口区第十五届人民代表大会
第二次会议的决定

（2003年12月9日区十五届人大常委会第6次会议通过）

东营市河口区第十五届人民代表大会常务委员会第六次会议决定：东营市河口区第十五届人民代表大会第二次会议于2004年1月5日在河口召开，会期三天。建议会议的主要议程为：一、听取和审议东营市河口区人民政府工作报告；二、审议东营市河口区人民政府关于东营市河口区2003年国民经济和社会发展计划执行情况与2004年计划草案的报告，审查、批准东营市河口区2003年国民经济和社会发展计划执行情况的报告与2004年计划；三、听取和审议东营市河口区人民政府关于东营市河口区2003年财政预算执行情况和2004年财政预算草案的报告，审查、批准东营市河口区2003年财政预算执行情况的报告和2004年财政预算；四、听取和审议东营市河口区人民政府关于城市规划、建设和管理情况的报告；五、听取和审议东营市河口区人民代表大会常务委员会工作报告；六、听取和审议东营市河口区人民法院工作报告；七、听取和审议东营市河口区人民检察院工作报告；八、补选事项等。

东营市河口区人民代表大会常务委员会
关于同意东营市河口区与山西省阳泉市矿区
缔结友好关系的决定

（2003年12月17日区十五届人大常委会第7次会议通过）

东营市河口区第十五届人民代表大会常务委员会第七次会议，听取并审议了河口区人民政府《关于东营市河口区与山西省阳泉市矿区缔结友好关系的报告》，会议认为两区建立友好关系，可以广泛开展经济技术协作，在经贸、科技、文化和信息等方面加强交流与合作，促进两地之间实质性的经济往来，推动横向经济联合，实现优势互补，促进两地经济共同繁荣。会议决定批准这个报告，同意河口区与山西省阳泉市矿区缔结友好关系。

东营市河口区人民代表大会常务委员会
关于表彰2003年度代表好建议和
办理代表建议先进单位的决定

（2004年4月12日）

换届以来，区十五届人大代表在区委的领导下，高举邓小平理论伟大旗帜，躬身实践“三个代表”重要思想，认真履行宪法和法律赋予的职权，密切联系选民，广泛开展调查研究，紧紧围绕全区中心工作和人民群众关注的热点、难点问题以及全区改革发展的重点问题，提出了许多高质量的建议和意见，充分发挥了人大代表在民主政治建设、经济建设及改革发展工作中的模范带头作用，有力地促进了全区国民经济和社会各项事业快速健康发展。

代表建议办理质量和效果有了明显提高，各承办部门均建立了代表建议办理专门机构，普遍实行了一把手负责、专人负责办理的人大代表建议办理制度，召开专题会议研究办理方案，责成专人负责进行落实。在建议办理过程中，各承办部门能够及时与代表进行交流和沟通，采取登门面复、邀请座谈、电话联系等灵活多样的形式向代表征求意见，交流看法，结合本部门实际情况，创造性地开展工作。对于一些人民群众普遍关注的热点、难点问题及代表多次反映的问题，能够积极跟踪督办，予以妥善解决。因政策限制或其他原因近期难以解决的问题，以诚恳的态度，实事求是地向代表说明情况，作出解释，取得代表的理解。

为鼓励先进，树立榜样，充分调动全区人大代表参政议政的积极性，认真行使代表人民管理国家和社会事务的权力，为我区实现跨越式发展献计献策，同时切实增强各承办部门办理代表建议意见的责任感和使命感，在充分酝酿推荐的基础上，经区人大常委会主任会议研究，决定对梁金魁等7名提出好建议的人大代表和财政局等5个办理代表建议先进单位进行表彰。

希望受表彰的人大代表和部门要珍惜荣誉，戒骄戒躁，发扬成绩，再接再厉，继续发挥模范带头作用，求真务实，开拓创新，取得更大的成绩，为我区经济建设和社会各项事业的快速健康发展做出新的更大的贡献。

附：代表好建议和办理代表建议先进单位名单

2003年度好建议及办理建议先进单位

一、代表好建议（7件）：

代表	单位	建议
梁金魁	河口街道办事处	关于城市建设和管理问题的建议
李寿年	河口街道办事处	关于进一步加强社区管理与服务的建议
王舒宜	河口采油厂集输大队	关于加大执法力度加强食品卫生检查的建议
马树寿	太平乡	关于增加冬枣技术人员加强对冬枣生产指导的建议
马学君	义和镇	关于大英等四村开通公交车的建议
侯宝森	河口社区	关于对临街学校设立明显安全警示标志的建议
刘亚东	河口采油厂	关于加强河口城区垃圾投放点管理的建议

二、办理代表建议先进单位（5个）：

财政局　建设局　政府办公室　农业局　水利局

东营市河口区人民代表大会常务委员会关于批准河口区人民政府2003年财政决算及决算报告的决议

（2004年5月20日区十五届人大常委会第9次会议通过）

根据东营市河口区第十五届人民代表大会的授权，区十五届人民代表大会常务委员会第九次会议听取审议了河口区人民政府关于2003年财政决算的报告，经审查，决定批准河口区人民政府关于2003年财政决算及关于决算的报告。

东营市河口区人民代表大会常务委员会关于大力推进“平安河口”建设的决议

（2004年5月20日区十五届人大常委会第9次会议通过）

为深入贯彻落实中共河口区委关于建设“平安河口”的重大决策，大力推进“平安河口”建设，巩固、发展我区社会稳定、政治安定的良好局面，保障我区经济和社会的全面、协调、可持续发展，决议如下：

一、充分认识建设“平安河口”的重大意义，增强维护稳定的责任感和使命感。建设“平安河口”

是为顺利实现我区“十五”计划，促进我区经济跨跃发展所作出的一项重大决策，是实践“三个代表”重要思想的具体体现，是维护我区社会稳定的客观需要，是人民群众的热切期盼。当前我区社会政治稳定，治安秩序良好，人民群众安居乐业，总的形势是好的。但是影响社会稳定的因素还大量存在，政治领域、经济领域和社会领域都面临许多错综复杂的新情况和新问题，维护稳定工作的任务依然十分艰巨。全区各级地方国家机关、厂矿及有关方面要从实践“三个代表”重要思想、维护改革发展的稳定大局、确保国家长治久安、巩固和加强党的执政地位的高度，充分认识建设“平安河口”的重要性和必要性，切实增强责任感和使命感。

二、突出重点，强化措施，确保建设“平安河口”各项目标任务落到实处。建设“平安河口”，必须紧紧围绕“解放思想、干事创业、加快发展”这一主题，在区委的统一领导下，各部门齐抓共管，全社会广泛参与，进一步加强政治领域、经济领域、治安领域的维护稳定工作。区人民政府、区人民法院和区人民检察院要制定相应的规划和标准，分解落实各项任务，确保人力到位、资金到位、措施到位。通过努力做到：在改革发展中保持社会政治稳定，在社会政治稳定中推进改革与发展，实现改革的力度、发展的速度、社会可承受的程度相统一，社会主义精神文明、物质文明、政治文明建设相协调，为全面建设小康社会营造稳定的政治环境、良好的治安环境、规范的法制环境。

三、充分发挥地方国家权力机关的职能作用，依法大力推进“平安河口”建设。区人大常委会要把“平安河口”建设工作放在人大工作的重要位置。定期听取有关工作情况的汇报，适时组织开展视察、调查，及时提出意见、建议，监督支持“一府两院”加大工作力度，狠抓各项目标任务和具体措施的落实；及时帮助研究解决实际工作中遇到的困难和问题，确保创建“平安河口”重大决策在全区得到顺利实施。全区各级人大代表要充分发挥模范带头作用和桥梁纽带作用，积极向群众进行宣传，及时反映人民群众的愿望和要求，在“平安河口”建设中建功立业，做出表率，以自己的模范行动，影响和带动广大干部群众，凝聚社会合力，推动创建“平安河口”工作顺利开展。

全区人民要积极行动起来，进一步解放思想，与时俱进，开拓创新，真抓实干，为建设“平安河口”，加快经济发展，全面建设小康社会而努力奋斗。

东营市河口区人民代表大会常务委员会关于批准河口区人民政府调整2004年财政收支预算的决定

（2004年7月20日区十五届人大常委会第10次会议通过）

东营市河口区第十五届人民代表大会常务委员会第十次会议，审查了河口区人民政府关于调整2004年财政收支预算的报告。会议认为，2004年以来，区政府严格执行区十五届人大二次会议批准的财政预算，采取有效措施，大力组织收入，严格控制支出，预算执行情况是好的。区政府调整2004年的财政收支预算符合我区的实际情况，同意将我区2004年收入预算调整为23842万元，支出预算调整为26000万元，批准河口区人民政府关于调整2004年财政收支预算的报告。

东营市河口区人民代表大会常务委员会关于召开东营市河口区第十五届人民代表大会第三次会议的决定

（2004年11月25日区十五届人大常委会第12次会议通过）

东营市河口区第十五届人民代表大会常务委员会第十二次会议决定：东营市河口区第十五届人民代表大会第三次会议于2005年1月5日至7日在河口召开。会议的建议议程是：

一、听取审议东营市河口区人民政府工作报告，并作出决议；

二、审查批准东营市河口区人民政府关于2004年国民经济和社会发展计划执行情况的报告与2005年国民经济和社会发展计划；

三、审查批准东营市河口区人民政府关于2004年财政预算执行情况的报告与2005年财政预算；

四、听取审议东营市河口区人民代表大会常务委员会工作报告，并作出决议；

五、听取审议东营市河口区人民法院工作报告，并作出决议；

六、听取审议东营市河口区人民检察院工作报告，并作出决议；

七、听取审议东营市河口区人民政府有关专项工作报告，并作出决议；

八、其他事项。

东营市河口区人民代表大会常务委员会关于批准东营市河口区人民法院提请确定人民陪审员名额的报告的决定

（2004年11月25日区十五届人大常委会第12次会议通过）

东营市河口区第十五届人民代表大会常务委员会第十二次会议听取了东营市河口区人民法院关于提请确定人民陪审员名额的报告。会议通过认真审查，决定批准这个报告，确定东营市河口区人民法院人民陪审员名额为30人。

会议强调，人民陪审员参加审判活动，应当遵守法官履行职责的规定，保守审判秘密，注重司法礼仪，维护司法形象。

会议要求，区人民法院要切实加强对人民陪审员的培训，提高人民陪审员的素质，充分发挥人民陪审员的作用，提高法院公信力，维护司法权威，促进司法公正，全面推进我区的民主与法制建设。

东营市河口区人民代表大会常务委员会关于批准河口区人民政府调整2004年财政收支预算的决定

（2004年12月31日区十五届人大常委会第13次会议通过）

东营市河口区第十五届人民代表大会常务委员会第十三次会议，审查了河口区人民政府关于调整2004年财政收支预算的报告。会议认为，2004年以来，区政府严格执行区十五届人大二次会议批准的财政预算，采取有效措施，大力组织收入，严格控制支出，预算执行情况是好的。区政府调整2004年的财政收支预算符合我区的实际情况，同意将我区2004年收入预算调整为26785万元，支出预算调整为28943万元，批准河口区人民政府关于调整2004年财政收支预算的报告。

东营市河口区人民代表大会常务委员会关于深入开展“工业发展年”活动，努力推动“工业强区”战略实施的决议

（2005年2月28日区十五届人大常委会第14次会议通过）

东营市河口区第十五届人民代表大会常务委员会第十四次会议听取并审议了区政府关于“工业发展年”活动安排情况的汇报。会议认为，区政府关于“工业发展年”活动的指导思想、计划安排，目标任务实事求是、切实可行，符合我区实际。会议原则同意这个汇报。

会议认为，工业经济对于我区整个经济和社会事业的发展具有重要的支撑和带动作用，实施“工业强区”战略是发展区域经济，实现全面建设小康社会目标的必然选择。在过去的几年里，区政府坚持以招商引资为总抓手，以项目建设为载体，不断加大投入，优化投资环境，加快膨胀工业总量，实现了工业经济速度、效益和后劲的同步增长。适时开展“工业发展年”活动非常有必要。开展这项活动将有力地推进“工业强区”战略的顺利实施，对于增强我区综合实力，增加财政收入，促进区域经济的融合与发展，都有十分重要的意义。区政府要加强组织领导，搞好思想发动，精心安排部署，加大工作力度，确保这一活动取得实实在在的效果。

会议强调，区政府要按照新型工业化道路的要求，精心选择项目，促进产业结构优化升级，培育大企业，发展大产业，全面提升工业经济实力。会议要求，要着眼于构建特色鲜明的产业体系，立足现有基础和资源优势，依托骨干企业，拉长产业链条，积极引导中小企业集聚发展。要认真实施品牌带动战略，鼓励企业搞好优势产品开发，争创名牌产品，提升企业整体素质和市场竞争能力。要坚持招商引资，抓好大园区带动，坚持依托园区办大工业，高标准、大跨度推进开发区建设和发展。要认真落实《国务院关于鼓励支持和引导个体私营等非公有制经济发展的若干意见》精神，积极引导民营资本参与工业经济，保护和鼓励民营工业经济的发展。要加大对油田存续企业改制的支持力度，认真落实各项优惠政策，促进企业加速改制，为区域经济发展注入新的生

机与活力。

会议要求，各级各部门要紧紧围绕“工业发展年”活动这一主线，进一步强化工业核心地位，真正实现精力和工作重心向工业的战略转移，切实把思想和行动统一到区委关于“工业发展年”活动的重大决策和部署上来。

会议号召，全区人民要积极行动起来，进一步解放思想，开阔思路，齐心协力，真抓实干，迅速掀起发展工业的热潮，为全面建设小康社会，推动全区经济社会的跨越式发展而努力奋斗！

东营市河口区人民代表大会常务委员会关于批准河口区人民政府2004年财政决算及决算报告的决议

（2005年4月21日区十五届人大常委会第15次会议通过）

根据东营市河口区第十五届人民代表大会的授权，区十五届人民代表大会常务委员会第十五次会议听取了河口区人民政府关于2004年财政决算的报告，经审查，决定批准河口区人民政府关于2004年财政决算及关于决算的报告。

东营市河口区人民代表大会常务委员会关于聘用法律和财经问题顾问的决定

（2005年6月16日区十五届人大常委会第16次会议通过）

为更好地履行人大常委会的法定职责，东营市河口区第十五届人民代表大会第十六次会议经过充分讨论，决定从社会各界聘用部分法律、财经方面的专业人员作为区人大常委会法律和财经问题的顾问。

一、聘用条件

1. 年龄在23岁至60岁之间，身体健康，积极参加社会活动，愿为我区民主和法治建设出力献策；

2. 一般应有法律专业本科、财经专业（或相近专业）专科以上学历，熟悉法律或财经方面的工作；

3. 政治上比较可靠，品行良好，公道正派，有一定社会威望和影响力。

二、聘用办法

1. 法律顾问和财经顾问分别聘用，各为3名；

2. 聘用前由区人大常委会发布公告，机关、团体、企业或其他组织可以推荐，公民也可以推荐或自荐，具体由主任会议考察确定人选，报区人大常委会会议决定；

3. 主任会议可以根据工作需要定向考察确定人选，报常委会会议决定；

4. 聘用人员不限于河口区行政区域，但应充分考虑工作方便、熟悉情况等因素。

三、工作职责

（一）法律顾问职责

1. 积极调查了解法律、法规和上级人大决议决定在我区的贯彻执行情况，向区人大常委会提出报告或建议；

2. 为区人大常委会审议区政府、区法院、区检察院有关法律问题的报告提供咨询服务；

3. 为区人大常委会监督具体司法个案提供法律服务；

4. 为人大常委会提出议案、质询案和视察、调研提供法律方面的咨询服务；

5. 增进区人大常委会与法律界的了解和交流；

6. 积极参加区人大常委会组织的活动，工作态度认真并向区人大常委会负责；

7、区人大常委会委托的其他法律方面的工作。

（二）财经顾问职责

1. 积极对我区国民经济和社会发展情况进行调查研究，及时向区人大常委会提出建议意见；

2. 为区人大常委会调查、审议区政府国民经济发展计划和财政预算执行情况提供咨询服务；

3. 为区人大常委会审议决定有关财政、经济事项提供专业咨询；

4. 参与有关财经问题的调查，为区人大常委会提出财经方面的议案、质询案提供服务；

5. 协助区人大常委会就经济问题进行调查研究，提出意见；

6. 积极参加区人大常委会组织的活动，工作态度认真并向区人大常委会负责；

7. 区人大常委会委托的其他财经方面的事项。

四、待遇

法律顾问和财经顾问，因参加区人大常委会统一组织的活动而支出的交通、就餐等费用，由区人大常委会给予补助。有工作单位的法律顾问和财经顾问参加活动、履行职责期间，所在单位不得克扣其工资、奖金及其他福利待遇。无固定收入的法律顾问和财经顾问享受无固定收入的区人大代表的误工补助待遇。

东营市河口区人民代表大会常务委员会
关于对重要审议意见进行公告的决定

（2005年6月16日区十五届人大常委会第16次会议通过）

为进一步拓宽公民参与管理国家事务的渠道，切实增强“一府两院”办理审议意见的责任感，增强常委会审议意见的办理实效，提高人大常委会监督水平，经区十五届人大常委会第十六次会议研究决定，每次常委会会议选择对群众较为关注的审议议题的审议意见在区电视台向全社会进行公告。全区广大人民群众可以对区人民政府、区人民法院、区人民检察院及承办部门办理审议意见的情况进行监督，对其办理不到位，落实力度不够的，可以通过口头、电话、传真、电子邮件等方式向区人大常委会反映意见。同时区人大常委会要不断创新和改进监督工作，自觉接受人民群众监督，不断提高工作水平。

东营市河口区人民代表大会常务委员会
关于批准河口区人民政府调整2005年财政收支预算的决定

（2005年8月2日区十五届人大常委会第17次会议通过）

东营市河口区第十五届人民代表大会常务委员会第十七次会议，审查了河口区人民政府关于调整2005年财政收支预算的报告。会议认为，2005年以来，区人民政府严格执行区十五届人大三次会议批准的财政预算，采取有效措施，大力组织收入，严格控制支出，预算执行情况是好的。区人民政府调整2005年的财政收支预算符合我区的实际情况，同意将我区2005年收入预算调整为31236万元，支出预算调整为33954万元，批准河口区人民政府关于调整2005年财政收支预算的报告。

东营市河口区人民代表大会常务委员会
关于河口区国有资产运营有限责任公司
河口区污水处理厂建设项目资金运作有关问题的决议

（2006年1月17日区十五届人大常委会第20次会议通过）

东营市河口区第十五届人民代表大会常务委员会第二十次会议审议了河口区国有资产运营有限责任公司关于河口区污水处理厂建设项目资金运作的有关问题。会议认为，河口区污水处理厂建设项目是城市基础设施建设项目，河口区国有资产运营有限责任公司是隶属于河口区人民政府的国有资产运营管理企业法人。为保证项目按期建成并发挥效益，同意区财政安排1883万元资金拨付河口区国有资产运营有限责任公司作为项目资本金，区财政对河口区国有资产运营有限责任公司2000万元工商银行河口污水处理厂项目贷款提供还款担保。如果河口区国有资产运营有限责任公司不能按借款合同约定偿还工商银行贷款，由区财政局拨款偿还。

东营市河口区人民代表大会常务委员会
关于批准河口区人民政府调整2005年财政收支预算的决定

（2006年2月13日区十五届人大常委会第21次会议通过）

东营市河口区第十五届人民代表大会常务委员会第二十一次会议，审查了河口区人民政府关于调整2005年财政收支预算的报告。会议认为，2005年以来，区人民政府严格执行区十五届人大三次会议批准的财政预算，采取有效措施，大力组织收入，严格控制支出，预算执行情况是好的。区人民政府调整2005年收入预算符合我区的实际情况，同意将我区2005年收入预算调整为34188万元，支出预算调整为37931万元，批准河口区人民政府关于调整2005年财政收支预算的报告。

东营市河口区人民代表大会常务委员会
关于授予区地税分局、区国税局“人民满意单位”称号的决定

（2006年2月13日区十五届人大常委会第21次会议通过）

根据地方组织法关于县级以上的地方各级人民

代表大会常务委员会授予地方荣誉称号的规定，按照对上级驻河口行政执法部门评议结果，经区十五届人大常委会第二十一次会议研究决定，授予区地税分局、区国税局“人民满意单位”称号。区地税分局、区国税局要在今后的工作中，再接再厉，进一步改进工作作风，加强科学管理，提高办事效率，更好地服务于人民群众，更好地服务于当地经济建设，为促进河口经济和社会各项事业快速健康发展，加快我区全面建设小康社会的步伐做出新的更大的贡献。

东营市河口区人民代表大会常务委员会
关于召开东营市河口区第十五届人民代表大会
第四次会议的决定

（2006年2月20日区十五届人大常委会第22次会议通过）

东营市河口区第十五届人民代表大会常务委员会第二十二次会议决定：东营市河口区第十五届人民代表大会第四次会议于2006年2月25日至27日在河口召开。会议的建议议程是：

一、听取和审议东营市河口区人民政府工作报告；审查、批准东营市河口区国民经济和社会发展第十一个五年规划纲要；

二、审议东营市河口区人民政府关于东营市河口区2005年国民经济和社会发展计划执行情况与2006年国民经济和社会发展计划（草案）的报告；审查、批准东营市河口区2005年国民经济和社会发展计划执行情况的报告与2006年国民经济和社会发展计划；

三、审议东营市河口区人民政府关于东营市河口区2005年财政预算执行情况和2006年预算（草案）的报告；审查、批准东营市河口区2005年财政预算执行情况的报告和2006年区级预算；

四、听取和审议东营市河口区人民政府关于东营市河口区工业发展年活动开展情况的报告；

五、听取和审议东营市河口区人民代表大会常务委员会工作报告；

六、听取和审议东营市河口区人民法院工作报告；

七、听取和审议东营市河口区人民检察院工作报告；

八、选举事项；

九、其他。

东营市河口区人民代表大会常务委员会
关于区十五届人大四次会议列席人员范围的决定

（2006年2月20日区十五届人大常委会第22次会议通过）

根据地方组织的有关规定，区人民政府组成人员、区人民法院院长、区人民检察院检察长列席会议。除此之外，根据我区的实际情况，决定不是区十五届人大代表的下列人员列席会议：

（一）区委常委及区委各工作部门的主要负责人；

（二）区纪委1名副书记；

（三）区人大常委会机关各科室的主要负责人；

（四）不是区人民政府组成人员的区人民政府其他部门、单位的主要负责人（由区人民政府办公室提出名单）；

（五）区人民法院1名副院长和区人民检察院1名副检察长；

（六）区各人民团体的主要负责人；

（七）大会副秘书长和大会秘书处各组主要负责人；

（八）出席区政协六届四次会议的全体委员（列席有关全体会议）；

（九）乡镇长（街道办事处主任）；

（十）乡镇（街道）人大副主席（副主任）；

（十一）上级驻我区各有关单位的主要负责人（由区人民政府办公室提出名单）。

东营市河口区人民代表大会常务委员会
关于表彰2005年度优秀人大代表建议和
先进承办单位的决定

（2006年5月）

2005年，各位区人大代表认真学习贯彻党的十六大和十六届四中、五中全会精神，深入实践“三个代表”重要思想，以高度的政治责任感，运用建议、批评和意见形式，认真履行职务，在深入调查研究的基础上，提出了许多切合实际的建议，贴近了区委、区政府的中心工作，反映了广大群众共同关注的问题。区政府领导高度重视人大代表建议的办理工作，各承办单位把办理工作作为加强社会主义民主政治建设，践行“三个代表”重要思想的具体体现，依法接受监督，转变工作作风，提高科学行政、民主行政、依法行政能力，克服种种困难，进一步提高了建议的办理质量，圆满完成了办理任务，并涌现出一批人大代表建议办理工作先进单位。

为表彰先进，进一步鼓励和调动人大代表及承办单位的积极性，更好地发挥人大代表建议在经济和社会发展中的作用，促进我区代表建议办理工作再上新台阶，区人大常委会决定，对提出《四十四中路往东到市场路破坏严重的问题》等5件建议的代表和区政府办公室等5个先进承办单位予以表彰。

区人大常委会希望受表彰的集体和个人谦虚谨慎，戒骄戒躁，再接再厉，继续运用代表建议这个有效载体，建言献策，为民办事。全区各承办单位要向先进承办单位学习，不断加强和改进建议办理工作，努力把我区代表建议办理工作提高到一个新的水平，为我区的民主法制建设和经济跨越式发展做出更大贡献。

附：优秀代表建议和先进承办单位

优秀代表建议和先进承办单位

一、优秀代表建议（5件）

代　表	建　　议
贾　萍	四十四中路往东到市场路破坏严重的问题
魏祥坤	关于对新盐路河口段实施改造的建议
刘增玺	关于东崔闸以北挑河清淤的建议
林元贵	关于加大对冬枣标准化生产投入成立冬枣科技服务中心的建议
常守臣	关于加大对渔业扶持力度的建议

二、办理代表建议先进单位（5个）

区政府办公室　建设局　交通局　财政局　水利局

东营市河口区人民代表大会常务委员会
关于批准河口区人民政府2005年财政决算
及决算报告的决议

（2006年5月23日区十五届人大常委会第25次会议通过）

根据东营市河口区第十五届人民代表大会的授权，东营市河口区第十五届人民代表大会常务委员会第二十五次会议听取了河口区人民政府关于2005年财政决算情况的报告，经审查，决定批准河口区人民政府关于2005年财政决算及关于决算情况的报告。

东营市河口区人民代表大会常务委员会
关于河口区生态农业基地建设项目贷款本息
偿还有关问题的决议

（2006年5月23日区十五届人大常委会第25次会议通过）

东营市河口区第十五届人民代表大会常务委员会第二十五次会议审议了河口区人民政府关于河口区生态农业基地建设项目贷款情况的报告。会议认为，河口区人民政府为改善农业生产条件，提高农民收入和生活水平，积极实施生态农业基地建设，为解决资金不足的问题，以政府承诺还款付息的形式委托东营市河口广河棉油有限责任公司承贷，向农业发展银行东营市河口区支行申请中长期贷款8000万元。贷款到位后，将款项由东营市河口广河油棉有限责任公司账户转交区财政，由河口区人民政府统一调配使用。会议同意东营市河口区财政局承担还款责任并将贷款本息按期列入相应年度预算，及时归还。

东营市河口区人民代表大会常务委员会
关于调整内设机构的决议

（2006年7月18日区十五届人大常委会第26次会议通过）

根据中共河口区委批准的《关于河口区人大机关主要职责、内设机构和人员编制方案》及《中共河口区委关于进一步加强人大工作的意见》，经东营市河口区第十五届人民代表大会常务委员会第二十六次会议研究决定，对东营市河口区人民代表大会常务委员会内设机构予以调整。

东营市河口区人民代表大会常务委员会内设机构为7个，分别为：办公室，内设信访科（副科级）、机关离退休干部服务中心（副科级事业单位）；人事代表工作室；内务司法工作委员会；财政经济工作委员会；城乡建设环境保护工作委员会；农业与农村工作委员会；教育科学文化卫生工作委员会。

同时，撤销原有的河口区人民代表大会常务委员会法制科、教科文卫科、财经科、信访科（正科级），其职能划入办公室和相应的工作委员会。

东营市河口区人民代表大会常务委员会关于在全区公民中开展第五个五年法制宣传教育的决议

（2006年7月18区十五届人大常委会第26次会议通过）

自2001年以来，按照中央、省、市的统一部署，我区在全体公民中实施了法制宣传教育第四个五年规划，以宪法为核心的法律知识得到广泛普及，依法治理工作不断深入，公民的法律意识明显增强，各项事业的法治化管理水平逐步提高，为全区经济社会持续健康快速发展提供了有力保障。为全面贯彻落实科学发展观，促进依法治国基本方略的实施，加快依法治区步伐，推进平安和谐河口建设，进一步提高公民的法律素质和全区社会法治化管理水平，保障我区国民经济和社会发展"十一五"规划目标的顺利实现，确定从2006年到2010年在全区公民中组织实施法制宣传教育第五个五年规划。为此，特作决议如下：

一、法制宣传教育的指导思想。以邓小平理论和"三个代表"重要思想为指导，全面落实科学发展观，深入开展以宪法为主要内容的法制宣传教育，扎实推进依法治理，切实加强以农村、社区为重点的基层民主法制建设，进一步提高公民法律意识和法律素质，牢固树立社会主义荣辱观；进一步增强公务员社会主义法治理念，提高依法行政、依法管理和服务社会的能力和水平；进一步增强各级政府和社会组织依法治理的自觉性，提高依法管理和服务社会的能力，为促进平安和谐河口建设、保障"十一五"规划落实和全面建设小康社会营造良好的法治环境。

二、法制宣传教育的主要内容。根据我区国民经济和社会发展"十一五"规划提出的目标，明确法制宣传教育的内容。要广泛深入地学习宣传宪法，开展社会主义法治理念教育，使全区公民进一步掌握宪法的基本知识，提高宪法意识，自觉遵守宪法，维护宪法尊严，树立宪法权威。适应公民学习和运用法律的需求，进一步学习宣传国家基本法律法规，学习宣传与经济社会发展、群众生产生活、整顿和规范市场经济秩序、维护社会和谐稳定、促进社会公平正义密切相关的法律法规，增强全区公民社会主义法治理念和爱国意识、责任意识、守法意识及权利义务观念，培养全区公民自觉学法、用法、守法、护法的行为习惯，保障和促进全区政治、经济、文化和社会事业的健康发展。

三、突出重点对象，采取不同措施，增强法制宣传教育工作的针对性。在继续做好全体公民法制宣传教育工作的基础上，重点做好公务员特别是各级领导干部和司法、行政执法人员的法制宣传教育，同时做好青少年、企业经营人员、农村"两委"成员和进城务工经商人员的法制宣传教育。各级领导干部要带头学法用法，提高依法决策和依法管理经济、社会事务的能力；所有公务员特别是司法和行政执法人员要牢固树立有权必有责、用权受监督、违法要追究的观念，切实提高依法行使公共权力的能力，确保国家法律法规的正确实施。要进一步强化青少年特别是在校学生的法制宣传教育，使青少年从小懂得应该遵循的基本行为准则，养成学法守法的行为习惯。继续加强企业经营管理人员和进城务工经商人员的法制宣传教育，着力培养诚信守法观念和社会责任意识，提高依法生产经营、依法管理和依法维权的能力。加强对农村"两委"干部的法制宣传教育和培训，引导广大农民依法参与村民自治活动和其他社会管理，了解和掌握解决矛盾纠纷、维护自身合法权益的法律知识和途径，扎实推进社会主义新农村建设。

四、坚持法制宣传教育与法治实践相结合，提高全社会法治化管理水平。要紧紧围绕司法、执法、法律监督和法律服务等环节，认真总结普法经验，深入开展多层次、多领域的依法治理工作，进一步提高执法能力和管理水平。深化乡村、社区等基层依法治理，促进基层民主政治建设；围绕平安建设、和谐社会构建以及社会热点、难点问题开展形式多样的主题活动，大力推进法制宣传教育进机关、进企业、进乡村、进社区、进学校、进家庭，把法制宣传教育融入基层人民群众的生产生活之中，形成崇尚法律、遵守法律、依法办事的社会氛围。

五、创新和丰富法制宣传教育的形式和载体，增强法制宣传教育的社会效果。进一步强化大众传媒和新闻单位的社会责任意识，在广播、电视等大众媒体开辟法制宣传栏，深入开展以"学法律、讲权利、讲义务、讲责任"为主要内容的法制宣传教育。要搞好法制宣传和文艺宣传的有机结合，不断提高法制宣传教育的吸引力和感染力。加强政府和专业普法网站建设，利用互联网平台开展法制宣传教育。加强各种法制宣传教育园地、阵地建设，鼓励、引导和规范法制宣传教育志愿者活动。搞好“12·4”全国法制宣传日宣传教育活动。

六、加强对法制宣传教育工作的组织领导，动员和依靠全社会力量共同参与。各机关、各社会团体、各企事业单位和各类组织，都要高度重视法制宣传教育工作，进一步健全法制宣传教育制度，落实工作责任，在搞好内部宣传教育的同时，面向全社会开展法制宣传教育活动，确保各项工作落到实处。要力戒形式主义，注重实际效果。要加强调查研究，注重典型培养，总结推广开展法制宣传教育的先进经验。要切实加强基层基础工作，采取有效措施，解决人员、教材、经费、设施等问题，为基层法制宣传教育顺利开展创造良好条件。

东营市河口区人民代表大会常务委员会关于《河口区2006~2010年依法治区规划》的决议

（2006年7月18区十五届人大常委会第26次会议通过）

东营市河口区第十五届人民代表大会常务委员会第二十六次会议经过审查，决定通过《河口区2006-2010年依法治区规划》。由区人民政府、区人民法院、区人民检察院认真组织实施。

东营市河口区人民代表大会常务委员会关于河口区农业生态环境综合治理工程资金运作有关问题的决议

（2006年11月22区十五届人大常委会第28次会议通过）

东营市河口区第十五届人民代表大会常务委员会第二十八次会议审议了关于河口区农业生态环境综合治理工程贷款的报告。会议认为，河口区农业生态环境综合治理工程是农业基础设施建设项目，河口区国有资产运营有限责任公司是隶属于河口区人民政府的国有资产运营管理企业法人，为保证项目按期建成并发挥效益，同意区财政安排11066万元资金拨付河口区国有资产运营有限责任公司作为项目建设资金，其余由公司自筹。同意区人民政府与公司签署工程的“建设—转让（BT）合作协议”，并按约定计划支付回购款，以确保公司收回全部项目建设资金。到还款年限，由财政按上述“建设—转让（BT）合作协议”约定的回购计划按期拨付回购资金，并纳入当年财政预算支出。

东营市河口区人民代表大会常务委员会关于批准河口区人民政府调整2006年度财政收支预算的决定

（2007年1月12日区十五届人大常委会第29次会议通过）

东营市河口区第十五届人民代表大会常务委员会第二十九次会议，审查了河口区人民政府关于调整2006年度财政收支预算的报告。会议认为，2006年以来，区政府严格执行区十五届人大四次会议批准的财政预算，采取有效措施，大力组织收入，严格控制支出，预算执行情况是好的。区政府调整2006年的财政收支预算符合我区的实际情况，同意将我区2006年收入预算调整为41542万元，支出预算调整为44909万元，批准河口区人民政府关于调整2006年财政收支预算的报告。

东营市河口区人民代表大会常务委员会关于批准河口区人民政府2006年财政决算及决算报告的决定

（2007年6月26日区十五届人大常委会第32次会议通过）

根据东营市河口区第十五届人民代表大会的授权，东营市河口区第十五届人民代表大会常务委员会第三十二次会议听取了河口区人民政府关于2006年财政决算情况的报告，经审查，决定批准河口区人民政府关于2006年财政决算及关于决算情况的报告。

东营市河口区人民代表大会常务委员会关于2007年区乡人大换届选举的决定

（2007年9月12日区十五届人大常委会第34次会议通过）

按照宪法规定和全国、省、市人大常委会的决定，结合我区实际，对区乡人大换届选举时间及乡镇人大代表名额决定如下：

一、我区区乡人大换届选举工作自 2007 年 9 月中旬开始，2007 年 11 月 20 日前选出区乡两级人大代表，2007 年 12 月 7 日至 10 日召开区十六届人大一次会议，乡镇新一届人大一次会议于 2007 年 11 月 30 日前召开。

二、新一届乡镇人民代表大会代表的具体名额分别为：新户乡 51 名，太平乡 49 名，义和镇 57 名，六合乡 51 名，孤岛镇 35 名，仙河镇 35 名。

东营市河口区人民代表大会常务委员会关于任命区选举委员会组成人员的决定

（2007 年 9 月 12 日区十五届人大常委会第 34 次会议通过）

按照宪法规定和全国、省、市人大常委会的决定，河口区人民代表大会将于 2007 年底进行换届选举。为做好这项工作，决定任命区选举委员会组成人员。

主　任：刘秀田

副主任：张成彬　黄高潮　渠怀德　杨学贤　张焕洲　曲德民　房建民　丁水林

成　员：马士文　陈建英　孟维芳　张希臣　刘凤霞

委员会下设办公室，陈建英兼任办公室主任，王忠华、孙华强、魏崇山、时云杰任副主任。

东营市河口区人民代表大会常务委员会关于任命各乡镇选举委员会和河口街道选举工作指导组组成人员的决定

（2007 年 9 月 12 日区十五届人大常委会第 34 次会议通过）

按照宪法规定和全国、省、市人大常委会的决定，河口区区乡两级人民代表大会将于 2007 年底同步进行换届选举。为做好这项工作，决定任命各乡镇选举委员会和河口街道选举工作指导组组成人员。

新户乡选举委员会

主　任：孟凡吾

副主任：刘学东　信连合

成　员：李　刚　张泽红　尚广俊　李　磊　杨希祥　都风先

太平乡选举委员会

主　任：孙学诗

副主任：夏庆华　王新华

成　员：孟令钟　胡友成　李红景　王玉燕　荆华山　卢洪江

义和镇选举委员会

主　任：王学春

副主任：刘庆华　高忠岐

成　员：石　明　张振华　王志丽　李秀勇　刘杰军　王敬海

六合乡选举委员会

主　任：朱春光

副主任：高连欣　赵呈安

成　员：张素霞　陈瑞堂　陈长英　李文彩　扈美华　于耀义

孤岛镇选举委员会

主　任：薄纯新

副主任：黄新华　崔凤桐

成　员：祝升禹　赵　云　卢军莉　李双年　薛　炜　窦德良

仙河镇选举委员会

主　任：张　彬

副主任：陈步先　陈建岐

成　员：徐迎春　杨江普　宋　寒　郭素英　罗俊海　胥建波

河口街道选举工作指导组

组　长：李寿年

副组长：高希武　董子平

成　员：孙书科　孙　洁　扈梅英　李丙安　牛树平　屈桂森　郭　鑫

东营市河口区人民代表大会常务委员会关于批准河口区人民政府调整 2007 年度财政收支预算的决定

（2007 年 11 月 20 日区十五届人大常委会第 37 次会议通过）

东营市河口区第十五届人民代表大会常务委员会第三十七次会议，审查了河口区人民政府关于调整 2007 年财政收支预算的报告。会议认为，今年以来，区政府严格执行区十五届人大五次会议批准的财政预算，采取有效措施，大力组织收入，严格控制支出，预算执行情况是好的。区政府调整 2007 年的财政收支预算符合我区的实际情况，同意将我区2007年收入预算调整为48161万元，支出预算调整为51668万元，批准河口区人民政府关于调整2007年财政收支预算的报告。

东营市河口区人民代表大会常务委员会
关于区十六届人大一次会议列席人员范围的决定

(2007年11月20日区十五届人大常委会第37次会议通过)

根据地方组织法的有关规定，结合我区的实际情况，决定不是区十六届人大代表的下列人员列席会议：

一、区委常委、区纪委一名副书记、区委各工作部门的主要负责人；

二、副区长和区政府组成部门的主要负责人；

三、出席政协河口区七届一次会议的全体委员；

四、区人民法院一名副院长和区人民检察院一名副检察长；

五、区人大常委会机关各委室负责人；

六、区属正科级事业单位的主要负责人；

七、区各人民团体的主要负责人；

八、大会副秘书长和大会秘书处各组主要负责人；

九、上级驻我区各有关单位的主要负责人；

以上部门单位主要负责人是人大代表、政协委员的，主持工作的副职列席会议。

第四节 区十六届人大常委会决议、决定

讨论决定本行政区域内重大事项，是宪法和法律赋予地方人大常委会的一项重要职权。2008年至2011年，区十六届人大常委会始终坚持以科学发展观为统领，抓住全区经济社会发展中的重大问题，认真行使法定职权，尽职尽责做好各项工作，并作出决议、决定26项。

东营市河口区人民代表大会常务委员会
关于批准河口区人民政府2007年财政决算及预算报告的决定

(2008年7月29日区十六人大常委会第4次会议通过)

根据东营市河口区第十六届人民代表大会的授权，东营市河口区第十六届人民代表大会常务委员会第四次会议听取了东营市河口区人民政府关于2007年财政决算情况的报告，经审查，决定批准东营市河口区人民政府关于2007年财政决算及关于决算情况的报告。

东营市河口区人民代表大会常务委员会
关于东营市河口区国有资产运营有限责任公司河口区城区基础设施建设工程项目贷款有关问题的决议

(2008年7月29日区十六届人大常委会第4次会议通过)

东营市河口区第十六届人民代表大会常务委员会第四次会议审议了东营市河口区人民政府关于河口区城区基础设施建设工程项目贷款的报告。会议认为，城区道路路网的建设和完善，对于我区的城市建设、经济发展及城市形象至关重要。东营市河口区国有资产运营有限责任公司是隶属于东营市河口区人民政府的国有资产运营管理企业法人。为保证项目顺利实施，同意区财政安排6720.2万元资金拨付东营市河口区国有资产运营有限责任公司作为项目建设资金，其余由公司自筹。贷款资金1亿元缴区财政管理，到还款年限，由区财政将还款金额列入当年财政预算支出。

东营市河口区人民代表大会常务委员会
关于召开东营市河口区第十六届人民代表大会第二次会议的决定

(2008年11月28日区十六届人大常委会第6次会议通过)

东营市河口区第十六届人民代表大会常务委员会第六次会议决定：东营市河口区第十六届人民代表大会第二次会议于2009年1月4日至6日在河口召开。

会议的建议议程是：

一、听取审议河口区人民政府工作报告；

二、审议河口区人民政府关于2008年国民经济和社会发展计划执行情况与2009年国民经济和社会发展计划（草案）的报告。审查、批准河口区2008年国民经济和社会发展计划执行情况与2009年国民经济和社会发展计划；

三、审议河口区人民政府关于河口区2008年财政预算执行情况和2009年预算（草案）的报告，审查、

批准河口区2008年财政预算执行情况和2009年区级财政预算；

四、听取审议河口区人民代表大会常务委员会工作报告；

五、听取审议河口区人民法院工作报告；

六、听取审议河口区人民检察院工作院；

七、其他。

东营市河口区人民代表大会常务委员会关于东营市河口区第十六届人民代表大会第二次会议列席人员范围的决定

（2008年11月28日区十六届人大常委会第6次会议通过）

根据地方组织法的有关规定，结合我区的实际情况，决定不是区十六届人大代表的下列人员列席区十六届人大二次会议：

一、区委常委、区纪委一名副书记、区委各工作部门的主要负责人；

二、副区长和区政府组成部门的主要负责人；

三、出席政协河口区七届二次会议的全体委员；

四、区人民法院一名副院长和区人民检察院一名副检察长；

五、区人大常委会机关各委室负责人；

六、区属正科级事业单位的主要负责人；

七、区各人民团体的主要负责人；

八、大会副秘书长和大会秘书处各组主要负责人；

九、上级驻我区各有关单位的主要负责人。

以上部门单位主要负责人是人大代表、政协委员的，主持工作的副职列席会议。

东营市河口区人民代表大会常务委员会关于批准河口区人民政府调整2008年度财政收支预算的决定

（2008年12月30日区十六届人大常委会第7次会议通过）

东营市河口区第十六届人民代表大会常务委员会第七次会议，审查了河口区人民政府关于调整2008年度财政收支预算的报告。会议认为，今年以来，区人民政府严格执行区十六届人大一次会议批准的财政预算，采取有效措施，大力组织收入，严格控制支出，预算执行情况是好的。区人民政府调整2008年度财政收支预算符合我区的实际情况，同意将我区2008年收入预算调整为56292万元，支出预算调整为58525万元，批准河口区人民政府关于调整2008年度财政收支预算的报告。

东营市河口区人民代表大会常务委员会关于召开东营市河口区第十六届人民代表大会第三次会议的决定

（2009年6月8日区十六届人大常务委员会第11次会议通过）

东营市河口区第十六届人民代表大会常务委员会第十一次会议决定：东营市河口区第十六届人民代表大会第三次会议于2009年6月16日在河口召开，会期一天半。

会议的建议议程是：

一、听取和审议东营市河口区人民政府工作报告；

二、补选东营市河口区人大常委会主任，东营市河口区人民政府区长、1名副区长，东营市河口区人民检察院检察长；

三、其他。

东营市河口区人民代表大会常务委员会关于批准河口区人民政府2008年财政决算及决算报告的决定

（2009年8月27日区十六届人大常委会第12次会议通过）

根据东营市河口区第十六届人民代表大会的授权，东营市河口区第十六届人民代表大会常务委员会第十二次会议听取了东营市河口区人民政府关于2008年财政决算情况的报告，经审查，决定批准东营市河口区人民政府关于2008年财政决算及关于决算情况的报告。

东营市河口区人民代表大会常务委员会关于批准东营市河口区人民政府调整2009年度财政收支预算的决定

（2009年8月27日区十六届人大常委会第12次会议通过）

东营市河口区第十六届人民代表大会常务委员

会第十二次会议，审查了东营市河口区人民政府关于调整2009年度财政收支预算的报告。会议认为，今年以来，区人民政府严格执行区十六届人大二次会议批准的财政预算，采取有效措施，大力组织收入，严格控制支出，预算执行情况是好的。区人民政府调整2009年度财政收支预算符合我区的实际情况，同意将我区2009年度财政收支预算调整增加1500万元，支出预算调整增加1500万元，批准河口区人民政府关于调整2009年度财政收支预算的报告。

东营市河口区人民代表大会常务委员会关于开展"法治河口"创建活动的决议

（2009年10月23日区十六届人大常委会第13次会议通过）

为推动全国普法办《关于开展法治城市、法治县（市、区）创建活动的意见》和东营市河口区"五五"普法规划的全面贯彻落实，东营市河口区第十六届人民代表大会常务委员会第十三次会议听取了区人民政府关于开展"法治河口"创建活动的报告，并进行了认真审议，特作如下决议：

一、切实提高思想认识。创建"法治河口"是依法治区工作的进一步深化和发展，对于深入贯彻落实科学发展观，牢固树立社会主义法治理念，加快社会主义和谐社会建设，推进经济社会又好又快发展，具有十分重大的战略意义和现实意义。"法治河口"创建工作是一项长期而艰巨的任务，要动员全区各方面的力量积极参与创建活动，周密组织，科学安排，突出工作重点，加大工作力度，切实把"法治河口"创建工作的各项任务落到实处。

二、全面建设法治政府。按照职权法定、依法行政、有效监督、高效便民的要求，以建设服务型、法治型、效能型和廉洁型政府为目标，着力转变政府职能、提高工作效能，形成权责一致、分工合理、决策科学、执行顺畅、监督有力的行政管理体制。要深化行政执法体制改革，强化行政执法责任制和执法过错责任追究制，切实做到严格执法、公正执法、文明执法。

三、切实维护司法公正。按照中央和省市的统一部署，积极稳妥地推进司法体制改革，坚持实体公正和程序公正并重，形成权责明确、相互配合、高效运行的司法体制。加强司法机关队伍建设，全面提高司法工作的整体水平和质量。有效规范司法行为，依法及时纠正司法过错，健全维护司法公正的各项监督制约机制，切实保护当事人的合法权益，维护司法权威，体现社会公平正义。

四、提高基层民主法治化水平。以"法治河口"创建工作为载体，深入推进基层民主，加强基层依法治理工作，落实民主选举、民主决策、民主管理、民主监督，完善法律服务，加强法律援助，加快社会生活法治化步伐。深化"民主法治示范村""民主法治示范社区"创建活动，充分发挥城乡基层自治组织、人民团体、社会团体、行业组织等在基层民主法治建设中的作用，全面提高基层民主法治水平。完善以职工代表大会为基本形式的企事业单位民主管理制度，推进厂务公开，支持职工参与管理，维护职工合法权益。发挥社会组织在扩大群众参与、反映群众诉求方面的积极作用，增强社会自治功能。

五、推进经济法治建设。整顿和规范市场经济秩序，依法严厉打击制售假冒伪劣产品等违法行为，加强知识产权保护，依法加强市场监管，严肃查处商业贿赂。提高物权保护水平，完善投资保护措施。健全安全生产、环境保护、节能降耗、劳动用工、税费收缴等监管体制，促进各类企业依法经营。加强市场诚信体系建设，促进公平竞争、诚信守信等市场经济基本原则和制度的落实。

六、深化法制宣传教育。突出学习宪法，牢固树立宪法意识。广泛宣传有关经济、政治、文化、社会发展以及与人民群众生产生活密切相关的法律法规，弘扬法治精神，推进社会主义法治文化建设。深入开展社会主义法治理念教育，增强国家机关工作人员依法办事的素质和本领。重点加强针对领导干部、公务员、青少年、企业经营管理人员的法制宣传教育。大力开展法律进机关、进乡村、进社区、进学校、进企业、进单位活动。拓宽宣传领域，创新宣传形式，增强宣传效果，全面提高公民法律素质，形成自觉学法、守法、用法的社会氛围。

七、拓宽和规范法律服务。完善法律服务体系，加强法律服务队伍建设，拓展法律服务领域，提高法律服务质量，规范法律服务市场秩序，加强法律服务行业自律组织建设，促进法律服务健康发展。

八、建立健全监督机制。强化区人大及其常委会对“一府两院”的法律监督，确保行政、司法机关依法履行职能。完善权力制约和监督机制，综合运用各种监督形式，增强监督合力和实效，真正做到有权必有责、用权受监督、违法要追究，充分发挥社会监督、舆论监督的作用，畅通各种渠道，使社情民意做到充分表达。

“法治河口”创建工作是一项系统工程，必须在区委的统一领导下，充分调动和发挥人民群众在“法治河口”创建工作中的积极性、主动性和创造性，努力形成全社会关心、支持和参与“法治河口”创建工作的良好氛围，不断加快全区各项事业的法治化建设进程，为实现河口区在黄河三角洲开发建设中率先崛起做出积极贡献。

东营市河口区人民代表大会常务委员会关于召开东营市河口区第十六届人民代表大会第四次会议的决定

（2009年12月11日区十六届人大常委会第14次会议通过）

东营市河口区第十六届人民代表大会常务委员会第十四次会议决定：东营市河口区第十六届人民代表大会第四次会议于2010年1月5日至7日在河口召开。

会议的建议议程是：

一、听取审议河口区人民政府工作报告；

二、审议河口区人民政府关于2009年国民经济和社会发展计划执行情况与2010年国民经济和社会发展计划（草案）的报告。审查批准河口区2009年国民经济和社会发展计划执行情况与2010年国民经济和社会发展计划；

三、审议河口区人民政府关于2009年财政预算执行情况和2010年预算（草案）的报告，审查批准河口区2009年财政预算执行情况和2010年区级财政预算；

四、听取审议河口区人民政府关于城市建设管理工作的报告；

五、听取审议河口区人民代表大会常务委员会工作报告；

六、听取审议河口区人民法院工作报告；

七、听取审议河口区人民检察院工作报告；

八、补选事项；

九、其他。

东营市河口区人民代表大会常务委员会关于东营市河口区第十六届人民代表大会第四次会议列席人员范围的决定

（2009年12月11日区十六届人大常委会第14次会议通过）

根据地方组织法的有关规定和本次会议的议题，建议不是区人大代表的下列人员列席本次会议：

一、区委常委、区纪委一名副书记、区委各工作部门的主要负责人；

二、副区长和区政府组成部门的主要负责人；

三、出席政协河口区七届三次会议的全体委员；

四、区人民法院一名副院长和区人民检察院一名副检察长；

五、区人大常委会机关各委室负责人；

六、不是区政府组成人员的区政府其他部门主要负责人；

七、区各人民团体的主要负责人；

八、大会副秘书长和大会秘书处各组主要负责人；

九、上级驻我区各有关单位的主要负责人。

以上部门单位主要负责人是人大代表、政协委员的，主持工作的副职列席会议。

东营市河口区人民代表大会常务委员会关于批准河口区人民政府调整2009年度财政收支预算的决定

（2009年12月29日区十六届人大常委会第15次会议通过）

东营市河口区第十六届人民代表大会常务委员会第十五次会议，审查了河口区人民政府关于调整2009年度财政收支预算的报告。会议认为，今年以来，区人民政府严格执行区十六届人大二次会议批准的财政预算，采取有效措施，大力组织收入，严格控制支出，预算执行情况是好的。区人民政府调整2009年度财政收支预算符合我区的实际情况，同意将我区2009年收入预算调整为61622万元，支出预算调整为62800万元，批准河口区人民政府关于调整2009年度财政收支预算的报告。

东营市河口区人民代表大会常务委员会
关于批准河口区人民政府 2009 年财政决算
及决算报告的决定

（2010 年 7 月 23 日区十六届人大常务委员会第 19 次会议通过）

根据东营市河口区第十六届人民代表大会的授权，东营市河口区第十六届人民代表大会常务委员会第十九次会议听取东营市河口区人民政府关于 2009 年财政决算情况的报告，经审查，决定批准东营市河口区人民政府关于 2009 年财政决算及关于决算情况的报告。

东营市河口区人大常委会
关于任命新户镇选举委员会组成人员的决定

（2010年7月23日区十六届人大常委会第19次会议通过）

为切实加强对新户镇人大选举工作的领导，根据选举法和省选举实施细则的规定，东营市河口区第十六届人民代表大会常务委员会第十九次会议，于 2010 年 7 月 23 日依法任命新户镇选举委员会组成人员，具体名单如下：

主　任：胡友成　新户镇党委组织委员
副主任：赵英辉　新户镇纪委副书记
　　　　谭振涛　新户镇政协工作办公室主任
委　员：杨　震　新户镇党政办副主任
　　　　朱立辉　新户镇党政办副主任
　　　　陈守明　新户镇党政办副主任
　　　　王立宾　新户镇综治办副主任
　　　　卢洪江　新户镇法律服务中心副主任
　　　　高志强　新户镇党政办职员

东营市河口区人民代表大会常务委员会
关于授予人民检察院等 5 个单位“人民满意单位”
称号的决定

（2010 年 11 月 30 日）

根据地方组织法关于县级以上地方各级人民代表大会常务委员会授予地方荣誉称号的规定，东营市河口区第十六届人民代表大会常务委员会第二十一次会议对区人民法院、区人民检察院和区政府部门、单位进行了工作评议，决定授予区人民检察院、区经济和信息化局、区人口和计划生育局、区国税局、区油区办“人民满意单位”称号。希望荣获“人民满意单位”称号的单位发扬成绩，再接再厉，进一步改进工作作风，加强科学管理，提高办事效率，更好地服务于人民群众，更好地服务于河口经济社会建设，为我区在黄河三角洲开发建设中实现率先崛起做出新的更大的贡献。

东营市河口区人民代表大会常务委员会
关于召开东营市河口区第十六届人民代表大会
第五次会议的决定

（2010 年 12 月 23 日区十六届人大常委会第 22 次会议通过）

东营市河口区第十六届人民代表大会常务委员会第二十二次会议决定：东营市河口区第十六届人民代表大会第五次会议于 2011 年 1 月 13 日至 15 日在河口召开。

会议的建议议程是：

一、听取和审议东营市河口区人民政府工作报告；审查、批准东营市河口区国民经济和社会发展第十二个五年规划纲要；

二、审查、批准东营市河口区 2010 年国民经济和社会发展计划执行情况的报告与 2011 年计划；

三、审查东营市河口区 2010 年财政预算执行情况的报告和 2011 年财政预算（草案）；批准东营市河口区 2010 年财政预算执行情况的报告和 2011 年区级财政预算；

四、听取和审议东营市河口区人民代表大会常务委员会工作报告；

五、听取和审议东营市河口区人民法院工作报告；

六、听取和审议东营市河口区人民检察院工作报告；

七、选举事项；

八、其他事项。

东营市河口区人民代表大会常务委员会
关于东营市河口区第十六届人民代表大会
第五次会议列席人员范围的决定

（2010 年 12 月 23 日区十六届人大常委会第 22 次会议通过）

根据地方组织法的有关规定和会议的议题，建议不是区人大代表的下列人员列席东营市河口区第十六届人民代表大会第五次会议：

一、区委常委、区纪委一名副书记、区委各工作部门的主要负责人；

二、副区长和区政府组成部门的主要负责人；

三、出席政协河口区七届四次会议的全体委员；

四、区人民法院一名副院长和区人民检察院一名副检察长；

五、区属正科级事业单位的主要负责人；

六、区各人民团体的主要负责人；

七、大会副秘书长和大会秘书处各组主要负责人；

八、上级驻我区各有关单位的主要负责人；

九、镇人大副主席、街道人大办副主任。

以上部门单位主要负责人是人大代表、政协委员的，主持工作的副职列席会议。

东营市河口区人民代表大会常务委员会
关于批准东营市河口区人民政府调整2010年度
财政收支预算的决定

（2011年1月10日区十六届人大常委会第23次会议通过）

东营市河口区第十六届人民代表大会常务委员会第二十三次会议，审查了河口区人民政府关于调整2010年度财政收支预算的报告。会议认为，区人民政府严格执行区十六届人大四次会议批准的财政预算，采取有效措施，大力组织收入，严格控制支出，预算执行情况是好的。区人民政府调整2010年度财政收支预算符合我区的实际情况，同意将我区2010年收入预算调整为82463万元，支出预算调整为90109万元，批准河口区人民政府关于调整2010年度财政收支预算的报告。

东营市河口区人民代表大会常务委员会
关于批准河口区人民政府调整河口经济开发区
2010年度财政收支预算的决定

（2011年1月10日区十六届人大常委会第23次会议通过）

东营市河口区第十六届人民代表大会常务委员会第二十三次会议，审查了河口区人民政府关于调整河口经济开发区2010年度财政收支预算的报告。会议认为，区人民政府严格执行区十六届人大四次会议批准的财政预算，采取有效措施，大力组织收入，严格控制支出，预算执行情况是好的。区人民政府调整河口经济开发区2010年度财政收支预算符合河口经济开发区的实际情况，同意将河口经济开发区2010年收入预算调整为3409万元，支出预算调整为3409万元，批准河口区人民政府关于调整河口经济开发区2010年度财政收支预算的报告。

东营市河口区人民代表大会常务委员会
关于批准河口区2010年区级财政决算的决议

（2011年7月29日区十六届人大常委会第27次会议通过）

东营市河口区第十六届人民代表大会常务委员会第二十七次会议听取了东营市河口区人民政府关于2010年区级财政决算的报告，并对区人民政府提出的2010年区级财政决算和区级财政决算的报告进行了审查，决定批准东营市河口区人民政府关于2010年区级财政决算及关于2010年区级财政决算的报告。

东营市河口区人民代表大会常务委员会
关于《河口区2011~2015年依法治区规划》的决议

（2011年7月29日区十六届人大常委会第27次会议通过）

东营市河口区第十六届人民代表大会常务委员会第二十七次会议经过审查，决定通过《河口区2011~2015年依法治区规划》，由区人民政府、区人民法院、区人民检察院认真组织实施。

东营市河口区人民代表大会常务委员会
关于在全区公民中深入开展第六个五年法制
宣传教育的决议

（2011年7月29日区十六届人大常委会第27次会议通过）

2006年至2010年，我区法制宣传教育第五个五年规划已经顺利完成，取得了明显成效，在落实依法治国基本方略、促进经济社会又好又快发展、维护社会和谐稳定中发挥了重要作用，中国特色社会主义法律体系形成后，加强法制宣传教育、确保法律有效实施尤为迫切和重要。为深入实施依法治国基本方略，加快依法治区进程，增强全社会法治观念，有必要从2011年至2015年在全区公民中组织实施法制宣传教育第六个五年规划。为此，特作决议如下：

一、深入学习宣传以宪法为统帅的中国特色社会主义法律体系。以中国特色社会主义法制体系的形成为契机，在全社会掀起新一轮法制宣传教育的高潮。要紧紧围绕经济社会发展“十二五”规划和“黄蓝”两大国家战略的实施，突出抓好中国特色社会主义法律体系重大意义、基本经验、基本构成、基本特征的学习宣传，形成学法守法用法的社会风尚；突出抓好宪法确立的我国的国体、政体、基本政治制度、基本经济制度、公民的基本权利义务等内容和精神的学习宣传，形成崇尚宪法、遵守宪法、维护宪法权威的浓厚氛围；突出抓好国家基本法律和促进经济发展、保障改善民生、加强社会管理相关法律法规的学习宣传，形成适应全面建设小康社会和“十二五”时期我区经济社会发展需要的良好法治环境。深入开展社会主义法治理念教育，加强反腐倡廉法制宣传教育，不断增强各级领导干部和公务员的大局意识、法治意识和反腐倡廉意识，提高依法行政和廉洁自律的自觉性。

二、进一步增强法制宣传教育的针对性和实效性。要把法制宣传教育作为深化“平安河口”建设的一项重要内容，在对一切有接受教育能力的公民进行法制宣传教育的基础上，重点加强对领导干部、公务员、青少年、企事业经营管理人员和基层群众的法制宣传教育。广大公务员尤其是各级领导干部要带头学习宪法和与履行职责相关的法律法规，增强依法决策、依法行政、公正司法的能力，不断改善领导方式和执政方式，做学法守法用法的表率。要根据青少年的身心特点和接受能力，结合道德品质教育和公民意识教育，有针对性地加强法制宣传教育，努力培养青少年遵纪守法的行为习惯。企业经营管理人员、事业单位和新经济、新社会组织管理人员应当重点学习掌握与市场经济、经营管理相关的法律法规，增强诚信守法、依法管理、依法经营的观念。要在城乡基层群众中重点宣传与生产生活密切相关的法律法规，引导群众依法维护权益、表达诉求、化解纠纷，提高群众参与基层自治和其他社会管理活动的意识与能力。

三、进一步丰富法制宣传教育的形式和载体。要实施法治文化引领战略，积极推进社会主义法治文化建设，坚持贴近基层、贴近群众、贴近生活，扎实开展法制宣传教育活动，力戒形式主义。广播、电视、报刊等各类媒体要切实履行好社会责任，广泛开展公益性法制宣传教育。要充分发挥互联网、移动媒体等新兴媒体的特点和优势，针对不民群体，积极开展法制宣传教育。要努力办好普法网站，发挥政府网及门户网站在法制宣传中的重要平台和示范带动作用。鼓励、支持、引导和组织各类文化团体参与法治文化建设，丰富法制宣传教育进机关、进学校、进企业、进单位、进乡村、进社区的内容和形式，完善并落实公务员法律学习培训制度，进一步加强城乡法制宣传教育阵地、法制宣传教育讲师团和志愿者队伍建设，加强法制宣传教育工作研究，推进法制宣传教育工作的制度化、规范化和法制化。

四、坚持法制教育与法治实践相结合，深入推进“法治河口”建设。认真贯彻落实《河口区2011年~2015年依法治区规划》，深化各层面法治创建活动，推进经济、政治、文化、生态、社会法治化建设，提高全社会法治化管理水平。深化“依法行政示范单位”创建活动，推进法治政府建设；深化基层法治创建活动，广泛开展创建“民主法治村居（社区）”“诚信守法企业”“依法治校示范校”“法治示范单位”等活动，推进基层依法治理和民主法治建设；围绕社会热点难点问题，组织开展专项治理活动，加快“法治河口”建设进程。

五、强化法制宣传教育工作的组织领导和保障机制。要把法制宣传教育纳入全区国民经济和社会发展规划，纳入政府目标管理，进一步健全完善组织领导和运行机制，落实牵头部门责任制，加强执法主体的法制宣传教育责任，加强各部门间的协调配合，形成工作合力。各国家机关、群众团体、企事业单位和社会组织，都要高度重视法制宣传教育工作，积极组织开展本部门、本单位以及面向社会的法制宣传教育。鼓励和引导各类社会组织和公民个人参与、支持法制宣传教育工作。要把法制宣传教育经费列入区、镇（街道）两级政府财政预算，专款专用，按年度拨付，切实予以保障。各部门、各单位要结合自身实际，统筹安排经费和人员，保证法制宣传教育工作正常开展。要进一步加大基层法制宣传教育各项投入，努力为基层深入开展法制宣传教育创造条件。

六、加强对本决议贯彻实施情况的监督检查。要进一步完善法制宣传教育考核评估机制，加强年度考核、阶段性检查。区人民政府要切实组织实施好法制宣传教育第六个五年规划，做好中期督导检查和终期评估验收，并向区人民代表大会常务委员会报告。区人民代表大会及其常务委员会、镇（街道）人大要充分运用执法检查、听取和审议工作报告以及组织代表视察、专题调研等形式，加强对法制宣传教育工作的监督检查，保证本决议切实得到贯彻落实。

东营市河口区人民代表大会常务委员会关于召开东营市河口区第十六届人民代表大会第六次会议的决定

（2011年8月10日区十六届人大常务委员会第28次会议通过）

东营市河口区第十六届人民代表大会常务委员会第二十八次会议决定：东营市河口区第十六届人民代表大会第六次会议于2011年8月22日至23日在河口召开。

会议的建议议程是：

一、听取东营市河口区人民政府工作报告；

二、补选东营市河口区人民政府区长；

三、其他事项。

东营市河口区人民代表大会常务委员会关于东营市河口区第十六届人民代表大会第六次会议列席人员范围的决定

（2011年8月10日区十六届人大常委会第28次会议通过）

根据地方组织法的有关规定和会议的议题。建议不是区人大代表的下列人员列席东营市河口区第十六届人民代表大会第六次会议：

一、区委常委、区纪委一名副书记、区委各工作部门的主要负责人；

二、副区长和区政府组成部门的主要负责人；

三、区人民法院一名副院长和区人民检察院一名副检察长；

四、区属正科级事业单位的主要负责人；

五、区各人民团体的主要负责人；

六、大会副秘书长和大会秘书处各组主要负责人；

七、上级驻我区各有关单位的主要负责人；

八、镇人大副主席、街道人大办副主任。

以上部门单位主要负责人是人大代表的，主持工作的副职列席会议。

东营市河口区人民代表大会常务委员会关于区镇两级人大换届选举的决定

（2011年9月30日区十六届人大常委会第29次会议通过）

根据宪法规定和中央、省、市、区委的总体安排部署，结合我区实际，对区镇两级人大换届选举时间及镇人大代表名额决定如下：

一、我区区镇人大换届选举工作从2011年9月底开始至2012年2月中旬结束，区镇两级人民代表大会代表的选举日定于2011年12月16日。2012年2月15日前召开区十七届人大一次会议，2011年12月31日前召开各镇新一届人大一次会议。

二、各镇新一届人民代表大会代表名额分别为：新户镇58名、义和镇57名、孤岛镇35名、仙河镇35名。

东营市河口区人民代表大会常务委员会关于任命区选举委员会组成人员的决定

（2011年9月30日区十六届人大常委会第29次会议通过）

根据宪法规定和中央、省、市、区委的总体安排部署，河口区人民代表大会将于今年底、明年初进行换届选举。为做好该项工作，决定任命区选举委员会组成人员。名单如下：

主　任：王树臣

副主任：张成彬　侯永强　王永跃　房建民　丁水林　赵淑萍　郭存三

委　员：（按姓名笔画为序）

马士文　王端吉　卢玉峰　宋言胜　宋学峰　张　军　陈建英　金建村　缪金学

委员会下设办公室，陈建英兼任办公室主任。

东营市河口区人民代表大会常务委员会关于任命各镇选举委员会和街道选举工作指导组组成人员的决定

（2011年9月30日区十六届人大常委会第29次会议通过）

根据宪法规定和中央、省、市、区委的总体安排部署，河口区区镇两级人民代表大会将于今年底、明年初进行换届选举。为做好该项工作，决定任命各镇选举委员会和街道选举工作指导组组成人员。名单如下：

新户镇选举委员会

主　任：孙学诗

副主任：张学亮　郭　鑫　王新华

委　员：（按姓名笔画为序）

于跃芳　王长义　杨希祥　杨国莹

胡友成

义和镇选举委员会

主　任：徐文棠

副主任：高忠岐　罗俊海　刘丽华

委　员：（按姓名笔画为序）

刘　栋　孙在中　张永文　张振华

綦建成

孤岛镇选举委员会

主　任：李金峰

副主任：韩春亮　扈美华　丁红卫

委　员：（按姓名笔画为序）

王云波　吕宗奇　李双年　赵　云

祝升禹

仙河镇选举委员会

主　任：张英然

副主任：毕作庆　李　磊　杨江普

成　员：（按姓名笔画为序）

王　蕾　徐迎春　郭素英　高玉芝

崔东亮

河口街道选举工作指导组

组　长：李寿年

副组长：李建民　荆华山　陈建岐

成　员：（按姓名笔画为序）

孙　洁　李丙安　李　勇　张明海

张悦彬

六合街道选举工作指导组

组　长：朱春光

副组长：张素霞　李少华　李希平

成　员：（按姓名笔画为序）

王丽丽　李文彩　李建强　陈乃平

陈长英

第五节　区十七届人大常委会决议、决定

2012年至2016年，区十七届人大常委会高举中国特色社会主义伟大旗帜，以邓小平理论、“三个代表”重要思想、科学发展观为指导，全面贯彻落实中共十八大和十八届三中、四中、五中、六中全会精神，深入贯彻习近平总书记系列重要讲话精神，把握时代大势，回应社会关切，紧紧围绕“一极两区”总目标，认真履行法定职责，积极推进改革发展和民主法治建设，作出决议、决定52项。

东营市河口区人民代表大会常务委员会关于批准河口区人民政府2011年财政决算及决算报告的决定

（2012年6月29日区十七届人大常委会第4次会议通过）

根据东营市河口区第十七届人民代表大会的授权，东营市河口区第十七届人民代表大会常务委员会第四次会议听取了东营市河口区人民政府关于2011年财政决算情况的报告，经审查，决定批准东营市河口区人民政府关于2011年财政决算及关于决算情况的报告。

东营市河口区人民代表大会常务委员会关于召开东营市河口区第十七届人民代表大会第二次会议的决定

（2012年12月19日区十七届人大常委会第7次会议通过）

东营市河口区第十七届人民代表大会常务委员会第七次会议决定：东营市河口区第十七届人民代表大会第二次会议于2013年1月3日至5日在河口召开。会议的建议议程是：

一、听取审议河口区人民政府工作报告；

二、审查、批准河口区2012年国民经济和社会发展计划执行情况的报告与2013年国民经济和社会发展计划；

三、审查河口区2012年财政预算执行情况的报告和2013年财政预算（草案），批准河口区2012年财政预算执行情况的报告和2013年区级财政预算；

四、听取审议河口区人民代表大会常务委员会工作报告；

五、听取审议河口区人民法院工作报告；

六、听取审议河口区人民检察院工作报告；

七、选举事项；

八、其他。

东营市河口区人民代表大会常务委员会关于东营市河口区第十七届人民代表大会第二次会议列席人员范围的决定

（2012年12月19日区十七届人大常委会第7次会议通过）

根据地方组织法的有关规定和会议的议题，建议不是区人大代表的下列人员列席东营市河口区第十七届人民代表大会第二次会议：

一、区委常委、区纪委一名副书记、区委各工作部门的主要负责人；

二、副区长和区政府组成部门的主要负责人；

三、出席政协河口区八届二次会议的全体委员；

四、区人民法院一名副院长和区人民检察院一名副检察长；

五、区属正科级事业单位的主要负责人；

六、区各人民团体的主要负责人；

七、大会副秘书长和大会秘书处各组主要负责人；

八、上级驻我区各有关单位的主要负责人。

以上部门单位主要负责人是人大代表、政协委员的，主持工作的副职列席会议。

东营市河口区人民代表大会常务委员会关于批准河口区人民政府调整2012年度财政收支预算的决定

（2013年2月21日区十七届人大常委会第8次会议通过）

东营市河口区第十七届人民代表大会常务委员会第八次会议，审查了河口区人民政府关于调整2012年度财政收支预算的报告。会议认为，2012年，区人民政府严格执行区十七届人大一次会议批准的财政预算，采取有效措施，大力组织收入，严格控制支出，预算执行情况是好的。区人民政府调整2012年度财政收支预算符合我区的实际情况，同意将我区2012年收入预算调整为151456万元，支出预算调整为159425万元，批准河口区人民政府关于调整2012年度财政收支预算的报告。

东营市河口区人民代表大会常务委员会关于表彰2012年度提出优秀建议的区人大代表和人大代表建议办理工作先进单位的决定

2012年，区人大代表牢记使命，不负重托，依法履职，紧紧围绕全区经济社会发展大局和人民群众普遍关心的热点、难点问题，先后提出建议、批评和意见共56件，为区委科学决策、区人大常委会依法实施监督和推进“一府两院”的工作，发挥了积极作用。“一府两院”及各承办单位对人大代表建议高度重视，认真办理，着力解决关系全局、推动发展、涉及民生的突出问题，得到了人大代表和人民群众的一致好评。为进一步提高人大代表建议的质量和水平，推动人大代表建议办理工作深入开展，在认真推荐评选的基础上，经区人大常委会研究决定，对张希武等10名2012年度提出优秀建议的区人大代表和区发改局等5个2012年度人大代表建议办理工作先进单位予以表彰。

希望受到表彰的人大代表和承办单位，珍惜荣誉，戒骄戒躁，依法履职，积极作为，继续发挥好示范带动作用，推动建议质量和办理工作再上新水平。全体区人大代表和代表建议承办单位要以先进为榜样，扎实工作，奋发进取，努力提高履职水平，不断开创人大代表建议工作新局面，为推动国家战略、实现“两个率先”做出新的更大的贡献。

附件：

2012年度提出优秀建议的区人大代表和人大代表建议办理工作先进单位名单

一、2012年度提出优秀建议的区人大代表（10人）

张希武　关于实施顺河路路灯改造工程的建议
刘俊霞　关于实施河安小区监控安装工程的建议
蒲宝林　关于进一步支持孤岛地区城镇建设的建议
牟焕民　关于对乡村道路建设给予政策扶持的建议
王金柱　关于加大农业科技投入的建议
王立江　关于整合河口地区小型化工厂的建议
张希亮　关于加强城市社区建设的建议
李秀林　关于落实民办幼师退养问题的建议
袁成华　关于完善新型农村集中居住区建设配套政策的建议
张艳明　关于认真落实《区委常委会议纪要》有关人防费收取标准的建议

二、2012年度人大代表建议办理工作先进单位(5个)

区发改局　区教育局　区住房城乡建设局
区国土分局　区环保分局

东营市河口区人民代表大会常务委员会关于批准河口区人民政府2012年财政决算及决算报告的决定

(2013年8月28日区十七届人大常委会第12次会议通过)

东营市河口区第十七届人民代表大会常务委员会第十二次会议听取了区财政局局长王端吉受区政府委托所作的《关于2012年区级财政决算的报告》和区审计局局长卢洪鹏受区政府委托所作的《关于2012年区级预算执行和其他财政收支情况的审计报告》。会议认为2012年区级预算执行情况是好的，完成了区十七届人大一次会议确定的预算任务。经审查，决定批准东营市河口区人民政府2012年财政决算及关于决算情况的报告。

东营市河口区人民代表大会常务委员会关于批准河口区人民政府调整2013年度财政收支预算的决定

(2013年12月26日区十七届人大常委会第15次会议通过)

东营市河口区第十七届人民代表大会常务委员会第十五次会议，审查了河口区人民政府关于调整2013年度财政收支预算的报告。会议认为，2013年，区人民政府严格执行区十七届人大二次会议批准的财政预算，采取有效措施，大力组织收入，严格控制支出，预算执行情况是好的。区人民政府调整2013年度财政收支预算符合我区的实际情况，同意将我区2013年收入预算调整为18.2亿元，支出预算调整为17.8亿元，批准河口区人民政府关于调整2013年度财政收支预算的报告。

东营市河口区人民代表大会常务委员会关于召开东营市河口区第十七届人民代表大会第三次会议的决定

(2013年12月26日区十七届人大常委会第15次会议通过)

东营市河口区第十七届人民代表大会常务委员会第十五次会议决定：东营市河口区第十七届人民代表大会第三次会议于2014年1月14日至16日在河口召开。会议的建议议程是：

一、听取审议河口区人民政府工作报告；

二、审查、批准河口区2013年国民经济和社会发展计划执行情况的报告与2014年国民经济和社会发展计划；

三、审查河口区2013年财政预算执行情况的报告和2014年财政预算（草案），批准河口区2013年财政预算执行情况的报告和2014年区级财政预算；

四、听取审议河口区人民代表大会常务委员会工作报告；

五、听取审议河口区人民法院工作报告；

六、听取审议河口区人民检察院工作报告；

七、选举事项；

八、其他。

东营市河口区人民代表大会常务委员会关于东营市河口区第十七届人民代表大会第三次会议列席人员范围的决定

(2013年12月26日区十七届人大常委会第15次会议通过)

根据地方组织法的有关规定和会议的议题，建议不是区人大代表的下列人员列席东营市河口区第十七届人民代表大会第三次会议：

一、区委常委、区纪委一名副书记、区委各工作部门的主要负责人；

二、副区长和区政府组成部门的主要负责人；

三、出席政协河口区八届三次会议的全体委员；

四、区人民法院一名副院长和区人民检察院一名副检察长；

五、区属正科级事业单位的主要负责人；

六、区各人民团体的主要负责人；

七、大会副秘书长和大会秘书处各组主要负责人；

八、上级驻我区各有关单位的主要负责人。

以上部门单位主要负责人是人大代表、政协委员的，主持工作的副职列席会议。

东营市河口区人民代表大会常务委员会关于推迟召开东营市河口第十七届人民代表大会第三次会议的决定

（2014年1月13日区十七届人大常委会第16次会议通过）

东营市河口区第十七届人民代表大会常务委员会第十六次会议决定：

原定于2014年1月14日召开的东营市河口区第十七届人民代表大会第三次会议推迟召开。

东营市河口区人民代表大会常务委员会关于表彰2013年度提出优秀建议的区人大代表和人大代表建议办理工作先进单位的决定

（2014年3月27日）

2013年，区人大代表牢记使命，不负重托，依法履职，紧紧围绕全区经济社会发展大局和人民群众普遍关心的热点、难点问题，先后提出建议、批评和意见共88件，为区委科学决策、区人大常委会依法实施监督和推进“一府两院”的工作，发挥了积极作用。“一府两院”及各承办单位对人大代表建议高度重视，认真办理，着力解决关系全局、推动发展、涉及民生的突出问题，得到了人大代表和人民群众的一致好评。为进一步提高人大代表建议的质量和水平，推动人大代表建议办理工作深入开展，在认真推荐评选的基础上，经区人大常委会主任会议研究决定，对蒋时祥等10名提出优秀建议的区人大代表和区城市管理局等5个人大代表建议办理工作先进单位予以表彰。

希望受到表彰的人大代表和承办单位，珍惜荣誉，戒骄戒躁，依法履职，积极作为，继续发挥好示范带动作用，推动建议质量和办理工作再上新水平。全体区人大代表和人大代表建议承办单位要以先进为榜样，扎实工作，奋发进取，努力提高履职水平，不断开创人大代表建议工作新局面，为推动国家战略实施、实现“两个率先”做出新的更大的贡献。

附件：

2013年度提出优秀建议的区人大代表和人大代表建议办理工作先进单位名单

一、2013年度提出优秀建议的区人大代表（10人）

蒋时祥　关于实施河安小区监控安装工程的建议

陈兴功　关于加强土地增减挂钩政策，加快推进新型农村社区建设步伐的建议

国　梁　关于开通城区公交车的建议

王立江　关于规范河口城区广告牌，建立统一灯箱式广告牌的建议

董艳霞　关于建设大型图书馆的建议

邱文德　关于对滨港路进行改造的建议

张廷坤　关于对河口境内主干公路及镇街公路进行修缮维护的建议

张光温　关于加大环境污染治理力度的建议

周青蓉　关于大力整顿农贸市场脏乱差问题的建议

杨江普　关于争取扶持资金扩建改造排涝站的建议

二、2013年度人大代表建议办理工作先进单位（5个）

区城市管理局（2013年度共办理人大代表建议14件：关于加强综合整治措施，改善生产生活环境的建议；关于在城乡环卫一体化工作中加大政府补贴的建议；关于对河口城区道路冰雪清理的建议；关于河口城区施工建设管理问题的建议；关于规范城区广告牌，建立统一灯箱式广告牌的建议；关于从源头做好饮用水安全工作的建议；关于设置交通警示灯的建

议；关于在河阳新区北门开通公路护栏出口的建议；关于延长路灯开启时间的建议；关于在海康路与友谊街丁字路口设置交通信号灯的建议；关于进一步明确道路标线的建议；关于加强基础设施建设，减少城区积水问题的建议；关于在黄河路与商业街交汇路口安装红绿灯及重新规划过街人行道的建议；关于将廉租房、老年人集中供养等普惠性政策覆盖到油田居民的建议。代表对该单位的办理答复均为满意。）

区公安分局（2013 年度共办理人大代表建议 12 件：关于实施河安小区监控安装工程的建议；关于加强城区道路逆行车辆管理的建议；关于学校驻地道路交通综合治理的建议；关于对豢养动物、宠物管理的建议；关于进一步加大河口油区治安管理的建议；关于治理整顿游戏厅，严厉打击赌博等犯罪行为的建议；关于引导大型载重车辆绕行外环公路的建议；关于进一步加强油田小区社会治安的建议；关于进一步普及深化交通法规的建议；关于在胜利第三十九中门前安装监控探头的建议；关于增加机动车检测线的建议；关于对车辆乱停乱放进行重点治理的建议。代表对该单位的办理答复共计 10 个满意，2 个基本满意。）

区交通运输局（2013 年度共办理人大代表建议 12 件：关于对新义路进行升级改造的建议；关于完善乡村公路管理维护机制的建议；关于开通河口城区公交车的建议；关于修建油田职工上班候车亭的建议；关于加大投入建设公共交通的建议；关于对义太路、义英路进行修缮的建议；关于在荣乌高速路的连接口设立安全警示标志的建议；关于对河口境内主干道路及镇街公路进行修缮维护的建议；关于对孤岛镇出租车进行规范管理的建议；关于在重点路口设置蓝色经济开发区指示路牌的建议；关于开通仙河镇至河口 LNG 循环交通车的建议；关于争取资金动工修建疏港公路的建议。代表对该单位的办理答复共计 11 个满意，1 个基本满意。）

区水利局（2013 年度共办理人大代表建议 5 件：关于对新户自来水管线进行改造的建议；关于减少村级管理成本，加强城乡集中供水管理机制研究的建议；关于加强河口区西部水源建设的建议；关于维修或新建义英路上的两河贯通便民桥的建议；关于争取扶持资金扩建改造排涝站的建议。代表对该单位的办理答复均为满意。）

区财政局（2013 年度共办理人大代表建议 4 件：关于返还孤岛镇基础设施配套费的建议；关于对义和镇西黄河故道进行开发建设的建议；关于相关土地实施农田基本建设工程的建议；关于对微小企业减少土地使用税金额的建议。代表对该单位的办理答复均为满意。）

东营市河口区人民代表大会常务委员会
关于表彰 2013 年度人大工作先进单位和
优秀区人大代表的决定

（2014 年 3 月 27 日）

2013 年，我区各镇、街道人大和广大代表认真履行宪法和法律赋予的职责，以高度的政治责任感和强烈的主人翁意识，忠于职守，求真务实，开拓创新，为促进全区经济社会科学发展做出了积极贡献。为表彰先进，树立典型，进一步提高镇、街道人大的工作热情和人大代表的履职积极性，决定授予六合街道人大工作办公室等 2 个单位“人大工作先进单位”称号，授予张廷坤等 20 名代表“优秀区人大代表”称号。

希望受到表彰的先进单位和优秀代表戒骄戒躁，珍惜荣誉，再接再厉，继续发挥模范带头作用。各镇、街道人大和全体区人大代表要以先进为榜样，紧紧围绕全区工作大局，认真履行法定职责，不断提高履职能力和工作水平，为推动国家战略实施、实现“两个率先”目标做出新的更大的贡献。

附件：

2013 年度人大工作先进单位和
优秀区人大代表名单

一、2013 年度人大工作先进单位（2 个）

六合街道人大工作办公室　义和镇人大

二、2013 年度优秀区人大代表（20 名）

张廷坤　路来国　王焕青　姜花刚　陈甲文
王　争　王玉红　王端吉　张吉胜　王立江
国　梁　张希武　蒋时祥　张承训　王　峰
任　军　薛秋梅　朱月福　邱文德　郑慧芹

东营市河口区人民代表大会常务委员会
关于批准区政府《关于区生活垃圾综合处理项目〈特许经营协议〉及区生活垃圾综合处理费纳入区财政综合预算管理的报告》的决定

（2014年6月27日区十七届人大常委会第19次会议通过）

河口区第十七届人民代表大会常务委员会第十九次会议，听取审议了区政府《关于区生活垃圾综合处理项目〈特许经营协议〉及区生活垃圾综合处理费纳入区财政综合预算管理的报告》。经审议，同意并决定批准这个报告。

东营市河口区人民代表大会常务委员会
关于批准河口区人民政府2013年财政决算的决议

（2014年8月28日区十七届人大常委会第20次会议通过）

东营市河口区第十七届人民代表大会常务委员会第二十次会议听取了区财政局局长王端吉受区政府委托所作的《关于2013年区级财政决算的报告》和区审计局局长卢洪鹏受区政府委托所作的《关于2013年区级预算执行和其他财政收支情况的审计工作报告》。会议结合审计工作报告，对2013年区级财政决算报告进行了审查，认为2013年区级预算执行情况是好的，完成了全年预算任务，决定批准东营市河口区人民政府2013年财政决算。

东营市河口区人民代表大会常务委员会
关于批准河口区国民经济和社会发展第十二个五年规划纲要部分指标调整的决定

（2014年10月30日区十七届人大常委会第22次会议通过）

东营市河口区第十七届人民代表大会常务委员会第二十二次会议，听取审议了河口区人民政府《关于调整河口区国民经济和社会发展第十二个五年规划纲要部分指标的报告》。会议同意将地区生产总值年均增速由17%调整为13%，地区生产总值由300亿元调整为270亿元；对第一、二、三产业增加值不再作十二五规划预期；社会消费品零售总额年均增速由17%调整为13%，社会消费品零售总额由57亿元调整为50亿元；人口自然增长率由4.43‰调整为9.2‰；总人口（户籍）由22.3万人调整为21.7万人。决定批准河口区人民政府《关于调整河口区国民经济和社会发展第十二个五年规划纲要部分指标的报告》。

东营市河口区人民代表大会常务委员会
关于批准《河口新型城镇化项目建设和融资有关问题的报告》的决议

（2014年12月26日区十七届人大常委会第23次会议通过）

东营市河口区第十七届人民代表大会常务委员会第二十三次会议，听取审议了河口区人民政府关于河口新型城镇化项目建设和融资有关问题的报告。会议认为，河口新型城镇化建设项目是落实科学发展观、构建和谐社会的必然要求，是加快推进城镇化建设、改善城乡面貌、优化城市布局、提升城市品位的重要举措，符合人民群众的愿望和安置村庄居民的期盼。东营和顺源新农村建设投资开发有限公司作为河口区人民政府授权的投资开发企业，负责实施项目区域内村居拆迁改造、配套完善公共服务设施、提高拆迁腾空土地集约利用水平、改善居民生产生活环境、提升城市整体服务功能等工作，任务艰巨，意义重大。

会议决定，为支持和推动该项目顺利实施，同意区政府授权东营和顺源新农村建设投资开发有限公司向建设银行东营分行申请城镇化建设贷款27000万元，用于该项目后续融资和投资建设任务，妥善安置搬迁居民。项目腾空土地出让收益优先用于偿还建设银行对该项目发放的贷款本息。同时，按照《国务院关于加强地方政府性债务管理的意见》（国发〔2014〕43号）精神，将该笔项目银行贷款纳入2014年存量地方政府负有偿还责任的债务予以管理，保证按借款合同要求及时还本付息。决定批准河口区人民政府关于河口新型城镇化项目建设和融资有关问题的报告。

东营市河口区人民代表大会常务委员会
关于批准河口区2014年度财政预算调整的决定

（2014年12月26日区十七届人大常委会第23次会议通过）

东营市河口区第十七届人民代表大会常务委员

会第二十三次会议，听取审议了河口区人民政府《关于2014年度财政预算调整的报告》。会议同意将2014年度公共财政预算收入由17.6亿元调整为16.4亿元，基金收入由净财力口径4.9亿元调整为全口径7.3亿元；2014年度公共财政预算支出由16.4亿元调整为15.3亿元，基金支出由4.9亿元调整为7.3亿元。决定批准河口区人民政府《关于2014年度财政预算调整的报告》。

东营市河口区人民代表大会常务委员会关于召开东营市河口区第十七届人民代表大会第四次会议的决定

（2014年12月26日区十七届人大常委会第23次会议通过）

东营市河口区第十七届人民代表大会常务委员会第二十三次会议决定：东营市河口区第十七届人民代表大会第四次会议于2015年1月14日至16日在河口召开。会议的建议议程是：

一、听取审议河口区人民政府工作报告；

二、审查、批准河口区2014年国民经济和社会发展计划执行情况的报告与2015年国民经济和社会发展计划；

三、审查河口区2014年财政预算执行情况的报告和2015年财政预算，批准河口区2014年财政预算执行情况的报告和2015年区级财政预算；

四、听取审议河口区人民代表大会常务委员会工作报告；

五、听取审议河口区人民法院工作报告；

六、听取审议河口区人民检察院工作报告；

七、其他。

东营市河口区人民代表大会常务委员会关于东营市河口区第十七届人民代表大会第四次会议列席人员范围的决定

（2014年12月26日区十七届人大常委会第23次会议通过）

根据地方组织法的有关规定和会议的议题，建议不是区人大代表的下列人员列席东营市河口区第十七届人民代表大会第四次会议：

一、区委常委、区纪委一名副书记、区委各工作部门的主要负责人；

二、副区长和区政府组成部门的主要负责人；

三、出席政协河口区八届四次会议的全体委员；

四、区人民法院一名副院长和区人民检察院一名副检察长；

五、区属正科级事业单位的主要负责人；

六、区各人民团体的主要负责人；

七、大会副秘书长和大会秘书处各组主要负责人；

八、上级驻我区各有关单位的主要负责人。

以上部门单位主要负责人是人大代表、政协委员的，主持工作的副职列席会议。

东营市河口区人民代表大会常务委员会关于加强预算决算审查监督的决定

（2015年2月3日区十七届人大常委会第24次会议通过）

为加强对政府全口径预算决算的审查监督，强化预算约束、规范预算执行、提高预算绩效、推动预算公开，促进建立全面规范、公开透明的预算制度，根据《中华人民共和国预算法》、《中华人民共和国各级人民代表大会常务委员会监督法》、《山东省人民代表大会常务委员会关于加强预算决算审查监督的决定》等法律法规，结合本区实际，作如下决定：

一、建立健全全口径预算体系，促进预算制度改革

1. 区政府应当依照有关法律法规规定，将政府的全部收入和支出纳入预算，建立包括一般公共预算、政府性基金预算、国有资本经营预算、社会保险基金预算的全口径预算体系。

2. 一般公共预算：预算收入应当包括本级收入、上级政府对本级政府的税收返还和转移支付、下级政府的上解收入。预算支出应当包括本级支出、对上级政府的上解支出、对下级政府的税收返还和转移支付。

3. 政府性基金预算：预算收入应当包括本级收入、上级政府对本级政府的补助收入、下级政府的上解收入。预算支出应当包括本级支出、对上级政府的上解支出、对下级政府的补助支出。

4. 国有资本经营预算：预算收入应当包括利润收入、股利、股息收入、国有产权转让收入、清算收入、其他收入，上年结转收入和结余。预算支出应当包括资本性支出、费用性支出、调入一般公共预算支出、

其他支出，结转下年支出。

5. 社会保险基金预算：预算收入应当包括社会保险费收入、利息收入、政府补贴收入、转移收入、上级政府的补助收入、下级政府的上解收入、其他收入。预算支出应当包括社会保险费待遇支出、转移支出、补助下级支出、对上级政府的上解支出、其他支出。

6. 各类预算的编制，应当遵循统筹兼顾、勤俭节约、量力而行、讲求绩效和收支平衡的原则。一般公共预算收入的编制，应当与经济和社会发展水平相适应，与财政政策相衔接；一般公共预算支出的编制，应当在保证基本公共服务合理需要的前提下，优先安排上级和本区确定的重点支出。

要加大政府性基金预算、国有资本经营预算与一般公共预算的统筹力度，建立将政府性基金预算中应当统筹使用的资金列入一般公共预算的机制，加大国有资本经营预算资金调入一般公共预算的力度。加强社会保险基金预算管理，做好基金结余的保值增值，在精算平衡的基础上实现社会保险基金预算的可持续运行。

二、严格预算审查程序，把握预算审查重点

7. 区政府财政部门应当在区人民代表大会会议举行的三十日前，将预算草案（含街道、开发区，下同）的初步方案提交区人民代表大会常务委员会（以下简称区人大常委会）预算工作机构征求意见，然后提交区人大常委会进行初步审查。初步审查的重点应当由平衡状态向支出预算和政策拓展，并按本决定第十条规定的内容，提出初步审查意见。

区政府财政部门应当对区人大常委会的初步审查意见，研究处理并及时反馈。区人大常委会的初步审查意见和区政府财政部门反馈的处理情况报告，应当印发区人民代表大会代表。区人大常委会预算工作机构还应当向区人大常委会提出预算分析报告，并印发区人民代表大会代表。

8. 建立预算审查前听取区人民代表大会代表和社会各界意见的制度。区人大常委会应当在代表大会举行会议前，采用多种形式，组织区人民代表大会代表，就预算草案听取选民和社会各界的意见。

区政府财政部门在预算编制期间，应当向区人大常委会预算工作机构通报预算编制情况、征求意见；区人大常委会预算工作机构应当在预算审查前，通过多种形式向有关专家学者、社会各界征求预算安排的意见和建议，并及时向区政府财政部门反馈。

9. 区级预算由区人民代表大会审查和批准。区政府在区人民代表大会举行会议期间，向会议作关于总预算草案和总预算执行情况的报告。预算报告内容应当包括：落实区人民代表大会关于预算决议的情况，上一年预算执行情况，当年预算安排的原则、依据、支出政策和重点收支项目安排情况，完成预算的措施、工作重点以及与预算有关重要事项的说明等。

区政府编报的预算草案应当进行细化：本级一般公共预算支出，按其功能分类应当编列到项；按其经济性质分类，基本支出应当编列到款；重点支出以及重大投资项目预算应当逐项单独编列，并做具体说明。本级政府性基金预算、国有资本经营预算、社会保险基金预算支出，按其功能分类应当编列到项。

10. 区人民代表大会对预算草案以及预算报告重点审查以下内容：上一年预算执行情况是否符合区人民代表大会预算决议的要求；预算安排是否符合预算法以及有关法律、法规的规定；预算安排是否贯彻国民经济和社会发展的方针政策；预算收入和预算支出编制是否完整；对下级政府的转移性支出预算是否规范、适当；预算安排举借的债务是否合法、合理，是否有偿还计划和稳定的偿还资金来源；重点支出和重大投资项目的预算安排是否妥当；完成预算提出的政策措施是否切实可行；与预算有关重要事项的说明是否清晰；以及区人民代表大会代表和社会各界关心的重点、热点问题等。

11. 区人民代表大会举行会议期间，人民代表大会代表审查预算报告和预算草案时，可以采取代表团分组审议、联组审议或者组织部分代表集中审议方式，让代表充分发表意见。区人大常委会预算工作机构，应当及时汇总代表们的审查意见，并向大会主席团报告。

12. 区人民代表大会召开期间，应当成立大会预算审查委员会，并由预算审查委员会向大会主席团提出关于总预算草案和总预算执行情况的审查报告。内容应当包括：对上一年预算执行和落实区人民代表大会预算决议的情况作出评价；对本年度预算草案是否符合法律、法规规定，是否可行作出评价；对区人民代表大会批准预算草案和预算报告提出建议；

对执行年度预算、改进预算管理、提高预算绩效、加强预算监督等提出意见。

三、强化预算约束，规范预算执行

13. 区级预算经区人民代表大会批准后，区政府财政部门应当在20日内向各部门批复预算，各部门应当在接到区政府财政部门批复的本部门预算后十五日内向所属各单位批复预算；预算安排对镇政府的一般性转移支付和专项转移支付应当在30日和六十日内正式下达。区政府财政部门应当将批复各部门的预算和批复下级政府的转移支付预算，抄送区人大常委会预算工作机构。

14. 区政府应当及时汇总下级报送的预算，并报区人大常委会备案。区人大常委会对区政府备案的汇总预算，应当进行备案审查。

15. 区政府应当严格执行区人民代表大会批准的预算，切实提高预算收支的及时性、均衡性和有效性。政府的全部收入应当上缴国家金库或者财政专户，并纳入预算管理，任何部门、单位和个人不得截留、占用、挪用或者拖欠。预算收入征收部门和单位必须依照法律法规规定，及时、足额征收应征的预算收入，严禁有税不收或者收过头税，严禁虚收空转；政府不得向预算收入征收部门和单位下达收入指标；严禁超预算或者无预算安排支出，严禁虚列支出、转移或者套取预算资金；严格控制各部门、各单位的机关运行经费和楼堂馆所等基本建设支出。

预算执行中的特定事项，按照国务院规定实行权责发生制的有关情况，应当向区人大常委会报告。

16. 预算年度开始后，区级预算草案在区人民代表大会批准前，可以安排下列支出：上一年度结转的支出，参照上一年同期的预算支出数额安排必须支付的本年度部门基本支出、项目支出，以及对下级政府的转移性支出；法律规定必须履行支付义务的支出，以及用于自然灾害等突发事件处理的支出。上述安排支出的情况，应当在预算草案的报告中作出说明。

17. 区政府与镇政府之间应当建立财力保障与事权和支出责任相匹配的财政体制。区对镇的财政体制，由区政府按照上级政府规定制定，报区人大常委会备案。

18. 依法实行国库集中收缴和集中支付制度，对政府全部收入和支出实行国库集中收付管理。区级国库应当按照财政体制规定，及时准确办理预算收入的收纳、划分、留解、退付和预算支出的拨付。区级国库库款的支配权属于区政府财政部门。区政府应当加强对区级国库的管理和监督，合理调节国库资金余额，建立财政暂付款、暂存款定期清理机制，严格控制财政暂付款、暂存款规模。区级国库应当定期对国库资金的运行情况进行分析，分析报告抄送区人大常委会预算工作机构。

19. 区级财政专户按照法律、行政法规和国务院规定设立，财政专户资金支配权属于区政府财政部门，未经区政府财政部门同意，其他任何部门、单位和个人无权冻结、动用财政专户资金。区级财政专户资金，应当纳入全口径预算管理，接受区人大常委会监督。

20. 预算执行中，区政府一般不制定新的增加财政收入或者支出的政策和措施，也不制定减少财政收入的政策和措施；必须作出并需要进行预算调整的，应当在预算调整方案中作出安排。

出现下列情况之一的，应当进行预算调整：需要增加或者减少预算总支出的；需要调入预算稳定调节基金的；需要调减预算安排的农业、教育、科技、文化、卫生、社会保障等重点支出数额的；需要增加举借债务数额的。

区政府必须进行的预算调整，应当编制预算调整方案。预算调整方案应当说明预算调整的理由、项目和数额，并按照法定程序和时限报区人大常委会审查批准。

区政府财政部门应当在区人大常委会举行会议审查和批准三十日前，将预算调整方案报区人大常委会预算工作机构进行初步审查。

21. 财政转移支付应当规范、公正、公开，以一般性转移支付为主，以推进地区间基本公共服务均等化为主要目标。建立一般性转移支付正常增长机制，增加一般性转移支付的规模和比例。清理、整合、规范专项转移支付项目，逐步取消竞争性领域专项资金和地方资金配套。新设立专项转移支付项目，应当符合法律、法规和行政规章的规定。

区政府应当将对下级政府的转移支付预计数提前告知下级政府，下级政府应当将区政府提前下达的转移支付预计数编入本级预算。接受增加专项转移支付时，区政府应当向区人大常委会报告有关情况。

22. 区级一般公共预算可以设立预算周转金、预算稳定调节基金。预算周转金、预算稳定调节基金，由区政府财政部门管理，分别用于区政府调剂预算年度内季节性收支差额和弥补以后年度预算资金的不足。

23. 区级预算应当建立跨年度预算平衡机制。一般公共预算执行中出现超收，超收的部分用于补充预算稳定调节基金；出现短收，通过调入预算稳定调节基金或者其他预算资金、削减支出实现平衡。如采取上述措施后仍不能实现平衡，区政府通过申请上级政府临时救助实现平衡，并在下一年度预算中归还。

政府性基金预算和国有资本经营预算如出现超收，结转下年安排；如出现短收，通过削减支出实现平衡。

24. 加强结转结余支出管理。上一年度预算的结转资金，应当在下一年度用于结转项目支出；连续两年未用完的结转资金，应当作为结余资金管理；要加快支出进度，建立财政结余结转资金定期清理机制，有效控制新增结余结转资金。一般公共预算的结余资金，应当补充预算稳定调节基金。

四、加强预算执行监督，提高预算支出绩效

25. 区政府应当在每年六月至九月期间向区人大常委会报告预算执行情况。区人大常委会对区级预算执行实施监督，必要时就预算执行中的重大事项或者特定问题组织调查，有关的政府、部门、单位和个人应当如实反映情况和提供必要材料。

区人大常委会举行会议期间，常委会组成人员依照法律规定程序就预算、决算中的有关问题提出询问或者质询，受询问或者受质询的有关政府或者财政部门必须及时给予答复。

26. 区人大常委会预算工作机构承担预算执行日常监督的具体工作。日常监督应当定期就本区和区级预算收支情况进行调研，监督预算执行。应当强化预算约束，加强对重点支出预算和重大投资项目预算以及部门预算执行情况的监督，督促其严格按照批准的预算执行。

区人大常委会预算工作机构开展预算执行监督，形成的调研报告，应当印发区人大常委会会议，并抄送区政府有关部门。

逐步建立区人大常委会预算工作机构与政府财税部门、国库联网的信息平台，加强预算信息交流，实现财税信息共享。

27. 区政府、各部门、各单位应当对预算支出情况开展绩效评价，建立“花钱必问效、无效必问责”机制。切实强化支出责任和效率意识，逐步将绩效管理范围覆盖各预算单位和所有财政资金，将绩效评价重点由项目支出拓展到部门整体支出以及对政策、制度、管理等方面的评价、评估，加强绩效评价结果应用，将评价结果作为调整支出结构、完善财政政策和科学安排预算的重要依据，实现预算绩效管理与预算编制、执行、监督有机结合，实行预算绩效奖惩制度。

28. 规范政府债务管理，防范地方财政风险。区政府向上级政府转借的一般债务、专项债务，应当分类纳入一般公共预算和政府性基金预算管理，并列入区级预算调整方案，报区人大常委会批准。举借、转借的债务应当有偿还计划和稳定的偿还资金来源，只能用于公益性资本支出和适度归还存量债务，不得用于经常性支出。

区政府应当严格控制政府债务规模，规范举债行为，除按照上级政府下达的限额举借、转借的债务外，不得以任何方式举借债务。除法律另有规定外，区政府及其所属部门不得为任何单位和个人的债务以任何方式提供担保。区政府应当建立债务风险评估和预警机制、应急处置机制以及责任追究制度。

区政府财政部门对本级以及下级政府债务实施监督，审计部门应当定期对本级以及下级政府债务进行审计。区政府债务管理情况以及区政府审计部门对政府债务的审计情况，应当向区人大常委会报告。

29. 区政府应当结合预算安排，加强对行政事业资产、政府文化资产的管理和配置，提高政府资产的使用效益。区政府财政部门应当适时按照年度编制以权责发生制为基础的政府综合财务报告，全面反映政府整体财务状况、运行情况和财政中长期可持续性。逐步建立政府综合财务报告公开机制，并向区人大常委会报告。

30. 区政府审计部门应当依法对区级预算执行和其他财政收支进行年度审计，适时对重大项目进行专项审计、对重大政策落实情况进行审计调查，审计结果和调查情况向区人大常委会报告；区人大常委会应当对审计报告提出审议意见，必要时，可以进行询问、质询和对重大问题展开调查，并作出相应决议。

被审计部门和单位，应当严格执行审计决定，区人大常委会预算工作机构应当及时督促审计查出问题的整改。

区政府应当按照区人大常委会的决议或者审议意见加强和改进审计工作，并将审计工作报告中指出问题的纠正情况和处理结果或者执行决议的情况向区人大常委会报告，及时向社会公开。

五、加强决算审查监督，推动预算决算公开

31. 区政府财政部门编制区级决算草案，应当符合法律、行政法规的规定，做到收支真实、数额准确、内容完整、报送及时。经区政府审计部门审计后，报区政府审定，由区政府提请区人大常委会审查和批准。

区政府财政部门编制决算草案应当与预算相对应，按照预算数、调整预算数、决算数分别列出，一般公共预算支出应当按其功能分类编列到项，按其经济性质分类编列到款。

区政府财政部门在区人大常委会举行会议审查批准决算草案的三十日前，应当将全口径决算草案提交区人大常委会预算工作机构征求意见，预算工作机构对决算的意见应当向区人大常委会报告。

32. 区政府在提请区人大常委会审议的决算草案、预算执行情况、审计报告中，应当报告重点支出、重大投资项目资金使用绩效情况。

区人大常委会预算工作机构，应当对区级预算重大资金的使用绩效进行跟踪调研，必要时，区人大常委会可以对政府投资的重大项目建设、重大民生政策落实情况进行专项监督。

33. 区人大常委会应当结合区政府提出的上一年度预算执行和其他财政收支的审计工作报告，对区级决算草案进行审查。

审查决算的重点为：预算收入情况；支出政策实施情况和重点支出、重大投资项目资金的使用以及绩效情况；结转资金的使用情况；资金结余情况；区级预算调整以及执行情况；财政转移支付安排执行情况；经批准举借债务的规模、结构、使用、偿还等情况；区级预算周转金规模和使用情况；区级预备费使用情况；超收收入安排情况，预算稳定调节基金的规模和使用情况；区人民代表大会批准的预算决议落实情况；其他与决算有关的重要情况。区人大常委会预算工作机构根据区人大常委会的工作安排，可以对各部门决算进行抽查。

区政府财政部门应当按照区人大常委会关于决算的决议，加强和改进下一年度的预算编制、预算执行和决算工作。

34. 区级决算经区人大常委会批准后，区政府财政部门应当在二十日内向各部门批复决算。各部门应当在接到区政府财政部门批复的本部门决算后十五日内向所属单位批复决算。区政府应当将经批准的决算以及下级政府上报备案的决算汇总，报市政府备案。同时，区政府应当将下级政府报送备案的决算汇总后，报区人大常委会备案。

35. 经区人民代表大会或者区人大常委会批准的预算、预算调整、决算、预算执行情况的报告以及报表，应当在批准后二十日内由区政府财政部门向社会公开，并对区政府财政转移支付安排、执行的情况以及举借债务的情况等重要事项作出说明。

经区政府财政部门批复的部门预算、决算以及报表，应当在批复后二十日内由各部门向社会公开，并对部门预算、决算中机关运行经费的安排、使用情况等重要事项作出说明。区政府、各部门、各单位应当将政府采购的情况及时向社会公开。以上公开事项，涉及国家秘密的除外。

36. 镇政府编制本级预算草案、预算调整方案和决算草案，确实需要由上级政府代编的，应当报省政府批准。镇级预算草案、预算调整方案和决算草案，应当报镇人民代表大会审查和批准。

本决定自通过之日起执行。

东营市河口区人民代表大会常务委员会
关于表彰2014年度提出优秀建议的区人大代表和
人大代表建议办理工作先进单位的决定

（2015年3月1日）

2014年，区人大代表牢记使命，不负重托，依法履职，紧紧围绕全区经济社会发展大局和人民群众普遍关心的热点、难点问题，先后提出建议、批评和意见93件，为区委科学决策、区人大常委会依法实施监督和推进“一府两院”工作，发挥了积极作用。“一府两院”及各承办单位对人大代表建议高度重视，认真办理，着力解决关系全局、推动发展、涉及民生的突出问题，得到了人大代表和人民群众的一致好评。为进一步提高人大代表建议质量和水平，推动人大代表建议办理工作深入开展，在认真推荐评选的基础上，经区人大常委会主任会议研究决定，对罗丽华等10名提出优秀建议的区人大代表和区交通运输局等5个人大代表建议办理工作先进单位予以表彰。

希望受到表彰的人大代表和承办单位，珍惜荣誉，戒骄戒躁，依法履职，积极作为，继续发挥好示范带动作用，推动建议质量和办理工作再上新水平。全体区人大代表和人大代表建议承办单位要以先进为榜样，扎实工作，奋发进取，努力提高履职水平，不断开创人大代表建议工作新局面，为推动国家战略实施、实现“两个率先”做出新的更大的贡献。

附件：

2014年度提出优秀建议的区人大代表
和人大代表建议办理工作先进单位名单

一、2014年度提出优秀建议的区人大代表（10人）

罗丽华　关于在黄河路西首三叉路口安装红绿灯的建议

薛秋梅　关于加强济军训练基地实验学校设施建设的建议

蒲宝林　关于进一步健全完善城市排水系统的建议

刘学东　关于加快实现油地医保联网报销的建议

孙家珍　关于进一步加强学校驻地道路交通综合治理的建议

姜志英　关于在中小学配备心理辅导教师，增设心理辅导课的建议

张廷坤　关于加快西部乡镇农村饮水安全项目建设的建议

李宝祥　关于规范化工企业排放，减少浅海污染的建议

国　梁　关于修建荣乌高速河口连接线的建议

王焕青　关于制定出台乡医退养政策的建议

二、2014年度人大代表建议办理工作先进单位（5个）

区交通运输局（2014年度共办理人大代表建议12件：关于实施出租车分流的建议；关于开通城区公交车的建议；关于实施新盐路义和段公路改造工程的建议；关于重新修复渤三路东侧路段的建议；关于实施顺河路西延工程的建议；关于对利六延伸路进行改造的建议；关于加强临时路检管理的建议；关于加强盐业运输道路管理的建议；关于对新义路进行临时管护的建议；关于加强县、乡及连村道路管护的建议；关于切实保障原312省道和新312省道交叉路口交通安全的建议；关于河民路拓宽取直直通荣乌高速连接线的建议。代表对该单位的办理答复均为满意。）

孤岛镇（2014年度共办理人大代表建议9件：关于加大孤岛地区市政配套设施改造投入和环境整治力度的建议；关于举办湿地槐花节的建议；关于对农贸市场进行规范治理的建议；关于在孤岛镇建设室外健身场所的建议；关于在孤岛农贸市场十字路口安装红绿灯的建议；关于孤岛朝阳七村南门十字路口安装红绿灯的建议；关于对孤岛朝阳七村西侧公路进行拓宽的建议；关于规范共青团路和孤岛医院十字路口附近广告牌的建议；关于学校门口禁止乱停车的建议。代表对该单位的办理答复均为满意。）

区城市管理局（2014年度共办理人大代表建议8件：关于加大城中村环境整治力度的建议；关于对部分路段、区域加强城市管理的建议；关于河口城区油田居住区建设改造的建议；关于准备大队车辆进出路口拓宽的建议；关于解决准备大队油管厂路口设置狭窄问题的建议；关于实施海昌路亮化工程的建议；关于修建自来水厂解决城乡居民用水难的建议；关于尽快启用村级保洁员的建议。代表对该单位的办理答复均为满意。）

区教育局（2014年度共办理人大代表建议8件：关于落实公办及公办性质幼儿教师班主任津贴的建议；关于在中小学配备心理辅导教师，增设心理辅导课的建议；关于适当增加镇街幼儿园教师编制的建议；关于加强乡镇学校教育管理的建议；关于强化

社区对闲散青少年教育帮助和服务管理的建议；关于济军训练基地实验学校移交地方的建议；关于加强济军训练基地实验学校设施建设的建议；关于支持油田教育发展的建议。代表对该单位的办理答复均为满意。）

区卫生和计划生育局（2014年度共办理人大代表建议5件：关于制定出台乡医退养政策的建议；关于加快河口中医院建设的建议；关于引进第三方机构调解医患矛盾的建议；关于为农村卫生服务站购置血细胞分析仪的建议；关于区政府采购灭鼠药，全区农村进行统一灭鼠行动的建议。代表对该单位的办理答复均为满意。）

东营市河口区人民代表大会常务委员会关于表彰2014年度人大工作先进单位和优秀区人大代表的决定

（2015年3月1日）

2014年，各镇、街道人大和广大人大代表认真履行宪法和法律赋予的职责，以高度的政治责任感和强烈的使命感，忠于职守，求真务实，开拓创新，为促进全区经济社会发展做出了积极贡献。为表彰先进，树立典型，进一步提高镇、街道人大的工作热情和人大代表的履职积极性，决定授予新户镇人大等2个单位“人大工作先进单位”称号，授予张廷坤等19名代表“优秀区人大代表”称号。

希望受到表彰的先进单位和优秀代表戒骄戒躁，珍惜荣誉，再接再厉，继续发挥模范带头作用。各镇、街道人大和全体区人大代表要以先进为榜样，紧紧围绕全区工作大局，认真履行法定职责，不断提高依法履职能力和实际工作水平，为推动国家战略实施、实现“两个率先”目标做出新的更大的贡献。

附件：

2014年度人大工作先进单位和优秀区人大代表名单

一、2014年度人大工作先进单位（2个）

新户镇人大　河口街道人大工作办公室

二、2014年度优秀区人大代表（19名）

张廷坤　张清海　高　东　王玉红　陈甲文
王洪伟　殷鹏霄　国　梁　刘克军　薄　燕
李希平　陈长山　张希武　薛秋梅　饶耀现
王东艳　张东岩　高　赟　刘学东

东营市河口区人民代表大会常务委员会关于表彰2014年度基层人大宣传工作先进单位的决定

（2015年3月1日）

2014年，全区基层人大宣传工作坚持以党的十八届三中、四中全会精神为指导，以宣传人民代表大会制度、监督工作、代表工作和民主法治建设为重点，与时俱进，开拓创新，不断提高宣传工作水平，为推进全区人大工作发挥了积极作用。为发扬成绩，鼓励先进，进一步调动镇街人大宣传工作积极性，促进人大宣传工作整体上水平，决定授予六合街道人大工作办公室和孤岛镇人大“基层人大宣传工作先进单位”称号。

希望受到表彰的先进单位再接再厉，开拓进取，再创佳绩。各镇、街道人大要以先进为榜样，积极探索推进人大宣传工作的新路子，落实新措施，取得新成效，为推动全区人大工作和民主法治建设做出更大贡献。

东营市河口区人民代表大会常务委员会关于批准河口区人民政府2014年财政决算的决议

（2015年8月28日区十七届人大常委会第28次会议通过）

东营市河口区第十七届人民代表大会常务委员会第二十八次会议听取了区财政局局长王端吉受区政府委托所作的《关于河口区2014年财政决算的报告》和区审计局局长卢洪鹏受区政府委托所作的《关于2014年区级预算执行和其他财政收支情况的审计工作报告》。会议结合审议审计工作报告，对2014年区级财政决算报告进行了审查，认为2014年区级预算执行情况是好的，决定批准东营市河口区人民政府2014年区级财政决算。

东营市河口区人民代表大会常务委员会关于批准2015年河口区地方政府债务限额及区级财政预算调整的决定

（2015年12月31日区十七届人大常委会第32次会议通过）

河口区第十七届人民代表大会常务委员会第三十二次会议，听取审议了河口区人民政府《关于2015年河口区地方政府债务限额及区级财政预算调整的报告》，会议同意2015年河口区地方政府债务限额为136000万元；区级公共财政预算收入由158358万元调整为209700万元，支出由145300万元调整为199800万元；政府性基金收入预算由74800万元调整为30060万元，支出由74800万元调整为30060万元；国有资本经营收入预算由649万元调整为535万元，支出由649万元调整为535万元。决定批准河口区人民政府《关于2015年河口区地方政府债务限额及区级财政预算调整的报告》。

东营市河口区人民代表大会常务委员会关于召开东营市河口区第十七届人民代表大会第五次会议的决定

（2015年12月31日区十七届人大常委会第32次会议通过）

东营市河口区第十七届人民代表大会常务委员会第三十二次会议决定：东营市河口区第十七届人民代表大会第五次会议于2016年1月18日至20日在河口召开。会议的建议议程是：

（一）听取审议河口区人民政府工作报告，审查、批准河口区国民经济和社会发展第十三个五年规划纲要；

（二）审查、批准河口区2015年国民经济和社会发展计划执行情况的报告与2016年国民经济和社会发展计划；

（三）审查河口区2015年财政预算执行情况的报告和2016年财政预算，批准河口区2015年财政预算执行情况的报告和2016年区级财政预算；

（四）听取审议河口区人民代表大会常务委员会工作报告；

（五）听取审议河口区人民法院工作报告；

（六）听取审议河口区人民检察院工作报告；

（七）选举事项；

（八）其他。

东营市河口区人民代表大会常务委员会关于东营市河口区第十七届人民代表大会第五次会议列席人员范围的决定

（2015年12月31日区十七届人大常委会第32次会议通过）

根据地方组织法的有关规定和会议的议题，建议不是区人大代表的下列人员列席东营市河口区第十七届人民代表大会第五次会议：

（一）区委常委，区纪委1名副书记，区委各工作部门的主要负责人；

（二）副区长，区政府组成部门、派出机构、事业单位的主要负责人；

（三）区人民法院1名副院长，区人民检察院1名副检察长；

（四）区各人民团体的主要负责人；

（五）上级驻我区各有关单位的主要负责人；

（六）大会副秘书长和大会秘书处各组主要负责人；

（七）出席政协河口区八届五次会议的全体委员。

以上所列部门单位主要负责人是人大代表、政协委员的，主持工作的副职列席会议。

东营市河口区人民代表大会常务委员会关于批准设立城市发展基金的决议

（2016年6月30日区十七届人大常委会第37次会议通过）

东营市河口区第十七届人民代表大会常务委员会第三十七次会议听取审议了区财政局局长王端吉受区人民政府委托所作的《关于设立城市发展基金有关情况的报告》。会议同意这个报告，决定批准区人民政府设立东营青银发展基金（有限合伙）。

会议同意：一、东营市产业投资管理有限公司与东海岸国际投资（北京）有限公司、万家共赢资产管理有限公司（代表青岛银行股份有限公司）共同设立东营青银发展基金（有限合伙），拟募集资金5亿元用于河口区项目建设。二、河口区财政局安排资金通过基金投资的项目公司每季度按期支付基金投资溢价，基金投资的项目公司在基金存续期内按照万家共赢资产管理有限公司（代表青岛银行股份有限公司）不低于实际出资金额的5.25%/年按季度对基金支付溢价款。东营市河口区国有资产运营有限责任公司作为回购主体。由河口区财政局按照项目公司股权回购协议等文件约定，安排资金给东营市河口区国有资产运营有限责任公司，用于按期回购基金投资项目公司的股权。回购计划为：第5年末回购20%，第6年末回购20%，第7年末回购20%，第8年末回购15%，第9年末回购15%，第10年末回购10%。三、将投资河口区城镇基础设施建设项目实现的收入，作为溢价回购款及基金份额回购资金的来源。如上述支付期内未产生足够的经营收入，由河口区财政局负责协调解决资金来源，并纳入到相对应的年度财政预算资金安排。

东营市河口区人民代表大会常务委员会
关于批准河口区2015年区级财政决算的决议

（2016年8月26日区十七届人大常委会第39次会议通过）

东营市河口区第十七届人民代表大会常务委员会第三十九次会议听取了区财政局局长王端吉受区政府委托所作的《关于河口区2015年财政决算的报告》和区审计局局长卢洪鹏受区政府委托所作的《关于2015年区级预算执行和其他财政收支情况的审计工作报告》。会议结合审议审计工作报告，对2015年区级财政决算报告进行了审查，认为2015年区级预算执行情况是好的，决定批准河口区2015年区级财政决算。

东营市河口区人民代表大会常务委员会
关于批准2016年河口区地方政府债务限额
及区级预算调整的决定

（2016年8月26日区十七届人大常委会第39次会议通过）

河口区第十七届人民代表大会常务委员会第三十九次会议，听取审议了河口区人民政府《关于2016年河口区地方政府债务限额及区级预算调整方案（草案）的报告》，会议同意2016年河口区地方政府债务限额为14.4亿元；区级一般公共预算收入由170050万元调整为172050万元，支出由159462万元调整为161462万元；政府性基金预算总收入由50900万元调整为56900万元，支出由50900万元调整为56900万元。决定批准河口区人民政府《关于2016年河口区地方政府债务限额及区级预算调整方案（草案）的报告》。

东营市河口区人民代表大会常务委员会
关于《河口区2016—2020年依法治区规划》的决议

（2016年8月26日区十七届人大常委会第39次会议通过）

东营市河口区第十七届人民代表大会常务委员会第三十九次会议，依法对《河口区2016—2020年依法治区规划》进行了审查。经过审查，决定通过这个规划并由区人民政府、区人民法院、区人民检察院认真组织实施。

东营市河口区人民代表大会常务委员会
关于在全区公民中深入开展第七个五年
法治宣传教育的决议

（2016年8月26日区十七届人大常委会第39次会议通过）

2011年至2015年，我区法治宣传教育第六个五年规划已经顺利完成，取得了明显成效，在服务全区经济社会发展、保障和改善民生、维护社会和谐稳定、推进依法治区进程中发挥了重要作用。为适应我区率先全面建成小康社会和“十三五”时期经济社会发展需要，扎实推进法治河口建设，增强全社会法治观念，推动全体公民自觉尊法学法守法用法，有必要从2016年至2020年在全区公民中开展第七个五年法治宣传教育。为此，特作决议如下：

一、围绕中心，继续深入开展以宪法为核心的中国特色社会主义法律体系宣传教育

突出学习宣传宪法，坚持把学习宣传宪法摆在首要位置，以组织开展“12·4”国家宪法日宣传活动为契机，在全社会掀起宪法宣传教育的高潮，推动宪法家喻户晓、深入人心。抓好宪法宣誓制度的实施，提高各级领导干部和国家工作人员的宪法意识，增强宪法观念。大力弘扬宪法精神，培育法治理念，树立法治意识，教育引导一切组织和个人都必须以宪法为根本活动准则，在全社会形成崇尚宪法、遵守宪法、维护宪法权威的良好氛围。突出抓好宪法相关法、民商法、行政法、刑法等国家基本法律的学习宣传，

重点学习宣传与服务经济发展新常态、创新驱动战略、供给侧结构性改革、保障改善民生、创新社会治理、维护社会和谐稳定和促进公平正义相关的法律法规，形成适应我区率先全面建成小康社会和“十三五”时期经济社会发展所需要的良好法治环境，为贯彻落实“四个全面”战略布局和创新、协调、绿色、开放、共享发展理念，加快建设经济文化强区提供法治保障。

二、突出重点，切实增强法治宣传教育针对性

法治宣传教育的对象是一切有接受教育能力的公民，重点是领导干部和青少年。国家工作人员尤其是各级领导干部要带头学法用法、模范守法，牢固树立自觉守法、依法办事的意识，切实提高运用法治思维和法治方式深化改革、推动发展、化解矛盾、维护稳定的能力。健全各级国家工作人员学法用法制度，把法治教育纳入干部教育培训总体规划，把尊法学法守法用法情况纳入公务员年度考核和领导班子、领导干部年度述职的重要内容。进一步抓好青少年的法治宣传教育，将法治教育纳入中小学教师培训计划，因地制宜建设青少年法治教育基地，强化学校、家庭、社会“三位一体”的青少年法治教育格局，引导学生树立法治意识，养成遵纪守法的习惯。加强对企业经营管理人员的法治宣传教育，培养树立诚信守法、爱国敬业、依法经营、依法管理的意识。加强对进城务工人员的法治宣传教育，提高自身运用法律手段解决矛盾纠纷、依法维权的能力。

三、创新载体，营造浓厚的法治氛围

充分发挥法治文化的引领、熏陶作用，使公民内心拥护和真诚信仰法律。把法治文化建设纳入现代公共文化服务体系，不断加大法治主题公园、法治文化广场、法治文化街区等法治文化设施的建设力度，扎实推进“一场一廊一街一角”链条式法治文化阵地建设。大力实施法治文化精品创作工程，打造一批展现河口特色、“接地气”的法治文化精品。大力弘扬社会主义核心价值观，传承社会传统美德，加强社会公德、职业道德、家庭美德、个人品德教育，推动以法立德、以德润法、法德结合、互促共进，实现法律和道德相辅相成、法治和德治相得益彰。认真贯彻落实河口区《2016—2020年依法治区规划》，深化基层组织和部门、行业依法治理，深化法治城市、法治县（区）等法治创建活动，教育引导人民群众自我约束、自我管理，提高社会治理法治化水平。继续开展法律进机关、进乡村、进社区、进学校、进企业、进单位“法律六进”主题活动，促进法治宣传教育和社会治理的常态化、规范化。创新法治宣传教育工作理念、体制机制、方式方法和载体平台，采取群众喜闻乐见、易于接受的形式，提升法治宣传教育感染力和影响力，形成崇德尚法的浓厚社会氛围。

四、健全普法责任制和保障机制，提高法治宣传教育工作实效

积极构建与法治河口建设相适应的党委领导、人大监督、政府实施、部门各负其责、社会共同参与的体制机制，把法治宣传教育列入国民经济和社会发展规划，纳入综合绩效考核、综治考核和文明创建考核内容。落实“谁主管谁负责”的普法责任，督促引导各行业、各单位结合行业特点和特定群体的法律需求，有针对性地开展法治宣传教育，实行精准普法。落实国家机关“谁执法谁普法”的普法责任制，建立普法责任清单制度，完善落实法官、检察官、行政执法人员、律师等以案释法制度。进一步充实壮大普法讲师团和志愿者队伍，强化业务培训，提高普法服务的质量和水平。健全完善法治宣传经费保障制度，建立动态调整机制，把法治宣传教育列入政府购买服务指导性目录，鼓励和引导社会资金参与、支持法治宣传教育工作，为深入开展法治宣传教育提供必要的物质保障。

五、强化监督检查，确保本决议贯彻实施

区人民政府要加强对法治宣传教育第七个五年规划的组织实施和检查指导，进一步健全完善法治宣传教育工作的领导责任和考核评价体系，认真做好中期督导检查和终期总结验收，并向区人民代表大会常务委员会报告。区人民代表大会及其常务委员会要充分运用执法检查、听取和审议专项工作报告、组织代表视察、专题调研等形式，加强对法治宣传教育的监督检查，保证本决议得到贯彻落实。

东营市河口区人民代表大会常务委员会
关于区镇两级人大换届选举的决定

（2016年9月22日区十七届人大常委会第40次会议通过）

根据法律规定和省、市、区委的总体安排，结合我区实际，对区镇两级人大换届选举时间及镇人大代

表名额决定如下：

一、我区区镇人大换届选举工作从2016年9月下旬开始至2017年2月上旬结束。区镇两级人民代表大会代表的选举日定于2016年12月15日。2016年12月31日前召开各镇新一届人大一次会议；2017年2月10日前召开区十八届人大一次会议。

二、各镇新一届人民代表大会代表名额分别为：新户镇58名，义和镇57名，孤岛镇35名，仙河镇35名。

东营市河口区人民代表大会常务委员会
关于任命河口区选举委员会组成人员的决定

（2016年9月22日区十七届人大常委会第40次会议通过）

根据法律规定和省、市、区委的总体安排，河口区人民代表大会将于今年底、明年初进行换届选举。为做好该项工作，决定任命河口区选举委员会组成人员。名单如下：

主　任：张胜双

副主任：侯永强　高立燕　王永跃　赵明印　丁水林　赵淑萍　郭存三　闫长林

委　员：（按姓名笔画为序）

马士文　王学军　王新宏　王端吉　孙学军　张　军　张　林　张承年　陈锋之　周义村　綦崇河

选举委员会下设办公室，王学军兼任办公室主任。

东营市河口区人民代表大会常务委员会
关于任命各镇选举委员会和街道选举工作
指导组组成人员的决定

（2016年9月22日区十七届人大常委会第四十次会议通过）

根据法律规定和省、市、区委的总体安排，河口区区镇两级人民代表大会将于今年底、明年初进行换届选举。为做好该项工作，决定任命各镇选举委员会和街道选举工作指导组组成人员。名单如下：

新户镇选举委员会

主　任：苟军松

副主任：郭　鑫　杨玉伟

委　员：（按姓名笔画为序）

方振华　张士全　陈守明　荆栋山　荆　慧　贾　强

义和镇选举委员会

主　任：王云涛

副主任：罗俊海　祝升禹

委　员：（按姓名笔画为序）

丁春凯　刘新凤　孙玉国　张　彬　郭庆超　陶守海

孤岛镇选举委员会

主　任：王　峰

副主任：扈美华　陈泽喜

委　员：（按姓名笔画为序）

成　娜　刘国军　宋玉华　尚　成　房炳林　韩学花

仙河镇选举委员会

主　任：张英然

副主任：李　磊　董召磊

委　员：（按姓名笔画为序）

牛欣伟　宁廷花　刘晓刚　李庆元　陈常军　郭素英

河口街道选举工作指导组

组　长：牟焕民

副组长：荆华山　张希亮

成　员：（按姓名笔画为序）

王　超　刘胜华　刘燕红　李丙安　吴庆光　胡玉红

六合街道选举工作指导组

组　长：杨月明

副组长：孙　杰　杨丰文

成　员：（按姓名笔画为序）

王岩峰　杨顺青　李文彩　李庆元　屈桂森　郭延峰

东营市河口区人民代表大会常务委员会
关于批准《河口区四个棚户区改造项目政府购买服务资金列入区级财政预算的报告》的决定

（2016年11月30日区十七届人大常委会第43次会议通过）

河口区第十七届人民代表大会常务委员会第

四十三次会议，听取审议了河口区人民政府《关于河口区四个棚户区改造项目政府购买服务资金列入区级财政预算的报告》。会议决定批准该报告，同意将新户镇明湖社区、新户镇镜湖社区、河口街道四扣社区和义和镇颐正家园四个棚户区改造项目政府购买服务资金列入区级财政预算支出管理和中长期预算规划。

会议要求，区政府要科学合理运用省级统筹模式承接政策性贷款，坚持量力而行，依法合规运作。要坚持专款专用，做好预算安排，强化支出责任，确保财政资金的使用效益和项目的顺利实施。

东营市河口区人民代表大会常务委员会
关于批准2016年河口区区级财政预算调整的决定

（2016年12月21日区十七届人大常委会第44次会议通过）

河口区第十七届人民代表大会常务委员会第四十四次会议，听取审议了河口区人民政府《关于2016年河口区区级财政预算调整的报告》，会议同意2016年区级一般公共预算收入由172050万元调整为165750万元，总收入由208675万元调整为257779万元，区级一般公共预算支出由165240万元调整为196719万元，总支出由208675万元调整为257779万元；政府性基金预算收入由56900万元调整为38570万元，总收入由56900万元调整为48344万元，政府性基金预算支出由56900万元调整为38570万元，总支出由56900万元调整为48344万元；国有资本经营预算收入由700万元调整为513万元，国有资本经营预算支出由700万元调整为513万元。决定批准河口区人民政府《关于2016年河口区区级财政预算调整的报告》。

东营市河口区人民代表大会常务委员会
关于东营市河口区第十八届人民代表大会
第一次会议列席人员范围的决定

（2017年1月17日区十七届人大常委会第45次会议通过）

根据地方组织法的有关规定和会议议题，建议不是区人大代表的下列人员列席会议：

（一）区委常委，区纪委1名副书记，区委各工作部门的主要负责人；

（二）副区长，区政府组成部门、派出机构、事业单位的主要负责人；

（三）区人民法院1名副院长，区人民检察院1名副检察长；

（四）区各人民团体的主要负责人；

（五）上级驻我区各有关单位的主要负责人；

（六）大会副秘书长和大会秘书处各组主要负责人；

（七）出席政协河口区九届一次会议的全体委员。

以上所列部门单位主要负责人是人大代表、政协委员的，主持工作的副职列席会议。

东营市河口区人民代表大会常务委员会
关于召开东营市河口区第十八届人民代表大会
第一次会议的决定

（2017年1月17日区十七届人大常委会第45次会议通过）

东营市河口区第十七届人民代表大会常务委员会第四十五次会议决定：东营市河口区第十八届人民代表大会第一次会议于2017年2月13日至15日在河口召开。会议的建议议程是：

（一）听取审议河口区人民政府工作报告。

（二）审查、批准河口区2016年国民经济和社会发展计划执行情况的报告与2017年国民经济和社会发展计划。

（三）审查河口区2016年财政预算执行情况的报告和2017年财政预算（草案），批准河口区2016年财政预算执行情况的报告和2017年区级财政预算。

（四）听取审议河口区人民代表大会常务委员会工作报告。

（五）听取审议河口区人民法院工作报告。

（六）听取审议河口区人民检察院工作报告。

（七）选举区十八届人大常委会主任、副主任、委员，区人民政府区长、副区长，区人民法院院长，区人民检察院检察长，市八届人大代表；表决区十八届人大专门委员会组成人员名单（草案）。

（八）其他。

东营市河口区人民代表大会志

1995—2016

（下册）

《东营市河口区人民代表大会志》编纂委员会 编

方志出版社
Publishing House of Local Records

图书在版编目（CIP）数据

东营市河口区人民代表大会志．1995-2016/《东营市河口区人民代表大会志》编纂委员会编．——北京：方志出版社，2017.12
ISBN 978-7-5144-2797-4

Ⅰ．①东… Ⅱ．①东…Ⅲ．①地方各级人民代表大会—工作概况—东营市—1995-2016 Ⅳ．①D624.524

中国版本图书馆CIP数据核字（2017）第310457号

东营市河口区人民代表大会志（1995—2016）

编　　者：《东营市河口区人民代表大会志》编纂委员会
责任编辑：刘方圆

出 版 人：冀祥德
出 版 者：方志出版社
地址 北京市朝阳区潘家园东里9号（国家方志馆4层）
邮编 100021
网址 http：//www.fzph.org
发　　行：方志出版社图书经销中心
电　　话：（010）67110500
经　　销：各地新华书店
印　　刷：济南领航数码印刷有限公司

开　　本：889×1194　1/16
印　　张：50.25
字　　数：1512千字
版　　次：2017年12月第1版　2017年12月第1次印刷
印　　数：0001～1000册

ISBN 978-7-5144-2797-4　定价：298.00元

第七章 历届区人大常委会人事任免事项

第一节 区十三届人大常委会任免人员

河口区第十三届人大常委会自1995年3月至1998年1月，共任免地方国家机关工作人员193人次。其中，人大9人次，政府34人次，法院106人次，检察院44人次。

第十六次会议任免人员

（1995年3月15日、16日通过）

3月15日，决定任命：

胡广德为区人大常委会教科文卫科科长；

朱子贤为区人大常委会办公室副主任；

鲍学功为区人大常委会办公室副主任。

3月15日，决定任命：

赵永光为河口区司法局局长。

免去：

杨学贤的河口区农委主任职务。

3月16日，决定免去：

李国华的河口区土地局局长职务；

赵永光的河口区司法局局长职务。

任命：

盖树祥为河口区司法局局长。

3月16日，决定免去：

刘焕江的河口区人民法院院长、审判委员会委员职务；

段印平的河口区人民法院副院长、审判委员会委员职务；

张长恩的河口区人民法院副院长、审判委员会委员职务；

张恩来的河口区人民法院告诉申诉庭庭长、审判委员会委员职务；

罗家斌的河口区人民法院经济审判庭庭长、审判委员会委员职务；

崔书增的河口区人民法院经济审判庭副庭长职务；

王玉德的河口区人民法院审判员职务；

刘明和的河口区人民法院审判员职务；

高同剑的河口区人民法院审判员职务；

王齐帮的河口区滨海人民法庭庭长职务；

江玉志的河口区滨海人民法庭审判员职务；

陈明芬的河口区人民法院刑事审判庭副庭长职务；

谢贻国的河口区人民法院民事审判庭副庭长职务；

巩天绪的河口区人民法院经济审判庭副庭长职务；

刘会范的河口区人民法院审判员职务；

杨桂珍的河口区人民法院审判员职务；

宋文奎的河口区人民法院审判员职务。

任命：

李国华为河口区人民法院副院长；

徐国平为河口区人民法院副院长；

王小川为河口区人民法院副院长。

3月16日，决定免去：

张瑞迎的河口区人民检察院检察长、检察委员会委员职务；

车开明的河口区人民检察院副检察长、检察委员会委员职务；

宋庆平的河口区人民检察院检察员、检察委员会委员职务；

周希伦的河口区人民检察院检察员、检察委员会委员职务；

孔维翊的河口区人民检察院检察员、检察委员会委员职务；

杨德胜的河口区人民检察院检察员职务；

赵立宦的河口区人民检察院检察员职务；

周博生的河口区人民检察院检察员职务；

邱以岭的河口区人民检察院检察员职务；

齐正福的河口区人民检察院检察员职务；

郭长秋的河口区人民检察院检察员职务；

唐子桐的河口区人民检察院检察员职务；

蔡树会的河口区人民检察院检察员职务；

王孝洪的河口区人民检察院检察员职务；

罗士俊的河口区人民检察院检察员职务；
陈经梅的河口区人民检察院检察员职务；
尚树桥的河口区人民检察院检察员职务；
杨建德的河口区人民检察院检察员职务；
苏东香的河口区人民检察院检察员职务；
陈广鸣的河口区人民检察院检察员职务；
张尚戈的河口区人民检察院检察员职务；
任命：
王荣昌为河口区人民检察院副检察长；
刘光明为河口区人民检察院副检察长；
王春国为河口区人民检察院副检察长。

第十七次会议任免人员

（1995 年 5 月 16 日通过）

5 月 16 日，决定免去：
王朝仁的河口区人民政府副区长职务；
李捷民的河口区工业委员会主任职务。
任命：
宋国斌为河口区工业委员会主任；
于绍兰为河口区土地管理局局长。
5 月 16 日，决定任命：
李国华为河口区人民法院代理院长，审判委员会委员；
王小川兼任河口区人民法院民事审判庭庭长，审判委员会委员；
赵金山为河口区人民法院审判委员会委员；
王成先为河口区人民法院经济审判庭庭长，审判委员会委员；
孙胜利为河口区人民法院告诉申诉庭庭长，审判委员会委员；
郑连芳为河口区人民法院审判员（副科级）；
刘建业为河口区人民法院审判员；
岳桂杰为河口区人民法院审判员；
许炳文为河口区人民法院审判员；
袁建军为河口区人民法院审判员；
葛　明为河口区人民法院审判员；
刘宝军为河口区人民法院审判员；
王　强为河口区人民法院审判员；
罗　勇为河口区人民法院审判员；
房振国为河口区人民法院义和法庭审判员；
李士福为河口区人民法院义和法庭审判员；
闫　军为河口区人民法院新户法庭审判员；
李竹鹏为河口区人民法院新户法庭审判员；
赵克森为河口区人民法院四扣法庭审判员；
胡兴芳为河口区人民法院四扣法庭审判员；
裴秀岭为河口区人民法院六合法庭审判员；
李仁玲为河口区人民法院六合法庭审判员；
邵帮举为河口区人民法院太平法庭审判员；
巴占军为河口区人民法院刑事审判庭副庭长；
谷来强为河口区人民法院刑事审判庭副庭长；
曹俊伟为河口区人民法院民事审判庭副庭长；
单学锋为河口区人民法院告诉申诉庭副庭长；
张天安为河口区人民法院执行庭副庭长。
免去：
周风平的河口区人民法院太平法庭副庭长职务。
5 月 16 日，决定任命：
王荣昌为河口区人民检察院代理检察长、检察委员会委员；
刘光明为河口区人民检察院检察委员会委员；
王春国为河口区人民检察院检察委员会委员；
王玉德为河口区人民检察院检察委员会委员、检察员（副科级）；
马建平为河口区人民检察院检察委员会委员、检察员（副科级）；
吴建功为河口区人民检察院检察员；
梁　磊为河口区人民检察院检察员；
张　彬为河口区人民检察院检察员；
孙佃海为河口区人民检察院检察员；
王立清为河口区人民检察院检察员；
胡少文为河口区人民检察院检察员；
周风平为河口区人民检察院检察员；
王新宏为河口区人民检察院检察员；
肖太军为河口区人民检察院检察员；
徐建英为河口区人民检察院检察员；
张乃学为河口区人民检察院检察员；
张冬梅为河口区人民检察院检察员；
张立新为河口区人民检察院检察员。

第十九次会议任免人员

(1995年9月14日通过)

9月14日，决定免去：

徐国平的区人民法院副院长、审判委员会委员、刑事审判庭庭长职务。

第二十二次会议任免人员

(1995年12月20日通过)

根据区人民政府王少飞区长提请，决定任命：

徐春福为河口区人民政府副区长。

免去：

曹　华的河口区人民政府科技副区长职务。

根据区人民法院李国华代院长提请，决定任命：

巩天绪为河口区人民法院审判员。

第二十三次会议任免人员

(1996年2月27日通过)

根据区人大常委会主任会议提请，决定免去：

李国华的区人民法院代院长、审判委员会委员职务。

任命：

耿振勇为区人民法院副院长，代院长、审判委员会委员。

第二十四次会议任免人员

(1996年4月17日通过)

根据区人大常委会主任会议提请，决定免去：

陈启范的区人大常委会办公室主任职务。

任命：

陈启范为区人大常委会代表联络科科长；

崔家文为区人大常委会办公室主任。

根据区人民政府王少飞区长提请，决定免去：

王守业的区计划统计委员会主任职务；

宋宝昌的区民政局局长职务。

任命：

李顺祥为区计划委员会主任；

马士良为区民政局局长；

张法义为区统计局局长；

丁水林为区林业局局长；

赵培光为区环保分局局长；

陈步科为区物价局局长。

根据区人民法院耿振勇院长提请，决定免去：

花春立的区人民法院义和审判庭庭长职务。

第二十五次会议任免人员

(1996年6月13日通过)

根据区人大常委会主任会议提请，决定免去：

陈启范的区人大常委会代表联络科科长职务。

任命：

张振昌为区人大常委会财经科副科长。

根据区人民政府王少飞区长提请，决定免去：

程晓亮的区计划生育委员会主任职务。

任命：

程晓亮为区农业委员会主任、农业局局长；

闫长林为区计划生育委员会主任。

第二十六次会议任免人员

(1996年8月14日通过)

根据区人民政府王少飞区长提请，决定免去：

赵朝荣的东营市公安局河口分局局长职务。

任命：

王明杰为河口区人民政府科技副区长；

逯学树为东营市公安局河口分局局长。

第二十七次会议任免人员

(1996年10月15日通过)

根据区人大常委会主任会议提请，决定任命：

张　静为河口区人大常委会代表联络科副科长。

根据区人民法院耿振勇院长提请，决定免去：

王小川的河口区人民法院民事审判庭庭长职务；

赵金山的河口区人民法院执行庭庭长职务；

王金文的河口区人民法院四扣人民法庭庭长职务；

谷来强的河口区人民法院刑事审判庭副庭长职务；

曹俊伟的河口区人民法院民事审判庭副庭长职务；

李汝江的河口区人民法院六合人民法庭副庭长职务；

李兴礼的河口区人民法院行政审判庭副庭长职务。

任命：

赵金山为河口区人民法院副院长；

王金文为河口区人民法院审判委员会委员、民事审判庭庭长；

巴沾军为河口区人民法院审判委员会委员、刑事审判庭庭长；

张天安为河口区人民法院执行庭庭长；

张洪海为河口区人民法院行政审判庭庭长；

闫　军为河口区人民法院新户人民法庭庭长；

邵帮举为河口区人民法院太平人民法庭庭长；

曹俊伟为河口区人民法院四扣人民法庭庭长；

李汝江为河口区人民法院孤岛人民法庭庭长；

巩天绪为河口区人民法院仙河人民法庭庭长。

根据区人检察院王荣昌检察长提请，决定任命：

郑佰坤为河口区人民检察院检察委员会委员；

吴建功为河口区人民检察院检察委员会委员。

第三十次会议任免人员

（1997 年 3 月 25 日通过）

根据区人民政府王少飞区长提请，决定免去：

盖树祥的河口区司法局局长职务；

李克锋的河口区乡镇企业局局长职务。

第三十一次会议任免人员

（1997 年 6 月 3 日通过）

根据区人民政府王少飞区长提请，决定任命：

张洪恩为河口区人民政府科技副区长；

刘怀科为河口区司法局局长。

根据区人民法院耿振勇院长提请，决定撤销刘宝军的法院审判员的职务。

第三十二次会议任免人员

（1997 年 7 月 22 日通过）

根据区人民政府王少飞区长提请，决定免去：

马汝忠的河口区人民政府副区长职务。

第三十三次会议任免人员

（1997 年 9 月 5 日通过）

根据区人民政府王少飞区长提请，决定任命：

王丛林为河口区人民政府副区长。

第三十五次会议任免人员

（1997 年 12 月 30 日通过）

12 月 30 日，决定接受王少飞辞去河口区人民政府区长职务的请求。

免去：

董树平的河口区人民政府副区长职务。

任命：

徐春福为河口区人民政府代区长；

张兆明为河口区人民政府副区长。

第二节　区十四届人大常委会任免人员

河口区第十四届人大常委会自 1998 年 1 月成立至 2003 年 1 月，共任免地方国家机关工作人员 260 人次。其中，人大 37 人次，政府 101 人次，法院 96 人次，检察院 26 人次。

第一次会议任免人员

（1998 年 3 月 6 日通过）

根据区人大常委会刘汝彬主任提请，决定任命：

胡广德为河口区人大常委会法制科科长；

鲍学功为河口区人大常委会代表联络科科长；

闫玉泰为河口区人大常委会教科文卫科科长；

刘玉琴为河口区人大常委会财经科科长；

崔建国为河口区人大常委会办公室副主任；

盖凤鸣为河口区人大常委会教科文卫科副科长。

免去：

胡广德的河口区人大常委会教科文卫科科长职务；

鲍学功的河口区人大常委会办公室副主任职务；

张　静的河口区人大常委会代表联络科副科长职务；

张振昌的河口区人大常委会财经科副科长职务。
根据区人民政府徐春福区长提请，决定任命：
渠怀德为河口区人民政府办公室主任；
宋国斌为河口区工业委员会主任；
王风歧为河口区商业贸易委员会主任；
李顺祥为河口区农业委员会主任、农业局局长；
扈洪文为河口区计划委员会主任；
王光和为河口区城乡建设委员会主任；
张　敏为河口区科学技术委员会主任；
曲德民为河口区教育委员会主任；
闫长林为河口区计划生育委员会主任；
逯学树为东营市公安局河口分局局长；
刘怀科为河口区司法局局长；
马士良为河口区民政局局长；
黄高潮为河口区人事局局长；
王道印为河口区劳动局局长；
韩崇泰为河口区财政局局长；
赵振山为河口区地税局局长；
王庆华为河口区交通局局长；
丁水林为河口区林业局局长；
曹文生为河口区水利局局长；
吕庭芳为河口区卫生局局长；
张玉平为河口区审计局局长；
张雪堂为河口区监察局局长；
房建民为河口区土地管理局局长；
荣爱真为河口区乡镇企业局局长；
赵培光为河口区环保局局长；
周俊田为河口区统计局局长；
陈步科为河口区物价局局长。

第二次会议任免人员

（1998 年 4 月 21 日通过）

根据区人大常委会刘汝彬主任提请，决定任命：
蔡森昌为河口办事处人大工作办公室主任。
免去：
吴秀铎的河口办事处人大工作办公室主任职务。
根据区人民政府徐春福区长提请，决定任命：
渠怀德、曲同德为河口区人民政府副区长。

第三次会议任免人员

（1998 年 5 月 26 日通过）

根据区人民政府徐春福区长提请，决定任命：
刘芳仁为河口区人民政府办公室主任。
免去：
渠怀德的河口区人民政府办公室主任职务。
根据区人民法院耿振勇院长提请，任命：
裴秀岭为河口区人民法院六合法庭庭长。

第五次会议任免人员

（1998 年 9 月 18 日通过）

9 月 18 日，决定接受刘汝彬提出的辞去河口区第十四届人大常委会主任职务的请求；决定推选程景坤同志为区人大常委会代理主任。

根据区人民政府徐春福区长提请，决定任命：
王方明为河口区人事局局长。
免去：
黄高潮的河口区人事局局长职务。

第九次会议任免人员

（1999 年 3 月 1 日通过）

根据区人民政府徐春福区长提请，决定任命：
周乐平为河口区副区长。

第十次会议任免人员

（1999 年 5 月 18 日通过）

根据区人大常委会主任会议提请，决定任命：
张玉平为河口区人大常委会办公室主任；
崔家文为河口区人大常委会人事代表工作室主任；
周青蓉为河口区人大常委会信访科副科长。
决定免去：
崔家文的河口区人大常委会办公室主任职务；
鲍学功的河口区人大常委会人事代表工作室主任职务；
王恭泉的河口区人大常委会信访科副科长职务。

根据区人民政府徐春福区长提请，决定任命：
房建国为河口区商业贸易委员会主任；
宋国斌为河口区对外经济贸易委员会主任；
张学然为河口区经济贸易委员会主任；
陈步科为河口区审计局局长；
李长存为河口区物价局局长；
李捷民为河口区司法局局长。
决定免去：
宋国斌的河口区经济贸易委员会主任职务；
陈步科的河口区物价局局长职务；
张玉平的河口区审计局局长职务；
刘怀科的河口区司法局局长职务；
王凤歧的河口区商业贸易委员会主任职务。
根据区人民法院耿振勇院长提请，任命：
张友国为河口区人民法院副院长、审判委员会委员；
王金文为河口区人民法院副院长；
岳桂杰为河口区人民法院经济审判庭庭长；
赵克森为河口区人民法院新户人民法庭庭长；
李士福为河口区人民法院义和人民法庭庭长；
闫　军为河口区人民法院义和人民法庭副庭长；
郑连芳为河口区人民法院四扣人民法庭副庭长；
宋景义为河口区人民法院刑事审判庭副庭长；
张华庆为河口区人民法院民事审判庭副庭长；
薄一才为河口区人民法院经济审判庭副庭长；
孙学军为河口区人民法院经济审判庭副庭长；
张红卫为河口区人民法院执行庭副庭长；
胡兴芳为河口区人民法院立案庭副庭长；
李仁玲为河口区人民法院六合人民法庭副庭长；
王　强为河口区人民法院孤岛人民法庭副庭长；
葛　明为河口区人民法院仙河人民法庭副庭长；
王路军为河口区人民法院审判员；
房丽静为河口区人民法院审判员；
卢湘华为河口区人民法院审判员；
马成刚为河口区人民法院审判员；
郑战杰为河口区人民法院审判员；
张卫青为河口区人民法院审判员。
免去：
闫　军的河口区人民法院新户人民法庭庭长职务；
王成先的河口区人民法院经济审判庭庭长职务。
根据区人民检察院王荣昌检察长提请，任命：
吴建功为河口区人民检察院反贪局局长。
免去：
刘光明的河口区人民检察院副检察长、检察委员会委员、反贪局局长职务。

第十二次会议任免人员

（1999 年 9 月 16 日通过）

根据区人民政府徐春福区长提请，决定任命：
王道印为河口区劳动和社会保障局局长。
免去：
王道印的河口区劳动局局长职务。
根据区人民法院耿振勇院长提请，任命：
王成先为河口区人民法院民事审判庭庭长。
免去：
王小川的河口区人民法院副院长、审判委员会委员职务；
王金文的河口区人民法院民事审判庭庭长职务。
根据区人民检察院王荣昌检察长提请，任命：
王小川为河口区人民检察院副检察长、检察委员会委员；
侯耀团、孙丰霞、尚洪涛、蒋秀军、孙　勇、李国华、韩　黎、李玉敏、吴增彦为河口区人民检察院检察员。

第十六次会议任免人员

（2000 年 3 月 28 日通过）

根据区人民政府徐春福区长提请，决定任命：
崔建华为河口区人民政府副区长。
根据区人民法院耿振勇院长提请，免去：
张洪海的河口区人民法院行政审判庭庭长职务；
巩天绪的河口区人民法院仙河法庭庭长职务。

第十七次会议任免人员

（2000 年 5 月 16 日通过）

根据区人大常委会主任会议提请，决定任命：
崔建国为河口区人大常委会信访科科长；

胡敬斌为河口区人大常委会办公室副主任。

根据区人民政府徐春福区长提请，决定任命：

赵培光为河口区劳动和社会保障局局长；

吴炳礼为河口区环境保护局局长。

免去：

赵培光的河口区环境保护局局长职务；

王道印的河口区劳动和社会保障局局长职务。

根据区人民法院耿振勇院长提请，免去：

裴秀岭的河口区人民法院六合人民法庭庭长职务；

邵帮举的河口区人民法院太平人民法庭庭长职务；

李士福的河口区人民法院义和人民法庭庭长职务；

曹俊伟的河口区人民法院四扣人民法庭庭长职务；

赵克森的河口区人民法院新户人民法庭庭长职务；

孙胜利的河口区人民法院告诉申诉庭庭长职务；

孙学军的河口区人民法院经济审判庭副庭长职务；

宋景义的河口区人民法院刑事审判庭副庭长职务；

李仁玲的河口区人民法院六合人民法庭副庭长职务；

葛　明的河口区人民法院仙河人民法庭副庭长职务。

任命：

裴秀岭为河口区人民法院四扣人民法庭庭长；

邵帮举为河口区人民法院义和人民法庭庭长；

李士福为河口区人民法院四扣人民法庭副庭长；

曹俊伟为河口区人民法院立案庭副庭长；

赵克森为河口区人民法院义和人民法庭副庭长；

李兴礼为河口区人民法院民事审判庭副庭长；

孙学军为河口区人民法院行政审判庭副庭长；

宋景义为河口区人民法院孤岛人民法庭副庭长；

李仁玲为河口区人民法院四扣人民法庭副庭长。

第二十一次会议任免人员

（2000 年 12 月 19 日通过）

根据区人民政府徐春福区长提请，决定免去：

吴炳礼的河口区环保局局长职务；

陈步科的河口区审计局局长职务。

任命：

陈步科为河口区环保局局长；

高志勇为河口区审计局局长。

根据区人民法院耿振勇院长提请，任命：

巴沾军为河口区人民法院副院长；

吴建功为河口区人民法院副院长、审判委员会委员、审判员；

谷来强为河口区人民法院审判监督庭庭长；

李汝江为河口区人民法院审判委员会委员；

孙学军为河口区人民法院审判员。

根据区人民检察院王荣昌检察长提请，免去：

吴建功的河口区人民检察院反贪局局长职务。

任命：

张　彬为河口区人民检察院副检察长、检察委员会委员；

王新宏为河口区人民检察院副检察长、检察委员会委员；

王小川为河口区人民检察院反贪局局长。

第二十三次会议任免人员

（2001 年 2 月 6 日通过）

根据区人民政府徐春福区长提请，决定任命：

王树臣为河口区人民政府副区长。

免去：

王丛林的河口区人民政府副区长职务。

根据地方组织法的有关规定和本人申请，决定接受耿振勇辞去区人民法院院长职务的请求。

根据区人大常委会主任会议提请，决定：

冯俊海为河口区人民法院副院长、代理院长。

第二十四次会议任免人员

（2001 年 3 月 28 日通过）

根据区人大常委会主任会议提请，决定任命：

蔡森昌为河口区河口街道人大工作办公室主任；

邓乃近为河口区河口街道人大工作办公室副主任。

第二十五次会议任免人员

（2001 年 5 月 23 日通过）

根据区人大常委会主任会议提请，决定任命：

曹文生为河口区人大常委会教科文卫科科长；

赵玉洪为河口区人大常委会法制科科长；
王宪印为河口区人大常委会人事代表工作室主任。
免去：
闫玉泰的河口区人大常委会教科文卫科科长职务；
崔家文的河口区人大常委会人事代表工作室主任职务；
胡广德的河口区人大常委会法制科科长职务；
刘玉琴的河口区人大常委会财经科科长职务。
根据区人民政府徐春福区长提请，决定任命：
王玉清为河口区人民政府办公室主任；
王光和为河口区经济贸易委员会主任；
刘芳仁为河口区人事局局长；
李顺祥为河口区监察局局长；
宁洪儒为河口区水利局局长。
免去：
王光和的河口区建设委员会主任职务；
刘芳仁的河口区人民政府办公室主任职务；
李顺祥的河口区农业委员会主任职务；
曹文生的河口区水利局局长职务；
张学然的河口区经济贸易委员会主任职务；
闫长林的河口区计划生育委员会主任职务；
宋国斌的河口区对外经济贸易委员会主任职务；
韩崇泰的河口区财政局局长职务；
王方明的河口区人事局局长职务；
张雪堂的河口区监察局局长职务；
周俊田的河口区统计局局长职务。

第二十六次会议任免人员

（2001 年 7 月 18 日通过）

根据区人民法院冯俊海院长提请，免去：
花春立、付荣昆、李刚峰为河口区人民法院审判员职务。
根据区人民检察院王荣昌检察长提请，免去：
郑佰坤的河口区人民检察院检察委员会委员职务。

第二十七次会议任免人员

（2001 年 9 月 26 日通过）

根据区人民政府徐春福区长提请，决定任命：
石振平、郑参军为河口区人民政府副区长。

第二十八次会议任免人员

（2001 年 11 月 22 日通过）

根据区人民法院冯俊海院长提请，任命：
王文献为河口区人民法院副院长、审判委员会委员。

第三十次会议任免人员

（2002 年 1 月 18 日通过）

根据区人大常委会主任会议提请，决定任命：
张胜双为河口区河口街道人大工作办公室主任；
董子平为河口区河口街道人大工作办公室副主任。
免去：
蔡森昌的河口区河口街道人大工作办公室主任职务；
邓乃近的河口区河口街道人大工作办公室副主任职务。

第三十一次会议任免人员

（2002 年 3 月 18 日通过）

根据区人大常委会主任会议提请，决定任命：
朱子贤为河口区人大常委会财经科科长；
王忠华为河口区人大常委会人事代表工作室副主任。
免去：
朱子贤的河口区人大常委会办公室副主任职务。
根据区人民政府徐春福区长提请，决定任命：
扈洪文为河口区发展计划局局长；
王光和为河口区经济贸易局局长；
曲德民为河口区教育局局长；
张　敏为河口区科学技术局局长；
刘建忠为河口区财政局局长；
房建民为河口区国土资源局局长；
陈丰先为河口区建设局局长；
王端吉为河口区卫生局局长；
卢洪鹏为河口区计划生育局局长；
刘建国为河口区统计局局长；
王方明为河口区招商工作委员会办公室主任。
免去：

扈洪文的河口区计划委员会主任职务；
王光和的河口区经济贸易委员会主任职务；
曲德民的河口区教育委员会主任职务；
张　敏的河口区科学技术委员会主任职务；
房建民的河口区土地管理局局长职务；
房建国的河口区商业贸易委员会主任职务；
荣爱真的河口区乡镇企业局局长职务；
吕廷芳的河口区卫生局局长职务。
根据区人民法院冯俊海院长提请，决定免去：
李兴礼的河口区人民法院审判监督庭副庭长、审判员职务。
根据区人民检察院王荣昌检察长提请，免去：
王春国的河口区人民检察院副检察长、检察委员会委员职务。

第三十三次会议任免人员

（2002 年 7 月 26 日通过）

根据区人民政府徐春福区长提请，决定任命：
高志刚为河口区人民政府副区长。
根据区人民法院冯俊海院长提请，任命：
谷来强为河口区人民法院立案庭庭长；
宋景义为河口区人民法院刑事审判庭庭长；
李仁玲为河口区人民法院民事审判第一庭庭长；
岳桂杰为河口区人民法院民事审判第二庭庭长；
薄一才为河口区人民法院民事审判第三庭庭长；
孙学军为河口区人民法院行政审判庭庭长；
马成刚为河口区人民法院审判监督庭庭长；
张天安为河口区人民法院执行局副局长；
张卫青为河口区人民法院执行局第一庭庭长；
邵帮举为河口区人民法院执行局第二庭庭长；
张红卫为河口区人民法院执行局第二庭副庭长；
谢兆忠为河口区人民法院审判员；
韩安民为河口区人民法院审判员。
免去：
谷来强的河口区人民法院审判监督庭庭长职务；
宋景义的河口区人民法院孤岛人民法庭副庭长职务；
李仁玲的河口区人民法院四扣人民法庭副庭长职务；
岳桂杰的河口区人民法院经济审判庭庭长职务；
薄一才的河口区人民法院经济审判庭副庭长职务；
张天安的河口区人民法院执行庭庭长职务；
张卫青的河口区人民法院立案庭副庭长职务；
邵帮举的河口区人民法院义和人民法庭庭长职务；
张红卫的河口区人民法院执行庭副庭长职务；
巴沾军的河口区人民法院刑事审判庭庭长职务；
李汝江的河口区人民法院孤岛人民法庭庭长职务；
王　强的河口区人民法院孤岛人民法庭副庭长职务；
裴秀岭的河口区人民法院四扣人民法庭庭长职务；
郑连芳的河口区人民法院四扣人民法庭副庭长职务；
李仕福的河口区人民法院四扣人民法庭副庭长职务；
赵克森的河口区人民法院义和人民法庭副庭长职务；
闫　军的河口区人民法院义和人民法庭副庭长职务；
王成先的河口区人民法院民事审判庭庭长职务；
曹俊伟的河口区人民法院立案庭副庭长职务；
张华庆的河口区人民法院民事审判庭副庭长职务。
根据区人民检察院王荣昌检察长提请，任命：
孙佃海为河口区人民检察院副检察长、检察委员会委员；
周风平为河口区人民检察院检察委员会委员、反贪污贿赂局局长；
梁　磊为河口区人民检察院检察委员会委员。
免去：
王小川的河口区人民检察院反贪污贿赂局局长职务。

第三十四次会议任免人员

（2002 年 9 月 26 日通过）

根据区人民法院冯俊海院长提请，免去：
房振国的河口区人民法院审判员职务。
根据区人民检察院王荣昌检察长提请，免去：
王春国的河口区人民检察院检察员职务；
郑佰坤的河口区人民检察院检察员职务。

第三十六次会议任免人员

（2002 年 12 月 30 日通过）

根据区人民政府徐春福区长提请，决定任命：
赵豪志、郭学增为河口区人民政府副区长。

根据区人民检察院王荣昌检察长提请，任命：

魏玉民为河口区人民检察院副检察长、检察委员会委员。

根据地方组织法的有关规定和本人申请，决定接受徐春福辞去区人民政府区长职务；接受张树芹辞去区人民政府副区长职务；接受王荣昌辞去区人民检察院检察长职务。

根据区人大常委会主任会议提请，决定：

赵豪志为河口区人民政府代理区长；

魏玉民为河口区人民检察院代理检察长。

第三节 区十五届人大常委会任免人员

河口区第十五届人大常委会自2003年1月成立至2007年12月，共任免地方国家机关工作人员229人次。其中，人大34人次，政府97人次，法院78人次，检察院20人次。

第一次会议任免人员

（2003年3月11日通过）

根据区人大常委会主任会议提请，决定任命：

马士文为河口区人大常委会办公室主任；

李秀庄为河口区人大常委会办公室副主任；

胡敬斌为河口区人大常委会信访科科长；

郭本东为河口区河口街道人大工作办公室主任。

免去：

张玉平的河口区人大常委会办公室主任职务；

崔建国的河口区人大常委会办公室副主任、信访科科长职务；

张胜双的河口区河口街道人大工作办公室主任职务。

根据区人民政府赵豪志区长提请，决定任命：

石振平、郑参军、高志刚为河口区人民政府副区长；

王玉清为河口区人民政府办公室主任；

扈洪文为河口区发展计划局局长；

王光和为河口区经济贸易局局长；

张胜双为河口区教育局局长；

姜凤军为河口区科学技术局局长；

逯学树为东营市公安局河口分局局长；

李顺祥为河口区监察局局长；

马士良为河口区民政局局长；

李捷民为河口区司法局局长；

刘建忠为河口区财政局局长；

刘芳仁为河口区人事局局长；

赵培光为河口区劳动和社会保障局局长；

薄纯新为河口区国土资源局局长；

陈丰先为河口区建设局局长；

王庆华为河口区交通局局长；

张兆栋为河口区水利局局长；

孙卫东为河口区农业局局长；

王端吉为河口区卫生局局长；

卢洪鹏为河口区计划生育局局长；

高志勇为河口区审计局局长；

刘建国为河口区统计局局长；

王学锋为河口区招商工作委员会办公室主任；

韩学君为河口区安全生产监督管理局局长；

胡友文为河口区文化体育局局长；

李长存为河口区物价局局长。

根据区人民法院冯俊海院长提请，任命：

张天安为河口区人民法院执行局局长；

郑战杰为河口区人民法院刑事审判庭副庭长；

房丽静为河口区人民法院民事审判第一庭副庭长；

刘金涛为河口区人民法院民事审判第一庭副庭长；

董国华为河口区人民法院民事审判第二庭副庭长；

王刚为河口区人民法院民事审判第三庭副庭长；

王建彩为河口区人民法院民事审判第三庭副庭长；

程德刚为河口区人民法院行政审判庭副庭长。

孙相义为河口区人民法院执行局执行一庭副庭长；

李竹鹏为河口区人民法院审判监督庭副庭长；

闫　军为河口区人民法院立案庭副庭长；

单学锋为河口区人民法院立案庭副庭长；

蔡胜昌为河口区人民法院审判员。

免去：

曹俊伟的河口区人民法院审判员职务。

根据区人民检察院魏玉民检察长提请，免去：

张　彬的河口区人民检察院副检察长、检察委员会委员、检察员职务；

王玉德的河口区人民检察院检察委员会委员、检察员职务。

根据地方组织法的有关规定和本人申请，决定接受张玉平、王学锋辞去区十五届人大常委会委员职务的请求。

第二次会议任免人员

（2003 年 5 月 16 日通过）

根据区人民政府赵豪志区长提请，决定任命：

于跃亮为河口区交通局局长；

杨　芳为河口区司法局局长；

刘岩山为河口区物价局局长。

免去：

王庆华的河口区交通局局长职务；

李捷民的河口区司法局局长职务；

李长存的河口区物价局局长职务。

根据区人民法院冯俊海院长提请，任命：

马成刚为河口区人民法院审判委员会委员。

根据区人民检察院魏玉民检察长提请，任命：

李红、王立清、王学国为河口区人民检察院检察员。

第三次会议任免人员

（2003 年 7 月 16 日通过）

根据区人民政府赵豪志区长提请，决定任命：

付兆钦为河口区人民政府办公室主任。

免去：

王玉清的河口区人民政府办公室主任职务。

第四次会议任免人员

（2003 年 9 月 16 日通过）

根据区人民政府赵豪志区长提请，决定任命：

高振恒、王克孝、曹国华为河口区人民政府副区长；

王学春为河口区招商工作委员会办公室主任。

免去：

王学锋的河口区招商工作委员会办公室主任职务。

根据区人民法院冯俊海院长提请，任命：

岳桂杰为河口区人民法院副院长、审判委员会委员。

根据区人民检察院魏玉民检察长提请，免去：

周风平的河口区人民检察院反贪污贿赂局局长、检察委员会委员、检察员职务。

第五次会议任免人员

（2003 年 11 月 18 日通过）

根据区人民政府赵豪志区长提请，决定任命：

石振平、郑参军为河口区人民政府副区长。

根据区人民法院冯俊海院长提请，免去：

宋景义的河口区人民法院刑庭庭长、审判员职务。

根据区人民检察院魏玉民检察长提请，任命：

宋景义为河口区人民检察院检察委员会委员、检察员；

韩　黎为河口区人民检察院检察委员会委员。

第七次会议任免人员

（2003 年 12 月 17 日通过）

根据区人民政府赵豪志区长提请，决定任命：

宋守强为河口区人民政府副区长。

根据地方组织法的有关规定和本人申请，决定接受崔建华辞去区人民政府副区长职务的请求。

第九次会议任免人员

（2004 年 5 月 20 日通过）

根据区人大常委会主任会议提请，决定免去：

曹文生的河口区人大常委会教科文卫科科长职务。

根据区人民政府赵豪志区长提请，决定任命：

陈步军为河口区经济贸易局局长。

免去：

王光和的河口区经济贸易局局长职务；

马士良的河口区民政局局长职务。

根据区人民检察院魏玉民检察长提请，任命：

王新宏为河口区人民检察院反贪污贿赂局局长；

宋景义为河口区人民检察院副检察长。

免去：

王小川的河口区人民检察院副检察长、检察委员会委员、检察员职务；

蔚庆河的河口区人民检察院检察员职务。

第十次会议任免人员

（2004 年 7 月 20 日通过）

根据区人大常委会主任会议提请，决定免去：

赵玉洪的河口区人大常委会法制科科长职务。

根据区人民政府赵豪志区长提请，决定任命：

张旭东为河口区人民政府副区长；

王玉清为河口区民政局局长。

第十二次会议任免人员

（2004 年 11 月 25 日通过）

根据区人民法院冯俊海院长提请，免去：

王文献的河口区人民法院副院长、审判委员会委员职务。

第十三次会议任免人员

（2004 年 12 月 21 日通过）

根据区人大常委会主任会议提请，决定任命：

胡敬斌为河口区人大常委会法制科科长。

免去：

胡敬斌的河口区人大常委会信访科科长职务。

根据地方组织法的有关规定和本人申请，决定接受尚胜波辞去区十五届人大常委会委员职务的请求。

第十四次会议任免人员

（2005 年 2 月 28 日通过）

根据区人民法院冯俊海院长提请，任命：

伍忠民、严陇成、张连合、王会芳、吕青国、林树文、巴树村、李金岭、王德锋、王智丽、庄玉奎、王光利、陈文考、刘学伟、刘如珍、冯　强、张景林、高冬梅、王洪亮、扈梅英为人民陪审员。

第十五次会议任免人员

（2005 年 4 月 21 日通过）

根据区人民法院冯俊海院长提请，任命：

李金兰为人民陪审员。

第十七次会议任免人员

（2005 年 8 月 2 日通过）

根据区人民政府赵豪志区长提请，决定任命：

纪　峰为河口区人民政府副区长。

免去：

高振恒、曹国华的河口区人民政府副区长职务。

第十八次会议任免人员

（2005 年 9 月 22 日通过）

根据区人大常委会主任会议提请，决定任命：

陈建英为河口区人大常委会法制科科长；

盖凤鸣为河口区人大常委会教科文卫科科长；

李秀庄为河口区人大常委会信访科科长；

孙华强为河口区人大常委会办公室副主任。

免去：

胡敬斌的河口区人大常委会办公室副主任、法制科科长职务。

根据区人民政府赵豪志区长提请，决定任命：

张吉明为河口区监察局局长；

韩传华为河口区劳动和社会保障局局长；

李同君为河口区安全生产监督管理局局长。

免去：

李顺祥的河口区监察局局长职务；

赵培光的河口区劳动和社会保障局局长职务；

韩学君的河口区安全生产监督管理局局长职务。

根据区人民法院冯俊海院长提请，任命：

孙学军为河口区人民法院审判委员会委员、刑事审判庭庭长；

谷来强为河口区人民法院审判委员会委员、行政审判庭庭长；

裴秀岭为河口区人民法院立案庭庭长；

马成刚为河口区人民法院执行二庭庭长；

董国华为河口区人民法院民事审判第二庭庭长；

韩安民为河口区人民法院行政审判庭副庭长；

葛　明为河口区人民法院执行局副局长；

卢湘华为河口区人民法院民事审判第二庭副庭长。

免去：

王金文的河口区人民法院副院长、审判委员会委员、审判员职务；

李仕福的河口区人民法院审判员职务；

孙学军的河口区人民法院行政审判庭庭长职务；

谷来强的河口区人民法院立案庭庭长职务；

邵帮举的河口区人民法院执行二庭庭长职务；

岳桂杰的河口区人民法院民事审判第二庭庭长职务；

程德刚的河口区人民法院行政审判庭副庭长职务。

根据区人民检察院魏玉民检察长提请，任命：

崔海峰为河口区人民检察院检察员。

免去：

王立清的河口区人民检察院检察员职务。

第十九次会议任免人员

（2005年11月22日通过）

根据区人民政府赵豪志区长提请，决定免去：

王克孝的河口区人民政府副区长职务。

第二十一次会议任免人员

（2006年2月13日通过）

根据区人民政府赵豪志区长提请，决定任命：

聂建军为河口区人民政府副区长。

根据地方组织法的有关规定和本人申请，决定接受赵豪志辞去区人民政府区长职务的请求；接受郭存三辞去区人十五届人大常委会委员职务的请求。

根据区人大常委会主任会议提请，决定：

聂建军为河口区人民政府代理区长。

第二十三次会议任免人员

（2006年3月31日通过）

根据区人大常委会主任会议提请，决定任命：

李寿年为河口区河口街道人大工作办公室主任。

免去：

朱子贤的河口区人大常委会财经科科长职务；

郭本东的河口区河口街道人大工作办公室主任职务。

根据区人民政府聂建军区长提请，决定任命：

张俊海为河口区人民政府副区长；

陈　军为东营市公安局河口分局局长；

梁润生为河口区发展和改革局局长；

王志华为河口区民政局局长；

张希臣为河口区财政局局长。

免去：

宋守强的河口区人民政府副区长职务；

逯学树的东营市公安局河口分局局长职务；

扈洪文的河口区发展和改革局局长职务；

王玉清的河口区民政局局长职务；

刘建忠的河口区财政局局长职务。

根据区人民法院冯俊海院长提请，任命：

李益民为河口区人民法院副院长、审判委员会委员；

孙学军为河口区人民法院副院长；

邵帮举为河口区人民法院审判监督庭庭长。

免去：

赵金山的河口区人民法院副院长、审判委员会委员、审判员职务；

马成刚的河口区人民法院审判监督庭庭长职务。

根据区人民检察院魏玉民检察长提请，任命：

李砺生为河口区人民检察院副检察长、检察委员会委员。

根据组织法的有关规定和本人申请，决定接受冯俊海辞去区人民法院院长、审判委员会委员职务的请求；接受魏玉民辞去区人民检察院检察长、检察委员会委员职务的请求。

根据区人大常委会主任会议提请，决定：

李益民为河口区人民法院代理院长；

李砺生为河口区人民检察院代理检察长。

第二十六次会议任免人员

（2006年7月18日通过）

根据区人大常委会主任会议提请，决定任命：

陈建英为河口区人大常委会人事代表工作室主任；

周青蓉为河口区人大常委会内务司法工作委员会主任；

张俊海为河口区人大常委会财政经济工作委员会主任；

王宪印为河口区人大常委会城乡建设环境保护

工作委员会主任；

李秀庄为河口区人大常委会农业与农村工作委员会主任；

盖凤鸣为河口区人大常委会教育科学文化卫生工作委员会主任。

免去：

王宪印的河口区人大常委会人事代表工作室主任职务；

李秀庄的河口区人大常委会办公室副主任、信访科科长职务；

周青蓉的河口区人大常委会信访科副科长职务。

根据地方组织法的有关规定和本人申请，决定接受王春霞辞去区十五届人大常委会委员职务的请求。

根据区人民政府聂建军区长提请，决定任命：

杨立民为河口区经济贸易局局长；

王春霞为河口区文化体育局局长。

免去：

陈步军的河口区经济贸易局局长职务；

胡友文的河口区文化体育局局长职务。

根据区人民法院李益民代理院长提请，免去：

孙胜利的河口区人民法院审判委员会委员、审判员职务；

李竹鹏的河口区人民法院审判监督庭副庭长、审判员职务。

第二十九次会议任免人员

（2007 年 1 月 12 日通过）

根据区人民政府聂建军区长提请，决定免去：

付兆钦的河口区人民政府办公室主任职务；

梁润生的河口区发展和改革局局长职务。

根据区人民检察院李砺生代理检察长提请，免去：

张冬梅的河口区人民检察院检察员职务。

第三十一次会议任免人员

（2007 年 5 月 17 日通过）

根据地方组织法的有关规定和本人申请，决定接受毕建军辞去区十五届人大常委会委员职务的请求。

根据区人民政府聂建军区长提请，决定任命：

毕建军为河口区人民政府办公室主任；

王永跃为河口区发展和改革局局长；

宋卫华为河口区监察局局长；

李　露为河口区招商工作委员会办公室主任。

免去：

张吉明的河口区监察局局长职务；

王学春的河口区招商工作委员会办公室主任职务。

根据区人民检察院李砺生检察长提请，任命：

胡少文、侯耀团为河口区人民检察院检察委员会委员；

第三十三次会议任免人员

（2007 年 8 月 23 日通过）

根据区人民法院李益民院长提请，任命：

张毅东、刘洪忠、崔建华、牛树平、李治权、牛剑星、王淑慧、伊海霞、卢俊霞、荆向利、张学军为人民陪审员。

免去：

王洪亮的人民陪审员职务。

第三十六次会议任免人员

（2007 年 10 月 30 日通过）

根据区人民政府聂建军区长提请，决定任命：

段　鸿为河口区人民政府副区长；

隋华杰为河口区人民政府副区长；

王永跃为河口区人民政府办公室主任；

杨月明为河口区发展和改革局局长；

毕建军为河口区教育局局长；

孙守山为河口区人事局局长；

殷爱民为河口区人口和计划生育局局长。

免去：

毕建军的河口区人民政府办公室主任职务；

王永跃的河口区发展和改革局局长职务；

张胜双的河口区教育局局长职务；

刘芳仁的河口区人事局局长职务；

卢洪鹏的河口区人口和计划生育局局长职务。

根据区人民法院李益民院长提请，免去：

巴沾军的河口区人民法院副院长、审判委员会委员、审判员职务；

吴建功的河口区人民法院副院长、审判委员会委员、审判员职务；

裴秀岭的河口区人民法院立案庭庭长、审判员职务。

第四节 区十六届人大常委会任免人员

河口区第十六届人大常委会自2007年12月成立至2012年2月，共任免地方国家机关工作人员184人次。其中，人大19人次，政府83人次，法院58人次，检察院24人次。

第一次会议任免人员

（2008年1月24日通过）

根据区人民政府聂建军区长提请，决定任命：

王永跃为河口区人民政府办公室主任；

杨月明为河口区发展和改革局局长；

刘岩山为河口区物价局局长；

杨立民为河口区经济贸易局局长；

李同君为河口区安全生产监督管理局局长；

毕建军为河口区教育局局长；

王春霞为河口区文化体育局局长；

姜凤军为河口区科学技术局局长；

陈　军为河口公安分局局长；

宋卫华为河口区监察局局长；

王志华为河口区民政局局长；

杨　芳为河口区司法局局长；

张希臣为河口区财政局局长；

孙守山为河口区人事局局长；

韩传华为河口区劳动和社会保障局局长；

陈丰先为河口区建设局局长；

陈朝霞为东营市城市管理行政执法局河口区分局局长；

于跃亮为河口区交通局局长；

张兆栋为河口区水利局局长；

孙卫东为河口区农业局局长；

王端吉为河口区卫生局局长；

殷爱民为河口区人口和计划生育局局长；

高志勇为河口区审计局局长；

刘建国为河口区统计局局长；

李露为河口区招商工作委员会办公室主任。

根据区人民法院李益民院长提请，任命：

李汝江为河口区人民法院副院长；

陈晓峰为河口区人民法院审判员、审判委员会委员；

邵帮举为河口区人民法院审判委员会委员。

根据区人民检察院李砺生检察长提请，任命：

韩黎为河口区人民检察院反贪污贿赂局局长。

免去：

王新宏的河口区人民检察院反贪污贿赂局局长职务。

第三次会议任免人员

（2008年5月27日通过）

根据区人大常委会主任会议提请，任命：

陈冬梅、成斯利、吕金清、葛伟、李宪军为河口区人民检察院监督员。

根据区人民法院李益民院长提请，任命：

韩安民为河口区人民法院少年法庭庭长；

王　强为河口区人民法院执行三庭庭长；

谢兆忠为河口区人民法院民事审判第四庭庭长。

免去：

韩安民的河口区人民法院行政副庭长职务；

刘金涛的河口区人民法院民事审判第一庭副庭长职务。

第五次会议任免人员

（2008年9月26日通过）

根据区人民法院李益民院长提请，任命：

李顺祥、纪如峰、王忠华为人民陪审员。

第七次会议任免人员

（2008年12月30日通过）

根据区人大常委会主任会议提请，决定免去：

董子平的河口区河口街道人大工作办公室副主任职务。

根据区人民政府聂建军区长提请，决定任命：

胡玉花为河口区监察局局长；

刘建国为河口区劳动和社会保障局局长；

宋卫华为河口区卫生局局长；

王端吉为河口区审计局局长；

牛培杰为河口区统计局局长；

崔延军为河口区安全生产监督管理局局长。

免去：

宋卫华的河口区监察局局长职务；

韩传华的河口区劳动和社会保障局局长职务；

王端吉的河口区卫生局局长职务；

高志勇的河口区审计局局长职务；

刘建国的河口区统计局局长职务；

李同君的河口区安全生产监督管理局局长职务。

根据区人民法院李益民院长提请，任命：

李仁玲为河口区人民法院审判委员会委员。

第九次会议任免人员

（2009年3月10日通过）

根据区人民政府聂建军区长提请，决定任命：

武林中为河口区人民政府副区长。

免去：

张俊海的河口区人民政府副区长职务。

根据地方组织法的有关规定和本人申请，决定接受聂建军辞去区人民政府区长职务的请求。

根据区人大常委会主任会议提请，决定：

武林中为河口区人民政府代理区长。

根据区人民法院李益民院长提请，免去：

张友国的河口区人民法院副院长、审判委员会委员、审判员职务；

王成先的河口区人民法院审判委员会委员、审判员职务；

胡兴芳的河口区人民法院审判员职务。

第十一次会议任免人员

（2009年6月8日通过）

根据区人大常委会主任会议提请，决定任命：

王宏伟为河口区人大常委会办公室副主任；

李同君为河口区人大常委会教科文卫工作委员会主任；

陈建岐为河口区河口街道人大工作办公室副主任。

免去：

张俊海的河口区人大常委会财政经济工作委员会主任职务；

盖凤鸣的河口区人大常委会教科文卫工作委员会主任职务。

根据区人民政府武林中代理区长提请，决定任命：

李振江为河口区物价局局长；

陈朝霞为河口区建设局局长；

周义村为东营市城市管理行政执法局河口区分局局长；

免去：

刘岩山的河口区物价局局长职务；

陈丰先的河口区建设局局长职务；

陈朝霞的东营市城市管理行政执法局河口区分局局长职务。

根据区人民检察院李砺生检察长提请，任命：

宋继圣为河口区人民检察院副检察长、检察委员会委员。

根据地方组织法的有关规定和本人申请，决定接受李砺生辞去区人民检察院检察长职务的请求。

根据区人大常委会主任会议提请，决定：

宋继圣为河口区人民检察院代理检察长。

第十二次会议任免人员

（2009年8月27日通过）

根据区人民政府武林中区长提请，决定任命：

陈桂林为河口区人民政府办公室主任。

免去：

王永跃的河口区人民政府办公室主任职务。

第十三次会议任免人员

（2009年10月23日通过）

根据区人民检察院宋继圣检察长提请，任命：

康合胜、孙利强、王德庆、于红梅、王艳彦、殷红为河口区人民检察院检察员。

第十四次会议任免人员

（2009年12月11日通过）

根据地方组织法的有关规定和本人申请，决定接受盖凤鸣辞去区十六届人大常委会委员职务的请求。

第十五次会议任免人员

（2009 年 12 月 29 日通过）

根据地方组织法的有关规定和本人申请，决定接受苟军松辞去区十六届人大常委会委员职务的请求。

根据区人大常委会主任会议提请，决定任命：

王忠华为河口区人大常委会财政经济工作委员会主任。

免去：

李秀庄的河口区人大常委会农业与农村工作委员会主任职务；

王忠华的河口区人大常委会人事代表工作室副主任职务。

根据区人民政府武林中区长提请，决定任命：

缪金学为河口区民政局局长；

王志华为河口区交通局局长。

免去：

王志华的河口区民政局局长职务；

于跃亮的河口区交通局局长职务。

第十七次会议任免人员

（2010 年 3 月 9 日通过）

根据区人民政府武林中区长提请，决定任命：

杨立民为河口区经济和信息化局局长；

孙守山为河口区人力资源和社会保障局局长；

陈朝霞为河口区住房和城乡建设局局长；

王志华为河口区交通运输局局长；

刘建国为河口区商务局局长；

王春霞为河口区文体广电新闻出版局局长；

邵云波为河口区城市管理局局长。

第十八次会议任免人员

（2010 年 5 月 19 日通过）

根据区人民法院李益民院长提请，任命：

刘金涛为河口区人民法院审判委员会委员；

刘树国、李培景、王建宇、罗格东、马学君、李振平、张金涛、王宏伟、袁成华、张希武、孙建林、陈兴功、陈金军、蒋时祥、蔚庆忠、路来国、李合、范乃福、张广文、张希成、王景玉、张旭河、徐宝江、门福军、韩继文、张华三、李占尧、于丰秋为人民陪审员。

第十九次会议任免人员

（2010 年 7 月 23 日通过）

根据区人大常委会主任会议提请，决定任命：

朱春光为河口区六合街道人大工作办公室主任；

李希平为河口区六合街道人大工作办公室副主任。

根据区人民法院李益民院长提请，任命：

胡友泉为河口区人民法院副院长、审判委员会委员。

根据地方组织法的有关规定和本人申请，决定接受李益民辞去区人民法院院长职务的请求。

根据区人大常委会主任会议提请，决定：

胡友泉为河口区人民法院代理院长。

根据区人民检察院宋继圣检察长提请，任命：

李岩、李迎春、段国林、王娟为河口区人民检察院检察员。

第二十次会议任免人员

（2010 年 9 月 29 日通过）

根据区人大常委会主任会议提请，决定任命：

王学军为河口区人大常委会农业与农村工作委员会主任；

李仁玲为河口区人大常委会城乡建设环境保护工作委员会主任；

颜廷涛为河口区人大常委会人事代表工作室副主任。

免去：

王宪印的河口区人大常委会城乡建设环境保护工作委员会主任职务。

根据区人民政府武林中区长提请，决定任命：

韩松青为河口区经济和信息化局局长。

根据区人民法院胡友泉院长提请，免去：

李仁玲的河口区人民法院审判委员会委员、民事审判第一庭庭长、审判员职务。

第二十一次会议任免人员

（2010年11月30日通过）

根据区人民检察院宋继圣检察长提请，免去：

孙利强的河口区人民检察院检察员职务。

第二十二次会议任免人员

（2010年12月23日通过）

根据地方组织法的有关规定和本人申请，决定接受陈步军、王宪印辞去区十六届人大常委会委员职务的请求。

根据区人民政府武林中区长提请，决定任命：

马保文为河口区人民政府副区长；

曹永湖为河口区人民政府副区长；

王英明为河口区人民政府副区长。

免去：

成希琴的河口区人民政府副区长职务；

郭学增的河口区人民政府副区长职务；

王永跃的河口区人民政府副区长职务。

第二十四次会议任免人员

（2011年3月30日通过）

根据区人民政府武林中区长提请，决定任命：

王端吉为河口区财政局局长；

卢洪鹏为河口区审计局局长。

免去：

张希臣的河口区财政局局长职务；

王端吉的河口区审计局局长职务。

第二十五次会议任免人员

（2011年5月26日通过）

根据区人民政府武林中区长提请，决定任命：

周玉光为河口区商务局局长。

免去：

刘建国的河口区商务局局长职务；

周玉光的河口区经济和信息化局局长职务。

第二十六次会议任免人员

（2011年7月9日通过）

根据区人民政府武林中区长提请，决定任命：

苟增杰为河口区人民政府副区长。

根据地方组织法的有关规定和本人申请，决定接受武林中辞去区人民政府区长职务的请求。

根据区人大常委会主任会议提请，决定：

苟增杰为河口区人民政府代理区长。

第二十七次会议任免人员

（2011年7月29日通过）

根据区人民法院胡友泉院长提请，任命：

马文俊、孟凡梅、徐秀红、李轶清、高兴江、宋学庆、袁延涛、于晓艳、郑晓杰、孙卫国、刘晓蕊为河口区人民法院审判员。

第二十九次会议任免人员

（2011年9月30日通过）

根据区人民政府苟增杰区长提请，决定免去：

隋华杰的河口区人民政府副区长职务。

根据区人民检察院宋继圣检察长提请，任命：

徐中伟、李丰娟、陈　奇为河口区人民检察院检察员。

第三十一次会议任免人员

（2011年12月6日通过）

根据区人民政府苟增杰区长提请，决定任命：

王秀凤为河口区人民政府副区长；

高加夫为河口区人民政府副区长；

赵明印为河口区人民政府副区长。

免去：

段　鸿的河口区人民政府副区长职务；

王学春的河口区人民政府副区长职务。

第三十二次会议任免人员

（2012 年 1 月 9 日通过）

根据地方组织法的有关规定和本人申请，决定接受王树臣辞去区十六届人大常委会副主任职务的请求。

第五节 区十七届人大常委会任免人员

河口区第十七届人大常委会自 2012 年 2 月成立至 2017 年 2 月，共任免地方国家机关工作人员 262 人次。其中，人大 41 人次，政府 75 人次，法院 126 人次，检察院 20 人次。

第一次会议任免人员

（2012 年 3 月 14 日通过）

根据区人大常委会主任会议提请，决定任命：

牟焕民为河口区河口街道人大工作办公室主任；

张希亮为河口区河口街道人大工作办公室副主任。

免去：

李寿年的河口区河口街道人大工作办公室主任职务；

陈建岐的河口区河口街道人大工作办公室副主任职务。

根据区人民检察院宋继圣检察长提请，任命：

李国华为河口区人民检察院检察委员会委员；

李玉敏为河口区人民检察院检察委员会委员；

王学国为河口区人民检察院检察委员会委员。

第二次会议任免人员

（2012 年 3 月 31 日通过）

根据区人民政府荀增杰区长提请，决定任命：

陈桂林为河口区人民政府办公室主任；

杨立民为河口区发展和改革局局长；

高祥涛为河口区经济和信息化局局长；

毕建军为河口区教育局局长；

李　露为河口区科学技术局局长；

张　军为河口区监察局局长；

缪金学为河口区民政局局长；

杨　芳为河口区司法局局长；

王端吉为河口区财政局局长；

卢玉峰为河口区人力资源和社会保障局局长；

陈朝霞为河口区住房和城乡建设局局长；

杨月明为河口区交通运输局局长；

张兆栋为河口区水利局局长；

姜凤军为河口区农业局局长；

周玉光为河口区商务局局长；

王春霞为河口区文体广电新闻出版局局长；

宋卫华为河口区卫生局局长；

殷爱民为河口区人口和计划生育局局长；

卢洪鹏为河口区审计局局长；

牛培杰为河口区统计局局长；

崔延军为河口区安全生产监督管理局局长；

邵云波为河口区城市管理局局长。

第三次会议任免人员

（2012 年 4 月 27 日通过）

根据地方组织法的有关规定和本人申请，决定接受陈建英辞去区十七届人大常委会委员职务的请求。

根据区人民政府荀增杰区长提请，决定任命：

衣力江·塔西为河口区人民政府副区长。

根据区人大常委会主任会议提请，决定任命：

王学军为河口区人大常委会人事代表工作室主任；

伍忠民为河口区人大常委会教育科学文化卫生工作委员会主任；

王宏伟为河口区人大常委会农业与农村工作委员会主任；

石　明为河口区人大常委会教育科学文化卫生工作委员会副主任；

张曙光为河口区人大常委会办公室副主任；

于晓英为河口区人大常委会办公室信访科科长。

免去：

陈建英的河口区人大常委会人事代表工作室主任职务；

李同君的河口区人大常委会教育科学文化卫生工作委员会主任职务；

王学军的河口区人大常委会农业与农村工作委

员会主任职务；

王宏伟的河口区人大常委会办公室副主任职务。

第四次会议任免人员

（2012 年 6 月 29 日通过）

根据区人民法院胡友泉院长提请，任命：

张天安为东营市河口区人民法院审判委员会委员；

王　强为东营市河口区人民法院审判委员会委员；

张卫青为东营市河口区人民法院审判委员会委员、审判监督庭庭长；

谷来强为东营市河口区人民法院立案庭庭长、审判员；

韩安民为东营市河口区人民法院刑事审判庭庭长；

郑战杰为东营市河口区人民法院少年法庭庭长；

孙相义为东营市河口区人民法院民事审判第一庭庭长、审判员；

徐秀红为东营市河口区人民法院民事审判第三庭庭长；

房丽静为东营市河口区人民法院民事审判第四庭庭长；

马成刚为东营市河口区人民法院行政审判庭庭长；

邵帮举为东营市河口区人民法院执行一庭庭长；

程德刚为东营市河口区人民法院执行二庭庭长、审判员；

孟凡梅为东营市河口区人民法院执行三庭庭长；

卢湘华为东营市河口区人民法院立案庭副庭长；

于晓艳为东营市河口区人民法院刑事审判庭副庭长；

郑晓杰为东营市河口区人民法院民事审判第一庭副庭长；

孙卫国为东营市河口区人民法院民事审判第二庭副庭长；

刘晓蕊为东营市河口区人民法院民事审判第三庭副庭长；

吴光红为东营市河口区人民法院民事审判第四庭副庭长、审判员；

袁延涛为东营市河口区人民法院行政审判庭副庭长；

闫　军为东营市河口区人民法院执行一庭副庭长；

单学锋为东营市河口区人民法院审判员；

王　刚为东营市河口区人民法院审判员；

张红卫为东营市河口区人民法院审判员；

江　腾为东营市河口区人民法院审判员；

谷春辉为东营市河口区人民法院审判员；

张庆莹为东营市河口区人民法院审判员；

陈　诚为东营市河口区人民法院审判员。

免去：

孙学军的东营市河口区人民法院刑事审判庭庭长职务；

韩安民的东营市河口区人民法院少年法庭庭长职务；

薄一才的东营市河口区人民法院民事审判第三庭庭长职务；

谢兆忠的东营市河口区人民法院民事审判第四庭庭长职务；

谷来强的东营市河口区人民法院行政审判庭庭长职务；

邵帮举的东营市河口区人民法院审判监督庭庭长职务；

张卫青的东营市河口区人民法院执行一庭庭长职务；

马成刚的东营市河口区人民法院执行二庭庭长职务；

王　强的东营市河口区人民法院执行三庭庭长职务；

闫　军的东营市河口区人民法院立案庭副庭长职务；

单学锋的东营市河口区人民法院立案庭副庭长职务；

郑战杰的东营市河口区人民法院刑事审判庭副庭长职务；

房丽静的东营市河口区人民法院民事审判第一庭副庭长职务；

卢湘华的东营市河口区人民法院民事审判第二庭副庭长职务；

王　刚的东营市河口区人民法院民事审判第三庭副庭长职务；

孙相义的东营市河口区人民法院执行一庭副庭长职务。

第六次会议任免人员

（2012 年 10 月 31 日通过）

根据区人民政府苟增杰区长提请，决定任命：

牟焕军为河口区人口和计划生育局局长。

免去：

殷爱民的河口区人口和计划生育局局长职务。

第七次会议任免人员

（2012 年 10 月 31 日通过）

根据区人民政府苟增杰区长提请，决定任命：

刘　英为河口区人民政府副区长；

金建村为河口区文体广电新闻出版局局长。

免去：

王春霞的河口区文体广电新闻出版局局长职务。

根据区人民法院胡友泉院长提请，任命：

曹志海为东营市河口区人民法院副院长、审判委员会委员。

根据区人民检察院宋继圣检察长提请，任命：

王涛、吴秀敏、周洁、门玉真为河口区人民检察院检察员。

第九次会议任免人员

（2013 年 4 月 26 日通过）

根据地方组织法的有关规定和本人申请，决定接受朱春光、韩青辞去区十七届人大常委会委员职务的请求；

根据区人大常委会主任会议提请，决定任命：

杨月明为河口区六合街道人大工作办公室主任；

何树林为河口区人大常委会内务司法工作委员会副主任；

张玉芳为河口区人大常委会城乡建设环境保护工作委员会副主任。

免去：

朱春光的河口区六合街道人大工作办公室主任职务。

孙华强的河口区人大常委会办公室副主任职务。

根据区人民政府苟增杰区长提请，决定任命：

高连欣为河口区民政局局长；

缪金学为河口区交通运输局局长。

免去：

缪金学的河口区民政局局长职务；

杨月明的河口区交通运输局局长职务。

根据区人民法院胡友泉院长提请，任命：

李庆芳为河口区人民法院审判员、审判委员会委员、副院长；

薄一才为河口区人民法院民事审判第二庭庭长。

免去：

刘金涛的河口区人民法院审判委员会委员、审判员职务；

董国华的河口区人民法院民事审判第二庭庭长、审判员职务；

王建彩的河口区人民法院民事审判第三庭副庭长、审判员职务；

高兴江的河口区人民法院审判员职务。

根据区人民检察院宋继圣检察长提请，任命：

梁　磊为河口区人民检察院副检察长。

免去：

陈　奇的河口区人民检察院检察员职务。

第十二次会议任免人员

（2013 年 8 月 28 日通过）

根据地方组织法的有关规定和本人申请，决定接受胡友泉辞去区人民法院院长、审判委员会委员职务的请求。

根据区人大常委会主任会议提请，决定：

曹志海为河口区人民法院代理院长。

根据区人民政府苟增杰区长提请，决定免去：

高加夫的河口区人民政府副区长职务。

第十四次会议任免人员

（2013 年 10 月 31 日通过）

根据区人民法院曹志海代理院长提请，免去：

陈　诚的河口区人民法院审判员职务。

第十五次会议任免人员

（2013 年 12 月 26 日通过）

根据地方组织法的有关规定和本人申请，决定接受王忠华辞去区十七届人大常委会委员职务的请求。

根据区人大常委会主任会议提请，决定任命：

李　晓为河口区人大常委会财政经济工作委员会主任；

陈志军为河口区人大常委会办公室副主任。

免去：

王忠华的河口区人大常委会财政经济工作委员会主任职务；

张曙光的河口区人大常委会办公室副主任职务。

根据区人民政府苟增杰区长提请，决定免去：

高志刚的河口区人民政府科技副区长职务。

第十七次会议任免人员

（2014 年 2 月 25 日通过）

根据区人民政府荀增杰区长提请，决定任命：

李　萍为河口区食品药品监督管理局局长；

徐化义为河口区工商行政管理局局长；

包茂东为河口区质量技术监督局局长。

根据区人民检察院宋继圣检察长提请，免去：

胡少文、孙丰霞的河口区人民检察院检察员职务。

第十八次会议任免人员

（2014 年 4 月 25 日通过）

根据区人民政府荀增杰区长提请，决定免去：

韩松青的河口区经济和信息化局局长职务。

根据区人民法院曹志海院长提请，任命：

陈守明、王立江、刘小燕、王争、刘俊霞、李文彩、陈丙美、陈建民、董国杰、杨婉、刘学伟、乔永莉、高希文、张忠卫、陈素芳、刘凌飞、张莉琨、张丽萍、薄鸿伟、单展华、王忠兴、杨云峰、李顺祥、邵云灵、郭翠萍、刘中伟、郑建忠、胡成勇、宋立园、薄其利、张月友、张林松、杨树甄、张光军、张兆君为河口区人民法院人民陪审员。

免去：

陈金军、陈兴功、蒋时祥、刘树国、孙建林、王建宇、蔚庆忠、张广文、张金涛、张希成、张旭河、李占尧、于丰秋的河口区人民法院人民陪审员职务。

根据区人民检察院宋继圣检察长提请，任命：

李志红、臧晓晓、孙志奇、王东森为河口区人民检察院检察员。

第十九次会议任免人员

（2014 年 6 月 27 日通过）

根据区人民政府荀增杰区长提请，决定任命：

牟焕军为河口区卫生和计划生育局（中医药管理局）局长。

根据区人民法院曹志海院长提请，任命：

肖志红、侯广飞为河口区人民法院审判员。

免去：

郑晓杰的河口区人民法院民事审判第一庭副庭长、审判员职务；

张庆莹的河口区人民法院审判员职务。

第二十三次会议任免人员

（2014 年 12 月 26 日通过）

根据地方组织法的有关规定和本人申请，决定接受徐楠楠辞去区十七届人大常委会委员职务的请求。

根据区人大常委会主任会议提请，决定任命：

刘高峰为河口区人大常委会财政经济工作委员会副主任。

根据区人民政府荀增杰区长提请，决定任命：

王明元为河口区城市管理局局长。

免去：

邵云波的河口区城市管理局局长职务。

根据区人民检察院宋继圣检察长提请，任命：

张波、高维聪为河口区人民检察院检察员。

第二十五次会议任免人员

（2015 年 4 月 29 日通过）

根据区人民法院曹志海院长提请，任命：

王玉红、张迪、张希亮、罗丽华、李希平、陈长山、邓昆、沈如立、王龙、贺文海、范乃福、李振平、罗格东、路来国、李合为河口区人民法院人民陪审员。

第二十七次会议任免人员

（2015 年 6 月 26 日通过）

根据区人大常委会主任会议提请，决定免去：

石　明的河口区人大常委会教育科学文化卫生工作委员会副主任职务。

根据区人民政府荀增杰区长提请，决定免去：

徐化义的河口区工商行政管理局局长职务；

包茂东的河口区质量技术监督局局长职务。

第二十八次会议任免人员

（2015年8月28日通过）

根据区人大常委会主任会议提请，决定任命：

王学玲为河口区人大常委会教育科学文化卫生工作委员会副主任。

根据区人民政府苟增杰区长提请，决定免去：

姜凤军的河口区农业局局长职务。

根据区人民检察院宋继圣检察长提请，任命：

张长胜、张艳丽为河口区人民检察院检察员。

第二十九次会议任免人员

（2015年9月30日通过）

根据区人民政府苟增杰区长提请，决定任命：

刘斯杰为河口区人民政府副区长。

根据地方组织法的有关规定和本人申请，决定接受苟增杰辞去河口区人民政府区长职务的请求。

根据区人大常委会主任会议提请，决定：

刘斯杰为河口区人民政府代理区长。

第三十一次会议任免人员

（2015年10月30日通过）

根据区人民检察院宋继圣检察长提请，任命：

李　红为河口区人民检察院检察委员会委员。

第三十二次会议任免人员

（2015年12月31日通过）

根据区人大常委会主任会议提请，决定任命：

宋学峰为河口区人大常委会教育科学文化卫生工作委员会主任；

牛俊昌为河口区人大常委会农业与农村工作委员会副主任；

朱贵宝为河口区人大常委会预算工作委员会副主任；

牟焕民为河口区河口街道人大工作委员会主任；

张希亮为河口区河口街道人大工作委员会副主任；

杨月明为河口区六合街道人大工作委员会主任；

李希平为河口区六合街道人大工作委员会副主任。

免去：

张玉芳的河口区人大常委会城乡建设环境保护工作委员会副主任职务；

伍忠民的河口区人大常委会教育科学文化卫生工作委员会主任职务。

根据区人民政府刘斯杰代理区长提请，决定任命：

周义村为河口区民政局局长；

陈朝霞为河口区住房和城乡规划建设局局长；

高连欣为河口区农业局局长；

金建村为河口区文化广电新闻出版局局长；

王明元为河口区城市管理和行政执法局局长；

李　萍为河口区市场监督管理局（河口区食品药品监督管理局）局长；

宋卫华为河口区质量技术监督局局长。

免去：

高连欣的河口区民政局局长职务。

第三十三次会议任免人员

（2016年1月13日通过）

根据地方组织法的有关规定和本人申请，决定接受聂建军辞去区十七届人大常委会主任职务的请求。

第三十五次会议任免人员

（2016年2月26日通过）

根据区人民政府刘斯杰区长提请，决定任命：

张学锋为河口区人民政府副区长。

免去：

马保文的河口区人民政府副区长职务；

王英明的河口区人民政府副区长职务；

陈桂林的河口区人民政府办公室主任职务。

根据区人民法院曹志海院长提请，任命：

薄一才、郑战杰、韩安民、徐秀红为河口区人民法院审判委员会委员。

免去：

张光军的河口区人民法院人民陪审员职务。

第三十六次会议任免人员

（2016 年 4 月 29 日通过）

根据区人大常委会主任会议提请，决定任命：

李希平为河口区人民代表大会农业与农村委员会副主任委员；

王学军为河口区人大常委会人事代表工作委员会主任；

颜廷涛为河口区人大常委会人事代表工作委员会副主任；

刘　鹏为河口经济开发区人大工作委员会副主任；

张希亮为河口区河口街道人大工作委员会主任；

李丙安为河口区河口街道人大工作委员会副主任；

杨丰文为河口区六合街道人大工作委员会主任；

郭延峰为河口区六合街道人大工作委员会副主任。

免去：

牟焕民的河口区河口街道人大工作委员会主任职务；

杨月明的河口区六合街道人大工作委员会主任职务；

李希平的河口区六合街道人大工作委员会副主任职务。

根据区人民政府刘斯杰区长提请，决定任命：

努尔艾力·帕塔尔为河口区人民政府副区长；

杨立民为河口区人民政府办公室主任。

第三十七次会议任免人员

（2016 年 6 月 30 日通过）

根据区人民政府刘斯杰区长提请，决定任命：

徐文棠为河口区人民政府副区长。

免去：

王秀凤的河口区人民政府副区长职务。

第四十次会议任免人员

（2016 年 9 月 22 日通过）

根据区人民政府刘斯杰区长提请，决定任命：

缪金学为河口区发展和改革局局长；

盖本良为河口区交通运输局局长；

杨希孝为河口区城市管理和行政执法局局长。

免去：

赵明印的河口区人民政府副区长职务。

杨立民的河口区发展和改革局局长职务；

缪金学的河口区交通运输局局长职务；

王明元的河口区城市管理和行政执法局局长职务。

第四十一次会议任免人员

（2016 年 10 月 14 日通过）

根据区人民政府刘斯杰区长提请，决定免去：

张学锋的河口区人民政府副区长职务。

第四十四次会议任免人员

（2016 年 12 月 21 日通过）

根据区人民政府刘斯杰区长提请，决定任命：

田兵兵为河口区人民政府副区长；

王晓勇为河口区人民政府副区长；

侯丽霞为河口区人民政府副区长；

胡琳为河口区人民政府副区长。

免去：

刘茂和的河口区人民政府副区长职务。

根据主任会议提请，于 2016 年 12 月 21 日决定：

田兵兵为河口区人民政府代理区长。

决定接受刘斯杰辞去河口区人民政府区长职务的请求。

第四十五次会议任免人员

（2017 年 1 月 17 日通过）

根据区人大常委会主任会议提请，决定任命：

黄润超为河口区人大常委会办公室主任；

朱贵宝为河口区人大常委会预算工作委员会主任；

陈建岐为河口区河口街道人大工作委员会主任。

免去：

马士文的河口区人大常委会办公室主任职务；

李仁玲的河口区人民代表大会城乡建设环境保护委员会副主任委员职务；

张希亮的河口区河口街道人大工作委员会主任职务。

根据区人民政府田兵兵代理区长提请，决定任命：

张学亮为河口区水利局局长。

免去：

张兆栋的河口区水利局局长职务；

李　萍的河口区市场监督管理局（河口区食品药品监督管理局）局长职务。

第八章 区人大常委会重要工作

1995年1月至2016年12月的22年间，河口区人民代表大会及其常委会高举中国特色社会主义伟大旗帜，以邓小平理论、“三个代表”重要思想和科学发展观为指导，认真贯彻落实习近平总书记系列重要讲话精神，围绕改革、发展、稳定大局，认真履行宪法和法律赋予的职权，在探索中前进，在创新中提高，各项工作取得了长足进展，为推动全区政治建设、经济建设、文化建设、社会建设、生态文明建设做出了重要贡献。

第一节 区十三届人大常委会重要工作

1993年至1997年，区十三届人大常委会认真贯彻落实中共十四大和十五大精神，以邓小平建设有中国特色社会主义理论为指导，按照“工业强区、农业富民、企地结合、城乡一体”的总体发展思路，认真履行宪法和法律赋予的各项职责，积极开展工作，推动了河口区经济及社会各项事业的顺利发展。常委会通过组织开展民主评议、推行执法责任制等多种形式，不断强化监督职能，拓宽监督领域，完善监督机制，进一步密切了同人民群众的联系，化解了社会矛盾，推动了全区各项事业的发展。五年中常委会共听取法律贯彻实施情况汇报40多项，进行各种形式的执法检查30多项次，配合省市人大进行专项执法检查20多项次。常委会以贯彻实施代表法为重点，围绕代表建议及意见的办理，努力提高办理质量，着重在采纳率上下功夫，五年中办理代表建议、批评和意见209件。围绕代表小组活动的开展，有计划地组织代表进行视察、调查，广泛了解社情民意，为当地经济发展献计献策，切实发挥了人大代表的模范带头作用。常委会组成人员以学习中共十四大、十五大精神和邓小平理论为总抓手，讲政治，讲大局，坚持群众路线，重视调查研究，积极参与全区中心工作，思想作风和工作作风有了大的转变，科学决策水平有了新的提高。

1995年区人大常委会重要工作

1995年，区人大常委会坚持以建设有中国特色社会主义理论和党的基本路线为指导，深入贯彻中共十四届三中、四中、五中全会和区三次党代会精神，紧紧围绕经济建设这个中心，积极履行宪法和法律赋予的各项职权，大力加强社会主义民主与法制建设，为坚持和完善人民代表大会制度，保障全区经济和各项社会事业的健康发展，促进胜利油田开发建设，做出了积极贡献。

【推行部门执法责任制】区十三届人大常委会第十七次会议作出决定：自1995年6月起，在全区各司法执法、行政执法部门推行执法责任制。为保障这项工作的顺利进行，区人大常委会精心准备，强力动员，促使各执法部门明确实行执法责任制的意义、内容、要求，把适用的法律、法规及规范性文件进行层层分解落实。各执法部门结合自身特点制订了具体的实施方案，并把执法责任制层层量化，纳入了目标管理。下半年，区人大常委会以严格执法为核心，狠抓了执法责任制的监督落实，在全区39个执法部门中产生了良好效果。

【专项工作报告审议】1995年，区人大常委会加强工作监督、法律监督，先后听取审议“一府两院”专项工作报告16项。3月15日，区十三届人大常委会第十六次会议，听取审议了区政府关于春季农业生产准备情况的报告、关于《东营市河口区土地利用总体规划（送审稿）》及《东营市河口区基本农田保护区规划（送审稿）》的报告。5月16日，区十三届人大常委会第十七次会议，听取审议了区政府关于区直工业生产情况的报告、关于计划生育工作情况的报告、关于社会治安情况的报告。7月14日，区十三届人大常委会第十八次会议，听取审议了区政府关于上半年国民经济和社会发展计划执行情况的报告、关于财政收支预算执行情况的报告，区人民法院、区人民检察院上半年工作情况的报告。9月14日，区十三届人大常委会第十九次会议，听取审议了区政府关于《中华人民共和国环境保护法》贯彻实施情况的报告、关于全区教育工作情况的报告、关于全区工商行政管理情况的报告。11 月 16 日，区十三届人大常委会第二十次会议，听取审议了区政府关于《中华人民共和国劳动法》实施情况的报告、关于《中华人民共和国预算法》实施情况的报告、关于《中华人民共和国审计法》实施情况的报告、关于全区科技工作情况的报告。区人大常委会加强对常委会会议审议意见落实情况的监督，每次会议听取审议工作报告后，都形成书面审议意见，转交“一府两院”办理，并要求在下次常委会会议上汇报落实情况。区政府及法院、检察院高度重视，认真办理，促进了一些热点难点问题的解决。

【人大信访工作】1995 年，区人大常委会把办理人民群众来信来访作为联系人民群众、了解社情民意、强化工作监督的重要渠道，加强了对信访工作的领导。共受理人民群众来信 48 件、来访 170 人次。对这些来信来访均按有关法律和政策进行了认真处理。

【人事任免工作】1995 年，区人大常委会严格执行法律规定，坚持区委推荐、“一府两院”提名、人大决定任免的原则，对所任免人员进行认真的审议了解，严格把好干部任免关。为进一步增强行政司法部门领导干部的法律知识和业务水平，区人大常委会对所任命的 24 名正科级干部进行了法律知识考试，并将考试成绩以简报的形式印发各单位和有关领导，有效提高了干部学法、用法自觉性，对依法行政起到了促进作用。

【代表工作】1995 年，区人大常委会积极推进代表工作。5 月，常委会对各代表小组活动情况进行了一次检查，督促指导各代表小组建立、健全了各项活动制度，推动了小组活动的开展。常委会还及时将代表法、新修定的地方组织法、选举法进行了翻印，分发到代表手中，规范了代表的履职行为。加强与代表及各乡镇人大工作办公室的联系，11 月，常委会组成人员走访联系了区人大代表，广泛征求了代表对“一府两院”工作的意见建议。坚持乡镇人大工作办公室主任列席常委会会议制度，定期召开乡镇人大工作办公室主任联席会议。另外，协助市人大组织驻河口区部分市人大代表开展了对市直四部门的民主评议活动。

【代表建议工作】区十三届人大三次会议期间，共收到代表所提议案、批评和意见 41 件。由代表联络科对建议进行了分类整理，并会同区政府召开了交办会议，按照归口办理的原则，提出了办理的具体要求及答复期限。常委会严把办理质量关，对各单位的办理结果，附上常委会的征求意见稿寄给代表；对代表不满意的答复，责成有关部门重新办理答复，直至代表满意为止。所有建议均于当年 8 月底前办结，办理质量和效率都有所提高。

【常委会自身建设】区人大常委会紧密联系人大工作实际，认真学习建设有中国特色社会主义理论、社会主义市场经济理论和党的路线、方针、政策。深入调查研究，转变工作作风。每次例会召开前，按照确定的议题，深入基层、代表和群众，广泛征求各方面的意见，为有效实施监督提供了依据，决策水平有了新的提高。围绕区委中心工作，参与了羊栏河水库、经济开发区建设等工作，为全区经济建设贡献了力量。注重人大及代表工作的理论研讨，参加齐鲁县级人大工作研讨会及全市代表工作座谈会，就如何发挥代表在市场经济中的作用、搞好乡镇人大换届选举工作、开展代表小组活动进行了交流探讨。为总结建区十年来人大工作，区人大常委会组织编写了《河口区人民代表大会志（1984 ～ 1994）》。

1996 年区人大常委会重要工作

1996 年，区人大常委会以邓小平建设有中国特色社会主义理论为指导，深入贯彻中共十四届五中、六中全会精神，紧紧围绕经济建设这个中心和建立社会主义市场经济体制的目标，扎扎实实履行宪法和法律赋予的各项职权，努力开创人大工作新局面，为全区经济及各项事业的繁荣发展做出了积极贡献。

【专项工作报告审议】1996 年，围绕改革开放和经济建设的重大问题以及人民群众普遍关心的问题，区人大常委会先后听取审议了“一府两院”专项工作报告 19 项。4 月 17 日，区十三届人大常委会第二十四次会议，听取审议了区政府关于全区村民委员会换届选举工作情况的报告，审议通过了《河口区乡镇财政管理体制改革办法》。6 月 13 日，区十三届人大常委会第二十五次会议，听取审议了区政府关于计划生育工作情况的报告、关于《中华人民共和国科学技术进步法》贯彻实施情况的报告、关于1995年度区级预算执行情况的审计工作报告，审议通过了《东营市河口区人民代表大会常务委员会关于在全区公民中开展第三个五年法制宣传教育的决议》。8月13—14日，区十三届人大常委会第二十六次会议，听取审议了区政府关于1996年上半年国民经济和社会发展计划执行情况的报告、关于1996年上半年财政预算执行情况的报告、关于全区教育工作情况及教育法律法规贯彻实施情况的报告，区人民法院和区人民检察院关于1996年上半年工作情况的报告。10月15日，区十三届人大常委会第二十七次会议，听取审议了区政府关于贯彻实施《中华人民共和国森林法》及林业生产情况的报告、关于贯彻实施《中华人民共和国水法》及水利建设工作情况的汇报。12月12日，区十三届人大常委会第二十八次会议，听取审议了区政府关于贯彻价格管理条例积极开展物价工作的报告、关于打假工作情况的报告。同时，区人大常委会加强对常委会会议审议意见落实情况的监督，每次会议听取工作汇报审议后，都形成书面审议意见，转交“一府两院”办理，并要求在下次常委会会议上汇报落实情况。区政府及法院、检察院高度重视，认真办理，促进了一些热点难点问题的顺利解决。

【执法评议活动】1996年8月，区人大常委会对全区实行执法责任制的39个部门进行了执法专项评议，评出优秀单位9个，良好单位24个，合格单位6个。通过评议，较好地解决了执法责任不明确、认识不到位以及有法不依、执法不严、违法不究、以言代法、以权谋私等问题，促进了各部门依法行政。评议结束后，被评议部门对人大代表反映的问题和提出的意见建议，逐一制定整改方案，落实整改措施。9月份，区人大常委会专门听取了各执法部门整改情况的汇报，并将整改情况及时答复代表。通过评议活动，推动了执法责任制在各部门的贯彻落实，实现了法律监督与工作监督的有机结合，使人大监督工作日趋规范化、法制化。

【人事任免工作】1996年，区人大常委会坚持人事监督同法律监督、工作监督有机结合，注重提高人事任免工作质量。任命前，区委组织部门对干部进行考察，区人大常委会组织法律知识考试，作为依法任命的依据。任命后，采取听取述职报告等方式对所任命干部进行监督，促使其依法行政、廉洁勤政。年内，常委会依法任命国家机关工作人员20名。

【人大信访工作】1996年，区人大常委会共收到群众来信83件，接待来访254人次。对群众来信来访，均按照有关法律和政策进行了转办、督办和催办工作。对重大问题及时召开会议听取汇报，研究解决办法，切实解决了群众反映的一些实际问题。

【代表工作】1996年，区人大常委会努力做好代表工作，充分发挥代表作用。重视同人大代表的联系，坚持邀请基层代表列席常委会会议制度，在审议各项议题时，注意听取代表的意见。11月，常委会组成人员按照分工对代表进行了普遍走访，征求他们对全区各项工作的意见建议，并把代表反映的问题汇总整理，经主任会议研究后转交“一府两院”进行了办理。为积极响应区委提出的“二次创业”号召，充分发挥代表在两个文明建设中的模范带头作用，区人大常委会于8月作出了《关于组织人大代表围绕区委“二次创业”开展建功立业活动的决定》，并下发了具体实施意见，制定了考评办法。决定要求，每一位代表要发挥自己的积极性和创造性，进一步增强创业意识，增强履行代表职责的使命感，积极带动本地本单位投入到经济建设和改革开放的大潮中去，为河口的全面振兴做出积极贡献。通过这项活动，在各行各业涌现出许多先进典型，鼓舞了各级人大代表在“二次创业”中建功立业的信心和决心。认真指导乡镇人大工作，组织召开了4次乡镇人大工作联系会，重点抓了代表活动阵地建设、代表及代表小组活动等工作。此外，还组织乡镇人大和常委会机关工作人员一行11人到河北省高邑县学习考察代表议政日活动经验，积极探索代表闭会期间的履职途径。

【乡镇人大换届选举工作】1995年11月下旬，全区乡镇人大换届选举工作全面展开。区十三届人大常委会第二十次会议作出了关于乡镇人大换届选举的决定，批准了换届选举工作实施方案。区委成立了以主要负责人为组长的换届选举工作领导小组，下设办公室负责具体工作。11月21日召开了动员会议，对全区乡镇人大换届选举作了全面部署。各乡镇按照要求分别成立了换届选举委员会，培训了工作骨干，进行了广泛的宣传发动，依法认真做好各阶段的工作。在选举工作过程中，区人大常委会切实担负领导责任，各主任分工包乡镇，采取“一步一检查、一步一总结”的办法，发现问题及时解决。截至1996年2月19日，全区乡镇人大换届选举工作全面结束，选出304名人大代表和乡镇人大、政府领导班子。各乡镇除设专职主席或由党委书记兼任主席外，设立了一名专职副主席。

【常委会自身建设】坚决落实江泽民总书记关于领导干部一定要讲政治的要求，把讲政治同人大工作有机结合起来，努力改进思想作风，坚持周五学习日制度，认真学习了江泽民总书记《关于讲政治》《努力建设有素质的干部队伍》等一系列讲话精神，学习中共十四届六中全会精神，深入领会精神实质，注重用理论指导工作实践。常委会从提高例会审议质量入手，抓住事关全区经济建设和人民群众普遍关心的事项，本着少而精的原则，采取先实地调查后听取汇报的方式，认真审议专项工作。同时积极做好转办、催办、督办工作，努力提高常委会审议意见的办理实效。围绕中心工作，服从区委安排，积极做好包乡镇、包项目等项工作，力所能及地为基层办实事。10月，区人大常委会同区委宣传部联合召开了全区人大宣传工作会议，成立了人大宣传工作领导小组，制定了具体实施意见。12月，代表联络科协助区电视台对在“建功立业”活动中表现突出的典型代表进行了电视采访，制作了专题节目，收到了良好的社会宣传效果。注重人大工作理论研究，先后2次参加鲁北县级人大工作研讨会。编写出版了《河口区人民代表大会志》。组织召开了全区人大工作会议。

1997年区人大常委会重要工作

1997年，区人大常委会在区委的领导下，坚持党的基本理论、基本路线和基本方针，深入贯彻落实党的十四届五中、六中全会精神，紧紧围绕两个根本性转变和“工业强区，农业富民，油地结合，城乡一体”的总体工作思路，依法行使好各项职权，大力加强社会主义民主与法制建设和精神文明建设，促进了全区经济持续、快速、健康发展和社会全面进步。

【专项工作报告审议】1997年，区人大常委会听取审议“一府两院”专项工作报告16项。3月25日，区十三届人大常委会第三十次会议，听取审议了区政府关于春季农业生产准备情况的报告、关于贯彻实施《山东省计划生育条例》情况的报告、关于市政公用事业管理情况的报告。6月3日，区十三届人大常委会第三十一次会议，听取审议了区政府关于法制工作情况的报告、关于财政审计情况的报告、关于食品卫生法贯彻实施情况的报告。7月22日，区十三届人大常委会第三十二次会议，听取审议了区政府关于1997年上半年国民经济和社会发展计划执行情况的报告、关于1997年上半年财政预算执行情况的报告、关于社会治安情况的报告，区人民法院关于1997年上半年工作情况的报告、区人民检察院关于1997年上半年工作情况的报告。9月5日，区十三届人大常委会第三十三次会议，听取审议了区政府关于抗灾工作情况的报告、关于贯彻实施《中华人民共和国行政诉讼法》情况的报告。12月30日，区十三届人大常委会第三十五次会议，听取了韩廷村副主任关于人大换届选举工作的报告，听取审议了区人大常委会代表资格审查委员会主任委员张凤田关于代表资格的审查报告，听取了韩廷村副主任关于区十四届人大一次会议筹备情况的报告。

【人大信访工作】1997年，区人大常委会把接受和办理人民群众来信来访，作为联系群众、了解社情民意的重要渠道，高度重视人民群众反映的问题尤其是对公检法各部门办案情况的批评和申诉。1997年，共收到群众来信43件，接待来访175人次。对于来信来访中反映的问题做到转办及时、督查有力。对一些案情复杂、当事人多次上访的案件，常委会主任会议都进行了专门研究，督促有关部门通过多种方式多种渠道予以解决。

【人事任免工作】1997年，区人大常委会严把人事任免质量关，既坚持党管干部的原则，又充分发扬民主，依法任免了8名区政府组成人员。通过法律知识考试、述职评议等方式，加强对所任干部的考察了解，切实增强了干部的公仆意识和工作责任心，保证了国家机关工作人员整体素质的提高。

【代表工作】1997年，区人大常委会把代表工作作为基础性工作来抓，采取多种措施，努力提高代表工作水平。继续深入开展“建功立业”活动，并召开了区人大代表“建功立业”表彰大会，共表彰优秀代表28名，先进代表小组8个，先进乡镇人大办公室3个。突出代表小组的组织、思想、制度和阵地建设，经常总结交流代表小组工作情况，指导代表小组拓宽活动渠道，提高活动质量，逐步实现了代表活动的制度化、规范化。继续坚持邀请部分区人大代表列席常委会会议制度，认真听取他们的意见。7月，常委会分成5个小组，对基层人大代表进行了走访，了解他们的工作和生活情况，听取他们对全区各项工作的意见建议，归纳意见建议25条，转有关部门办理。加强区乡两级人大及各乡镇人大之间的联系，定期召开联席会议，交流经验、沟通信息，促进了基层人大工作的开展。

【区人大代表换届选举工作】1997年，区人大常委会根据宪法和法律规定，按照省、市关于换届选举的意见和要求，在区委的领导下，扎实做好区十四届人大代表换届选举工作。常委会适时召开会议，作出了换届选举的决定，成立了区选举委员会，制定了换届选举实施方案，周密细致地部署了换届选举工作。在每一阶段，常委会主任、各副主任及选委会成员都深入基层，了解情况，认真检查指导，帮助解决问题。常委会按照“一步一个会、一步一调度、一步一个文、一环扣一环”的工作方法，在每一阶段都要召开乡镇人大主席会议，总结交流前段工作情况，研究部署下一阶段工作任务，使换届选举工作各阶段压茬进行、有条不紊。常委会重点抓了选民登记、提名和推荐代表候选人、选举代表三个环节，培训选举工作骨干260人次，印发“明白纸”5000余份，做到了工作方法明确，法律条文熟悉，工作步骤严密。截至12月23日，历经宣传发动、选民登记、提名和推荐代表候选人、选举代表四个阶段，全区人大代表换届选举工作全面完成，依法直接选举产生区十四届人大代表155名。

【代表建议工作】1997年，区十三届人大五次会议期间共收到代表建议、批评、意见39件，涉及河口区和油田工农业生产、经济财贸、文教卫生、城建环保、社会治安和劳动人事等方面。区人大常委会代表联络科及时将建议转有关单位进行了办理。当年全部办理完毕，并答复代表。代表建议所提问题已经解决或基本解决的30件，占77%；代表建议所提问题正在解决或列入计划逐步解决的6件，占15%；代表建议所提问题不能解决或因条件限制暂时不能解决的3件，占8%。

【人民代表大会制度宣传研究工作】1997年，区人大常委会加大人民代表大会制度的宣传力度。4月份，在代表法颁布五周年之际，开展了一系列宣传活动。常委会领导发表了电视讲话，召开了学习贯彻代表法的座谈会，组织有关人员进行了代表法知识竞赛；在区电视台开辟了“代表风采”专栏，通过张贴标语、出动宣传车等形式，宣传人大代表在投身经济建设的伟大实践中发挥出的示范、辐射和带动作用，突出了人民代表大会制度在整个社会生活中的地位。常委会高度重视人大理论研究工作，牵头组织召开了齐鲁县级人大工作研讨会，来自济南、滨州、淄博等地市的七个县（市、区）的人大常委会负责人，围绕如何搞好新形势下县级人大的换届选举工作，从理论和实践的结合上进行了深入研究和探讨，交流了工作经验和体会，提出了许多新的理论见解和工作设想。

【常委会自身建设】坚持学政治、学法律，不断提高依法履职水平。常委会组成人员紧密联系实际，认真学习邓小平理论和党的路线、方针、政策，深入学习中共十五大精神，做到了联系实际，学以致用，提高了解决问题和分析问题的能力。重视调查研究，转变工作作风。常委会组成人员和机关科室都确定了调研课题，深入基层进行调查研究，广泛征求各方面的意见，全年共进行调查研究30次，撰写调查和视察报告20余篇，为常委会实施监督和开展各项工作提供了可靠依据。常委会认真贯彻民主集中制原则，重大问题集体讨论决定，决策水平有了新的提高。同时，常委会各领导成员积极参与区委中心工作，为全区“两个文明”建设做出了应有贡献。

【承办齐鲁县级人大工作研讨会第十七次会议】1997年5月20—21日，齐鲁县级人大工作研讨会第十七次会议在河口区召开。高青、邹平、济阳、章丘、博兴、利津、河口七个县市区的人大常委会主任（副主任）及有关人员出席会议。会议围绕如何做好新形势下的县级人大换届选举工作进行了研究和探讨。

河口区人大常委会主任刘汝彬主持会议。中共河口区委书记任树梓到会致祝辞，东营市人大常委会副主任任兴业到会讲话。山东省人大常委会人事代表工作室副主任马效东、东营市人大常委会人事代表室主任王相举应邀出席会议。

第二节 区十四届人大常委会重要工作

1998年至2002年，区十四届人大常委会以邓小平理论和党的基本路线为指导，以全心全意为人民服务为宗旨，深入贯彻中共十五大和十六大精神，认真实践“三个代表”重要思想，紧紧围绕“九五”和“十五”计划的实施，切实履行宪法和法律赋予的职责，各项工作都有了新的进展，较好地发挥了地方国家权力机关的职能作用，为河口区经济快速健康发展和社会全面进步做出了积极贡献。坚持抓大事、议大事、求实效的原则，加强对区政府、区法院和区检察院的工作监督，对经济发展中的重要问题及人民群众关心的“热点”、“难点”问题实施了有效监督，先后听取审议了“一府两院”28项工作报告，组织开展了62次专题视察调研，并就52个方面的问题适时作出决议、决定。为了使监督工作落到实处，常委会还加强了对常委会会议审议意见落实情况的监督。每次会议听取工作报告审议后，都由办公室归纳整理，形成书面审议意见，以“例会建议”的形式转交“一府两院”办理，并要求在下次常委会会议上汇报落实情况。坚持党管干部原则和依法任免干部的有机统一，进一步完善了任免办法，坚持在任命前对拟任干部进行法律考试、离任审计情况调查，听取拟任命人员的供职报告，有效地提高了任免质量。常委会按照代表法的规定，不断拓宽联系渠道，保障人大代表依法行使权利，充分发挥人大代表在社会主义现代化建设中的积极作用。

1998年区人大常委会重要工作

1998年，区人大常委会在区委的领导下，深入贯彻中共十五大及省、市、区党代会精神，认真落实区十四届人大一次会议的各项决议，紧紧围绕全区经济建设和改革开放大局，忠实履行宪法和法律赋予的各项职权，积极推进社会主义民主与法制建设，为促进全区经济发展和社会全面进步发挥了重要作用。

【专项工作报告审议】1998年，区人大常委会听取审议“一府两院”专项工作报告18项。3月6日，区十四届人大常委会第一次会议，听取审议了区政府关于春季农业生产情况的报告、关于区十四届人大一次会议议案处理结果的报告。5月26日，区十四届人大常委会第三次会议，听取审议了区政府关于城乡规划、建设和管理工作情况的报告、关于计划生育工作情况的报告、关于林业生产情况的报告、关于工业生产情况的报告。7月16日，区十四届人大常委会第四次会议，听取审议了区政府关于1998年上半年国民经济和社会发展计划执行情况的报告、关于1998年上半年财政收支预算执行情况的报告，区人民法院关于1998年上半年工作情况的报告，区人民检察院关于1998年上半年工作情况的报告。9月18日，区十四届人大常委会第五次会议，听取审议了区政府关于实施义务教育法及全区教育工作情况的报告、关于实施药品管理法及卫生工作情况的报告、关于环境保护法贯彻实施情况的报告。11月18日，区十四届人大常委会第七次会议，听取审议了区政府关于贯彻实施审计法及开展审计工作情况的报告、关于社会治安综合治理情况的报告、关于实施水法及全区水利工作情况的报告；区政府关于办理区人大常委会例会建议和代表建议情况的报告。

【执法责任制检查】1998年，为加强对国家机关实行执法责任制的监督，明确执法责任，规范执法行为，常委会组织了执法责任制大检查。通过“听、看、评、访、考”等形式，对全区58个执法部门进行了全面检查，并进行了测评打分，将检查结果报告区委，作为领导干部目标责任制考评成绩的重要内容。

【人事任免工作】1998年，常委会依法任命了40名国家机关工作人员，免去了9名国家机关工作人员的职务。在任免干部工作中，坚持党管干部原则与依法任免的有机统一。通过听取述职报告、供职报告等方式加强对国家机关工作人员的监督管理，把法律监督、工作监督和人事监督有机结合起来，收到了良好效果。3月份，举行了任命的区政府组成人员集中颁发任命书仪式，对被任命干部提出了具体要求。

【人大信访工作】1998年，区人大常委会坚持主任、副主任轮流接访和按分工阅批重要信件制度。全年共受理来信72件，接待来访235人次，均按有关法律和政策进行了认真处理。对重大疑难问题，主任会议专门听取汇报，督促解决。通过信访工作，查处和纠正了一些违法问题，维护了法律的尊严和人民群众的合法权益，为全区政治安定和社会稳定作出了贡献。

【代表工作】1998年，区人大常委会深入贯彻代表法和山东省实施代表法办法，不断拓宽联系代表的渠道，认真组织和指导代表开展活动，充分发挥了人大代表的作用。采取多种形式加强同代表的联系，每次常委会会议都邀请部分代表列席，重大活动吸收有关方面的代表参加，建立了常委会组成人员分工联系代表制度。7月份，驻会的常委会组成人员集中走访联系了154名区人大代表及部分驻我区的市人大代表，广泛听取代表对我区各方面工作情况的反映，共收集代表意见建议56条。抓好代表培训和代表阵地建设，为代表履行职务提供条件。年初，结合换届后新代表较多的实际，对代表进行了培训。指导乡镇人大把各级人大代表混编为36个组，建立40个代表活动室。围绕油地结合和工农共建，4月份组织部分地方区人大代表视察了油田和济军生产基地的有关企业，11月份又组织油田代表视察了地方企业和农业及农村发展情况。全区各级人大代表认真执行代表职务，在两个文明建设中发挥了重要作用，涌现了一大批像李文燕、李清玲、刘增喜、栾香春等忠实履行代表职责、爱岗敬业、无私奉献的先进典型。

【乡镇人大换届选举工作】1997年11月至1998年1月，乡镇人大进行换届选举。对这次换届选举，区人大常委会十分重视，根据区委意见，成立了领导小组，制定了实施方案，依法任命了各乡镇选举委员会组成人员。区人大常委会主任、副主任分工联系乡镇，加强对乡镇换届选举工作的指导，并深入到各选区了解情况，帮助解决存在的问题。通过精心组织，周密安排，严格按法律程序选出了群众满意、能够代表人民管理国家事务的乡镇人大代表，并成功召开了换届后的乡镇人民代表大会第一次会议，依法选举产生了乡镇人大、政府领导班子，为加强基层政权和基层民主政治建设奠定了基础，为全区农村经济发展和繁荣注入了新的活力。

【常委会自身建设】1998年4月，区人大常委会作出了关于加强自身建设的决定，切实把加强自身建设、提高整体素质放在重要位置。常委会组成人员认真学习党的十五届三中全会精神和省、市、区党代会精神，以及中央领导同志关于加强人大工作的重要论述，进一步增强了紧紧依靠党的领导、围绕党的中心工作依法开展人大工作的坚定性和自觉性。根据形势需要及法律有关规定，修订了常委会议事规则、人事任免办法、联系区人大代表办法等28项工作制度。常委会组成人员经常深入实际，进行调查研究，广泛了解社情民意，听取人民群众的意见和要求，保持了同人大代表和人民群众的密切联系。重视提高审议质量，主要抓了选准议题、调查研究、督办和反馈三个环节，增强了常委会的审议效果。认真贯彻民主集中制原则，坚持集体行使职权，充分发挥常委会的整体效能，保证了重大决策的民主化、科学化。组织机关工作人员学政治、学业务、学法律，努力提高机关工作人员的政治和业务素质。加强了人民代表大会制度及人大工作的宣传，创办了《河口人大工作》，为交流人大工作、开展工作研究、宣传人民代表大会制度提供了重要载体。同时积极向市人大刊物和省人民权利报输送稿件，宣传全区人大工作和人大代表的模范事迹。按照区委的统一部署，驻会的区人大常委会组成人员认真做好联系村和包村、包下岗职工工作。充分发挥自身职能，加强了对一些区级开发项目进展情况的监督检查。密切同其他县区人大的联系，组织常委会机关工作人员到潍坊、河北清河等地进行了参观学习，接待了外县区人大的参观考察，交流了人大工作经验。坚持乡镇人大联席会议制度，加强了对乡镇人大工作的指导。

【重要议案督办】1998年1月16日，区十四届人大一次会议主席团第三次会议，根据大会议案审查委员会关于议案审查结果的报告，对新户代表团李积德等11名代表、太平代表团张胜双等10名代表、义和代表团孙卫东等11名代表、四扣代表团刘焕星等11名代表提出的《关于解决乡镇公办教师工资发放渠道问题的议案》进行研究，决定在大会结束后，由区十四届人大常委会组织有关人员，专门进行调查研究，提出办理意见，提交区十四届人大常委会第一次会议审议决定。闭会后，区人大常委会组织相关人员进行调查研究，提出解决方案，并责成区政府制定具体办法。区政府对此高度重视，专门召开区长办公会进行了研究，决定乡镇公办教师工资由区财政统一解决，并向区人大常委会进行了专题汇报。3月6日，区十四届人大常委会第一次会议审议通过了区政府办理该项议案结果的报告。此后，全区乡镇公办教师工资由区财政统筹，彻底解决了乡镇公办教师工资发放难的问题。

1999年区人大常委会重要工作

1999年，区人大常委会在区委的领导下，高举邓小平理论伟大旗帜，深入贯彻中共十五大和十五届三中、四中全会精神，全面落实区十四届人大二次会议决议，紧紧围绕改革、发展、稳定大局，认真履行宪法和法律赋予的各项职权，大力加强社会主义民主法制建设，积极推进依法治区进程，为保障和促进全区经济社会发展、油田开发建设作出了积极贡献。

【专项工作报告审议】1999年，区人大常委会听取审议“一府两院”专项工作报告15项。3月1日，区十四届人大常委会第九次会议，听取审议了区政府关于全区社会治安情况的汇报。5月18日，区十四届人大常委会第十次会议，听取审议了区政府关于贯彻实施农业法及春季农业生产情况的报告、关于村镇规划及房改工作情况的报告、关于贯彻实施村民委员会组织法及村民委员会换届选举工作情况的报告、关于反腐倡廉工作情况的报告。7月16日，区十四届人大常委会第十一次会议，听取审议了区政府关于1999年上半年国民经济和社会发展计划执行情况的报告、关于1999年上半年财政预算执行情况的报告，区人民法院关于1999年上半年工作情况的报告，区人民检察院关于1999年上半年工作情况的报告。9月16日，区十四届人大常委会第十二次会议，听取审议了区政府关于土地管理工作情况的报告、关于工业生产情况的报告、关于个体私营经济发展情况的报告、关于贯彻实施《山东省科学技术进步条例》情况的报告。11月16日，区十四届人大常委会第十三次会议，听取审议了区政府关于区十四届人大二次会议以来代表建议、批评和意见及常委会例会建议办理情况的报告，程景坤副主任作的关于区十四届人大三次会议筹备情况的报告。

【人事任免工作】1999年，区人大常委会依法任命了人大常委会和“一府两院”工作人员45名，免职15名。在人事任免工作中，坚持党管干部与人大依法任免的有机统一，补充完善了任免办法，力求把法律监督、工作监督和对人的监督有机结合起来。对提请任命的干部，坚持了任前法律考试、离任审计调查和述职、供职制度。坚持举行颁发任命书仪式，对被任命的干部提出具体要求。

【代表工作】1999年，区人大常委会认真贯彻代表法和山东省实施代表法办法，不断拓宽联系代表的渠道，认真组织和指导代表闭会期间的活动，努力把权力机关的监督与人民群众的监督紧密结合起来，充分发挥了代表联系人民群众的主渠道作用。5月下旬，组织部分区人大代表对15个上级驻河口区部门单位严格执法及优质服务等方面的工作进行了评议。这次评议经过组织准备、集体视察、民主评议、评后整改四个阶段，评出人大代表满意单位4个，人大代表基本满意单位11个。通过民主评议，增进了被评议部门与人民群众的沟通与理解，解决了一些群众普遍关心的热点难点问题，促进了被评议部门的工作。围绕油地军结合和工农兵共建，开展丰富多样的代表活动，促进了各方代表的相互了解和多方协作。组织开展了评选代表好建议和办理代表建议先进单位活动，提高了代表依法履职的积极性，增强了“一府两院”办理代表建议的自觉性和主动性。

【人大信访工作】1999年，区人大常委会把人民群众来信来访作为了解社情民意的重要窗口、联系人民群众的重要渠道和强化监督工作的重要手段，以待人民重如山的态度，高度重视和加强了信访工作。全年受理来信41件，接待来访122人次，均按照法律和政策规定，督促有关部门进行了认真处理。对一些当事人多次上访的重大疑难案件，主任会议及时听取汇报，研究办理意见，限期解决问题，依法维护了人民群众的合法权益。

【代表建议工作】区十四届人大二次会议以来共收到代表批评、建议和意见84件，及时按有关规定转交“一府两院”办理，并在办理程序和办理方法上提出了具体要求。听取审议了区政府关于代表建议办理情况的汇报，采取多种形式进行了催办、督办。

截至当年年底，代表所提建议、批评和意见全部办结并答复代表，代表满意率达 98%。

【常委会自身建设】1999 年，为了更好地履行宪法和法律赋予的职权，依法做好新形势下的人大工作，区人大常委会以“三讲”教育为动力，切实加强了自身建设。11 月以来，认真开展了以“讲学习、讲政治、讲正气”为主要内容的“三讲”教育活动。常委会党组成员按照区委的统一安排部署，研读理论文章，交流学习体会，密切联系思想和工作实际，深入进行自我剖析，并按照“边学习、边整改、重实效”的原则，积极进行了问题整改，取得了明显成效。认真贯彻民主集中制原则，坚持集体行使职权，充分发挥常委会的整体效能，保证了重大决策的民主化、科学化，工作水平和工作效率有了明显提高。积极参与全区中心工作，按照区委的统一部署，驻会的区人大常委会组成人员和机关工作人员认真做好联系村和包村工作。充分发挥自身职能，加强了对一些重大开发建设项目的监督检查，为全区经济建设和社会发展发挥了重要作用。同时，加强了对乡镇人大工作的指导，全区人大工作的整体水平有了新的提高。

2000 年区人大常委会重要工作

2000 年，区人大常委会在区委的领导下，坚持以邓小平理论、中共十五大精神和江泽民“三个代表”重要思想为指导，紧紧围绕经济建设这个中心，全面落实区十四届人大三次会议决议，把保障宪法和法律的实施作为首要职责，把促进发展和加强民主法制建设作为主要任务，把维护人民群众的利益作为根本出发点，积极进取，奋力开拓，各项工作都有了新的进展，为加快全区经济社会发展和油田的开发建设，保障“九五”计划的全面完成，发挥了地方国家权力机关的重要作用。

【专项工作报告审议】2000 年，区人大常委会听取审议“一府两院”专项工作报告 21 项。1 月 26 日，区十四届人大常委会第十五次会议，听取审议了区政府关于全区招商引资工作情况的报告。3 月 28 日，区十四届人大常委会第十六次会议，听取审议了区政府关于科技工作情况的报告、关于水产工作情况的报告、关于城乡建设工作情况的报告、关于普法工作情况的报告。5 月 16 日，区十四届人大常委会第十七次会议，听取审议了区政府关于 1999 年财政决算报告与 1999 年财政预算执行情况和其他财政收支情况的审计工作报告，审查批准了 1999 年财政决算；听取审议了区政府关于全区教育工作情况的报告、关于土地管理情况的报告。7 月 26 日，区十四届人大常委会第十八次会议，听取审议了区政府关于 2000 年上半年国民经济和社会发展计划执行情况的报告、关于 2000 年上半年财政预算执行情况的报告，区人民法院关于 2000 年上半年工作情况的报告，区人民检察院关于 2000 年上半年工作情况的报告。9 月 19 日，区十四届人大常委会第十九次会议，听取审议了区政府关于全区实施“工业强区”战略情况的报告、关于全区社会治安情况的报告、关于贯彻落实《国务院关于全面推进依法行政的决定》情况的报告、关于贯彻实施环境与资源保护法律法规情况的报告。11 月 16 日，区十四届人大常委会第二十次会议，听取审议了区政府关于企业改革工作情况的报告、关于人事制度改革工作情况的报告、关于全区文化工作情况的报告。12 月 19 日，区十四届人大常委会第二十一次会议，听取审议了区政府关于《河口区国民经济和社会发展第十个五年计划纲要（草案）》编制情况的报告。

【人事任免工作】2000 年，区人大常委会坚持党管干部与依法任免的有机统一，依法任命国家机关工作人员 37 人，免职 39 人，接受辞职 3 人，补选市人大代表 2 人，罢免市人大代表 1 人。对提请任命的干部，坚持任前法律考试和述职、供职制度，对有关人员进行了离任经济责任审计情况调查。任命后采取多种方式对干部执行职务情况进行了解，实现了任免工作与监督工作的有机结合，进一步增强了干部的法律意识、人大意识和廉政意识。

【人大信访工作】2000 年，区人大常委会重视信访工作，坚持主任、副主任批阅重要信件制度，对疑难信访案件主任亲自督办处理。全年共受理人民群众来信 34 件，接待来访 157 人次，均按有关法律法规和政策规定进行了督办处理。督促司法机关和行政执法部门纠正了一些违法问题，维护了宪法法律的尊严和人民群众的根本权益。

【代表工作】2000 年，区人大常委会按照代表法的规定，不断拓宽服务渠道，保障代表依法行使权利，充分发挥作用。采取多种形式加强同代表的联系，努力为代表执行职务创造条件。每次常委会会议都根据确定的议题，邀请部分驻河口区的市人大代表和区人大代表列席；到乡镇视察、调查和执法检查时，注意吸收有关方面的代表参加，相互沟通情况，广泛征求意见。年内，常委会驻会组成人员对125名驻基层、油田各单位和济军生产基地的区人大代表进行了集中走访，通报了上半年全区经济社会发展和区人大常委会工作的主要情况，广泛征求了代表对各项工作的意见、建议。对代表提出的建议，认真汇总整理，及时转“一府两院”办理，不少建议被采纳，对改进工作起到了积极作用。按照市人大常委会的委托，组织驻我区的市人大代表就农业结构调整、城乡建设、企业改制等工作进行了集中视察，为代表们出席市人代会、审议各项报告打下了基础。认真组织代表活动，组织开展了“争创先进人大工作办公室、先进代表小组、优秀人大代表活动”。各乡镇（办事处）人大工作办公室、各代表小组和各位代表积极参与，不断加强自身建设，认真执行职务，全区代表工作非常活跃。为贯彻落实区委关于“大开放、大招商、大发展”的战略决策，发挥代表在经济建设中的影响带动作用，在全区各级人大代表中开展了以“联系一方群众，引进一个项目，提出一条好建议，创一项工作实绩”为主要内容的“四个一”活动。广大代表以此为载体，密切联系选民，带头招商引资，积极建言献策，创造性地做好本职工作，为河口区经济建设做出了重要贡献。精心指导乡镇人大工作，定期召开乡镇人大主席联席会议，沟通情况，交流经验，促进了乡镇人大规范化建设。为了贯彻落实全市乡镇人大工作座谈会精神，进一步加强乡镇人大工作，召开了由各乡镇（办事处）党委书记、人大主席（主任）参加的乡镇人大工作专题座谈会，围绕如何做好新形势下的乡镇人大工作进行了研讨，提出了今后工作的总体思路。

【代表建议工作】区十四届人大三次会议以来，共收到代表建议97件，均及时转交“一府两院”进行了办理，并全部办结。为支持和鼓励代表多提建议、批评和意见，常委会组织开展了“一封联系信”活动，每季度寄给代表一封信和一份建议专用纸，要求代表积极开展视察调查，及时反映群众关注的热点难点问题。对代表反馈的意见，认真整理后转“一府两院”办理。为了提高办理质量，加大催办、督办力度，向提建议的代表发放了征求意见函，组织召开了由“一府两院”及承办部门负责人参加的建议办理工作会议，进行了集中督办，对代表基本满意和不满意的建议进行了重新办理。开展了“双评”活动，对评选出的代表好建议和办理代表建议先进单位进行了表彰。

【常委会自身建设】加强思想、作风、廉政建设，进一步巩固和深化“三讲”教育成果。认真学习邓小平理论、江泽民总书记的重要讲话特别是关于“三个代表”重要思想的重要论述，深入学习贯彻中共十五大、十五届五中全会和市、区委全委会精神，密切联系人大工作实际，努力做好结合文章，在思想上、政治上、行动上同党中央保持一致，与区委的中心工作同步合拍，保持了人大工作正确的政治方向。加强对法律法规的学习，坚持每周一次学法制度，建立了常委会会议前、视察调查前集中学法制度。结合新形势，加强了对世界贸易组织、外经外贸、现代科技、财政金融等方面知识的学习，不断提高政治理论水平和依法监督的能力。深入开展廉政教育，严格执行中央和省、市、区委关于加强党风廉政建设的各项规定。认真贯彻民主集中制原则，坚持集体行使职权，重大问题广泛征求意见，充分酝酿讨论，集体研究决定，充分发挥了整体效能。坚持群众路线，重视加强调查研究，深入体察民情，充分反映民意，广泛集中民智，保证了决策的科学化、民主化，审议质量和监督水平有了明显提高。重视加强机关建设，健全完善了岗位目标责任制度，参照国家公务员暂行条例的有关规定，把职责范围明确细化到每一个机关工作人员，密切配合，各负其责。进一步规范了办文办事程序，实行了“一卡”“六薄”“九项制度”，提高了工作效率。积极开展了机关学习整顿活动，机关工作人员的整体素质和服务水平有了明显提高。

2001年区人大常委会重要工作

2001年，区人大常委会在区委的领导下，坚持以邓小平理论和“三个代表”重要思想为指导，深入贯彻中共十五届五中、六中全会和江泽民总书记“七一”讲话精神，按照“以发展为主题，以结构调整为主线，以改革开放和科技进步为动力，以提高人民生活水平为根本出发点”的总体要求，紧紧围绕“十五”计划的实施，忠实履行宪法和法律赋予的各项职权，积极探索，奋力开拓，各项工作都取得了新的进展，为实现“十五”计划的良好开局，促进全区经济快速健康发展和社会全面进步，较好地发挥了地方国家权力机关的作用。

【专项工作报告审议】2001年，区人大常委会审议“一府两院”专项工作报告19项。3月28日，区十四届人大常委会第二十四次会议，听取审议了区政府关于贯彻实施《中华人民共和国产品质量法》情况的报告、关于贯彻实施《山东省计划生育工作条例》情况的报告、关于畜牧业发展情况的报告。5月23日，区十四届人大常委会第二十五次会议，听取审议了区政府关于2000年财政决算的报告，并作出批准的决定；关于2000年财政预算执行情况和其他财政收支情况的审计工作报告。听取审议了区政府关于贯彻实施《中华人民共和国税收管理法》情况的报告。7月18日，区十四届人大常委会第二十六次会议，听取审议了区政府关于全区社会治安情况的报告、区人民法院关于上半年工作情况的报告、区人民检察院关于上半年工作情况的报告，区政府关于2001年上半年国民经济和社会发展计划执行情况的报告、关于2001年上半年财政预算执行情况的报告。9月26日，区十四届人大常委会第二十七次会议，听取审议了区政府关于环境保护工作情况的报告、关于教育工作情况的报告、关于海洋与渔业工作情况的报告，关于全区“三五”普法、依法治理情况及“四五”普法、“三五”依法治区规划的报告、关于全区实施冬枣产业化情况的报告。11月22日，区十四届人大常委会第二十八次会议，听取审议了区政府关于贯彻实施《中华人民共和国土地管理法》情况的报告、关于全区就业再就业和社会保障工作情况的报告、关于全区交通工作情况的报告。

【人事任免工作】2001年，区人大常委会依法行使任免权，加强了对所任干部的监督。依法任命国家机关工作人员13名，免职21名。对提请任命的干部继续坚持任前述职、供职制度，严把干部任命关。为了加强对任命干部的监督，做到既任又管，制定了关于对所任命干部开展述职评议工作的意见，结合审议议题先后对任命的6名干部进行了述职评议。评议前对被评议人员依法履行职务情况进行调查，广泛征求代表和人民群众的意见；结合调查情况在常委会会议上听取述职报告，提出评议意见；会后将评议意见书面反馈给被评人员，帮助其制定整改措施。同时加强对评后整改工作的监督，采取多种形式对被评人员的整改情况进行追踪调查。

【代表工作】2001年，区人大常委会重视强化基础工作，充分发挥代表作用。采取多种形式加强同代表的联系，积极为代表执行职务创造条件。每次常委会会议都根据确定的议题，邀请部分区人大代表列席；到乡镇视察调查和执法检查，注意吸收人大代表参加，相互沟通情况，听取各方面的意见。8月，驻会的常委会组成人员分别对驻基层的区人大代表进行了集中走访，通报了全区经济社会发展和区人大常委会工作的主要情况，广泛征求了代表对各项工作的意见建议。对代表提出的12条建议及时转“一府两院”和有关部门进行了办理，不少建议被采纳，对改进工作起到了积极作用。同时，多方面创造条件，为代表知情知政、履行职责提供了方便。紧紧围绕法律法规的贯彻实施、经济社会中的重大问题和人民群众关注的热点难点问题，指导代表和代表小组开展了一系列视察调查和执法检查活动。下半年，指导乡镇人大组织驻当地的市、区、乡镇三级人大代表对乡镇职能站所和上级驻本行政区域内的执法部门进行了民主评议。继续开展了以“联系一方群众，引进一个项目，提出一条好建议，创一项工作实绩”为主要内容的“四个一”活动。广大代表以此为载体，密切联系选民，带头招商引资，积极建言献策，涌现出一大批先进典型。据不完全统计，自3月以来，区人大代表共引进项目47个，资金5600万元，为促进全区经济发展做出了重要贡献。

【代表建议工作】区十四届人大四次会议以来，共收到代表建议、批评和意见79件，其中会议期间收到64件（包括13件议案转建议），会后收到15件。区人民政府承办75件，区人民法院承办4件。为了提高办理质量，召开了由承办部门负责人参加的建议办理工作会议，听取了区政府关于代表建议办理情况的汇报，走访了提建议的代表，征求了代表意见，对代表基本满意和不满意的建议进行了重新办理。对区十四届人大四次会议作为建议处理的议案进行了重点督办，召开了面对面答复会议，区政府主要领导及有关部门的主要负责人现场向代表答复了办理情况，这一做法受到了代表赞扬。截至当年年底，代表所提建议全部办结，面复率和满意率均达到了100%。

【乡镇人大换届选举工作】2001年，区人大常委会积极推进乡镇人大换届选举工作。任命了各乡镇选举委员会，召开了动员会议，部署了选举工作，培训了骨干。指导各乡镇严格按照法律规定划分选区、确定名额、进行选民登记、提名代表候选人和选举代表。整个过程充分发扬民主，严格依法办事，全区基层民主政治建设得到了加强。

【人大信访工作】2001年，区人大常委会认真受理人民群众来信来访和申诉控告，加大了对疑难信访案件的处理力度，切实维护了公民的合法权益。年内共收到群众来信39件，来访201人次，其中集体上访7起、59人次，受理申诉控告65起，均按有关法律和政策规定进行了督办处理，督促有关部门纠正了一些违法问题，维护了法律的尊严和人民群众的利益。

【常委会自身建设】2001年，区人大常委会适应形势发展需要，不断加强自身建设。进一步完善了主任会议议事制度，定期召开主任会议，研究处理常委会的重要日常工作。加强调查研究，建立会议前调研和学法制度，为依法审议议题做好充分准备，提高了审议质量。进一步加强了机关制度建设，规范了办文、办事程序。认真贯彻民主集中制原则，重大问题广泛征求意见，充分酝酿讨论，集体研究决定。加强思想、作风、廉政建设，认真学习邓小平理论、“三个代表”重要思想和中共十五届五中、六中全会精神，并联系人大实际，做好结合文章，在思想上、政治上、行动上同党中央保持一致，与区委的中心工作同步合拍。深入开展廉政教育，严格执行中央和省、市、区委关于加强党风廉政建设的各项规定。坚持集中学习与自学相结合，加强了对宪法法律、外经外贸、现代科技及WTO等方面知识的学习，不断提高政治理论水平和依法监督能力。重视乡镇人大基础建设，规范了乡镇人大工作制度和档案管理工作。重要活动及时向乡镇人大通报，征求意见，坚持邀请乡镇人大主席列席常委会会议制度。每季度召开一次乡镇人大工作会议，总结交流经验，研究探讨新形势下进一步做好乡镇人大工作的思路和措施，对基层政权建设和民主政治建设起到了指导和推动作用。

2002年区人大常委会重要工作

2002年，区人大常委会在区委的领导下，以邓小平理论和党的基本路线为指导，以全心全意为人民服务为宗旨，认真实践“三个代表”重要思想，紧紧围绕 “十五”计划的实施，切实履行宪法和法律赋予的职责，各项工作都有了新的进展，较好地发挥了地方国家权力机关的职能作用，为全区经济快速健康发展和社会全面进步做出了积极贡献。

【专项工作报告审议】2002年，区人大常委会听取审议“一府两院”专项工作报告18项。3月18日，区十四届人大常委会第三十一次会议，听取审议了区政府关于水利建设情况的报告、关于农业产业结构调整情况的报告。5月16日，区十四届人大常委会第三十二次会议，听取审议了区政府关于小城镇建设情况的报告、关于村委换届选举工作情况的报告、关于全区文化体育工作情况的报告、关于2001年财政预算执行情况和其他财政收支情况的审计工作报告，审查2001年区级财政决算。7月25日，区十四届人大常委会第三十三次会议，听取审议了区政府关于2002年上半年国民经济和社会发展计划执行情况的报告、关于2002年上半年财政预算执行情况的报告、关于全区社会治安工作情况的报告，区人民法院关于2002年上半年工作情况的报告，区人民检察院关于2002年上半年工作情况的报告。9月26日，区十四届人大常委会第三十四次会议，听取审议了区政府关于全区卫生工作情况的报告、关于科技工作情况的报告、关于贯彻实施《中华人民共和国环境保护法》情况的报告。11月15日，区十四届人大常委会第三十五次会议，听取审议了区政府关于宣传贯彻计划生育情况的报告、区人民法院关于法官队伍建设情况的报告，区人民检察院关于检察官队伍建设情况的报告。

【人事任免工作】2002年，区人大常委会坚持党管干部原则和依法任免干部的有机统一，坚持在任命前对拟任干部进行法律考试、离任审计情况调查，听取拟任命人员的供职报告。年内，共依法任命国家机关工作人员37名，免职37名，接受辞呈3名。为加强对任命干部的监督管理，制定出台了《关于开展述职评议工作的实施意见》，每次常委会会议都结合审议议题对任命的干部进行述职评议。在评议前制定详细的述职评议实施计划，在评议调查上狠下功夫，广泛征求代表及社会各界对拟评人员的意见，全面了解拟评人员履行职务的情况。在常委会会议上认真听取被评议人员依法履行职务情况的汇报，有针对性地提出评议意见，进行无记名投票测评，将评议结果及时反馈给被评议人员。

【人大信访工作】2002年，区人大常委会把信访工作列入了重要议事日程，坚持主任、副主任专门接访和批阅重要信件制度，对疑难信访案件主任会议专门研究处理。年内收到群众来信41件，接待来访167人次，均按照有关法律法规和政策规定及时进行了督办处理。

【代表工作】2002年，区人大常委会采取多种形式加强同代表的联系，积极为代表执行职务创造条件。常委会坚持每次例会都邀请部分代表参加，认真听取他们的意见。每年都抽出一定的时间，对市区两级人大代表进行走访和座谈，了解他们的工作和生活情况，听取他们对河口区各项工作的意见和建议。精心组织指导代表开展活动，充分发挥代表在经济建设中的作用，继续深入开展以“联系一方群众、引进一个项目、提出一条好建议、创一项工作实绩”为主要内容的“四个一”活动，增强了代表工作的实效性。同时加强对乡镇人大工作的指导，帮助乡镇人大解决了一些实际困难和问题，促进了基层人大工作的开展。

【代表建议工作】在区十四届人大五次会议上，区人大代表提出议案、建议17件，其中议案转建议1件，建议16件。常委会高度重视建议工作，按照归口办理原则，及时交“一府两院”认真办理，并提出了具体承办要求和答复期限。严把办理质量关，对于代表不满意的建议进行重新办理，直到代表满意为止。截至年底，代表所提建议全部办结并答复代表，代表满意率达98%。

【区人大代表换届选举工作】2002年，区人大常委会根据宪法和法律的规定，按照省、市关于换届选举的意见和要求，认真组织开展了区人大代表换届选举工作。常委会适时召开会议，作出了河口区人大常委会关于换届选举的决定，成立了区选举委员会，制定了换届选举实施方案，认真周密地部署了换届选举工作。在每一阶段，常委会主任、副主任及选举委员会成员都深入基层了解情况，认真检查指导，帮助各选举单位解决遇到的问题。常委会重点抓了选民登记、选区划分，提名和推荐代表候选人、选举代表等环节，做到了法律条文熟悉，工作方法明确，工作步骤严密。截至2003年1月6日，全区人大代表换届选举工作全面结束，依法直接选举产生了区十五届人大代表160名。

【常委会自身建设】2002年，区人大常委会主动适应新形势、新任务的要求，切实加强自身建设，进一步巩固和深化“三讲”学习教育成果。认真学习邓小平理论和“三个代表”重要思想，并联系人大工作实际，努力做好结合文章。加强了对外经外贸、现代科技、财政金融以及WTO等方面知识的学习，不断提高依法监督的能力。加强调查研究，注意经常深入基层，征求群众意见，倾听群众呼声，为依法审议议题做好充分准备。进一步完善了常委会会议和主任会议议事制度，使常委会各项工作逐步规范化、科学化。严格执行民主集中制原则，坚持集体行使职权，重大问题广泛征求意见，充分酝酿讨论，集体研究决定。认真组织开展了“三个代表”重要思想学习教育活动，深刻剖析和研究解决在思想、作风、纪律等方面存在的问题，进一步健全完善各项规章制度，严格岗位目标责任督查考核，机关工作人员的整体素质和服务水平有了明显提高。

第三节 区十五届人大常委会重要工作

2003年至2007年，区十五届人大常委会高举中国特色社会主义伟大旗帜，以邓小平理论和“三个代表”重要思想为指导，深入贯彻落实科学发展观，认真履行宪法和法律赋予的各项职权，与时俱进，开拓创新，为推动河口区经济建设、政治建设、文化建设和社会建设做出了积极贡献。五年来，常委会始终坚持以科学发展观为统领，紧紧抓住全区经济社会发展中的重大问题和人民群众关心的热点难点问题，切实加大监督力度，先后审议“一府两院”工作报告106项，作出决议决定38项。五年来，区人大常委会始终坚持把加强法律监督作为推进依法治区工作的重要环节，积极探索有效途径，努力推进依法行政、公正司法。加大对“一府两院”及被任命人员的监督力度，逐步建立完善了社会公示、经济审计、法律考试、述职评议等制度。区人大常委会始终把加强代表工作作为做好人大工作的重要环节，努力拓展代表知情渠道，积极提供参政平台，代表工作取得了新的进展。五年来，区人大常委会围绕提高常委会会议审议质量和审议意见办理实效，积极探索新路子，研究新办法，先后实行了八项工作制度，为人大常委会依法履职提供了可靠的制度保证。

2003年区人大常委会重要工作

2003年，区人大常委会根据全区工作大局，认真履行宪法和法律赋予的职权，各方面工作都有了新的进展，为加强我区的民主法制建设，推进依法治区进程，保障和促进河口经济快速健康发展及社会全面进步做出了新的贡献。

【专项工作报告审议】2003年，区人大常委会听取审议“一府两院”专项工作报告22项。5月16日，区十五届人大常委会第二次会议，听取审议了区政府关于贯彻落实人事法律法规及人事工作情况的报告、关于贯彻落实《中华人民共和国环境保护法》及环保工作情况的报告、关于全区油区治安工作情况的报告、关于2002年财政预算执行情况和其他财政收支情况的审计报告、关于全区审计工作情况的报告，审查批准了2002年区级财政决算。7月16日，区十五届人大常委会第三次会议，听取审议了区政府关于2003年上半年国民经济和社会发展计划执行情况的报告、关于2003年上半年财政预算执行情况的报告、区人民法院关于上半年工作情况的报告，区人民检察院关于上半年工作情况的报告。9月16日，区十五届人大常委会第四次会议，听取审议了区政府关于全区工商管理工作情况的报告、关于物价工作情况的报告、关于质量技术监督工作情况的报告、关于国土资源管理工作情况的报告。11月18日，区十五届人大常委会第五次会议，听取审议了区政府关于交通工作情况的报告、关于学习贯彻《中华人民共和国人口与计划生育法》及计生工作情况的报告、关于全区广播电视事业发展情况的报告、关于办理代表建议和人大常委会审议意见情况的报告、关于调整2003年财政收支预算的报告和关于申请国家开发银行贷款的报告。

【人事任免工作】2003年，区人大常委会认真开展述职评议工作，加强对任命干部依法履行职务情况的监督。每次常委会会议都结合审议议题对任命的干部进行述职评议。在评议前广泛征求代表及社会各界对被评人员的意见，全面了解被评人员履行职务的情况。在常委会会议上认真听取被评议人员的述职报告，有针对性地提出评议意见，并进行无记名投票测评，将评议结果及时反馈给被评议人员。认真行使任免权，通过法律知识考试、听取供职报告、离任审计调查、颁发任命书等形式，提高了国家机关工作人员的“人民主权”意识，增强了为人民掌好权、用好权的责任感和事业心。年内共任命国家机关工作人员61名，免职15名。

【代表工作】2003年，区人大常委会重视强化基础工作，充分发挥人大代表的作用。采取多种形式加强同代表的联系，积极为代表执行职务创造条件。区人大常委会通过召开座谈会、个别走访等形式，普遍与代表进行了联系，听取代表对全区各项工作的建议和意见，并及时转有关部门办理。常委会组成人员到乡镇调研时，主动向当地的区人大代表了解情况、听取意见。常委会组织视察、调查、执法检查，注意邀请区人大代表参加。高度重视代表培训工作，常委会领导分别到各乡镇、街道讲授人大业务知识，邀请省人大常委会有关领导进行了集中辅导，对代表素质的提高起到了重要推动作用。

【代表建议工作】区十五届人大一次会议以来，共收到代表建议90件。常委会按照归口办理的原则，及时交“一府两院”认真办理，并提出了具体承办要求和答复期限。为使代表建议办理工作落到实处，区人大常委会组织力量对该项工作进行了调查。从调查的情况看，“一府两院”办理代表建议的程序更加规范，实效更加明显，代表建议在推动各项工作中的作用更加突出。截至年底，代表所提建议全部办结并答复代表，代表满意率达97.8%。

【人大信访工作】2003年，区人大常委会制定了《东营市河口区人大常委会处理人民群众来信来访办法》。年内，共收到群众来信46件，接待来访86人次，均按照有关法律法规和政策规定及时进行了督办处理，督促有关部门纠正了在某些环节存在的有法不依、执法不严问题，解决了一些群众反映的具体问题，化解了社会矛盾，促进了社会稳定。

【完善四项制度】2003年，区人大常委会按照“与时俱进、创新工作”的总体思路，在总结历届人大常委会工作经验的基础上，实行了四项制度，改进了审议方式，提高了审议决策水平。一是实行了调查前学法制度。调查前，组织参加调查的人员学习有关法律法规，明确调查的重点和法律依据，掌握调查的方法。这项制度不仅调动了常委会组成人员和机关工作人员的学法积极性，拓展了大家创新人大工作的思路，而且有的放矢，为审议议题做好了知识上、法律上的准备，同时也为提高发言质量打下了基础，促进了人大审议制度的健全与完善。二是实行了重点问题调查制度。每次常委会会议召开前，主任会议经过认真研究，对每一审议议题确定二至三个问题作为重点，常委会组成人员采取单独持证调查、联合调查、统一组织调查等形式，对这些问题进行深入了解和剖析。同时根据调查内容吸收有关区人大代表和专业人员参加，有力地促进了重点、热点、难点工作的推进和问题的解决。三是实行了重点发言人制度。针对过去审议发言比较散、发言质量不够高、审议力度不够大等问题，每次主任会议确定审议议题时，同时确定该议题重点发言人二至三名。重点发言的同志，在会前首先认真学习有关法律法规及相关知识，搞好调查研究，做好充分的发言准备。在会议审议时，既有重点发言，又有不同角度的补充，有利于将议题议深议透，提高了审议质量，增强了监督实效。四是实行了“审议意见书”制度。为促进决策的科学化、民主化，对事关全区经济社会和民主法制建设的重点工作，在听取“一府两院”汇报、集中进行审议的基础上，将审议情况进行整理，由主任会议审定后形成“审议意见书”，交“一府两院”及有关部门办理。以上四项制度的建立，既从某种程度上解决了常委会审议质量不高的问题，也解决了对审议意见重视不够、办理不力的问题。

【常委会自身建设】2003年，区人大常委会注重加强思想作风建设，认真学习邓小平理论和“三个代表”重要思想，联系人大工作实际，加强了对市场经济、外经外贸、现代科技、财政金融等知识的学习，不断提高政治业务水平和依法监督能力。加强调查研究，经常深入基层，征求群众意见，倾听群众呼声，为群众排忧解难，真正做到了权为民所用，情为民所系，利为民所谋。加强制度建设，修订了常委会议事规则，制定了处理人民群众来信来访办法、司法个案监督暂行规定，完善了机关管理制度，使常委会各项工作逐步走向规范化、制度化。加强机关建设，结合“学习先进找差距，解放思想促发展”主题教育活动，进行了机关思想、作风、纪律整顿，深刻剖析和解决了机关在思想、作风、纪律等方面存在的问题。进一步健全完善了岗位目标责任考核办法，强化教育管理，机关工作人员的工作作风有了明显转变。

2004年区人大常委会重要工作

2004年，区人大常委会在区委的领导下，以邓小平理论和“三个代表”重要思想为指导，紧紧依靠全体代表和全区人民，认真贯彻落实中共十六大和十六届四中全会精神，坚持以人为本、全面协调可持续的科学发展观，围绕改革发展稳定中的重大问题和关系群众切身利益的热点难点问题，积极行使宪法法律赋予的重大事项决定权、监督权和人事任免权，认真负责地开展了各项工作，保障和促进了全区物质文明、政治文明和精神文明的协调发展。

【专项工作报告审议】2004年，区人大常委会听取和审议“一府两院”专项工作报告21项。3月16日，区十五届人大常委会第八次会议，听取审议了区政府关于卫生工作情况的报告、关于环境保护工作情况的报告、关于贯彻落实《中华人民共和国劳动法》情况的报告、关于海洋与渔业工作情况的报告。5月20日，区十五届人大常委会第九次会议，听取审议了区政府关于社会治安工作情况的报告、关于教育工作情况的报告、关于“平安河口”建设情况的报告、关于2003年区级财政预算执行审计情况及审计工作情况的报告、关于2003年区级财政决算的报告，审查批准了2003年区级财政决算。7月20日，区十五届人大常委会第十次会议，听取审议了区政府关于2004年上半年国民经济和社会发展计划执行情况的报告、关于2004年上半年财政预算执行情况的报告、关于调整2004年财政收支预算的报告，区人民法院和区人民检察院关于上半年工作情况的报告。9月22日，区十五届人大常委会第十一次会议，听取审议了区政府关于工业运行及民营经济发展情况的报告、关于计划生育工作情况的报告、关于招商引资及投资软环境建设情况的报告、关于贯彻实施《中华人民共和国统计法》及统计工作情况的报告。11月25日，区十五届人大常委会第十二次会议，听取审议了区人民法院、区人民检察院、区财政局、区计划局关于区十五届人大常委会第十次会议审议意见办理情况的报告，区政府关于贯彻实施《中华人民共和国农业法》及农业工作情况的报告、关于科技工作情况的报告、关于城市管理行政执法工作情况的报告。

【人大信访工作】2004年，区人大常委会共受理群众来信26件，来访117人次。通过采取旁听法院审理，听取公安司法机关汇报，深入基层调研，下达监督建议书等多种形式，加强督办工作，使相关信访案件得到了合法、及时处理。

【制度建设】2004年，区人大常委会加强制度建设，完善任免程序，改进代表工作，推动全区民主政治建设。先后制定完善了重大事项公告制度、信访工作制度、个案监督制度，进一步规范了审议意见书和代表建议的办理程序。实行了公民旁听常委会会议制度，每次常委会会议向全社会公告议题，公民按程序申请旁听。该项制度自下半年实施以来，有12名普通公民旁听了会议，参与旁听的群众反响良好。

【人事任免工作】2004年，区人大常委会坚持党管干部和人大常委会依法任免干部相统一的原则，进一步完善任免程序，改进任免办法，强化任免权的行使力度。任前严把“入口关”，对提请任命的有关人员集中进行法律知识考试，并将考试成绩作为任免干部的重要依据。任中严把“审议关”，听取“一府两院”对拟任命人员德、能、勤、绩情况的介绍，听取拟任人员的供职报告，做到知情知能。任后严把“监督关”，结合常委会会议审议议题对被任命人员进行述职评议，进一步了解被任命人员依法履行职务情况。全年，共任命人大和“一府两院”工作人员6人，免职8人，对任命的6名区政府组成部门主要负责人进行了述职评议。

【代表建议工作】2004年，区人大常委会认真办理代表建议、批评和意见，注重把办理工作同改进区人大常委会和“一府两院”的工作结合起来，同增强国家机关工作人员的公仆意识结合起来，完善办理程序，加大督查力度，提高了办理工作的效率和质量。全年共办理代表建议、批评和意见74件，办结率为100%。

【常委会自身建设】2004年，区人大常委会坚持自我完善，加强能力建设，努力提高整体素质。坚持把理论、法律、财经和人大业务知识的学习作为基础工作来抓。坚持会前学法、视察调查检查前学法和每周一次集中学法制度，在机关内形成了良好的学习风气。进一步加大对干部职工的业务培训力度，除参加市里统一组织的领导干部培训班之外，还派出多人参加全国和省人大组织的各种人大工作培训、赴外地学习人大工作经验。成功进行了与韩国釜山市釜山镇区议会之间的互访，交流了两区代议机关的工作情况，为发展两区友好关系打下了基础。通过采取一系列的措施，提高了学习能力，形成了良好的学习氛围，使常委会组成人员和机关干部做到言之有法、行之有规。加强实践能力建设，不断提高常委会依法决策、依法监督水平。常委会始终把调查研究作为一项重要工作来抓，将调研贯穿于决策和监督的全过程。围绕审议议题和视察调查检查的内容，积极组织组成人员和机关干部深入基层，了解民情、反映民意、集中民智，使作出的决议、决定，提出的审议意见，更能反映人民群众的意志和利益，更符合人民群众的愿望和要求。加强创新能力建设，保持人大工作的生机与活力。在总结经验的同时，坚持与时俱进，不断开拓创新，努力做到方法更加科学，内容更加充实。在完善换届以来实行的会前学法、重点问题调查、审议意见书等制度的基础上，又实行了“二次汇报”制度。“审议意见书”是人大常委会会议审议“一府两院”工作的法定成果，这一形式已经得到上级人大的肯定。为了加大落实力度，常委会制定了《审议意见办理办法》，特别规定，审议意见书转交有关部门后，在间隔一次常委会会议上，由办理部门对审议意见的办理情况向会议再次作出汇报。“二次汇报”制度的实行，进一步增强了人大的监督力度，增强了常委会会议的实效。改革人代会会议组织形式，在区十五届人大二次会议上，除常规听取政府、财政、人大、法院、检察院五个报告外，把计划报告书面提交大会，分团审议；同时根据人民群众的愿望和要求，大会听取了区政府关于城市规划建设管理情况的报告。这一做法不但突出了以人为本、发展社会主义市场经济的理念，更重要的是调动了人大代表参与民主决策、关心区域发展的积极性。省、市人大对这一做法给予了充分肯定。

2005年区人大常委会重要工作

2005年，区人大常委会在区委的领导下，坚持以邓小平理论和“三个代表”重要思想为指导，深入贯彻中共十六大和十六届四中、五中全会精神，认真执行区十五届人大三次会议决议，牢固树立和落实科学发展观，贴近中心，服务大局，开拓创新，干事创业，忠实履行宪法和法律赋予的职权，为推进改革发展稳定发挥了重要作用。

【专项工作报告审议】2005年，区人大常委会先后听取审议“一府两院”专项工作报告20项。2月28日，区十五届人大常委会第十四次会议，听取审议了区政府关于贯彻落实《中华人民共和国产品质量法》情况的报告、关于村委会换届选举工作情况的报告、关于“工业发展年”活动安排情况的报告。4月21日，区十五届人大常委会第十五次会议，听取审议了区政府关于打击重大恶性刑事犯罪及“命案必破”工作情况的报告、关于文化体育工作情况的报告、关于2004年区级财政决算的报告、关于2004年区级财政预算执行和其他财政收支审计情况及审计工作情况的报告，审查批准了2004年区级财政决算。6月16日，区十五届人大常委会第十六次会议，听取审议了区政府关于贯彻执行《中华人民共和国税收征收管理法》及税收工作情况的报告、关于林业工作情况的报告、关于“四五”普法及依法治理情况的报告。8月2日，区十五届人大常委会第十七次会议，听取审议了区政府关于2005年上半年国民经济和社会发展计划执行情况的报告、关于2005年上半年财政预算执行情况的报告，关于调整2005年财政收支预算的报告，并作出了批准的决定。听取审议了区人民法院和区人民检察院关于2005年上半年工作情况的报告。9月22日，区十五届人大常委会第十八次会议，听取审议了区政府关于食品药品监督管理工作情况的报告、关于贯彻落实《中华人民共和国土地管理法》及国土资源管理情况的报告、关于交通工作情况的报告。会议对区国土资源局局长薄纯新和区交通局局长于跃亮进行了述职评议。11月22日，区十五届人大常委会第十九次会议，听取审议了区政府关于贯彻落实《中华人民共和国安全生产法》及安全工作情况的报告、关于人口和计划生育工作情况的报告、关于办理人大代表建议和人大常委会审议意见情况的报告。

【评议工作】2005年，区人大常委会加强评议工作，完善权力制约机制。10月，常委会对上级驻河口行政执法部门集中进行了工作评议。评议活动围绕依法履职、队伍建设、为民服务、工作配合、接受监督等五个方面展开。在区十五届人大常委会第十九次会议上，授予区地税分局、区国税局“人民满意单位”称号。

【人事任免工作】2005年，区人大常委会坚持依法行使人事任免权，先后任命国家机关工作人员39名，免职15名。对提请任命的干部，继续实行任前供职、法律知识考试等制度，认真审查，严格把关。对所任干部，采取多种形式进行跟踪监督，提高了所任命干部依法履职、勤政为民的责任感和使命感。

【代表建议工作】2005年，区人大常委会进一步规范了代表建议办理程序，明确了承办责任，提高了代表建议办理的速度和质量。区十五届人大三次会议以来，共收到代表建议69件，均及时转交有关部门办理，并广泛征求代表的意见，确保了代表建议办理的实效。代表所提建议全部办结，代表满意率达100%。

【人大信访工作】2005年，区人大常委会认真负责地处理来信来访，对来信来访中反映的疑难问题，由常委会主任或分管的副主任亲自协调处理，对反映的一般性问题，通过联席会、交办会等形式，责成有关部门办理。全年，共受理人民群众来信33件，接待来访104人次，均及时按有关法律和政策规定进行了处理，有效地化解了社会矛盾，维护了社会稳定。

【代表工作】2005年，区人大常委会加强联系服务，搞好指导协调，进一步活跃代表工作，更好地发挥了代表作用。常委会会议根据确定的审议内容，邀请部分人大代表列席；开展视察调查、组织评议活动，注意吸收有关方面的代表参加，了解情况，听取意见；坚持常委会驻会组成人员集中走访代表制度，加强了与油田、济军生产基地代表和基层代表的联系。7月份，对区人大代表集中进行了走访，面对面听取代表的意见建议，积极帮助代表解决工作中遇到的困难和问题。根据新的形势和任务要求，及时制定印发了代表活动计划，组织代表围绕经济社会发展的重大问题，人民群众关注的热点难点问题，开展了大量视察调查活动。先后有30多名代表参加了有关部门的社会监督、行风评议等活动；在全市率先组织区人大代表向选民进行述职，增强了代表的责任感和使命感，密切了代表与选民的联系；积极组织全区各级人大代表参加了省人大举办的人大制度知识竞赛。代表小组活动日趋活跃，作用发挥越来越好。

【常委会自身建设】2005年，区人大常委会坚持与时俱进，切实加强了自身建设。按照上级统一部署，常委会组成人员和机关工作人员认真参加了保持共产党员先进性教育活动。深入学习邓小平理论和“三个代表”重要思想，学习中共十六届四中、五中全会精神，学习中央9号文件及配套文件精神，学习宪法、法律和其他相关知识，常委会组成人员和机关工作人员的党性观念、政治观念、大局观念和群众观念进一步强化，对加强党的执政能力建设的重要性、紧迫性的认识进一步深化，坚持党的领导、人民当家作主和依法治区有机统一的自觉性进一步增强，审议水平、决策水平、监督水平明显提高，更好地发挥了地方国家权力机关的作用。坚持民主集中制原则。无论是决定重大事项，行使人事任免权，还是开展监督工作，都坚持充分发扬民主，反复酝酿讨论，严格依法按程序办事，集体行使职权，集体决定问题。坚持走群众路线。常委会组成人员注重深入实际、深入基层，了解事关改革发展稳定和涉及人民群众切身利益的问题，把权为民所用、情为民所系、利为民所谋作为工作的准则，倾听人民呼声，代表人民意愿，维护人民利益，使常委会的各项工作更好地集中了人民的意志，更好地维护了最广大人民群众的根本利益。常委会结合实际需要，在全省率先对人代会的组织形式进行改革。上级人大也将计划和财政两个报告书面提交大会审议，是对河口区人大率先改革的充分肯定。另外，在完善换届以来实行的会前学法、重点问题调查、重点发言人、审议意见书、“二次汇报”、公民旁听常委会会议等制度的基础上，又实行了审议意见公告制度和聘用法律、财经顾问制度。对常委会会议形成的重要审议意见通过媒体向社会进行公开报道，增强了审议意见办理的透明度，拓宽了人民群众参与监督的渠道。为弥补人大常委会组成人员和机关工作人员中专业人才比较少的不足，区人大常委会从社会上聘用了6名法律、财经专业人员分别担任人大常委会的法律顾问和财经顾问，向常委会提供法律和专业知识的咨询服务，提高了常委会工作质量，加大了监督力度。加强了机关干部职工队伍的教育管理和各项工作的规范化运作，各个方面都有了新的进展。按照明确责任、规范程序的要求，以制度建设为重点，进一步强化机关服务意识，加强机关队伍建设，完善机关办公、办会、办文等各项工作制度，服务质量和办事效率明显提高。

2006年区人大常委会重要工作

2006年，区人大常委会坚持以邓小平理论和“三个代表”重要思想为指导，深入贯彻中共十六大和十六届五中、六中全会精神，认真执行区十五届人大四次会议决议，围绕中心，以人为本，突出重点，讲求实效，在发挥代表作用、加强制度建设、提高审议质量、增强监督实效等方面做了大量工作，为推进社会主义民主法制建设、构建社会主义和谐社会发挥了重要作用。

【专项工作报告审议】2006年，区人大常委会始终把促进发展作为第一要务，本着议大事、抓重点、求实效的原则，加强了对“一府两院”的工作监督。年内，先后听取审议“一府两院”专项工作报告25项。2月13日，区十五届人大常委会第二十一次会议，听取审议了区政府关于调整2005年财政收支预算的报告。2月20日，区十五届人大常委会第二十二次会议，讨论通过了区人大常委会关于召开区十五届人大四次会议的决定，关于区十五届人大四次会议列席人员范围的决定。审查批准了区人大常委会代表资格审查委员会关于补选的区十五届人大代表的代表资格审查报告。会议还听取审议了区十五届人大四次会议筹备工作情况的报告。3月31日，区十五届人大常委会第二十三次会议，听取审议了区政府关于贯彻落实《中华人民共和国农业技术推广法》情况的报告、关于贯彻落实《中华人民共和国电力法》情况的报告。5月23日，区十五届人大常委会第二十五次会议，听取审议了区政府关于畜牧工作及畜牧疫情防控情况的报告、关于打黑除恶工作情况的报告、关于2005年区级财政决算、2005年区级财政预算执行情况和其他财政收支审计情况及审计工作情况的报告，审查批准了2005年区级财政决算。会议听取审议了关于河口区生态农业基地建设项目贷款情况的报告。7月18日，区十五届人大常委会第二十六次会议，听取审议了区政府关于2006年上半年国民经济和社会发展计划执行情况和财政预算执行情况的报告；关于在全区公民中开展法制宣传教育的第五个五年规划（草案）和《河口区2006—2010年依法治区规划（草案）》的报告，并作出相关决议。听取审议了区人民法院关于审判管理及审判质量监督工作情况的报告、区人民检察院关于查办和预防职务犯罪工作情况的报告。9月20日，区十五届人大常委会第二十七次会议，听取审议了区政府关于全区盐业开发情况的报告、关于贯彻实施《中华人民共和国环境影响评价法》及环境保护工作情况的报告。11月22日，区十五届人大常委会第二十八次会议，听取审议了区政府关于教育工作情况的报告、关于贯彻实施《中华人民共和国传染病防治法》及卫生工作情况的报告、关于土地利用总体规划修编情况的报告、关于办理人大代表建议和人大常委会审议意见情况的报告。会议还听取审议了区政府关于河口区农业生态环境综合治理工程贷款的报告。

【人代会组织形式、审议形式创新】2006年，区人大常委会在总结历届人大工作经验的基础上，本着求真务实的精神，在组织法规定的框架内，在全省率先对人代会的会议组织形式进行改革。从区十五届人大二次会议开始，不再听取计划、财政报告，把计划、财政报告书面印发全体与会代表，进行审议后作出决议。根据河口实际，大会还听取审议了区政府关于“工业发展年”活动开展情况的专项报告。为进一步提高大会审议质量，真正解决“审议给谁听”的问题，在区十五届人大四次会议上，组织了8名人大代表进行大会集中审议发言。这些代表根据自己平时掌握和调查了解的情况，汇总其他代表的意见，畅谈对各项报告的看法及对今后工作的建议意见。代表们普遍反映，集中审议发言，能够让决策者直接倾听到人大代表的呼声，了解到人大代表的意愿，利于民主决策、科学决策。

【人事任免工作】2006年，区人大常委会注重把任免权和监督权有机结合起来，坚持任前供职、法律知识考试等制度，并采取多种形式进行跟踪监督，提高人事任免工作的质量。年内，共依法任命国家机关工作人员19名，免职16名，接受辞职5名，从组织上保证了国家机关工作的正常运行，促进了和谐社会构建工作的顺利开展。

【代表建议工作】2006年，区人大常委会积极探索提高办理代表建议质量的途径，以百分之百办复率为督办目标，通过认真收集、汇总、研究分析代表提出的意见、建议，及时召开集中交办会，开展“督办月”活动，先后到25个承办单位督查办理情况；规范答复文件的备案、归档等工作，使代表意见、建议百分之百得到回复。坚持重点督办制度，选择部分层次较高和可行性较强的意见、建议进行重点督办，跟踪落实，逐步解决一些热点、难点问题。坚持代表参与督办制度，通过代表参与现场办理，有关单位现场向代表介绍建议办理方案或做好法律、政策、区情的解释工作，加强了代表与办理单位的交流和沟通。坚持回访代表制度，代表建议办理完毕后，区人大常委会工作部门及时回访有关代表，并将代表的满意程度反馈给各承办单位。年内，收到并办理代表意见、建议53件。区人大常委会表彰了政府办、建设局、交通局、财政局、水利局等办理代表意见、建议先进单位。

【人大信访工作】2006年，区人大常委会不断规范人大信访工作。在认真学习信访条例的基础上，主任会议对信访受理工作程序作了进一步明确和细化，形成了“办公室分流、信访科主管、各委室协作、常委会分管领导批办”的人大机关信访工作格局，使人大机关信访工作更加规范。一年来，接待来访129人次，受理来信31件。各工作部门密切配合，加强督办，促进了问题的解决和矛盾的化解，提高了处理人民群众信访问题的质量和效率。

【代表工作】2006年，区人大常委会通过督办代表建议、完善代表活动机制、规范乡镇人大工作等措施，积极开展代表活动，充分发挥人大代表依法管理国家事务的作用。常委会积极组织，加强服务，拓展代表活动范围，努力为代表依法履职创造条件。坚持常委会组成人员联系代表制度。常委会组成人员除半年一次集中走访代表外，还结合专题调研、建议督办等活动，不断加强与代表的联系，了解代表的生活、工作情况，征求代表的意见建议，鼓励代表争先创优，积极建言献策。组织开展代表视察活动，让代表了解区情，开阔视野，提高管理地方国家事务的能力。常委会邀请部分人大代表参加各种专题调研，列席人大常委会会议，参与执法检查等活动，并利用以会代训等形式对人大代表进行业务培训，有效地提高了代表的依法履职能力。坚持开展代表争先创优活动。通过开展评选代表好建议、报道优秀代表风采等活动，在全区涌现出一批带头贯彻党的政策，带头科技致富，带头建言献策，积极投身社会公益事业的先进代表。注重加强对乡镇人大工作的联系和指导，根据各个时期的工作任务，适时召开乡镇人大工作会议，总结工作，学习业务，交流经验，不断提高工作水平，推动乡镇人大工作健康发展。督促乡镇人大认真组织代表活动，开展代表视察、检查、评议等工作，推动基层民主法制建设。努力提高乡镇人大专职干部工作水平，组织乡镇人大专职干部外出学习考察，提高业务素质和工作能力。邀请乡镇人大专职干部列席区人大常委会会议，积累人大工作经验。

【常委会自身建设】2006 年，区人大常委会始终坚持把自身建设摆在突出位置来抓，强化学习，深入调研，积极创新，依法履职，不断提升工作水平。深入学习中共十六届五中、六中全会精神和构建社会主义和谐社会理论，进一步增强党的意识、大局意识和责任意识。坚持集中学法、调查前学法、聘请专业人员讲法等制度，先后系统学习了城市规划法、环境影响评价法、公务员法、监督法等 10 余部法律法规，提高了常委会组成人员依法审议、依法监督能力。根据区委统一部署，常委会机关认真开展了“作风建设年”活动。认真组织学习，广泛开展讨论，深入查找问题，注重成果转化。发挥常委会党组和机关党支部的作用，加强常委会机关的思想政治工作和党建工作，进一步健全有关制度，努力营造良好的工作氛围。加强与新闻宣传单位的协调，及时报道常委会会议的决议、决定和全区人大工作的动态，宣传区人大常委会创新思路、依法履职、保障发展的成功实践和工作经验，相继在省、市新闻媒体播报宣传稿件 50 余篇，扩大了河口区人大工作的对外影响，提高了河口区和河口人大的知名度。12 月初，召开了全区人大宣传工作会议，总结了全区人大宣传工作的经验，研究制定了进一步加强和改进人大宣传工作的一系列措施。围绕全区工作大局，区人大常委会组织开展了招商引资、文化建设、社会保障体系建设、社会主义新农村建设等专题调查研究，撰写调研报告 10 篇。同时，把调查研究渗透到人大常委会工作的各个环节，无论是审议工作报告，组织视察检查，还是开展评议，都注重听取各方面意见，了解掌握第一手资料，为常委会审议和决定重大事项提供了重要依据。办公室撰写的《地方人大工作的探索与创新》获得了省级调研论文优秀奖。区人大常委会积极加强与兄弟县区的横向交流与工作往来，就工作方式创新、强化财政监督、深化述职评议、发挥代表作用、提高审议质量等内容，进行了工作交流和理论探讨，在不少领域有了新的认识和提高。5 月，全市人大工作座谈会在河口召开，河口区人大常委会的八项创新制度，得到了肯定和推广。

2007 年区人大常委会重要工作

2007 年，区人大常委会在中共河口区委的领导下，高举中国特色社会主义伟大旗帜，以邓小平理论和“三个代表”重要思想为指导，深入贯彻落实科学发展观，认真履行宪法和法律赋予的各项职权，与时俱进，开拓创新，为推动全区经济建设、政治建设、文化建设和社会建设做出了积极贡献。

【专项工作报告审议】2007 年，区人大常委会坚持以科学发展观为统领，紧紧抓住全区经济社会发展中的重大问题和人民群众关心的热点难点问题，切实加大监督力度，先后听取审议“一府两院”工作报告 21 项。1 月 12 日，区十五届人大常委会第二十九次会议，听取审议了区人民政府关于调整 2006 年财政收支预算的报告，并作出批准的决定。审查批准了区人大常委会代表资格审查委员会关于补选的区十五届人大代表的代表资格审查报告。听取审议了区十五届人大五次会议筹备工作情况的报告。3月28日，区十五届人大常委会第三十次会议，听取审议了区政府关于统筹城乡就业工作情况的报告、关于建筑活动监督管理工作情况的报告。5月17日，区十五届人大常委会第三十一次会议，听取审议了区政府关于全区治安防控措施落实情况的报告、关于城乡居民合作医疗工作情况的报告、关于城乡居民饮用水监督管理工作情况的报告。6月26日，区十五届人大常委会第三十二次会议，听取审议了区政府关于全区农民增收情况的报告，关于2006年区级财政决算、2006年区级财政预算执行情况和其他财政收支审计情况及审计工作情况的报告，审查批准了2006年区级财政决算。会议还听取审议了区人大常委会执法检查组关于《中华人民共和国妇女权益保障法》贯彻实施情况的执法检查报告。7月18日，区十五届人大常委会第三十三次会议，听取审议了区政府关于2007年上半年国民经济和社会发展计划执行情况和财政预算执行情况的报告。听取审议了区人民法院关于民事审判执行工作情况的报告，区人民检察院关于反渎职侵权工作情况的报告。10月23日，区十五届人大常委会第三十五次会议，听取审议了区政府关于全区民族与宗教工作情况的报告、关于产品质量监督管理工作情况的报告。11月20日，区十五届人大常委会第三十七次会议，听取审议了区政府关于调整2007年度财政收支预算的报告，并作出批准的决定。听取审议了区十六届人大一次会议筹备工作情况的报告，区选举委员会关于换届选举工作情况的报告。审查批准了区人大常委会代表资格审查委员会关于区十六届人大代表的代表资格审查报告。

【人事任免工作】2007年，区人大常委会坚持党管干部原则与人大依法行使任免权相结合，坚持任前供职、法律知识考试等制度，并采取社会公示、经济审计、述职评议等多种形式进行跟踪监督，提高人事任免工作的质量。年内，任命国家机关工作人员24名，免职14名，接受辞呈1名，从组织上保证了国家机关工作的正常运行，促进了各项工作的顺利开展。

【人大信访工作】2007年，区人大常委会将人大信访作为了解社情民意、维护公民合法权益、密切与人民群众联系的重要工作来抓。年内，共受理来信来访148件次，其中来信34件，来访114人次，办理上级人大批转信访9件，在畅通民情、疏解民忧、推进基层民主法制建设等方面发挥了积极作用。

【代表工作】2007年，区人大常委会把加强代表工作作为做好人大工作的重要环节，努力拓展代表知情渠道，积极提供履职平台。立足油区特点，以人大代表为纽带，促进油地军融合。常委会组成人员每年都结合中心工作和审议议题走访驻油田、济军生产基地的人大代表，通报全区经济社会发展情况，广泛征求代表意见。为了便于油地互相沟通、互相了解，除了视察、调查、召开会议安排油田、济军生产基地人大代表参加外，还专门组织油地军人大代表联谊互察，即组织驻油田和济军生产基地的人大代表视察地方工业、农业、城市建设等工作，组织部分驻地方各单位代表视察油田和济军生产基地企业经营、管理工作。通过互访联谊，加强了油地军的经济结合和社会融合，推进了和谐社会建设。常委会把督促代表建议的办理作为尊重代表权利、发挥代表作用的一件大事来抓。在坚持及时交办和加强日常督办的基础上，常委会就办理工作提出了建议，要求区政府把人大代表建议办理工作列入重要工作日程，对重点难点问题，建议区政府领导亲自参与研究办理，有关承办单位主要负责人亲自抓办理工作，使办理质量有了明显提高。常委会每年举行一次“双评”活动，即评选“代表好建议”和“办理代表建议先进单位”。在充分酝酿推荐的基础上，对提出好建议的人大代表和办理代表建议先进单位进行表彰。组织代表向选民述职，密切代表与选民的联系。2005年初，常委会在全市率先组织开展了代表述职活动。区人大常委会指导乡镇人大采取先行试点、逐步铺开、分期分批的方法安排代表向选民进行述职，进一步强化了代表意识，提高了代表依法履职、干事创业的责任感和使命感，也进一步密切了人大代表与选民的联系。

【区乡人大换届选举工作】2007年，按照宪法、地方组织法和选举法的有关规定，区人大常委会任命了区乡选举委员会，主持区乡人大换届选举工作。在换届选举中，常委会坚持党的领导，充分发扬民主，严格依法办事，准确把握代表结构，妥善处理各类问题。在各乡镇选举委员会和街道选举工作指导组的共同努力下，直接选举产生了新一届区人大代表157

名，乡镇人大代表277名，代表结构进一步优化，广大选民经历了一次社会主义民主政治建设的实践，当家作主的意识得到进一步增强。

【常委会自身建设】2007年，区人大常委会把自身建设放在突出位置来抓，不断提高常委会组成人员的综合素质和工作水平，保证人大常委会的职权得到充分发挥。加强思想政治建设，深入开展了“解放思想、改进作风，全面落实科学发展观”教育活动，认真学习了邓小平理论、“三个代表”重要思想、科学发展观，进一步增强了政治意识、大局意识和责任意识，牢牢把握了人大工作的政治方向。同时，不断加强法律知识和人大业务知识的学习，有效地提高了常委会组成人员和机关工作人员的业务素质。强化制度建设，坚持传承与创新并举，总结与提高并重，对常委会工作制度和机关管理各项制度进行修订和补充，并辑印成册，力求用制度规范程序，靠制度管人、管事，推进了常委会各项工作的有效开展。坚持民主集中制，进一步健全了议事制度，在行使监督、任免和重大事项决定权时，充分发扬民主，集体讨论决定，集体行使职权，民主决策机制日益完善。

第四节　区十六届人大常委会重要工作

2008年至2011年，区十六届人大常委会高举中国特色社会主义伟大旗帜，以邓小平理论和“三个代表”重要思想为指导，深入贯彻落实科学发展观，认真履行宪法和法律赋予的职责，与时俱进，开拓创新，为推动全区经济建设、政治建设、文化建设、社会建设和生态文明建设做出了积极贡献。紧紧抓住全区经济社会发展中的重大问题，认真行使法定职权，尽职尽责地做好推进工作。先后听取审议区人民政府、区人民法院、区人民检察院专题工作报告73个，形成书面审议意见280条，作出决议决定26项；组织开展视察调研活动64次，提出意见建议300多条。区人大常委会坚持把人民群众普遍关注的热点问题作为法律监督的重点，着力在加大监督力度、改进监督方式、提高监督实效上下功夫，保证了法律法规的实施。区人大常委会始终把加强代表工作作为做好人大工作的重要环节，认真贯彻落实代表法，积极探索新形势下代表工作的新路子，努力增强人大工作活力。

2008年区人大常委会重要工作

2008年，区人大常委会在区委的领导下，认真贯彻中共十七大和十七届三中全会精神，深入实践科学发展观，全面有效地履行宪法和法律赋予的职权，充分调动代表依法履职、干事创业的积极性，为建设富裕文明和谐的新河口做出了积极贡献，实现了本届常委会工作开好局、起好步的目标。

【专项工作报告审议】2008年，区人大常委会牢牢把握经济社会发展大局，紧紧围绕“作风立区、产业强区、生态兴区”战略，着力深化工作监督，不断提高监督实效。年内，共听取审议“一府两院”专项工作报告15项。3月26日，区十六届人大常委会第二次会议，听取审议了区政府关于全区公共文化服务体系建设情况的报告、关于全区石油化工产业发展情况的报告。5月27日，区十六届人大常委会第三次会议，听取审议了区政府关于全区环境保护工作情况的报告、关于全区“三网”绿化工程建设情况的报告。7月29日，区十六届人大常委会第四次会议，听取审议了区政府关于全区公安队伍建设情况的报告、关于2008年上半年国民经济和社会发展计划执行情况的报告、关于2008年上半年财政预算执行情况的报告，关于2007年区级财政决算的报告、2007年区级财政预算执行情况和其他财政收支情况的审计工作报告，审查批准了2007年区级财政决算。9月26日，区十六届人大常委会第五次会议，听取审议了区政府关于贯彻实施《中华人民共和国城乡规划法》情况的报告、区人民法院关于民商事审判调解工作情况的报告、区人民检察院关于诉讼监督工作情况的报告。11月28日，区十六届人大常委会第六次会议，听取审议了区政府关于贯彻实施《中华人民共和国节约能源法》情况的报告、关于贯彻实施《中华人民共和国劳动合同法》情况的报告，关于办理人大代表建议和人大常委会审议意见情况的报告。12月30日，区十六届人大常委会第七次会议，听取审议了区十六届人大二次会议筹备工作情况的报告，通过了提交区十六届人大二次会议的常委会工作报告，审查批准了区政府关于调整2008年度财政收支预算的报告。

【人事任免工作】2008年，区人大常委会不断完善工作制度，强化对任命干部的监督。坚持党管干部与人大依法任免干部的统一，充分发扬民主，严格任免程序，正确行使任免权。继续坚持法律知识考试、任前供职等制度，增强被任命干部履行职责的责任感、使命感和接受监督的自觉性。全年共依法任命国家机关工作人员 47 名，免职 10 名。常委会加强并不断改进对干部任命后的监督，建立了人大、政协、纪委“三机关”协同监督工作机制，整合了监督资源，增强了监督实效。

【人大信访工作】2008 年，区人大常委会把处理群众来信来访作为化解社会矛盾、维护社会稳定的一项重要工作来抓。全年，共受理来信来访 106 件次，其中来信 28 件，来访 78 人次。对信访案件中反映的问题，常委会机关认真汇总梳理，按照法律和政策规定及时转有关部门办理，并抓好督促落实。对一些重点信访案件，主任会议认真听取汇报，研究处理意见，促使依法公正解决，做到了件件有答复、事事有着落。

【代表建议工作】区十六届人大一次会议以来，共收到代表建议 89 件。会后及时召开建议交办会议，对办理时限、办理质量提出了明确要求，并采取多种方式加强催办督办，专门听取审议了区政府办理情况的报告。出台了《关于督办区人大常委会审议意见和区人大代表建议的办法》，进一步规范了办理程序，加大了督办力度。区人大常委会各工作委员会根据职责要求，直接参与督办工作。区政府高度重视，采取有效措施，加快了办理速度，提高了办理质量。代表所提建议全部办结，并答复了代表。通过代表建议办理工作，群众关心、关注的特色农业发展、农村集中供水、农村电网改造、油地有线电视联网、交通安全、水源保护、河道治理等涉及民生的许多热点、难点问题得到了切实解决。

【代表工作】2008 年，区人大常委会重视代表作用的发挥，注重拓宽渠道，加强联系，努力为代表履行职务创造条件、提供服务。针对换届后新代表比较多、对人大工作和代表履职不够熟悉的实际，常委会把代表培训工作摆上了重要议事日程。采取以会代训、举办专题讲座、为代表订阅专业报刊杂志等多种方式，组织人大代表深入学习宪法、监督法、地方组织法、选举法、代表法等法律法规和业务知识。结合半年工作审议，常委会组成人员分组走访了区级人大代表，通报了常委会和“一府两院”的工作情况，广泛征求了代表的意见和建议，并就如何当好人大代表进行了一次集中培训。为进一步规范代表的履职行为，常委会通过了《东营市河口区人民代表大会代表守则》，对代表学习培训、联系选民、出席会议、参加活动等作出了具体规定，并建立了代表履职档案。在各乡镇（街道）和部分油田单位建立完善了人大代表活动室，达到了有房子、有牌子、有组织、有制度、有计划、有记录的“六有”标准，为人大代表执行职务创造了条件。高度重视并加强了与驻油田、济军生产基地各级人大代表的联系，定期组织油地军人大代表联谊互察，促进了油地军经济结合和社会融合。注重利用列席常委会会议、参加视察调查和执法检查、担任监督员和外出考察学习等形式，不断丰富代表活动内容。全年，代表参加各类监督活动 200 余人次，数量有了较大增加，质量有了明显提高，代表的作用得到了更好地发挥。年底，组织驻河口区的市人大代表开展了集中视察，委托各乡镇、街道组织区人大代表进行了就地视察，为参加代表大会、审议各项报告作了充分准备。四川特大地震发生后，动员全区人大代表迅速行动，率先垂范，带头捐款捐物，支援灾区人民渡过难关、重建家园。全区区级人大代表累计捐款 78 万元，集中体现了人大代表心系灾区、为民解难的崇高境界。

【常委会自身建设】2008 年，面对新形势、新任务提出的新要求，新一届人大常委会明确提出：要坚持和依靠党的领导，保证人大工作的正确方向；要加强思想作风建设，努力提高依法履职能力和整体工作水平；要加强制度建设，促进人大工作规范化和制度化；要加强廉政建设和机关建设，树立人大机关的良好形象。围绕这一主线，区人大常委会坚持在继承中发展，狠抓各项具体措施的落实，全面推进机制创新，各项工作都取得了显著成绩。常委会审议通过了《东营市河口区人民代表大会常务委员会组成人员守则》，并建立了个人履职档案。建立了河口区人大常委会网站，人大代表和社会各界了解人大工作的渠道更加畅通，对外宣传力度明显加大。常委会机关深入开展了“实践科学发展观，争当黄河三角洲开发建设排头兵”活动和“记三情铸三线”主题实践活动，并结合实际，启动开展了以“运转高效、充满活力、风正气顺”为主要内容的“和谐人大”品牌创建活动。继续坚持调查前学法和法律专题培训制度，先后组织集中学习和专业辅导30多次，有效地提高了干部队伍的业务素质。注重加强工作协调，积极参加和承办市人大召开的有关会议和组织的有关活动，加强了与各县区人大的密切联系和工作交流。视察调研时，注重听取油军港三方和乡镇人大的意见，重要活动、重要工作及时与油军港三方协调，多方联动，整体推进。注重总结推广各乡镇人大工作的经验，努力推动全区人大工作深入开展。按照区委的统一部署，积极参与中心工作，使人大工作始终与区委的中心工作同步合拍。在招商引资方面，成立了专门工作机构，广泛搜集信息，积极运作项目，使人大招商引资工作走在了全区前列。在包村帮扶工作方面，领导干部带头深入基层、深入联系点进行调研，协调胜利油田和市、区有关单位，投资70多万元，为太平乡马家村修建柏油路，诚心诚意地为人民群众办好事、办实事，赢得了广大群众的好评。常委会各位副主任立足自身优势，积极参与盐业开发、中心渔港建设、“三网”绿化工程建设、发展现代服务业、普法依法治理等重点工程和重点工作的组织领导，谋大局，抓协调，盯上、靠上做工作，付出了艰辛的努力，发挥了重要作用。

2009年区人大常委会重要工作

2009年，区人大常委会在区委的领导下，全面贯彻中共十七大和十七届三中、四中全会精神，深入实践科学发展观，紧紧围绕“科学规划‘一区五园一带两线’经济发展新格局，全力打造五大基地，努力实现在黄河三角洲开发建设中率先崛起”的总体发展战略，贴近中心，突出重点，依法履职，力促发展，各项工作都有了新的进展。

【专项工作报告审议】2009年，区人大常委会牢固树立以人为本、科学发展的理念，把区委决策部署、政府着力推动、群众普遍关注、人大职权范围内的重大事项作为监督重点，先后听取审议了区人民政府、区人民法院和区人民检察院专项工作报告22个。2月26日，区十六届人大常委会第八次会议听取审议了区政府关于产品质量监督工作情况的报告、关于卫生工作情况的报告。4月24日，区十六届人大常委会第十次会议，听取审议了区政府关于计划生育工作情况的报告、关于建筑市场清理整顿情况的报告、关于油地携手打击和预防涉油违法犯罪情况的报告。8月26—27日，区十六届人大常委会第十二次会议，听取审议了区政府关于招商引资情况的报告、关于2009年上半年国民经济和社会发展计划执行情况的报告、关于2009年上半年财政预算执行情况的报告，关于2008年区级财政决算的报告、关于2008年区级财政预算执行情况和其他财政收支情况的审计工作报告、关于调整2009年度财政收支预算的报告，批准了2008年区级财政决算和关于调整2009年度财政收支预算的报告；会议听取审议了区人民法院关于执行工作情况的报告、区人民检察院关于反贪污贿赂工作情况的报告。10月23日，区十六届人大常委会第十三次会议，听取审议了区政府关于“民主法治示范村”创建情况的报告、关于社会主义新农村建设工作情况的报告、关于中小学设施配套建设情况的报告、关于开展“法治河口”创建活动的报告。12月11日，区人大常委会第十四次会议，听取审议了区政府关于道路建设管理情况的报告、关于海洋与渔业工作情况的报告、关于2009年招商引资工作情况的报告。

【人事任免工作】2009年，区人大常委会坚持党管干部与人大依法任免干部的统一，任命国家机关工作人员21名，免去职务14名，接受辞职6名。继续坚持干部任前法律知识考试和大会供职制度，切实增强所任干部接受监督、依法行政的自觉性。继续坚持人大、政协、纪委“三机关”协同监督机制，重点围绕干部作风建设和勤政廉政建设等，进行检查、评议，促进了政风行风建设。

【人大信访工作】2009年，区人大常委会高度重视信访工作，全年共接待群众来访76人次，受理群众来信31件。对群众反映的问题，认真汇总梳理，按照法律和政策规定及时进行了办理。根据区委的统一安排，驻会副主任轮流公开接访、带案下访，化解了大量矛盾纠纷，促进了社会和谐稳定。

【代表工作】2009年，区人大常委会充分发挥代表作用，增强人大工作活力。认真贯彻代表法，积极为代表依法履行职责提供服务、创造条件。根据代表构成特点和我区实际情况，采取以会代训、研讨交流、寄送资料等方式，组织代表学习人民代表大会制度理论和宪法、地方组织法、选举法、代表法等法律法规；每次组织代表开展专题调查、视察和执法检查，都根据需要学习相关法律法规和人大业务知识。结合对“一府两院”半年工作审议，集中对驻基层的区级人大代表进行了走访，通报全区经济社会发展情况和人大工作开展情况，征求对各方面工作的意见建议，并就如何发挥人大代表作用进行了培训。为代表订阅了人大报刊，推荐代表参加社会监督、行风评议、重点工程听证等活动，让代表多渠道了解情况、知情知政。继续坚持人大代表列席常委会会议制度和常委会组成人员联系代表制度，努力为代表履职创造条件。精心组织代表开展各项活动，积极指导和帮助各代表小组开展工作，督促代表小组活动制度化、经常化。各代表小组发挥自身优势，完善活动载体，丰富活动内容，围绕区域经济社会发展的重大问题，提出了许多好的意见。年底，组织驻河口区的市级人大代表开展了集中视察，委托各乡镇、街道组织区级人大代表进行了就地视察，为参加人民代表大会、审议好各项报告、提出更多更好的意见建议作了准备。为加强代表与选民的联系，促进代表更好地履职，实行了代表职务公示、代表履职情况通报制度，代表的责任意识明显增强。加强与驻油田、济军生产基地各级人大代表的联系，定期组织油地军人大代表联谊互察。每次组织代表活动，代表们都事先进行调研，了解掌握有关情况，积极做好发言准备。对代表发现的问题、提出的建议，常委会都通过适当方式，督促有关单位予以办理。

【代表建议工作】2009 年，区人大常委会加强工作督查，着力提高代表建议办理质量。常委会不断完善代表建议办理机制，规范工作运转程序，整合督办力量，加大督办力度，代表建议办理质量有了新的提高。区政府对代表建议办理工作思想重视，措施得力，代表所提的 71 件建议全部办结，做到了件件有答复、事事有着落，一些涉及民生的热点、难点问题得到了妥善解决。

【常委会自身建设】2009 年，区人大常委会不断加强自身建设，提高依法履职能力。为适应新时期人大工作的需要，更好地依法履行职责，常委会不断研究探讨关于加强自身建设的新路子、新办法，并狠抓了各项具体措施的落实。始终把思想政治建设放在首位，深入开展了学习实践科学发展观活动和“勇于改革创新、奋力攻坚克难”大讨论活动。认真组织学习党的十七届四中全会精神和胡锦涛总书记视察东营时的重要讲话、重要指示精神，积极参加区委组织的读书会、座谈会、专题讲座和外出学习考察等活动，思想境界和履职能力进一步提高。认真贯彻落实区委决策部署，着力在坚定正确方向、有效依法履职、服务发展大局上求深化，真正做到了与党委同心同德、与政府同向合力、与群众同舟共济、与时代同频共振。认真总结人大工作的经验，不断完善各项规章制度，在重大事项的审议决定、重点工作的监督推进、代表联系和活动的开展、信访案件的督办、常委会日常重要事务的处理等方面研究了一系列改进措施，使各项工作的开展更加规范有效。重视加强作风建设，认真执行民主集中制原则，坚持集体行使职权。把调查研究贯穿于常委会各项工作之中，经常深入基层，深入群众，了解社情民意，掌握真实情况。各工作委员会按照职责要求，积极开展专题调研活动，做了大量深入细致、富有成效的工作。认真落实党风廉政建设责任制，坚持“一岗双责”，自觉遵守廉洁自律的各项规定，树立了为民务实清廉的良好形象。以建设学习型、服务型机关为目标，加强了机关规范化建设。通过推行岗位目标管理责任制，激励干部职工提高素质能力，勤奋努力工作，机关风正气顺，团结和谐，服务质量和办事效率明显提高。坚持正确的舆论导向，在不断丰富完善河口人大网站的基础上，创办了《河口人大》刊物。注重工作协调和业务沟通，积极参加和承办市人大召开的有关会议和组织的有关活动，加强了与各县区人大的密切联系和工作交流。坚持在参与中监督、在监督中支持的原则，主动对外联系，广泛搜集信息，积极运作项目，在招商引资、重点工程推进等方面发挥了积极作用。加强对全区包村帮扶工作的监督指导，了解情况，提出意见，推动工作。经常深入联系点和帮扶点进行调研，帮助群众理思路、解难题，赢得了广大群众的好评。常委会各位副主任根据区委的安排，积极参与油地军港共建、盐业开发、中心渔港建设、“三网”绿化工程建设、普法依法治理等重点工作的组织领导，出主意想办法、谋大局抓协调，有效地推进了中心工作。

【招商引资及软环境建设集中评议】2009年7-9月，区人大常委会利用两个月的时间对全区招商引资及软环境建设情况进行集中评议。成立4个调查组，分别由区人大常委会第一副主任王树臣，副主任杨学贤、房建民、丁水林、赵淑萍任组长，成员由区人大常委会委员及区人大代表组成。被评议单位共63个，重点调查企业10家。第一组评议单位16个，分别是检察院、建设局、开发区管委会、经贸局、公安分局、国税局、质监分局、药监局、统计局、审计局、招商办、烟草局、河务局、工行河口区支行、农发行河口区支行、建行河口区支行；重点调查企业3家，分别是，东营黄河口家具有限责任公司、东营新华联盐业有限公司、胜利油田北方实业有限公司。第二组评议单位16个，分别是劳保局、外经贸局、安监局、科技局、工商分局、司法局、地税分局、人事局、计生局、供电公司、电信公司、移动公司、联通公司、建行仙河支行、农村合作银行、中行仙河支行；重点调查企业3家，分别是东营金岛工贸有限公司、东营春兴盐业有限公司、胜利油田东方实业投资集团有限责任公司。第三组评议单位15个，分别是物价局、发改局、国土分局、交通局、环保分局、行政服务中心、执法分局、邮政局、市政局、旅游局、公路局、财政局、农行河口区支行、市商业银行河口支行、市商业银行仙河支行；重点调查企业2家，分别是山东胜利通海集团有限公司、山东汇海医药化工有限公司。第四组评议单位16个，分别是法院、农业局、畜牧局、水利局、海洋渔业局、盐务局、卫生局、文体局、教育局、广电局、气象局、民政局、市商业银行孤岛支行、建行孤岛支行、人保财险河口分公司、人寿保险河口分公司。重点调查企业2家，为东营精诚无缝钢管有限责任公司、山东澳纳纺织科技有限公司。调查组深入被评议部门、单位听取述职报告，查阅相关资料，召开座谈会，全面了解招商引资工作情况。深入10家企业进行重点调查，召开了58家企业负责人参加的座谈会。同时，深入乡镇、农村，广泛征求区级人大代表和群众的意见。期间，共发放、收回写实性“评议意见书”380余份，整理归纳意见建议400多条。在此基础上，区人大常委会召开会议，对63个部门、单位进行无记名投票评议，并将评议结果和征求到的意见建议向区政府及有关部门、单位进行了反馈。

【《河口人大》创刊】2009年6月，区人大常委会在不断丰富完善河口人大网站的基础上，创办了《河口人大》刊物，为宣传区委的重要决策和人大常委会的重要活动，宣传依法治区方略和民主法制建设，反映“一府两院”接受监督和依法行政、公正司法的具体实践，展示人大代表依法履职的真情风采，推广交流人大工作经验，促进油地军港团结协作、共兴共荣，搭建了良好平台。《河口人大》设置领导讲话、决策传递、会议专栏、监督纵横、制度建设、代表风采、共建园地、信息交流、大事记、知识窗、艺苑等栏目。2009年第1期为总第1期，当年出版两期。

2010年区人大常委会重要工作

2010年，区人大常委会在区委的领导下，认真贯彻落实中共十七大和十七届四中、五中全会精神，深入学习实践科学发展观，认真履行宪法和法律赋予的职责，贴近中心，突出重点，强化监督，力促发展，做了大量富有成效的工作，为推动实施国家战略、加快构筑“一区五园一带两线”经济发展新格局、全力打造五大基地，发挥了重要作用。

【专项工作报告审议】2010年，区人大常委会深刻理解和正确处理改革、发展、稳定的关系，努力推动解决人民群众最关心、最直接、最现实的利益问题，保障人民群众充分享受改革发展的成果，先后听取专项工作报告15项。3月9日，区十六届人大常委会第十七次会议，听取审议了区政府关于安全生产法实施情况的报告、关于科技工作情况的报告。5月19日，区十六届人大常委会第十八次会议，听取审议了区政府关于食品安全法实施情况的报告、关于劳动就业工作情况的报告、关于油地公安维稳工作协调机制运转情况的报告。7月23日，区十六届人大常委会第十九次会议，听取审议了区政府关于2010年上半年国民经济和社会发展计划执行情况的报告、关于2010年上半年财政预算执行情况的报告、关于2009年区级财政决算的报告、关于2009年区级财政预算执行和其他财政收支情况的审计工作报告，审查批准了2009年区级财政决算。听取审议了区人民法院关于队伍建设情况的报告。9月29日，区十六届人大常委会第二十次会议，听取审议了区政府关于工业经济发展和产业结构调整工作情况的报告、关于黄河口特优农产品“三大基地”培育和农业龙头企业建设情况的报告、关于新型农村社会养老保险工作情况的报告，区人民检察院关于预防职务犯罪工作情况的报告。11月30日，区十六届人大常委会第二十一次会议，听取审议了区政府关于“重大项目攻坚、和谐城乡建设、机关效能提升”三大行动开展情况的报告。

【工作评议】11月，区人大常委会围绕依法履职、队伍建设、为民服务、机关效能、接受监督等5个方面，对53个部门单位进行了工作评议。区人大常委会成立4个评议调查组，按照《工作评议实施方案》的具体要求，对被评议部门单位进行了认真调查，组织区人大代表、部门中层以上干部、各镇街班子成员和企业负责人共1026人进行了满意度评议。在区十六届人大常委会第二十一次会议上，通过了“人民满意单位”评选办法，书面提交了社会调查评议情况统计表。与会的人大常委会组成人员，根据自己的调查了解，参照社会评议情况，以无记名投票的方式，对被评议部门单位进行了评议打分。根据评议打分结果，区人大常委会决定，授予区人民检察院、区经济和信息化局、区人口和计划生育局、区国税局、区油区办“人民满意单位”称号。

【人大信访工作】2010年，区人大常委会接待群众来访57人次，受理群众来信11件。对群众反映的问题，认真汇总梳理，按照法律和政策规定及时进行了办理。根据区委的统一安排，驻会副主任轮流公开接访、带案下访，有效维护了人民群众的合法诉求，化解了许多矛盾纠纷，促进了社会和谐稳定。

【人事任免工作】2010年，区人大常委会坚持党管干部和人大依法任免干部的统一，补选市人大代表2名，任命国家机关工作人员51名，免职6名，接受辞职10名。继续坚持干部任前法律知识考试和大会供职制度，增强了所任干部接受监督、依法行政的自觉性。

【代表工作】2010年，区人大常委会认真贯彻落实代表法，积极探索新形势下代表工作的新路子，改进工作，创新机制，努力增强人大工作活力。通过以会代训、研讨交流等方式，组织代表深入学习党和国家的方针政策、法律法规以及履行代表职责的基本知识，及时向代表传达区委和上级人大的重要会议精神，赠阅人大报刊杂志，寄送文件资料，让代表多渠道了解情况，知情知政。坚持常委会组成人员分工联系代表制度，对驻基层的区人大代表进行个别走访和集中走访。利用我区新闻媒体和人大刊物、网站，大力宣传代表依法履职、干事创业的先进事迹，扩大代表的社会影响，营造尊重和支持代表工作的浓厚舆论氛围。不断扩大代表对常委会工作的参与，坚持邀请代表列席常委会会议，参加视察调研、执法检查、工作评议等活动。推荐代表100多人次参加了公务员考选巡察、工作听证、行风评议、民主测评等社会监督活动。积极指导和帮助各代表小组开展工作，督促代表小组活动制度化、经常化。加强与驻油田、济军生产基地各级人大代表的联系，定期组织油地军人大代表联谊互察。为激励人大代表积极参与黄河三角洲高效生态经济区建设，全力推进区委决策落实，常委会印发了《致全区人大代表的一封信》，在全区人大代表中开展了以“提一条合理化建议、为群众做一件好事实事、提供一条招商引资信息或引进一个项目、化解一项社会矛盾”为主要内容的“四个一”活动，动员人大代表都来关心、支持、参与全区经济社会建设，为党分忧，为民解难，树立新时期人大代表的崭新形象。据统计，区十六届人大四次会议以来，区级人大代表以多种方式提出意见建议163条，为群众做实事、好事220件，化解社会矛盾172项。

【代表建议工作】2010年，区人大常委会对于区十六届人大四次会议以来收到的代表建议，及时召开会议转交有关部门办理，并采取多种方式加强督促落实。为提高代表建议办理质量，区人大常委会不断完善工作机制，规范运转程序，整合督查力量，重点加大了各工作委员会对相关建议的跟踪督办力度，取得了良好效果。各承办部门本着“对代表负责、对群众负责、对事业负责”的态度，加强研究分析，落实办理措施，代表建议办理质量有了新的提高。代表所提建议全部办结，一些涉及民生的热点、难点问题得到了妥善解决。5月，区人大常委会召开了代表建议工作专题会议，对两年来提出优秀建议的区人大代表和代表建议办理工作先进单位进行了表彰，进一步调动了人大代表依法履职和部门单位办理代表建议的积极性。

【常委会自身建设】2010年，区人大常委会适应新形势新任务的要求，不断加强自身建设，干部队伍的思想境界和履职能力得到了进一步提高。始终把思想政治建设放在首位，深入开展了“转方式调结构”大讨论活动和创先争优主题实践活动，认真组织学习党的十七届五中全会精神，系统开展法律法规和人大业务知识培训，积极参加区委组织的读书会、座谈会、专题讲座和外出学习考察等活动，思想境界和履职能力进一步提高。加强制度建设，促进工作规范，在重大事项的审议决定、重点工作的监督推进、常委会日常重要事务的处理等方面研究了一系列改进措施，使各项工作的开展更加规范有效。重视加强作风建设，认真执行民主集中制原则，坚持集体行使职权。把调查研究贯穿于常委会各项工作之中，经常深入基层，深入群众，了解社情民意，掌握真实情况。各工作委员会按照职责要求，积极开展专题调研活动，做了大量深入细致、富有成效的工作，服务质量和办事效率明显提高。积极参加市人大常委会组织的各类会议、各项活动，主动向市人大汇报工作，争取支持。不断加强与外县区人大的联系，交流工作情况和经验做法，讨论研究做好人大工作的意见和措施。坚持邀请镇街人大负责人列席常委会会议、参加视察调研活动。重要工作的开展，主动与镇街人大、油田单位、济军基地沟通，听取意见建议。为拓展人大监督渠道，组织部分人大代表和机关工作人员，到湖北省京山县和河南省偃师市人大常委会进行了学习考察，重点围绕质询案的提出主体、运作程序、结果确定、社会效果等进行了交流探讨。不断加强人大宣传工作，刊物质量逐步提高，网站管理日益规范，宣传的力度和效果进一步增强，尊重支持人大工作的舆论氛围更加浓厚。深入开展“机关效能提升行动”，以建设规范、务实、高效机关为目标，坚持不懈地抓好干部的政治理论和业务知识学习，健全完善了各项规章制度，严格落实岗位目标责任管理，教育引导大家强化责任意识，提高素质能力，勤奋扎实工作，规范办事程序，整个机关的服务保障水平不断提高，团结和谐、积极向上的工作局面进一步巩固和发展。在做好本职工作的同时，常委会立足全局，自我加压，积极参与全区中心工作，在招商引资、包村帮扶、重点工程推进等方面发挥了积极作用。常委会各位副主任根据区委安排，以高度负责的态度参与油地军港共建、盐业开发、中心渔港建设、“三网”绿化工程建设、普法依法治理等重点工作的组织领导，出主意想办法，谋大局抓协调，有效地推动了中心工作。

2011 年区人大常委会重要工作

2011 年，区人大常委会高举中国特色社会主义伟大旗帜，以邓小平理论和“三个代表”重要思想为指导，深入贯彻落实科学发展观，认真履行宪法和法律赋予的职责，与时俱进，开拓创新，为推动全区经济建设、政治建设、文化建设、社会建设和生态文明建设做出了积极贡献。

【专项工作报告审议】2011 年，区人大常委会听取审议“一府两院”专项工作报告 21 个。1 月 10 日，区十六届人大常委会第二十三次会议，听取审议并批准了区政府关于调整 2010 年度财政收支预算的报告和开发区 2010 年度财政收支预算的报告。3 月 30 日，区十六届人大常委会第二十四次会议，听取审议了区政府关于水利基础设施建设情况的报告、关于山东河口蓝色经济开发区规划建设情况的报告。5 月 26 日，区十六届人大常委会第二十五次会议，听取审议了区政府关于湖滨新区规划建设情况的报告、关于经济犯罪侦查工作情况的报告、关于医药卫生体制改革情况的报告。7 月 29 日，区十六届人大常委会第二十七次会议，听取审议了区政府关于 2011 年上半年国民经济和社会发展计划执行情况的报告、关于 2010 年区级财政决算（草案）的报告、关于 2010 年区级财政预算执行和其他财政收支情况的审计工作报告、关于 2011 年上半年财政预算执行情况的报告，审查批准了 2010 年区级财政决算。审议批准了关于在全区公民中开展法制宣传教育的第六个五年规划和河口区 2011—2015 年依法治区规划。9 月 30 日，区十六届人大常委会第二十九次会议，听取审议了区政府关于供热供气及城市基础设施建设情况的报告、关于学前教育工作情况的报告，区人民法院关于《中华人民共和国法官法》贯彻执行情况的报告，区人民检察院关于民事行政检察工作情况的报告。11 月 30 日，区十六届人大常委会第三十次会议，听取审议了区政府关于招商引资工作情况的报告、关于油区工作情况的报告、关于海洋经济发展情况的报告、关于“机关效能提升行动”开展情况的报告。

【人事任免工作】2011年，区人大常委会不断完善工作制度，强化对任命干部的监督。坚持党管干部与人大依法任免干部的统一，任命国家机关工作人员22名，免职7名，接受辞呈1名。继续坚持干部任前法律知识考试和大会供职制度，切实增强所任干部接受监督、依法行政的自觉性。继续坚持人大、政协、纪委“三机关”协同监督机制，重点围绕干部作风建设和勤政廉政建设等，进行检查、评议，促进了政风行风建设。

【人大信访工作】2011年，区人大常委会将人大信访工作作为了解社情民意、维护公民合法权益、密切与人民群众联系的重要工作来抓。年内，受理来信来访81件次，其中来信21件，来访60人次，在畅通民情、疏解民忧、推进基层民主法治建设等方面发挥了积极作用。

【代表工作】2011年，区人大常委会始终把加强代表工作作为做好人大工作的重要环节，认真贯彻落实代表法，积极探索新形势下代表工作的新路子，努力增强人大工作活力。为进一步规范代表的履职行为，常委会通过了《东营市河口区人民代表大会代表守则》，对代表学习培训、联系选民、出席会议、参加活动等作出了具体规定，并建立了代表履职档案。通过以会代训、研讨交流等方式，组织代表深入学习党和国家的方针政策、法律法规以及履行代表职责的基本知识，及时向代表传达区委和上级人大的重要会议精神，赠阅人大报刊杂志，寄送文件资料，让代表多渠道知情知政。不断扩大代表对常委会工作的参与，坚持邀请代表列席常委会会议，参加视察调研、执法检查、工作评议等活动。推荐代表参加了公职人员考选巡察、工作听证、行风评议、民主测评等社会监督活动。积极指导和帮助各代表小组开展工作，督促代表小组活动制度化、经常化。加强与驻油田、济军生产基地各级人大代表的联系，定期组织油地军人大代表联谊互察。

【代表建议工作】2011年，区人大代表共提出各类建议35件。其中，涉及农业农村方面3件，占8.6%；涉及文教卫生、社会救助、劳动保障方面3件，占8.6%；涉及城市建设、市政管理、交通运输等方面22件，占62.8%；涉及环境保护、工商管理、社会稳定方面7件，占20%。截至年底，35件建议全部办结。其中，代表所提建议已被采纳、问题已解决或基本解决的20件（A类），占57.2%；建议已被采纳、问题正在解决或已列入计划逐步解决的11件（B类），占31.4%；因受政策、管理权限、资金等因素制约，暂时不能解决、不好解决的4件（C类），占11.4%。为提高代表建议办理质量，区人大常委会不断完善工作机制，规范运转程序，整合督查力量，重点加大了各工作委员会对相关建议的跟踪督办力度，取得了良好效果。区政府出台了《关于督办区人大常委会审议意见和区人大代表建议的办法》，进一步规范了办理程序，加大了督办力度。通过代表建议办理工作，群众普遍关心、关注的如农业生产性水费征缴、环境保护、供热供气等许多热点、难点问题得到了切实解决。

【区镇人大换届选举】2011年，区人大常委会坚持严格依法办事，扎实做好区镇人大代表选举工作。按照法律规定，区人大常委会任命了区镇选举委员会，主持区镇人大代表选举工作。在人大代表选举过程中，区人大常委会遵循“坚持党的领导、充分发扬民主、严格依法办事”的原则，周密安排，精心组织，准确把握代表结构，妥善处理各类问题。全区共划分区人大代表选区69个，镇人大代表选区131个。各选区在选举委员会规定的选举日依法组织选民投票，参加投票的选民164688人，占全区选民172604人的95.4%。依法选举产生区十七届人大代表161名，镇新一届人大代表185名。从代表结构比例看，实现了上级确定的“两上升一降低”的目标。

【常委会自身建设】2011年，区人大常委会努力适应新形势新任务的要求，不断加强自身建设。一是加强学习研究，提高履职水平。始终把思想政治建设放在首位，深入开展了学习实践科学发展观活动、创先争优主题实践活动和“勇于改革创新奋力攻坚克难”、“转方式调结构”大讨论活动，认真组织学习中国特色社会主义理论，系统开展法律法规和人大业务知识培训，积极参加区委组织的读书会、座谈会、专题讲座和外出学习考察等活动。认真贯彻落实区委决策部署，着力在坚定正确方向、有效依法履职、服务发展大局上求深化，维护了全区团结和谐、共谋发展的良好局面。二是加强制度建设，促进工作规认真总结人大工作的经验，不断完善各项规章制度，在重大事项的审议决定、重点工作的监督推进、代表活动的开展、信访案件的督办、常委会日常重要事务的处理等方面研究了一系列改进措施，使各项工作的开展更加规范有效。重视加强作风建设，认真执行民主集中制原则，坚持集体行使职权。把调查研究贯穿于常委会各项工作之中，经常深入基层，深入群众，了解社情民意，掌握真实情况。认真落实党风廉政建设责任制，自觉遵守廉洁自律的各项规定，树立了为民务实清廉的良好形象。以建设学习型、服务型机关为目标，加强机关规范化建设，服务质量和办事效率明显提高。三是加强宣传工作，密切各方联系。坚持正确的舆论导向，不断丰富完善河口人大网站、《河口人大》刊物，为宣传区委的重要决策和人大常委会的重要活动，展示人大代表依法履职的工作实绩，推广交流人大工作经验，发挥了有效作用。注重工作协调和业务沟通，积极参加和承办市人大召开的有关会议和组织的有关活动，加强了与各县区人大的密切联系和工作交流。四是强化大局意识，积极参与中心工作。在做好本职工作的同时，区人大常委会立足全局，自我加压，积极参与全区中心工作，在招商引资、包村帮扶、重点工程推进等方面发挥了积极作用。常委会各位副主任根据区委安排，以高度负责的态度参与油地军港共建、盐业开发、中心渔港建设、河口蓝色经济开发区规划建设、“三网”绿化工程建设、普法依法治理等重点工作的组织协调，有效地推进了中心工作。

第五节　区十七届人大常委会重要工作

2012 年至 2016 年，区十七届人大常委会高举中国特色社会主义伟大旗帜，以邓小平理论、“三个代表”重要思想、科学发展观为指导，全面贯彻落实中共十八大和十八届三中、四中、五中、六中全会精神，深入贯彻习近平总书记系列重要讲话精神，把握时代大势，回应社会关切，认真履行法定职责，为推进改革发展和民主法治建设做出了积极贡献。五年来，听取审议“一府两院”专项工作报告 75 项，开展专题调查和执法检查 110 余次，开展专题询问 1 次，组织代表集中视察 9 次，提出意见建议 300 余条，作出决议决定 52 项。区人大常委会准确把握经济发展新常态的内涵和要求，紧紧围绕统筹推进“五位一体”总体布局和协调推进“四个全面”战略布局，深入践行“五大发展理念”，把区委决策部署、政府着力推进、群众普遍关注、人大职权范围内的重大事项作为监督重点，依法推动了全区经济社会健康持续发展。正确把握监督与支持、继承与创新的关系，不断探索加强监督工作的新思路、新方法，在重点工作的监督推进方面，研究了一系列改进措施，许多工作走在了全市乃至全省前列。区人大常委会始终把代表工作作为基础性工作来抓，认真贯彻落实代表法，不断完善代表工作机制，创新代表工作方式，发挥代表主体作用，支持和引导代表为推动河口发展贡献力量。主动适应新形势新任务新要求，以“不忘初心、继续前进”为不竭动力，以聚集活力、提升能力为目标要求，不断深化思想建设、作风建设和机关党的建设，坚定理想信念，强化责任担当，为推动人大工作创新发展提供了有力保障。

2012 年区人大常委会重要工作

2012 年，区人大常委会坚持以科学发展观为指导，紧紧围绕“发挥港口优势，科学规划‘一港三区一带三线一城’经济发展新格局，全力打造五大基地，努力实现在黄河三角洲开发建设中高点定位、率先崛起”的总体发展思路，牢牢把握“区港联动，工业优先，富民强区”的工作基调，贴近中心，突出重点，依法履职，积极作为，实现了本届常委会工作开好局、起好步的目标。

【专项工作报告审议】2012 年，区人大常委会树立以人为本、科学发展的理念，把区委决策部署、政府着力推动、群众普遍关注、人大职权范围内的重大事项作为监督重点，先后听取审议“一府两院”专项工作报告 17 项。4 月 27 日，区十七届人大常委会第三次会议，听取审议了区政府关于畜牧业发展情况的报告、关于《中华人民共和国安全生产法》贯彻情况的报告、关于社会治安防控体系建设情况的报告。6 月 29 日，区十七届人大常委会第四次会议，听取审议了区政府关于 2012 年上半年国民经济和社会发展计划执行情况的报告，听取审议了区政府关于2011年区级财政决算（草案）的报告、2011年区级财政预算执行和其他财政收支情况的审计工作报告、2012年上半年财政预算执行情况的报告，审查批准了2011年区级财政决算。听取审议了区人民检察院关于监所检察工作情况的报告。8月29日，区十七届人大常委会第五次会议，听取审议了区政府关于"和谐城乡建设行动"开展情况的报告、关于农业科技创新和服务体系建设情况的报告，区人民法院关于刑事审判工作情况的报告。10月31日，区十七届人大常委会第六次会议，听取审议了区政府关于城乡基础教育标准化建设情况的报告、关于环境保护工作情况的报告、关于招商引资工作情况的报告。12月19日，区十七届人大常委会第七次会议，听取审议了区政府关于"重大项目攻坚行动"开展情况的报告、关于文化建设工作情况的报告、关于普法依法治理及法治河口创建工作情况的报告。

【专项工作报告满意度测评】为进一步规范对区人民政府、区人民法院、区人民检察院的依法监督，切实增强区人大常委会会议的审议效果，2012年8月29日区十七届人大常委会第五次会议通过了《东营市河口区人民代表大会常务委员会关于对区人民政府、区人民法院、区人民检察院专项工作报告实行满意度测评的暂行办法》。办法规定：对区人大常委会会议听取审议的区人民政府及其工作部门、区人民法院、区人民检察院的专项工作报告，由区人大常委会组成人员以无记名投票的方式进行满意度测评。满意度测评分满意、基本满意、不满意三个等次。主要内容包括报告工作是否实事求是，所报告工作的实绩和社会效果如何，报告查找的问题是否客观、准确，报告拟采取的措施是否可行、有力，综合评价五个方面。由区人大常委会组成人员以无计名的方式，当场投票，当场计票，当场公布测评结果。综合评价满意票达到常委会与会组成人员80%以上的，为满意；综合评价满意票和基本满意票之和超过常委会与会组成人员50%的，为基本满意；综合评价不满意票等于或超过常委会与会组成人员50%的，为不满意。确定为不满意的，该项工作报告不予通过。专项工作报告未通过的，报告机关应根据常委会提出的审议意见认真进行整改，并在下次或指定的常委会会议上重新报告该项工作。如果重新报告仍未通过，区人大常委会主任会议将根据常委会组成人员的意见，对报告机关依法提出质询。听取审议专项工作报告满意度测评结果连同审议意见报告区委，印发区人民政府及有关部门、区人民法院、区人民检察院，必要时向社会公布。年内，对"一府两院"的6项专项报告进行了满意度测评，有效提升了审议质量和监督实效。

2012年区人大常委会会议听取审议的专项工作报告满意度测评结果一览表

表2—1

会　次	报告名称	报告工作是否实事求是（满意/基本满意/不满意）	所报告工作的实绩和社会效果如何（满意/基本满意/不满意）	报告查找的问题是否客观、准确（满意/基本满意/不满意）	报告拟采取的措施是否可行、有力（满意/基本满意/不满意）	综合评价（满意/基本满意/不满意）	测评结果
10月31日区十七届人大常委会第6次会议	关于城乡基础教育标准化建设情况的报告	19票/0票/0票	19票/0票/0票	19票/0票/0票	18票/1票/0票	19票/0票/0票	满意
	关于环境保护工作情况的报告	19票/0票/0票	17票/2票/0票	18票/1票/0票	18票/1票/0票	19票/0票/0票	满意
	关于招商引资工作情况的报告	18票/1票/0票	17票/2票/0票	19票/0票/0票	19票/0票/0票	19票/0票/0票	满意
12月19日区十七届人大常委会第7次会议	关于"重大项目攻坚行动"开展情况的报告	18票/0票/0票	17票/1票/0票	16票/2票/0票	17票/1票/0票	18票/0票/0票	满意
	关于文化建设工作情况的报告	17票/1票/0票	17票/1票/0票	17票/1票/0票	16票/2票/0票	17票/1票/0票	满意
	关于普法依法治理及法治河口创建工作情况的报告	18票/0票/0票	16票/2票/0票	15票/3票/0票	17票/1票/0票	18票/0票/0票	满意

【人事任免工作】2012年，区人大常委会坚持党管干部与人大依法任免干部的统一，全年共任命国家机关工作人员70名，免职24名，接受辞职1名，保证了国家政权机关工作的有序运转。继续坚持干部任前法律知识考试和到会供职制度，切实增强所任干部接受监督、依法行政、公正司法的自觉性。继续坚持人大、政协、纪委“三机关”协同监督机制，适时开展检查、评议活动，对加强干部作风建设和勤政廉政建设发挥了重要作用。

【人大信访工作】2012年，区人大常委会高度重视信访工作，全年共接待群众来访29人次，受理群众来信13件。对群众反映的问题，认真汇总梳理，按照法律和政策规定及时进行了办理。根据区委的统一安排，驻会副主任轮流公开接访、带案下访，化解了大量矛盾纠纷，为促进社会和谐稳定做出了积极贡献。

【代表建议工作】2012年，区十七届人大代表从全区改革、发展、稳定的大局出发，认真履行代表职责，积极建言献策，共提出各类建议56件。其中涉及农业农村、水利建设、土地管理等方面12件，占21.4%；涉及经济发展、社会管理、企业扶持等方面10件，占17.9%；涉及文化教育、医药卫生、劳动保障等方面8件，占14.3%；涉及城市建设、市政管理、交通运输等方面19件，占33.9%；涉及环境保护、生态建设、旅游开发等方面7件，占12.5%。常委会不断完善代表建议办理机制，规范工作运转程序，通过召开代表建议交办会、建议办理调度会、组织人大代表与承办单位见面、实地察看办理现场等形式，落实工作责任，加大督办力度。区政府将代表建议办理工作纳入政务督查考核；各承办部门本着“对代表负责、对事业负责”的态度，加强研究分析，落实办理措施，代表建议办理质量有了新的提高。为建立一套比较系统的代表建议办理流程，全面规范代表建议办理工作，区人大常委会在认真总结实践经验的基础上，制定出台了《办理区人民代表大会代表建议办法》和《代表建议办理面对面答复暂行办法》。这两个办法对代表建议的提出、代表建议的交办和办理、代表建议办理工作的监督检查以及代表建议面对面答复的时间安排、组织形式等都作出了明确规定，成为指导代表建议办理工作的规范性文件。年内，区十七届人大一次会议以来代表提出的56件建议全部办结，一批事关发展、事关稳定、事关群众切身利益的热点难点问题得到了有效解决。

【代表工作】2012年，区人大常委会围绕全区工作大局，积极探索新形势下代表更好地履行职责、发挥作用的新路子，凝聚油地军港、方方面面的力量，共同致力于“黄蓝”经济区开发建设大业。针对换届后新代表比较多、对人大工作和代表履职不够熟悉的实际，邀请省人大常委会专家和全国人大代表对区级人大代表进行了集中培训。继续坚持常委会组成人员走访联系代表和邀请代表列席常委会会议等制度，及时向代表通报人大常委会和“一府两院”的工作，了解代表履职情况，征求代表意见建议。采取以会代训、寄送资料、订阅人大报刊杂志等方式，组织引导代表学习人民代表大会制度理论和有关法律法规。组织代表参加视察调查和执法检查活动，推荐代表参加民主测评、行风评议等社会监督活动，让代表多渠道了解情况、知情知政。全面加强代表小组活动阵地建设，依托“代表之家”，精心组织代表开展活动，各代表小组的工作日趋规范活跃，作用发挥越来越好。为促进代表更好地履职，建立了代表职务公示、代表联系选民、代表履职情况通报等制度，制定了《河口区第十七届人民代表大会代表考核办法》，代表的责任意识明显增强。积极开展人大代表评先树优活动，评选出10名优秀人大代表，在区电视台开辟专栏进行集中宣传，在省、市、区人大报刊上对6名区级人大代表的先进事迹进行了宣传报道，有效地调动了人大代表的履职积极性，发挥了良好的示范引导作用。立足河口实际，研究制定了《关于进一步加强镇、街道人大工作的意见》，就规范代表小组建设、强化代表学习培训、组织开展代表活动、完善建议办理程序、健全管理服务机制、改进人大宣传工作等，提出了具体明确要求，并围绕这些具体要求制定了《镇、街道人大工作考核办法》。年底，围绕意见落实情况，对各镇街人大工作进行了量化考核，取得了积极效果。在日常工作中，注重加强与各镇街人大的联系，通报有关情况，研究工作措施，促进了基层人大工作平衡发展。

【常委会自身建设】2012年，区人大常委会积极适应人大工作不断发展的新形势，切实加强自身建设，依法履行职责的能力进一步增强。牢固树立党的观念、大局观念，自觉把人大工作置于党委领导之下，认真贯彻落实党的路线方针政策和区委决策部署，及时把区委主张通过法定程序变为国家意志和人大及其常委会的决议决定。坚持政治理论学习与法律法规学习相结合，积极参加区委组织的读书会、座谈会、专题讲座、外出学习考察等活动，系统开展法律法规和人大业务知识培训，思想境界和履职能力进一步提高。认真执行民主集中制原则，重大问题充分酝酿讨论，集体研究决定。把调查研究贯穿于常委会各项工作之中，经常深入基层，深入群众，了解社情民意，掌握真实情况。在组织专题调查时，注意广泛吸纳人大代表、经济组织和服务对象的意见建议，尽量扩大社会参与面，努力提高监督工作质量。认真总结人大工作经验，不断完善各项规章制度。在继续坚持调查前学法、重点问题调查、实行审议意见书等制度的基础上，探索制定了《关于对区人民政府、区人民法院、区人民检察院专项工作报告实行满意度测评的暂行办法》，对常委会听取审议的工作报告按照满意、基本满意、不满意三个等次进行投票测评，当场计票，当场公布结果。实行满意度测评的审议办法，准确表达了每位常委会组成人员的意愿，对报告机关产生了积极的约束、激励作用。当年，对“一府两院”6项工作报告进行了满意度测评审议，收到了良好的监督效果。围绕加强机关建设，制定并实施了《关于加强人大机关规范化管理的补充规定》，在强化责任、规范操作、提高效率等方面取得了新进展。积极参与全区重点工作，在招商引资、包村帮扶、重点工程推进等方面发挥了积极作用。深入开展“千名机关干部下基层”活动和下派帮扶工作，帮助指导联系村加强组织建设、化解矛盾纠纷、开展扶贫济困、促进经济发展，得到了群众的一致好评。区人大常委会各位副主任根据区委安排，参与了防潮堤项目立项、未利用地开发利用、环境综合整治、普法依法治理等重点工作的组织协调，在参与中支持，在支持中监督，有效地推进了中心工作。

2013年区人大常委会重要工作

2013年，区人大常委会在区委的坚强领导下，坚持以邓小平理论、“三个代表”重要思想、科学发展观为指导，全面贯彻落实中共十八大和十八届二中、三中全会精神，积极适应新形势新任务对人大工作的新要求，依法履职，务实创新，为推进全区经济社会发展和民主法治建设做出了积极贡献。

【专项工作报告审议】2013年，区人大常委会坚持专项工作报告满意度测评制度，先后听取审议“一府两院”专项工作报告15项，分项测评满意率为89.5%，综合测评满意率为96.3%。4月26日，区十七届人大常委会第九次会议，听取审议了区政府关于人口和计划生育工作情况的报告、关于《中华人民共和国道路交通安全法》贯彻落实情况的报告、关于物价工作情况的报告。6月28日，区十七届人大常委会第十一次会议听取审议了区政府关于林业工作情况的报告、关于社会保障工作情况的报告，听取审议了区人民法院关于商事审判工作情况的报告。8月28日，区十七届人大常委会第十二次会议，听取审议了区政府关于2013年上半年国民经济和社会发展计划执行情况的报告、关于2012年区级财政决算（草案）的报告、2012年区级财政预算执行和其他财政收支情况的审计工作报告、2013年上半年财政预算执行情况的报告。10月31日，区十七届人大常委会第十四次会议，听取审议了区政府关于医药卫生体制改革情况的报告、关于《中华人民共和国产品质量法》贯彻落实情况的报告，听取审议了区人民检察院关于反渎职侵权工作情况的报告。12月26日，区十七届人大常委会第十五次会议，听取审议了区政府关于新型城镇化建设情况的报告、关于民政工作情况的报告。

2013 年区人大常委会会议听取审议的专项工作报告满意度测评结果一览表

表 2—2

会　次	报告名称	报告工作是否实事求是（满意 / 基本满意 / 不满意）	所报告工作的实绩和社会效果如何（满意 / 基本满意 / 不满意）	报告查找的问题是否客观、准确（满意 / 基本满意 / 不满意）	报告拟采取的措施是否可行、有力（满意 / 基本满意 / 不满意）	综合评价（满意 / 基本满意 / 不满意）	测评结果
4 月 26 日区十七届人大常委会第 9 次会议	关于全区人口和计划生育工作情况的报告	18 票 /1 票 /0 票	16 票 /3 票 /0 票	17 票 /2 票 /0 票	18 票 /1 票 /0 票	19 票 /0 票 /0 票	满意
	关于《中华人民共和国道路交通安全法》贯彻落实情况的报告	16 票 /3 票 /0 票	15 票 /4 票 /0 票	15 票 /4 票 /0 票	16 票 /3 票 /0 票	18 票 /1 票 /0 票	满意
	关于全区物价工作情况的报告	18 票 /1 票 /0 票	16 票 /3 票 /0 票	18 票 /1 票 /0 票	15 票 /4 票 /0 票	19 票 /0 票 /0 票	满意
6 月 28 日区十七届人大常委会第 11 次会议	关于林业工作情况的报告	17 票 /0 票 /0 票	15 /2 票 /0 票	16 票 /1 票 /0 票	17 票 /0 票 /0 票	17 /0 票 /0 票	满意
	关于社会保障工作情况的报告	17 票 /0 票 /0 票	15 票 /2 票 /0 票	14 票 /3 票 /0 票	14 票 /3 票 /0 票	16 票 /1 票 /0 票	满意
	关于商事审判工作情况的报告	17 票 /0 票 /0 票	10 票 /7 票 /0 票	16 票 /1 票 /0 票	16 票 /1 票 /0 票	17 票 /0 票 /0 票	满意
8 月 28 日区十七届人大常委会第 12 次会议	关于 2013 年上半年国民经济和社会发展计划执行情况的报告	16 票 /1 票 /0 票	16 票 /1 票 /0 票	15 票 /2 票 /0 票	15 票 /2 票 /0 票	16 票 /1 票 /0 票	满意
	关于 2012 年区级财政决算（草案）的报告	17 票 /0 票 /0 票	17 票 /0 票 /0 票	14 票 /3 票 /0 票	16 票 /1 票 /0 票	17 票 /0 票 /0 票	满意
	关于 2013 年上半年财政预算执行情况的报告	17 票 /0 票 /0 票	16 票 /1 票 /0 票	16 票 /1 票 /0 票	16 票 /1 票 /0 票	17 票 /0 票 /0 票	满意
	关于 2012 年区级财政预算执行和其他财政收支情况的审计工作报告	17 票 /0 票 /0 票	17 票 /0 票 /0 票	17 票 /0 票 /0 票	16 票 /1 票 /0 票	17 票 /0 票 /0 票	满意
10 月 31 日区十七届人大常委会第 14 次会议	关于医药卫生体制改革情况的报告	17 票 /2 票 /0 票	15 票 /4 票 /0 票	16 票 /3 票 /0 票	15 票 /4 票 /0 票	17 票 /2 票 /0 票	满意
	关于《中华人民共和国产品质量法》贯彻落实情况的报告	16 票 /3 票 /0 票	12 票 /7 票 /0 票	15 票 /4 票 /0 票	15 票 /4 票 /0 票	16 票 /3 票 /0 票	满意
	关于反渎职侵权工作情况的报告	19 票 /0 票 /0 票	19 票 /0 票 /0 票	19 票 /0 票 /0 票	19 票 /0 票 /0 票	19 票 /0 票 /0 票	满意
12 月 26 日区十七届人大常委会第 15 次会议	关于新型城镇化建设情况的报告	18 票 /0 票 /0 票	14 票 /4 票 /0 票	15 票 /3 票 /0 票	14 票 /4 票 /0 票	17 票 /1 票 /0 票	满意
	关于民政工作情况的报告	18 票 /0 票 /0 票	18 票 /0 票 /0 票	15 票 /3 票 /0 票	14 票 /4 票 /0 票	17 票 /1 票 /0 票	满意

【工作评议】2013 年，区人大常委会为规范人大监督工作，增强监督工作实效，研究制定了《河口区人大常委会工作评议暂行办法》，对评议主体、评议对象、评议内容、评议的方法步骤和评议结果的运用等作出了明确规定。工作评议坚持写实性评议和计分式评议相结合，评议主体拓展到区人大常委会、各级人大代表、被评议单位干部职工和其他社会成员四个方面，并合理确定各个层面的评议分值，以保证工作评议的客观公正性，提高工作评议的社会影响力。8—10 月，围绕依法履职、队伍建设、为民服务、机关效能、接受监督等五个方面，对区发改局、物价局、科技局、农业局、商务局、统计局、城管局、招商局、

旅游局、国税局、地税分局、环保分局、工商分局、质监分局、盐务局等15个区政府组成部门、事业单位和垂直管理部门进行了工作评议。其间，召开各类座谈会、评议会20多次，参评人员1000多人，整理归纳意见建议200多条。从评议情况看，各有关方面高度重视，认真负责，严格程序，规范操作，保证了评议工作依法有序进行。被评议单位结合评议活动，认真梳理工作，虚心接受监督，根据反馈意见集中抓好整改，取得了积极效果，达到了预期目的。

【专题调查】2013年，区人大常委会把解决城乡公共交通问题作为专题调查内容列入当年常委会工作要点。3月，区人大常委会成立了由副主任闫长林为组长的专题调查组，对全区城乡公共交通建设情况进行了较大规模的专题调查。调查组认真听取区交通运输局、交通管理大队、住房和城乡建设局等有关部门的工作情况汇报；召开各个层面的座谈会10余次；走访客运企业职工、出租车司机50余人次；发放调查问卷400余份；并先后到溧阳、即墨等地进行考察学习。经过近两个月的调查研究，调查组撰写的调查报告，得到了区委主要领导的高度评价，责成区政府认真研究，抓好落实。《调查报告》主要提出了六条建议：（一）切实提高对城乡公交客运一体化发展重要性和必要性的认识。实施城乡客运公交化改造，由集中经营的城乡公交车替代分散经营的个体客运车，是社会发展的必然。让人民群众享受客运准时、停靠有序、安全舒适、票价合理、服务规范的客运服务，是政府义不容辞的责任。实施客运公交化改造，推进城乡客运一体化发展，对完善城市功能，推进新型城镇化建设，促进城乡协调发展，率先实现全面建成小康社会目标，都具有十分重要的意义。建议区政府充分认识发展城乡公交事业的现实必要性，增强责任感和使命感，抢抓机遇，克服困难，全力推进，尽快将城乡公交一体化建设列入议事日程，力争早日实现城乡公交一体化。（二）扎实做好城乡公交客运规划编制工作。结合我区经济发展要求和交通发展现状，尽快编制全区城乡公交一体化发展规划，统筹规划城乡公交客运服务设施和运营线路，合理调控城乡公交客运资源。（三）合理配置城乡公交基础设施。结合城区公共交通专项规划，按照“档次高、美观、实用”的原则，合理建设港湾式停靠站，并配套完善候车亭等设施。新建公路要配套建设相应的城市公交设施，确保道路建设和城市公交建设同步推进。要规划建设城乡公交换乘站和村庄候车亭，所有镇、街道都要建成标准化农村客运站，实现全区联网售票；所有行政村和园区都要合理建设候车站亭，方便群众候车。要加快改造城市道路和农村公路，改善公交运行环境，消除瓶颈，打通断头路，设计环线公交，减少换乘，提高运行效率和质量。（四）积极推行“公车公营”经营模式。结合我区交通客运现状，借鉴外地经验做法，建议本着“政府主导、政策引导、公司运作”的原则，通过招标方式，引进既有经济实力又有良好信誉的公交企业，以公车公营的模式投资运营。政府及主管部门要完善监管机制，强化监督措施，加大监管力度，严禁任何形式的挂靠、租赁或转包经营。要积极抓好出租车运营模式的探索创新，认真执行国家政策，加强监督管理，严格更新程序，按照老车老办法、新车新办法的思路，有计划、有步骤地完善出租车运营模式、规范出租车运营行为。（五）认真落实城乡公共交通优先保障措施。确立城乡公共交通的公益性定位，坚持政府主导，采取一系列政策措施，鼓励、扶持公交事业发展。列出专项资金，用于城市公共交通设施建设，确保逐年稳定增长。在财税政策上扶持公交企业运营，对公交车的税费，给予相应的减免和优惠。对公交企业承担的福利性支出、车辆购置、盈亏情况等，相关部门要进行调查测算，按测算结果，每年给予经营者一定的经济补贴。加大监管和审计力度，严格财政专项资金使用。同时，建立完善财政补贴的考核机制，对公交企业的运营情况、服务情况进行绩效评估，确保对公交企业的财政补贴取得最大效益。（六）妥善处理利益冲突。推行城乡公交一体化，涉及方方面面的利益，要侧重处理好两个方面的关系。一是处理好与出租车业主的矛盾。出租客运的盈利已显现下降趋势，实行城乡公交一体化，必将造成出租客运收入减少，甚至亏本，极易引发群体性事件。二是处理好与乡村客运业主的关系。多年来，乡村客运对满足城乡居民出行做出了较大贡献，如果启动城乡公交一体化，现有乡村客运的车辆、人员将面临重新安置转型等问题。针对以上问题，区政府要认真研究，加强分析研判，制定相应的应急处理预案，做好矛盾纠纷排查调解工作，确保城乡公交一体化顺利推进。

2014年12月19日，河口区城区公交线路开通运营，实现了城区公交运营的历史性突破。首期开通了4条城区公交线路，投入公交车24台，每天运行班次达150个，日运行里程5300公里，覆盖河口主城区、河口经济开发区、河口蓝色开发区的主要道路，大大改善了城乡居民出行条件，让市民切实享受到了城区公交带来的实惠和便捷。

2017年4月27日，河口区城乡公交一体化和城际公交提升全面启动。这是全市首个实现“城乡公交一体化”的县区。全区新开通城乡公交线路17条，投入纯电动公交车104辆（东部54辆、西部50辆），加上原有的4条城区公交线路，全区公交线路达到了21条，公交车达到了128辆。设置公交站点210处，新建候车亭120个、站牌283个，日运行班次382个，日运行里程13194公里。60岁以上老年人、残疾人、伤残军人免费乘车。候车距离在500米之内的村、农村社区有171个，占全区178个行政村的96%，油田各二级单位、居民小区、济军训练基地在我区内各分场、居民小区实现全覆盖。东西部城乡公交线路全部实行2元一票制，镇区内循环实行1元一票制。项目总投资3092万元。河口区城乡公交一体化，是河口交通事业发展的重要里程碑，也是全区人民期盼已久的大事喜事，对于改善市民出行条件，加快城乡建设步伐起到了积极的推动作用。

【人事任免工作】2013年，区人大常委会坚持党管干部与人大依法任免干部的统一，完善程序，规范操作，确保实现区委人事安排意图。全年共任命国家机关工作人员11名，免职13名，接受辞职8名，保证了国家政权机关工作的有序运转。继续坚持干部任前法律知识考试和到会供职制度，切实增强所任干部接受监督、依法行政、公正司法的自觉性。

【人大信访工作】2013年，区人大常委会将人大信访工作作为维护公民合法权益、密切联系群众的重要工作来抓。全年，共接待群众来访30人次，受理群众来信12件。对群众反映的问题特别是带有普遍性的问题，认真研究分析，提出意见建议，按照法律和政策规定及时进行了办理。根据区委的统一安排，驻会副主任轮流公开接访、带案下访，促进解决了一批事关群众利益的突出问题，为促进社会和谐稳定做出了积极贡献。

【代表工作】2013年，区人大常委会认真贯彻落实代表法，不断完善代表工作机制，创新代表工作方式，提高代表工作水平，支持和引导代表为推动河口发展贡献力量。把组织代表履职学习作为一项重要工作来抓，采取以会代训、考察交流、寄送资料等形式，为代表提供信息服务。指导镇街人大开展代表培训，组织引导代表学习法律法规和有关业务知识。坚持邀请代表列席常委会会议，参加常委会组织的执法检查、视察调研等活动，扩大代表对常委会工作的参与。全年共邀请36名人大代表列席常委会会议，组织90多名人大代表分两批进行了集中视察，先后组织40多名人大代表参加各类调研和执法检查活动。继续坚持常委会组成人员走访联系代表制度，结合半年工作审议，对100多名基层人大代表进行了集中走访，通报工作情况，征求意见建议。同时，积极推荐代表参加民主测评、行风评议等社会监督活动，让代表多渠道了解情况、知情知政。全面加强代表小组活动阵地建设，指导代表小组制定年度工作计划，精心组织代表开展活动。各代表小组注重创新方式，丰富内容，不断增强代表调研、视察效果，为代表提出有价值的意见建议奠定了基础。为加强人大代表与群众的联系，促进代表依法履职，制定了《人大代表联系群众制度》，对代表联系群众的基本范围、联系群众的主要内容和主要方式、群众意见建议的处理等作出了规定，对发挥人大代表的桥梁纽带作用起到了积极的促进效果。健全完善激励约束机制，按照人大代表考核办法，12月份，对代表执行职务情况和履行岗位职责情况进行了首次量化考核。考核结果分优秀、称职、不称职三个档次。对连续两年考核不称职的人大代表，将按程序进行询问或责令辞职。不断加大对优秀代表的宣传力度，建立了集中宣传和日常宣传相结合的宣传制度，努力发挥优秀代表的示范带动作用。全年共对24名人大代表的先进事迹进行了宣传报道，营造了良好的社会氛围。

【代表建议办理】2013年，区人大代表共提出各类建议88件。其中，涉及农业农村、水利建设、土地开发等方面12件，占13.6%；涉及城乡建设、市政管理、交通运输等方面44件，占50%；涉及文化教育、医疗卫生、民生保障等方面13件，占

14.8%；涉及环境保护、生态建设、治安管理等方面14件，占15.9%；涉及作风建设、经济发展和企业扶持等方面5件，占5.7%。3月，召开了全区代表建议交办工作会议，对2012年度提出优秀建议的10名人大代表和5个办理代表建议工作先进单位进行了表彰，对区十七届人大二次会议上代表提出的54件建议进行了交办。各承办部门严格执行代表建议办理办法，以高度负责的态度，认真研究代表建议，积极落实办理措施，代表建议办理程序更加规范，办理质量有了明显提高。7月底，区人大常委会组织承办部门主要负责人对54件建议办理情况向人大代表进行了面对面集中答复；12月上旬，对集中走访联系代表时征求到的34件建议办理情况进行了面对面答复，一批事关发展、事关稳定、事关群众切身利益的热点难点问题得到了有效解决。至当年底，办结代表建议88件，其中，代表所提建议已被采纳、问题已解决或基本解决的33件（A类），占37.5%；建议已被采纳、问题正在解决或已列入计划逐步解决的46件（B类），占52.3%；因受政策、管理权限、资金等因素制约，暂时不能解决、不好解决的9件（C类），占10.2%。

【工作制度建设】2013年2月21日，区十七届人大常委会第八次会议讨论通过了区人大常委会工作评议暂行办法、区人大常委会执法检查办法、区人大常委会专题调查办法、区人大代表联系群众制度等工作制度。根据《专题调查办法》和《执法检查办法》的有关规定，全年共召开各种类型的专题调查座谈会30余次，发放调查问卷2000余份，征求人大代表、企业负责人、个体工商户、农村群众代表意见建议300多条，为实施有效监督提供了可靠依据。

【常委会自身建设】2013年，区人大常委会坚持把加强自身建设作为强基固本的首要任务来抓，不断提高依法履行职责的能力和水平，为做好人大工作提供了有力保证。突出抓好政治理论学习，及时传达中央和区委的重要会议精神，紧密结合人大工作实际提出贯彻落实意见，努力把思想和行动统一到中央对形势的分析判断上来，统一到区委的决策部署上来。积极参加区委组织的读书会、专题讲座、外出学习考察、解放思想大讨论等活动。结合学习贯彻中共十八大和十八届二中、三中全会精神，围绕转方式调结构、加强和创新社会管理、全面深化改革等重大课题，进行学习研究，为依法履职打下了良好的理论基础。坚持理论联系实际的优良学风，及时分析研究人大工作的新情况新问题，不断提高把握大局的能力、议事决策的能力和依法履职的能力。结合人大工作特点，定期组织干部职工学习法律法规和人大业务知识，坚持调查、审议和执法检查前学习培训制度，努力提高依法监督质量。按照坚持完善创新的原则，组织开展规范性文件修编工作，全面系统地整理原有的各项制度办法，完善有关工作流程，编印了《河口区人大常委会规范性文件汇编》。围绕加强机关建设，制定并实施了关于信访案件督办、机关工作运行、日常事务处理等一系列制度措施，进一步理顺了机关内部管理，提升了机关工作规范化水平。重视人大宣传工作，建立了宣传报道网络，创建了宣传报道平台，制定了宣传工作奖励办法，调动了工作人员的积极性。全年共发表宣传稿件143篇，其中市级以上93篇，人大宣传的深度和广度有了新提高。认真执行民主集中制原则，重大问题充分酝酿讨论，集体研究决定。把调查研究贯穿于常委会各项工作之中，每项议题审议前，都采取多种方式进行调研，摸透实情，掌握真相，了解群众意愿，集中群众智慧，形成科学决策。注重工作协调和业务沟通，积极参加和承办市人大召开的会议和组织的活动，加强与各县区人大的密切联系。召开了全区人大工作座谈会，共同研究谋划做好人大工作的思路对策，交流情况，听取意见，推进工作。加强对镇街人大的业务指导和工作考核，促进全区人大工作平衡发展、共同提高。正确处理做好人大工作与服务经济发展的关系，充分发挥自身优势，积极参与全区中心工作，在招商引资、包村帮扶、联系企业、重点工程推进、普法依法治理等方面发挥了积极作用。

2014年区人大常委会重要工作

2014年，区人大常委会在区委的坚强领导下，全面贯彻落实中共十八届三中、四中全会和习近平总书记系列重要讲话精神，以党的群众路线教育实践活动为统领，认真行使法定职权，听取审议专项工作报告15项，开展视察调查和执法检查28次，提出意见建议 120 余条，作出决议决定 11 项，为推进全区经济社会发展和民主法治建设做出了积极贡献。

【专项工作报告审议】2014 年，区人大常委会听取审议“一府两院”专项工作报告 15 项，并进行专项报告满意度测评，分项测评满意率为 88.73%，综合测评满意率为 93.67%。4 月 25 日，区十七届人大常委会第十八次会议召开。会议听取审议了区政府关于水利工作情况的报告、关于科技工作情况的报告，区法院关于审判管理工作情况的报告。6 月 27 日，区十七届人大常委会第十九次会议召开。会议听取审议了区政府关于旅游工作情况的报告、关于《中华人民共和国土地管理法》贯彻落实情况的报告，区检察院关于侦查监督工作情况的报告。8 月 28 日，区十七届人大常委会第二十次会议召开。会议听取审议了区政府关于 2014 年上半年国民经济和社会发展计划执行情况的报告；听取审议了区政府关于 2014 年上半年财政预算执行情况的报告、关于 2013 年区级财政决算（草案）的报告、2013 年区级财政预算执行和其他财政收支情况的审计工作报告，审查批准了 2013 年区级财政决算。10 月 30 日，区十七届人大常委会第二十二次会议召开。会议听取审议了区政府关于海洋与渔业工作情况的报告、关于城市管理工作情况的报告、关于加强公安基层基础工作情况的报告，并对听取审议的专项工作报告进行了满意度测评。12 月 26 日，区十七届人大常委会第二十三次会议召开。会议听取审议了区政府关于食品安全工作情况的报告、关于《2011—2015 年依法治区规划》实施情况的报告。

2014 年区人大常委会会议听取审议的专项工作报告满意度测评结果一览表

表 2—3

会　次	报告名称	报告工作是否实事求是（满意/基本满意/不满意）	所报告工作的实绩和社会效果如何（满意/基本满意/不满意）	报告查找的问题是否客观、准确（满意/基本满意/不满意）	报告拟采取的措施是否可行、有力（满意/基本满意/不满意）	综合评价（满意/基本满意/不满意）	测评结果
4 月 25 日区十七届人大常委会第 18 次会议	关于水利工作情况的报告	16 票 /2 票 /0 票	13 票 /5 票 /0 票	16 票 /2 票 /0 票	13 票 /5 票 /0 票	16 票 /2 票 /0 票	满意
	关于科技工作情况的报告	17 票 /1 票 /0 票	14 票 /4 票 /0 票	17 票 /1 票 /0 票	16 票 /2 票 /0 票	18 票 /0 票 /0 票	满意
	关于审判管理工作情况的报告	15 票 /3 票 /0 票	12 票 /6 票 /0 票	16 票 /2 票 /0 票	15 票 /3 票 /0 票	14 票 /4 票 /0 票	基本满意
6 月 27 日区十七届人大常委会第 19 次会议	关于旅游工作情况的报告	21 票 /1 票 /0 票	18 票 /4 票 /0 票	20 票 /2 票 /0 票	20 票 /2 票 /0 票	21 票 /1 票 /0 票	满意
	关于《中华人民共和国土地管理法》贯彻落实情况的报告	22 票 /0 票 /0 票	18 票 /4 票 /0 票	19 票 /3 票 /0 票	20 票 /2 票 /0 票	20 票 /2 票 /0 票	满意
	关于侦查监督工作情况的报告	22 票 /0 票 /0 票	19 票 /3 票 /0 票	20 票 /2 票 /0 票	20 票 /2 票 /0 票	21 票 /1 票 /0 票	满意
8 月 28 日区十七届人大常委会第 20 次会议	关于 2014 年上半年国民经济和社会发展计划执行情况的报告	20 票 /0 票 /0 票	17 票 /3 票 /0 票	20 票 /0 票 /0 票	19 票 /1 票 /0 票	20 票 /0 票 /0 票	满意
	关于 2013 年区级财政决算（草案）的报告	19 票 /1 票 /0 票	20 票 /0 票 /0 票	19 票 /1 票 /0 票	19 票 /1 票 /0 票	20 票 /0 票 /0 票	满意
	关于 2014 年上半年财政预算执行情况的报告	20 票 /0 票 /0 票	17 票 /3 票 /0 票	20 票 /0 票 /0 票	20 票 /0 票 /0 票	20 票 /0 票 /0 票	满意
	关于 2013 年区级财政预算执行和其他财政收支情况的审计工作报告	20 票 /0 票 /0 票	19 票 /1 票 /0 票	20 票 /0 票 /0 票	20 票 /0 票 /0 票	20 票 /0 票 /0 票	满意
10 月 30 日区十七届人大常委会第 22 次会议	关于海洋与渔业工作情况的报告	14 票 /2 票 /0 票	14 票 /2 票 /0 票	14 票 /2 票 /0 票	15 票 /1 票 /0 票	16 票 /0 票 /0 票	满意
	关于城市管理工作情况的报告	14 票 /2 票 /0 票	8 票 /8 票 /0 票	13 票 /3 票 /0 票	12 票 /4 票 /0 票	13 票 /3 票 /0 票	满意
	关于加强公安基层基础工作情况的报告	15 票 /1 票 /0 票	9 票 /7 票 /0 票	14 票 /2 票 /0 票	16 票 /0 票 /0 票	13 票 /3 票 /0 票	满意
12 月 26 日区十七届人大常委会第 23 次会议	关于食品安全工作的报告	17 票 /1 票 /0 票	15 票 /3 票 /0 票	16 票 /2 票 /0 票	16 票 /2 票 /0 票	16 票 /2 票 /0 票	满意
	关于《2011—2015 年依法治区规划》实施情况的报告	16 票 /2 票 /0 票	14 票 /4 票 /0 票	14 票 /4 票 /0 票	17 票 /1 票 /0 票	16 票 /2 票 /0 票	满意

【工作评议】2014年，区人大常委会坚持依法、公正、公开原则，深入开展部门评议工作。8—10月份，围绕依法履职、队伍建设、为民服务、机关效能、接受监督五个方面，对区经信局、教育局、司法局、人社局、住建局、文体广新局、审计局、食品药品监管局、油工委、海洋与渔业局、金融办、森林公安分局、国土资源分局、邮政局、粮食局共15个部门单位进行了工作评议。其间，召开各类座谈会、评议会20多次，参评人员1000多人，整理归纳意见建议169条。从评议情况看，各有关方面高度重视，认真负责，严格程序，规范操作，评议工作依法有序进行。各被评议部门虚心接受评议监督，认真剖析问题成因，集中进行工作整改，取得了积极效果，达到了预期目的。

【专题调查】2014年，河口区人大常委会把保障和改善民生摆在更加突出的位置，对全区医疗服务工作进行了专题调查。5—6月，针对全区医疗服务工作基础薄、能力弱、条件差等突出问题，区人大常委会成立调查组，利用两个月的时间，对全区医疗服务工作进行了专题调查。重点围绕强化发展意识、提高综合实力，完善发展规划、提高资源控制力，加强基层基础建设、提高基层医疗服务水平等提出意见建议。督促政府要高度重视医疗服务工作，集中开展医疗服务能力提升行动，每年确定部分医疗服务项目列入全区重点工程和便民实事，力争通过2~3年的努力，彻底改变我区基层医疗服务工作相对落后的局面。经过两个多月的调查，形成了《关于全区医疗服务工作的调查报告》。区委主要领导对该调查报告作出批示，要求区政府制定工作计划，抓好落实。

【人事任免工作】2014年，区人大常委会坚持党管干部和人大依法任免干部的统一，完善程序，规范操作，确保实现区委人事安排意图。全年共任命国家机关工作人员49名，免职19名，接受辞职4名。继续坚持干部任前法律知识考试和到会供职制度，切实增强所任干部接受监督、依法行政、公正司法的自觉性，国家政权机关工作有序运转。

【人大信访工作】2014年，区人大常委会把人大信访工作作为联系群众、服务群众的重要工作来抓，共处理群众来访80人次，受理群众来信15件。对群众反映的问题特别是带有普遍性的问题，认真研究分析，提出意见建议，按照法律和政策规定及时进行了办理。根据区委的统一安排，驻会副主任轮流公开接访、带案下访，促进解决了一批事关群众切身利益的突出问题，在畅通民情、疏解民忧方面发挥了积极作用。

【代表工作】2014年，河口区人大常委会认真贯彻代表法，进一步完善代表工作机制，创新代表工作方式，全力支持和保障代表依法履职、发挥作用。强化服务保障，拓宽代表履职渠道，把组织代表履职学习作为一项重要工作来抓，采取以会代训、考察交流、调查视察、寄送资料等形式，努力为代表创造履职机会、提供智力支持和信息服务。4月，以镇街为单位，组织开展了“代表集中培训月”活动。区镇两级人大代表280多人参加了培训，培训率达80%以上。坚持邀请代表列席常委会会议，参加常委会组织的执法检查、视察调研等活动，扩大代表对常委会工作的参与。全年共邀请36名人大代表列席常委会会议，组织90多名人大代表分两批进行了集中视察，先后组织40多名人大代表参加各类调研和执法检查活动。继续坚持常委会组成人员走访联系代表、代表联系群众“双联”制度。全年，对100多名基层人大代表进行了集中走访，通报工作情况，征求意见建议；组织引导区级人大代表与500多名群众建立经常性联系，及时听取意见和要求。同时，积极推荐代表参加民主测评、行风评议等社会监督活动，让代表多渠道了解情况、知情知政。强化激励约束，增强代表履职实效，在坚持代表履职考核、代表联系群众、代表履职情况通报等制度的基础上，研究制定了《人大代表述职办法》，组织引导人大代表面对面向选区选民报告履职情况，接受选民的监督评议。2014年共组织18个选区的48名区人大代表进行了述职，参加评议的选民代表900余人，选民对代表的评议满意率均在96%以上。为统一代表活动组织程序，提高代表活动组织成效，印发了《关于规范区人大代表出席会议、参加活动组织工作的通知》，对组织代表出席人民代表大会会议、列席人大常委会会议，参加视察调查、执法检查、民主评议等活动，提出了具体要求，为人大代表依法履职创造了更加有利的环境。按照人大代表考核办法，12月，对代表执行职务情况和履行岗位职责情况进行了量化考核。坚持集中宣传和日常宣传相结合，不断加大对优秀代表的宣传力度，努力发挥优秀代表的示范带动作用。全年共对27名人大代表的先进事迹进行了宣传报道。

【代表建议工作】2014年，区人大常委会围绕提高代表建议质量和代表建议办理质量，不断加大督导力度，使代表建议转化为促进发展的成果。3月，召开了全区代表建议交办工作会议，对2013年度提出优秀建议的10名人大代表和5个办理代表建议工作先进单位进行了表彰，对区十七届人大三次会议上代表提出的71件建议进行了交办。各承办部门执行《代表建议办理办法》，认真研究代表建议，积极落实办理措施，代表建议办理质量有了新的提高。8月上旬，区人大常委会组织承办部门主要负责人对71件建议办理情况向人大代表进行了面对面集中答复；12月中旬，对集中走访联系代表时征求到的22件建议进行了面对面答复，一批热点难点问题得到了有效解决。全年共办结代表建议93件，其中代表所提建议已被采纳、问题已解决或基本解决的41件（A类），占44.1%；建议已被采纳、问题正在解决或已列入计划逐步解决的39件（B类），占41.9%；因受政策、管理权限、资金等因素制约，暂时不能解决、不好解决的13件（C类），占14%。

【工作制度建设】2014年，区人大常委会根据上级人大常委会的要求，积极学习借鉴外地经验，不断探索加强监督工作的新思路、新方法。为深化监督工作、增强监督刚性，研究制定了《专题询问办法》，对专题询问的议题确定、组织形式、基本要求、意见办理等，作出了明确规定，为开展专题询问工作提供了制度保障。针对我区规范性文件备案审查工作存在的实际问题，研究制定了《规范性文件备案审查办法》，明确了规范性文件备案审查的范围、审查重点、审查程序、审查责任以及审查结果的运用等。2014年，主动与市人大常委会进行工作对接，理顺报备程序；及时向“一府两院”和各镇人大提出工作要求，解释相关条款，稳步推进规范性文件备案审查工作。全年共向市人大常委会报送备案审查的规范性文件3件，收到区政府报送备案审查的规范性文件1件。

【党的群众路线教育实践活动】根据中央和省委、市委、区委部署，从2014年2月份开始，河口区人大常委会党组和机关扎实开展以为民务实清廉为主要内容的党的群众路线教育实践活动。一是加强学习教育。区人大常委会党组和机关把学习教育贯穿活动全过程，累计安排集中学习8天，采取轮流领读、逐人发言、互动交流的方式，原汁原味、原原本本地学习了中共十八大、十八届三中全会精神、习近平总书记系列讲话精神，各级领导相关调研精神，以及《共产党宣言》《论群众路线》《厉行节约 反对浪费》等。集体观看了《力量》《永恒》《苏共亡党二十周年祭》《焦裕禄》等专题教育片。集体到河口烈士陵园、廉政教育基地、警示教育基地接受教育。4月10日召开常委会党组学习教育集中讲评会议。后又先后召开4次党组会议，集中学习了习近平总书记在参加河北省委常委班子专题民主生活会时的讲话、习近平总书记在参加兰考县委常委班子专题民主生活会时的讲话、《关于党内政治生活的若干准则》以及中央和省委、市委关于做好查摆问题开展批评工作的通知等重要文件精神。二是深刻查摆剖析问题。按照“开门搞活动”的要求，坚持问题导向，“面对面”与“背靠背”、“个别听”与“集体谈”、“走进群众听”与“组织群众评”相结合，通过召开座谈会、个别访谈、设置意见箱、上门征求意见等形式，征求有关单位、人大代表、老干部和群众意见建议254条，汇总后发给党组成员进行了认真对照查摆，并及时列出了党组和个人“四风”问题清单。6月12日，召开专题“会诊”会议，对征集到的群众意见、省市联合督导组反馈的问题进行了集中“会诊”。主动亮出自己的“四风”问题清单征求意见，对号入座、自觉认领。通过集体“会诊”，党组列出“四风”问题23个；党组成员列出个人“四风”问题68个。三是深入谈心交心。按照“四个必谈”“五个谈透”的要求，6月5—12日，区人大常委会党组成员集中开展了3轮谈心交心，沟通思想，征求意见，提出改进作风的具体建议，相互帮助查找问题89条，形成拟在会上提出的批评意见52条，做到了谈深谈透谈通，达到了增进团结、凝心聚力的效果。四是认真撰写对照检查材料。按照“四个回应”的要求，认真撰写了对照检查材料，在撰写过程中，紧密联系思想实际、工作实际和个人成长进步经历，从理想信念、党性立场、宗旨意识、道德修养等方面深挖根源，对照理论理想、党章党纪、民心民声、先辈先进“四面镜子”。摆问题、找差距、查根源、明方向，真正做到了见人见事见思想。常委会党组对照检查材料由党组负责人主持起草，党组成员集体研究撰写，并印发有关方面广泛征求意见；党组成员对照检查材料均由本人动手撰写，突出个人特点，突出个人画像，找准思想根源，触及思想灵魂。对照检查材料初稿形成后，根据省市赴河口区联合督导组和区委教育实践活动办公室提出的意见，反复修改，完善提高。常委会党组对照检查材料先后进行了15次修改完善，其中6次较大的修改；党组成员普遍修改10稿以上，逐步由浅入深、步步深入，思想认识、境界标准随着每次修改不断得到升华。五是开好专题民主生活会。8月3日，区人大常委会党组召开了党的群众路线教育实践活动专题民主生活会，5名常委会党组成员全部参加。8月7日，区人大常委会党组召开了专题民主生活会情况通报会，区人大常委会党组副书记、第一副主任张胜双通报了区人大常委会党组专题民主生活会召开情况。区人大常委会机关的党的群众路线教育实践活动也按相同进度、相同方式、相关要求深入进行。

【常委会自身建设】2014年，区人大常委会坚持把自身建设作为一项基础性、经常性工作来抓，不断提高依法履职、科学履职的能力和水平，为做好新形势下的人大工作提供了有力保证。深入开展党的群众路线教育实践活动，严格标准要求，精心组织部署，深入扎实推进。坚持领导带头，坚持问题导向，坚持面向群众，把学习教育和解决问题贯彻始终，整个活动不偏、不虚、不空。结合上级出台的制度规定，认真总结教育实践活动中的好经验、好做法，扎实做好废、改、立工作，修订完善了相关制度体系。工作中，认真执行民主集中制原则，坚持重大问题集体研究讨论。把调查研究作为人大常委会开展工作的重要手段，经常深入基层、深入群众，了解社情民意，掌握真实情况。认真落实党风廉政建设责任制，自觉遵守廉洁自律的各项新规定、新要求。认真总结人大工作经验，不断完善各项规章制度，在深化工作监督、开展代表活动、组织部门评议、加强对外宣传、强化内部管理等方面研究了一系列改进措施。按照坚持完善创新的原则，对近两年的规范性文件进行了系统整理，编印了《河口区人大常委会规范性文件汇编（2013—2014）》。围绕加强机关建设、提高工作效能，修订完善相关制度办法，进一步理顺了机关内部管理，提升了机关工作规范化水平。研究制定了《镇街人大宣传工作考核办法》，量化任务指标，加大奖惩力度，并将镇街人大宣传工作与区人大机关宣传工作并轨管理，一同部署、一同考核、一同表彰，较好地调动了各个层面的宣传工作积极性。全年共发表宣传稿件320篇，其中市级以上222篇，人大宣传的深度和广度有了明显提高。积极支持镇、街道人大依法履行职责，切实发挥镇、街道人大在基层民主政治建设中的作用。重点围绕代表工作、宣传工作、制度建设、阵地建设等，加强业务指导，推行量化考核，促进了基层人大工作水平的提高。12月，召开了全区人大工作座谈会，共同研究做好人大工作的思路对策，交流情况，听取意见，推进工作。注重业务沟通和对外交流，积极参加和承办市人大召开的会议和组织的活动，主动加强与各县区人大的密切联系，为开阔思路、寻求发展创造了条件。正确处理做好人大工作与服务经济发展的关系，充分发挥自身优势，积极参与全区中心工作，在包村帮扶、联系企业、重点工程推进等方面发挥了积极作用。

2015年区人大常委会重要工作

2015年，区人大常委会全面贯彻落实中共十八大和十八届三中、四中、五中全会精神，深入学习贯彻习近平总书记系列重要讲话精神，以开展“三严三实”专题教育为动力，紧紧围绕“一极两区”总目标，认真履行法定职权，听取审议“一府两院”专项工作报告11项，开展视察调查和执法检查19次，提出意见建议100余条，作出决议决定6项。

【专项工作报告审议】2015年，坚持并完善了专项工作报告满意度测评办法，全年共对“一府两院”11项工作报告进行了满意度测评。4月29日，区十七届人大常委会第二十五次会议，听取审议了区政府关于全区学前教育工作情况的报告、区检察院关于公诉工作情况的报告。6月26日，区十七届人大常委会第二十七次会议，听取审议了区政府关于交通运输工作情况的报告、区法院关于民事审判工作情况的报告。8月28日，区十七届人大常委会第二十八次会议，听取审议了区政府关于2015年上半年国民经济和社会发展计划执行情况的报告、关于河口区2014年财政决算和2015年上半年预算执行情况的报告、关于2014年区级财政预算执行和其他财政收支情况的审计工作报告，审查批准了2014年区财政决算。10月30日，区十七届人大常委会第三十一次会议，听取审议了区政府关于农村土地经营权流转工作情况的报告、关于油区工作情况的报告。12月31日，区十七届人大常委会第三十二次会议，听取审议了区政府关于公共文化服务体系建设情况的报告、关于《中华人民共和国劳动合同法》贯彻落实情况的报告。另外，区人大常委会积极组织开展普法宣传、视察调查、执法检查等活动，着力推进严格执法、公正司法、全民守法。年内，对《中华人民共和国治安管理处罚法》执行情况进行了执法检查。

2015年区人大常委会会议听取审议的专项工作报告满意度测评结果一览表

表2—4

会　次	报告名称	报告工作是否实事求是（满意/基本满意/不满意）	所报告工作的实绩和社会效果如何（满意/基本满意/不满意）	报告查找的问题是否客观、准确（满意/基本满意/不满意）	报告拟采取的措施是否可行、有力（满意/基本满意/不满意）	综合评价（满意/基本满意/不满意）	测评结果
4月29日区十七届人大常委会第25次会议	关于学前教育工作情况的报告	18票/0票/0票	12票/6票/0票	16票/2票/0票	15票/3票/0票	18票/0票/0票	满意
	关于公诉工作情况的报告	18票/0票/0票	17票/1票/0票	16票/2票/0票	18票/0票/0票	18票/0票/0票	满意
6月26日区十七届人大常委会第27次会议	关于交通运输工作情况的报告	19票/0票/0票	17票/2票/0票	16票/3票/0票	19票/0票/0票	19票/0票/0票	满意
	关于民事审判工作情况的报告	19票/0票/0票	17票/2票/0票	19票/0票/0票	18票/1票/0票	19票/0票/0票	满意
8月28日区十七届人大常委会第28次会议	关于2015年上半年国民经济和社会发展计划执行情况的报告	17票/0票/0票	15票/2票/0票	16票/1票/0票	16票/1票/0票	17票/0票/0票	满意
	关于河口区2014年财政决算和2015年上半年预算执行情况的报告	17票/0票/0票	15票/2票/0票	17票/0票/0票	17票/0票/0票	17票/0票/0票	满意
	关于2014年区级财政预算执行和其他财政收支情况的审计工作报告	17票/0票/0票	17票/0票/0票	17票/0票/0票	17票/0票/0票	17票/0票/0票	满意
10月30日区十七届人大常委会第31次会议	关于农村土地经营权流转工作情况的报告	15票/1票/0票	9票/7票/0票	12票/4票/0票	11票/5票/0票	14票/2票/0票	满意
	关于油区工作情况的报告	16票/0票/0票	15票/1票/0票	15票/1票/0票	14票/2票/0票	16票/0票/0票	满意
12月31日区十七届人大常委会第32次会议	关于公共文化服务体系建设情况的报告	16票/1票/0票	13票/3票/1票	14票/3票/0票	13票/4票/0票	16票/1票/0票	满意
	关于《中华人民共和国劳动合同法》贯彻落实情况的报告	17票/0票/0票	16票/1票/0票	17票/0票/0票	15票/2票/0票	17票/0票/0票	满意

【财政预决算审查监督】2015年是新预算法实施的第一年。区人大常委会及时把这项工作抓在手上，作出了关于加强预算决算审查监督的决定，对严格审查程序、强化预算约束、规范预算执行、推动预算决算公开等，提出了具体要求。4月，设立了河口区人大常委会预算工作委员会，对财政预算编制程序和编制方法的规范性、计划指标和预算安排的合理性、重点支出和重大项目预算的适当性等重点问题进行了认真审查，提出意见建议，初步实现了政府预算的完整编报与审查。

【大气污染防治专题询问】专题询问自2010年6月全国人大首次实行以来，受到广泛关注和各方好评，产生了积极反响和良好效果，成为各级人大常委会有效监督方式。2015年5月6日，区第十七届人大常委会举行第26次会议，专题询问全区大气污染防治工作。这是河口区历史上首次利用专题询问的方式对“一府两院”工作进行依法监督。会议由区人大常委会副主任闫长林主持。一是听取了区政府副区长王英明受区政府委托作的《全区大气污染防治工作情况汇报》。二是9名区人大常委会组成人员、2名人大常委会工作委员会负责人、2名市人大代表围绕工业废气污染防治、畜禽养殖污染防治、城市扬尘污染防治等重点工作提出了17个问题，区环保分局、畜牧局、住建局、城管局、财政局等部门主要负责同志对所提问题进行应询。三是区政府副区长王英明代表区政府作了表态发言，对区人大常委会专题询问大气污染防治工作作了积极回应。四是区人大常委会第一副主任张胜双作了重要讲话，对改进和推动全区大气污染防治工作提出了意见和建议。会前，区人大常委会做了大量准备工作。2014年下半年，学习借鉴外地经验，结合河口实际，研究制定了《专题询问办法》。2014年9月，由区人大常委会副主任闫长林带队，组织有关人员赴牟平、章丘、广饶等地进行了考察学习，讨论交流了专题询问的调查方式、组织形式、操作程序等，为开展专题询问工作提供了实践经验。2015年初，区人大常委会党组就专题询问大气污染防治工作，向区委作了汇报。根据区委要求，区人大常委会多次召开主任会议进行研究部署。从2015年3月开始，区人大常委会成立三个调查组，利用一个半月的时间，围绕工业废气污染防治、畜禽养殖污染防治、城市扬尘污染防治等重点工作进行了专题调查。召开各类座谈会20余次，查看各类现场120余处，征求人大代表、人民群众意见建议200余条。

专题询问会议结束后，印发《区十七届人大常委会第二十六次会议专题询问意见》，转交区政府办理。询问意见共11条。一是区政府及其有关部门要秉承对环境质量、经济发展和人民健康负责的态度，进一步统一思想，提高认识，把大气污染防治作为加快转变经济发展方式、创造良好发展环境、改善民生质量的一项重要工作，端正发展观、政绩观，坚决杜绝先污染、后治理，先破坏、后恢复，边治理、边污染，边恢复、边破坏的现象，扎实推进大气污染防治工作。对不符合排放标准的企业和单位，该整改的整改，该关停的关停，决不允许以罚代管，决不允许遮丑护短；对偷排偷放等各种恶意违法行为要实行“零容忍”，发现一起处理一起；对严重违法、屡查屡犯的企业，要坚决查处，依法追究企业负责人的责任，涉及犯罪的要严肃追究其刑事责任。二是立足现实、着眼未来，充分发挥职能作用，积极组建协调有力、运转高效的组织领导机构，明确各级政府、相关部门的监管责任，凝聚工作合力，逐步形成政府主导、各部门分工负责、齐抓共管的大气污染防治工作格局。三是要严格落实属地管理责任，强化镇街、开发区环保工作协调机构建设，为构建“属地管理主体责任明确，行政执法与刑事司法联动，全社会共同参与”的工作机制提供有力保障。各镇政府、街道办事处、开发区管委会作为环境污染治理第一责任人，要对辖区内的环境质量负总责，切实履行好监管责任，做到守土有责、履职尽责。四是要按照“谁污染、谁治理”的原则，严格落实排污企业主体责任，督促完善治污设施，强化运行管理，特别是对焦点难点问题，要拿出应急性、超常规的措施办法，切实提高治理成效。要强化行政执法与刑事司法联动机制，完善环境质量生态补偿机制，为持续改善环境提供制度保障。五是要严格执行环境问责，对未按期完成污染治理目标任务或发生重特大环境突发事件的属地管理责任人要进行问责；对未经批准擅自开工建设、建设过程中擅自作出重大变更、未经验收擅自投产等违法行为要依法追究管理部门、相关企业和人员的责任。六是要严把环保准入关，执行好新建项目的环评和“三同时”制度，从严审批“两高”项目，凡是高污染、高耗能的项目坚决杜绝落户河口，防止出现新的污染和破坏。七是要突出重点领域、重点污染源、重点区域的治理，通过重点突破带动全面防治。要督促工业企业、畜禽养殖场按照新的排放标准，配套完善污染防治设施，并保证污染防治设施正常运行；督促重点工业企业加强生产设备的更新换代，防止“跑冒滴漏”引发异味污染。要加强畜禽养殖小区的规划管理，对脏、乱、差的养殖场所要进行集中整治。要加快燃煤小锅炉治理工作，加大清洁能源的应用推广力度，出台政策办法，加快推进天然气、集中供热等相关基础设施的规划和建设。要加强建筑工地施工管理，制定完善长效监管机制，加大日常检查督查力度，严格落实建筑现场施工要求。要加强对渣土车、物料运输车的常规监管，严肃查处违规违章行为，努力降低扬尘污染。要进一步加强城市管理工作，改进清扫方式，提高机械化作业水平，增加路面洒水频次，确保城区扬尘污染得到有效控制。对城区裸露地面及临时闲置土地要进行硬化、绿化，确保整治全覆盖。八是不断加大投入，进一步推进环境保护能力建设。

面对严峻的环保压力，区政府要研究环保投入政策，逐步破解因体制、机制等原因造成的资金保障能力不足的问题，同时积极向上争取专项治理项目和资金支持，不断满足污染防治资金需求。要加强行政执法类、工作协调类、企业自控类环保队伍建设，根据实际状况，配备必要的大气环境监测装备，全面提高大气污染防治监管水平。要加强环境监测信息化建设，在重点区域安装区域自动在线监控装置，实现重点区域污染物排放全天候监控。九是要加强与济军训练基地、胜利油田、利津县、垦利县、东营港经济开发区、沾化区的沟通联系，探索建立联防联治工作机制，互通信息，密切配合，有效解决河口周边、“插花地”、零散土小企业的污染问题。十是要进一步加大信息公开力度，健全环境信息公开制度，畅通公开渠道，及时发布城市环境空气质量信息等环境监测数据，引导全民关注和应对大气环境问题。十一是要进一步加大大气污染防治工作的宣传力度，充分利用广播电视、互联网等媒介，引导人民群众树立大气污染防治人人有责、大气污染人人受害、环境清洁人人受益的理念，使广大人民群众成为环境保护的参与者，营造全民、全社会爱护生态环境的良好风气。

【工作评议】2015年8—10月，依照法律规定和年度工作安排，区人大常委会组织开展了对区民政局、财政局、交通运输局、水利局、卫计局、安监局、畜牧局、林业局、政务服务中心、广播电视台、黄河三角洲建设办公室、公安分局、公路分局、气象局、河务局等15个部门单位的工作评议。本次工作评议按照准备、调查、评议、反馈四个阶段进行，每个阶段安排15天左右的时间。评议内容主要包括五个方面：一是依法履行职责情况；二是班子、队伍建设情况；三是为民服务和为经济社会发展服务情况；四是机关效能提升情况；五是接受区人大及其常委会的监督和执行区人大及其常委会的决议、决定情况。工作评议采取写实性评议和计分式评议相结合的办法。计分式评议采用百分制，其中区人大常委会组成人员评议占50分，人大代表评议占20分，本单位干部职工评议占10分，其他社会成员评议占20分。期间，参加评议的区人大常委会组成人员20人，各级人大代表145人，被评议单位干部职工306人，各镇街和区直部门单位班子成员、开发区管委会中层以上干部、农村群众代表、企业和个体工商户代表等社会成员445人。同时，区人大常委会还通过电视台、政府网站公布被评议单位名单和工作评议内容，公布专线电话和电子信箱，征求社会各界对被评议单位的意见建议。为保证2015年度评议工作依法、公正、有序进行，区人大常委会主任会议多次研究讨论，细化程序，明确职责，制定出台了《工作评议实施方案》《工作评议主要环节操作程序》。成立了三个工作评议调查组，由区人大常委会组成人员组成、区人大常委会副主任为组长，并邀请部分人大代表参加；由区人大常委会办公室具体负责综合协调、信息服务、情况汇总等工作。制作了A、B、C、D四类评议票，分别由区人大常委会组成人员、人大代表、被评议单位干部职工和其他社会成员填写。8月20日，召开动员会议，对本年度评议工作进行了全面安排部署。15个被评议单位根据评议内容和本单位工作职责，开展了评前自查。区人大常委会办公室将被评议单位的自查材料汇编成册，分发至各工作评议调查组成员。在调查阶段，各工作评议调查组统一按照先动员后调查的方式进行，统一动员讲话材料，统一调查程序，保证了调查工作的一致性和实效性。期间，听取了被评议单位主要负责人的工作汇报，组织干部职工对本单位的工作进行了计分式和写实性评议，查阅了相关档案资料，视察了单位工作现场。在评议阶段，分四个环节进行：一是由各工作评议调查组负责，各镇街、开发区管委会、工商局配合，按规定人数组织相关单位班子成员或中层以上干部、人大代表、农村群众代表、企业和个体工商户代表召开评议会，分类填写评议票。二是由区人大常委会办公室负责，向62个区直部门单位下发评议票，每单位5张，由单位主要负责人组织班子成员填写。三是10月15日，组织召开了区十七届人大常委会第三十次会议，20名与会的常委会组成人员对15个被评议单位的工作进行了计分式和写实性评议。四是由区人大常委会办公室负责，汇总社会各界通过电话、信箱等形式提出的对被评议单位的意见建议。本次工作评议历时两个半月，参评人员900多人。评议工作结束后，对各评议主体的评议情况进行了认真汇总，归纳整理写实性意见建议124条。计分式评议满分为100分，分四个档次：90—100分为“好”；70—89分为“较好”；

60—69 分为“一般”；60 分以下为“差”。经评议，15 个单位评议结果均为“好”。工作评议结果经区人大常委会主任会议审定后，以书面形式向被评议单位进行了反馈，被评议单位根据反馈意见认真进行了整改，并于两个月内向区人大常委会报告整改情况。同时，工作评议结果向区委进行了报告、向区政府和垂直管理单位的上级主管部门进行了通报。

【人事任免工作】2015 年，区人大常委会不断完善干部任用监督机制，实现了党管干部和人大依法任免的有机统一。全年共任命国家机关工作人员 35 名，免职 7 名，接受辞职 3 名。修订完善了《拟任命人员任前法律知识考试办法》，对提请任命人员继续坚持到会供职、颁发任命书等制度，并通过多种形式强化任后监督，增强了所任干部的法律意识、责任意识和公仆意识。

【代表工作】2015 年，区人大常委会把尊重代表主体地位、提高服务保障水平摆上突出位置，不断总结经验、创新方式，努力为代表履行职责搭建平台，支持和保证人大代表依法执行职务、发挥作用。重视代表履职能力建设，深化代表培训工作，组织 90 多名人大代表分两批到浙江大学开展素质提升培训，系统学习相关知识，取得了积极效果。实行常委会组成人员定期走访联系代表制度，通报工作情况，征求意见建议。坚持邀请代表列席常委会会议，参加常委会组织的执法检查、视察调研等活动，推荐代表参加民主测评、行风评议等社会监督活动，切实保障代表的知情权、表达权、监督权。7 月和 11 月，先后两次组织市区人大代表对重点工程现场进行集中视察。以促进代表小组硬件建设标准化、软件建设制度化为着力点，下气力提升“代表之家”层次，努力打造代表学习培训、开展活动的主阵地，代表履职平台得到进一步拓展和延伸。密切人大代表同人民群众的联系，拓宽代表联系群众的渠道，推动代表联系群众工作制度化、常态化。5 月，组织 18 个选区的 50 名人大代表向选区选民报告履职情况，回答选民询问，接受选民评议监督，参加评议的选民代表 900 余人，选民对代表的评议满意率均在 96% 以上。落实了代表考核办法，对代表执行职务情况和履行岗位职责情况进行了量化考核。坚持集中宣传和日常宣传相结合，不断加大对优秀代表的宣传力度，努力发挥优秀代表的示范带动作用。全年对 25 名人大代表的先进事迹进行了宣传报道。

【代表述职工作】2015 年，区人大常委会继续开展区人大代表述职评议工作。1 月 23 日，以“东河人人工发〔2015〕1 号文件”下发了《2015 年区人大代表述职工作方案》，明确代表述职工作的目标任务、实施步骤和具体要求。5 月至 6 月，六个镇街组织代表述职评议会议 18 场，述职代表 50 名，参加会议的选民代表 900 余人，选民对代表的评议满意率均在 96% 以上。其中在新户镇相关选区 8 名代表述职，在义和镇相关选区 7 名代表述职，在河口街道相关五个选区 13 名代表述职，在六合街道相关选区 7 名代表述职，在孤岛镇相关选区 7 名代表述职，在仙河镇相关两个选区 8 名代表述职。6 月 18 日，市人大常委会人代委董希润主任一行 3 人到新户镇镇直选区现场观摩了代表述职评议工作。

【代表建议工作】2015 年 3 月，召开了全区代表建议工作会议，对区十七届人大四次会议上代表提出的 72 件建议进行了交办。同时，在认真推荐评选的基础上，经区人大常委会主任会议研究决定，对罗丽华、薛秋梅、蒲宝林、刘学东、孙家珍、姜志英、张廷坤、李宝祥、国梁、王焕青等 10 名提出优秀建议的区人大代表和区交通运输局、孤岛镇、区城市管理局、区教育局、区卫生和计划生育局等 5 个人大代表建议办理工作先进单位予以表彰。区人大常委会对代表建议办理工作实行全过程动态督办，并邀请人大代表参与部分建议的督促办理，加强沟通理解，提高办理工作透明度，实现了提出建议与办理落实的良性互动。8 月、12 月，区人大常委会分别组织承办部门主要负责人对建议办理情况向人大代表进行了面对面集中答复。各承办部门严格执行代表建议办理办法，认真研究代表建议，积极落实办理措施，代表建议办理质量有了新的提高。全年，共收到代表建议 89 件，办理结果让代表满意的 86 件，基本满意的 3 件。

【人大信访工作】2015 年，区人大常委会坚持把人大信访工作作为畅通民意、了解民情的重要渠道，按照“分级受理、综合分析、统一交办、定期反馈”

的要求，不断健全人大信访工作机制。全年共处理群众来访 26 人次，受理群众来信 15 件。另外，根据区委统一安排，驻会副主任轮流公开接访、带案下访，促进解决了一批事关群众利益的突出问题。

【人大宣传工作】2015 年，区人大常委会不断加强和改进人大宣传工作，落实责任、严格考核，形成了一套行之有效的人大宣传工作机制，出台了《河口区人大常委会机关和各镇、街道人大宣传工作考核奖惩办法》，全年共发表稿件 501 篇，其中市级以上 310 篇。为宣传人民代表大会制度，总结、展示历届人大及其常委会的奋斗历程，启动编纂《东营市河口区人民代表大会志（1995—2016）》，客观记录河口区人民代表大会 22 年的历史轨迹。

【“三严三实”专题教育】自 2015 年 5 月开始，根据中央和省委、市委、区委关于开展“三严三实”专题教育的统一部署，区人大常委会党组及机关开展了“三严三实”专题教育。在深入调查研究、广泛征求意见的基础上，制定了《河口区人大常委会专题教育实施方案》，分专题制定了具体方案，落实了各环节工作任务。区人大常委会党组和机关同步进行，不分批次、不划阶段、不设环节。参加人员包括区人大常委会党组成员、区人大常委会各委室主要负责同志。坚持从严从实、坚持问题导向、坚持以上率下、坚持常态长效，把开展专题教育与落实领导班子和领导干部思想建设、政治建设、作风建设结合起来，与“三会一课”、民主生活会等党的组织生活结合起来，突出抓好专题党课、专题学习研讨、专题民主生活会和组织生活会、整改落实、建章立制等各环节的工作，取得明显成效。

【常委会自身建设】2015 年，区人大常委会按照区委统一部署，深入开展“三严三实”专题教育，自觉加强政治建设、作风建设和干部队伍建设，不断提高依法履职能力，为做好新形势下的人大工作提供了有力保证。坚持高标准严要求，扎实开展“三严三实”专题教育。在深入调查研究、广泛征求意见的基础上，制定了区人大常委会专题教育实施方案，分专题制定了具体方案，认真落实各个环节的工作任务。坚持领导带头、以上率下，深入开展学习研讨，形成了浓厚的学习氛围。坚持把问题查摆和整改落实贯穿专题教育全过程，结合问题整改推进建章立制，促进了思想作风建设常态化。工作实践中，牢固树立全心全意为人民服务的根本宗旨，经常深入基层、深入群众，了解社情民意，掌握真实情况。认真执行民主集中制原则，重大问题充分酝酿讨论，集体研究决策。严守政治纪律和政治规矩，自觉遵守中央和区委关于作风建设、廉政建设的各项新规定、新要求，树立了为民务实清廉的良好形象。加强制度建设，促进工作规范。认真总结人大工作经验，不断完善各项规章制度，在深化工作监督、组织代表活动、开展学习培训、加强机关管理等方面修订完善了一系列工作措施。为宣传人民代表大会制度，总结、展示历届人大及其常委会的奋斗历程，组织编纂《东营市河口区人民代表大会志（1995—2016）》，真实记录河口区人民代表大会 22 年的历史轨迹。不断加强和改进人大宣传工作，落实责任、严格考核，形成了一套行之有效的人大宣传工作机制。全年共发表稿件 501 篇，其中市级以上 310 篇。认真办好《河口人大》刊物，创新栏目设置，精心编排内容，办刊水平有了新的提高。机关党的建设、精神文明建设不断加强，老干部服务工作取得新成绩。加强业务交流，促进联动配合。注重加强对镇、街道人大的工作指导，强化工作调度，推介经验做法，协调解决存在的困难和问题。建立评先树优机制，推行工作量化考核，促进了基层人大工作水平的提高。积极参加和承办上级人大召开的会议和组织的活动，主动配合省市人大开展调查研究、走访联系代表、慰问困难群众等活动，推动了相关工作开展。注重加强与外地人大的工作交流，相互学习借鉴，共同促进提高。正确处理做好人大工作与服务经济发展的关系，充分发挥自身优势，积极参与全区中心工作，在包村帮扶、联系企业、项目推进等方面发挥了积极作用。

2016 年区人大常委会重要工作

2016 年，区人大常委会在区委的坚强领导下，高举中国特色社会主义伟大旗帜，以邓小平理论、“三个代表”重要思想、科学发展观为指导，全面贯彻落实中共十八大和十八届三中、四中、五中、六中全会精神，深入学习贯彻习近平总书记系列重要讲话精神，把握时代大势，回应社会关切，紧紧围绕“一极两区”总目标，认真履行法定职责，共听取审议“一府两院”专项工作报告12项，开展专题调查和执法检查23次，提出意见建议97件，作出决议决定19项。

【专项工作报告审议】 2016年，坚持并完善了专项工作报告满意度测评办法，全年共对“一府两院”12项工作报告进行了满意度测评。4月29日，区十七届人大常委会第三十六次会议，听取审议了区政府关于城乡环卫一体化工作情况的报告；听取审议了区法院关于行政审判工作的报告；对听取审议的专项工作报告进行了满意度测评。6月30日，区十七届人大常委会第三十七次会议，听取审议了区政府关于物业管理工作情况的报告、区检察院关于规范司法行为工作情况的报告，会议对听取审议的专项工作报告进行了满意度测评。8月26日，区十七届人大常委会第三十九次会议，听取审议了区政府关于2016年上半年国民经济和社会发展计划执行情况的报告、关于河口区2015年财政决算和2016年上半年预算执行情况的报告、关于2015年区级财政预算执行和其他财政收支情况的审计工作报告，审查批准了2015年区级财政决算。10月28日，区十七届人大常委会第四十二次会议，听取审议了区政府关于城乡公交一体化工作情况的报告、区政府关于养老服务体系建设情况的报告，并对听取审议的两个专项工作报告进行了满意度测评。12月21日，区十七届人大常委会举行第四十四次会议，听取审议了区政府关于职业教育工作情况、区政府关于治安防控体系建设情况的报告，并对听取审议的两个专项工作报告进行了满意度测评。

2016年区人大常委会会议听取审议的专项工作报告满意度测评结果一览表

表2—5

会　次	报告名称	报告工作是否实事求是（满意/基本满意/不满意）	所报告工作的实绩和社会效果如何（满意/基本满意/不满意）	报告查找的问题是否客观、准确（满意/基本满意/不满意）	报告拟采取的措施是否可行、有力（满意/基本满意/不满意）	综合评价（满意/基本满意/不满意）	测评结果
4月29日区十七届人大常委会第36次会议	关于城乡环卫一体化工作情况的报告	20票/0票/0票	14票/6票/0票	17票/3票/0票	20票/0票/0票	19票/1票/0票	满意
	关于行政审判工作情况的报告	18票/2票/0票	17票/3票/0票	19票/1票/0票	19票/1票/0票	19票/1票/0票	满意
6月30日区十七届人大常委会第37次会议	关于物业管理工作情况的报告	14票/3票/0票	10票/6票/1票	13票/4票/0票	10票/7票/0票	13票/4票/0票	基本满意
	关于规范司法行为工作情况的报告	16票/1票/0票	16票/1票/0票	15票/1票/1票	16票/1票/0票	16票/1票/0票	满意
8月26日区十七届人大常委会第39次会议	关于2015年上半年国民经济和社会发展计划执行情况的报告	18票/0票/0票	18票/0票/0票	18票/0票/0票	18票/0票/0票	18票/0票/0票	满意
	关于河口区2014年财政决算和2015年上半年预算执行情况的报告	18票/0票/0票	18票/0票/0票	18票/0票/0票	18票/0票/0票	18票/0票/0票	满意
	关于2014年区级财政预算执行和其他财政收支情况的审计工作报告	18票/0票/0票	18票/0票/0票	18票/0票/0票	18票/0票/0票	18票/0票/0票	满意
10月28日区十七届人大常委会第42次会议	关于城乡公交一体化工作情况的报告	14票/0票/0票	12票/2票/0票	14票/0票/0票	12票/2票/0票	14票/0票/0票	满意
	关于养老服务体系建设情况的报告	14票/0票/0票	12票/2票/0票	14票/0票/0票	13票/1票/0票	14票/0票/0票	满意
12月21日区十七届人大常委会第44次会议	关于职业教育工作情况的报告	18票/1票/0票	12票/7票/0票	15票/4票/0票	17票/2票/0票	17票/2票/0票	满意
	关于治安防控体系建设情况的报告	19票/0票/0票	18票/1票/0票	17票/2票/0票	18票/1票/0票	19票/0票/0票	满意

【人事任免工作】2016年，区人大常委会坚持党管干部和人大依法任免干部的有机统一，不断完善干部任用监督机制，对提请任命人员继续坚持到会供职、颁发任命书等制度，并通过多种形式强化任后监督，增强了所任干部的法律意识、责任意识和公仆意识。弘扬宪法精神，履行宪法使命，严格实行任命人员向宪法宣誓制度。全年共任命国家机关工作人员29名，免职17名，接受辞职3名。

【代表工作】2016年，区人大常委会始终把代表工作作为基础性工作来抓，认真贯彻落实代表法，不断完善代表工作机制，创新代表工作方式，发挥代表主体作用，支持和引导代表为推动河口发展贡献力量。着力提高代表素质和履职能力。把组织代表履职学习作为一项重要工作，通过订阅报刊杂志、举办辅导培训班、代表小组集中学习等方式，组织引导代表学习法律法规和有关业务知识，为代表提供智力支持和信息服务。创新代表培训模式，提高代表培训层次，2016年，组织90多名人大代表赴全国人大培训基地开展素质提升培训，系统学习相关知识，取得了积极效果。坚持邀请代表列席常委会会议，参加常委会组织的执法检查、视察调研等活动，扩大代表对常委会工作的参与。邀请约40名人大代表列席常委会会议，组织约100名人大代表分两批进行集中视察，组织约80名人大代表参加各类调研和执法检查活动。建立了区人大常委会组成人员分工联系人大代表制度，每名常委会组成人员固定联系5~8名基层人大代表，定期通报工作情况，征求意见建议。积极推荐代表参加民主测评、行风评议等社会监督活动，让代表多渠道了解情况、知情知政。继续落实《人大代表联系群众制度》《人大代表述职办法》，督促引导人大代表与群众保持经常性联系，听取选民的意见建议，接受选民的监督评议。组织50余名人大代表进行了述职，选民对代表的评议满意率均在96%以上。不断加大对人大代表的宣传力度，推荐部分人大代表在电视台、省市级报刊、《河口人大》进行集中宣传，为代表履职营造了良好的社会氛围。

【代表建议工作】2016年，区人大常委会继续实施《办理区人民代表大会代表建议办法》和《代表建议办理面对面答复暂行办法》，着力抓好代表建议办理工作。8月、12月分别组织承办部门主要负责同志对建议办理情况向人大代表进行面对面集中答复。首次建立了重点建议督办机制，选择15件质量高、代表性强、办理难度较大的代表建议，由区人大常委会各位副主任领衔督办。全年共督办区人大代表建议97件，办结率100%，满意率96.8%。

【代表履职管理服务平台建设】2016年5月，为提高区人大信息化建设水平，区人大常委会决定，由区人大常委会副主任郭存三牵头，区人大常委会办公室和区人大常委会人代工委具体负责，启动区人大代表履职管理服务平台建设，先后开展了外出考察、方案制定、队伍组建、工程招标、平台安装、修改调试、使用培训等各项工作。5月25~27日，区人大常委会副主任郭存三带队，先后到长沙正宇软件公司济南分公司、蓬莱市人大等考察信息化平台建设情况。7月20日，区人大常委会办公室、长沙正宇软件开发有限公司、区国有资产运营管理中心三方签订了东河国资采［2016］083号《东营市河口区政府采购合同》。8月中旬平台安装以来，平台建设小组多次与正宇公司工程技术人员协调沟通，对设置内容、操作程序等进行了调整修改，实现了内容上科学合理，操作上便捷可靠，效果上突出实用，打造了独具河口特色、运转高效的现代网络信息系统。11月初，系统安装调试完毕，于换届后在区镇两级人大和区人大代表中投入使用。系统分履职管理服务、代表建议办理、“双联”互动交流、手机履职通等四大平台。它的建成对于提高代表履职管理服务水平，实现信息共享，促进人大工作起到积极作用。

【人大信访工作】2016年，区人大常委会把人大信访工作作为畅通民意、了解民情的重要渠道，按照“分级受理、综合分析、统一交办、定期反馈”的要求，不断健全人大信访工作机制，加大督办力度，切实提高信访工作水平。全年共受理群众来访来信80余件次。对群众反映的问题特别是带有普遍性的问题，认真研究分析，提出意见建议，按照法律和政策规定及时进行了办理，办结率100%。

【财政预决算监督工作】2016年，区人大常委会着力推动预算的科学编制，强化对预算草案的会前审查，认真听取和审议区政府关于预算执行、财政决算和审计工作报告，要求区政府及其职能部门进一步强化预算管理和监督，提高财政资金使用绩效，充分发挥财政的引导和保障作用。新《中华人民共和国预算法》实施以来，作出了关于加强预算决算审查监督的决定，着力提高预算编制的完整性和执行的规范性，实现了政府“全口径”预算的完整编报与审查。制定了关于改进审计工作情况及审计查出问题整改情况向区人大常委会报告机制的意见，切实加强对审计整改落实情况的跟踪监督，逐步实现了审计监督从“程序性”向“实质性”的转变。为保证政府债券使用规范，多次就调整政府债务限额作出决议，保障了一批重大基础设施和民生项目建设，推动了相关工作的顺利开展。

【区镇两级人大换届选举工作】按照中央和省、市、区委的总体安排部署，在市人大常委会的有力指导下，区人大常委会严格遵循“坚持党的领导，充分发扬民主，严格依法办事”的原则，精心组织，依法实施，扎实推进区镇两级人大换届选举工作。该项工作从2016年10月开始，至2017年2月15日结束，前后经过五个多月的时间，历经建立组织、培训骨干、宣传发动、划分选区、选民登记、提名确定正式代表候选人、投票选举、召开人代会等阶段，严格把关，积极推进，换届选举工作取得圆满成功。2016年12月15日，在法定选举日，依法选举产生了区人大代表163名，镇人大代表185名。（一）加强组织领导，健全完善工作机构。为加强换届选举工作的组织领导，区委成立了选举工作领导小组，批准了区人大常委会党组关于区镇两级人大换届选举工作的意见。根据区委安排部署，区人大常委会党组依法任命了区镇选举委员会和街道选举工作指导组，根据换届选举领导小组的统一部署，办理选举事务。区人大常委会组建成立了3个换届选举工作督导组和区选举委员会办公室，各镇街抽调精干人员组建了选举工作办公室，在各选区配备了专职联络员，建立起了“一级抓一级，层层抓落实”的工作机制，形成了纵横有序、责任明确的工作网络和运作机制。（二）加强宣传培训，营造浓厚舆论氛围。为充分调动选民参加换届选举的积极性和自觉性，区选举委员会会同区委宣传部和相关部门单位，通过电视媒体、悬挂横幅、张贴标语、设立网站专栏和宣传展板等多种形式，认真抓好宣传教育工作，全区共编印宣传资料6000余份，悬挂横幅200余幅，为整个换届选举工作营造了良好的法律环境和舆论氛围。同时，加强业务培训，强化工作指导。10月18日，区选举委员会举办专题培训班，对工作人员进行了业务培训。各镇街也采取以会代训、现场培训等形式，培训选举骨干，熟悉工作流程，逐步建立起一支精通业务，勇于担当的工作队伍。建立区人大常委会副主任包镇街制，有效加强了对换届选举工作的督导。（三）严格工作程序，换届选举工作依法进行。一是科学划分选区。根据选举法的有关规定，结合全区实际，农村选区按居住状况划分，机关、团体、企事业单位按生产、工作单位和行业系统划分。本着每一代表所代表的人口数大体相等的原则，在有利于选民登记、有利于选举组织、有利于统筹协调的前提下，科学预算，合理设置，做好选区划分和选民小组建立工作。全区六个镇街共划分选举区人大代表选区67个，建立选民小组420个。11月7日，区选举委员会召开第二次会议，对选区划分、选民小组建立情况进行了研究讨论。11月10日，各镇、街道对选区划分、选民小组建立情况进行了张榜公布。二是扎实开展选民登记工作。以选区、选民小组为单位，分别组建了村级、企业、行政事业单位选民登记工作机构。严格按照“三增三减”的原则，积极做好参选单位和选民名单的登记、核实和复查，保证单位无遗漏，选民登记不错、不漏、不重。针对辖区油田单位多、企业多的实际情况，按照管辖区域，严格审核，落实责任，每个单位、每个企业、每个社区逐一登记，核实信息，精确统计。为确保选民资格真实有效，对公安分局提供的户籍人口进行了一一核实；对于特殊人员的身份，由区法院、检察院和公安分局进行核实。11月16日，区选举委员会召开第三次会议，对区人大代表选举选民资格进行了审查。三是严格做好提名推荐初步代表候选人、酝酿确定正式代表候选人工作。本着“注重素质、优化结构、好中选优”的原则，严格执行相关法律法规，严格落实人选标准，保证代表候选人人选符合规定条件和要求。做好全面考察审核工作，由组织部门牵头，各镇选举委员会、街道选举工作指导组配合，对所有初步代表候选人人选进行了民主测评、信息核实、身份确定等相关审查工作，充分听取了候选人所在单位党组织的意见，广泛征求周围群众的意见，保证了正式代表候选人人选素质质量。统战部门也对非公有制企业的代表候选人进行了全面测评与审核，确保了所有候选人人选把关到位。11月28日，区选举委员会召开第四次会议，对初步代表候选人名单进行了讨论审议，并以选区为单位对初步代表候选人名单进行了张榜公布。在完成初步代表候选人提名推荐的基础上，扎实开展酝酿确定正式代表候选人工作。12月6日，区选举委员会召开第五次会议，就酝酿确定正式代表候选人情况和选举办法进行了讨论审议。12月7日，区选举委员会向区委常委会会议作了专题汇报，区委常委会讨论通过后，12月8日以选区为单位及时对正式代表候选人名单进行了张榜公布。全区共酝酿确定正式代表候选人231名。四是认真搞好投票选举工作。为保证投票选举工作顺利进行，区选举委员会办公室组织召开了镇选举委员会、街道选举工作指导组相关人员会议，学习选举大会的筹备组织、投票程序、选举人大代表办法等，强调投票选举前的准备工作及注意事项。各镇街都强化责任，明确分工，合理安排，扎扎实实地做好投票工作。区人大常委会各副主任按照指导分工，分赴各镇街现场督导检查，发现问题及时处理，保证了选举工作的顺利进行。整个选举工作环环紧扣，依法有序，区镇两级人大代表选举工作圆满完成。（四）严肃换届纪律，营造风清气正的换届环境。2016年9月20日，组织区人大常委会机关全体人员观看了警示教育片《镜鉴》，学习了《严肃换届纪律文件选编》；10月18日，组织所有工作人员观看了警示教育片《警钟》；2017年2月12日，召开人代会前，组织所有人大代表观看了警示教育片《警钟》、《镜鉴》。9月28日，区人大常委会党组书记与党组成员，区人大常委会办公室主任与换届选举工作人员，分别进行了谈心谈话，重申中央“九严禁”和换届风气监督“五个责任主体”内容及要求，切实增强了领导干部和换届工作人员的政治意识和法律意识。整个过程风清气正，依法进行，为换届选举工作的圆满完成提供了坚强保障。

【“两学一做”学习教育】4月25日，区委召开了全区“两学一做”学习教育工作座谈会，对全区“两学一做”学习教育工作进行了安排部署。会后，区人大常委会党组及时召开会议，传达了全区“两学一做”学习教育工作座谈会精神，对区人大常委会机关开展“两学一做”学习教育作了专门研究部署，并制定了区人大常委会机关“两学一做”学习教育实施方案。对学习的重点篇目汇编成册，制作了专门的学习笔记本。4月下旬，召开了全体党员大会，对区人大机关“两学一做”学习教育进行了动员部署。5月12日，组织全体党员对《中国共产党章程》进行了集中学习。5月23日，召开主任会议，听取了区人大常委会机关党支部关于“两学一做”学习教育开展情况的汇报。5月以来，区人大机关党支部每月组织集中学习2次，每次学习3小时左右。7月以来，每月组织一次交流讨论，每名党员围绕专题谈认识、谈体会，并对照查摆自身存在的突出问题，形成问题清单和整改清单。6月下旬至9月下旬，区人大常委会主任、副主任每月每人讲一次党课。7月28日，机关党支部组织全体党员到刘集支部旧址参观学习。12月，常委会党组和机关党支部分别召开民主生活会和组织生活会，深入开展了谈心交心，面向党员和群众广泛征求意见建议；结合学习讨论、征求意见、谈心交心等情况，对照党章党规和系列重要讲话，对照正反典型，对照职能职责，联系思想、工作和生活实际，认真查摆了在思想、组织、作风、纪律等方面存在的突出问题，深入进行了党性分析。12月下旬，召开了全体党员会议，组织开展民主评议党员工作。每名党员实事求是地作出自我评价，对照党员标准，对照习近平总书记系列讲话要求，认真查摆分析了自身存在问题，并对其他党员进行了评议。

【常委会自身建设】2016年，区人大常委会适应新形势新任务新要求，以“不忘初心、继续前进”为不竭动力，以聚集活力、提升能力为目标要求，不断深化思想建设、作风建设和机关党的建设，坚定理想信念，强化责任担当，为推动人大工作创新发展提供了有力保障。加强组织机构建设，2016年，认真落实中央、省委、市委关于加强县乡人大工作和建设的意见，按照法定程序设立了区十七届人大内务司法、财政经济、城乡建设环境保护、农业与农村、教育科学文化卫生等5个专门委员会；在河口经济开发区设置了人大工作委员会；将人事代表工作室更名为人事代表工作委员会；各镇人大主席、街道人大工委主任专职配备。深入开展 “两学一做”学习教育，系统学习党章党纪党规和习近平总书记系列重要讲话精神。牢固树立政治意识、大局意识、核心意识、看齐意识，严格遵守政治纪律和政治规矩，坚决维护党中央权威和党中央集中统一领导，努力营造风清气正的政治生态。认真贯彻落实区委决策部署，着力在坚定正确方向、积极依法履职、服务发展大局上求深化，维护了全区团结和谐、共谋发展的良好局面。严格落实中央八项规定精神，认真履行党风廉政建设责任制，自觉遵守廉洁自律的新规定、新要求，树立了为民务实清廉的良好形象。认真执行民主集中制原则，深入开展调查研究，重大问题集体研究决定，共召开主任会议101次，研究解决事项500余项。加强机关建设，不断修订完善各项规章制度，做到了用制度管权、管人、管事。注重信息化建设，依托河口人大网站，建立了代表履职管理服务平台。组织编纂《河口区人民代表大会志（1995—2016）》，真实记录河口区人民代表大会22年的历史轨迹。主动加强对镇街人大工作的指导，坚持每年组织一次人大工作座谈会，有针对性地解决共性问题。积极协调帮助各镇街人大加强基础设施建设，完善各项规章制度，为镇街人大工作顺利开展提供了组织和制度保障。

第三编 乡镇人民代表大会

第三编　乡镇人民代表大会

第一章　新户镇

第一节 概况

2010年5月，撤销新户乡、太平乡，在其原行政区域设立新户镇。2010年5月至2016年12月，新户镇先后召开第十八届、十九届、二十届人民代表大会。

第二节　历届人民代表大会

新户镇历届人民代表大会

第十八届人民代表大会

新户镇第十八届人民代表大会任期为2010年5月至2011年12月，实际任期1年7个月。任期内，共举行2次会议。

第一次会议于2010年9月3日至4日召开，出席会议代表57名。会议听取审议了镇长徐文棠作的政府工作报告，审议了镇人大工作报告、镇2009年财政决算和2010年财政预算草案报告，并通过了相应决议。会议选举产生了新一届人大和人民政府组成人员，孙学诗为新户镇人民代表大会主席，王新华为副主席；徐文棠为新户镇人民政府镇长，郭树勇、索长明、张新国为副镇长，杜文礼、火焱为科技副镇长。

第二次会议于2011年4月15日至16日召开，出席会议代表56名。会议听取审议了镇长陈步先作的政府工作报告，审议了镇人大工作报告、镇二2010年财政决算和2011年财政预算草案报告，并通过了相应决议。会议选举陈步先为新户镇人民政府镇长，宋新国为科技副镇长。

第十九届人民代表大会

新户镇第十九届人民代表大会任期为2011年12月至2016年12月，实际任期5年。任期内，共举行5次会议。

第一次会议于2011年12月20日至21日召开，出席会议代表57名。会议听取审议了镇长张学亮作的政府工作报告，审议了镇人大工作报告、镇2011年财政决算和2012年财政预算草案报告，并通过了相应决议。会议选举产生了新一届人大和人民政府组成人员，选举闫彬为新户镇人民代表大会主席，郭树勇为副主席；张学亮为新户镇人民政府镇长，杨玉伟、张新国、樊纯银为副镇长，宋新国为科技副镇长。

第二次会议于2013年3月14日至15日召开，出席会议代表56名。会议听取审议了镇长张学亮作的政府工作报告，审议了镇人大工作报告、镇2012年财政决算和2013年财政预算草案报告，并通过了相应决议。会议选举陈守明为新户镇人民代表大会副主席。

第三次会议于2014年3月5日至6日召开，出席会议代表56名。会议听取审议了镇长张学亮作的政府工作报告，审议了镇人大工作报告、新户镇2013年财政决算和2014年财政预算草案报告。会议选举刘克克为新户镇人民政府副镇长。

第四次会议于2015年2月5日至6日召开，出席会议代表54名。会议听取审议了镇长张学亮作的政府工作报告，审议了镇人大工作报告、镇2014年财政决算和2015年财政预算草案报告、新户镇总体规划编修报告，并通过了相应决议。会议选举黄鹤为新户镇人民政府副镇长。

第五次会议于2016年3月29日至30日召开，出席会议代表55名。会议听取审议了镇长张学亮作的政府工作报告，审议了镇人大工作报告、镇2015年财政决算和2016年财政预算草案报告、关于新户镇国民经济和社会发展第十三个五年规划纲要草案的报告，并通过了相应决议。会议选举杨玉伟为新户镇人民代表大会主席。

第二十届人民代表大会

新户镇第二十届人民代表大会任期自2016年12月开始。

第一次会议于2016年12月29日至30日召开，出席会议代表57名。会议听取审议了镇长孙卫祥作的政府工作报告，审议了镇人大工作报告、镇2016年财政决算和2017年财政预算草案报告，并通过了相应决议。会议选举产生了新一届人大和人民政府组成人员，杨玉伟当选为新户镇人民代表大会主席，陈守明为副主席；孙卫祥为新户镇人民政府镇长，黄鹤、贾强、闫福强、张建伟为副镇长。

新户镇历届人大工作机构及人员名单
（2010年5月至2016年12月）

第十八届人民代表大会（2010年5月～2011年12月）
主　席：孙学诗（2010年5月～2011年11月）
副主席：王新华（2010年5月～2011年11月）
第十九届人民代表大会（2011年12月～2016年12月）
主　席：闫　彬（2011年12月～2016年3月）
　　　　杨玉伟（2016年3月～2016年12月）
副主席：郭树勇（2011年12月～2013年2月）
　　　　陈守明（2013年3月～2016年12月）
第二十届人民代表大会（2016年12月～）
主　席：杨玉伟（2016年12月任职）
副主席：陈守明（2016年12月任职）

新户乡历届人民代表大会

第十四届人民代表大会

新户乡第十四届人民代表大会任期为1996年1月至1999年1月，实际任期3年。任期内，共举行3次会议。

第一次会议于1996年1月10日至11日召开，出席会议代表48名。会议听取审议了乡长李积德作的政府工作报告，审议了乡人大工作报告、乡1995年财政决算和1996年财政预算草案报告、农民负担情况报告、新户乡总体规划报告，并通过了相应决议。会议选举李增良为新户乡人民代表大会主席，李秀庄为副主席；李积德为新户乡人民政府乡长，孙德宾、左志祥、韩学军、吴秀芹为副乡长。

第二次会议于1997年3月20日至21日召开，出席会议代表41名。会议听取审议了乡长李积德作的政府工作报告，审议了新户乡人大工作报告、新户乡1996年财政决算和1997年财政预算草案报告、新户乡农民负担情况报告、新户乡计划生育暂行规定执行情况报告，并通过了相应决议。会议选举王端吉为新户乡人民政府副乡长，刘美福为新户乡人民政府科技副乡长。

第三次会议于1998年3月15日至16日召开，出席会议代表41名。会议听取审议了代乡长吴炳礼作的政府工作报告，审议了新户乡人大工作报告、新户乡1997年财政决算和1998年财政预算草案报告、新户乡农民负担情况报告，并通过了相应决议。会议选举吴炳礼为新户乡人民政府乡长，刘兆军为副乡长。

第十五届人民代表大会

新户乡第十五届人民代表大会任期为1999年1月至2002年1月，实际任期3年。任期内，共举行5次会议。

第一次会议于1999年1月15日至16日召开，出席会议代表50名。会议听取审议了乡长吴炳礼作的政府工作报告，审议了新户乡人大工作报告、新户乡1998年财政决算和1999年财政预算草案报告、新户乡农民负担情况报告，并通过了相应决议。会议选举李增良为新户乡人民代表大会主席，李秀庄为副主席；王端吉为新户乡人民政府乡长，刘兆军、商建国、乔艳玲为副乡长，刘美福为科技副乡长。

第二次会议于2000年3月25日召开，出席会议代表49名。会议听取审议了乡长王端吉作的政府工作报告，审议了新户乡人大工作报告、新户乡1999年财政决算和2000年财政预算草案报告、新户乡农民负担情况报告、新户乡修订村庄规划报告，并通过了相应决议。

第三次会议于2000年7月6日召开，出席会议代表46名。会议听取审议了乡长王端吉作的新户乡政府上半年工作情况报告，并通过了关于政府上半年工作报告的决议。会议选举王宪印为新户乡人民代表大会主席；选举缪金学、刘美福、张学亮为乡人民政府副乡长，刘延华为乡人民政府科技副乡长。

第四次会议于 2001 年 2 月 15 日召开，出席会议代表 48 名。会议听取审议了乡长王端吉作的政府工作报告，审议了新户乡人大工作报告、新户乡 2000 年财政决算和 2001 年财政预算草案报告、新户乡农民负担情况报告，并通过了相应决议。

第五次会议于 2001 年 9 月 12 日召开，出席会议代表 45 名。会议听取审议了乡长王端吉作的关于调整新户乡总体规划的报告，并通过了关于调整新户乡总体规划的报告的决议。

第十六届人民代表大会

新户乡第十六届人民代表大会任期为 2002 年 1 月至 2007 年 1 月，实际任期 5 年。任期内，共举行 7 次会议。

第一次会议于 2002 年 1 月 27 日至 28 日召开，出席会议代表 50 名。会议听取审议了乡长孟凡吾作的政府工作报告，审议了新户乡人大工作报告、新户乡 2001 年财政决算和 2002 年财政预算草案报告、新户乡农民负担情况报告，并通过了相应决议。会议选举郭存三为新户乡人民代表大会主席，李秀庄为副主席；孟凡吾为新户乡人民政府乡长，刘学东、张学亮、李旭军为副乡长，刘延华为科技副乡长。

第二次会议于 2003 年 3 月 19 日召开，出席会议代表 46 名。会议听取审议了乡长孟凡吾作的政府工作报告，审议了新户乡人大工作报告、新户乡 2002 年财政决算和 2003 年财政预算草案报告，并通过了相应决议。会议选举信连合为新户乡人民代表大会副主席。

第三次会议于 2003 年 6 月 27 日召开，出席会议代表 47 名。会议听取审议了乡长孟凡吾作的政府上半年工作报告，并通过了关于政府上半年工作报告的决议。会议选举刘延华、张泽红为新户乡人民政府副乡长，张建强、杜文礼为科技副乡长。

第四次会议于 2004 年 2 月 16 日召开，出席会议代表 48 名。会议听取审议了乡长孟凡吾作的政府工作报告，审议了新户乡人大工作报告、新户乡 2003 年财政决算和 2004 年财政预算草案报告，并通过了相应决议。会议选举王斌为新户乡人民政府科技副乡长。

第五次会议于 2005 年 5 月 25 日召开，出席会议代表 47 名。会议听取审议了乡长徐文棠作的政府工作报告，审议了新户乡人大工作报告、新户乡 2004 年财政决算和 2005 年财政预算草案报告，并通过了相应决议。会议选举孟凡吾为新户乡人民代表大会主席，徐文棠为新户乡人民政府乡长。

第六次会议于 2006 年 4 月 12 日召开，出席会议代表 42 名。会议听取审议了乡长徐文棠作的政府工作报告，审议了新户乡人大工作报告、新户乡 2005 年财政决算和 2006 年财政预算草案报告、新户乡盐业发展情况报告、新户乡海域使用金收支预算报告，并通过了相应决议。

第七次会议于 2007 年 3 月 17 日召开，出席会议代表 44 名。会议听取审议了乡长徐文棠作的政府工作报告，审议了新户乡人大工作报告、新户乡 2006 年财政决算和 2007 年财政预算草案报告，并通过了相应决议。会议选举郭树勇为新户乡人民政府副乡长。

第十七届人民代表大会

新户乡第十七届人民代表大会任期为 2007 年 11 月至 2010 年 5 月，实际任期 2 年 6 个月。任期内，共举行 3 次会议。

第一次会议于 2007 年 11 月 27 日至 28 日召开，出席会议代表 50 名。会议听取审议了乡长徐文棠作的政府工作报告，审议了新户乡人大工作报告、新户乡 2007 年财政决算和 2008 年财政预算草案报告，并通过了相应决议。会议选举孟凡吾为新户乡人民代表大会主席，信连合为副主席；徐文棠为新户乡人民政府乡长，张学亮、郭树勇、索长明为副乡长，杜文礼为科技副乡长。

第二次会议于 2009 年 3 月 9 日召开，出席会议代表 49 名。会议听取审议了乡长徐文棠作的政府工作报告，审议了新户乡人大工作报告、新户乡 2008 年财政决算和 2009 年财政预算草案报告、新户乡总体规划修订报告，并通过了相应决议。

第三次会议于 2010 年 3 月 2 日至 3 日召开，出席会议代表 49 名。会议听取审议了乡长徐文棠作的政府工作报告，审议了新户乡人大工作报告、新户乡

2009年财政决算和2010年财政预算草案报告，并通过了相应决议。会议选举张新国为新户乡人民政府副乡长。

新户乡历届人大工作机构及人员名单

（1996年1月至2010年5月）

第十四届人民代表大会（1996年1月～1999年1月）
主　席：李增良（1996年1月任职）
副主席：李秀庄（1996年1月任职）
第十五届人民代表大会（1999年1月～2002年1月）
主　席：李增良（2000年4月离职）
　　　　王宪印（2000年7月～2001年5月）
副主席：李秀庄
第十六届人民代表大会（2002年1月～2007年1月）
主　席：郭存三（2002年1月～2005年5月）
　　　　孟凡吾（2005年5月任职）
副主席：李秀庄（2003年3月离职）
　　　　信连合（2003年3月任职）
第十七届人民代表大会（2007年1月～2010年5月）
主　席：孟凡吾（2010年5月离职）
副主席：信连合（2010年5月离职）

太平乡历届人民代表大会

第十四届人民代表大会

太平乡第十四届人民代表大会任期为1996年1月至1999年1月，实际任期3年。任期内，共举行4次会议。

第一次会议于1996年1月12日至13日召开，出席会议代表47名。会议听取审议了乡长李长存作的政府工作报告，审议了太平乡人大工作报告、太平乡1995五年财政决算和1996年财政预算草案报告、太平乡1995年乡村统筹提留决算和1996年乡村统筹提留预算报告，并通过了相应决议。会议选举火宝印为太平乡人民代表大会主席，胡新文为副主席；李长存为太平乡人民政府乡长，刘学梅、张吉明、杨振发、赵玉洪为副乡长，薄纯然为科技副乡长。

第二次会议于1996年7月28日召开，出席会议代表42名。会议听取审议了张胜双同志作的政府工作报告，审议了太平乡人大工作报告，并通过相应决议。会议选举张胜双为太平乡人民政府乡长。

第三次会议于1997年3月24日至25日召开，出席会议代表45名。会议听取审议了乡长张胜双作的政府工作报告，审议了太平乡人大工作报告、太平乡1996年财政决算和1997年财政预算草案报告、太平乡1996年乡村统筹提留决算和1997年乡村统筹提留预算报告，并通过了相应决议。会议选举李蓬然为太平乡人民政府科技副乡长。

第四次会议于1998年3月18日至19日召开，出席会议代表41名。会议听取审议了付兆钦同志作的政府工作报告，审议了太平乡人大工作报告、太平乡1997年财政决算和1998年财政预算草案报告、太平乡村镇总体规划建设报告、太平乡1997年乡村统筹提留决算和1998年乡村统筹提留预算报告，并通过了相应决议。会议选举张吉明为太平乡人民代表大会主席；付兆钦为太平乡人民政府乡长，丁明江、孟维凤、韩东为副乡长。

第十五届人民代表大会

太平乡第十五届人民代表大会任期为1999年1月至2002年1月，实际任期3年。任期内，共举行4次会议。

第一次会议于1999年1月15日至16召开，出席会议代表48名。会议听取审议了乡长付兆钦作的政府工作报告，审议了太平乡人大工作报告、太平乡1998年财政决算和1999年财政预算草案报告、太平乡1998年乡村统筹提留决算和1999年乡村统筹提留预算报告、太平乡村镇总体规划建设报告，并通过了相应决议。会议选举张吉明为太平乡人民代表大会主席，王哲海为副主席；付兆钦为太平乡人民政府乡长，丁明江、孟维凤、韩东、韩得利为副乡长。

第二次会议于2000年3月23日召开，出席会议代表44名。会议听取审议了乡长付兆钦作的政府工作报告，审议了太平乡人大工作报告、太平乡1999年财政决算和2000年财政预算草案报告、太平乡1999年乡村统筹提留决算和2000年乡村统筹提留预算报告，并通过了相应决议。

第三次会议于2000年7月26日召开，出席会议代表42名。会议听取审议了乡长付兆钦作的太平乡上半年政府工作报告，并通过了关于政府工作报告的决议。会议选举张春学为太平乡人民政府副乡长。

第四次会议于2001年2月18日至19日召开，出席会议代表47名。会议听取审议了宋学峰同志作的政府工作报告，审议了太平乡人大工作报告、太平乡2000年财政决算和2001年财政预算草案报告、太平乡2000年乡村统筹提留预算和2001年乡统筹提留报告，并通过了相应决。会议选举宋学峰为太平乡人民政府乡长。

第十六届人民代表大会

太平乡第十六届人民代表大会任期为2002年1月至2007年11月，实际任期5年。任期内，共举行7次会议。

第一次会议于2002年12月28日召开，出席会议代表45名。会议听取审议了孙学诗作的政府工作报告，审议了太平乡人大工作报告、太平乡2001年财政决算和2002年财政预算草案报告，并通过了相应决议。会议选举付兆钦为太平乡人民代表大会主席，王哲海为副主席；孙学诗为太平乡人民政府乡长，王新华、丁明江、孟维凤、张春学为副乡长，李蓬然为科技副乡长。

第二次会议于2003年3月22日召开，出席会议代表43名。会议听取审议了乡长孙学诗作的政府工作报告，审议了太平乡人大工作报告、太平乡2002年财政决算和2003年财政预算草案报告，并通过了相应决议。

第三次会议于2003年6月30日召开，出席会议代表49名。会议听取审议了乡长孙学诗作的政府工作报告，审议了太平乡人大工作报告，并通过了相应决议。会议选举商桂林为太平乡人民代表大会主席，王寿廷为副主席；李建柱、李吉海为太平乡人民政府副乡长，董建军、张维青为科技副乡长。

第四次会议于2004年2月18日召开，出席会议代表49名。会议听取审议了乡长孙学诗作的政府工作报告，审议了太平乡人大工作报告、太平乡2003年财政决算和2004年财政预算草案报告，并通过了相应决议。

第五次会议于2005年5月24日召开，出席会议代表44名。会议听取审议了乡长孙学诗作的政府工作报告，审议了太平乡2004年财政决算和2005年财政预算草案报告，并通过了相应决议。

第六次会议于2006年4月15日召开，出席会议代表47名。会议听取审议了乡长孙学诗作的政府工作报告，审议了太平乡人大工作报告、太平乡2005年财政决算和2006年财政预算报告，并通过了相应决议。会议选举李蓬然为太平乡人民代表大会副主席；选举卢振波为太平乡人民政府副乡长。

第七次会议于2007年4月27日召开，出席会议代表43名。会议听取审议了韩东作同志的政府工作报告，审议了太平乡人大工作报告、太平乡2006年财政决算和2007年财政预算草案报告，并通过了相应决议。会议选举孙学诗为太平乡人民代表大会主席，王新华为副主席；韩东为太平乡人民政府乡长，李向阳、李蓬然为副乡长。

第十七届人民代表大会

太平乡第十七届人民代表大会任期为2007年11月至2010年5月，实际任期2年6个月。任期内，共举行3次会议。

第一次会议于2007年11月29日至30日召开，出席会议代表47名。会议听取审议了乡长韩东作的政府工作报告，审议了太平乡人大工作报告、太平乡2007年财政预算执行情况及2008年财政预算草案报告，并通过了相应决议。会议选举孙学诗为太平乡人民代表大会主席，王新华为副主席；韩东为太平乡人民政府乡长，卢振波、李向阳、刘澎涛、李蓬然为副乡长。

第二次会议于2009年3月21日召开，出席会议代表47名。会议听取和审议了乡长韩东作的政府工作报告，审议了太平乡人大工作报告、太平乡2008年财政预算执行情况及2009年财政预算草案报告，并通过了相应决议。选举李振华为太平乡人民政府副乡长。

第三次会议于2010年3月21日召开，出席会议代表45名。会议听取审议了乡长韩东作的政府工作报告，审议了太平乡人大工作报告、太平乡2009年财政预算执行情况及2010年财政预算草案报告，并通过了相应决议。

太平乡历届人大工作机构及人员名单

（1996 年 1 月至 2010 年 5 月）

第十四届人民代表大会（1996年1月～1999年1月）

主　任：火宝印（1996 年 1 月～1998 年 2 月）

　　　　张吉明（1998 年 3 月任职）

副主席：胡新文（1996 年 1 月～1997 年 3 月）

第十五届人民代表大会（1999年1月～2002年1月）

主　席：张吉明（2001 年 5 月离职）

副主席：王哲海（1999 年 1 月任职）

第十六届人民代表大会（2002年1月～2007年11月）

主　席：付兆钦（2002 年 1 月～2003 年 6 月）

　　　　商桂林（2003 年 6 月～2007 年 4 月）

　　　　孙学诗（2007 年 4 月任职）

副主席：王哲海（2003 年 5 月离职）

　　　　王寿廷（2003 年 6 月～2005 年 9 月）

　　　　李蓬然（2006 年 4 月～2006 年 11 月）

　　　　王新华（2007 年 4 月任职）

第十七届人民代表大会（2007年1月～2010年5月）

主　席：孙学诗（2010 年 5 月离职）

副主席：王新华（2010 年 5 月离职）

第二章 义和镇

第一节 概况

1931年，义和庄隶属沾化县第六区。1949年9月，沾化县六区改为义和区，建制未变。1950年2月，由沾化第六区改为第八区。1957年12月11日，撤区并乡，义和所属区域设义和镇。1958年9月，义和镇改称义和人民公社。1984年7月，义和人民公社改建为义和镇。当年，义和镇人民代表大会组织机构设置为人大办公室，设联络员1名。1987年，设立镇人大主席团专职常务主席。1990年8月，设立人大主席团办公室，设专职主任。1993年，县乡两级人大换届选举后，配备2名专职工作人员。1995年2月，镇人大设主席、副主席，并于同年选举产生。1995年至2016年，义和镇先后召开第十三届、十四届、十五届、十六届、十七届、十八届、十九届人民代表大会。

第二节 历届人民代表大会

第十三届人民代表大会

义和镇第十三届人民代表大会任期为1993年1月至1996年1月，实际任期3年。任期内，共举行3次会议。

第一次会议于1993年1月7日召开，出席会议代表67名。会议听取审议了镇长邵朝秋作的政府工作报告，听取审议了人大工作报告、财政预决算报告，并通过了相应决议。会议选举邵朝秋为义和镇人民政府镇长。

第二次会议于1994年2月28日召开，出席会议代表67名。会议听取审议了镇长邵朝秋作的政府工作报告、人大主席王树仁作的人大工作报告以及财政预决算报告等，并通过了相应决议。

第三次会议于1995年1月10日召开，出席会议代表67名。会议听取审议了杨庆顺作的政府工作报告、人大副主席李积德作的人大工作报告及财政预决算报告等，并通过了相应决议。会议选举杨庆顺为义和镇人民政府镇长。

第十四届人民代表大会

义和镇第十四届人民代表大会任期为1996年1月至1999年1月，实际任期3年。任期内，共举行3次会议。

第一次会议于1996年1月12日召开，出席会议代表56名。会议听取审议了郭存三作的政府工作报告、杜秀成作的人大工作报告以及财政预决算报告等，并通过了相应决议。会议选举杜秀成为义和镇人民代表大会主席，王新生、刘连杰为副主席；郭存三为义和镇人民政府镇长，邓乃近、高登友、郭玉珍、樊学华、卢洪鹏为副镇长；

第二次会议于1997年3月18日召开，出席会议代表56名。会议听取审议了镇长郭存三作的政府工作报告、人大主席杜秀成作的人大工作报告及财政预决算报告等，并通过了相应决议。

第三次会议于1998年3月17日召开，出席会议代表56名。会议听取审议了毕建军作的政府工作报告、人大副主席王新生作的人大工作报告及财政预决算报告等，并通过了相应决议。会议选举赵玉洪为义和镇人民代表大会主席，毕建军为义和镇人民政府镇长，王新生为副镇长，任连杰为科技副镇长。

第十五届人民代表大会

义和镇第十五届人民代表大会任期为1999年1月至2002年1月，实际任期3年。任期内，共举行5次会议。

第一次会议于1999年1月15日召开，出席会议代表57名。会议听取审议了镇长毕建军作的政府工作报告、人大主席赵玉洪作的人大工作报告及财政预决算报告等，并通过了相应决议。会议选举赵玉洪为义和镇人民代表大会主席，孟维平为副主席；毕建军为义和镇人民政府镇长，王新生、卢洪鹏、任连杰、郭玉珍为副镇长。

第二次会议于2000年3月25日召开，出席会议代表57名。会议听取审议了镇长毕建军作的政府工作报告、人大主席赵玉洪作的人大工作报告及财政预决算报告等，并通过了相应决议。

第三次会议于2000年6月2日召开，出席会议代表57名。会议审议通过了接受孟维平辞呈的决定草案。

第四次会议于2000年7月25日召开，出席会议代表57名。会议听取审议了镇长毕建军作的政府工作报告，并通过了相应决议。会议补选李金峰为义和镇人民代表大会副主席，卢振波、孟维平为义和镇人民政府副镇长。

第五次会议于2001年2月11日召开，出席会议代表57名。会议听取审议了镇长毕建军作的政府工作报告、李金峰作的人大工作报告及财政预决算报告等，并通过了相应决议。会议补选王树村为义和镇人民政府副镇长。

第十六届人民代表大会

义和镇第十六届人民代表大会任期为2002年1月至2007年 11月，实际任期 5 年10个月。任期内，共举行7 次会议。

第一次会议于2002年1月25日召开，出席会议代表57名。会议听取审议了镇长毕建军作的政府工作报告、人大副主席李金峰作的人大工作报告及财政预决算报告等，并通过了相应决议。会议选举李积德为义和镇人民代表大会主席，李金峰为副主席；选举毕建军为义和镇人民政府镇长，王树村、朱春光、刘丽华、卢振波为副镇长。

第二次会议于2003年3月22日召开，出席会议代表56名。会议听取审议了镇长王明华作的政府工作报告、人大副主席李金峰作的人大工作报告及财政预决算报告等，并通过了相应决议。会议选举毕建军为义和镇人民代表大会主席，王明华为义和镇人民政府镇长。

第三次会议于2003年6月30日召开，出席会议代表55名。会议听取审议了镇长王明华作的政府工作报告等，并通过了相应决议。会议补选张振华为义和镇人民代表大会副主席，李向华、李金峰、高忠岐为义和镇人民政府副镇长。

第四次会议于2004年2月14日召开，出席会议代表55名。会议听取审议了镇长王明华作的政府工作报告、人大副主席张振华作的人大工作报告及财政预决算报告等，并通过了相应决议。

第五次会议于2005年5月28日召开，出席会议代表57名。会议听取审议了缪金学作的政府工作报告、人大副主席张振华作的人大工作报告及财政预决算报告等，并通过了相应决议。会议补选缪金学为义和镇人民政府镇长。

第六次会议于2006年4月15日召开，出席会议代表55名。会议听取审议了镇长缪金学作的政府工作报告、人大副主席张振华作的人大工作报告及财政预决算报告等，并通过了相应决议。

第七次会议于2007年3月17日召开，出席会议代表55名。会议听取审议了镇长缪金学作的政府工作报告、高忠岐作的人大工作报告及财政预决算报告等，并通过了相应决议。会议补选高忠岐为义和镇人民代表大会副主席，张全森、董建军为义和镇人民政府副镇长。

第十七人民代表大会

义和镇第十七届人民代表大会任期为2007 年11月至2010年1月，实际任期2年2个月。任期内，共举行3次会议。

第一次会议于2007年11月29日召开，出席会议代表57名。会议听取审议了镇长缪金学作的政府工作报告、人大副主席高忠岐作的人大工作报告及财政预决算报告等，并通过了相应决议。会议选举王学春为义和镇人民代表大会主席，高忠岐副主席；缪金学为义和镇人民政府镇长，刘丽华、李金峰、张全森、宋学民、董建军、张维青为副镇长。

第二次会议于2009年3月21日召开，出席会议代表57名。会议听取审议了镇长缪金学作的政府工作报告、人大副主席高忠岐作的人大工作报告及财政预决算报告等，并通过了相应决议。

第三次会议于2010年1月30日召开，出席会议代表57名。会议听取审议了苟军松作的政府工作报告等，并通过了相应决议。会议选举苟军松为义和镇人民政府镇长，王刚为副镇长；刘丽华为义和镇人民代表大会副主席。

第十八届人民代表大会

义和镇第十八届人民代表大会任期为2011年12

月至2016年12月，实际任期5年。任期内，共举行5次会议。

第一次会议于2011年12月21日召开，出席会议代表57名。会议听取审议了镇长荀军松作的政府工作报告、人大副主席李金峰作的人大工作报告及财政预决算报告等，并通过了相应决议。会议选举徐文棠为义和镇人民代表大会主席，李金峰为副主席；荀军松为义和镇人民政府镇长，陈泽喜、张全森、王刚为副镇长，张维青为科技副镇长。

第二次会议于2013年3月8日召开，出席会议代表57名。会议听取审议了镇长荀军松作的政府工作报告、人大副主席张彬作的人大工作报告及财政预决算报告等，并通过了相应决议。会议补选张彬为义和镇人民代表大会副主席。

第三次会议于2014年3月28日召开，出席会议代表57名。会议听取审议了镇长荀军松作的政府工作报告、人大副主席张彬作的人大工作报告及财政预决算报告等，并通过了相应决议。会议选举杨学刚为义和镇人民政府副镇长。

第四次会议于2015年4月2日召开，出席会议代表56名。会议听取审议了镇长荀军松作的政府工作报告、人大副主席张彬作的人大工作报告及财政预决算报告等，并通过了相应决议。会议补选杨斌为义和镇人民政府副镇长。

第五次会议于2016年4月6日召开，出席会议代表52名。会议听取审议了镇长荀军松作的政府工作报告，祝升禹作的人大工作报告以及财政预决算报告等，并通过了相应决议。会议补选祝升禹为义和镇人民代表大会主席。

第十九届人民代表大会

义和镇第十九届人民代表大会第一次会议于2016年12月29日召开，出席会议代表54名。会议听取审议了镇长綦建成作的政府工作报告、人大主席祝升禹作的人大工作报告以及财政预决算报告等，并通过了相应决议。会议选举祝升禹为义和镇人民代表大会主席，孙希华为副主席；綦建成为义和镇人民政府镇长，陈风庄、张建波、杨斌、杨学刚为副镇长。

义和镇历届人大工作机构及人员名单

（1995年1月至2016年12月）

第十三届人民代表大会
（1993年1月～1996年1月）

主　席：王树仁（1993年3月～1994年7月）
副主席：李积德（1994年10月～1995年3月）

义和镇第十四届人民代表大会
（1996年1月～1999年1月）

主　席：杜秀成（1995年12月～1998年3月）
　　　　赵玉洪（1998年3月任职）
副主席：王新生（1995年10月～1998年12月）
　　　　孟维平（1998年12月任职）

义和镇第十五届人民代表大会
（1999年1月～2002年1月）

主　席：赵玉洪（2001年12月离职）
　　　　李积德（2001年12月任职）
副主席：孟维平（2000年4月离职）
　　　　李金峰（2000年5月任职）

义和镇第十六届人民代表大会
（2002年1月～2007年11月）

主　席：李积德（2003年2月离职）
　　　　毕建军（2003年2月～2007年7月）
　　　　王学春（2007年7月任职）
副主席：李金峰（2007年11月离职）

义和镇第十七届人民代表大会
（2007年11月～2011年12月）

主　席：王学春（2010年12月离职）
　　　　徐文棠（2010年12月任职）
副主席：高忠岐（2007年11月～2010年1月）
　　　　刘丽华（2010年1月～2011年12月）

义和镇第十八届人民代表大会
（2011年12月～2016年12月）

主　席：徐文棠（2016年3月离职）
　　　　祝升禹（2016年3月任职）
副主席：李金峰（2011年12月～2013年3月）
　　　　张　彬（2013年3月～2016年12月）

义和镇第十九届人民代表大会（2016年12月～）

主　席：祝升禹
副主席：孙希华（2016年12月任职）

第三章 河口街道

第一节 概况

1984年，根据山东省人民政府鲁政函字〔1984〕249号文件批复，将四扣人民公社改称为四扣乡，建立四扣乡人民政府。2001年2月，四扣乡与河口办事处合并，设立河口街道。同年，设立河口街道人大工作办公室，设主任、副主任。四扣乡1996年至2001年，先后召开第十四届、第十五届人民代表大会。

第二节 四扣乡历届人民代表大会

第十四届人民代表大会

四扣乡第十四届人民代表大会任期为1996年1月至1999年1月，实际任期3年。任期内，共举行3次会议。

第一次会议于1996年1月14～15日召开，出席会议代表41名。会议听取审议了乡长李辉作的政府工作报告，以及人大工作报告、财政预决算报告等，并通过了相应决议。会议选举刘焕星为四扣乡人民代表大会主席，吕洪新为副主席；李辉为四扣乡人民政府乡长，毕建军、杨俊国、刘凤霞为副乡长。

第二次会议于1997年1月7～8日召开，出席会议代表43名。会议听取审议了乡长牛永昌作的政府工作报告，以及人大工作报告、财政预决算报告等，并通过了相应决议。会议选举牛永昌为四扣乡人民政府乡长，张学然为副乡长。

第三次会议于1998年3月20～21日召开，出席会议代表42名。会议听取审议了乡长张学武作的政府工作报告，以及人大工作报告、财政预决算报告等，并通过了相应决议。会议选举张学武为四扣乡乡长。

第十五届人民代表大会

四扣乡第十五届人民代表大会任期为1999年1月至2001年2月，实际任期2年。任期内，共举行2次会议。2001年2月四扣乡撤销，与原河口办事处合并成立河口街道，此后不再召开人民代表大会。

第一次会议于1999年1月17～18日召开，出席会议代表43名。会议听取审议了乡长张学武作的政府工作报告，以及人大工作报告、财政预决算报告等，并通过了相应决议。会议选举刘焕星为四扣乡人民代表大会主席，邓乃近为副主席；张学武为四扣乡人民政府乡长，吕洪新、郭树壮、崔秀丽为副乡长。

第二次会议于2000年2月16～17日召开，出席会议代表40名。会议听取审议了乡长张学武作的政府工作报告，以及人大工作报告、财政预决算报告等，并通过了相应决议。会议选举周建林为四扣乡人民政府副乡长。

四扣乡历届人大工作机构及人员名单
（1996年1月至1999年1月）

第十四届人民代表大会
（1996年1月～1999年1月）

主　席：刘焕星（1996年1月任职）
副主席：吕洪新（1996年1月～1998年12月）
　　　　邓乃近（1998年12月任职）

第十五届人民代表大会
（1999年1月～2001年2月）

主　席：刘焕星（2000年4月离职）
　　　　牛永昌（2000年4月～2000年11月）
　　　　张胜双（2000年11月～2001年2月）
副主席：邓乃近（2001年2月离职）

河口办事处人大工作机构及人员名单
（1995年12月至2001年2月）

人大工作办公室

主　任：吴秀铎（1995年12月～1998年2月）
　　　　蔡森昌（1998年2月～2001年2月）

河口街道人大工作机构及人员名单

（2001 年 2 月至 2016 年 12 月）

2001 年 2 月，四扣乡与河口办事处合并，成立河口街道，设立河口街道人大工作室。2015 年 11 月，设立河口街道人大工作委员会。

街道人大工作办公室

主　任：蔡森昌（2001 年 2 月～2001 年 12 月）
张胜双（2001 年 12 月～2003 年 2 月）
郭本东（2003 年 2 月～2006 年 3 月）
李寿年（2006 年 3 月～2011 年 12 月）
牟焕民（2011 年 12 月～2015 年 11 月）

副主任：邓乃近（2001 年 02 月～2001 年 12 月）
董子平（2001 年 12 月～2009 年 5 月）
陈建岐（2009 年 5 月～2011 年 12 月）
张希亮（2011 年 12 月～2015 年 11 月）

街道人大工作委员会

主　任：牟焕民（2015 年 11 月～2016 年 4 月）
张希亮（2016 年 4 月～2016 年 12 月）
陈建岐（2016 年 12 月任职）

副主任：张希亮（2015 年 11 月～2016 年 4 月）
李丙安（2016 年 4 月任职）

第四章 六合街道

第一节 概况

1963年2月至1984年9月，今六合街道先后隶属垦利、利津县管辖。期间先后召开垦利县肖庙人民公社、利津县六合人民公社、六合人民公社革命委员会、利津县六合人民公社管理委员会政权机构选举会议。按届次称社员代表大会、人民代表大会。河口区成立后，至1989年，乡镇人民代表大会按期召开。1990年2月，乡镇设人大工作机构。六合乡于1990年至2010年，先后召开第七届、第八届、第九届、第十届、第十一届、第十二届人民代表大会。2010年5月31日，根据东河政字[2010]47号文件《河口区人民政府关于调整部分行政区划的通知》要求，撤销六合乡，设立六合街道。同年，设立六合街道人大工作办公室，设主任、副主任。2014年12月17日，根据东河发［2014］10号文件《中共河口区委关于进一步加强和改进人大工作的意见》要求，六合街道人大工作办公室更名为六合街道人大工作委员会，配备专职工作人员。2015年1月7日，根据东河编发［2015］3号《关于在镇（街道）设立人大工作机构的通知》精神，六合街道党政办公室加挂“人大工委办公室”牌子。

第二节 六合乡历届人民代表大会

第九届人民代表大会

六合乡第九届人民代表大会任期为1996年1月至1999年1月，实际任期3年。任期内，共举行3次会议。

第一次会议于1996年1月13日召开，出席会议代表49名。会议听取审议了乡长孙卫东作的政府工作报告，审议了人大工作报告、财政预决算报告等，并通过了相应决议。会议选举胡宗泉为六合乡人民代表大会主席，刘玉福为副主席；孙卫东为六合乡人民政府乡长，王良进、王宗华、李振江为副乡长。

第二次会议于1997年3月3日召开，出席会议代表48名。会议听取审议了乡长孙卫东作的政府工作报告，审议了人大工作报告、财政预决算报告等，并通过了相应决议。会议补选郭立忠、薄其华为六合乡人民政府科技副乡长。

第三次会议于1998年3月13日召开，出席会议代表45名。会议听取审议了乡长郭存三作的政府工作报告，审议了人大工作报告、财政预决算报告等，并通过了相应决议。会议补选郭存三为六合乡人民政府乡长，左振山为副乡长。

第十届人民代表大会

六合乡第十届人民代表大会任期为1999年1月至2002年2月，实际任期3年。任期内，共举行4次会议。

第一次会议于1999年1月15日召开，出席会议代表50名。会议听取审议了乡长郭存三作的政府工作报告，审议了人大工作报告、财政预决算报告等，并通过了相应决议。会议选举杨学贤为六合乡人民代表大会主席，吕金发为副主席；郭存三为六合乡人民政府乡长，王宗华、左振山、李振江为副乡长，薄其华为科技副乡长。

第二次会议于2000年3月22日召开，会议听取审议了乡长郭存三作的政府工作报告，审议了人大工作报告、财政预决算报告，并通过了相应决议。

第三次会议于2000年7月3日召开，出席会议代表49名。会议听取审议了乡长李炳岭作的政府工作报告等。会议补选李炳岭为六合乡人民政府乡长，王洪柱为副乡长，张俊义为科技副乡长。

第四次会议于2001年2月12日召开，出席会议代表46名。会议听取审议了乡长李炳岭作的政府工作报告，审议了人大工作报告、财政预决算报告等，并通过了相应决议。

第十一届人民代表大会

六合乡第十一届人民代表大会任期为2002年2月至2007年11月，实际任期5年。任期内，共举行

8 次会议。

第一次会议于 2002 年 2 月 1 日召开，出席会议代表 47 名。会议听取审议了乡长王永跃所作的政府工作报告，审议了人大工作报告、财政预决算报告等，并通过了相应决议。会议选举闫长林为六合乡人民代表大会主席，吕金发为副主席；王永跃为六合乡人民政府乡长，张英然、张俊义、赵呈安为副乡长。

第二次会议于 2003 年 3 月 22 日召开，出席会议代表 44 名。会议听取审议了乡长王永跃作的题为《与时俱进，众志成城，加快建设小康，再铸六合辉煌》的政府工作报告，审议了人大工作报告、财政预决算报告等，并通过了相应决议。会议补选李希平为六合乡人民代表大会副主席。

第三次会议于 2003 年 6 月 28 日召开，出席会议代表 44 名。会议听取和审议了乡长王永跃作的政府工作报告，审议了人大工作报告、财政预决算报告等，并通过了相应决议。补选陈步先为六合乡人民政府副乡长，王洪志、李炜为六合乡人民政府科技副乡长。

第四次会议于 2004 年 2 月 11 日召开，出席会议代表 43 名。会议听取审议了乡长王永跃作的政府工作报告，审议了人大工作报告、财政预决算报告等，并通过了相应决议。

第五次会议于 2005 年 5 月 27 日召开，出席会议代表 40 名。会议听取审议了乡长朱春光作的政府工作报告，审议了人大工作报告、财政预决算报告等，并通过了相应决议。会议补选王永跃为六合乡人民代表大会主席，朱春光为六合乡人民政府乡长。

第六次会议于 2006 年 4 月 13 日召开，出席会议代表 41 名。会议听取审议了乡长朱春光作的政府工作报告，审议了人大工作报告、财政预决算报告等，并通过了相应决议。会议补选杨丰文为六合乡人民政府副乡长，巴树村为六合乡人民政府科技副乡长。

第七次会议于 2007 年 3 月 17 日召开，出席会议代表 39 名。会议听取审议了乡长朱春光作的政府工作报告，审议了人大工作报告、财政预决算报告等，并通过了相应决议。会议补选赵呈安为六合乡人民代表大会副主席，李希平为六合乡人民政府副乡长。

第八次会议于 2007 年 7 月 21 日召开，出席会议代表 44 名。会议听取审议了乡长牟焕民作的政府工作报告，审议了人大工作报告、财政预决算报告等，并通过了相应决议。会议补选朱春光为六合乡人民代表大会主席，牟焕民为六合乡人民政府乡长。

第十二届人民代表大会

六合乡第十二届人民代表大会任期为 2007 年 11 月至 2010 年 5 月，实际任期 3 年。任期内，共举行 3 次会议。

第一次会议于 2007 年 11 月 26 日召开，出席会议代表 48 名。会议听取审议了乡长牟焕民作的政府工作报告，审议了人大工作报告、财政预决算报告等，并通过了相应决议。会议选举朱春光为六合乡人民代表大会主席，赵呈安为副主席；选举牟焕民为六合乡人民政府乡长，李希平、杨丰文、李炜为副乡长。

第二次会议于 2009 年 3 月 15 日召开，出席会议代表 45 名。会议听取审议了乡长牟焕民作的政府工作报告，审议了人大工作报告、财政预决算报告等，并通过了相应决议。会议补选王刚为六合乡人民代表大会副主席。

第三次会议于 2010 年 1 月 15 日召开，出席会议代表 42 名。会议听取审议了乡长高连欣作的政府工作报告，审议了人大工作报告、财政预决算报告等，并通过了相应决议。会议补选李希平为六合乡人民代表大会副主席；选举高连欣为六合乡人民政府乡长，陈瑞堂为副乡长，冯树彬为科技副乡长。

六合乡历届人大工作机构及人员名单

（1995 年至 2016 年 12 月）

第八届人民代表大会（1993 年 1 月～1996 年 1 月）
主　席：孙振乾（1993 年 1 月～1995 年 11 月）
　　　　胡宗泉（1995 年 11 月～1996 年 1 月）
副主席：刘玉福（1995 年 11 月～1996 年 1 月）
第九届人民代表大会（1996 年 1 月～1999 年 1 月）
主　席：胡宗泉（1996 年 1 月～1999 年 1 月）
副主席：刘玉福（1996 年 1 月～1999 年 1 月）
第十届人民代表大会（1999 年 1 月～2002 年 2 月）
主　席：杨学贤（1999 年 1 月～2002 年 2 月）
副主席：吕金发（1999 年 1 月～2002 年 2 月）

第十一届人民代表大会（2002年2月～2007年11月）

主　席：闫长林（2002年2月～2005年5月）

　　　　王永跃（2005年5月～2007年7月）

　　　　朱春光（2007年7月～2007年11月）

副主席：吕金发（2002年2月～2002年5月）

　　　　李希平（2003年3月～2007年3月）

　　　　赵呈安（2007年3月～2007年11月）

第十二届人民代表大会（2007年11月～2010年5月）

主　席：朱春光（2007年11月～2010年5月）

副主席：赵呈安（2007年11月～2009年3月）

　　　　王　刚（2009年3月～2009年12月）

　　　　李希平（2009年12月～2010年5月）

六合街道人大工作办公室

主　任：朱春光（2010年5月～2013年3月）

　　　　杨月明（2013年3月～2014年12月）

副主任：李希平（2010年5月～2014年12月）

六合街道人大工委

主　任：杨月明（2014年12月～2016年3月）

　　　　杨丰文（2016年3月任职）

副主任：李希平（2014年12月～2016年3月）

　　　　郭延峰（2016年3月任职）

第五章 孤岛镇

第一节 概况

1979 年，垦利县派出办事处管理孤岛。1983 年 10 月，孤岛办事处划属河口区管辖。1992 年成立孤岛镇，先后建立镇苑村，接管西韩村。1993 年 1 月，乡镇人民代表大会设主席、副主席。1995 年至 2016 年，孤岛镇先后召开第一届、第二届、第三届、第四届、第五届、第六届、第七届共七届人民代表大会。

第二节 历届人民代表大会

第一届人民代表大会

孤岛镇第一届人民代表大会任期为 1993 年 1 月至 1996 年 1 月，实际任期 3 年。任期内，共举行 3 次会议。

第一次会议于 1993 年 1 月 12 日召开，出席会议代表 11 名。会议听取审议了镇长张建华作的政府工作报告，审议了人大工作报告和财政预决算报告等，并通过了相应决议。会议选举刘庆礼为孤岛镇人民代表大会主席，张建华为孤岛镇人民政府镇长，李保民为副镇长。

第二次会议于 1994 年 7 月 2 日召开，出席会议代表 11 名。会议听取审议了镇长张建华作的政府工作报告，审议了人大工作报告和财政预决算报告等，并通过了相应决议。

第三次会议于 1995 年 1 月 14 日召开，出席会议代表 12 名。会议听取审议了镇长张建华作的政府工作报告，审议了人大工作报告和财政预决算报告等，并通过了相应决议。会议选举韩清云为孤岛镇人民政府科技副镇长。

第二届人民代表大会

孤岛镇第二届人民代表大会任期为 1996 年 1 月至 1999 年 1 月，实际任期 3 年。任期内，共举行 3 次会议。

第一次会议于 1996 年 1 月 15 日召开，出席会议代表 23 名。会议听取审议了宁洪儒作的政府工作报告，审议了人大工作报告和财政预决算报告等，并通过了相应决议。会议选举张建华为孤岛镇人民代表大会主席，宁洪儒为孤岛镇人民政府镇长。

第二次会议于 1997 年 2 月 15 日召开，出席会议代表 23 名。会议听取审议了镇长宁洪儒作的政府工作报告，审议了人大工作报告和财政预决算报告等，并通过了相应决议。

第三次会议于 1998 年 3 月 17 日召开，出席会议代表 23 名。会议听取审议了镇长宁洪儒作的政府工作报告，审议了人大工作报告和财政预决算报告等，并通过了相应决议。

第三届人民代表大会

孤岛镇第三届人民代表大会任期为 1999 年 1 月至 2002 年 2 月，实际任期 3 年。任期内，共举行 4 次会议。

第一次会议于 1991 年 1 月 18 日召开，出席会议代表 24 名。会议听取审议了王良进作的政府工作报告，审议了人大工作报告和财政预决算报告等，并通过了相应决议。会议选举宁洪儒为孤岛镇人民代表大会主席，吴学智为副主席；选举王良进为孤岛镇人民政府镇长，杨俊国、胡新荣为副镇长。

第二次会议于 2000 年 3 月 23 日召开，出席会议代表 24 名。会议听取审议了镇长王良进作的政府工作报告，审议了人大工作报告和财政预决算报告等，并通过了相应决议。

第三次会议于 2000 年 6 月 28 日召开，出席会议代表 24 名。会议补选杨俊国为孤岛镇人民代表大会主席，纪玉刚为孤岛镇人民政府副镇长。

第四次会议于 2001 年 2 月 16 日召开，出席会议代表 22 名。会议听取审议了镇长王良进作的政府工作报告，审议了人大工作报告和财政预决算报告等，并通过了相应决议。

第四届人民代表大会

孤岛镇第四届人民代表大会任期为2002年2月至2007年11月，实际任期5年。任期内，共举行10次会议。

第一次会议于2002年2月1日召开，出席会议代表23名。会议听取审议了张吉明作的政府工作报告，审议了人大工作报告和财政预决算报告等，并通过了相应决议。会议选举王良进为孤岛镇人民代表大会主席，王天华为副主席；张吉明为孤岛镇人民政府镇长，邓乃近、李建设、黄新华为副镇长。

第二次会议于2002年11月22日召开，会议听取审议了镇长张吉明作的政府工作报告，审议了人大工作报告和财政预决算报告等，并通过了相应决议。

第三次会议于2003年3月18日召开，出席会议代表24名。会议听取审议了镇长张吉明作的政府工作报告，审议了人大工作报告和财政预决算报告等，并通过了相应决议。

第四次会议于2003年6月28日召开，出席会议代表24名。会议选举崔风桐为孤岛镇人民代表大会副主席，盖本良、赵云为孤岛镇人民政府科技副镇长。

第五次会议于2004年2月13日召开，出席会议代表23名。会议听取审议了镇长张吉明作的政府工作报告，审议了人大工作报告和财政预决算报告等，并通过了相应决议。

第六次会议于2005年6月7日召开，出席会议代表20名。会议听取审议了镇长张吉明作的政府工作报告，审议了人大工作报告和财政预决算报告等，并通过了相应决议。会议选举房文利为孤岛镇人民政府副镇长。

第七次会议于2005年9月13日召开，出席会议代表23名。会议选举李金锋为孤岛镇人民政府镇长，刘云战、盖本良为副镇长。

第八次会议于2005年11月30日召开，出席会议代表23名。会议听取审议了镇长李金锋作的政府工作报告，审议了人大工作报告和财政预决算报告等，并通过了相应决议。会议选举薄纯新为孤岛镇人民代表大会主席。

第九次会议于2006年4月27日召开，出席会议代表20名。会议听取审议了镇长李金锋作的政府工作报告，审议了人大工作报告和财政预决算报告等，并通过了相应决议。

第十次会议于2007年3月19日召开，出席会议代表22名。会议听取审议了镇长李金锋作的政府工作报告，审议了人大工作报告和财政预决算报告等，并通过了相应决议。会议选举刘健、李伟为孤岛镇人民政府副镇长。

第五届人民代表大会

孤岛镇第五届人民代表大会任期为2007年11月至2011年12月，实际任期4年。任期内，共举行4次会议。

第一次会议于2007年11月26日召开，出席会议代表34名。会议听取审议了镇长李金锋作的政府工作报告，审议了人大工作报告和财政预决算报告等，并通过了相应决议。会议选举薄纯新为孤岛镇人民代表大会主席，崔风桐为副主席；李金锋为孤岛镇人民政府镇长，盖本良、刘健、刘云战为副镇长，李双年为科技副镇长。

第二次会议于2009年3月28日召开，出席会议代表27名。会议听取审议了镇长李金锋作的政府工作报告，审议了人大工作报告和财政预决算报告等，并通过了相应决议。会议选举房文利为孤岛镇人民政府副镇长。

第三次会议于2010年1月28日召开，出席会议代表33名。会议听取审议了镇长李金锋作的政府工作报告，审议了人大工作报告和财政预决算报告等，并通过了相应决议。

第四次会议于2011年4月19日召开，出席会议代表33名。会议听取审议了镇长李金锋作的政府工作报告，审议了人大工作报告和财政预决算报告等，并通过了相应决议。

第六届人民代表大会

孤岛镇第六届人民代表大会任期为2011年12月至2015年12月，实际任期4年。任期内，共举行5次会议。

第一次会议于2011年12月22日召开，出席会议代表33名。会议听取审议了王峰作的政府工作报告，审议了人大工作报告和财政预决算报告等，并通过了相应决议。会议选举李金锋为孤岛镇人民代表大会主席，房文利为副主席；王峰为孤岛镇人民政府镇长，刘云战、祝升禹、王成为副镇长。

第二次会议于2013年3月16日召开，出席会议代表33名。会议听取和审议镇长王峰作的政府工作报告，审议了人大工作报告和财政预决算报告等，并通过了相应决议。

第三次会议于2014年2月28日召开，出席会议代表33名。会议听取审议了镇长王峰作的政府工作报告，审议了人大工作报告和财政预决算报告等，并通过了相应决议。会议选举刘云战为孤岛镇人民代表大会副主席，刘国军、成娜为孤岛镇人民政府副镇长。

第四次会议于2015年1月31日召开，出席会议代表33名。会议听取审议了镇长王峰作的政府工作报告，审议了人大工作报告和财政预决算报告等，并通过了相应决议。会议选举祝升禹为孤岛镇人民代表大会副主席，王云波为孤岛镇人民政府副镇长。

第五次会议于2016年2月29日召开，出席会议代表33名。会议听取审议了刘国军作的政府工作报告，审议了人大工作报告和财政预决算报告等，并通过了相应决议。会议选举陈泽喜为孤岛镇人民代表大会主席，房炳林为副主席。

第七届人民代表大会

第一次会议于2016年12月29～30日召开，出席会议代表33名。会议听取审议了胡友成同志作的政府工作报告，审议了人大工作报告和财政预决算报告等，并通过了相应决议。会议选举李辉为孤岛镇人民代表大会主席，房炳林为副主席；胡友成为孤岛镇人民政府镇长，王云波、赵鑫、陈步云、温斌为副镇长；

孤岛镇历届人大工作机构及人员名单

（1995年至2016年12月）

第一届人民代表大会（1993年1月～1996年1月）
主　席：刘庆礼（1993年1月～1996年1月）
第二届人民代表大会（1996年1月～1999年1月）
主　席：张建华（1996年1月～1998年12月）
副主席：王希英（1998年3月～1998年12月）
第三届人民代表大会（1999年1月～2002年2月）
主　席：宁洪儒（1999年1月～2000年4月）
　　　　杨俊国（2000年4月～2002年2月）
副主席：吴学智（1998年12月～2001年12月）
第四届人民代表大会（2002年2月～2007年11月）
主　席：王良进（2001年12月～2005年9月）
　　　　薄纯新（2005年9月任职）
副主席：王天华（2001年12月～2003年5月）
　　　　崔风桐（2003年5月～2007年11月）
第五届人民代表大会（2007年11月～2011年12月）
主　席：薄纯新（2011年1月离职）
　　　　李金锋（2011年12月任职）
副主席：崔风桐（2007年11月～2011年12月）
第六届人民代表大会（2011年12月～2016年1月）
主　席：李金锋（2015年1月离职）
　　　　陈泽喜（2016年3月～2016年12月）
副主席：丁红卫（2011年12月～2012年12月）
　　　　房文利（2012年12月～2013年12月）
　　　　刘云战（2013年12月～2014年12月）
　　　　祝升禹（2014年12月～2016年3月）
　　　　房炳林（2016年3月任职）
第七届人民代表大会（2016年12月～）
主　席：李　辉（2016年12月任职）
副主席：房炳林

第六章 仙河镇

第一节 概况

仙河镇原名孤岛新镇。1987 年 5 月，中顾委委员林呼加到此视察，见新镇被神仙沟与槐树林环绕，碧水绿树，林水相映，似人间仙境，提议改名为仙河镇。仙河镇地区系黄河泥沙淤积而成的新生陆地。1960 年后，垦荒捕鱼者渐至；1963 年，中国人民解放军后勤部来此牧马、造林；1970 年，胜利油田开始石油勘探；1972 年，成立胜利油田孤岛指挥部；1983 年，指挥部聘请上海同济大学对仙河镇进行规划设计，1984 年，开始动土兴建；1987 年，孤东、孤岛两个指挥部合并为滨海指挥部，迁址仙河镇。1992 年，山东省人民政府以 [92] 鲁政函字 30 号文批复，成立仙河镇人民政府，隶属东营市河口区。1992 年 11 月，镇人民代表大会设主席、副主席。1993 年开始，仙河镇先后召开第一届、第二届、第三届、第四届、第五届、第六届、第七届共七届人民代表大会。

第二节 历届人民代表大会

第一届人民代表大会

仙河镇第一届人民代表大会任期为 1993 年 1 月至 1996 年 1 月，实际任期 3 年。任期内，共举行 3 次会议。

第一次会议于 1993 年 1 月 13 日召开，出席会议代表 60 名。会议听取审议了刘炳峰作的政府工作报告，审议了人大工作报告和财政预决算报告等，并通过了相应决议。会议选举刘炳峰为仙河镇人民政府镇长，孙辉毅为副镇长。

第二次会议于 1994 年 3 月 3 日召开，出席会议代表 60 名。会议听取审议了镇长刘炳峰作的政府工作报告，审议了人大工作报告和财政预决算报告等，并通过了相应决议。

第三次会议于 1995 年 3 月 2 日召开，出席会议代表 60 名。会议听取审议了镇长刘炳峰作的政府工作报告，审议了人大工作报告和财政预决算报告等，并通过了相应决议。

第二届人民代表大会

仙河镇第二届人民代表大会任期为 1996 年 1 月至 1999 年 1 月，实际任期 3 年。任期内，共举行 3 次会议。

第一次会议于 1996 年 1 月 18 日召开，出席会议代表 25 名。会议听取审议了镇长刘炳峰作的政府工作报告，审议了人大主席团工作报告、建镇三年来财务收支和 1996 年财政预算草案报告、国民经济和社会发展“九五”计划和 2010 年远景目标纲要草案报告等，并通过了相应决议。会议选举张明开为仙河镇人民代表大会主席，徐普希为副主席；选举孙辉毅为仙河镇人民政府镇长，袁崇山、殷爱民为副镇长。

第二次会议于 1997 年 3 月 26 日召开，出席会议代表 25 名。会议听取审议了镇长孙辉毅作的政府工作报告，审议了人大主席团工作报告、1997 年农村提留和镇统筹资金提取和使用的预算方案报告等，并通过了相应决议。

第三次会议于 1998 年 3 月 18 日召开，出席会议代表 25 名。会议听取审议了镇长孙辉毅作的政府工作报告，审议了人大主席团工作报告、1997 年度财政预算情况和 1998 年度财政预算草案报告、1997 年农村提留和镇统筹资金提取和使用预算执行情况和 1998 年预算草案报告等，并通过了相应决议。

第三届人民代表大会

仙河镇第三届人民代表大会任期为 1999 年 1 月至 2002 年 1 月，实际任期 3 年。任期内，共举行 5 次会议。

第一次会议于 1999 年 1 月 19 日召开，出席会议代表 25 名。会议听取审议了副镇长袁崇山作的政府工作报告，审议了人大主席团工作报告、1998 年财政预算执行情况和 1999 年财政预算草案报告、1998

年农村村提留和镇统筹资金提取和使用预算执行情况和1999年预算草案报告等，并通过了相应决议。会议选举成希琴为仙河镇人民政府镇长，郭永进、袁崇山为副镇长。

第二次会议于2000年3月28日召开，出席会议代表25名。会议听取审议了镇长成希琴作的政府工作报告，审议了人大主席团工作报告、1999年财政预算执行情况和2000年财政预算草案报告等，并通过了相应决议。

第三次会议于2000年6月28日召开，出席会议代表25名。会议听取审议了镇长成希琴作的2000年上半年政府工作报告等，并通过了相应决议。会议补选徐迎春为仙河镇人民代表大会副主席；李建设、高连欣为仙河镇人民政府副镇长。

第四次会议于2000年8月1日召开，出席会议代表25名。会议听取审议了镇长成希琴作的《东营市河口区仙河镇新一轮总体规划》报告等，并通过了相应决议。

第五次会议于2001年2月20日召开，出席会议代表25名。会议听取审议了镇长成希琴作的政府工作报告，审议了人大主席团工作报告、2000年财政预算执行情况和2001年财政预算草案报告等，并通过了相应决议。

第四届人民代表大会

仙河镇第四届人民代表大会任期为2002年1月至2007年11月，实际任期5年。任期内，共举行6次会议。

第一次会议于2002年1月27～28日召开，出席会议代表25名。会议听取审议了王志华作的政府工作报告，审议了人大主席团工作报告、2001年财政预算执行情况和2002年财政预算草案报告等，并通过了相应决议。会议选举成希琴为仙河镇人民代表大会主席，徐迎春为副主席；王志华为仙河镇人民政府镇长，毕作庆、郭永进、高连欣、郝松柏、徐军岭为副镇长。

第二次会议于2003年3月27～28日召开，出席会议代表25名。会议听取审议了镇长王志华作的政府工作报告，审议了人大主席团工作报告、2002年财政预算执行情况和2003年财政预算草案报告等，并通过了相应决议。会议选举张彬为仙河镇人民代表大会主席。

第三次会议于2003年7月1日召开，出席会议代表25名。会议听取审议了镇长王志华作的2003年上半年政府工作报告，并通过了关于政府工作报告的决议等。

第四次会议于2004年2月7日召开，出席会议代表23名。会议听取审议了镇长王志华作的政府工作报告，审议了人大主席团工作报告、2003年财政预算执行情况和2004年财政预算草案报告等，并通过了相应决议。

第五次会议于2005年5月27日召开，出席会议代表25名。会议听取审议了镇长王志华作的政府工作报告，审议了人大主席团工作报告、2004年财政预算执行情况和2005年财政预算草案报告等，并通过了相应决议。

第六次会议于2006年5月27日召开，出席会议代表25名。会议听取审议了张英然作的政府工作报告，审议了人大主席团工作报告、2005年财政预算执行情况和2006年财政预算草案报告等，并通过了相应决议。会议选举张英然为仙河镇人民政府镇长。

第五届人民代表大会

仙河镇第五届人民代表大会任期为2007年11月至2011年1月，实际任期3年。任期内，共举行4次会议。

第一次会议于2007年11月26～27日召开，出席会议代表35名。会议听取审议了镇长张英然作的政府工作报告，审议了人大主席团工作报告、2007年财政预算执行情况和2008年财政预算草案报告等，并通过了相应决议。会议选举卢洪鹏为仙河镇人民代表大会主席，陈建岐为副主席；张英然为仙河镇人民政府镇长，王宏伟、毕作庆、李向兵、陈新国为副镇长。

第二次会议于2009年3月25日召开，出席会议代表35名。会议听取审议了镇长张英然作的政府工作报告，审议了人大主席团工作报告、2008年财政预算执行情况和2009年财政预算草案报告等，并通过了相应决议。

第三次会议于2010年1月20日召开，出席会议代表35名。会议听取审议了镇长张英然作的2000年上半年政府工作报告，审议了人大主席团工作报告、2009年财政预算执行情况和2010年财政预算草案报告等，并通过了相应决议。会议补选宋寒为仙河镇人民代表大会副主席，杨江普为仙河镇人民政府副镇长。

第四次会议于2011年4月19日召开，出席会议代表35名。会议听取审议了镇长张英然作的政府工作报告，审议了人大主席团工作报告、2010年财政预算执行情况和2011年财政预算草案报告等，并通过了相应决议。

第六届人民代表大会

仙河镇第六届人民代表大会任期为2011年4月至2016年12月，实际任期5年。任期内，共举行5次会议。

第一次会议于2011年12月22～23日召开，出席会议代表35名。会议听取审议了镇长王云涛作的政府工作报告，审议了人大主席团工作报告、2011年财政预算执行情况和2012年财政预算草案报告等，并通过了相应决议。会议选举张英然为仙河镇人民代表大会主席，杨江普为副主席；王云涛为仙河镇人民政府镇长，杜江、李向兵、董召磊为副镇长。

第二次会议于2013年1月23日召开，出席会议代表35名。会议听取审议了镇长王云涛作的政府工作报告，审议了人大主席团工作报告、2012年财政预算执行情况和2013年财政预算草案报告等，并通过了相应决议。

第三次会议于2014年2月26日召开，出席会议代表35名。会议听取审议了镇长王云涛作的政府工作报告，审议了人大主席团工作报告、2013年财政预算执行情况和2014年财政预算草案报告，并通过了相应决议。

第四次会议于2015年1月29～30日召开，出席会议代表33名。会议听取审议了镇长王云涛作的政府工作报告，审议了人大主席团工作报告、2014年财政预算执行情况和2015年财政预算草案报告等，并通过了相应决议。会议补选刘晓刚为仙河镇人民代表大会副主席；补选安福山、李庆元为仙河镇人民政府副镇长。

第五次会议于2016年3月28～29日召开，出席会议代表33名。会议听取审议了镇长王云涛作的政府工作报告，审议了人大主席团工作报告、2015年财政预算执行情况和2016年财政预算草案报告等，并通过了相应决议。会议补选董召磊为仙河镇人民代表大会主席，陈岩峰为仙河镇人民政府副镇长。

第七届人民代表大会

仙河镇第七届人民代表大会第一次会议于2016年12月29～30日召开，出席会议代表35名。会议听取审议了韩春亮作的政府工作报告，审议了人大主席团工作报告、2016年财政预算执行情况和2017年财政预算草案报告等，并通过了相应决议。会议选举董召磊为仙河镇人民代表大会主席，刘晓刚为副主席；韩春亮为仙河镇人民政府镇长，丁淑玲、孙和民、李强、丁晓辉为副镇长。

仙河镇历届人大工作机构及人员名单

（1995年1月至2016年12月）

第一届人民代表大会（1993年1月～1996年1月）
主　席：盖树祥（1992年11月～1995年3月）
　　　　张明开（1995年3月任职）
第二届人民代表大会（1996年1月～1999年1月）
主　席：张明开（1997年3月离职）
　　　　徐普希（1998年12月任职）
副主席：李建设（1996年1月任职）
第三届人民代表大会（1999年1月～2002年1月）
主　席：徐普希（2001年12月离职）
副主席：李建设（2000年6月离职）
　　　　徐迎春（2000年6月任职）
第四届人民代表大会（2002年1月～2002年1月）
主　席：成希琴（2002年1月～2003年3月）
副主席：徐迎春（2007年1月离职）
第五届人民代表大会（2007年1月～2011年1月）
主　席：卢洪鹏（2007年1月～2011年1月）
副主席：陈建岐（2007年1月～2010年1月）
　　　　宋　寒（2010年1月～2011年1月）

第六届人民代表大会（2011年1月～2016年12月）
主　席：张英然（2011年1月～2016年3月）
　　　　董召磊（2016年3月任职）
副主席：杨江普（2011年1月～2015年1月）
　　　　刘晓刚（2015年1月任职）

第七届人民代表大会（2016年 12月～）
主　席：董召磊
副主席：刘晓刚

人 物

人 物

历届区人大常委会主任、第一副主任

（按选举先后排序）

周庆成 男，1937年3月出生，汉族，山东阳谷人，初中文化程度。1954年12月参加工作，1956年3月加入中国共产党。1954年12月至1959年3月任南京军区炮兵0930部队班长；1959年3月至1966年4月任甘肃玉门油田作业工、班长、工段长；1966年4月至1968年11月任四川浅气层指挥部作业队指导员；1968年11月至1972年5月任湖北江汉油田试采大队作业队指导员、副教导员；1972年5月至1978年6月任胜利油田河口采油厂井下大队大队长、党委书记；1978年6月至1980年3月任胜利油田河口采油指挥部副指挥；1980年3月至1987年4月任胜利油田河口采油指挥部指挥；1987年4月至1988年12月任河口区第十一届人大常委会主任、党组书记；1988年12月至1990年3月任河口区委副书记，河口区第十一届人大常委会主任、党组书记；1990年3月至1993年2月任河口区委副书记，河口区第十二届人大常委会主任、党组书记；1993年2月至1994年3月任河口区委副书记，河口区第十三届人大常委会主任、党组书记；1994年3月至1997年2月任河口区第十三届人大常委会主任、党组书记；1997年2月离职；1997年8月退休。系东营市第二届、第三届人民代表大会代表。

刘汝彬 男，1950年12月出生，汉族，山东利津人，大学文化程度。1971年11月参加工作，1972年4月加入中国共产党。1971年11月至1977年12月历任利津县南宋公社团委书记、党委秘书、党委副书记；1977年12月至1984年6月任利津县刁口公社党委副书记（其间：1982年9月至1984年6月在山东农业大学干部专修科学习）；1984年6月至1987年11月任中共利津县纪委副书记；1987年11月至1988年6月任利津县委常委、宣传部部长；1988年6月至1991年8月任利津县委常委、组织部部长；1991年8月至1994年3月任利津县委副书记；1994年3月至1997年2月任河口区委副书记（其间：1994年9月至1996年12月在山东省委党校经济管理专业业余本科班学习）；1997年2月至1998年1月任河口区委副书记、河口区第十三届人大常委会主任、党组书记；1998年1月至1998年6月任河口区委副书记、河口区第十四届人大常委会主任、党组书记；1998年6月至2002年1月任东营市劳动和社会保障局副局长、党组副书记（正县级）；2002年1月至2006年3月任东营市劳动和社会保障局局长、党组书记；2006年3月至2008年1月任东营市政协常委、科教文卫体委员会主任；2008年1月至2011年1月任东营市政协常委、文史资料委员会主任；2011年1月至2012年3月任东营市政协委员；2012年5月于东营市人力资源和社会保障局退休。系东营市第四届人民代表大会代表。

刘秀田 男，1951年1月出生，汉族，山东滨州人，大专文化程度。1968年2月参加工作，1969年3月加入中国共产党。1968年2月至1968年8月任山东省军区独立一师三团战士；1968年8月至1972年7月任空军第四飞行学院飞行学员；1972年7月至

1987年3月历任空军第四飞行学院见习飞行教员、教员、副中队长、中队长、副大队长、大队长；1987年3月至1987年12月任空军第四飞行学院一团政治处主任；1987年12月至1988年12月任河口区纪委审理科科长；1988年12月至1992年12月任河口区纪委副书记；1992年12月至1997年2月任河口区委常委，纪委书记；1997年2月至1997年12月任河口区委副书记，纪委书记；1997年12月至1998年8月任河口区委副书记；1998年8月至1999年2月任河口区委副书记，人大常委会党组书记；1999年2月至2003年2月任河口区委副书记，河口区第十四届人大常委会主任、党组书记；2003年2月至2007年12月任河口区第十五届人大常委会主任、党组书记。2007年12月离职；2012年5月退休。系东营市第五届人民代表大会代表。

郑建军　男，1961年4月出生，汉族，山东临朐人，大学学历，文学学士学位，1983年7月参加工作，1986年1月加入中国共产党。1979年9月至1983年7月在山东师范大学中文系汉语言文学专业学习；1983年7月至1986年10月任齐鲁石化总公司宣传部干事；1986年10月至1989年5月任潍坊日报社助理编辑；1989年5月至1991年12月任潍坊市委组织部干事；1991年12月至1994年12月任潍坊市委组织员办副科级组织员；1994年12月至1997年4月任潍坊市委组织部组织科副科长；1997年4月至1999年3月任潍坊市委组织部组织科主任科员；1999年3月至2001年2月任潍坊市委组织部调研室主任；2001年2月至2002年7月任昌乐县委常委、组织部长；2002年7月至2004年10月任潍坊市委组织部副部长、山东省援疆干部副总带队、喀什地委组织部副部长；2004年10月至2005年11月任潍坊市委组织部副部长、山东省援疆干部副总带队、喀什地委组织部副部长、喀什地区援疆办主任；2005年11月至2006年4月任潍坊市委组织部副部长（正县级）；2006年4月至2006年12月任安丘市委副书记、市长；2006年12月至2007年1月任东营市河口区委书记；2007年1月至2007年12月任东营市河口区委书记、区委党校校长；2007年12月至2009年2月任东营市河口区委书记、区人大常委会主任、区委党校校长；2009年2月至2009年4月任东营市东营区委书记、区委党校校长；2009年4月至2010年9月任东营市东营区委书记、区人大常委会主任、区委党校校长；2010年9月至2011年12月任东营市委常委、纪委书记；2011年12月至2014年2月任东营市委常委、组织部部长；2014年2月至2015年4月任东营市委常委、组织部部长、统战部部长；2015年4月至2015年5月任东营市委副书记、组织部部长、统战部部长；2015年5月至2015年8月任东营市委副书记、统战部部长；2015年8月至2016年3月任东营市委副书记；2016年3月至2017年1月任东营市委副书记、政法委书记；2017年1月至2017年2月任东营市委副书记；2017年2月至2017年3月任东营市人大常委会党组书记；2017年3月始，任东营市人大常委会主任、党组书记。系东营市第六届、第七届、第八届人民代表大会代表。

聂建军　男，1964年3月出生，汉族，山东临邑人，大学学历，农学学士。1987年7月参加工作，1993年4月加入中国共产党。1983年9月至1987年7月在山东农业大学畜牧专业学习；1987年7月至1991年1月任东营市科干办科员；1991年1月至1993年6月任东营市科委计划科科员；1993年6月至1993年12月任东营市星火计划办公室副主任；1993年12月至1995年3月任东营市科委办公室副主任；1995年3月至1997年8月任东营市科委办公室主任；1997年8月至2001年4月任东营市科委副主任、党组成员；2001年4月至2002年12月任东营市科技局副局长、党组副书记；2002年12月至2003年1月任利津县委副书记，县政府党组书记、副县长、代县长；2003年1月至2006年1月任利津县委副书记，县政府县长、党组书记；2006年1月至2006年2月任河口区委副书记；2006年2月至2009年2月任河口区委副书记，区政府区长、党组书记；2009年2月至2009年3月任河口区委书记、党校校长，区政府党组书记；2009年3月至2009年6月任河口区委书记、党校校长，区人大常委会党组书记；2009年6月至2011年5月任河口区委书记、党校校长，河口区第十六届人大常委会主任、党组书记（其间：2010年9月至2012年7月在中国石油大学（华东）马克思主义理论专业学习）；2011年5月至2012年4月任河口区委书记、党校校长，河口区第十六届人大常委会主任、党组书记，东营港经济开发区党工委书记；2012年4月至2014年1月任河口区委书记、党校校长，河口区第十七届人大常委会主任、党组书记，东营港经济开发区党工委副书记；2014年1月至2015年8月任东营市委常委，河口区委书记、党校校长，河口区第十七届人大常委会主任、党组书记，东营港经济开发区党工委副书记；2015年8月至今任东营市委常委、市委统战部部长，东营社会主义学院院长。系东营市第六、第七、第八届人民代表大会代表。

王树臣 男，1963年7月出生，汉族，山东东营人，大学文化程度。1981年7月参加工作，1986年5月加入中国共产党。1979年9月至1981年7月在广饶师范学校学习；1981年7月至1984年9月在垦利县西张中学任教；1984年9月至1986年7月在山东教育学院中文系学习；1986年7月至1987年7月在垦利县第二中学任教；1987年7月至1988年10月在垦利县教师进修学校任教；1988年10月至1990年4月在东营市政协办公室秘书科工作；1990年4月至1991年9月任东营市政协办公室秘书科副科长；1991年9月至1992年9月任利津县罗镇乡党委副书记（挂职）；1992年9月至1993年1月任东营市政协办公室秘书科副科长；1993年1月至1995年5月任东营市政协办公室政工科科长；1995年5月至1997年5月任东营市政协办公室秘书科科长（其间：1995年9月至1997年12月在省委党校业余本科班经济管理专业函授学习）；1997年5月至2001年1月任东营市政协办公室副主任；2001年1月至2006年3月任河口区政府副区长；2006年3月至2007年12月任河口区委常委，区政府副区长、党组副书记；2007年12月至2008年4月任河口区第十六届人大常委会第一副主任、党组书记；2008年4月至2011年12月任河口区第十六届人大常委会第一副主任、党组第一副书记；2011年12月至2014年8月任东营市油区工作办公室党组副书记、副主任；东营市油区工作办公室党组书记、主任，东营市油地校结合办公室党组书记、主任；2014年8月至2017年3月任东营市油区工作办公室党组书记、主任；东营市油地校结合办公室党组书记；2017年3月始，任东营市科协党组书记、主席。系东营市第六届人民代表大会代表。

苟增杰 男，1963年2月出生，汉族，山东东营人，省委党校本科学历。1982年7月参加工作，1985年7月加入中国共产党。1980年9月至1982年7月在广饶师范学校师范专业学习；1982年7月至1988年3月任东营区史口中学教师；1988年3月至1991年3月任东营区团委干部（1986年7月至1989年6月在山东教育学院教育管理专业函授学习）；1991年3月至1992年9月任东营区纪委办公室主任；1992年9月至1995年1月任东营区纪委常委、办公室主任；1995年1月至1995年11月任东营区六户镇党委副书记；1995年11至1997年8月任东营区六户镇党委副书记、镇长；1997年8月至1997年10月任东营区史口镇党委书记；1997年10月至2000年3月任东营区史口镇党委书记、人大主席（1996年9月至1999年1月在山东省委党校业余本科班经济管理专业学习）；2000年3月至2001年3月任东营区委常委、辛店镇党委书记；2001年3月至2002年1月任东营区委常委、辛店街道党委书记；2002年1月至2002年5月任东营区委常委、辛店街道党工委书记；2002年5月至2007年2月任东营区委常委、政法委书记；2007年2月至2010年12月任东营区委常委、区政府副区长；2010年12月至2011年5月任东营港经济开发区管委会主任、党工委书记；2011年5月至2011年7月任东营港经济开发区管委会主任、党工委副书记；2011年7至2011年8月任河口区委副书记，区政府代区长、党组书记，东营港经济开发区管委会主任、党工委副书记；2011年8月至2015年8月任河口区委副书记，区政府区长、党组书记，东营港经济开发区管委会主任、党工委副书记；2015年8月至2015年9月任河口区委书记、党校校长，区政府党组书记，东营港经济开发区管委会主任、党工委副书记；2015年9月至2015年10月任河口区委书记、党校校长，区政府党组书记；2015年10月至2016年1月任河口区委书记、党校校长；2016年1月至2017年2月任河口区委书记、党校校长、河口区第十七届人大常委会主任；2017年2月始，任河口区委书记、党校校长。系省十二届人民代表大会代表，东营市第七届、第八届人民代表大会代表。

张胜双　男，1962年11月出生，汉族，山东滨州人，南京大学社会学研究生学历。1981年7月参加工作，1984年2月加入中国共产党。1979年9月至1981年7月，在山东北镇农校农经专业学习；1981年7月至1984年7月，任沾化县义和公社农经站管理员；1984年7月至1987年12月，任共青团河口区委副书记；1987年12月至1993年6月，任河口区农委副主任；1993年6月至1993年10月，任河口区农开办主任；1993年10月至1994年5月，任河口区农委副主任；1994年5月至1996年3月，任河口区农委副主任、农开办主任（正科级）；1996年3月至1998年2月，任河口区太平乡党委副书记、乡长；（其间：1996年9月至1998年10月在省委党校经济管理专业本科班函授学习）；1998年2月至2000年11月，任河口区太平乡党委书记（其间：1998年9月至2000年6月在南京大学社会学专业研究生课程班函授学习）；2000年11月至2001年2月，任河口区四扣乡党委书记；2001年2月至2001年12月，任河口区河口街道党委书记；2001年12月至2003年2月，任河口区河口街道党委书记、人大办主任（2003年1月当选为第五届区委委员）；2003年2月至2003年3月，任河口区河口街道党委书记，河口区教育局局长、党组书记；2003年3月至2003年4月，任河口区教育局局长、党组书记；2003年4月至2006年7月，任河口区第一中学党支部书记，教育局局长、党组书记；2006年7月至2007年10月，任河口区第一中学党支部书记，教育局局长、党委书记；2007年10月至2011年12月，任河口区委常委、办公室主任；2011年12月至2012年1月，任河口区委常委，区人大常委会党组副书记；2012年1月至2015年8月，任河口区第十七届人大常委会第一副主任、党组副书记；2015年8月至2017年2月，任河口区第十七届人大常委会第一副主任、党组书记；2017年2月始，任河口区第十八届人大常委会主任、党组书记。系东营市第七届、第八届人民代表大会代表。

历届区人大常委会副主任

（按选举先后排序）

高顺德　男，1936年4月出生，汉族，陕西南郑人，高小文化程度。1954年8月参加工作，1959年3月加入中国共产党。1954年8月至1955年8月任玉门油矿技术员；1955年8月至1961年5月任青海油田1208队副队长；1961年5月至1969年7月参加大庆石油会战任1208队政治指导员；1969年7月至1972年4月参加江汉油田会战任二团三营副营长；1972年4月至1979年3月任胜利油田河口指挥部生产技术科科长；1979年3月至1979年5月任胜利油田河口指挥部副指挥；1979年5月至1980年5月任胜利油田赴青海指挥部副指挥；1980年5月至1984年9月任胜利油田河口指挥部副指挥；1984年9月至1987年4月任河口区第十届人大常委会副主任、党组成员；1987年4月至1990年3月任河口区第十一届人大常委会副主任、党组成员；1990年3月至1993年2月任河口区第十二届人大常委会副主任、党组成员；1993年2月至1998年1月任河口区第十三届人大常委会副主任、党组成员；1998年1月退休。2016年1月去世。

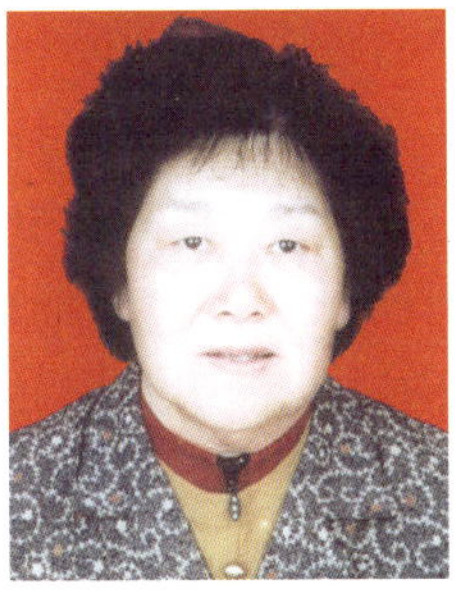

李隆玉 女，1938年8月出生，汉族，重庆人，大学文化程度。1964年9月参加工作。1964年9月至1971年9月在宜都湖北医院任医师；1971年9月至1974年9月在胜利油田九分场卫生所任医师；1974年9月至1987年4月任胜利油田河口职工医院主治医师；1987年4月至1990年3月任河口区第十一届人大常委会副主任（不驻会）；1990年3月至1993年2月任河口区第十二届人大常委会副主任（不驻会）；1993年2月至1998年1月任河口区第十三届人大常委会副主任（不驻会）；1998年1月离职；1998年5月退休。

王春荣 男，1935年12月出生，汉族，山东滨州人，中专文化程度。1955年12月参加工作，1956年12月加入中国共产党。1955年12月至1961年9月历任中国人民志愿军战士、班长、司务长；1961年9月至1968年3月任沾化县黄升公社民兵营长、黄一大队民兵连长；1968年3月至1975年8月任沾化县委委员，黄升公社副主任、党委委员，黄一大队支部书记；1975年8月至1976年11月任沾化县委委员，县贫协主任，黄升公社副主任，黄一大队党支部书记；1976年11月至1980年5月任沾化县委副书记，政府党组副书记，县革委会副主任，社队企业局局长；1980年5月至1984年7月任沾化县政府党组副书记、义和公社党委书记；1984年7月至1989年9月任河口区农委主任、区委委员、区政府党组成员；1989年9月至1993年2月任河口区第十二届人大常委会党组成员、副主任；1993年2月至1997年12月任河口区第十三届人大常委会党组成员、副主任；1997年12月退休；2015年1月因病去世。

韩廷村 男，1943年2月出生，汉族，山东利津人，高中文化程度。1960年8月参加工作，1966年2月加入中国共产党。1960年8月至1971年10月任中国人民解放军海军北海舰队海军勘察队战士；1971年10月至1984年6月历任利津县六合公社人武部副部长、部长，党委副书记、管委会主任；1984年6月至1987年6月任河口办事处党委副书记；1987年6月至1990年3月任河口区人大常委会办公室主任；1990年3月至1993年2月任河口区第十二届人大常委会副主任、党组成员；1993年2月至1998年1月任河口区第十三届人大常委会副主任、党组成员；1998年1月至2001年3月任河口区第十四届人大常委会副主任、党组成员；2001年3月离职；2003年4月退休。

岳树德 男，1940年9月出生，汉族，山东桓台人，初中文化程度。1958年1月参加工作，1966年7月加入中国共产党。1958年1月至1963年6月，青海石油勘探局钻井工人；1963年6月至1966年6月，胜利油田923厂工人；1966年6月至1972年6月，湖北江汉油田机关代干；1972年6月至1978年6月任胜利油田河口指挥部水电大队政工组组长；1978年6月至1987年6月任胜利油田河口指挥部机关党委副书记（正科级）；1987年6月至1991年7月任河口区税务局局长；1991年7月至1993年2月任河口区第十二届人大常委会副主任、党组成员；1993年2月至1998年1月任河口区第十三届人大常委会副主任、党组成员；1998年1月至1998年10月任河口采油厂副处级调研员；1998年10月退休。

张凤田 男，1942年6月出生，汉族，山东利津人，中专文化程度。1967年12月参加工作，1972

年2月加入中国共产党。1967年12月至1978年7月历任利津县六合乡中心小学教师、六合乡教育组组长；1978年8月至1982年2月任利津县职业学校（共大）副校长；1982年2月至1984年6月任利津县六合乡党委委员；1984年6月至1989年9月任河口区四扣乡副乡长；1989年9月至1993年2月历任河口区六合乡乡长、党委书记；1993年2月至1998年1月任河口区第十三届人大常委会副主任、党组成员；1998年1月至2001年3月任河口区第十四届人大常委会副主任、党组成员；2001年3月离职；2003年11月退休。

程景坤　男，1949年1月出生，汉族，山东滨州人，专科文化程度。1972年1月参加工作，1976年12月加入中国共产党。1972年1月至1977年7月任沾化县义和供销社职工；1977年7月至1980年8月任沾化县供销社科员；1980年8月至1985年6月任沾化县下河公社组织委员；1985年6月至1988年1月任河口区政协文史科副科长；1988年1月至1991年3月历任六合乡党委副书记、书记；1991年3月至1998年1月任河口区政府副区长；1998年1月至2003年1月任河口区第十四届人大常委会副主任、党组副书记；2003年1月至2006年2月任河口区第十五届人大常委会副主任、党组副书记；2006年2月离职；2009年2月退休。

张士明　男，1947年4月出生，汉族，山东东营人，大学文化程度。1965年1月参加工作，1967年8月加入中国共产党。1965年1月至1983年12月历任济南军区高炮69师班长、排长、连副指导员、连指导员；1983年12月至1993年1月历任河口区义和镇武装部长，副镇长、镇长；1993年1月至1993年6月任河口区开发办主任；1993年6月至1998年1月任河口区交通局局长；1998年1月至2003年1月任河口区第十四届人大常委会副主任、党组成员；2003年1月离职；2008年6月退休。

贾希铎　男，1946年6月出生，汉族，山东无棣人，专科文化程度。1965年5月参加工作，1967年7月加入中国共产党。1965年5月至1971年10月任胜利油田3233钻井队工人；1971年10月至1985年8月历任胜利油田3233钻井队、河口首站、埕东联合站、采油6队、采油9队指导员、党支部书记；1985年8月至1998年1月历任河口区机关党委书记，市政公司党支部书记，城建委党支部书记、总支书记、党组书记；1998年1月至2003年1月任河口区第十四届人大常委会副主任、党组成员；2003年1月离职；2008年6月退休。

于连泽　男，1958年6月出生，汉族，山东文登人，大学文化程度。1980年7月参加工作，1999年10月加入中国共产党。1980年7月至1981年2月任胜利油田油建指挥部技术员；1981年2月至1987年1月任胜利油田孤岛指挥部技术员；1987年1月至1990年1月任胜利油田滨海采油厂技术员；1990年1月至1997年1月任胜利油田孤东采油厂矿建大队副大队长；1997年1月至1998年1月任胜利油田仙河社区预算站站长；1998年1月至2001年3月任河口区第十四届人大常委会副主任（不驻会），胜利油田仙河社区预算站站长；2001年3月至2013年8月任胜利油田仙河社区预算站站长。2013年8月离职。

梁如贵　男，1947年11月出生，汉族，重庆江津人，大学文化程度。1965年7月参加工作，1968年8月加入中国共产党。1965年7月至1970年3月

任中国人民解放军0216部队战士；1970年3月至1972年3月任江汉油田二营政工组干事；1972年3月至1984年5月任胜利油田河口采油指挥部党办秘书；1984年5月至1989年1月任河口区委办公室副主任；1989年1月至1991年5月任区河口区委办公室副主任、档案局局长；1991年5月至1997年1月任河口区委办公室主任；1997年1月至1998年3月任河口区委党校党支部书记、常务副校长；1998年3月至2001年3月任河口区政协副主席、区委统战部部长；2001年3月至2003年1月任河口区第十四届人大常委会副主任、党组成员；2003年1月离职；2008年6月退休。

杨学贤　男，1954年9月出生，汉族，山东寿光人，高中文化程度，在职大学学历。1976年12月参加工作，1975年9月加入中国共产党。1975年10月至1976年12月任沾化县农业学大寨工作队成员；1976年12月至1978年12月任沾化县四扣公社党委委员兼团委书记（为不脱产干部）；1978年12月至1981年7月任沾化县新户公社团委书记；1981年7月至1984年7月任沾化县太平公社团委书记；1984年7月至1985年9月任河口区六合乡党委副书记、乡长；1985年9月至1990年2月任河口区水产局局长；1990年2月至1991年8月任河口区政协经济科技委员会主任；1991年8月至1992年5月任河口区农牧局副局长；1992年5月至1993年10月任河口区农牧局局长（其间：1992年9月至1995年7月在山东农业干部管理学院经济管理专业大专班函授学习）；1993年10月至1994年12月任河口区农委主任；1994年12月至1997年12月任河口区委政法委副书记、区综治办主任；1997年12月至2001年3月任河口区六合乡党委书记（其间：1997年7月至1999年12月在省委党校档案文秘专业函授学习）；2001年3月至2003年1月任河口区第十四届人大常委会副主任、党组成员；2003年1月至2006年2月任河口区第十五届人大常委会副主任、党组成员；2006年2月至2007年12月任河口区第十五届人大常委会副主任、党组副书记；2007年12月至2011年1月任河口区第十六届人大常委会副主任、党组副书记；2011年1月离职；2014年6月退休。

渠怀德　男，1953年1月出生，汉族，山东滨州人，大专文化程度。1975年7月参加工作，1977年2月加入中国共产党。1973年9月至1975年7月在沾化师范学校学习；1975年7月至1981年4月任沾化县太平公社三合中学教师；1981年4月至1984年3月任沾化县太平公社党委秘书；1984年3月至1989年12月历任河口区委办公室秘书、副主任；1989年12月至1993年6月任河口区委办公室副主任、调研室主任（其间：1990年7月至1993年6月在中央党校党政管理专业大专班函授学习）；1993年6月至1998年4月任河口区政府办公室主任；1998年4月至2003年1月任河口区政府副区长；2003年1月至2007年12月任河口区第十五届人大常委会副主任、党组副书记；2007年12月离职；2013年6月退休。

张焕洲　女，1952年7月出生，汉族，山东无棣人，大学文化程度。1972年12月参加工作。1972年12月至1976年2月任无棣县城关中学子弟小学教师；1976年2月至1986年9月任胜利油田孤岛指挥部会计；1986年9月至1989年12月任胜利油田滨海采油指挥部财务科会计；1989年12月至1998年1月任胜利油田桩西采油厂财务科副科长；1998年1月至2003年1月任河口区政协副主席；2003年1月至2007年12月任河口区第十五届人大常委会副主任（不驻会）；2007年12月退休。

房建民　男，1955年4月出生，汉族，山东滨州人，大学文化程度。1972年4月参加工作，1978

年12月加入中国共产党。1972年4月至1974年9月任沾化县新户公社东风村民师；1974年9月至1976年8月在沾化师范学习；1976年8月至1983年10月任沾化县太平公社刘瞿[阝]中学教师；1983年10月至1986年1月任新户中学教师；1986年1月至1986年11月任河口区新户乡党委秘书；1986年11月至1989年8月任河口区新户乡组织委员；1989年8月至1993年1月任河口区新户乡副乡长；1993年1月至1993年3月任河口区新户乡乡长；1993年3月至1995年3月任河口区新户乡党委副书记、乡长（其间：1992年12月至1994年6月在省委党校政治专业专科班函授学习）；1995年3月至1998年2月任河口区义和镇党委书记；1998年2月至2002年3月任河口区土地管理局局长；2002年3月至2003年1月任河口区国土资源局局长、党组书记；2003年1月至2007年12月任河口区第十五届人大常委会任副主任、党组成员；2007年12月至2012年2月任河口区第十六届人大常委会任副主任、党组成员；2012年2月离职，2015年6月退休。

曲德民　男，1952年7月出生，汉族，山东利津人，大专文化程度。1973年1月参加工作，1975年8月加入中国共产党。1973年7月至1975年7月，在沾化师范学习；1975年7月至1976年9月历任利津县陈庄中学教师、利津县教育局干事；1976年9月至1979年3月历任利津团县委干事、副书记；1979年3月至1979年12月任利津县北宋公社党委委员、管委会副主任；1979年12月至1983年12月任利津团县委副书记；1983年12月至1984年8月任东营团市委办公室主任；1984年8月至1986年8月在北京中国青年政治学院学习；1986年8月至1987年9月在东营团市委工作；1987年9月至1989年5月任东营市政府办公室一科科长；1989年5月至1990年3月任利津县委研究室主任；1990年3月至1993年6月任河口区政府办公室主任；1993年6月至2003年1月任河口区教育局局长、河口区第一中学党支部书记（副县级）；2003年1月至2007年12月任河口区第十五届人大常委会副主任、党组成员；2007年12月离职；2012年8月退休。

丁水林　男，1958年9月出生，汉族，山东滨州人，大学文化程度。1977年1月参加工作，1982年7月加入中国共产党。1977年1月至1978年4月任沾化县下洼镇王家中学民师；1978年4月至1980年7月在北镇农校林果专业学习；1980年7月至1984年4月任沾化县义和公社林业站技术员；1984年4月至1990年9月任河口区农委副主任；1990年9月至1991年7月任河口区林业局副局长；1991年7月至1993年10月任河口区林业局局长（其间：1993年9月至1996年7月在山东农业大学农技推广专业本科班函授学习）；1993年10月至1996年7月任河口区农委副主任兼林业中心主任；1996年7月至2006年2月任河口柽柳林场场长，区林业局局长；2006年2月至2006年3月任河口区第十五届人大常委会副主任；2006年3月至2007年12月任河口区第十五届人大常委会副主任、党组成员；2007年12月至2012年2月任河口区第十六届人大常委会副主任、党组成员；2012年2月至2017年2月，任河口区第十七届人大常委会副主任、党组成员。

黄高潮　男，1955年12月生，汉族，山东广饶人，大学文化程度。1972年12月参加工作，1975年12月加入中国共产党。1972年12月至1978年10月历任胜利油田河采井下大队政工组青年干事、团委副书记；1978年10月至1984年4月任胜利油田河采井下大队党委组织干事；1984年4月至1987年5月任胜利油田河采指挥部组织科干事；1987年5月至1990年6月任河口区委组织部组织员（副科级）；

1990年6月至1992年2月任河口区委组织部副部长（其间：1990年7月至1993年6月在中央党校党政管理专业大专班函授学习）；1992年2月至1998年7月任河口区委组织部副部长、区人事局局长（其间：1996年9月至1998年12月在省委党校经济管理专业本科班函授学习）；1998年7月至2005年9月任河口区委常委、组织部部长；2005年9月至2007年1月任河口区委副书记、纪委书记；2007年1月至2007年12月任河口区第十五届人大常委会副主任、党组副书记；2007年12月至2012年2月任河口区政协主席、党组书记；2012年2月离职；2015年12月退休。

赵淑萍 女，1960年7月出生，汉族，山东昌邑人，大学文化程度。1982年7月参加工作。1978年9月至1982年7月在华东石油学院采油工程专业学习；1982年7月至1984年5月任河口采油指挥部四队技术员；1984年5月至1996年11月任河口采油厂地质所技术员；1996年11月至1999年7月任河口采油厂地质所动态室主任；1999年7月至2001年12月任河口采油厂地质所副所长；2001年12月至2002年5月任河口采油厂副总地质师；2002年5月至2003年1月任河口采油厂副总地质师、地质所所长；2003年1月至2004年5月任河口区政协副主席，河口采油厂副总地质师、地质所所长；2004年5月至2005年4月任河口区政协副主席，河口采油厂副总地质师；2005年4月至2006年5月任河口区政协副主席，河口采油厂副处级干部；2006年5月至2007年12月任河口区政协副主席，河口采油厂副厂长；2007年12月至2012年2月任河口区第十六届人大常委会副主任（不驻会），河口采油厂副厂长；2012年2月至2017年2月，任河口区第十七届人大常委会副主任（不驻会），河口采油厂副厂长。第十届全国人大代表；东营市第五届、六届人大常委会委员。

郭存三 男，1962年7月出生，汉族，山东滨州人，大学文化程度。1981年7月参加工作，1984

年2月加入中国共产党。1979年8月至1981年7月在北镇农校学习；1981年7月至1984年5月任沾化县四扣公社文书；1984年5月至1985年10月任河口区政府办公室秘书；1985年10月至1987年8月任山东电大东营分校党政管理专业学员；1987年8月至1990年4月任河口区劳动人事局干事；1990年4月至1990年10月任河口区四扣乡纪委书记；1990年10月至1995年3月任河口区义和镇副镇长；1995年3月至1995年11月任河口区义和镇党委副书记；1995年11月至1997年9月任河口区义和镇党委副书记、镇长；1997年9月至2000年4月任河口区六合乡党委副书记、乡长（其间：1999年9月至2001年12月在省委党校经济管理专业本科班函授学习）；2000年4月至2001年12月任河口区新户乡党委书记；2001年12月至2005年3月任河口区新户乡党委书记、人大主席；2005年3月至2005年5月任河口区委常委，河口区新户乡党委书记、人大主席；2005年5月至2006年12月任河口区委常委、政法委书记；2006年12月至2007年12月任东营市计生委副主任、党组成员；2007年12月至2010年3月任河口区政协副主席、党组成员；2010年3月至2010年9月任河口区政协副主席、党组成员，区总工会主席；2010年9月至2010年12月任河口区政协副主席、党组成员，区总工会主席、党组书记；2010年12月至2011年1月任河口区第十六届人大常委会党组成员，区政协副主席、党组成员，区总工会主席、党组书记；2011年1月至2012年2月任河口区第十六届人大常委会副主任、党组成员，区总工会主席、党组书记；2012年2月至2017年2月任河口区第十七届人大常委会副主任、党组成员，区总工会主席、党组书记；2017年2月至4月任河口区第十八届人大常委会副主任、党组成员，区总工会主席、党组书记；2017年4月始，任河口区第十八届人大常委会副主任、党组副书记，区总工会主席、党组书记。

闫长林 男，1963年8月出生，汉族，山东滨州人，大学文化程度。1982年7月参加工作，1984

年11月加入中国共产党。1979年9月至1982年7月在北镇卫校药剂专业学习；1982年7月至1988年3月任河口区新户医院药剂士；1988年3月至1989年6月任河口区新户乡党委秘书；1989年6月至1992年3月历任河口区委组织部干事、干部科科长；1992年3月至1993年11月任河口区新户乡党委副书记；1993年11月至1995年4月任河口区新户乡副乡长（其间：1994年9月至1996年12月在中央党校经济管理专业本科班函授学习）；1995年4月至1996年5月任河口区新户乡党委副书记；1996年5月至2001年5月任河口区计生委主任；2001年5月至2001年12月任河口区六合乡党委书记；2001年12月至2005年3月任河口区六合乡党委书记、人大主席；2005年3月至2009年4月任山东河口经济开发区管委会主任、党工委书记；2009年4月至2012年2月任河口柽柳林场场长，区林业局局长、党组书记；2012年2月至2017年2月任河口区第十七届人大常委会副主任、党组成员；2017年2月至4月任河口区第十八届人大常委会副主任、党组成员；2017年4月始，任河口区第十八届人大常委会副主任、党组副书记。

郭玉珍 女，1966年2月出生，汉族，山东东营人，大学文化程度。1990年7月参加工作，无党派。1986年9月至1990年7月在山东农业大学林学系蚕学专业学习；1990年7月至1995年8月任河口区义和镇林业站科员；1995年8月至2002年3月任河口区义和镇副镇长；2002年3月至2003年1月任河口区科技局副局长、科协副主席；2003年1月至2005年8月任河口区政协副主席，科技局副局长、科协副主席；2005年8月至2017年2月任河口区政协副主席、科技局副局长；2017年2月始，任河口区第十八届人大常委会副主任。

孙学诗 男，1966年7月出生，汉族，山东郓城人，大学学历。1992年6月加入中国共产党，1995年1月参加工作。1984年9月至1988年9月任河口区新户乡供销社职工；1988年9月至1998年2月任河口区新户乡人民政府职工（其间：1993年9月至1996年7月在山东省经济管理干部学院经济管理专业大专班函授学习）；1998年2月至2001年12月任河口区土地管理局土地执法中队队长（其间：2000年9月至2002年12月在省委党校档案文秘专业本科班函授学习）；2001年12月至2007年4月任河口区太平乡党委副书记、乡长；2007年4月至2010年5月任河口区太平乡党委书记、人大主席；2010年5月至2011年11月任河口区新户镇党委书记、人大主席；2011年11月至2012年3月任河口柽柳林场场长人选（换届后到位）；2012年3月至2014年1月任河口柽柳林场场长，林业局局长、党组书记；2014年1月至2014年2月任垦利县政府党组成员；2014年2月至2016年8月任垦利县政府副县长；2016年8月至2016年12月任垦利区政府副区长；2016年12月至2017年2月，任河口区人大常委会党组成员；2017年2月始，任河口区第十八届人大常委会副主任、党组成员。

王端吉 男，1965年3月出生，汉族，山东嘉祥人，大学文化程度。1985年7月参加工作，1992年12月加入中国共产党。1983年9月至1985年7月在山东省烟台财政学校财政税收专业学习；1985年7月至1996年3月历任河口区财政局办事员、股长、国资局长；1996年3月至1998年2月任河口区国有资产管理局局长（其间：1996年10月至1998年2月任河口区新户乡挂职副乡长；1994年7月至1997年7月，在山东经济学院干部业余本科班会计学专业学习）；1998年2月至1998年12月任河口区新户乡党委副书记；1998年12月至2002年3月任河口区新户乡党委副书记、乡长；2002年3月至2008年12月任河口区卫生局局长、党组书记；2008年12月至2011年1月任河口区审计局局长、党组书记；2011年1月至2017年2月任河口区财政局局长、党组书记；2017年2月始，任河口区第十八届人大常委会副主任、党组成员。

附 录

附 录

区委重要文件选编

中共河口区委关于进一步加强人大工作的意见

（2005 年 12 月 16 日）

为深入贯彻落实“三个代表”重要思想和党的十六大、十六届五中全会及省市人大工作会议精神，提高科学执政、民主执政、依法执政的能力和水平，更好地坚持和完善人民代表大会制度，保证人大及其常委会依法履职，充分发挥地方国家权力机关的作用，促进全区经济社会更快更好发展，根据有关法律、政策规定和我区实际，现就进一步加强人大工作，提出如下意见。

一、充分认识坚持和完善人民代表大会制度的重大意义

1. 不断深化对人民代表大会制度及人大工作重要性的认识。人民代表大会制度是我国的根本政治制度，是党领导人民当家作主的政权组织形式。在新的形势下坚持和完善人民代表大会制度，加强人大工作，是发展社会主义民主政治、建设政治文明的必由之路；是改进党的领导方式和执政方式，实现党对国家事务有效领导的内在要求；是贯彻依法治国方略，推进依法治区，构建和谐社会的现实需要；是全面建设小康社会，加快推进社会主义现代化进程的重要保证。全区各级领导干部要从实践“三个代表”重要思想、巩固党的执政地位的战略高度，全面准确地理解人民代表大会制度的深刻内涵，不断深化对人大性质、地位和作用的认识，增强坚持和完善人大制度、改进和加强人大工作的自觉性和坚定性。

2. 高度重视对人民代表大会制度的学习、宣传和研究。全区各级领导干部要认真学习宪法和法律，学习人民代表大会制度的基本知识，牢固树立宪法意识、民主意识和人大意识，坚持在宪法和法律的范围内活动，自觉接受人民的监督。组织部门、党校要把人民代表大会制度的基本理论、人大工作基本知识列入干部培训的内容，纳入教学计划，认真组织实施。宣传部门要把对人民代表大会制度和人大工作的宣传列入工作总体部署，统筹规划，搞好宣传报道。各新闻媒体要把宣传人大工作作为一项重要职责，通过开设专栏和专题节目等形式，加强对人大工作的宣传，不断提高全社会对人民代表大会制度的认识。同时，要认真总结人大工作的实践经验和成功做法，深入开展理论研究，为人大工作提供强有力的理论指导和智力支持。

二、切实加强和改进党对人大工作的领导

3. 充分发挥人大常委会党组在贯彻党委决策方面的保证作用。党委对人大工作的领导主要是通过对人大常委会党组的领导来实现的。党委作出的重要决策和重大工作部署，要及时向人大常委会党组传达。人大常委会党组要坚持重大事项事先向党委请示报告制度，在决定重大事项、实施监督、选举任免干部等项职权的行使中，保证党委决策部署的贯彻执行。人大代表和人大常委会组成人员中的中共党员，要坚持对党负责和对人民负责的一致性，认真贯彻党委意图，严格遵守党的纪律，坚决维护党委的权威和形象，

自觉地把坚持党的领导、充分发扬民主、严格依法办事有机统一起来。

4. 健全完善党委对人大工作的领导制度。党委要指导和协调好人大与“一府两院”的关系，支持各方面独立负责、依法履职、协调一致地开展工作。要把人大工作列入重要议事日程，每届党委任期内至少召开一次人大工作会议，每年至少两次专题听取人大工作汇报，研究解决有关重大问题。对区人大常委会党组请示的问题，要及时研究批复。兼任乡镇（街道）人大主席（主任）的党委书记要统筹兼顾，拿出一定的时间和精力抓好人大工作。要认真落实人大常委会主任或主持常务工作的副主任列席区委常委会议、乡镇（街道）主持工作的副主席（副主任）列席同级党委会议和党政联席会议制度，以便及时了解党委意图，使人大工作始终与党委的中心工作合拍同步，协调推进。

三、支持和保证人大及其常委会依法行使职权

5. 支持和保证人大及其常委会依法行使重大事项决定权。党委要善于把党的主张通过地方国家权力机关，依照法定程序变成国家意志。关于国家事务的重要主张，凡属于人大及其常委会职权范围、需要人民共同遵行的，都要作为建议提交人大及其常委会讨论决定；“一府两院”对依法由人大及其常委会审议决定的事项，都要及时向人大及其常委会报告，主动提请审议决定。人大及其常委会要围绕党委每个时期的决策部署，将本行政区域带有根本性、全局性、长远性的问题和人民群众关注的问题，及时列入议题，适时作出决议、决定。要健全了解民情、反映民意、集中民智的决策机制，推进重大问题决策的民主化、科学化和行使决定权的规范化、制度化。对人大及其常委会作出的决议、决定，各级党委和中共党员要带头贯彻，各级国家机关必须认真执行并按规定的时间报告执行情况，切实维护国家权力机关的权威。

6. 支持和保证人大及其常委会依法行使监督权。各级党委要自觉尊重人大及其常委会的法律地位，大力支持人大及其常委会加强和改进监督工作，特别是对监督工作中的一些新思路、新举措和成功的做法，要及时总结推广，对监督工作中遇到的困难和问题，要及时研究解决。人大及其常委会要牢记宪法和法律赋予的重要使命，坚持“人为大、民为主、法为上、进为要、现代文明为目标”和“唯公唯民”的监督理念，以科学发展观为指导，进一步解放思想，开拓创新，紧紧围绕全区工作大局和党委的中心工作，积极探索新形势下做好监督工作的新路子，进一步健全监督机制，拓宽监督渠道，加大监督力度，增强监督实效。通过听取审议工作报告，执法检查、代表视察，询问质询、述职评议、个案监督、信访督办、特定问题调查等形式，大力促进“一府两院”依法行政、公正司法，依法保障和推动全区经济发展、社会和谐，努力实现好、维护好、发展好人民群众的根本利益。“一府两院”要依法向人大及其常委会报告工作，自觉接受人大及其常委会的监督。

7. 支持和保证人大及其常委会依法行使选举任免权。党委要把坚持党管干部原则和支持地方国家权力机关依法选举、任免国家机关领导成员、工作人员统一起来。凡需提请人大及其常委会任免的干部，应在作出决定前征求人大常委会党组主要领导同志的意见。人大及其常委会多数成员对推荐人选的不同意见，党委要认真对待和研究，并作出说明。经人大及其常委会选举或任命的干部，在任期内如无特殊情况应保持相对稳定；对确需调整的，要通过人大及其常委会严格按法律程序进行。凡是人大及其常委会选举或任免的干部，在未经依法选举和任免之前，不得提前离岗；对免职的干部要及时进行离任审计。区人大常委会要改进和加强对被任命干部的监督，把监督人和监督事结合起来，完善任命前的法律考试、任命时的供职和任命后的述职评议等工作，适时对“一府两院”的工作进行代表评议，并将考试、评议结果作为干部任免的重要依据。对人大及其常委会依法选举任命的干部，司法机关在采取强制措施和监察机关作出行政处分前，应向人大常委会通报情况。

8. 支持人大及其常委会加大对所作决议决定等重大事项的督查落实力度。人大及其常委会要大力弘扬求实务实抓落实的工作作风，对作出的决议决定、形成的审议意见、代表提出的议案和建议落实情况，要加强监督检查，及时催办督办，确保决必行、行必果。

“一府两院”要高度重视、严肃对待，采取得力措施，抓好贯彻落实，并按规定的时限报告办理结果。人大及其常委会对“一府两院”及有关部门的办理结果不够满意的，要责成重新办理；对重视不够、措施不力、草率应付或者拒不执行和办理的，依法追究部门单位主要负责人的责任。

四、高度重视和加强人大代表工作

9. 注重提高代表素质。党委要支持人大进一步完善选举制度，在推荐人大代表候选人时，要注重代表的政治素质和议政履职能力。换届选举时，区人大常委会党组应参与提名推荐代表候选人人选的工作，对拟提名连任的代表候选人人选，应根据其履职情况，确定是否再提名。要加强对人大代表选举的组织领导，充分发扬民主，严格依法办事，保证将那些政治业务素质好、议政能力强、群众威信高、能够真正代表群众利益的公民选进代表队伍；搞好学习培训，优化知识和专业结构，努力提高人大代表执行代表职务的综合素质。

10. 切实保障人大代表依法执行代表职务。党委要带头贯彻执行代表法和山东省实施代表法办法，对作出的重要决策或开展的重要活动，要通过一定的形式向代表通报，保证人大代表享有知情权、参与权和监督权。对人大代表的调查、视察、检查和评议等活动，一切组织和个人必须认真对待，积极配合；对阻碍人大代表执行职务、侵害代表合法权益的行为，要依法严肃查处。人大代表所在单位要依法保证人大代表在参加会议、执行职务期间享受本单位的一切待遇，支持人大常委会组织开展代表活动，充分发挥代表作用。区政府要把人大代表履职经费，依法列入财政预算，自2006年起，人大代表履职经费提高到每人每年2000元，并逐年有所递增。组织、人事部门应把人大代表职务写入其任职履历。党委、人大、“一府两院”都要加强同人大代表的联系，为他们联系群众、开展活动、履行职责提供方便和条件。

11. 人大代表要积极发挥应有的作用。人大代表要不辱使命，不负重托，模范执行党的路线方针政策和宪法法律，密切联系选举单位和选民，积极参加会议、视察、检查、评议等各项工作，倾听群众呼声，深入了解民情，充分反映民意，广泛集中民智，自觉接受人民群众的监督。担任领导职务的人大代表，更要积极参加代表活动，带头行使代表职权，履行代表义务，发挥代表作用。

五、进一步加强人大及其常委会的建设

12. 加强人大及其常委会的组织建设。要进一步优化区人大常委会组成人员的年龄、知识和专业结构，逐步扩大中青年同志的比例，形成梯次结构，以保证人大班子的稳定性和人大工作的连续性。要规范区人大常委会组成人员的调整时限，每届原则上只在届中调整一次。要根据人大工作的需要，结合机构改革统筹解决好区人大常委会机构设置不完整和人员编制短缺问题。依法选配好乡镇（街道）人大主席（主任）、副主席（副主任）。鉴于乡镇（街道）党委书记兼任人大主席（主任），参照上级做法，乡镇（街道）人大专职副主席（副主任）职位逐步配备正科级干部。

13. 加强人大机关建设。党委要重视和关心人大机关干部队伍建设，把人大机关干部的配备、培养、选拔和使用，纳入党委干部队伍建设的总体规划，逐步加大党委、人大、政府之间的干部交流，优化人大机关领导班子的结构，增强人大干部队伍活力。要切实解决人大常委会在办公经费、设施等方面存在的困难和问题，保证人大工作必需的经费，为其开展工作创造良好环境。要重视和加强人大老干部工作，认真落实好老干部的政治、生活待遇。根据人大机关离退休干部多的实际，在区人大机关设立副科级老干部服务中心，专项服务经费列入财政预算，切实为离退休干部搞好服务。

中共河口区委
关于进一步加强和改进人大工作的意见

（2014年12月17日）

为深入贯彻落实党的十八届三中、四中全会和习近平总书记系列重要讲话精神，进一步加强和改善党对人大工作的领导，更好地坚持和完善人民代表大会制度，充分发挥地方国家权力机关的作用，加快推进法治河口建设和新一轮科学跨越，现提出如下意见。

一、加强党的领导，坚定人大工作正确的政治方向

1. 深刻认识坚持和完善人民代表大会制度的重要意义。人民代表大会制度是符合我国国情、体现中国特色社会主义国家性质、充分保障人民当家作主的根本政治制度和最高实现形式，是党对国家事务实施领导的一大特色和优势。坚持和完善人民代表大会制度，是加强党的执政能力建设、推进国家治理体系和治理能力现代化、建设社会主义法治国家的重要内容和必然要求，是全党全社会的共同责任。全区各级党组织、国家机关要从全局和战略的高度充分认识人民代表大会制度的优越性，切实增强做好新形势下人大工作的政治责任感和历史使命感。

2. 牢牢把握人大工作的核心和原则。坚持党的领导、人民当家作主、依法治国的有机统一。各级党委要发挥领导核心作用，指导和协调人大与“一府两院”的关系，支持各方依法履行职责、协调一致开展工作。各级人大要自觉把党的领导贯穿于依法履职的全过程，使人大各项工作有利于推进党委重大决策部署贯彻落实，有利于促进“一府两院”加强和改进工作，有利于维护人民群众根本利益。“一府两院”及其职能部门要进一步增强法治意识、人大意识，自觉接受人大的监督，切实做到依法行政、公正司法。

3. 健全完善党委领导人大工作制度。各级党委要把人大工作摆上重要议事日程，每年至少听取一次人大工作汇报，及时研究解决存在的困难和问题。每届党委任期内至少召开一次人大工作会议，总结工作情况，研究加强措施。人大常委会主任（镇人大主席、街道人大工委主任）或主持常委会日常工作的第一副主任列席同级党委常委会议；根据需要，人大常委会党组成员（镇人大副主席、街道人大工委副主任）列席同级党委全委会和党委的有关会议，参加党委组织的调研活动和理论学习中心组的学习。党委召开涉及全局性的工作会议、组织重大活动、通报重要情况，安排同级人大及其常委会和机关部门负责人参加。

4. 充分发挥人大常委会党组的作用。党委要善于通过人大常委会党组实施对人大工作的领导，在作出重大决策前要充分听取人大常委会党组的意见，保证党的路线方针政策和党委决策部署通过人大法定程序得以贯彻落实。人大常委会党组要坚持和完善重大事项、重大问题向党委请示报告制度，使人大工作自觉置于党委的领导之下。

5. 加强对人民代表大会制度的宣传与研究。着力构建党委统一领导、宣传部门统筹协调、人大协作联动、新闻媒体共同配合的大宣传格局，不断拓展人大宣传工作的深度和广度。要把法治教育纳入国民教育体系和精神文明创建、党委中心组学习内容，列为党校培训党政领导干部和公务员的必修课。要认真总结人大工作的实践经验和成功做法，深入开展理论研究，为做好新时期人大工作提供理论指导和智力支持。

二、支持和保障人大及其常委会依法行使职权，充分发挥地方国家权力机关作用

6. 支持和保障人大依法审议决定重大事项。要按照科学执政、民主执政、依法执政的要求，进一步规范和完善党委、人大、政府、司法机关重大决策的规则和程序。各级党委要善于把重大决策部署通过法定程序转化为国家意志，凡属人大职权范围内的重大事

项，适时提出建议，依法由人大及其常委会讨论决定。人大及其常委会要依照法定程序，及时就事关本行政区域全局性、根本性、长远性的重大问题，以及人民群众普遍关心的热点、难点问题，作出决议和决定，并根据新的形势任务要求，修改完善讨论决定重大事项的规定，科学界定重大事项范围，规范“一府两院”重大事项的提请。“一府两院”工作中凡属法定应经人大及其常委会作出决定的重大事项，必须按程序提请人大及其常委会审议，并认真落实人大及其常委会作出的决议、决定，按时报告落实情况。

7. 支持和保障人大依法行使监督权。要自觉尊重人大及其常委会的法律地位，大力支持人大及其常委会加强和改进监督工作，确保宪法、法律和法规在本行政区域内的有效实施，确保行政权、审判权、检察权得到正确行使，确保公民、法人和其他组织的合法权益得到尊重和维护。人大及其常委会要按照监督法和有关法律规定，完善监督工作机制，综合运用视察调查、执法检查、审议专项工作报告、开展专题询问、部门工作评议等多种形式，加强对“一府两院”工作的监督，加强对法律法规实施情况的监督，加强对人民群众切身利益问题的监督，加强规范性文件备案审查，大力促进依法行政、公正司法，维护社会公平正义。“一府两院”要认真研究办理人大监督工作审议意见，积极改进工作，按时报告办理情况，自觉接受人大及其常委会的监督。

8. 支持和保障人大依法行使选举任免权。坚持党管干部原则与人大依法行使选举权、任免权有机统一，实现党内工作程序和人大及其常委会法定工作程序紧密结合。党委在推荐需要人大及其常委会选举、任免的人选时，应事先向人民代表大会临时党组织或人大常委会党组和人大常委会组成人员中的党员提出推荐意见，介绍相关情况，认真听取意见。各国家机关要严格依法向人大及其常委会提出选举或任免议案。凡经人大及其常委会选举或者决定任命的国家工作人员正式就职时，要公开向宪法宣誓。人大选举任命的国家机关领导人员，在法定任期内原则上要保持稳定，确需调整的，应严格按照法定程序办理。凡选举或任命的干部涉嫌违法违纪的，纪检监察机关、司法机关应及时向人大常委会报告，依法按程序处理。

9. 进一步强化镇、街道人大工作。做好镇、街道人大工作，对于推进社会主义民主法治建设和国家政权建设具有重要意义。各级党委要积极支持镇、街道人大依法履职，切实发挥镇、街道人大在基层民主政治建设中的作用。依法严肃认真地召开镇人民代表大会，每次会议会期不少于一天，确保会议实效。拓宽镇人大闭会期间发挥作用的途径和方式，镇人大主席团每季度至少召开一次会议，听取审议本级人民政府有关情况报告，组织代表开展活动，监督宪法、法律法规和上级人大及其常委会的决议决定在本行政区内的贯彻实施。

10. 积极推动人大工作探索创新。党委要支持人大及其常委会在法律框架内结合实际进行探索创新。区人大及其常委会、镇人大主席团要积极适应时代发展的新要求，顺应人民群众的新期待，进一步完善议事规则，创新履职方式，探索工作评议、专题询问、跟踪督办、绩效评估等有效监督方式，努力在实践中探索、在探索中创新、在创新中发展。及时总结新经验、新做法，把成熟的经验做法用规范性文件的方式确定下来，推进制度体系完善和发展，推动人大工作理论和实践不断创新。

三、充分发挥人大代表作用，进一步增强人大工作生机活力

11. 着力提高人大代表素质能力。加强对人大换届选举工作的领导，统筹考虑代表的综合素质和履职能力，坚持代表的广泛性、代表性和先进性的有机统一。完善人大代表选举工作制度，优化代表组成结构，提高基层代表候选人的比例。完善人大代表候选人推荐、提名制度，在推荐、提名代表候选人时应把履职情况作为连任代表提名的重要条件。建立健全代表履职登记、代表向选民述职等制度，健全激励约束机制，强化代表职务意识，增强代表履职积极性。规范代表退出机制，对不履职、不称职的代表予以劝退或免职。建立健全代表履职学习培训制度，加强人大代表的初任培训、履职培训和专题培训，增强培训实效。

12. 切实保障人大代表依法履职。各级党组织、国家机关要尊重和维护宪法和法律赋予人大代表的

各项权利，加强同代表的联系，保障代表知情知政，为代表联系群众、开展活动、依法履职提供方便和条件。区人大常委会要健全常委会组成人员联系代表、代表联系人民群众制度，完善代表列席常委会会议和参与视察、执法检查、专题调研等工作制度。加强代表活动指导，积极搭建代表活动平台，推进代表履职、代表活动常态化、规范化。代表应保持与原选区选民的密切联系，深入了解社情民意，夯实履职基础。代表依法履职，所在单位要提供保障。对妨碍、阻挠代表履职或侵犯代表权益的行为，要依法严肃查处。

13. 努力提高代表议案建议办理质量。要重视和加强代表议案、建议、批评、意见的处理工作，完善办理工作科学评价机制，切实提高问题解决率和代表满意率。人大及其常委会要加强对代表提出议案的事前指导，提高议案质量；加强对代表所提议案、建议、批评、意见的分析研究，明确办理责任、程序、时限，对一些事关群众切身利益、社会普遍关注的重点建议，可由人大牵头督办、政府领导直接领办、相关部门具体承办。代表议案建议承办单位要定期向人大及其常委会报告建议办理情况，及时向代表反馈办理结果。切实加大督办力度，探索建立建议办理奖惩机制，实行办理结果绩效评估和“回头看”，并作为部门工作评议的重要内容。建立和完善议案、建议的信息管理系统，并逐步向社会进行公开，不断提高工作透明度。

四、加强人大及其常委会和机关建设，切实提高履职能力和工作水平

14. 加强人大及其常委会组织机构建设。进一步优化人大常委会组成人员的年龄、知识和专业结构，适当增加经济、法律、科技等方面知识层次较高、年富力强的专业人员数量，提高专职化比例，保持人大工作的连续性和稳定性。根据市人大常委会的统一要求，规范区人大常委会内设机构名称和数量。为实施全口径预算决算审查监督，设置区人大常委会预算审查工作机构。在国家级开发区设置人大工作委员会及办公室；条件成熟时，在省级开发区设置人大工作机构，承担人大工作。

15. 加强人大干部队伍及信息化建设。党委要高度重视人大机关干部的选拔、培养、使用，积极推进人大机关与党政司法机关之间的干部双向交流，形成能进能出的干部流动机制；通过选拔任用、轮岗培训、挂职锻炼等多种途径，提高人大机关干部的整体素质。加快人大信息化建设，逐步建立多种门类的智能化信息库，引进和配备信息化专业人才，加强人大日常办公自动化建设。

16. 加强镇、街道人大建设。“街道人大工作办公室”更名为“街道人大工作委员会”。在各镇设立人大办公室，各街道设立人大工委办公室，配备专职工作人员。镇、街道人大工作经费，列入本级财政预算。

各镇党委、街道党工委，区直各部门、单位党组（党委、党工委、总支、支部）要根据意见精神，结合实际制定相关措施，抓好贯彻落实。

历届历次区人大常委会工作报告

区人民代表大会常务委员会工作报告

——1995年1月19日在东营市河口区第十三届人民代表大会第三次会议上

东营市河口区人大常委会主任 周庆成

各位代表：

我受区人民代表大会常务委员会的委托，向大会报告区十三届人大二次会议以来常委会的工作，请予审议。

一年来，在区委的领导和市人大常委会的指导下，区人大常委会认真贯彻党的十四届三中、四中全会精神，坚持党的基本路线，全面落实区十三届人大二次会议的决议，紧紧围绕经济建设这个中心，认真履行宪法和法律赋予的各项职权，扎实有效地开展各项工作，为坚持和完善人民代表大会制度，推进全区社会主义民主与法制建设，保障和促进改革开放，加快黄河三角洲的开发建设做出了积极的贡献。

一、审议决定重大事项，保障促进改革开放和经济建设健康发展

一年来，区人大常委会把保障和促进经济发展摆在首要位置，先后听取审议了“一府两院”20项工作汇报，组织开展了3次较大规模的视察、调查活动。

农业是国民经济的基础。为贯彻落实好党中央、国务院关于加强农业的指示精神，进一步调动人民群众的积极性，推进我区农业和农村工作的健康发展，去年上半年，区人大常委会就农业生产及农民负担工作进行了调查，就如何强化农业基础地位，减轻农民负担问题，提出了改进的意见和建议。同时，区人大常委会还分别听取审议了区政府关于农业和水利工作情况的汇报。认为全区春季农业生产准备充分，动手较早。同时充分利用了黄河水情较好的有利时机，抢时间、争主动，积极搞好春灌，提前做好小麦病虫害的预测、预报，切实加强了麦田的管理，使去年夏粮后期在严重干旱的情况下仍获得丰收。关于水利工作，会议认为，在全区水利设施配套工程建设已有明显改善的基础上，应狠抓水利工程效益，真正做到建好、管好、用好。同时，针对个别村点仍存在人畜用水难的问题，建议区政府要下大力量切实加以解决。

工业是国民经济的主导。去年以来，区人大常委会加强了对工业生产的监督检查。常委会第八次会议听取审议了区政府关于工企业生产情况的汇报。针对个别项目论证不足，长期靠“输血”生存，与市场经济发展的形势极不适应等问题，建议区政府结合贯彻《全民所有制工业企业转换经营机制条例》，切实搞好股份制试点工作，把企业逐步推向市场。

为支持和监督“一府两院”认真贯彻区十三届人大二次会议的决议，常委会第十一次会议听取并审议了区政府关于上半年国民经济和社会发展计划执行情况、关于上半年财政预算执行情况的汇报；听取审议了区人民法院和区人民检察院上半年工作情况的汇报。在调查研究的基础上，针对存在的问题提出了意见和建议，对督促“一府两院”落实好大会决议，保障经济和社会各项事业的发展起了重要作用。为了继续深入贯彻执行党中央关于反腐败斗争的指示精神，常委会第十三次会议还听取、审议了区政府关于行政监察工作情况的汇报，对如何搞好各级领导干部廉洁自律，切实加强廉政建设提出了建议和意见。常委会还根据经济和社会发展需要，听取审议了区政府关于区乡公路建设、民政、科技等项工作情况的汇报，并对市场物价情况及围绕历次常委会例会议题进行了认真的调查，有力地推动了这些工作的开展。

任免国家机关工作人员，是人大常委会的一项重要职权。去年以来，区人大常委会任命了4名国家机关工作人员的职务，免去了2名国家机关工作人员的职务。在干部任免工作中，既贯彻党管干部的原则，

又充分发扬民主，严格按照法律程序办事，保证了干部任免的质量。同时，为了加强对所任干部的民主化监督管理，做到既任又管，增强干部的民主意识和公仆意识，区人大常委会第十三次会议专门做出了《关于对所任干部进行述职考察的决定》，对他们一年来自身的工作开展及法律法规的学习贯彻等各方面的情况，要求进行认真的总结，并写出实事求是的述职报告。根据市人大常委会的意见，区人大常委会第十五次会议还补选了一名市三届人大代表。

二、强化法律监督，积极推进各项事业的依法治理

依法保证宪法和法律在我区的贯彻实施，是区人大常委会一项根本任务。一年来，常委会先后听取并审议了区政府关于《水法》《山东省计划生育条例》及《审计条例》等法律法规情况的汇报。审议前，都安排有关科室进行专题调查，广泛听取各方面意见，有针对性地实施法律监督。去年上半年，区人大常委会组织部分人大代表对全区“四乡三镇”和办事处贯彻执行计划生育条例的情况进行了一次全面视察，共抽查各类村 23 个，走访育龄妇女家庭 42 个。认为我区的计划生育工作已经步出了低谷，走上了自觉、法制的轨道。同时，针对存在的晚婚率指标不平衡、事实婚姻、人口知识参学率、知会率偏低及流动人口管理薄弱等问题提出了合理化的建议和意见，促进了计划生育工作的开展。去年上半年常委会还结合我区实际，对全区基层乡镇、派出所、法庭进行了一次比较全面的调查，对维护农村社会治安，加强基层执法机构建设，推动执法人员严格依法办事起到了很好的促进作用。区人大常委会第十四次会议听取审议了区政府关于全区普法情况的汇报。委员们认为，当前正在进行的“二五”普法工作还不够扎实有效，尤其是在农村地区普法教育还存在许多薄弱环节，建议要在深度和广度上下功夫，制定切实可行的计划和措施，努力提高广大干部和群众的法律意识和法制观念，力争“二五”普法出成效。

同时，区人大常委会注重例会质量的提高，继续运用《例会建议》交办的形式，先后办理常委会例会审议建议 8 条。机关各科室也都认真履行宪法法律赋予的职权，积极主动地开展工作，先后对有关方面的一些重要法律法规的贯彻实施情况进行了调查和检查。尤其是执法大检查活动，对强化法律监督检查，推进依法治理，提高执法水平起到了重要的促进作用，为常委会行使职权、实施监督也提供了可靠的依据。

认真受理人民群众的申诉，是实施法律监督的重要内容。区人大常委会重视加强了对信访工作的领导，继续严格执行了主任、副主任阅批重要来访，接待重要来访制度。一年来，共受理人民群众的申诉、控告、检举等各类来信来访 159 件次，其中来信 52 件，来访 107 人次，均依照有关法律和政策进行了认真处理。对一些疑难问题，积极研究协调，督促有关部门及时办复。通过处理这些信访案件，维护了法律的尊严和公民的合法权益，密切了政权机关与人民群众的关系。

三、重视加强代表工作，充分发挥人大代表的作用

代表工作是人大及其常委会工作的基础。一年来，常委会采取多种形式加强了与代表的联系，在组织代表开展活动，发挥代表作用等方面积极开拓新方法、新路子，使全区的人大工作日益活跃。

*一是组织省、市、区三级人大代表开展了民主评议活动。*根据法律的有关规定，去年七月份，常委会在认真准备的基础上，分宣传发动、视察调查、公开评议、评后整改四个阶段，组织 63 名省、市、区三级人大代表，对区政府 8 个部门及区法院、区检察院进行了民主评议。此项活动在我区乃至全市尚属首次。区人大常委会精心组织、周密安排，成立了以区委任树梓书记为组长的评议工作领导小组及由各部门负责人为成员的评议工作办公室。全体参评代表以高度的责任心和主人翁精神，广泛走访联系选民，积极开展视察调查。在此基础上，对被评议部门实事求是、客观公正地进行了公开评议，经过整理归纳，共提出建议及意见 84 条。被评议部门虚心接受代表的评议监督，立说立行，积极整改，除 9 条因需多方协调方能解决外，其余全部认真予以办复。通过这些活动的开展，促进了政府职能部门及“两院”的工作，密切了政府同群众的关系，发挥了代表的作用，推动了经济发展，为深化监督职能，拓宽监督领域、完善监督制度创出了一条新路。为此市人大给予了充分肯定，专门召开了全市人大代表工作座谈会，推广

介绍了我区民主评议工作的经验和做法。市电视台、东营日报等新闻单位也都进行了报道。通过评议后的回访、了解和干部群众反映，这次评议是动员全区各部门在区委的领导下，转变作风，真抓实干，积极推动经济建设的一大举措，发挥了其应有的作用。

二是切实尊重代表的民主权利，认真办理代表的建议及意见。区十三届人大二次会议，共收到代表建议、批评和意见40件，闭会后及时与区政府办理了交接手续，区长逐条向承办单位进行签发。闭会以来受理代表来信、来访18件，常委会都及时转交有关部门进行了办理。截至去年8月底，已全部办结并答复代表，代表满意率达95%以上。

三是进一步加强了同兄弟县（区）人大和乡（镇）、办事处人大办公室的联系。先后赴博兴、章丘就组织代表个体经济及开展执法部门责任制活动进行了考察学习。同时坚持了基层人大办公室负责同志及部门代表列席常委会会议的制度。凡属重大决策和重要活动，都及时向乡（镇）人大办公室通报，征求他们的意见，并利用召开联系会、座谈会等多种形式交流工作情况，推广工作经验，互通工作信息。去年共涌现出优秀人大代表19人，先进代表小组9个，极大的促进了工作的开展。

四是注重人大及代表工作的宣传及理论研究。于去年九月中旬人民代表大会成立四十周年之际，召开了纪念座谈会，回顾了我国实行人民代表大会制度以来所走过的曲折而又光辉的历程，坚定了做好人大工作的信心和决心。此外还参加了两次齐鲁县级人大工作理论研讨会，分别就人大决定权的行使及做好新形势下的监督工作与兄弟县区进行了有益的交流探讨，特别是我们在邹平就组织人大代表开展评议工作进行了专题发言，受到与会者的一致好评，并在会议纪要中作了充分肯定。通过这些研讨活动，取得了经验，提高了我区人大工作水平。

四、适应形势发展需要，加强常委会自身建设

为了在新形势下更好地履行宪法赋予的职权，发挥地方国家权力机关的作用，区人大常委会根据去年初制定的“五增强、五提高、三重点”的工作思路，在人员少、任务重的情况下，切实转变工作作风，努力提高工作效率，狠抓自身建设。

首先，区人大常委会把加强思想建设放在重要位置，认真组织全体人员学习党的十四届三中、四中全会精神，学习邓小平同志建设有中国特色社会主义理论，学习各项法律法规，同时，注重改进学习方法，注重与实践相结合。通过学习，进一步明确了新形势下人大工作的指导思想和主要任务，把思想和行动统一到服从服务于经济建设这个中心和依法办事上来，为更好地开展人大工作奠定了坚实的思想基础。

其次，区人大常委会把加强制度建设当作是提高办事效率，完善常委会职能的重要措施来抓。一年来，根据新形势、新任务的要求和宪法、法律的有关规定，继续严格执行各项规章制度，机关各科室也都修订完善了各项工作规划，使工作日程制度化、规范化。

第三，区人大常委会注重树立良好的工作作风，努力提高工作水平和办事效率。常委会组成人员发扬团结、求实、廉洁、高效的作风，坚持解放思想、实事求是的思想路线，重视调查研究，讲求工作方法，不断提高整体参政议政水平。同时，区人大常委会认真贯彻民主集中制原则，坚持集体行使职权，集体决定问题，注重发挥常委会的整体效能，保证了重大决策的民主化、科学化。对作出的决议决定和委员们提出的意见建议，及时跟踪催办，抓检查，抓落实，抓反馈，有效地促进了“一府两院”的工作。

一年来，常委会及其办事机构牢记为人民服务的根本宗旨，紧紧围绕区委的中心工作，注重深入基层，积极响应区委的号召，分别有一名正、副主任包乡镇和企业，先后派出7名机关工作人员下乡帮助棉花生产、收购及包村工作。他们作风扎实，真心实意为群众办实事，解决生产、生活中的困难，受到了群众的一致好评。

各位代表，区人大常委会在全体代表和全区人民的大力支持下，依照宪法和法律赋予的职权，围绕改革开放、经济建设和民主法制建设，开展了卓有成效的工作，取得了新的进展。但是，按照党的十四大和十四届三中、四中全会的要求，工作上还有不少差距和不适应的方面，主要是：整体议政水平有待于进一步提高，监督力度有待强化，自身建设和人民代表大会制度宣传工作需要进一步加强。

各位代表，党的十四届三中、四中全会分别对建

立社会主义市场经济及我们党的组织建设提出了新的、更高的要求。新的形势和任务，给人大工作也提出了新的要求。在新的一年里，区人大常委会工作的指导思想和主要任务是：以邓小平同志建设有中国特色社会主义理论和党的基本路线为指导，认真贯彻党的十四届三中、四中全会精神，全面落实区十三届人大三次会议的各项决议，紧紧围绕经济建设这个中心，忠实履行宪法和法律赋予的职权，大力推进社会主义民主与法制建设，把开展部门执法责任制活动、加强与代表的联系，办理代表建议意见等当作重点来抓，大力支持和监督政府抓好经济工作，适时作出决议、决定，在中共河口区委的领导下，进一步解放思想，开拓创新，为促进改革开放，加快河口地区的经济发展做出新的贡献。

区人民代表大会常务委员会工作报告

——1996 年 3 月 12 日在东营市河口区第十三届人民代表大会第四次会议上

东营市河口区人大常委会主任 周庆成

各位代表：

我受区人民代表大会常务委员会委托，向大会报告区第十三届人民代表大会第三次会议以来常委会的工作，请予审议。

过去的一年，是全面完成“八五”计划，并为“九五”计划顺利实施奠定基础的一年。一年来，区人大常委会在区委的领导下，坚持以建设有中国特色社会主义理论和党的基本路线为指导，认真贯彻党的十四届五中全会和区三次党代会精神，紧紧围绕改革、发展、稳定这个大局，积极履行宪法和法律赋予的各项职权，大力加强社会主义民主与法制建设，为坚持和完善人民代表大会制度，保障全区经济和各项社会事业的健康发展，促进胜利油田开发建设，圆满完成我区“八五”计划，做出了积极的贡献。

一、以落实执法责任制为总抓手，强化法律监督

保障宪法和法律在本行政区域内的贯彻执行是人大及其常委会的重要职责，也是发展社会主义市场经济的迫切要求。针对目前在执法方面存在的执法主体不明，责任不清，执法不严的现象，常委会第十七次会议专门作出了决定，自 1995 年 6 月起，在我区各司法执法、行政执法部门推行部门执法责任制。为保障这项工作的顺利进行，常委会精心准备，认真动员，促使各执法机关和部门明确实行执法责任制的意义、内容、要求，把适用的法律、法规及规范性文件进行层层分解落实。各执法部门结合自身特点制订了具体的实施方案，并把执法责任制层层量化，纳入了目标管理。下半年以来，区人大常委会以严格执法为核心，狠抓了执法责任制的监督落实，在全区 39 个执法部门中产生了良好的效果。一年来，常委会从以下三个方面开展了法律监督工作：

一是加强对义务教育法及有关国策法律法规贯彻执行情况的监督检查。去年九月份，常委会组织驻会委员和部分区人大代表，对我区贯彻实施《义务教育法》的情况进行了视察。听取了区政府的工作汇报，到区直及乡镇中学进行了实地查看，与部分教师进行了座谈。认为全区实施初级中等义务教育步伐明显加快，软硬件建设同步进入实质性进展阶段，呈现出较为强劲的发展势头；干部群众尊师重教、兴教利民意识普遍增强，捐资助学和集资办学十分踊跃，形成了全党重教、全民办教、全社会尊教的浓厚氛围；全区教育战线以实施“普九”为动力，健全完善规章制度，狠抓内部规范管理，深化教育教学改革，校风校纪和校貌明显好转，管理水平和教育质量逐步提高。在肯定成绩的同时，针对目前存在的义务教育资金缺口大、中小学生的公用经费严重不足，民办教师工资偏低、教师住房难、部分学校沿袭旧的管理模式、整体教育水平不高等问题提出了建议，推动了全区义务教育的开展。

为推动《环境保护法》在我区的贯彻实施，常委会第十九次会议听取审议了这方面工作情况的汇报，

认为我区环保工作以推行环境目标责任制为动力，积极治理老污染源，严格控制新污染源，认真执法，严格管理，环境污染和生态恶化状况得到了缓解。针对目前一些单位和部门重经济发展，轻环境保护的思想，建议政府要加大环保法律法规的宣传力度，进一步提高各级领导和广大群众的法制观念和环保意识，加强依法行政，严格依法治理，以保证环保法律法规的顺利实施。此外，为依法加强土地管理，合理利用土地资源，常委会第十六次会议根据土地管理法的有关规定，认真审议了区政府关于《东营市河口区土地利用总体规划（送审稿）》及《东营市河口区基本农田保护区规划（送审稿）》的汇报，并作出了相应的决定。

二是加强了对事关国民经济和社会发展的重要法律法规的监督。常委会第二十次会议听取并审议了《预算法》贯彻实施情况的汇报，委员们认为自《预算法》实施以来，区政府按《预算法》要求，在预算的编制、报批、调整、执行和监督等各方面都严格纳入法的规范下。同时，建议区政府今后要进一步加大《预算法》的学习宣传，加强预算外资金管理。严肃查处私设“小金库”问题，使我区的财政工作沿着法制化、规范化的管理轨道健康发展。常委会第二十次会议还听取了区政府关于贯彻实施《审计法》情况的汇报。认为区审计部门严格按法定程序开展审计，认真查出经济运行中出现的违纪违法问题，维护了正常的财政经济秩序，促进了廉政建设，保障了国民经济的健康发展。建议区政府要进一步加强审计机关的自身建设，认真贯彻《审计法》，全面加强财政收支的审计监督，进一步提高审计质量，认真做好同级审计工作，坚持以法审计、依法办事，为我区的经济持续、快速、健康发展提供良好服务。

三是加强了对维护公民合法权益法律法规贯彻执行情况的监督检查。为进一步推动《劳动法》在我区的贯彻实施，保护劳动者和用人单位的合法权益，常委会第二十次会议听取了《劳动法》贯彻实施情况的汇报，委员们充分肯定了区政府在贯彻实施这一法律方面所做的工作。针对劳动市场上不签订劳动合同，个体、私营企业私招乱用职工，随意拖欠、克扣职工工资、劳动保护条件差等问题，建议区政府今后要进一步加强劳动执法检查，以稳定我区劳动力市场秩序，保护职工合法权益。常委会还对《消费者权益保护法》在我区的贯彻实施情况进行了调查，之后常委会第十九次会议听取审议了区政府关于贯彻实施这一法律情况的汇报。认为工商行政管理部门作了大量工作，积极发挥消费者协会的职能作用，认真及时受理消费者投诉；开展专项检查工作，积极查处假冒伪劣商品，净化了市场，维护了消费者的合法权益。

一年来，常委会还把接受和办理人民群众来信来访作为联系人民群众，了解社情民意，强化执法监督的重要渠道，加强了对信访工作的领导。共收到和接待人民群众来信 48 件，来访 170 人次，对这些来信来访均按有关法律和政策进行了认真的处理，既督促有关部门解决一些群众急需解决的问题，化解了社会矛盾，密切了国家机关和人民群众的关系，又支持和促进了执法机关的工作。

在干部的监督任免方面，常委会严格按照法律规定，坚持区委推荐，“一府两院”提名，人大决定任免的原则，对所任免人员进行认真的审议了解，严格把好干部任免关。同时，为进一步增强行政司法部门领导干部的法律知识和业务水平，去年下半年常委会对所任命的 24 名正科级干部进行了法律知识考试，使他们进一步学习本部门本行业有关法律法规，坚持依法行政。评卷后，将考试成绩以简报的形式印发各单位和有关领导，从而有效地提高了他们学法、用法的自觉性，对依法行政起到了很好的促进作用。

二、以经济建设为中心，努力提高工作监督水平

过去一年里，常委会紧紧围绕改革、发展、稳定这个大局，抓住全区经济、社会发展中的重大问题和人民群众关心的“热点”问题，积极开展了工作监督。

围绕人民代表大会决议的贯彻落实加强监督。为监督支持政府抓好经济工作，全面完成区十三届人大三次会议确定的经济和社会发展的各项任务，常委会加强了对计划、财政等项工作的审查监督。常委会第十八次会议听取审议了区政府关于我区 1995 年上半年国民经济和社会发展计划及财政预算执行情况的汇报，并就重点项目、主要经济指标的完成情况提出

了一些意见和建议。同时，根据财政收支的实际情况，批准了区政府两次财政预算调整情况的报告。

围绕促进农业、工业发展加强监督。农业是国民经济的基础。为保障我区农业健康发展，去年在对我区春季农业生产准备情况充分调查研究的基础上，常委会第十六会议就此听取了区政府关于农业生产情况的汇报。进一步强调各级政府要把农业放在经济工作的首位，强化农业基础地位，增加农业投入，加强农技推广体系建设，严厉打击农资流通经营中的不法行为，下大气力搞好农田水利基本建设。大力发展“双高一优”农业，全面繁荣农村经济。同时，委员们对加强蓄水工程建设等提出了许多建议和意见。对此，区政府非常重视，研究制定了一系列加强农业的政策和措施，尤其是去冬在全区范围内组织开展了农田水利基本建设，取得了显著成效。工业是国民经济的主导。在审议区政府关于区直工业生产运行情况的汇报时，委员们指出1-4月份我区工业总体态势和运行状况是好的。但是反映在经营成果中产值低，效益下降，亏损额增大等问题也十分突出。建议区政府要下大力气抓好企业的技术改进和新产品开发，加强企业的经营管理工作，促进我区管理效益年活动的深入开展。

围绕社会发展中的重大问题加强监督。科学技术是第一生产力。为推进“科教兴区”战略的实施，去年11月份，常委会对我区科技进步与推广情况进行了调查，之后常委会第二十次会议听取了这方面的工作汇报。认为区政府不断巩固和发展创建全国科技先进区成果，加强科技（馆）站建设，加大科技投入，积极开展科技攻关、科技开发和成果推广项目，取得了明显的经济和社会效益。同时也指出，虽然我区科技网络体系的框架已建立，但仍不完善，各乡镇科技人员少、队伍整体素质差，服务水平低的问题仍然存在。强调今后要加速科技密集型乡镇建设，完善农村科技服务体系，加速农业先进科技成果的转化；发展高新技术，加速企业科技进步。

围绕社会治安综合治理加强司法工作监督。去年初，按照省委、省人大常委会的决定精神，常委会积极协助区委依法做好政法体制的理顺工作，并深入这些部门了解理顺后工作开展情况，帮助研究解决工作中存在的困难和问题。常委会第十八次会议听取审议了区人民法院和人民检察院上半年工作情况的汇报，在充分肯定成绩的同时，就加强干警队伍建设，依法行使审判、检察职能提出了希望和要求。常委会第十七次会议听取审议了区政府关于全区社会治安情况的汇报，针对我区社会治安形势比较严峻的状况，要求公、检、法机关密切配合，通力协作，加大打击力度，扫除各种社会丑恶现象，维护好油区治安秩序，为区和油田的开发建设创造良好的社会环境。

此外，常委会还组织开展了区乡公路养护情况的调查；对我区“双文明”单位进行了复查；按市人大常委会的要求，牵头组织政府有关部门对我区文化市场进行了一次大检查，查出销毁了部分淫秽音像书刊，净化了文化市场。

三、以贯彻实施《代表法》为重点，认真开展代表工作

代表工作是整个人大工作的基础，一年来常委会进一步加强了与代表的联系，主要做了以下几项工作：

（一）认真办理了代表议案、意见及建议。区十三届人大三次会议期间，共收到代表所提议案、批评和意见41件，对此，常委会高度重视，狠抓了监督落实工作。首先由代表联络科对这些建议进行了分类整理，并会同区政府召开了交办会议，按照归口办理的原则，提出了办理的具体要求及答复期限。其次常委会严把了办理质量关，对各单位的办理结果，附上常委会的征求意见稿后寄给代表，对代表不满意的答复，责成有关部门重新办理答复，直至代表满意为止。所收到的议案、意见和建议已于去年八月底全部办结，与往年相比，办理质量和速度都有所提高。

（二）督促代表小组开展好活动。常委会于去年5月份对各代表小组活动情况进行了一次检查。督促指导各代表小组建立、健全了各项活动制度，推动了小组活动的开展，为进一步开展代表工作打下了良好的基础。常委会还及时将代表法、新修定的地方组织法、选举法进行了翻印，分发到代表手中，提高了代表的议政水平。

（三）加强与代表及各乡镇人大工作办公室的联系。按照主任会议研究的意见。常委会组成人员于去年11月份分别走访联系了区人大代表。广泛征求了代表对我区各方面工作的意见和建议。常委会坚持乡镇人大工作办公室主任列席常委会会议制度；定期召开乡镇人大工作办公室主任联席会，及时沟通上下工作，并及时组织学习了《山东省乡镇人民代表大会工作若干规定》，充分明确了乡镇人大主席团的职责，促进了基层人大工作的开展。

（四）注重人大及代表工作的理论研讨工作。常委会分别参加了两次齐鲁县级人大工作研讨会及全市代表工作座谈会，分别就如何发挥代表在市场经济中的作用，搞好乡镇人大换届选举工作和如何开展小组活动进行了有益的交流和探讨，取得了经验，提高了我区人大工作水平。

（五）协助市人大组织驻我区部分市人大代表开展了对市直四部门的民主评议活动。根据市人大评议方案，区人大常委会制定了评议活动计划，组织参评代表联系走访了驻我区的市人大代表及市直四部门的下属业务单位，征求了他们的意见及建议。在评议大会上作了评议发言，肯定了被评议部门的成绩，并分别就理顺我市建筑市场管理关系，解决我区境内土地纠纷等问题提出了建议。

四、加强领导，精心组织，全力以赴地做好乡镇人大换届选举工作

根据地方组织法的规定和上级人大常委会的安排意见，我区乡镇人大换届选举工作，从去年11月下旬全面展开。这次换届选举坚持“党委领导、人大主办、各方配合”的原则。首先。区十三届人大常委会第二十次会议作出了关于我区1996年乡镇人大换届选举的决定，批准了换届选举工作实施方案。区委专门成立了以主要领导同志为组长的换届选举工作领导小组，下设办公室负责具体工作。11月21日召开了动员会议，对全区乡镇人大换届选举作了全面部署。各乡镇按照区实施方案要求分别成立了换届选举委员会，培训了工作骨干，进行了广泛的宣传发动，依法认真做好各阶段的工作。在选举工作过程中，区人大常委会切实担负起了领导乡镇人大换届选举工作的责任，各主任分工包乡镇，采取了“一步一检查、一步一总结”的办法，发现问题及时解决。

截至今年2月19日，我区乡镇人大换届选举工作已全面结束，7个乡镇都如期召开了换届的人民代表大会。通过这次换届选举，选出了304名素质高、议政能力强的人大代表和人民拥护的乡镇政权领导班子，审议决定了乡镇经济和社会发展的重大问题，进一步加强了乡镇人大的组织建设。全区各乡镇除设专职主席或经选举由党委书记兼任主席外，都设立了一名专职副主席，为我区乡镇经济、社会发展和人大工作的深入开展奠定了基础，注入了新的活力。

五、加强自身建设，开创人大机关工作新局面

一年来，常委会为适应改革开放和建立社会主义市场经济体制新形势的需要，更好地履行各项职权，进一步加强了自身建设。首先是坚持学理论学法律，不断加强思想建设。常委会紧密联系人大工作实际，认真学习建设有中国特色社会主义理论、社会主义市场经济理论和党的路线、方针、政策。学习有关法律法规。通过学习，增强了中心意识，进一步提高了监督工作水平。其次，深入调查研究，转变工作作风。每次例会召开前，常委会各主任，按照确定的议题，深入基层、代表和群众，广泛征求各方面的意见，为有效地实施监督提供了依据，决策水平有了新的提高。同时围绕区委中心工作，三名常委会负责同志还分别参与了羊栏河水库、经济开发区建设及包企业、包项目的工作，力所能及的为全区的经济建设贡献力量。三是加强机关建设，保证常委会依法行使职权。为更好地总结我区建区十年来人大工作的经验，常委会决定编写河口区人民代表大会志，这是常委会基本建设的一项重要举措，也是全区精神文明建设的重要内容。为此，专门成立了编写办公室，组织有关机关工作人员，从去年5月份开始了撰写。初稿完成之后，于今年元月中旬召开了有人大工作过的老同志及有关人员参加的征求意见审定座谈会。根据提出的意见重新修订完善后将于今年四月份正式印刷出版。

一年来，常委会认真履行宪法和法律赋予的职责，努力工作，取得了一定成绩，但与形势任务的要求和人民的期望仍有差距。主要是，监督工作特别是法律监督力度还不够；审议水平有待于进一步提高；调查研究还缺乏深度和广度；同代表的联系还不够广泛，代表作用的发挥还不够充分。这些应在今后的工作中认真加以解决。

各位代表，1996年是实施“九五”计划的起步

年，也是加快实施河口第二步发展战略目标至关重要的一年。在新的一年里，常委会要在区委的领导下，继续坚持以邓小平同志建设有中国特色社会主义理论和党的基本路线为指导，深入贯彻党的十四届五中全会和区三次党代会精神，全面落实区十三届人大四次会议作出的决议，紧紧围绕经济建设这个中心和建立社会主义市场经济体制这个目标，积极主动地开展人大工作，依法行使好各项职权，进一步加强社会主义民主与法制建设，为促进经济持续、快速、健康发展和社会全面进步，保障我区“九五”计划的顺利实施做出积极贡献。

要围绕推进经济体制和经济增长方式两个根本性转变，加强工作监督，全力支持政府抓好经济工作。继续把保障和促进农业和农村经济发展作为首要任务，搞好视察、调查和执法检查，监督和支持政府进一步强化农业基础地位，推进农业产业化，繁荣农村经济，增加农民收入；围绕贯彻工业强区战略，强化监督力度，保障和促进地方工业、乡镇企业的快速发展；要充分发挥人大职能作用，推进加快实施河口区第二步发展战略和胜利油田开发建设，促进油地结合，实现共兴共荣。要进一步加强对计划预算执行情况、城建、交通、科技、环保、教育等项工作的监督检查，确保“九五”工作开好头，起好步。

要继续把法律监督作为监督工作的重点，大力推进依法治区。加强部门执法责任制的监督检查，督促“一府两院”严格依法行政，依法办事。继续加强司法工作监督，贯彻“油区治安重中之重”的方针，督促执法机关严格执法，查处大案要案，加强社会治安综合治理，严厉打击各种违法犯罪活动，为全区改革、发展创造稳定的社会环境。

要按照关于机关机构改革的要求，认真做好人事任免工作，继续加强对被任命干部的监督管理，有计划地搞好对被任命干部的调查了解，督促国家机关工作人员廉洁勤政、勤勤恳恳地为人民服务。

要进一步重视加强代表工作。继续抓好代表法和山东省实施代表法办法的宣传和贯彻落实。坚持走访联系代表制度，拓宽联系渠道，提高联系效果，积极为代表知情、知政、议政、履行职责创造条件；大力宣传代表的先进事迹，激发各级代表在改革开放、经济建设中更好地发挥模范带头作用。努力提高代表议案和建议、批评、意见的办理质量，切实做好人大信访工作，维护人民群众的合法权益。进一步加强人大的宣传和理论研究工作，扩大人大工作在社会上的影响。

要适应形势发展需要，进一步加强自身建设，深入学习邓小平同志建设有中国特色社会主义理论和党的十四届五中全会精神，深刻理解“两个根本性转变”、“九条重要方针”，进一步增强中心意识、大局意识，提高理论素质和工作水平，保证区委决策的贯彻落实。继续加强宪法法律学习，完善议事程序，严格依法办事，深入调查研究，不断提高监督水平和审议质量。进一步加强机关建设，发挥人大机关的整体功能。加强对乡镇人大工作的指导，努力把我区的人大工作提高到一个新水平。

各位代表，党的十四届五中全会描绘了经济和社会发展的宏伟蓝图，我区的经济建设也进入了一个新的发展时期。我们要在中共河口区委的领导下，全面实施“二次创业”，进一步解放思想，同心同德，奋发进取，真抓实干，为完成我区今年的各项任务，胜利实现“九五”计划和2010年远景目标做出新的贡献。

区人民代表大会常务委员会工作报告

——1997 年 2 月 19 日在东营市河口区第十三届人民代表大会第五次会议上

东营市河口区人大常委会副主任 张凤田

各位代表：

我受河口区人民代表大会常务委员会委托，向大会报告第十三届人民代表大会第四次会议以来的常委会工作，请予审议。

去年是我区实施国民经济和社会发展“九五”计划、2010 年远景目标纲要的第一年，是全区改革开放和现代化建设快速、持续、稳定发展的一年；是全区上下响应十四届六中全会号召，积极推进精神文明建设，以“二次创业”为动力，各项事业取得显著成绩的一年。一年来，常委会在区委领导下，以邓小平同志建设有中国特色社会主义理论为指导，深入贯彻党的十四届五中、六中全会精神，紧紧围绕经济建设这个中心和建立社会主义市场经济体制的目标，扎扎实实地履行宪法和法律赋予的各项职权，努力开创人大工作新局面，为全区经济及各项事业的繁荣发展做出了积极贡献。

一、强化监督意识，拓宽监督渠道，加大监督力度，保障全区改革开放和经济建设的顺利进行

一年来，常委会坚持把工作监督、法律监督和人事监督有机结合起来，积极探索监督的有效途径、改进监督的方式、拓宽监督的渠道，保证了宪法和法律在我区的正确贯彻实施，促进了全区各项事业的顺利发展。

（一）围绕全区经济和各项事业的发展，加强了工作监督

一年来，常委会把保障我区“九五”计划和2010 年远景目标纲要的顺利实施作为重要任务，及时听取汇报，审议决定重大问题，有效地促进了全区经济和社会各项事业的全面发展。

为监督政府全面完成年度计划和财政预算任务，常委会第 26 次会议听取审议了区政府关于 1996 年上半年国民经济和社会发展计划及财政预算执行情况的汇报，在充分肯定成绩的同时，针对重点项目、主要经济指标的完成情况提出了一些改进的意见和建议。为加快我区乡镇财政体制改革步伐，常委会深入“四乡三镇”对乡镇财政状况进行了调查，并在常委会第 24 次会议上审议通过了区政府关于《河口区乡镇财政体制改革办法》草案的报告，突出强调要循序渐进，积极稳妥地完成乡镇财政体制改革。

依法治国是一条重要的治国方略。为推进依法治区工作的开展，常委会第 25 次会议听取审议了区政府关于“二五”普发任务完成情况和“三五”普法规划情况的汇报，作出了《关于在全区公民中开展第三个五年法制宣传教育的决议》。要求各级部门要充分认识到“依法治国，建设社会主义法治国家”是我国的一项重要方针，要全面落实“三五”普法的各项任务，不断提高人民群众的法律意识和法制观念。强调各级领导干部要带头学法、懂法、用法、守法，严格依法办事，为社会作出表率。委员会还组织了一系列宣传活动，积极做好“三五”普法的启动工作，有力推动了依法治区工作的深入开展。

计划生育是我国的一项基本国策，常委会第 25 次会议听取审议了区政府关于贯彻实施山东省计划生育条例和计划生育工作情况的汇报。认为全区计划生育工作总体上是好的，建议要继续加强基层基础工作，切实抓好流动人口计划生育管理，不断提高计划生育工作水平。

保持社会稳定是关系改革和建设成败的大事。常委会坚持“两手抓、两手都要硬”的方针，把维护政治和社会稳定作为重要职责。常委会听取审议了区政府关于第五届村民委员会换届选举工作情况汇报。认为村委会的换届选举，使村民增强了参与意识和法律意识，加快了我区基层民主政治建设的进程，保证了农村经济的发展和社会稳定。为了打击犯罪，维护社会安宁，常委会第 26 次会议听取审议了区人民法院和区人民检察院上半年工作情况的汇报，要求

公、检、法机关继续发挥“严打”优势，密切配合，加大刑事案件和经济犯罪的打击力度，切实搞好社会治安综合治理，维护好油区秩序，为油地共同开发建设创造良好环境。

物价问题和“打假”工作是人民群众普遍关心的问题。去年四月上旬，常委会在全区范围内开展了一次“打假”调查活动，指出了存在的问题，要求区政府强化措施，遏制假冒伪劣商品的蔓延，维护消费者利益，依法保障市场流通机制的良性发展。常委会第26次会议听取了物价工作情况的汇报，建议区政府加大物价调控力度，确保价格持续稳定，创造一个良好的流通环境。

（二）强化法律监督，促进了全区各项事业的依法治理

一年来，常委会结合我区实际，围绕改革开放和经济建设的重大问题，以及人民群众普遍关心的问题，选择执法的薄弱环节，做到每次例会都安排1-2个法律贯彻执行情况的审议议题，先后听取和审议了食品卫生法、义务教育法、审计法等法律法规贯彻执行情况的汇报19项，组织专题视察、调查9次。为了审议意见能够得到认真办理，促进各项事业的依法治理，常委会注重了审议意见的综合、整理、转办、督办和反馈五个环节。每次常委会结束后，都汇总整理委员们的意见和建议，以常委会正式文件的形式，转交“一府两院”办理，并规定承办单位书面报告下次常委会会议。在此期间，常委会机关各科室根据分工，对审议意见和落实情况跟踪督办、催办，从而提高了常委会例会的审议质量，增强了监督实效。

为检查《水法》和《森林法》在我区的贯彻执行情况，委员会就我区的水利建设情况和林业生产及路域治理等情况进行了一次专题视察。然后召开常委会第27次会议，听取审议了区政府关于《水法》贯彻执行情况及全区水利工作情况的汇报，认为近几年我区《水法》贯彻落实情况较好，但在水利设施的管理上存在一些问题，建议区政府有关部门按照谁投资谁受益的原则，分清管理责任，落实管理任务，加强水库堤坝的护养，利用秋季雨水充足的有利时机，蓄好水用好水。在审议《森林法》贯彻执行情况的汇报时指出了存在的问题，主要是重栽轻管、成活率低、效益不明显，建议区政府要因地制宜，适地适树，加大管理措施，层层分解落实责任，实行严格奖惩制度，使我区造林绿化工作再上新台阶。

搞好食品卫生是与人民群众生活息息相关的重要工作。去年6月25～28日常委会组织部分委员和代表对《食品法》的贯彻实施情况进行了视察，先后深入到河口、仙河、孤岛、义和等农贸市场，实地查看了食品生产经营单位131家，强调要加大执法力度，把全区食品卫生工作做得更好。常委会还视察了全区卫生防疫及药品管理工作，并提出了具体意见和建议。

为加快“科教兴区”战略的实施步伐，常委会先后听取审议了区政府关于《科技进步法》《教育法》《义务教育法》等法律贯彻执行情况的汇报。强调指出，要加大措施，促进科技成果向现实生产力的转化，增加科技投入，建立健全农业科技推广体系，改善科技人员的工作条件和生活条件，要不断加强依法治教意识，进一步完善“双基”，加大教育投入，大力改善办学条件，强化学校管理，提高教师素质，把我区教育事业推向前进。

此外，常委会还听取审议了区政府关于审计法、环境保护法等法律贯彻执行情况的汇报，促进了各项事业的健康发展，使我区的依法治理水平有了新的提高。

（三）搞好执法评议活动和人事任免工作，把法律监督、工作监督和人事监督有机结合起来

为了进一步深化监督工作，去年常委会主要做了以下工作：第一，精心组织了执法评议活动。八月份，常委会对全区实行执法责任制的39个部门进行了执法专项评议，评出优秀单位9个，良好单位24个，合格单位6个，通过评议，较好地解决了执法责任不明确、认识不到位的问题，促进了各部门依法行政。同时强调指出，有法不依、执法不严、犯法不究、以言代法、以权谋私等现象仍在某些部门不同程度地存在。评议大会结束后，被评议部门对代表反映的问题和提出的意见建议，逐一制定整改方案，落实整改措施。9月份常委会又专门听取了各执法部门整改情况的汇报，并将整改情况及时转给代表。通过评议活动，有力地推动了执法责任制在各部门的贯彻落实，使法律监督与工作监督有机结合起来，使人大监督日

趋规范化、法制化。第二，依法任免干部，加强对所任命干部的监督。为了使人事监督同法律监督和工作监督更好地结合起来，常委会注重提高人事任免工作的质量，加强对所任命干部的监督，在任命前先通过组织部门对干部进行考察和考核，然后对其进行法律考试，以此作为任命依据。任命后，采取听述职报告等方式对所任命干部进行有效的监督，促使其依法行政、廉洁勤政。去年常委会根据工作需要依法任命了“一府两院”干部20名，提高了机关干部队伍的素质，保证了机关工作高效有序地运行。

（四）做好信访工作，维护法律尊严和人民群众的合法权益

常委会把接待和处理人民群众来信来访作为了解各部门执法情况的重要渠道。一年中，共收到来信83件，接待来访254人次，均按照有关法律和政策进行了妥善处理，做好了转办、督办和催办工作。对重大问题及时召开会议听取汇报，研究解决办法。通过信访工作，使常委会更加了解社情民意，解决实际问题，使执法部门依法办事的自觉性不断提高。

二、做好代表工作，充分发挥常委会的重要民主渠道作用

区人大常委会作为联系群众，反映社情民意、解决矛盾的主要民主渠道，作为代表全区人民行使管理国家权力的机关，一切从人民的利益出发，努力作好代表工作，充分发挥代表作用。一年来主要做了以下几方面的工作：

一是加强了同代表的联系，充分发挥代表在建立和完善社会主义市场经济体制中的骨干作用。常委会重视同代表的联系，坚持邀请一些基层代表列席常委会例会，在审议各项议题时，注意听取代表的建议和意见。常委会坚持不定期走访代表，了解代表的意见，倾听代表的呼声，维护代表的利益。11月份委员们按照分工对代表进行了普遍走访。广泛征求了他们对我区各项工作的意见和建议，并把代表反映的问题汇总整理，经主任会议研究后转交“一府两院”进行了办理。

二是组织“建功立业”活动，调动代表的积极性和创造性。为了积极响应区委提出的“二次创业”号召，充分发挥代表在“两个文明”建设中的模范带头作用，八月份常委会作出了关于组织人大代表围绕区委“二次创业”开展建功立业活动的决定，并下发了具体实施意见，制定了考评办法，要求每一位代表要发挥自己的积极性和创造性，按照区委“农业富民、工业强区、企地结合、城乡一体”的总体要求，进一步增强创业意识，增强履行代表职责的使命感，积极带动本地本单位投入到经济建设和改革开放的大潮中去，为河口的全面振兴做出积极贡献。通过这项活动，在各行业涌现出许多先进典型，极大地鼓舞了各级人大代表在“二次创业”中建功立业的信心和决心。

三是加强与乡镇人大的联系，指导好乡镇人大工作。去年认真指导了乡镇人大的换届选举，组织召开了四次乡镇人大工作联系会，重点抓了代表活动阵地建设、代表及代表小组活动等工作。

此外，还组织乡镇人大和常委会机关工作人员一行十一人到河北省高邑县学习考察了代表议政日活动的经验，积极探索发挥代表在闭会期间作用的有效途径。

三、加强自身建设，努力提高人大工作水平

加强常委会和人大机关自身建设，是加强和完善人民代表大会制度的需要，也是加强人大工作水平的主观要求。一年来，常委会适应了这一要求，加强了自身建设。

第一，讲学习、讲政治，努力改进思想作风。一年来，常委会坚决落实江泽民总书记关于领导干部一定要讲政治的要求，把讲政治同人大工作有机结合起来，加强学习，努力改进思想作风。认真学习了江泽民总书记《关于讲政治》《努力建设高素质的干部队伍》等一系列讲话精神，学习了十四届六中全会精神，深入领会其实质，用以指导各项工作，为了加强学习，常委会把星期五定为机关学习日，努力建设一支政治强、作风正的人大机关干部队伍。

第二，重实际，多调查，努力改进工作作风。一年来，常委会立足“真”字“实”字，努力改进工作作风。常委会从提高例会审议质量入手，改进例会开法，提高例会实效。一是选准议题。通过调查研究，抓住事关全区经济建设和人民群众普遍关心的事项，本着少而精的原则，议深议远，确保审议质量。二是对列入会议议程的议题，采取先实地调查后听取汇

报的方式，认真审议政府工作。三是认真做好转办、催办、督办工作，提高常委会例会建议意见的办理速度和实效。通过这种方式，使常委会了解了真实情况，解决了实际问题，大大提高了例会的质量和实效。四是围绕中心工作，服从区委安排，积极做好包乡镇、包项目等项工作，力所能及地为基层办实事。

第三，加大宣传力度，加强人们的人大意识和民主政治意识。去年十月份，全市人大工作会议以后，常委会及时同区委宣传部联合召开了全区人大宣传工作会议，并成立了人大宣传工作领导小组，制定了具体实施意见。为了宣传人大，展示代表风采，12月份代表联络科协助区电视台对在“建功立业”活动中表现突出的典型代表进行了电视采访，制作了专题节目，收到了良好的社会宣传效果。

第四，注重人大工作理论研究，区人大常委会分别参加了两次鲁北县级人大工作研讨会，编写出版了《东营市河口区人民代表大会志（1984—1994）》，协助区委组织了全区人大工作会议，就如何做好新时期人大工作进行了研究和交流。

一年来，常委会以全心全意为人民服务为宗旨，作风扎实，切实加强自身建设，使常委会成为一个团结、务实、创新、廉政、高效的战斗集体。

各位代表，去年常委会在区委领导下和全区人民的大力支持下，围绕当前中心工作，履行宪法和法律赋予的各项职权，积极进取，开拓创新，努力提高人大工作水平，开创了人大工作新局面，保障和促进了全区经济及各项事业的蓬勃发展。但也应看到，常委会的工作距离党的要求和人民的期望还有很大差距，主要是监督力度尚需加大，工作水平同改革开放的新形势还不相适应，自身建设有待于进一步加强。

各位代表，党的十四届五中、六中全会精神给我们提出了更高更新的要求，在新的一年里，我们要继续以邓小平同志建设有中国特色社会主义理论和党的基本路线为指导，以“二次创业”为动力，总结经验，开拓创新，解放思想，大胆探索，切实增强责任感和使命感，以新的思想、新的观念、新的作为勤奋扎实地做好各项工作，推动我区两个文明建设的快速发展，以实际行动迎接党的十五大的胜利召开。

区人民代表大会常务委员会工作报告

——1998年1月15日在东营市河口区第十四届人民代表大会第一次会议上

东营市河口区人大常委会主任 刘汝彬

各位代表：

我受河口区第十三届人民代表大会常委会的委托，向大会报告常委会的工作，请予审议。

过去的五年，是我区国民经济和社会发展“八五”计划胜利完成，“九五”计划及2010年远景目标纲要全面展开的重要历史时期，全区的改革开放、经济发展和社会各项事业都取得了重大成就。五年来，区人大常委会在中共河口区委的领导下，认真贯彻落实党的十四大和十五大精神，以邓小平建设有中国特色社会主义理论和党的基本路线为指导，以“二次创业”为动力，按照区委提出的“工业强区、农业富民、企地结合、城乡一体”的总体发展思路，认真履行宪法和法律赋予的各项职责，积极开展工作，有力地推动了我区经济及社会各项事业的顺利发展。一是加大力度，监督工作有了新突破。常委会通过组织开展民主评议、推行执法责任制等多种形式，不断强化监督职能，拓宽监督领域，完善监督机制，进一步密切了同人民群众的联系，化解了社会矛盾，推动了全区各项事业的发展。五年中常委会共听取法律贯彻实施情况汇报40多项，进行各种形式的执法检查30多项次，配合省市人大进行专项执法检查20多项次，全区各执法部门的人员素质、执法水平有了新的提高，依法治区工作逐步走上正轨。二是夯实基础，代表工作有了新起色。常委会以贯彻实施代表法为重点，围绕代表建议及意见的办理，努力提高办理质量，着重在采纳率上下功夫，做到件件有着落，事事有回音，五年中共接待代表来访180余人次，办理代表建议、批评和意见209条；围绕加强同代表和乡镇人大的联系，建立了乡镇人大主席联席会和例会制度，坚持每季度对区人大代表进行走访，达到了沟通信息，交流经验，推动代表工作的目的；围绕代表小组活动的开展，有计划地组织代表进行视察、调查，广泛了解社情民意，为当地经济发展献计献策，切实发挥了人大代表的模范带头作用。三是内强素质，自身建设提高到新水平。常委会组成人员以学习党的十四大、十五大精神和邓小平理论为总抓手，讲政治，讲大局，坚持群众路线，重视调查研究，积极参与全区中心工作，思想作风和工作作风有了大的转变，科学决策水平有了新的提高。

各位代表，回顾五年来的工作，我们深深地感到，人大工作是党的事业的重要组成部分，坚持和完善人民代表大会制度是建设有中国特色社会主义的重要内容，只有坚定不移地坚持和依靠党的领导，坚持以邓小平理论和党的基本路线为指导，坚持服从服务于党的中心任务，才能保证人大工作的正确方向；只有忠实履行职责，充分发挥民主，严格依法办事，人大的地位和作用才能充分体现出来；只有同人大代表和群众始终保持密切联系，全心全意为人民谋利益，才能更好地代表人民依法行使职权；只有树立高度的责任感和使命感，不断加强自身建设，才能形成强大的合力，发挥整体效能，使人大工作不断开拓前进。

在过去五年里，常委会做了大量的工作，取得了新的进展，完成了本届的历史使命。这些成绩的取得，是区委正确领导、委员会组成人员共同努力的结果，也是与全区各级人大代表、全区人民的监督支持分不开的。在此，我代表区十三届人大常委会向关心、支持人大工作的领导和同志们、向全区各级人大代表和全区人民表示崇高的敬意和衷心的感谢！

下面，我着重汇报常委会去年以来的工作。

一、强化法律监督，促进我区各项事业的依法治理

依法保证宪法和法律在我区的贯彻实施，是常委会的一项根本任务。一年来，常委会继续把对法律的监督放在首要位置。1995年下半年实行部门执法责任制以来，全区各部门依法办事、依法决策和依法管理水平不断提高。在此基础上，常委会又组织了两次检查，专门听取了区政府贯彻实施执法责任制情况的汇报，对当前某些部门在执法中存在的问题提出了意见和建议，并重新编印了《河口区部门执法责任制适用法律法规目录》，进一步明确了执法主体和执法责任，健全了执法检查和监督机制，加快了依法治区步伐。实施“科技兴区”的战略，是实现我区两个根本性转变的关键，常委会重点对全区实施教育法、教师法和科技进步法的情况进行了检查，提出一些具体建议，对于促进区财政性教育和科技支出占全区国民经济生产总值的比例逐步提高，进一步落实教育和科技优先发展的战略方针，起到了推动作用。食品卫生关系到千家万户。为此，常委会对全区《食品卫生法》的贯彻落实情况进行了检查。对检查中发现的一些食品摊点条件差、卫生状况恶劣、管理混乱等现象，责成有关部门立即治理，并要求卫生部门加强对食品从业人员的教育，强化对街头食品的卫生监督管理工作。为全面贯彻落实档案法、促进我区依法治档工作再上新水平，常委会还组织检查组对区直各部门的档案管理情况进行了一次认真检查。通过听汇报、看材料和设施，按法律规定逐项检查。对于档案管理混乱的单位予以通报，并帮助其整档、建档。计划生育是我国的一项基本国策。常委会第31次会议听取并审议了区政府关于山东省计划生育条例贯彻实施情况的汇报，在肯定成绩的基础上，强调要大力加强基层基础性工作，加强对流动人口的计生管理，把工作做细、做扎实，要经得起检验，要充分发挥乡、村两级人口学校的作用，不断提高人们的婚育观念。为了推动政府各部门依法行政，常委会听取并审议了区政府关于贯彻实施《行政诉讼法》情况的汇报，肯定了区政府在行政诉讼法的学习、宣传方面做的大量工作，依法行政水平有了新的提高，并要求以后要加强对执法人员的培训，使他们熟练地掌握行政实体法，做到公正执法。常委会还检查了《母婴保健法》在我区的实施情况，促进了我区母婴保健工作在法律的规范下健康发展。

二、加大工作监督力度，推动全区经济和社会的全面进步

常委会重视围绕区委中心工作，加强对区政府、区法院和区检察院的工作监督。一年来，先后对工农业生产中的重要问题及人民群众关心的“热点”“难

点”问题进行了监督检查。农业是国民经济的基础。3月份，常委会对全区春季农业生产情况进行了调查，指出区政府农业生产准备情况较好，生产资料储备充足，田间管理科学，但要注意农业科技网络体系的健全，走科技兴农之路。市政公用事业是群众关心的热点难点问题。常委会专门听取了区政府关于市政公用事业管理情况的汇报，强调指出，市政管理直接关系到千家万户，市政管理部门要进一步协调好各方面的关系，强化服务观念，加大措施，切实解决供暖供水问题。为加强监督区政府全面完成1997年度计划和财政预算任务，常委会听取审议了区政府关于上半年国民经济和社会发展计划及财政预算执行情况的汇报。委员们指出，我区国民经济在保持稳定增长的同时，也存在经济结构调整力度不大，职工再就业较难等问题，建议今后要加大企业改革和经济结构调整力度，做好再就业和部分企业职工的解困工作。常委会在审议《河口区科学技术发展“九五”计划及2010年规划纲要（草案）》时，要求区政府充分发挥区位优势，拓宽科技领域，加强技术合作与交流，加大科技资金投入，加快建立健全社会化科技服务网络体系，推动科技成果的转化，促进我区经济增长方式转移到依靠科技进步和提高劳动者素质的轨道上来。常委会还听取了区政府关于社会治安综合治理情况的汇报，指出油区治安是重中之重，要切实抓紧抓好。要采取多种形式，搞好教育培训，提高广大公安、政法干警的素质和执法水平。同时要继续加强110报警服务工作。常委会还听取审议了区法院和区检察院上半年工作情况以及区政府同级财政审计情况、法律工作情况的汇报。

常委会还把接受和办理人民群众来信来访，作为联系群众、了解社情民意的重要渠道。尤其重视办理人民群众对公检法各部门办案情况的批评和申诉。一年来，共收到群众来信43件，来访175人次。对于来信来访中反映的问题做到转办及时、督查有力。对一些案情复杂，当事人多次上访的案件，常委会主任会议都要进行专门研究，督促有关部门通过多种方式多种渠道予以解决。

人事任免是宪法和法律赋予人大常委会的重要职权。一年中常委会严把质量关，既坚持党管干部的原则，又充分发扬民主，依法任免了8名区政府组成人员的职务。通过法律知识考试、述职评议等方式，加强了对所任免干部的考察了解，切实增强了干部的公仆意识和工作责任心，保证了国家机关领导人员整体素质的不断提高。

三、进一步加强代表工作，充分发挥代表作用

人大代表是人民代表大会的主体，是人民代表大会制度建设的基石。一年来，常委会进一步加强这一基础性工作，以高度的事业心和使命感，努力把代表工作提高到一个新水平。

一是认真办理代表批评意见和建议。区十三届人大五次会议期间代表共提出建议意见39条。对此，常委会高度重视，狠抓了督促落实工作。首先是及时组织专人进行了认真整理、登记和编号，分成专题，按照归口办理的原则，交“一府两院”认真办理，并提出了具体承办要求和答复期限。其次常委会严把了办理质量关。专门听取了区政府办理代表建议意见情况的汇报。对各部门的办理结果，附上征求意见信后，反馈给代表。对于代表不满意的要求区政府重新办理，直到代表满意为止。这些意见及建议已于去年8月底全部办结，与往年相比，办理速度和质量都有所提高。

二是认真组织指导代表活动。代表活动搞得好不好，代表作用能否得到充分发挥，首要的是要增强代表的政治意识、大局意识。一年来，常委会服从服务于全党全国工作大局，在区委领导下，紧紧围绕河口区“九五”计划和2010年远景目标纲要，协助代表提出有见地有分量的建议54条，促进了决策的民主化、科学化。常委会还继续在代表中开展了“建功立业”活动，并召开了区人大代表“建功立业”表彰大会，共表彰优秀代表28名，先进代表小组8个，先进人大办公室3个。进一步鼓舞了代表们投身“二次创业”的斗志，充分发挥了他们在各条战线的先锋模范作用。常委会把代表活动落到实处，采取了切实措施，重点抓了代表小组的组织、思想、制度和阵地四个方面的建设，经常总结交流代表小组工作情况，指导代表小组拓宽活动渠道，提高活动质量，逐步实现了代表活动的制度化、规范化。

三是继续坚持了邀请部分区人大代表列席常委

会会议和分工联系代表团制度。常委会坚持每次例会都邀请部分代表参加，认真听取他们的意见。7月份，常委会分成五个小组，对全区工作在生产第一线的人大代表进行了走访和座谈，了解他们的工作和生活情况，听取他们对我区各项工作的意见和建议，并归纳成25条，转有关部门办理，促进了各项工作的开展。

四是加强了同乡镇人大的联系。常委会组成人员到各处走访时注意听取各级乡镇人大主席的意见建议，对乡镇人大工作给予关注和指导。常委会还利用每季度召开一次乡镇人大主席联系会的形式，加强区乡两级人大及各乡镇人大之间的联系，交流经验、沟通信息，促进了基层人大工作的开展。

四、精心组织，周密安排，依法做好1998年区人大代表换届选举工作

去年11月份以来，常委会根据宪法和法律的规定，按照省、市关于换届选举的意见和要求，在区委的领导下，着重做了1998年区人大代表换届选举工作。这次换届选举面临世纪之交，是在全区上下贯彻十五大精神，进一步解放思想、抢抓机遇、加快发展，努力实现“九五”计划和2010年远景目标的重要时期进行的。同时也是选举法和地方组织法修改以来的首次县级人大换届选举，意义深远，工作量大，遇到的新情况新问题多。常委会对此高度重视，把换届选举工作作为这一阶段的中心任务，全力以赴，加强组织领导，顺利完成了区人民代表大会代表的换届选举。主要表现在：一是部署及时，安排周密。常委会适时召开了会议，作出了换届选举的决定，成立了区选举委员会，制定了换届选举实施方案，认真周密地部署了换届选举工作。二是工作细致，指导有力。在每一阶段，常委会主任、各副主任及选委会各成员都深入基层，了解情况，认真检查指导，帮助各乡镇选举工作指导组解决遇到的新问题，强调严格法律程序，依法办事，常委会按照“一步一个会、一步一调度、一步一个文、一环扣一环”的工作方法，在每一阶段都要召开乡镇人大主席会议，总结交流前段工作经验，研究部署下一阶段工作，使换届选举工作各阶段压茬进行，有条不紊。三是充分发扬民主，严格依法办事。常委会重点抓了选民登记、提名和推荐代表候选人、选举代表三个环节，培训了选举工作骨干260人次，印发“明白纸”5000余份，做到了工作方法明确，法律条文熟悉，工作步骤严密，不出任何纰漏。同时，对常委会注重把这次换届选举工作当成一次生动的民主法制宣传教育活动来抓，广泛宣传宪法、选举法和地方组织法，使全区人民在换届选举的实践中增强民主法制意识，更加了解人民代表大会制度的地位和作用。

截至去年12月23日，历经宣传发动、选民登记、提名和推荐代表候选人、选举代表四个阶段，我区人大代表换届选举工作已全面结束。依法直接选举产生了区十四届人大代表155名。新选出的代表构成比例符合法律和上级人大的规定，代表素质有了明显提高。代表们都具有一定的社会活动能力和参政议政能力，社会基础好、群众威信高，能够代表人民意志，为人民建言。这就为区人民代表大会注入了新的活力，为进一步更好地开展人大工作，进一步推动我区经济和社会的全面进步打下了坚实的组织基础。

五、强化人民代表大会制度的宣传和研究工作，提高全区人民的民主法制意识

一年来，常委会加大了人民代表大会制度的宣传力度。4月份，在代表法颁布五周年之际，开展了一系列宣传活动。常委会领导发表了电视讲话，召开了学习贯彻代表法的座谈会，组织有关人员进行了代表法知识竞赛。同时，在区电视台开辟了“代表风采”专栏，通过张贴标语、出动宣传车等形式，最大限度的宣传了人大代表在投身经济建设的伟大实践中发挥出的示范、辐射和带动作用，突出了人民代表大会制度在整个社会生活中的地位。

常委会还重视人大理论研究工作。牵头组织召开了齐鲁县级人大工作研讨会。同来自济南、滨州、淄博等地市的七个县（市、区）的人大常委会的同志，围绕如何搞好新形势下县级人大的换届选举工作，从理论和实践的结合上进行了深入地研究和探讨，交流了工作经验和体会，提出了许多新的理论见解和工作设想。

常委会依照“三五”普法决议精神，继续深入进行以宪法、基本法律和社会主义市场经济知识为主要内容的宣传教育。对进一步增强全区人民宪法观念和法律意识，不断提高各级干部依法办事能力，推进我

区的民主法制建设进程，具有重要意义。

六、适应新形势的需要，进一步加强常委会自身建设

一年来，常委会为适应不断发展的新形势的需要，更好地履行职权，进一步加强了自身建设。首先是坚持学政治、学法律，不断加强思想建设。常委会组成人员紧密联系实际，认真学习邓小平理论和党的路线、方针、政策，特别是党的十五大精神的学习贯彻，做到了联系实际，学以致用，提高了解决问题和分析问题的能力。通过学习，更加增强了中心意识，进一步提高了监督工作水平，增强了为“三会”服务的意识和党的宗旨观念。其次，重视调查研究，转变工作作风。常委会组成人员和机关科室都确定了调研课题，并深入基层进行调查研究，广泛征求各方面的意见，全年共进行调查研究 30 次，写出调查和视察报告 20 余件，为常委会实施法律监督和开展各项工作提供了可靠依据。常委会认真贯彻民主集中制的原则，重大问题及时向区委请示汇报，集体讨论决定，决策水平有了新的提高。同时，围绕区委中心工作，常委会各领导成员积极参与，全力支持，为全区两个文明建设做出了应有的贡献。

各位代表，一年来，常委会各方面的工作取得了较大成绩，但还存在一些不足和问题，主要是：对法律法规在我区实施情况的监督力度还不够；自身建设还不完全适应日益繁重的人大工作和新形势的需要；机关各科室的职能还没有充分发挥出来；对宪法和法律的宣传力度尚需加大等。对这些问题，要在今后的工作中注重研究，认真加以解决。

各位代表，今后的五年是承前启后，继往开来的五年，是我区实施强区战略和跨世纪宏伟目标的关键时期。新的形势和任务，对人大工作提出了更高的要求。我们坚信，在新的一年里，新一届人大常委会将继续把监督法律法规的贯彻实施放在重要位置；采取述职评议、跟踪了解等方式，加大对所任干部的监督力度，切实增强他们的公仆意识；进一步加强代表工作，充分发挥人大代表的模范带头作用；继续强化自身建设，在中共河口区委的领导下，高举邓小平理论的伟大旗帜，认真学习贯彻党的十五大精神，更加全面地履行宪法赋予的神圣职责，不辜负全区人民寄予的厚望，创造性地做好各项工作，为河口区经济和社会的全面发展做出更大的贡献。

区人民代表大会常务委员会工作报告

——1999 年 2 月 3 日在东营市河口区第十四届人民代表大会第二次会议上

东营市河口区人大常委会代理主任 程景坤

各位代表：

我受区人民代表大会常务委员会的委托，向大会报告区十四届人大一次会议以来的工作，请予审议。

在过去的一年里，区人大常委会在区委的正确领导下，深入贯彻党的十五大及省、市、区党代会精神，认真落实区十四届人大一次会议的各项决议，紧紧围绕全区经济建设和改革开放的大局，忠实履行宪法和法律赋予的各项职权，积极推进我区的社会主义民主与法制建设，为促进河口区经济发展和社会的全面进步发挥了重要作用。

一、加强工作监督，推动全区各项工作的顺利开展

一年来，常委会把保障区十四届人大一次会议确定的目标任务的顺利完成作为重要任务，及时听取审议工作汇报，认真决定重大事项，有力地促进了全区经济和社会事业的顺利发展。

为监督区政府全面完成本年度国民经济和社会发展计划及财政预算任务，常委会第 4 次会议听取审议了区政府关于上半年国民经济和社会发展计划执行情况的汇报。在充分肯定成绩的同时，提出了相应的意见和建议。特别是针对我区地方工业企业总量少、规模小、技术落后、效益低等突出问题，建议区政府组织力量对全区工企业进行全面调查，摸清底子，找准问题，采取有效措施，努力增强工业整体实力。认真分析了因油田生产经营遇到困难给我区财政收入带来的严峻形势，建议区政府要以抓骨干、增存量为重点、坚持内涵与外延并举，速度与效益并重，积极培育地方工业经济增长点，加强地方财源建设。鉴于我区预算外资金管理的现状，要求区政府采取有效措施管好这部分资金，使其发挥应有的作用。

农业是国民经济的基础。为进一步强化农业基础地位，促进我区农业的发展，常委会组成人员先后4次对农业和农村工作进行了视察和调查，重点监督检查了农业法、农业技术推广法的贯彻实施以及农业综合开发、推进农业产业化、减轻农民负担、村务公开和民主管理工作等方面的情况。常委会还先后听取了区政府关于春季农业生产情况的汇报、关于林业生产情况的汇报和关于贯彻实施水法及全区水利工作情况的汇报，要求区政府切实把农业放在整个经济工作的首位来抓，努力实现农业增产农民增收和农村经济的全面繁荣。

计划生育是我国的一项基本国策。为依法推动计划生育工作的深入开展，常委会加强了对计生工作的监督检查。去年4月份对全区计划生育工作情况进行了视察，5月份对重点管理乡镇和流动人口计划生育工作进行了跟踪调查。并在第3次会议上听取审议了区政府关于贯彻实施山东省计划生育条例及全区计划生育工作情况的汇报。针对存在的问题，建议区政府研究制定措施，强化基层基础工作，在坚持做好“三为主”和“三结合”的同时，继续把“三优”工作当作一件大事来抓，力争取得突破性进展。同时要求区政府处理好抓硬指标与软指标、抓落后乡镇同抓全面的计划生育工作、依靠专职队伍与依靠群众三方面的关系，努力争创“三为主”先进区。

深化改革、加快发展必须有一个稳定的社会环境。常委会加强了对司法部门和社会治安综合治理工作的监督检查。去年7月份，听取审议了区人民法院和区人民检察院上半年工作汇报，11月份听取了区政府关于社会治安综合治理工作情况的汇报。要求公、检、法机关密切配合，各司其职，严厉打击各种违法犯罪活动，同时要坚持贯彻“油区治安重中之重”的方针，动员社会各方面的力量，齐抓共管，给油田和地方经济发展创造一个良好的社会环境，保证我区的政治稳定和社会安定。

“城建年”活动，是全区的六件大事之一。为督促区政府把这项工作落到实处，常委会对区政府贯彻落实城市规划法和建筑法的情况进行了调查，并在第3次会议上听取审议了区政府关于贯彻落实城市规划法和建筑法及全区城乡规划、建设、管理情况的汇报。要求区政府严格执法，坚决维护城乡规划的严肃性。常委会还组织部分驻会委员深入到仙河等7个乡镇对城乡建设及“城建年”活动开展情况进行了调查，针对存在问题，提出意见和建议，推动了城乡建设工作的顺利开展。

一年来，常委会还依法任命了40名国家机关工作人员，免去了9名国家机关工作人员的职务。在任免干部工作中，坚持党管干部原则与依法任免的有机统一。通过听取述职报告、供职报告等方式加强了对国家机关工作人员的监督管理，把法律监督、工作监督和对人的监督有机结合起来，收到了良好效果。去年3月份，就重新任命的区政府组成人员举行了颁发任命书大会，对被任命干部提出了具体要求，提高了被任命干部的民主法制意识，增强了依法办事、自觉接受人大监督的自觉性。

二、强化法律监督，促进全区各项事业的依法治理

一年来，常委会始终把法律监督作为监督工作的重点。通过听取汇报、视察调查、执法检查等形式，先后对19部法律的贯彻落实情况进行了监督检查。

去年9月下旬，常委会组织部分驻会委员对修改后的刑法和刑事诉讼法的贯彻落实情况进行了调查，广泛征求了社会各界对两法实施的意见，听取了区法院、检察院、公安局、司法局的汇报，指出了司法部门在审判、起诉、刑侦、辩护工作中存在的问题和不足，提出了相应的建议意见，促进了两法在我区的顺利实施。

为加快实施“科教兴区”战略，去年8月份常委会对区政府执行义务教育法的情况进行了检查，并在常委会第5次会议上听取审议了区政府关于贯彻落实义务教育法及全区教育工作情况的汇报。指出教育事业发展与教育投资不足的矛盾仍比较突出，农村教育费附加征收不足、管理不善等问题依然存在，并就

此提出了相应的建议和意见。区政府对此十分重视，有些问题很快得到了解决。常委会还对促进科技成果转化法的实施情况进行了调查，建议区政府要加大科技投入，促进科技成果向现实生产力的转化，切实把经济建设转移到依靠科技进步和提高劳动者素质的轨道上来。常委会还检查了职业教育法的实施情况，就全区职业教育提出了意见和建议。

贯彻环境保护法，是实施可持续发展战略的关键。去年8月份，常委会部分驻会委员对区政府执行环境保护法的情况进行了视察，了解了我区环境保护规划的实施情况，促进了各项指标的落实。9月份常委会会议听取审议了区政府关于贯彻落实环境保护法及环保工作情况的汇报。建议区政府及有关部门采取有效措施，理顺各方面关系，加大执法力度，加快重点污染的治理，认真贯彻“三同时”方针，严格控制新污染源的产生。

为保证食品卫生法在我区的贯彻实施，保护人民群众的身体健康，去年6月份常委会对全区实施食品卫生法的情况进行了视察。针对存在的问题，建议区政府进一步加强领导，健全网络，实行综合治理，使食品卫生监督、管理工作实现了经常化和规范化。常委会会议还听取审议了区政府贯彻实施药品管理法情况的汇报，要求区政府及有关部门要加强对药品的监督管理，切实保障人民群众用药安全。

适应市场经济发展的需要，常委会加强了对区政府实施审计法及审计工作情况的监督。11月份常委会会议听取审议了区政府关于贯彻实施审计法及审计工作情况的汇报。建议区政府要高度重视审计工作，优化人员结构，充分发挥审计部门的监督职能，促进全区经济发展。

为加强对国家机关实行执法责任制的监督，明确执法责任，规范执法行为，常委会组织了执法责任制大检查。通过“听、看、评、访、考”等形式，对全区58个执法部门进行了全面检查，并进行了测评打分，将检查结果报告区委，作为领导干部目标责任制考评成绩的重要部分，促进了这些部门的依法办事和依法决策水平的提高，推进了全区各项事业的依法治理。

重视和加强了来信来访工作。常委会坚持主任、副主任轮流接访和按分工阅批重要信件制度。全年共受理来信72件，接待来访235人次，均按有关法律和政策进行了认真处理。对重大疑难问题，主任会议专门听取汇报，督促解决。通过认真做好信访工作，查处和纠正了一些违法问题，维护了法律的尊严和人民群众的合法权益，为全区的政治安定和社会稳定做出了贡献。

三、重视代表工作，发挥代表在全区两个文明建设中的作用

一年来，常委会深入贯彻代表法和山东省实施代表法办法，不断拓宽联系代表的渠道，认真组织和指导代表开展活动，充分发挥了人大代表的作用。

采取多种形式加强同代表的联系。每次常委会会议都邀请部分代表列席，重大活动吸收有关方面的代表参加，建立了常委会组成人员分工联系代表制度。去年7月份，驻会的常委会组成人员集中走访联系了154名区人大代表及部分驻我区的市人大代表，广泛听取了代表对我区农业和农村工作、社会治安、地方工企业发展等方面工作情况的反映，共收集代表意见建议56条，并就代表反映的几个突出问题，及时转交区政府及有关部门办理，监督政府改进工作，解决群众普遍关心的热点难点问题。

认真组织和指导代表活动。一是抓好代表培训和代表阵地建设，为代表履行职务提供条件。去年年初结合换届后新代表较多的实际，对代表进行了培训。同时加强了阵地建设，指导乡镇人大把各级人大代表混编为36个组，建立40个代表活动室，为代表执行职务奠定了基础。二是围绕油地结合和工农共建，加强了油地双方代表的相互了解和经济上的协作。4月份组织部分地方区人大代表参观了油田和济军生产基地的有关企业，11月份又组织油田代表视察了地方工企业和农业及农村发展情况，加深了了解，增进了感情，为油地联合，发展社区经济，发挥了人大代表应有的作用。

认真办理代表议案、建议和意见。常委会非常重视代表议案和建议的办理。去年人代会上，代表联名提出了关于乡镇中小学教师工资发放渠道问题的议案，大会授权常委会负责办理。闭会后，区人大常委会对议案所涉及的问题进行了多次认真的调查研究，广泛听取了社会各方面的意见建议，提出了办理意见，然后转交区政府制定具体办法。区政府对此高度重视，专门召开区长办公会进行了研究，决定乡镇公办教师工资由区财政统一解决，并向常委会做出了专题汇报。常委会及时把这一处理结果答复给代表，提案代表和教师们都非常满意。同时对区十四届人大一次会议收到的49件建议意见进行了分类整理，转区政府及有关部门办理，现已全部办结。

一年来，全区各级人大代表，以对党和人民高度负责的精神，认真执行代表职务，在两个文明建设中发挥了重要作用，涌现了一大批像李文燕、李清玲、刘增喜、栾香春等忠实履行代表职责、爱岗敬业、无私奉献的先进典型。常委会及时总结推广，进行了宣传，收到了良好的社会效果。

四、认真组织，依法搞好乡镇人大换届选举工作

根据宪法和地方组织法的规定，自去年11月份至今年1月份，我区乡镇人大进行了换届选举。对这次换届选举，区人大常委会十分重视，党组及时向区委进行了请示，常委会专门召开会议进行了研究，制定了实施方案，依法任命了各乡镇选举委员会组成人员，成立了领导小组，加强了领导。区人大常委会主任、副主任分工联系乡镇，加强对乡镇换届选举工作的指导，并深入到各选区了解情况，帮助解决存在的问题。通过精心组织，周密安排，严格按法律程序选出了群众满意，能够代表人民管理国家事务的乡镇人大代表，并成功地召开了换届后的乡镇人民代表大会，依法选举产生了坚决贯彻党的路线方针政策、廉洁勤政、依法办事、全心全意为人民服务的乡镇人大、政府领导班子。为加强基层政权和基层民主政治建设奠定了基础，为全区农村经济发展和繁荣注入了新的活力。

五、加强自身建设，努力提高整体素质和决策水平

为了更好地履行宪法和法律赋予的职责，依法做好新形势下的人大工作，常委会去年4月份作出了关于加强自身建设的决定，切实把加强自身建设、提高整体素质放在重要位置。

加强学习，提高政治业务素质。常委会组成人员认真学习十五大精神和邓小平理论，学习党的十五届三中全会精神和省、市、区党代会精神，以及中央领导同志关于加强人大工作的重要论述，进一步提高了常委会组成人员的政治理论水平。坚持学法日制度，加强对宪法和法律的学习，常委会组成人员的法律知识水平有了新的提高。通过坚持学习，进一步增强了紧紧依靠党的领导，围绕党的中心工作依法开展人大工作的坚定性和自觉性，坚定了做好人大工作的信心和决心。

建立健全制度，加强规范化建设。根据形势的需要及法律有关规定，修订了常委会议事规则、人事任免办法、联系区人大代表办法等28项工作制度，保证了常委会工作的规范、高效、有序运转。

改进工作作风，提高工作效益。常委会组成人员经常深入实际，进行调查研究，广泛了解社情民意，听取人民群众的意见和要求，保持了同人大代表和人民群众的密切联系。重视提高审议效果，主要抓了选准议题、调查研究、督办和反馈三个环节，保证了常委会各项决策落到实处，增强了常委会的审议效果。坚持每周一的主任碰头会制度，互通情况，安排部署本周工作。认真贯彻民主集中制原则，坚持集体行使职权，充分发挥常委会的整体效能，保证了重大决策的民主化、科学化，工作水平和工作效率有了新的提高。

进一步加强了机关建设。组织机关工作人员学政治、学业务、学法律，努力提高机关工作人员的政治和业务素质。积极开展了机关整顿活动，树立了权力机关工作人员廉洁务实、勤政为民的良好形象。

加强了人民代表大会制度及人大工作的宣传。创办了《河口人大工作》，作为交流人大工作、开展工作研究，宣传人民代表大会制度的重要阵地。同时积极向市人大刊物和省人民权利报输送稿件，宣传我区的人大工作和人大代表的模范事迹。

积极参与党委中心工作。按照区委的统一部署，驻会的区人大常委会组成人员认真做好联系村和包村、包下岗职工工作。充分发挥自身职能，加强了对一些区级开发项目进展情况的监督检查，为全区经济建设和社会发展做出了积极贡献。密切了同其他县区人大的联系，组织常委会机关工作人员到潍坊、河北清河等地进行了参观学习，接待了外县区人大的参观考察，交流了人大工作经验。同时坚持乡镇人大联系会制度，加强了对乡镇人大工作的指导。

一年来，常委会做出了大量工作，取得了一定成绩，但与新形势、新任务的要求和人民的期望相比，仍有不少差距。主要是监督职能发挥的还不够充分，特别是法律监督还需加大力度；对常委会审议意见的督办落实工作需要强化；常委会自身建设和机关建设需进一步加强。这些问题需要在今后的工作中努力加以改进。

各位代表，1999年是二十世纪的最后一年，是承前启后，继往开来的一年，是我区全面完成“九五”计划、确定新目标，迎接新挑战的关键一年。在新的一年里，常委会要在区委的领导下，继续坚持党的基本路线和基本方针，深入贯彻党的十五大及省、市、区党代会精神，牢牢把握大局，紧紧围绕经济建设和改革开放的总体目标，依法行使好各项职权，为促进我区经济发展和社会的全面进步做出更大的贡献。

要认真落实本次大会的决议决定，认真学习中央关于新形势下加强人大建设，做好人大工作的一系列重要指示，进一步明确人大面临的新形势和新任务，以邓小平理论为指导，把贯彻党的十五大和十五届三中全会精神，保障和促进经济发展放在工作中的首要位置；继续把加强社会主义民主与法制建设作为中心任务，在监督工作中迈出新的步伐；要密切同代表和人民群众的联系，在充分发挥民主主渠道作用方面有一个新的突破；要按照中央关于“讲学习、讲政治、讲正气”的要求，进一步加强自身建设，把整体素质和工作效率提高到一个新的水平。

各位代表，新的一年，我们肩负着光荣而繁重的任务。让我们高举邓小平理论伟大旗帜，在区委的正确领导下，同心同德，锐意进取，艰苦创业，为河口区经济和社会各项事业的繁荣发展而努力奋斗！

区人民代表大会常务委员会工作报告

——2000年2月28日在东营市河口区第十四届人民代表大会第三次会议上

东营市河口区人大常委会主任 刘秀田

各位代表：

我受区十四届人大常委会的委托，向大会报告过去一年的工作，请予审议。

区十四届人大二次会议以来，区人大常委会在区委的领导下，高举邓小平理论伟大旗帜，深入贯彻党的十五大和十五届三中、四中全会精神，全面落实区十四届人大二次会议决议，紧紧围绕改革、发展、稳定大局，认真履行宪法和法律赋予的各项职权，大力加强社会主义民主法制建设，积极推进依法治区进程，为保障和促进我区经济社会发展、油田开发建设作出了积极的贡献。

一、牢牢把握工作大局，促进经济和社会全面发展

常委会始终把保障改革、促进发展作为首要职责，抓住事关全区经济和社会发展的重大问题实施有效的监督。先后听取审议了“一府两院”15项工作汇报，组织开展了22次专题视察、调查，为加快全区经济和社会事业的发展起到了积极的推动作用。

高度重视对计划、财税工作的监督。为监督区政府全面完成人代会确定的各项目标任务，常委会听取审议了区政府关于1999年上半年国民经济和社会发展计划及财政预算执行情况的汇报，在充分肯定成绩的同时，提出了改进工作的意见和建议。要求区政府加大措施，精心运筹，确保全年国民经济和社会发展计划的实现。突出强调，要狠抓财源建设，加大征管力度，积极组织财政收入，严格控制财政支出，切实管好、用好预算外资金，努力增收节支，确保财政收支平衡。常委会还视察了国税局和地税局依法治税工作情况，要求税务部门加大综合治税力度，强化税收稽查，挖潜堵漏，下大气力做好征收工作。

加强了对工农业工作的监督。为推进“工业强区”战略的实施，常委会听取审议了区政府关于工业发展情况的汇报，深入企业进行了视察、调查，针对部分工业企业长期严重亏损的状况，要求区政府切实加强对工业的领导，按照建立现代企业制度的要求，

深化企业改革，强化企业管理，调整产业、产品结构，提高经济运行质量，尽快扭转亏损局面。为了促进我区个体私营经济的快速发展，常委会听取审议了区政府关于全体个体私营经济发展情况的汇报，肯定了区政府制定优惠政策，发展个体私营经济取得的成绩，指出了存在的问题，推动了工作的开展。农业是国民经济的基础，常委会始终把促进农业发展放在突出位置来抓，先后听取审议了区政府关于春季农业生产、贯彻实施农业法、土地延包及减轻农民负担工作情况的汇报。建议区政府切实搞好农业结构调整，面向市场，依靠科技，大力发展特色农业和优质高效农业，确保农业增效、农民增收、农村稳定目标的实现。

进一步加强了对计划生育工作的监督。计划生育是我国的一项基本国策。常委会始终把加强对计划生育工作的监督检查放在重要位置来抓，去年5月份对全区计划生育工作情况进行了一次全面调查，9月份视察了部分单位计划生育工作情况。10月份组织部分委员和代表对计划生育工作进行了一次重点视察，11月份听取审议了区政府关于计划生育工作情况的汇报。通过视察、调查和听取审议工作汇报，认为区政府高度重视计划生育工作，加大工作力度，改进工作方法，探索总结出许多好经验、好做法，成绩显著。同时也存在基层基础工作薄弱、齐抓共管力度不够大等问题。建议区政府要加强基层基础工作，努力提高村级自治能力；加强组织协调，切实抓好流动人口管理；加强宣传教育，转变工作作风，增强服务意识，全面推行优质服务。

强化了对基础设施建设工作的监督。为了督促区政府认真贯彻落实村庄和集镇规划建设管理条例，推动“城乡建设管理年”活动的深入开展，常委会组织部分区人大代表和驻会委员对全区村镇规划建设管理及区直机关房改工作情况进行了视察，并听取审议了区政府的工作汇报。建议区政府根据法律法规的有关规定，按照“统一规划、合理布局、因地制宜、综合开发”的原则，走“政府组织、部门牵头、工农共建”的路子，不断加强城乡基础设施和公共设施建设，努力优化全区人民的生产生活环境。常委会还听取审议了区政府实施电力法律法规情况的汇报，有针对性地提出了建议和意见，促进了我区电力事业的发展。

加强了对油区治安工作的监督。对全区社会治安工作情况进行了专题调查，听取了区公安分局情况的汇报，视察了胜利油田河口公安分处和滨海公安分处的工作情况。针对存在的问题，要求油地公安机关树立大局意识，加强协调，密切配合，协同作战，加大打击力度，共同做好油区治安工作，确保一方平安。常委会听取审议了区法院和区检察院的半年工作汇报，要求“两院”加大工作力度，依法严厉打击各种犯罪活动，为经济发展和人民的生产生活创造一个良好的社会环境。

二、认真贯彻实施依法治国方略，积极推进依法治区

依法治国，建设社会主义法治国家，是党领导人民治理国家的基本方略。依法治区是落实依法治国方略的重要基础和具体实践。常委会以促进依法治理为根本任务，不断强化法律监督，有力地推进了依法治区的进程。

村委会换届选举是我区农村政治生活中的一件大事，是扩大基层民主，强化群众自治组织的重大实践，是关系到农村稳定和发展的重要工作。为依法搞好这项工作，常委会听取审议了区政府关于贯彻村民委员会组织法与村委会换届选举工作情况的汇报，要求区政府认真按照村民委员会组织法的有关规定，切实处理好村委会换届选举工作中遇到的问题，保持农村稳定，促进农村发展。

十分珍惜合理利用土地和切实保护耕地是我国的基本国策。为了保证新修改的土地管理法在我区的贯彻实施，常委会对区政府实施土地管理法的情况进行了视察，听取审议了工作汇报。认为新法实施以来，区政府不断强化措施，全面规划，严格管理、保护、开发土地资源，土地管理工作取得了显著成绩，但也存在管理体制不够理顺，持证用地率较低等问题。要求区政府切实研究制定措施，加大执法力度，坚决制止非法占用、使用、转让土地的行为，切实保护耕地，保证土地管理法在我区的贯彻实施。

为实施“科教兴区”战略，常委会加大了对科技和教育工作的监督力度。去年9月份常委会听取审议了区政府关于贯彻实施《山东省科学技术进步条例》情况的汇报，认为区政府不断强化措施，大力发展科技事业，有力地促进了经济发展，但也存在科技人才总量少、结构不合理，科技进步在经济增长中的份额还偏低等问题，要求区政府采取措施尽快加以解决。11月份对全区义务教育法落实情况进行了调查，听取审议了区政府的工作汇报，肯定了区政府坚持依法治教、合理调整学校布局、改善办学条件等方面取得的成绩，提出了改进工作的建议。

食品卫生工作是关系人民群众身体健康的大事。去年6月份常委会对区政府贯彻实施食品卫生法情况进行了视察，实地察看了四处农贸市场、两处中学食堂和139家食品生产经营单位，然后通过召开座谈会、个别走访等形式，广泛征求了社会各方面对食品卫生工作的意见和要求，及时督促区政府查处了食品生产经营中的一些违法问题，对依法保障人民群众的饮食卫生和身体健康起到了重要作用。

依法任免国家机关工作人员，是宪法和法律赋予人大常委会的一项重要职权。区十四届人大二次会议以来，常委会依法任命了人大常委会和“一府两院”工作人员45名，免职15名。在人事任免工作中，坚持党管干部与人大依法任免的有机统一，补充完善了任免办法，力求把法律监督、工作监督和对人的监督有机结合起来。对提请任命的干部，坚持了任前法律考试、离任审计调查和述职、供职制度。坚持举行颁发任命书仪式，对被任命的干部提出具体要求，增强了被任命干部的民主法制意识和做好工作的责任心、事业心，提高了依法办事和接受人大监督的自觉性。

三、密切联系群众，充分发挥人大代表的作用

一年来，常委会认真贯彻代表法和山东省实施代表法办法，不断拓宽联系代表的渠道，认真组织和指导代表闭会期间的活动，努力把权力机关的监督与人民群众的监督紧密结合起来，充分发挥了代表联系人民群众的主渠道作用。

办理代表建议、批评和意见是尊重代表民主权利，保障人民当家作主的一项重要工作。常委会高度重视代表建议的办理工作，区十四届人大二次会议期间和闭会以来共收到代表批评、建议和意见84条，都及时按有关规定转交“一府两院”办理，并在办理程序和办理方法上提出了具体要求。听取审议了区政府关于代表建议办理情况的汇报，采取多种形式进行了催办、督办。截至去年年底，代表所提建议、批评和意见全部办结并答复代表，代表满意率达98%。

认真组织和指导代表活动。去年5月下旬组织部分区人大代表对15个上级驻我区部门单位严格执法及优质服务等方面的工作情况进行了评议。这次评议经过组织准备、集体视察、民主评议、评后整改四个阶段，评出人大代表满意单位4个，人大代表基本满意单位11个。通过民主评议，增进了被评议部门与人民群众的沟通与理解，解决了一些群众普遍关心的热点难点问题，促进了被评议部门的工作。围绕油地军结合和工农兵共建，开展丰富多样的代表活动，促进了各方代表的相互了解和经济上的协作。组织开展了评选代表好建议和办理代表建议先进单位活动，提高了代表参政议政的积极性，增强了“一府两院”办理代表建议的自觉性和主动性。

认真处理人民群众来信来访，是人大常委会了解社情民意的窗口，联系人民群众的重要渠道，强化监督工作的重要手段。常委会以待人民重如山的态度，高度重视和加强了信访工作。一年中受理来信41件，接待来访122人次，均按照法律和政策规定，督促有关部门进行了认真处理，对一些当事人多次上访的重大疑难案件，主任会议及时听取汇报，研究办理意见，限期解决问题，依法维护了人民群众的合法权益。

四、以“三讲”教育为动力，切实加强自身建设，努力提高整体素质和工作水平

为了更好地履行宪法和法律赋予的职权，依法做好新形势下的人大工作，常委会以“三讲”教育为动力，切实加强了自身建设。

加强学习，提高政治业务素质。常委会组成人员认真学习党的十五大精神和邓小平理论，去年11月份以来，认真开展了以“讲学习、讲政治、讲正气”为主要内容的“三讲”教育活动。常委会党组成员按照区委的统一安排部署，刻苦研读理论文章，认真交流学习体会，密切联系思想和工作实际，深入进行自我剖析，严格制定整改措施，并按照“边学习、边整改、重实效”的原则，积极进行整改，常委会组成人员整体素质和工作水平有了较大提高。除此之外，还坚持了学法日等学习制度，加强了对宪法和法律的学习，常委会组成人员的法律知识水平有了明显提高。

改进工作作风，提高工作效率。常委会组成人员经常深入基层进行调查研究，广泛了解社情民意，听取人民群众的意见和要求，保持了同人大代表和人民群众的密切联系。重视提高审议质量，重点抓了选准议题、调查研究、督办反馈三个环节，保证了常委会各项决策落到实处，增强了审议效果。认真贯彻民主集中制原则，坚持集体行使职权，充分发挥常委会的整体效能，保证了重大决策的民主化、科学化，工作水平和工作效率有了明显提高。

积极参与全区中心工作。按照区委的统一部署，驻会的区人大常委会组成人员和机关工作人员认真做好联系村和包村工作，为保障全区社会稳定、促进经济发展做出了应有的贡献。充分发挥自身职能，加强了对一些重大开发建设项目的监督检查，为全区经济建设和社会发展发挥了重要作用。同时，加强了对乡镇人大工作的指导，全区人大工作的整体水平有了明显提高。

一年来，常委会做了大量工作，取得了显著成绩，但与新形势、新任务的要求和人民群众的期望相比，仍有不少差距。主要是对马克思主义、毛泽东思想、邓小平理论的学习和人大业务知识的研讨不够，不能很好地适应人大工作的需要，宪法和法律赋予的职权还没有全面充分地行使；监督工作特别是法律监督力度有待加强；代表工作需要进一步改进；常委会的整体审议水平有待于进一步提高。这些问题我们要认真分析原因，努力加以解决。

各位代表，在新的一年里，区人大常委会工作的指导思想是：在区委的领导下，高举邓小平理论伟大旗帜，深入贯彻党的十五大和十五届三中、四中全会精神，全面落实区十四届人大三次会议确定的各项任务，紧紧围绕改革、发展、稳定这个大局，解放思想，开拓创新，扎实有效地履行宪法和法律赋予的各项职权，认真实施依法治国方略，大力加强民主法制建设，积极推进依法治区进程，为促进全区经济快速发展和社会全面进步做出新的贡献。

要围绕经济和社会发展的重大问题，加大监督力度，在工作监督实效上有新的提高。把握大局和时代脉搏，本着“服从大局，服务大局，突出中心，善谋大事，力求实效”的原则，以勇于开拓的时代精神创造性地做好人大工作，依法保障和促进经济和社会持续稳定发展。继续全面贯彻落实党的十五届三中、四中全会精神，围绕“农业富民”和农业产业结构调整，监督和支持政府落实好党在农村的基本政策，突出抓好增加农民收入和保持农村稳定这两件关系全局的大事。切实加强对计划和预算执行情况的监督检查，确保各项任务的圆满完成。围绕全面实施“工业强区”战略，督促政府加快工业结构调整，快速膨胀经济规模，全面提高经济运行质量和效益。监督和支持政府进一步强化措施，大力进行招商引资，加快发展个体私营经济。加大基础设施建设工作的监督力度，不断提高城乡规划、建设、管理水平。高度重视和加强对廉政建设工作的监督，进一步推动反腐败斗争的深入开展。监督“一府两院”强化社会治安综合治理，努力维护社会稳定，为油地发展创造良好的社会环境。

要认真贯彻实施依法治国方略，强化法律监督，在推进依法治区进程上有新的提高。监督“一府两院”落实好执法责任制，特别是要加强对司法机关的典型个案监督，努力提高监督实效。抓好对农业法、土地管理法、环保法等法律法规贯彻实施情况的监督和区人民法院、区人民检察院的执法监督，促使“一府两院”严格依法行政，公正司法，切实保障宪法和法律在我区的贯彻实施，推动各项工作的依法治理。大力加强法制宣传教育，进一步增强公民的法制观念。切实做好信访和群众申诉工作，维护法律尊严和人民群众的合法权益。

要做好人事任免工作，加强对选任干部的监督，在任免工作质量上有新的提高。对“一府两院”提请任命的干部继续进行任前述职、供职和法律知识考试，并把离任审计情况作为干部任命的重要依据，进一步提高任免工作质量。要加强对任命的“一府两院”工作人员的监督，监督其严格依法行政，秉公执法，增强公仆意识，勤奋扎实工作，正确行使人民赋予的权力。

要改进和加强代表工作，在发挥代表作用上有新的提高。继续广泛深入地宣传贯彻代表法和山东省实施代表法办法，确保法律的各项规定落到实处。进一步密切同代表的联系，健全完善代表活动制度，不断拓宽代表活动渠道，精心组织和指导代表开展扎实有效的活动，充分发挥代表作用。及时总结推广代表工作经验，大力宣传代表先进事迹。加强和改进代表建议、批评和意见的督办工作，努力提高办理质量。

要求真务实，开拓创新，在常委会自身建设水平上有新的提高。巩固“三讲”教育成果，牢固树立党的观念和大局意识，坚定不移地坚持和依靠党的领导。认真学习邓小平理论和党的十五大、十五届三中、四中全会精神，学习宪法法律和经济、科技知识，尤其是要在调查研究上狠下功夫，进一步提高决策监督水平。进一步加强人大工作的理论研究和宣传报道。强化机关建设，努力提高机关工作人员的整体素质和服务水平。

各位代表，今年是实现跨世纪宏伟目标进程中具有特殊意义的一年。目前我区正处在改革发展的关键时期，摆在我们面前的任务光荣而艰巨。我们一定要在区委的领导下，高举邓小平理论伟大旗帜，把握大局，奋发进取，更好地履行宪法和法律赋予的职权，为完成本次人代会确定的各项任务，大力推进民主法制建设，加快我区的建设和发展而努力奋斗！

区人民代表大会常务委员会工作报告

——2001 年 3 月 6 日在东营市河口区第十四届人民代表大会第四次会议上

东营市河口区人大常委会主任 刘秀田

各位代表：

我受区人大常委会的委托，向大会报告区十四届人大三次会议以来的工作，请予审议。

过去的一年，是我区实施国民经济和社会发展“九五”计划的最后一年，全区的改革开放、经济建设和社会各项事业取得了重大成就。一年来，区人大常委会在区委的领导下，坚持以邓小平理论、党的十五大精神和江泽民同志“三个代表”重要思想为指导，紧紧围绕经济建设这个中心，全面落实区十四届人大三次会议的决议，把保障宪法和法律的实施作为首要职责，把促进发展和加强民主法制建设作为主要任务，把维护人民群众的利益作为根本出发点，积极进取，奋力开拓，各项工作都有了新的进展，为加快我区经济社会发展和油田的开发建设，保障“九五”计划的全面完成，发挥了地方国家权力机关的重要作用。

一、坚持以经济建设为中心，保障和促进经济社会全面发展

发展是硬道理，是解决前进中所有问题的关键。一年来，常委会紧紧围绕加快发展这一主题，突出监督重点，加大监督力度，抓住事关全局的重大问题实施有效的监督。先后听取审议了“一府两院”工作汇报 21 项，组织大型视察 3 次，专题调查 23 次，有力地促进了全区经济快速健康发展和社会的全面进步。

围绕人代会决议的贯彻落实，加强了对计划、财政工作的监督。根据区人民代表大会的授权，常委会听取审议了区政府关于 1999 年区级财政决算的报告、区级财政预算执行和其它财政收支情况的审计报告，经过认真审查，作出了批准决定。听取审议了区政府关于 2000 年上半年国民经济和社会发展计划执行情况、财政预算执行情况的汇报，组织部分驻会委员多次深入乡镇、区直有关部门和企业就经济运行情况进行了专题调查。针对经济结构矛盾突出，产业结构层次低，比例不合理等问题，要求区政府突出重点，强化措施，精心运筹，调整优化经济结构，千方百计保证计划目标的实现。特别是要进一步加大财源建设和财政监管力度，从严控制支出，切实管好用好预算外资金，确保财政收支平衡。为全面贯彻落实党的十五届五中全会和区委四届四次全委会精神，听取了区政府关于“十五”计划纲要（草案）编制情况的汇报，提出了许多修改意见，为提交本次大会审议奠定了良好的基础。

围绕事关经济社会发展大局的问题，加强了对重点工作的监督。农业是国民经济的基础。常委会高度重视农业和农村工作，先后听取审议了区政府关于水

产、水利工作情况的汇报，对农业产业结构调整、春季农业生产情况进行了视察调查。在充分肯定成绩的同时，要求政府认真贯彻落实党在农村的基本政策，突出抓好增加农民收入和保持农村稳定这两件关系全局的大事。为推动“工业强区”战略的实施，听取审议了区政府关于工业发展情况的汇报，要求政府把工业改组改造和结构优化升级作为经济结构调整的重中之重，通过招商引资、招才引智等措施积极发展科技含量高，市场前景好，辐射带动能力强的工业项目，尽快形成适合我区区情的工业发展主导框架。

招商引资是加快经济发展的有效途径。常委会听取审议了区政府关于招商引资情况的汇报，作出了《关于大力加强招商引资工作的决议》。要求区政府加强组织领导，制定配套政策，落实目标责任，定期协调调度，强化督促检查，切实把招商引资工作落到实处。同时要把招商引资与调整经济结构，实施“工业强区”“科教兴区”战略，发展个体私营经济，推进农业产业化，加强油地军、产学研结合，加快城镇建设结合起来，努力提高招商的层次和水平。

改革是企业发展的根本出路和内在动力。常委会对此非常关注，组织部分委员对区政府企业改制工作情况进行了视察。实地察看了17家改制企业，与企业负责人、职工代表进行了座谈。在此基础上听取审议了区政府关于企业改制情况的汇报。在充分肯定成绩的同时，严肃指出了个别部门和领导干部认识还不到位，有些法律和政策规定没有落实等问题，有针对性地提出了意见和建议。要求区政府切实把职工的冷暖放在心上，积极推进配套改革，加快养老、医疗、失业等保障体系建设，努力提高社会保障能力，落实好下岗职工基本生活保障金，使职工留的安心，走的舒心，退的放心。

城市是现代文明的标志，是经济和社会发展的重要载体。为了监督支持政府继续深入开展“城建年”活动，推动城建工作上水平，常委会对全区城乡建设情况进行了调查，听取审议了区政府关于城乡建设工作情况的汇报，指出了存在的问题，提出了改进建议。区政府及有关部门按照这些建议，突出重点，强化措施，综合整治，城建年活动收到了明显成效，城区面貌大为改观。

围绕加快“科教兴区”战略，加强了对科技、教育工作的监督。科技进步和创新是增强我区综合实力，推动经济快速发展的强大动力，而振兴科技的关键在教育。常委会先后听取审议了区政府关于科技、教育工作情况的汇报，就科技成果转化、学校布局调整等问题进行了专题调研。要求区政府切实增强科技首位意识，积极培养和引进高层次人才，加快科技进步和产学研结合步伐，大力发展高新技术，实现我区经济增长方式的根本性转变。切实把素质教育作为推动基础教育改革的关键来抓，认真落实各项教育法律法规，强化学校管理，深化教学研究，调整学校布局，为我区经济发展和科技进步提供有力的人才智力支持。常委会还听取审议了区政府关于人事制度改革、文化、卫生工作情况的汇报，对全区计划生育工作情况进行了视察，提出了相应的意见和建议，促进了这些工作的开展。

二、强化法律监督，大力推进依法治区进程

一年来，常委会认真贯彻依法治国方略，把法律监督放在更加突出的位置，先后听取审议了“一府两院”执法情况汇报15项，组织执法检查和调查26次，依法保障了经济社会的健康发展。

加大监督力度，促进依法行政。听取审议了区政府贯彻实施国务院《关于全面推行依法行政的决定》情况的汇报，对行政诉讼法、行政处罚法、行政复议法实施情况进行了执法检查。认为随着社会主义市场经济的深入发展和民主法制建设的不断加强，各级政府特别是领导干部的法制观念明显增强，依法决策水平不断提高。但也存在执法程序不够规范严格，内部监督制约机制不够健全完善，部分行政执法人员素质不高等问题。要求政府进一步提高认识，从严管理，全面推进依法行政工作。

继续加强了对环保执法工作的监督。听取审议了区政府关于实施环境保护法律法规情况的汇报，要求各级各有关部门切实增强环境治理的紧迫感和责任感，加大环保执法力度，对污染企业，特别是重点污染源要限期治理，确保按期达标排放，并就控制新污染源的产生提出了明确要求，有力地推动了我区环保事业的发展。常委会还通过听取汇报、视察调查等形式，对区政府实施土地管理法、食品卫生法情况进行

了监督检查，提出了改进意见，促进了这些法律在我区的顺利实施。

强化监督职能，保障公正司法。听取审议了区政府关于社会治安工作情况的汇报，区人民法院和区人民检察院上半年工作情况的汇报，组织司法机关对贯彻实施刑事诉讼法的情况进行了自查，对区法院及其各基层法庭、区检察院、区公安分局的执法情况进行了检查。要求公、检、法机关严格执法程序，提高办案质量，文明执法，公正司法，密切配合，严厉打击各类刑事犯罪，努力维护社会稳定。

深入开展普法教育，促进各项事业的依法治理。坚持把开展法制宣传教育同实施法律监督有机结合起来，积极参与普法依法治理工作的领导和监督。听取审议了区政府关于全区“三五”普法依法治理工作情况的汇报。对“三五”普法目标落实情况进行了调查，对司法局和各乡镇司法所的工作情况进行了检查，要求政府及有关部门进一步加大工作力度，保证如期完成“三五”普法的各项任务。同时要坚持法制宣传教育与法制实践相结合，努力提高行政执法人员的法制观念和执法水平，积极推进我区各项事业的依法治理。

依法行使任免权，加强对所任干部的监督。坚持党管干部与依法任免的有机统一，依法任命国家机关工作人员 37 人，免职 39 人，接受辞职 3 人，补选市人大代表 2 人，罢免市人大代表 1 人。对提请任命的干部，坚持任前法律考试和述职、供职制度，对有关拟任免人员进行了离任经济责任审计情况调查。任命后采取多种方式对干部执行职务情况进行了了解，实现了任免工作与监督工作的有机结合，进一步增强了干部的法律意识、人大意识和廉政意识。

受理人民群众来信来访和申诉控告，切实维护公民的合法权益。信访工作是联系群众，了解社情民意，加强监督工作的重要渠道。对此，常委会高度重视，坚持主任、副主任批阅重要信件制度，对疑难信访案件主任亲自督办处理。去年共受理人民群众来信 34 件，接待来访 157 人次，均按有关法律法规和政策规定进行了督办处理。督促司法机关和行政执法部门纠正了一些违法问题，维护了宪法法律的尊严和人民群众的根本权益。

三、重视强化基础工作，充分发挥代表作用

人大代表是人民代表大会的主体，代表工作是人大工作的基础。常委会按照代表法的规定，不断拓宽联系渠道，保障代表依法行使权利，充分发挥作用。

采取多种形式加强同代表的联系，努力为代表执行职务创造条件。每次常委会会议都根据确定的议题，邀请部分驻我区的市人大代表和区人大代表列席，到乡镇视察、调查和执法检查时，注意吸收有关方面的代表参加，相互沟通情况，广泛征求意见。去年，常委会驻会组成人员对 125 名驻基层、油田各单位和济军生产基地的区人大代表进行了集中走访，通报了上半年全区经济社会发展和常委会工作的主要情况，广泛征求了代表对各项工作的意见、建议。对代表提出的建议，认真汇总整理，及时转“一府两院”办理，不少建议被采纳，对改进工作起到了积极作用。按照市人大常委会的委托，组织驻我区的市人大代表就农业结构调整、城乡建设、企业改制等工作进行了集中视察，为代表们出席市人代会，审议各项报告打下了基础。

认真组织代表活动。组织开展了“争创先进人大工作办公室、先进代表小组、优秀人大代表活动”。各乡镇（办事处）人大工作办公室、各代表小组和各位代表积极参与，不断加强自身建设，努力提高议政水平，认真执行职务，全区代表工作非常活跃。为认真贯彻落实区委关于“大开放、大招商、大发展”的战略决策，发挥代表在经济建设中的影响带动作用，在全区各级人大代表中开展了以“联系一方群众，引进一个项目，提出一条好建议，创一项工作实绩”为主要内容的“四个一”活动。广大代表以此为载体，密切联系选民，带头招商引资，积极建言献策，创造性地做好本职工作，为我区经济建设做出了重要贡献。

精心指导乡镇人大工作。定期召开乡镇人大主席联系会议，沟通情况，交流经验，促进了乡镇人大规范化建设。为了贯彻落实全市乡镇人大工作座谈会精神，进一步加强我区乡镇人大工作，召开了由各乡镇（办事处）党委书记、人大主席（主任）参加的乡镇人大工作专题座谈会，围绕如何做好新形势下的乡镇人大工作进行了研讨，提出了今后工作的总体思路。

尊重代表权利，认真办理代表建议。区十四届人大三次会议以来，共收到代表建议97件，均及时转交“一府两院”进行了办理，现已全部办结。同时为了支持和鼓励代表多提建议、批评和意见，常委会组织开展了“一封联系信”活动，每季度寄给代表一封信和一份建议专用纸，要求代表积极开展视察调查，及时反映群众关注的热点难点问题。对代表反馈的意见，认真整理后转“一府两院”办理。为了提高办理质量，加大了催办、督办力度。向提建议的代表发放了征求意见函，组织召开了由“一府两院”及承办部门负责人参加的建议办理工作会议，进行了集中督办，对代表基本满意和不满意的建议进行了重新办理。开展了“双评”活动，对评选出的代表好建议和办理代表建议先进单位进行了表彰，调动了代表提建议意见的积极性，增强了建议承办单位的民主观念和责任意识。

四、适应形势发展需要，努力加强自身建设

为适应新形势、新任务的要求，更好地履行宪法和法律赋予的职权，切实加强了自身建设。

加强思想、作风、廉政建设。进一步巩固和深化“三讲”教育成果，坚持讲学习、讲政治、讲正气。认真学习邓小平理论、江泽民总书记的重要讲话，特别是关于“三个代表”的重要论述，深入学习和传达贯彻党的十五大、十五届五中全会和市、区委全委会精神，并密切联系人大工作实际，努力做好结合文章，在思想上、政治上、行动上自觉地同党中央保持一致，与区委的中心工作同步合拍，始终保持了人大工作正确的政治方向。加强了对法律的学习，坚持每周一次的学法日制度，建立了常委会会议前、视察调查前集中学法制度。结合新形势，加强了对世界贸易组织、外经外贸、现代科技、财政金融等方面知识的学习，不断提高政治理论水平和依法监督的能力。深入开展廉政教育，严格执行中央和省、市、区委关于加强党风廉政建设的各项规定。认真贯彻民主集中制原则，坚持集体行使职权，重大问题广泛征求意见，充分酝酿讨论，集体研究决定，充分发挥了整体效能。坚持群众路线，重视加强调查研究，深入体察民情，充分反映民意，广泛集中民智，保证了决策的科学化、民主化，审议质量和监督水平有了明显提高。

重视加强机关建设。健全完善了岗位目标责任制度，参照国家公务员暂行条例的有关规定，把职责范围明确细化到每一个机关工作人员，密切配合，各负其责。进一步规范了办文办事程序，实行了“一卡”“六簿“九项制度”，提高了工作效率。积极开展了机关学习整顿活动，机关工作人员的整体素质和服务水平有了明显提高。

一年来，常委会各方面工作都取得了较大成绩，但按法律赋予的职权衡量，有些方面还不到位，主要是：监督工作，特别是法律监督工作力度还不够，对有法不依、执法不严、违法不究，以及以言代法、以权压法现象的监督检查还缺少强有力的措施；按照常委会的职权有计划地组织调查研究不够，影响了有些议题的审议质量；同人大代表和群众联系的渠道和方式还需要进一步拓宽和改进；对人大及其常委会作出的决议决定和提出的建议督促落实的措施有待继续强化；述职评议和民主评议工作还相对滞后。对这些问题，我们要认真分析原因，切实加以解决。

各位代表，今年是进入新世纪、实施“十五”计划的第一年，做好今年的工作意义重大。区人大常委会工作的指导思想是：在区委的领导下，坚持以邓小平理论和江泽民同志“三个代表”重要思想为指导，深入贯彻党的十五大、十五届五中全会和区委四届四次全委会精神，按照“以发展为主题，以结构调整为主线，以改革开放和科技进步为动力，以提高人民生活水平为根本出发点”的总体要求，紧紧围绕“十五”计划的实施，解放思想，开拓创新，忠实履行宪法和法律赋予的各项职权，突出监督重点，加大监督力度，注重监督实效。大力推进民主法制建设，全面落实区十四届人大四次会议确定的各项任务，为实现“十五”计划的良好开局，促进全区经济快速健康发展和社会全面进步做出更大的贡献。

突出发展主题，加大工作监督力度。围绕区委关于经济工作的总体部署，监督支持政府加快经济结构调整步伐，努力提高经济整体素质；进一步巩固和加强农业基础地位，确保农民增收减负，维护农村社会稳定；坚定不移地实施“工业强区”战略，加强油地军、产学研结合，继续搞好招商引资，加速膨胀经济总量，全面提高经济运行质量和效益；大力实施“科

教兴区”、经济国际化、城市化、可持续发展战略，切实把科技教育摆在优先发展的战略位置；积极推进体制改革与创新，大力发展民营经济。重点听取审议区政府关于畜牧、水产、基础教育、交通、环境保护等项工作的汇报，对科技发展情况进行视察，促进经济社会全面发展。

围绕依法治区，强化法律监督。要根据依法治国的要求，切实把法律监督放在更加突出的位置，强化监督措施，增强监督实效。今年要把产品质量法、环境保护法、土地管理法、城市规划法等法律法规的实施情况作为监督重点，维护群众的合法权益，促进我区经济社会的协调发展。要按照市人大常委会关于个案监督的规定，加强对行政执法和司法机关的个案监督，促进“一府两院”严格依法行政，公正司法，为加快发展创造良好的社会环境。要坚持不懈地抓好全民普法教育，进一步增强全民特别是领导干部的法律意识和依法办事的自觉性。

提高人事任免质量，强化对任命干部的监督。对“一府两院”提请任命的干部继续实行法律考试、述职、供职制度，并把离任审计情况作为任免干部的重要依据，进一步提高任免质量。加强对任命干部的监督，结合常委会会议审议议题，对部分被任命干部进行述职评议，督促其严格依法行政，秉公执法，廉洁勤政，正确行使人民赋予的权力。

改进和加强代表工作，更好地发挥代表作用。进一步密切同代表的联系，积极为代表知情知政、执行职务创造条件，搞好服务。加强和改进代表建议的督办工作，进一步提高办理质量和速度。依法组织好乡镇人大换届选举工作，大力推进基层民主政治建设。

进一步加强常委会自身建设，努力提高整体水平。进一步巩固“三讲”教育成果，积极开展“三个代表”重要思想教育活动，牢固树立党的观念和大局意识，坚定不移地坚持和依靠党的领导。继续认真学习党的十五大、十五届五中全会精神，学习法律和经济、科技知识，尤其是在调查研究上狠下功夫，进一步提高监督决策水平。强化机关建设，努力提高机关工作人员的政治业务素质。

各位代表，我们已经迈进新的世纪，摆在我们面前的任务光荣而艰巨。让我们高举邓小平理论伟大旗帜，按照江泽民同志“三个代表”的要求，在区委的领导下，振奋精神，坚定信心，团结一致，埋头苦干，认真履行宪法和法律赋予的各项职权，进一步坚持和完善人民代表大会制度，大力推进社会主义民主与法制建设，努力做好各方面的工作，为胜利完成“十五”计划确定的各项任务而努力奋斗！

区人民代表大会常务委员会工作报告

——2002年1月30日在东营市河口区第十四届人民代表大会第五次会议上

东营市河口区人大常委会主任 刘秀田

各位代表：

我受区人大常委会的委托，向大会报告区十四届人大四次会议以来的工作，请予审议。

过去的一年，区人大常委会在区委的领导下，坚持以邓小平理论和“三个代表”重要思想为指导，深入贯彻党的十五届五中、六中全会和江总书记“七一”讲话精神，按照“以发展为主题，以结构调整为主线，以改革开放和科技进步为动力，以提高人民生活水平为根本出发点”的总体要求，紧紧围绕“十五”计划的实施，忠实履行宪法和法律赋予的各项职权，积极探索，奋力开拓，各项工作都取得了新的进展，为实现“十五”计划的良好开局，促进全区经济快速健康发展和社会全面进步，较好地发挥了地方国家权力机关应有的作用。

一、强化工作监督，依法审议决定重大事项

讨论决定本行政区域内的重大事项，是宪法和法律赋予地方人大常委会的一项重要职权。一年来，常委会按照区委的总体工作部署，突出发展主题，加大

监督力度，先后听取审议了“一府两院”13项工作汇报，组织开展了16次专题视察调研，并就4个方面的重大问题适时作出了决议决定，有力地促进了全区经济和社会各项事业的顺利发展。

加强对计划、财政工作的监督，确保全面完成人代会确定的各项任务。根据区十四届人大四次会议的决议要求，听取了区政府关于2000年区级财政决算报告、区级财政预算执行和其它财政收支情况的审计报告、调整区级2001年财政预算的议案，经过认真审查，分别作出了批准的决议。听取审议了区政府关于2001年上半年国民经济和社会发展执行情况、财政预算执行情况的汇报，并多次深入到乡镇、区直有关部门和企业就经济运行情况、任务完成情况、重大项目进展情况进行了调查，要求区政府紧紧抓住经济结构调整这条主线，突出重点，强化措施，精心运筹，攻坚破难，千方百计保证计划目标的实现。特别要加大财源建设和财政监督力度，确保四次会议确定的财政收入任务的完成，并实现财政收支平衡。

加强对战略重点实施的监督，推动国民经济整体素质和综合实力的提高。农业是国民经济的基础。常委会高度重视农业和农村工作，围绕农业主导产业的发展，先后听取审议了区政府关于畜牧业、海洋与渔业、实施冬枣产业化情况的汇报，作出了关于加快实施冬枣产业化的决议，就农业和农村经济结构调整、农技推广体系建设、冬枣及其它林果生产等情况进行了视察调查，对推进农业和农村经济结构的战略性调整，提高农业和农村经济的素质和效益，增加农民收入，维护农村稳定发挥了重要作用。为进一步推动“大开放、大招商、大发展”战略的实施，对全区招商引资工作情况进行了视察，听取了区政府关于招商引资及落实区人大常委会关于大力加强招商引资工作的决议情况的汇报，针对当前引进项目结构不够合理，管理和服务水平相对滞后等问题，突出强调，要充分发挥我区优势，重点引进一批规模大、效益高的外向型工业项目，合理布局，向区域化、专业化发展，促进市场的形成，增强辐射带动能力。为推动“科教兴区”战略的实施，听取审议了区政府关于教育工作情况的汇报，先后就科技成果转化、学校布局调整、农村中小学危房改造、创建市级规范化学校等工作深入到区直有关部门、乡镇、村进行专题调研，有针对性地提出了建议意见，有力地促进了教育、科技事业的发展。

围绕城市化进程，加强了对城建、土地、交通管理工作的监督。城市是经济、社会发展的载体，常委会把城建工作作为监督工作的重点，听取审议了区政府关于城市规划、建设、管理工作情况的汇报，并对重点项目的进展情况进行了调查。要求区政府强化经营城市的理念，依靠合力，引进外力，激活市场机制，大力探索“依法规划、政府运作、油地协商、利益共享”的加快城市发展的新路子，全面提高我区的城市化水平。围绕城市综合管理，听取审议了区政府土地、交通管理工作情况的汇报，要求区政府切实强化土地国策意识，严格依法经营城市土地，加强交通基础设施建设，进一步完善城市功能。区政府高度重视，采取有力措施认真落实，以规划为龙头，以膨胀规模和完善功能为重点，不断健全城市管理机制，城市面貌大为改观，城市化水平有了较大提高。

加强对社会治安综合治理工作的监督，努力维护社会稳定。坚持把维护社会稳定、政治安定放在重要位置。对全区社会治安综合治理及“打黑除恶”工作情况进行了专题调查，听取审议了区政府关于社会治安工作情况的汇报，要求进一步强化治安管理，提高案件的侦破能力，严厉打击各类霸头和带有黑社会性质的流氓恶势力，坚决扫除“黄、赌、毒”等社会丑恶现象，为加快发展和改革开放创造良好的社会环境。

二、加强法律监督，大力推进依法治区进程

依法治国是党领导人民治理国家的基本方略，是加快市场经济发展的客观要求。常委会始终把法律监督放在突出位置来抓，依法保障了经济社会的健康发展。

强化监督职能，保障公正司法。听取审议了区人民法院、区人民检察院上半年工作情况的汇报，就执行刑事、民事、行政三大诉讼法的情况进行了检查，对促进司法机关严格执法程序，提高办案质量，文明公正执法，严厉打击各种刑事犯罪，维护社会稳定发挥了积极作用。认真落实市人大常委会关于加强司法个案监督的暂行规定，听取了有关案件办理情况的汇报，对重大案件的起诉、审判过程进行了监督，

有力地促进了司法机关的公正司法。

加强对行政执法的监督，促进各项事业的依法治理。行政执法行为是依法行政的核心。常委会把监督行政执法部门的执法行为作为保障法律实施，规范行政行为的重点来抓。听取审议了区政府执行《产品质量法》《环境保护法》《税收征收管理法》《劳动法》《山东省计划生育条例》等法律法规情况的汇报，对《山东省禁止非医学需要鉴定胎儿性别和选择性终止妊娠的规定》的落实情况进行了专题执法检查，对于区政府及执法部门规范执法程序，增强依法行政、依法办事的意识，提高行政效率，促进各项事业的依法治理，起到了重要作用。

实施有效监督，深入开展普法教育。坚持把法制宣传教育同实施法律监督结合起来，积极参与普法工作的领导和监督。听取审议了区政府关于“三五”普法依法治理情况及“四五”普法规划的汇报，作出了关于在全区公民中开展第四个五年法制宣传教育的决议。审议了河口区依法治区第三个五年规划，并作出了批准决定。参加了全区普法综治验收，采取多种形式开展了法律学习宣传教育活动，推动了全区普法工作的深入开展。

依法行使任免权，加强对所任干部的监督。依法任命国家机关工作人员13名，免职21名。对提请任命的干部继续坚持任前述职、供职制度，严把干部任命关。为了加强对任命干部的监督，做到既任又管，制定了关于对所任命干部开展述职评议工作的意见，结合审议议题先后对任命的6名干部进行了述职评议。评议前对被评议人员依法履行职务的情况进行了调查，广泛征求了代表和人民群众的意见。结合调查情况在常委会会议上听取述职报告，提出了评议意见。会后书面反馈给被评人员，帮助其制定整改措施。同时加强对评后整改工作的监督，采取多种形式对被评人员的整改情况进行追踪调查。通过述职评议，有力地增强了被任命干部的公仆意识、法律意识和人大意识，强化了监督效果，监督工作的水平和层次有了进一步提高。

三、重视强化基础工作，充分发挥代表作用

人大代表是人民代表大会的主体，代表工作是人大工作的基础。常委会按照代表法的规定，不断拓宽联系渠道，保障代表依法行使职权，充分发挥作用。

采取多种形式加强同代表的联系，积极为代表执行职务创造条件。每次常委会会议都根据确定的议题，邀请部分区人大代表列席，到乡镇视察调查和执法检查，注意吸收人大代表参加，相互沟通情况，听取各方面的意见。去年8月份，驻会的常委会组成人员分别对驻基层的区人大代表进行了集中走访，通报了全区经济、社会发展和常委会工作的主要情况，广泛征求了代表对各项工作的意见建议。对代表提出的12条建议及时转“一府两院”和有关部门进行了办理，不少建议被采纳，对改进工作起到了积极作用。同时多方面创造条件，为代表知情知政、履行职责提供了方便。

精心组织指导代表开展活动。紧紧围绕法律法规的贯彻实施、经济社会中的重大问题和人民群众关注的热点难点问题，指导代表和代表小组开展了一系列视察调查和执法检查活动。去年下半年，指导乡镇人大组织驻当地的市、区、乡三级人大代表对乡镇职能站所和上级驻本行政区域内的执法部门进行了民主评议。继续开展了以“联系一方群众，引进一个项目，提出一条好建议，创一项工作实绩”为主要内容的“四个一”活动。广大代表以此为载体，密切联系选民，带头招商引资，积极建言献策，涌现出一大批先进代表典型。据不完全统计，去年3月份以来，区人大代表共引进项目47个，资金5600万元，为促进我区经济发展做出了重要贡献。

尊重代表权利，认真办理代表建议。区十四届人大四次会议以来，共收到代表建议66件，均及时转交“一府两院”办理。为了提高办理质量，加大了督办、催办力度，召开了由承办部门负责人参加的建议办理工作会议，听取了区政府关于代表建议办理情况的汇报，走访了提建议的代表，征求了代表意见，对代表基本满意和不满意的建议进行了重新办理。对区十四届人大四次会议作为建议处理的议案进行了重点督办，召开了面对面答复会议，区政府主要领导及有关部门的主要负责人现场向代表答复了办理情况，这一做法受到了代表的高度赞扬。截至去年底，代表所提建议全部办结，面复率和满意率均达到了100%。

认真做好乡镇人大换届选举工作。任命了各乡镇

人大选举委员会，召开了动员会议，部署了选举工作，培训了骨干。指导各乡镇严格按照法律规定划分选区、确定名额、进行选民登记、提名代表候选人和选举代表。整个过程充分发扬民主，严格依法办事，加强了我区基层民主政治建设。

受理人民群众来信来访和申诉控告，切实维护公民的合法权益。信访工作是人大常委会联系人民群众，了解社情民意，强化监督工作的重要渠道。对此常委会高度重视，加大了对疑难信访案件的处理力度。去年共收到群众来信 39 件，接待来访 201 人次，其中集体上访 7 起，59 人次，受理申诉控告 65 起，均按有关法律和政策规定进行了督办处理，督促有关部门纠正了一些违法问题，维护了法律的尊严和人民群众的利益。

四、适应形势发展需要，不断加强自身建设

常委会为适应新形势、新任务的要求，更好地履行宪法和法律赋予的职权，努力加强自身建设，完善各项规章制度，遵循民主集中制原则，严格按照法律规定的程序办事，工作水平和质量有了明显提高。

加强制度建设，工作逐步走向规范化。常委会主要是通过会议集体行使职权，加强制度建设至关重要。进一步完善了主任会议议事制度，定期召开主任会议，研究处理常委会的重要日常工作。加强调查研究，建立会议前调研和学法制度，为依法审议议题做好充分准备，提高了审议质量。进一步加强了机关制度建设，规范了办文、办事程序。认真贯彻民主集中制原则，重大问题广泛征求意见，充分酝酿讨论，集体研究决定，发挥了常委会的整体效能。

加强思想、作风、廉政建设。认真学习邓小平理论、“三个代表”重要思想和党的十五届五中、六中全会精神，并联系人大实际，做好结合文章，在思想上、政治上、行动上自觉同党中央保持一致，与区委的中心工作同步合拍。深入开展廉政教育，严格执行中央和省、市、区委关于加强党风廉政建设的各项规定。坚持学习日制度与自学相结合，加强了对宪法法律、外经外贸、现代科技及 WTO 等方面知识的学习，不断提高政治理论水平和依法监督能力。

加强对乡镇人大工作的指导。重视乡镇人大的基础建设，规范了乡镇人大工作制度和档案管理工作。重要活动及时向乡镇人大通报，征求意见，坚持邀请乡镇人大主席列席常委会会议制度。每季度召开一次乡镇人大工作会议，总结交流经验，研究探讨新形势下进一步做好乡镇人大工作的思路和措施，对基层政权建设和民主政治建设起到了指导和推动作用。

一年来，区人大常委会的各项工作取得了显著成绩。但按法律赋予的职权衡量，有些方面还不到位，监督工作特别是法律监督的力度需要进一步加大；同人大代表和人民群众联系的方式和途径需要进一步改进和拓宽；对人大及其常委会作出的决议决定和提出的意见建议督促落实的措施需要进一步强化。对这些问题，我们要认真分析原因，切实加以解决。

各位代表，我国已加入世界贸易组织，我们面临的任务更加艰巨，做好今年的工作意义重大。区人大常委会工作的指导思想是：在区委的领导下，坚持以邓小平理论和“三个代表”重要思想为指导，按照“八个坚持，八个反对”的要求，深入贯彻党的十五届五中、六中全会精神，紧紧围绕加快发展这个主题，忠实履行宪法和法律赋予的各项职权，突出监督重点，加大监督力度，注重监督实效，全面落实区十四届人大五次会议确定的各项任务，大力推进民主法制建设，加快河口区的建设和发展，以实际行动迎接党的十六大的召开。

突出发展主题，加大工作监督力度。围绕中心，把握主题，按照区委的总体工作部署和本次会议确定的目标任务，在重大事项的决策和监督上进一步加大力度。监督支持政府加快经济结构调整，努力改善经济环境，膨胀经济总量，优化产业产品结构；进一步巩固和强化农业基础地位，确保农民增收减负，维护农村社会稳定；大力强化基础设施建设，加强油地军、产学研结合，促进区域经济快速发展；坚定不移地实施招商引资，努力提高对外开放水平；继续推进体制改革与创新，增加财政收入，增加就业机会，增强经济发展的活力。

围绕保障和促进发展，进一步强化法律监督。认真贯彻落实依法治国方略，监督支持政府和“两院”按照世贸组织的基本原则和有关规则，进一步转换依法管理经济、管理社会的职能。强化监督措施，增强监督实效，督促政府认真落实“三五”依法治区规划，

促进各项事业的依法治理；坚持不懈地抓好“四五”普法教育，加大对宪法和法律的宣传力度，为加快发展创造良好的法制环境。

提高人事任免质量，强化对任命干部的监督。对“一府两院”提请任命的干部继续进行任前法律知识考试和述职、供职，并把离任审计情况作为干部任命的重要依据；继续对任命干部依法执行职务情况进行述职评议，监督所任干部珍惜用好手中的权力，依法行政，公正司法，廉洁勤政，全心全意为人民服务。

改进和加强代表工作，更好地发挥代表作用。深入贯彻代表法和山东省实施代表法办法，进一步密切同代表的联系，加强对代表和代表小组活动的指导，拓宽渠道，丰富内容，提高实效。加强代表建议督办工作，不断提高办理质量和速度。认真接待和处理人民群众来信来访、申诉控告。依法做好区人大换届选举的各项准备工作。

加强自身建设，充分发挥整体效能。积极开展作风建设年活动，按照“八个坚持，八个反对”的要求，努力转变工作作风，强化公仆意识，增强群众观念，改进工作方式，深入调查研究，了解民情，反映民意，集中民智，进一步增强工作实效。以奋发有为的思想状态和与时俱进的思想境界，加强对人大工作的探索、研究，进一步强化对常委会组成人员和机关工作人员的教育培训，增强人大工作的活力，提高创造性开展工作的水平。

各位代表，今年是我国加入世贸组织的第一年，也是加快实施“十五”计划的关键一年，摆在我们面前的任务光荣而艰巨。让我们高举邓小平理论伟大旗帜，以江泽民同志“三个代表”重要思想为指导，在区委的领导下，同心同德，锐意进取，开拓创新，为完成本次大会确定的各项任务，实现我区经济和社会的全面发展而努力奋斗！

区人民代表大会常务委员会工作报告

——2003年1月18日在河口区第十五届人民代表大会第一次会议上

东营市河口区人大常委会主任 刘秀田

各位代表：

我受河口区第十四届人民代表大会常务委员会的委托，向大会报告常委会五年来的工作，请予审议。

过去的五年，我区国民经济和社会发展“九五”计划胜利完成，“十五”计划及2010年远景目标纲要全面展开，全区改革开放、经济建设和社会各项事业都取得了重大成就。五年来，区人大常委会在中共河口区委的领导下，以邓小平理论和党的基本路线为指导，以全心全意为人民服务为宗旨，深入贯彻党的十五大和十六大精神，认真实践“三个代表”重要思想，紧紧围绕“九五”和“十五”计划的实施，切实履行宪法和法律赋予的职责，各项工作都有了新的进展，较好地发挥了地方国家权力机关的职能作用，为我区经济快速健康发展和社会全面进步做出了积极的贡献。

一、强化工作监督，依法审议决定重大事项

讨论决定本行政区域内重大事项，是宪法和法律赋予地方人大常委会的一项重要职权。五年来，常委会紧紧围绕区委中心工作，坚持抓大事、议大事、求实效的原则，加强对区政府、区法院和区检察院的工作监督，把保障和促进经济建设作为全部工作的中心对待，对经济发展中的重要问题及人民群众关心的“热点”“难点”问题实施了有效监督，先后听取审议了“一府两院”28项工作汇报，组织开展了62次专题视察调研，并就52个方面的问题适时作出决议、决定，有力地促进了全区经济快速健康发展和社会的全面进步。

加强对计划、财政工作的监督，确保全面完成人代会确定的目标任务。根据区十四届人大历次会议的决议要求，五年来，常委会每年都及时安排听取审议区政府关于上年度区级财政决算报告、区级财政预算执行和其它财政收支情况的审计报告，经过认真审

查，分别作出批准的决议。每年七月份，都安排听取审议区政府关于上半年国民经济和社会发展计划执行情况、财政预算执行情况的汇报，并深入到乡镇、区直有关部门和企业就经济运行情况、任务完成情况、重大项目进展情况进行调研。根据进展情况，督促区政府紧紧抓住发展这个主题，突出重点，强化措施，精心运筹，确保全年计划目标的实现。要求区政府尤其注重加大财源建设和财政监督力度，大力组织收入，严格控制支出，努力实现财政收支平衡，严格执行区人民代表大会批准的财政预算，切实增强预算的严肃性。区十四届人民代表大会第四次会议作出了《关于东营市河口区国民经济和社会发展第十个五年计划纲要和关于纲要报告的决议》，确定了“十五”期间我区国民经济和社会发展的指导思想、目标任务和工作措施，为全区人民迈向新目标制定了行动纲领。

加强对战略重点实施的监督，推动国民经济整体素质和综合实力的提高。农业是国民经济的基础。常委会高度重视对农业和农村工作的监督，围绕农业主导产业的形成和发展，先后听取审议了区政府关于农业产业结构调整、水利基础设施建设、海洋与渔业、实施冬枣产业化等工作情况的汇报。要求区政府进一步提高对农业基础地位的认识，认真分析我区农业所面临的严峻形势，研究WTO有关农业方面的规定，及时制定调整我区农业产业结构政策，应对入世的挑战，确保我区农民增收与农村稳定。为加快我区农业产业化步伐，区十四届人大常委会第27次会议作出了《关于加快实施冬枣产业化的决议》，倡导大力发展冬枣产业，增加农民收入，促进农村发展。进一步加大了对打击假冒伪劣商品的监督力度，听取审议了区政府关于产品质量工作情况的汇报，要求区政府将危及人民群众生命健康安全的假食品、假药品、假生活用品，危害农业生产的假种子、假农药、劣质化肥，以及危害建筑工程质量的假冒伪劣建筑材料作为打假工作的重点来抓，净化市场环境，维护消费者合法权益。为进一步推动“大开放、大招商、大发展”战略的实施，区十四届人大常委会第15次会议作出了《关于大力加强招商引资工作的决议》，号召全区人民积极行动起来，进一步解放思想，真抓实干，迅速掀起全方位的招商引资热潮。同时突出强调，要充分发挥我区优势，重点引进一批规模大、效益高的外向型工业项目，合理布局，向区域化、专业化发展，增加新的经济增长点，增强辐射带动能力。

加强对社会治安综合治理工作的监督，努力维护社会稳定。常委会始终坚持把维护社会稳定、政治安定放在重要位置，先后4次对全区社会治安综合治理特别是“打黑除恶”工作情况进行专题调查，听取了区政府的工作汇报，参加了全区综合治理专项检查，根据我区社会治安综合治理的现状，督促区政府进一步强化治安管理，努力提高案件的侦破能力，严厉打击各类霸头和带有黑社会性质的流氓恶势力，坚决扫除“黄、赌、毒”等社会丑恶现象，为加快发展和改革开放创造良好的社会环境。

二、强化法律监督，推进了依法治区的进程

依法治国是党领导人民治理国家的基本方略，是加快市场经济发展的客观要求。保证宪法和法律在我区的贯彻实施，是常委会的一项根本任务。五年来，常委会紧紧围绕依法治区的实施，把法律监督放在更加突出的位置，加大了监督力度，推进了依法治区进程，依法保障和促进了我区经济和社会事业的快速健康发展。

加大监督力度，促进依法行政。常委会把监督行政执法部门的执法行为作为保障法律实施，规范行政行为的重点来抓。先后听取审议了区政府贯彻执行《土地管理法》《城市规划法》《产品质量法》《环境保护法》《劳动法》等法律法规情况的汇报，对于区政府及执法部门规范执法程序，增强依法行政、依法办事的意识，提高行政效率，促进各项事业的依法治理，起到了重要作用。加强对人口、资源、环境的管理与保护是我国的三项基本国策，为保证三项基本国策方面法律法规的贯彻实施，常委会每年都安排对《土地管理法》《环境保护法》《山东省计划生育条例》贯彻落实情况的审议议题或专项视察调查，保证了三项基本国策在我区的依法开展和顺利贯彻实施。为保证《城市规划法》的贯彻实施，加强城市规划管理，常委会组织了对《城市规划法》实施情况的视察，要求区政府切实增强执行规划的严肃性，严格实行“规划一张图，审批一支笔，建设一盘棋”和“一书两证”制度，消除规划实施中的长官意志和随意行为，加快

城镇规划特别是详规的编制工作，克服规划滞后的现象，切实把城市规划和管理纳入法制的轨道。《村民委员会组织法》的贯彻，事关全区的基层政权建设，为此常委会听取了《村民委员会组织法》贯彻情况的汇报，要求区政府大力宣传村委会组织法，加强对村委会换届选举工作的领导，精心组织依法办事，确保村委会换届选举工作的全面成功。食品卫生关系到千家万户的生命安全和身体健康，为此常委会每年在夏季来临之前，都组织一次对《食品卫生法》贯彻实施情况的视察。督促区政府进一步加大管理力度，严厉查处制售卫生不合格食品的行为，依法规范食品市场秩序，切实保护人民群众的身体健康。区人大常委会每次进行视察调查时，除了采取听汇报、看资料、召开座谈会等形式外，还直接深入基层，广泛征求人大代表和人民群众的意见，掌握真实情况，增强了视察的实效。

强化监督职能，保障公正司法。五年来，常委会在每年的半年过后，都及时听取审议区人民法院、区人民检察院工作情况的汇报，去年 11 月份听取了关于法官队伍和检察官队伍建设情况的汇报，要求区法院、区检察院牢固树立公正和效率意识，特别要组织好对《法官法》《检察官法》的学习贯彻，使每一位法官、检察官都明白自己的义务和职责，消除特权思想，公正司法，文明办案，切实依法维护法律的尊严和当事人的合法权益，确保社会稳定。

实施有效监督，深入开展普法教育。坚持把法制宣传教育同实施法律监督相结合，积极参与普法工作的领导和监督。听取审议了区政府关于“三五”普法依法治理情况及“四五”普法规划的汇报，作出了《关于在全区公民中开展第四个五年法制宣传教育的决议》，参加了全区普法综治验收，推动了全区普法教育和依法治区工作的深入开展。

为了使监督工作落到实处，常委会还加强了对常委会会议审议意见落实情况的监督。每次会议听取工作汇报审议后，都由办公室归纳整理，形成书面审议意见，以“例会建议”的形式转交“一府两院”办理，并要求在下次常委会会议上汇报落实情况。五年来，共召开常委会会议 37 次，对其中有审议内容的会议形成例会建议 28 份，审议意见 352 条。区政府及法院、检察院高度重视，认真办理，促进了一些工作热点难点问题的顺利解决。

三、提高人事任免质量，加强了对任命干部的监督管理

坚持党管干部原则和依法任免干部的有机统一，进一步完善了任免办法，坚持在任命前对拟任干部进行法律考试、离任审计情况调查，听取拟任命人员的供职报告，有效地提高了任免质量。五年来，共依法任命国家机关工作人员 165 名，免职 118 名，对因机构更名的政府部门主要负责人进行了重新任命。为加强对任命干部的监督管理，制定出台了《关于开展述职评议工作的实施意见》，每次常委会会议都结合审议议题对任命的干部进行述职评议。在评议前制定详细的述职评议实施计划，在评议调查上狠下功夫，广泛征求代表及社会各界对拟评人员的意见，全面了解拟评人员履行职务的情况。在常委会会议上认真听取被评议人员依法履行职务情况的汇报，有针对性地提出评议意见，进行无记名投票测评，将评议结果及时反馈给被评议人员，并加强了评后整改督查，增强了评议实效。近年来，常委会先后对区政府部分组成部门的主要负责人和区法院、区检察院所有副职进行了述职评议。通过评议，使被评议干部进一步增强了公仆意识，提高了自觉接受人大监督，正确行使人民赋予权力的自觉性，增强了人大常委会的监督效果，监督工作的水平有了进一步提高。

四、重视强化基础工作，充分发挥人大代表的作用

人大代表是人民代表大会的主体，代表工作是人大工作的基础。常委会按照代表法的规定，不断拓宽联系渠道，保障人大代表依法行使权利，充分发挥人大代表在社会主义现代化建设中的积极作用。

采取多种形式加强同代表的联系，积极为代表执行职务创造条件。常委会坚持每次例会都邀请部分代表参加，认真听取他们的意见。每年都抽出一定的时间，对全区的市区两级人大代表进行走访和座谈，了解他们的工作和生活情况，听取他们对我区各项工作的意见和建议，并及时转有关部门办理，促进了各项工作的开展。

尊重代表权利，认真办理代表建议。区十四届人大一至五次会议期间，代表共提出建议意见 310 条。

对此，常委会高度重视，按照归口办理的原则，及时交“ 一府两院”认真办理，并提出了具体承办要求和答复期限。严把办理质量关，对于代表不满意的要求有关方面重新办理，直到代表满意为止。截至去年底，代表所提建议全部办结并答复代表，代表满意率达98%，代表建议意见的办理速度和质量都有了较大的提高。

精心组织指导代表开展活动。五年来，常委会服从服务于全区工作大局，紧紧围绕河口区“十五”计划和2010年远景目标纲要，组织代表提出有见地有分量的建议75条，促进了决策的民主化、科学化。区十四届人大常委会第十五次会议分别作出了《关于对在1999年民主评议中获“人大代表满意单位”进行表彰的决定》和《关于表彰代表工作先进集体和个人的决定》，极大地调动了代表们履行职务的积极性，充分发挥了他们在各条战线上的先锋模范作用。为充分发挥代表在经济建设中的作用，在区人大代表中开展了以“联系一方群众、引进一个项目、提出一条好建议、创一项工作实绩”为主要内容的“四个一”活动。广大代表以此为载体，密切联系选民，带头招商引资，积极建言献策，涌现出一大批先进代表典型，增强了代表工作的实效性。同时加强了对乡镇人大工作的指导，帮助乡镇人大解决了一些实际困难和问题，促进了基层人大工作的开展。

受理人民群众来信来访和申诉控告，切实维护公民的合法权益。信访工作是人大常委会联系人民群众，了解社情民意，强化监督工作的重要渠道。常委会把信访工作列入了重要议事日程，坚持主任、副主任专门接访和批阅重要信件制度，对疑难信访案件主任会议专门研究处理。五年来共收到群众来信208件，接待来访839人次，均按照有关法律法规和政策规定及时进行了督办处理，督促有关部门纠正了一些违法问题，维护了法律的尊严和人民群众的利益。

五、精心组织，周密安排，依法做好2003年区人大换届选举工作

去年11月份以来，常委会根据宪法和法律的规定，按照省、市关于换届选举的意见和要求，认真组织进行了2003年区人大换届选举工作。这次换届选举是在全区上下深入贯彻十六大精神，进一步解放思想，抢抓机遇，加快发展，努力实现“十五”计划和2010年远景目标的重要时期进行的，意义深远。常委会对此高度重视，把换届选举工作作为这一阶段的中心任务，全力以赴，顺利完成了区人民代表大会代表的换届选举。一是部署及时，安排周密。常委会适时召开了会议，作出了河口区人大常委会关于换届选举的决定，成立了区选举委员会，制定了换届选举实施方案，认真周密地部署了换届选举工作。二是工作细致，指导有力。在每一阶段，常委会主任、副主任及选举委员会成员都深入基层了解情况，认真检查指导，帮助各选举单位解决遇到的问题。三是充分发扬民主，严格依法办事。常委会重点抓了选民登记、提名和推荐代表候选人、选举代表等环节，做到了法律条文熟悉，工作方法明确，工作步骤严密，不出任何纰漏。截至今年1月6日，我区人大代表换届选举工作已全面结束，依法直接选举产生了区十五届人大代表160名。新选出的代表构成比例符合法律和上级人大的规定，代表素质有了明显提高，这就为区人民代表大会注入了新鲜的血液，增添了新的活力，为下一步更好地开展人大工作，进一步推动我区经济发展和社会进步打下了坚实的基础。

六、适应新形势发展需要，进一步加强了常委会自身建设

常委会为适应新形势、新任务的要求，更好地履行宪法和法律赋予的职权，切实加强自身建设，完善各项规章制度，遵循民主集中制原则，严格按照法律规定的程序办事，工作水平和质量有了明显提高。

加强思想作风建设，常委会整体素质有了明显增强。进一步巩固和深化“三讲”学习教育成果，坚持讲学习、讲政治、讲正气。认真学习邓小平理论和“三个代表”重要思想，并联系人大工作实际，努力做好结合文章，在思想上、政治上、行动上自觉地同党中央保持一致，与区委的中心工作合拍同步。加强了对外经外贸、现代科技、财政金融以及WTO等方面知识的学习，不断提高政治业务水平和依法监督的能力。加强调查研究，注意经常深入基层，征求群众意见，倾听群众呼声，为依法审议议题做好充分准备，提高了审议质量。

加强制度建设，常委会工作逐步走向规范化。工

作中，进一步完善了常委会会议和主任会议议事制度，使常委会各项工作逐步规范化、科学化。严格执行民主集中制原则，坚持集体行使职权，重大问题广泛征求意见，充分酝酿讨论，集体研究决定，充分发挥了常委会的整体效能。

加强机关建设，常委会机关服务水平有了新的提高。认真组织开展了“三个代表”学习教育活动，深刻剖析和研究解决机关在思想、作风、纪律等方面存在的问题，并以此为契机，进一步健全完善各项规章制度，严格岗位目标责任督查考核，强化教育管理，机关工作人员的整体素质和服务水平有了明显提高。

各位代表，回顾五年来的工作，我们深深地感到，人大工作是党的事业的重要组成部分，坚持和完善人民代表大会制度是我国民主政治建设的重要内容。只有坚定不移地坚持和依靠党的领导，坚持以邓小平理论和“三个代表”重要思想为指导，坚持服从服务于党的中心任务，才能保证人大工作的正确方向；只有忠实履行职责，充分发扬民主，严格依法办事，人大的地位和作用才能充分体现出来；只有同人大代表和人民群众始终保持密切联系，全心全意为人民谋利益，才能更好地代表人民依法行使好职权；只有树立高度的责任感和使命感，不断加强自身建设，才能形成强大的合力，发挥整体效能，推动人大工作不断开拓前进。

在过去五年里，常委会做了大量的工作，取得了新的进展，圆满完成了本届的历史使命。这些成绩的取得，是区委正确领导、常委会组成人员共同努力的结果，也是与全区各级人大代表、全区人民的监督支持分不开的。在此，我代表区十四届人大常委会向关心、支持人大工作的领导和同志们，向全区各级人大代表和全区人民致以崇高的敬意和衷心的感谢！

在肯定成绩的同时，我们也必须清醒地看到，常委会的工作，按法律赋予的职权衡量，有些方面还不到位：监督工作特别是法律监督的力度需要进一步加大；同人大代表和人民群众联系的方式和途径需要进一步改进和拓宽；对人大及其常委会作出的决议决定和提出的意见建议督促落实的措施需要进一步强化；人大常委会机关建设需要进一步加强。对这些问题，我们要认真分析原因，切实加以解决。

各位代表，今后的五年是我区实施强区战略和实现“十五”计划宏伟目标的关键时期。新的形势和任务，对人大工作提出了新的更高的要求。我们坚信，新一届人大常委会将在区委的正确领导下，更加全面地履行宪法赋予的神圣职责，牢记全区人民的重托，创造性地做好各项工作，为河口区的经济发展和社会进步做出新的更大的贡献。

新一届区人大常委会工作的指导思想是：在中共河口区委的领导下，坚持以邓小平理论和“三个代表”重要思想为指导，深入贯彻党的十六大精神，紧紧围绕“十五”计划的实施和全面建设小康社会的奋斗目标，忠实履行宪法和法律赋予的各项职权，突出监督重点，加大监督力度，注重监督实效，大力推进民主法制建设，全面落实区十五届人大一次会议确定的各项任务，与时俱进，开拓创新，为促进全区经济快速健康发展和社会全面进步做出积极的贡献。

突出发展主题，加大工作监督力度。按照区委总体工作部署，监督支持政府加快经济结构调整，进一步巩固和加强农业基础地位，确保农民增收减负，农村社会稳定；督促区政府大力实施科教兴区战略，深化改革，扩大开放，强化基础设施建设，加强油地军、产学研结合，继续搞好招商引资，加速膨胀经济总量，全面提高经济运行质量和效益，促进经济社会全面发展。

围绕保障促进发展，进一步强化法律监督。切实把法律监督放在更加突出的位置，强化监督措施，增强监督实效。进一步规范和加强对司法机关的司法监督和行政机关的执法监督，促进“一府两院”严格依法行政，公正司法，推进依法治区进程。坚持不懈地抓好全民普法教育，提高全区人民的法律意识和法制观念，为加快发展创造良好的法制环境。

提高人事任免质量，强化对任命干部的监督。对“一府两院”提请任命的干部继续实行任前法律知识考试和供职制度，并把离任审计情况作为干部任命的重要依据。同时，继续做好对“一府两院”任命干部的述职评议工作，督促所任命干部珍惜用好手中的权力，依法行政，公正司法，廉洁勤政，不辱使命，全心全意为人民服务。

改进和加强代表工作，更好地发挥代表作用。深入贯彻落实代表法和山东省实施代表法办法，进一步密切同代表的联系，强化对代表和代表小组活动的指导，拓宽渠道，丰富内容，提高实效。加强代表议案和建议督办工作，不断提高办理的速度和质量。认真接待和处理人民群众来信来访、申诉控告，切实维护法律的尊严和人民群众的合法权益。

各位代表，党的十六大提出全面建设小康社会的奋斗目标，鼓舞人心，催人奋进，摆在我们面前的任务光荣而艰巨。让我们高举邓小平理论伟大旗帜，认真贯彻落实“三个代表”重要思想，在区委的领导下，同心同德，锐意进取，与时俱进，开拓创新，为全面完成本次大会确定的各项目标任务，促进我区经济快速健康发展和社会全面进步而努力奋斗！

区人民代表大会常务委员会工作报告

——2004 年 1 月 6 日在东营市河口区第十五届人民代表大会第二次会议上

东营市河口区人大常委会主任 刘秀田

各位代表：

我受东营市河口区第十五届人民代表大会常务委员会的委托，向大会报告区十五届人大一次会议以来的工作，请予审议。

过去的一年，是我区改革开放和社会主义现代化建设的关键一年。全区人民在区委的正确领导下，高举邓小平理论伟大旗帜，以“三个代表”重要思想为指导，深入贯彻党的十六大和十六届三中全会精神，解放思想，实事求是，与时俱进，干事创业，加快发展，为实现富民强区、全面建设小康社会的总目标，打下了坚实基础。一年来，区人大常委会根据全区的工作大局，认真履行宪法和法律赋予的职权，各方面的工作都有了新的进展，为加强我区的民主法制建设，推进依法治区进程，保障和促进河口经济快速健康发展及社会全面进步做出了新的贡献。

一、强化工作监督，依法审议决定重大事项

讨论决定本行政区域内重大事项，是宪法和法律赋予地方人大常委会的一项重要职权。一年来，常委会紧紧围绕区委中心工作，坚持抓大事、议大事、求实效的原则，加强对区人民政府、区人民法院和区人民检察院的工作监督，对经济发展中的重要问题及人民群众关心的热点问题实施了重点监督，先后听取审议了“一府两院”22 项工作汇报，组织开展了 26 次专题视察调研，并就 6 个方面的问题适时作出决议、决定，有力地促进了经济和社会各项事业的顺利发展。

加强对计划、财政工作的监督，确保全面完成人代会确定的目标任务。根据区十五届人大一次会议的决议要求，听取审议了区政府关于 2002 年区级财政决算报告、区级财政预算执行和其他财政收支情况的审计报告、调整区级 2003 年财政预算的报告，经过认真审查，分别作出了批准决定。七月中旬，听取审议了区政府关于上半年国民经济和社会发展计划执行情况、财政预算执行情况的汇报，并深入到乡镇、区直有关部门和企业就经济运行情况、任务完成情况、重大项目进展情况进行了调研。根据进展情况，督促区政府紧紧抓住发展这个主题，突出重点，强化措施，精心运筹，确保全年计划目标的实现。

注意把改革、发展、稳定中的重大问题和人民群众关心的热点问题，作为工作监督的重点。常委会高度重视对农业和农村工作的监督，多次组织专题调研，听取了有关部门的汇报，建议区政府加大对农业的投入，努力发展农业高新技术产业，加快水利基础设施建设，增强农业抵御自然灾害的能力；大力推进农业产业结构调整和农业产业化，抓好农业龙头企业建设，千方百计确保农业增效和农民增收。区政府对这些意见和建议也给予了高度重视。切实关注农村医疗保障体系建设，视察了全区构建农民健康保障体系工作，通过视察认为，区政府对这项工作是重视的，成效也是明显的。但同时也要进一步完善合作医疗保险制度，健全农村医疗卫生服务网络，增强医疗服务功能，提高人民群众的健康保障水平。时刻把农村教育和学生安全放在心上，对全区农村中

小学食宿工程、“校校通”工程及学生用车安全运营情况进行了调查。根据调查情况，就保证对教育的资金投入，强化学校管理，改进教育教学方式，提高农村教育水平等问题提出了意见和建议。加大了对“村村通”有线电视工作的监督力度，要求区政府加大措施，积极推进，确保这项工作落到实处。

积极推进城市化，加强了对重点项目、土地、交通管理工作的监督。城市是经济、社会发展的载体。结合创建“国家卫生城市”和“国家环境保护模范城市”活动，把城市建设和管理工作作为工作监督的重点。7月下旬，区人大常委会对全区重点项目建设情况进行了视察，这次视察活动涉及工业、城市建设等6个方面共15个项目。视察中大家反映，区政府在这方面是有作为的，项目设计层次高，建设速度快，城市变化日新月异。同时围绕如何坚持以人为本、突出特色，高起点规划，严标准执行，努力提升城市档次和品位等问题提出了要求或建议。为促进城市综合管理，听取审议了区政府土地、交通管理工作情况的汇报，建议区政府立足土地资源优势，搞好土地利用规划，科学经营、合理利用城市土地。加强交通基础设施建设规划，提高我区公路网络化水平；强化运输市场管理，规范客货运输秩序，树立现代城市形象。

加强对社会治安综合治理工作的监督，努力维护社会稳定。常委会始终坚持把维护社会稳定、政治安定放在重要位置，先后3次对全区社会治安综合治理工作情况进行专题调查，听取了区政府的工作汇报，参加了全区综合治理专项检查。对油区治安情况进行了调查，要求油、地公安机关加强涉油案件的侦破工作，打击犯罪分子的嚣张气焰，保障油田正常的生产秩序，维护油区稳定，为河口发展创造安定、和谐的政治环境。

二、大力推进依法治区，为加快发展创造良好的法制环境

加快发展，离不开法制保障。一年来，常委会紧紧围绕依法治区的实施，把法律监督放在更加突出的位置，加大了监督力度，推进了依法治区进程。

加强对行政机关的执法监督，努力促进依法行政。常委会加大了执法检查力度，组织部分委员和代表，深入检查了区政府行政执法部门贯彻执行宪法法律及相关行政法规情况，对税收征管法、水法、土地管理法、产品质量法、环境保护法、人口与计划生育法、价格法的落实情况进行了重点检查。通过检查认为，区政府及其部门依法行政情况是好的，依法办事，依法行政的水平不断提高。同时，根据存在的问题要求执法部门进一步规范行政执法行为，完善行政执法程序，提高依法行政水平，促进我区各项事业的依法治理。

加强对司法机关的执法监督，切实保障公正司法。听取审议了区人民法院、区人民检察院工作情况的汇报，在肯定成绩的同时，及时指出存在的问题，提出改进的意见。根据人民群众来信来访和申诉控告所反映的突出问题，依法实施了司法个案监督。个案监督工作中，既支持“两院”依法行使审判、检察职权，同时也注意发现程序不严、执法不公等问题，达到了维护法律尊严和公民的合法权益的目的。

深化法制宣传教育，夯实依法治区基础。坚持把以宪法为重点的法制宣传教育同法律监督放在同等重要的位置，积极参与普法工作的领导和监督。通过听取汇报、视察调查、对所任命干部进行法律知识考试，不断把法制宣传教育引向深入。经过各方面的共同努力，全体公民特别是各级领导干部的法制观念进一步增强，法律知识水平和依法办事的能力显著提高。

认真开展述职评议工作，加强对任命干部依法履行职务情况的监督。每次常委会会议都结合审议议题对任命的干部进行述职评议。在评议前广泛征求代表及社会各界对被评人员的意见，全面了解被评人员履行职务的情况。在常委会会议上认真听取被评议人员的述职报告，有针对性地提出评议意见，并进行无记名投票测评，将评议结果及时反馈给被评议人员，同时加强了对评后整改的督查，深化了评议实效。通过评议，进一步增强了被评议人员的公仆意识、法律意识和人大意识，强化了人大常委会的监督效果。认真行使任免权，通过法律知识考试、听取供职报告、离任审计调查、颁发任命书等形式，提高了国家机关工作人员的“人民主权”意识，增强了为人民掌好权、用好权的责任感和事业心。去年共任命国家机关工作人员61名，免职15名。

三、重视强化基础工作，充分发挥人大代表的作用

区人大代表是河口区国家权力机关的组成人员，充分发挥区人大代表的作用，是做好常委会工作的基础和保障。常委会按照代表法的规定，不断拓宽联系渠道，保障人大代表依法行使权利。

采取多种形式加强同代表的联系，积极为代表执行职务创造条件。部分区人大代表列席常委会会议已经制度化，扩大了常委会审议“一府两院”报告的民主基础。区人大常委会通过召开座谈会、个别走访等形式，普遍与代表进行了联系，听取代表对全区各项工作的建议和意见，并及时转有关部门办理。常委会组成人员到乡镇调研时，主动向当地的区人大代表了解情况、听取意见。常委会组织视察、调查、执法检查，注意邀请区人大代表参加。代表视察的方式也有了改进，深度和层次有了进一步提高。高度重视代表培训工作，常委会领导分工到各乡镇、街道讲授人大业务知识，邀请省人大常委会有关领导进行了集中辅导，这些都对代表素质的提高起到了重要推动作用，增强了依法执行代表职务的信心和决心。

尊重代表权利，认真办理代表建议。区十五届人大一次会议以来，共收到代表建议 90 件。对此，常委会高度重视，按照归口办理的原则，及时交“一府两院”认真办理，并提出了具体承办要求和答复期限。为使代表建议办理工作落到实处，区人大常委会组织力量对该项工作进行了调查，从调查的情况看，“一府两院”办理代表建议的程序更加规范，实效更加明显，代表建议在推动各项工作中的作用发挥得越来越充分。截至去年底，代表所提建议全部办结并答复代表，代表满意率达 97.8%，代表建议意见的办理速度和质量都有了较大的提高。

受理人民群众来信来访和申诉控告，切实维护公民的合法权益。信访工作是人大常委会联系人民群众，了解社情民意，强化监督工作的重要渠道。常委会把信访工作列入了重要议事日程，制定了《东营市河口区人大常委会处理人民群众来信来访办法》，坚持常委会领导轮流接访和批阅重要信件制度。一年中，共收到群众来信 46 件，接待来访 86 人次，均按照有关法律法规和政策规定及时进行了督办处理，督促有关部门纠正了个别存在的有法不依、执法不严问题，解决了一些群众反映的具体问题，化解了社会矛盾，促进了社会稳定。

四、改进审议方式，推动了人大工作的创新与发展

区人大常委会按照“与时俱进、创新工作”的总体思路，在总结历届人大常委会工作经验的基础上，实行了四项制度，改进了审议方式，提高了审议决策水平。

实行了调查前学法制度。调查研究是人大工作的基本功，较高的法律知识水平是人大调查研究工作的内在素质要求。因此调查前，组织参加调查的人员学习有关的法律法规非常必要。通过学习，明确调查的重点和法律依据，掌握调查的方法。这项制度不仅调动了常委会组成人员和机关工作人员的学法积极性，拓展了大家创新人大工作的思路，而且有的放矢，为审议议题做好了知识上、法律上的准备，同时也为提高发言质量打下了基础，促进了人大审议制度的健全与完善。

实行了重点问题调查制度。每次常委会会议召开前，主任会议经过认真研究，对每一审议议题确定二至三个问题作为重点，常委会组成人员采取单独持证调查、联合调查、统一组织调查等形式，对这些问题进行深入了解和剖析。同时根据调查内容吸收有关区人大代表和专业人员参加，有力地促进了重点、热点、难点工作的推进和问题的解决。

实行了重点发言人制度。针对过去审议发言比较散，发言质量不够高，审议力度不够大等问题，每次主任会议确定审议议题时，同时确定该议题重点发言人二至三名。重点发言的同志，在会前首先认真学习有关法律法规及相关知识，搞好调查研究，做好充分的发言准备。这样，在会议审议时，既有重点发言，又有不同角度的补充，有利于将议题议深议透，提高了审议质量，增强了监督实效。

实行了“审议意见书”制度。为促进决策的科学化、民主化，对事关全区经济社会和民主法制建设大局的重点工作，在听取“一府两院”汇报，集中进行审议的基础上，将审议情况进行整理，由主任会议审定后形成“审议意见书”，交“一府两院”及有关部门办理。以上四项制度的建立，既从某种程度上解决了常委会审议质量不高的问题，也解决了对审议意见的办理重视不够、落实不力的问题。

五、适应新形势发展需要，进一步加强了常委会自身建设

常委会为适应新形势、新任务的要求，更好地履行宪法和法律赋予的职权，切实加强自身建设，完善各项规章制度，遵循民主集中制原则，严格按照法律规定的程序办事，工作水平和质量有了较大提高。

加强思想作风建设，常委会组成人员的整体素质有了明显增强。认真学习邓小平理论和“三个代表”重要思想，联系人大工作实际，努力做好结合文章，在思想上、政治上、行动上自觉同党中央保持一致，与区委同步合拍。加强了对市场经济、外经外贸、现代科技、财政金融等知识的学习，不断提高政治业务水平和依法监督的能力。加强调查研究，经常深入基层，征求群众意见，倾听群众呼声，为群众排忧解难，真正做到了权为民所用，情为民所系，利为民所谋。

加强制度建设，常委会工作逐步走向规范化。修订了常委会议事规则，制定了处理人民群众来信来访办法、司法个案监督暂行规定，完善了机关管理制度，使常委会各项工作逐步走向规范化、制度化。严格执行民主集中制原则，坚持集体行使职权，重大问题广泛征求意见，充分酝酿讨论，集体研究决定，充分发挥了常委会的整体效能。

加强机关建设，常委会机关服务水平有了新的提高。结合“学习先进找差距，解放思想促发展”主题教育活动，进行了机关思想、作风、纪律整顿，深刻剖析和解决了机关在思想、作风、纪律等方面存在的问题。进一步健全完善了岗位目标责任考核办法，强化教育管理，机关工作人员的整体素质和服务水平有了明显提高。

回顾过去一年的工作，常委会依法履行职责，在审议、监督等各方面都有新的进展。这是区委正确领导、常委会组成人员共同努力的结果，也是与全区各级人大代表、全区人民的监督支持分不开的。区人民政府、区人民法院、区人民检察院也对常委会的工作给予了有力的配合。在此，请允许我代表区人大常委会向他们表示衷心的感谢！在总结成绩的同时，我们也清醒地看到，常委会的工作，按照法律赋予的职权衡量，有些方面还不到位：监督工作特别是法律监督的力度需要进一步加大；同人大代表和人民群众联系的途径需要进一步拓宽；对人大及其常委会作出的决议决定和提出的建议意见督促落实的措施还需进一步强化；人大常委会机关建设需要进一步改进。

各位代表，今年及今后一段时期是我们实现富民强区、全面建设小康社会总目标的关键时期。新的形势和任务，对人大工作提出了新的更高的要求。区人大常委会一定在区委的正确领导下，牢记全区人民的重托，更加全面地履行宪法和法律赋予的神圣职责，创造性地做好各项工作。

———要继续把监督工作放在重要位置，紧紧围绕增强监督实效，切实保证宪法、法律和行政法规在我区的遵守和执行，加强对行政机关、审判机关和检察机关的工作监督，进一步实现监督工作的制度化、规范化。

———要密切同人大代表、人民群众和乡镇人大的联系，更好地发挥人大代表的作用，鼓励和指导乡镇人大创新工作，扩大公民对人大工作的知情权和有序参与，使人大工作更好地代表人民的意志，符合最广大人民群众的根本利益。

———要加强常委会自身建设，努力建设一支高素质的机关干部队伍，以适应新形势下人大承担的繁重任务。

各位代表，全面建设小康社会的奋斗目标，鼓舞人心，催人奋进。回顾过去，我们为河口的日益繁荣而深感自豪；展望未来，我们对河口的美好前景充满信心。我们肩负的使命无比光荣，我们面临的任务艰巨繁重。让我们在区委的领导下，高举邓小平理论伟大旗帜，认真贯彻落实“三个代表”重要思想，同心同德，锐意进取，开拓创新，为全面建设小康社会，推进河口的改革发展事业作出新的更大的贡献。

区人民代表大会常务委员会工作报告

——2005年1月6日在东营市河口区第十五届人民代表大会第三次会议上

东营市河口区人大常委会主任 刘秀田

各位代表：

我代表东营市河口区第十五届人民代表大会常务委员会，向大会报告区十五届人大二次会议以来的工作，请予审议。

区十五届人大二次会议以来，区人大常委会在区委的领导下，以邓小平理论和“三个代表”重要思想为指导，紧紧依靠全体代表和全区人民，认真贯彻落实党的十六大和十六届四中全会精神，坚持以人为本、全面协调可持续的科学发展观，围绕改革发展稳定中的热点难点和关系群众切身利益的问题，积极行使宪法法律赋予的重大事项决定权、监督权和人事任免权，认真负责地开展了各项工作，保障和促进了全区物质文明、政治文明和精神文明的协调发展。

一、维护群众利益，落实第一要务，推动我区经济发展和社会全面进步

群众利益无小事，维护和实现人民群众的根本利益是一切工作的出发点和落脚点。二次会议以来，我们着眼全区经济社会发展大局，紧紧围绕事关群众利益的大事，扭住与人民群众生产生活密切相关的问题，不断加强工作监督。2004年共召开了6次常委会会议，听取和审议“一府两院”专题报告21项，在对每项报告充分调查研究的基础上，提出审议意见109条，作出决议决定7项，推动了全区经济发展和社会进步。

财政预算的编制与执行，是关系人民群众根本利益的重要问题，也是落实发展第一要务的基本保证。常委会在听取审议财政预算报告、决算报告和审计报告的基础上，本着依法审查，管好人民的钱；依法监督，用好人民的钱的原则，不断改进预算审查方式，提高预算监督工作质量。在监督的具体形式上，积极探索新路子，不断推出新举措。一是坚持提前介入，了解编制程序；二是突出重点科目，进行重点监督；三是充分发挥与审计监督的对接作用，审查批准前先听取审计部门的审计报告，并根据需要吸收专业人员参加调查。通过这些改进，进一步规范了人大的财政预算监督工作，维护了财政预算的严肃性，促进了我区公共财政运行质量的提高。

围绕“大开放，大招商”战略的实施，常委会加强对招商引资工作的监督，听取了专题汇报，要求区政府进一步加大软环境建设力度，为我区招商引资工作创造良好的法制环境、政策环境和服务环境，努力营造良好的亲商、安商、富商氛围。同时要努力改进招商方式，积极探索招商路子，在招商竞争日趋激烈的形势下，克服困难，多招大项目、好项目。针对工业经济发展中存在的问题，进行了深入细致的调查研究，听取了全区工业运行情况的汇报，建议政府认真做好“工业强区”和招商引资结合的文章，以招商引资、发展民营经济为载体，充分调动发挥主管部门的积极性，全面掌握企业的发展状况，认真解决发展中的问题，促进我区工业经济的快速健康发展。常委会十分重视科技事业的发展，视察了高新技术产业发展和科技创新体系建设等工作，听取审议了区政府关于科技工作的汇报，指出了目前存在的科技创新工作基础薄弱、高新技术企业规模小、项目引进力度不够等问题，建议区政府把科技兴区与招商引资、招才引智有机结合起来，在保证投入的基础上，完善政策，着力培育科技龙头企业，不断增强我区科技创新能力。

“三农”问题是经济社会发展中最基本的问题。常委会始终将其作为工作监督的重点，定期研究分析“三农”问题，有针对性地加强监督检查。二次会议以来，我们听取审议了关于全区农业工作情况的汇报，对《农业法》和《农村土地承包法》的实施情况进行了执法调查。围绕农业产业化、农民增收和减负、农村基层组织建设、农村科普网络建设、农村医疗卫生保障体系建设等问题进行了调研。针对检查和调研

中发现的问题，建议区政府依法、科学地完善农村经营管理体制，增加农业投入，改善农村发展条件，统筹城乡发展，繁荣农村经济，逐步从根本上解决农村发展、农业增效、农民增收问题。区政府对这些意见建议非常重视，认真抓好督查落实，许多问题得到及时解决。

就业是民生之本。关注弱势群体，做好劳动就业和社会保障工作，是贯彻“三个代表”重要思想的具体体现。围绕这项工作，我们在对劳动力资源开发、劳动者权益保障情况进行调查的基础上，听取审议了区政府关于贯彻落实《劳动法》情况的汇报。指出一方面我区的就业和社会保障工作压力比较大，另一方面劳动力技术素质较低、企业招工难、群众就业难的问题依然存在，这一矛盾不解决，很难从根本上解决我区的劳动就业和社会保障问题。建议政府积极采取措施，促进劳动就业，发展职业教育，明确劳动标准，调节社会收入，完善社会保险，协调劳动关系，逐步提高劳动者的生活水平。常委会高度关注农民工权益的保护，听取了劳动和社会保障部门的工作汇报，就拖欠农民工工资、农民工劳动保障、劳动力市场秩序整顿等问题进行了专题调查，深入了解了拖欠农民工工资、侵害农民工权益的具体情况和原因。通过调查认为农民有序进城就业对于促进农村劳动力转移，增加农民收入，统筹城乡发展都有重要意义。要求区政府加大清理拖欠农民工工资问题的工作力度，加强劳动执法监察，完善农民工劳动合同管理制度，努力改善农民工的就业环境，切实维护农民工的合法权益。政府对这些建议非常重视，采取了非常积极的措施，化解了不少矛盾，问题的解决已有了良好开端。常委会十分重视全区国民素质和人口质量的提高，听取了区政府关于教育、计划生育、卫生工作情况的汇报。建议区政府尽快构建我区现代国民教育体系、人口和计划生育管理体系、全民健身和医疗卫生体系，促进全区人民群众科学文化素质和健康素质的不断提高。

二、维护民主权利，强化法律监督，保证宪法法律在本行政区域内的遵守与执行

保证宪法、法律、法规在本行政区域的遵守和执行是人大常委会的首要职责。执法检查是法律监督的重要形式。常委会围绕全社会关注的问题，围绕事关老百姓切身利益的问题，本着少而深、精而实的原则，不断加大执法检查的力度，先后对农业法、环境保护法、渔业法、消费者权益保护法、产品质量法、药品管理法、食品卫生法等法律法规的实施情况进行了检查。在总结往年经验的基础上，注重检查质量，增强检查实效。每次检查除了做好充分的准备工作外，还把明察与暗访紧密结合起来，广泛征求群众意见，依法受理群众的申诉，把执法检查的过程，变成运用法律武器维护群众合法权益的过程，变成急民难、帮民需、集民智、释民疑的过程和人民群众广泛参与的过程，有效地促进了监督质量的提高。

为推动我区行政审批制度改革，促进政府职能的快速转变，常委会组织驻会委员和部分区人大代表，对区政府及有关部门执行《行政许可法》的情况进行了检查。通过检查认为，区政府以《行政许可法》的实施为契机，进一步推进行政管理体制改革，不断完善政府与市场、政府与社会、政府与企业的关系，努力提高行政效能，政府部门工作面貌有了新的改观。同时也发现个别部门存在着过时行政许可项目清理不及时；重审批、轻监管，重权力、轻责任；环节过多，办事效率偏低等问题。要求区政府及有关部门进一步强化便民、利民思想，按照合法与合理、职权与责任相统一的原则规范行政许可行为，保护公民、法人和其他组织的合法权益，维护公共秩序，切实从源头上预防和治理行政审批中存在的不健康现象，树立人民政府在人民群众中的良好形象。

社会治安是广大群众关注的热点和重点问题之一。结合“平安河口”建设工作，对我区社会治安综合治理情况进行了视察，对区公安分局、河滨分局、海滨分局依法执行职务情况进行了调查，听取审议了区政府的工作汇报，作出了关于加快“平安河口”建设的决议。要求进一步统一思想，加强协调，油地联手，抓好重点人员、重点地段的防范，努力完成“平安河口”建设的各项工作目标，为全面建设小康社会营造稳定的政治环境、良好的治安环境和规范的法制环境。

围绕文明城市建设，巩固“双创”成果，加大了对环境保护和城市管理工作的监督力度。视察了水质净化、大气污染监控等工作，建议加大环保监控，

抓好水、大气和噪声污染的防治工作，依法查处违法事件，不断改善环境质量，为我区的可持续发展创造条件。对建设部门及有关单位执行我区城市规划情况进行了调查，视察了全区重点项目建设情况，要求区政府进一步树立现代城市理念，增强城市规划的科学性和严肃性，适度控制规模，合理布局建设项目，提高城市规划建设的品位和档次。为积极推进我区城市管理行政处罚权相对集中试点工作，对我区城市管理行政执法情况进行了专项调查，并听取审议了政府汇报。要求有关部门要严格执行《行政处罚法》和国务院的有关规定，明确责任范围，界定处罚权限，相互支持，团结协作，依法办事，努力促进城市管理水平的提高。

个案监督、信访监督是人大法律监督的具体形式。二次会议以来，共受理群众来信 26 件，来访 117 人次。我们采取旁听法院审理，听取公安司法机关汇报，深入基层调研，下达监督建议书等多种形式，加强督办工作，使这些信访案件都得到了合法、及时处理。

三、加强制度建设，完善任免程序，改进代表工作，推动全区民主政治建设

加强常委会的制度建设，对做好新形势下的人大工作意义重大。二次会议以来，先后制定完善了重大事项公告制度、信访工作制度、个案监督制度，进一步规范了审议意见书和代表建议的办理程序。实行了公民旁听常委会会议制度，每次常委会会议向全社会公告议题，公民按程序申请旁听。该项制度自去年下半年实施以来，有 12 名普通公民旁听了会议，参与旁听的群众反响良好。这一制度的建立，使常委会的各项工作更加公开透明，更有利于人民群众依法有序地参与管理国家事务。常委会还加强了与乡镇人大的联系，经常沟通情况，交流经验，指导工作，帮助支持乡镇人大开展活动，对于活跃我区人大工作，推动基层民主政治建设发挥了积极作用。

常委会坚持党管干部和人大常委会依法任免干部相统一的原则，进一步完善任免程序，改进任免办法，强化任免权的行使力度。任前严把“入口关”，对提请任命的有关人员集中进行法律知识考试，并将考试成绩作为任免干部的重要依据。任中严把“审议关”，听取“一府两院”对拟任命人员德、能、勤、绩情况的介绍，听取拟任人员的供职报告，做到知情知能。任后严把“监督关”，结合常委会会议审议议题对被任命人员进行述职评议，进一步了解被任命人员依法履行职务情况。一年来，共任命人大和“一府两院”工作人员 6 人，免职 8 人，对任命的 6 名区政府组成部门一把手进行了述职评议。

代表工作是人大工作的基础。充分发挥代表作用是做好人大工作的重要条件。为强化代表管理国家事务的责任意识，我们坚持邀请代表列席常委会会议，参与视察和述职评议，不定期或集中走访人大代表，广泛听取建议意见。加大对代表的培训力度，邀请省、市人大法律专家进行了法制讲座，既宣传了人民代表大会制度，又为代表依法执行职务丰富了知识。认真办理代表建议、批评和意见，注重把办理工作同改进区人大常委会和“一府两院”的工作结合起来，同增强国家机关工作人员的公仆意识结合起来，逐步完善了代表建议的办理程序和督查力度，提高了办理工作的效率和质量。全年共办理代表建议、批评和意见 74 件，办结率为 100%。

四、坚持自我完善，加强能力建设，努力提高整体素质

加强学习能力建设，不断提高做好人大工作的法律素养和政治理论水平。常委会坚持把理论、法律、财经和人大业务知识的学习作为基础工作来抓，坚持会前学法、视察调查检查前学法和每周一次集中学法制度，在机关内形成了良好的学习风气。进一步加大对干部职工的业务培训力度，除参加市里统一组织的领导干部培训班之外，还派出多人参加全国和省人大组织的各种人大工作培训、赴外地学习人大工作经验。去年，成功地进行了与韩国釜山市釜山镇区议会之间的互访，交流了两区代议机关的工作情况，为发展两区之间的友好关系打下了基础。通过采取一系列的措施，提高了学习能力，形成了良好的学习氛围，使常委会组成人员和机关干部做到言之有法、行之有规。

加强实践能力建设，不断提高常委会依法决策、依法监督水平。实践能力是学习能力的深化，是创新能力的前提。要将学习能力转化为实践能力，必须深

入实际，做大量的调查剖析工作。常委会始终把调查研究作为一项重要工作来抓，将调研贯穿于决策和监督的全过程。围绕审议议题和视察调查检查的内容，积极组织组成人员和机关干部深入基层，了解民情、反映民意、集中民智，使作出的决议、决定，提出的审议意见，更能反映人民群众的意志和利益，更符合人民群众的愿望和要求。

加强创新能力建设，保持人大工作的生机与活力。在总结经验的同时，坚持与时俱进，不断开拓创新，努力做到方法更加科学，内容更加充实。在完善换届以来实行的会前学法、重点问题调查、审议意见书等制度的基础上，又实行了“二次汇报”制度。“审议意见书”是人大常委会会议审议“一府两院”工作的法定成果，这一形式已经得到上级人大的肯定。为了加大落实力度，常委会制定了《审议意见办理办法》，规范了办理程序，特别规定，审议意见书转交有关部门后，在间隔一次常委会会议上，由办理部门对审议意见的办理情况向会议再次作出汇报。“二次汇报”制度的实行，进一步增强了人大的监督力度，增强了常委会会议的实效。我们还改革了人代会会议审议报告的内容和形式。去年十五届人大二次会议，调整了会议内容，除常规听取政府、财政、人大、法院、检察院五个工作报告外，把计划工作报告书面提交大会，分团审议。同时根据人民群众的愿望和要求，大会听取了区政府关于城市规划建设管理情况的汇报。这一做法不但突出了以人为本、发展社会主义市场经济的理念，更重要的是调动了人大代表参与民主决策、关心区域发展的积极性。省、市人大对这一做法给予了充分肯定。

在过去的一年里，常委会的工作取得了一些成绩，在不少领域有了新的突破。但是对照宪法和法律的规定，按照“三个代表”重要思想的要求，对照广大人民群众的期望，我们的工作还存在不少差距：对法律法规实施情况的监督在有些方面仍不够有力；常委会有些议题的审议还缺乏深度；审议意见的可操作性还需加强；人大代表的作用有待于进一步发挥；常委会的自身建设还需要不断努力；人大工作创新的空间还需要进一步拓宽。对此，常委会将在今后的工作中认真研究，采取有效措施努力加以改进。

各位代表，2005年是落实党的十六大和十六届四中全会精神、全面建设小康社会的重要一年，是完成本届常委会各项任务的关键一年。在新的一年里，区人大常委会要在河口区委的领导下，坚持以邓小平理论和“三个代表”重要思想为指导，紧紧围绕区委提出的全面建设小康社会的总体目标，切实履行宪法和法律赋予的职责，求真务实，奋发进取，努力把各项工作提高到一个新的水平。

——加强工作监督，推动全区物质文明、政治文明、精神文明协调发展。要继续加强对计划和财政预算工作的监督，不断探索新途径、新办法，规范监督计划、预算的程序和内容，全面提高监督质量。要把“三农”问题作为工作监督的重点，通过开展视察、调查、执法检查和评议等活动，努力支持政府做好农业增效、农民增收和农村发展稳定工作。要围绕“工业强区”战略的实施和“工业发展年”活动的开展，加大对工业工作的监督和支持力度，全力推动我区工业化进程。要继续跟踪督查环境保护和城市建设工作，推进可持续发展战略的实施。要密切关注弱势群体的基本生活，切实做好劳动保障和再就业工作，确保中央关于城乡困难群众的各项政策落实到位。要加强人事监督和评议工作，在总结历年评议工作经验的基础上，研究和改进对政府和“两院”组成人员的述职评议，组织好对垂管部门的工作评议。把人大的依法监督和党内的纪律监督结合起来，把充分发扬民主和严格依法办事结合起来，不断完善评议制度，提高人事监督工作的质量。

——加大法律监督力度，为推进依法治区创造良好的环境。要继续强化法律监督，完善监督机制，增强监督实效。要切实搞好执法检查，选准检查内容，改进检查形式，确保宪法和法律在我区的贯彻实施。要建立和完善监督网络和机制，注重把地方国家权力机关的监督与行政机关的监察和审计监督、审判机关的司法监督、检察机关的法律监督进行对接，与党的纪律监督、民主监督、新闻舆论监督有机地结合，形成监督合力。加大对执法单位和执法人员的监督力度，维护公平和正义，促进依法行政和司法公正。

——加强制度建设，积极推进人大常委会工作的公开化、民主化、程序化。认真总结公民旁听常委会会议的经验，改进旁听的方式方法，在注重实效上下功夫。完善重大事项的公告制度和信访工作制度，拓宽公民知政、知情渠道。加强与乡镇人大的联系，指导乡镇人大开展工作。进一步拓展联系代表的渠道，丰富联系代表的内容，完善联系代表的方式，切实加强和改进代表工作。加大代表议案和建议办理的力度，改进办理方式，努力提高办理质量。

——加强自身建设，努力提高依法执政水平。按照“三个代表”重要思想的要求，要把理论、法律、财经和人大业务知识的学习放在首位，坚持和完善常委会会议和机关学习制度。要加强机关作风建设，发扬艰苦奋斗和求真务实的优良传统，保持良好的精神状态。深入开展创建学习型机关活动，进一步提高组成人员和机关工作人员的思想政治素质、法律素质和人大业务素质，努力培养一支政治坚定、业务精通、作风过硬、勤政廉洁的高素质干部队伍。

各位代表，面对新形势、新任务、新要求，我们深感责任重大。我们坚信，只要我们坚持党的领导，坚持以邓小平理论和“三个代表”重要思想为指导，坚持以人为本和全面协调可持续的科学发展观，紧紧依靠全区人民群众，抢抓机遇，真抓实干，我们的目标就一定能够达到。让我们在区委的坚强领导下，解放思想，实事求是，与时俱进，开拓创新，为加快我区民主政治建设和依法治区进程，为全面实现建设小康社会的宏伟目标而努力奋斗！

区人民代表大会常务委员会工作报告

——2006 年 2 月 25 日在东营市河口区第十五届人民代表大会第四次会议上

东营市河口区人大常委会主任 刘秀田

各位代表：

我代表东营市河口区第十五届人民代表大会常务委员会，向大会报告区十五届人大三次会议以来的工作，请予审议。

一年来，常委会在中共河口区委的领导下，坚持以邓小平理论和“三个代表”重要思想为指导，深入贯彻党的十六大和十六届四中、五中全会精神，认真执行区十五届人大三次会议决议，牢固树立和落实科学发展观，贴近中心，服务大局，开拓创新，干事创业，忠实履行了宪法和法律赋予的职权，为推进改革发展稳定发挥了重要作用。

一、加强工作监督，保障和促进了经济和社会事业更快更好地发展

发展是第一要务，是解决前进中各种矛盾和问题的关键。常委会不断增强加快发展的紧迫感和使命感，牢牢抓住事关全区发展大局和人民群众切身利益的重大问题实施监督。先后听取审议“一府两院”工作汇报 20 项，组织专题视察调研 35 次，作出决议决定 9 项，有力地推动了经济社会全面协调发展。

围绕经济发展强化监督。根据人代会决议要求，多次听取审议区政府关于经济发展情况的汇报，就经济运行和重大项目建设情况进行调研，发现问题，及时帮助研究解决改进的办法。听取审议了区政府关于 2004 年区级财政决算的报告及 2004 年区级财政预算执行情况和其他收支情况的审计工作报告，经过认真审查，作出了上年度区级财政决算的批准决议。为确保计划、预算执行的严肃性，圆满完成全年目标任务，听取审议了区政府 2005 年上半年国民经济和社会发展计划执行情况、财政预算执行情况的汇报，针对财政审计中查出的有关问题，要求区政府完善监管制度，加大查处力度，使这项工作在由程序性监督向实质性监督方面迈出了新的一步。始终把“三农”问题列入重要议事日程，先后听取了区政府关于农业综合开发和土地开发整理工作情况的汇报，就维护农民土地承包经营权、严格落实耕地保护政策、妥善解决征地补偿安置以及搞好田间配套工程、加强水利设施监管，分别提出了意见和建议，有力地推进了“三农”问题的解决。高度重视“工业强区”战略的实施，

听取审议了区政府关于“工业发展年”活动安排情况的汇报，并作出了决议，要求区政府按照新型工业化道路的要求，精心选择项目，培育大企业，发展大产业，全面提升工业经济实力。要着眼于构建特色鲜明的产业体系，立足现有基础和资源优势，依托骨干企业，拉长产业链条，积极引导中小企业集聚发展。认真实施品牌带动战略，鼓励企业搞好优势产品开发，争创名牌产品，提升企业整体素质和市场竞争能力。

围绕社会发展强化监督。根据统筹兼顾、可持续发展的要求，对高新技术产业发展情况进行了视察。建议区政府要切实增强科技首位意识，深入推进产学研结合，完善技术创新体系，突破企业融资“瓶颈”，发展具有地方特色的优势产业，尽快把高新技术产业做大做强。围绕生态、资源、环境保护，对国土资源管理工作进行了专题调研，针对建设用地矛盾突出、个别地方多占少用、长期闲置等问题提出了意见和建议；组织开展了环保世纪行宣传活动，督促政府及有关部门对全区污染企业进行了全面排查，并加强了跟踪监督，狠抓了整治措施落实，有力地促进了资源、环境与经济的协调发展。

围绕人民群众关注的热点强化监督。区十五届人大三次会议确定的十二项重点工程事关人民群众的切身利益，常委会高度重视，组织人大代表多次深入实际进行调查了解，专门听取了区政府的汇报，对在为民办实事、办好事方面所做的工作和取得的成效给予了充分肯定，针对有些工程进展缓慢、资金到位不及时等问题，要求区政府强化措施，加快推进，兑现承诺，取信于民。城市建设和管理是群众普遍关心的一项重要工作，常委会采取多种形式加强监督检查，经常深入重点工程建设现场就有关问题进行实地查看，督促区政府及有关部门加快工程进度，保证工程质量；按照创建文明城市的要求，限期整改存在的突出问题，巩固扩大创城成果，努力把城市做优做美。

坚持依法行使人事任免权。先后任命国家机关工作人员39名，免职15名。对提请任命的干部，继续实行任前供职、法律考试等制度，认真审查，严格把关。对所任干部，采取多种形式进行跟踪监督，督促他们依法履职，勤政为民。

二、强化法律监督，有力推进了民主法制建设

坚持把法律监督放在突出位置来抓，拓宽渠道，加大力度，增强实效，有力地推进了依法治区进程，为加快发展创造了良好的法制环境。

依法履行职责，积极推进“平安河口”建设。区人大常委会始终把维护社会稳定作为监督工作的重中之重，多次听取有关部门的汇报，组织开展了视察调查，就如何进一步强化基层基础工作，完善治安防控体系，严厉打击各类犯罪活动，加强社会治安和油区治安综合治理等方面，提出了许多意见和建议，促进了社会治安秩序的明显好转。听取审议了区政府关于打击重大恶性刑事犯罪及“命案必破”工作情况的汇报，要求公安部门改进命案侦破手段，提高侦破技术水平，保持对命案的高破案率，形成高破案率与低发案率的良性循环。针对去年发生的“4·22”重大恶性杀人案件，区人大常委会高度重视，多次听取公安部门的汇报，及时提出相关建议，促使案件得以快速侦破，维护了当地社会稳定。强化了对安全生产工作的监督，要求区政府突出安全生产工作的重点，针对不同时段易发生的安全生产事故，加大安全生产执法检查和专项整治力度，以检查促整改，消除安全生产事故隐患。

加强执法监督，促进依法行政。先后就产品质量法、税收征收管理法、药品管理法、环保法、土地法、安全生产法等10多部法律法规的贯彻实施情况进行了监督检查，督促行政执法机关严格依法办事，规范执法行为，提高执法水平。为配合“工业发展年”活动的顺利开展，听取审议了区政府关于产品质量法贯彻实施情况的汇报，要求区政府切实加强企业质量意识和质量管理知识教育，积极帮助企业建立完善从原料采购到生产、销售及售后服务等全过程的内部质量保证机制，引导企业真正树立起“以质量求生存，以科技求发展，向消费者提供优质服务”的观念，推动产品质量上水平、上档次，提高产品的市场竞争能力。为规范食品药品管理秩序，强化了对食品药品管理的监督，要求区政府对食品卫生和添加剂的使用、药品进货渠道及药品价格进行重点监管，加大专项整治力度，营造一个公正、公平、合理、有序的食品药品生产、销售和消费环境。

为加大执法监督力度，增强监督实效，常委会集

中两个多月时间，对区国税局、区地税局、黄河河务局等12个上级驻河口行政执法部门工作情况进行了评议。为使评议收到实实在在的效果，常委会组成6个调查组，分别由常委会主任、副主任带队，部分人大代表参加，深入各有关部门、乡镇进行调查，广泛征求社会各界的意见，并按照满意、基本满意、不满意三个等次进行综合测评，对他们的工作作出了客观公正的评价，提出36条改进的意见和建议。根据评议结果，授予区地税分局、区国税局“人民满意单位”称号。同时，采取多种形式加强督查，跟踪问效。各被评议部门高度重视，严肃对待，逐条制定措施，进行了认真整改。

重视司法监督，保障公正司法。始终把对司法机关的监督作为法律监督工作的重点，听取审议了区人民法院、区人民检察院上半年工作情况的汇报，提出了许多改进的意见和建议，促进了司法机关办案水平和办案质量的提高。对典型个案实施了有效监督，先后听取了8起案件办理情况的汇报，组织代表参加庭审旁听5次，有力地维护了当事人的合法权益和社会的公平正义。

做好信访工作，积极化解矛盾纠纷。人大信访是了解民情、维护民权的重要窗口和渠道，是人大强化监督的有效途径。常委会带着对人民群众的深厚感情，认真负责地处理来信来访。对来信来访中反映的疑难问题，由常委会主任或分管的副主任亲自协调处理，对反映的一般性问题，通过联席会、交办会等形式，责成有关部门办理。全年共受理人民群众来信33件，接待来访104人次，均及时按有关法律和政策规定进行了处理，真正做到了以情接待，依法处访，有效地化解了社会矛盾，维护了社会稳定。

三、活跃代表工作，更好地发挥了代表作用

人大代表是国家权力机关组成人员，代表工作是人大工作的基础。只有紧紧依靠代表，体现代表的主体地位，人大工作才能充满生机和活力。常委会不断创新思路，健全制度，拓展渠道，全面活跃代表工作，进一步发挥了代表作用。

加强联系服务，为代表执行职务创造良好条件。常委会会议根据确定的审议内容，邀请部分人大代表列席；开展视察调查、组织评议活动，注意吸收有关方面的代表参加，了解情况，听取意见；坚持常委会驻会组成人员集中走访代表制度，加强了与油田、济军生产基地代表和基层代表的联系。7月份，对区人大代表集中进行了走访，面对面听取代表的意见建议，积极帮助代表解决工作中遇到的困难和问题。

搞好指导协调，组织代表开展扎实有效的活动。根据新的形势和任务要求，及时制定印发了代表活动计划，组织代表围绕经济社会发展的重大问题，人民群众关注的热点难点问题，开展了大量视察调查活动；先后有30多名代表参加了有关部门的社会监督、行风评议等活动；在全市率先组织区人大代表向选民进行述职，增强了代表的责任感和使命感，密切了代表与选民的联系；积极组织全区各级人大代表参加了省人大举办的人大制度知识竞赛。代表小组活动日趋活跃，作用发挥越来越好。

抓好督办落实，提高代表建议办理质量。进一步规范了办理程序，明确了承办责任，提高了代表建议办理的速度和质量。区十五届人大三次会议以来，共收到代表建议69件，均及时转交有关部门办理，并广泛征求代表的意见，确保了代表建议办理的实效。截至目前，代表所提建议全部办结，代表满意率达100%。

四、坚持与时俱进，切实加强了常委会自身建设

区人大及其常委会是地方国家权力机关，是担负宪法赋予的各项职责的工作机关，是保持同人民群众密切联系的代表机关，在全区政治生活和社会生活中发挥着极其重要的作用。加强自身建设，对常委会依法履职至关重要。

始终把常委会自身建设摆在突出位置来抓。一是坚持正确的政治方向。按照上级的统一部署，常委会组成人员和机关工作人员认真负责地参加了保持共产党员先进性教育活动。深入学习邓小平理论和“三个代表”重要思想，学习党的十六届四中、五中全会精神，学习中央9号文件及配套文件精神，学习宪法、法律和其他相关知识，常委会组成人员和机关工作人员的党性观念、政治观念、大局观念和群众观念进一步强化，对加强党的执政能力建设的重要性、紧迫性的认识进一步深化，坚持党的领导、人民当家作主和依法治区有机统一的自觉性进一步增强，审议水平、

决策水平、监督水平明显提高，更好地发挥了地方国家权力机关的作用。二是坚持民主集中制原则。无论是决定重大事项，行使人事任免权，还是开展监督工作，都坚持充分发扬民主，反复酝酿讨论，严格依法按程序办事，集体行使职权，集体决定问题。三是坚持走群众路线。常委会组成人员注重深入实际、深入基层，了解事关改革发展稳定和涉及人民群众切身利益的问题，把权为民所用、情为民所系、利为民所谋作为工作的准则，倾听人民呼声，代表人民意愿，维护人民利益，使常委会的各项工作更好地集中了人民的意志，更好地维护了最广大人民群众的根本利益。

坚持探索和创新，始终保持了人大工作的生机和活力。常委会结合实际需要，在全省率先对人代会的组织形式进行改革。现在，上级人大也将计划和财政两个报告书面提交大会审议，是对我们率先改革的充分肯定。另外，在完善换届以来实行的会前学法、重点问题调查、重点发言人、审议意见书、“二次汇报”、公民旁听常委会会议等制度的基础上，又实行了审议意见公告制度和聘用法律、财经顾问制度。对常委会会议形成的重要审议意见通过媒体向社会进行公开报道，增强了审议意见办理的透明度，拓宽了人民群众参与监督的渠道。为弥补人大常委会组成人员和机关工作人员中专业人才比较少的不足，区人大常委会从社会上聘用了6名法律、财经专业人员分别担任人大常委会的法律顾问和财经顾问，向常委会提供法律和专业知识的咨询服务，提高了常委会工作质量，加大了监督力度。

重视机关建设，服务水平进一步提高。加强了机关干部职工队伍的教育管理和各项工作的规范化运作，各个方面都有了新的进展。按照明确责任、规范程序的要求，以制度建设为重点，进一步强化机关服务意识，加强机关队伍建设，完善机关办公、办会、办文等各项工作制度，服务质量和办事效率明显提高。

过去的一年，常委会的工作取得了一定的成绩，但也存在一些问题和不足。主要是监督工作在某些方面还不够到位；代表作用发挥还不够充分；对人大及其常委会决定事项和代表建议的督办落实还缺乏过硬的措施。这些问题，需要在今后的工作中认真加以解决。

各位代表，2006年是我区“十一五”规划的开局之年，做好今年的工作至关重要。在新的一年里，区人大常委会将以邓小平理论为指导，深入贯彻党的十六届五中全会精神，认真落实《中共河口区委关于进一步加强人大工作的意见》，依法履职，在推进社会主义民主法制建设，依法保障和促进全区物质文明、政治文明、精神文明协调发展中发挥积极作用。

加大工作监督力度，在增强监督实效上有新突破。突出加强对计划和财政预算执行情况的监督检查，加强对重大建设项目和财政预算资金使用管理以及追加预算项目的审查监督。着力推进工业强区、建设社会主义新农村、构建和谐河口、招商引资、城市规划建设管理等项工作。

强化法律监督，在积极推进民主法制建设上有新突破。紧紧围绕“依法治区”、“平安河口”建设等，强化法律监督。适时听取“一府两院”工作汇报，提出有针对性的意见建议，大力促进依法行政、公正司法。

切实搞好述职评议，在监督选任干部依法行政上有新突破。坚持任免权与监督权的有机统一，监督人与监督事的有机结合，进一步搞好对选任的“一府两院”干部开展述职评议，督促其珍惜用好党和人民赋予的权力。

创新代表工作，在发挥代表作用上有新突破。加强对代表的培训，强化代表的实践活动，努力提高代表的素质和能力。拓宽渠道，完善制度，进一步密切与代表的联系。指导乡镇（街道）人大开展好代表向选民述职活动。构建人大代表建议办理工作的良好机制，强化协调和重点督办，进一步提高办理工作的实效和质量。

各位代表，河口发展的宏伟蓝图已经绘就。回首过去，成果辉煌；展望未来，前程似锦。我们肩负的使命神圣而光荣，责任重大而艰巨。让我们高举邓小平理论和“三个代表”重要思想伟大旗帜，在中共河口区委的坚强领导下，进一步解放思想，扎实工作，开拓奋进，为我区站在新起点，实现新发展做出新的更大的贡献！

区人民代表大会常务委员会工作报告

——2007 年 1 月 21 日在东营市河口区第十五届人民代表大会第五次会议上

东营市河口区人大常委会主任 刘秀田

各位代表：

我代表东营市河口区第十五届人民代表大会常务委员会，向大会报告区十五届人大四次会议以来的工作，请予审议。

一年来，区人大常委会在中共河口区委的领导下，坚持以邓小平理论和“三个代表”重要思想为指导，深入贯彻党的十六大和十六届五中、六中全会精神，认真执行区十五届人大四次会议决议，围绕中心，以人为本，突出重点，讲求实效，在发挥代表作用、加强制度建设、提高审议质量、增强监督实效等方面做了大量工作，为推进社会主义民主法制建设、构建社会主义和谐社会发挥了重要作用。

一、贯彻落实科学发展观，促进经济社会全面协调发展

区人大常委会始终把促进发展作为第一要务，本着议大事、抓重点、求实效的原则，切实加强了对“一府两院”的工作监督。一年来，先后听取审议“一府两院”专项工作报告 25 项，组织专题视察调研 35 次，作出决议决定 12 项，有力地推动了全区经济社会的健康发展。

（一）关注经济运行和产业发展的重大问题。根据区十五届人大四次会议决议要求，多次听取审议区人民政府关于经济发展情况的汇报，就经济运行和重大项目建设情况进行调研，提出了许多好的意见和建议。进一步加大对计划、财政预算的审查监督力度，听取审议了区人民政府关于计划、财政方面的 5 项报告，作出了关于批准河口区 2005 年财政决算的决议、关于批准调整 2006 年区级财政预算的决议，要求区人民政府强化依法理财观念，按照构建公共财政的框架要求，完善和落实各项管理制度，提高财政资金使用效益，加快推进我区经济结构调整和经济增长方式转变，为经济社会的科学协调发展提供强有力的财政支持。

“三农”问题事关全区发展的大局。7 月初，区人大常委会组织专门力量，对全区农业发展、农村建设、农民增收情况进行调研，在此基础上，常委会第二十六次会议听取了区人民政府的报告并进行了认真审议，就扩大公共财政覆盖范围、加强农村基础设施建设、统筹城乡协调发展、加快农业产业结构调整、促进农村劳动力转移和农民收入持续增长、建设社会主义新农村等方面提出了建议，对推动全区城乡协调发展起到了积极作用。

盐业是我区近几年发展起来的新兴产业，区人大常委会对该产业的健康发展高度关注，在组织部分人大代表视察和专题调查研究的基础上，认真审议了区人民政府关于盐业开发情况的汇报。认为我区盐业发展环境不断改善，规划编制全面展开，盐业发展呈现出良好态势。要求区人民政府根据河口实际，充分利用沿海区位优势，科学规划，积极发展，在扩大原盐生产总量的基础上，鼓励企业延伸产业链条，增加产业附加值。同时要加大改善盐业发展软硬环境的力度。区人民政府认真办理常委会审议意见，着力推进各项基础工作，积极营造发展氛围，我区盐业发展已初见成效。

为了更好地推进重点项目建设，7 月下旬，区人大常委会组织部分人大代表，对招商引资新上项目进展情况进行了视察，建议区人民政府在招商引资过程中，要进一步优化投资结构，努力提高招商引资的质量和效益，注重环境保护，努力实现可持续发展。对此，区人民政府高度重视，认真进行了研究办理。同时，常委会对全区土地利用总体规划修编情况进行了调研，要求区人民政府在国家相关政策规定的框架内，从规划修编入手，认真研究城乡土地互助问题。

（二）关注社会事业发展的重点问题。根据我区公共卫生体系建设的现状，11 月下旬，区人大常委会第二十八次会议听取审议了全区卫生工作情况的

汇报，要求区人民政府加快公共卫生体系建设，尽快形成受益全区的公共卫生网络；深化医疗体制改革，不断完善基层公共卫生服务体系。按照常委会审议意见，区人民政府及时进行专题研究，并出台了一系列政策措施。区人大常委会以预防高致病性禽流感发生为突破口，组织部分人大代表，采取召开座谈会、视察养殖小区等形式，深入了解全区畜牧防疫工作。常委会第二十五次会议专门听取审议了区人民政府关于畜牧疫情防控情况的汇报，针对我区少数地方畜牧防疫体系建设不到位等问题，提出了意见建议。区人民政府及有关部门认真办理常委会审议意见，加强了防疫服务队伍建设，使这项工作取得了明显成效。

（三）关注人民群众关心的热点问题。百年大计，教育为本，教育事业成为人民群众普遍关注的热点问题。11 月上旬，区人大常委会对全区教育工作情况进行了视察。针对存在的问题，在注重发挥教育督导的职能作用，切实推进依法治教，进一步优化教育结构，合理配置教育教学资源，加强农村学校基础设施建设，提高教师队伍整体素质，积极发展职业教育，实现全区教育平衡发展等方面提出了意见建议。

“生态河口”建设事关河口可持续发展。区人大常委会在进行视察调查的基础上，9 月份，着重对我区污水处理厂建设及运行管理、饮用水源保护和重点污染企业整治等情况进行了检查，并听取审议了全区环境保护工作情况的汇报，重点指出了在贯彻环境影响评价法等方面存在的问题，要求区人民政府统筹安排，明确责任，理顺关系，强化监管，大力推进“生态河口”建设。

二、维护公平正义，积极推进和谐社会构建

依法治区、建设法治河口，既是发展社会主义民主政治、建设社会主义政治文明的必然要求，也是构建社会主义和谐社会的重要保证。一年来，常委会不断加大执法监督力度，突出重点，注重实效，有效地促进了“一府两院”依法行政、公正司法。

（一）大力推动法制宣传教育活动。法制宣传教育是推进依法治国方略、提高依法行政能力、增强法律意识和普及法律知识的基础性工作。7 月中旬，第二十六次常委会会议听取审议了区人民政府关于在全区公民中开展法制宣传教育的第五个五年规划和河口区 2006 － 2010 年依法治区规划的汇报，并作出相关决议。区人大常委会加强检查监督，并与有关部门一起组织了“12·4”法制宣传日、法律进社区等活动，督促和支持政府全面落实“五五”法制宣传教育规划和常委会的有关决议，大力推动以宪法为核心，以各级领导干部、行政执法人员、司法人员和青少年为重点的法制宣传教育活动，努力营造全社会知法、守法、用法的良好氛围。

（二）深入开展执法检查。执法检查是法律监督的重要形式。区人大常委会围绕全区经济建设这个中心，抓住人民群众关心的热点、难点问题，先后对农业技术推广法、环境影响评价法、传染病防治法、医疗机构管理条例、电力法等 12 部法律法规的实施情况进行了执法检查。传染病防治关系到人民群众的切身利益和全区改革发展稳定的大局。常委会组织部分人大代表，深入各乡镇、部分企业，围绕责任制的落实、设备设施的配备和使用、从业人员安全防护意识、应急预案的制定四个方面对传染病防治法进行了执法检查。同时，区人大常委会还积极配合省、市人大常委会对水污染防治法、水法、山东省旅游条例等法律法规实施情况进行了检查。通过执法检查，纠正了有关执法部门在执法过程中存在的问题，保证了法律法规在全区的贯彻执行。

（三）加强对司法机关的监督。加强司法监督是促进司法为民和司法公正，实现社会公平与正义的重要保证。为维护法律尊严和公民的合法权益，常委会重点就社会治安、司法监督、案件审判和职务犯罪案件侦破工作进行了监督。5 月初，区人大常委会对全区打黑除恶工作情况进行调查，并在常委会会议上进行了审议，要求区人民政府加大对河口公安分局、河滨公安分局、海滨公安分局和区直相关部门的调度力度，以定期清理租赁房屋、规范流动人口管理、加强居民小区治安巡逻为突破口，严厉打击地方黑恶势力和各种霸头，真正实现全区社会治安明显好转。7 月中旬，常委会分别听取审议了区人民法院关于审判管理及审判质量监督、区人民检察院关于查办和预防职务犯罪工作情况的汇报，在充分肯定成绩的同时，要求司法机关进一步完善执法责任制和错案责任追究制，提高办案质量，转变工作作风，切实加强

司法队伍建设。常委会遵循依法监督的原则，对人民群众来信来访的涉法问题进行了积极的协调处理，维护了当事人的合法权益和社会稳定。

（四）依法行使人事任免权。区人大常委会注重把任免权和监督权有机结合起来，坚持任前供职、法律考试等制度，并采取多种形式进行跟踪监督，提高人事任免工作的质量。一年来，共依法任命国家机关工作人员19名，免职16名，接受辞职5名，从组织上保证了国家机关工作的正常运行，促进了和谐社会构建工作的顺利开展。

三、创新代表活动载体，进一步提高代表工作水平

人大代表是人民代表大会的主体。区人大常委会通过督办代表建议、完善代表活动机制、规范乡镇人大工作等措施，积极开展代表活动，充分发挥人大代表依法管理国家事务的作用。

（一）认真督办代表建议意见。常委会积极探索提高办理代表意见、建议质量的途径。一是以坚持百分之百办复率为督办目标。通过认真收集、汇总、研究分析代表提出的意见、建议，及时召开集中交办会，开展“督办月”活动，先后到25个承办单位督查办理情况；规范答复文件的备案、归档等工作，使代表意见、建议百分之百得到回复。二是坚持重点督办制度。选择部分层次较高和可行性较强的意见、建议进行重点督办，跟踪落实，逐步解决一些热点、难点问题。三是坚持代表参与督办制度。通过代表参与现场办理，有关单位现场向代表介绍建议办理方案或做好法律、政策、区情的解释工作，加强了代表与办理单位的交流和沟通。四是坚持回访代表制度。代表建议办理完毕后，区人大常委会工作部门及时回访有关代表，并将代表的满意程度反馈给各承办单位。区十五届人大四次会议以来，共收到代表意见、建议53件，均已办理完毕。区人大常委会表彰了政府办、建设局、交通局、财政局、水利局等一批办理代表意见、建议先进单位。

（二）认真组织闭会期间代表活动。常委会积极组织，加强服务，拓展代表活动范围，努力为代表依法履职创造条件。一是坚持常委会组成人员联系代表制度。常委会组成人员除半年一次集中走访代表外，还结合专题调研、建议督办等活动，不断加强与代表的联系，了解代表的生活、工作情况，征求代表的意见建议，鼓励代表争先创优，积极建言献策。二是组织开展代表视察活动，让代表了解区情，开阔视野，提高管理地方国家事务的能力。三是常委会邀请部分人大代表参加各种专题调研，列席人大常委会会议，参与执法检查等活动，并利用以会代训等形式对人大代表进行业务培训，有效地提高了代表的依法履职能力。四是坚持开展代表争先创优活动。通过开展评选代表好建议、报道优秀代表风采等活动，在全区涌现出一批带头贯彻党的政策，带头科技致富，带头建言献策，积极投身社会公益事业的先进代表。

（三）注重加强对乡镇人大工作的联系和指导。根据各个时期的工作任务，适时召开乡镇人大工作会议，总结工作，学习业务，交流经验，不断提高工作水平，推动乡镇人大工作健康发展。督促乡镇人大认真组织代表活动，开展代表视察、检查、评议等工作，推动基层民主法制建设。努力提高乡镇人大专职干部工作水平，组织乡镇人大专职干部外出学习考察，提高业务素质和工作能力。邀请乡镇人大专职干部列席区人大常委会会议，积累人大工作经验。

四、以提高履职水平为目标，不断加强常委会自身建设

常委会始终坚持把自身建设摆在突出位置来抓，强化学习，深入调研，积极创新，依法履职，不断提升工作水平。

（一）思想作风建设更加有效。深入学习党的十六届五中、六中全会精神和构建社会主义和谐社会理论，进一步增强党的意识、大局意识和责任意识。坚持集中学法、调查前学法、聘请专业人员讲法等制度，先后系统学习了城市规划法、环境影响评价法、公务员法、监督法等10余部法律法规，提高了常委会组成人员依法审议、依法监督的能力，为常委会依法履职打下了坚实的基础。

根据区委统一部署，常委会机关认真开展了“作风建设年”活动。认真组织学习，广泛开展讨论，深入查找问题，注重成果转化。发挥常委会党组和机关党支部的作用，加强常委会机关的思想政治工作和党建工作，进一步健全有关制度，努力营造良好的工作氛围。

（二）新闻宣传工作进一步加强。常委会一直把人民代表大会制度的宣传作为一项重要工作来抓。加强与新闻宣传单位的协调，及时报道常委会会议的决议、决定和全区人大工作的动态，宣传区人大常委会创新思路、依法履职、保障发展的成功实践和工作经验，相继在省、市新闻媒体播报宣传稿件50余篇，扩大了我区人大工作的对外影响，提高了河口区和河口人大的知名度，同时也展现了我区人大代表履职为民的风采。12月初，召开了全区人大宣传工作会议，总结了近年来我区人大宣传工作的经验，研究制定了进一步加强和改进人大宣传工作的一系列措施。

（三）调查研究工作逐步深入。围绕全区工作大局，区人大常委会组织开展了招商引资、文化建设、社会保障体系建设、社会主义新农村建设等专题调查研究，撰写调研报告10篇。同时，把调查研究渗透到人大常委会工作的各个环节，无论是审议工作报告，组织视察检查，还是开展评议，都注重听取各方面意见，了解掌握第一手资料，为常委会审议和决定重大事项提供了重要依据。去年，办公室撰写的《地方人大工作的探索与创新》获得了省级调研论文优秀奖。

（四）业务交流工作日趋务实。区人大常委会积极加强与兄弟县区的横向交流与工作往来，就工作方式创新、强化财政监督、深化述职评议、发挥代表作用、提高审议质量等内容，进行了工作交流和理论探讨，在不少领域有了新的认识和提高。去年5月份，全市人大工作座谈会在河口召开，河口区人大常委会的八项创新制度，得到了肯定和推广。

（五）信访工作不断规范。人大信访工作是人大及其常委会联系人民群众、了解社情民意和权力机关依法行使监督权的重要信息渠道。在认真学习信访条例的基础上，主任会议对信访受理工作程序作了进一步明确和细化，形成了“办公室分流、信访科主管、各委室协作、常委会分管领导批办”的人大机关信访工作格局，使人大机关信访工作更加规范化。一年来，接待来访129人次，受理来信31件。各工作部门密切配合，加强督办，促进了问题的解决和矛盾的化解，提高了处理人民群众信访问题的质量和效率。

过去的一年，区人大常委会工作取得了一定的成绩，在不少领域有了新的突破，但仍有一些需要进一步改进和提高的方面：工作监督和法律监督还需要进一步深化，重大问题的决策水平有待进一步提高，在组织代表活动、发挥代表作用等方面还有较大的开拓空间。对此，常委会将在今后的实践中，努力探索，不断改进。

各位代表！2007年是实施“十一五”规划、站在新起点实现新发展的关键一年，也是本届人大常委会工作的最后一年。在新的一年里，区人大常委会要认真落实区六次党代会精神，坚持党的领导、人民当家作主和依法治国的有机统一，牢固树立和落实科学发展观，围绕中心，服务大局，切实履行宪法和法律赋予的各项职能，在推进全区物质文明、政治文明、精神文明协调发展和构建社会主义和谐社会的历史进程中发挥应有的作用。

围绕大局，突出重点，全面提高审议工作质量。紧紧围绕事关改革、发展、稳定大局的根本性问题，审议决定重大事项。把人大代表和人民群众普遍关心、迫切需要解决的问题，作为常委会审议的重要内容，大力推进“民心”工作，切实维护广大人民群众的合法权利和根本利益。要广泛深入地开展专题调查研究，多层面深化对审议议题的认识，使审议工作更具有针对性和实效性。

加大力度，依法履职，努力增强监督工作实效。从今年1月1日起，《中华人民共和国各级人民代表大会常务委员会监督法》开始施行。我们要以贯彻实施监督法为契机，规范人大常委会的工作运行机制，进一步加强和改进对“一府两院”的法律监督和工作监督，推进依法治区，保障经济和社会各项事业健康发展。

加强服务，改进方法，进一步拓展代表工作。要积极探索闭会期间代表活动形式，保障代表的知情权，适时组织重要情况通报会，使代表及时了解全区重要工作；继续邀请代表列席区人大常委会会议，了解常委会的工作情况；主动邀请代表参加人大常委会组织的各类活动，使代表更全面、更细致地了解全区各行各业、各条战线的情况，为依法履职创造条件。依法进行区、乡（镇）两级人大代表换届选举工作，精心组织，周密安排，上下联动，加强指导，确保换届选举工作顺利进行。

凝聚合力，开拓进取，加强常委会自身建设。坚持不懈地加强常委会及机关的思想政治建设、业务素质建设和工作作风建设。要牢固树立党的观念、政治观念、大局观念和群众观念，不断增强把党的领导、人民当家作主和依法治国有机统一起来的能力。密切联系区域工作的实际，加强业务学习，注重调查研究，不断提高履职能力和水平。同时，要进一步坚定理想信念，强化宗旨观念，振奋精神，努力工作，不断推进常委会和机关的队伍建设。

要主动接受人民代表大会和社会各界的监督。按照监督法的要求，人大常委会行使监督职权的情况，应当向本级人民代表大会报告，接受监督。同时，要进一步提高人大监督工作的透明度。常委会组成人员在执法检查、审议专项工作报告中提出的重要意见和建议、有关问题的整改情况等，要采取多种方式向社会公开，进一步发挥舆论监督和群众监督的作用，切实将人大常委会的监督工作置于人民群众的监督之下。

各位代表！河口区的发展进入了新的时期。让我们高举邓小平理论和“三个代表”重要思想伟大旗帜，在中共河口区委的领导下，认真履行宪法和法律赋予的职责，与时俱进，开拓创新，为推进“和谐河口”建设，促进区域经济跨越发展和社会全面进步而努力奋斗！

区人民代表大会常务委员会工作报告

——2007年12月9日在东营市河口区第十六届人民代表大会第一次会议上

东营市河口区人大常委会主任 刘秀田

各位代表：

我受河口区第十五届人民代表大会常务委员会的委托，向大会报告常委会五年来的主要工作，请予审议。

区十五届人大常委会选举产生以来的五年，是我区改革开放和现代化建设取得显著成绩的五年。五年来，区人大常委会在中共河口区委的领导下，高举中国特色社会主义伟大旗帜，以邓小平理论和“三个代表”重要思想为指导，深入贯彻落实科学发展观，认真履行宪法和法律赋予的各项职权，与时俱进，开拓创新，为推动全区经济建设、政治建设、文化建设和社会建设做出了积极贡献。

一、贯彻落实科学发展观，推进经济社会又好又快发展

五年来，常委会始终坚持以科学发展观为统领，紧紧抓住全区经济社会发展中的重大问题和人民群众关心的热点难点问题，切实加大监督力度，先后审议“一府两院”工作报告106项，作出决议决定38项。

着眼科学发展，提高经济运行质量。加强对全区经济社会发展状况的调查分析，依法听取和审议全区国民经济和社会发展计划执行情况的报告，督促政府着力做好“十五”计划与“十一五”规划的实施工作，并在区十五届人大四次会议上作出了《关于河口区国民经济和社会发展第十一个五年规划纲要的决议》。为了贯彻落实区委提出的“工业强区”发展战略，2005年2月，区十五届人大常委会第十四次会议作出了《关于深入开展“工业发展年”活动，努力推动“工业强区”战略实施的决议》，要求区政府提供政策服务，优化环境，加快投融资体制改革，调动企业投入的积极性，大力启动民间资本，尽快形成稳定的投入增长机制。常委会听取和审议了农业发展、民营经济发展、招商引资、科技推广和土地利用等方面的报告，提出要进一步提高涉外服务能力，着力培植优势产业和骨干企业，加快高新技术产业发展，加强人才培养与引进，推动全区经济实现又好又快发展。

着眼预算规范，保障财政健康运行。在每年审议预算编制、预算执行、预算调整、财政决算等事项时，形成了若干项审议意见，强调要转变理财观念，坚持开源节流，加快公共财政体系建设，统筹经济社会各项事业发展，切实保证农业农村、教育卫生和社会保

障等方面的投入。为实现对预算的监督由注重程序向注重程序和实体并重转变，常委会以推进部门预算为监督重点，逐步建立完善了预算预审、决算报告、决算审计等多项制度。针对预算外资金管理问题，常委会提出要着力研究建立预算外资金的整合机制，切实提高财政资金使用效益。常委会十分关注国有资产管理情况，对政府举债、国有资产置换、重点工程资金运行等情况进行调研和审议，要求区政府深化改革，规范操作，完善政策，盘活国有存量资产，保证财政资金和国有资产的运行安全。

着眼规划建设，推进城乡统筹发展。为使城市建设总体规划、土地利用总体规划修编更有利于我区发展，常委会积极组织专家和各界人士座谈，征求方方面面的意见，保证河口区新一轮规划修编完成并经批准后，尽可能满足我区未来的发展需要。同时，常委会立足河口实际，要求区政府进一步完善服务业发展规划、电力发展规划、供水设施建设规划、道路建设规划等，配套完善基础设施，努力改善经济发展环境。常委会十分关注重点工程建设，督促政府立足科学发展，统筹兼顾，量力而行，合理安排重点建设项目，突出抓好事关长远、涉及群众利益的重点工程，努力为区域发展奠定良好的基础。

着眼民生问题，维护群众切身权益。围绕社会主义新农村建设问题，常委会做了大量的调查研究工作，提出新农村建设必须因地制宜、科学规划、分类推进，要充分尊重群众意愿，最大限度地调动群众的积极性，确保新农村建设不断取得实际效果。针对公共卫生安全问题，常委会专题审议了公共卫生体系建设情况的报告，督促做好非典防治、禽流感防治等工作，提出要加大公共卫生投入，优化卫生组织网络，整合基层卫生资源，建立突发事件预防应急机制。针对社会普遍关注的教育问题，常委会多次听取、审议政府专项报告，指出要优化城乡教育资源配置，促进普通教育与职业教育均衡发展。针对人民群众反响强烈的社会治安问题，区人大常委会于 2004 年 5 月作出了《关于建设平安河口的决议》，并先后听取了油区治安综合治理、命案必破、“打黑除恶”等方面的汇报，要求区政府把社会治安管理作为一项系统工程来抓，整合区内警力资源，建立长效管理机制，坚持“打、防、控”结合，切实保障人民群众的生命财产安全。常委会高度重视社会保障工作，多次就失地人员生活保障、职工养老保险、弱势群体救助、城乡老年人生活补助等工作进行调研，要求区政府切实搞好保障体系建设，不断扩大覆盖面，努力促进社会和谐。

着眼环境优化，推进生态环境保护。加强对生态环保工作的监督是本届人大常委会工作的一项重要内容。几年来，坚持以水系水源保护和重点污染源防治为主线，认真开展调查研究，及时进行审议监督，提出要切实提高干部群众的生态环保意识，注重产业发展导向，坚持企业治污与企业发展并重，切实保障经济社会和环境协调发展。为推进水库水源保护工作，常委会多次组织人大代表对孤河、孤东等水库开展视察、检查，督促政府加快建立水源保护地，积极预防水库污染。

二、坚持以人为本，努力促进社会公平正义

五年来，常委会始终坚持把加强法律监督作为推进依法治区工作的重要环节，积极探索有效途径，努力推进依法行政、公正司法。

加强评议工作，完善权力制约机制。加大对“一府两院”及被任命人员的监督力度，逐步建立完善了社会公示、经济审计、法律考试、述职评议等制度。2005 年 10 月，常委会组织对上级驻河口行政执法部门集中进行了工作评议。评议活动围绕依法履职、队伍建设、为民服务、工作配合、接受监督等五个方面展开。在区十五届人大常委会第十九次会议上，授予区地税分局、区国税局“人民满意单位”称号。五年来，还先后对财政局、教育局、司法局、交通局、计生局等 11 个部门的负责人进行了述职评议，提出了具体的整改意见。坚持党管干部原则与人大依法行使任免权相结合，本届共任命国家机关工作人员 142 名，免职 54 名，接受辞呈 9 名。

加强执法检查，保障法律法规实施。坚持突出重点、力求实效的原则，每年有重点地开展执法检查活动，努力营造法治氛围，改善执法环境。五年来，常委会重点对贯彻实施村民委员会组织法、城市规划法、人口与计划生育法、劳动法、食品卫生法、义务教育法、安全生产法、科技进步法、妇女权益保障法、治安管理处罚法情况进行了执法检查，并提出了整改

意见。针对安全生产中存在的问题，常委会连续组织开展专项检查、审议监督，提出要进一步理顺安全生产监管机制，加大执法力度，落实安全生产责任制，切实保障人民群众的生命财产安全。同时提出，要加强对食品安全问题的源头监控，注重经常性管理，严厉打击假冒伪劣、以次充好等扰乱市场秩序的行为，保障人民群众的饮食安全。高度重视妇女权益保障工作，要求政府将妇女权益保障法纳入“五五”普法规划中，系统地组织普法宣传教育活动，营造维护妇女合法权益的社会氛围。

加强审议监督，推进法治政府建设。区十五届人大常委会第二十六次会议，审查通过了区政府《关于在全区公民中开展法制宣传教育的第五个五年规划》和《河口区2006-2010年依法治区规划》，要求政府深入开展以宪法为主要内容的法制宣传教育，扎实推进依法治理，切实加强以农村、社区为重点的基层民主法制建设，进一步提高公民法律意识和法律素质，保障和促进全区政治、经济、文化和社会各项事业的健康发展。2004年，常委会专题审议了区政府贯彻落实行政许可法情况的报告，要求政府进一步转变职能，健全行政决策机制，规范行政执法行为，加强行政权力监督，不断提高行政效能。

加强司法监督，维护社会公平正义。进一步健全监督机制，规范监督程序，着力促进司法机关严格执法、公正司法。常委会先后26次听取审议区人民法院、区人民检察院的工作报告。为进一步细化监督切入点，常委会专题审议了区人民法院关于民事审判执行工作情况的报告，要求区人民法院排除对执行工作的干扰，加大执行工作力度，改进工作作风，强化内部管理，切实维护当事人的合法权益。先后听取审议了区人民检察院关于反渎职侵权、职务犯罪侦查等工作情况的报告，提出要健全监督预防机制，加大对重点部位、重点环节的侦查力度，努力树立国家公职人员廉洁高效的良好形象。

加强基层建设，推进民主法制进程。常委会十分重视基层民主法制建设，努力保障人民群众的民主政治权利。围绕民主法治示范村建设，常委会多次开展调研、视察、检查，督促政府抓好村委会组织法贯彻落实工作，加快推进基层民主法治进程。同时就加强农村普法教育、完善村规民约、正确处理村两委关系等提出了意见建议。高度关注村民委员会换届选举工作，积极调处群众反映的相关问题，依法规范操作程序，确保村委会换届选举工作有序进行。将人大信访作为了解社情民意、维护公民合法权益、密切与人民群众联系的重要工作来抓。五年来，共受理来信来访740件，其中来信172件，来访568人次，办理上级人大批转信访44件，在畅通民情、疏解民忧、推进基层民主法制建设等方面发挥了积极作用。

三、拓展代表工作空间，激发人大工作活力

人大代表是人大工作的主体。常委会始终把加强代表工作作为做好人大工作的重要环节，努力拓展代表知情渠道，积极提供参政平台，代表工作取得了新的进展。

立足油区特点，以人大代表为纽带，促进油地军融合。常委会组成人员每年都结合中心工作和审议议题走访驻油田、济军生产基地的人大代表，通报全区经济社会发展情况，广泛征求代表意见。为了便于油地互相沟通、互相了解，除了视察、调查、召开会议安排油田、济军生产基地人大代表参加外，还专门组织油地军人大代表联谊互察，即组织驻油田和济军生产基地的人大代表视察地方工业、农业、城市建设等工作，组织部分驻地方各单位代表视察油田和济军生产基地企业经营、管理工作。通过互访联谊，加强了油地军的经济结合和社会融合，推进了和谐社会建设。

认真督办代表建议，提高代表履职积极性。常委会把督促代表建议的办理作为尊重代表权利、发挥代表作用的一件大事来抓。在坚持及时交办和加强日常督办的基础上，常委会就办理工作提出了建议，要求区政府把人大代表建议办理工作列入重要工作日程，对重点难点问题，建议区政府领导亲自参与研究办理，有关承办单位主要负责人亲自抓办理工作，使办理质量有了明显提高。常委会每年举行一次“双评”活动，即评选“代表好建议”和“办理代表建议先进单位”。在充分酝酿推荐的基础上，对提出好建议的人大代表和办理代表建议先进单位进行表彰。五年来，共督促办理代表建议326件，促进了一些热点问题的解决。

组织代表向选民述职，密切代表与选民的联系。2005 年初，常委会在全市率先组织开展了代表述职活动。区人大常委会指导乡镇人大采取先行试点、逐步铺开、分期分批的方法安排代表向选民进行述职。通过述职，进一步强化了代表意识，提高了代表依法履职、干事创业的责任感和使命感，也进一步密切了人大代表与选民的联系，社会效果非常明显。

精心组织换届选举，进一步优化代表结构。组织好人大的换届选举，是本届常委会工作的一件大事。按照宪法、地方组织法、选举法的有关规定，区人大常委会任命了区乡选举委员会，主持区乡人大换届选举工作。在整个换届选举过程中，常委会坚持党的领导，充分发扬民主，严格依法办事，准确把握代表结构，妥善处理各类问题。在各乡镇选举委员会和街道选举工作指导组的共同努力下，同时直接选举产生了新一届区人大代表 157 名，乡镇人大代表 277 名，代表结构得到了进一步优化，广大选民经历了一次社会主义民主政治建设的实践，当家作主的意识得到进一步增强。

四、创新工作机制，增强人大监督实效

五年来，区人大常委会围绕提高常委会会议审议质量和审议意见办理实效，积极探索新路子，研究新办法，先后实行了八项工作制度，为人大常委会依法履职提供了可靠的制度保证。

一是实行调查前学法制度。调查前，常委会组织参加调查的全体人员学习有关法律法规，明确调查的内容和法律依据，掌握调查的方式方法，提高对调查事项的认知程度。二是实行重点问题调查制度。为找准审议的切入点，每次常委会会议召开前，主任会议都要经过认真研究，对每项审议议题确定 2 至 3 个问题作为重点。常委会组成人员深入实际，深入群众，对这些重点问题进行深入了解和剖析。三是实行重点发言人制度。主任会议确定审议议题时，同时确定 2 至 3 名常委会组成人员作为该议题的重点发言人。重点发言的同志，在会前认真学习有关法律法规及相关知识，搞好调查研究，做好充分的发言准备。四是实行“审议意见书”制度。对事关全区经济社会发展和民主法制建设的重点工作，在听取“一府两院”汇报、集中进行审议的基础上，形成比较规范和具有一定权威的“审议意见书”，交“一府两院”及有关部门进行办理。五是实行“二次汇报”制度。为加大常委会审议意见的办理力度，常委会制定了《审议意见办理办法》，规范了办理程序，并特别规定，审议意见书转交有关部门后，在间隔一次常委会会议上，由办理部门对审议意见的办理情况向会议再次作出汇报。六是实行公民旁听制度。每次常委会会议前，由区人大常委会向全社会公告会议议题，公民按程序申请旁听。该项制度自实施以来，共有 200 余名普通公民旁听了常委会会议。七是实行重要审议意见社会公告制度。对常委会会议形成的某些重要审议意见通过媒体向社会进行公开报道，增强了审议意见办理的透明度，拓宽了人民群众参与监督的渠道。八是实行聘用顾问制度。常委会公开选聘了 3 名法律专业人员、3 名财经专业人员分别担任常委会的法律顾问和财经顾问，向常委会提供法律和财经方面的咨询服务。这八项制度的实施，提升了人大常委会的监督质量，强化了监督实效。

同时，区人大常委会还对人代会的组织形式、审议形式进行了创新。在总结历届人大工作经验的基础上，常委会本着求真务实的精神，在组织法规定的框架内，在全省率先对人代会的会议组织形式进行改革。从区十五届人大二次会议开始，不再听取计划、财政工作报告，把计划、财政工作报告书面印发全体与会代表，进行审议后作出决议。同时根据河口实际，大会先后分别听取审议了区政府关于城市规划建设和管理情况、社会治安工作情况、“工业发展年”活动开展情况及社会主义新农村建设重点工作情况的专项报告。这些创新举措受到代表们一致欢迎，也得到了上级人大的肯定。为进一步提高大会审议质量，真正解决“审议给谁听”的问题，在区十五届人大四次会议上，组织了 8 名人大代表进行大会集中审议发言。这些代表根据自己平时掌握和调查了解的情况，汇总其他代表的意见，畅谈对各项报告的看法及对今后工作的建议意见。代表们普遍反映，集中审议发言，能够让决策者直接倾听到人大代表的呼声，了解到人大代表的意愿，利于民主决策、科学决策。

五、加强常委会自身建设，不断提高履职水平

常委会始终把自身建设放在突出位置来抓，不断

提高常委会组成人员的综合素质和工作水平，保证人大常委会的职权得到充分发挥。

加强思想政治建设。五年来，常委会深入开展了“保持共产党员先进性”教育活动、“作风建设年”活动及“解放思想、改进作风，全面落实科学发展观”教育活动，认真学习了邓小平理论和“三个代表”重要思想及党的十六大、十七大精神，坚定了贯彻落实科学发展观的自觉性，进一步增强了政治意识、大局意识和责任意识，牢牢把握了人大工作的政治方向。同时，不断加强法律知识和人大业务知识的学习，有效地提高了常委会组成人员和机关工作人员的业务素质。

强化制度建设。坚持传承与创新并举，总结与提高并重，对常委会工作制度和机关管理各项制度进行修订和补充，并辑印成册，力求用制度规范程序，靠制度管人、管事，推进了常委会各项工作的有效开展。

坚持民主集中制。常委会按照民主集中制原则，进一步健全了议事制度，在行使监督、任免和重大事项决定权时，能够充分发扬民主，集思广益，坚持集体讨论决定，集体行使职权，使民主决策机制日益完善。

各位代表！常委会五年来所取得的成绩，是在中共河口区委正确领导下，认真实践“三个代表”重要思想的结果，也是在历届人大工作基础上，常委会全体组成人员和广大代表共同努力的结果，是“一府两院”及社会各界大力支持、密切配合的结果。在此，我谨代表区十五届人大常委会向全区各级人大代表，向关心和支持区十五届人大常委会工作的全区广大干部群众和社会各界人士表示衷心的感谢！

各位代表！五年人大工作的实践，使我们深刻体会到，做好地方人大工作，要始终把握好以下几点：一是必须坚持正确的政治方向。要以马克思列宁主义、毛泽东思想、邓小平理论和“三个代表”重要思想为指导，用科学发展观统领人大工作；坚持党的领导、人民当家作主和依法治国的有机统一，全面贯彻党的路线方针政策，使党委的主张经过法定程序成为国家意志，保证人大工作沿着正确方向健康发展。二是必须坚持以经济建设为中心。要把推进改革开放和经济建设作为人大监督工作的主要内容，积极探索监督经济工作的有效形式，努力找准与经济建设的最佳结合点，依法行使各项职权，切实推进全区经济建设和社会发展。三是必须坚持维护最广大人民群众的根本利益。人大工作必须以人为本，把实现好、维护好、发展好最广大人民群众的根本利益作为出发点和归宿。要保持同人民群众的血肉联系，自觉地把人大工作置于人民群众的监督之下，使人大工作顺应民心，反映民意，集中民智，贴近民生，切实保证人民当家作主。四是必须坚持依法监督。人大及其常委会要依法履职，敢于监督，提高监督水平，增强监督实效；要坚持实事求是的原则，正确处理监督与被监督的关系，寓支持于监督之中，做到善于监督。五是必须坚持民主集中制原则。人大及其常委会无论是决定重大事项，行使人事任免权，还是开展监督工作，都必须充分发扬民主，严格依法按程序办事。

在回顾工作、总结经验的同时，我们也清醒地认识到，常委会的工作同宪法和法律赋予的职责，同党和人民群众的期望相比，还存在差距和不足。主要是：法律监督和工作监督的针对性和实效性还需要进一步提高，代表知情知政、参与管理地方国家和社会事务的渠道有待于进一步拓宽，常委会组成人员的作用有待于进一步发挥。这些都需要在今后的工作中努力加以改进。

各位代表！党的十七大为新形势下做好地方人大工作提出了新的更高的要求。我们相信，面对新的形势和任务，新一届人大及其常委会，必将更好地凝聚全体代表的智慧和力量，担当起历史赋予的重任，在区委的领导下，继往开来，与时俱进，人大工作必将出现崭新的局面。为此，我们提出以下建议：

要始终把推动经济社会发展作为人大工作的首要任务。要牢牢把握发展这个主题，紧紧围绕区六届三次全委会议提出的经济社会发展的奋斗目标，确定人大工作的重点，通过深入调查研究，全面有效地行使好宪法法律赋予的各项职权，努力促进我区经济社会又好又快发展。

要始终把发展社会主义民主政治作为人大工作的基本职责。要继续探索坚持党的领导、人民当家作主和依法治国有机统一的有效途径，不断拓宽广大人民群众参与管理国家事务的新渠道，保证人民当家作主。要认真贯彻实施监督法，进一步加强和改进人大监督工作，不断提高监督实效，促进“一府两院”依法行政和公正司法。

要始终把维护人民群众根本利益作为人大工作的出发点和落脚点。要加强与广大人民群众的联系，准确地反映广大人民群众的意见和要求，时刻关注人民群众最关心、最直接、最现实的利益问题。要引导广大人民群众妥善处理各种矛盾，真正做到情为民所系、权为民所用、利为民所谋。

要始终把与时俱进、开拓创新作为推进人大工作的重要动力。要在坚持党的领导和依法办事的前提下，努力实践创新，不断积累经验，推动人大工作有序、有效、有力地开展，为不断完善人民代表大会制度作出新的贡献。

要始终把加强自身建设作为提高人大工作水平的重要保证。常委会组成人员要加强自身学习和思想政治建设，提高理论素养和履行职责能力，增强做好人大工作的使命感和责任感。要加强人大干部队伍建设，积极营造良好的工作氛围，不断提高人大机关服务水平。

各位代表！即将产生的河口区第十六届人民代表大会常务委员会将肩负着人民的重托，履行神圣的职责。我们坚信，在中共河口区委的领导下，新一届人大常委会一定能够求真务实，锐意进取，深入贯彻党的十七大精神，继续谱写出人大工作的新篇章，为河口经济社会又好又快发展再创新的业绩，再铸新的辉煌！

区人民代表大会常务委员会工作报告

——2009年1月5日在东营市河口区第十六届人民代表大会第二次会议上

东营市河口区人大常委会第一副主任 王树臣

各位代表：

我受郑建军主任的委托，代表区人大常委会向大会报告工作，请予审议，并请列席会议的同志提出意见。

2008年，区人大常委会在区委的领导下，认真贯彻党的十七大和十七届三中全会精神，深入实践科学发展观，全面有效地履行宪法和法律赋予的职权，充分调动代表依法履职、干事创业的积极性，为建设富裕文明和谐的新河口做出了积极贡献，实现了本届常委会工作开好局、起好步的目标。

一、强化工作监督，推动经济社会科学发展

人大常委会牢牢把握经济社会发展大局，紧紧围绕“作风立区、产业强区、生态兴区”战略，着力深化工作监督，不断提高监督实效。一年来，共听取审议“一府两院”专项工作汇报15项，组织专题视察调查32次，作出决议决定5项，提出意见建议150余条，有效地推动了“一府两院”各项工作的开展。

紧扣发展主题，推动中心工作。针对去年以来国际国内经济的严峻形势，积极支持政府采取应对措施。听取审议了区政府关于上半年国民经济和社会发展计划执行情况的报告，并围绕重点企业运营、重大项目建设等问题，深入进行调研，提出意见建议，大力支持政府采取促进经济平稳较快发展的一系列应对措施，努力抓投入、保增长、促发展，千方百计完成全年目标任务。紧紧围绕区委关于加快工业发展的战略重点，听取审议了区政府关于全区石油化工产业发展情况的汇报，督促区政府积极推进石化企业合作重组，膨胀企业规模，拉长产业链条，提高经济效益。同时要切实解决好石化企业的安全生产、污水处理等突出问题。为全面了解全区油区工作情况，总结近年来油地共建的经验和成效，常委会组织70多名市、区人大代表，分8个专题，对全区油区工作进行了集中视察，提出了加强组织领导，理顺油区工作管理体制；完善服务机制，帮助油田解决实际问题；油地携手，加大油区治安综合治理力度；加强政策扶持，支持油田和改制企业加快发展等方面的建议。对此，区委高度重视，认为人大常委会组织的这次集中视察活动，选题准、切入深，充分体现了人大工作紧扣中心、服务大局的境界和水平；形成的视察报告简洁平实、中肯到位，具有很高的实践价值。根据区委的意见和人大常委会的建议，区政府组织有关部门进行

专题调研，出台了《河口区保护支持油公司加快发展的若干规定》，对油公司实行领导联系、挂牌保护、区油工委办统一协调的制度；整合油地军治安资源，在完善仙河治安监控中心的基础上，加快推进河口城区、孤岛治安监控中心建设，进一步健全了社会治安防控网络；将油区工作列入对乡镇、街道的专项督查，纳入年终综合考核，提高了各级做好油区工作的积极性。常委会高度关注“三网”绿化工作，听取审议了区政府关于“三网”绿化工程建设情况的汇报，要求区政府科学论证，高标准设计，高标准施工，先改碱，后栽树，先易后难，分步实施，确保“三网”绿化工程建设稳步推进。同时要搞好林地产权制度改革，完善管护机制，切实巩固绿化成果。

强化预算审查监督，确保财政平稳运行。按照预算法和监督法的规定，常委会认真审查和批准年度决算，适时听取和审议预算执行情况报告和审计工作报告。为进一步增强预算审查监督实效，出台了区级预算审查监督办法，进一步规范了人大常委会及其财经工委的预算审查监督行为和区政府及其有关部门的预算行为。在审查监督过程中，常委会坚持程序性审查监督与实质性审查监督相结合，把握监督重点，加强预算支出监督，加强对超收收入、财政转移支付、部门预算执行的监督检查，推动政府建立科学的公用经费和项目支出管理机制。针对复杂多变的经济形势，常委会及时就金融环境状况进行了调研，建议区政府正确把握形势，积极应对困难，加强宏观指导，推进银企合作，为企业发展壮大创造良好的软环境。

切实关注民生，推动和谐社会建设。常委会高度重视农民增收问题。去年6月份，组织部分人大代表对特色种植业、特色养殖业发展情况进行了视察，建议区政府要扶持龙头企业，培育市场中介组织，带动特色农业发展，切实增加农民收入，为建设社会主义新农村奠定良好的产业基础。为提高公共文化服务质量，常委会听取审议了区政府关于全区公共文化服务体系建设情况的汇报，要求区政府将公共文化服务体系建设列入重要议事日程，实行目标管理。将文化馆、图书馆、体育馆、儿童活动中心等一些必要的文化设施，列入政府的中长期规划，逐年组织实施，丰富城乡文化内涵，提升河口城市品位。去年10月份，常委会组织部分代表对全区重点工程和便民实事进行了视察，针对个别项目资金到位不及时、施工环境不宽松、建设进度不够快等问题，建议区政府加强调度，强化措施，加快推进，取信于民，有效地保证了年度目标任务的完成。此外，常委会还通过多种方式，加强对困难群众住房建设、失地农民社会保障、农村学校冬季取暖、抗震救灾、物价监管、安全生产、电网建设、食品卫生等项工作的监督，促进了一些热点、难点问题的解决。

完善工作制度，强化对任命干部的监督。坚持党管干部与人大依法任免干部的统一，充分发扬民主，严格任免程序，正确行使任免权。继续坚持法律知识考试、任前供职等制度，增强被任命干部履行职责的责任感、使命感和接受监督的自觉性。一年来，共依法任命国家机关工作人员47名，免职10名。常委会加强并不断改进对干部任命后的监督，建立了人大、政协、纪委“三机关”协同监督工作机制，整合了监督资源，增强了监督实效。去年底，围绕履行职责、办事效率、服务质量、廉洁守纪等四个方面，与区政协、区纪委一起对全区102个部门和行业进行了集中评议，促进了政风行风建设，受到了人民群众的一致好评。

二、强化法律监督，扎实推进依法治区

人大常委会坚持把人民群众普遍关注的热点问题作为法律监督的重点，着力在加大监督力度、改进监督方式、提高监督实效上下功夫，保证了法律法规的贯彻实施。

深化执法监督，积极推进依法行政。常委会听取审议了区政府关于节约能源法实施情况的汇报，督促支持区政府依法完善节能激励机制，设立节能减排专项资金，制定相关优惠政策，扶持企业开发、利用、推广节能技术。以贯彻落实环境保护法为重点，听取审议了区政府关于环境保护工作情况的汇报，要求区政府要及时完善河口产业布局规划，防止形成“化工围城”的局面。要对全区“小造纸”等“土小”企业进行专项整治，彻底解决“土小”企业死灰复燃问题。区政府及时召开专题会议，实行联合执法，成功关停了7家“土小”企业。结合劳动合同法的颁布实施，常委会组织有关人员对该法的贯彻落实情况进行了

调研，建议区政府要加大劳动监察力度，查处违法用工行为，督促用工单位增强社会责任感，提高合同签订率和合同履行质量，切实维护劳动者的合法权益。在审议城乡规划法贯彻实施情况时，常委会提出，区政府要根据城区、乡镇和村庄的特点，结合村庄撤并，全面统筹，加强协调，依法加快城乡规划的编修工作。要加强对城乡规划实施的监督管理，加大对违章建筑的查处力度，切实维护规划的权威性和严肃性。为推进公安队伍建设，常委会听取审议了全区公安队伍建设情况的汇报，要求区政府将提高公安干警的政治素质作为提升公安队伍形象、提高公安工作水平的基础性工作来抓，坚持政治建警，依法治警，努力打造业务精通、作风优良、执法公正的公安队伍形象。为推动《山东省普通中小学管理基本规范》在河口区的贯彻实施，常委会组织部分代表对全区素质教育工作情况进行了视察，建议区政府要积极借鉴外地经验，结合河口实际，理智、稳妥地推行素质教育。常委会还先后对安全生产法、动物防疫法的实施情况进行了执法检查，并积极配合市人大常委会对《仲裁法》《森林法》《职业教育法》《房地产管理法》的贯彻实施情况进行了调查，促进了相关法律法规在我区的贯彻落实。

加强司法监督，维护社会公平正义。常委会分别听取审议了区人民法院关于民商事审判调解工作情况的汇报，区人民检察院关于诉讼监督工作情况的汇报，分别提出了推进工作的具体意见。要求区人民法院要对“执行难”问题进行认真研究，在执行中要坚持说服教育和强制执行并重的指导思想，认真排查处理执行不了的案件，从根本上解决被执行人难找、执行财产难寻、协助执行人难求、应执行财产难动的现象，不断总结经验，逐步探索建立解决“执行难”问题的长效机制。要求区人民检察院要进一步强化法律监督意识，完善监督机制，增强工作主动性，努力做到勇于监督、善于监督。要立足河口实际，认真研究涉油案件的规律和特点，督促公安机关努力解决抓捕、立案、取证等环节存在的问题和困难，准确有力地打击犯罪，维护油区治安稳定。

重视来信来访，维护群众合法权益。常委会把处理群众来信来访作为化解社会矛盾、维护社会稳定的一项重要工作来抓。一年来，共受理来信来访106件次，其中来信28件，来访78人次。对信访案件中反映的问题，常委会机关认真汇总梳理，按照法律和政策规定及时转有关部门办理，并抓好督促落实。对一些重点信访案件，主任会议认真听取汇报，研究处理意见，促使依法公正解决，做到了件件有答复，事事有着落。

三、强化代表工作，充分发挥代表作用

常委会十分重视代表作用的发挥，注重拓宽渠道，加强联系，努力为代表履行职务创造条件，提供服务。

加强代表培训工作，提高代表整体素质。针对换届后新代表比较多、对人大工作和代表履职不够熟悉的实际，常委会把代表培训工作摆上了重要议事日程。采取以会代训、举办专题讲座、为代表订阅专业报刊杂志等多种方式，组织人大代表深入学习宪法、监督法、地方组织法、选举法、代表法等法律法规和业务知识。结合半年工作审议，常委会组成人员分组走访了区级人大代表，通报了常委会和“一府两院”的工作情况，广泛征求了代表的意见和建议，并就如何当好人大代表进行了一次集中培训。

完善代表工作机制，提高代表活动质量。为进一步规范代表的履职行为，常委会通过了《东营市河口区人民代表大会代表守则》，对代表学习培训、联系选民、出席会议、参加活动等作出了具体规定，并建立了代表履职档案。在各乡镇（街道）和部分油田单位建立完善了人大代表活动室，达到了有房子、有牌子、有组织、有制度、有计划、有记录的“六有”标准，为人大代表执行职务创造了条件。高度重视并加强了与驻油田、济军生产基地各级人大代表的联系，定期组织油地军人大代表联谊互察，促进了油地军经济结合和社会融合。注重利用列席常委会会议、参加视察调查和执法检查、担任监督员和外出考察学习等形式，不断丰富代表活动内容。一年来，代表参加各类监督活动200余人次，数量有了较大增加，质量有了明显提高，代表的作用得到了更好地发挥。去年底，组织驻我区的市人大代表开展了集中视察，委托各乡镇、街道组织区人大代表进行了就地视察，为参加代表大会，审议各项报告作了充分准备。四川特大地震发生后，动员全区人大代表迅速行动，率先

垂范，带头捐款捐物，支援灾区人民渡过难关，重建家园。全区区级人大代表累计捐款78万余元，集中体现了人大代表心系灾区、为民解难的崇高境界。

改进代表建议办理方式，增强办理工作实效。区十六届人大一次会议以来，共收到代表建议89件。会后及时召开建议交办会议，对办理时限、办理质量提出了明确要求，并采取多种方式加强催办督办，专门听取审议了区政府办理情况的报告。出台了《关于督办区人大常委会审议意见和区人大代表建议的办法》，进一步规范了办理程序，加大了督办力度。区人大常委会各工作委员会根据职责要求，直接参与督办工作。区政府高度重视，采取有效措施，加快了办理速度，提高了办理质量。代表所提建议全部办结，并答复了代表。通过代表建议办理工作，群众关心、关注的特色农业发展、农村集中供水、农村电网改造、油地有线电视联网、交通安全、水源保护、河道治理等涉及民生的许多热点、难点问题得到了切实解决。

四、加强常委会自身建设，努力提高依法履职能力

面对新形势、新任务带来的新要求，新一届人大常委会明确提出，要坚持和依靠党的领导，保证人大工作的正确方向；要加强思想作风建设，努力提高依法履职能力和整体工作水平；要加强制度建设，促进人大工作规范化和制度化；要加强廉政建设和机关建设，树立人大机关的良好形象。围绕这一主线，区人大常委会坚持在继承中发展，狠抓各项具体措施的落实，全面推进机制创新，各项工作都取得了显著成绩。

常委会审议通过了《东营市河口区人民代表大会常务委员会组成人员守则》，并建立了个人履职档案，常委会组成人员的履职行为更加规范。建立了河口区人大常委会网站，人大代表和社会各界了解人大工作的渠道更加畅通，对外宣传力度明显加大。常委会机关深入开展了“实践科学发展观，争当黄河三角洲开发建设排头兵”活动和“记三情铸三线”主题实践活动，并结合实际，启动开展了以“运转高效、充满活力、风正气顺”为主要内容的“和谐人大”品牌创建活动。继续坚持调查前学法和法律专题培训制度，先后组织集中学习和专业辅导30多次，有效地提高了干部队伍的业务素质。注重加强工作协调，积极参加和承办市人大召开的有关会议和组织的有关活动，加强了与各县区人大的密切联系和工作交流。视察调研时，注重听取油军港三方和乡镇人大的意见，重要活动、重要工作及时与油军港三方协调，多方联动，整体推进。注重总结推广各乡镇人大工作的经验，努力推动全区人大工作深入开展。

按照区委的统一部署，积极参与中心工作，使人大工作始终与区委的中心工作同步合拍。在招商引资方面，成立了专门工作机构，广泛搜集信息，积极运作项目，使人大招商引资工作走在了全区前列。在包村帮扶工作方面，领导干部带头深入基层、深入联系点进行调研，协调胜利油田和市、区有关单位，投资70多万元，为太平乡马家村修建柏油路，诚心诚意地为人民群众办好事、办实事，赢得了广大群众的好评。常委会各位副主任立足自身优势，积极参与盐业开发、中心渔港建设、“三网”绿化工程建设、发展现代服务业、普法依法治理等重点工程和重点工作的组织领导，谋大局，抓协调，盯上、靠上做工作，付出了艰辛的努力，发挥了重要作用。常委会各位委员和人大代表在各自的工作岗位上，尽职尽责，献计出力，凝聚人心，化解矛盾，为推动区域经济发展，维护油地军港的大团结，促进社会和谐稳定做出了突出贡献，展现了当代人大代表的风采。

各位代表，过去一年取得的成绩，是区委对人大工作正确领导的结果，是全体代表、常委会组成人员共同努力的结果，是“一府两院”和社会各界密切配合、大力支持的结果。在此，我代表区人大常委会表示衷心的感谢并致以崇高的敬意！

在充分肯定成绩的同时，我们也要清醒地看到，常委会的工作还有许多不足。主要是，调查研究还缺乏应有的深度和广度，有些监督工作还不够到位，联系代表还不够广泛，代表建议的质量有待于进一步提高，代表建议的办理工作还需要加强等。对于这些问题，我们将在今后的工作中认真研究，努力加以解决。

各位代表，今年是河口区面临重大发展机遇的一年。国家改善宏观调控，拉动经济增长，有利于我区加大投资力度，优化产业结构，加快开发建设步伐。珠三角、长三角实行经济结构调整，产业加速北移，而我区土地丰富，承载力强，招商引资面临良好机遇。

市委、市政府把黄河三角洲开发作为科学发展的总战略，大力推进重大基础设施建设，我区的港口、海洋、生态优势将更加明显，为大量资本的进入创造了条件。经过多年的努力，我区企业的装备水平进一步提高，发展环境不断改善，抗击风险的能力明显增强。更为重要的是，全区上下政通人和，油地军港团结一心，为加快发展凝聚了强大力量。我们务必要认清形势，抢抓机遇，坚定信心，乘势而上，努力夺取更大的胜利。

新的一年里，人大常委会要在区委的领导下，紧紧围绕全区中心工作，认真履行宪法和法律赋予的各项职权，为保持全区经济平稳较快增长、推动社会主义新农村建设、促进社会和谐稳定提供有力保障。

要正确把握形势，用党的十七届三中全会精神指导工作实践。紧紧围绕推进农村体制创新、发展现代农业、加快发展农村公共事业等，开展调研视察活动，准确反映农民群众的呼声，深入查找制约我区农村改革发展的突出问题，及时提出有针对性的意见建议。同时，要把贯彻落实十七届三中全会精神作为今年人大常委会监督工作的重点，按照监督法的要求，认真抓实抓好，为推进全区农村改革发展提供有力的法律和制度支持。

要依法决定重大事项，积极推进民主科学决策。要进一步深化对行使重大事项决定权的认识，依法科学界定重大事项，健全重大事项科学决策机制，使重大事项的决定更加符合河口的实际，符合科学发展的需要。要紧紧围绕经济建设中心，抓住改革发展中的重大问题，依法作出决议、决定，把区委“作风立区、产业强区、生态兴区”的发展战略转化为全区干部群众的自觉行动。要加强对决议决定执行情况的督促检查，保证决议决定得到全面正确地执行，推动和保障经济社会科学发展。

要继续加大监督力度，努力提高监督实效。要主动适应新形势新任务的发展变化，积极探索做好监督工作的新思路和新举措。要把党委重大决策、政府着力推进、群众普遍关注的问题作为监督工作的重点，综合运用多种监督形式，不断加强对法律法规实施情况的监督，全面加强对“一府两院”工作的监督，不断提高监督工作的质量。要进一步规范调研方式，创新审议方式，深化督办方式，确保人大监督工作有深度、有力度、有实效。

要不断拓展工作思路，切实保障代表依法履职。要按照“夯实基础、提高素质、搞好活动、发挥作用”的工作思路，实施区和乡镇、街道两级联动，不断加大代表工作力度，努力实现代表工作的新突破。要创新工作方式，狠抓代表的学习培训，不断提高人大代表的素质和参政议政能力。要切实搞好代表小组建设，充分发挥好代表活动室的作用，积极开展丰富多彩的代表小组活动，努力实现代表活动规范化、制度化。要积极加强与人大代表的联系，关心代表的工作和生活，倾听代表的呼声，认真办理代表的意见和建议，进一步调动人大代表依法履职的积极性。

要进一步加强自身建设，全力提高常委会整体工作水平。深入开展学习实践科学发展观活动，以科学发展观武装头脑、指导工作。要把学习法律知识和业务知识作为人大常委会及其机关的基础性工作来抓，完善学习制度，丰富学习内容，增强学习实效。要加强作风建设，密切联系群众，深入开展调查研究，不断提高实践能力和工作质量。要强化大局意识、协调意识和参与意识，始终坚持以经济建设为中心，始终高举油地军港团结的旗帜，始终保持昂扬向上的精神状态，在参与中监督，在监督中支持，解放思想，锐意进取，不断开创人大工作的新局面。

各位代表，党的十七大和十七届三中全会为新形势下做好地方人大工作提出了新的更高的要求。我们的任务更加艰巨，我们的事业崇高而神圣。让我们更加紧密地团结起来，坚持以邓小平理论和“三个代表”重要思想为指导，深入贯彻落实科学发展观，凝聚全体代表的智慧和力量，在区委的坚强领导下，继往开来，与时俱进，克服困难，勇往直前，为推进黄河三角洲开发建设，为实现富民强区新跨越而努力奋斗！

区人民代表大会常务委员会工作报告

——2010年1月6日在东营市河口区第十六届人民代表大会第四次会议上

东营市河口区人大常委会第一副主任 王树臣

各位代表：

我受聂建军主任的委托，代表区人大常委会向大会报告工作，请予审议，并请列席会议的同志提出意见。

过去的一年，区人大常委会在区委的领导下，全面贯彻党的十七大和十七届三中、四中全会精神，深入实践科学发展观，紧紧围绕"科学规划'一区五园一带两线'经济发展新格局，全力打造五大基地，努力实现在黄河三角洲开发建设中率先崛起"的总体发展战略，贴近中心，突出重点，依法履职，力促发展，各项工作都有了新的进展。

一、改进加强工作监督，促进全区经济社会科学发展

牢固树立以人为本、科学发展的理念，把区委决策部署、政府着力推动、群众普遍关注、人大职权范围内的重大事项作为监督重点，先后听取审议了区人民政府、区人民法院和区人民检察院专题工作报告22个，形成书面审议意见56条；组织开展视察调研活动36次，提出意见建议280多条。

一是围绕促进经济平稳健康发展加强监督。针对去年以来国际国内经济的严峻形势，积极支持政府采取应对措施。听取审议了区政府关于上半年国民经济和社会发展计划执行情况的报告，并围绕重点企业运营、重大项目建设等问题，深入进行调研，提出意见建议，督促政府抓投入、保增长、促发展，千方百计完成全年目标任务。依照法定程序，听取审议了区政府2008年区级财政决算和2009年上半年财政预算执行情况的报告，建议区政府认真研究国家宏观经济政策，提高财政工作的预见性、超前性；注重优化财源结构，着力发展对地方财政贡献大的优势产业，努力构建持续增长的财源体系；切实增强预算的严肃性，进一步强化预算执行的约束力。按照加快推进社会主义新农村建设的目标要求，对农业发展及农民增收情况进行了视察，听取审议了区政府关于新农村建设情况的汇报，要求区政府统筹城乡发展，尽快建立以工促农、以城带乡的长效机制；积极培育富有黄河口特色的农业产业体系，加强农业龙头企业建设，规范专业合作组织，努力增加农民收入。针对海洋与渔业工作面临的新形势、新任务，建议区政府紧紧抓住建设黄河三角洲高效生态经济区和山东半岛蓝色经济区的有利时机，认真研究我区的滩涂、海洋开发战略，搞好总体规划编制工作；要以黄河口国家级中心渔港为载体，按照"港园一体"的思路，规划建设好海洋经济产业园；要切实抓好海参基地和大闸蟹基地建设，扩大规模，提高档次，打造黄河口品牌。

二是围绕推进重点工作加强监督。把招商引资工作作为2009年监督工作的重点，分两次听取审议了区政府关于招商引资工作情况的汇报，建议区政府要牢固树立抓大项目、好项目的思想，以招商引资为强力推进手段，集中力量实施项目攻坚，坚定信心，持之以恒，力争经过几年的努力，实现河口经济大的突破，为在黄河三角洲开发建设中实现率先崛起提供强有力的支撑；对企业反映强烈的一些问题，要全面排查，认真解决，进一步优化招商引资软环境。去年8月，区人大常委会成立4个调查组，对全区招商引资及软环境建设情况进行集中评议。调查组深入被评议部门、单位听取述职报告，查阅相关资料，召开座谈会，全面了解招商引资工作情况。深入10家企业进行重点调查，召开了58家企业负责人参加的座谈会。同时，深入乡镇、农村，广泛征求区级人大代表和群众的意见。期间，共发放、收回写实性"评议意见书"380余份，整理归纳意见建议400多条。在此基础上，区人大常委会召开会议，对62个部门、单位进行无记名投票评议，并将评议结果和征求到的意见建议向区政府及有关部门、单位进行反馈，收到了很好的效果。

三是围绕解决民生问题加强监督。去年春天，组

织部分常委会委员对全区甲型H1N1流感防控工作进行专项调查。建议区政府高度重视，积极应对，全面预防，有效控制，严防疫情输入和扩散，维护社会和谐稳定。围绕人民群众关心的热点问题，先后听取审议了区政府关于卫生工作、中小学设施配套建设、道路建设等情况的汇报，并就素质教育、安全生产、社会保障、劳动就业等工作开展视察调研。在审议卫生工作时，建议区政府要进一步完善区、乡、村三级卫生服务网络，搞好城市社区卫生服务中心和村级卫生室建设；增强医疗救助力量，进一步提高大病补偿比例，努力解决群众因病致贫、因病返贫问题。在审议中小学设施配套建设情况时，建议区政府以《山东省普通中小学基本办学条件标准（试行）》为依据，完善中小学标准化建设规划，明确任务，强力推进；加强生源问题的调查研究，统筹全区教育管理工作；加大督查力度，切实抓好部分农村学校校舍维修改造、饮食卫生、学生冬季取暖、厕所改造等工作，为学生创造舒适安全的学习环境。在审议道路建设情况时，建议区政府根据建设高效生态经济区的国家战略需要和我区产业布局，超前谋划，充分论证，加快推进我区的交通规划编制工作，并合理划分道路功能，为科学发展、率先崛起提供有效载体；要按照总体规划，坚持多元投资，先急后缓，先易后难，稳步推进，不断加大道路建设力度，尤其要规划建设好城区外环路，完善我区交通网络体系。围绕区政府确定的便民实事，常委会多次听取项目进展情况的汇报，深入有关部门、工程现场视察调研。针对个别项目资金到位不及时、建设进度不够快等问题，建议区政府及承办部门加强调度，强化措施，加快推进，取信于民，有效地保证了年度目标任务的完成。

四是围绕优化环境加强监督。多次组织人大代表对环境保护工作进行视察，深入开展环保世纪行活动，督促区政府加强对重点单位、重点区块和重点海域的监控，严防高耗能、高污染企业落户我区；同时，要高度关注现有企业的环境保护问题。围绕“三网”绿化工程建设，多次组织视察调研活动，及时提出意见建议，对推进全区生态环境建设发挥了积极作用。听取审议了区政府关于建筑市场清理整顿情况的汇报，建议区政府继续加大建筑环境治理力度，建立健全长效机制，严厉打击行业“霸头”，维护全区建筑市场平稳有序运行。听取审议了区政府关于油地携手打击和预防涉油违法犯罪情况的汇报，要求区政府把集中打击犯罪与建立长效机制有机结合起来，整合力量，攻坚克难，全面优化油区环境。

二、强化法律监督，大力推进依法治区

围绕经济社会发展大局，适时开展法律监督活动。听取审议了区政府关于民主法治示范村创建情况和开展“法治河口”创建活动的汇报，作出了《河口区人大常委会关于开展“法治河口”创建活动的决议》。要求区政府充分认识依法治区工作的重要性，深入开展社会主义法治理念教育；深化“民主法治示范村”“民主法治示范社区”创建活动，注重调动和发挥全民参与的积极性、主动性，全面提高创建实效；坚持议事学法，积极开展部门和行业依法治理工作，促进依法行政和公正司法，努力打造“法治河口”。听取审议了区政府关于贯彻实施产品质量法情况的汇报，建议区政府加强质量认证工作，不断加大全区重质量、创名牌工作的力度，努力培育典型，宣传典型，在全社会真正形成领导抓质量名牌、企业创质量名牌的浓厚社会氛围。听取审议了区政府关于贯彻实施人口与计划生育法情况的汇报，建议区政府切实增强忧患意识，进一步加大综合治理力度，不断完善协作配合和信息交流机制，形成齐抓共管的合力，全面推进计划生育工作。

针对人民群众普遍关注的“执行难”问题，听取审议了区人民法院关于民事执行工作情况的汇报，督促区人民法院将所有未执结案件进行分类、归纳，分析原因，找准症结，落实责任，稳步推进；要加强政法部门之间的沟通配合，建立和完善协作机制，全力破解“执行难”问题。听取审议了区人民检察院关于反贪污贿赂工作情况的汇报，建议区人民检察院要突出对重点领域、重点岗位的监管，不断强化措施，依法查办贪污贿赂犯罪案件；要着眼于从源头上治理和遏制腐败，全方位、多层次地开展预防职务犯罪工作；要进一步探索建立保证办案质量和效率的工作机制，不断把反贪污贿赂工作推向深入。

坚持党管干部与人大依法任免干部的统一，任命国家机关工作人员21名，免去职务14名，接受辞职

6 名。继续坚持干部任前法律知识考试和大会供职制度，切实增强所任干部接受监督、依法行政的自觉性。继续坚持人大、政协、纪委“三机关”协同监督机制，重点围绕干部作风建设和勤政廉政建设等，进行检查、评议，促进了政风行风建设。

高度重视信访工作，全年共接待群众来访 76 人次，受理群众来信 31 件。对群众反映的问题，认真汇总梳理，按照法律和政策规定及时进行了办理。根据区委的统一安排，驻会副主任轮流公开接访、带案下访，化解了大量矛盾纠纷，促进了社会和谐稳定。

三、充分发挥代表作用，增强人大工作活力

认真贯彻代表法，积极为代表依法履行职责提供服务、创造条件。

强化代表培训，着力提高代表的履职能力。根据代表构成特点和我区实际情况，采取以会代训、研讨交流、寄送资料等方式，组织代表学习人民代表大会制度理论和宪法、地方组织法、选举法、代表法等法律法规；每次组织代表开展专题调查、视察和执法检查，都根据需要学习相关法律法规和人大业务知识。结合对“一府两院”半年工作审议，集中对驻基层的区级人大代表进行了走访，通报全区经济社会发展情况和人大工作开展情况，征求对各方面工作的意见建议，并就如何发挥人大代表作用进行了培训。为代表订阅了人大报刊，推荐代表参加社会监督、行风评议、重点工程听证等活动，让代表多渠道了解情况，知情知政。继续坚持人大代表列席常委会会议制度和常委会组成人员联系代表制度，努力为代表履职创造条件。

完善工作机制，着力增强代表活动实效。精心组织代表开展各项活动，积极指导和帮助各代表小组开展工作，督促代表小组活动制度化、经常化。各代表小组发挥自身优势，完善活动载体，丰富活动内容，围绕区域经济社会发展的重大问题，提出了许多好的意见。去年底，组织驻我区的市级人大代表开展了集中视察，委托各乡镇、街道组织区级人大代表进行了就地视察，为参加人民代表大会、审议好各项报告、提出更多更好的意见建议作了准备。为加强代表与选民的联系，促进代表更好地履职，实行了代表职务公示、代表履职情况通报制度，代表的责任意识明显增强。加强与驻油田、济军生产基地各级人大代表的联系，定期组织油地军人大代表联谊互察。每次组织代表活动，代表们都事先进行调研，了解掌握有关情况，积极做好发言准备。对代表发现的问题、提出的建议，常委会都通过适当方式，督促有关单位予以办理。

加强工作督查，着力提高代表建议办理质量。常委会不断完善代表建议办理机制，规范工作运转程序，整合督办力量，加大督办力度，代表建议办理质量有了新的提高。区政府对代表建议办理工作思想重视，措施得力，代表所提的 71 件建议全部办结，做到了件件有答复、事事有着落，一些涉及民生的热点、难点问题得到了妥善解决。

四、加强自身建设，提高依法履职能力

为适应新时期人大工作的需要，更好地依法履行职责，常委会不断研究探讨关于加强自身建设的新路子、新办法，并狠抓了各项具体措施的落实。

*一是加强学习研究，提高思想境界。*始终把思想政治建设放在首位，深入开展了学习实践科学发展观活动和“勇于改革创新、奋力攻坚克难”大讨论活动。认真组织学习党的十七届四中全会精神和胡锦涛总书记视察东营时的重要讲话、重要指示精神，积极参加区委组织的读书会、座谈会、专题讲座和外出学习考察等活动，思想境界和履职能力进一步提高。认真贯彻落实区委决策部署，着力在坚定正确方向、有效依法履职、服务发展大局上求深化，真正做到了与党委同心同德、与政府同向合力、与群众同舟共济、与时代同频共振。

*二是加强制度建设，促进工作规范。*认真总结人大工作的经验，不断完善各项规章制度，在重大事项的审议决定、重点工作的监督推进、代表联系和活动的开展、信访案件的督办、常委会日常重要事务的处理等方面研究了一系列改进措施，使各项工作的开展更加规范有效。重视加强作风建设，认真执行民主集中制原则，坚持集体行使职权。把调查研究贯穿于常委会各项工作之中，经常深入基层，深入群众，了解社情民意，掌握真实情况。各工作委员会按照职责要求，积极开展专题调研活动，做了大量深入细致、富有成效的工作。对常委会作出的决议、形成的审议意见，注重抓落实、求实效，保证了工作的质量和效

率。认真落实党风廉政建设责任制，坚持“一岗双责”，自觉遵守廉洁自律的各项规定，树立了为民务实清廉的良好形象。以建设学习型、服务型机关为目标，加强了机关规范化建设。通过推行岗位目标管理责任制，激励干部职工提高素质能力，勤奋努力工作，机关风正气顺，团结和谐，服务质量和办事效率明显提高。

三是加强宣传工作，密切各方联系。坚持正确的舆论导向，在不断丰富完善河口人大网站的基础上，创办了《河口人大》刊物，为宣传区委的重要决策和人大常委会的重要活动，宣传依法治区方略和民主法制建设，反映“一府两院”接受监督和依法行政、公正司法的具体实践，展示人大代表依法履职的真情风采，推广交流人大工作经验，促进油地军港团结协作、共兴共荣，搭建了良好平台。注重工作协调和业务沟通，积极参加和承办市人大召开的有关会议和组织的有关活动，加强了与各县区人大的密切联系和工作交流。坚持邀请乡镇人大负责人列席常委会会议制度。视察调研和组织重要活动时，主动与乡镇、油田单位、济军生产基地沟通，听取意见和建议，多方联动，整体推进。

四是强化大局意识，积极参与中心工作。坚持在参与中监督、在监督中支持的原则，主动对外联系，广泛搜集信息，积极运作项目，在招商引资、重点工程推进等方面发挥了积极作用。加强对全区包村帮扶工作的监督指导，了解情况，提出意见，推动工作。经常深入联系点和帮扶点进行调研，帮助群众理思路、解难题，赢得了广大群众的好评。常委会各位副主任根据区委的安排，积极参与油地军港共建、盐业开发、中心渔港建设、“三网”绿化工程建设、普法依法治理等重点工作的组织领导，出主意想办法、谋大局抓协调，有效地推进了中心工作。常委会各位委员和人大代表在各自的工作岗位上，尽职尽责，献计出力，积极协调关系、化解矛盾，为推动区域经济发展，促进社会和谐稳定做出了突出贡献。

各位代表，过去一年取得的成绩，是区委正确领导的结果，是全体代表、常委会组成人员共同努力的结果，是“一府两院”和社会各界密切配合、大力支持的结果。在此，我代表区人大常委会表示衷心的感谢！

在肯定成绩的同时，也清醒地认识到，我们的工作还有许多需要改进的地方。主要是：人大监督工作在某些方面还不够到位；发挥代表作用的渠道还不够多，代表执行职务的能力还需要进一步增强；常委会和机关自身建设还存在不少薄弱环节。对于这些问题和不足，我们将高度重视，采取有效措施，认真加以解决。

各位代表，今年是实施“十一五”规划的最后一年，也是河口区面临重大发展机遇的一年。胡锦涛总书记亲临东营视察，发表重要讲话，作出重要指示，对我们推动科学发展、推进开发建设具有重大指导意义。国务院批复《黄河三角洲高效生态经济区发展规划》，标志着黄河三角洲开发建设正式上升为国家战略，这必将激励置身于黄河三角洲前沿阵地的河口人民坚定信心、开拓奋进，谱写大发展、大跨越的壮丽篇章。省委、省政府加速推进“山东半岛蓝色经济区”建设，着力打造以海洋产业为基础、以高新技术为支撑、海陆区域相统筹的高端产业聚集区，为河口区实现又好又快发展提供了强大动力，创造了有利环境。面对新的形势和任务，我们必须抓住机遇，迎接挑战，奋力把河口的各项事业推向前进。

今年，区人大常委会工作的总体要求是：在区委的领导下，以党的十七大和十七届四中全会精神为指导，深入贯彻落实科学发展观，紧紧围绕“科学规划‘一区五园一带两线’经济发展新格局，全力打造五大基地，努力实现在黄河三角洲开发建设中率先崛起”的总体发展战略，认真履行法定职责，抓住关键，突出重点，更加富有成效地开展工作，努力推动全区经济社会实现跨越发展。

（一）围绕中心，服务大局，认真行使好重大事项决定权。按照区委的决策部署，健全完善决定、执行、监督机制，努力提高决策的科学性和执行的有效性。要牢牢抓住事关全区发展大局、关系国计民生的重大问题，列入议事日程，依法审议决定，把区委的总体发展战略转化为全区干部群众的自觉行动。认真抓好区十六届人大四次会议决议的监督执行，确保落到实处，收到实效。根据工作需要，依法决定任免国家机关工作人员，监督支持所任干部依法履职、廉洁奉公、勤政为民。

（二）突出重点，加大力度，切实增强监督实效。进一步探索完善监督机制和方式方法，坚持抓大事、谋全局、求实效，监督支持政府有效应对各种挑战，加快推进实施国家战略，着力在重大项目攻坚、城乡建设管理、保障改善民生、提高行政效能等方面求突破，上水平，为实现率先崛起提供有力支撑。按照强化监督推进重点工作的思路，继续选择部分重点工作进行专题调研和工作评议。适时听取区政府关于工业经济发展、现代服务业发展、畜牧业发展、科技创新、环境保护、城乡规划建设管理、社会保障体系建设等项工作报告，听取审议区人民法院、区人民检察院专题工作报告，对安全生产法、食品安全法等法律进行执法检查，促进依法行政、公正司法。围绕重大项目攻坚、五大基地推进、民生工程建设等，组织代表进行视察调查。进一步加强对“十一五”规划、2010年国民经济和社会发展计划、2010年财政预算执行情况的监督，扎实推进各项工作。全面落实“五五”普法规划，督促抓好“法治河口”创建工作，不断提高全区经济社会法治化水平。进一步加强和改进信访工作，注意发现和研究信访中反映的敏感事件和共性问题，督促有关部门依法秉公处理，使监督工作更加突出发展，更加贴近民生。

（三）改进工作，创新机制，充分发挥代表作用。发挥自身优势，借鉴外地经验，坚持不懈地抓好代表培训工作，鼓励支持代表多学习、多实践，努力提高代表的综合素质。继续坚持走访联系代表、邀请代表列席常委会会议等制度，加强与代表的沟通，密切与代表的联系。创新活动方式和内容，让代表更多地参加常委会组织的视察调研活动，更多地联系选民、联系群众，为代表知情知政创造条件。组织引导代表站在黄河三角洲开发建设的高度思考问题、谋划工作，着力提高代表建议质量。坚持和完善各项行之有效的制度机制，进一步做好代表建议办理工作，继续选择部分建议进行重点督办。要关心代表的工作和生活，倾听代表的呼声，帮助代表解决困难和问题，激励代表更好地履行职责，发挥作用。

（四）解放思想，积极作为，不断加强自身建设。站在新的起点，树立更高标准，认真开展学习研究活动，用全新的发展理念武装头脑，确保常委会的工作思路、工作机制适应区委的决策部署，适应黄河三角洲开发建设的需要。要进一步改进工作作风，密切联系群众，深入调查研究，不断提高工作质量和履职效能。切实加强机关建设，更好地发挥各工作委员会的作用，确保机关工作规范有序、高效运转。要强化大局意识、发展意识和参与意识，始终高举油地军港团结共建、共兴共荣的旗帜，始终保持与时俱进、奋发有为的精神状态，拓展思路，积极工作，不断开创人大工作的新局面。

各位代表，面对新的形势、新的挑战，我们肩负的任务光荣而艰巨。让我们高举中国特色社会主义伟大旗帜，深入贯彻落实科学发展观，在区委的领导下，进一步解放思想，振奋精神，锐意进取，真抓实干，为加快推进全区经济社会发展，实现在黄河三角洲开发建设中率先崛起而努力奋斗！

区人民代表大会常务委员会工作报告

——2011年1月14日在东营市河口区第十六届人民代表大会第五次会议上

东营市河口区人大常委会第一副主任 王树臣

各位代表：

我受聂建军主任的委托，代表区人大常委会向大会报告工作，请予审议，并请列席会议的同志提出意见。

过去的一年，区人大常委会在区委的坚强领导下，认真贯彻落实党的十七大和十七届四中、五中全会精神，深入学习实践科学发展观，紧紧围绕“科学规划‘一区五园一带两线’经济发展新格局，全力打造五大基地，努力实现在黄河三角洲开发建设中率先崛起”的总体发展战略，以推进“三大行动”和保障改善民生为重点，认真履行宪法和法律赋予的职责，贴近中心，强化监督，探索创新，扎实工作，为推动科学发展、促进社会和谐，做出了新的贡献。

一、围绕大局，依法履职，全力推进高效生态经济区建设

区人大常委会按照区委“高点定位、率先崛起”的决策部署，紧紧抓住事关发展的重大问题，认真行使法定职权，尽职尽责地做好推进工作。

一是着力促进经济发展方式转变。把加快经济发展方式转变、促进产业结构优化升级作为监督工作的重中之重，听取审议了区政府关于工业经济发展和产业结构调整情况的汇报，突出强调，河口区推进产业结构调整的关键在于优化增量。要进一步统一全区上下的思想，全力以赴抓好招商引资工作，大力发展石油装备、风电装备等先进制造业，积极培育新能源、新材料等战略型新兴产业。要加大对成长型企业的支持力度，引导企业加快自主创新、扩大生产规模，拉长产业链条，创造发展新优势。要采取典型带动和依法治理相结合的办法，督促引导企业合法经营、诚信经营，完善企业管理机制，规范财务管理体系，积累社会信用资源，努力提高资本运营水平。在审议科技工作时，建议区政府要不断完善科技服务政策和科技推进手段，抓住重点，突破关键，培育典型，引领发展。要加强与国家科研院所和大型企业的合作，开展联合科技攻关，重点在生态治理、资源综合利用等关键领域取得突破，为推进黄河三角洲高效生态经济区建设创造有利条件。去年下半年，组织常委会组成人员和人大代表对全区环境保护工作和生态旅游业发展情况进行了专题调查，组织开展了环保世纪行活动。明确提出，要扎实推进污染治理环境保护专项行动，进一步加大对重点污染企业的治理力度，毫不放松地抓好土小污染企业清理工作。要注重发挥政策的导向作用，进一步修订完善现有的经济政策和发展措施，鼓励引导企业大力发展循环经济、低碳经济、绿色经济，督促企业淘汰落后产能，推行清洁生产。同时，要大力发展现代服务业，重点突破生态旅游业，着力打造独具特色的河口生态旅游品牌。

二是积极推动经济社会全面协调发展。依照法定程序，听取审查了区政府关于2009年区级财政决算报告，作出了批准决定。为确保圆满完成全年目标任务，听取审议了区政府关于2010年上半年计划和预算执行情况的报告，并组织有关人员多次视察调查，了解掌握经济运行情况，帮助研究解决存在的困难和问题。建议区政府要加快推进区域经济发展规划和各项专业规划的编制工作，靠高水平的规划引领高档次的建设。要创新土地储备和利用机制，加大园区和城区闲置土地清理力度，盘活闲置资产，提高土地利用率和投资密度。要大力培植地方财源，努力形成层次合理的税源梯队，确保财政收入的持续稳定增长。要充分运用多种监督手段，加强对预算执行的监督，确保财政资金使用规范、安全、有效。

继续把“三农”工作作为监督重点，听取审议了区政府关于黄河口特优农产品“三大基地”培育和农业龙头企业建设情况的汇报，对农产品质量安全、农贸市场管理、“三网”绿化进行了调研。在充分肯定成绩的同时，指出“三农”问题的核心是农民增收，关键是农业结构调整。要紧紧围绕黄河三角洲高效生态经济区和山东半岛蓝色经济区建设两大战略目标，坚持高点定位，科学布局，进一步完善“三大基地”建设规划，配套土地流转、项目扶持、责任考核等相关政策，引导“三大基地”建设向规模化、标准化方向推进。要大力培育农业龙头企业，不断加强农民专业合作组织建设，支持和引导农民多层面转移就业，拉长农业增值链条，拓宽农民增收渠道，为加快建设社会主义新农村提供有力保障。

三是强力推进“三大行动”。常委会把全区开展的“重大项目攻坚”“和谐城乡建设”“机关效能提升”三大行动列入重要议程，听取审议了区政府相关工作情况的汇报，组织部分人大代表对重点项目建设和便民实事进展情况进行了视察，对河口经济开发区、高效生态经济产业园和部分镇街工业项目集中区进行了专题调研。突出强调，作为重大项目攻坚行动的重要载体和主要亮点，高效生态经济产业园的配套建设显得尤为迫切。要下定决心，举全区之力，多渠道筹措资金，搞好园区的规划建设。要明确园区功能定位，科学布局项目，形成完整的产业体系和网络体系，努力打造循环经济发展新优势。在严格执行规划的前提下，按照先急后缓、逐步提高的思路，尽快把产业园的路、电、水等基础设施配套起来，以满足重大项目开工建设的基本需要。要按照中心城、小城镇、新型农村社区三个层级，进一步完善城镇建设总体规划，加快构建“一个中心、两翼推进、组团发展”的城镇发展新格局。要积极整合油地军港各方资源，努力学习探索城镇管理的新模式、新措施、新办法，不断提高社会管理的整体水平。要持之以恒地抓好机关效能提升工作，突出重点，深化改革，完善制度，加强监督，着力解决基层群众和服务对象意见大的问题，全面优化经济社会发展环境。

四是深入开展工作评议。去年 11 月，区人大常委会围绕依法履职、队伍建设、为民服务、机关效能、接受监督等五个方面，对 53 个部门单位进行了工作评议。区人大常委会成立 4 个评议调查组，按照《工作评议实施方案》的具体要求，对被评议部门单位进行了认真调查，组织区人大代表、部门中层以上干部、各镇街班子成员和企业负责人共 1026 人进行了满意度评议。在区十六届人大常委会第二十一次会议上，通过了关于“人民满意单位”评选办法，书面提交了社会调查评议情况统计表。与会的人大常委会组成人员以无记名投票的方式，对被评议部门单位进行了评议打分。根据评议打分结果，区人大常委会决定，授予区人民检察院、区经济和信息化局、区人口和计划生育局、区国税局、区油区办“人民满意单位”称号。

二、贴近基层，关注民生，切实维护社会和谐稳定

常委会牢固树立民本理念，努力推动解决人民群众最关心、最直接、最现实的利益问题，保障人民群众充分享受改革发展的成果。

劳动就业和社会保障是民生工作的重点。针对就业压力越来越大的实际情况，常委会以贯彻实施山东省促进就业条例为主线，深入镇街、部门、企业进行调研，了解实际情况，提出意见建议。在审议劳动就业工作时，建议区政府要抓住黄河三角洲开发建设的有利时机，认真研究待业群体就业难、落地企业招工难问题，搞好人力资源预测，扎实做好劳动就业培训工作。要逐步健全促进就业工作的责任体系、管理服务体系和监督检查机制，不断完善促进就业的各项扶持政策，努力实现城乡就业统筹。围绕强化社会保障工作，听取审议了区政府关于新型农村社会养老保险工作情况的汇报，建议区政府要广泛宣传新农保的各项政策，引导农民改变陈旧观念，增强自我保障意识，进一步提高参保率和保额档次。要加强新农保信息管理系统建设，实现农保基金全过程监管，促进新农保业务规范有序。

安全生产和食品安全与广大人民群众的切身利益密切相关。常委会将其摆上重要位置，听取审议了区政府关于《安全生产法》和《食品安全法》实施情况的汇报。在审议安全生产工作时，建议区政府要牢固树立安全生产没有特殊企业、抓好安全生产就是创造最好软环境的意识，充分发挥安全生产专业委员会的作用，全面指导，严格执法，抓源头、抓管理、抓整改，不断优化安全生产环境。在审议食品安全工作时，明确提出，要加强农产品市场准入管理，首先从大型超市和蔬菜批发市场进行试点，探索路子，积累经验，逐步建立健全农产品安全保障体系。要强化部门责任意识，明确部门职责分工，加大对餐饮业和食品生产经营行业的监管力度，积极推行联合执法，定期开展专项治理整顿，切实保障人民群众的生命健康安全。

为加快推进“平安河口”建设，常委会听取审议了区政府关于油地公安维稳工作协调机制运转、区人民法院关于队伍建设、区人民检察院关于预防职务犯罪等情况的汇报。对公检法机关在打击犯罪、维护稳定方面取得的成绩给予了充分肯定。同时指出，区政府要发挥牵头作用，总揽区域治安稳定的大形势，主动协调各方力量，有规划、有步骤地统筹维稳工作，形成共同预防、控制、打击各类犯罪的强大合力。区人民法院要加强和改进教育培训工作，在全面提高法官业务能力的基础上，着重抓好作风建设。要教育引导法官牢固树立公正司法理念，深入开展调查研究，认真对待群众诉求，切实维护人民群众的合法权益，以扎实的工作作风、热情的服务态度树立亲民、爱民、为民的良好形象。区人民检察院要加强对重点领域、重点工程项目的监督，在工程投标、施工监理、资金拨付等环节上掌握实情，及时指导和帮助解决一些苗头性、倾向性的问题，督促完善内控机制，有效防止和减少职务犯罪。

常委会高度重视信访工作，全年接待群众来访57人次，受理群众来信11件。对群众反映的问题，认真汇总梳理，按照法律和政策规定及时进行了办理。根据区委的统一安排，驻会副主任轮流公开接访、带案下访，有效维护了人民群众的合法诉求。坚持党管干部和人大依法任免干部的统一，补选市人大代表2名，任命国家机关工作人员51名，免职6名，接受辞职10名。继续坚持干部任前法律知识考试和大会供职制度，切实增强所任干部接受监督、依法行政的自觉性。

三、改进工作，创新机制，充分发挥代表作用

认真贯彻落实代表法，积极探索新形势下代表工作的新路子，努力增强人大工作活力。

一是积极为代表履行职责创造条件。通过以会代训、研讨交流等方式，组织代表深入学习党和国家的方针政策、法律法规以及履行代表职责的基本知识，及时向代表传达区委和上级人大的重要会议精神，赠阅人大报刊杂志，寄送文件资料，让代表多渠道了解情况，知情知政。坚持常委会组成人员分工联系代表制度，对驻基层的区人大代表进行个别走访和集中走访，通报情况，征求意见，帮助代表解决工作和生活中存在的实际困难。充分利用我区新闻媒体和人大刊物、网站，大力宣传代表依法履职、干事创业的先进事迹，扩大代表的社会影响，努力营造尊重和支持代表工作的浓厚舆论氛围。

二是努力增强代表活动实效。不断扩大代表对常委会工作的参与，坚持邀请代表列席常委会会议，参加视察调研、执法检查、工作评议等活动。推荐代表100多人次参加了公务员考选巡察、工作听证、行风评议、民主测评等社会监督活动。积极指导和帮助各代表小组开展工作，督促代表小组活动制度化、经常化。加强与驻油田、济军生产基地各级人大代表的联系，定期组织油地军人大代表联谊互察。为激励人大代表积极参与黄河三角洲高效生态经济区建设，全力推进区委决策落实，常委会印发了《致全区人大代表的一封信》，在全区人大代表中开展了以“提一条合理化建议、为群众做一件好事实事、提供一条招商引资信息或引进一个项目、化解一项社会矛盾”为主要内容的“四个一”活动，动员人大代表都来关心、支持、参与全区经济社会建设，为党分忧，为民解难，树立新时期人大代表的崭新形象。据统计，区十六届人大四次会议以来，区级人大代表以多种方式提出意见建议163条，为群众做实事、好事220件，化解社会矛盾172项。成立了区人大代表招商引资工作推进小组，去年6月和12月，分两次召开了区人大代表招商引资工作座谈会。全年区人大代表共提供招商引资信息57条，引进和在谈项目28个，计划总投资36.5亿元。

三是认真督办代表建议。对于区十六届人大四次会议以来收到的代表建议，常委会及时召开会议转交有关部门办理，并采取多种方式加强督促落实。为提高代表建议办理质量，区人大常委会不断完善工作机制，规范运转程序，整合督查力量，重点加大了各工作委员会对相关建议的跟踪督办力度，取得了良好效果。各承办部门本着“对代表负责、对群众负责、对事业负责”的态度，加强研究分析，落实办理措施，代表建议办理质量有了新的提高。目前，代表所提建议全部办结，一些涉及民生的热点、难点问题得到了妥善解决。比如农业水费问题，人大代表非常关注，多次提出意见建议，反映基层群众的心声。区政府顺应民意，认真开展调查研究，在不断提高综合实力的基础上，决定从今年起全部免除农业水费，得到了人民群众的拥护和称赞。去年5月，区人大常委会召开了代表建议工作专题会议，对两年来提出优秀建议的区人大代表和代表建议办理工作先进单位进行了表彰，进一步调动了人大代表依法履职和部门单位办理代表建议的积极性。

四、解放思想，积极作为，不断加强自身建设

常委会努力适应新形势新任务的要求，不断加强自身建设，干部队伍的思想境界和履职能力得到了进一步提高。

一是加强学习研究，提高思想境界。始终把思想政治建设放在首位，深入开展了“转方式调结构”大讨论活动和创先争优主题实践活动，认真组织学习党的十七届五中全会精神，系统开展法律法规和人大业务知识培训，积极参加区委组织的读书会、座谈会、专题讲座和外出学习考察等活动，思想境界和履职能力进一步提高。始终坚持正确的政治方向，召开重要

会议、开展重大活动，及时向区委请示汇报；对区委作出的决策部署、安排的工作任务，认真贯彻落实，全力予以推进。

二是加强制度建设，促进工作规范。认真总结人大工作经验，不断完善各项规章制度。重视加强作风建设，认真执行民主集中制原则，坚持集体行使职权。把调查研究贯穿于常委会各项工作之中，经常深入基层，深入群众，了解社情民意，掌握真实情况。各工作委员会按照职责要求，积极开展专题调研活动，做了大量深入细致、富有成效的工作。深入开展“机关效能提升行动”，坚持不懈地抓好干部的政治理论和业务知识学习，严格落实岗位目标管理责任制，整个机关的服务保障水平进一步提高。

三是加强工作交流，注重各方联系。积极参加市人大常委会组织的各类会议、各项活动，主动向市人大汇报工作，争取支持。不断加强与外县区人大的联系，交流工作情况和经验做法，讨论研究做好人大工作的意见和措施。坚持邀请镇街人大负责人列席常委会会议、参加视察调研活动。重要工作的开展，主动与镇街人大、油田单位、济军基地沟通，听取意见建议。不断加强人大宣传工作，刊物质量逐步提高，网站管理日益规范，宣传的力度和效果进一步增强。

四是强化大局意识，积极参与中心工作。在做好本职工作的同时，常委会立足全局，自我加压，积极参与全区中心工作，在招商引资、包村帮扶、重点工程推进等方面发挥了积极作用。去年，区人大机关共引进投产和在建项目 4 个，计划总投资 6.8 亿元。加强对包村帮扶工作的监督指导，经常深入联系点和帮扶点进行调研，真心实意为群众办实事、办好事。常委会各位副主任根据区委安排，以高度负责的态度参与油地军港共建、盐业开发、中心渔港建设、“三网”绿化工程建设、普法依法治理等重点工作的组织协调，有效地推进了中心工作。常委会各位委员和人大代表着眼大局，立足本职，尽职尽责，献计出力。特别是面对复杂严峻的经济形势，面对保增长保民生保稳定的繁重任务，努力做好本职工作，充分发挥桥梁纽带作用，协调关系，化解矛盾，参政议政，赢得了人民群众的高度评价。

各位代表，过去一年区人大常委会工作取得的成绩，是区委正确领导和全体人大代表共同努力的结果，是社会各界和广大人民群众大力支持的结果。在此，我代表区人大常委会表示衷心的感谢！

在肯定成绩的同时，我们也清醒地认识到工作中还有不少差距。主要是：对法律法规学习把握得还不够深透，履职能力和水平需要进一步提高；面对黄河三角洲开发建设的新形势，如何更加有效地行使人大职能、增强监督实效，还需要深入研究；在引导代表提出高质量建议和督促代表建议办理等方面，仍需要探索改进；机关规范化建设还需要不断加强。我们将虚心听取各方面的意见，自觉接受代表的监督，认真解决存在的问题。

各位代表，今年是实施“十二五”规划的第一年，也是实施国家战略、实现率先崛起的关键一年。最近，区委召开了一系列重要会议，全面深刻分析了当前形势，根据实施国家战略的要求，提出了“十二五”时期经济社会发展的目标任务和政策措施，绘就了实现振兴繁荣、建设美好家园的宏伟蓝图。我们一定要增强机遇意识，牢记历史使命，努力奋发进取，切实把思想和行动统一到区委的决策部署上来，把智慧和力量凝聚到加快推进黄河三角洲开发建设上来。今年区人大常委会工作的总体要求是：全面贯彻党的十七大、十七届五中全会精神，深入学习实践科学发展观，以加快推进黄河三角洲高效生态经济区建设为目标，按照“科学规划‘一区五园一带两线’经济发展新格局，全力打造五大基地，努力实现在黄河三角洲开发建设中率先崛起”的总体发展战略，紧紧围绕加快转变经济发展方式这条主线，认真履行法定职能，着力增强工作实效，为促进全区经济社会又好又快发展做出积极贡献。

一、认真行使重大事项决定权。按照区委的决策部署，健全完善决定、执行、监督机制，努力提高决策的科学性和执行的有效性。要牢牢抓住事关全区根本性、全局性和长远性的重大事项，列入议事日程，依法审议决定，把区委的总体发展战略转化为全区干部群众的自觉行动。认真抓好区十六届人大五次会议决议的监督执行，确保落到实处，收到实效。根据工作需要，依法决定任免国家机关工作人员，监督支持所任干部依法履职、廉洁奉公、勤政为民。

二、进一步加强监督工作。把推动实施“十二五”规划作为工作监督、法律监督的着力点，紧紧围绕扩大投资、优化产业布局、推进城乡建设、保障和改善民生、加强环境和资源保护、强化科技和人才支撑、提升机关效能等重点问题，深入调研，科学论证，督促支持政府有效应对各种挑战，加快推进发展方式转变和经济结构调整。一是加强对经济工作的监督。听取审议区政府关于高效生态经济产业园规划建设、西部城区开发建设、水利基础设施建设、土地储备、外经外贸、物价管理、交通建设管理、高效生态农业发展等项工作汇报，听取审议区政府关于区级财政决算、审计工作和计划、预算执行情况的报告，审查批准2010年区级财政决算。同时，就重点项目建设、农业龙头企业建设、海洋经济发展等进行视察调研，努力促进全区经济平稳较快发展。二是加强对民生工作的监督。把环境保护、城市管理、供暖供气、广播电视、劳动就业、社会保障、产品质量安全作为重点，通过听取审议工作报告、组织视察调研、开展执法检查，加大推进力度。继续组织开展环保世纪行活动，督促解决群众反映强烈的实际问题。高度重视信访工作，认真受理人民群众来信来访和申诉控告，切实维护公民合法权益。三是加强对司法机关的监督。及时审议批准“六五”普法依法治理规划，听取审议区人民法院、区人民检察院、区公安分局专项工作报告，促进依法行政、公正司法，维护社会和谐稳定。

三、进一步做好代表工作。坚持不懈地抓好代表培训工作，进一步提高代表依法执行职务的能力。紧紧围绕改革发展稳定中的重大问题，围绕宪法和法律法规的贯彻实施，围绕人民群众普遍关心的热点难点问题，组织代表开展视察、执法检查和专题调研等活动。进一步规范和改进代表建议处理机制，加大督办力度，使代表建议真正落到实处。充分发挥人大代表联系人民群众的桥梁纽带作用，及时把群众的愿望和要求反映上来，使各项决策更好地尊重民意、体现民意、实现民意，打牢人大工作的社会基础。继续深入开展以“提一条合理化建议、为群众做一件好事实事、提供一条招商引资信息或引进一个项目、化解一项社会矛盾”为主要内容的“四个一”活动，组织引导代表更好地为经济社会发展献计出力。

四、进一步提高履职能力。把坚持区委领导贯穿于人大依法履职的全过程，落实到人大工作的各个方面，紧紧围绕区委决策制定计划、部署工作，使人大工作始终与中心工作同步合拍、协调推进。积极适应黄河三角洲开发建设的新形势，认真开展学习研究活动，用全新的发展理念武装头脑、推动工作。要进一步改进工作作风，密切联系群众，深入调查研究，不断提高工作质量和履职效能。充分发挥各工作委员会的作用，密切与上下级人大的联系，加强对镇街人大工作的指导，共同推动全区人大工作深入开展。切实加强机关建设，强化机关干部的大局意识、责任意识和服务意识，规范办事程序，提高办事效率，更好地发挥机关的服务保障作用。

各位代表，新的形势催人奋进，新的任务光荣艰巨。让我们高举中国特色社会主义伟大旗帜，在区委的坚强领导下，振奋精神，抢抓机遇，凝心聚力，扎实工作，为全面开创河口区改革发展新局面，实现在黄河三角洲开发建设中率先崛起而努力奋斗！

区人民代表大会常务委员会工作报告

——2012年2月3日在东营市河口区第十七届人民代表大会第一次会议上

东营市河口区人大常委会副主任 房建民

各位代表：

我受聂建军主任的委托，代表区十六届人大常委会向大会报告工作，请予审议，并请列席会议的同志提出意见。

区十六届人大常委会选举产生以来的四年，是我区改革开放和现代化建设事业取得显著成绩的四年。

四年来，区人大常委会在中共河口区委的坚强领导下，高举中国特色社会主义伟大旗帜，以邓小平理论和“三个代表”重要思想为指导，深入贯彻落实科学发展观，认真履行宪法和法律赋予的职责，与时俱进，开拓创新，为推动全区经济建设、政治建设、文化建设、社会建设和生态文明建设做出了积极贡献。

一、围绕大局，依法履职，全力推进黄蓝经济区建设

四年来，区人大常委会始终坚持以科学发展观为统领，按照“发挥港口优势，科学规划‘一港三区一带三线一城’经济发展新格局，全力打造五大基地，努力实现在黄河三角洲开发建设中高点定位、率先崛起”的区域总体发展思路，紧紧抓住全区经济社会发展中的重大问题，认真行使法定职权，尽职尽责地做好推进工作。先后听取审议区人民政府、区人民法院、区人民检察院专题工作报告73个，形成书面审议意见280条，作出决议决定26项；组织开展视察调研活动64次，提出意见建议300多条。

一是着眼科学发展，努力促进发展方式转变。加强对全区经济社会发展状况的调查分析，依法听取审议全区国民经济和社会发展计划执行情况的报告，督促政府着力做好“十一五”规划与“十二五”规划的实施工作。把全区开展的重大项目攻坚、和谐城乡建设、机关效能提升“三大行动”列入重要议程，听取审议工作情况汇报，组织人大代表对重点项目建设和便民实事进展情况进行视察调研。明确提出，面对黄蓝经济区建设和港区城一体化发展的新形势，区政府要深入研究下一步河口区发展的方向、目标和思路，科学论证产业布局和城市建设框架；要立足科学发展，合理安排建设项目，突出抓好事关长远、涉及群众利益的重点工程。要牢固树立抓大项目、好项目的思想，以招商引资为强力推进手段，集中力量实施项目攻坚，坚定信心，持之以恒，力争经过几年的努力，实现河口经济大的突破。要切实抓好机关效能提升工作，着力解决基层群众和服务对象意见大的问题，全面优化经济社会发展环境。

把加快经济发展方式转变、促进产业结构优化升级作为监督工作的重点，听取审议了区政府关于工业经济发展和产业结构调整情况的汇报。突出强调，河口区推进产业结构调整的关键在于优化增量。要进一步统一全区上下的思想，大力发展石油装备、风电装备等先进制造业，积极培育新能源、新材料等战略性新兴产业。要加大对成长型企业的支持力度，引导企业加快自主创新，扩大生产规模，创造发展新优势。听取审议了区政府关于全区石油化工产业发展情况的汇报，督促区政府积极推进石化企业改造升级，努力提高石化企业经济效益。针对海洋与渔业工作面临的新形势、新任务，建议区政府要立足区位优势，认真研究我区的滩涂、海洋开发战略，搞好总体规划编制工作；要扎实推进海洋优势产业基地建设，抓好水产品精深加工，拉长产业链条，不断拓宽产业化发展路子。

为推进油区工作、深化油地共建，2008年区人大常委会组织70多名市、区人大代表，分8个专题，对全区油区工作进行了集中视察；2011年又专题听取了油区工作情况汇报。围绕加强组织领导，理顺油区工作管理体制；油地携手，加大油区治安综合治理力度；加强政策扶持，支持油田和改制企业加快发展等，提出了意见建议。根据区人大常委会的建议，区政府出台了《河口区保护支持油公司加快发展的若干规定》，进一步健全了社会治安防控网络，并将油区工作纳入了年终综合考核。

二是强化预算审查监督，保障财政健康运行。按照预算法和监督法的规定，区人大常委会认真审查和批准年度决算，适时听取审议预算执行情况报告和审计工作报告。为增强预算审查监督实效，出台了区级预算审查监督办法，进一步规范了人大常委会及其财经工委的预算审查监督行为和区政府及其有关部门的预算行为。针对复杂多变的经济形势，及时就金融环境状况进行调研，围绕加强宏观指导、推进银企合作、为企业发展创造良好环境等，提出了意见建议。区人大常委会十分关注国有资产管理工作，对政府举债、国有资产置换、重点工程资金运行等情况进行调研、审议，督促区政府深化改革，规范操作，保证财政资金和国有资产运行安全。

三是突出规划建设，推进城乡统筹发展。区人大常委会高度重视河口蓝色经济开发区的规划建设，建议区政府要坚持高点定位，科学编制总体规划、控制

性详规和各项产业规划；要明确开发区的功能定位，科学布局项目，形成相对完整的产业体系和网络体系，努力打造循环经济发展新优势；在严格执行规划的前提下，要下定决心，举全区之力，加快基础设施配套建设，以满足重大项目开工建设的需要。在视察和审议湖滨新区规划建设工作时提出，要把湖滨新区建设作为提升河口城市形象、扎实推进“和谐城乡建设行动”的龙头项目来抓，真正体现高起点、高境界、大手笔。要统筹城乡发展，明确城市建设的主题和主线，努力构筑特色鲜明、结构清晰、交通流畅、功能齐全的城乡发展格局。在审议道路建设工作时，建议区政府要根据黄蓝经济区建设的需要和我区产业布局，超前谋划，充分论证，加快推进我区的交通规划编制工作；要坚持多元投资，不断加大道路建设力度，进一步完善交通网络体系。

四是加强工作评议，完善权力制约机制。2009年，区人大常委会成立4个调查组，对全区招商引资及软环境建设情况进行集中评议。调查组深入62个被评议部门单位听取述职报告，深入10家企业进行重点调查，召开了58家企业负责人参加的座谈会，收回写实性“评议意见书”380余份，整理归纳意见建议400多条。在此基础上，区人大常委会召开会议，对被评议部门单位进行无记名投票评议，并将评议结果和征求到的意见向区政府及有关部门单位进行反馈，收到了很好的效果。2010年，区人大常委会围绕依法履职、队伍建设、为民服务、机关效能、接受监督等五个方面，组织区人大代表、部门中层以上干部、各镇街班子成员和企业负责人共1026人，对53个部门单位进行了满意度评议。区十六届人大常委会第21次会议以无记名投票的方式，对被评议部门单位进行了评议打分。根据评议打分结果，授予区人民检察院、区经济和信息化局、区人口和计划生育局、区国税局、区油区办“人民满意单位”称号。

二、贴近基层，关注民生，切实维护社会和谐稳定

区人大常委会牢固树立民本理念，努力推动解决人民群众最关心、最直接、最现实的利益问题，保障人民群众充分享受改革发展的成果。

劳动就业和社会保障是民生工作的重点。针对就业压力越来越大的实际情况，区人大常委会深入镇街、部门、企业进行调研，了解实际情况，提出意见建议。在审议劳动就业工作时，建议区政府要认真研究待业群体就业难、落地企业招工难问题，搞好人力资源预测，扎实做好劳动就业培训工作。要逐步健全促进就业工作的责任体系、管理服务体系和监督检查机制，不断完善促进就业的各项扶持政策，努力实现城乡就业统筹。围绕强化社会保障工作，区人大常委会多次就失地农民生活保障、社会养老保险、弱势群体救助、城乡老年人生活补助等工作进行调研，建议区政府要切实搞好保障体系建设，完善信息管理系统，不断扩大社会保障覆盖面，努力促进社会和谐。

安全生产和环境保护关系经济社会发展大局，关系人民群众切身利益。区人大常委会在审议安全生产工作时提出，在安全生产面前没有特殊企业，抓好安全生产就是创造最好软环境。区政府及其有关部门要加强指导，严格执法，抓源头、抓管理、抓整改，不断优化安全生产环境。围绕生态环保工作，区人大常委会多次组织人大代表进行视察、调查，并深入开展环保世纪行活动。督促区政府要扎实推进污染治理环境保护专项行动，进一步加大对重点污染企业的治理力度，毫不放松地抓好土小污染企业清理工作。要注重发挥政策的导向作用，鼓励引导企业大力发展循环经济、低碳经济、绿色经济，督促企业淘汰落后产能，推行清洁生产。同时，要大力发展现代服务业，重点突破生态旅游业，着力打造独具特色的河口生态旅游品牌。

围绕社会主义新农村建设这个重大课题，区人大常委会做了大量的调查研究工作。明确指出，“三农”问题的核心是农民增收，关键是农业结构调整。要坚持高点定位，科学布局，进一步完善特优农产品基地建设规划，配套土地流转、项目扶持、责任考核等相关政策，引导特优农产品基地建设向规模化、标准化方向推进。要大力培育农业龙头企业，不断加强农民专业合作组织建设，支持和引导农民多层面转移就业，拓宽农民增收渠道。针对食品安全监管问题，区人大常委会提出，要加强农产品市场准入管理，首先从大型超市和蔬菜批发市场进行试点，探索路子，积累经验，逐步建立健全农产品安全保障体系。要加大对餐饮业和食品生产经营行业的监管力度，积极推

行联合执法，定期开展专项治理整顿，切实保障人民群众的生命健康安全。针对社会普遍关注的学前教育问题，建议区政府要科学制定学前教育规划，把幼儿园建设与城市建设、住宅小区建设、新农村社区建设等有机结合起来，推动学前教育事业健康发展。

围绕区政府确定的便民实事，区人大常委会多次听取项目进展情况的汇报，深入有关部门、工程现场视察调研。针对个别项目资金到位不及时、建设进度不够快等问题，建议区政府及承办部门加强调度，强化措施，加快推进，取信于民，有效地保证了目标任务的完成。此外，区人大常委会还通过多种方式，加强对公共文化服务体系建设、卫生服务网络建设、中小学设施配套建设、素质教育、供热供气、物价监管等项工作的监督，促进了一些热点、难点问题的解决。

三、突出重点，注重实效，扎实推进依法治区

区人大常委会坚持把人民群众普遍关注的热点问题作为法律监督的重点，着力在加大监督力度、改进监督方式、提高监督实效上下功夫，保证了法律法规的实施。

深化执法监督，积极推进依法行政。审查批准了区政府《关于在全区公民中开展法制宣传教育的第六个五年规划》和《河口区2011—2015年依法治区规划》，作出了《河口区人大常委会关于开展“法治河口”创建活动的决议》。对贯彻实施城市规划法、人口与计划生育法、劳动合同法、产品质量法、义务教育法、科技进步法、节约能源法情况进行了执法检查。为加快推进“平安河口”建设，区人大常委会听取审议了区政府关于油地公安维稳工作协调机制运转情况的汇报，建议区政府要总揽区域治安稳定大局，积极协调各方力量，有规划、有步骤地统筹维稳工作，形成共同预防、控制、打击各类犯罪的强大合力。听取审议了区政府关于公安队伍建设情况、经济犯罪侦查工作情况的汇报，督促区政府要坚持政治建警，依法治警，努力打造业务精通、作风优良、执法公正的公安队伍；要加强经侦队伍建设，组建专业性强的指导协调机构，为防范和打击经济犯罪提供有力支撑。

加强司法监督，促进社会公平正义。听取审议了区人民法院关于队伍建设、民商事审判调解工作、民事执行工作、法官法贯彻执行情况的汇报，建议区人民法院要加强和改进教育培训工作，在全面提高法官业务能力的基础上，着重抓好作风建设；要认真排查处理执行不了的案件，探索建立解决“执行难”问题的长效机制；要加强对法官法的宣传，努力营造尊重法官、了解法官、理解和支持法官依法履职的良好社会环境。听取审议了区人民检察院关于预防职务犯罪、反贪污贿赂、诉讼监督、民事行政检察工作情况的汇报，建议区人民检察院要加强对重点领域、重点岗位、重点工程项目的监督，督促完善内控机制，有效防止和减少职务犯罪；要及时总结民事行政检察工作，准确把握法律监督的范围、程序和手段，改进监督方式，规范监督行为，提高监督实效。

加强基层建设，推进民主法治进程。区人大常委会十分重视基层民主法治建设，努力保障人民群众的民主政治权利。围绕民主法治示范村建设，常委会多次开展调研活动，督促区政府要切实抓好村民委员会组织法的贯彻落实工作，加快推进基层民主法治进程。高度关注村民委员会换届选举工作，积极调处群众反映的相关问题，依法规范操作程序，保证了村委会换届选举工作的稳定有序。将人大信访工作作为了解社情民意、维护公民合法权益、密切与人民群众联系的重要工作来抓。四年来，共受理来信来访324件次，其中来信87件，来访237人次，在畅通民情、疏解民忧、推进基层民主法治建设等方面发挥了积极作用。

完善工作制度，强化对任命干部的监督。坚持党管干部与人大依法任免干部的统一，共任命国家机关工作人员140名，免职37名，接受辞呈20名。继续坚持干部任前法律知识考试和大会供职制度，切实增强所任干部接受监督、依法行政的自觉性。继续坚持人大、政协、纪委“三机关”协同监督机制，重点围绕干部作风建设和勤政廉政建设等，进行检查、评议，促进了政风行风建设。

四、改进工作，完善机制，充分发挥代表作用

区人大常委会始终把加强代表工作作为做好人大工作的重要环节，认真贯彻落实代表法，积极探索新形势下代表工作的新路子，努力增强人大工作活力。

完善代表工作机制，积极为代表履行职责创造条件。为进一步规范代表的履职行为，常委会通过了《东营市河口区人民代表大会代表守则》，对代表学习培训、联系选民、出席会议、参加活动等作出了具体规定，并建立了代表履职档案。通过以会代训、研讨交流等方式，组织代表深入学习党和国家的方针政策、法律法规以及履行代表职责的基本知识，及时向代表传达区委和上级人大的重要会议精神，赠阅人大报刊杂志，寄送文件资料，让代表多渠道知情知政。

搭建代表活动平台，努力增强代表活动实效。不断扩大代表对常委会工作的参与，坚持邀请代表列席常委会会议，参加视察调研、执法检查、工作评议等活动。推荐代表400多人次参加了公职人员考选巡察、工作听证、行风评议、民主测评等社会监督活动。积极指导和帮助各代表小组开展工作，督促代表小组活动制度化、经常化。加强与驻油田、济军生产基地各级人大代表的联系，定期组织油地军人大代表联谊互察。为激励人大代表积极参与黄蓝经济区建设，全力推进区委决策落实，常委会印发了《致全区人大代表的一封信》，在全区人大代表中开展了以"提一条合理化建议、为群众做一件好事实事、提供一条招商引资信息或引进一个项目、化解一项社会矛盾"为主要内容的"四个一"活动。2010年成立了区人大代表招商引资工作推进小组，召开了3次人大代表招商引资工作座谈会，取得了积极效果。

规范工作运转程序，认真督办代表建议。区人大常委会把代表建议办理工作作为尊重代表权利、发挥代表作用的一件大事来抓。对人大代表提出的意见建议，区人大常委会都及时召开会议转交有关部门办理，并采取多种方式加强督促检查。为提高代表建议办理质量，区人大常委会不断完善工作机制，规范运转程序，整合督查力量，重点加大了各工作委员会对相关建议的跟踪督办力度，取得了良好效果。区政府出台了《关于督办区人大常委会审议意见和区人大代表建议的办法》，进一步规范了办理程序，加大了督办力度。通过代表建议办理工作，群众普遍关心、关注的如特色农业发展、农村集中供水、农村电网改造、油地有线电视联网、农业生产性水费征缴以及交通安全、环境保护、河道治理、供热供气等许多热点、难点问题得到了切实解决。

坚持严格依法办事，扎实做好区镇人大代表选举工作。按照法律规定，区人大常委会任命了区镇选举委员会，主持区镇人大代表选举工作。在人大代表选举过程中，区人大常委会遵循"坚持党的领导、充分发扬民主、严格依法办事"的原则，周密安排，精心组织，准确把握代表结构，妥善处理各类问题。全区共划分区人大代表选区69个，镇人大代表选区131个。各选区在选举委员会规定的选举日依法组织选民投票，参加投票的选民164688人，占全区选民172604人的95.4%。依法选举产生区十七届人大代表161名，镇新一届人大代表185名。从代表结构比例看，实现了上级确定的"两上升一降低"的目标。

五、解放思想，积极作为，不断加强自身建设

区人大常委会努力适应新形势新任务的要求，不断加强自身建设，干部队伍的思想境界和履职能力得到了进一步提高。

*一是加强学习研究，提高履职水平。*始终把思想政治建设放在首位，深入开展了学习实践科学发展观活动、创先争优主题实践活动和"勇于改革创新奋力攻坚克难""转方式调结构"大讨论活动，认真组织学习中国特色社会主义理论，系统开展法律法规和人大业务知识培训，积极参加区委组织的读书会、座谈会、专题讲座和外出学习考察等活动。认真贯彻落实区委决策部署，着力在坚定正确方向、有效依法履职、服务发展大局上求深化，维护了全区团结和谐、共谋发展的良好局面。

*二是加强制度建设，促进工作规范。*认真总结人大工作的经验，不断完善各项规章制度，在重大事项的审议决定、重点工作的监督推进、代表活动的开展、信访案件的督办、常委会日常重要事务的处理等方面研究了一系列改进措施，使各项工作的开展更加规范有效。重视加强作风建设，认真执行民主集中制原则，坚持集体行使职权。把调查研究贯穿于常委会各项工作之中，经常深入基层，深入群众，了解社情民意，掌握真实情况。认真落实党风廉政建设责任制，自觉遵守廉洁自律的各项规定，树立了为民务实清廉的良好形象。以建设学习型、服务型机关为目标，加强机关规范化建设，服务质量和办事效率明显提高。

三是加强宣传工作，密切各方联系。坚持正确的舆论导向，在不断丰富完善河口人大网站的基础上，创办了《河口人大》刊物，为宣传区委的重要决策和人大常委会的重要活动，展示人大代表依法履职的工作实绩，推广交流人大工作经验，发挥了有效作用。注重工作协调和业务沟通，积极参加和承办市人大召开的有关会议和组织的有关活动，加强了与各县区人大的密切联系和工作交流。

四是强化大局意识，积极参与中心工作。在做好本职工作的同时，区人大常委会立足全局，自我加压，积极参与全区中心工作，在招商引资、包村帮扶、重点工程推进等方面发挥了积极作用。近年来，区人大机关大力推进春兴盐业、天澄溴素、兴河管业、中海地产等招商项目，招商引资工作走在了全区前列。加强对包村帮扶工作的监督指导，经常深入联系点和帮扶点进行调研，真心实意为群众办实事、办好事。几年来，先后为新户镇马家村、义和镇河北村、六合街道庙二村协调资金150万元，帮助修建柏油路1.7万平方米，实施土地开发整理700亩。常委会各位副主任根据区委安排，以高度负责的态度参与油地军港共建、盐业开发、中心渔港建设、河口蓝色经济开发区规划建设、“三网”绿化工程建设、普法依法治理等重点工作的组织协调，有效地推进了中心工作。常委会各位委员和人大代表着眼大局，面对复杂严峻的经济形势，面对保增长保民生保稳定的繁重任务，充分发挥桥梁纽带作用，尽职尽责，献计出力，赢得了人民群众的高度评价。

各位代表，区十六届人大常委会四年来所取得的成绩，是在中共河口区委正确领导下，认真践行科学发展观的结果；是在历届人大工作基础上，常委会全体组成人员和广大代表共同努力的结果；是社会各界和广大人民群众大力支持的结果。在此，我代表区十六届人大常委会表示衷心的感谢！

在肯定成绩、总结经验的同时，我们也清醒地认识到工作中还有不少差距。主要是：对法律法规学习把握得还不够深透，履职能力和水平需要进一步提高；面对黄蓝经济区建设的新形势，如何更加有效地行使人大职能、增强监督实效，还需要深入研究；在引导代表提出高质量建议和督促代表建议办理等方面，仍需要探索改进；机关规范化建设还需要不断加强。我们将虚心听取各方面的意见，自觉接受代表的监督，认真解决存在的问题。

各位代表，2012年是新一届人大常委会的开局之年，也是实施“十二五”规划、建设黄蓝经济区的关键一年。我们相信，面对新的形势和任务，区十七届人大及其常委会必将会更好地凝聚全体代表的智慧和力量，担当起历史赋予的重任，在区委的坚强领导下，继往开来，与时俱进，不断开创人大工作的新局面。在此，我们提出以下建议：

要始终把推动经济社会发展作为人大工作的首要任务。要牢牢把握发展这个主题，按照区七次党代会提出的奋斗目标，紧紧围绕扩大投资、优化产业布局、推进城乡建设、保障和改善民生、加强环境和资源保护、强化科技和人才支撑、提升机关效能等重点问题，深入调研，科学论证，全面有效地行使法定职权，努力促进全区经济社会又好又快发展。

要始终把发展社会主义民主政治作为人大工作的基本职责。要继续探索坚持党的领导、人民当家作主和依法治国有机统一的有效途径，不断拓宽广大人民群众参与管理国家事务的新渠道，保证区委决策落实，保证人民当家作主。要认真贯彻实施监督法，进一步加强和改进人大监督工作，创新监督方式，提高监督实效，促进“一府两院”依法行政、公正司法。

要始终把维护人民群众根本利益作为人大工作的出发点和落脚点。要加强与广大人民群众的联系，准确反映广大人民群众的意见和要求，自觉地把人大工作置于人民群众的监督之下，使人大工作更好地顺应民心、体现民意、集中民智、贴近民生，打牢人大工作的社会基础。

要始终把加强和改进代表工作作为推进人大工作的重要动力。要不断创新代表活动方式，丰富代表活动内容，为代表知情知政创造条件。要组织引导代表站在黄蓝经济区建设的高度思考问题、谋划工作，着力提高代表建议质量。要坚持和完善各项行之有效的制度机制，进一步做好代表建议办理工作。要关心代表的工作和生活，帮助代表解决困难和问题，激励代表更好地履行职责、发挥作用。

要始终把加强自身建设作为提高人大工作水平

的重要保证。区人大常委会组成人员要自觉加强思想政治建设，注重用全新的发展理念武装头脑。要进一步改进工作作风，深入开展调查研究，不断提高工作质量和履职效能。要切实加强机关建设，充分发挥各工作委员会的作用，确保机关工作规范有序、高效运转。要强化大局意识、发展意识，始终保持奋发有为的精神状态，拓展思路，积极工作，不断开创人大工作的新局面。

各位代表，即将产生的河口区第十七届人民代表大会常务委员会将肩负着人民的重托，履行神圣的职责。我们坚信，在中共河口区委的坚强领导下，新一届人大常委会一定能够求真务实，锐意进取，深入贯彻落实科学发展观，继续谱写人大工作的新篇章，为实现河口在黄河三角洲开发建设中高点定位、率先崛起再创新的业绩，再铸新的辉煌！

区人民代表大会常务委员会工作报告

——2013 年 1 月 4 日在东营市河口区第十七届人民代表大会第二次会议上

东营市河口区人大常委会第一副主任 张胜双

各位代表：

我受聂建军主任的委托，代表区人大常委会向大会报告工作，请予审议，并请列席会议的同志提出意见。

2012 年，区人大常委会在区委的坚强领导下，坚持以科学发展观为指导，紧紧围绕“发挥港口优势，科学规划‘一港三区一带三线一城’经济发展新格局，全力打造五大基地，努力实现在黄河三角洲开发建设中高点定位、率先崛起”的总体发展思路，牢牢把握“区港联动，工业优先，富民强区”的工作基调，贴近中心，突出重点，依法履职，积极作为，实现了本届常委会工作开好局、起好步的目标。

一、把握工作大局，依法推动经济社会又好又快发展

牢固树立以人为本、科学发展的理念，把区委决策部署、政府着力推动、群众普遍关注、人大职权范围内的重大事项作为监督重点，先后听取审议“一府两院”专项工作报告 17 项，作出决议决定 6 项，组织开展视察调查和执法检查活动 25 次，提出意见建议 140 多条，有力地推动了全区经济社会健康发展。

一是围绕计划和财政预算执行加强监督。为确保全年目标任务的完成和区十七届人大一次会议决议的落实，对计划和财政预算执行情况实行全过程动态监督，听取审议了区政府关于 2012 年上半年国民经济和社会发展计划执行情况的报告，并围绕重点企业运营、重大项目建设、主要指标推进等问题，深入进行调研，提出意见建议，督促政府抓投入、保增长、促发展。依照法定程序，听取审议了区政府关于 2011 年区级财政决算和 2012 年上半年财政预算执行情况的报告，建议区政府认真研究国家财税政策，不断优化财源结构，大力发展对我区财政贡献大的优势产业，努力构建持续增长的财源体系。面对严峻的经济形势，区政府采取有效措施，积极应对挑战，把扩大投资、企业培育、园区建设作为工作重点，加强经济运行分析调度，保持了全区经济高幅增长的良好势头，取得了比预期好的成效。

二是围绕推动经济发展方式转变加强监督。加快经济发展方式转变，促进产业结构优化升级，是关系国民经济全局的重大战略任务。常委会把它作为监督工作的重点，及时听取审议了区政府关于招商引资工作情况和重大项目攻坚行动开展情况的报告，组织常委会组成人员和人大代表对河口经济开发区、河口蓝色经济开发区、东营港经济开发区的建设发展情况进行视察调查。突出强调，促进产业优化升级、加快实施“黄蓝”战略，关键是靠项目。必须以“三区”建设为总抓手，通过强力推进招商引资、积极向上争取支持等措施，全力以赴抓项目，努力扩张区域产业规模，提高产业发展层次。一年来，区政府抢抓机遇，攻坚克难，在园区建设和项目推进上认真听取各方面

意见，凝心聚力，乘势突破，取得了明显成效。

农业是国民经济的重要组成部分，也是转变经济发展方式的一个难点。按照加快推进新农村建设的目标要求，区人大常委会对农业发展和农民增收情况进行了调查，听取审议了区政府关于农业科技创新和服务体系建设情况的报告、关于畜牧业发展情况的报告，督促区政府及其工作部门要切实转变作风，面向基层、面向实际，全面加强农业服务体系建设，为加快发展现代农业、增强农业综合生产能力提供有效的资金、技术和智力支持，确保城乡经济同步推进、共同发展。

三是围绕推动城乡发展一体化加强监督。在城乡规划、基础设施、公共服务等方面推进一体化，促进城乡要素均衡配置和公共资源平等共享，是建设小康社会的重要内容。为推进城乡统筹发展，听取审议了区政府关于和谐城乡建设行动开展情况的报告，组织人大代表对城乡建设重点项目进行了视察。肯定了区政府在加速推进城乡建设、积极创建生态文明乡村等方面取得的成绩，指出了制约城乡一体化发展的突出问题。围绕完善决策机制，高标准编制城乡发展规划；统筹抓好农村社区建设，加快推进“城中村”改造，努力提高城乡一体化建设水平等提出了意见建议，起到了积极推动作用。为促进城乡教育均衡发展，听取审议了区政府关于基础教育标准化建设情况的报告，建议区政府研究制定全区教育资源配置规划，着力解决城乡教育资源分布不均的问题；进一步加强农村学校基础设施建设，确保农村办学条件持续提高。对这些意见建议，区政府及有关部门高度重视，严肃对待，狠抓落实，取得了良好效果。

二、高度关注民生，努力维护社会和谐稳定

加快发展的最终目的是提高人民群众的生活质量和水平，促进社会和谐稳定最基础最重要的是保障改善民生。常委会深刻理解和正确处理发展、民生、稳定三者之间的关系，坚持把群众最关心、最直接、最现实的利益问题作为监督重点，积极依法推进。

文化事业关系千家万户，是民生工作的重点。针对我区文化产业总量少、规模小，文艺专业人才缺乏，文化设施建设相对滞后等突出问题，常委会深入镇街、农村、企业进行调研，了解实际情况，提出意见建议。听取审议了区政府关于文化建设工作情况的报告，督促区政府及有关部门正确认识文化建设面临的新形势、新任务，完善政策措施，加大推进力度，全面提升文化建设的层次和水平，让人民群众共享发展成果。区政府审时度势，出台扶持政策，设立专项基金，深入实施文化惠民工程，积极推进油地文化融合，得到了人民群众的拥护。同时，围绕社会保障、劳动就业、食品安全、卫生防疫等工作开展视察调研，提出了许多改进工作的建议。

生态环境问题是当前人民群众普遍关心的热点问题，也是人大常委会监督工作的重点。一年来，多次组织人大代表进行视察调研，听取相关工作情况的汇报。在充分肯定成绩的同时，督促区政府要高度重视环境保护工作，严格执行项目建设“环境评价”和“三同时”制度，对层次低、规模小、污染严重的企业要下决心关停取缔。区政府积极采取措施，制定具体方案，加大环境污染综合整治力度，对土小污染企业依法关停取缔，人居环境质量得到了明显改善。

社会治安环境与广大人民群众的切身利益密切相关。常委会将其摆上重要位置，听取审议了区政府关于社会治安防控体系建设情况的报告，就防控设施建设、警力配置、日常管理、机制保障等情况进行了深入调研。对公安机关在打击犯罪、保护人权、维护稳定方面取得的成绩给予了充分肯定。针对存在的问题，就如何更好地发挥部门职能作用，坚持警力下沉，强化技防措施，完善防范机制，全面提升治安防控能力，切实保障群众生命财产安全等，提出了意见建议。区政府及其有关部门广泛征求人民群众的意见，积极推进社会管理创新，全面加强治安防控体系建设，人民群众的安全感和满意度不断提高。

三、加强法律监督，扎实推进民主法制建设

围绕经济社会发展大局，适时开展法律监督活动，强化法制宣传教育，推动依法治区工作深入开展。一年来，常委会先后就《中华人民共和国安全生产法》《山东省农产品质量安全条例》等法律法规的贯彻实施情况进行调查和执法检查，针对发现的问题，强化跟踪问效，确保法律法规在本行政区域得到贯彻落实。在调查和审议安全生产法贯彻落实情况时，建议区政府要落实安全生产主体责任，健全长效监管

机制，加强部门协作配合，维护全区安全生产形势的持续稳定。在检查山东省农产品质量安全条例的贯彻落实情况时，督促区政府要进一步明确监管部门的责任权限，加大环节控管力度，严厉打击非法生产经营行为。

为营造和谐稳定的法治环境，切实维护公平正义，常委会听取审议了区人民法院关于刑事审判工作情况的报告，建议要完善制度措施，规范审判程序，积极创新刑事审判工作机制，全面提升刑事审判工作水平。听取审议了区人民检察院关于监所检察工作情况的报告，建议要强化监督手段，完善监督机制，加强联动配合，保证监督实效，促进监所检察工作实现新突破。听取审议了区政府关于普法依法治理及法治河口创建工作情况的报告，围绕进一步增强普法依法治理工作的针对性和实效性、建立完善依法治理工作协作机制等提出了意见建议。督促区政府要积极探索和不断完善普法依法治理工作机制，丰富法制宣传内容，加大依法治理力度，不断巩固和扩大普法依法治理成果。在日常工作中，常委会通过听取汇报、视察调查、督促审议意见办理、任免司法机关工作人员、旁听法院庭审等形式，了解情况，提出建议，加强司法监督。在区人大常委会的监督支持下，各司法部门依法行政、公正司法的自觉性进一步增强，工作人员的法律意识和服务意识不断提高，为营造干事创业、加快发展的氛围奠定了良好基础。

高度重视信访工作，全年共接待群众来访 29 人次，受理群众来信 13 件。对群众反映的问题，认真汇总梳理，按照法律和政策规定及时进行了办理。根据区委的统一安排，驻会副主任轮流公开接访、带案下访，化解了大量矛盾纠纷，为促进社会和谐稳定做出了积极贡献。

坚持党管干部与人大依法任免干部的统一，全年共任命国家机关工作人员 70 名，免职 24 名，接受辞职 1 名，保证了国家政权机关工作的有序运转。继续坚持干部任前法律知识考试和到会供职制度，切实增强所任干部接受监督、依法行政、公正司法的自觉性。继续坚持人大、政协、纪委“三机关”协同监督机制，适时开展检查、评议活动，对加强干部作风建设和勤政廉政建设发挥了重要作用。

四、创新工作机制，充分发挥代表主体作用

人大代表是人民代表大会的主体，是国家权力机关的组成人员。常委会紧紧围绕全区工作大局，积极探索新形势下代表更好地履行职责、发挥作用的新路子，凝聚油地军港、方方面面的力量，共同致力于“黄蓝”经济区开发建设大业。

一是搭建履职平台，着力为代表执行职务创造条件。针对换届后新代表比较多、对人大工作和代表履职不够熟悉的实际，邀请省人大常委会专家和全国人大代表对区级人大代表进行了集中培训。继续坚持常委会组成人员走访联系代表和邀请代表列席常委会会议等制度，及时向代表通报人大常委会和“一府两院”的工作，了解代表履职情况，征求代表意见建议。采取以会代训、寄送资料、订阅人大报刊杂志等方式，组织引导代表学习人民代表大会制度理论和有关法律法规。组织代表参加视察调查和执法检查活动，推荐代表参加民主测评、行风评议等社会监督活动，让代表多渠道了解情况、知情知政。

二是完善制度措施，着力增强代表活动实效。全面加强代表小组活动阵地建设，依托“代表之家”，精心组织代表开展活动，各代表小组的工作日趋规范活跃，作用发挥越来越好。为促进代表更好地履职，建立了代表职务公示、代表联系选民、代表履职情况通报等制度，制定了《河口区第十七届人民代表大会代表考核办法》，代表的责任意识明显增强。积极开展人大代表评先树优活动，评选出 10 名优秀人大代表，在区电视台开辟专栏进行集中宣传，在省、市、区人大报刊上对 6 名区级人大代表的先进事迹进行了宣传报道，有效地调动了人大代表的履职积极性，发挥了良好的示范引导作用。

三是加强工作督查，着力提高代表建议办理质量。常委会不断完善代表建议办理机制，规范工作运转程序，通过召开代表建议交办会、建议办理调度会、组织人大代表与承办单位见面、实地察看办理现场等形式，落实工作责任，加大督办力度。区政府将代表建议办理工作纳入政务督查考核；各承办部门本着“对代表负责、对事业负责”的态度，加强研究分析，落实办理措施，代表建议办理质量有了新的提高。区

十七届人大一次会议以来代表提出的56件建议已全部办结，一批事关发展、事关稳定、事关群众切身利益的热点难点问题得到了有效解决。为建立一套比较系统的代表建议办理流程，全面规范代表建议办理工作，区人大常委会在认真总结实践经验的基础上，制定出台了《办理区人民代表大会代表建议办法》和《代表建议办理面对面答复暂行办法》。这两个《办法》对代表建议的提出、代表建议的交办和办理、代表建议办理工作的监督检查以及代表建议面对面答复的时间安排、组织形式等都作出了明确规定，是指导当前和今后一个时期代表建议办理工作的规范性文件。

四是强化工作指导，着力规范镇街人大工作。指导、规范镇街人大工作，是提升全区人大工作整体水平的重要保证。立足河口实际，研究制定了《关于进一步加强镇、街道人大工作的意见》，就规范代表小组建设、强化代表学习培训、组织开展代表活动、完善建议办理程序、健全管理服务机制、改进人大宣传工作等，提出了具体明确要求，并围绕这些具体要求制定了《镇、街道人大工作考核办法》。去年底，围绕《意见》落实情况，对各镇街人大工作进行了量化考核，取得了积极效果。在日常工作中，注重加强与各镇街人大的联系，通报有关情况，研究工作措施，促进了基层人大工作平衡发展。各镇街人大立足本区域实际，依法履行职责，多形式开展监督工作，多渠道丰富代表活动，多举措狠抓自身建设，在推动发展、改善民生、促进和谐方面发挥了重要作用，全区人大工作呈现出整体推进的良好局面。

五、加强自身建设，不断提升依法履职能力

常委会积极适应人大工作不断发展的新形势，切实加强自身建设，依法履行职责的能力进一步增强。

一是注重加强思想作风建设。牢固树立党的观念、大局观念，自觉把人大工作置于党委领导之下，认真贯彻落实党的路线方针政策和区委决策部署，及时把区委主张通过法定程序变为国家意志和人大及其常委会的决议决定。坚持政治理论学习与法律法规学习相结合，积极参加区委组织的读书会、座谈会、专题讲座、外出学习考察等活动，系统开展法律法规和人大业务知识培训，思想境界和履职能力进一步提高。认真执行民主集中制原则，重大问题充分酝酿讨论，集体研究决定。把调查研究贯穿于常委会各项工作之中，经常深入基层，深入群众，了解社情民意，掌握真实情况。在组织专题调查时，注意广泛吸纳人大代表、经济组织和服务对象的意见建议，尽量扩大社会参与面，努力提高监督工作质量。

二是注重加强制度建设。认真总结人大工作经验，不断完善各项规章制度，在重大事项的审议决定、重点工作的监督推进、常委会日常重要事务的处理等方面，研究了一系列改进措施。为规范对“一府两院”的依法监督，增强监督实效，在继续坚持调查前学法、重点问题调查、确定重点发言人、实行审议意见书等制度的基础上，探索制定了《关于对区人民政府、区人民法院、区人民检察院专项工作报告实行满意度测评的暂行办法》，对常委会听取审议的工作报告按照满意、基本满意、不满意三个等次进行投票测评，当场计票，当场公布结果。实行满意度测评的审议办法，准确表达了每位常委会组成人员的意愿，对报告机关产生了积极的约束、激励作用。《暂行办法》实施以来，对“一府两院”6项工作报告进行了满意度测评审议，收到了良好的监督效果。围绕加强机关建设，制定并实施了《关于加强人大机关规范化管理的补充规定》，在强化责任、规范操作、提高效率等方面取得了新进展。目前，干部队伍整体素质和服务保障能力明显提高，机关团结和谐、积极进取的良好局面不断巩固和发展。

三是积极参与中心工作。正确处理做好人大工作与服务经济发展的关系，充分发挥自身优势，积极参与全区重点工作，在招商引资、包村帮扶、重点工程推进等方面发挥了积极作用。深入开展“千名机关干部下基层”活动和下派帮扶工作，帮助指导联系村加强组织建设、化解矛盾纠纷、开展扶贫济困、促进经济发展，得到了群众的一致好评。区人大常委会各位副主任根据区委安排，参与了防潮堤项目立项、未利用地开发利用、环境综合整治、普法依法治理等重点工作的组织协调，在参与中支持，在支持中监督，有效地推进了中心工作。常委会各位委员和人大代表在各自的工作岗位上尽职尽责，献计出力，积极协调关系、化解矛盾，为推动区域经济发展、促进社会和谐稳定做出了突出贡献。

各位代表，过去一年取得的成绩，是区委正确领导、常委会组成人员和人大代表共同努力的结果，是区人民政府、区人民法院、区人民检察院协同工作的结果，是广大人民群众和社会各界大力支持的结果。在此，我代表区人大常委会表示衷心的感谢！

在总结成绩的同时，我们也清醒地认识到，常委会的工作还存在一些薄弱环节。主要是：对如何做好新形势下的人大工作需要深入探索；有些职权的行使还不够到位，监督工作的实效性有待进一步增强；代表建议办理质量与代表的期望还有一定差距。这些问题要在今后的工作中认真研究解决。

各位代表，今年是全面贯彻落实党的十八大精神的第一年，也是全力实施黄蓝国家战略、推动全区经济社会实现跨越发展的关键一年。党的十八大胜利召开，描绘了全面建成小康社会、加快推进社会主义现代化的宏伟蓝图，为我们指明了前进的方向。今年区人大常委会工作的总体要求是：在区委的坚强领导下，深入学习贯彻党的十八大精神，以科学发展观为指导，紧紧围绕“发挥港口优势，科学规划‘一港三区一带三线一城’经济发展新格局，全力打造五大基地，努力实现在黄河三角洲开发建设中高点定位、率先崛起”的总体发展思路，以加快推进工业化、信息化、城镇化和农业现代化为重点，认真履行法定职责，大胆实践，积极创新，更加富有成效地开展工作，为实现“两个率先”宏伟目标做出新的更大的贡献。

（一）突出重点，加大力度，切实增强监督实效。全面贯彻落实区委决策部署，牢牢抓住事关全区发展大局、关系国计民生、影响社会和谐的重大问题，依法审议决定，从制度上保障顺利实施。深入贯彻落实监督法，综合运用多种监督方式，支持“一府两院”按照各自的目标任务，协调一致做好工作，大力推动经济社会健康有序发展。把“十二五”规划实施、社会管理创新、新型城镇化建设、高效生态农业发展、产业结构调整、重点项目建设、城乡基础设施建设、社会保障体系建设等作为监督重点，通过听取审议工作报告、组织视察调查、开展执法检查等形式，加大工作推进力度。听取审议区政府关于区级财政决算、审计工作和计划、财政预算执行情况的报告，审查批准2012年区级财政决算，监督政府细化预算编制，加强部门预算管理。听取审议区人民法院、区人民检察院、区公安分局专项工作报告，监督司法机关文明执法、公正司法，维护社会公平正义。组织开展部门工作评议，计划利用三年的时间，完成对政府组成部门和垂直管理部门的工作评议。继续加强对“六五”普法规划实施情况的监督检查，督促抓好“法治河口”创建工作，不断提高全区经济社会法治化水平。进一步加强和改进信访工作，认真受理人民群众来信来访和申诉控告，切实维护公民合法权益。

（二）强化措施，完善机制，扎实推进人大代表工作。认真贯彻实施代表法，努力为代表执行职务创造条件、提供保障。加强代表学习培训，丰富代表活动内容，拓展代表履职渠道，充分发挥代表在管理国家和社会事务中的作用。健全代表履职激励约束机制，落实人大代表守则和人大代表考核办法，深化代表述职工作，建立完善代表联系群众制度，不断增强代表依法履职的责任感和使命感。认真落实代表建议办理办法和代表建议面对面答复暂行办法，全面提升代表建议办理水平。要关心代表的工作和生活，帮助代表解决困难和问题，激励代表更好地履行职责、发挥作用。

（三）解放思想，积极作为，不断加强自身建设。努力适应新形势新任务的要求，认真开展学习研究活动，注重用全新的发展理念武装头脑、指导实践、推进工作。坚持不懈地抓好法律法规和人大业务知识的学习，不断增强依法履职的意识和能力。完善各项工作制度，规范履职程序，改进工作作风，切实提高依法履职的质量和水平，为做好新形势下的人大工作提供有力保障。强化大局意识、发展意识和责任意识，始终保持与时俱进、奋发有为的精神状态，拓展思路，创新实干，不断开创人大工作的新局面。

各位代表，新的形势催人奋进，新的任务艰巨繁重。让我们在区委的坚强领导下，振奋精神，抢抓机遇，凝心聚力，乘势而上，为创造河口区更加光辉灿烂的明天而努力奋斗。

区人民代表大会常务委员会工作报告

——2014 年 2 月 20 日在东营市河口区第十七届人民代表大会第三次会议上

东营市河口区人大常委会第一副主任 张胜双

各位代表：

我受聂建军主任的委托，代表区人大常委会向大会报告工作，请予审议，并请列席会议的同志提出意见。

2013 年，区人大常委会在区委的坚强领导下，坚持以邓小平理论、“三个代表”重要思想、科学发展观为指导，全面贯彻落实党的十八大和十八届二中、三中全会精神，积极适应新形势新任务对人大工作的新要求，依法履职，务实创新，为推进全区经济社会发展和民主法治建设做出了积极贡献。

一、围绕中心，服务大局，依法推动经济社会科学发展

牢固树立中心意识和大局观念，把党委决策部署、政府着力推进、人民群众普遍关心、人大职权范围内的重大事项作为监督重点，先后听取审议“一府两院”专项工作报告 15 项，作出决议决定 11 项，组织开展视察调查和执法检查活动 25 次，提出意见建议 130 余条，有力地推动了全区经济社会健康发展。

一是紧紧围绕落实区委决策加强监督。坚持党的领导、人民当家作主和依法治国的有机统一，认真贯彻落实区委关于科学发展、创新发展、跨越发展的一系列决策部署，主动顺应人民群众的新要求、新期盼，把“促发展、保和谐”作为一切工作的立足点和出发点，精心谋划监督议题，科学确定工作重点，着力在坚定正确方向、服务发展大局上求深化，做到了与党委同心同德、与时代同频共振。工作实践中，自觉维护区委总揽全局、协调各方的领导核心地位，严格执行重大事项请示报告制度，切实做到旗帜鲜明、立场坚定、行动坚决。根据区委工作要求，适时听取审议工作报告，对重大事项依法作出决议决定，及时把区委主张转化为地方国家意志和全区人民的共同行动，保证了区委决策部署的有效落实。

坚持党管干部与人大依法任免干部的统一，完善程序，规范操作，确保实现区委人事安排意图。全年共任命国家机关工作人员 11 名，免职 13 名，接受辞职 8 名，保证了国家政权机关工作的有序运转。继续坚持干部任前法律知识考试和到会供职制度，切实增强所任干部接受监督、依法行政、公正司法的自觉性。

二是紧紧围绕计划和财政预算执行工作加强监督。计划和财政预算执行工作是常委会法定监督的重要内容。一年来，常委会准确把握全区经济运行和社会发展态势，深化对计划和财政预算执行情况的监督，通过组织代表视察、听取专项工作报告、参与重大项目建设等，全力支持政府抢抓机遇、应对挑战、促进发展，保证了全年目标任务的完成和区十七届人大二次会议决议的落实。听取审议了区政府关于 2013 年上半年国民经济和社会发展计划执行情况的报告，建议区政府要充分发挥“一港三区一带三线一城”的集聚优势，坚持以质量效益为中心，全力招引大项目、培育大企业、促进大发展；要统筹城乡教育、卫生、文化、体育等各项社会事业发展，促进基本公共服务均等化。依照法定程序，听取审议了区政府关于区级财政决算、财政预算执行和审计工作报告，依法审查批准了 2012 年区级财政决算。督促区政府要进一步完善预算管理监督机制，认真整改审计出的各类问题，全面提高依法理财水平；要大力推进三次产业改造升级，不断优化财源结构，努力构建可持续增长的财源体系。面对复杂的经济形势和繁重的工作任务，区政府坚定信心，沉着应对，牢牢把握“转方式、调结构、扩总量、增实力、上水平”这一工作大局，统筹安排，科学调度，保持了全区经济社会又好又快发展的良好势头。

三是紧紧围绕推动城乡统筹发展和生态环境建设加强监督。常委会高度重视城镇规划建设和生态环境建设，深入各镇街、经济开发区、湖滨新区等开展专题调研，实地察看项目建设现场。听取审议了区政府关于新型城镇化建设情况的报告，肯定了区政府在

中心城区建设、小城镇建设、新型农村社区建设等方面取得的成绩，指出了制约新型城镇化发展的突出问题。围绕完善规划体系、加强科学管理、破解资金瓶颈、统筹城乡均衡发展等提出了意见建议，起到了积极推动作用。

按照生态文明典范区建设的目标要求，先后对土地开发利用、高效生态农业建设、污水处理厂建设、环境污染治理等情况进行了视察调研；围绕“生态建设与保护”这一主题，深入开展油城环保世纪行活动。要求有关方面要正确处理经济发展与生态保护的关系，牢牢把握主题主线，加快推进企业节能减排和产业结构转型升级，努力实现经济持续发展、污染持续下降、生态持续改善。听取审议了区政府关于林业工作情况的报告，建议区政府要扎实推进“三网”绿化工作，完善生态公益林管护机制，切实加强沿海防护林建设和特色林业示范基地建设。区政府积极采取措施，加大污染治理和环境保护力度，着力培育发展绿色循环产业，加快构筑特色生态系统，取得了令人满意的成效。

二、贴近基层，关注民生，切实维护人民群众根本利益

坚持群众利益高于一切，群众疾苦重于一切，群众呼声先于一切，把保障和改善民生、维护群众合法权益摆在更加突出的位置，综合运用多种监督方式，督促支持政府为民办实事、做好事、解难事。

听取审议了区政府关于物价工作情况的报告，督促区政府要重点加强对群众普遍关心的教育、医疗、通讯、殡葬等领域收费行为的监督检查，坚决打击各类乱收费、乱涨价、虚假标价、隐形收费等行为，营造良好的市场消费环境。听取审议了区政府关于人口和计划生育工作情况的报告，在充分肯定成绩的同时，建议区政府要坚持落实计划生育基本国策不动摇，积极开展国策、国情、人口形势教育，突出抓好基层计生服务工作，努力提高计生工作实效。对这些意见建议，区政府及有关部门高度重视，认真对待，面向群众、面向基层，狠抓基础性工作，取得了良好效果。

民政、社会保障和医药卫生工作是重要的民心工程，事关百姓利益，事关社会和谐稳定。针对群众对民生工作的新要求，常委会深入农村、企业进行调研，了解实际情况，发现突出问题，提出意见建议。听取审议了区政府关于民政工作情况的报告，建议区政府正确认识民政工作面临的新形势，把顺应民情民意、解决民忧民愿作为民政工作的“生命线”，完善政策措施，加大推进力度，强化社会救助体系建设，全面提升民政工作水平。听取审议了区政府关于社会保障工作情况的报告，建议区政府在前期工作取得可喜成绩的基础上，根据经济社会发展水平，进一步做好教育引导工作，不断提高社会保障标准，扩大社会保障覆盖面。听取审议了区政府关于医药卫生体制改革工作情况的报告，要求区政府及有关方面要加强医疗卫生基础设施建设，改革医药卫生体制弊端，完善公共卫生服务体系，着力提高医疗卫生保障能力，不断改善广大群众的就医环境和就医条件。

对区政府确定的十大民生实事，区人大常委会坚持跟踪调研，先后2次组织市区人大代表对工程现场进行集中视察。突出强调，要严格工程质量管理，保证工程建设进度，完善各项配套服务，真正把好事办好、实事办实，努力增进人民福祉。公交事业关系千家万户，既是城市功能的基本要素，也是群众关切的热点问题。针对我区城乡客运经营主体多、管理难度大、交通设施建设相对滞后等突出问题，区人大常委会成立调查组，对全区城乡道路客运情况进行了专题调查。重点围绕做好城乡公交客运规划编制、合理配置城乡公交基础设施、积极推行“公车公营”经营模式等提出了意见建议，督促区政府发挥主导作用，扎实推进城乡客运公交化改造，努力实现城乡公交一体化发展。

一年来，区政府主动征求人大常委会和社会各界的意见，不断加大对民生事业的投入，坚持集中力量办实事，社会保障水平全面提高，公共服务体系日趋完善，许多民生工作走在了全省、全国的前列，得到了人民群众的充分肯定和一致认可。

三、立足实际，突出重点，扎实推进民主法治建设

把加强民主法治建设作为根本任务，从构建和谐社会的大局出发，强化法律监督，推进依法治区，努力维护社会公平正义。先后就《中华人民共和国道路交通安全法》、《中华人民共和国产品质量法》

等法律法规的贯彻落实情况进行调查和执法检查，针对发现的问题，强化跟踪问效，确保法律法规在本行政区域得到贯彻落实。在调查和审议交通安全法贯彻落实情况时，建议区政府结合创建全国文明城市，全面加强交通安全设施建设，集中治理影响交通安全的突出问题，保障道路安全畅通。在检查产品质量法贯彻落实情况时，督促区政府加强对产品质量工作的统筹规划和组织领导，大力推进企业科技创新，帮助企业扎实做好品牌创建工作；要加大质量监管力度，完善监管长效机制，强化跟踪监管措施，保证产品质量安全。区政府及相关部门认真落实审议意见，创新管理机制，加大治理力度，追根究底，标本兼治，推动了工作深入开展。

听取审议了区人民法院关于商事审判工作情况的报告，建议完善制度措施，规范审判程序，积极创新商事审判工作机制，全面提升商事审判工作水平。听取审议了区人民检察院关于反渎职侵权工作情况的报告，建议加大查办力度，完善工作机制，加强协作配合，提高反渎职侵权工作效率。在日常工作中，常委会通过听取汇报、视察调查、督促审议意见办理等形式，了解情况，提出建议，加强司法监督。各司法机关认真执行区人大常委会决议，虚心听取意见，自觉接受监督，在队伍建设、作风建设等方面取得了积极成效，人民群众的满意度不断提高。

将人大信访工作作为维护公民合法权益、密切联系群众的重要工作来抓。全年共接待群众来访30人次，受理群众来信12件。对群众反映的问题特别是带有普遍性的问题，认真研究分析，提出意见建议，按照法律和政策规定及时进行了办理。根据区委的统一安排，驻会副主任轮流公开接访、带案下访，促进解决了一批事关群众利益的突出问题，为促进社会和谐稳定做出了积极贡献。

四、适应形势，创新机制，努力提高依法监督实效

正确把握监督与支持、继承与创新的关系，积极探索加强监督工作的新思路、新方法，在重大事项的审议决定、重点工作的监督推进等方面，研究了一系列改进措施。

为规范人大监督工作，增强监督工作实效，研究制定了《河口区人大常委会工作评议暂行办法》，对评议主体、评议对象、评议内容、评议的方法步骤和评议结果的运用等作出了明确规定。工作评议坚持写实性评议和计分式评议相结合，评议主体拓展到区人大常委会、各级人大代表、被评议单位干部职工和其他社会成员四个方面，并合理确定各个层面的评议分值，以保证工作评议的客观公正性，提高工作评议的社会影响力。去年8－10月份，围绕依法履职、队伍建设、为民服务、机关效能、接受监督等五个方面，对15个区政府组成部门、事业单位和垂直管理部门进行了工作评议。期间，召开各类座谈会、评议会20多次，参评人员1000多人，整理归纳意见建议200多条。从评议情况看，各有关方面高度重视，认真负责，严格程序，规范操作，保证了评议工作依法有序进行。被评议单位结合评议活动，认真梳理工作，虚心接受监督，根据反馈意见集中抓好整改，取得了积极效果，达到了预期目的。

继续坚持并不断完善专项工作报告满意度测评办法。全年共对“一府两院”15项工作报告进行了满意度测评，分项测评满意率为89.5%，综合测评满意率为96.3%，收到了良好的监督效果。针对专题调查和执法检查工作中存在的实际问题，制定出台了《专题调查办法》和《执法检查办法》，着力规范调研检查程序，提升调研检查水平。根据两个《办法》的有关规定，去年共召开各种类型的专题调查座谈会30余次，发放调查问卷2000余份，征求人大代表、企业负责人、个体工商户、农村群众代表意见建议300多条，为实施有效监督提供了可靠依据。

五、夯实基础，创建平台，充分发挥人大代表主体作用

人大工作的根基是代表、活力在代表。常委会认真贯彻落实代表法，不断完善代表工作机制，创新代表工作方式，提高代表工作水平，支持和引导代表为推动河口发展贡献力量。

*一是强化措施，努力提升服务保障水平。*把组织代表履职学习作为一项重要工作来抓，采取以会代训、考察交流、寄送资料等形式，为代表提供信息服务。指导镇街人大开展代表培训，组织引导代表学习法律法规和有关业务知识。坚持邀请代表列席常委会会议，参加常委会组织的执法检查、视察调研等活

动，扩大代表对常委会工作的参与。全年共邀请36名人大代表列席常委会会议，组织90多名人大代表分两批进行了集中视察，先后组织40多名人大代表参加各类调研和执法检查活动。继续坚持常委会组成人员走访联系代表制度，结合半年工作审议，对100多名基层人大代表进行了集中走访，通报工作情况，征求意见建议。同时，积极推荐代表参加民主测评、行风评议等社会监督活动，让代表多渠道了解情况、知情知政。

二是精心组织，着力增强代表活动实效。全面加强代表小组活动阵地建设，指导代表小组制定年度工作计划，精心组织代表开展活动。各代表小组注重创新方式，丰富内容，不断增强代表调研、视察效果，为代表提出有价值的意见建议奠定了基础。为加强人大代表与群众的联系，促进代表依法履职，制定了《人大代表联系群众制度》，对代表联系群众的基本范围、联系群众的主要内容和主要方式、群众意见建议的处理等作出了规定，对发挥人大代表的桥梁纽带作用起到了积极的促进效果。健全完善激励约束机制，按照人大代表考核办法，去年12月份，对代表执行职务情况和履行岗位职责情况进行了首次量化考核。考核结果分优秀、称职、不称职三个档次。对连续两年考核不称职的人大代表，将按程序进行询问或责令辞职。不断加大对优秀代表的宣传力度，建立了集中宣传和日常宣传相结合的宣传制度，努力发挥优秀代表的示范带动作用。全年共对24名人大代表的先进事迹进行了宣传报道，营造了良好的社会氛围。

三是完善机制，不断提高代表建议工作质量。常委会高度重视代表建议工作，始终坚持在提高“两个质量”上下功夫，即：加强指导、提高代表建议质量，加强督办、提高建议办理质量，努力使代表建议转化为促进科学发展的成果。去年3月份，召开了全区代表建议交办工作会议，对2012年度提出优秀建议的10名人大代表和5个办理代表建议工作先进单位进行了表彰，对区十七届人大二次会议上代表提出的54件建议进行了交办。各承办部门严格执行代表建议办理办法，以高度负责的态度，认真研究代表建议，积极落实办理措施，代表建议办理程序更加规范，办理质量有了明显提高。去年7月底，区人大常委会组织承办部门主要负责人对54件建议办理情况向人大代表进行了面对面集中答复；12月上旬，对集中走访联系代表时征求到的33件建议进行了面对面答复，一批事关发展、事关稳定、事关群众切身利益的热点难点问题得到了有效解决。

六、解放思想，改进作风，不断提高依法履职水平

积极适应新形势、新任务的要求，坚持把加强自身建设作为强基固本的首要任务来抓，不断提高依法履行职责的能力和水平，为做好人大工作提供了有力保证。

一是加强学习研究，推进素质能力建设。突出抓好政治理论学习，及时传达中央和区委的重要会议精神，紧密结合人大工作实际提出贯彻落实意见，努力把思想和行动统一到中央对形势的分析判断上来，统一到区委的决策部署上来。积极参加区委组织的读书会、专题讲座、外出学习考察、解放思想大讨论等活动。结合学习贯彻党的十八大和十八届二中、三中全会精神，围绕转方式调结构、加强和创新社会管理、全面深化改革等重大课题，进行学习研究，为依法履职打下了良好的理论基础。坚持理论联系实际的优良学风，及时分析研究人大工作的新情况新问题，不断提高把握大局的能力、议事决策的能力和依法履职的能力。结合人大工作特点，定期组织干部职工学习法律法规和人大业务知识，坚持调查、审议和执法检查前学习培训制度，努力提高依法监督质量。

二是完善制度措施，推进规范化建设。按照坚持完善创新的原则，组织开展规范性文件修编工作，全面系统地整理原有的各项制度办法，完善有关工作流程，编印了《河口区人大常委会规范性文件汇编》。围绕加强机关建设，制定并实施了关于信访案件督办、机关工作运行、日常事务处理等一系列制度措施，进一步理顺了机关内部管理，提升了机关工作规范化水平。高度重视人大宣传工作，建立了宣传报道网络，创建了宣传报道平台，制定了宣传工作奖励办法，有效调动了工作人员的积极性。全年共发表宣传稿件143篇，其中市级以上93篇，人大宣传的深度和广度有了新提高。

三是坚持求真务实，推进作风建设。认真执行民主集中制原则，重大问题充分酝酿讨论，集体研究决

定。把调查研究贯穿于常委会各项工作之中，每项议题审议前，都采取多种方式进行调研，摸透实情，掌握真相，了解群众意愿，集中群众智慧，形成科学决策。注重工作协调和业务沟通，积极参加和承办市人大召开的会议和组织的活动，加强与各县区人大的密切联系。召开了全区人大工作座谈会，共同研究谋划做好人大工作的思路对策，交流情况，听取意见，推进工作。加强对镇街人大的业务指导和工作考核，促进全区人大工作平衡发展、共同提高。正确处理做好人大工作与服务经济发展的关系，充分发挥自身优势，积极参与全区中心工作，在招商引资、包村帮扶、联系企业、重点工程推进、普法依法治理等方面发挥了积极作用。

各位代表，过去一年取得的成绩，是区委正确领导、常委会组成人员和全体代表共同努力的结果，是区人民政府、区人民法院、区人民检察院协同工作的结果，是广大人民群众和社会各界大力支持的结果。在此，我代表区人大常委会向大家表示衷心的感谢！

在总结成绩的同时，我们也清醒地认识到，常委会的工作还存在一些薄弱环节。主要是：监督工作还不到位，监督形式相对单一，对决算和预算执行情况的审查不够深入，规范性文件备案审查、询问和质询等重要监督形式还没有实现破题；行使重大事项决定权有待进一步加强；代表工作还有差距，代表的学习、培训机制不健全，闭会期间的活动比较少，代表依法履职的能力需要进一步提高。对这些问题，将会在今后的工作中认真研究解决。

各位代表，今年是实施“十二五”规划的关键一年，也是实施黄蓝国家战略、推动河口新一轮发展的重要一年。面对新的形势和任务，我们一定要着眼未来，从战略和全局的高度，正确把握方向，认清职责使命，提升境界标准，实现更大作为。今年区人大常委会工作的总体要求是：在区委的坚强领导下，深入学习贯彻党的十八大和十八届三中全会精神，以邓小平理论、“三个代表”重要思想、科学发展观为指导，紧紧围绕全区中心工作，认真履行法定职责，大胆实践，务实创新，勇于担当，积极作为，为加快推进经济社会跨越发展做出新的更大的贡献。

一是坚持科学发展，改进监督方式，切实提高监督实效。全面贯彻落实区委决策部署，按照“高境界、高标准、高起点、大作为”的工作要求，牢牢抓住事关全区发展大局、影响社会和谐稳定的重大问题，依法行使决定权。结合工作实际，健全完善政府重大决策出台前向人大报告制度，努力提高决策的科学性和执行的有效性。深入贯彻落实监督法，综合运用多种监督方式，督促和支持“一府两院”应对挑战，攻坚克难，着力在重大项目推进、城乡建设管理、保障改善民生、提高行政效能、维护公平正义等方面求突破、上水平。在坚持完善原有监督方式的基础上，研究制定专题询问办法，选择群众关注度高、社会影响大的热点问题，开展“一对一”专题询问。研究制定规范性文件备案审查办法，明确审查范围，理顺运转程序，扎实推进规范性文件备案审查工作。继续组织开展部门工作评议，在总结实践经验的基础上，进一步提高工作评议实效。加强和改进信访工作，认真受理人民群众来信来访和申诉控告，切实维护公民合法权益。

二是强化服务保障，发挥主体作用，不断提高代表工作活力。认真贯彻实施代表法，努力为代表执行职务创造条件、提供保障。健全代表培训长效机制，完善代表培训年度计划，采取有效形式，扎实开展法律法规和履职技能培训，努力提高代表履职水平。继续坚持常委会组成人员联系代表、代表联系群众“双联”制度。在此基础上，建立完善代表述职制度，有计划、有步骤地开展代表向选民述职活动，届内达到全体代表向所在选区选民述职一次。落实人大代表守则和人大代表考核办法，不断增强代表依法履职的责任感和使命感。创新闭会期间代表活动方式，丰富代表活动内容，拓展代表履职渠道，充分发挥代表在管理国家和社会事务中的作用。认真落实代表建议办理办法，力促代表建议由“答复型”向“落实型”转变，全面提升代表建议办理水平。

三是加强自身建设，适应发展要求，全面提高人大工作水平。以党的群众路线教育实践活动为契机，深入学习贯彻党中央在新的历史时期提出的一系列新思想新观点新论断，并主动落实到人大工作的具体实践中，着力推动人大工作创新发展。坚持不懈地抓好法律法规和人大业务知识的学习，不断增强依法履职的意识和能力。进一步改进工作作风，深入调查研究，密切联系群众，使常委会的工作更加贴近实际、贴近群众，顺应民心、反映民意。加强对镇街人大工作的业务指导和法律监督，全面提升镇街人大工作整体水平。加强人大宣传工作，突出对人大及其常委会重要履职活动、代表履职风采、基层人大工作经验的宣传报道，努力营造全社会关心支持人大工作的良好局面。

各位代表，事业凝聚人心，使命催人奋进。让我们在区委的坚强领导下，以更加坚定的信心，更加扎实的作风，更加昂扬的斗志，团结一心，开拓奋进，为加快推进黄蓝国家战略、实现“两个率先”宏伟目标而努力奋斗！

区人民代表大会常务委员会工作报告

——2015 年 1 月 15 日在东营市河口区第十七届人民代表大会第四次会议上

东营市河口区人大常委会第一副主任 张胜双

各位代表：

我受聂建军主任委托，代表区人大常委会向大会报告工作，请予审议，并请列席会议的同志提出意见。

过去的一年，区人大常委会在区委的坚强领导下，全面贯彻落实党的十八届三中、四中全会和习近平总书记系列重要讲话精神，以党的群众路线教育实践活动为统领，认真行使法定职权，听取审议专项工作报告 15 项，开展视察调查和执法检查 28 次，提出意见建议 120 余条，作出决议决定 11 项，为推进全区经济社会发展和民主法治建设做出了积极贡献。

一、把握工作大局，依法推动全区经济社会科学发展

坚持党的领导、人民当家作主、依法治国的有机统一，努力使常委会的各项工作符合区委的总体要求，符合人民的根本愿望，确保区委重大决策、重点工作通过法定程序得以贯彻落实。

一是围绕转方式、调结构加强监督，着力推动经济转型升级。通过组织代表视察、听取专项工作报告、参与重大项目建设等，监督支持政府解放思想、应对挑战，抢抓机遇、促进发展。听取审议了区政府关于科技工作情况的报告，督促区政府要坚持相对集中、确实管用的原则，进一步明确科技经费投向，努力发挥好财政资金在科技推广、科技创新中的引导作用；要进一步完善科技经费使用跟踪问效机制，增强科技经费使用透明度，提高政府科技投入效益。听取审议了海洋与渔业、水利工作情况的报告，就畜禽养殖、新型农民合作组织建设、土地开发整理等进行了调查，围绕加强农业基础设施保障能力建设、发展高端特色产业、提高现代农业综合效益等提出意见建议。多次组织人大代表对河口经济开发区、河口蓝色经济开发区、东营港经济开发区进行视察调查，了解园区建设和企业运行情况。针对存在的问题，督促政府坚定不移地推进大项目、好项目建设，持之以恒地抓好产业升级改造，努力实现更高层次、更高质量的发展。

二是围绕城乡统筹发展和环境保护工作加强监督，着力推动生态文明建设。听取审议了区政府关于旅游工作情况的报告，建议区政府要突出湿地、海滨、油田等河口特色，合理配置观光旅游、文化旅游、体验旅游等各种要素，精心打造生态旅游品牌，坚决杜绝盲目开发和破坏性开发，努力保持我区独特的生态风貌。为完善城市服务功能，提升区域发展支撑能力，听取审议了区政府关于城市管理工作情况的报告，肯定了区政府在城市建设管理方面取得的成绩，指出了城市管理工作存在的突出问题。建议政府及其工作部门要以创建全国文明城市为抓手，进一步创新城市管理理念，明确城市管理标准，细化城市管理责任，确保市政设施、园林绿化、市容市貌等各项管理工作高效有序运转。按照生态文明典范区建设的目标要求，先后对污水处理设施建设、乡村文明行动、城乡环卫一体化等进行了视察调研；围绕“让人民群众喝上干

净的水，呼吸上清新的空气”这一主题，深入开展油城环保世纪行活动。要求有关方面正确处理经济发展与生态保护的关系，大力实施水气污染综合整治，全面落实节能降耗各项措施，最大限度地减轻环境压力。区政府采取积极措施，加快推进环保工程建设，严厉打击环境违法行为，妥善处理环境污染事件，生态环境保护工作取得了良好效果。

三是围绕计划和财政预算工作加强监督，着力推动全年目标任务的完成。依照法定程序，听取审查了区政府关于2013年区级财政决算的报告、关于区生活垃圾综合处理费纳入区财政综合预算管理的报告、关于调整河口区国民经济和社会发展第十二个五年规划纲要部分指标的报告、关于调整2014年度财政预算的报告，并作出了批准的决定。为确保全年目标任务的完成和区十七届人大三次会议决议的落实，对计划和财政预算执行情况实行全过程动态监督。听取审议了区政府关于2014年上半年国民经济和社会发展计划及财政预算执行情况的报告，并围绕重点企业运营、重大项目建设、主要指标推进等，深入进行调研。建议区政府加大一、二、三产业协调推进力度，积极落实稳增长、促发展的各项应对措施；要加强基本公共服务体系建设，统筹推进城乡教育、卫生、文化、体育等各项社会事业发展，促进基本公共服务均等化。面对复杂的经济形势和繁重的工作任务，区政府坚定信心、攻坚克难，牢牢把握“稳中求进、改革创新”的工作基调，周密组织，科学调度，较好地完成了全年目标任务，全区经济社会保持了良好的发展态势。

二、关注民情民愿，切实维护人民群众根本利益

民心所向，国运所系；民生所在，政之所行。区人大常委会把保障和改善民生摆在更加突出的位置，综合运用多种监督方式，督促支持政府为民办实事、解难事，努力维护人民群众的根本利益。

医疗服务工作是重要的民生工程，事关群众切身利益，事关社会和谐稳定。针对我区医疗服务工作基础薄、能力弱、条件差等突出问题，常委会成立调查组，利用两个月的时间，对全区医疗服务工作进行了专题调查。重点围绕强化发展意识、提高综合实力，完善发展规划、提高资源控制力，加强基层基础建设、提高基层医疗服务水平等提出意见建议。督促政府要高度重视医疗服务工作，集中开展医疗服务能力提升行动，每年确定部分医疗服务项目列入全区重点工程和便民实事，力争通过2—3年的努力，彻底改变我区基层医疗服务工作相对落后的局面。围绕加强社会管理，区人大常委会做了大量的调查研究工作，听取审议了区政府关于加强公安基层基础工作情况的报告。突出强调，要进一步完善基层公安工作保障机制，以适应执法形势需要、提升警务实战本领和群众工作能力为重点，全面加强基层基础工作，确保社会和谐稳定。听取审议了区政府关于食品安全工作情况的报告，要求政府及其监管部门进一步加大联合执法力度，抓源头、控过程、把终端，严格落实各项保障措施，定期开展专项治理整顿，确保群众饮食安全。同时，常委会密切关注校车管理工作，针对周边地区发生的校车安全事故，及时组织代表进行视察调研，建议政府提高思想认识，吸取经验教训，抓好校车安全整顿，规范校车运营行为，切实保障全区广大学生的人身安全。

对区政府确定的民生实事，区人大常委会坚持跟踪调研，多次听取项目进展情况汇报，先后2次组织市区人大代表对工程现场进行集中视察。明确提出，要优化财政支出结构，把更多的资金投向民生事业，确保政府工作具有坚实的民意基础；要严格民生工程质量管理，保证工程建设进度，完善各项配套服务，真正把好事办好、实事办实。结合审议议题和代表建议办理，对农村饮水保障工作进行了监督检查，建议政府要加大饮用水源保护力度，从完善管理机制入手，下决心严管严控，确保饮用水安全。同时，区人大常委会还通过多种方式，加强对社会救助体系建设、保障性住房建设、素质教育、劳动就业、供热供气等项工作的监督，促进了一些热点难点问题的解决。

三、加强法律监督，扎实推进民主法治建设

坚持普法宣传与视察调查、执法检查相结合，积极组织开展形式多样的宣传教育活动，努力营造学法用法、尊法守法的社会氛围。听取审议了区政府关于《2011—2015年依法治区规划》实施情况的报告，要求政府加强工作督导，完善考核评估机制，确保《规划》落实到位；要加强对重点人群、重点领域的法治宣传教育，提高全民的法律素养，为加快推进依法治

区奠定良好的社会基础。听取审议了区政府关于《中华人民共和国土地管理法》贯彻实施情况的报告，针对发现的问题，提出意见建议。督促政府要进一步强化规划执行意识，严格落实土地管理制度，切实发挥好规划的刚性约束作用；要强化建设用地全程监管，建立新批土地信息库，完善节约集约用地管理机制，防止新增闲置土地。区政府及其职能部门认真听取意见建议，多措并举抓好落实，维护了法律权威，推动了工作开展。

听取审议了区人民法院关于审判管理工作情况的报告，建议完善案件质量评价体系，强化审判程序和实体证据审查，规范行使自由裁量权，实现案件审理全过程监管；要加强执行工作，提高执行效率，避免超期执行或怠于执行，保护群众合法权益；要探索矛盾纠纷多元化调处机制，加大对弱势群体的保护力度，最大程度地维护社会公平正义。在审议侦查监督工作时，建议区人民检察院要创新侦查监督工作机制，畅通信息共享渠道，进一步拓宽监督范围，努力提高侦查监督工作质量；要加强对公安机关办理案件的监督，及时掌握案外重要信息，坚决杜绝有案不立、以罚代刑、违法侦查现象的发生。同时，常委会多次组织人大代表对“两院”工作进行视察，有针对性地提出建议、批评和意见。各司法机关虚心听取意见，自觉接受监督，在队伍建设、制度建设、作风建设等方面取得了积极成效。

区人大常委会高度重视基层民主法治建设，围绕村民委员会组织法的贯彻实施和村民委员会换届选举工作，多次深入农村进行调研，积极调处群众反映的相关问题，有效保障了人民群众的民主政治权利。把人大信访工作作为联系群众、服务群众的重要工作来抓，共处理群众来访80人次，受理群众来信15件。对群众反映的问题特别是带有普遍性的问题，认真研究分析，提出意见建议，按照法律和政策规定及时进行了办理。根据区委的统一安排，驻会副主任轮流公开接访、带案下访，促进解决了一批事关群众切身利益的突出问题，在畅通民情、疏解民忧方面发挥了积极作用。

坚持党管干部和人大依法任免干部的统一，完善程序，规范操作，确保实现区委人事安排意图。全年共任命国家机关工作人员49名，免职19名，接受辞职4名。继续坚持干部任前法律知识考试和到会供职制度，切实增强所任干部接受监督、依法行政、公正司法的自觉性，保证了国家政权机关工作的有序运转。

四、完善工作机制，努力提高依法监督实效

正确把握监督与支持、继承与创新的关系，根据上级人大常委会的要求，积极学习借鉴外地经验，不断探索加强监督工作的新思路、新方法。为深化监督工作、增强监督刚性，研究制定了《专题询问办法》，对专题询问的议题确定、组织形式、基本要求、意见办理等，作出了明确规定，为开展专题询问工作提供了制度保障。针对开展专题询问的有关具体问题，去年9月份，组织有关人员赴牟平、章丘、广饶等地进行了考察学习，就专题询问的调查方式、组织形式、操作程序等进行了讨论交流，为今年开展专题询问工作提供了实践经验。针对我区规范性文件备案审查工作存在的实际问题，研究制定了《规范性文件备案审查办法》，明确了规范性文件备案审查的范围、审查重点、审查程序、审查责任以及审查结果的运用等。去年，主动与市人大常委会进行工作对接，理顺报备程序；及时向“一府两院”和各镇人大提出工作要求，解释相关条款，稳步推进规范性文件备案审查工作。全年共向市人大常委会报送备案审查的规范性文件3件，收到区政府报送备案审查的规范性文件1件。

坚持依法、公正、公开原则，深入开展部门评议工作。去年8—10月份，围绕依法履职、队伍建设、为民服务、机关效能、接受监督五个方面，对区审计局、油工委、经信局、国土分局、司法局等15个政府部门进行了工作评议。期间，召开各类座谈会、评议会20多次，参评人员1000多人，整理归纳意见建议169条。从评议情况看，各有关方面高度重视，认真负责，严格程序，规范操作，保证了评议工作依法有序进行。各被评议部门虚心接受评议监督，认真剖析问题成因，集中进行工作整改，取得了积极效果，达到了预期目的。继续坚持并不断完善专项工作报告满意度测评办法。全年共对“一府两院”15项工作报告进行了满意度测评，分项测评满意率为88.73%，综合测评满意率为93.67%，收到了良好的

监督效果。

五、充分发挥代表作用，不断增强人大工作生机活力

人大代表是国家权力机关的组成人员。尊重代表地位，提高代表素质，发挥代表作用，是做好人大工作的基础。常委会认真贯彻代表法，进一步完善代表工作机制，创新代表工作方式，全力支持和保障代表依法履职、发挥作用。

*一是强化服务保障，拓宽代表履职渠道。*把组织代表履职学习作为一项重要工作来抓，采取以会代训、考察交流、调查视察、寄送资料等形式，努力为代表创造履职机会、提供智力支持和信息服务。4月份，以镇街为单位，组织开展了“代表集中培训月”活动。区镇两级人大代表280多人参加了培训，培训率达80%以上。坚持邀请代表列席常委会会议，参加常委会组织的执法检查、视察调研等活动，扩大代表对常委会工作的参与。全年共邀请36名人大代表列席常委会会议，组织90多名人大代表分两批进行了集中视察，先后组织40多名人大代表参加各类调研和执法检查活动。继续坚持常委会组成人员走访联系代表、代表联系群众“双联”制度。一年来，对100多名基层人大代表进行了集中走访，通报工作情况，征求意见建议；组织引导区级人大代表与500多名群众建立经常性联系，及时听取意见和要求。同时，积极推荐代表参加民主测评、行风评议等社会监督活动，让代表多渠道了解情况、知情知政。

*二是强化激励约束，增强代表履职实效。*在坚持代表履职考核、代表联系群众、代表履职情况通报等制度的基础上，研究制定了《人大代表述职办法》，组织引导人大代表面对面向选区选民报告履职情况，接受选民的监督评议。2014年共组织18个选区的48名区人大代表进行了述职，参加评议的选民代表900余人，选民对代表的评议满意率均在96%以上。为统一代表活动组织程序，提高代表活动组织成效，印发了《关于规范区人大代表出席会议、参加活动组织工作的通知》，对组织代表出席人民代表大会会议、列席人大常委会会议，参加视察调查、执法检查、民主评议等活动，提出了具体要求，为人大代表依法履职创造了更加有利的环境。按照人大代表考核办法，去年12月份，对代表执行职务情况和履行岗位职责情况进行了量化考核。坚持集中宣传和日常宣传相结合，不断加大对优秀代表的宣传力度，努力发挥优秀代表的示范带动作用。全年共对27名人大代表的先进事迹进行了宣传报道。

*三是强化督促检查，提高代表建议办理质量。*常委会高度重视代表建议办理工作，紧紧围绕提高代表建议质量和代表建议办理质量，不断加大指导、督导力度，努力使代表建议转化为促进发展的成果。去年3月份，召开了全区代表建议交办工作会议，对2013年度提出优秀建议的10名人大代表和5个办理代表建议工作先进单位进行了表彰，对区十七届人大三次会议上代表提出的71件建议进行了交办。各承办部门严格执行代表建议办理办法，以高度负责的态度，认真研究代表建议，积极落实办理措施，代表建议办理质量有了新的提高。去年8月上旬，区人大常委会组织承办部门主要负责人对71件建议办理情况向人大代表进行了面对面集中答复；12月中旬，对集中走访联系代表时征求到的22件建议进行了面对面答复，一批热点难点问题得到了有效解决。

六、加强自身建设，努力提高履职能力和工作水平

常委会坚持把自身建设作为一项基础性、经常性工作来抓，不断提高依法履职、科学履职的能力和水平，为做好新形势下的人大工作提供了有力保证。

*一是深入开展党的群众路线教育实践活动，扎实推进思想作风建设。*把开展党的群众路线教育实践活动作为重大政治任务来对待，严格标准要求，精心组织部署，深入扎实推进。活动中，坚持领导带头，坚持问题导向，坚持面向群众，把学习教育和解决问题贯彻始终，确保了整个活动不偏、不虚、不空。结合上级出台的制度规定，认真总结教育实践活动中的好经验、好做法，扎实做好废、改、立工作，修订完善了相关制度体系。工作中，认真执行民主集中制原则，坚持重大问题集体研究讨论。把调查研究作为人大常委会开展工作的重要手段，经常深入基层、深入群众，了解社情民意，掌握真实情况。认真落实党风廉政建设责任制，自觉遵守廉洁自律的各项新规定、新要求，树立了为民务实清廉的良好形象。

*二是加强制度建设，促进工作规范。*认真总结人

大工作经验，不断完善各项规章制度，在深化工作监督、开展代表活动、组织部门评议、加强对外宣传、强化内部管理等方面研究了一系列改进措施。按照坚持完善创新的原则，对近两年的规范性文件进行了系统整理，编印了《河口区人大常委会规范性文件汇编（2013—2014）》。围绕加强机关建设、提高工作效能，修订完善相关制度办法，进一步理顺了机关内部管理，提升了机关工作规范化水平。研究制定了《镇街人大宣传工作考核办法》，量化任务指标，加大奖惩力度，并将镇街人大宣传工作与区人大机关宣传工作并轨管理，一同部署、一同考核、一同表彰，较好地调动了各个层面的宣传工作积极性。全年共发表宣传稿件320篇，其中市级以上222篇，人大宣传的深度和广度有了明显提高。

三是加强工作协调，促进平衡发展。积极支持镇、街道人大依法履行职责，切实发挥镇、街道人大在基层民主政治建设中的作用。重点围绕代表工作、宣传工作、制度建设、阵地建设等，加强业务指导，推行量化考核，促进了基层人大工作水平的提高。去年12月份，召开了全区人大工作座谈会，共同研究做好人大工作的思路对策，交流情况，听取意见，推进工作。注重业务沟通和对外交流，积极参加和承办市人大召开的会议和组织的活动，主动加强与各县区人大的密切联系，为开阔思路、寻求发展创造了条件。正确处理做好人大工作与服务经济发展的关系，充分发挥自身优势，积极参与全区中心工作，在包村帮扶、联系企业、重点工程推进等方面发挥了积极作用。

各位代表，过去一年取得的成绩，是区委正确领导、常委会组成人员和全体代表共同努力的结果，是区人民政府、区人民法院、区人民检察院协同工作的结果，是广大人民群众和社会各界大力支持的结果。在此，我代表区人大常委会向大家表示衷心的感谢！

在总结成绩的同时，我们也清醒地认识到，常委会的工作还存在一些薄弱环节。主要是：有些职权的行使还不到位，跟踪问效机制不够完善，对执行落实不力问题缺乏惩戒措施，监督工作的实效性有待进一步增强；适应时代要求、回应群众关切、推进解决热点难点问题的力度不大，对如何做好新形势下的人大工作需要深入探索；代表工作还有差距，代表的学习、培训机制不健全，闭会期间的活动比较少，代表依法履职的能力需要进一步提高。对这些问题，将会在今后的工作中认真研究解决。

各位代表，今年是深入贯彻落实党的十八届四中全会精神、全面推进依法治国方略的第一年，也是实施“十二五”规划的最后一年。做好今年的人大工作，任务艰巨，意义重大。2015年区人大常委会工作的总体要求是：在区委的坚强领导下，深入贯彻落实党的十八届三中、四中全会和习近平总书记系列重要讲话精神，以邓小平理论、“三个代表”重要思想、科学发展观为指导，紧紧围绕全区中心工作，认真履行法定职责，大胆实践，务实创新，为加快推进法治河口建设和经济社会跨越发展做出新的更大的贡献。

一是坚持党的领导，坚定人大工作正确的政治方向。突出抓好政治理论学习，及时传达中央和区委的重要会议精神，努力把思想和行动统一到中央对形势的分析判断上来，统一到区委的总体要求上来。认真落实《中共河口区委关于进一步加强和改进人大工作的意见》，自觉把党的领导贯穿于依法履职的全过程，使人大各项工作有利于推进区委重大决策部署贯彻落实，有利于促进“一府两院”加强和改进工作，有利于维护人民群众根本利益。对全局性、根本性、长远性的重大问题，依法作出决议决定，并根据新的形势任务要求，修改完善讨论决定重大事项的规定，科学界定重大事项范围，规范“一府两院”重大事项的提请。加强人大及其常委会组织机构建设，规范区人大常委会内设机构名称和数量，设置区人大常委会预算审查工作机构。强化镇、街道人大工作，“街道人大工作办公室”更名为“街道人大工作委员会”；在各镇设立人大办公室，各街道设立人大工委办公室。规范镇人民代表大会组织程序，每次会议会期不少于一天；拓宽镇人大闭会期间发挥作用的途径和方式，镇人大主席团每季度至少召开一次会议。落实宪法宣誓制度，凡经人大及其常委会选举或者决定任命的国家工作人员正式就职时，要公开向宪法宣誓。

二是依法履行职责，切实增强监督实效。深入贯彻落实监督法，综合运用多种监督方式，支持“一府两院”依法开展工作。重点听取审议区政府关于计划和预算执行情况、农村土地流转、交通运输、学前教育、公共文化服务体系建设、油区工作等项报告，并就有关重大问题作出决议决定。听取审议区人民法院关于民事审判工作情况的报告，区人民检察院关于公诉工作情况的报告。就农产品质量监管、残疾人保障、农田水利建设、疾病预防控制、科技成果转化利用等工作进行视察调研。在坚持完善原有监督方式的基础上，组织开展全区大气污染防治工作专题询问，重点围绕工业废气污染、城市扬尘污染和畜禽养殖异味防治工作，组织专题调查，开展专题询问，督促解决环境污染问题。扎实做好规范性文件备案审查工作，保证规范性文件的合法性和适当性，推进“一府两院”依法行政、公正司法。继续组织开展部门工作评议，在总结实践经验的基础上，进一步提高工作评议实效。严格落实《山东省人民代表大会常务委员会关于加强预算决算审查监督的决定》，强化预算约束，规范预算执行，提高预算绩效，促进建立全面规范、公正透明的预算制度。

三是强化服务保障，充分发挥代表作用。认真贯彻实施代表法，努力为代表执行职务创造条件、提供保障。完善代表年度培训计划，采取请进来、走出去等多种有效形式，扎实开展法律法规和履职技能培训，努力提升代表履职水平。继续坚持常委会组成人员联系代表、代表联系群众“双联”制度。严格落实代表述职制度，有计划、有步骤地开展代表向选民述职活动，接受选民评议监督。全面落实人大代表守则和人大代表考核办法，强化代表职务意识，增强代表履职积极性。加强代表活动指导，积极搭建代表活动平台，推进代表活动常态化、规范化。认真落实代表建议办理办法，完善办理工作科学评价机制，切实提高问题解决率和代表满意率。

四是加强自身建设，进一步提高人大工作水平。对照中央八项规定和反对“四风”的要求，进一步解决作风建设中的深层次问题，不断巩固和扩大教育实践活动成果。认真开展学习研究活动，坚持不懈地抓好政治理论、法律法规和人大业务知识的学习，不断增强依法履职的实际本领。把调查研究贯穿于常委会各项工作之中，保证审议议题的确定、审议意见的提出更加贴近实际、贴近群众，努力增强人大工作的针对性和实效性。加强对镇街人大工作的业务指导和法律监督，全面提升镇街人大工作整体水平。加强人大宣传工作，完善保障机制，拓展宣传渠道，着力构建各级人大协作联动、新闻媒体共同配合、人大代表广泛参与的大宣传格局，努力营造全社会关心支持人大工作的良好局面。

各位代表，做好新形势下的人大工作，是时代赋予我们的光荣任务和历史使命。让我们在区委的坚强领导下，坚定不移走中国特色社会主义政治发展道路，勇于担当，锐意进取，努力开创我区人大工作新局面，为加快推进黄蓝国家战略、实现“两个率先”宏伟目标而努力奋斗！

区人民代表大会常务委员会工作报告

——2016年1月19日在东营市河口区第十七届人民代表大会第五次会议上

东营市河口区人大常委会第一副主任 张胜双

各位代表：

我受区人大常委会的委托，向大会报告工作，请予审议，并请列席会议的同志提出意见。

2015年，区人大常委会在区委的坚强领导下，全面贯彻落实党的十八大和十八届三中、四中、五中全会精神，深入学习贯彻习近平总书记系列重要讲话精神，以开展“三严三实”专题教育为动力，紧紧围绕“一极两区”总目标，认真履行法定职权，听取审议“一府两院”专项工作报告11项，开展视察调查和执法检查19次，提出意见建议100余条，作出决议决定6项，为推进全区经济社会发展和民主法治建设做出了积极贡献。

一、强化中心意识，聚力推动新常态下经济社会科学发展

深刻理解新常态的内涵和要求，牢牢把握“一极两区”目标定位，坚持党的领导、人民当家作主、依法治国的有机统一，努力使常委会的各项工作符合区委要求、适应时代变化、顺应人民期盼。

一是积极推进财政预决算审查监督。审查和批准预决算，是人大常委会行使重大事项决定权的重要内容。依照法定程序，听取审查了区政府关于2014年区级财政决算的报告、关于2015年地方政府债务限额及财政预算调整的报告，并作出了批准的决定。听取审议了区政府关于2015年上半年财政预算执行情况和审计情况的报告。督促政府要牢固树立过紧日子的思想，强化预算约束，统筹安排财力，严格控制一般性支出和预算追加。要加强对财政融资平台的监督，建立健全风险评估和预警机制，有效防范政府性债务风险。要加强对重点领域、重点资金和重点项目的审计监督，提高财政资金使用效益。

2015年是新预算法实施的第一年。常委会及时把这项工作抓在手上，作出了关于加强预算决算审查监督的决定，对严格审查程序、强化预算约束、规范预算执行、推动预算决算公开等，提出了具体要求。依法设立预算工作委员会，对财政预算编制程序和编制方法的规范性、计划指标和预算安排的合理性、重点支出和重大项目预算的适当性等重点问题进行了认真审查，提出意见建议，初步实现了政府预算的完整编报与审查。

二是积极推进计划执行工作。通过组织代表视察、开展专题调查、听取专项工作报告等，监督支持政府转变发展理念，积极应对挑战，深化改革转型，促进全面发展。听取审议了区政府关于2015年上半年计划执行情况的报告，并围绕企业转型升级、重点领域改革、主要指标推进等，深入进行调研。建议区政府要以提质增效为重点，大力发展高新技术产业、先进制造业和现代服务业，改造提升传统产业，实现产业层次和质量效益的明显提高；要加快推进以中海油500万吨大型炼化等为重点的重大项目建设，努力完成年初确定的项目攻坚任务；要全面落实各项优惠政策和促进创业创新的工作措施，积极挖掘和培育新的经济增长点，努力营造大众创业、万众创新的浓厚氛围。面对严峻复杂的经济走势和艰巨繁重的发展任务，区政府坚定信心、沉着应对，加强企业调度，化解金融风险，狠抓招商引资，推出了一系列科学务实举措，推动了全区经济社会平稳健康发展。

三是积极推进保障能力建设。土地、交通和油区环境，是维系我区经济社会可持续发展的重要保障。根据年度计划，听取审议了区政府关于农村土地经营权流转工作情况的报告，围绕健全工作机制、规范流转行为，加强政策引导、提高流转效益等提出意见建议，督促区政府认真研究农村土地改革的各项政策，坚持利民富民原则，不断完善农村土地经营权流转工作，保障人民群众享受到实实在在的改革发展成果。听取审议了区政府关于交通运输工作情况的报告，并组织力量深入镇街、园区进行实地调研。在充分肯定成绩的同时，督促区政府要以项目建设为抓手，坚持建管并重，积极探索多元化投融资渠道，加快推进城乡交通均衡发展；要着力抓好一批打基础利长远的交通项目，突出抓好主干道的规划建设，为经济发展提供强力保障。听取审议了区政府关于油区工作情况的报告，围绕创新油地合作共建机制、增强区域发展凝聚力，维护油区良好秩序、优化油区发展环境等提出意见建议。对于这些审议意见，区政府高度重视，及时分析问题、落实责任，积极推进工作，取得了良好效果。

二、坚持履职为民，切实保障民生持续改善

坚持把增进民生福祉作为各项工作的出发点和落脚点，积极推动解决人民群众最关心最直接最现实的利益问题，努力实现发展成果更多更公平惠及全区人民。

学前教育事关千家万户，是保障和改善民生的重要事业。针对我区幼儿入园难、城乡发展不均衡、幼师队伍不稳定等突出问题，深入镇街、农村、社区进行调研，了解实际情况，督促解决相关问题。听取审议了区政府关于学前教育工作情况的报告，要求区政府采取积极措施，扩建或新建城区公办幼儿园，切实解决城区幼儿入园难问题；要加快农村幼儿园布局调整，优化农村幼儿园资源，改善农村幼儿园办学环境；要加强对幼儿园特别是民办幼儿园的监督指导，

保障幼儿教师待遇，规范教育教学，促进学前教育健康有序发展。区政府认真办理审议意见，通过回购、租赁等形式，新增公办幼儿园2所；制定出台政策措施，落实幼儿教师工资待遇，强化幼儿园内部管理，严格办园审批注册，一些突出问题得到了缓解。

对区政府确定的十大民生实事，区人大常委会坚持跟踪调研，多次听取相关工作汇报，先后2次组织市区人大代表对工程现场进行集中视察。突出强调，要牢固树立担当意识，严格工程质量，加快工程进度，真正把好事办好、实事办实，以扎实的工作作风和良好的工作成效取信于民。为了让更多的群众享受到文化发展成果，区政府连续多年将文化事业建设列入民生实事，积极推进落实。区人大常委会适时听取审议了公共文化服务体系建设情况的报告，建议区政府及有关部门正确认识文化建设面临的新形势、新任务，完善政策措施，加大推进力度，全面提升文化建设的层次和水平，努力创建国家公共文化服务体系示范区。同时，结合审议意见督办、代表建议办理等多种形式，加强对社会保障体系建设、医疗服务水平提升等项工作的监督，促进了一些热点难点问题的解决。

三、加强法律监督，努力营造公平公正的法治环境

把加快推进法治河口建设、维护宪法法律权威作为根本任务，积极组织开展普法宣传、视察调查、执法检查等活动，着力推进严格执法、公正司法、全民守法。

听取审议了区政府关于《中华人民共和国劳动合同法》贯彻落实情况的报告，针对法律宣传教育不够深入、劳动合同签订率低、劳务派遣不规范、执法监管不到位等问题，督促区政府采取有效措施，加强监督检查，认真研究解决执法中的实际问题，切实维护好劳资双方的合法权益，努力构建和谐稳定的劳动关系。对《中华人民共和国治安管理处罚法》执行情况进行了执法检查，督促区政府认真分析我区的治安形势和治安状况，着力加强社会治安防控体系建设，切实保障人民群众的生命财产安全。

听取审议了区检察院关于公诉工作情况的报告，建议围绕全区中心工作和人民群众反映强烈的突出问题，依法履行公诉职能，严厉打击各类犯罪行为，努力维护社会和谐稳定；要加强对诉讼监督工作的探索，创新方式方法，拓展监督渠道，切实提高诉讼监督的质量和效果。听取审议了区法院关于民事审判工作情况的报告，建议要坚持调判结合，加大调解力度，扎实做好当事人的思想疏导和法律解释工作，提高民事审判水平和人民群众满意度；要健全完善案件质量评查制度，加强对法官自由裁量权的约束和规范，确保民事审判工作的公平公正。为进一步加强司法监督，制定出台了《组织区人大代表旁听区人民法院庭审办法》，就旁听案件的确定、旁听工作的组织形式等作出了具体规定，为依法开展代表旁听庭审工作提供了制度保障。一年来，各司法机关自觉接受监督，规范司法行为，认真履行职责，为全区经济发展、社会进步做出了重要贡献。

认真做好人事任免工作，不断完善干部任用监督机制，实现了党管干部和人大依法任免的有机统一。全年共任命国家机关工作人员35名，免职7名，接受辞职3名。修订完善了《拟任命人员任前法律知识考试办法》，对提请任命人员继续坚持到会供职、颁发任命书等制度，并通过多种形式强化任后监督，增强了所任干部的法律意识、责任意识和公仆意识。

坚持把人大信访工作作为畅通民意、了解民情的重要渠道，按照“分级受理、综合分析、统一交办、定期反馈”的要求，不断健全人大信访工作机制。全年共处理群众来访26人次，受理群众来信15件。根据区委统一安排，驻会副主任轮流公开接访、带案下访，促进解决了一批事关群众利益的突出问题。

四、完善监督方式，切实增强监督工作的针对性和实效性

正确把握监督与支持的关系，在法律框架内积极探索深化监督工作的有效途径，使人大监督工作更好地体现时代性、富有创造性。

印发了关于征集2015年监督议题的公告，首次面向社会征集监督议题建议，夯实监督基础，提高监督精度，确保监督工作与全区工作同步合拍，与群众所思所盼同频共振。回应群众关切，首次以专题询问的方式监督政府大气污染防治工作。去年上半年，区人大常委会成立三个调查组，深入基层、厂区，实地查看现场，听取基层声音，全面了解大气污染情况。共召开各类座谈会20余次，查看各类现场120余处，

征求意见建议200余条。5月份，召开大气污染防治工作专题询问会议，9名常委会组成人员、2名市人大代表、2名工作委员会负责同志，围绕17个方面的问题进行了询问，相关部门负责同志认真作了回答。会后，区人大常委会向区政府印发了《专题询问意见书》，提出了12条具体建议。区政府高度重视专题询问工作，结合水气污染整治专项行动，大力实施环保重点工程，狠抓环境执法监督，依法关停、取缔污染企业，取得了明显效果，得到了社会认可。

根据工作评议三年计划安排，去年下半年，对区民政局、财政局、水利局等15个政府部门进行了工作评议。期间，召开各类座谈会、评议会20多次，参评人员900多人，整理归纳意见建议124条。从评议情况看，各有关方面主动配合，认真负责，严格程序，规范操作，保证了评议工作依法有序进行。继续坚持并不断完善专项工作报告满意度测评办法。全年共对“一府两院”11项工作报告进行了满意度测评，分项测评满意率为91.6%，综合测评满意率为98.4%。

五、提高保障水平，充分发挥代表主体作用

把尊重代表主体地位、提高服务保障水平摆上突出位置，不断总结经验、创新方式，努力为代表履行职责搭建平台，支持和保证人大代表依法执行职务、发挥作用。

*一是多措并举，拓宽代表履职渠道。*高度重视代表履职能力建设，不断深化代表培训工作。组织90多名人大代表分两批到浙江大学开展素质提升培训，系统学习相关知识，取得了积极效果。实行常委会组成人员定期走访联系代表制度，通报工作情况，征求意见建议。坚持邀请代表列席常委会会议，参加常委会组织的执法检查、视察调研等活动，推荐代表参加民主测评、行风评议等社会监督活动，切实保障代表的知情权、表达权、监督权。以促进代表小组硬件建设标准化、软件建设制度化为着力点，下气力提升“代表之家”层次，努力打造代表学习培训、开展活动的主阵地，代表履职平台得到进一步拓展和延伸。

*二是丰富形式，增强代表履职实效。*密切人大代表同人民群众的联系，拓宽代表联系群众的渠道，推动代表联系群众工作制度化、常态化。组织18个选区的50名人大代表向选区选民报告履职情况，回答选民询问，接受选民评议监督，参加评议的选民代表900余人，选民对代表的评议满意率均在96%以上。认真落实代表考核办法，对代表执行职务情况和履行岗位职责情况进行了量化考核。坚持集中宣传和日常宣传相结合，不断加大对优秀代表的宣传力度，努力发挥优秀代表的示范带动作用。全年共对25名人大代表的先进事迹进行了宣传报道。

*三是强化督导，提高建议办理质量。*去年3月份，召开了全区代表建议交办工作会议，对2014年度提出优秀建议的10名人大代表和5个办理代表建议工作先进单位进行了表彰，对区十七届人大四次会议上代表提出的72件建议进行了交办。区人大常委会相关委室对代表建议办理工作实行全过程动态督办，并邀请人大代表参与部分建议的督促办理，加强沟通理解，提高办理工作透明度，实现了提出建议与办理落实的良性互动。去年8月、12月份，区人大常委会分别组织承办部门主要负责人对建议办理情况向人大代表进行了面对面集中答复。各承办部门严格执行代表建议办理办法，认真研究代表建议，积极落实办理措施，代表建议办理质量有了新的提高。全年共收到代表建议89件，办理结果让代表满意的86件，基本满意的3件。

六、践行“三严三实”，不断提高依法履职水平

按照区委统一部署，深入开展“三严三实”专题教育，自觉加强政治建设、作风建设和干部队伍建设，不断提高依法履职能力，为做好新形势下的人大工作提供了有力保证。

*一是坚持高标准严要求，扎实开展“三严三实”专题教育。*在深入调查研究、广泛征求意见的基础上，制定了区人大常委会专题教育实施方案，分专题制定了具体方案，认真落实各个环节的工作任务。坚持领导带头、以上率下，深入开展学习研讨，形成了浓厚的学习氛围。坚持把问题查摆和整改落实贯穿专题教育全过程，结合问题整改推进建章立制，促进了思想作风建设常态化。工作实践中，牢固树立全心全意为人民服务的根本宗旨，经常深入基层、深入群众，了解社情民意，掌握真实情况。认真执行民主集中制原则，重大问题充分酝酿讨论，集体研究

决策。严守政治纪律和政治规矩，自觉遵守中央和区委关于作风建设、廉政建设的各项新规定、新要求，树立了为民务实清廉的良好形象。

二是加强制度建设，促进工作规范。认真总结人大工作经验，不断完善各项规章制度，在深化工作监督、组织代表活动、开展学习培训、加强机关管理等方面修订完善了一系列工作措施。为宣传人民代表大会制度，总结、展示历届人大及其常委会的奋斗历程，组织编纂《东营市河口区人民代表大会志（1995—2016）》，真实记录河口区人民代表大会22年的历史轨迹。不断加强和改进人大宣传工作，落实责任、严格考核，形成了一套行之有效的人大宣传工作机制。全年共发表稿件501篇，其中市级以上310篇。认真办好《河口人大》刊物，创新栏目设置，精心编排内容，办刊水平有了新的提高。机关党的建设、精神文明建设不断加强，老干部服务工作取得新成绩。

三是加强业务交流，促进联动配合。注重加强对镇、街道人大的工作指导，强化工作调度，推介经验做法，协调解决存在的困难和问题。建立评先树优机制，推行工作量化考核，促进了基层人大工作水平的提高。积极参加和承办上级人大召开的会议和组织的活动，主动配合省市人大开展调查研究、走访联系代表、慰问困难群众等活动，推动了相关工作开展。注重加强与外地人大的工作交流，相互学习借鉴，共同促进提高。正确处理做好人大工作与服务经济发展的关系，充分发挥自身优势，积极参与全区中心工作，在包村帮扶、联系企业、项目推进等方面发挥了积极作用。

各位代表，过去一年取得的成绩，是区委正确领导、常委会组成人员和全体代表共同努力的结果，是“一府两院”和有关部门密切配合的结果，是广大人民群众和社会各界大力支持的结果。在此，我代表区人大常委会表示衷心的感谢！

在肯定成绩的同时，我们也清醒地认识到，常委会的工作还存在一些薄弱环节。主要是：监督工作还不够到位，监督方式相对单一，刚性监督有待深化，监督实效需要增强；代表主体作用的发挥还不够充分，议案建议办理质量还需要提高，代表活动的形式、知情知政的渠道有待进一步拓宽；人大领域的许多改革还不到位，自身建设和履职能力需要进一步提高。对这些问题，将会在今后的工作中认真研究解决。

各位代表，今年是实施“十三五”规划的开局之年，是全面加强基层人大工作和建设的重要一年，也是本届人大常委会依法履职的最后一年。做好今年的人大工作，任务艰巨，意义重大。2016年区人大常委会工作的总体要求是：在区委的坚强领导下，全面贯彻落实党的十八届三中、四中、五中全会和习近平总书记系列重要讲话精神，紧紧围绕“一极两区”目标定位，切实加强和改进人大工作，更加有效地履行宪法和法律赋予的职权，为加快推进全区经济社会发展和民主法治建设做出新的更大的贡献。

一是坚持党的领导，保证人大工作正确方向。去年，中央和省委、市委相继召开会议、出台文件，就加强县乡人大工作和建设作出全面部署、提出明确要求，为做好新形势下的人大工作提供了根本遵循。我们要准确把握精神实质，在区委的领导下认真抓好贯彻落实。要自觉把人大工作融入区委中心工作，以更加开阔的视野、更加开放的思维，依法行使重大事项决定权、监督权、人事任免权。健全区人大常委会决定重大事项制度，科学界定重大事项范围，规范“一府两院”重大事项提请。加强人大组织建设，完善工作机构和办事机构，健全区人大常委会派出机构，规范区镇人大法定会议的次数和会期；适当增加区人大常委会组成人员名额，逐步提高常委会组成人员专职化比例。近期，将统筹做好准备工作，制定工作计划，研究推进措施，确保上级要求和区委决策部署落到实处。

二是完善监督方式，深化监督工作。重点听取审议区政府关于计划和预算执行、养老服务体系建设、城乡环卫一体化、城乡公交一体化、物业管理、治安防控体系建设、职业教育等项工作报告，并就有关事项作出决议决定。听取审议区法院关于行政审判工作情况的报告、区检察院关于规范司法行为工作情况的报告，组织开展人大代表旁听法院庭审工作。对《中华人民共和国食品安全法》贯彻落实情况进行执法检查。围绕市委、区委重大决策部署，对化工产业转型升级工作进行专题调查。扎实做好规范性文件备案审查工作，保证规范性文件的合法性和适当性。逐步开展选举任命人员向宪法宣誓、任命人员向人大常委会述职等工作，加强对选举任命人员的监督。健全预算决算审查监督工作机制，督促政府细化预算编制，提高年初预算到位率，严格预算执行，推进预算公开，提高预算资金使用绩效。

三是强化服务保障，充分发挥代表作用。进一步加强代表培训工作，不断提高代表履职能力。积极搭建代表履职服务网络平台，向社会公开代表便于联系的详细信息。落实代表述职制度，有计划地开展代表向选民述职活动，接受选民评议监督。健全完善常委会组成人员、镇人大主席团组成人员联系本级人大代表的工作机制，每位组成人员至少与 3 名本级人大代表保持经常性联系。认真落实代表建议办理办法，推行区人大常委会主任、副主任和镇人大主席、副主席督办重点建议机制。依法做好区镇人大代表换届选举工作，加强对选举工作的组织领导和全过程监督，确保各环节各步骤严格依法按程序进行，确保区镇人大代表选举工作风清气正。

四是加强自身建设，进一步提高工作水平。坚持正确政治方向，坚持党对人大工作的领导，始终在思想上行动上同以习近平同志为总书记的党中央保持高度一致。贯彻党的群众路线，践行“三严三实”要求，持续加强作风建设，始终保持奋发有为、积极进取的精神状态。坚持发扬民主，充分发挥常委会组成人员的集体作用，不断提高常委会决策的科学化水平。深入开展调查研究，积极探索人大工作的特点和规律，切实增强围绕大局谋划推进人大工作的实际本领。全面加强机关建设，提素质、强队伍、增活力，发挥参谋助手作用，提高服务保障水平，推动人大工作创新发展。

各位代表，时代赋予我们的任务光荣而艰巨。让我们在区委的坚强领导下，高举中国特色社会主义伟大旗帜，牢记使命，锐意进取，不断开创人大工作新局面，为率先全面建成小康社会、加快建设美丽幸福新河口而努力奋斗！

区人民代表大会常务委员会工作报告

——2017 年 2 月 14 日在东营市河口区第十八届人民代表大会第一次会议上

东营市河口区人大常委会第一副主任 张胜双

各位代表：

我受苟增杰主任委托，代表区十七届人大常委会向大会报告工作，请予审议，并请列席会议的同志提出意见。

过去的五年，区人大常委会在区委的坚强领导下，高举中国特色社会主义伟大旗帜，以邓小平理论、“三个代表”重要思想、科学发展观为指导，全面贯彻落实党的十八大和十八届三中、四中、五中、六中全会精神，深入贯彻习近平总书记系列重要讲话精神，把握时代大势，回应社会关切，紧紧围绕“一极两区”总目标，认真履行法定职责，为推进改革发展和民主法治建设做出了积极贡献。五年来，听取审议“一府两院”专项工作报告 75 项，开展专题调查和执法检查 110 余次，开展专题询问 1 次，组织代表集中视察 9 次，提出意见建议 300 余条，作出决议决定 52 项。

一、服务工作大局，依法推动全区经济社会科学发展

区人大常委会准确把握经济发展新常态的内涵和要求，紧紧围绕统筹推进“五位一体”总体布局和协调推进“四个全面”战略布局，深入践行“五大发展理念”，把区委决策部署、政府着力推进、群众普遍关注、人大职权范围内的重大事项作为监督重点，依法推动全区经济社会健康持续发展。

一是立足稳定增长、优化结构加强监督，着力推动提高经济运行质量。常委会高度关注经济运行，始终把稳定经济增长摆在监督工作的首位，根据经济社会发展形势，加强调查分析，依法听取审议全区国民经济和社会发展计划执行情况的报告。特别是经济发展进入新常态以来，加大对全区经济运行情况的把脉问诊力度，按照新常态下速度切换、路径变换的新规律、新要求，认真做好“十二五”规划实施情况的评

估监督，依法做好“十三五”规划纲要的审批工作，督促区政府攻坚克难、对症下药，力促全区经济稳中有进、稳中向好。

加快经济发展方式转变，促进产业转型升级，是关系国民经济全局的重大战略任务。常委会把它作为监督工作的重点，积极策应供给侧结构性改革，综合运用多种方式，对重大项目攻坚、招商引资、战略性新兴产业、富民产业等领域开展重点监督。听取审议了区政府关于科技工作情况的报告，对全区化工产业转型升级工作进行了专题调查，针对我区产业层次较低、创新能力较弱等问题，提出意见建议。要求区政府牢固树立和贯彻落实新发展理念，坚持问题导向，深化创新驱动，全面加强政策引导和平台建设，为产业转型升级提供保障、注入动力。听取审议了区政府关于农业科技创新和服务体系建设、农村土地经营权流转、畜牧业、林业、海洋与渔业、水利等项工作情况的报告，就畜禽养殖、新型农民合作组织建设、土地开发整理等进行了调查，督促区政府及其工作部门全面加强农业服务体系和基础设施保障能力建设，为加快发展现代农业、提高农业综合生产能力提供有效的资金、技术和智力支持，确保城乡经济同步推进、共同发展。

二是立足统筹发展和环境保护加强监督，着力推动生态文明建设。为推进城乡统筹发展，听取审议了区政府关于和谐城乡建设行动、新型城镇化建设情况的报告，组织人大代表对城乡建设重点项目进行了视察。围绕完善决策机制、编制城乡发展规划、统筹农村社区建设、加快推进“城中村”改造、提高城乡一体化建设水平等提出了意见建议，起到了积极的推动作用。为完善城市服务功能，提升区域发展支撑能力，听取审议了区政府关于城市管理工作情况的报告，督促区政府进一步创新管理理念，明确管理标准，细化管理责任，确保市政设施、园林绿化、市容市貌等各项管理工作高效有序运转。作出了关于将区生活垃圾综合处理项目《特许经营协议》及区生活垃圾综合处理费纳入区财政综合预算管理的决议、关于新型城镇化项目建设和融资有关问题的决议、关于批准《河口区四个棚户区改造项目政府购买服务资金列入区级财政预算的报告》的决定，依法推动新型城镇化项目建设。

根据生态文明建设和绿色发展理念的要求，2015年，区人大常委会对全区大气污染防治工作进行了专题询问，提出专题询问意见12条；对新《环境保护法》实施情况进行了执法检查，对节能减排、造林绿化、高效生态农业建设、环境污染治理等项工作进行了视察调查，分主题深入开展了“油城环保世纪行”活动。要求有关方面正确处理经济发展与生态保护的关系，牢牢把握主题主线，加快推进企业节能减排，努力实现经济持续发展、污染持续下降、生态持续改善。区政府高度重视生态环境保护工作，结合水气污染整治专项行动，大力实施环保重点工程，狠抓环境执法监督，依法关停、取缔污染企业，取得了明显效果。

三是立足规范财政预决算加强监督，保障财政健康运行。常委会着力推动预算的科学编制，强化对预算草案的会前审查，认真听取和审议区政府关于预算执行、财政决算和审计工作报告，要求区政府及其职能部门进一步强化预算管理和监督，提高财政资金使用绩效，充分发挥财政的引导和保障作用。新《预算法》实施以来，作出了关于加强预算决算审查监督的决定，着力提高预算编制的完整性和执行的规范性，实现了政府“全口径”预算的完整编报与审查。制定了关于改进审计工作情况及审计查出问题整改情况向区人大常委会报告机制的意见，切实加强对审计整改落实情况的跟踪监督，逐步实现了审计监督从“程序性”向“实质性”的转变。为保证政府债券使用规范，多次就调整政府债务限额作出决议，有效保障了一批重大基础设施和民生项目建设，推动了相关工作的顺利开展。

二、坚持履职为民，切实维护人民群众根本利益

把保障和改善民生、维护群众合法权益摆在更加突出的位置，综合运用多种监督方式，督促支持政府回应群众期盼，多为群众办实事、解难事，努力推动改革发展成果更公平地惠及全区人民。

针对入学难、城乡教育发展不均衡等突出问题，深入镇街、农村、社区进行调研，了解实际情况，督促解决相关问题。听取审议了区政府关于学前教育、职业教育、基础教育标准化建设工作情况的报告。为解决全区医疗服务工作基础薄、能力弱、条件差等

突出问题，对全区医疗服务工作进行了专题调查，听取审议了区政府关于医药卫生体制改革情况的报告。督促区政府要高度重视医疗服务工作，集中开展医疗服务能力提升行动，每年确定部分医疗服务项目列入全区重点工程和便民实事，力争通过2—3年的努力，彻底改变我区基层医疗服务工作相对落后的局面。

结合人民群众的新要求、新期盼，常委会听取审议了区政府关于民政、社会保障工作情况的报告，对养老服务体系建设情况进行了调查。突出强调，要把顺应民情民意、解决民忧民愿作为政府工作的“生命线”，完善政策措施，加大推进力度，强化服务体系建设，全面提升社会保障工作水平。听取审议了区政府关于交通运输、城乡公交一体化工作情况的报告，对全区城乡道路客运情况进行了专题调查。重点围绕做好城乡公交客运规划编制、合理配置城乡公交基础设施、积极推进城乡公交一体化等提出意见建议。2014年，区政府克服困难、积极运作，开通了城区公交客运，实现了由“无”到“有”的破题。听取审议了区政府关于文化建设工作、公共文化服务体系建设情况的报告，要求区政府及有关部门完善政策措施，狠抓工作落实，全面提升文化建设的层次和水平，让人民群众共享发展成果。近年来，区政府深入实施文化惠民工程，积极推进油地文化融合，努力创建国家公共文化服务体系示范区，取得了积极效果。

把人大信访工作作为畅通民意、了解民情的重要渠道，按照“分级受理、综合分析、统一交办、定期反馈”的要求，不断健全人大信访工作机制，加大督办力度，切实提高信访工作水平。五年来，共接待群众来访259人次，受理群众来信81件。对群众反映的问题特别是带有普遍性的问题，认真研究分析，提出意见建议，按照法律和政策规定及时进行了办理，办结率100%。

三、加强法律监督，扎实推进民主法治建设

坚持普法宣传与视察调查、执法检查相结合，积极组织开展形式多样的宣传教育活动，努力营造学法用法、尊法守法的社会氛围。对《2011—2015年依法治区规划》实施情况进行了调查，作出了关于在全区公民中开展第七个五年法制宣传教育的决议，审议通过了《河口区2016—2020年依法治区规划》。先后对道路交通安全法、产品质量法、食品安全法、劳动合同法等10余部法律法规的贯彻实施情况进行了执法检查。积极配合省市人大常委会开展了一系列立法调研和执法检查活动，为推动法律法规在我区的贯彻实施发挥了保障作用。

强化对司法机关的监督，听取审议了区法院关于刑事审判、商事审判、审判管理、民事审判、行政审判等项工作情况的报告；听取审议了区检察院关于监所检察、反渎职侵权、侦查监督、公诉、规范化建设等项工作情况的报告；听取审议了区公安分局关于社会治安防控体系建设情况的报告、关于加强公安基层基础工作情况的报告，推动司法机关建立健全公正、高效、权威的工作体制和运行机制，切实维护社会公平正义。各司法机关虚心听取意见，自觉接受监督，在队伍建设、制度建设、作风建设等方面取得了积极成效。

坚持党管干部和依法任免干部的有机统一，不断完善干部任用监督机制，修订完善了《拟任命人员任前法律知识考试办法》，对提请任命人员继续坚持到会供职、颁发任命书等制度，并通过多种形式强化任后监督，增强了所任干部的法律意识、责任意识和公仆意识；弘扬宪法精神，履行宪法使命，严格实行任命人员向宪法宣誓制度。五年来，共任命国家机关工作人员194名，免职83名，接受辞职9名，保证了国家政权机关工作的有序运转。

四、完善工作机制，努力提高依法监督实效

正确把握监督与支持、继承与创新的关系，不断探索加强监督工作的新思路、新方法，在重点工作的监督推进方面，研究了一系列改进措施，许多工作走在了全市乃至全省前列。

本着“少而精、注重实效”的原则，紧紧围绕党委决策部署、政府着力推进、人民群众普遍关心的重大事项科学选择监督议题。每年印发《关于征集监督议题的公告》，广泛征求“一府两院”、人大代表和人民群众的意见，夯实监督基础，提高监督精度，确保监督工作与全区工作大局同步合拍，与群众所思所盼同频共振。

为进一步规范和深化监督工作，增强监督刚性，研究制定了《专项工作报告满意度测评办法》，对

报告机关产生了积极的约束、激励作用。出台了《专题调查办法》和《专题询问办法》，每年利用2—3个月的时间集中开展一次专题调查或专题询问，着力解决人民群众普遍关注的突出问题。研究制定了《规范性文件备案审查办法》，理顺报备程序，明确审查职责，扎实做好规范性文件备案审查工作。制定出台了《组织区人大代表旁听区人民法院庭审办法》，先后组织44名人大代表进行了6次庭审旁听，提出意见建议21条。研究制定了《河口区人大常委会工作评议暂行办法》，对评议主体、评议对象、评议内容、评议的方法步骤和评议结果的运用等作出了明确规定。2013—2015年，分三批对45个区政府组成部门、事业单位和垂直管理部门进行了工作评议，参评人员3000余人，共提出意见建议600余条，对于改进部门工作、推动经济社会发展起到了积极作用。

五、提高保障水平，充分发挥人大代表主体作用

常委会始终把代表工作作为基础性工作来抓，认真贯彻落实代表法，不断完善代表工作机制，创新代表工作方式，发挥代表主体作用，支持和引导代表为推动河口发展贡献力量。

一是着力提高代表素质和履职能力。把组织代表履职学习作为一项重要工作，通过订阅报刊杂志、举办辅导培训班、代表小组集中学习等方式，组织引导代表学习法律法规和有关业务知识，为代表提供智力支持和信息服务。创新代表培训模式，提高代表培训层次，2015年、2016年，分别组织90多名人大代表赴浙江大学、全国人大培训基地开展素质提升培训，系统学习相关知识，取得了积极效果。

二是着力为代表执行职务创造条件。坚持邀请代表列席常委会会议，参加常委会组织的执法检查、视察调研等活动，扩大代表对常委会工作的参与。每年邀请约40名人大代表列席常委会会议，组织约100名人大代表分两批进行集中视察，组织约80名人大代表参加各类调研和执法检查活动。建立了区人大常委会组成人员分工联系人大代表制度，每名常委会组成人员固定联系5~8名基层人大代表，定期通报工作情况，征求意见建议。同时，积极推荐代表参加民主测评、行风评议等社会监督活动，让代表多渠道了解情况、知情知政。

三是密切人大代表与群众的联系。研究制定了《人大代表联系群众制度》《人大代表述职办法》，督促引导人大代表与群众保持经常性联系，听取选民的意见建议，接受选民的监督评议。先后有160名人大代表与920名群众保持经常性联系，及时听取意见和要求。组织151名人大代表进行了述职，参加评议的选民代表3000余人，选民对代表的评议满意率均在96%以上。

四是加强对人大代表的激励约束。为促进代表更好地履职，制定了《河口区第十七届人民代表大会代表考核办法》，每年年底进行集中考核，对连续两年考核不称职的人大代表，将按程序进行询问或责令辞职。不断加大对人大代表的宣传力度，每年推荐部分人大代表在电视台、省市级报刊、《河口人大》进行集中宣传，为代表履职营造了良好的社会氛围。印发了《关于规范区人大代表出席会议、参加活动组织工作的通知》，统一代表活动组织程序，提高代表活动组织成效，为人大代表依法履职创造了更加有利的环境。

五是提高代表建议办理质量。在认真总结实践经验的基础上，制定出台了《办理区人民代表大会代表建议办法》和《代表建议办理面对面答复暂行办法》。每年8月份、12月份分别组织承办部门主要负责同志对建议办理情况向人大代表进行面对面集中答复。建立了重点建议督办机制，每年选择部分质量高、代表性强、办理难度较大的代表建议，由各位副主任领衔督办，起到了很好的示范引领作用。五年来，共督办人大代表建议403件，办结率100%，满意率96.8%。

六是扎实做好区镇人大换届选举工作。从2016年9月开始，我区区镇两级人大换届选举工作正式启动。对县乡人大换届选举工作，中央和省市委高度重视，对代表结构比例、换届纪律风气、代表资格审查等提出了严格要求。区人大常委会坚持党的领导、充分发扬民主、严格依法办事，按照区委的统一部署，精心组织、周密安排，凝聚各方力量，扎实推进工作，保证了人大换届选举工作的依法顺利进行。2016年12月15日，顺利选出新一届区人大代表163名，镇人大代表185名，为坚持和完善人民代表大会制度提

供了组织保障。

六、加强自身建设，不断提升依法履职能力

主动适应新形势新任务新要求，以“不忘初心、继续前进”为不竭动力，以聚集活力、提升能力为目标要求，不断深化思想建设、作风建设和机关党的建设，坚定理想信念，强化责任担当，为推动人大工作创新发展提供了有力保障。

一是加强组织机构建设。2015年，根据上级要求和工作需要，依法设立了区人大常委会预算工作委员会。2016年，认真落实中央、省委、市委关于加强县乡人大工作和建设的意见，按照法定程序设立了区十七届人大内务司法、财政经济、城乡建设环境保护、农业与农村、教育科学文化卫生等5个专门委员会；在河口经济开发区设置了人大工作委员会；将人事代表工作室更名为人事代表工作委员会；各镇人大主席、街道人大工委主任专职配备。

二是加强班子队伍建设。深入开展党的群众路线教育实践活动、“三严三实”专题教育、“两学一做”学习教育，系统学习党章党纪党规和习近平总书记系列重要讲话精神。牢固树立政治意识、大局意识、核心意识、看齐意识，严格遵守政治纪律和政治规矩，坚决维护党中央权威和党中央集中统一领导，努力营造风清气正的政治生态。认真贯彻落实区委决策部署，着力在坚定正确方向、积极依法履职、服务发展大局上求深化，维护了全区团结和谐、共谋发展的良好局面。严格落实中央八项规定精神，认真履行党风廉政建设责任制，自觉遵守廉洁自律的新规定、新要求，树立了为民务实清廉的良好形象。认真执行民主集中制原则，深入开展调查研究，重大问题集体研究决定，共召开主任会议101次，研究解决事项500余项。

三是加强机关建设。认真总结人大工作经验，不断修订完善各项规章制度，真正做到了用制度管权、管人、管事，提升了机关工作规范化水平。注重信息化建设，依托河口人大网站，建立代表履职服务平台，不断提高代表实效。为全面总结历届人大及其常委会的奋斗历程，组织编纂《东营市河口区人民代表大会志（1995—2016）》，真实记录河口区人民代表大会22年的历史轨迹。为加强新闻宣传工作，研究制定了《区人大常委会机关和镇街人大宣传报道考核办法》，将镇街人大宣传工作与区人大机关宣传工作并轨管理，一同部署、一同考核、一同表彰，提高了人大宣传工作的积极性和主动性。

四是加强镇街人大建设。为加强基层人大建设，研究制定了《关于进一步加强镇、街道人大工作的意见》《镇街人大工作考核办法》，每年年底进行考核，对前2名的镇街人大进行表彰奖励，对后2名的镇街人大进行督促谈话。主动加强对镇街人大工作的指导，坚持每年组织一次人大工作座谈会，有针对性地解决共性问题。积极协调帮助各镇街人大加强基础设施建设，完善各项规章制度，为镇街人大工作顺利开展提供了保障。

各位代表，过去的五年，我们依法履行职责，积极创新实践，实现了河口区人大工作的新突破，开创了我区民主法治建设的新境界。区十七届人大常委会五年来所取得的成绩，是区委坚强领导、常委会组成人员和全体人大代表共同努力的结果，是“一府两院”和有关部门协同配合的结果，也是社会各界和广大人民群众大力支持的结果。在此，我代表区十七届人大常委会表示衷心的感谢！

各位代表，五年的实践与探索，使我们对民主法治建设有了更加坚定的信念，对人民代表大会制度有了更加深刻的理解，对新时期人大工作规律有了更加全面的认识。回顾过去，我们既欣喜地看到了成绩，同时，我们也深切地体会到，常委会工作中还存在一些不足和问题，主要是：有些职权的行使还不到位，跟踪问效机制不够完善，对执行落实不力问题缺乏惩戒措施，监督工作的实效性有待进一步增强；适应时代要求、回应群众关切、推进解决热点难点问题的力度有待进一步加大，对如何做好新形势下的人大工作需要深入探索；代表工作还有差距，代表的学习、培训机制不健全，闭会期间的活动比较少，代表依法履职的能力需要进一步提高。对于这些问题，应在今后的工作中认真加以整改。

各位代表，新一届区人民代表大会已经组成，新一届区人大常委会即将选举产生。区第八次党代会深刻分析了河口面临的形势和任务，科学谋划了河口发展的未来。我们坚信，在区委的坚强领导下，在全区人民的大力支持下，区十八届人大及其常委会一定能够担负起历史赋予的重任，与时俱进，求实创新，不断开创人大工作的新局面。对今后的工作提出如下建议：

一、坚持党的领导，树立正确政治方向。要自觉增强“四个意识”特别是核心意识、看齐意识，更加坚定地维护以习近平同志为核心的党中央的权威，在思想上政治上行动上同党中央和省市区委保持高度一致，自觉服从党委工作大局。要深刻理解把握中央和省市区委关于从严治党的部署要求，牢固树立党的观念、大局观念、群众观念和法治观念，加强对人大代表、常委会组成人员和机关党员干部的教育管理，不断改进作风，密切联系群众，努力使人大工作更加符合民情，体现民意，贴近民生，赢得民心。

二、围绕工作大局，依法履行职责。要全面贯彻区第八次党代会精神，紧紧围绕全区发展大局，对重大事项适时作出决议决定，确保区委决策部署有效落实。要准确把握监督与支持的关系，着力推动带有根本性、全局性和人民群众普遍关注问题的解决，不断增强监督工作的针对性和实效性。要坚持问题导向，发扬钉钉子精神，着力推动稳增长、促改革、调结构、惠民生、防风险各项工作，努力营造开放透明、规范有序的发展环境。

三、紧紧依靠人大代表和人民群众，努力增强工作实效。要围绕充分发挥代表作用这一主题，进一步加强代表服务工作，积极为代表联系群众、开展活动、执行职务搭建平台、提供保障。要深化代表建议意见办理机制，加大办理力度，提高建议意见办理质量。要充分发挥代表的“桥梁纽带”作用，通过代表工作进一步了解人民群众的要求和期盼，更好地解决人民群众关注的热点难点问题，密切党群干群关系。

四、切实加强自身建设，不断提高履职能力。要不断加强常委会自身建设，完善适合国家权力机关特点的、充满活力的运行机制，促进人大及其常委会工作的制度化、法制化。要加强专门委员会建设，完善专门委员会工作制度，推进专门委员会之间的协作与配合，提高专门委员会工作的规范化、专业化水平。要加强常委会机关建设，强化机关干部的教育、管理、交流和培养，全面提高机关工作质量和水平。要加强镇街人大建设，督促各镇街人大严格依法履职，强化代表服务管理，促进基层人大均衡发展。

各位代表，2017年是新一届人大及其常委会的开局之年，也是全面建成小康社会的决胜之年。在新的一年里，我们建议重点抓好以下几项工作：一是研究制定区人大专门委员会工作规则，明确专门委员会法定职责和运转程序，推动各专门委员会依法有序开展工作。二是听取审议区政府关于计划和预算执行、环境保护、精准扶贫、安全生产、农村土地“三权分置”、文化惠民、科技等项工作报告；听取审议区法院关于执行工作情况的报告、区检察院关于诉讼监督工作情况的报告；对国有资产管理工作进行专题调查；对《东营市城镇容貌和环境卫生管理条例》进行执法检查。三是科学编制代表培训计划，加强代表培训工作，提高培训实效，进一步发挥代表主体作用。四是加强常委会组成人员理论与法律学习，提高履职能力，实现新一届人大常委会工作的良好开局。

各位代表，潮起海天阔，扬帆正当时。让我们更加紧密地团结在以习近平同志为核心的党中央周围，在区委的坚强领导下，牢记使命，依法履职，不忘初心，继续前进，为率先全面建成小康社会、加快建设美丽幸福新河口做出新的贡献，以优异成绩迎接党的十九大胜利召开！

历届历次区人民政府工作报告

政府工作报告

——1995年1月18日在东营市河口区第十三届人民代表大会第三次会议上

东营市河口区人民政府区长 王少飞

各位代表：

现在，我代表河口区人民政府向大会作政府工作报告，请予审议，并请各位政协委员和其他列席人员提出意见。

一、一九九四年全区国民经济和社会事业稳步发展，为全面完成“八五”计划打下了坚实的基础

1994年，在市委、市政府和区委的正确领导下，在区人民代表大会及其常委会的监督下，区政府团结带领全区人民，认真贯彻落实党的十四届三中全会精神，坚持“抓住机遇、深化改革、扩大开放、加快发展、保持稳定”的方针，集中精力发展经济，大力发展各项社会事业，开拓进取，扎实工作，有力地促进了全区经济和各项社会事业的发展，全区出现了政治稳定、经济繁荣、社会事业蓬勃发展的良好局面。

（一）突出经济建设这个中心，切实加强领导，经济工作取得新成绩

去年以来，全区各级政府、政府各部门、单位都把发展经济放在各项工作的首位，始终坚持以经济建设为中心，围绕建设社会主义市场经济体制总目标，解放思想，开拓进取，克服了经济生活中的种种困难，保持了全区经济的快速发展。全区国内生产总值预计完成24500万元，比上年增长2.3%，其中地方国内生产总值实现2280万元，比上年增长8.7%；全区工农业总产值预计完成30386万元，比上年增长23.9%，地方工农业总产值预计完成25125万元，比上年增长32.7%，其中完成工业产值10025万元，比上年增长71.4%，农业总产值15100万元，比上年增长15.4%；建安企业总产值完成1.2亿元，首次突破亿元大关，比上年增长39%，实现利税1250万元，比上年增长36%；交通运输业预计完成货运量296.3万吨，货运周转量30973万吨公里；邮电通讯业预计完成业务总量541万元；社会消费品零售总额预计达到40106万元，比上年增长42.2%；实现财政收入4589.2万元，按税改后同比口径比上年增长25.3%；农民人均纯收入达到1086元，比上年增长54.9%，城乡居民储蓄存款余额达到74506元，比年初增长69%；人民群众的生活水平有了很大提高。在过去的一年里，区政府在经济工作上主要抓了以下五个方面的工作：

1. 强化农业基础，突出“双高一优”农业，大力发展农村经济。坚持常规农业与开发农业并举，突出“双高一优”重点，认真实施“百万千”富民工程，切实抓好减轻农民负担工作，促进了农村经济的较快发展。第一，认真抓好常规农业。突出抓了引水灌溉、麦田管理、造林绿化、棉花生产等项工作，粮棉生产战胜自然灾害获得较大丰收。地方粮食总产达到37416吨，比上年增长13%，其中，小麦15545吨，比上年增长3%；完成成片造林面积34100亩，其中新增加经济林面积10395亩，果品总产量达3008吨；大牲畜存栏17406头，肉类总产量达2669吨，禽蛋产量1336吨；水产品总量达15000吨，获利124万元，海水养殖9000亩，淡水养殖有了新的突破，面积达4000亩，收入80万元，中华毛蟹养殖取得成功，获得较高经济效益。为搞好棉花生产，加大宣传力度，制定优惠政策，下派包村干部，克服种种困难，棉花总产达1054吨，比上年增长91.3%。第二，开发农业成效显著。以水利建设为龙头，狠抓了农业开发和作为实施黄河三角洲跨世纪工程的基础工程和重头

戏来抓，作为志气仗、翻身仗、政治仗来对待，集中领导、集中时间、集中人员、集中财力，打好一场农业开发的人民战争。全区农业开发工程共上阵劳力2万余人，完成土石方339.2万方，修筑建筑物685座，完成各类投资951.4万元，高标准、高质量地完成了“二期”项目工程的扫尾工作和九四年新开工项目的实施工作，创出了一批具有省级和市级水平的样板工程，并顺利地通过了省、市级验收。样板工程建设，采取了人机结合、集中大会战的形式，组织劳动力5200人次、机械55台次，完成土方69.3万方，高标准、高质量地完成了王集水库1100亩稻田开发样板方工程和新户5000亩中低产田改造样板方工程。第三，“双高一优”农业开发走上健康发展的轨道。去年以来，区政府一直把发展高产、优质、高效农业作为调整优化农业内部产业结构、振兴农村经济、增加农民收入的关键措施来抓，理清工作思路，制定合理规划，把握工作重点，既注重整体推进，又狠抓典型引路，全区“双高一优”农业有了新的发展。全年新增经济林10395亩，枣粮间作增加15330亩；新增蔬菜大棚527个，完成藕塘开挖1000亩，淡水养鱼4000亩，新增加羊3.6万只，牛4400头，农业内部结构得到进一步优化，促进了我区农村经济的稳步协调发展。第四，认真实施了“百万千”富民工程。去年首批“百万千”富民工程工作队奔赴农村以来，工作队员深入基层，调查研究，视带领广大农民群众尽快脱贫致富为己任，积极引导和帮助农村干部群众选准脱贫致富突破口，对促进政治稳定、社会发展、加快全区农民脱贫致富奔小康的步伐，起到了推动作用，保证了全市“三百”富民工程在我区的顺利实施。1994年新增专业村30个，新增各类专业户2200户。第五，切实抓好减轻农民负担工作。在集中精力发展农村经济的同时，我们认真贯彻执行中央及省、市关于减轻农民负担的指示精神，把减轻农民负担工作作为落实党的农村政策、稳定农村大局，调动农民生产积极性的大事来抓，真正做到了领导到位、认识到位、措施到位，把农民负担严格控制在了国家规定范围以内，调动了农民的生产积极性，推动了农村经济的更快发展。

2. 深化企业改革，加强企业管理，促进工业和乡镇企业的发展。通过加强领导，强化管理，调整优化结构，深化企业改革，狠抓技术改造和新上项目，全区的工业和乡镇企业出现了良好的发展势头。全区工业总产值达14486万元，比上年增长41.5%，其中地方工业总产值达10025万元，地方乡及乡以下独立核算工业企业预计实现利税506万元，分别比上年增长71.4%和46.2%；乡镇企业总产值达到31688万元，比上年增长80.8%。一是突出加强了对工业和乡镇企业工作的领导。针对我区工业基础薄弱的实际情况，适时建立了工业发展基金，推行了资金经营责任制，对乡镇企业实行了投资目标责任制，并多次到区属工业和乡镇企业现场办公，研究解决工业和乡镇企业发展中的问题。同时，全面加强质量管理、技术管理、成本管理、财务管理和营销管理，深入开展“双增双节”活动，有力地促进了全区工业和乡镇企业的发展。二是调整优化结构，积极增上项目。立足我区的区位优势和资源优势，以市场为导向，坚持适时性调整与开发性调整并举，积极增上了水暖器材、树脂化工、五金产品等新项目，初步改变了我区工业和乡镇企业结构单一老化、产品档次低、市场竞争力弱的问题。成立了建安集团总公司，建安企业由原来的16家增加到21家，市政公司晋升为二级企业，进一步增强了建安业发展的实力。三是以产权制度改革试点为动力，深化企业改革。我区的产权制度改革以股份合作制为主，多种方式并举，积极搞好了产权制度改革试点工作。对区运输公司、建筑材料公司实行了股份合作制改造，对严重资不抵债、无法经营的区冷藏厂依法进入破产程序，并在12处乡镇企业开展了股份合作制的试点工作。通过开展产权制度改革试点工作，探索出了成功的经验，对于今年全面推行现代企业制度改革奠定了良好的基础。四是积极推进科技进步，狠抓企业的技术改造。去年共完成企业技改项目37项，总投资2733万元。这些项目的投产，对于促进区属工业和乡镇企业的发展，起到了积极地推进作用。

3. 加强市场建设，活跃商品流通，积极发展第三产业。为适应社会主义市场经济发展的需要，新建扩建中心商厦、富豪大酒店等大型商业服务网点8处，新增营业面积6000平方米。投资185万元，新建、扩建了孤岛、河口、六合、新户等集贸市场，新增市场营业面积9050平方米。城乡集贸市场成交额16572万元，比上年增长75.6%。商业、物资、供销等流通行业，积极拓宽经营渠道，深化企业制度改革，加强内部管理，狠抓扭亏增盈，取得了较好效益。全区社会消费品零售总额达到40106万元，比上年增长42.2%。积极引导和保护个体私营经济的发展，全区个体工商户已发展到3669户，私营企业45家，从业总人员达到7271人。大力推进金融体制改革，积极组织储蓄，广开融资渠道，金融发展有了新突破。年末各项存款余额94457万元，较年初增加38704万元；各项贷款余额23756万元，较年初增加4124万元。

4. 强化财税征收，严格控制支出，确保财政收支平衡。以推进财税改革和增加财政收入为重点，成功地组织了税务机构分设和新税制推行等项改革。财税战线广大干部职工，以改革为动力，加强税法宣传，严格落实目标管理责任制，强化税收征管，大力组织收入，认真组织财物税收物价大检查，减少了财政收入的“跑、冒、漏、偷”，保证了财政收入的稳步增长。去年全区实现财政收入4589.2万元，完成调整预算的102.9%，按税改后同比口径比上年增长25.3%，其中工商税收完成3630.6万元，比上年增长11.4%。财政支出方面，牢固树立艰苦奋斗、勤俭办事的思想，积极开展“双增双节”活动，大力压缩一般性开支，严格控制社会集团购买力，严格执行预算，并制定了《行政事业单位车辆定点维修管理办法》《科技专项资金管理办法》等控制支出的规定，减少了各种不合理开支和浪费现象，保证了我区政策性增资项目的出台，保证了重点项目的资金需要，连续十年实现了财政收支平衡。

5. 狠抓内联外引，扩大对外开放，全力推动外向型经济发展。积极争取省、市有关部门的支持，密切同胜利油田驻河口各单位、济军生产基地的关系，进一步扩大了横向经济联合。为争取多引进一些外资项目，我区去年参加了“青交会”，深圳招商引资洽谈会、北京招商引资洽谈会，签订项目16个，协议外资额1630万美元，扩大了我区对外招商引资的渠道和领域。成功组织了建区十周年庆祝活动，进一步扩大了对外开放的广度和深度。为充分发挥东营港、黄河大桥至东营港一级汽车专用路位居我区的区位优势，加大开发开放力度，我区在黄河大桥至东营港一级汽车专用路以东、孤岛镇与仙河镇之间规划了河口经济开发区。目前，总体规划已经确定，一期工程已破土动工，开发区的规划建设对于进一步推动我区的开放、开发、引进资金、引进技术、引进人才，大力发展外向型经济，必将起到积极的促进作用。

（二）大力发展各项社会事业，促进社会全面进步

1994年，区政府在全面抓好经济工作的同时，决不放松各项社会事业的发展，使全区各项社会事业出现了前所未有的良好局面；初等义务教育顺利通过市政府验收，教育“三制”改革圆满完成；创建省级卫生城区工作顺利通过验收；创建全国科技进步先进区工作顺利通过国家级验收；清理整顿土地市场工作圆满结束，各种土地关系开始理顺；河口农贸市场改造建设任务全面完成；全省首家实现了村村通无线广播；全区村村通柏油路规划如期实现；城区及城区附近村庄有线电视开通；社会治安综合治理进一步强化，社会主义精神文明建设得以加强。由于坚持两手抓，两手都要硬，使全区经济建设和社会事业相互促进、协调发展，推动了社会全面进步。去年我们在大力发展各项社会事业、加强社会主义精神文明建设方面主要抓了以下五项工作：

1. 认真贯彻“三项基本国策”，切实抓好计划生育、土地管理和环境保护工作。在控制人口增长方面，广泛开展宣传教育，积极开展“三为主”合格乡（镇）、村活动，切实加强了基础工作，进一步完善了人口与计划工作目标管理责任制，坚定不移地执行计划生育一票否决权制度，并加强了对流动人口的管理，使我区的计划生育工作上了一个新台阶，人口增长得到了有效控制。去年全区共出生1620人，比计划少生1135人，计划生育率为98.4%，晚婚率为96.2%，人口自然增长率为6.33‰，统计合格率为100%。加强土地管理，认真贯彻落实“十分珍惜和合理利用每寸土地，切实保护耕地”的基本国策和土地管理的一系列法律、法规、政策，积极培育和规范土地市场，加快土地使用制度改革步伐，初步实现了由单纯的土地资源管理向土地资源与土地资产并重管理的转变，推动了土地管理事业的发展，去年共清理

非法使用土地230宗，面积19.3万平方米，解决了大王北油田海堤占地补偿的问题，依法收回了河口市场内75.75亩国有土地使用权，解决六合乡部分村庄2100亩土地争议问题。加强环境保护，认真贯彻《环境保护法》，加大宣传力度，强化监督管理，落实环境保护责任制，深入开展了城市环境综合整治，环境污染和生态恶化的情况得到了有效控制。

2. 强化组织领导，突出抓好科技、教育、卫生、民政工作。科技工作，以组织创建全国科技进步先进区为重点，加大宣传力度，强化宏观管理，增加科技投入，实行创建任务目标责任制，实施科技项目带动战略，扎实开展了创建全国科技进步先进区活动，去年共安排科技投资80万元，组织实施省、市、区科技项目27项，其中省级科研项目《滨海盐碱地大棚蔬菜栽培技术开发试验》已提前一年完成任务指标。通过开展创建全国科技进步先进区活动，进一步加强了科技网络体系建设，增强了全民科技意识，提高了农民科技素质，促进了科技与经济的有机结合和具有河口特色科技产业的发展。全面完成创建全国科技进步先进区各项指标任务，顺利通过了验收，并得到验收委员会的高度评价。教育工作，围绕实施《中国教育改革和发展纲要》及省、市《实施意见》以全面实现初等义务教育为主攻方向，把实施义务教育、发展基础教育纳入全区发展的总体规划，广泛开展义务教育宣传活动，切实加强对全区义务教育工作的组织领导，层层签订实施义务教育目标责任书，增加义务教育投资180万元，配套完善了教学设施，实施义务教育工作取得了突破性进展。同时，大力发展职业教育和成人教育，全面完成校长负责制、教师聘任制、岗位工资制的“三制”改革任务，推动了全区教育、教学质量的提高。认真贯彻落实《教师法》，为一线教师提高了工资待遇，民办老师的待遇也得到相应提高。卫生工作，以创建省级卫生城区为重点，加大宣传力度，强化组织领导，广泛开展卫生达标活动，狠抓城区绿化美化工作。同时，城区内油田各单位也积极参与“创建”工作，密切配合，大力支援，形成了工农共建卫生城的局面，确保了创建卫生城区工作任务的顺利完成。民政工作，以全面开展农村社会养老保险工作为重点，加强领导，强化措施，圆满完成了我区第三轮农村社会养老保险投保任务。去年全区乡（镇）、村的投保率达100%，个人投保率达88%，收取保金84万元，农村社会养老保险工作继续在全市保持领先地位。扶贫救灾、优抚安置、外事旅游等项事业进一步发展。

3. 进一步加强基础设施和城市建设，着力办好八件实事。去年，区政府提出了为群众办好八件实事的决策。区政府各有关部门、单位都切实把办好八件实事作为惠及河口区人民的大事来抓，积极主动地开展工作，保证了八件实事的顺利实施。全区新建县乡公路29.75公里，实现了全区村村通柏油路，成为全市继广饶之后第二个村村通公路的县区。投资26万元用于发展农村广播事业，实现了全区村村通无线广播，成为全省第一个村村通无线广播的县区。投资33万元开通了城区有线电视，完成了区直机关及城区附近村庄的有线电视安装工程，解决了城区看电视难的问题。投资89万元，新户渔港一期工程按期完工。投资430万元，完成了西区、北区的排水工程。一中教职工宿舍楼已完成主体工程，今年可投入使用，一中教师住房难问题将得到解决。海港宾馆建设工程已破土动工。滨孤路绿化工程已顺利完成。

4. 强化社会治安综合治理，大力加强精神文明建设。广泛深入开展了社会主义法制教育，全面实施了“二五”普法规划。人民群众依法行使权力，自觉履行义务，遵纪守法和行政机关依法管理各项事业的意识普遍增强，初步形成了学法、懂法、用法、守法的社会风气，依法行政水平得到提高。坚持“打防并举”方针，严厉打击各类犯罪分子，加强油区治理，全面落实社会治安综合治理各项措施。去年共破获各类案件225起，其中重大案件55起，摧毁犯罪团伙46个，有效地打击了各类犯罪活动，较好地维护了全区政治、经济和社会秩序的基本稳定。反腐败斗争逐步深入，全区共查处各类案件29起，挽回经济损失15.5万元，各级廉洁自律意识增强，一些消极腐败现象蔓延的势头得到遏制。

5. 坚持走工农兵共建、兴油富民的路子，大力开展工农兵共建。围绕市委、市政府提出的“两个满意，一个放心”的工作目标，去年我们把支援、服务、保障油田的开发建设，作为政府工作的重要任务，积极地开展了工农兵共建活动。去年我们与河口境内油田各二级单位、独立三级单位及济军生产基地的领导，召开了多次联席会、座谈会、研讨会，共同协调、分析、解决共建中的问题，加强了地方与油田的广泛合作。六合乡政府、义和镇政府工农共建文明油区有了很大突破，破坏油田设施、偷盗油田物资的现象得到有效控制。工农兵共建的顺利开展，有力地促进了油田开发建设和地方经济的发展。

胜利油田驻河口各单位继续保持了持续发展的好形势。1994 年共完成原油产量 1282.8 万吨，完成天然气工业产量 12.1 亿立方米；济军生产基地也出现了稳定发展的好势头，全年预计完成工农业总产值 5261 万元，其中工业总产值 4461 万元。驻区油田和军工企业正在我区的开发建设中发挥越来越重要的作用。

回顾总结去年的政府工作，我们注意把握了这样几点：一是在工作方法上，注重深入实际，调查研究，切实转变工作作风，实行现场办公，当场解决经济和社会发展中的问题。二是在工作安排上，采取了签订目标责任制的形式，明确责任，分清职权，严格奖惩。三是在工作运行过程中，注重狠抓关键时期和关键环节，以此推动整个工作全面开展，确保工作的顺利完成。四是注重用好科技推动力量，狠抓科技投入和科技推广。增加科技含量。五是注重典型引路，充分发挥典型的推动作用，坚持抓典型带全面，积极培育龙头企业和新兴产业，以此带动全区经济的快速发展。六是注重转变政府职能，加强政府自身建设，坚持两个文明建设一起抓，强化宏观领导和微观服务，努力提高决策水平和工作质量。

各位代表，过去的一年我区经济和社会事业所取得的一切成就，都是在市委、市政府和区委的正确领导下，全区人民辛勤劳动团结奋斗的结果，是区人大、区政协、油田驻河口各单位、济军生产基地以及社会各界大力支持帮助的结果。在此我代表区人民政府，向全区人民对政府工作的信任和支持表示崇高的敬意和衷心的感谢。

在充分肯定成绩的同时，我们也清醒地认识到，政府工作中还存在着不少问题和不足。一是思想解放不够，整体开放意识和争创一流工作的意识有待进一步增强，组织发展社会主义市场经济的领导水平需要进一步提高。二是经济工作还面临着许多困难，工农业基础薄弱的局面仍没有根本改变，棉花生产未出现大的突破，工业生产中主导产业尚未形成，经济效益低的问题还没有根本扭转，经济工作上没有唱出在全市有影响的拿手戏。三是有的政府部门抓经济工作或为经济建设服务的力度不够，工作推诿扯皮、不负责任、效率低下的现象仍然存在，影响了政府整体功能的发挥。政府机关思想、作风、纪律建设仍需进一步加强。对于这些问题，我们将在今后的工作中采取措施，认真加以解决。

二、明确任务目标，突出工作重点，促进全区国民经济和社会事业的持续、快速、健康发展

今年是全面完成“八五”计划的最后一年，也是我们河口区经过十年奋战由打基础阶段向全面振兴阶段转移的第一年，各项任务艰巨而繁重，做好今年的工作，对于贯彻落实好党的十四届三中、四中全会精神，全面完成“八五”计划，坚定全区人民奔小康的信心和决心，具有十分重要的意义。今年政府工作的指导思想是：继续认真贯彻党的十四届三中、四中全会精神，更好地贯彻中央“二十字方针”，以邓小平建设有中国特色社会主义理论和党的基本路线为指导，以改革开放为动力，以经济建设为中心，牢牢把握工作重点。继续改善农业生产条件，大力发展以增加农民收入为重点的高产优质高效农业。增量与增效并举，全面推进企业产权制度改革，大力发展二、三产业。实施外向带动战略，改善经济运行质量，加快小城镇建设步伐。实现全区经济总量上规模、质量上档次，各项社会事业持续发展，推动全区经济和社会事业再上新台阶。

根据这一指导思想，今年我区国民经济和社会发展的主要任务指标是：本区国内生产总值计划实现 23500 万元，增长 3.1%，工农业总产值实现 30000 万元，增长 19.4%，其中工业产值 14000 万元，农业产值 16000 万元，分别增长 1.6% 和 6%；粮食总产 38000 吨，棉花 2200 吨，分别增长 1.6% 和 108.7%；乡镇企业总产值达到 40000 万元，增长 26.2%。财政收入实现 4380 万元，剔除不可比因素增长 4.6%。农民人均纯收入达到 1386 元，增长 27.6%。全区人口

自然增长率控制在7‰以内。

完成今年经济和社会发展的各项任务，必须统筹安排，实施重点突破。具体工作思路是：起步实施“三三”战略，认真搞好三大开发，实现六个新的突破，切实强化七项措施，着力办好八件实事。

（一）起步实施“三三”战略

为充分发挥我区大油田、大海面、大荒原的资源优势和市场优势，从今年起，我们将本着注重效益、突出重点的原则，积极加快产业结构的战略性调整，逐步构筑我区合理的劳动力配置框架，经过三至五年的努力，使全区农村有三分之一的劳动力依托城区和油田走靠发展第三产业致富的路子，三分之一的劳动力依托广阔的土地资源走靠发展高产优质高效农业规模经营致富的路子，三分之一的劳动力依托海洋和滩涂走靠海吃海发展海洋捕捞业致富的路子。

（二）认真搞好三大开发

在稳粮增棉的基础上，立足发展“双高一优”农业，加快农业产业结构调整步伐，以专业村和专业基地建设为龙头，坚持规模经营的原则，认真搞好渔业、林果和畜牧业三大开发。

1. 搞好渔业开发。坚持以养为主、养捕结合、效益为主的原则，以浅海滩涂贝类养殖为龙头，以渔港渔村建设和淡水养殖开发为两翼，全面实施“海上河口”发展战略，在贝类资源下降的情况下，稳定产量，积极发展经济效益高的养捕产品，增加渔民收入。一是积极推广文蛤暂养和贝、鱼、虾混养的成功经验，大力发展贝、鱼、虾养殖。同时，制定政策，建立队伍，重点搞好20万亩文蛤、青蛤资源分布较为集中的浅海滩涂的护养。二是积极筹措资金，组织引导渔业向深海、远海进军，走“大渔业”的路子。同时，搞好新户渔港二期工程建设和黄河渔业的论证立项，为渔民生产生活提供全方位的服务，以此带动海水捕捞业的发展。三是充分利用现有水源，大力发展淡水养殖，今年新开发淡水养殖2000亩，并且在品种开发、科学养殖上有新的突破。

2. 搞好林果开发。在认真组织好今年的春秋造林会战，确保实现“八五”绿化达标的基础上，充分利用土地资源，因地制宜，适时适树，稳定苹果面积，狠抓枣粮间作，强化科技、储运、销售服务体系建设，突出搞好义和镇2万亩林果开发，全面完成“1357”绿色工程，大力开展“全区一张图，一个村一个一”活动，促进林果业的更快发展。1995年，完成成片造林2万亩，其中经济林5000亩；枣粮间作1万亩；椿粮间作达到1万亩；封育柽柳100万亩；建成河口林场（暂定名）。

3. 搞好畜牧开发。坚持草原畜牧与农区畜牧并举，养殖加工相结合，点上突破，整体推进的原则，切实搞好农作物秸秆青贮氨化和草场资源的综合利用，通过开发封育草场、改良品种、科学饲养，加快建设肉牛、肉鸡、肉鹅、肉羊等畜牧生产基地。今年要重点完成封育草场2万亩，增加草场载畜量1.8万头，规划实施万头牛、两万只羊乡镇建设。同时，要搞好屠宰、加工、冷藏等设施建设，培植畜牧增值龙头企业，实施“一乡、一村、一龙头”战略，逐步实现养加销一条龙。1995年发展畜牧专业村16个，专业户1100户，大牲畜年末存栏1.9万头，羊存栏8.7万只，生猪存栏2.3万头；实现肉类总产2800吨，蛋类总产2213吨。鼓励和扶持一批畜产品加工企业，促进畜牧产品的加工销售，努力实现畜牧业的良性循环。

（三）实现六个突破

1. 实现区属企业的新突破。为尽快扭转我区工业总量少、规模小、效益低、后劲不足、市场竞争力差的状况，今年将以推行产权制度改革为动力，进一步解放思想，甩掉包袱，以发展骨干企业和培育主导产业群为重点，实施“治弱强身”战略，增上新项目，改造老企业，努力实现区属企业的快速、高度发展。一是全面推行产权制度改革。区属企业在改制过程中，要根据企业运营的实际需要，尊重广大股东的意愿，建立科学的企业运行机制。对区内国有和集体的小型微利、亏损企业要大胆地实行租赁、拍卖、兼并，对资不抵债，改造无望的企业，要下决心依法破产，实现好的推，差的改，糟的甩，优化存量，增强企业活力和竞争力。二是改造存量，优化增量。挑选一批技术高、市场好、见效快的技改项目，集中资金，精心组织，力争在技改上迈出新的一年，特别要注意引进外资搞好老企业的嫁接改造。同时，要瞄准主导产业方向，围绕发展石油化工、盐化工、农副产品加强等重点产业，积极增上项目。1995年新上投资1000万元以上的项目2个；投资2000万元，实施技改项目10个，新产品开发项目10个，尽快形成我区主导产业的框架。三是深入开展“双增双节”活动，严格管理，内涵挖潜，提高企业效益。

2. 实现乡镇企业的新突破。继续坚持围绕油田、围绕资源、围绕市场的方针上项目，着重在“扩大规模、提高档次、强化管理、加快发展”上求突破，按照“改革启动、高技术驱动、外向型带动、骨干企业拉动”的工作思路，再宣传，再发动，再造优势，实现高起点、高速度、高效益，促使乡镇企业再上一个新台阶。一是把推行现代企业制度作为培植乡镇企业新生长点的方向性、战略性措施，按照产权明晰化、责任具体化的要求，采取思想教育、政策激励、行政推动三管齐下的方法，强化引导，精心组织，今年对乡镇企业全部完成股份合作制改造，进一步增强和启引企业内部活力。二是围绕“一乡一业、一村一品”的发展思路，以乡镇为单位，因地制宜，发挥各自优势，乡（镇）办、村办、户办、联办四轮子一齐转，全面实施“培植和开发乡镇主导产业群”发展战略，力争三五年内，使每个乡镇都有自己的龙头企业，形成各自的主导产业群，并朝着集团化、系列化、专业化的方向发展，以此带动全盘经济的发展。三是围绕市场、围绕油田，集中资金，重点支持新上一批科技含量高、产品销路好、经济效益好的企业项目。今年全区新上项目45个，每乡镇在年内都要新上两个投资100万元以上，两个投资50万元以上的项目。四是抓好结构调整，加快技术改造步伐，强化企业内部管理，提高乡镇企业的技术水平、装备水平和管理水平。五是加快乡镇企业园区的规划建设。今年每个乡镇都要在乡镇驻地结合小城镇规划，划出一块乡镇企业小区。年内首先要解决园区的土地问题。其次是创造基本的生产条件，如路、电、水等问题。再次是制定出吸引入园区的优惠政策，鼓励本乡镇范围内的各种经济成分的乡镇企业进园区建设。

3. 实现第三产业的新突破。继续放宽放活政策，坚持国有、集体、个体、私营、外资一起上，坚持城市、乡村一齐上，加速形成布局合理、行业配套、城镇联网、功能齐全的第三产业体系。一是实施市场多元化战略，全方位、多层次开拓市场。加快商业网点建设，重点建设一批规模大、档次高、辐射能力强的大型商业和服务设施，今年要建成供销大厦，并争取建设孤岛商业大厦。加强市场管理，严厉打击菜霸、肉霸等市场垄断行为，努力创造公平竞争，以优质服务、物美价廉赢得顾客的市场新风。同时，积极发展技术、信息、劳动力、人才交流等要素市场，大力发展会计、审计和资产评估等中介服务机构，加快发展和完善市场体系。二是各流通企业要积极推行企业改革或租赁经营，强化现有商品流通设施的管理，采取现代化的科学管理手段和方法，压库促销，扭亏增盈，提高效益，增强商品流通业的生机和活力。三是认真贯彻落实区政府制定的《关于鼓励发展个体私营经济的决定》，加强服务，强化管理，大力发展个体私营经济，使之尽快成为我区国民经济的重要方面军。

4. 实现外向型经济的新突破。进一步解放思想，增强机遇意识，强化政策措施，优化“软硬”环境，努力在开发区建设、利用外资、出口创汇上实现新的突破，推动对外开放向纵深发展。一是坚持统一规划、合理布局、讲求实效的原则，立足高起点、高标准、高效益的发展方向，加快经济技术开发区建设。1995年，进一步完善配套开发区内水电路讯等基础设施，确保海港宾馆的竣工投产，并在其中安排2-3个项目。二是在加快现有“三资”企业管理上水平的同时，抓好新的“三资”项目的引进和落实工作，力争1995年新上外资项目3-5个，扩大“三资”企业发展规模。三是充分发挥我区的资源优势、市场优势和区位优势，积极开拓国际市场，加强创汇基地建设，增强产品创汇能力，努力增加出口创汇。今年要突出抓好黄河口家具实业有限公司开发生产的咖啡桌出口项目，力争完成出口创汇200万美元，创利税60万美元。

5. 实现村镇规划建设的新突破。按照重点发展仙河、孤岛、河口、义和、新户“四星捧月”式小城镇建设框架，科学规划，积极引导，不断扩大城镇规模，完善城市功能，促进农村剩余劳动力的转移和乡镇企业的集中发展，努力提高我区城市化水平。一是从各乡镇自然条件、人文环境的实际出发，对全区179个行政村进行统一规划，逐步将偏、贫、小的村落向较为富庶发达的村镇集中。二是鼓励具备一定条件的农民进城经商办企业，并在户口、执照、建房等方面提供一系列优惠政策，吸收技术、资金、人才，加快小城镇建设步伐。三是引导和鼓励乡镇企业向城镇集中，同时对于规划建设的小城镇要加快其市场建设和基础设施步伐，不断完善城市功能，优化城市经济建设的硬环境。

6. 实现社会事业发展的新突破。积极开展“三为主”合格镇、村活动，扎扎实实办好人口理论学校，继续实行每月一次调度会制度，切实抓好重点管理村庄，努力使计划生育工作跨入全市先进行列。1995年，全区计划生育率达到95%以上，晚婚晚育率达到90%以上，统计合格率达到100%，人口自然增长率控制在7‰以内。突出抓好区长环境目标责任制的落实，实行城乡环境综合整治，加强对自然资源的保护，使我区的环境保护工作再上新台阶。认真执行《土地管理法》，坚持土地资源管理与资产管理并重的原则，不断深化土地使用制度改革，培育和完善地产市场，切实保护和利用好土地资源。大力发展社会保险事业，建立完善社会保障体系。认真贯彻“预防为主”的方针，加强基层卫生室建设，并继续抓好省级卫生城区创建成果的巩固工作，不断提高人民群众的健康水平。进一步重视文化、体育、广播电视、新闻出版、公路管理等各项社会事业，通过扎实有效的工作，在新的一年里再创新业绩，再上新水平。

（四）切实强化七项措施

1. 进一步解放思想，加大改革力度。改革是解决经济发展中深层次矛盾和问题的根本途径，全区各级政府必须进一步解放思想，坚定不移地深化改革。一是进一步加强对全区干部群众的思想教育，用邓小平同志建设有中国特色社会主义理论和社会主义市场经济理论来武装头脑，为全区改革开放的不断深入创造良好的思想和舆论环境。二是在进一步稳定完善以家庭联产承包责任制为主，统分结合的双层经营体制的同时，加大农村改革力度。按照“明确所有权，稳定承包权，搞活使用权”的要求，鼓励能人大户承包，实行土地规模经营，并逐步把股份制引入农业开发、“双高一优”农业等生产环节，为实现农村产业布局区域化创造条件。三是全面推行国有及集体企业的产权制度改革和乡镇企业股份合作制。深化流通企业产权制度改革，力争今年在企业产权制度改革方面迈出实质性步伐，以增强企业活力，壮大经济实力。四是切实抓好社会保障体系、住房制度、医疗制度、计划、教育、金融等方面的配套改革，为经济的持续快速发展注入生机和活力。

2. 实施科教兴区战略，大力推进科技进步。继续贯彻实施科教兴区战略，不断提高劳动者素质，增强科技、教育对经济和社会发展的驱动力。今年我们将继续强化各级政府对科技工作的领导，做到一把手抓第一生产力，增强社会科技首位意识，确保科技投入的增长，实施科技项目带动战略，增加全区经济和社会领域的科技含量，用科技武装全体劳动者，用科技推动经济和社会的全面进步。按照实际、实用、实效的原则，实行科技兴农、科技兴工、科技兴商、科技兴海、科技兴社会，全方位实施科技兴业。抓好科技进步先进区创建成果的巩固提高，重点搞好8个省级科技项目、5个市级科技项目和20个区级科技项目的推广、研究工作，推动全区由资源开发型向科技牵动型转移。努力抓好学前教育和基础教育，大力发展职业技术教育和成人教育，加大教育投资力度，确保教育投入达到和超过当年财政支出的18%以上。全区动员，全面实施初级中等义务教育，并力争按期通过省、市验收。建设区直第二幼儿园，筹建区和乡镇成教中心，积极争创省、市级规范化学校。关心教师的工作和生活，努力在全区形成尊重知识、重视教育的良好风尚。制定优惠政策，认真做好人才和技术的引进工作。

3. 完善投入机制，加大投资力度。资金投入是经济和社会事业发展的基础。没有投入，就没有产出；没有大投入，就没有大发展；没有跳跃式的投入，就没有超常规的发展。今年全区计划完成各类投资1.4亿元，比去年增长40%，其中生产性投入1.1亿元，比去年增长42.5%。要建立灵活的投资机制，制定可行的投资政策，扩大投资渠道，进一步促进全区经济和社会事业的发展。一是增加农业投入。今年我们将把增加农业投入作为政府支持、保护和服务农业的关键措施来抓，围绕“双高一优”农业的中低产田改造，提高基本建设、财政预算内资金和信贷资金中用于农业的比重，加大农业投入力度，同时，要健全农业积累机制，完善投入回收机制，多渠道、多形式增加对农业的投入。二是增加工业和乡镇企业的投入，围绕企业的技术改造和新上项目，加大区属工业和乡镇企业的投入。同时，在去年建立工业发展基金的基础上，今年建立乡镇企业发展基金，解决乡镇企业资金不足的问题。三是积极增加科技、教育、基础设施和商业服务设施建设等方面的投资，推动全区经济和社会事业的快速发展。

4. 实行目标责任制管理，推动各项工作的顺利完成。目标是行动的向导，责任为每一个人提供动力。推行目标责任制，既可以使每一名领导同志找准本部门在全区总体工作格局的位置，明确自己所肩负的责任，又可以在工作中统筹全局，抓住重点环节，从总体上把握工作进程，便于政府安排工作的顺利完成。今年我们将重点抓好计划生育、“双高一优”农业、造林绿化、乡镇企业的投资、实施初级中等义务教育、科技发展、环境保护等工作目标责任制的制定和落实，对能够量化的目标任务，全区各级、各部门都要分解到人，责任到人，一级抓一级，一级对一级负责，一件件地排好队，一项项地抓落实。继续实行区级领导包重点项目、重点工程和包乡镇制度，建立科级干部联系点制度。同时，要抓好目标责任制的监督、检查和奖评，以此推动全区经济和社会事业更快更好地发展。

5. 继续瞄准“百万千”工作目标，认真实施“百万千”富民工程。实施“百万千”富民工程是振兴农村经济和各项社会事业、确保我区实现小康目标的关键措施。今年要继续瞄准“百万千”工程目标，围绕培育主导产业，加强专业村和专业基地建设，实施“一乡一业、一村一品”战略，确保年内发展35个专业村，建成一批专业生产基地。区政府将抽调部分区乡机关干部组成富民工作队，同时，实行区直部门包村、科级干部联系村的工作制度，帮助农村强班子，选路子，促发展，以确保“百万千”富民工程的顺利实施。

6. 全面实施抓大户战略，推动全区经济攀登新台阶。狠抓大户、培育“龙头”、形成示范带动效应，是推动整体工作上水平、上台阶的基本工作方法。今年我们要瞄准更远大的目标，做艰苦细致的工作，围绕一、二、三产业的发展，选准大户，努力培育出一批真正具有典型推动作用的“龙头”大户。一是区政府根据各乡镇实际，下达年内抓出大户的数量，使各级明确任务；二是制定不同产业大户的标准；三是制定出鼓励扶持大户发展的优惠政策。今年要突出抓好粮食大户、畜牧养殖大户、蔬菜大户、经济林大户、渔业大户、庭院经济大户、乡镇企业大户、个体私营经济大户等，使它们在经济发展的过程中真正起到“龙头”的作用，带动全区经济的快速发展。

7. 坚持两手抓两手硬，努力创造稳定的政治社会环境。维护社会稳定是全社会的一件大事，是确保改革成功、经济和社会事业发展的关键措施和重要保证。我们必须坚持两手抓，切实抓好社会治安综合治理和精神文明建设，维护社会稳定。一是继续保持严打声威，严厉打击各种刑事犯罪活动，真正为人民创造一个良好的生活工作环境。二是坚持社会治安综合治理一票否决制，突出抓好油区社会治安综合治理整顿，地方油田密切配合，努力做好油区工作，深入开展工农共建活动，稳定油区秩序，保障全区改革开放和经济建设的顺利进行。三是加强普法教育和学习，提高广大群众的法制意识和观念，加强以爱国主义、集体主义、社会主义和爱河口、爱集体、爱油田为主要内容的社会主义思想教育，加强精神文明建设，培养高尚的道德情操，激发人们一心一意致力于经济建设的积极性。

（五）着力办好八件实事。

1. 搞好蓄水工程建设，建成西华、太二、民生、羊栏河4座中小型水库，增加蓄水800万立方米。2. 建设投产区木器加工厂。3. 完成五路开发河口段样板工程建设。4. 建成河口林场。5. 建成区属第二示范幼儿园。6. 供销大厦投产运营。7. 建设机关干部职工住宅3000平方米。8、全面实施初级中等义务教育。

三、转变政府职能，加强自身建设，更好地担负起历史和人民赋予的光荣使命

改革越深入，开放越扩大，社会主义市场经济越发展，就越是要加强政府自身建设，密切政府与群众的联系，提倡艰苦奋斗，全心全意为人民服务的奉献精神。全区各级政府机关要明确河口在黄河三角洲开发跨世纪工程中所担负的历史重任，转变职能，改进作风，自觉做到“改革创新、廉洁勤奋、团结实干、

高效服务”，努力提高工作效率和工作水平。

（一）转变职能，改进作风，不断提高领导水平。随着社会主义市场经济体制的逐步建立，转变政府职能，改进工作作风，已成为当务之急。改革开放的新形势对政府工作提出了更新更高的要求，其中很重要的是在宏观上搞好指导、协调和服务。在思想观念上，要强化服务观念，把为基层、为群众提供服务作为重要职责，真心实意地帮助基层和群众排忧解难，解决实际问题。在指导工作上，进一步冲破妨碍生产力发展的旧传统、旧框框，勇于探索，勇于开拓，努力实现思维方式、工作方法的更大转变。在管理决策上，要尽快从计划经济体制下的管理方式转变到统筹规划、制定政策、组织协调、监督检查等方面的宏观管理上来。工作协调上，积极理顺政法体制、油区管理关系，充分发挥政府职能，推动全区物质文明和净胜文明建设的全面发展。工作作风上，要务实求实，善于调查研究，及时准确把握本部门、本行业的新情况、新问题，了解群众的心愿和要求，提出解决问题的方法和措施，促进政府工作不断上水平、上台阶。各级各部门的领导同志每年要通过调查研究至少拿出一、二篇具有指导意义的调查报告供区政府决策参考。要多学习、少应酬；多做调查研究，少些主观主义；多干实事，少说空话，真正为群众负责，为事业负责。要善于做好“结合”的文章，把党的方针政策同本地、本部门的工作实际结合起来，创造性地开展工作，保证各项工作积极、稳妥、扎实地向前推进。

（二）明确目标责任，加强队伍建设，确保各项工作的完成。今年全区经济发展和社会事业的任务已经明确，各级各部门的负责同志必须明确责任，分清职责，既要统揽全局，又要抓住重点，既要从总体上把握工作进程，提高驾驭全局的能力，又要善于抓好阶段性工作目标的落实，努力克服工作上的片面和顾此失彼的现象。加强队伍建设，培养造就一支政治上合格、作风上过硬、纪律上严明、工作上扎实的干部职工队伍，进一步增强责任感和使命感，发扬不达目的誓不罢休的精神，高标准、高质量地全面完成今年的工作任务。

（三）廉洁勤政，爱民敬业，努力当好人民的公仆。继续加强廉政监察，强化监督机关的职能，要把查处违法违纪案件、惩治腐败作为行政监察的重点。坚持从严治政，对于危害国家和人民利益的腐败分子，不论是什么人，坚决予以惩处，决不姑息迁就。各级政府机关干部，特别是领导干部，要强化公仆意识，坚持一切以人民的利益为重，恪尽职守，爱民敬业，廉洁自律，自觉抵制腐朽思想的侵蚀，以实际行动，做廉洁勤政的模范。强化监督检查手段，完善监督制约机制，落实领导干部廉政建设责任制。坚持一级抓一级，一级带一级，一抓到底，抓出成效。重视和认真处理人民来信来访，把政府工作始终置于人民群众的监督之下。

（四）严明纪律，令行禁止，确保政府工作高效有序运转。进一步增强全局观念，严明纪律，保证政令畅通，令行禁止。严格按政府工作制度和工作程序办事，加强督查工作。认真坚持奖优罚劣的原则，严明纪律，奖惩分明，建立政府机关工作人员激励机制和约束机制，充分调动机关广大工作人员的积极性。

（五）树立人民公仆意识，努力解决人民群众关心的热点难点问题。人民政府就要真心实意地为人民着想，区、乡（镇）两级政府和政府各部门，都要通过认真调查研究，加强同人民群众的联系，多渠道、多形式同基层群众接触，倾听人民群众的呼声，了解人民群众需要我们解决问题的心愿，下功夫将群众关心的热点难点问题解决好。区、乡（镇）政府今年都要在调查的基础上，为人民群众办几件实在事，政府各部门也要结合业务实际，为群众办几件实事。今后我们将把为人民办实事形成制度，年年如此下去，人民将真心拥护支持我们，我们的事业将无往而不胜。

各位代表，今年是全面完成“八五”计划的决定性一年。现在，大政方针、目标任务都已经明确，关键是要狠抓落实，真抓实干。我们要认清形势，抓住机遇，勇敢地肩负起历史的重任，满怀信心地去实现振兴河口的宏伟目标。让我们在区委的领导下，解放思想，实事求是，振奋精神，开拓进取，为圆满完成今年的各项任务，推动全区经济和社会事业快速、健康发展而努力奋斗！

关于《东营市河口区国民经济和社会发展第九个五年计划及2010年远景目标纲要（草案）》的报告

——1996年3月11日东营市河口区第十三届人民代表大会第四次会议上

东营市河口区人民政府区长 王少飞

各位代表：

现在，我代表河口区人民政府向大会作关于《东营市河口区国民经济和社会发展第九个五年计划及2010年远景目标纲要（草案）》的报告，请连同《纲要（草案）》一并审议，并请各位政协委员和其他列席人员提出意见。

一、团结奋斗，求实开拓，我区胜利完成“八五”各项任务

“八五”时期，在市委、市政府和区委的正确领导下，区政府团结带领全区人民，以邓小平建设有中国特色社会主义理论和党的基本路线为指导，认真执行区人大及其常委会的各项决议，积极采纳区政协参政议政的意见，坚持深化改革，扩大开放，集中精力发展经济，大力推进各项社会事业，圆满完成了“八五”计划确定的主要任务，胜利实现了由打基础阶段向全面振兴阶段的战略转移。

国民经济持续快速发展，综合实力显著增强。1995年全区国内生产总值达到2.75亿元，按可比价格计算，比1990年增长1.7倍，其中地方2.57亿元，增长1.6倍；工农业总产值3.43亿元，比1990年增长2.2倍，其中地方2.86亿元，增长2.4倍；第三产业增加值1亿元，比1990年增长1.8倍。狠抓农业综合开发，突出“双高一优”农业，农林牧渔全面发展。1995年全区农业总产值达到1.86亿元，比1990年增长1.4倍；“八五”期间累计开发荒碱地14.4万亩，改造中低产田3万亩。乡镇企业迈出可喜步伐，1995年总产值达到4.35亿元，比1990年增长5.2倍。深化改革，强化管理，工业生产稳步发展。1995年全区工业总产值达到1.57亿元，比1990年增长3.8倍，其中地方1.16亿元，比1990年增长3.9倍。境内石油工业实现稳产高产，1995年原油产量达到1400万吨，天然气工业产量5亿立方米。重视市场建设，活跃商品流通，第三产业迅猛发展。1995年全区社会消费品零售总额达到4.31亿元，比1990年增长3.5倍。财政收入稳步增长，1995年全区财政收入达到5350.3万元，同口径比1990年增长66.8%。金融事业迅速发展，1995年各项存款余额达到13.44亿元。各项贷款余额达到2.93亿元；保险业务收入达到3132万元。积极引导和保护个体私营经济的发展，个体私营经济展现出强大的生命力，1995年个体工商户发展到3634户，私营企业58家，从业人员6725人。

社会事业蓬勃发展，两个文明建设成效显著。实施“科技兴区”战略，科技对经济和社会发展的驱动力逐渐增强，“八五”期间，累计投入科技开发经费1688万元，组织实施科技计划项目71项，取得科技成果46项，科技进步对经济增长的贡献率逐步提高。1994年在全市第一个荣创“全国科技进步先进区”。贯彻教育优先发展战略，教育事业进一步发展，城乡办学条件大为改善，基础教育得到加强，教育教学质量和办学条件有了新的提高。“八五”期间，全区用于教育事业的总投入达到2083万元，1995年全区普通中小学在校生11102人，适龄儿童入学率达到100%。计划生育工作成绩显著。1995年全区计划生育率达到99.2%，人口自然增长率控制在5.9‰以内。卫生事业健康发展，保健网络日益健全，医疗条件得到改善，爱国卫生运动成效显著。1994年建成省级卫生区。1992年河口电视台开播，1994年全省第一个实现村村通无线广播。社会保障体系日趋健全，农村社会养老保险在全市荣获“四连冠”。土地和环境保护工作不断加强。文化体育、地名史志、民族宗教、扶贫救灾、侨务旅游、人民武装、拥军优属、国防教育及民兵预备役建设等各项事业都取得新的成绩。加强民主法制建设，实施依法治区，各级政府依法行

政水平有了新的提高。加强廉政建设，促进了反腐败斗争和纠风工作的顺利开展。坚持两手抓，两手都要硬，强化社会治安综合治理，深入开展严打整治斗争，严厉打击各类违法犯罪活动，保持了油区秩序和社会大局的稳定。积极开展工农兵共建活动，进一步密切了工农关系和军政军民关系。深入进行爱国主义、集体主义和社会主义思想教育，广泛开展学习先进、学习英模人物活动，精神文明建设对改革和发展的保证作用日益增强。

基础设施建设日臻完善，适应经济和社会发展的能力不断增强。坚持加大投入，加快建设，全区重要基础设施的框架基本形成。突出水利建设，共新建、扩建大中型水库5座，新增蓄水能力1250万立方米，引水能力达到20立方米/秒，一次性蓄水能力达到3000万立方米。加强电力建设，电力网络逐步配套，1991年实现村村通电。加快公路建设，1995年全区公路通车里程达到1023.8公里，公路密度达到43公里/百平方公里，1994年成为全省第6个村村通公路的县区。邮电通信事业蓬勃发展，1992年实现电话自动化，六合乡实现村村通电话，1995年实现国际国内电话直拨，全区程控交换机容量达到10000门。流通设施建设跨入全市先进行列，共新建扩建大型商业网点9处，新增营业面积30000平方米，改造和新建集贸市场5处。加强城区规划、建设和管理，城区面貌有了新的改观，小城镇建设取得了突破性进展。“八五”期间，包括基础设施建设在内，地方全社会固定资产投资累计达3.6亿元。

改革开放力度不断加大，经济联合领域逐步拓宽。农村改革，在完善家庭联产承包责任制和双层经营机制的同时，鼓励能人大户承包，实施土地规模经营，探索土地有偿使用和依法转让办法，逐步推行乡镇企业股份合作制，加强农村社会化服务体系建设，积极推进农业产业化进程。以产权制度改革为重点，积极探索建立现代企业制度，全区共完成改制企业87家，其中区属企业14家，乡镇企业73家；深化企业三项制度改革，全面落实企业经营自主权，进一步促进企业转换经营机制。以分税制为主要特征的新的财税体制顺利建立并正常运行。金融体制改革进展顺利，政策性金融与商业性金融业务基本分离，银行职能开始转变。全面推行住房制度改革。机构、计划、投资、社会保障制度等各项改革都取得新的成绩。狠抓内联外引，扩大对外开放，外向型经济迈出大步伐。“八五”期间，全区累计批准利用外资项目6个，合同利用外资289万美元，实际利用外资51.4万美元，“三资”企业发展到6家；同8个国家和地区的外商建立了经济业务联系，实质性合作有了新的突破。河口工业园区正在加紧配套建设之中。

城乡居民收入不断增加，实际生活水平明显提高。1995年农民人均纯收入达到1503元，比1990年增加1065元，地方职工平均工资4590元，比1990年增加2892元。城乡居民储蓄存款余额达到10.91亿元。城乡住房条件有了较大改善，消费结构发生深刻变化，精神生活更加丰富，人民生活水平显著提高。

各位代表，“八五”期间我区经济建设和社会事业所取得的一切成就，是在市委、市政府和区委的正确领导下，全区人民辛勤劳动、共同奋斗的结果，是油地结合、工农兵共建的结果。区人大、区政协、油田驻河口各单位、济军生产基地以及社会各界对政府工作给予了大力支持。在此，我代表区人民政府，向所有关心、支持和帮助政府工作的社会各界和全区人民表示衷心的感谢和崇高的敬意！

回顾“八五”历程，我们的主要工作经验是：始终坚持党的基本路线，紧紧扭住经济建设这个中心，集中精力发展社会生产力；坚持理论联系实际，善于做结合的文章，实施科学决策，增强工作的预见性、主动性和创造性；坚持“两个满意，一个放心”的工作目标，油地结合，工农兵共建，共同促进区域经济发展；弘扬求实务实抓落实的工作作风，注重狠抓关键时期和关键环节，着力解决热点难点问题，以此推动整体工作的全面开展；坚持两手抓，两手都要硬，加强民主法制建设，强化社会治安综合治理，维护社会稳定。这些基本经验，是全区人民实践经验的总结，是全区人民集体智慧的结晶，是宝贵的精神财富，必须在今后的工作中继续坚持，并在实践中断丰富，发展和完善，以指导我们的事业继续走向胜利。

各位代表！在充分肯定“八五”成就的同时，我们还要清醒地看到前进中的困难和问题。主要是农业基础脆弱，抗灾能力不强；地方工业总量少，规模小，缺乏支柱产业和拳头产品；部分企业管理不善，结构调整缓慢，生产经营比较困难，经济效益不高；建设资金紧张，管理、技术人才匮乏，劳动者素质亟待提高；社会治安中还存在一些薄弱环节，形势不容乐观。从政府工作来看，主要是思想、工作、作风还不能很好地适应发展市场经济的新形势，有些部门“中心”意识不强，服务观念淡薄，工作效率不高；廉政建设和反腐败斗争任务还很艰巨。这些问题必须引起我们的高度重视，并在今后的工作中，采取切实有效的措施，认真加以解决。

二、认清形势，明确任务，牢牢把握“九五”计划和到2010年经济发展的目标和重点

各位代表，今后15年是承前启后、继往开来的重要时期，是我国建立社会主义市场经济体制，全面实现第二步战略目标、并向第三步战略目标迈出重大步伐的关键时期，也是我区全力实施全面发展和振兴的第一步发展战略，进行“第二次创业”至关重要的时期。我们必须以高度的历史责任感和时代紧迫感，抢抓机遇，奋发图强，努力开创跨世纪的新局面。为此，我区《纲要（草案）》初步确定，“九五”和到2010年经济工作的指导思想和奋斗目标是：以邓小平同志建设有中国特色社会主义理论和党的十四届五中全会精神为指针，解放思想，总结经验，抓住机遇，以经济建设为中心，深化改革，扩大开放，促进区域经济持续、快速、健康发展，确保本世纪末人均国内生产总值实现第三个翻番，人民生活达到小康水平。在此基础上，再经过10年的努力奋斗，到2010年，培植起现代化的产业结构体系，形成现代化、集约型、外向型经济区，把河口区建设成为综合功能型的工业港口城市。

主要计划指标初步确定为：

国内生产总值，按1995年价格计算，“九五”期间年均增长19.2%，2000年达到6.63亿元，其中地方达到6.4亿元，年均增长20%；到2010年达到33.76亿元，年均增长17.7%，其中地方达到33.5亿元，年均增长18%。“九五”期间，工农业总产值年均增长19.7%，2000年达到8.43亿元，其中地方达到7.75亿元，年均增长22.1%。三次产业结构比例“九五”末调整为28:38:34。社会消费品零售总额年均增长13.2%，2000年达到8亿元。地方财政收入年均增长14.4%，2000年达到1.05亿元。“九五”期间地方全社会固定资产投资总额6.8亿元。农民人均纯收入达到4000元。“九五”期间年均人口自然增长率为7‰，2001-2010年控制在6‰。

“九五”期间全区经济发展的重点是：

（一）优化经济布局，实现资源的合理配置。坚持发挥地域优势、突出发展重点，规划建设两大经济区、三大经济带，实现资源和生产要素的最佳配置。东部工业型综合经济区，油气，卤水、草场资源丰富，大力发展以石油化工为主的石油替代产业，积极发展盐业及盐化工业、建筑建材业，适当发展畜牧、种植业。西部农业型综合经济区，主要发展“双高一优”农业，建设粮食、蔬菜、林果、农区畜牧业生产基地，大力发展乡镇农副产品加工业。东港路经济带，主要是加快油气田勘探开发，依托东营港建设大型石化项目，发展粮食、棉花、畜牧业和水产业，搞好工业园区建设。沿海经济带，主要是加快渔港建设，发展海水养殖和原盐生产。桩埕路经济带，主要是依托草场资源，大力发展畜牧养殖业，积极建设畜牧生产基地和大型畜牧场。通过加快建设“两大经济区”和“三大经济带”，努力培植我区经济发展的支柱产业，尽快形成经济发展的骨干和框架，促进全区经济的更快发展。

（二）强化农业基础，实现农村经济的全面振兴。农业是关系经济发展、政治安定和社会稳定的基础产业。要切实把农业放在经济工作的首位，实施农业产业化战略，大力发展“双高一优”农业，促进农业增长方式从粗放型向集约型的转变。一是加强农田基本建设，改善农业生产条件。重点抓好蓄水工程建设、中低产田改造、路域综合开发和宜农荒地开垦。“九五”期间计划新开发荒碱地11万亩，改造中低产田7万亩，到2000年全区总蓄水量达到7500万立方米，高产稳产田10万亩，粮食总产量达到63100吨，棉花总产量达到3250吨。二是发挥优势，加快生产基地建设。依托林果、畜牧、渔业初具规模的优势，发展区域化、集约化、专业化生产，提高农业生产的水平和档次。优化品种结构，推广林粮间作，扩大种植面积，大力发展“创汇型”果品生产，同时积极营造防护林，搞好柽柳等自然植被的封育。到2000年全区林果面积达到5.5万亩，果品总量达到20000吨，林木覆盖率达到16%。坚持草原畜牧与农区畜牧

并举，大力发展以牛、羊、鹅、兔等为主的畜牧养殖业，搞好良种繁育，建设畜牧生产基地。到2000年肉蛋总量分别达到10000吨和3000吨。全面实施“海上河口”战略，加快渔港渔村建设，巩固提高捕捞业，大力发展养殖业。到2000年水产品总量达到20000吨。同时继续加强粮棉生产基地和蔬菜生产基地建设，实现单产，保证总产，实现增产、增效相统一。三是加强“龙”头企业建设。积极推进农业产业化进程。龙头企业是农业产业化的“火车头”。要实行倾斜政策，依托优势产业，围绕林果、畜牧、水产，蔬菜，粮棉等，切实搞好农副产品加工，建设一批农副产品加工龙头企业，形成市场牵龙头、龙头带基地，基地连农户的“龙型”经济体系。四是继续把乡镇企业作为整个农村经济的重点，坚持增加总量，扩张规模，提高效益，推动乡镇企业上规模、上档次、上水平，促进农村经济的全面振兴。力争到2000年，乡镇企业总产值达到8亿元，比1995年增长83.8%。

(三)实施“工业强区”战略，加快工业发展步伐。工业是推动区域经济快速发展的主导力量。针对我区工业现状，“九五”期间要坚定不移地实施“工业强区”战略，奏响“二次创业”的主旋律，努力壮大工业整体实力，推进我区的工业化进程。按照实现“两个转变”的要求，坚持内涵外延并举，速度效益并重，加大投入，优化结构，大力发展石油化工、盐化工、建筑建材、机电、木器制造、农副产品加工等重点产业，尽快形成牵动区域经济迅速发展的产业体系。一是依托优势，培植新的经济增长点。围绕资源、油田和市场，集中资金，集中精力，新上一批技术含量高、市场占有率高、前景广阔的骨干项目。抓住山东省在东营建设石油化工基地的机遇，努力扩大原油加工能力，加快建设河口石油化工厂，在确保一期工程常减压项目尽快投产的基础上，加快技术改造，争取二、三期工程早日投产。扩大原盐生产规模，加快发展盐化工业。提高技术装备水平和规划设计水平，加快建筑业发展，组建建安企业集团。扩大建材生产能力，努力开发各种预应力制品。依托黄河口家具实业有限公司，扩大生产规模，开发高档木器系列产品。依托河口畜牧资源丰富的优势，不断提高农副产品加工深度和产品档次。二是依靠技术进步，培植骨干企业。企业技术进步是转变经济增长方式的主要途径。坚持以高新技术为先导，以技术嫁接改造老企业为重点，以发展名优产品为主攻方向，围绕“九五”计划确定的主导产业和重点技改项目，高标准起步，集约化投入，促进产业、产品结构优化升级。三是加强企业管理，确保速度与效益同步增长。科学管理是实现“两个转变”的基本保证。通过加强管理，挖掘潜力，减少浪费，盘活资金，降低成本，提高效益。到2000年全区工业总产值力争达到5.8亿元。

(四)大力发展第三产业，进一步繁荣城乡经济。第三产业是国民经济发展水平的重要标志。要放在优先发展的位置。“九五”期间坚持多种成分一起上，软件硬件一起上，抓住重点，突出特色，形成布局合理，行业配套，城乡联网，功能齐全的现代化服务网络。完善现有服务设施，增强服务功能，认真组织建设各类农副产品专业市场，规划建设东营港商业网点。充分发挥国营商业的主渠道作用，积极发展多种形式的商贸饮食服务业，满足城乡人民生产、生活需要。加强交通、通信、电力业，鼓励发展金融保险和房地产业，积极发展技术、劳务、信息等生产要素市场，大力发展律师、公证、仲裁、会计、审计等服务业和社会中介组织，加快发展和完善市场体系。开发旅游资源，促进旅游业发展。放宽放活政策，大力发展个体私营经济。加强市场管理，打击不法经营，控制物价上涨，维护生产者和消费者权益，促进社会主义市场经济的发展。

(五)加强财源建设，拓宽筹资渠道，为经济发展提供财力支持。建设资金匮乏是制约我区经济发展的关键因素，必须千方百计加以解决。要顺应财税新体制的要求，全面加强地方财源建设。调整农业内部结构，积极建设一批农业特产税源基地，强化农业基础财源；优化地方工业和产品结构，扶持税小利大的行业和产品，壮大工业支柱财源；加快商业运输业发展，培育金融保险业、房地产业和旅游业，积极培植第三产业新财源；大力发展以外向型经济和个体私营经济为主的后续财源，积极开发股票、证券等替代财源。同时加强税收征管，堵塞跑冒滴漏，努力实现财政收入的持续增长，逐步提高财政资金对经济发展的支持能力。要拓宽融资渠道，扩大融资规模。筛选一批重点财源建设项目，争取上级支持，加快建设实施；积极推行建设项目法人责任制和建设项目股份制，发掘闲散资金潜力，扩大利用外资领域，鼓励外商参与基础性项目建设；引导和帮助企业开拓市场，盘活存量资产，加快资金周转，提高资金使用效益；不断增辟融资渠道，加快建立重点建设基金，为全区经济发展提供更好的资金支持。

（六）加强基础设施建设，不断增强经济发展的后劲。水利建设，坚持引蓄并重，灌排结合，切实做到旱能浇，涝能排，集中力量新建一批大中小型水库，搞好引排水工程的疏浚治理，确保到2000年引水能力达到1亿立方米，排水能力达到647.8立方米/秒。电力建设要进一步理顺供电管理关系，加快电力设施建设，逐步形成全区配套完善的电力管理体系。公路建设以提高综合运输能力和技术等级为目标，确保到2000年全区公路通车里程达到1250公里，公路密度达到53公里/百平方公里。加快邮电通信事业发展，增强综合通信能力，努力建设现代化通信网络，力争到2000年全区实现村村通电话，所有乡镇实现国际国内直拨。

城市是经济社会发展的重要载体。“九五”期间，城市建设要加速城镇组团发育，逐步形成以河口、新户、义和、仙河、孤岛为主体的“四星捧月”式小城镇建设格局，促进农村城市化和城乡一体化进程。市政公用设施建设重点放在排水工程、污水处理工程、供暖工程等方面，同时加快住宅建设和文化娱乐设施建设，加快园林绿化，增强城区卫生意识。充分发挥社会各方面的积极性，加快城区的配套建设。

各位代表，实现“九五”经济发展目标，确保各项重点任务的全面完成，必须借鉴“八五”经验，抢抓机遇，发挥优势，精心组织，强化措施，重点做好五个方面的工作。

一是坚持以经济建设为中心，集中精力加快经济发展。江泽民同志在党的十四届五中全会讲话中强调，搞现代化建设，中心任务是发展经济，必须以经济建设来统帅工作全局。我区是一个经济欠发达区，集中精力加快经济发展意义更加重大。各级政府是经济建设的直接组织者。要不断增强驾驭经济工作的能力，进一步深化改革，转变职能，精心组织，狠抓落实。进一步改善和加强对各项经济活动的组织与管理，一门心思搞建设，聚精会神抓经济，不管形式如何变化，都要牢牢扭住经济建设这个中心不放，坚持发展不动摇，坚持大干不动摇。全区上下、各级部门、各条战线、各个行业都必须以经济建设为中心，以加快经济发展为己任，各负其责，密切配合，步调一致，扎扎实实做好各项工作，推动全区经济更快发展。

二是加快实施“二次创业”，努力实现经济发展的新飞跃。区委、区政府提出的“二次创业”，是实现我区全面发展和振兴的伟大实践，对于实现“九五”和2010年的奋斗目标具有巨大的推动作用。实施“二次创业”，必须以自力更生、艰苦奋斗的创业精神来凝聚全区人民的思想，教育全区人民不断增强改革发展意识、拼抢赶超意识和市场经济意识，破除小成即满、畏首畏尾的思想，自强不息，知难而进，大干快上，奋勇争先。进行“二次创业”的根本目的，是膨胀经济总量，改善经济运行质量，增强经济综合实力。要加大资金投入，增上新的工业项目，加快河口石油化工厂等项目建设，壮大地方工业整体实力；以“双高一优”农业和乡镇企业为突破口，推动农业再上新台阶；以小城镇、港区建设为契机，搞活商品流通，推进第三产业进一步发展；同时加强机关思想纪律作风建设，实现机关工作高效快速运转，从而确保农业增产增收、企业增效增量、财政收入增加，群众生活水平提高，各项社会事业繁荣兴旺。

三是扎扎实实做好油地结合的文章，促进区域经济共同发展。我区是胜利油田建设的主战场。加强油地结合，实行工农共建是实现区域经济振兴和长期繁荣的必由之路，是我区经济发展的现实选择。油地之间要加强交流，统一思想，形成共识。搞好油地结合，实现共同发展，符合国家、油田和地方的利益。全区人民要充分认识搞好油地结合的重大意义，进一步树立互相依存，共兴共荣的思想，互相支持，互相促进，共同发展。要多层次、多领域、全方位的进行结合。油地双方要层层联合，形成网络，寻求更多的结合点，特别是要围绕油田生产、石油化工、盐化工等领域，围绕油田生产、生活物资供应等方面，搞好联合开发。要建立联谊制度，互通工作情况，交流发展经验，共商发展大计。总之，通过全面结合，工农共建，努力形成促进油田建设、加快地方发展、共建文明油区的“大合唱”，全力推动区域经济快速发展。

四是积极推进两个根本性转变，全面提高经济整体素质。实行两个根本性转变，是中央作出的重大决策，对于实现“九五”和到2010年的奋斗目标具有全局性的战略意义。我们必须坚持解放思想，实事求是的思想路线，以两个转变总揽经济工作全局，结合我区实际，积极推进经济增长方式的转变。坚持改造存量，内涵挖潜，改变粗放式经营，提高集约化水平；坚持加大投入，扩张规模，膨胀经济总量，大力改善经济运行质量。实现两个根本性转变，要在优化产业结构，推进科技进步，加强企业管理，发展规模经营等方面下功夫，提高生产要素的质量和使用效率，形成市场配置社会资源的经济运行机制，努力走出一条既有发展速度、又有较好经济效益的发展路子，促进全区经济运行质量和经济效益的全面提高。

五是进一步深化改革，扩大开放，为经济发展注入生机和活力。改革开放是强国富民之路。我们必须坚定不移地继续深化改革，扩大开放，进一步解放和发展社会生产力。农村改革，在稳定和完善家庭联产承包和统分结合双层经营机制的基础上，加强和完善农村社会化服务体系，不断壮大集体经济；建立健全土地流转制度，因地制宜地发展适度规模经营和集约经营，积极探索股份制农业开发的新路子；营造“龙”型经济体系，大力推进农业产业化进程。企业改革，以转换经营机制和建立现代企业制度为目标，坚持抓大放小多形式推进。在搞好试点的基础上，积极推行股份制或股份合作制；对部分国有小企业，要明晰产权，通过股份使用制、租赁、拍卖、兼并等多种形式进行改组改造，对长期亏损、扭亏无望的企业，要依法实施破产；对城镇集体企业，要区别不同情况，改组为合伙企业、股份制合作企业、有限责任公司；深化企业内部三项制度改革；加强国有资产管理，确保国有资产保值增值。深化流通体制改革，重点搞好供销社改革。深化和完善计划、金融、财税等宏观管理体制改革。积极推进失业、养老、住房、医疗、保险、科技等给各项配套改革，为逐步建立社会主义市场经济体制奠定坚实的基础。

要进一步扩大对外开放，全区上下都要增强开放意识，树立大经贸、大流通、大市场的观念；加大招商引资力度，优化外商投资结构，鼓励外资投向农业综合开发及基础产业；加强现有“三资”企业管理，积极发展境外企业，力争到“九五”末，“三资”企业发展到16家，累计利用外资达到500万美元；努力扩大对内开放，切实加强横向联合与协作，扩大实质性经贸合作；以加快河口工业园区和港口配套建设为突破口，努力推动对外开放向高层次发展。

三、统筹规划，全面安排，促进社会全面进步

坚定不移地实施“科教兴区”战略，推动经济建设与社会事业的持续协调发展，实现物质文明和精神文明的共同进步，是全区在“九五”及后十年国民经济和社会发展中所必须遵循的基本原则。对此，《纲要（草案）》已作出了全面安排，概括起来主要是：

（一）大力发展科技、教育等各项社会事业，促进全区经济的持续、快速发展。科技工作要高举科学技术是第一生产力的旗帜，不断深化科技体制改革，努力促进科技与经济的有机结合，推动全区经济的快速发展。围绕传统农业向高产优质高效农业的转变，加强农业科技攻关和技术开发，抓好动、植物优良品种的选育推广，尽快建立粮棉、林果、水产、畜禽、蔬菜良种基地。全区以实施“科技成果重点推广计划”和“丰收计划”为重点，大力推广普及农业适用新技术、加快科技成果向现实生产力的转移。继续加快实施“星火计划”，以建设星火密集区为依托，引导乡镇企业尽快走上依靠科技进步发展自己的路子，加速农村剩余劳动力的转移，推动农村工业化和小城镇建设。围绕石油及石油化工、盐及盐化工、铸造、建筑建材等产业，加快新产品、新工艺、新材料、新设备的研究开发，努力培育自己的主导产业和名牌产品，尽快培植起全区高新技术产业生长点，促进全区工企业的快速发展。要加快现有企业技术改造步伐，积极引进国内外先进、适用的技术、工艺、设备及科学的管理方式，不断提高技术装备水平，增强企业整体素质和竞争能力。围绕“海上河口”建设，加强海洋渔业和滩涂开发等技术研究，促进我区海洋水产业与盐及盐化工业的更快发展。要大力深化科技体制改革，鼓励科技人员多途径、多形式地与农村和企业结合，注重发挥民营科技队伍的作用，努力造就宏大的科技开发队伍。要不断加大对科技的投入，努力建设多元化投资机制，确保到2000年全社会科研开发经费占国内生产总值的比例达到1.5%以上，科技进步对经济增长的贡献率达到50%以上。继续把教育放在优先发展的位置，认真贯彻实施《教育法》和《中国教育改革和发展纲要》，深化教育体制改革，优化教育结

构，提高教育质量和办学效益。要切实强化基础教育，重点抓好学前教育，普及九年制义务教育。“九五”期间，全区普及学前一年教育，到2000 年，九年制义务教育普及率达到100%，全区的教育教学质量有大幅度的提高。要大力发展职业技术教育和成人教育。坚持内联外引，扩大联合办学，在保证区职业高中生源数量的前提下，提高教育质量和办学水平。要切实巩固扫盲成果，完善成人教育网络，建立多种形式的培训体系，提高职工群众的整体素质。要认真落实政策，建立财政投入为主，多渠道、多形式投入的教育投资机制，逐步增加对教育事业的投入。要切实加强教师队伍建设，不断提高教师素质，努力改善知识分子的工作条件和生活待遇，在全社会形成尊重知识、尊重人才的良好风尚。积极发展医疗卫生保健事业，加强基层卫生室建设，确保实现到本世纪末人人享有初级卫生保健的目标。大力开展爱国卫生运动，积极开展争创全国卫生城活动。认真解决农村合作医疗中存在的问题，完善职工医疗保险制度，提高人民的健康水平。要认真搞好基层政权建设，切实做好军转人员的安置工作，不断加强社会保障体系建设。加强文体、广播电视等基础设施建设，积极推行《全国健身计划纲要》，不断增强人民体质。要加强城市公用设施建设，努力增加城乡居民的日用品消费量，大力发展旅游业，到“九五”末，确保群众的生活质量接近中等发达国家水平，人民生活全面实现小康。

（二）认真实施三项基本国策，以认真负责的态度为子孙后代造福。坚持计划生育既要抓紧又要抓好的方针，重点抓好农村和城区流动人员的管理，严格控制人员增长，提高人员素质。“九五”期间，进一步强化基层基础工作、规范化管理和系列化服务，全面落实“三为主”方针，积极稳妥地推进“三结合”，认真组织“少生快富”工程，努力探索综合控制人口增长的新路子，确保年均人口自然增长率控制在6‰以内。认真贯彻执行《土地管理法》，依法加强土地管理，进一步深化土地使用制度改革，培育和完善地产市场，扩大土地有偿使用范围，切实保护并合理开发利用好土地资源。深入贯彻《环境保护法》，推行环境保护目标责任制，严格执行“三同时”政策，坚持“谁污染，谁治理”的原则，有计划、有步骤地进行城市、乡村的环境综合治理，保护生态资源，努力改善城乡环境质量，实现经济效益、社会效益和生态效益的统一。

（三）进一步加强社会主义民主和法制建设，促进全区经济建设和改革开放的顺利进行。社会主义民主和法制，是创造安定团结的社会政治环境的重要条件。各级政府要自觉接受人大及其常委会的监督，充分发挥人民政协的协商、监督和参政议政的职能作用，高度重视人大代表建议和政协委员提案的办理工作，认真处理人民来信来访工作，坚持政务公开，努力增加政务工作的透明度。加强政府法制建设，配套完善地方性法规，建立健全科学决策、决策执行、民主监督等程序和制度，提高依法行政水平。切实抓好“三五”普法教育，增强全民法制观念和依法办事的自觉性。加强基层政权建设，增强居委会和村委会的自治能力。坚持从严治警，重视加强公安、司法队伍建设，提高队伍素质。继续坚持油区治安重中之重的方针，严格落实社会治安综合治理领导责任制，深入开展严打和农村整治斗争，依法严厉打击严重刑事犯罪和经济犯罪活动，为全区经济的发展、油区秩序的稳定和人民群众的生活安定创造更加良好的环境。

（四）进一步加强社会主义精神文明建设，不断提高全区人民的思想道德水平。坚持社会主义物质文明和精神文明一起抓，是建设有中国特色的社会主义的基本方针，各级政府和部门，必须坚定不移的坚持两手抓，两手都要硬，坚持不懈地加强社会主义精神文明建设，努力为河口经济的发展创造安定和谐的政治社会环境。要广泛深入地开展爱国主义、集体主义、社会主义和热爱河口、热爱油田、热爱黄河三角洲教育，围绕全区“二次创业”战略的实施，积极组织文明创建，开展移风易俗，大力弘扬正气，树立新风，增强全区的凝聚力和向心力，努力形成与小康目标相适应的、健康向上的社会风尚。要把搞好工农兵共建作为振兴经济的强大驱动力，扎扎实实地做好文明共建工作。积极组织开展双拥活动，加强军政军民团结，切实搞好民兵预备役建设，为驻区部队的工作生活及生产经营尽可能地提供方便。要积极推广工农共建文明油区的先进经验，把精神文明共建与经济共建融为一体，做到油田地方一盘棋，一个目标一股劲，努力实现油洲加绿洲、地上与地下最佳结合。

四、着眼长远，立足当前，为实施“九五”计划

开好头、起好步

今年是实施“九五”计划的第一年。做好今年的各项工作，对于全面完成“九五”计划，如期实现建设经济大区、经济强区的奋斗目标，加快建立社会主义市场经济体制，具有重大影响。今年政府工作的指导思想是：全面、深入贯彻党的十四届五中全会和市、区经济工作会议精神，紧紧围绕改革、发展、稳定这个大局，积极推进两个具有全局意义的根本性转变，解放思想，实事求是，加大改革力度，加强工作硬度，加快发展速度，努力在实施“建设新河口，开展第二次创业”的宏伟实践中迈出坚实的第一步。

今年经济和社会发展主要指标是：全区国内生产总值增长27.3%，达到3.5亿元；工农业总产值达到4.19亿元，增长22.5%，其中工业总产值达到2.1亿元，增长33.9%，农业总产值2.09亿元，增长12.9%；地方全社会固定资产总投资增长63.4%，达到1.5亿元，财政收入增长10.65%，达到5920万元；出口商品收购总值增长30.4%，达到3000万元；社会零售总额达到5.5亿元，增长27.5%；农民人均纯收入增长33.1%，达到2000元。

围绕上述指导思想和任务目标，根据促进两个转变的实际需要，在深化改革、扩大开放的前提下，今年突出抓好以下几个方面的工作。

（一）优先抓好农业和农村工作。要充分发挥“引导、支持，保护、调控”的职能，继续以把农业推向市场、提高经济效益、更多地增加农民收入为目标，扎扎实实地做好各项工作。一是进一步抓好粮棉生产。按照“增粮、增棉、增效益”的三增原则，切实落实好国家扶持粮棉生产的各项政策措施，优化结构，落实面积，加大投入，努力夺取粮棉丰收。今年，粮食总产量力争达到45000吨，棉花总产量达到2250吨，分别增长25.5%和93.6%。二是突出抓好“双高一优”农业。实施农业产业化战略，重点培育林果、畜牧、水产三大主导产业，形成规模优势，加快农业由粗放经营向集约经营的转变，各乡镇要突出抓好1000亩以上的粮棉菜区域化种植样板、500亩以上的“双高一优”农业主要领导示范片样板以及造林绿化样板，枣粮间作样板、良种繁育样板等五个特色农业样板的规划建设，以此引导和带动我区经济、社会、生态三大效益型农业的全面发展。今年力争实现果品总产量4300吨，肉类总产量8000吨，水产品总量18500吨，分别增长29%、25.5%和11.5%。采取改造、扩建、联合等多种形式，努力培植一批有带动辐射作用的农副产品加工龙头企业，加速建立市场、企业、产业农户一体化的“龙型”经济体系。三是持之以恒地抓好农业基础设施建设。坚持“全面规划，综合治理，因地制宜，讲求实效”的原则，继续搞好蓄水工程建设和中低产田改造，确保农田水利基本建设的规模和效益再上新台阶。重点搞好六扣、西华、新户3座水库和20个坑塘建设，新增蓄水能力660万方；完成中低产田改造5000亩。四是认真抓好新形势下的农村改革，积极探索加快农业和农村经济发展的新路子。在稳定和完善家庭联产承包责任制的基础上，坚持农民自愿，建立健全土地流转制度。在有条件的地方，积极引导农民发展适度规模经营。要大力发展新型的合作经济组织，不断提高农村经济集约化水平和经济效益。五是集中精力抓好乡镇企业。今年，新户乡、义和镇、六合乡、四扣乡的乡镇企业产值要全部突破亿元大关。要注意把发展乡镇企业与小城镇建设结合起来，发挥城镇对经济发展的聚集和辐射效应，加快农村现代化和城乡一体化进程。

（二）扎实迈好实施“工业强区”战略的第一步。实施“工业强区”战略，是“第二次创业”的核心内容，也是“九五”计划的重要举措。今年要围绕落实“两个转变”的要求，动员和凝聚全区上下各方面的力量，多种措施相结合，坚决打响“工业强区”攻坚战。要迅速转变工作思路，坚持“扩大总量，优化存量，量效同增”的发展原则，把加大投入、增上项目放在突出位置，加速总量膨胀，提高运行质量，尽快形成骨干工业体系。一是加快企业技术改造，集中力量培植主导产业，促进产业结构优化升级。今年，全区技改投资2000万元，改造项目20个，新增生产能力3000万元；投资5000万元，集中精力抓好化工项目建设，确保一期工程当年建成投产。二是坚持油地结合，提高企业规模效益和竞争能力，继续坚持“两个满意、一个放心”的工作目标，真心实意支持油田增储上产，全面优化油区环境。坚持政策引导与企业创造相结合的办法，密切油田企业与地方企业的关系，促进油地企业的实质性联合。进一步打破地区、部门、所有制和隶属关系的界限，抓住石油工业不断发展的有利时机，充分发挥油田资金、技术和人才的优势，联手、联合增上一批项目，不断壮大地方工业实力。三是加强管理，向管理要效益。各行各业都要坚持资源开发和节约并举的方针，加强管理，减少浪费，盘活资金，降低成本，提高效益。要继续开展“管理效益年”活动，所有企业都要眼睛向内，苦练内功，压库促销，扭亏增盈，向管理要效益。要进一步加强企业家队伍建设，努力培养一支精明强干的企业家队伍，造就一支技术素质高的科技队伍，建设一支能打硬仗的职工队伍，全面提高企业素质和市场应变能力。

（三）切实做好财贸流通工作。财政工作，要强化预算约束，保证重点建设，严格控制非生产性支出，确保收支平衡。加强地方税源建设，加强税收征管，不断壮大地方财政实力。要大力发展金融市场，推进金融多元化，加快地方融资体系建设。金融工作要在改革中更好地为促进经济发展服务。进一步加强商业网点建设，尽快规范新户水产品市场、六合蔬菜市场、义和果品市场和四扣苇草市场，增强辐射功能。要进一步解放思想，更新观念，放手发展个体私营经济，支持能人创业，培植富有强大生命力的经济增长点。各乡镇要进一步落实优惠政策，提供良好环境，努力培养一批有感染力、辐射力和引导、带动作用的个体私营大户，彻底消灭个体经济空白村。流通行业，今年要紧紧抓住转换机制、强化管理、增强活力这一关键性问题，努力提高经济效益，尽快摆脱被动局面，焕发生机。要强化激励、约束、监督机制，特别要实行限期扭亏增盈目标责任制，确保本年度流通系统不出现亏损企业。要加强市场管理，鼓励平等竞争，打击不法经营。大力发展饮食、旅游、娱乐、文化消费等行业和服务业，活跃市场，繁荣经济。

（四）全面推进各项社会事业发展。继续深入贯彻落实《中国教育改革和发展纲要》，全力实施九年制义务教育，确保“双基”目标圆满实现，保证一次性通过省政府检查验收。以促进科技、经济一体化为着力点，重点抓好36项科技计划项目的组织实施和科技服务体系的完善工作，努力培植更多的高新技术生长点。严格控制人口数量，提高人口素质，人口自然增长率控制在7‰以内。积极落实到本世纪末人人享有初级卫生保健的各项措施，大力发展卫生事业，保障人民身体健康。强化全民环境意识，努力提高环境质量。继续深化土地使用制度改革，切实保护和利用好土地资源。加快发展文化体育、广播电视、新闻出版等各项社会事业，促进社会全面进步。在新的一年里，要进一步加强社会主义民主与法制建设，集中开展严打整治斗争，狠狠打击各类违法犯罪活动。继续坚持油区治安重中之重的方针，严格落实社会治安综合治理领导责任制，做到为官一任，保一方平安，为经济的发展、油区秩序的稳定、人民的工作生活创造更加良好的环境。

（五）集中精力办好八件实事。一是加快石油化工项目建设，确保一期工程当年投产运营。二是搞好新户、六扣、西华3座水库和20个坑塘建设，新增蓄水能力880万方。三是完成辛河路、滨孤路河口段路域绿化工程。四是建成河口区第一中学初中部教学楼。五是建成河口区老年人活动中心。六是完成河口城区有线电视光纤传输工程。七是改造河口城区垃圾处理场。八是完成气象科技服务网络建设。

五、转变作风，求真务实，为圆满完成“九五”计划及2010年远景目标而奋斗

各位代表，第九个五年计划及2010年远景目标《纲要（草案）》描绘了今后15年我区经济社会发展的宏伟蓝图，经过这次人代会审议通过之后，从今年起就要付诸实施。新形势、新任务、新机遇对政府工作提出了新的更高的要求。全区各级政府机关要以高度的历史责任感和时代紧迫感，转变职能，改进作风，抢抓机遇，奋力拼搏，团结带领全区人民，在河口区“二次创业”和实施“九五”计划的实践中，切实担负起历史赋予的光荣使命，不断夺取改革和建设的新胜利。

（一）解放思想，更新观念，强化创新意识，争创一流工作。实现“二次创业”的奋斗目标，加快经济体制和经济增长方式的转变，推进经济快速发展，关键在于解放思想。江泽民同志指出，解放思想是一个法宝。只有思想大解放，才能使认识大提高，生产大发展。因此，我们必须把解放思想作为加快发展的先导工程，在全区上下进行一次新的思想大发动、大解放、大提高，进一步解放思想，更新观念，把党的路线、方针、政策与河口的实际紧密结合起来，以“三个有利于”为标准，用敢想、敢干、敢为人先、志创大业的创新精神和市场经济观念充实自己的头

脑，尽快摒弃那些在传统计划经济体制和旧的经济增长方式下形成的老观念、旧框框，代之以适应社会主义市场经济需要的新思想、新观念。要勇于实践，大胆探索，善于总结经验，勤于科学思考，积极主动地把坚持解放思想与实事求是统一起来，把加快发展的积极热情与严谨求实的科学态度紧密结合起来，抓住机遇、乘势而上，推动全区经济更快、更好地发展。

（二）正确处理改革、发展和稳定的关系。改革是动力，发展是目的，稳定是前提。只有正确处理好三者的关系，才能顺利实现“二次创业”的奋斗目标和推进“九五”计划的顺利实施，保证经济和各项事业的健康发展。要始终坚持以经济建设为中心。突出加快发展这一主题，抓住实现两个根本性转变和黄河三角洲经济体制的总体要求，坚持整体推进与重点突破相结合，膨胀总量，壮大实力，提高效益。进一步深化改革，解决阻碍生产力发展的突出矛盾和问题，下大气力解决好群众关心的难点热点问题，努力维护社会稳定和政治安定。

（三）加强学习，提高素质，增强驾驭市场经济的能力。理论是行动的先导。发展社会主义市场经济，推进“两个根本性转变”，我们不懂、不熟悉的东西很多。各级政府工作人员特别是领导干部必须在思想修养、知识水平、业务水平和领导能力等方面有一个大的提高。要认真系统地学习邓小平建设有中国特色的社会主义理论和党的路线、方针、政策，增强党性观念，提高思想觉悟和水平，做到政治上坚定。要刻苦学习社会主义市场经济理论，学习区域经济理论和现代科学技术知识，正确把握区域经济发展的规律，改善知识结构，拓宽视野，不断提高业务素质和实际工作能力，真正成为本职工作的内行和能手。要克服形式主义和本本主义，要善于把理论学习和实际工作结合起来，做到有针对性地学习，创造性地工作。

（四）加强机关建设，改进工作方法，确保政府工作高效运转。实现今后15年发展的宏伟蓝图，任务异常繁重。各级政府机关必须不断加强自身建设，转变职能，改进工作，不断提高工作效率和水平。要把政府工作的重点真正放到监督、管理、协调、服务上来。要增强时效观念，发扬雷厉风行，马上就办的作风，加快工作节奏，提高办事效率。要实行严格的工作责任制，强化监督、考核和奖惩机制，严明纪律，逐级负责，严格考核，严格奖惩，实现政府工作的高效运转。要切实转变工作作风，经常深入基层，注重调查研究，切实解决好群众反映强烈的热点难点问题。要坚持群众路线，克服官僚主义和形式主义，保证改革开放和经济建设的顺利进行。

（五）加强廉洁勤政建设，爱民敬业，树立政府的良好形象。加强廉政建设，开展反腐败斗争，是推进改革开放、促进经济发展、维护社会稳定的必要条件，也是实现“九五”计划和2010远景目标的重要保证。要充分认识反腐败斗争的重要性、艰巨性和长期性，继续加强廉政建设，强化监督监察，深入开展反腐败斗争，依法严惩腐败分子，坚决纠正行业不正之风。要坚持全心全意为人民服务的宗旨，敬业爱民、勤奋工作，树立政府机关的良好风范。

各位代表！跨世纪的宏伟蓝图已经确定。把一个繁荣昌盛的河口区带入二十一世纪是历史赋予我们的神圣使命。我们要在区委的正确领导下，团结带领全区人民，以高昂的斗志、战斗的姿态，奋发进取，开拓前进，为胜利实现“九五”计划和2010年远景目标而努力奋斗！

政府工作报告

——1997年2月18日东营市河口区第十三届人民代表大会第五次会议上

东营市河口区人民政府区长 王少飞

各位代表：

现在，我代表河口区人民政府向大会作政府工作报告，请予审议，并请各位政协委员和列席人员提出意见。

一、1996年政府工作回顾和总体任务目标

1996年是实施“九五”计划及2010年远景目标的第一年，也是我区经济建设和各项社会事业取得重大进展的一年。一年来，在市委、市政府和区委

的正确领导下，区政府组织带领全区人民，以邓小平建设有中国特色社会主义理论为指导，深入贯彻党的十四届五中、六中全会精神，坚持以经济建设为中心，紧紧围绕“工业强区，农业富民，企地结合，城乡一体”的总体工作思路，认真落实区十三届人大四次会议确定的工作任务，执行区人大常委会的各项决定决议，团结协作，密切配合，艰苦奋斗，迎难而上，圆满完成和超额完成了全年计划指标，实现了“九五”开门红。预计全区国内生产总值达3.55亿元，比上年增长20.9%，其中本区3.4亿元，增长32.7%。工农业总产值4.74亿元，增长28.1%，其中本区4亿元，增长31%。地方固定资产投资1.5亿元，增长63.6%；地方财政收入实现7016.1万元，增长31.1%；增幅创历史最高水平。农民人均纯收入达2009元，比上年增收506元，增长33.7%。人口自然增长率为6.48‰。

在过去的一年中，区政府坚持“为官一任，造福一方；求真务实，勤政为民”的为政思想，结合实际，创造性地开展工作，在振兴河口、繁荣河口的宏伟实践中迈出了坚实的一步。

（一）思想统一，目标一致，形成了团结一心、共谋发展的工作格局。切实把解放思想作为改革和建设的首要环节来抓，组织区乡领导干部外出参观学习，深入开展解放思想大讨论，有效地强化了全区上下的机遇意识和争先创优意识。在认真总结“八五”经验教训的基础上，正确分析“九五”面临的形势，立足实际找差距，分析优势看发展，统一思想，理清思路，形成了加快发展、奋起直追的强烈共识，从实际出发，先后召开了全区经济工作会议、三级干部会议、企业工作会议、乡镇企业工作会议，制定了加快经济发展的一系列政策措施，全区人民积极投身“二次创业”实践，讲政治、讲大局、讲团结、讲奉献，不甘居后，拼搏向上，创造了齐心协力抓经济、艰苦奋斗创大业的良好局面。广大干部群众建功立业的事业心、责任感进一步增强，工作、生产热情空前高涨。

（二）重点突破，带动全局，经济建设取得重大进展。以强化基础为重点，以实施产业化为突破口，农业和农村经济全面发展。优化内部结构，实施重点突破，集中发展粮棉、林果、水产、畜牧、苇草五大主导产业，抓龙头带基地，推行规模经营，农业产业化健康起步，采取综合措施，加强田间管理，本区粮食生产创历史最高水平，实现总产40234吨，比上年增长12.2%。农业开发力度进一步加大，开发荒碱地1.25万亩，改造中低产田1万亩，项目区建设全部达到优良标准，综合评比列全市第二名。蓄水工程建设取得显著成效，开挖建成新户、西华、六扣水库，修建村级蓄水坑塘48座，新增蓄水能力1500万立方，综合验收评比列全市第一名。沾利河清淤和小清河治理一期工程全面完成计划任务。坚持过细的教育工作、过硬的工作措施和严格的责任制相结合。“三冬”工作实现较大突破，冬蓄、冬灌、冬耕创历史最好水平。林牧渔苇业发展态势良好。“八五”绿化达标任务全面完成，顺利通过国家验收；枣粮间作取得实质性进展，新增高标准枣粮间作面积2.97万亩，成为全市推广的典型样板。本区果品总产量实现4625吨，增长38.8%。浅海滩涂开发与资源护养步伐加快，新增滩涂养殖面积7000亩，完成了20万亩浅海滩涂贝类增养殖项目。全区水产品总量达19243吨，增长11.1%。芦苇开发热情高涨，新增苇田面积6.8万亩。各类畜禽饲养量稳中有升，总量达9.28万个牛单位，增长18%；其中大家畜存栏2.53万头，出栏1.02万头，分别增长10.1%和3%；生猪存栏3.3万头，出栏4.69万头，分别增长50%和53%；羊存栏11.85万只，出栏16.06万只，分别增长9.4%和10.4%。全区肉蛋奶总量达12051吨，增长36.8%。农业科技服务扎实有效，良种工程建设、耕作制度改革等迈出可喜步伐。气象科技信息服务网建设在全市率先完成。以抓骨干、增存量为重点，工业生产规模不断扩大，经济效益明显提高。完成工业生产性投入超过1亿元，新上项目13项，技改项目55项，为建区以来新上项目最多、投入最大、建设速度最快的一年。区石油化工厂一期工程、PVC内发泡管材、义和原纸厂等重点项目建设基本完成；文蛤加工、苇板加工、苇帘加工等一批优势项目陆续上马投产。全区完成工业总产值2.64亿元，增长43.2%，其中本区2亿元，增长47.2%。乡镇企业总产值完成6.77亿元，总收入实现8.66亿元，分别增长55.5%和74.8%。流通企业经营形势趋于好转，亏损面、亏损额大幅度下降，全系统实现利润145万元。区冷藏厂破产重组为区供销社冷藏厂后，全面加强各项管理，节能降耗，压库促销，取得了良好的经济、社会效益，当年实现利润10万元。市场繁荣活跃，全区社会消费品零售总额完成4.78亿元，增长10.8%。以股份合作形式兴建的孤岛供销商城开业运营，营业面积7000平方米，为东营市黄河以北最大的商业设施，实现了当年立项、当年竣工、当年开业。地方财政实力进一步提高，非生产性支出得到严格控制，连续12年实现了财政收支平衡。金融保持平稳运行，各项存款余额17.45亿元，比去年年初增长29.8%；各项贷款余额3.5亿元，增长20.4%。个体私营经济有了较快发展，全区个体工商户发展到2931户，私营企业56家，从业人员5667人。基础设施和城市建设进一步加强。地方城区住宅建筑面积新增1.3万平方米；海盛路拓宽改造工程圆满完成；城区重点路段绿化面积达10万平方米；河口城区垃圾处理场、城区有线电视光纤传输工程全面竣工，区一中初中部教学楼、区老年人活动中心、区实验幼儿园等建设项目基本完成。小城镇建设步伐加快，城镇居民生活环境有了新的改善。

（三）积极实践，大胆探索，改革开放取得新成果。深化企业内部改革，特别是对区属困难企业集中整顿，突出解决机制问题，企业活力逐步增强。全区新增股份合作制企业45家，2家企业破产终结，2家企业进入破产程序。继续完善联产承包责任制，推行土地适度规模经营，探索渔、菜、稻立体开发模式，农业改革进一步深入。去年八、九月份，在全区范围内集中开展了深化农村土地使用制度改革工作，取得突出成效。全区落实口粮田面积4.9万亩，责任田面积3.3万亩，承包田面积52.8万亩；签订承包合同2.8万份，合同金额1663.3万元。区乡财政体制逐步理顺，预算外资金管理得到全面加强。金融体制改革进展顺利，农村信用社脱钩、农业发展银行组建、人险与财险分设等工作圆满结束。社会保障体系建设不断加强，公务员过渡工作基本完成。狠抓内联外引，努力扩大开放，外向型经济进一步发展。投资246万美元，新上三资企业3家；全区出口收购总值完成3010万元，增长30.9%。积极组织参加了“青交会”、上海名优精品展销会、北京招商引资洽谈会，签订项目4个，协议外资额230.2万美元。

（四）着眼大局，携手合作，油地结合，工农共建工作开创了新局面。继续坚持“两个满意、一个放心”的工作目标，大力支持油田发展主导产业和多种经营，在指导思想上牢固树立了“只要有利于油田增储上产，有利于社区经济发展，符合国家法律法规，就要积极去办”的观念。区政府与油田驻河口8个二级单位签订了《联合共建文明油区协议书》，双方责任更加明确，结合范围更加广阔，油地共建工作上了一个新水平。建立了油地领导联席会议制度，解决了许多社区经济发展的重大问题。联合召开了工农共建经验交流会，探索了新形势下共建工作的成功路子，坚持互惠互利、共同发展的原则，油地双方联合新上共建项目8个，经济共建取得实质性进展。认真落实“油区治安重中之重”的方针，大力开展联防联治，涉油案件大幅度下降，油区政治社会环境空前稳定。

（五）完善职能，强化措施，各项社会事业蓬勃发展。集中力量发展教育事业，“双基”工作顺利通过省政府检查验收。大力实施“科技兴区”战略，组织实施科技项目30项，其中省级8项，市级6项。卫生工作取得阶段性成效，农村改厕的基本经验在全市进行了推广；全区初级卫生保健和创建爱婴区工作，均已顺利通过省级评审验收。民政工作扎实有效，农村社会养老保险工作在全市荣获“五连冠”。国防教育广泛深入，民兵预备役工作取得新成绩。计划生育、土地管理、环境保护工作逐步规范。文化、体育、气象、史志、广播电视等社会事业健康发展，档案管理、安全保密、社会保障、民族宗教、外事侨务、无线电管理等各项工作都有了新的进展。精神文明建设深入持久，思想政治工作得到加强，机关工作作风进一步好转，干部群众的精神面貌发生了较大变化。坚持“以廉洁树威，以廉洁聚人”，实施“干部形象”工程，加大对违纪违规问题的查处力度，有效地遏制了消极腐败现象的产生。社会治安综合治理工作进一步加强，严打斗争扎实有效，创造了良好的经济社会发展环境。大力加强政府法制工作，依法行政水平有了新的提高。认真贯彻落实《行政处罚法》，明令废止涉及行政处罚条款的区政府文件8件，修订1件。

（六）转变作风，狠抓落实，工作刚性明显增强。针对广大干部职工的思想、作风、纪律状况，在全区上下广泛开展了整顿活动，集中解决了作风拖拉、纪律松懈、大局观念不强、工作效率不高等实际问题，有效地加强了领导班子和职工队伍建设。进一步加大了工作调度力度和督促检查力度，深入基层，深入实际，一线解决问题，保证了各项硬性任务的圆满完成。从区级领导、科级干部到岗位职工，实行严格的目标管理责任制，完善考核奖惩制度，增强了工作主体的事业心和责任感，形成了人人有压力、有动力的良好氛围。

各位代表，1996 年全区经济建设和社会发展取得了重大成绩，许多工作有了开拓性进展，得到了上级领导的充分肯定和广大群众的一致拥护。这些成绩的取得，是在市委、市政府和区委的正确领导下，在区人大及其常委会的监督支持下，全区人民团结奋斗的结果，是人民政协、各民主党派参政议政，工农兵密切配合、携手共建的结果。在此，我代表河口区人民政府表示衷心的感谢！

在充分肯定成绩的同时，我们还要清醒地看到，在改革、发展和工作运行过程中，还存在不少问题。一是经济社会发展面临许多困难和薄弱环节。农业基础条件相对较差，受制于“水”的问题仍然很突出，农、林、牧、渔业总体科技含量偏低，农业内部结构调整和产业化的推行步伐缓慢。现有企业管理层次低、水平差，整体效益不佳，总量增长缓慢；建设资金和技术管理人才严重不足。供电关系不顺，建设用电紧张，严重制约了经济的发展。二是个别政府部门和单位，抓经济或为经济建设服务的力度不够，本职工作抓落实不够，作风拖拉，主动性不强，工作效率低下。部分工作人员缺乏应有的进取精神，满足于看家守摊，争创一流的意识明显不够。三是政府工作的督促检查还不能及时到位，力度需要进一步加大，部署多、督查少，部署严、督查松的问题仍然存在，与快节奏、高效率的要求还有一定的差距。这些问题必须引起我们的高度重视并认真研究措施，逐步加以解决。

各位代表，今年是实施“九五”计划的第二年，巩固和发展业已形成的良好的社会环境和安定团结的政治局面，加快全区经济和各项社会事业的更快发展，仍是政府工作的中心任务。1997 年我区政府工作的基本思路是：认真贯彻落实党的十四届五中、六中全会精神，正确处理改革、发展、稳定的关系，把握大局，再接再厉，同心同德，开拓前进；继续坚持“工业强区，农业富民，企地结合，城乡一体”的总体思路，围绕两个根本性转变，加快农业产业化和农村小康建设进程，推动工业发展实力扩张，加大市场培育力度，提高对外开放水平，积极培植新的经济增长点，大力加强社会主义精神文明建设，积极搞好工农兵共建，进一步转变政府工作作风，努力促进全区经济的快速发展和社会全面进步。主要计划指标确定为：全区国内生产总值 4.3 亿元，增长 21.1%，其中本区 4.1 亿元，增长 20.6%。工农业总产值 5.87 亿元，增长 23.9%，其中本区 5.12 亿元，增长 27.9%。工业总产值 3.56 亿元，增长 35.1%，其中本区 2.91 亿元，增长 45.4%；农业总产值 2.31 亿元，增长 10%，其中本区 2.21 亿元，增长 10.4%。本区粮食总产量实现 5 万吨，增长 24.3%，其中夏粮 2 万吨，秋粮 3 万吨。地方固定资产投资完成 2 亿元，增长 33.3%。出口收购总值 3450 万元，增长 14.6%。地方财政收入实现 7750 万元，增长 10.5%。乡镇企业总产值达到 8.34 亿元，增长 23.2%。社会消费品零售总额实现 5 亿元，增长 4.6%。农民人均纯收入达到 2500 元，增加 491 元，增长 24.4%。人口自然增长率控制在 7‰以内。

二、统一思想，理清思路，集中力量加快全区经济发展步伐

根据今年的工作思路和任务目标，政府工作以“二次创业”总揽全局，突出抓好六项重点。

（一）狠抓结构调整，实施配套联动，加快农业产业化进程。坚持“五个一”，进一步完善规划措施，在确保粮食稳定增长的前提下，大力发展林、牧、渔、苇、菜等高效产业，进一步突出水产开发、枣粮间作、水稻开发三项优势工程建设，努力把河口区建设成为“渔、枣、稻”之乡，确保农业产业化推行工作取得实质性进展。在粮食生产上，坚持“稳定旱田面积、大力发展水稻种植”的指导思想，结合库区开发和渔农项目建设，积极走好“以水带稻”之路。今年全区水稻种植面积在去年 1.25 万亩的基础上新增 1.3 万亩，力争 1.5 万亩。棉花生产，进一步加大宣传力度，落实优惠政策，实行大户、大方带动，确保播种面积 3 万亩，总产 1500 吨，在渔业生产上，坚持“发展滩涂养殖，突破淡水养殖，改善浅海资源，壮大捕捞实力”的工作思路，认真研究和落实优惠政策，吸引外地资金、技术，搞好联合开发；吸引外地渔民到河口区安家落户，壮大我区渔业开发实力，进一步加快“海上河口”建设步伐。今年要重点搞好滩涂资源

的深度开发、养殖示范大户的培育和省财政厅扶持的20万亩文蛤资源护养及2500亩渔农结合项目的实施。全区新增海水养殖面积5000亩，达到4.25万亩；新增淡水养殖面积4000亩，达到1万亩；全区水产品总量实现2.2万吨，增长14.5%。在林业生产上，继续搞好路域绿化和经济林建设，在完善管护措施和提高果品质量的同时，大力发展枣粮间作，力争新增高标准枣粮间作面积4.4万亩。新户乡、太平乡、义和镇分别建成2000亩以上的枣粮间作样板方；各农业乡镇分别规划建设高标准枣园1000亩以上。全区果品总产量实现6000吨，增长29.7%。在畜牧业生产上，一方面认真搞好省财政厅扶持的1.5万亩草场封育改良项目；另一方面充分发挥好政府顾问的作用，借助“外脑”搞决策，积极争取上级资金扶持，要项目、要政策，加大我区畜牧业开发力度。进一步完善工作措施，积极培育和发展饲养大户，兴办家庭牧场，努力实现畜牧业的破题。全区肉蛋奶总量达1.32万吨，增长9.5%。在芦苇开发上，坚持“先易后难，逐步推进”的原则，按灌区和流域、路域进行布局，新增苇田开发面积6万亩，全区芦苇生产规模达到25万亩。同时进一步加强政策研究，不断完善管理措施，努力促进芦苇产业的健康、高效发展。

继续把水利建设提到全局性战略位置，年内开挖库容1000万方的李坨水库，建设库容10万方以上的小型水库40座，新增蓄水能力1500万方。搞好草桥沟等骨干排河的清淤治理。进一步巩固农业开发成果，搞好项目区的配套建设，完善政策措施，提高开发效益。今年重点组织实施3万亩黄河三角洲农业开发项目和义和镇3000亩冬枣开发工程，力争早铺工、早完成、早见效。以土地调整为突破口，积极推进适度规模经营，完善建设各类专业村40个，专业生产大户700个，规划建设1000亩以上的特色农业样板10个。

狠抓产业“龙头”建设，搞好社会配套服务。配套完善芦苇交易市场、果品批发市场和水产品批发市场，扩建苇草加工、水产品加工和水产育苗企业，增上饵料加工、肉类加工、豆制品加工和农业专用肥生产、兽药生产企业，增强辐射带动功能，促进主导产业发展。大力实施良种工程，大面积推行落后品种的更新换代，重点围绕小麦、玉米、大豆、棉花、水稻等主要农作物，搞好良种繁育基地建设，力争实现全区统一供种。进一步深化耕作制度、管理制度的改革，重点围绕节水农业、机作深耕、小畦田建设、配方施肥、保护地栽培和良法精养等，搞好示范区建设，全面推行科技致富。继续加强农业工作队伍建设，在“三定”工作的基础上，积极搞好人才的引进和培训，努力提高农业产前、产中、产后的整体服务水平。

（二）落实政策，分类指导，全力解决农村贫困人口脱贫致富问题。切实把解决农村贫困人口脱贫致富问题，作为一项十分迫切的政治任务，作为今明两年农村工作的重点，作为推动全区农村经济健康发展和实现农村奔小康目标的关键措施来抓，坚定不移地打好扶贫攻坚战。我区的扶贫开发工作要认真贯彻落实中央、国务院和省、市党委、政府关于扶贫工作的一系列指示精神，坚持国家扶持、社会帮助与贫困村干部群众艰苦奋斗、苦干实干有机结合，努力形成强大扶贫攻坚力量。要坚持开发式扶贫方针，发动贫困村群众大搞农田水利基本建设，通过治土、治水、修路、种树，从根本上改善生产生活条件和生态环境。要把大力发展种植业，养殖业和以当地农副产品为原料的加工业，作为扶贫开发的重点，实施政策倾斜，加大资金投入，确保快速发展。认真落实科技扶贫战略，及时选择一些成熟可靠、容易掌握、增产增效明显的实用技术，通过多种形式的培训，在贫困村加以推广应用。要教育贫困村广大干部群众，启动内部活力，发扬自强不息精神，克服“等、靠、要”思想，真正依靠自己的力量脱贫致富。各级要切实加强对扶贫开发工作的领导，因地制宜，分类推进，把各项工作做到村、做到户，努力提高扶贫工作实效。目前，全区共有人均纯收入在1200元以下的贫困村41个，贫困户2627户，贫困人口8980人。要通过今年一年的努力，在全区范围内解决30个贫困村和75%以上的贫困户的脱贫致富问题，使全区贫困村和人口数减少到11个村，600户，2000人。

（三）加大力度，迎难而上，努力壮大工业整体实力。认真研究企业管理问题，继续深入开展“管理效益年”活动。立足我区实际，在全面加强企业管理的同时，今年突出抓好成本管理和财务管理，点上突破，逐步规范，不断提高企业效益。企业主管部门要重点围绕这两大管理，搞好调查研究，制定实施方案，完善规章制度认真抓好落实。要突出加强对骨干项目的重点调度和管理，集中力量，连续投入，完成区石油化工厂一期工程，规划建设二期工程；完成PVC塑料管材项目续建工程；扩建改造黄河口家具实业有限公司和区供销社冷藏厂，确保发挥更大效益。在此基础上，发扬只争朝夕的精神，加紧论证可行性项目，不间断地培植新的经济增长点。进一步加大技术改造力度，确保地方技改投入完成1亿元，企业改造面力争达到50%以上。注重开发高科技含量、高市场占有率的新产品，重点抓好10项工业新产品的开发，新产品完工率达到90%以上。坚持四个轮子一起转，一、二、三产业并举，大力发展乡镇企业。重点抓好乡镇骨干项目和经济强村的培植工作，强化措施，发挥优势，确保每个乡镇每年都有新上项目，带动和促进经济总量的扩大。围绕农业产业化，着力培植和发展龙头加工企业，搞好工农对接，促进良性循环。要切实抓好人才的培养和引进，壮大企业科技实力，不断增强乡镇企业的发展后劲。进一步加快乡镇工业园区建设，配套设施，完善服务，提高功能，努力推进城乡一体化进程。

（四）深化改革，扩大开发，积极做好财贸流通工作。按照“生财有道，聚财有方，理财有术，用财有效”的要求，分层次搞好财源建设，依法加强税收征管，不断壮大地方财政实力。积极推进改革，进一步完善乡镇财政体制，全面加强预算外资金管理。严格控制非生产性支出，确保实现财政收支平衡。进一步强化融资手段，拓宽融资渠道，搞好间接融资，扩大直接融资，更好地发挥金融对经济发展的支持作用。深化流通体制改革，抓大放小，采取多种有效形式，彻底转换经营机制，努力提高经济效益。今年的重点是，对商业系统、物资系统等相当一部分经营不善、长期亏损的企业，依法实行破产重组，坚定不移地甩掉包袱，从根本上改善流通行业的经营发展环境，腾出精力扶持发展好项目、好企业；对有生存能力的企业，采取股份合作、拍卖转让、租赁托管、兼并合并等多种改革形式，在实质上转换经营机制，盘活存量资产，提高运行质量。

落实政策，优化环境，大力发展个体私营经济。进一步解放思想，放手放胆发展个体私营经济，拓宽个体私营经济范围，鼓励个体经营者租赁、购买国有和集体中小型企业，对档次高、规模大的私营企业，要给予更优惠的政策，扶持、帮助其更快发展，要努力实施能人带动战略，按照培植一个、带动一批，扶持几户、促进一村的发展思路，消灭个体私营经济空白村。要着力建设一支素质高、前途广、势力厚、影响大的个体企业家队伍，带动全区个体私营经济的健康、快速发展。

进一步扩大对外开放，大力发展外向型经济。转变观念，学习经验，大胆改进招商方式，狠抓投资环境改善，努力提高招商工作的实效。强化企业负责人的招商意识，加大企业招商引资的力度。积极培育优势项目，加强创汇基地建设，增强创汇能力，加大出口创汇总量。

（五）立足自身优势，改善经营环境，大力发展建筑建材业。切实把建筑建材业作为河口区发展经济的支柱产业来抓，加强领导，完善措施，确保快速发展。进一步调整建安企业内部结构，以区属建安企业为骨干，大力推行强强联合，组建企业集团，增强规模效益和竞争实力，逐步形成国有、集体、乡村建安企业共同发展的产业格局。加大投入，搞好培训，引进“外脑”，迅速扩大队伍、提高资质、壮大力量，努力培养出能打硬仗、能打胜仗的建安队伍。依法加大建筑市场的管理力度，规范工程承包、发包行为，严格实施工程许可证制度，努力营造稳定的建筑市场秩序。进一步研究和探索建立激励竞争机制的有效途径，为建安企业的发展，壮大注入生机和活力。以市场为导向，因地制宜开发建材新品种，扩大生产能力，提高商品档次。抓好建材产品的监督检查，规划建设建材专业市场，进一步完善建筑、安装、建材成龙配套的发展体系，全面提高建筑建材业的经济效益。今年，全区建安企业产值计划安排3亿元，比去年增长36.4%；建安企业利税实现3000万元，产品合格率达100%，产品优良率达30%以上。

（六）完善配套基础设施，加强城镇规划建设，提高经济发展承载能力。进一步拓宽基础设施建设投资渠道，在保持合理投资规模的同时，把工作重点放在结构调整上，着力治“散”，优化投向，集中力量保证重点建设，办成几件大事。基础设施建设要着眼全区，统筹规划，合理布局，避免重复建设，减少无效投入。对今年安排的农业开发、蓄水工程建设、良种工程建设、公路改造、“安居工程”建设、骨干企业改造等重点建设项目，必须集中力量加以保证；对“九五”计划确定的主导产业和主导产品，要加大投资力度，尽快见到成效。要进一步加强城镇规划工作，重点搞好河口区新一轮城市总体规划编制和城区西区的小区规划调整。加快城区绿化工程实施进度，进一步优化工作、生活环境。加强乡镇驻地基础设施规划建设，配套水、电、路、讯及市场、文化、体育等设施，完善城镇功能。努力搞好村庄规划建设，按照小康村建设标准，合并优化，加快进度，促进社会文明进步，进一步修订完善城市综合管理办法，充实管理队伍，严格落实管理责任制，依法加大管理力度，不断提高城市的综合管理水平。

各位代表，根据上述六项重点工作，结合我区实际情况，在统筹兼顾、整体推进，确保各项工作上水平、上台阶的基础上，本着“集中调度，合理分工，多办实事”的工作原则，区政府确定，1997 年着力实施十项重点建设项目。1. 完成区石油化工厂一期工程，确保五月份投产；力争开工建设二期工程。2. 组织实施 3 万亩黄河三角洲开发项目和义和镇 3000 亩冬枣开发工程。3. 建设库容 1000 万方的李坨水库，完成库容 10 万方以上的小型水库 40 座，新增蓄水能力 1500 万方。4. 实施“良种工程”，建设小麦、玉米、大豆、棉花、水稻等主要农作物良种繁育基地。5. 加大乡村规划建设力度，加快小康村建设步伐。年内集中整治沿路村庄卫生环境，优化村容村貌；每个农业乡镇抓出三个村庄规划建设示范点。6. 完成滨孤路四扣段取直改建工程和河滨路、海宁路拓宽治理工程。7. 建设河口城区西区贸易市场和河口区建筑材料专业市场。8. 开工建设河口区文体活动中心，丰富群众精神文化生活。9. 实施“安居工程”，建设 100 户职工住宅，缓解住房紧张局面。10. 建设河口区公安机关场所及公安指挥中心。

三、立足实际，突出重点，大力加强社会主义精神文明建设

党的十四届六中全会把精神文明建设提到了更加突出的地位，各级政府要始终坚持两手抓、两手都要硬，努力把我区的精神文明建设提高到一个新水平。在具体工作中，重点抓好四个方面。

（一）突出加强道德和文化建设。广泛深入地进行爱国主义、集体主义、社会主义教育，坚持不懈地用马克思列宁主义、毛泽东思想，特别是邓小平建设有中国特色社会主义理论武装干部群众，引导人们树立正确的世界观、人生观、价值观，坚定社会主义信念，深入开展热爱河口、热爱油田、热爱黄河三角洲教育，把广大干部群众的爱国热情转化为振兴河口的强大力量。大力加强职业道德建设，规范行业行为，倡导行业新风，积极培育爱岗敬业的奉献精神，继续弘扬新时期艰苦创业精神，牢固树立勤俭办一切事业的思想。广泛开展群众性精神文明创建活动，认真组织实施农村“三个一”基础工程和“新时期形象塑造工程”，不断提高干部群众整体素质和城镇文明程度。积极发展文化事业，有计划地建设一批具有河口特色的文化工程，进一步丰富城乡人民群众的精神文化生活。坚持党性原则，坚持团结稳定鼓劲和正面宣传为主的方针，积极做好新闻宣传工作。坚持一手抓繁荣，一手抓管理，加大文化市场监管力度，坚决清除颓废文化，依法惩治不法分子，进一步净化文化市场。

（二）大力发展科技、教育等各项事业。以促进科技、经济一体化为着力点，进一步加大新技术、新成果的推广力度，重点抓好 6 项省、市级科技项目的组织实施工作。巩固“双基”工作成果，深化教育内部体制改革，加强学校规范化管理，建立健全激励竞争机制，努力提高教育、教学质量。严格执行计划生育政策，突出抓好基层基础工作、规范化管理和系列化服务，全面落实“三为主”方针，积极稳妥地推行三结合，确保全区计划生育工作再上新水平。加强污染治理和污染源控制，强化环境监测管理，不断改善环境质量。加强土地管理，认真执行基本农田保护制度，合理开发和利用土地资源。深入开展爱国卫生运动，净化城镇、农村卫生环境，加快国家级卫生城区创建步伐；加大执法力度，强化工作措施，进一步完善农村医疗保障体系，不断提高全区医疗水平，积极开展群众性体育活动，提高竞技体育水平，增强人民体质。

（三）进一步强化社会治安综合治理。妥善处理改革、发展、稳定的关系，始终不渝地做好维护稳定工作，切实担负起保一方平安的责任，严格落实领导责任制，动员和依靠广大人民群众，坚持不懈地搞好社会治安综合治理，打防结合，标本兼治，巩固

和发展安定团结的政治局面。强化严打斗争，依法严厉打击敌对势力的破坏活动和严重刑事犯罪活动。加大集中整治和专项斗争力度，遏制重大恶性案件和突发性案件上升势头。继续把油区治安作为社会治安综合治理的重中之重，牢牢抓在手上，加强油地协作，实行联防联治。强化各级责任人的责任意识，时刻绷紧油区治安这根弦，高度警觉，常抓不懈，确保油区长期稳定。进一步增强政治敏锐性，高度重视并正确处理新形势下的人民内部矛盾，及时发现和解决事关人民群众切身利益、影响群众情绪的实际问题，严防出现不安定因素。

（四）加强廉政建设，坚决惩治腐败行为。严格落实廉洁自律的各项规定，强化政府工作人员特别是领导干部的自律意识，做到防微杜渐、警钟长鸣。加强社会监督，完善约束机制，坚持离任审计等各项制度，积极推行政务公开，把政府机关工作人员的行为置于舆论和社会监督之下。加大案件查处力度，对以权谋私、违法乱纪行为，要从严惩处，决不姑息迁就。坚决纠正行业不正之风。突出治理“三乱”、私设小金库、超标准建房住房、公款吃喝等不正之风。加大监察力度，对群众反映强烈的行业和单位，要限期整改，情节严重的要追究有关部门负责人的责任。

四、转变作风，强化素质，切实把各项工作措施落到实处

坚持科学求实的工作态度，认真研究和探索新形势下政府工作的新路子、新方法，自我加压，勇于开拓，不断提高工作效率和工作水平，确保各项任务目标的圆满完成。

（一）进一步深化各项改革，为经济与社会各项事业的持续、快速发展注入活力。巩固和发展农村“三田制”改革成果，完善承包措施，推行规模经营，为实现农村产业布局区域化创造条件。积极探索荒地、荒滩、草场使用权与管理权的改革路子，努力提高土地资源的利用率。分层次、多形式搞好企业改革，下决心走好“破产解困”“优化组合”“机制转型”的改革路子，改善企业发展环境，盘活存量资产，促进产业、产品结构的调整。加快财税、金融、投资体制改革步伐，拓宽融资渠道，提高融资能力和政府驾驭市场经济的能力。切实抓好社会保障制度、住房制度、医疗制度以及计划、科技、教育等领域的改革，提高社会整体功能，保障两个文明建设的协调、健康发展。

（二）搞好企地结合，深化工农兵共建，全面增强区域经济活动。继续坚持“两个满意，一个放心”的工作目标，大力支持油田开发建设。积极主动地落实《联合共建文明油区协议书》规定的各项义务，立足稳定、立足大局、立足发展，超前做好工作，不断把共建活动引向深入。进一步加强军政、军民团结，大力支持军工企业深化改革、加快发展。认真做好经济结合文章，大力开展联合开发，本着优势互补、共同发展的原则，积极探索工农兵联合的新路子，努力寻找更多的结合点，尽快促成企地联手创大业的“大合唱”，谱写新形势下工农兵共建的新篇章。

（三）坚持“抓两头带中间，抓重点促全盘”的指导方针，进一步提高整体工作水平。注重研究和运用辩证、科学的工作方法，努力从繁杂琐碎的事务中解脱出来，集中力量抓主要矛盾和矛盾的主要方面。在产业发展的摆布上，坚持抓大放小，把主要精力投放到主导产业和优势项目的培育、发展上，加快膨胀规模实力，带动和促进经济总量的扩大。在生产主体的调度上，坚持抓两头带中间。今年计划从农村中列出30个富裕村和30个贫困村，从现有企业中列出5个优势企业和5个困难企业，从服务行业中列出5个先进单位和5个后进单位，实施分类指导、分步推进，集中精力突破单项，促进全盘工作的高效运转。

（四）培养典型，推广典型。在各行各业树立起学先进、争上游的良好风气。坚持典型引路、区域推进的工作方法，积极培育自己的典型，及时总结推广先进经验，充分发挥典型的辐射作用，鞭策后进，带动一般，促进全面发展。结合实际，将进一步总结、推广和宣传各个领域、各条战线的典型经验和先进事迹，弘扬创业者，激励开拓者。进一步加大新典型的培育力度，采取积极有效的扶持、引导措施，不断壮大典型群体优势。同时，认真搞好典型经验的深化与扩展工作，实施跟踪培养，进行全面引导，努力把单方面的典型培养成综合类、立体化的典型，进一步增强典型的生命力和感召力。

（五）弘扬求实务实精神，努力转变工作作风。大力倡导调查研究之风，经常深入农村、深入企业，倾听群众呼声，了解实际情况，发现问题，一线解决，

努力提高工作实效。进一步加大工作调度力度和督促检查力度，对重点工作、紧急任务，实行跟踪督查、刚性督查，并严格落实通报制度，奖优罚劣，奖勤罚懒，切实提高政府权威，保证各项工作的高效、有序开展。继续实行严格的目标责任制，强化一把手的第一责任，实行一把手抓“两手”，切实担负起统揽全局的重大责任。对经济和社会发展的主要指标，层层分解任务，逐级负责落实，严格考核，确保完成。对今年区政府确定的各项工作任务，要一一列出清单，明确承办单位，明确具体责任人，明确完成期限，严格标准，一抓到底，保证各项工作件件有人办，件件有回音。要进一步完善区级领导包产业、包乡镇、包项目责任制和科级干部联系村制度，不走形式，不走过场，坚决落到实处；切实加强公务员的培训教育，努力提高整体素质。积极开展学习理论知识、市场知识和法律知识的活动，不断提高新形势下分析问题和解决问题的能力，保证在更广泛的领域和更高的层次上实现科学决策。

（六）进一步加强民主与法制建设，全面提高依法管理经济社会的水平。充分发挥各级人大的作用，加大执法监督力度，坚决纠正有法不依、执法不严、违法不究、滥用职权等现象。充分发挥人民政协和各民主党派政治协商、民主监督、参政议政的作用，促进决策的民主化、科学化。加强政府法制建设和执法队伍建设，全面实施“依法治区”“依法治村”，不断提高依法行政水平。深入开展“三五”普法宣传教育，不断增强广大人民群众的法律意识，法制观念和依法办事的自觉性。加强公安、司法和国家安全工作。从严治警，努力培养造就一支高素质的干警队伍。同时，广泛开展拥军优属活动，继续落实民族、宗教、侨务和人民来信来访工作，不断把各项工作做深、做细。

各位代表，今年是实施“九五”计划的重要一年，我区改革与发展的任务非常艰巨。让我们在区委的正确领导下，以良好的精神面貌和强烈的责任意识，团结带领全区人民，积极投入新一年度的工作，扑下身子，真抓实干，廉洁勤政，艰苦创业，努力夺取各项工作的新胜利，以开发建设的新业绩迎接香港回归和党的十五大的胜利召开！

政府工作报告

——1998 年 1 月 14 日东营市河口区第十四届人民代表大会第一次会议上

东营市河口区人民政府代区长 徐春福

各位代表：

现在，我代表河口区人民政府向大会作政府工作报告，请予审议，并请各位政协委员和列席人员提出意见。

一、过去五年工作的回顾

河口区第十三届人民政府任期的五年，是河口区历史上极不平凡的五年。五年来，我们认真贯彻“工业强区，农业富民，企地结合，城乡一体”的总体指导思想，“整体抓提高，单项求突破”，在土地开发、海洋和滩涂开发、城乡建设、油地共建等方面做了大量工作，实施了“科教兴区”“依法治区”“三三战略”“百万千”富民工程和“海上河口”建设等重大经济社会发展措施。在全区上下组织开展了轰轰烈烈、扎实有效的“二次创业”活动，我区的项目建设和工业总量取得历史性的突破。对非国有经济进行了重新定位，确立了大力发展乡镇企业和民营经济的新思路，研究出台了一系列鼓励发展民营经济和机关干部领办创办示范基地、示范项目的政策措施。

五年来的政府工作，是全区各行各业、各条战线认真贯彻落实党的十四大、十五大精神，进一步解放思想，实事求是，开拓奋进，拼搏苦干的五年；是在建立社会主义市场经济体制的深刻变革进程中，正确处理改革、发展、稳定的关系，全区社会稳定、政通人和、经济和各项社会事业蓬勃发展的五年；也是大胆探索，勇于实践，把握机遇，科学决策，不断把各项工作推向新阶段的五年。

（一）国民经济持续快速发展，综合经济实力显著增强。1997 年，全区国内生产总值预计完成 4.751 亿元，按可比价格计算比 1992 年增长 71.8%，年均递增 11.4%；人均国内生产总值可达 5180 元，比

1992年增长1.3倍，年均递增17.8%。全区工农业总产值预计实现5.5亿元，比1992年增长1.6倍，年均递增21%。组织实施农业产业化战略，调整优化农村产业结构，农业基础日益稳固。粮食、林果、畜牧、水产、苇草等主导产业持续增长，乡镇企业快速发展。全区农业总产值五年累计完成8.96亿元，比前五年增长1.2倍；1997年乡镇企业总产值预计实现9.39亿元，比1992年增长6.2倍，年均递增48.4%。坚持内涵外延并举，增量增效并重，工业生产实现了速度、效益同步增长。预计1997年全区第三产业增加值可达1.536亿元，比1992年增长95%，年均递增14.3%，占国内生产总值的比重达到31%。坚持多种经济成分共同发展，民营经济已成为全区经济发展的一支重要力量。1997年全区个体工商户和私营企业注册资金达到5323万元，比1992年增长1.25倍，年均递增17.14%。机关工作人员领办创办工作有了良好开端，为经济发展注入了新的活力。

（二）经济发展后劲进一步增强，整体素质有了新的提高。五年全社会固定资产投资完成6.03亿元，比前五年增加1.8倍。农业生产条件进一步改善。五年开发荒碱地3.5万亩，改造中低产田7万亩。新建羊栏河水库、新户水库、李坨水库和69座乡村水库，新增蓄水能力4000万立方米。“八五”绿化达标任务全面完成，被评为“全国平原绿化先进单位”，新增经济林面积3万亩，枣粮间作面积6.7万亩。渔业开发经受实践的考验，在探索中发展，内涵日趋丰富，规模不断扩大，呈现出前所未有的梯次开发的崭新格局。新增海水养殖面积4万亩、淡水养殖面积6000亩，护养浅海水域贝类资源20万亩。工业投入显著加大，重点骨干项目建设取得重大进展。五年累计投资2.5亿元，新建了石油化工厂、华通塑胶管材厂，完成工业技术改造项目131项，逐步形成了以石油化工、建筑建材、木器制造、农副产品加工等为主的多元化工业体系。交通、邮电事业发展迅速。区内公路通车里程达1234.8公里，实现了村村通柏油路。全区程控交换机容量达到15000门、建成了公众多媒体信息网、数据通信网、电视电话会议网、因特网和稳定通信网。电力建设得到加强，电力网络逐步配套，供电、用电秩序进一步好转。

（三）各项改革不断深化，对外开放迈出新的步伐。以全面落实党在农村的各项政策为主题，进一步完善农村家庭联产承包责任制和统分结合的双层经营体制，积极探索和推行土地流转制度，建立健全农村社会化服务体系，加快了农业产业化进程。耕作制度改革和良种工程建设取得进展，种植效益有了新的提高。全面推行了股份合作制以及公有民营、拍卖、租赁、兼并、破产等多种形式的产权制度改革，企业经营机制转换取得较大突破，发展活力不断增强。全区股份制和股份合作制企业发展到39家，股金总额4349万元。财税体制改革顺利实施，以分税制为主要特征的新财税体制运转正常；改革了乡镇财政管理体制和预算外资金管理制度，财经秩序进一步好转。金融体制改革进展顺利，平稳实现了政策性金融与商业性金融业务的分离。社会保障体系不断加强，科技教育、医疗卫生、土地管理、住房制度等项改革都有不同程度的进展。圆满完成了区乡机构改革任务，全面推行了国家公务员制度。以改革促开发，全面实施对外开放战略，推动了外向型经济的发展。预计1997年全区外贸出口商品收购总值达3450万元，比1992年增加4.6倍，年均递增41%。招商引资力度加大，五年批准利用外资项目8个，实际利用外资293万美元。

（四）城乡市场繁荣活跃，财贸金融事业稳步发展。按照“完善功能，合理配置”的要求，着重规划建设了黄河口商贸大厦、河口供销大厦、孤岛供销商城、河口宾馆、仙河农贸市场等一批大型商业服务设施，改造规范了农村集贸市场和部分专业批发市场，进一步完善了市场网络。全区城乡市场繁荣活跃、商品丰富，预计1997年实现社会商品零售总额49300万元，比1992年增长1.11倍，年均递增16.1%。地方财政实力进一步增强，非生产性支出得到严格控制，实现了财政收支平衡。1997年，全区财政收入达到8928.7万元，比1992年增长1.65倍，年均递增21.5%。金融事业不断发展，存贷款余额都有较大幅度增长。1997年底全区存款和贷款余额分别达到23.5亿元和4亿元，比1992年底增长3.7倍和1.39倍。保险领域不断扩大，1997年保险业务收入达到4383万元，比1992年增长1.4倍。

（五）城乡面貌发生可喜变化，人民生活水平进一步提高。城区基础设施建设得到加强，投资力度明显加大，形成了良好的城市开发格局。五年城区建设累计投资4亿元，新建各类建筑物72万平方米，改造城区道路15.45公里，基本形成了城市基础框架，城市功能日趋完善。创建园林城市工作成效良好、城区绿化水平进一步提高。小城镇和村庄规划建设步伐加快，全区城乡面貌大为改观。在物质文明和精神文明不断发展的基础上，城乡居民生活水平明显提高，部分群众的生活已经达到小康水平。预计1997年全区农民人均纯收入1746元，城乡居民人均储蓄余额达到10155元，城镇居民和农民人均居住面积分别达到11平方米和18平方米。

（六）政治思想领域高度统一，社会环境空前稳定。全面贯彻党中央“讲学习，讲政治，讲正气”的要求，坚持政治领域抓团结、促稳定，经济领域抓共建、促发展，扬民主之风，走群众路线、强化大局意识，保证政令畅通，在全区上下形成了精诚团结、艰苦创业、人心思上、人心思干的强大合力。坚持依法治区方针，广泛开展民主与法制教育，广大人民群众的民主法制观念不断增强，各级政府的科学决策、民主决策和依法行政水平明显提高。坚持“稳定压倒一切”，全面落实社会治安综合治理的各项工作措施，依法严厉打击各种犯罪活动，打防并举，标本兼治，为全区经济社会发展创造了优良的外部环境。认真落实“油区治安重中之重”的方针，大力开展油地间的联防联治，多次集中整治了油区秩序和用电、用水秩序，油区政治社会秩序空前稳定。始终高度重视人民来信来访工作，坚持领导接访制度，正确处理新形势下的人民内部矛盾，认真解决关系群众切身利益的热点、难点问题，创造了一个政通人和、安居乐业的良好局面。

（七）工农兵共建进一步深化，发展区域经济的合力不断增强。以“两个满意，一个放心”为目标，积极落实“两最”方针，大力支持油田发展主导产业和多种经营。加强军政、军民团结，积极支持军工企业深化改革，加快发展。适应新形势、新任务的要求，坚持在支持和服务中深化工农兵共建，多层次、多领域进行合作实践，共建工作已从协调关系、对口支援的初级阶段转向了经贸合作、联合开发的崭新阶段，发挥了工农兵共建在政治、经济、社会等各个方面的多重效益。五年来，始终坚持油地领导联席会议制度，长期保持油地间的友好往来与合作交流，不定期地召开共建联席会、座谈会，解决了许多社区经济发展中的重大问题。多次联合召开工农兵共建经验交流会、理论研讨会，积极探索新形势下共建工作的成功路子，保证了工农兵共建沿着正确的方向发展。坚持执法、友谊和互惠互利、共同发展的原则，加大经济共建力度，努力寻找更多的结合点，不断拓宽合作开发领域，创造了河口区历史上工农兵经济联合空前活跃的崭新局面。

（八）精神文明建设扎实有效，各项社会事业蓬勃发展。坚持两手抓、两手都要硬的方针，大力加强社会主义精神文明建设，广泛开展“新时期形象塑造工程”，干部群众的整体素质和城镇文明程度有了明显提高。坚持一手抓繁荣，一手抓管理，大力实施河口特色文化工程，进一步丰富了城乡人民的精神文化生活。科技教育事业有了较快发展。五年组织实施科技项目85项，取得科技成果56项，科技对经济的贡献份额由1992年的41%提高到49%，实现了创建“全国科技进步先进区”的目标。把教育放到优先发展的战略位置，全面改善办学条件，“双基”工作顺利通过省政府验收。教育改革有了新的进展，教学质量和办学效益不断提高。卫生事业健康发展，爱国卫生活动成效显著，荣创省级卫生城和全国农村自来水建设先进区，并被国家卫生部命名为“爱婴区”。计划生育、土地管理和环境保护工作进一步加强。民政事业健康发展，农村社会保障工作跨入全国先进行列。普查工作取得可喜成绩，分获全省人口小普查、第三次工业普查和全国基本单位普查先进单位。广播电视事业发展迅速，实现了村村通无线广播，完成了有线电视光纤传输工程。体育、气象、劳动、人事、地名、史志、档案等社会事业健康发展，行政监察、计划统计、机关事务、物价管理、安全保密、民族宗教、外事侨务、无线电管理等各项工作都有新的进展。深入开展国防教育和拥军优属活动，支持了军队建设，加强了民兵预备役和征兵工作。

刚刚过去的1997年是我国历史上具有特殊重要意义的一年。根据党的十五大精神，区政府对富民强区奔小康和一系列关系全局的重大问题作了新的部署，全区上下思想进一步解放，改革开放和经济发展步伐明显加快。尽管农业遇到了严重的自然灾害，粮棉等农产品减产，林牧渔业减收，但全区经济整体实力仍然保持了良好的增长态势。全区国内生产总值比上年增长14.2%；乡镇企业总产值比上年增长38.7%；全区工业总产值比上年增长33.8%，工业利税增长13.9%；第三产业增加值增长23.3%；建安业总产值增长31.8%；地方财政收入增长27.3%。

各位代表，过去五年是河口区人民团结、奋斗的五年。五年来的改革和发展成就，是在上级党委、政府和区委的正确领导下，在区人大及其常委会的监督支持下，人民政协、人民团体参政议政，工农兵并肩战斗、积极努力的结果。在此，我代表河口区人民政府，向全区人民致以崇高的敬意，向所有关心、支持政府工作，为我区开发建设做出贡献的同志们、朋友们表示衷心的感谢！

回顾过去五年的工作，全区各级和广大干部群众团结协作，艰苦奋斗，在实践中探索和积累了许多成功经验。把这些经验集中起来，就是毫不动摇地坚持党在社会主义初级阶段的基本路线，高举邓小平理论伟大旗帜，以经济建设为中心，以“三个有利于”为标准，解放思想、实事求是，努力做好上级指示精神与我区实际相结合的文章，走符合河口区情、具有河口特色的发展路子；就是坚持地方与油田互相支持、共同发展的方针，加大工农兵共建力度，拓宽合作开发领域，发挥好油田和地方两个积极性，携手加快建设物质文明的同时，努力建设社会主义精神文明，创造安定团结的政治局面，形成“振兴河口、繁荣河口”的强大精神动力，推进社会全面进步；就是坚持辩证、科学的工作方法，抓两头带中间，抓重点促全局，分类指导，分步推进，集中力量实施重点突破，促进全盘工作高效运转；就是坚持求真务实的工作态度，强化激励约束机制，加大行政推动力度，狠抓各项工作措施的落实；就是坚持群众路线，从群众中来到群众中去，广泛开展调查研究，多为人民群众办实事、办好事，密切干群关系，树立良好的政府形象，为各项工作的开展奠定坚实的群众基础。坚持这些基本经验，依靠全区人民的力量，经过不懈的努力，我们的改革开放和现代化建设事业就会不断推向前进。

各位代表，我们在充分肯定成绩和认真总结经验的同时，也要清醒地看到前进中的困难和问题。一是思想解放不够，整体改革开放意识不强，小生产观念和计划经济体制带来的旧思想严重制约着经济的发展。二是现有企业规模小、总量少、档次低，不少企业运行机制不活，管理粗放，负债率高，生产经营比较困难，职工就业和再就业压力增大。三是农业基础条件仍然比较脆弱，抗御自然灾害的能力需要进一步提高；农业科技含量偏低，经营方式相对落后，产业化推行步伐缓慢。四是主导产业和主导产品优势不明显，对外开放力度不大，外向型经济发展不快。五是政府自身建设有待加强，有些部门职责不清，作风不实，效率不高的问题还比较突出。对此，我们要引起高度重视，认真研究解决。

二、抢抓机遇，奋发进取，努力开创全区国民经济和社会事业跨世纪发展的新局面

今后五年是推进河口区实现经济和各项社会事业全面振兴的重要历史时期。全区人民将以怎样的姿态步入二十一世纪，是河口区各级政府面对的现实选择。党的十五大全面规划了我国经济社会发展跨世纪的宏伟蓝图，指明了前进的方向，为我们进一步加快全区开发建设步伐带来了难得的历史机遇。我们要抓住有利时机，开拓奋进，以更大的信心和热情去夺取新的胜利。今后五年政府工作总的指导思想是：高举邓小平理论伟大旗帜，全面贯彻落实党的十五大精神，继续坚持工业强区，农业富民，企地结合，城乡一体的总体发展战略，加快推进经济体制和经济增长方式的根本转变；坚持“三个有利于”标准，深化改革，扩大开放，进一步强化，壮大工业，搞活流通，放手发展乡镇企业和民营经济，努力实现全区国民经济的持续快速健康发展；大力加强社会主义精神文明建设，协调发展各项社会事业，促进社会全面进步。

展望今后五年，河口区的开发建设将处于大规模、综合型、高投入、高产出阶段，经济总量不断扩大，经济结构日趋合理，整个社会面貌将发生巨大变化。经过五年努力，我们的奋斗目标是：基本完成农业基础设施建设任务，农业生产条件得到根本改善；农业产业化“龙头”形成规模。工业搭起主体框架，骨干企业形成产业优势，并带动起以股份合作制为主体的多元化工业体系。城市建设取得突破性进展，初步形成水系贯通、绿树环绕的现代化园林城市的风貌；小城镇建设初具规模。人民生活达到小康水平，并开始向更加富裕的新阶段迈进。

根据《“九五”计划及2010年远景目标纲要》，主要计划指标确定为：到2002年，全区国内生产总值达到10亿元，年均增长16%。一、二、三产业增加值分别达到2.5亿元、4.9亿元和2.6亿元，年均增长分别为7.2%、27.8%和11.1%。工农业总产值达到13亿元，年均增长18.9%。地方固定资产投资累计完成10亿元，年均投资2亿元。地方财政收入实现1.4亿元，年均增长9.4%。按新口径统计，乡镇企业总产值达到3.3亿元，年均增长18.9%。社会消费品零售总额实现7亿元，年均增长7.3%。农民人均纯收入达到5000元，年均增长23.3%。人口自然增长率控制在7‰以内。

围绕上述指导思想和任务目标，今后五年要在深化改革、扩大开放的同时，重点抓好以下几项工作。

（一）全面实施农业产业化，加快农业和农村经济发展步伐。农业是国民经济的基础，事关经济发展、政治安全和社会稳定。今后五年要坚定不移地把经济工作放在首位，稳定党在农村的基本政策，改革传统农业生产经营方式，加快产业化进程，努力提高劳动生产率。在确保粮棉稳定增长的前提下，突出发展水产、林果、畜牧、苇草等优势产业。水产业重点推行浅海滩涂资源深度开发和渔农项目建设，实现由以捕捞为主向以多元化养殖为主的转变，优化养殖结构，改革经营方式，增加技术含量，提高抗风险能力。林果业在巩固和提高经济林建设的同时，大力发展枣业生产，实施枣树带、枣树园、枣树村建设工程，全面推进农田枣粮间作化。畜牧业要以农区畜牧基地建设为重点，生产、加工、流通并举，走专业化、集约化饲养和饲养结构多元化的路子，抓好典型，搞好服务，尽快膨胀规模。进一步规范和壮大苇草业生产，实现由粗植向精养的转变，建成生态型、效益型、观光型产业，切实把资源优势变为产业优势。在培植主导产业基地的同时，按照产业化运作机制，加速建设一批农副产品加工龙头企业和销售市场，形成种养加一条龙、农工贸一体化经营格局，实现农产品多次增值，提高农业综合效益。坚持运用市场经济法则促进工农联合，把发展乡镇企业与实施农业产业化结合起来，以农促工，以工带农，加快农村经济发展。进一步加大扶贫工作力度，切实减轻农民负担，保证农民收入与经济发展同步增长。

水资源匮乏是关系到河口区人民生活和生产的大事。要加快水利工程建设，每年新增蓄水能力1000万立方。同时要大力抓好以喷灌为主要形式的节水农业。今后一个时期，要集中社会各界之力，引导、帮助、支持农民实施喷灌工程，经过五年努力，力争实现人均一亩喷灌田。

（二）坚持发展与提高并重，努力增强工业整体实力。工业是国民经济的主导力量。今后五年要坚定不移地实施“工业强区”战略，坚持内涵外延并举，速度效益并重，以市场为导向，以技术进步为动力，加大结构调整力度，强化企业管理，提高经济运行质量和效益。到2002年全区工业总产值达到10亿元，年均增长22.9%。大力培植主导产业和拳头产品，尽快形成一批档次高、规模大、竞争力强的主导产业和骨干企业。依据国家产业政策，立足资源、市场、劳动力三个优势，着力培植石油化工、盐及盐化工、建筑建材、木器加工、农副产品深加工等支柱产业，发展壮大骨干企业。五年内力争建成产值超亿元的项目3个，超千万元的项目10个。实施规模经营，以名优产品为龙头，以资产为纽带，组建和培育一批实力雄厚、能够抗御市场风浪的企业集团，不断增强工业发展的群体优势。加大技改投入，进一步推进企业技术进步，增强企业发展后劲和企业竞争力，争取用两年左右的时间把所有企业彻底改造一遍，用五年的时间把优势企业改造成支柱骨干企业，促进企业规模、档次、效益的不断升级。坚持技术开发、改造、引进和科技成果转化“四位一体”，同步推进，切实强化科技兴工措施。坚持以人为本，以效益为中心，全面加强企业管理，以科学、规范的管理手段推动企业发展。要高度重视职工培训和人才的引导工作，不断提高职工素质和企业技术水平。

（三）创造宽松环境，放手发展民营经济。民营经济是党的十五大突出强调的新的经济增长点，是壮大我区经济实力的一支重要力量。要进一步解放思想，转变观念，坚持放胆、放手、放宽、放活的方针，把鼓励、支持发展民营经济的各项措施真正落到实处。积极培植、扶持民营企业大户，鼓励支持个体私营企业进行跨地区、跨行业经营，参与承包、租赁、兼并、购买国有和集体企业，推动其尽快形成规模。推广群众集资、能人办厂的经验，拓宽融资渠道，大力发展民营股份合作制企业，把分散的作坊式民营企业优化组合，促进企业上规模、上档次、上水平。按照以商促工、工商联动的原则，优化民营经济结构，积极引导大户向生产型、科技型转变。五年内新上民营企业200家，其中产值过千万元的5家，过百万元的50家。加大区、乡两级民营经济园区和市场建设力度，进一步完善建设规划，尽快在我区形成布局合理、特色明显、优势互补的民营经济园区和市场体系。促进资金、技术、人才、产业向园区聚集，发挥经济试验园区的群体规模优势。继续大力组织机关工作人员领办、创办经济实体和服务示范基地，引导农民、城镇居民和企业职工向实业投资。进一步加强监督管理，加大治理“三乱”的力度，规范执法行为，保护民营企业的合法权益，为民营经济的进一步发展创造良好的环境。

（四）搞活商品流通，切实做好财贸金融工作。大力发展集市贸易和城镇农贸市场，突出发展大型专业批发市场，统筹规划，合理布局，科学配置商贸资源，构筑大中小相结合、多种经济成分和经营方式并存、功能完善的商品市场网络。流通企业要进一步搞活经营，转变经营方式，转换经营机制，狠抓扭亏增盈，提高经济效益。坚持工商并举，大力发展商办工业，走好“以工补商，以商促工”的路子。鼓励和支持流通行业实施横向联合，建立集团化商业营销体系。

加强地方财源建设，强化基础财源，增大支柱财源，培植后续财源，努力建立起结构合理、梯次分明、能确保财政收入稳定健康增长的财源体系。依法加强税收征管，堵塞跑、冒、滴、漏，努力实现财政收入的稳步增长。加强预算约束和预算外资金管理，严格控制非生产性支出，确保收支平衡。强化融资手段，拓宽融资渠道，更好地发挥金融对经济的支持作用。要加快地方金融机构体系建设，搞好直接融资吸纳社会闲散资金，支持生产和建设，要盘活存量资产，加快资金周转，切实解决不良资金占用问题，提高资金使用效益。加强金融监督管理，提高信贷资产质量，维护好金融秩序。

（五）加强城乡基础设施建设，创造良好的生产、生活条件。河口区土地盐碱、生态条件差，制约着生产的发展和生活水平的提高。如何改变这一现实，是摆在我们面前长期而艰巨的任务。要继续加大投入，充分发挥油田和地方的积极性，拓宽投资渠道，加快基础设施的建设步伐。在城区重点要搞好道路改造和绿化，同时设计实施环城水系建设，规划建设一批具有河口特色的建筑精品。在乡镇要搞好小城镇建设，结合经济试验园区的开发，使之成为相对集中、功能比较完善的乡村政治经济文化中心。完善村庄建设规划，实施村庄兼并规划，搞好农牧场式大庭院村庄建设。狠抓乡镇驻地和沿路村庄面貌治理，彻底治理脏、乱、差的问题。要加快城乡公路建设，新建乡村公路44.6公里，全区公路通车里程达到1456.6公里，公路密度达到52公里／百平方公里。进一步理顺供用电关系，建立配套供电网络，为全区经济发展提供充足的电力保障。加快邮电、通讯事业发展，大力推进语音、数据、图像三网合一的农村通信网络建设。

（六）积极推进民主法制建设，巩固和发展稳定的政治社会环境。各级政府要自觉接受区人民代表大会及其常委会的法律监督和人民政协的民主监督，加强与各群众团体的联系，保障人民当家作主的民主权利，推进政府决策的民主化、法制化。加强基层组织建设，完善城镇居民和农村村民自治制度，坚持依法治村，实行民主管理和民主监督。深入开展普法教育，提高广大人民群众的法律意识和法制观念。加强政府法制和执法队伍建设，加大执法力度，强化法制监督，提高依法行政水平。要把发展民主与健全法制紧密结合起来，把发扬人民民主和严格依法办事统一起来，从制度和法律上保证各项政策、法规的贯彻实施。

进一步加强基层基础工作，坚持不懈地抓好社会治安和油区秩序综合治理。始终不渝地做好稳定工作，切实担负起保一方平安的责任。严格落实领导责任制，动员和依靠广大人民群众，扎扎实实地搞好社会治安综合治理，打防并重，预防为主，巩固和发展安定团结的政治局面。强化严打斗争，依法严厉打击各类刑事犯罪和经济犯罪活动，坚决扫除各种社会丑恶现象，为人民生活和经济建设创造稳定的社会政治环境。继续把油区治安作为社会治安综合治理的重中之重，坚持油地协作，实行联防联治，高度警觉，常抓不懈，确保油区长期稳定。要高度重视并认真做好群众来信来访工作，做到有访必接，有冤必申，有疑必释，把矛盾和问题解决在基层，解决在萌芽状态。

（七）加强有中国特色社会主义文化建设，促进社会全面进步。在努力保持经济快速发展的同时，要深入贯彻落实党的十五大精神，切实把加强有中国特色社会主义文化建设摆上重要位置，实现物质文明和精神文明共同进步，经济和社会协调发展。要大力加强思想道德建设。紧紧围绕在全社会形成共同理想和精神支柱这一根本，坚持用邓小平理论教育干部群众，深入开展以为人民服务为核心、集体主义为原则的社会主义道德教育，引导人们树立正确的世界观、人生观、价值观，提高全社会的思想道德水平。要深入开展群众性精神文明建设活动，多层次抓好文明形象工程建设，弘扬正气，树立新风，激发全区人民的创业奉献热情。认真实施“科教兴区”战略，全面发展各项社会事业。加大科技投入，大力推广先进适用的科学技术，加速科技成果向现实生产力的转化。继续把教育放在优先发展的战略地位，深化教育体制改革，优化教育结构，进一步提高教育质量和办学效益，为全区经济社会发展提供强有力的人才、智力支持。实施可持续发展战略，认真贯彻控制人口、治理环境、保护耕地三大基本国策。进一步加大对卫生事业的投入，完善农村医疗保障体系，全面加强医疗设施和医疗队伍建设，保障人民群众身体健康。深入开展爱国卫生运动，净化城镇、农村卫生环境，努力创建国家级卫生城。积极开展群众性体育活动，增强人民体质。搞好文艺设施建设，繁荣文化创作，丰富人们的精神文化生活。采取有力措施，抓好社会保障制度改革，切实安排好群众生活，维护社会稳定。认真做好广播电视、侨务、史志、气象等各项工作，全面提高社会事业发展水平。

三、深化改革，扩大开放，逐步建立适应社会主义市场经济发展的新机制

改革开放是强国富民之路，是加快经济发展，实现跨世纪宏伟目标的强大动力。我们要进一步解放思想，深化改革，扩大开放，不断解放和发展社会生产力，努力实现全区经济发展的新突破。

全面深化各项改革，激活经济发展活力。在稳定农村家庭联产承包责任制、落实土地承包期再延长30年政策的基础上，积极探索市场经济条件下农村改革的新路子。要充分发挥我区的土地资源优势，积极推进土地流转制度改革，创新农业生产经营方式，发展适度规模经营，努力提高农业生产的集约化水平。借鉴外地经验，大胆探索和实践荒地拍卖的有效形式，提高土地的有效利用率。继续深化耕作制度改革，大力发展节水农业，推广间作套种，进一步提高种植效益。不断完善管水用水机制，推行库区经济企业化管理，实现供水商品化和水利产业化。大力推行股份合作制农业开发，多层次、多渠道加大农业投入，进一步改善农业生产条件。以技术推广、信息咨询、生产加工、流通服务为重点，加强和完善农村社会化服务体系，逐步实现生产和市场的对接，引导农民更好地发展生产，走向市场，实现富裕。以提高效益为中心，以转换经营机制和建立现代企业制度为目标，坚持放开、放活、放彻底、不刮风，多形式深化企业改革。以资本为纽带，加快资产重组，实现以强带弱，强强联合，优势互补，搞好资本运营和资源优化配置，优化企业组织和产业结构，构建规模型联合体。积极探索公有制的有效实现形式，以股份合作制为重点，兼并、联合、租赁、出售、分离经营、破产等多种形式并举，实现机制创新，使企业真正成为适应市场的法人实体和竞争主体。新建扩建企业一律按现代企业制度运作。对已改制的企业按照《公司法》进行规范、完善；对未改制的企业采取适当形式，尽快进行规范化改制。对资产闲置、盘活无望的亏损企业、下决心采取出租、出售、出让等方式转换经营机制，提高经济效益。大力改革现有商品流通体制，重点搞好供销社改革，真正将其办成为农民、农业、农村服务的合作经济组织。完善财税体制，改进税收征管方式，不断提高建设性资金比重。稳步推进金融体制改革，拓展融资市场，提高金融服务于经济建设的能力。积极搞好各项配套改革。完善权责明确的国有、集体资产管理、监督运营体系，确保国有集体资产保值增值；深化企业内部三项制度改革，完善劳动用工和分配制度，实施再就业工程，多渠道分流企业富余职工；完善失业、养老、住房和医疗保险等制度，加快建立健全多次层的社会保障体系，为发展创造良好的条件。积极推进机构改革，严格控制机构膨胀，坚决裁减冗员；深化人事制度改革，完善公务员制度，建立一支高素质的专业化国家行政管理干部队伍。

实施外向带动战略，努力提高开放型经济发展水平。进一步增强开放意识，加大开放力度，实行外资、外经、外贸“三外”并举，努力构筑全方位对外开放

的格局，推动全区开放型经济健康快速发展。狠抓出口创汇基地建设，加快培植木器加工、水产品加工等优势外贸企业，扩大农副产品出口，进一步增强创汇能力。切实加大招商引资力度。按照积极、合理、有效的要求，努力改进招商方式，扩展招商领域，突出招商重点，提高招商实效，力争在利用外资上实现大的突破。加强横向经济联合与协作，发展优势互补产业，兴办内资、内联企业。充分发挥各类经济试验园区和东营港口岸开放的示范、辐射、带动作用，促进全区对外开放整体水平的提高。改善投资环境，创造开放优势；完善涉外服务体系，搞好全程优质服务。扩大对外宣传，营造开放氛围，积极争取列入全省改革开放试点县区，努力增强对外开放的吸引力，推动我区的对外开放在更高的层次上健康发展。

四、高举团结旗帜，深化油地结合，共同建设繁荣文明的河口区

河口地区的发展历史，是一部油地团结、工农兵携手、共铸辉煌的创业史。河口地区开发建设的每一项成就，都是地方、油田和军工企业等方方面面团结协作，开拓奋斗的结果。搞好企地结合、深化工农兵共建，事关改革、发展和稳定大局，事关这一地区的繁荣与昌盛，这是时代的要求和人民的愿望。我们从十几年来的创业实践中，越来越深刻地认识到，工农兵携手并肩，则经济振兴，事业发达；油地军团结合作，则社会安定，政通人和。我们要在总结和发扬过去经验的基础上，进一步树立企地结合、工农兵共建的思想，不断开拓结合的领域，增强结合的广度和深度，努力把工农兵共建提高到一个新水平。

油田和地方都是开发建设河口地区的重要力量。把河口建成繁荣、富裕、文明的别具风格的现代化石油港口城市，必须经过油地双方的一致努力，必须长期坚持油地团结、工农共建、共同开发。我们要继续认真贯彻落实省委“团结、开发、建设”的指示精神，坚持“三个有利于”标准，紧紧抓住油田和地方深化改革的历史性机遇，进一步拓宽兴油富民、共同发展的路子，工农共建文明油区，实现油田的高产稳产、持续稳定发展，实现社区经济的快速健康发展，全面构筑油地利益共同体和繁荣共同体。

要大力发展油地经济共建。充分发挥油田资源、资金、人才、技术、市场等优势，坚持互惠互利，优势互补，在经济发展的诸多领域开展多层次、多形式、多门类的合作共建。以资产联结为纽带，鼓励双方企业加强横向经济联合或油地企业直接融合。地方企业可以出卖、转让、承租给油田经营，也可以租赁、承包、联合油田的企业。油地双方可以通过多种形式、多种渠道，联手、联力上项目，在联营中求发展、创效益。要大胆探索以土地折资入股参与油田生产经营的有效形式，与油田搞好联合经营开发。要积极支持油田参与我区荒碱地开发和滩涂资源开发，通过股份合作制形式，共同兴建农副产品生产基地；要大力支持油田发展农副产品加工企业，把油田部分企业建成地方农业的龙头企业，带动相关产业的快速发展。要按照公益事业大家办的原则和股份合作制经营机制，引导和鼓励油田多种形式参与地方大型基础设施和城市建设，不断改善和优化社区经济发展环境。要积极支持油田部门和干部职工兴办集体企业，发展民营经济，培植地方财源。鼓励油田单位和职工直接投资兴建社会公共服务设施和生产经营项目。鼓励油地双方联手搞好经济试验园区建设。

要加强工农间的多层次共建，促进科技、教育、文化、卫生等各项社会事业的发展。加强科技交流与合作，围绕科技、人才、项目、科研、成果管理等内容，努力做好与油田的合作共建。要制定规划，积极主动地会同油田建立区域性人才库，掌握科技人才现状，研究制定科技人才管理机制，达到人尽其才，才尽其用。制定优惠政策，鼓励、引导油田科研机构在服务油田生产的同时，积极参与地方企业技术进步和新产品开发。采取举办成果展览会、技术交流会、供需洽谈会等形式，积极搞好双方科技成果的推广和转化。采取星期日工程师以及聘请任职、兼职、顾问等形式，充分发挥油田在职和离退休科技人才的作用，鼓励他们为地方经济发展做出贡献。要进一步统筹规划教育资源布局，促进交流，共同发展。要加强文化、卫生等各项社会事业的合作，不断开创社会事业发展的新局面。要认真开展油地共建理论研究，借鉴吸收共建工作的成功经验，努力把共建工作推进到一个更新、更高的层次。

深化工农合作共建，是地方政府的一项重要工作；搞好油地结合，关键在于狠抓落实。各级政府要切实加强对油地共建工作的领导，成立坚强有力的组织领导班子，明确专职领导，层层落实责任制，努力把共建工作推向有组织、有领导、有计划、有考核的新阶段。要按照“经常、实在、有效”的原则，进一步完善《协议》内容，明确共建活动的义务责任和目标措施。要切实强化服务意识，凡油田需要地方办理的事情，不论哪一级、哪一个部门、单位，都要作为义不容辞的责任，积极配合，全力支持，搞好服务，为深化工农共建做出更加富有成效的工作。

各位代表，搞好工农兵共建，促进社区经济发展，是利在当代、功在千秋的宏伟事业。把这一事业全面推向二十一世纪，是我们庄严而神圣的历史责任。我们要企地一心，工农一心，共同谱写工农兵携手、团结奋进的新篇章，为油田的持续发展和河口振兴，为子孙后代的富裕幸福做出积极的努力。

五、进一步加强政府自身建设，努力提高政府工作水平，切实担负起历史赋予的光荣使命

跨世纪发展的五年，任务艰巨而繁重，对政府工作提出了新的更高的要求。各级政府必须自觉适应加快改革开放和发展社会主义市场经济的新形势，不断加强自身建设，努力提高工作效率和水平，更好地担负起组织经济建设和管理社会事业的重任。

（一）进一步解放思想，更新观念，开拓进取。全体政府工作人员都要以开发建设河口的跨世纪工程为己任，以高度的事业心和强烈的责任感，对工作满腔热忱，励精图治，拼搏奉献。全面贯彻落实十五大精神，坚持以“三个有利于”为标准，破除陈旧观念，勇于实践、敢于实践、抢抓机遇，能办大事，会办难事、敢办新事、创造性地开展工作，加快改革开放的步伐，促进社会经济的大发展。

（二）牢固树立群众观点，全心全意为人民服务。各级政府及其工作人员要自觉地坚持为人民服务的宗旨，视百姓为父母，待人民重如山，把人民的利益作为一切工作的出发点和落脚点，千方百计带领人民群众发展生产、治穷致富，时刻把群众的冷暖挂在心上。经常深入基层，体察社情民意，关心群众疾苦，倾听群众呼声，切实帮助群众解决生产生活中遇到的困难，特别要安排好受灾群众和下岗职工的生活，以奉献人民之心，赢得人民群众的依赖和拥护。要发扬艰苦奋斗、勤俭办一切事业的优良传统，以苦为乐，以苦为荣，做任何事情都要考虑我们的区情，考虑群众的承受能力，坚决反对铺张浪费。

（三）进一步转变作风，提高工作效率。各级政府及其工作人员要铺下身子，深入实际，做扎实细致的调查研究，及时发现和解决经济和社会发展中出现的新情况、新问题。要大力弘扬求真务实、真抓实干的风尚，说实话、办实事、求实效，不搞花架子，不作表面文章。各级政府部署的工作要一抓到底，确保落实，坚持快节奏、高效率，言必行、行必果，雷厉风行。继续实行目标责任制，强化监督考核机制，严明纪律，逐级负责，严格考核奖惩，增强各级干部的工作责任感和压力感。要切实转变文风、会风，下决心精简会议和文件，精减过多的事务性活动，集中精力议大事、抓大局。

（四）加强廉政建设，坚决消除腐败现象。反对腐败是关系党和国家生死存亡的严重政治斗争。腐败不除，民心难服，政权难稳，事业难兴。各级政府工作人员在反腐败问题上要旗帜鲜明，态度坚决，自觉做到自律、自重、自省、自警、自励，廉洁勤奋，遵纪守法，当好人民公仆。要正确对待和行使人民赋予的权力，坚决防止和纠正以权谋私、权钱交易等违法违纪行为。要继续深入开展党性、党纪和世界观、人生观的教育，进一步加强廉政制度建设，完善监督制约机制。要充分认识反腐败斗争的艰巨性和长期性，在深入持久上狠下功夫，加大案件查处力度，依法严惩腐败分子，坚决消除腐败现象。

（五）切实加强团结，形成强大合力。政府各部门都要树立大局观念、团结意识，一切从事业出发，心往一处想、劲往一处使，同心同德，齐心协力干事业。坚持党性原则，不凭私情办事；坚持党的纪律，不搞自由主义；坚持五湖四海，不搞团团伙伙；坚持公道正派，不搞拉拉扯扯，胸怀坦荡，光明磊落，严以律己，宽以待人。要认真执行民主集体制，坚持重大问题集体研究决定，实行集体领导和个人分工负责相结合、民主集中制和行政首长负责制相结合，确保政令畅通，协作一致。在区委领导下，政府要自觉接受人大监督，与政协和各人民团体搞好协商，搞好军政、军民团结，协调处理好上下左右关系，充分调动各方面的积极性。

各位代表，1998 年是新一届政府工作的第一年。认真做好今年的工作，具有十分重要的现实意义。关于1998年的国民经济和社会发展任务，将提交本次大会审议批准。主要计划指标安排为：国内生产总值增长17.9%，达到5.6亿元。工农业总产值增长24.5%，达到6.85亿元；其中工业总产值增长26.4%，达到4.5亿元；农业总产值增长20.9%，达到2.35亿元。粮食总产量增长70.7%，达到5.5万吨。财政收入按相同口径比1997年实际收入增长7.6%，达到9500万元。社会商品零售总额增长3.4%，达到5.1亿元。农民人均纯收入增长48.9%，达到2600元。人口自然增长率控制在7‰以内。

区政府在扎扎实实地做好各项工作，保证年度计划全面完成的同时，1998年将着力抓好六项重点工作。

1. 在全面开发工业项目的同时，开工建设石油化工厂二期工程，启动实施华通塑胶管材厂“科技星火”计划，扶持壮大黄河口家具实业有限公司。完成技改投入1亿元。

2. 加强水利工程建设，新建650万方水库1座，30万方以上小型水库15座，新增蓄水能力1000万方以上。增加枣粮间作面积2.5万亩，海水养殖面积5000亩，淡水养殖面积3000亩，苇田面积2万亩。改造中低产田2.5万亩。实施1万亩农田喷灌试点工程。

3. 落实政策，优化环境，大力发展乡镇企业和民营经济。扶持发展10家重点民营企业。完成河口区经济试验园区一期工程，招商引资工作全面展开。机关干部领办创办工作再掀新高潮。

4. 坚持油地共建，深入开展“城乡建设管理年”活动。拓宽改造河二路，延伸河一路、中心路，打通育英路，开通河一路至海宁路段。绿化海康路、海盛路、河滨路、海宁路。治理改造中心路、商业街，建设透视墙，安装霓虹灯，使河口城区亮起来。

5. 切实解决群众关心的一切实际问题。对区直西区进行集中治理改造，彻底解决在水、电、暖等方面存在的问题。实施“安居工程”，建设100户职工住宅，进一步改善职工居住条件。同时，搞好科技档案馆建设和政法机关办公、住宅楼建设。

6. 建立农村和城市居民最低生活保障线制度，按照政策，确保农村困难群众和城市贫困人口的基本生活需求。

各位代表，党的十五大吹响了迈向新世纪的号角，赋予我们光荣而艰巨的历史使命。从1998年到2002年，将是我们肩负新的希望、经受新的考验、实现新的跨越的五年；将是全面完成“九五”计划，打开事业新局面，为实现2010年远景目标奠定坚实基础的五年。让我们高举邓小平理论的伟大旗帜，紧紧围绕在以江泽民同志为核心的党中央周围，在区委的正确领导下，以崭新的精神风貌和强烈的责任意识，团结带领全区人民，同心同德，锐意进取，为夺取全区改革开放和现代化建设的新胜利而努力奋斗！

政府工作报告

——1999年2月2日在东营市河口区第十四届人民代表大会第二次会议上

东营市河口区人民政府区长 徐春福

各位代表：

现在，我代表河口区人民政府向大会作政府工作报告，请予审议，并请各位政协委员和列席人员提出意见。

一、团结拼搏，迎难而上，过去一年政府工作取得显著成绩

刚刚过去的1998年是我区改革开放和经济建设极不平凡的一年。在过去的一年中，由于受亚洲金融危机、国际油价下跌和国内市场变化的影响，我区经济遇到了前所未有的困难。面对异常严峻的形势，全区上下在市委、市政府和区委的正确领导下，认真贯彻落实党的十五大和十五届三中全会精神，坚持以经济建设为中心，全面落实“工业强区，农业富民，企地结合，城乡一体”的总体工作思路，发扬伟大的抗洪精神，保持积极的精神状态，创造性地推进改革与发展，较好地完成了经济社会事业发展的目标和任务。预计全区完成国内生产总值5.74亿元，增长18.3%，其中第一产业增加值2.4亿元，增长

32.1%；第二产业增加值1.65亿元，增长17%；第三产业增加值1.69亿元，增长8%。工农业总产值7.94亿元，增长42.5%。实现社会消费品零售总额45252万元，增长0.2%。完成财政收入10206万元，增长14.3%；农民人均纯收入达到2303元，增收557元，增长31.9%。人口自然增长率为7.24‰。

（一）调整优化农业经济结构，农村经济素质和效益显著提高。以提高农产品品质为中心，调整农业结构，积极推进农业产业化进程。重点培育了畜牧、水产、林枣、苇草等主导产业。粮食产量创历史最高水平，总产65954吨，增长104.7%。加快畜牧品种改良，加大畜牧专业村和畜牧示范基地建设，全区肉蛋奶总产量14324吨，增长7.6%。发展枣农间作面积3.4万亩，新建冬枣园2500亩、桑园5000亩；果品总产量8994吨。渔业开发，呈现出前所未有的梯次开发新格局，完成滩涂开发2万亩，新增浅海精护养面积8万亩，水产品总产量4.4万吨，增长110.8%。坚持抗旱与排涝、开源与节流、开发与管理相结合，集中力量兴建了一批引、蓄、排、节水工程。建成水库16座，增加蓄水能力1915万方；发展喷灌、滴灌、暗管送水等节水农业1.06万亩。疏浚骨干引排渠道12条，高标准实施了沾利河、马新河两河贯通工程。完成了六合乡5000亩渔农开发、义和镇1.5万亩中低产田改造样板方和太平乡1.5万亩中低产田改造修复项目。加大科技兴农力度，大力推进农业良种工程，良种覆盖率和品种档次均有较大幅度提高。加强农业科技服务体系建设，畜禽人工授精、鱼虾蟹混养等一批先进实用技术，特别是水稻旱育大秧等汛插秧技术获得成功。建设了机关领办创办农牧渔综合开发示范基地和六顷农业高科技示范园。着重加强农村五项制度建设，全区村村实现了村财村账双代管和村务公开制度；严格控制“三提五统”预算，农民负担实现了以村为单位计提。扶贫工作取得突破性进展，贫困户由1997年底的1500户减少到363户。

（二）加快实施工业强区战略，不断提高运行质量。把加快工业发展放到更加突出的位置，以市场为导向，坚持活化存量，优化增量，扩张规模，提高效益的方针，工业发展速度和经济效益逐步提高。深刻分析工业生产运行形势，及时协调解决生产经营和建设中出现的问题，采取有力措施，保证生产运行主要环节的衔接和畅通。加强企业内部管理，节能降耗，提高效益。加强营销工作，积极开拓市场，提高产销率。集中力量抓好项目建设，扶持、壮大优势企业的发展。黄河口家具实业有限公司、华通塑胶有限责任公司、鑫麟家具厂等骨干工业项目不断加大投入，膨胀规模，保持了持续发展的良好势头。以农副产品加工、贮藏、运销为重点，走发展与提高并重的路子，大力发展乡镇企业。油毡原纸、苇板加工等优势工业项目已初具规模。预计全区完成工业增加值1.1亿元，增长13.2%；乡村集体以上工业企业利税总额1630万元。

（三）强化征管，严格支出，财税金融形势发展平稳。面对极其严峻的财税形势，实行严格的目标责任制，全面加强税收征管，大力清理欠税，保证了财政收入任务的如期完成。全年地方财政收入10206万元，完成年初预算的107.43%，增长14.3%，实现了财政收入过亿元的奋斗目标。严格控制支出，坚决压缩非生产性支出，加强资金调度，提高资金使用效益，保证了重点工程建设和工资发放，连续十四年实现了财政收支平衡。预算外资金管理工作逐步走向规范化的轨道。全区金融机构各项存款余额24.8亿元，增长1.9%；各项贷款余额4.5亿元，增长11.7%。

（四）优化环境，营造载体，个体私营经济快速发展。制定出台了加快个体私营经济发展的补充规定，设立个体私营经济发展基金，成立“一站式”服务中心，建立缴费登记卡制度，推行重点个体私营企业挂牌保护制度，营造了良好的发展环境。全区新增个体工商户641家，私营企业57家，实现产值7.1亿元、利税1.07亿元。不断加强载体建设，河口区经济试验园区一期工程基本完成，招商引资工作取得显著成效。河口蔬菜批发市场和河口五金建材市场投入运营，河滨路、海宁路、海盛路商业街建设初具规模。机关领办创办工作进一步规范，全区机关事业单位创办各类项目235个，投资总额4307万元，参与经济活动的干部职工625人，离岗人员434人。

（五）积极开展九八“城乡建设管理年”活动，基础设施建设得到加强。油地双方投资7600万元，改造河口城区道路4条，实施道路绿化工程4项，绿化面积11.73公顷。新建县乡公路11.3公里，改造维修道路6.5公里。机关办公和城区服务设施建设得到加强，机关职工居住条件进一步改善。97年“安居工程”交付使用，1998年108户“安居工程”完成主体；西区水、电、气、暖设施基本配套。城区容貌综合整治力度进一步加大，市容环境明显改观。小城镇建设取得良好成效，孤岛镇、仙河镇被列入全市十大中心城镇建设规划，新户乡荣获“全省村镇建设新型乡镇”称号。

（六）积极实践，大胆探索，各项改革稳步推进。认真贯彻落实党的十五届三中全会精神，土地延包工作全面展开。在企业工作中，坚持一手抓改制，一手抓发展，通过政策推动，典型带动，多策并举，规范运作，实现了企业改制的突破性进展，企业改制率达到96%。通过改制，工业企业普遍增强了活力，并陆续涌现出一批新的股份制企业；流通企业甩掉了包袱，轻装上阵，开始向新的经营方向迈进。外贸出口能力进一步增强，外贸出口总值完成222万美元，增长48%；实际利用外资73万美元，增长180.8%。医疗保障、乡镇公办教师工资区级统筹、城区居民水电气暖管理和粮食流通、金融、邮电等多方面的改革，都取得了新的进展。经过多方努力，河口区被列为全省第四批改革开放试点县区，为全区经济社会的快速发展创造了更加有利的条件。

（七）拓宽路子，注重实效，油地军校结合工作开创新局面。按照思想向下渗透，工作向实发展的指导思想，油地军校四方不断加大结合工作力度，努力拓展结合的范围和领域，在工业、农业、基础设施建设、便民利民工程、油区综合治理、发展个体私营经济以及科技推广、人才联用、项目联办等方面，取得了良好成效。确立了油地结合协调运行机制，工作网络进一步完善，油地结合取得了实质性进展。油田单位帮扶地方乡镇工作逐步展开，河口采油厂和渤海钻井总公司的帮扶队伍已分赴六合乡和新户乡，并就具体项目和合作领域达成了广泛共识。

（八）完善职能，强化措施，各项社会事业进一步发展。坚持科学技术是第一生产力，全面落实科技进步目标责任制，加大资金投入，推广实用技术，实施示范工程，科技引导领域不断扩大。加强与大专院校和科研单位的联合，广泛招揽高层次人才，实施了一大批科技计划项目，科技对经济发展的驱动力进一步增强。教育改革有了新的进展，学校管理得到加强，教育质量和办学效益不断提高。卫生工作成效显著，乡村卫生一体化管理和农村合作医疗取得重大进展。计划生育工作从狠抓基层、规范管理入手，全面加大工作力度，实现了“奋战九八年，打胜翻身仗”的目标。土地管理工作不断深入，三年责任目标圆满完成，土地市场清理整顿工作取得良好成效。环境监测力度进一步加大，环境污染得到有效控制。文化、体育、广播电视、民政、气象、劳动、人事、地名、史志、档案等项社会事业健康发展，行政监察、计划统计、机关事务、物价管理、安全保密、民族宗教、外事侨务、无线电管理等各项工作都有新的进展。深入开展国防教育和拥军优属活动，支持了军队建设，加强了民兵预备役和征兵工作。社会保障体系进一步完善，再就业工作力度明显加大，全年安置下岗职工再就业404人，再就业率达85.2%。

（九）坚持两手抓、两手都要硬的方针，社会政治环境持续稳定。认真贯彻党中央“讲学习、讲政治、讲正气”的要求，坚持政治领域抓团结，经济领域抓共建，强化大局意识，在全区上下形成了精诚团结、艰苦创业的强大合力。政府系统自上而下实行了严格的目标责任制，量化指标，落实责任，严格督查，一抓到底，保证了政府工作的高效有序运转。大力加强新时期社会主义精神文明建设，广泛开展社会主义思想教育活动，全面落实“强素质”计划，城乡文明程度明显提高。坚持依法治区方针，广泛开展民主与法制教育，广大干部群众的民主法制观念进一步增强，各级政府的民主决策和依法行政水平不断提高。坚持“稳定压倒一切”的方针，全面落实社会治安综合治理的各项工作措施，打防并举，标本兼治，为全区经济社会发展创造了优良的外部环境。高度重视人民来信来访工作，坚持领导接访制度，正确处理新形势下的人民内部矛盾，认真解决关系群众切身利益的热点、难点问题，始终不渝地抓好减轻农民负担和企业负担工作，深入持久地开展反腐败斗争，营造了一个良好的发展局面。

在过去的一年中，我们面对前所未有的矛盾和困难，正确分析和把握经济走势，及时采取相应的对策和措施，立足自身优势，做好结合文章，不断探索加快发展的新路子。坚定不移地走群众路线，依靠群众的力量和大家的智慧战胜困难，全面完成了各项工作任务。一年的成绩，来之不易。这是在区委的正确领导下，在区人大及其常委会的监督支持下，人民政协、人民团体参政议政，全区人民同心同德，不畏艰难，奋力开拓，积极拼搏的结果。在此，我代表河口区人民政府，向全区人民，向所有关心、支持政府工作，为我区改革建设做出贡献的同志们和朋友们，表示崇高的敬意和衷心的感谢！

各位代表，在充分肯定成绩的同时，我们更应该看到自身的不足和问题。一是农业基础条件较差，抗御自然灾害的能力较弱；农业产业化发展缓慢，缺乏有带动辐射作用的龙头项目。二是企业少、规模小、档次低的问题仍然存在；企业营销管理水平低，人才匮乏，生产经营困难，经济效益差；职工就业和再就业压力增大。三是财源结构不合理，地方财源严重不足；油田面临重重困难，有关政策不断调整，保持财政收入的稳定增长面临重大困难。四是干部群众的思想观念还比较落后，还不适应新形势和新任务的需要；机关干部职工的整体素质，尤其是在困难和压力面前打胜仗、打硬仗的素质，还需要进一步提高。对此，我们必须认真对待，采取切实有效的措施，逐步加以解决。

二、抢抓机遇，负重奋进，努力开创国民经济和各项社会事业发展新局面

今年是我国历史发展过程中具有重要意义的一年，我们将隆重庆祝新中国成立五十周年，我国将恢复对澳门行使主权，我们面临的改革、发展和稳定任务十分繁重。尽管今年我区的经济形势非常严峻，但挑战与机遇同在，困难与希望并存。只要我们在困难面前不低头、不弯腰，迎难而进，抓住机遇，拼搏进取，就一定能够创造出新的优势，实现新的发展。作为山东省两大跨世纪工程之一的黄河三角洲开发建设已进入实质性阶段，扶持环境将会更加优越。我区作为改革开放试点县（区），省委、省政府将实施五方联动战略，这为进一步深化改革、扩大开放、引进资金、争取项目，创造了良好的外部环境。随着油田经营机制和管理体制的变化，其改革力度将会加大，油地经济融合的程度将会更高。近几年来，我们加大企业改革力度，企业长期积累的矛盾和问题尤其是包袱沉重的问题，逐步得到解决，企业活力明显增强。同时，我们培育的新的经济增长点开始发挥作用，优势项目将会进一步膨胀规模，油地校经济合作将会取得新的突破，个体私营经济发展的潜力很大。为此，在这世纪之交的重要时期，我们一定要以更加积极的姿态，把握发展机遇，主动迎接挑战，坚定不移地把我区改革开放和现代化建设事业推向前进。

今年政府工作的指导思想是：高举邓小平理论伟大旗帜，深入贯彻党的十五大和十五届三中全会精神，按照中央“统一思想、坚定信心，抓住机遇、知难而进，团结一致、艰苦奋斗”的总体要求，坚持“三个有利于”标准，深化改革，扩大开放，稳定和加强农业，壮大发展工业，加强基础设施建设，积极开拓市场，大力发展个体私营经济，协调发展各项社会事业，努力保持国民经济持续快速健康发展和社会全面进步。

主要经济和社会发展指标确定为：国内生产总值增长17.8%，达到6.76亿元。其中农业增加值增长8.3%，达到2.6亿元；工业增加值增长18.2%，达到1.3亿元；建筑业增加值增长49.1%，达到8200万元；第三产业增加值增长20.7%，达到2.04亿元。财政收入增长10.03%，达到11230万元。乡村集体以上工业利税总额增长16.6%，达到1900万元。粮食总产量66000吨，其中本区57600吨，与去年基本持平。果品产量9000吨，其中本区8700吨，与去年基本持平。肉蛋奶总产量增长30%，达到18600吨。水产品总产量增长9.1%，达到48000吨。农民人均纯收入增长21.6%，达到2800元，增收497元。社会消费品零售总额增长10.5%，达到5亿元。出口创汇增长35.1%，达到300万美元。实际利用外资增长3.2倍，达到310万美元。技改投入增长28.6%，达到6535万元。再就业率保持在60%以上。人口自然增长率控制在9‰以内。

今年的政府工作任务非常艰巨，矛盾和问题很多。在实际工作中，必须把握机遇，理清思路，抓住关键，实施正确而有效的措施，突出做好八个方面的工作。

（一）稳定和加强农业，促进农村经济更快发展。今年农业和农村工作要全面贯彻落实党的十五届三中全会精神，紧紧围绕农业增产、农民增收这个目标，积极推动农业向市场化、科技化、产业化、企业化迈进。

一是稳定和落实党在农村的基本政策。农村稳定是整个社会稳定的基础。坚定不移地做好土地承包期再延长30年的工作，确保春节前基本完成。要切实做好村民委员会的换届选举工作，加强村级领导班子建设，扩大基层民主，促进农村的社会稳定和经济发展。巩固深化农村“两公开一监督”制度。认真落实标本兼治的减轻农民负担政策，坚持“三提五统”定项限额，一定三年不变。加快农村费税改革步伐。加大开发式扶贫力度，确保全面完成扶贫攻坚任务。

二是大力推进农业产业化。产业化经营是农业逐步走向现代化的现实途径。第一，加大农业结构调整力度。要稳定粮食生产，突出培育畜牧、水产、林枣、苇草四大主导产业，优化配置各类农业资源，提高综合利用率，尽快把这四大产业建成具有河口特色的支柱产业。重点项目安排为：开发稻田1.5万亩，使全区水稻种植面积达到3万亩。完成滩涂开发1万亩，发展浅海贝类增养殖3万亩；配套完善渔农项目1万亩。实施畜牧品种改良工程，大力发展奶牛、肉牛、毛兔、肉兔等食草畜禽，新增枣农间作面积5.3万亩，建设冬枣密植园1.26万亩；发展桑园5000亩。实施3000亩苇草品种改良工程。第二，狠抓农业龙头企业建设。坚持多种经济成分一起上，鼓励支持多层次、多形式、多渠道发展龙头企业。大力发展农村专业合作经济组织和中介服务机构，搞好农产品的系列化服务。重点项目安排为：配套建设引智示范园基础工程；扩大东宏公司育苗场水体1000方，使生产规模达到3000方；新上沙蚕加工企业3处，加工能力150吨；依托区供销社冷藏厂，增上畜产品加工生产线；改造区果业服务中心冬枣保鲜库，并对冬枣、金丝小枣进行精深加工，打出河口品牌；成立枣业开发服务中心和枣树研究所；扩大苇草加工规模，增上新的加工生产线。

三是加快推进农业技术的推广应用步伐。加强农业科技交流与合作，建立健全公开招标、竞争立项、竞争上岗的科研管理体制，充分调动广大科技人员的积极性。积极探索科研、教育、推广与生产紧密结合的运行机制，走产学研结合的路子。加强农业高新技术的试验示范和中试基地建设，加快应用研究成果的中试、熟化和转化。抓好节水农业、畜牧、上农下渔、高产对虾养殖等科技示范园区建设，重点搞好李坨水库农牧渔生态示范基地和六顷村农业高科技示范园建设，完善发展规划，搞好机制调整，努力提高经济效益和社会效益。大力推进农业机械化，重点推广联合收割机和精密播种机，实现小麦精播3万亩。

四是切实搞好水利基础设施建设和农业综合开发。抓住国家扩大基础设施建设投资的有利时机，集中力量兴建一批引、蓄、排、节水工程，进一步改善农业生产条件。建设5座小型水库，修建挑河拦河闸，新增蓄水能力530万方；完成草桥沟清淤治理工程；安排农村小康型饮水工程20处；发展喷灌、滴灌、暗管送水等节水农业3万亩。以农业高新技术为手段，发展高效农业、特色农业，建设精品开发工程。今年重点组织好四扣乡稻田改造样板方建设、太平乡1万亩中低产田改造和义和镇1.5万亩暗管排碱工程。

（二）加快经济结构调整，大力发展二、三产业。经济结构不合理、经济效益低，是我区经济发展中非常突出的问题。当前是搞好经济结构调整的良好时机，今年一定要把这篇文章做好。

一是加大工作倾斜力度，全面实施工业强区战略。全区经济工作的重点要向工业倾斜，精力要向工业集中，发展工业要成为经济工作的重中之重。在工作运行中，要坚持把提高工业经济的科技水平放到重要位置，坚持高起点，依靠科技培育多元化主导产业，构筑高层次工业体系。同时，要注意占领市场空隙，利用资源优势，增上一批短、平、快的项目，培植小而专、小而精、小而特企业。积极实施品牌战略，尽快培育出河口的名牌产品，带动河口工业走向外部大市场，促进整个产业结构的优化升级。注重发挥多个方面的积极性，通过资金联股、项目联办和实行股份制改造等方式，做好企业重组的文章，壮大区域经济实力。要引导企业尽快建立适应市场需求的营销机制和营销网络，建设高水平的营销队伍，掌握市场动态行情，真正实现以销定产，提高产品的市场占有率。切实加强企业领导班子建设，健全完善对企业经营者的激励和监督约束机制，努力培养一支懂经营、会管理，责任心和事业心强的企业管理人才队伍。

项目是搞好调整和加快发展的载体。今年要紧紧围绕我区工业发展的方向和目标，进一步加大优势产业和骨干项目的技改力度。充分发挥资源优势，利用一切可以利用的条件，千方百计多选项目，快上项目，上好项目。要切实搞好新上项目的论证和管理工作，注重新上项目的技术水平和市场前景。今年重点安排的工业项目是：与山东大学、省粮油研究所、上海交通大学合作开发黄须菜资源，配套生产线、包装线，年内形成黄须菜籽油批量生产能力。实施石油化工厂二期改造工程，走好联合发展的路子。实施华通塑胶有限责任公司扩产工程，增上装饰板材配套设备，组建产品安装、维修队伍，调整完善企业经营机制，实现产值1000万元、利税100万元。扩大黄河口家具实业有限公司出口创汇能力，达到每月25个集装箱的生产规模。各乡镇都要千方百计增上新的项目，总的要求各乡镇工业项目的投资都要超过100万元。

二是大力发展新兴第三产业，积极拓宽发展领域。加快第三产业发展，对促进经济发展、繁荣城乡市场、扩大就业具有重要作用。我区第三产业中传统的批发零售、餐饮服务业占有较大比重，旅游、信息、科技服务、社区服务等新兴第三产业尚未破题。这表明，我区第三产业亟待上水平、挖潜力，开拓发展空间。今年，我们要在巩固提高传统产业的基础上，把发展的重点转到提高层次、完善功能、强化服务上来，着重抓好旅游、信息服务、社区服务、市场体系建设。结合黄河口治理、野生资源保护、油田开发和海港建设，制定旅游产业发展规划，加快旅游景点建设和配套产业开发。市场建设在规划建设部分农产品专业批发市场的同时，扩建河口五金建材市场，新建家具专业市场、粮食批发市场和旧货市场；完善现有大中型商业设施，搞好商业网点改造建设，走专业化发展的路子。

三是全面落实各项优惠政策，加速膨胀个体私营经济。今年，在个体私营经济的发展上，重点解决三个问题。其一是搞好引导，扶持壮大。在全面放宽经营范围和经营方式的同时，积极扶持个体私营骨干企业，鼓励个体私营大户通过租赁、兼并、控股、参股等形式，参与国有、集体企业改革。积极引导个体私营经济向加工型、科技型、外向型、规模化、集团化方向发展。其二是拓展发展领域，培植新生力量。积极鼓励支持胜利油田、济军生产基地的干部职工从事个体私营经济，优化发展环境，吸引更多的外地客商到河口兴办个体私营企业。其三是搞好载体建设。完善河口区经济试验园区一期工程，年内入园项目80%以上开业经营，同时规划建设二期工程。积极搞好各乡镇园区建设，新户、义和、六合、四扣经济园区年内要达到入园业户20户以上、资产总额500万元以上的规模。今年全区个体私营经济发展的总体目标是，新增个体工商户500户，新增私营企业36家，培植资产过百万的个体私营大户18户，培植资产过千万的个体私营企业3家；全区个体私营业利税总额实现1.2亿元，增长12.1%。

（三）进一步加大改革力度，全方位扩大对外开放。改革是发展的动力。进一步探索农业综合开发新机制，推动荒碱地和浅海滩涂的多层次、多形式开发利用。切实搞好水利产权制度改革，走好多元化办水、企业化管水、商品化用水的路子，逐步实现水利产业化。全面贯彻“三改一加强”的方针，进一步深化企业改革，规范企业运作，巩固和发展企业改制成果，加快转换企业经营机制。对已完成改制的企业要严格按照《公司法》的要求进行规范，健全完善法人治理机构，形成新的决策、执行、监督机制。加快配套改革步伐，稳步推进政府机构改革，积极推进粮食流通体制改革、金融体制改革以及住房制度、社会保障制度等方面的改革。

针对我区对外开放相对滞后、经济外向度低的实际情况，紧紧抓住被列为全省改革开放试点县（区）的大好机遇，全方位加大工作力度，努力提高对外开放水平。围绕基础设施建设、特色农业、土地开发、高新技术等领域，按照动态管理、双向结合、滚动运行的模式，进一步充实招商项目，实行大中小相结合，多形式、多层次开展对外招商活动。采取上门招商、以商招商、网上招商等各种有效途径，落实招商目标责任制，坚持一抓到底，确保招商实效。要加强外经贸机构和队伍建设，选拔一批有真才实学、有外贸专业知识的人才充实外经贸部门。在继续完善硬件建设的同时，突出改善软环境，着力提高服务水平，确保涉外项目和外地客商“引得来，留得住”。

（四）进一步完善经济调控机制，确保财政金融健康平稳运行。今年我区的财政形势相当严峻，实现增长10%的目标面临重大压力。在这种异常困难的情况下，我们必须把财税工作抓紧、抓细、抓严。一是切实抓好税收征管，确保依法依律征足征齐。要实行明确的工作目标责任制，强化约束，严格调度，平衡运行，确保收入目标如期完成。加大对行政性收费和罚没收入的清缴管理，严格执行“收支两条线”制度，努力增加财政收入。二是严格控制支出。支出的总体控制目标是有保有压。保，就是保工资，保工作正常运行，保改革成本支出，保重点项目建设；压，就是压缩机关事业单位人员和车、会、接待等非生产性支出。围绕经济发展目标，重点扶持农业、高新技术产业的发展和基础设施、社会公益事业项目的建设，并发挥财政资金的导向作用，引导社会资金投向经济建设。党政机关和事业单位一律紧缩开支，实行行政事业经费预算包干，超支不予追加。三是强化财政监管。加强对财政资金使用情况的监督管理，实行跟踪问效。对财政拨款和有预算外资金收入的单位，实行财会人员委派制度。逐步推行政府采购制度。加强对企业财会人员的培训指导，提高企业财务管理水平。

（五）加强基础设施和城乡建设，增强辐射带动功能。继续深入开展“城乡建设管理年”活动，以科学规划为先导，以自然资源、区位优势和经济优势为依托，以增强服务功能、优化城市环境为重点，坚持油地共建共管的发展思路，大力推进乡村城镇化、城市现代化、城乡一体化进程。今年城乡基础设施建设的主要任务是：第一，完善城市功能，优化城区环境。改造辛河路河口段；完成环城水系建设规划，并开工建设部分地段；改造治理中心路、河一路、河滨路排水沟，疏通治理面条沟；完成河二路 1.5 公里、海康路 2.5 公里道路绿化；按照统一标准，全面实施区直单位庭院绿化工程；配套建设西区居民生活区基础设施；全面治理海盛路。第二，切实搞好办公设施建设和安居工程建设。配套启用区公安分局、检察院、法院办公楼和科技档案馆、文体活动中心、计生服务楼；建设妇幼保健楼、一中办公楼、实验小学教学楼和河口派出所办公楼；完成 1998 年 108 户安居工程尾工，新建 114 户职工住宅楼，基本解决区直干部职工住房难问题。第三，搞好县乡公路建设和农村电网改造。建设县乡公路 19 公里；建设 35 千伏六合变电站和 35 千伏新户变电站，改造建设 10 千伏线路 106 公里，完成河口城区及五个农业乡镇部分农村低压电网建设改造工程。第四，积极推进小城镇建设。每个乡镇改造治理驻地一条主要道路，配套排水、路灯等基础设施，搞好美化、绿化；每个乡镇选择 3 个沿路村庄进行集中整治，点上突破，整体推进，努力改变沿路村庄脏乱差的局面；启动实施村庄兼并计划，并在新户乡搞好试点，总结经验，适时推广；切实组织好六合乡政府搬迁工作，坚持高标准、高起点，沿辛河路两侧统一规划建设；改造治理义和镇政府驻地，搞好道路保洁和基础设施建设；实施新户卫生院和太平卫生院的改造建设。

（六）积极推进油地军校结合，壮大区域经济实力。继续发扬工农携手、油地协作、相互支持、共同发展的优良传统，一如既往地支持油田的改革与发展。以资产联结为纽带，推动油田加快企业改制，把为主业服务的辅助行业分离出来，进行股份制和股份合作制改造；鼓励油田通过兼并、联合等方式改造地方企业，通过参股、控股联合创办新企业。引导和鼓励油田多种形式参与地方基础设施和城市建设；鼓励油田单位和职工直接投资兴建社会公共服务设施和生产经营项目；鼓励油地双方共同搞好经济试验园区建设。进一步拓宽与济军生产基地的合作开发领域，联手、联力兴办项目，在联营中求发展、创效益。充分发挥油地校科技副职挂职交流的作用，尽快建立油地校一体的科技经济项目库，搜集储存一批先进适用的新技术、新成果。充分发挥油地结合办公室的组织、协调、调研功能，搞好信息交流、情况反馈、决策准备、事项督导和理论研究工作，为油地结合、工农共建拓展更大的发展空间。要紧紧抓住油田帮扶乡镇的有利时机，尽快理清思路，搞好配合，从兴办具体项目入手，加强合作共建，促进经济发展。

（七）加快实施“科教兴区”战略，大力发展各项社会事业。知识经济的兴起对科技进步提出了紧迫要求。今年要继续加大对科技的投入，加强与大专院校和科研单位的深层次合作，不断拓展技术合作领域，加速科技成果向现实生产力的转化。搞好人才资源开发，坚持培养、使用、引进相结合的原则，搞活人才培养和使用机制，为加快发展高新技术产业提供智力支持。

继续把教育放到优先发展的战略位置，合理调整教育结构和学校布局，加强规范化学校建设，进一步提高教育质量和办学效益。区一中今年要达到市级规范化学校标准；区实验小学要做好教学设施建设和扩班工作；各乡镇要进一步做好消灭复式班、合并学校和改善教师住房条件等工作。继续把尊师重教作为弘扬社会新风的一项重要任务来抓，不断改善教师的工作和生活环境，激励广大教师为全区教育事业发展做出更大的贡献。

坚定不移地做好计划生育工作，健全工作网络，转变管理方式，规范运作程序，狠抓薄弱环节，使计划生育工作再上一个新台阶。强化全民环保意识，搞好污染源治理和控制，不断改善环境质量。认真贯彻落实新颁布的《土地管理法》，切实加强土地管理工作，合理开发利用土地资源。进一步加大对卫生事业的投入，完善农村医疗保障体系，不断加强医疗设施和医疗队伍建设，保障人民群众身体健康。认真做好全国第五次人口普查工作，搞好机构建设和人员培训，确保工作实效。要切实抓好下岗职工再就业工作，广开就业渠道，拓宽就业门路，减轻就业压力。进一步抓好社会保障制度建设，切实安排好群众生活，维护社会稳定。大力发展文化、体育、广播电视、气象、侨务、史志等各项事业，促进社会全面进步。

（八）加强精神文明建设和民主法制建设，巩固和发展稳定的社会政治环境。紧紧围绕在全社会形成共同理想和精神支柱这一根本，坚持用邓小平理论教育干部群众，深入开展以为人民服务为核心、集体主义为原则的社会主义道德教育，引导人们树立正确的人生观、价值观，提高全社会的思想道德水平。要深入开展群众性精神文明建设活动，多层次抓好文明形象工程建设，弘扬正气，树立新风，激发全区人民的创业奉献热情。

各级政府要自觉接受区人民代表大会及其常委会和人民政协的监督，加强与各群众团体的联系，保障人民当家作主的民主权利，推进政府决策的民主化、法制化。加强基层组织建设，完善城镇居民和农村村民自治制度，重点抓好村务公开和民主管理制度的落实。深入开展“三五”普法教育，提高广大人民群众的法律意识和法制观念。加强政府法制和执法队伍建设，加大执法力度，强化法制监督，提高依法行政水平。

进一步加强基层基础工作，坚持不懈地抓好社会治安和油区秩序综合治理，切实担负起保一方平安的责任。深入持久地开展严打整治斗争和专项治理，依法严厉打击各种经济犯罪活动及非法宗教活动，严厉打击村霸、路霸、市霸等邪恶势力，坚决扫除各种社会丑恶现象，积极开展反走私斗争，为人民生活和经济建设创造稳定的社会政治环境。密切关注并认真做好群众来信来访工作，及时妥善处理各种群体性事件，适时排查和解决引发上访的各类苗头性问题，把矛盾化解到基层，解决在萌芽状态。

三、转变作风，改善服务，切实加强政府自身建设

建设河口，发展河口，加快富民强区步伐，我们面临的任务光荣而艰巨。各级政府及其工作人员要深入开展以“讲学习、讲政治、讲正气”为主要内容的“三讲”教育活动，进一步加强自身建设，努力提高工作效率和工作水平，更好地担负起组织经济建设和管理社会事务的重任。

（一）加强思想建设，进一步增强开拓进取的勇气和本领。发展社会主义市场经济，我们面对许多新情况和新问题，迫切需要加强学习。善于从繁杂的事务中解脱出来，认真学习邓小平理论，学习经济政策、企业管理、科技知识、金融知识和法律知识，不断丰富和充实自己，提高驾驭经济工作的能力。认真搞好“九九学习年”活动，积极开展形式多样、扎实有效的学习活动，在全区政府系统形成勤奋学习、认真钻研的良好风气。深入基层，调查研究，针对经济和社会生活中的突出问题，及时总结推广基层群众的创造性经验，指导和推动工作。进一步强化机遇意识和发展意识，解放思想，更新观念，开拓进取。当前，要把解放思想的重点落实到承认差距、不甘落后，大胆推进改革开放和经济建设上；落实到放手发展个体私营经济，努力培植各种类型的新的经济增长点上；落实到立足自身实际和产业特色，积极探索开放型经济发展的途径上。要认真研究掌握政策，用足、用活、用好各级各方面的政策。强化市场观念和竞争意识，由被动地跟着市场走，转到奋力开拓市场上来，积极参与市场竞争，提高开拓市场的能力。

（二）加强组织建设，形成纪律严明、团结协作的强大合力。政府各部门都要树立大局观念和协作意识，小局服从大局，局部服从整体，有令则行，有禁则止，坚决杜绝“中梗阻”现象。强化团结意识，一切从事业出发，同心同德，齐心协力。认真坚持民

主集中制原则，建立健全议事规则和议事程序，坚持重大问题集体讨论决定。认真坚持民主生活会制度，勇于开展批评与自我批评，敢于剖析自我，努力做到思想同心，目标同向，行动同步。班子成员之间要互相尊重，互相帮助，互相支持，确保工作高效有序运转。要注重搞好军政、军民团结和油地团结，协调处理好上下左右的关系，充分调动各方面的积极性。

（三）加强作风建设，提高工作效率。求实务实，是政府工作的重要保证。坚持一切从实际出发，铺下身子，深入实际，做扎实细致的调查研究，及时发现和解决经济社会发展中出现的新情况、新问题，真正做到科学决策，大力弘扬立说立行的工作作风，决策要快，动作要快，落实要快，快节奏，高效率，在人民群众中树立说到做到、雷厉风行的良好形象。把加快发展的压力变成强大的思想动力，凡是认准的事情，就要抓住不放，一抓到底。进一步加大政府工作的督促检查力度。对确定的任务实行严格的目标责任制，明确责任，定量考核。对重点项目责任目标的考核，主要看进度、规模、争取资金、科技含量和市场前景等指标；对部门岗位目标的考核，主要看区委、区政府重大决策落实情况、本职工作完成情况和特殊贡献情况。进一步完善奖惩机制，把抓落实的成效、工作的实绩、完成目标任务的情况与干部的使用挂起钩来，与经济利益和政治荣誉挂起钩来，激励先进，鞭策后进，在全区上下形成齐心协力求发展的良好氛围。牢固树立群众观点，密切联系群众，全心全意为人民服务。全体政府成员想问题、办事情、作决策，都必须把群众放到首要位置，把群众关心的热点作为政府工作的重点，千方百计为群众办实事、谋福利。办一切事业要尽力而为，量力而行，把改革的力度、发展的速度和承受的程度结合起来，真正把好事办好。

（四）加强廉政建设，当好人民公仆。全体政府成员在廉政建设问题上一定要旗帜鲜明，态度坚决，自觉做到自重、自省、自警、自励，以清廉的品格和勤政的作风赢得群众的信任、支持和拥护。进一步加强个人政治、品德的修养，高度重视世界观、人生观的改造，在思想上筑起拒腐防变的坚强防线。进一步加强廉政制度建设，把社会监督、群众监督、舆论监督和专门机关监督结合起来，不断完善监督制约机制。深入持久地开展反腐败斗争，加大违法、违纪案件查处力度，依法严惩腐败分子，坚决消除腐败现象。大力弘扬勤俭办事业的风气，工作上向高标准看齐，生活上向低标准看齐，奉献在前，享受在后，以苦为乐，以苦为荣，在人民群众面前树立艰苦创业的良好形象。

各位代表，做好今年的政府工作，任务艰巨，责任重大。让我们高举邓小平理论伟大旗帜，紧紧团结在以江泽民同志为核心的党中央周围，在区委的坚强领导下，团结带领全区人民，同心同德，锐意进取，为夺取全区改革开放和现代化建设的新胜利而努力奋斗！

政府工作报告

——2000 年 2 月 27 日在东营市河口区第十四届人民代表大会第三次会议上

东营市河口区人民政府区长 徐春福

各位代表：

现在，我代表区人民政府向大会作政府工作报告，请予审议，并请各位政协委员和其他列席的同志提出意见。

一、1999 年政府工作回顾

1999 年是我区发展史上极不平凡的一年。面对复杂的发展环境，全区上下认真贯彻落实党的十五大和十五届三中、四中全会精神，紧紧抓住江泽民总书记视察东营和我区列入改革开放试点县（区）的机遇，坚持以经济建设为中心，牢牢把握改革发展稳定的大局，团结奋进，扎实工作，较好地完成了区十四届人大二次会议确定的各项任务，有力地促进了全区经济和社会发展。1999 年，预计完成地方国内生产总值 69296 万元，比 1998 年增长 20.7%，其中第一产业增长 15.8%，第二产业增长 24.7%，第三产业增长 23.8%；实现社会消费品零售总额 50778 万元，增长12.2%；完成地方全社会固定资产投资38077万元，增长177%。

农业结构调整步伐加快，农村经济稳定发展。粮食总产量75479吨，增长14.4%。建成畜牧养殖小区7个，新增畜牧专业村9个、专业户50个。新增滩涂开发面积7000亩、浅海贝类护养面积5.3万亩，水库综合利用面积7000亩，新上500马力远洋捕捞船2对，水产品总产量增长23.7%。新建冬枣密植园5500亩、枣粮间作2500亩，完成冬枣育苗410亩，完成水系绿化16公里，果品总产量增长1.4%。封育苇田25万亩，改良苇场3000亩。1999年，全区农民人均纯收入2448元，增长6.3%。

工业经济效益逐步提高，科技创新取得新的进展。全区完成工业技改投入2640万元，实施技改项目30项。木器加工、新型建材、苇板加工、油毡原纸等优势项目的规模进一步扩大，对全区经济的拉动作用明显增强。预计1999的地方工业增加值完成1.24亿元；比1998年增长9.7%。以产学研结合为重点，大力推动科技进步。1999年完成科技投入416.3万元，实施科技计划项目23项，科技对经济的贡献率达到49.86%；与10多处大院大所建立了稳定的科技合作关系，在新型材料、节能电子、防水卷材、乳胶瓷漆、共轭亚油酸等项目的开发上取得了初步成效，为引进技术、培养人才、提高项目科技含量探索出了一条实际有效的路子。

专业市场建设进一步加强，个体私营经济快速膨胀。仙河、新户水产品批发市场和河口家具市场投入运营，河口五金建材市场、四扣芦苇批发市场扩建完工，乡镇经济园区和部分集贸市场配套完善，河口汽配商贸城开工建设。在市场的建设和管理上，我们以三义和村三大专业市场为典型，逐步走出了一条政府规划指导，协调服务，群众集资入股，统一规范管理的成功路子。落实优惠政策，优化发展环境，个体私营经济得到了快速发展。个体工商户发展到5215户，私营企业发展到225家，分别比1998年增长18.5%和28.5%；个体私营业户上缴税金1050万元，增长25%。

财税金融工作成效显著，商贸流通形势好转。面对极其严峻的财税形势，各级政府及财税部门全面加大征管力度，严格控制支出，克服困难，自我加压，如期完成了财政收入任务，保证了各项政策的落实和职工工资的兑现，支持了经济建设，维护了社会稳定。1999年，地方财政收入完成11251万元，增长10.24%。预算外资金管理工作逐步规范。全区金融机构各项存款余额31.34亿元，比年初增长15%；各项贷款余额4.88亿元，比年初增长4.5%。商贸流通行业在非常困难的情况下，加大企业改制和破产的力度，有的企业已甩掉包袱，理顺体制，走向健康发展的道路，其它流通企业的破产和改制工作正在紧张有序地进行。

各项改革稳步推进，全民招商引资的热潮正在形成。企业改革的质量和成效进一步提高，企业活力不断增强。土地延包工作全面完成，住房制度、社会保障制度、医疗保险制度等方面的改革有序进行，水利产权制度改革正在全面推进。对外开放迈出新的步伐，完成外贸出口总值373万美元，增长68%；实际利用外资81万美元，增长11%，改革开放试点工作成效明显，水产、农林、水利、公路等9个帮扶项目共协调各类资金5700多万元，成立科研机构2个，项目立项8个，转化科技成果15项。招商引资的配套工作和相关活动全面展开，全区招商引资的浓厚氛围初步形成。

基础设施和城市功能进一步完善。改造城区道路4.6公里，增加城区绿化面积8.71公顷，完成城区排水工程15.8公里，实施道路亮化工程12公里。城区容貌综合治理力度进一步加大，市容环境明显改观。不断加强“安居工程”建设，干部职工住房问题基本解决。辛河路拓宽改造工程全面完成，滨孤路河口至孤岛段拓宽改造工程破土动工，新建县乡路28.68公里，改造乡村路8公里。农村电网改造年度任务圆满完成。新建了一批引蓄排节水利设施，完成了草桥沟和王庄二干清淤任务；建成30万方以上小型水库5座，增加蓄水能力310万方；发展节水灌溉农业2.3万亩；开挖打通了王庄二干三分干，彻底解决了六合乡用水难的问题。

油地军结合工作不断深入。实施各类结合项目20项，完成投资6000余万元，在工业、农业、基础设施建设、招商引资、发展个体私营经济以及科技推广、人才联用等方面，取得了良好效果。全区7个乡镇与油田单位结成帮扶对子，油田企业帮助乡镇改造虾池 1000 亩，开发渔农项目 2000 亩；建设工业项目 4 个，水产品市场 2 个；修建乡村柏油路 4.6 公里；开挖水渠 5000 米，河道清淤 700 米，解决了 1.2 万人的吃水问题，收到了良好的经济、社会效益。

各项社会事业不断发展。教育改革日趋深化，素质教育稳步推进，教育教学质量有了新的提高，农村小学布局调整年度任务全面完成，撤并小学 25 处，结束了我区复式教学的历史。卫生事业健康发展，乡村卫生一体化管理和农村合作医疗工作全面展开。计划生育工作从规范管理、强化服务入手，启动基层，转轨定向，全面加大指导力度，整体工作水平进一步提高；区计生服务站被评为省级优秀服务站，各乡镇计生服务站均被评为市级优秀服务站。土地管理工作不断深入，环境监测力度进一步加大，文化、体育、广播电视、民政、气象、劳动、人事、地名、史志、档案等项社会事业健康发展，行政监察、计划统计、审计监督、机关事务、物价管理、安全保密、民族宗教、外事侨务、无线电管理等各项工作都有新的进展。深入开展国防教育和双拥共建工作，提高了优抚对象抚恤补助标准，解决了“三老三难”问题，支持了军队建设，加强了民兵预备役和征兵工作。社会保障体系日趋完善，三条保障线得到了有效落实，切实解决了困难群众的生活问题。再就业工作力度加大，全年安置下岗职工再就业 271 人，再就业率达 80.2%。

社会主义精神文明和民主法制建设进一步加强，政治社会环境全面稳定。思想道德教育不断深入，群众性精神文明创建活动扎实有效，全社会的法律意识和法制观念进一步增强，政府依法行政水平有了新的提高。自觉接受人大及其常委会的监督，支持政协和各民主党派参政议政，认真听取各方面的意见，不断健全民主监督机制。村委会换届直选工作顺利完成。与“法轮功”邪教组织的斗争取得了决定性胜利。在反对强权政治、维护祖国统一方面做了大量工作，保持了全区上下思想的高度统一。“三讲”教育深入扎实，廉政勤政建设和反腐败工作取得新成效。强化社会治安和油区秩序综合治理，打防并举，标本兼治，维护了社会稳定。高度重视人民来信来访工作，正确处理新形势下的人民内部矛盾，认真解决关系群众切身利益的热点、难点问题，始终不渝地抓好减轻农民负担和企业负担工作，营造了一个良好的发展局面。

回顾过去一年的工作，全区广大干部群众在战胜困难中经受了锻炼和考验，政府及其部门驾驭复杂局势的能力进一步提高。一是毫不动摇地坚持以经济建设为中心，集中精力谋求发展。从我区实际出发，学习借鉴外地先进经验，确立了全党抓经济、重点抓工业、突出抓招商的工作指导方针。全面实施“大开放、大招商、大发展”战略，实行目标管理责任制，上下联动，全民动手，着力创造招商环境。二是结合实际，积极探索具有河口特色的发展之路。围绕提高农业效益、增加农民收入，逐步确立了畜牧、水产、林枣、芦苇四大主导产业，并据此加强基础设施和龙头企业建设，加快推进科技兴农步伐。立足工业经济结构的优化升级和经济总量的膨胀，大力推进产学研结合、油地军结合，积极扶持税源大户，全力组织增上项目，坚持面向市场，深化改革，初步实现了由政府直接办企业、搞管理向宏观调控、协调服务的转变，坚持“政府组织，部门牵头，油地共建共管”的工作思路，深入开展“城乡建设管理年”活动，完善城市规划，拓展发展空间，提高管理水平，城市建设管理工作步入了一个新的历史阶段。三是着眼河口的长期繁荣和发展，充分利用改革开放试点县（区）的大好机遇，加大宣传推介力度，积极争取项目和优惠政策，得到了上级有关部门的大力支持和帮助。四是探索建立新的政府工作管理、保障机制，进一步完善目标分解和督查考核办法，落实责任，严格奖惩，推动了作风转变和效率提高。

各位代表，过去一年改革与发展的成绩来之不易。这是在市委、市政府和区委的正确领导下，在区人大及其常委会的监督支持下，全区人民同心同德、拼搏奋斗的结果；是人民政协、各民主党派参政议政的结果；也是油地军紧密团结、携手共建的结果。在此，我代表区人民政府向全区人民和社会各界，表示崇高的敬意和衷心的感谢！

在充分肯定成绩和认真总结经验的同时，我们也清醒地看到，我区在经济社会发展中仍面临不少困难和问题，结构性矛盾比较突出。农业产业化水平低，特色产业规模小，龙头企业少，带动作用不强，农民增收缓慢；工业发展基础差，缺乏骨干企业和拳头产品，科技总体水平不高，高新技术产业和产品比重小，市场竞争力不强；财源结构不合理，主体财源不稳定，地方财源薄弱，财政增收困难；城市功能尚不完善，小城镇规划建设比较落后，不适应农村经济发展的需要；就业和再就业、治理“三乱”、减轻农民负担等一些群众反映强烈的热点、难点问题还没有解决好，影响社会稳定的因素还比较多，工作力度需要进一步加强；部分部门经济中心意识不强，加快发展的氛围不浓，服务和服从于经济建设不够有力；干部队伍整体素质还不够高，对现代经济知识学习较少，驾驭市场经济的能力较差，等等。对此，我们一定要高度重视，认真对待，采取切实有效的措施，努力加以解决。

二、今年政府工作的总体要求和主要目标

今年是世纪交替之年，也是完成“九五”计划和本世纪末重要奋斗目标的最后一年，做好今年的工作，保持良好的发展势头，具有承前启后的重大意义。

中央经济工作会议和全省实施经济国际化战略会议明确提示我们，经济全球化趋势日益明显，科技进步突飞猛进，市场竞争更加激烈，正在对各国经济产生巨大影响，我们必须加快调整步伐，在调整中扩大开放，在开放中进行积极调整，在市场竞争中取得主动权。我们将有可能在年内加入WTO。这一切将给我区经济发展带来深刻的影响，我们既面临新的发展机遇，也面临更加严峻的挑战。

可以说，我们的改革和发展已经到了非常关键的时刻。我们要在上级党委、政府的正确领导下，紧紧围绕和依靠全区人民，认清形势，明确任务，抓住机遇，开拓进取，克服困难，夺取我区改革开放和现代化建设的更大胜利。

今年政府工作的指导思想和总体要求是：以邓小平理论和党的基本路线总揽全局，坚持以经济建设为中心，以改革开放为动力，以招商引资为突破口，着力调整优化经济结构，大力推进科技进步，进一步深化油地军结合，不断加强基础设施和城市建设，努力改善人民生活，全面发展社会事业，积极抓好精神文明和民主法制建设，切实保持社会稳定，不断加快河口区的建设和发展。

经济和社会发展的主要预期目标为：国内生产总值增长15.4%，其中，第一产业增长6%，第二产业增长18.9%，第三产业增长25%。地方全社会固定资产投资增长5.1%。外贸出口总值增长34%，实际利用外资增长3.94倍。社会消费品零售总额增长10.3%。地方财政收入增长6.04%。农民人均纯收入2600元，增长6.2%。城镇登记失业率控制在1.7%以内。人口自然增长率控制在9‰以内。

三、今年突出抓好的重点工作

实现我们确定的发展目标，必须牢牢抓住事关全局的工作重点，加大工作力度，集中力量加以推动，促进经济社会全面发展。

（一）大力推进农业结构调整。总的要求是，面向市场，依靠科技，优化产业产品结构，提高农业产业化水平，促进农业增效、农民增收。稳定粮食总产，适当压缩粮田面积，大力发展高效经济作物，开发种植饲草饲料作物，扩大蔬菜种植面积。加快发展畜牧、水产、林枣、芦苇四大主导产业。畜牧业，稳定发展食粮畜禽，大力发展优质食草畜禽，积极推行规模养殖，加快优良品种的引进、推广和繁育。年内建设畜牧小区10处，新增畜牧专业村15个、专业大户150个。水产业重点培植名优特新品种，大力推进立体混养模式，加快浅海贝类养护和远海捕捞。年内新增浅海文蛤护养面积2万亩、海水混养面积2万亩、沙蚕护养1万亩、水库综合利用面积2000亩，建造500马力远洋捕捞船2对。同时，积极协调省海洋与水产厅，认真做好文蛤原种场建设和水产品省级名牌创建工作。林枣业重点发展冬枣和杂果。充分利用好我区冬枣密植园建设被省政府以“高效示范园”建设项目列入黄河三角洲生态防护林体系建设规划的有利时机，加快冬枣密植园的规划和建设步伐。年内新建冬枣密植园5000亩，完成冬枣育苗300亩，新建杂果园500亩。有关乡镇要以冬枣密植园为载体，实行上枣下菜及种植花生、草莓等，率先进行种植结构调整，走出冬枣园建设的新模式。芦苇业，主要是完善规划，实施高产苇田开发和品种改良，强化管理，提高单产，增加总产。坚持基地、龙头同步建设，围绕主导产业，积极扶持农村二、三产业的发展。以农副产品精深加工、保鲜、储运为重点，发展各种类的农副产品加工业和流通服务业，集中扶持东宏公司、海星公司、果品服务中心、供销社冷藏厂，提高技术含量，选上优势项目，增强辐射带动能力。加快培育农村合作和经济组织和中介服务组织，积极发展各类运销组织和经纪人队伍，实现农户、基地和市场的对接，引导农民按市场要求组织生产，努力提高农业组织化程度和

抗风险的能力。进一步加强对农民的科技文化培训，完善科技推广服务体系，实施农业良种工程，推广先进实用技术，办好各类科技示范园区，带动全区农业科技水平的提高。

（二）加快实施工业强区战略。牢固树立“全党抓经济，重点抓工业”的思想，坚持以项目建设为重点，以技术进步为动力，优化增量，活化存量，拓宽发展空间，促进工业经济快速发展。一是发展壮大现有骨干企业。对石油化工、木器加工、油毡原纸、苇板加工、新型建材以及机电、电子、制药等技术含量较高、市场竞争力较强、发展前景较好的企业，进行重点扶持，膨胀规模，扩大优势，带动全区工业经济发展。在搞好区石油化工厂生产运营的基础上，抓住招商引资机遇，积极寻求多种形式的合作和产权制度改革，千方百计新上二期工程，扶持石油化工企业发展壮大。二是狠抓企业技术改造。选择一批有市场、有发展前景的传统产业和产品，进行技术改造，增强技术装备，提高产品的质量和档次。完成技改投入 2700 万元。三是依靠科技进步，加快发展高新技术产业。构建以企业为主体、科技教育为支撑、中介服务组织为纽带，政府调控推动、社会广泛参与的科技创新体制，全面实施技术创新工程，使科技进步真正成为推动国民经济发展的主导力量。大力推动多种形式的产学研结合，进一步搞活产学研结合的方式，在继续巩固发展与现有大院大所合作关系的基础上，再选择部分科研水平高、开发能力强的院所，与之建立稳固的合作关系，提高产学研结合成效。充分发挥企业的科技成果转化和创新主体作用，增强企业对高新技术的引进、消化、吸收和创新能力。年内，集中筛选新上一批高新技术项目，力争增上 1-2 个科技含量较高、投资规模较大的工业项目，拉动全区工业经济实力的快速增长。各个乡镇也要采取多种投资方式，增建 1-2 个有一定规模和技术含量的工业项目。四是扶持发展纳税大户。按照巩固扩大税源、增加财政收入的思路，对有市场、有规模的油田、济军基地企业，继续采取政府贴息、科技支持等措施进行大力扶持，并促其按照现代企业制度进行改制，规范运作，迅速壮大，增加地方税收。五是加强企业管理。深入开展“管理效益年”活动，认真学习推广“海尔”“邯钢”经验，以质量、财务管理为中心，以成本、营销管理为重点，健全规范各项管理制度，全面加强基础管理和专项管理，努力提高企业管理质量和生产经营效益。

（三）加速膨胀个体私营经济。抓住政府机构改革和油田重组改制的机遇，进一步强化宣传发动，鼓励引导更多的机关分流人员、油田和济军生产基地的干部职工以及城镇待业人员、农村能人，积极投身个体私营经济。引导、支持个体私营企业通过收购、兼并、联合等形式，参与国有、集体企业改革。引导有条件的个体私营企业增加投入，扩张规模，向加工型、科技型、外向型发展。向现代化、科学化管理转变，不断提高自身素质和市场竞争能力。继续搞好载体建设，完善区经济园区一期工程，促其滚动发展；配套建设乡镇各类园区，建设河口汽配商贸城和再就业服务大楼，搞好孤岛农贸市场二期工程建设和河滨路等主要路段的路域经济开发。实行区级领导、区直部门帮扶个体私营企业责任制，组建个体私营企业投资担保公司，探索建立个体私营企业技术支持体系，帮助解决制约个体私营企业发展的融资、信息、用地、技术、人才等具体问题。选择 10 户有发展前途的骨干私营企业，进行重点扶持，促其上规模、上档次，发挥示范带动作用。制定出台优惠政策，加快产业乡镇和专业村发展步伐。狠抓政策落实，全面优化环境，努力解决“中梗阻”和“下梗阻”问题，确保政策落实到位。年内计划个体工商户增加 10%，私营企业增加 20%。

（四）扎扎实实地做好财贸金融工作。财政问题是关系到社会发展的重要问题。今年，财政收支矛盾突出，形势非常严峻。各级必须高度重视财政工作，切实做到生财有道，聚财有方，用财有度。要切实加强地方财源建设，强化农业基础财源，壮大工业支柱财源，培植个体私营经济和新兴第三产业后续财源。尤其是各乡镇要进一步加大财源建设力度，确保每年都要有新的经济增长点。要进一步强化税收征管，堵塞跑、冒、滴、漏，加强预算约束，保证重点需用，确保实现财政收支平衡。这次人代会通过预算盘子后，无特殊原因，任何单位不再追加预算。加大预算外资金统筹管理力度，认真落实收支两条线。强化财政性资金的监督管理，努力提高资金使用效益。充分发挥金融在经济社会发展中的重要作用，引导金融机构进一步加大对地方经济的支持力度，强化服务，改善环境，促进发展。

进一步提高商贸流通、饮食服务、交通运输业的经营质量，搞活机制，拓展领域，努力促进新型流通方式的发展。加快培植旅游、信息、房地产等新兴产业，提高第三产业整体素质。积极争取组建旅游公司，搞好旅游设施建设，培育以黄河口、大油田、湿地生态为主要特色的旅游热线，全方位开拓旅游市场，努力把旅游业培植成为新的经济增长点。加强信息网络建设，发展信息咨询服务机构，拓宽信息服务的范围和领域，大力推进国民经济信息化进程。积极发展律师、会计、审计、公证、资产评估等各类中介服务业。加快发展市政服务、社区服务和便民服务业，不断提高城乡居民的生活质量。

（五）全面推进招商引资工作。实行大开放、大招商，是加快全区经济发展的重要举措。要认真贯彻落实全区招商工作动员大会精神，深入宣传发动，迅速掀起全社会招商引资的热潮，坚持外商内商一起招，资金、项目、技术、人才一起引，各种招商方式一起用，经济社会项目一起上，努力实现招商引资工作的新突破。实行招商目标责任制，明确任务，责任到人，严格奖惩。加强招商工作机构和队伍建设，加大培训提高的力度，建立高效推进机制。立足优势，多方启动，建立招商引资项目库，认真搞好项目提报工作。进一步改进招商方式，重点采用组团招商、委托招商、以商引商、网上招商等方式，切实提高招商引资实效。年内专门组织几次有针对性的招商活动。大力支持现有“三资”企业的发展，不断加强各类经济园区和出口创汇基地建设，规划建设通海工业园，使各类园区更好地发挥辐射带动作用。加大政策措施的落实力度，全面提高行政执法部门的服务质量，实行最优惠的政策，创造最优良的秩序，提供最优质的服务，确保外商“引得进、留得住”。认真做好改革开放试点工作，借助外力，启动内力，积极向上争取项目，促进全区经济社会快速发展。

（六）加强设施和城乡建设。继续实施“城乡建设管理年”活动，今年突出搞好标志性建筑和精品工程的规划建设，建设高品位的灯光景观和绿地广场。重点规划建设职工医院南广场、河宁小区广场和区工人文化宫广场，规划设计环城水系并争取部分区段开工，提高城市生态环境质量；对城区主要街道和区直机关庭院进行多形式、高档次的绿化、亮化、美化，合理布局，突出特色，展示时代风貌。配套河宁小区基础设施，加快安居工程建设，搞好房地产综合开发。加大城市管理力度，加强环境综合治理，努力塑造环境优美、文明向上的城市风貌。启动民间投资，切实搞好小城镇建设，重点搞好乡镇驻地容貌治理和基础设施配套；切实抓好骨干道路两侧和村庄建设规划，防止乱占乱建。加快建设滨孤路河口城区至孤岛段拓宽改造工程，积极做好滨孤路义和段、四扣段取直拓宽工程的立项工作。新建县乡路 16.5 公里，改造乡村路 64.5 公里。加快农村电网改造，努力形成比较独立的电力网络。加大农业综合开发力度。全面提高农业开发效益。今年重点搞好新户、太平 1.5 万亩中低产田改造项目；同时对过去三年的农业开发项目进行全面修复，迎接国家、省、市三级验收。建立多元化投入体系，继续加强引蓄水工程建设和排水河道治理，积极完成王庄灌区改水扩建任务，大力发展节水灌溉。年内实施马新河疏浚治理工程；建设库容 30 万方以上的小型水库 3 座、10 万方以上的小型水库 8 座，建成挑河拦河闸，新增蓄水能力 500 万方；发展节水灌溉农业 2 万亩。

（七）进一步深化各项改革。认真落实土地延包政策，稳定和完善土地承包制度，积极建立土地流转机制。努力探索农业开发的新机制，推动浅海滩涂、荒碱地、林地和草场资源的开发利用。加快水利产权制度改革，第一季度完成任务。深化企业产权制度改革，采取出售产权、兼并联合、股份合作、增资扩股等多种形式，培育和发展多元化投资主体，逐步实现产权和股权多元化。加大企业改革攻坚力度，对尚未改制和改制不彻底的国有、集体企业，实行分级负责，落实责任，确保区乡企业年底前全部完成改制任务，在改制中，要加大产权置换力度，逐步退出企业中的国有资本，实现政府、企业的彻底分离。要突出搞好供销、建安和乡镇企业的改制，加快破产企业工作进程，完善机制，推动发展。引导已改制的企业建立和完善法人治理结构，全面转换经营机制。以资本为纽带，通过市场机制，加快企业重组，着力培植骨干企业和企业集团。深化企业内部改革，逐步形成经营者能上能下、人员能进能出、收入能增能减、技术不断创新的市场化经营管理机制。

推进各项配套改革。健全社会保障制度，扩大养老、失业、医疗等社会保险覆盖面。积极推行政府采购制度和车辆统一投保制度，认真搞好单位会计委派制试点工作。深化住房制度改革，积极放开和培育房地产市场。努力改革投资体制，注重引入市场机制，启动社会投资。按照精简、统一、效能的原则，积极稳妥地搞好政府机构改革，切实做好政府各部门“三定”和人员定岗工作，转变和规范政府职能。

（八）繁荣发展社会事业。大力实施“科教兴区”战略，进一步提高全区人民的科学文化素质，不断改善经济社会运行质量。采取多种形式，加大科技投入，狠抓科技项目和科技园区建设，加速科技成果的转化。深化教育体制改革，努力在办学体制、管理体制和教学方式等方面取得新的进展；搞好农村学校布局调整，进一步优化资源配置，提高义务教育水平；大力发展职业教育和成人教育，全面实施素质教育，不断加强教师队伍建设，努力提高教育、教学质量；加大教育投入，优化办学环境，切实提高教师的工作生活条件。建设区一中综合实验楼和区实验小学教学楼，下气力解决好乡镇教师住房难的问题。坚持经济与人口、资源、环境协调发展。完善人口与计划生育目标责任制，把工作重点放到农村和特殊人群，规范管理，巩固基础，搞好分类指导，实施优质服务，努力争创全省计划生育优质服务试点区。依法保护和合理开发土地、海洋等资源，促进资源的永续利用。加大污染治理力度，严格控制新污染源，不断提高环境质量。全面实施“绿色”工程，大搞植树造林，保护自然资源，改善生态环境。广泛开展文化活动，积极组织文化艺术下乡，加强文化市场管理，搞好文化设施建设，大力发展文化产业。推进卫生事业改革，加快卫生设施建设，搞好卫生执法，积极推行农村合作医疗和乡村卫生一体化管理；深入开展爱国卫生运动，积极为人民群众创造良好的工作、生活环境。认真做好体育、广播电视、史志、档案、侨务、宗教、气象、无线电管理等各项工作，全面提高社会事业发展水平。加强社会主义精神文明建设。坚持用邓小平理论教育全区人民，激发和调动全区人民的爱国热情和现代化建设的积极性。继续抓好农村精神文明“三个一”基础工程和行业精神文明建设，抓好国防教育和民兵预备役建设，做好拥军优抚安置工作，加强双拥共建，增进军政军民团结。

（九）全面搞好油地军结合。进一步巩固发展油地军结合的成果，开拓更广阔的结合领域，加快区域经济社会发展。一是以经济技术结合为重点，采取更加灵活的政策，鼓励以多种形式参股，多种资产联接，加速区域经济融合，培植更具活力的经济利益共同体。坚持油地共建共管，加强基础设施建设，不断优化发展环境。发挥各自优势，加快科技成果的研究开发和转化，共同创办高新技术产业。二是完善油地校科技副职挂职交流制度，盘活区域科技人才资源。采取有效措施，加大帮扶力度，探索资金、人才、技术、市场、项目、产品等全方位帮扶的路子，加快推进油田帮扶乡镇工作，促进乡镇经济发展。三是立足实际，大胆探索，积极推进油地教育、文化、卫生等各项事业的融合。四是一如既往地大力支持油田和济军基地企业的发展，特别要关心支持油田重组改制，努力为油田和济军基地创造良好的发展环境。总之，油地军三方都要强化“大河口”观念，加强沟通，增进团结，繁荣经济，共同创造河口区美好的明天。

（十）切实维护社会稳定。认真排查和解决群众关心的热点难点问题，及时安排好群众生活，努力为人民群众办实事、办好事。完善就业服务体系和政策扶持体系，不断开辟新的安置领域，努力创造更多的就业机会。广泛开展“送温暖”和城市“心连心”农村“手拉手”“爱心献功臣”活动，帮助下岗职工、困难群众、低收入家庭解决生产生活中的实际困难，确保下岗职工基本生活费、失业保障金、城乡最低生活保障金以及企业离退休人员养老金的按时足额发放。进一步做好减轻农民负担和企业负担工作，加大扶贫开发力度，全面提高人民生活水平。认真研究新形势下人民内部矛盾的表现形式和解决途径，注重疏导和化解，防止矛盾激化。坚持不懈地抓好安全生产，坚决遏制重特大事故的发生。加强社会治安和油区秩序综合治理，严厉打击各类刑事犯罪、经济犯罪和非法宗教活动，坚决扫除各种社会丑恶现象，积极开展反走私斗争，努力保持油区和社会秩序稳定，为全区人民创造一个安居乐业的良好环境。

四、建设高效务实廉洁的政府

在迈向新世纪的征程中，复杂的形势、繁重的任务对政府工作提出了新的更高的要求。我们必须认清责任，加强自身建设，提高工作效率和服务水平，更好地担负起组织经济建设和管理社会事业的重任，圆满完成党和人民赋予的光荣任务。

（一）切实加强学习，努力提高政治素质和驾驭市场经济的能力。全体政府工作人员要充分认识学习的极端重要性，不断增强学习的紧迫感和压力感，坚持不懈地学习马克思列宁主义、毛泽东思想、邓小平理论和江泽民同志的重要讲话，增强党性观念，提高政治敏锐性和政治鉴别力。在新的形势和任务面前，要扎扎实实地学习现代市场经济、金融、法律和国际经贸等方面的知识，特别要深入研究经济国际化问题和加入世贸组织应采取的对策措施，改善知识结构，拓宽发展视野，提高业务素质和实际能力，以全球经济一体化和两种资源、两个市场全面利用的思路，规划和指导全区经济工作。

（二）树立群众观念，全心全意为人民服务。政府工作人员特别是领导干部，都要牢固树立群众观念，认真实践党的宗旨，把人民群众的利益作为我们各项工作的出发点和落脚点，切实做到为民、爱民、富民、安民。积极做好新形势下的思想政治工作，妥善处理群众来信来访，密切联系群众，认真倾听各方面的建议和意见，努力解决群众关心的实际问题。充分调动和保护群众的积极性和创造性，依靠人民群众加快我区各项事业的发展。

（三）转变工作作风，增强工作实效。不断深入开展党性党风教育，认真抓好“三讲”教育各项整改措施的落实，调整工作思路，改进工作方法，反对弄虚作假，倡导实事求是，努力促进工作作风的深刻转变。进一步强化实践意识和服务意识，坚决克服官僚主义和形式主义，办实事，说真话，求实效，反对大而化之，做表面文章。切实减少会议和应酬活动，把主要精力放在议大事、抓大事、推进工作上。坚持高效率、快节奏，雷厉风行，努力提高工作质量和服务水平。

（四）推进依法治区，提高依法行政水平。政府及其工作部门要自觉接受人大及其常委会的监督，自觉接受政协与民主党派的民主监督，认真办理人大代表的议案、批评、建议和政协委员的提案，加强同民主党派、人民团体和社会各界的联系，逐步实现行政决策和行政管理的民主、科学、有效、公开。深入开展普法教育，努力增强政府工作人员的法律意识和法制观念。加强行政执法队伍建设，提高执法人员素质。加强行政系统内部的层级监督，不断完善行政复议制度、行政执法责任制和评议考核制，切实做到依法决策、依法行政、依法办事。

（五）加大督查考核力度，努力促进工作落实。严格实行目标管理责任制，层层细化分解任务，落实责任，做到横向到边，纵向到底。加大督查力度，扩大督查覆盖面，实行全程督查、跟踪督查和现场督查，及时通报工作情况，确保工作实效。健全完善考核奖惩办法，认真考核，严格奖惩，把抓落实的成效、工作的实绩、完成目标任务的情况，与干部的任用奖惩挂起钩来，真正解决干与不干一个样的问题，激励先进，鞭策后进，振奋广大干部职工的精神，在全区上下形成齐心协力求发展的良好氛围。

（六）加强廉政建设，深入开展反腐败斗争。全体政府工作人员要努力增强廉洁自律意识，严格遵守廉洁从政的各项规定，做到自重、自省、自警、自励。正确对待和行使人民赋予的权力，坚决防止和纠正以权谋私、权钱交易等违法违纪行为。深入持久地开展反腐败斗争，坚决纠正行业不正之风，严厉打击和惩处各类腐败分子。认真落实党风廉政建设责任制，完善监督机制和工作机制，确保廉政建设实效。积极推行政务公开和服务承诺制度，建立起规范服务、内外监督的运行机制。从严控制各类行政检查，实行公务员轮岗交流，逐步从源头上、机制上、制度上预防和治理腐败现象。

各位代表，世纪之交，我们正处在发展的关键时期。让我们高举邓小平理论伟大旗帜，紧密地团结在以江泽民同志为核心的党中央周围，在区委的正确领导下，凝聚全区人民的智慧和力量，进一步解放思想，振奋精神，开拓进取，艰苦创业，不断把改革开放和现代化建设推向前进，以崭新的姿态迈入21世纪！

关于东营市河口区国民经济和社会发展第十个五年计划纲要（草案）的报告

——2001年3月5日在东营市河口区第十四届人民代表大会第四次会议上

东营市河口区人民政府区长 徐春福

各位代表：

现在，我代表区人民政府向大会作关于东营市河口区国民经济和社会发展第十个五年计划纲要（草案）的报告，请连同《纲要（草案）》一并审议，并请各位政协委员和其他列席人员提出意见。

一、团结奋斗，求实开拓，“九五”计划确定的主要任务胜利完成

“九五”时期，在市委、市政府和区委的正确领导下，全区人民高举邓小平理论伟大旗帜，认真执行区人大及其常委会的各项决议，积极采纳区政协参政议政的意见，坚持深化改革，扩大开放，集中精力发展经济，推动社会事业全面进步，圆满完成了“九五”计划确定的主要任务，为“十五”经济和社会发展奠定了良好基础。

（一）国民经济持续快速健康发展，综合经济实力显著增强。2000年全区国内生产总值达到8.04亿元，比1995年增长1.5倍，年均增长19.8%；人均国内生产总值8375元，年均增长14.3%。一二三产业增加值分别达到2.94亿元、2.55亿元和2.55亿元，年均分别增长14.3%、31%和19.2%，三次产业的比例由1995年的47:20:33调整为36:32:32。农业结构进一步优化，产业化水平不断提高。粮食生产稳步发展，冬枣、桑蚕、蔬菜等优质高效产业发展较快，粮经比由1995年的60:40调整为50:50。畜牧、水产、林果、苇草四大主导产业不断壮大，龙头企业的带动能力增强。农田基本建设取得较好成效，农业生产条件明显改善，全区有效灌溉面积达到16万亩。工业经济总体实力增强，规模效益进一步提高。2000年全区完成工业增加值1.65亿元，比1995年增长2.8倍，年均增长30.9%。五年间共完成技改投入4亿元，相继实施了华联石油化工厂、黄河口家具实业有限公司扩建等一批重点项目。大力实施“四个一”工程，产学研结合取得明显成效。市场繁荣活跃，物价基本稳定，2000年全区社会消费品零售总额5.6亿元，比1995年增长29.9%。固定资产投资不断扩大，五年累计完成12.8亿元，比“八五”期间增加9.3亿元，年均增长343%。民营经济快速发展，个体工商户达到5803户，民营企业达到276家，分别比1995年增加3118户和218家，2000年民营经济提供税收1380万元。财政金融运行平稳，保险业务不断扩大，2000年地方财政收入达到12113万元，年均增长17.5%，连续十六年实现收支平衡；金融机构存贷款余额分别达到35.5亿元和5.3亿元，年均增长21.4%和12.6%；保险业务收入达到9644万元，年均增长25.5%。

（二）各项改革进一步深化，对外开放迈出新的步伐。土地延包工作顺利完成，水利产权制度改革取得新进展，农村家庭联产承包责任制和双层经营机制进一步巩固和完善，社会化服务体系建设得到加强。企业改革取得重大突破，全区131家乡及乡以上企业基本完成产权制度改革，企业活力明显增强。教育、卫生、财税、粮食流通、住房、社会保障制度等项改革逐步深化。认真实施五方联动战略，改革开放试点工作取得较大成绩。外向型经济进一步发展，五年累计实现出口创汇1360万美元，实际利用外资624万美元。尤其是“大开放、大招商”战略的实施，极大地调动了全区上下的积极性，投资环境明显改善。2000年引进投产项目652个，到位外来投资4.46亿元。

（三）基础设施建设步伐加快，经济社会发展的承载能力不断增强。水利建设力度加大，五年间共投资1.5亿元，组织实施了“一村一库”工程、王庄三干开挖、王庄二干衬砌、挑河拦河闸建设和节水工程等一大批基础设施建设项目，新增蓄水能力6000万立方米，一次性蓄水能力达到7500万立方米，节水

灌溉面积达到4.34万亩。交通建设步伐加快，辛河路、滨孤路河口至孤岛段拓宽改造工程建成通车，建设改造了一批县乡路和乡村公路，路网结构进一步优化。电力、邮政、电信、广播电视发展迅速。投资5066万元，实施了农村电网改造，完善了供电网络；新增电话交换机33248门，电话普及率达到每百人30部；在全省率先实现了村村通无线广播，建成了有线电视光纤传输工程。坚持油地联手，深入开展“城建年”活动，城市建设成效明显。五年间累计投资3.52亿元，拓宽改造了中心路、海康路、海宁路、河二路等18条城区道路，新建了育英路，改造了西区供水、供暖设施，实施了绿化、亮化、美化工程，城区面貌大为改观，城市功能逐步增强。加强机关和住宅小区建设，干部职工的工作生活条件进一步提高。

（四）油地军结合不断加强，合作领域进一步扩展。按照团结思想向下渗透，具体工作向实发展，决定的事情抓好落实的指导思想，油地军三方不断加大结合力度，拓宽结合领域，提高结合层次，取得了良好成效，在工农业生产、基础设施建设、便民利民工程、油区综合治理、民营经济发展以及科技推广等方面实现了新的突破。油田帮扶乡镇工作深入扎实，有效地推动了乡镇经济的发展。

（五）社会事业蓬勃发展，精神文明和民主法制建设得到加强。“九五”期间，全区共组织实施各类科技计划项目83项，取得市级以上科技成果36项，科技进步对经济增长的贡献率达到49.96%，被国家科委命名为全国科技工作先进区。加大学校布局调整力度，努力改善办学条件，巩固提高“两基”实施水平，全面推进素质教育，教育教学质量不断提高。加强人口与计划生育工作，稳定低生育水平，计划生育率达到98.4%，计生工作有了显著提高。土地管理和环境保护工作继续得到加强。医疗卫生事业进一步发展，人民健康水平不断提高。文化、体育、地名史志、档案、气象、社会保障、民族宗教、无线电管理、民兵预备役及“双拥”工作等都有新的发展。加强社会治安综合治理，深入开展同“法轮功”邪教组织的斗争，保证了社会秩序的稳定。思想道德和法制教育不断深入，群众性精神文明创建活动广泛开展。民主监督机制进一步完善，人民群众依法行使民主权利得到较好保证。“三讲”教育活动扎实有效，廉政勤政建设和反腐败工作取得新的进展。

（六）城乡居民收入稳定增长，实际生活水平明显提高。2000年，城镇居民人均可支配收入8597元，比1995年增加2424元，年均增长6.9%。农民人均纯收入2549元，比1995年增加1046元，年均增长11.1%。下岗职工再就业、减轻农民负担和扶贫等工作取得较大成效。人民群众的物质文化生活日益丰富，水平明显提高。

各位代表，“九五”期间我区改革和发展所取得的显著成就，是在区委的正确领导下，在区人大及其常委会的监督支持下，人民政协、各民主党派参政议政，油地军携手共建，全区人民团结奋斗的结果。在此，我代表区人民政府向全区人民致以崇高的敬意，向社会各界表示衷心的感谢！

各位代表，回顾“九五”历程，有许多经验值得总结。最主要的就是：始终坚持以邓小平理论和党的基本路线为指导，立足河口实际，不断解放思想，大胆探索，创造性地开展工作，在城市建设、油地军结合、产学研结合以及招商引资、发展民营经济等方面探索出了一系列成功的路子；紧紧扭住经济建设这个中心，集中精力求发展，千方百计膨胀经济总量，不断加快经济结构调整，努力提高经济运行质量；坚持以改革为动力，大力推进企业体制改革和科技创新，努力扩大对外开放，不断为经济发展注入新的活力；坚持民主科学决策，对事关全局的重大事项和重点工作，深入调查研究，广泛征求意见，积极稳妥决策；坚持“两手抓，两手都要硬”的方针，正确处理改革、发展、稳定的关系，加强思想政治工作，搞好党风廉政建设，推进两个文明协调发展；高举团结发展的旗帜，充分发挥油区优势，不断深化油地军结合，形成促进区域经济发展的强大合力；坚持求实务实抓落实，建立健全运行管理机制，全面加大工作督查力度，促进工作作风转变和工作效率提高。这些经验，是全区人民智慧的结晶，也是今后加快发展的宝贵财富，应该在今后的工作中继续坚持，并在实践中不断丰富、发展和完善。

各位代表，在充分肯定“九五”成绩的同时，我们还要清醒地看到前进中的困难和问题。一是思想解放程度不够，市场意识、开放意识、竞争意识和开拓创新意识不强，少数干部的工作作风不够扎实，缺乏艰苦创业、奋勇争先的精神。二是经济结构单一，经济总量少。农业产业化水平低，科技含量不高，抵御自然灾害和市场风险的能力不强，农民收入增长缓慢；现有地方工业规模小，缺乏骨干企业和拳头产品，市场竞争力差；第三产业发展相对滞后。三是经济外向度不高，利用外资和对外贸易规模小；科技创新能力不强，人才特别是高层次人才缺乏。四是财源结构不合理，主体财源不稳定，地方财源尤其是乡镇财源薄弱，财政增收困难。五是招商引资环境还有待于进一步优化，还没有形成全民招商、人人创造软环境的局面，政策落实中的“梗阻”现象时有发生。六是廉政建设的有关规定落实不够，有的工作人员仍然存有为政不廉现象。对这些问题，我们一定要采取针对性措施，认真加以解决。

二、明确任务，把握重点，努力实现全区经济社会跨越式发展

今后五年，是开启现代化建设新征程的重要时期。在经济全球一体化步伐进一步加快，科技进步突飞猛进，市场竞争更加激烈的形势下，我们既面临着新的发展机遇，又面临着更加严峻的挑战。只要我们认清形势，抓住机遇，勇于迎接挑战，努力趋利避害，就一定能够开创出我区经济社会发展的新局面。“十五”期间全区经济社会发展的总任务是：高举邓小平理论伟大旗帜，认真落实江泽民总书记“艰苦奋斗，开拓创新，加快黄河三角洲的建设和发展”的指示精神，以发展为主题，以结构调整为主线，以改革开放和科技进步为动力，以提高人民生活水平为根本出发点，大力实施科教兴区、经济国际化、城市化、可持续发展战略，努力提高国民经济整体素质和综合竞争力，全面推进社会进步，为把我区建设成为环境优美、经济繁荣、社会文明的新河口奠定坚实的基础。主要预期目标为：国内生产总值年均增长13.3%左右；地方固定资产投资年均增长15%以上；地方财政收入年均增长7%以上；出口总值年均增长28%以上；城镇居民可支配收入和农民人均纯收入年均分别增长3.1%和6.5%左右；城市化水平达到70%以上；人口自然增长率控制在8‰以下。

实现“十五”奋斗目标，必须遵循经济发展规律，顺应经济社会发展的趋势，抓住关键，突出重点，启动内力，借助外力，凝聚全力，乘势而上，努力促进经济持续增长和社会全面进步。发展是硬道理，是解决一切矛盾和问题的关键。尤其是我们这样一个基础差、底子薄的地区，更要毫不动摇地坚持以经济建设为中心，任何时候、任何情况下都要紧紧扭住发展不放松，把膨胀经济总量和经济结构调整放在同等重要的位置，通过总量的增加推动结构的优化升级。改革开放和科技进步是加快发展的动力。我们必须拿出更多的精力，全面推进改革开放和科技进步，把经济增长转移到依靠科技进步和提高劳动者素质上来。加入世贸组织，对外开放将进入一个新阶段，我们要以更加积极的姿态加快实施经济国际化战略。现代经济是以城市为载体的经济，要通过实施城市化战略，扩大城市规模，拓展市场需求和经济增长空间。在推进现代化建设的过程中，要树立人类与自然、经济与社会　相互协调的发展观，促进人口、资源、环境与经济协调发展。

（一）加快经济总量膨胀和结构调整，提高整体素质和竞争能力。“十五”期间，必须继续坚持发展与调整相结合，在发展中调整，在调整中发展，因地制宜，发挥优势，逐步形成以现代农业为基础、先进工业为主体、发达第三产业为配套的比较合理的新型产业体系。

大力调整农业和农村经济结构。一是调整优化农业内部结构，着力发展优势产业。“十五”期间，粮食总产基本稳定在7万吨左右，大力发展优质棉、名优特蔬菜、花卉、饲草、中药材等高效经济作物，到2005年，粮经作物面积比调整到40：60。突出发展畜牧、水产、林果、苇草四大主导产业。畜牧业要稳步发展食粮型畜禽，大力发展食草型畜禽，适当发展特种畜禽，加快品种改良，重点发展畜牧小区、养殖大户和专业饲养场，努力推进规模化、集约化经营。水产业要突出质量效益，坚持养殖、捕捞并重，大力发展名优特珍水产品养殖，努力推广鱼、虾、蟹、贝立体混养技术，加快膨胀科技型水产业的规模。林果业要坚持生态林、经济林并重，以经济林为主，重点发展冬枣、桑蚕和杂果。苇草业要重点搞好苇田开发配套，扩大种植和改良面积，逐步由初加工向深加工发展。二是加快推进农业产业化进程。围绕主导产业，抓好生产基地、加工企业、农产品市场及营销公司的建设与发展，拉长产业链条，增加农业延伸效益。同时加快发展农村经济合作组织，提高农民进入市场的组织化程度。三是努力提高农业科技水平。加快实施良种产业化工程，重点抓好良种的引进、繁育、示范和推广，提高农产品的科技含量，到“十五”末农产品优质率达到80%以上。大力推广先进实用技术，突出抓好农业高科技示范园建设。加快实施“金农工程”，搞好农业信息服务体系建设。重视发展农业机械化，努力提高农业生产水平。

加快推进工业强区步伐。推进工业改组改造和结构优化升级是我区经济结构调整的一项十分紧迫的任务。“十五”期间，我们要将其作为重中之重，继续加大措施，突出重点，努力发展石油化工、精细化工、木器制作、机械电子、农副产品深加工和造纸、制药、酿酒等重点产业，尽快构筑起我区工业发展的主体框架。到“十五”末，工业增加值达到4.5亿元，年均增长22.2%。一是加快改造传统产业。围绕增加品种、改进质量、提高效益和扩大出口，加快对现有企业的技术改造，提高工艺技术和装备水平，大力开发新产品。重点改造提升石油化工、机电、造纸、建材、制药、酿酒等骨干传统产业。“十五”期间，工业技改投入要达到10亿元以上。二是大力发展高新技术产业。坚持新技术导向和市场导向相结合，通过产学研结合等途径，重点发展生物工程与制药、信息技术、新材料、精细化工等高新技术产业，形成工业发展新的增长点。加快高新技术创业园建设，形成高新技术转化和产业发展基地。到2005年，全区高新技术企业发展到33家左右，高新技术产业增加值占地方工业增加值的比重达到40%以上。同时拓宽路子，通过油地军结合、招商引资、发展民营经济等多种途径，千方百计增上一批新企业、新项目，努力增强工业经济整体实力。三是积极壮大骨干企业和优势产品。选择一批市场前景好的产品进行重点培育，实行集约投入，快速膨胀，提高市场占有率，以产品兴企业，以企业兴产业。搞好资本运营，鼓励引导企业实施兼并重组，推动骨干企业集团化，逐步建成工业经济的支柱群体。

积极发展新兴服务业。“十五”期间，在改造提高商贸流通、餐饮服务、交通运输等传统第三产业的同时，重点发展现代流通业、旅游业、社区服务业、信息服务业等新兴第三产业。到“十五”末使第三产业占国内生产总值的比重达到30%。现代流通业要按照大型设施综合化、中型设施专业化、小型设施便民化的思路，积极推行特色超市、仓储式商店等经营形式，扶持发展总经销、总代理、连锁经营等新兴流通方式。旅游业要突出黄河口、大油田、湿地生态等特色，加强景点建设和旅游线路开发，努力发展具有河口特色的旅游产业。社区服务业要大力发展家政服务、托幼养老、医疗保健、安装维修等便民型公益社区服务。信息服务业要以信息技术服务、信息增值服务、信息咨询服务为重点，逐步建立起结构合理、高效统一的信息服务体系。

放手发展民营经济。民营经济是我区经济发展的生力军。要继续坚持一手抓招商，一手促经商，全民参与，全社会服务，努力形成发展民营经济的崭新格局。要结合机构改革和油田重组改制，鼓励和引导分流人员自谋职业，创办民营企业，壮大民营经济队伍。继续加强载体建设，认真抓好各类园区和专业村、专业乡镇的发展，促进民营经济的集聚膨胀。坚持扶优扶强，培植民营大户，充分发挥其辐射带动作用。积极支持鼓励民营企业发展一、二产业，特别是高新技术产业和新兴服务业，向高科技、外向型、规模化转变。引导民营企业逐步改变家族式管理方式，建立科学的管理机制，提高经营管理水平和整体素质。“十五”期间，力争新增民营企业200家。

（二）加强基础设施建设，创造良好的发展环境。环境也是生产力。“十五”期间，我们要继续坚持“软硬结合、配套完善”的原则，不断加大工作力度，强化保证措施，优化发展环境。

搞好农田水利基本建设。坚持引蓄排节并举、开源节流并重，下大气力解决水资源不足和洪涝灾害等问题。合理调整水系布局，逐步实现灌排分设。重点搞好福祥泵站改造、王庄二干五一闸至福祥泵站衬砌工程，配套完善乡镇引水工程，变多级提水为自流灌溉，构筑起较为可靠的引黄灌溉水系。继续加强蓄水工程建设，重点利用黄河水，积极拦蓄地表水，推动工程水利向资源水利转变。力争经过五年努力，全区一次性蓄水能力达到1亿立方米。实施挑河、沾利河、草桥沟、马新河、潮河、神仙沟等6条骨干排水河道治理工程，到2005年，全区除涝面积达到52万亩。积极完善水资源管理体制，建立合理的水价形成机制，加快水利产业化、水资源商品化步伐。

加强基础设施和城市建设。“十五”期间，城市建设要以规划为龙头，以膨胀规模和完善功能为重点，努力加快城市化进程。重点规划建设河口城区，大力发展仙河、孤岛、义和等较大规模的建制乡镇。河口城区，集中搞好房地产开发和道路改造，规划建设市政广场和环城水系，加强市政公用设施和体育文化娱乐设施建设，进一步完善城市功能，扩大城市容量。加快建设一批有特色的精品工程，努力提高绿化、美化、亮化水平。推行综合执法，积极探索城市管理机制，全面提高城市化水平。通过发展乡镇企业和民营经济，加快小城镇建设，膨胀城镇规模，逐步形成布局合理、功能完善的城镇体系，促进城乡经济协调发展。进一步完善公路网络，提高道路标准。重点搞好滨孤路河口至沾化段21.8公里取直拓宽改造工程，改造乡村道路50.8公里，建设联村路35公里，并积极争取新建沿海公路。至2005年，全区公路密度达到63.7公里/百平方公里。提高网络技术水平，加快建设电信物理网，增强自主运邮能力。新建区邮政大楼。实施城区电网改造，完善110KV主电网骨架，新建35KV变电站2座、35KV输变电线路4条，建设河口220KV输变电工程。

（三）推进体制改革与创新，增强发展的动力和活力。改革是经济发展和结构调整的重要保证。今后五年，必须坚定不移地深化各项改革，为全区经济社会发展注入新的生机和活力。

认真搞好农村改革。全面落实党在农村的基本政策，长期稳定以家庭承包经营为基础、统分结合的双层经营体制。积极稳妥地搞好农村税费改革，减轻农民负担。深化农产品流通体制市场取向改革，完善粮食储备、保护价收购和风险基金制度。继续推进水利设施、林业、荒地、滩涂等产权制度改革，鼓励发展规模经营，调动广大群众的生产经营积极性。完善农村社会化服务体系，逐步建立起多元化农业投入机制。

继续深化企业改革。认真贯彻“三改一加强”的方针，按照公司法的要求，规范企业改制，推进现代企业制度建设，健全法人治理结构，使企业真正成为市场竞争主体。进一步完善股权结构，积极推行经营者持大股，适当拉开持股量。深化企业内部劳动、人事和分配制度改革，切实转换经营机制，增强企业自我发展的能力。积极推行现代管理方式，提高科学管理水平。高度重视安全生产，落实责任，健全制度，保证人民生命财产的安全。支持企业搞好资本运营，进行低成本扩张，组建企业集团。

加强社会保障体系建设。加快推进社会统筹与个人账户相结合的养老保险、失业保险和医疗保险制度，逐步将保险范围扩大到全社会。建立科学管理体制，保证社会保障资金的收缴、支付及运营的规范化、制度化和有效保值增值。完善居民最低生活保障制度，积极发展社会福利、社会救济、优抚安置和社会互助等社会保障事业。逐步推进下岗职工基本生活保障和失业保险制度并轨，科学建立社会保障体系。

推进各项配套改革。适应市场经济的要求，加快政府机构改革，精减机构人员，转变政府职能。加强和改善宏观调控，综合运用计划、财政、金融等手段，发挥价格、税收等杠杆作用，引导和促进经济结构调整，保证经济持续快速健康发展。进一步完善财税体制，发展壮大地方财源，增强财政实力；搞好支出改革，推进部门预算，试行会计委派制度，提高资金的使用效益。积极探索国有资产管理的有效形式，建立规范的监督机制，确保国有资产保值增值。

（四）扩大招商引资，提高对外开放水平。面对我国即将加入世贸组织的新形势，我们必须积极参与国际经济合作与竞争，推动全区开放型经济向更高层次迈进。继续实施大开放、大招商战略，努力扩大招商引资。全面落实各项优惠政策，进一步完善各项服务措施，不断优化招商引资环境。严格实行目标责任制，完善工作运行机制，激发全民招商的积极性。不断拓宽渠道，改善方式，搞好项目运作，努力提高招商引资的成功率。突出吸引大企业、大财团投资，提高利用外资的质量和水平。以国际市场为导向，加快调整出口商品结构，努力扩大对外贸易。在进一步加大对木器、水产品等优势出口产品扶持力度的基础上，积极培育新的出口主体，壮大出口企业队伍，到2005年，扶持发展拥有自营进出口权的企业10家以上。认真搞好经济试验园区建设，完善一期工程，规划建设二期工程，重点布局高新技术项目和工业项目，提升产业层次，积极引进一批高新技术和工业加工项目进园建设。下大气力改善软环境。招商引资事关我区经济发展的大局，要在全区叫响“河口是我家，发展靠大家”“人人都是投资环境，事事关系招商引资”的口号，增强全民招商引资的意识，营造招商引资的良好氛围。政府部门要把依法办事与热情服务紧密结合起来，讲求信誉，提高政策透明度，高效运作，依法维护外商的合法权益，创造最优良的投资环境。

（五）深化油地军结合，加速区域经济社会发展。油地军结合是加快河口经济社会发展的最大优势和现实选择。全区上下要进一步强化结合意识，高举团结发展的旗帜，不断拓宽结合的领域，延伸结合的深度和广度，努力把油地军结合提高到一个新水平。以经济技术结合为重点，采取更加灵活的政策和形式，积极构筑联合载体，促进区域经济融合，重点在招商引资、民营经济和工业经济发展等方面做好结合的文章。坚持油地共建共管，加强基础设施和城市建设，改善城区面貌，优化发展环境。不断拓展思路，完善措施，推动油田帮扶乡镇工作向纵深方向发展。大力支持油田和济军生产基地的改革与发展。在经济融合的同时，要立足实际，大胆探索，积极推进科技、教育、文化、卫生等各项事业的融合，促进全区经济社会的快速发展。

（六）加快科技教育发展，推动社会全面进步。面对知识经济的严峻挑战和激烈的市场竞争，我们必须坚持教育为本、创新为先、发展高新技术产业为重点，努力实现科技教育的新跨越。大力推进科技进步和创新。继续加强多种形式的产学研结合，搞活结合的方式，增强产学研结合的实效。充分发挥企业的主体作用，继续实施“四个一”工程，促进企业技术创新水平的提高。健全完善科学技术普及、推广和创新体系，力争到2005年，全区限额以上工业企业普遍建立科研开发机构。加快发展民营科技企业和中介服务组织，推动科技与经济的结合。坚持教育适度超前发展的原则，全方位实施素质教育，努力提高教育质量和水平。合理调整学校布局，继续巩固提高“两基”水平；扩大高中阶段教育规模，到“十五”末全区基本普及高中教育。加快发展学前幼儿教育，完善职业教育和继续教育，促进教育全面发展。推行非义务教育产业化，支持发展民办教育事业，逐步形成政府办学为主体、社会各界参与办学的模式。加快建立有利于人才脱颖而出、人尽其才的机制，营造用好人才和吸引人才的良好环境。加强人才队伍建设，采取多种形式，强化对技术创新型人才、外向型人才、政府管理型人才和企业家队伍的培养。认真落实引进人才的各项政策，突出抓好高层次人才的引进和聘用。建立和完善人才市场体系，促进人才合理流动在加快科技教育发展的同时，还要大力发展各项社会事业。坚持“两为”方向和“双百”方针，积极培育和发展各具特色的社区文化、乡村文化、企业文化和校园文化。落实文化经济政策，积极发展文化产业。强化文化市场管理，加大“扫黄打非”力度，净化文化市场。加快广播、电视、新闻事业发展，强化精品意识，努力提高节目创作、传播的质量和水平，为城乡居民提供良好的精神食粮。积极开展形式多样的群众性体育活动，提高竞技体育水平。改善卫生设施，强化卫生服务，推进医疗保健制度改革，努力实现人人享有初级卫生保健的目标。整顿药品生产流通秩序，加大药品监管力度。大力开展爱国卫生运动。进一步做好老龄、残疾人、民族宗教、外事、侨务、档案、史志、保密、气象、防灾、国防教育和“双拥”等工作，促进社会事业全面发展。同时，重视做好增加收入、扩大就业和社会保障等方面的工作，不断提高人民生活水平。合理调节不同群体间的收入差距，增加低收入者的收入。继续搞好扶贫开发，巩固扶贫成果。进一步提高城乡居民居住面积，不断改善城乡居民的住房和环境质量。经过五年的努力，使人民生活在达到小康水平的基础上，向更加宽裕的生活迈进。

（七）深入实施三项基本国策，增强可持续发展能力。“十五”期间，要重点搞好防潮减灾、盐碱地改良及水资源综合开发利用等工程，集中力量发展高效生态农业、无污染工业和新兴服务业，初步实现生态协调、经济高效的目标。坚持环境保护与生态建设相结合，大力开展造林绿化，重点搞好以封育柽柳林为主的沿海生态防护林建设，以农田、水系、公路、村镇绿化为主的林网林带建设，以及城区绿化工程，形成林业生态体系的基本框架。强化环保意识，加大环境保护和治理力度，减少和防止污染，改善环境质量。高度重视资源的节约和利用，加强土地管理，推进矿产资源、海洋资源的深度开发和综合利用，积极开发替代资源和可再生资源。坚定不移地实行计划生育，严格控制人口数量，努力提高人口素质，全面优化人口结构，确保人口控制目标的实现。

（八）加强精神文明和民主法制建设，促进全区改革和发展顺利进行。坚持用邓小平理论和“三个代表”重要思想武装广大干部群众，大力开展爱国主义、集体主义、社会主义和艰苦奋斗优良传统教育，强化科普宣传，坚决反对封建迷信和伪科学，切实提高全民的思想道德和科学文化素质。加强和改进思想政治工作，丰富教育内容，创新工作方法，切实增强思想政治工作的针对性和实效性。贯彻重在建设的原则，广泛开展群众性精神文明创建活动，在全社会形成文明健康、奋发向上的精神风貌。

进一步加强民主法制建设，推进依法治区。各级政府要自觉接受人大及其常委会的监督，自觉接受人民政协和民主党派、无党派人士的民主监督，坚持定期报告工作和通报情况制度，认真办好人大代表建议和政协委员提案，推进决策的科学化和民主化。强化依法行政，规范行政执法，进一步推动政府工作法制化。继续搞好法制教育，增强全民法律意识和法制观念。大力加强司法队伍建设，支持和推进司法改革，强化监督，促进严格执法，公正执法。强化基层民主，完善村民自治和企业民主管理制度，全面推行政务、厂务、乡镇和村务公开，保证人民群众依法行使民主权利。加强社会治安和油区治安综合治理，依法严厉打击各种犯罪活动，深入开展“打黑除恶”斗争，扫除“黄赌毒”等社会丑恶现象，坚决取缔“法轮功”等邪教组织和非法宗教势力，保证改革开放和现代化建设顺利进行。

三、着眼长远，立足当前，为实施“十五”计划开好头、起好步

各位代表，2001年是跨入新世纪、实施“十五”计划的第一年。做好今年的各项工作，保持良好的发展势头，具有极其重要的意义。在实际工作中，要突出抓好以下几个方面。

（一）加快经济结构调整和总量膨胀。农业上，围绕四大主导产业，大力推进农业区域化布局、专业化生产和产业化经营，全面提高农业生产效益。粮食总产稳定在7.2万吨，棉花面积3万亩，肉蛋奶产量1.48万吨，水产品总量7.2万吨，果品总产量9500吨。推广优质小麦种植面积3万亩，建设良种繁育基地500亩，发展饲料饲草作物1万亩，新增牛羊改良网点5处，畜牧养殖小区10处，专业村16个。建设无土栽培蔬菜大棚100栋，建设桑田样板园2000亩、杂果样板园500亩、苜蓿种植样板园2000亩。搞好20万亩浅海贝类生产基地、10万亩鱼虾蟹贝立体养殖基地、20万亩卤虫养殖基地建设。新发展冬枣密植园5000亩，补植完善5000亩；改良苇田1万亩，开发苇田2万亩。加大对农副产品加工和销售企业的扶持力度，建设2个水产品鲜销加工企业、1个畜牧营销公司、1个冬枣购销公司，扩建冬枣保鲜库。认真实施“三个一”工程，努力提高涉农部门为农业服务的能力和水平。搞好农业综合开发和农田水利建设，重点抓好王庄二干五一闸至福祥泵站衬砌工程、5000亩节水工程和20个村的人畜吃水工程建设。积极推进农村税费改革和水费征管办法改革，搞好全区水系和土地利用规划编制工作。工业上，突出企业管理、技术改造和科技创新，着力改善运行质量。重点抓好华联石油化工厂、济军生产基地石油化工厂重组改造和千乘面粉厂的扩建改造。同时搞好济军生产基地二氧化锆厂ISO9000质量体系认证和仙河制药厂GMP认证工作。今年，限额以上工业增加值达到1.2亿元，按可比口径增长20%；技改投入达到1.2亿元。第三产业，突出发展现代流通、旅游、信息服务、社区服务及中介服务业，进一步提高第三产业素质。同时大力发展民营经济，认真抓好政策措施的落实，力争在膨胀总量、培植优势产业和骨干企业上实现新的突破，全区个体工商户发展到6380户，民营企业发展到317家。

（二）扩大招商引资。建立健全工作运行机制，配套完善各项政策，突出质量，增加数量，严格落实目标责任，确保超额完成任务。进一步加强招商网络建设，扩展招商渠道，改进招商方式，瞄准大企业、大财团，力争引进几个骨干项目。积极改善投资环境，完善服务设施，提高服务质量，增强对外商投资的吸引力。积极培育新的出口增长点，努力增加出口产品，千方百计扩大出口贸易。今年力争增加自营进出口企业3家；实际利用外资达到400万美元，增长1.5倍；出口创汇500万美元，增长42.9%。

（三）加强基础设施和城市建设。按照“政府主导，市场运作，以地生财，油地军共建”的思路，进

一步加强城市基础设施建设，扩张规模，完善功能，加快推进城市化进程。重点项目有：治理改造海盛路;起步实施百货大楼北侧和区土地局南侧土地开发项目；加快河宁小区基础设施配套建设；实施滨孤路河口至沾化段取直拓宽改造工程；建设县乡公路22.6公里；加快电力建设，集中搞好河口城区电网改造。同时加强小城镇建设，重点搞好孤岛镇永兴路和仙河镇神州路至高速路口道路改造工程。

（四）努力做好财税工作。加大税收征管力度，严格依法治税，确保财政收入稳步增长。今年，地方财政收入达到12960万元，按可比口径增长7.9%。强化预算约束，严格控制支出，努力提高资金使用效益，确保实现财政收支平衡。积极推进财政改革，加大政府采购力度，推行部门预算，试行会计委派制度。加强财源建设，支持发展油田主体财源，膨胀壮大现有地方财源，多方培植开辟新的财源，加快建立稳固可靠的财源基础。

（五）全面发展各项社会事业。进一步加大科技投入，加快科技创新步伐，努力提高科技对经济发展的贡献率。以大院大所和我区现有企业为载体，实施科技计划项目10项，并规划建设河口区高新技术创业园。加大学校规范化建设力度，合理调整学校布局，进一步改善办学条件。今年，撤并农村小学9处，创建市级规范化学校4处。毫不放松地抓好计划生育、土地管理和环境保护工作，努力推进人口、资源、环境协调发展。

四、转变职能，改善作风，努力建设务实、高效、廉洁的政府

各位代表，“十五”计划的蓝图已经绘就，今年的政府工作已经明确，任务光荣而艰巨。我们必须认清形势，明确责任，积极转变政府职能，努力提高工作水平，改善工作作风，建设务实、高效、廉洁的政府，切实担负起组织全区经济建设和社会发展的重任。

加强学习，提高驾驭市场经济的素质和能力。全体政府工作人员要充分认识学习的重要性，不断增强紧迫感和压力感，刻苦学习马克思列宁主义、毛泽东思想、邓小平理论和江泽民同志的重要讲话，增强政治敏锐性和坚定性，提高贯彻执行党的路线方针政策的自觉性。深入学习市场经济、科技、法律、金融、财税等方面的知识，提高业务素质和实际能力。坚持理论联系实际，学以致用，积极做好上级政策与河口实际相结合的文章。不断解放思想，勤于实践，勇于探索，创造性地开展工作。

增强宗旨观念，全心全意为人民服务。我们的一切工作都是为了人民，我们的一切事业都要依靠人民。全体政府工作人员特别是领导干部，必须牢固树立群众观念，把人民群众的利益作为我们各项工作的出发点和落脚点，心里时刻装着群众，关心群众疾苦，多为群众办实事、办好事。不断拓展与群众联系的渠道，认真听取各方面的意见和建议，高度重视群众来信来访工作，解决好群众生活中的热点难点问题，密切与群众的关系，依靠群众的智慧和力量，加快我区经济社会发展。

改善工作作风，努力增强工作实效。深入开展“三个代表”教育学习活动，不断强化实践意识和服务观念，狠刹官僚主义、形式主义，大力弘扬脚踏实地、埋头苦干、雷厉风行、务实高效的工作作风，坚持讲实话、办实事、求实效。深入调查研究，摆脱文山会海，减少公务应酬，多到基层去，到困难和问题多的地方去，研究新情况、总结新经验、解决新问题。进一步完善工作目标责任制，加强督查，认真考核，严格兑现奖惩，努力推动工作深入开展，提高工作成效。

加强廉政建设，树立政府的良好形象。全体政府工作人员要努力增强廉洁自律意识，严格遵守廉洁从政的各项规定，做到自重、自省、自警、自励。坚持从严治政，深入开展反腐败斗争，以党风政风带民风。加大办案惩处力度，严肃查处各类违法违纪案件，不管涉及谁，都要一查到底，决不姑息。认真纠正部门和行业不正之风，切实解决群众反映突出的问题。从改革体制、机制和完善制度入手，铲除滋生腐败的土壤，从源头上预防和治理腐败现象。

各位代表！历史已经跨入新的世纪，时代赋予我们崇高的使命。让我们高举邓小平理论伟大旗帜，更加紧密地团结在以江泽民同志为核心的党中央周围，在区委的坚强领导下，团结带领全区人民以崭新的姿态、高昂的斗志，开拓进取，艰苦创业，为全面完成今年的各项工作任务和“十五”奋斗目标，为把河口区建设成为环境优美、经济繁荣、社会文明的新经济区而努力奋斗！

政府工作报告

——2002年1月29日在东营市河口区第十四届人民代表大会第五次会议上

东营市河口区人民政府区长 徐春福

各位代表：

现在，我代表区人民政府向大会作政府工作报告，请予审议，并请各位政协委员和其他列席人员提出意见。

一、团结实干，开拓创新，2001年工作取得显著成效

2001年是实施“十五”计划的第一年，也是我区经济社会取得显著成效的一年。一年来，全区上下在区委的正确领导下，以邓小平理论和“三个代表”重要思想为指导，认真贯彻区人大及其常委会的各项决议，团结实干，开拓创新，保持了国民经济和社会事业的良好发展势头，取得了物质文明和精神文明建设的新成就。

（一）国民经济持续快速发展，综合经济实力明显增强。预计辖区内实现国内生产总值125.5亿元，其中地方实现国内生产总值9.29亿元，增长15.10%。农业和农村经济全面发展。粮食总产达到46333吨，棉花、瓜菜、肉蛋奶、水产品等产量均有较大增加，农业结构调整初见成效，冬枣、水产等主导产业优势明显。尤其是冬枣业发展实现大的突破，正逐步发展成为富民强区壮财政的特色产业，全年新增冬枣3.4万亩，其中秋季冬枣会战完成3.2万亩，种植冬枣261.6万株，建成了万亩“绿色食品基地”。粮经比调整到50:50，农业与林牧渔业产值比调整到3:7。向农业直接投入和向农民转移支付资金达3300万元，重点实施了农业基础设施建设和农业产业化。工业经济持续快速发展。地方限额以上工业企业实现增加值1.26亿元，增长15.7%；实现利税3867万元，增长15.5%；实施企业技改项目41项，完成工业固定资产投资1.99亿元，其中济军生产基地石油化工有限责任公司的7万吨/年重油催化裂化、千乘粮油有限责任公司的日处理小麦150吨专用粉加工车间等重点技改项目已投产运营。投资、消费不断扩大。地方固定资产投资完成4.5亿元，增长104%；社会消费品零售总额达到6.11亿元，增长8.9%。民营经济快速发展。个体工商户发展到6965户，私营企业发展到332家，分别增长20.1%和20.3%；上缴税金2211万元，增长20%。财政金融运行平稳。实现全口径财政收入2.19亿元，增长28%，其中区及区以下财政收入完成15228万元，增长25.7%；各项存款余额40.81亿元，贷款余额6.2亿元。

（二）大力实施招商引资，对外开放迈出新的步伐。齐心协力推进招商引资，实施区经济试验园区二期扩建工程，以先期投入吸引外商入园投资办厂兴业；加强软环境建设，实行“零收费”政策和“一站式”办公，维护外来投资者正常的生产经营秩序，外来固定资产投资总量和质量有了较大提高。截至年底，全区正式注册建成投产项目660个，到位外来固定资产投资4.5亿元；在建项目210个，到位外来固定资产投资4600万元，合同协议项目167个。区经济试验园区蓬勃发展，入园企业日益增多。目前，区经济试验园区已落户河口金瀚林果、胜利三友高科技、大中南实业、兴旺家具等12个大项目。对外开放不断扩大，实现出口创汇400万美元，增长16.6%。

（三）城市和基础设施建设步伐加快，经济发展的承载力不断增强。科学编制城市规划，河宁农贸市场、海盛路、文化广场、商业街及行政机关办公区等一批详规和专业规划相继完成，规划设计水平明显提高。深入开展“城市规划管理年”活动，积极深化土地使用制度改革，加快了城市经营建设步伐，重点实施了河宁农贸市场改造工程，开发建设了海宁住宅小区，配套完善了区经济试验园区二期扩建工程，拆迁并实施了孤岛永兴路改造工程，仙河商贸城破土动工，仙河污水处理厂建设顺利进行，滨孤路河口至沾化段拓宽改造工程建成通车。“政府上网”一期工程顺利完成。农业基础设施建设力度加大，王庄一分

干沾利河渡槽重建完工，福祥泵站改造、王庄二干衬砌顺利完成，马家水库改造、挑河清淤、北水源、义太支渠及王庄一分干治理等重点工程建设全部竣工，农业生产条件进一步改善。

（四）积极推进体制改革与创新，经济发展活力进一步增强。企业改革稳步推进，改制任务基本完成。农村改革全面深入，水利、林地产权制度及水产开发机制改革效果明显。大力整顿和规范市场经济秩序，初步解决了影响市场秩序的突出问题。积极推进财政改革，认真开展税源普查，实行财政集中发放工资，扩展政府采购范围，改革会计人员管理体制，实行财政集中支付和会计委派制度，撤销财务机构 15 个，组织招考政府采购及会计人员 7 名，政府采购资金达 1547 万元，节约资金 181 万元，节支率 11.7%。规范性文件清理整顿工作顺利完成。改革户口管理制度，放开限制性条件，城市化进程进一步加快，区乡机构改革稳步推进。城镇职工医疗保险制度改革全面启动。教育、卫生、住房、投融资体制等改革都取得了新的进展。

（五）油地军结合不断深入，合作领域不断扩展。在工业、农业、基础设施建设、便民利民工程、招商引资、油区综合治理、发展民营经济以及科技推广、人才联用、项目联办、联合办学等方面，取得了良好成效。油田帮扶乡镇工作不断深入，完成油地结合项目 20 余个，双方投入资金 3620 万元。适时召开油地军座谈会、联席会，就经济发展、城市建设、土地利用等重大问题达成共识，有力地促进了区域经济的发展。

（六）社会事业全面发展，精神文明和民主法制建设得到加强。规划建设了黄河口高新技术创业园，组织实施各类科技计划项目 21 项，筛选储备高新技术成果 110 项，新上产学研结合项目 7 项，先后与 17 所大院大所建立了长期稳定的合作关系，引进高层次人才 40 名。科技进步对经济增长的贡献率达到 49.8%。教育结构进一步优化，各类教育稳步发展，教学质量显著提高，农村小学布局调整和学校危房改造顺利完成，区一中、区实验小学等四处学校荣创市级规范化学校。积极推进卫生体制改革，农村卫生合作医疗工作进展顺利，人口覆盖率达到 86.3%。乡镇、办事处规模调整顺利完成，街居建设进一步加强。深入开展“民情恳谈”活动，做好救济抗灾抚恤工作，切实解决了部分困难群众的生活。积极做好勘界工作，县区边界勘定基本完成。进一步落实计生工作目标管理责任制，完善综合治理工作体系，整体水平进一步提高。社会保障体系日趋完善，三条保障线得到了有效落实。土地管理、环境保护工作取得新成绩。文化、体育、广播电视、老龄、残疾人等各项事业都有了新的发展。社会主义精神文明和民主法制建设得到加强。思想道德和法制教育不断深入，群众性精神文明创建活动扎实有效，全社会法律意识和法制观念进一步增强。自觉接受人大代表和广大群众的监督，认真听取政协委员和方方面面的意见，民主监督机制不断完善。社会治安和油区治安综合治理工作取得明显成效。高度重视安全生产，积极开展专项治理，努力消除事故隐患，切实保障了人民群众的生命财产安全。国防教育、民兵预备役、人民防空和双拥共建工作取得新成绩。

（七）城乡居民收入稳步增长，人民物质文化生活水平进一步提高。城镇居民人均可支配收入 8860 元，增长 3.1%；农民人均纯收入 2753 元，增长 8%。机关事业单位干部职工的两次增资政策及时兑现。市区两级安排专项转移支付资金，为每个农民抵顶 35 元的“三提五统”，农民实际负担人均减轻 42 元。城镇登记失业率 1.5%，低于全市平均水平。人民群众的精神文化生活日益丰富。

在过去的一年中，各级各部门瞄准年初工作目标，负重奋进，开拓创新，创造性地开展工作。重点把握了以下几点：（一）牢牢把握经济建设这个中心，坚定不移地推进招商引资、民营经济发展和油地军共建，集中财力实施区经济试验园区建设，为河口经济腾飞奠定了基础。（二）围绕富民强区壮财政和发展高效生态经济这一核心，狠抓农业产业结构调整，在坚持水产、林果、畜牧、芦苇四大主导产业的基础上，下决心突出冬枣产业，加强龙头企业建设，加快实施农业产业化步伐。（三）大力实施工业强区战略，加强产学研结合，提高科技与工业经济的结合度，工业经济的发展活力不断增强。（四）树立经营城市的理念，积极引入市场机制，加快城市建设，在全市率先以招投标方式公开拍卖土地，建设了河宁农贸市场和海宁住宅小区，实现了城市经济发展的破题。（五）坚持把群众利益放在首位，深入开展“民情恳谈”

活动，筹措资金近千万元，认真解决群众关心的热点难点问题，扎扎实实为群众办实事。（六）坚持两手抓，两手都要硬，加强精神文明建设，深入开展严打整治斗争，努力保持社会稳定，创造了良好的发展环境。

各位代表，过去一年能够取得这样好的成绩，是全区人民团结奋斗的结果，是各位人大代表监督支持和各位政协委员参政议政的结果，也是油地军紧密团结、携手共建的结果。在此，我代表区人民政府向全区人民和社会各界，表示崇高的敬意和衷心的感谢！

在肯定成绩的同时，我们也清醒地认识到，我区经济社会发展中的矛盾仍然比较突出。一是干部队伍的思想观念、工作方式、机制体制等还不能适应新形势的要求，思想不解放，因循守旧，不思进取，工作中缺乏雷厉风行、真抓实干的精神。二是农业结构调整慢，产业化水平低，龙头带动能力弱，农业生产效益低，农民收入增长不快。三是地方工业总量小、档次低，缺少自己的名牌和拳头产品；高新技术含量低，外资比例小，科技创新能力不强，高层次人才十分匮乏。四是财政增收的不稳定因素增加，刚性支出增多，财政压力增大，特别是乡镇财政比较困难。五是就业和再就业等群众反映强烈的热点难点问题没有根本解决，影响社会稳定的因素还比较多。对这些问题，我们一定高度重视，认真加以解决。

二、抢抓机遇，奋发有为，努力开创国民经济和各项社会事业发展的新局面

今年是我国加入世贸组织的第一年，也是加快实施“十五”计划的关键一年，做好今年的工作意义重大。我区经济社会发展既面临不少困难和挑战，也面临许多机遇和有利条件。从国际国内经济环境看，全球经济增长明显放缓，国际市场需求疲软，出口面临的困难和压力增大。原油价格增减不定，加之国家实行企业和个人所得税分享政策，给我区财政增收带来很大压力。入世后，市场竞争更加激烈，经济在短期内将受到一定冲击。但是我们也要看到，全球经济衰退的背后正孕育着一次新的经济结构调整和国际资本流动，发达国家必然加快劳动密集型产业向发展中国家转移，国际资本必然加快由经济不景气国家流向经济稳定增长国家，尤其是入世之后，我国将在更大范围和更深程度上融入世贸经济体系，这对我们扩大出口和利用外资是一个大好机会。从我区情况看，随着冬枣产业化的深入实施，我区发展农业四大主导产业的优势日益明显；园区的大规模开发建设以及招商引资的成功实践，为全区经济发展注入了强大活力；经营土地、经营城市理念的引入激活了城市基础设施建设，经济发展环境不断优化；干部群众思想进一步解放，市场意识、发展意识明显增强。所有这些经验，都将为我区经济发展带来巨大的推动力。只要我们坚定信心，沉着应对，趋利避害，扎实工作，就一定能够夺取改革开放和现代化建设的更大胜利！

今年政府工作总的指导思想是：坚持以邓小平理论和党的十五大精神为指针，进一步贯彻落实江总书记“七一”重要讲话精神，按照“三个代表”的要求，正确把握形势，抢抓机遇，围绕增加农民收入、增加财政收入、增加就业岗位，扩大对外开放，不断深化改革，加快结构调整，培育新的经济增长点，提高经济运行质量，全面发展社会事业，努力改善人民生活，切实保持社会稳定，促进国民经济持续快速健康发展和社会全面进步。

经济和社会发展主要预期目标为：国内生产总值增长6%，其中地方国内生产总值增长15%。地方固定资产投资与上年持平。地方财政收入增长8%。社会消费品零售总额增长9.6%。外贸出口增长12.5%，吸引外商直接投资增长30%。城镇居民人均可支配收入增长7%，农民人均纯收入增长7.2%。人口自然增长率控制在9‰以内。

为实现上述目标，在实际工作中，我们要突出抓好三个重点，着力推进四项工作。突出抓好的三个重点是：

（一）坚定不移地抓好招商引资，努力扩大对外开放。招商引资是一条富民强区之路，也是决定河口发展前途和命运的关键。必须把招商引资作为对外开放的突破口，突出区经济试验园区这一有效招商载体，加快向前推进。坚持和完善招商引资目标责任制，严格奖惩兑现，激发招商引资的积极性。改进招商方式，着力提高招商水平。坚持全民招商，强化专业招商，突出抓好以商招商、委托招商。搞好项目库建设，优化招商项目结构。实行个人联系、单位负责、专业人员运作，提高招商引资洽谈运作水平。进一步改善软环境，增强吸引力。入世后，软环境在招商引

资中的作用更为重要。继续把改善软环境作为招商引资的生命线来抓，在项目审批、执法管理、工作效率和服务水平等方面加快与国际惯例和通行规则接轨。认真落实招商项目推进服务责任制，真心实意帮助外来投资者解决建设和生产经营中遇到的困难和问题，让他们依法获得最大收益。加强油地军结合，本着盘活资产、共同发展的原则，借助油田和济军生产基地的技术、资金、人才、土地优势，精心编报项目，实施对外招商。抓住入世机遇，扩大利用外资，特别要抓住国际资本和产业向外转移的有利时机，充分发挥我区资源丰富、投资环境良好的优势，吸引外商投资兴业。

以入世为契机，大力发展对外贸易，积极开拓国际市场，千方百计扩大市场份额。积极培育出口企业和产品，发展多元化外贸主体。加强对黄河口家具实业有限公司、海星公司等重点出口企业的跟踪服务，帮助分析形势，研究对策，及时协调解决出口中遇到的问题，积极帮助私营企业争取自营进出口权，支持他们走向国际市场，加快“走出去”的步伐。

（二）加快经济结构调整与发展，努力增强综合经济实力和竞争力。目前我区经济存在着总量小、结构不合理的双重矛盾，必须把存量调整与增量优化结合起来，以增量优化带动结构调整。

一是搞好农业结构调整，推进农业产业化。本着产业调特、品质调优、龙头调大、土地调活、农民调少的原则，优化产业产品结构，提高农业产业化水平，促进农业增效、农民增收。继续抓好冬枣、芦苇、畜牧、水产四大主导产业，尤其是冬枣业，必须作为首位产业，坚持不懈地抓到底，切实搞好新户、太平、义和三个万亩冬枣密植园开发方和滨孤路沿线种植，基本实现农民人均一亩冬枣园的任务目标。同时，加快芦竹试验开发，带动品种改良，提高经济效益，使其成为第二大优势特色产业。围绕农业结构调整，积极推进农业产业化经营，特别要培育壮大农业龙头企业，重点抓好河口金瀚林果等现有龙头企业建设，逐步使重点农产品都能形成龙头带基地、基地促龙头的良好局面。在确保粮食安全的前提下，鼓励农民发展瓜菜、中药材、棉花、牧草等优质高效经济作物，推广粮——经——饲三元种植模式，确保粮经比例达到45:55。加强以科技、信息、销售为重点的农村社会化服务体系建设，加大扶持区级农业科技开发、推广、服务机构的力度，增强服务功能。推进农业标准化进程，按照国际市场要求，加快建立各类农产品标准体系、质量监督体系和评价体系，引导农民大力发展绿色、有机、无公害食品，打响生态牌、绿色牌。大力推进农业科技，搞好卤虫高产养殖和浅海文蛤增养殖技术开发，实施良种产业化工程，提高农业科技含量。按照“自愿、有偿、依法、规范”的原则，建立完善土地流转制度，加快推进农业集约化经营和家庭规模经营。继续加强引水、节水、排水、蓄水工程建设，重点实施王庄一、二、三分干配套改造、6000亩节水灌溉及羊拦河清淤，全面完成农村“小康型”饮水工程，进一步完善水系，彻底解决人畜吃水问题。积极推进荒碱地复垦，抓好农业综合开发，搞好4万亩冬枣绿色食品基地建设。

二是坚持增量增效并重，壮大工业整体实力。大力发展高新技术产业。坚持以经济效益为中心，新技术导向与市场导向相结合，围绕新材料、生物制药、电子信息、精细化工等领域，加快高新技术成果的引进、开发和转化。抓好现有高新技术产品的规模化生产、系列化开发。深化产学研结合，加快建设好黄河口高新技术创业园，加强入园企业建设，并以此为载体，借助石油大学的技术、人才和国内外影响力，积极创建石油科技园。加快改造传统产业，尤其要大力采用高新技术或先进适用技术进行嫁接改造，提高工艺技术和装备水平，重点改造提升石油化工、机电、建材、制药和造酒等骨干传统产业。地方工业固定资产投入确保达到1.9亿元以上。全面搞好服务与协调，加快招商项目建设，促进工业经济整体实力的迅速膨胀。研究制定措施，着力培育骨干企业，扶持中小企业加快发展。通过扩张增量，提高存量，努力构建起河口工业发展的“品”字形布局，即东部建设以油田和济军生产基地为主的电器电缆、生物制药、建筑建材和机械加工基地；西部在义和镇周围建设石油化工、农副产品深加工和家具轻纺生产基地；南部建设以区经济试验园区为载体的高新技术企业基地。

三是积极发展新兴第三产业，放手发展民营经济。完善提高商贸流通、饮食服务等传统产业，加快改造商业设施，积极发展超市、专卖店、连锁经营、配送制等新型经营方式。加快发展信息、金融、保险、中介组织、社区服务、家政服务等新兴产业。把旅游业作为大产业来抓，对现有旅游资源进行整合、包装、推介，搞好旅游景点建设和旅游产品开发，加快旅游业发展。进一步放宽民营经济的市场准入范围，原则上除国家明令禁止的外，都要对民营企业放开，坚持国民待遇，创造各种经济成分平等竞争的发展环境。结合机构改革、油田改制，鼓励引导分流人员创办民营企业，鼓励油田分流职工和区内民营企业到经济试验园区投资创业，与外商享受同等待遇。积极引导和鼓励民营企业向科技型、外向型、加工型等领域拓展，加快制度创新、管理创新，提升民营经济实力和竞争力。加大对民营企业的扶持力度，着力解决好融资、信息、人才、技术和外贸出口等问题，促其加快发展壮大。

（三）加强城市和基础设施建设，努力增强经济发展的承载能力。继续深入开展“城市规划管理年”活动，进一步加强城市规划、建设和管理。结合东营市中心城总体规划修订，积极完成河口城区总体规划调整，加快详规和专业规划编制步伐，提高规划水平。按照“政府主导，市场运作，以地生财，油地共建”的思路，通过加快房地产开发和园区等基础设施建设拉动城市经济的发展。在园区建设上，南延海康路与园区内6号路、7号路、8号路连通，完善园区内的公路网络。同时开发建设河庆路以北、海康路以东地片，建设河中路，逐步扩大园区规模，增强聚集效应。在房地产开发上，重点搞好海盛工业批发市场、仙河商贸城、商业街改造、河口商贸城和海宁住宅小区。在基础设施建设上，全面改造海盛路、河一路；打通国税局西至经协办路段，规划区直机关办公区；拓宽西延育英路至李坨，改善西区的交通条件；北延海康路、海宁路并与海盛路北延段连通，促进街道办事处的经济发展和城区村居的改造；加快文化广场、城区绿化、河口宾馆和供热站建设，为居民创造良好的生活条件和居住环境。进一步加快小城镇建设，完善规划，突出特色，促进城乡一体化进程。理顺城市管理体制，加大执法力度，提高城市管理水平。加快实施土地“五统一”管理步伐，努力做好经营城市的文章。积极探索城市基础设施资产和无形资产增值变现的有效形式，盘活存量，逐步将城市绿化、采暖、卫生保洁、市政设施维护等作业任务推向市场。加强区乡公路建设，实施村村通客车工程，方便群众生活。加快城区电网改造，完善电力网络，提高城市承载能力。

着力推进的四项工作是：

（一）扎实推进高效生态经济发展和绿色产业示范区建设。紧紧抓住发展黄河三角洲高效生态经济被列入国家“十五”计划纲要和联合国工发组织确认东营市为国际绿色产业示范区的历史机遇，突出优势，强化措施，大力发展高效生态经济和绿色产业，重点围绕我区的沿海百万亩生态防护林规划建设，百万亩柽柳林场建设，黄河三角洲自然保护区建设，沿海防潮堤坝的规划建设，渤海碧海行动计划，土地后备资源开发利用，海洋和渔业开发设施建设，城市居民生活设施建设等8个方面，组织专家筛选论证项目，充实我区项目库，并积极向上争取和推出去招商，以项目为载体，切实把发展高效生态经济和绿色产业示范区建设向实推进，实现突破，为我区的长远发展奠定坚实基础。

（二）加快推进改革与创新。规范完善企业改革，凡企业股权结构不合理、法人治理结构不健全、机制转换不到位的，必须进一步规范和深化。搞好企业人事、劳动和分配制度改革，建立对经营者的激励约束机制。积极推进财税体制改革。逐步扩大政府采购范围，加快会计人员管理体制改革，推行国库集中收付制度。加快建立和完善国有资产管理、监督和营运体系，确保国有资产保值增值。加强财源建设，强化税收征管，严格控制支出，确保实现财政收支平衡。进一步完善社会保障体系，扩大保险覆盖面，提高保障水平。继续做好“两个确保”工作，搞好失业保险基金统筹和城镇职工基本医疗保险制度的运行。加大城镇居民最低生活保障制度的落实力度，做到应保尽保，并将农村低保对象保障金由每人每年120元提高到200元。积极推进土地、教育、卫生、住房、金融、投融资体制等各项配套改革，保证改革顺利进行。

（三）不断深化油地军结合。坚持把团结思想不断向下深入，把结合工作向全方位拓展，在继续加大油区治安综合治理和基础设施共建共管的基础上，进一步加强经济共建，构筑经济社会共同体。当前重点搞好帮扶油田多种经营企业的剥离和军队企业的改制；启动实施通海工业园建设，作为油地共建的新的经济增长点，吸引外商和油地军企业入园创业。积极拓展思路，完善措施，推动油田帮扶乡镇工作向纵深方向发展。实行油地军联手，共同搞好城市建设和招商引资，促进区域经济社会快速发展。

（四）全面加强各项社会事业和精神文明建设。深化科技体制改革，加快科技创新，推动科技与经济的结合，提高科技对经济的贡献率。继续把教育放在优先发展的战略地位，调整优化农村小学布局，实施“校校通”和规范化学校创建工程，全方位搞好素质教育，完善“以区为主”的管理体制，切实解决好教师的各项待遇，提高基础教育水平。加强教师队伍建设，提高师资素质。严格执行人口与计划生育目标责任制，加强对流动人口和特殊人群的管理，提高人口与计划生育整体水平。进一步落实环境保护目标责任制，依法保护和合理利用土地，实现经济与人口、资源、环境协调发展。加强文化市场管理，加快文化设施建设，逐步实施“村村通有线电视”工程，繁荣文艺创作、新闻出版、广播影视事业。大力开展爱国卫生运动，发展社区卫生服务，巩固和扩大农村合作医疗成果。深入开展全民健身运动，提高竞技体育水平。加强街居建设，发展街居经济。强化全民国防教育，积极开展“双拥共建”活动。关心人民群众生活，解决好贫困群众的生活问题。认真做好就业和再就业工作，提高就业率。严格执行减轻农民负担的各项政策规定，真正把农民负担减下来。进一步做好老龄、史志、档案、气象、无线电管理等工作，依法加强对民族宗教事务的管理。

坚持依法治区，贯彻落实《公民道德建设实施纲要》，加强以职业道德为重点的公民道德教育，提高公民的道德水准。抓好“四五”普法教育，增强全民法律意识。坚决打击“法轮功”等邪教组织，严厉打击各种刑事犯罪、经济犯罪，加大打黑除恶力度，扫除一切社会丑恶现象。加强油区治安综合治理，巩固文明油区成果，维护社会稳定。深入研究和妥善解决新形势下人民内部矛盾，积极做好工作，防止矛盾激化。把安全生产摆到重中之重的位置，认真落实安全生产责任制和事故责任追究制，巩固专项治理整顿成果，坚决消除一切不安全隐患，增强事故防范和应急处理能力，切实保障人民生命财产安全。

三、积极适应入世要求，切实加强和改进政府工作

新的形势和任务对政府工作提出了更高的要求。各级政府必须按照世贸组织规则要求，进一步加强和改进政府工作，建设高效、务实、精干、廉洁的服务型政府，努力促进经济社会快速发展。

（一）加快政府职能转变。转变政府职能是建设服务型政府的关键环节。按照精简、效能、统一的原则，认真搞好区乡机构改革，真正实现政企、政事分开，该转移下放的职能，一定要转移下放，该退出的领域一定要退出，着力在服务上下功夫，真正做到不越位、不缺位、不错位，要到位。明确部门职能，理顺部门关系，切实做到一件事由一个部门负责，解决职能交叉、政出多门、推诿扯皮等问题。把清理、减少审批事项作为转变政府职能的重点，做到能精减的坚决精减，能下放的坚决下放；可由市场机制来代替的，要通过市场机制运作。确需保留的审批事项，要简化手续，规范审批行为。全面推行政务公开，政府的政策规定、重要决策、重大项目建设和重要工作程序等，都要向社会公开，增强透明度。实行听证会制度，对涉及群众切身利益，与群众生活密切相关的重大事项，都要认真听取各方面的意见，推进决策科学化、民主化。严格依法行政，规范行政执法行为，提高行政执法的公正性、公开性，真正把行政执法置于人民群众的监督之下，坚决克服有法不依、执法不严、随意执法、不文明执法等现象，不断提高依法行政意识和水平。加快信息化建设步伐，提高政府工作效率。

（二）努力提高政府工作人员素质。面对入世和经济社会发展的新要求，全体政府工作人员要把加强学习、提高素质作为一种政治责任感和精神追求来对待，切实增强紧迫性和自觉性，掀起学习的新热潮。要重点学习市场经济知识，特别是世贸知识，提高实际运作能力，强化经济头脑，增强世界眼光；学习本职业务，增强服务意识；学习法律知识，提高法律素养。各级各部门都要举办不同类型的培训班，争取年内将全体政府工作人员培训一遍，全面提高公务员的综合素质和服务水平。

（三）切实转变作风。把今年作为转变作风年、调查研究年，大胆探索，勇于创新，创造性地开展工作。强化发展意识、进取意识，树立强烈的事业心和责任感，正确研究分析形势，把握经济发展规律，

增强驾驭经济工作的能力，做到与时俱进，争取工作的主动权。按照党的十五届六中全会的要求，自觉做到“八个坚持，八个反对”，树立求真务实抓落实的工作作风，力戒形式主义、官僚主义，继续深入扎实地开展以“三抓三促四确保”为主要内容的“民情恳谈”活动，建立并落实好这一转变党风政风的长效机制。进一步完善督查考核机制，严格兑现奖惩，促进工作高效运转和各项目标任务的圆满完成。转变作风的核心是加强政府同人民群众的血肉联系。各级领导干部要深入基层，倾听群众意见，关心群众疾苦，为群众排忧解难，多为群众办实事、办好事。

（四）加强廉政建设。严格落实廉政建设责任制，认真遵守党风廉政建设的各项规定，廉洁自律，勤政为民，标本兼治，严肃查处腐败案件，严厉打击和惩处各类腐败分子，树立良好的政府形象。各级领导干部要认真对照廉政建设的要求，身体力行，做艰苦奋斗、廉洁勤政的表率。要正确对待和行使人民赋予的权力，坚决防止和纠正以权谋私、权钱交易等违法违纪行为。要继续深入开展党性、党纪和世界观、人生观的教育，进一步加强廉政制度建设，完善监督制约机制。要大力发扬艰苦奋斗的优良传统，厉行节约，反对铺张浪费，铲除滋生腐败的土壤和条件，从源头上预防和治理腐败，坚决刹住奢侈享乐之风。

各位代表，做好今年的政府工作，任务艰巨，责任重大。让我们高举邓小平理论伟大旗帜，紧密团结在以江泽民同志为核心的党中央周围，在区委的坚强领导下，团结带领全区人民，统一思想，坚定信心，励精图治，开拓创新，努力夺取改革开放和现代化建设的新胜利，以优异的成绩迎接党的十六大的召开！

齐心协力 奋发有为 加快建设美丽富裕文明的新河口

——2003年1月17日在东营市河口区第十五届人民代表大会第一次会议上的报告

东营市河口区人民政府代区长 赵豪志

各位代表：

现在，我代表区人民政府向大会作政府工作报告，请予审议，并请各位政协委员和其他列席人员提出意见。

一、过去五年工作的回顾

1998年以来，全区上下高举邓小平理论伟大旗帜，认真贯彻“三个代表”重要思想，正确处理改革发展稳定的关系，保持了国民经济和社会事业的快速健康发展，取得了物质文明和精神文明建设的新成就。

国民经济综合实力显著增强。“九五”计划顺利完成，“十五”计划开局良好。2002年，预计全区实现国内生产总值25.5亿元，其中地方国内生产总值10.99亿元，比1997年增长120.5%，年均增长17.1%。农业和农村经济全面发展。产业结构调整初见成效，棉花、桑蚕、蔬菜等优质高效产品增幅较大，冬枣、水产、畜牧、芦苇四大主导产业优势显著增强，尤其是冬枣产业突飞猛进，种植面积达到7.5万亩。粮经比由1997年的80:20调整到40:60。农业龙头企业逐步壮大，产业化经营水平进一步提高。工业经济稳步发展。2002年完成工业增加值2.79亿元，比1997年增长187%，年均增长23.5%。五年实施技改项目188项，完成工业固定资产投资5.46亿元。投资、消费进一步扩大。2002年完成地方固定资产投资8.77亿元，比1997年增长324.6%，年均增长33.5%；实现社会消费品零售总额7.04亿元，比1997年增长55.9%，年均增长9.3%。民营经济快速膨胀。2002年个体工商户达到7735户，民营企业发展到402家，分别比1997年增加4147户和189家。财政收入持续增长。2002年实现全口径财政收入30022万元，其中地方财政收入完成19059万元（剔除不可比因素，实际完成收入15181万元），比1997年增长213%，年均增长16.4%，连续十八年实现收支平衡。金融事业不断发展。2002年存贷款余额分别达到45.22亿元和9.29亿元，比1997年增长85.9%、130.7%，年均增长13.2%、18.2%。

改革开放实现新的突破。土地延包工作顺利完成，农村税费改革扎实推进。企业改革基本完成。区乡机构改革全面结束。财税改革稳步推进，“两税”改革、政府采购、财政集中支付顺利实施。政府职能转变步伐加快，行政审批制度改革取得较大进展。土地经营、户籍管理和住房制度改革力度加大，城市化进程进一步加快。教育、投融资体制、社会保障等项改革逐步深化。整顿和规范市场经济秩序初见成效。认真实施五方联动战略，改革开放试点工作取得较大成绩。对外开放不断扩大，外向型经济进一步发展。五年累计实现出口创汇1612万美元，实际利用外资1021万美元。招商引资深入开展，截至2002年底，全区累计引进投产项目1873个，到位外来投资16亿元。

城乡面貌发生巨大变化。城市总体规划调整和一批详规相继完成，规划设计水平明显提高。坚持油地共建和经营城市的方针，城市建设成效显著。五年累计投资22.6亿元，改造新建道路45条，新增道路面积86万平方米，实施房地产开发项目7个，改造了西区供水、供暖设施，建设了一大批绿化、亮化、美化工程，城区面貌大为改观。机关办公条件明显改善。小城镇建设步伐加快。交通建设成效显著，辛河路、滨孤路拓宽改造工程顺利完成，实现了村村通公路、村村通客车，建设改造区乡村公路209公里。供电关系得到理顺，农村电网改造顺利完成。建成有线电视光纤传输网络，实现油地电视信号相互传输和乡镇通有线电视。农田水利建设力度加大，五年投资1.45亿元，组织实施了王庄二干河口段衬砌、河口泵站改造、王庄二干一分干节水改扩建等一大批水利建设项目，全面完成了农村“小康型”饮水工程，新增蓄水能力6150万立方米。

油地军结合取得丰硕成果。按照团结思想向下渗透，具体工作向实发展，决定的事情抓好落实的指导思想，油地军三方不断加大结合力度，拓宽结合领域，提高结合层次，取得了良好成效。在基础设施建设、招商引资、工业发展、民营经济以及油区综合治理、科技推广、教育资源共享等方面实现了新的突破。油田帮扶乡镇工作扎实深入。五年油地双方共建项目54项，总投资6.8亿元。

社会事业蓬勃发展。规划建设了黄河口高新技术企业创业园，组织实施各类科技计划项目92项，科技进步对经济增长的贡献率达到49.9%。农村中小学校布局调整和危房改造顺利完成，教师工资实现区级统筹，学校规范化管理不断加强，素质教育稳步推进，教育教学质量显著提高。卫生体制改革扎实推进，农村合作医疗进展顺利，医疗服务水平明显提高。人口与计划生育工作全面加强，跨入省市先进行列。大力实施宜农荒地开发复垦，深入开展“双创”活动，国土资源综合利用和环境污染治理取得较大成效。乡镇、办事处规模调整顺利完成，街居建设进一步加强，救济抗灾抚恤工作扎实有效，县区边界勘定基本完成。加强民兵预备役和征兵工作，“双拥模范城”创建顺利通过省市验收。文化、体育、新闻出版、地名史志、档案、信访、气象、民族宗教、无线电管理、老龄和妇女儿童等事业都有新的发展。

精神文明和民主法制建设得到加强。切实加强思想政治工作，深入开展形式多样的教育活动，全区人民的思想道德素质和文明程度进一步提高。群众性精神文明创建活动扎实有效，“信用河口”建设取得阶段性成果，油地军共建区域文化形成新的机制。自觉接受人大代表和广大群众的监督，认真听取政协委员和方方面面的意见，及时办理人大代表建议和政协委员提案，民主监督机制不断完善。行政效能建设全面加强，机关作风显著改善。普法教育扎实开展，依法行政水平不断提高。加强社会治安和油区治安综合治理，严厉打击各种犯罪，取缔“法轮功”邪教组织，保持了社会治安的持续稳定。高度重视安全生产，深入开展专项治理，努力消除事故隐患，切实保障了人民群众的生命财产安全。

人民群众生活水平进一步提高。2002年城镇居民人均可支配收入和农民人均纯收入分别达到10200元和2930元，比1997年增加2705元和1184元，年均增长6.4%和10.9%。大力实施安居工程，城乡居民的居住条件得到较大改善。社会保障体系日趋完善，“两个确保”得到巩固，下岗职工基本生活保障逐步与失业保险并轨。市场繁荣，物价稳定，商品丰富，人民群众的物质文化生活水平明显提高。

2002年，区政府团结带领全区人民，艰苦奋斗，开拓创新，克服困难，励精图治，保持了经济社会快速发展的良好势头。预计全区地方国内生产总值比上年增长19%，规模以上工业增加值增长39.4%，全社会固定资产投资增长91.9%，社会消费品零售总额增长 15.2%，地方财政收入增长 29.1%，农民人均纯收入增长 6.4%。

各位代表，过去五年是我区改革开放和现代化建设取得显著成就的五年。五年来的成就，是市委、市政府和区委正确领导的结果，是全区人民和社会各界团结奋斗的结果，是油地军携手共建的结果。在此，我代表区人民政府向全区人民和社会各界表示崇高的敬意和衷心的感谢！

回顾过去五年的工作，有许多经验值得总结。最主要的就是：始终坚持以邓小平理论和“三个代表”重要思想为指导，立足河口实际，不断解放思想，大胆探索，创造性地开展工作，在城市建设、油地军共建、产学研结合以及招商引资、发展民营经济等方面探索了一系列成功的路子；紧紧扭住经济建设这个中心，集中精力求发展，千方百计膨胀经济总量，不断加快经济结构调整，努力提高经济运行质量；坚持以改革为动力，大力推进企业体制改革和科技创新，扩大对外开放，不断为经济发展注入新的活力；坚持民主科学决策，对事关全局的重大事项和重点工作，深入调查研究，广泛征求意见，积极稳妥决策；坚持“两手抓，两手都要硬”的方针，正确处理改革、发展、稳定的关系，加强思想政治工作，搞好党风廉政建设，推进两个文明协调发展；高举团结发展的旗帜，充分发挥油区优势，不断深化油地军结合，形成促进区域经济发展的强大合力；坚持求实务实抓落实，建立健全运行管理机制，加强政务督查，实施“政府”提速，促进工作作风转变和工作效率提高。这些经验，是全区人民智慧的结晶，也是今后加快发展的宝贵财富，应该在今后的工作中继续坚持，并在实践中不断丰富、发展和完善。

各位代表，在充分肯定成绩的同时，我们还要清醒地认识到，我区在经济社会发展过程中，还存在不少困难和问题。一是思想解放程度不够，改革开放意识、市场竞争意识和开拓创新意识不强，少数干部工作作风不够扎实，因循守旧，不思进取，工作中缺乏雷厉风行、真抓实干、奋勇争先的精神。二是经济结构性矛盾比较突出，经济总量小。农业基础脆弱，产业化水平低，效益不高，农民收入增长缓慢；地方工业规模小、档次低，缺乏骨干企业和拳头产品，市场竞争力不强；第三产业发展相对滞后。三是经济外向度不高，利用外资和对外贸易规模小；高新技术含量低，科技创新能力不强，人才特别是高层次人才十分匮乏。四是财源结构单一，主体财源不稳定，地方财源尤其是乡镇财源建设滞后，财政增收难度大。五是城市基础设施和社会公益设施还比较落后，城市功能还不完善，与城市化的总体要求相差甚远，不能从根本上满足人民群众日益增长的精神文化需求。六是招商引资环境还有待于进一步优化，有些优惠政策和承诺服务还没有落到实处。七是就业和再就业等群众反映强烈的热点难点问题还没有彻底解决，影响社会稳定的因素还比较多。对这些问题，我们一定要采取针对性措施，认真加以解决。

二、与时俱进，开拓创新，努力实现全区经济社会发展的新跨越

今后五年，是全面建设小康社会、加快推进社会主义现代化建设的关键时期。我们既面临着国外资本、产业、技术加速向国内转移，南方沿海发达地区的产业、资本快速向北方转移的大好机遇，又面临着境内油田存续企业和济军生产基地企业重组改制、东营港扩建及环渤海公路修建的良好契机。只要我们紧紧抓住这些机遇，加快发展，就一定能够开创出经济社会发展的新局面。今后五年，全区经济社会发展的指导思想是：坚持以邓小平理论和“三个代表”重要思想为指导，认真贯彻落实党的十六大精神，围绕全面建设小康社会，进一步凝聚各方力量，深入实施工业强区、农业产业化、招商引资、民营经济发展和城镇化战略，深化改革，扩大开放，提升经济实力，推进社会进步，提高人民群众生活水平，努力把我区建设成为美丽富裕文明的新河口。

展望未来五年，我们的奋斗目标是：高效生态农业快速发展，农业产业化水平迅速提高，农业综合生产能力显著增强，为农业实现工业化运作奠定坚实基础。走新型工业化的路子，努力培植特色型工业，实现骨干企业集团化、主导产业优势化、拳头产品品牌化。城市建设实现新的突破，初步建成以“大空间、大水面、大绿地”为特色，能充分体现滨海石油风貌，周围清水绿树环绕、城内功能完善的现代化城市。社会事业快速发展，教育体系、科技文化创新体系和全民医疗卫生体系日趋完善，可持续发展能力增强，整个社会逐步走上生产发展、生活富裕、生态良好的

文明发展道路。人民群众的物质生活更加殷实，精神文化生活更加丰富。

根据上述奋斗目标，结合“十五”规划，今后五年主要预期指标为：国内生产总值完成47亿元，年均增长13%，其中地方国内生产总值完成25亿元，年均增长17.8%；固定资产投资完成70亿元，年均增长7.5%，其中地方固定资产投资完成25亿元，年均增长24.2%；地方财政收入完成3亿元，按可比口径年均增长15%；出口创汇完成2500万美元，年均增长33%；城镇居民人均可支配收入和农民人均纯收入分别完成13700元和4000元，年均增长5.6%和6.3%；人口自然增长率控制在9‰以内。

完成上述奋斗目标，我们必须始终坚持用发展的办法解决前进中的问题，用市场经济的手段抓好经济工作，用创新的精神培植发展新优势。实际工作中，重点抓好以下几个方面。

（一）培育发展新的优势，全面提升经济综合实力。面对新的形势和任务，加快推进工业强区、农业产业化、招商引资、城镇化和民营经济发展，是我们振兴河口经济的战略选择，必须长期坚持。

实施“工业强区”战略，培植壮大主导财源。工业是国民经济的主导，加快工业发展是摆在我们面前的一项紧迫任务。今后五年，必须坚持走新型工业化道路，优化增量，改造存量，加快发展石油化工、精细化工、木器制造、农副产品深加工等重点产业，真正构筑起我区工业发展的骨干框架。狠抓企业技术改造。加快运用高新技术和先进实用技术嫁接改造传统产业，扩大生产规模，提高产品质量，增强市场竞争力。今后五年，工业技改投入要达到10亿元以上。大力发展高新技术产业。围绕生物制药、新材料、精细化工等领域，坚持高新技术导向和市场导向相结合，以黄河口高新技术企业创业园为依托，搞好技术孵化，加速科技成果转化。深入实施产学研结合，努力提高企业技术创新能力。同时，通过招商引资、油地军结合、发展民营经济等途径，千方百计增上一批劳动密集型项目，努力扩张工业经济整体实力。坚持扶优扶强，着力培育骨干企业和优势产品。完善扶持政策，对一批市场前景好、技术含量高的产品和企业进行重点培植，促其迅速膨胀，做大做强；同时充分发挥其龙头作用，辐射带动相关产业发展。重视搞好资本运营，加快培育一批主业突出、核心竞争力强的骨干企业集团。切实搞好园区规划建设，构筑工业经济发展的隆起带。抓住东营港扩建的机遇，积极推进海港工业园区建设。继续搞好区经济技术开发区建设，不断完善功能，扩大规模，提高档次，逐步打造成为全区工业发展的亮点，使其真正发挥好聚集效应、带动效应和示范效应。加快乡镇工业园区建设，推动乡镇经济快速发展。

实施农业产业化战略，努力增加农民收入。农业产业化是实现农业规模经营和推进农业现代化的有效途径。要紧紧围绕高效生态绿色农业，按照产业调特、品质调优、龙头调强、土地调活、农民调少的思路，加速“三农”裂变，培植产业基地，壮大龙头企业，发展合作经济组织，努力构筑“龙”型经济体系，推动传统农业向市场农业、现代农业转变。一是调整优化农业结构。坚持以市场为导向，把握区域比较优势，加强主导产业基地建设，扩张产业规模。优化种植结构，加快发展冬枣、水产、畜牧、芦苇四大主导产业，培植特色产业和名牌产品。特别是冬枣业，要按照发展绿色有机食品的要求，实行标准化生产，切实搞好管护和精深加工，完善购销网络，提高市场占有率，使其逐步发展壮大。水产业，要坚持海淡水并重，养殖、捕捞、加工并举的方针，积极发展浅海精护养和立体混养，搞好水产品精深加工，开辟出口渠道，增加科技含量和效益。重点搞好渔港建设、高效生态型水产养殖和工厂化养殖，提高三大水产养殖基地的规模和水平。二是大力培育龙头企业。龙头企业是产业化经营的关键。要围绕主导产业，多形式、多渠道培植壮大龙头企业，特别是农副产品加工流通企业。坚持以工业理念经营农业，发挥龙头企业的核心作用，通过兴办基地、开拓市场等形式，带动千家万户发展农业和农村经济。加快农村二、三产业发展，促进农村劳动力转移。三是努力提高农业科技水平。加快建设良种产业化工程和农业科技示范园，大力推广普及农业先进适用技术。认真实施农业标准化工程，健全农产品质量安全体系，发展无公害农产品、绿色食品和有机食品，增强农业的国际竞争力。加快以“金农工程”为重点的农业信息体系建设，努力搞好农业信息服务。加强对农民的科技教育培训，提高其科技文化素质和致富本领。重视发展农业机械化，努力提高农业生产水平。四是加强以水利为重点的农业基础设施建设。坚持引蓄排节并举，开源节流并重的原则，加快实施一批水利工程，切实解决水资源短缺和旱涝灾害问题。科学规划，精心实施，努力构筑比较独立完善的水系。继续搞好蓄水工程建设和管理。大力推广节水农业和旱作农业。抓好骨干河道治理。高标准搞好农业综合开发，积极推进防潮堤坝等除险防洪工程建设。

实施招商引资战略，膨胀经济总量。招商引资是实现经济跨越式发展的有效途径，必须全力推进。继续坚持“四个坚定不移”，不断完善政策措施，强化激励机制，推动招商引资工作向纵深发展。改进招商方式，突出专业招商、以商招商、网上招商和境外招商，提高招商水平和成效。继续加强园区建设，大力引进一批生产加工型、科技型和服务型项目，使园区成为外向型经济发展的闪光点。重点搞好区经济技术开发区、通海工业园、孤岛仙河工业园等园区的配套建设。不断改善软环境，增创招商引资的新优势。坚持招商引资与招才引智相结合，大力引进各类专业人才，为加快发展提供智力支持。在招商引资的同时，加快发展对外贸易。以国际市场为导向，进一步加大政策扶持力度，着力培育骨干出口企业。加快调整出口产品结构，大力推进木器、水产品等传统优势产品出口，积极培育冬枣、高新技术产品等新的出口资源，努力扩大对外贸易。加快实施“走出去”战略，推动更多的企业走向国际市场。到2007年，扶持发展拥有自营进出口权的企业22家以上。

实施民营经济发展战略，培植新的经济增长点。民营经济机制活，市场化程度高，最具有发展活力。要进一步解放思想，放宽民营经济的市场准入范围，改进服务措施，创造各种经济成分平等竞争的发展环境。不断完善扶持政策，广泛发动群众务工经商，特别要结合机构改革和油田存续企业的深化改革，鼓励和引导分流人员自谋职业，创办民营企业。继续加强载体建设，搞好民营商贸区和各类专业市场的开发建设，努力吸纳更多的民营企业发展，促进民营经济集聚膨胀。扶持发展民营大户，支持鼓励民营企业发展一、二产业，特别是高新技术产业，促其向高科技、外向型、规模化转变。加强对民营经济的指导、管理和服务，鼓励勤劳致富、守法经营、科学管理，促进民营经济健康发展。五年间，力争新增民营企业400家。要把民营经济与服务业发展结合起来，加快改造传统服务业，着重发展新兴第三产业。积极发展现代物流业，加速改造完善旧的商业设施，扶持发展连锁经营、配送中心、超市、仓储式商店等新型经营方式。加快发展旅游经济，充分利用特色旅游资源，搞好景点建设和旅游线路开发，挖掘旅游消费潜力。大力发展家政服务、托幼养老、医疗保健、安装维修等便民型公益社区服务。搞好信息服务业，努力提高经济社会管理的信息化水平。

实施城镇化战略，促进城乡经济协调发展。城镇化是现代化的必然趋势，是拓展经济发展空间的必由之路。要以规划为龙头，以完善功能和膨胀规模为重点，以提升城市品位、改善居民生活环境为目标，坚持高起点规划、高标准设计、高质量建设、高效能管理、高效益经营，全面推进城镇化和城镇现代化。严格执行城市总体规划，加快详规和专业规划编制步伐，努力提高规划设计水平。突出“大空间、大水面、大绿地”特色，集中搞好城市骨干道路的拓宽改造，配套建设市政公用设施和科技文化设施，完善城市功能。增强精品意识，加强精品工程和标志化工程建设，提升城市的品位和档次。加大经营城市的力度，盘活城市资产，聚集建设资金，推进房地产业和城市的快速膨胀。推行综合执法，搞好城市管理，实施净化、绿化、亮化、美化工程，努力实现天蓝、地绿、水清。大力加强小城镇建设，加快城乡一体化进程，逐步实施村庄合并，促进农村人口向城镇转移、小村向大村集中。继续加强交通、通信和电力建设。抓住新建环渤海公路的机遇，进一步完善公路网络，提高道路运输能力。到2007年，全区公路密度达到80公里／百平方公里。积极搞好城市光纤网、宽带网，完善移动、联通通讯网，增强自主运邮能力。加快实施城区电网改造，不断完善电力网络，努力为经济建设提供电力保障。

*（二）推进体制改革与创新，增强经济发展的动力和活力。*改革和创新是经济社会发展的重要保证，必须坚定不移地予以推进。按照公司法的要求，健全法人治理结构，完善股权结构，引导企业深化内部人事、劳动、分配制度改革，转换经营机制，加快建立现代企业制度。全面落实党在农村的基本政策，长期

稳定以家庭承包经营为基础、统分结合的双层经营体制。深化农产品流通体制改革，进一步巩固农村税费改革成果，抓好乡镇综合配套改革，完善农村财务规范化和农村干部公职化管理体系。稳步推进土地经营流转，积极发展规模经营。加强宏观调控，发挥计划、财政、税收等杠杆作用，引导和促进经济结构调整。进一步完善财税体制，发展壮大地方财源，搞好支出改革，逐步建立起适应社会主义市场经济要求的公共财政框架。加强国有资产监督和管理，积极探索国有资产运营新机制。坚持基本的分配制度，完善资本、技术和管理生产要素参与分配的办法，维护一切合法的劳动收入和合法的非劳动收入。加快推进教育、卫生、金融体制等配套改革，确保改革顺利进行。

（三）深化油地军结合，促进区域经济社会快速发展。油地军结合是加快河口经济社会发展的最大优势和现实选择。必须高举团结发展的旗帜，强化结合意识，多形式、多层次、全方位加强油地军结合。在继续搞好油区治安综合治理和基础设施共建共管的基础上，进一步加强经济共建，促进经济融合。大力支持帮助油田存续企业和济军生产基地企业重组改制；发挥油地军各自的优势，共同搞好招商引资；配套建设通海工业园，搭建加快经济发展的平台。在经济融合的同时，适应形势的发展，按照资源共享共用的思路，积极推进科技、教育、文化、卫生等各项事业的融合，促进区域经济社会的协调发展。

（四）大力发展科技教育，推动社会各项事业全面进步。大力推进科技进步与创新，健全科技普及、推广和创新体系，推动科技与经济的结合。到2007年，科技对经济发展的贡献率达到52%。深化教育改革，优化教育结构，合理配置教育资源，全面推进素质教育，努力提高教育质量和管理水平。严格落实人口与计划生育目标责任制，稳定低生育水平，提高人口素质。树立全民环保意识，搞好生态保持和建设，改善环境质量。加强资源管理和保护，搞好国土资源综合整治。建立健全卫生服务体系，办好合作医疗，实现人人享有初级卫生保健的目标。整顿药品生产流通秩序，加大药品监管力度。积极培育和发展各具特色的基层文化，积极创建全省社会文化先进区。开展全民健身运动，提高全民健康水平。加快广播电视事业发展，努力提高节目创作、传播质量和水平。进一步做好新闻出版、老龄、残疾人、民族宗教、外事、侨务、档案、地名史志、保密、气象、防灾、国防教育和“双拥”等工作，促进社会事业全面进步。

（五）加强精神文明和民主法制建设，保持社会持续稳定。广泛开展群众性精神文明创建活动，深入宣传“三个代表”重要思想，加强道德教育，弘扬艰苦奋斗精神，引导人们树立正确的世界观、人生观和价值观。强化依法行政，规范行政执法；认真实施“四五”普法教育，增强全民法律意识和法制观念。扩大基层民主，完善村民自治，保证人民群众依法行使民主权利。切实做好信访工作，正确处理和化解人民内部矛盾。高度重视安全生产，加大专项整治力度，切实保证人民生命财产安全。加强社会治安和油区治安综合治理，深入开展与“法轮功”邪教组织的斗争，搞好打黑除恶、扫黄打非及打假治劣等专项治理，坚决扫除“黄赌毒”等社会丑恶现象，为经济建设创造良好环境，让广大人民群众安居乐业。

（六）扩大就业和社会保障，不断改善人民生活。加快社会保障体系建设，进一步健全完善养老保险、失业保险和医疗保险制度，逐步将保险扩大到全社会。建立科学管理体制，多渠道保证资金来源，实现保障对象管理和服务的社会化。完善居民最低生活保障制度，切实提高社会保障水平。高度重视就业和再就业工作，努力拓宽就业渠道，搞好就业培训，加强劳动用工监察，提高就业水平。不断增加城乡居民收入，加强公共服务设施建设，切实减轻农民负担，使人民生活在小康的基础上更加宽裕。

三、今年的工作重点

今年是新一届政府任期的第一年，也是深入贯彻十六大精神、全面建设小康社会的开局之年。开好头，起好步，对于顺利实现今后五年的奋斗目标具有十分重要的意义。

关于今年的国民经济和社会发展任务，将提交本次大会审议批准。主要计划指标安排为：国内生产总值实现29亿元，增长13.7%，其中地方实现13亿元，增长18.3%；全社会固定资产投资完成52.6亿元，增长8%，其中地方完成10.5亿元，增长19.7%；地方财政收入完成16650万元，按可比口径增长12.1%；社会消费品零售总额完成7.8亿元，增长10.7%；外贸出口创汇完成800万美元，增长

31.1%；城镇居民人均可支配收入和农民人均纯收入分别达到11016元和3130元，增长8%、6.8%；人口自然增长率控制在9‰以内。具体工作突出以下几点：

（一）加快经济结构调整和总量膨胀。突出工业发展的核心地位。坚持存量改造和增量优化相结合，大中小一起上，高中低一块引，努力扩张工业总量，改善经济运行质量。在传统产业发展上，加快运用高新技术和先进实用技术进行嫁接改造，重点组织好华联石油化工厂的生产运营，抓好渤海纺织二期工程、40万件/年家具综合生产线、通海轻质油催化裂化、仙河制药厂技改扩建等重点项目建设。在高新技术产业发展上，继续深化产学研结合，实施黄河口高新技术企业创业园二期工程扩建，加快科技成果转化，努力培育高新技术项目，带动全区工业发展。今年限额以上工业增加值达到2.5亿元，增长25.5%；技改投入达到3.22亿元。大力推进农业产业化。紧紧围绕高效生态经济和绿色产业示范区建设，以市场为导向，加快发展冬枣、水产、畜牧、芦苇四大主导产业，重点搞好冬枣业的标准化生产与管理、水产业的基地规范与提高、畜牧业的规模养殖与改良、芦苇业的改良管护与加工，努力提高四大主导产业在农业中的比重。大力发展优质高效农业，实现棉花总产4430吨，肉蛋奶产量1.78万吨，水产品总量7.75万吨，果品总产量1.02万吨。加强龙头建设，重点抓好金瀚林果公司保鲜库和枣汁加工流水线建设，组织好海星公司等水产龙头企业的生产运营。同时，引导龙头企业与农户形成利益共享、风险共担的联接机制，配套完善冬枣、水产、蔬菜等专业批发市场，提高农民进入市场的组织化程度。大力实施标准化生产，搞好农业标准化、农产品质量监测和动植物疫病防治三大体系建设，加强农产品质量认证和监督管理，引导农民生产无公害、绿色、有机食品。继续加强农田水利基础设施建设，搞好农业综合开发，努力提高农业基础设施配套水平。重点建设好五万亩绿色冬枣高效生态示范区，力争建成国家级绿色食品基地。积极发展新兴第三产业。在完善传统产业的基础上，加快发展新兴服务业，提高产业层次和比重。放手发展民营经济。放宽市场准入范围，健全完善优惠政策，配套建设各类专业市场，创造有效发展载体。今年新增民营企业50家，个体工商户500户。

（二）继续抓好招商引资。坚持和完善招商引资目标责任制，改进招商方式，明确招商重点，努力提高招商成效。重点组织好对国内大企业、大集团的招商引资，开展对韩国、日本及中国台湾、香港等国家和地区的招商活动，大力引进加工贸易型和劳动密集型项目。切实加强招商载体建设，搞好区经济技术开发区总体规划和功能区划分，完善一、二期工程，积极推进东西两翼开发与建设；配套建设通海工业园，规划建设仙河孤岛工业园，加快建设乡镇工业园，进一步拓展招商引资空间。用好各级鼓励外贸出口的政策措施，引导更多的企业走外向型发展的路子，壮大出口企业队伍，扩大出口规模。今年力争增加自营进出口企业5家，实际利用外资达到500万美元，增长39%。

（三）加强城市基础设施建设。以建设生态型城市为目标，通过市场化运作、油地军共建、多元化投入加快城市发展，提升城市形象。按照城市发展的定位，突出特色，高起点搞好城市规划和建筑设计，努力提升城市品位。继续加强城市基础设施建设，重点搞好城市道路改造，配套完善市政公用设施。继续改善机关干部职工的办公生活条件。同时，按照农民生活城镇化、城乡一体化的要求，全面搞好乡村规划，启动实施村庄合并工程；加快乡镇驻地基础设施建设，努力提高城镇化水平。坚持土地“五统一”管理，搞好城市有形资产和无形资产的经营，推进城市发展。加强城市环境综合整治，努力改善市容市貌。加强公路建设，实施城区电网改造。

（四）扎实做好财贸金融工作。加强税收征管，严格依法治税，确保财政收入稳步增长。加强财源建设，特别是乡镇财源建设，大力培植税源基地。加强预算管理，强化预算约束，确保实现财政收支平衡。深化财政改革，优化支出结构，加大政府采购力度，切实搞好财政集中支付，努力提高资金使用效益。建立国有资产运营机构，实现国有资产保值增值。积极创建“金融安全区”，不断增加信贷投放，促进地方经济发展。

（五）全面发展社会各项事业。继续加强产学研结合，努力提高企业科技创新能力，增强科技对经济发展的驱动力。今年民营科技企业达到30家，其中省级以上高新技术企业1-2家。推进教育资源整合，搞好规范化学校建设，改善办学条件；加强教师队伍建设，实施素质教育，提高教育质量和管理水平。大力推进医疗卫生体制改革，积极创建国家级卫生城。坚持不懈地抓好人口与计划生育、国土资源管理和环境保护工作，努力推进人口、资源、环境协调发展。

（六）认真做好就业和社会保障工作。把扩大就业作为一项重要工作来抓，通过发展民营经济、劳动密集型产业、社区服务业等，多渠道开辟就业岗位。大力发展职业教育，加强对下岗失业人员的培训，增强自谋职业的能力。进一步完善社会保障制度，继续全面落实“两个确保”“一个低保”政策，确保企业离退休人员养老金、失业人员保险金按时足额发放；实现城市最低生活保障金发放率100%，农村低保力争做到应保尽保。加大对弱势群体的救助力度，探索实施“阳光110”工程，切实帮助困难群众解决生产生活中的困难。

（七）努力优化经济发展环境。继续把改善投资软环境作为招商引资的生命线来抓，严格规范“一站式”办公大厅，坚决落实优质服务、投诉举报等制度，全面提高服务质量和效率。扎实推进“信用河口”建设，按照总体规划，明确任务，强化措施，抓好落实。继续加强信用道德教育，努力塑造全社会的信用意识和信用观念。以金融信用、中介组织信用和产品质量信用为突破口，尽快取得大的成效，树立“文明立区、诚信立业”的崭新形象。大力整顿和规范市场经济秩序，深入开展打假治劣工作，全面创建诚信公平的经济发展环境。切实搞好机关效能建设，改进行政方式，精减行政审批事项，规范行政审批行为，促进政府工作全面“提速”。全面推行政务公开和服务承诺，严格兑现奖惩。进一步加强行政效能监察，确保行政效能和服务质量不断提高，经济发展环境不断优化。

各位代表，区政府将在扎扎实实做好今年各项工作，全面完成年度任务目标的同时，突出办好八件实事，建设好十大工程。八件实事：一是构建农民健康体系。完善农村合作医疗保险制度，增强医疗服务功能，搞好乡镇卫生院达标和全科医疗站配套建设。二是实施社区综合性服务中心建设。建设融老年活动中心和残疾人康复中心于一体的社区综合服务中心。三是解决农村中小学生“吃住行”问题。建设寄宿制学校10处，解决农村学生的住宿、午餐问题。四是实现村村通有线电视。五是搞好利民桥建设。改造新建各类农用生产桥25座。六是建设城区公益设施。年内建设城区垃圾中转站、中心路停车站点等公益设施。七是实施城乡自来水管网配套建设。改造油田原有的供水管网，解决河口城区、河口街道和义和镇部分村庄及油田生产区的生活用水问题。八是河口城区调压储气站建设。建设储存天然气1.2万方的调压站，解决城区居民生活用气问题。十大工程：一是王庄二干一分干节水改扩建二期工程。在一期工程的基础上，延伸至新户，搞好配套及干渠两侧绿化建设。二是渔港建设工程。重点实施原东营港内港池的清淤、衬砌及附属功能的配套建设。三是市政广场建设工程。搞好广场绿化、湖面等设施建设，为市民创造一个良好的休闲娱乐场所。四是国家环保模范城市和卫生城市创建工程。年内实现“双创”目标。五是万亩造纸林试点工程。重点搞好太平、六合2000亩示范园。六是城市道路改造建设工程。搞好中心路、河一路、河滨路东延，海昌路及其他道路建设。七是开发区配套完善工程。配套河二路以北区块，实施发展大道北延及6号、8号路东延，建设标准化厂房。八是污水、垃圾处理厂建设工程。年内建设污水处理厂和垃圾处理厂各一处。九是河口环城水系工程。年内开挖10公里。十是神仙沟综合治理工程。重点搞好神仙沟城区段清淤、衬砌和绿化，改善孤岛、仙河居住生活环境。

四、转变职能，改进作风，建设务实高效廉洁的政府

新一届政府担负着领导全区人民全面建设小康社会的光荣使命。我们必须积极适应形势的要求，进一步转变职能，改进作风，以更加务实高效、昂扬向上的工作姿态和精神风貌，努力加快全区经济社会的发展。

（一）强化学习，提高驾驭市场经济的能力。全体政府工作人员特别是领导干部必须充分认识学习的重要性和紧迫性，把加强学习、提高素质作为推进事业发展的政治责任来对待。要认真学习邓小平理论、十六大精神和市场经济、财贸、金融、科技、法律等方面的知识，努力提高政治素质和业务水平。坚持理论联系实际，学以致用，积极做好上级政策与河口实际相结合的文章。不断解放思想，与时俱进，

开拓创新，创造性地开展工作。

（二）转变职能，建设高效服务型政府。适应市场经济及经济国际化的新形势，按照精简、统一、效能的原则，积极改进行政管理方式，形成行为规范、运作协调、公正透明、廉洁高效的行政管理体制。进一步巩固区乡机构改革成果，继续搞好行政审批事项清理，推行电子政务，提高办事效率。深化政务公开，扩大公开内容，提高工作的透明度。推行听证制度，增强决策的科学化和民主化。严格依法行政，规范执法行为，坚决克服有法不依、执法不严、随意执法、不文明执法等现象，提高政府的行政水平。

（三）改进作风，全心全意为人民服务。全体政府工作人员必须保持良好的精神状态，以饱满的工作热情和强烈的事业心、责任感，扎实工作，开拓进取，奋发有为，努力创造一流的工作业绩。必须牢固树立宗旨意识和群众观念，加强同人民群众的血肉联系，深入群众，深入实际，调查研究，察真情，办实事。弘扬艰苦奋斗的优良传统，反对享乐主义。坚持求真务实，真抓实干，克服形式主义和官僚主义。大力提倡雷厉风行、狠抓落实的工作作风，立说立行，一抓到底。严格实行工作目标责任制，完善督查考核机制，严格督查，认真考核，兑现奖惩，促进政府工作高效有序运转。

（四）廉洁勤政，树立新一届政府的良好形象。坚持标本兼治，综合治理，扎实推进廉政建设。深入开展反腐倡廉教育，筑牢思想道德防线。认真抓好干部廉洁自律、案件查处、纠正部门和行业不正之风工作。深化权、钱、人管理制度改革，将权力的行使纳入制度化、法制化轨道。领导干部要以身作则，正确行使手中的权力，坚决防止和杜绝以权谋私、权钱交易等违法违纪行为，做到清正廉洁，一心为民。

各位代表，党的十六大描绘出了全面建设小康社会的宏伟蓝图，我们的任务光荣而艰巨。让我们高举邓小平理论伟大旗帜，全面贯彻“三个代表”重要思想，紧紧围绕在党中央周围，在区委的正确领导下，团结带领全区人民，聚精会神搞建设，一心一意谋发展，为建设美丽富裕文明的新河口而努力奋斗！

政府工作报告

——2004年1月5日在东营市河口区第十五届人民代表大会第二次会议上

东营市河口区人民政府区长 赵豪志

各位代表：

现在，我代表区人民政府向大会作政府工作报告，请予审议，并请各位政协委员和其他列席人员提出意见。

一、2003年政府工作回顾

过去的一年，在市委、市政府和区委的正确领导下，在区人大、区政协的监督支持下，新一届区政府团结带领全区人民，坚持以“三个代表”重要思想为指导，全面贯彻党的十六大和十六届三中全会精神，不断解放思想，开拓创新，拼搏奋斗，全力推进国民经济和社会事业的发展，胜利完成了区十五届人大一次会议所确定的各项目标任务。

（一）国民经济快速发展。全区实现国内生产总值29.98亿元，增长17.6%，其中地方实现国内生产总值14.13亿元，增长28.6%，一、二、三产业增加值分别达到3.48亿元、6.4亿元、4.25亿元，分别增长8.1%、57.2%、15.8%。农业和农村经济快速发展。战胜涝、雹、潮等自然灾害，农业生产获得全面丰收。粮经比由40∶60调整到20∶80。粮食总产2.77万吨，下降24.9%；棉花产量7037吨，增长74.7%；果品产量1.16万吨，增长15.7%。冬枣、水产等主导产业优势增强，全年新植冬枣2.6万亩，总面积达到10.2万亩，冬枣总产量3467吨，实现收入4400万元；完成水产品总量7.75万吨，增长7.1%；肉蛋奶总产量1.82万吨，增长10.4%；改良开发苇田9万亩。冬映红枣业、海星公司、新世元芦苇等龙头企业带动作用进一步增强。工业经济加速膨胀。限额以上工业企业完成增加值3.03亿元，增长50%；完成销售收入10.6亿元，增长76.7%；完成利润9800万元，增长100%；完成利税1.83亿元，增长100%。商贸流通企业效益稳步增长。投资、消费不断扩大。全社会固定资产投资完成54.6亿元，增长17.2%，其中地方固定资产投资完成19.6亿元，增长130.9%；社会消费品零售总额达到7.8亿元，增长10.7%。民营经济迅猛发展。全区个体工商户发展到5235户，民营企业发展到562家，累计注册资本金5.2亿元，较年初均有大幅增长；上缴税金2872万元，完成计划的112.4%。财政金融稳健运行。地方财政收入完成1.95亿元，按可比口径增长32.9%；各项存款余额55亿元、贷款余额17亿元，分别比年初增长9.78亿元、7.71亿元。

（二）招商引资成效显著。全区共引进投产在建项目370个，到位外来固定资产投资6.7亿元，超额完成年初下达的目标任务。参加“东洽会”取得丰硕成果，签约项目41个。大成厨具、聚胺脂等一批大型加工项目先后落户我区。工业区迅速崛起。6平方公里建成区实现了“七通一平”，24.1平方公里扩展区拉开了路网框架，基础设施逐步配套，承载功能日益增强，总投资达到14.26亿元。开放型经济快速发展。进出口总额完成1687万美元，增长83%；出口创汇完成1210万美元，增长98.4%；实际利用外资1006万美元，增长179.4%。

（三）城乡面貌发生巨大变化。高水平调整编制了新一轮城市总体规划；编制各类详规10余项，城区详规覆盖率达68%；村镇规划逐步展开。加大城乡建设投入力度，总投资达到10.5亿元。实施重点城建项目25个，新建、改造海昌路、海宁路、黄河路、河滨路等主干道路17条，总长29.66公里；新增城市绿化面积40.38万平方米，绿化覆盖率达32.5%；新增水面78.5万平方米、给排水管线35.34公里、道路照明26.7公里；积极打造精品工程，黄河广场、城南生态园建成投用，环城水系、行政服务中心建设进展顺利；加强区直机关办公楼建设，机关办公条件进一步改善。大力推进城市经营，共储备各类土地148公顷，通过招标、拍卖、挂牌方式出让土地40.8公顷，地产收益8396万元；加大房地产开发力度，先后实施了海宁小区二三期、富海家园、仙河商城等房地产开发项目，施工面积13.9万平方米，完成总投资1.52亿元。高效能抓好城市管理，成立了城市管理行政执法分局，进一步理顺了管理体制；以“双创”为契机，加强城市环境综合整治，市容市貌明显改观，城市更加靓丽多姿。进一步完善区乡路网结构，滨海路建设、滨孤路拓宽改造全面完成，新建乡村公路85公里。加强农田水利基本建设和农业综合开发，羊栏河、郭河清淤工程顺利完成；1.8万亩农业开发项目顺利竣工，5万亩绿色高效生态示范基地不断完善，2.5万亩荒碱地开发基本完成。造林绿化成效显著，一分干两侧17公里绿色长廊工程提前完成。

（四）油地军结合不断深入。各方不断深化团结意识，完善运作机制，拓宽结合领域，共同发展经济和社会事业，共同建设城市和基础设施，共同维护社会稳定，形成了团结发展的强大合力。共实施油地结合项目13个，总投资7514万元。扎实开展第二轮油田帮扶乡镇工作，帮扶项目11个，总投资500余万元。

（五）社会事业全面发展。科技创新能力明显增强，实施科技计划项目22项，引进产学研结合项目13项；黄河口高新技术企业创业园规模不断膨胀，入驻企业达到23家；顺利通过国家科技进步先进县区验收。大力推进教育改革与发展，教育教学质量不断提高，办学条件明显改善。“校校通”工程在全市率先完成；成立了实验学校；整合职业教育资源，组建了职业技术学校。防治“非典”工作取得胜利。农民健康保障体系全面构筑，农村卫生合作医疗覆盖率达100%。创新社会救助机制，成立了“阳光190”社会救助中心，对137名困难群众实施了救助。救济救灾工作扎实有效。就业和再就业保障能力不断增强，新增就业再就业1500余人。“两个确保”继续保持100%，城乡“低保”实现应保尽保。强化人口目标责任管理，计划生育率达到99.3%。加大耕地保护和环境保护力度，生态环境进一步改善。大力实施“网底工程”，加大处访力度，及时化解了人民内部矛盾和纠纷。抓好安全生产，保障了国家和人民生命财产安全。国防教育、双拥共建以及征兵工作成效显著，优抚安置政策得到落实。统计、审计、物价、文化、体育、民族、宗教、老龄、残疾人、侨务、对台、气象、档案、史志、人防、打私、妇女儿童、无线电管理等各项事业取得了新成绩。

（六）人民生活水平显著提高。全区城镇居民人均可支配收入增加到11000元，增长5.5%；农民人均纯收入增加到3250元，增长10.9%。城区人均住房面积达到20平方米，农村住宅条件有了明显改善。信息化基础设施和通讯设施迅猛发展，全区固定电话、移动电话、互联网普及率大幅度上升。教育、住房、旅游等已成为居民新的消费热点。

（七）“八件实事”“十大工程”顺利完成。王庄二干一分干节水改扩建二期工程、25座便民桥建设在全市率先竣工；万亩造纸林建设项目超额完成任务；“双创”工作顺利通过国家验收；农民健康保障体系、农村中小学生食宿工程、村村通有线电视工程、黄河广场、城市道路改造、城区公益设施建设、城乡自来水管网改造一期工程、工业区配套工程、神仙沟综合治理孤岛城区段以及污水处理厂、垃圾处理厂建设全面完成；环城水系顺利开挖；社区综合服务中心开工建设。渔港建设受上级政策调整的影响，适当推迟；河口城区调压储气站由于新的气井开发，气量增加，居民生活用气得到满足，不再建设。

在过去的一年中，各级各部门瞄准年初确定的工作目标，紧紧围绕发展第一要务，扎实苦干，锐意进取，创造性地开展工作。突出把握了以下几点：

一是发挥比较优势，培育特色经济。农业上，加速产业结构调整，壮大冬枣、畜牧、水产、芦苇等特色主导产业，培育发展龙头企业，大力推进产业化经营，努力提升农业的竞争力。工业上，坚持依靠技改膨胀存量，依靠招商引资和民营经济优化增量，依靠产学研结合提高质量，努力增强工业整体实力。工业区发展上，不断扩大规模，完善设施，增强功能，提升项目的承载能力；同时加强招商引资，吸纳民营企业，努力提高工业发展的聚集度。城市建设上，突出“大空间、大水面、大绿地”特色，坚持高起点规划、高标准建设、高水平管理、高效益经营，努力提升城市化水平。招商引资上，突出专业招商、境外招商和软环境招商，不断加大项目推进落实力度，努力提高外来投资总量和项目质量。

二是强化市场意识和创新意识，坚持用市场经济的手段发展经济。牢固树立市场经济的观念，不断转变思维方式，改革运行机制，在经济建设的诸多方面，更多地运用市场机制和市场手段，特别是在城市建设上，强化市场运作，加大城市经营力度，加快了城市发展。强化土地储备，通过招、拍、挂盘活土地资产，推动了房地产开发；采用BOT方式引入社会资本，经营供暖事业，节减了财政支出；将绿化保洁推向市场，进行企业化管理，提高了绿化保洁质量。同时，敢于以创新的精神打破常规，积极探索，大胆尝试，勇于实践。实行了政府有效举债，融通建设资金，扩大了项目投资规模；采用市场化运作的方式，变“政府办”为“民办”，成功组建了全市首家民营担保投资公司。

三是推行政务公开，建设阳光政府。推行了行政服务公开制，对外公开职责权限、服务内容、办事依据、办理程序，方便了群众。实行了重大决策“预公开”制，城建项目、民营经济发展政策等都是在充分征求基层和群众意见后，再公布实施。对扶贫济困、机关工作人员考录、军队复退人员安置等事项实行了社会公示制，主动接受社会监督；对土地拍卖、建设项目及大宗政府采购实行了社会公告和招投标制度，提高了社会透明度。

四是规范行政行为，坚持依法行政。深入开展“四五”普法教育，全民的法制意识和法律观念进一步增强。自觉接受人大代表和广大群众的监督，认真听取政协委员和方方面面的意见，民主监督机制不断完善。坚持定期报告工作和通报情况制度，认真办理人大代表建议和政协委员提案，增强了决策的科学性和透明度。制定完善了政府工作规则、财政资金支出管理办法、建设项目竣工审计制度、行政审批制度等一系列规章制度，规范了政府工作。认真落实执法责任制，规范执法行为，严格执法程序，提高了依法行政水平。

五是实施政府提速，优化发展环境。深入开展“机关效能建设年”活动，加强行政效能监察，纠正行业不正之风，提高了行政服务效能。进一步深化行政审批制度改革，精简审批事项，简化审批程序，缩短审批时限，提高了办事效率。成立了行政服务中心，实行“一站式”集中审批、一次性办结，提高了服务质量和水平。整顿和规范市场经济秩序，加强“信用河口”建设，狠抓社会治安和油区治安综合治理，保持了社会秩序稳定，创造了优良的发展环境。

六是完善激励约束机制，营造干事创业的良好氛围。深入开展“学习先进找差距，解放思想促发展”主题教育活动，全区上下解放了思想，开阔了思路；健全政策制度，鼓励创新，倡导实干，弘扬先进，优化了创业环境；实行严格的目标责任制，加大督查考核奖惩力度，激发了干部群众的工作积极性；发扬团队精神，加强团结协作，凝聚了民心，聚合了众力。目前，全区干部群众精神振奋，人心思上，干事创业，呈现出团结一心谋发展、心情舒畅干工作、集中精力抓落实的生动局面。

各位代表，过去一年所取得的成绩，是全区人民团结奋斗的结果，是各位人大代表监督支持和各位政协委员参政议政的结果，也是油地军紧密团结、携手共建的结果。在此，我代表区人民政府向全区人民和社会各界，致以崇高的敬意和衷心的感谢。

在肯定成绩的同时也要看到，我区经济和社会发展中仍然存在一些问题和薄弱环节。地方经济比较薄弱，对石油工业依赖性较强；工业化程度较低，企业规模小，缺少骨干企业和拳头产品；农业产业化水平不高，龙头带动能力弱；现代服务业层次低，服务功能不强；城乡二元结构矛盾仍比较突出；科技创新能力不足，高层次专业人才缺乏，劳动者整体素质亟待提高；部分城乡居民生活还比较困难，就业和再就业压力仍然很大；我们的思想观念、工作方式、体制机制等还不适应市场经济的要求和发展。对于这些问题，我们一定要高度重视，以对人民、对事业高度负责的态度，采取改革和发展的办法，认真加以解决。

二、解放思想，干事创业，努力加快全区国民经济跨越式发展

各位代表，今年是建区20周年，也是我区加快实施“三步跨越”，全面建设小康社会的重要一年，做好今年的工作意义重大。当前，我区既面临着国外的产业、资本、技术加速向国内转移，南方沿海发达地区的产业、资本快速向北方转移的机遇，又面临着东营港扩建及海港火力发电厂、环渤海高速公路、黄东大铁路即将建设的良好契机。我们一定要把这些重大的历史机遇转化为新一轮发展的巨大动力，进一步坚定信心，振奋精神，团结一致，扎实奋斗，努力夺取河口跨越式发展的伟大胜利。

今年政府工作的总体思路和要求是：坚持以邓小平理论和“三个代表”重要思想为指导，深入贯彻党的十六大和十六届三中全会精神，以庆祝建区20周年为抓手，以加快发展为主题，围绕“再造一个河口”，实施“三步跨越”，实现“两个率先”的总目标，抓住解放思想、转换机制、扩大投资“三个关键”，突出工业扩张、农业增效、城乡建设、社会稳定“四个重点”，大力推进招商引资、民营经济、油地军结合“三项工作”，努力加快河口经济社会的跨越式发展。综合考虑现有条件和各种因素，今年我区经济和社会发展主要预期目标确定为：国内生产总值完成33.9亿元，增长13.1%，其中地方实现17.2亿元，增长22%；全社会固定资产投资完成55亿元，其中地方完成23.5亿元，增长20%；社会消费品零售总额实现8.2亿元，增长10%；地方财政收入完成22122万元，增长13.2%；外贸出口总值完成1210万美元；实际利用外资完成1260万美元，增长25.2%；农民人均纯收入达到3450元，增长6.2%；人口自然增长率控制在9‰以内。

各位代表，今年的政府工作十分繁重。为圆满完成今年的任务和奋斗目标，实际工作中，我们必须树立全面、协调、可持续的发展观，坚持统筹城乡发展、统筹区域发展、统筹经济社会发展、统筹人与自然和谐发展、统筹国内发展和对外开放的要求，按照政府工作的总体思路，进一步突出重点，抓住关键，强化措施，全面推进。

抓住“三个关键”，就是：

（一）抓住解放思想这个关键，进一步更新观念。解放思想，更新观念，是加快发展的强大动力。要以“三个有利于”为标准，破除陈旧观念，改变陈规陋习，勇于探索，大胆实践，创造性地开展工作。重点强化四种观念。一是强化市场观念。积极适应市场化改革的进程，转变指导经济工作的方式，用市场经济的办法发展经济，在城乡基础设施建设、招商引资、公益事业管理等方面实行市场化运作，增强经济发展的活力。二是强化创新观念。善于超前思维，勇于打破常规，冲破条框束缚，敢为人先，大胆地闯、大胆地试，在实践中探索前进。三是强化服务观念。服务就是环境，就是效益。必须进一步加快转变政府职能，改进作风，强化服务，提高效率，努力做到超前服务、主动服务、热情服务、周到服务，用服务创造新的发展优势。四是强化实干观念。事业是干出来的，解放思想最终要落实到“干”字上。要铺下身子，脚踏实地，用心去干，实干、苦干加巧干，真正干出高水平，干出新业绩。

（二）抓住转换机制这个关键，进一步深化改革。坚持用发展的眼光、经营的头脑、市场的手段，深入推进体制机制改革和创新。加快转变政府管理经济的方式，更多地引入市场机制，实行投资主体多元化、经济成分多样化、运行机制市场化。深化行政审批制度改革，大力推行电子政务，全面推行综合执法改革，提高行政效率。规范完善企业改革，建立现代产权制度，培植企业集团。巩固农村税费改革和粮食供销体制改革成果，搞好农村土地流转制度改革，促使土地依法合理流转。推进财政体制改革，坚持开源与节流并举，加强财源建设，强化税收征管；深化支出改革，全面推行部门预算，完善政府采购和集中支付制度。加快国有资产管理体制改革，确保国有资产保值增值。加速城市公用事业市场化改革，努力盘活城市存量资产，优化资源配置，提高经营效益。积极稳妥地推进事业单位机构改革，按照“脱钩、分类、放权、搞活”的原则，进一步优化人员、机构资源配置，增强事业单位的活力和自我发展能力。支持国有商业银行和农村信用社改革，确保金融运行安全。实施促强扶弱，落实鼓励激励政策，促使欠发达乡村加快发展。

（三）抓住扩大投资这个关键，进一步加强基础性建设。扩大投资是拉动经济增长的主要推动力。要深化投融资体制改革，扩大投资渠道，尽快建立起政府主导、市场运作、企业投资为主的多元化投融资体制，保持投资的稳定增长。要进一步优化投资结构，加大对城市基础设施、加工制造业、农田水利基本建设、社会事业等领域的投入，集中抓好重点项目建设，切实推动经济发展。要完善项目建设机制，按法定程序实施，落实各项监管制度。要实行“五个一”工作法，加强调度，搞好运作，加快建设，确保项目按期保质建成投用。

突出“四个重点”，就是：

（一）深入实施项目带动战略，扩张工业经济实力。坚持以项目建设为中心，不断优化增量，改造存量，改善质量，努力提高工业整体素质。突出抓好四个方面。一是加大项目投入。不断拓宽融资渠道，多方筹措资金，千方百计增上项目，促进工业总量膨胀。深入开展招商引资，努力引进一批加工制造业项目和劳动密集型项目。全面启动民间资本，采取股份制、股份合作制等形式，加快兴办一批民营工业项目。抓住油田存续企业和济军生产基地企业改制的机遇，整合工业资源，扩张区域经济总量。鼓励企业挖掘潜力，实施项目建设和改造，扩大规模，增强实力。重点实施好大成厨具二期工程、华联石化15万吨催裂化项目、济军生产基地化工厂常减压项目、华通公司轻烃回收处理装置改扩建等技改项目，推进50万平方米新型墙体材料、聚胺脂等重点项目。确保全年工业固定资产投入达到6.2亿元。二是加快科技创新。积极采用高新技术和先进适用技术嫁接改造传统产业，提高工艺技术和装备水平，推进产业优化升级；依托黄河口高新技术企业创业园，加强与大院大所的联系，深化产学研结合，增强企业技术创新能力，提升企业的科技素质；围绕新型材料、生物制药、精细化工等，大力发展高新技术产业，抢占经济发展的制高点。三是实施骨干企业培植工程。落实扶持政策，提供优质服务，对部分有市场发展前景、技术含量高的成长型企业进行集中培植，促其由小到大、由弱到强；同时坚持扶优扶强的原则，对济军生产基地化工厂、华联石油化工厂等进行重点扶持，促其做大做强。力争年内产值过亿元的企业达到4家。四是加强企业改制和管理。引导企业深化改革，完善法人治理结构，规范运作；引导企业加强管理，节能降耗，开拓市场，提高效益。

（二）提升“三化”水平，促进农业增效、农民增收。一是提升农业产业化水平。坚持以市场为导向，深化农业产业结构调整，进一步壮大冬枣、畜牧、水产、芦苇等主导特色产业，努力提高规模效益。加快培植龙头企业，拉长产业链条，增加农业延伸效益。重点扶持发展冬映红枣业、海星公司、横店草业等骨干龙头企业。加强农产品市场建设，促进产品流通。大力发展农业合作经济组织和行业协会，引导农民按市场要求组织生产，实现农户、基地和市场对接，提高农业组织化程度和开拓市场的能力。加强对农民的科技培训，努力提高农民科技素质。二是提升农业标准化水平。大力实施绿色农产品行动计划，加快构筑农产品质量标准认证和检验、检测三大体系，建立农产品质量检测机构，引导农民大力发展无公害、绿色、有机食品，增强农产品的市场竞争力。启动建设无规定动物疫病区。深入实施良种工程，加强农业科技示范园建设，积极培育绿色农产品品牌。三是提升农业生态化水平。突出造林、治水、改荒治碱，推进农业生态环境建设。加快实施田间排涝治理和重点水利工程，切实解决好水资源短缺和旱涝灾害问题。积极推进防潮堤建设，逐步构建防灾减灾屏障。大力推广节水农业和旱作农业。加大“三荒”开发力度，高标准搞好农业综合开发，集中抓好5万亩现代渔业示范区建设。大搞植树造林，抓好生态体系建设，重点实施好水系、路域和林网绿化工程。加强自然保护区和万亩刺槐林保护，防止生态退化。实施好农村能源建设工程，积极推行“一池三改”。在大力提升“三化”的基础上，积极发展农村二、三产业，扩大劳务输出，加快农村剩余劳动力转移，多渠道增加农民收入。

（三）坚持“四高”要求，推进城乡一体化进程。围绕建设“绿树葱茏、碧水环绕、环境优美”的现代化园林城市的目标，继续实施油地共建和经营城市“双轮驱动”战略，坚持“四高”要求，集中力量加快城市建设，提升城市竞争力。严格依法执行新一轮城市总体规划，高起点编制工业区规划、详细规划和各类专业规划，提高详规覆盖率；积极搞好村镇规划。加快城市道路建设和城中村改造，完善市政公用设施，增强城市功能；实施排水工程，解决城市防汛问题；坚持管护并重的原则，强化城市管护，改善城市形象；坚持一次性规划，高标准设计，逐步推进环城水系建设，增加城市景观；继续抓好行政服务中心和河口宾馆建设，启动机关廉租房和孤岛安居小区建设，改善机关办公生活条件。加快工业区发展，集中力量搞好基础设施和服务设施建设，不断优化投资环境。大力推进城市经营，搞好土地“五统一”管理，加大城市土地储备力度，灵活调节土地资源供给，增加土地经营收益；引导社会资金投向城乡建设，加快市政、绿化、环卫等公用事业改革，实现由“政府办事业”向“社会办产业”的转变；努力盘活广告权、冠名权等城市无形资产，拓展城市经营的空间。加大城市管理综合执法力度，深入推进环境综合整治，塑造优美的城市环境。坚持城乡统筹，以城带乡，加快小城镇基础设施建设和公共设施配套，增强城镇对农村的辐射带动能力；深化城镇户籍制度改革，吸引人流，提升人气；积极搞好村庄兼并试点，促进小村向大村集中。加强路网改造和建设，提高公路管理水平，新建道路54.2公里。强化电力建设，为经济发展提供保障。

（四）加强社会治安综合治理，全力维护社会稳定。坚持“打防并举，标本兼治”的方针，搞好社会治安和油区治安综合治理，严厉打击刑事犯罪和经济犯罪，深入开展与“法轮功”邪教组织的斗争，坚决扫除“黄赌毒”等社会丑恶现象。实施科技强警，加强和改进治安管理，努力减少各类案件的发生，创建“平安河口”。整顿和规范市场经济秩序，严厉打击制假售假、偷税逃税、欺行霸市、逃废债务等不法行为，创造良好的经济发展环境。继续实施信访“网底工程”，推进重心下移，努力把矛盾和问题解决在萌芽状态，解决在基层。高度重视安全生产，防止重特大事故和重大治安灾害事故，确保人民生命财产安全。

大力推进“三项工作”，就是：

（一）大力推进招商引资，提高对外开放水平。招商引资是河口加快发展的突破口，必须坚定不移地抓紧抓好。进一步健全招商运作机制，完善政策，改进办法，提高招商水平。加强招商项目库建设，充实项目，精心包装，适时推出。继续坚持全民招商，营造良好的招商氛围；突出专业招商，成立专职招商队伍，强化培训，增强素质，提高成效；强化以商招商，真心实意为外商搞好服务，赢得他们的支持，帮助联络客商，引进项目；鼓励企业招商，引导企业发挥优势，利用外资，膨胀规模，提高档次；扩大委托招商，完善委托机制，充实代理队伍，拓宽招商层面；实施油地军联合招商，成立联合招商办公室，整合优势资源，共同对外招商。加大工业区招商引资力度，多引项目，快搞建设，早见成效。突出重点招商，集中搞好境外招商和大项目招商，瞄准日本、韩国和中国台湾，盯紧大项目，靠上运作，抓好项目落实。全力搞好项目推进，继续实行在谈项目区级领导负责制和重大项目领导小组推进服务制，推行“保姆式”全程跟踪服务，加快协议升级、合同实施和项目建设。加强软环境建设，努力创造一流的服务环境、政策环境、法制环境、市场环境和人文环境，使河口真正成为适合投资者创业发展的热土。

加快发展对外贸易。适应国家出口退税机制改革的新形势，加快调整出口产品结构，扩大木器、水产品等传统产品出口规模，培植冬枣、纺织品、高新技术产品等新的出口增长点。引导企业搞好国际标准认证、争取自营进出口权，壮大外贸主体队伍。加快实施“走出去”战略，鼓励支持优势企业对外投资、承揽工程、跨国经营。

（二）大力推进民营经济发展，培植新的经济增长点。民营经济是加快全区经济发展的潜力和希望所在。坚持一手抓膨胀总量，一手抓提高质量，努力提高民营经济在区域经济中的比重。深入宣传发动，动员方方面面参与民营经济、支持民营经济发展，真正形成发展民营经济光荣、支持民营经济有功的浓厚氛围。坚持扶优扶强，扶持一批有基础、有规模的民营企业做大做强，充分发挥辐射带动作用，力争年内规模以上民营企业发展到 17 家。加强民营经济园区建设，引导民营企业向园区集中。围绕特色产业，搞好专业村、专业乡镇和专业市场建设，培植产业群体优势。强化对民营企业的管理和引导，促其依法经营，照章纳税，保护职工合法权益，实现健康发展。

大力发展第三产业。加快改革传统服务业，积极发展连锁经营、物流配送、电子商务等新型业态，完善服务功能，提升行业水平。大力发展社区服务、信息咨询、中介服务、金融保险、文化娱乐等新兴服务业，创新机制，增强发展活力。突出发展旅游业，充分挖掘旅游资源，突出“黄河口、大油田、湿地生态”特色，搞好规划，加快旅游设施和景点开发建设，培育旅游企业，推进旅游经济发展。树立港区经济的观念，超前制定港区经济发展规划，主动迎接和应对港口经济时代的到来。

（三）大力推进油地军结合，加快区域经济社会融合。油地军团结合作、共建美好家园是全区人民的共同愿望。要进一步强化团结协作的思想，巩固和发展油地军结合的成果，优化区域生产要素配置，推进区域经济一体化、城市规划建设管理一体化、基础设施建设一体化。重点搞好“三个支持”、“一个挖掘”。“三个支持”，就是：完善政策，搞好服务，支持油田存续企业和济军生产基地企业改革；与地方企业适用同一政策，支持油田三产企业加快发展，膨胀壮大；优化社会环境，支持油田主业增储上产。“一个挖掘”，就是挖掘油田和济军生产基地资本、人才、技术、设备潜力，整合资源优势，积极推进油地军科技、教育、文化、卫生等各项社会事业的融合。进一步加大油田帮扶乡镇力度，推动帮扶工作向纵深发展。

三、统筹兼顾，努力推动社会全面进步

小康社会是全面发展、全面进步的社会。我们必须坚持经济和社会协调发展的原则，实施科教兴区和可持续发展战略，加强精神文明建设，努力加快社会事业全面发展。

深入实施科教兴区战略。大力推广、应用先进适用技术，努力提高企业科技创新能力，增强科技对经济发展的驱动力。深化教育体制改革，强化学校管理，全面提高教育教学质量。在巩固“两基”成果的基础上，努力向“双高”普九目标迈进，实现义务教育均衡发展。加强教育基础设施建设，努力改善办学条件。积极开展省市“规范化学校”创建活动，确保全区中学和中心小学全部建成为“市级规范化学校”。大力发展职业教育，加快培养农业和工业发展急需的应用型人才，全面提高劳动者的职业技术素质。

努力建设高素质的人才队伍。实施人才战略，大量引进人才，大力培养人才，大胆使用人才。坚持招商引资与招才引智并举，加快引进、培育一批经济建设急需的高素质专业人才和复合型人才。深化人事制度改革，逐步建立选贤任能、人尽其才、才尽其用、充满活力的选人用人机制。实行柔性人才政策，建立有效的人才激励机制，落实知识、技术、管理等生产要素参与分配的政策规定，努力营造尊重知识、尊重人才、尊重创造的社会氛围。

加强文化、卫生、体育等各项社会事业。加强基层文化阵地建设，大力开展群众性文化娱乐活动，整顿、规范文化市场，提高群众文化娱乐水平。加快构建疾病信息网络体系、疾病预防控制体系和医疗救治体系，提高公共卫生服务水平和突发性公共卫生事件应急能力。加强药品监管，实行药品统一配送，规范药品生产流通秩序。广泛开展全民健身运动，提高竞技体育水平。依法抓好全民国防教育，加强国防后备力量，切实做好“双拥”工作。进一步抓好广播电视、老龄、残疾人保障、民族宗教、外事、侨务、档案、史志、保密、气象、防空等工作，促进社会事业全面进步。

抓好人口、资源和环境工作。严格落实人口目标

责任制，稳定低生育水平，鼓励晚婚晚育、少生优生；依法加强土地管理，盘活存量土地，提高土地使用效益；强化生态意识，广泛开展环境保护宣传教育，加大环境污染整治力度，严格控制新增污染源，合理开发利用资源，促进人口、资源、环境协调发展。

做好就业和社会保障工作。坚持用发展的手段解决就业问题，通过发展民营经济、劳动密集型产业、社区服务等，多渠道开辟就业岗位，突出解决“4050”人员和一户两代、夫妻双方下岗失业等弱势群体就业问题。以市场为导向，不断完善职业介绍、指导、培训和岗位开发“四位一体”的就业服务体系。进一步完善社会保障制度，大力实施“金保工程”。继续全面抓好“两个确保”“城乡低保”政策，确保企业离退休人员养老金、失业人员保险金按时足额发放；实现城市最低生活保障金发放率100%，农村低保力争做到应保尽保。加大对困难群众和弱势群体的救助力度，拓宽“阳光190”社会救助领域，帮助他们解决生产生活中的困难。

加强精神文明建设。坚持用邓小平理论和“三个代表”重要思想武装广大干部群众，深入开展爱国主义、集体主义和艰苦奋斗教育，大力弘扬民族精神。强化科普宣传，反对封建迷信和伪科学，切实提高全民的科学文化素质。加强职业道德、社会公德和家庭美德教育，推进以德治区。扎实开展创建文明单位、文明村镇、文明行业活动，提高全社会的文明程度。

各位代表，区政府将在扎扎实实做好今年各项工作，全面完成年度任务目标的同时，突出抓好十六个重点项目。一是沾利河综合治理工程。清淤25.5公里，新建及维修建筑物6座，绿化19.2公里，治理二分干送水渠，6月底前全面完成。二是城市道路改造工程。重点实施海昌路南延，黄河路、河兴路、渤海路西延，阳河路东、西延，年底前完工。三是商业街改造工程。积极稳妥地实施拆迁，建设功能齐全、美观实用的商业街，年内开工建设。四是工业区配套建设。重点抓好道路建设改造，给排水、供电等配套，年底前竣工。五是环城水系建设。高标准、高质量搞好规划，开挖打通东、西、南三面水系，年内完成部分渠段衬砌。六是神仙沟清淤衬砌工程。工程全长4600米，年底竣工。七是辛河路改造工程。改造总长度11.15公里，10月底竣工投用。八是东港高速公路仙河镇入口改造工程。9月底完成。九是城区电力工程。新建热电厂和220KV变电站，同时实施城区电网改造，力争年底前竣工。十是东部水源建设。一期工程打通西河口泵船至黄河故道段14.18公里渠道；二期工程治理改造黄河故道至草桥沟，经三分干至河口泵站，全长30.65公里，形成全区东西贯通的水系。9月底前完成。十一是教育小区建设改造。建设实验学校综合实验楼和餐厅、学生公寓等配套设施，12月底建成。十二是河颐农贸市场建设。规划占地面积1.8公顷，5月份开工。十三是城乡自来水管网改造二期工程。力争年内完成西部乡镇供水。十四是城区排水工程。重点建设4处泵站，年内竣工。十五是荒碱地开发。集中实施4万亩“上农下渔”开发和0.5万亩深沟条田开发，年内全面完成。十六是创建“平安河口”工程。完善信访、油区和社会治安、安全生产信息网络，建设警务综合服务中心，年内完成。

四、不断改进政府工作，努力建设务实、高效、廉洁的政府

面对新的形势和任务，我们必须进一步转变职能，改进作风，扎实工作，奋发有为，努力开创政府工作的新局面。

（一）坚持与时俱进，建设学习型政府。政府机关全体工作人员，特别是领导干部要顺应时代前进的潮流，带头加强学习，做学习的典范。认真学习“三个代表”重要思想和党的十六大、十六届三中全会精神，努力提高政治素质；刻苦学习市场经济和科技、法律、金融、管理等方面的知识，不断丰富头脑，增长才干。坚持学以致用，运用科学理论观察事物、分析形势、指导实践，创造性地开展工作。认真搞好公务员培训，切实抓好计算机应用和各类专业技能训练，努力提高政府工作人员的整体素质。

（二）坚持依法行政，建设法治型政府。各级政府要自觉接受人大及其常委会的监督，积极支持政协履行好职能。认真执行人大的各项决议、决定，及时办理人大代表建议和政协委员提案。切实加强基层民主建设，完善基层群众性自治组织，普遍推行村务公开、政务公开。深入实施“四五”普法规划和依法治区规划，全面提高公民的法律素质。拓宽和规范法律服务，积极开展法律援助。认真执行行政许可法，推行行政执法责任制和行政错案追究制，提高依法办

事、依法行政的能力和水平。

（三）坚持转变职能，建设效能型政府。适应市场经济发展的要求，加快政府职能转变，真正把政府职能转到经济调节、市场监管、社会管理和公共服务上来。深入实施政府“提速”，提高工作效率，改进服务质量。全面推行“阳光政务”，依法向社会公开政府决策、行政管理、公共事务等，自觉接受人民群众的监督。进一步转变机关作风，坚决克服官僚主义、形式主义，勤政为民，求真务实，扎实苦干；深入实际，调查研究，倾听群众呼声，关心群众疾苦，解决群众反映强烈的问题。进一步完善行政效能监察监督制度，对政府机关履行职责情况定期进行评议；完善领导岗位目标责任体系，强化激励、约束、奖惩机制，加大督查力度，确保政府各项工作任务落到实处。

（四）坚持从严治政，建设清廉型政府。廉洁是政府的第一形象。要从严治政，加强廉政建设，深入开展反腐败斗争，切实从源头上预防和治理腐败。要进一步加强领导干部廉洁自律、查处大案要案、纠正部门和行业不正之风工作。要采取有效措施，狠刹讲排场、比阔气、大吃大喝等奢侈浪费之风，大力弘扬勤俭办事业的良好风气。要依法严厉查处各种违法乱纪行为，对腐败分子要依法严惩，决不手软。

各位代表，河口大地充满生机和活力，河口发展面临机遇和挑战，河口人民满怀憧憬和期盼。让我们高举邓小平理论伟大旗帜，全面贯彻“三个代表”重要思想，在中共河口区委的正确领导下，凝聚全区人民的智慧和力量，同心同德，励精图治，为加快全面建设小康社会，提前基本实现现代化而努力奋斗！

政府工作报告

——2005年1月5日在东营市河口区第十五届人民代表大会第三次会议上

东营市河口区人民政府区长 赵豪志

各位代表：

现在，我代表区人民政府向大会作政府工作报告，请予审议，并请各位政协委员和其他列席人员提出意见。

一、2004年政府工作回顾

过去的一年，在市委、市政府和区委的正确领导下，在区人大、区政协的监督支持下，在油地军校的共同努力下，区政府团结带领全区人民，认真贯彻落实科学的发展观，不断解放思想，干事创业，迎难奋进，胜利完成了区十五届人大二次会议所确定的各项目标任务，开创了国民经济和社会发展的新局面。预计全年实现生产总值37亿元，比上年增长15.5%，其中地方生产总值突破20亿元，达到22.5亿元，增长32.5%；完成全社会固定资产投资72.4亿元，增长15.5%，其中地方完成35亿元，增长54.2%；社会消费品零售总额达到8.9亿元，增长14.1%；实现地方财政收入2.68亿元，增长37.13%；各项存款余额68亿元，贷款余额20亿元，分别比年初增加7.05亿元、3.92亿元；城镇居民人均可支配收入12000元，农民人均纯收入3870元，分别比上年增长1801元、523元。主要经济指标均大幅提高，区域综合经济实力明显增强，“十五”计划主要预期目标提前一年基本完成。

（一）工业经济迅猛扩张。坚持以项目建设为中心，不断加大投入，优化环境，加快发展，实现了工业经济速度、效益和后劲的同步增长。全年完成地方规模以上工业增加值7.2亿元，与上年相比实现了翻番；完成销售收入25亿元、利税3.4亿元、利润2亿元，分别增长109%、100%、100%。坚持以大投入促上大项目，带动大发展，完成工业固定资产投资10亿元，增长30%。实施工业项目32个，其中投资过千万元的20个，中海石化120万吨常减压和富海石化20万吨重油深加工等一批骨干项目相继建成投产，仅上述两项完成投资2.18亿元，达产后可年增产值25亿元，利税3亿元。制定出台优惠政策，扶持骨干企业加速膨胀，新增规模以上企业8家，销售收入过亿元企业达到3家。加快发展高新技术产业，新增高新技术企业2家，实现高新技术产值6亿元，占规模以上工业产值的23%。盐及盐化工产业快速起步，新上盐及盐化工企业6家，开发盐田12万亩。民营经济持续膨胀，全区个体工商户达到5312户，民营企业发展到759家，累计注册资本金4.87亿元。

（二）农业和农村经济稳步发展。围绕增加农民收入，突出“冬枣、棉花、荒碱地开发”三大重点，带动农民人均增收3000余元。其中，棉花总产完成1.27万吨，创历史新高，增长81.4%；新植冬枣3.4万亩，总面积达到10.8万亩，冬枣总产量达到7070吨，是上年的2倍；荒碱地开发完成9万亩，增加耕地3.5万亩。新增工厂化养殖面积2万平方米，渔业养殖基地扩大到42万亩；完成水产品总量8.4万吨、肉蛋奶总量2.1万吨，分别增长6.1%、16.9%；新增农副产品加工企业10家，总数达到78家，海星长盈集团、河口冬映红枣业、振宇水产资源开发、东营力大王农畜产有限公司等骨干龙头企业快速膨胀，辐射带动能力进一步增强。水利基础设施建设进一步加强，王庄二干一分干等5条河道改造治理工程全面竣工；造林绿化成效显著，新建造纸林1.73万亩，绿化村庄50个，建设绿色通道82公里；“一池三改”超额完成，建成沼气池840个。“三农”投入持续加大，各级用于支持“三农”的资金达到1.11亿元，增长64.61%；直补粮农资金27.35万元，有效地促进了农业和农村经济的发展。

（三）开放和改革迈出新的步伐。扎实推进大开放、大招商，全区共引进投产和在建项目472个，其中投资过千万元的项目19个；到位外来固定资产投资8.4亿元，增长21.3%。专业招商不断拓展，成立了6个专业招商部，设立了33个驻外招商站，专业招商占全区总量的69%。园区经济加快发展，开发区入驻企业达到74家。对外经贸不断扩大，全年完成进出口总额1972万美元，增长74.5%，其中出口创汇1500万美元，增长22.95%。成功组织参加了第二次东营经贸洽谈会。各项改革不断深化。成立了区国有资产管理运营中心，增强了政府融资功能。完善了政府采购制度，实现了采监分离。农村信用社改革进展顺利。深入推进农村税费改革，取消特产税，降低农业税，全区农民减负414万元。企业改革进一步深入，完成油田、济军基地企业改制6家。深化行政审批制度改革，精简了一批行政审批事项。投资体制、国土资源管理、事业单位管理、油田分离办社会等项改革稳步推进。

（四）城乡建设取得新成绩。高水平编制城市总体规划和各类专业规划、详细规划，城区详规覆盖率达到72%；完成村庄规划19个。城市建设和改造力度进一步加大，实施重点项目15个，总投资5.6亿元，其中当年投资2.2亿元；新建、改造城市道路14.4公里；实施了羊栏河改道，疏浚排水管网6.6公里；河口商贸城一期、黄河口五金装饰材料批发城顺利完工；行政服务中心大楼即将竣工，农业综合大楼、财税大楼、开元大厦、河口宾馆相继建成投用。“城中村”改造步伐加快，李坨、广河新村顺利建设。实施城市绿化、亮化、美化工程，强化环境综合整治，市容市貌明显改观，被评为全省城市环境综合整治先进区。城市经营进一步搞活，依法招拍挂出让土地59.7万平方米，增加收益1.19亿元；启动实施富海花园等房地产开发项目12个，完成建筑面积12.9万平方米，总投资1.25亿元。小城镇建设步伐加快，城市化水平达到70%，孤岛镇创建为全国卫生镇和全国环境优美乡镇。公路建设快速推进，新建、改造乡村公路59条180公里。

（五）各项社会事业全面繁荣。精神文明建设取得新成就，文明城市创建活动深入开展，评选精神文明单位30个，建成小康文明村20个。科技开发推广力度不断加大，黄河口高新技术企业创业园成为省级专利园区和国家级创业服务中心。素质教育全面推进，教育教学质量明显提高，高考升学率达到81%，本科录取首次突破200人，其中2人分别考入北京大学、同济大学。加快公共卫生体系建设，搞好农村卫生合作医疗，医疗水平明显提高。文化体育事业进一步繁荣。建区20周年系列庆祝活动成功举办。广播电视事业全面推进，基本实现了“村村通”有线电视。就业安置能力不断增强，新增就业806人；社会保障体系日益完善，“两个确保”继续保持100%，城乡低保实现应保尽保。全省首创的“阳光190”救助深入实施，共发放各类救助资金279万元，救助困难群众4199人；基层组织建设不断加强，村“两委”换届选举顺利进行。加强了残疾人无障碍设施建设，创建为全国无障碍设施示范城。人口与计划生育水平进一步提高，顺利通过全省计划生育优质服务先进区验收。推进“生态河口”建设，加大污染防治力度，生态环境进一步改善。搞好土地清理整顿，严格依法用地，土地资源得到有效保护和开发。强化社会治安综合治理，深入开展“严打”整治斗争；认真做好信访工作，积极化解社会矛盾；加强安全生产监督管理，有效地维护了社会稳定。计划、统计、物价、质量监督、老龄、民兵、人防、气象等各项工作都取得了新的成绩。

（六）十七项重点工程进展顺利。2004年重点建设项目在计划实施16项的基础上，根据群众意愿，增加了义新路建设，共17项，计划总投资5.6亿元，目前已完成4.8亿元，完成计划的85.7%。其中，13项工程已基本完成。海昌路、阳河路、河兴路延伸工程基本竣工，城市路网更加完善；6.5公里辛河路拓宽改造和15公里义新路建设全部建成通车，特别是义新路建设，解决了多年来制约西部乡镇发展的交通瓶颈；环城水系工程，实施衬砌1743米，实现东西南三面贯通；城区排水工程，新建泵站3座，敷设管线4300米，增强了城市综合防汛能力；东水源工程顺利竣工，打通干渠34.83公里，修建建筑物35座，实现了东西水源互补，保障了全区工农业生产用水供给；乡镇集中供水工程，敷设管线53公里，实现了送水至新户；沾利河综合治理工程提前竣工，被评为市级优良工程；神仙沟清淤治理工程顺利完工，共治理23公里；荒碱地开发超额完成，新增耕地3.5万亩、养殖水面2.2万亩；河口220KV变电站和城区电网改造基本完成；开发区配套工程全部实施，实现了“七通一平”；“平安河口”建设工程顺利完成，公安综合指挥中心大楼和8个治安岗亭建成投用。其余的跨年度工程基本达到了计划进度。中心商业区改造工程一期拆迁完成，拆迁3.6万平方米；教育小区建设进展顺利，实验学校综合楼主体完工；河颐农贸市场主体工程完成；仙河立交桥建设完成工程总量的85%。

（七）政府自身建设不断加强。扎实开展“政府效率年”和机关规范化建设活动，大力推进学习型、法治型、效能型和清廉型政府建设，加快政府工作提速，有效地提升了办事效率和服务水平。强化目标责任管理，搞好政务督查，推动了各项工作的落实。健全完善政府采购、乡镇集中供水、公路两侧建设和科技三项经费使用等一系列管理办法，规范了政府工作。深入学习贯彻行政许可法，自觉接受人大和政协监督，认真办理人大代表建议和政协委员提案，办结率、面复率均保持100%。加强廉政建设，强化审计监督和行政监察，政府工作人员廉洁勤政意识明显增强。

各位代表！过去的一年，面对新的形势和日益激烈的竞争，全区上下聚精会神搞建设，一心一意谋发展，展现出思想观念大更新、油地军校大团结、经济社会大发展、城乡面貌大变化、发展环境大改善的可喜局面，创出了建区以来的6个历史之最：地方经济总量增加最多、增速最快，规模以上工业增加值、利润、利税增速最快，固定资产投资规模最大，城镇居民可支配收入增长最快，农民人均纯收入增加最多，冬枣、水产及棉花产量最高。工作中，我们突出把握了以下几点：

一是不断解放思想，创新完善发展思路。坚持以思想大解放推进经济大发展，面对宏观调控的严峻形势，迅速转变发展思路，调整工作布局，在坚持年初“一三四三”总体思路的基础上，立足河口实际，充分考虑经济增长的潜力和优势，把工作重心转移到工业发展和城市建设上来，坚定不移地走工业强区的路子，提出了工业发展“1126”的奋斗目标，统一了全区上下的思想认识，激发了工作积极性，为加快发展赢得了主动。

二是突出重点，解决难点，化解了一系列矛盾和问题。坚持把重点项目建设作为经济工作的重点来抓，成立专门的指挥部，搞好运筹，加强调度，跟踪落实，以重点项目带动了全局工作的进展。针对国家宏观调控给我区带来的一系列影响和我区经济、社会发展的瓶颈，想尽千方百计突破资金、土地、水源、交通四个方面的制约，为经济社会快速发展提供了保障。

三是坚持以人为本，努力为群众办实事、办好事。认真实践“三个代表”重要思想，切实把群众的利益放在工作首位，努力让群众享受到发展的成果，赢得群众的拥护。全区实施的17项重点工程，如城区排水、乡镇集中供水等多数与群众的切身利益相关；同时，还实施了河宁住宅小区安全封闭、路径健身设施、城乡道路改造、“村村通”有线电视和“一池三改”等一系列便民利民工程，有效地改善了群众的生产生活条件。

四是深化油地军校共建，凝聚发展合力。按照“思想抓融合、资源抓整合、项目抓结合”的指导方针，不断深化团结共建，携手推进各项改革，共同建设城市基础设施，联招联引外资项目，联防联治油区治安，推进了区域经济社会的一体化进程。全区共实施共建项目13个，总投资2亿元。

五是保持良好的精神状态，营造干事创业的浓厚氛围。建区20周年取得的丰硕成果，使全区上下精神饱满，热情高涨。在推进经济社会发展的过程中，广大干部群众始终保持奋发有为、昂扬向上的精神状态和开拓进取、埋头苦干的扎实作风；不断加强团结协作，同心同德干事业，齐心协力促发展，营造出了和谐稳定、风正气顺、心齐劲足的浓厚氛围。

各位代表，过去一年所取得的成绩来之不易。这是全区人民团结奋斗、辛勤劳动、顽强拼搏的结果，是各位人大代表监督支持和各位政协委员参政议政的结果，也是油地军校紧密团结、携手共建的结果。在此，我代表区人民政府向全区人民和社会各界，致以崇高的敬意和衷心的感谢！

回顾过去的一年，我们清醒地看到，我区经济社会发展中还存在不少困难和问题。虽然我们发展速度快，增幅高，经济跨上了新的台阶，但经济总量小、实力弱的问题仍然没有得到根本改变，突出表现在：工业化程度较低，企业规模小，骨干企业支撑带动能力不强；对石油资源产业依存度过高，尚未形成优势主导型产业，经济增长和财政增收后劲不足；农业生产比较粗放，产业化水平低，农民持续增收难度较大；现代服务业发展滞后，综合服务功能不强；城乡二元结构矛盾比较突出，困难群众的生产生活条件亟待改善。特别是面对国家的宏观调控政策，投融资渠道狭窄，建设资金紧张的矛盾更加突出，有些政府部门的思想观念、工作方式、体制机制等还不能适应新形势发展的需要，工作效率和服务质量有待于进一步提高，等等。对于这些问题，我们一定要高度重视，以对人民、对事业高度负责的态度，采取切实有效的措施，认真加以解决。

二、奋发有为，开拓创新，努力实现全区经济社会发展的新跨越

各位代表，今年是实施“十五”计划的最后一年，也是全区经济社会实现跨越发展的重要一年，做好今年的工作意义重大。当前，国际经济正在复苏，产业转移步伐加快；国家宏观调控基本保持稳定，投资、消费、出口对经济的拉动趋于平衡，经济和社会发展的宏观环境进一步改善；特别是山东加工制造业基地建设和黄河三角洲开发的加快，以及东营港、环渤海高速公路、黄东大铁路等重大基础设施的建设等，都将为我们带来前所未有的历史机遇；此外，经过建区20年来的发展，加速全区经济社会发展的基础更加牢固，环境更加优化。总体上看，今年加快经济社会发展的有利条件较多。只要我们抓住机遇，开拓进取，扎实奋斗，就一定能够夺取河口跨越式发展的新胜利。

今年政府工作的总体要求是：全面贯彻落实科学的发展观和党的十六届四中全会精神，紧紧围绕经济建设这个中心，“抓住一条主线，突出三大重点，营造三个环境，发挥三大力量”，全面提升经济综合竞争力，推动社会进步，加快经济社会发展的新跨越。抓住“一条主线”，就是坚持以“工业发展年”活动统领全局，坚定不移地实施“工业强区”战略。突出“三大重点”，就是突出抓大企业、大产业和大项目，加速壮大工业；突出搞好荒碱地开发、水利建设和产业化经营，稳步提升农业；突出完善功能、扩张规模和提升形象，大力加强城市建设。营造“三个环境”，就是营造稳定和谐的社会环境，营造优质高效的服务环境，营造团结奋进的创业环境。发挥“三大力量”，就是依靠招商引资借助外力，扩大对外开放；依靠民营经济启动内力，释放经济增长的活力；依靠油地军校共建凝聚合力，全面加快区域经济发展。

主要预期目标是：全区实现生产总值42亿元，比2004年增长13.5%；其中地方生产总值完成27.94亿元，增长24.2%。地方固定资产投资完成45.5亿元，增长30%。社会消费品零售总额实现10亿元，增长14%。地方财政收入完成2.9亿元，按可比口径增长10.56%；外贸出口总值完成2100万美元，增长40%；农民人均纯收入达到4140元，增长7%。

为圆满完成今年的任务和目标，在实际工作中，我们将重点做好以下八个方面的工作。

（一）实施大企业带动战略，加速壮大工业经济。突出工业发展的主导地位，深入开展“工业发展年”活动，坚持以扩大投入为主线，集中力量上大项目，

培育大企业，发展大产业，全面提升工业经济实力。总体上，就是建设“一大园区”，培植“两大产业”，做强“四大企业”。一是加快培植支柱产业。着眼于构建特色鲜明的产业体系，立足现有基础和资源优势，依托骨干企业，拉长产业链条，全力打造石油化工、盐及盐化工两大产业。石化产业，依托中海、富海两个化工企业，不断提升原油加工能力和深度，发展关联产业，推动产业升级，力争今年实现石化总产值30亿元，到2007年达到76亿元。盐化产业，发挥盐卤资源优势，扩大原盐生产，搞好精深加工，开发溴素、氯碱等盐化产品，力争年内原盐产量达到20万吨，到2007年达到100万吨，建成东营市最大的盐及盐化工生产基地。围绕家具制造、制药、精细化工和棉花深加工等，积极引导中小企业集聚发展，壮大产业集群，逐步形成大产业。紧紧抓住东营港扩建的有利时机，规划发展临港产业，培育新的经济增长点。二是做大做强骨干企业。围绕“1126”目标，集中实施骨干企业培植工程，选择一批发展前景好、带动能力强的优势企业，通过政策扶持，促其加大投入、延伸产业、扩张规模、做大做强。力争年内新增规模企业7家，销售收入过亿元的企业达到5家。重点扶持富海、中海、通海和黄河口家具四大骨干企业，力争4家企业年内实现产值32亿元，占全区规模以上工业产值的91.4%。围绕骨干企业的膨胀，突出抓好项目建设，以大项目推动企业大发展。对投资额超过3000万元的“富海”常减压、焦化、加氢和MDI项目、“中海”联合加氢和焦化项目、“通海”轻烃回收改扩建和氯碱项目、旭业塑胶磺酸钠项目、仙河制药厂夏枯草开发项目以及新瑞化工、春兴化工和安景公司的盐化工项目，实行区领导、牵头部门、金融单位帮扶企业的机制，加强调度，搞好服务，促其早开工、早投产、早见效。今年全区工业固定资产投入要达到13亿元，增长30%。三是努力培育知名品牌。认真实施品牌带动战略，鼓励企业搞好优势产品开发，争创名牌产品，提升企业的市场形象和竞争力。积极抓好区域性知名产品欣马酒、华八井、仙河制药、黄河口家具等品牌创建工作，以名牌带产品，以产品兴企业。四是建设大园区。目前，开发区已成为全区工业发展的基地和龙头。要按照“工业园区化、园区城市化”的思路，进一步加快开发区建设，改善投资环境，提高项目的吸引力；同时，搞好园区招商，引大聚强，提升效益，增强集聚带动功能。突出办好黄河口高新技术企业创业园，以创业园带动高新技术产业的发展。支持富海、中海、通海等骨干企业围绕支柱产业建设工业园，加速扩张规模，壮大实力。五是继续推进企业改革。不断深化企业产权制度改革，建立完善现代企业制度，增强企业活力。加大对油田存续企业改制的支持力度，认真落实各项优惠政策，促进企业加速改制，自主发展，焕发生机。六是加强企业家队伍建设。加快企业家的培育和引进，使其不断开阔视野，更新观念，增强创业意识，提高经营管理能力。落实企业家奖励政策，在全社会营造尊重企业家、支持企业家的良好氛围，激发企业家干事创业的积极性。

（二）推进农业产业化，全面提升农业综合效益。高度重视解决“三农”问题，坚持用工业的理念经营农业，以农业开发和龙头企业为重点，全面提升农业产业化和标准化水平，努力实现农民增收、农业增效和耕地总量扩张。重点抓好以下五个方面。一是大搞农业综合开发。抓住国家支持农业开发的机遇，集中力量搞好荒碱地开发，以耕地的增加带动农民收入的提高。突出搞好重盐碱地连片开发，确保完成开发面积6万亩，实现全区农民人均增加半亩地。通过增加耕地面积，使农民人均增收500元以上。二是大力推进产业化经营、标准化生产。稳定发展冬枣、水产、畜牧等主导产业，加快发展优质高效农产品，努力提高规模效益。冬枣业，重点在加强管护、提高品质、拓展市场上下功夫，新建冬枣园1万亩，实现产量1万吨。水产业，突出搞好浅海护养、工厂化养殖和水产品精深加工，努力扩大出口创汇，增加工厂化养殖4万平方米，改造海珍品养殖池3850亩，高标准建设1万亩贝类养护园，积极推进中心渔港建设。畜牧业，继续走肉羊产业化的路子，实施品种改良，提高肉羊品质，实现肉羊改良6.8万只。围绕主导产业，扶持龙头企业建设，发展农村合作经济组织，提高产业化经营水平，增加农业延伸效益。重点对海星长盈集团、河口冬映红枣业、振宇水产资源开发、东营力大王农畜产有限公司等龙头企业进行扶持，促其加快发展，增强带动能力。积极推行农业标准化生产，建立健全农产品检验、检测体系，搞好无规定动物疫病区建设，努力提高农产品质量和市场竞争力。突出抓好2.5万亩无公害产品产地认证和2万亩冬枣标准化生产示范区建设。三是努力提高农业科技水平。实施良种推广工程，搞好农业科技示范园建设，大力推广普及农业先进适用技术。实施“千村万户”农民科技培训工程，提高农民的科技文化素质。四是加强农业水利设施建设。加快干渠、支渠、田间渠道改造和骨干河道治理，进一步配套完善引、蓄、排、节水利体系。突出建设“三大体系”，即实施东水源延伸配套和河渠治理工程，形成东西贯通、水源互补、设施配套的供排体系；继续实施城乡集中供水村村通工程，建成城乡一体化的饮水体系；加快推进防潮堤建设，努力构筑保障农业发展的防水体系。实施农村绿化工程，大搞植树造林，改善生态环境。五是狠抓农村各项政策的落实。稳定和完善农村土地承包经营，引导和规范土地流转。深化农村税费改革，全面取消农业税及附加。进一步落实好对粮农直补、良种和购置农机具补贴等政策。加强农民负担监督管理，取消“两工”，规范一事一议筹资筹劳，进一步减轻农民负担。同时大力发展农村二、三产业，拓宽农民增收渠道。

（三）强化基础设施建设，加快推进城市化进程。按照“强化城市功能、优化城市环境、美化城市形象”的要求，全面提高城市规划、建设和管理水平，努力增强城市的综合竞争力。一是科学搞好规划设计。结合土地利用总体规划的调整，高起点搞好新一轮城市总体规划的修编；加快控制性、修建性详规和各类专业规划编制，城区详规覆盖率力争达到76%；强化精品意识，精心搞好城市建筑单体设计，提高城市品位。二是积极推进城市建设，逐步建设一批城市精品工程。坚持城内改造、城外扩展、园区东进的方针，突出“大空间、大绿地、大水面”，起步建设“四大区块”，即以海河路为轴心的标志性建筑区、以西湖公园为中心的居民休闲区、以商业街为核心的商务区、以东湖公园为中心的商业住宅区。继续搞好城市主次干道建设和改造，加快商业设施开发，配套完善市政公用设施，稳步推进环城水系和城市公园建设；加快城区“退二进三”，努力提高城市的容积率和密集度；积极推进“城中村”改造；大力实施城市绿化、亮化、美化工程；加大房地产开发力度，搞好职工住宅建设。三是高效能搞好城市管理。以创建全国文明城市和全省城市环境综合整治攻坚年为契机，加大城市综合执法力度，推进环境综合整治，塑造优美的城市环境；加快市政、环卫、绿化等市政公用事业改革，推进城市管理一体化。四是下大气力搞好城市经营。按照“一储三放开”的要求，加大土地征用、储备力度，依法组织招拍挂，提高土地使用效益；放开广告冠名权、公益设施投资、经营及市政事业养护等领域，盘活无形资产，拓宽城市经营的空间。五是加强小城镇建设。重点搞好仙河、孤岛、义和镇的建设，提高城市化水平。完善村庄规划，鼓励村庄兼并。六是搞好公路、电力等基础设施建设。实施部分干线公路拓宽改造，新建、改造乡村公路50公里；启动中海石化热电联产项目，推进高架电网改造和城区电缆入地工程。加强信息基础设施建设，进一步提升通信网络的层次和水平。

（四）扩大招商引资，努力提高对外开放水平。继续把招商引资作为推动经济社会发展的头号工程，牢固树立“大招商、招大商”的思想，以“招大引强”为目标，完善机制，优化环境，强力攻坚，努力实现新的突破。力争年内引进几个投资过5000万元的项目，实现外来固定资产投资8亿元。在继续坚持全民招商的基础上，不断改进招商方式，强化“四个突出”，即突出专业招商，壮大专业招商队伍，完善激励机制，提高招商实效；突出企业招商，引导骨干企业发挥优势，面向国内外大企业、大财团，合资联营，嫁接项目，做好“以大引大”的文章；突出产业链招商，围绕石油化工、盐化工、纺织、木器等优势产业，加强项目库建设，招引“大高外”和关联项目，膨胀产业规模；突出境外招商，瞄准日本、韩国和中国台湾等国家和地区，以驻站联系和登门招商为主，加强沟通交流，拓展合作领域，力争实现新的突破。进一步完善项目推进服务机制，促进项目及早落户，尽快投产达产。加强软环境建设，努力增强环境的吸引力和竞争力。大力发展对外贸易。进一步优化出口结构，稳定扩大木器、农产品等传统出口产品，积极培植新的出口增长点。认真落实出口奖励政策，鼓励黄河口家具实业公司、海星长盈集团、振宇水产资源开发有限公司等企业扩大出口规模，提高出口效益。积极帮助企业搞好国际质量标准化认证，争取自营进出口权，壮大出口队伍。大力发展加工贸易，鼓励企业两头在外经营，大进大出，以进促出。

（五）放手发展民营经济，培植新的经济增长点。坚持把民营经济作为增强综合实力、致富百姓的关键措施，一手抓膨胀总量，一手抓提高质量，努力实现民营经济发展的新突破。强化政策导向，深入宣传发动，动员各行各业、方方面面参与、支持民营经济，努力形成“铺天盖地”发展的浓厚氛围。坚持放宽、搞活，鼓励支持民营资本投向城乡基础设施建设和社会事业等各类经营领域。健全完善中小企业贷款信用担保体系，有效解决民营企业融资难的问题。加快民营经济园区建设，引导民营企业向园区集中。围绕特色产业，继续加强专业市场、专业村镇建设，为民营经济发展提供更加广阔的平台。

大力发展现代服务业。积极运用现代服务手段，改组改造传统服务业。重点抓好中心商业区和首集市场改造，推进黄河口生资批发市场建设。大力发展信息、旅游、现代物流、社区服务、中介服务、金融保险等新兴业态，提升服务业层次和水平。着眼于建设现代港口物流体系，超前规划运作，积极发展仓储物流、海上运输等临港服务业。围绕打造黄河口生态旅游品牌，加大旅游资源开发力度，搞好旅游景点和设施建设，开发旅游产品，培育旅游企业，推动旅游业快速发展。

（六）抓好财税金融工作，保障经济稳健高效运行。财政是经济工作的保障和中心，必须牢牢抓在手上，精心研究好、运作好。大力培植地方财源，加强税收征管，完善社会综合治税机制，确保财政收入稳定增长。调整优化支出结构，大力压减一般性支出，优先保工资和重点项目建设，今年机关事业单位职工人均月工资增加 140 元。在此基础上，继续加大对基础设施建设、“三农”、科技教育、社会保障和困难群体救助等方面的倾斜，集中财力为群众办实事、办好事。推进财政体制改革，完善乡镇财政体制。加大财政集中支付和政府采购力度，增强政府对资金的宏观调控能力。完善政府投资项目监管体制，强化项目资金使用监管和跟踪审计，提高财政性资金使用效益。规范国有资产管理、监督和运营，盘活存量资产，提高融资能力，确保国有资产保值增值。严格执行“收支两条线”和“票款分离”“罚缴分离”制度，加强审计监督，维护良好的财经秩序。不断完善金融服务体系，支持金融改革，扩大金融业务；进一步健全信用担保体系，搞好信用评级，深化银企合作，提高融资水平；积极支持地方金融机构重组整合。

（七）加快发展各项社会事业，推动社会全面进步。加强社会主义精神文明建设。加强基础工作，继续搞好文明城市创建活动；扎实推进小康文明村建设，实施净化、硬化工程，不断改善农村环境面貌；推进“信用河口”建设，营造“文明立区、诚信兴业”的良好形象。

统筹发展各项社会事业。积极完善科技服务体系，深化产学研结合，增强科技对经济发展的驱动力。全面推进素质教育，提高教育质量和办学效益；实施河口街道中学搬迁，搞好农村中小学校园标准化建设和幼儿园改造，组建职业技术学校。完善就业服务体系，加大劳动培训力度，积极开发就业岗位；依法扩大社会保障覆盖面，认真落实好“三条保障线”，新增就业 1300 人。拓宽“阳光 190”社会救助领域，突出抓好教育和医疗救助，全面提高救助水平。推进城市社区建设，提高社区管理、服务水平。加快殡葬管理改革，搞好殡仪馆和公墓建设。深化卫生体制改革，建立完善公共卫生信息、监督执法、医疗救治三大体系，建设疾控中心大楼，提高全民医疗保健水平。配套完善文体设施，鼓励发展文化产业。深入开展全民健身活动，提高竞技体育水平。继续实施有线电视“村村通”工程，力争有线电视入户率达到 70%。积极稳妥地推进事业单位机构改革，促进事业单位机构、人员等资源合理配置。认真搞好“十一五”计划的编制和《河口区 2005—2007 年发展规划》的实施。坚持不懈地做好老龄、残疾人、档案、气象、黄河河务、民族宗教、外事侨务、史志、人防等工作。

深入推进“平安河口”建设。坚持工作重心下移，全面落实社会治安和油区治安综合治理的各项措施，实施“金盾”工程，严厉打击违法犯罪，切实维护社会稳定。重视和加强来信来访工作，及时排查调处社会矛盾纠纷，维护好群众利益。坚持不懈地抓好安全生产，强化监督检查和事故隐患整改，确保安全生产形势稳定。

抓好人口、资源和环境工作。加强人口与计划生育管理，稳定低生育水平，人口自然增长率控制在 8‰

以内。加强环境保护和污染治理，起步建设污水处理厂，努力改善生态环境。加强土地管理，严格用地审批，盘活存量建设用地，努力提升土地的集约利用效益。大力发展循环经济，推行清洁生产，提高资源循环利用水平。

加强民主法制建设。自觉接受人大及其常委会的监督，支持人民政协履行职责，认真办好人大代表建议和政协委员提案。大力推行“阳光政务”，建立健全重大事项社会公示、政务公开制度，不断增强社会透明度和公众参与度，加快形成民主、科学、规范、高效的行政管理机制。认真贯彻落实《行政许可法》，规范行政执法行为，增强政府行为的公信力。

（八）深化油地军校共建，推进区域经济社会大融合。高举团结发展的旗帜，不断凝聚发展合力，拓宽共建渠道，努力提升结合的层次和成效。加大城市和基础设施共建力度，共同搞好项目规划论证，共同加大投入，共建美好家园。建立油地军联合招商机制，依托油田三产企业，搞好项目包装和宣传推介，积极推出去招商。强化油区治安综合治理，优化社会环境，支持油田主业增储上产。进一步拓宽思路，完善措施，推动油田帮扶乡镇工作向纵深发展。积极整合区域科技、人才、资本等资源优势，加速经济和各项社会事业的融合。

各位代表！在全面推进各项工作的同时，我们将围绕改善人民群众生产生活、建设加工制造业基地和生态文明城市的需要，集中实施十二项重点工程。一是城区道路建设改造工程，实施海河路北延和西湖路建设配套。二是城乡道路改造工程，实施河滨路城区段和滨海路拓宽改造，建设龙四路、义牟路、义英路、义兴路、新盐路等5条乡村公路。三是中心商业区改造续建工程，完成一期工程主体建设和道路改造。四是黄河广场与银河公园通透工程，拆除部分建筑物，逐步实现水域、绿地对接。五是环城水系建设工程，开挖北环水系，实施海昌路东侧部分衬砌，全面实现“六河相连”。六是城郊生态林建设工程，在中心城北侧建设10.6公里生态林带，实施河滨路城区段和辛河路城区以南段绿化。七是农业综合开发工程，实施2.3万亩荒碱地开发、2.7万亩土地开发整理和1万亩中低产田改造。八是东水源配套工程，打通西、北支线，实现全线贯通。九是骨干工业企业扩建工程，实施富海石化50万吨/年焦化、30万吨/年汽柴油加氢、5000立方/小时制氢、100万吨/年常减压和中海石化50万吨/年焦化、30万吨/年联合加氢及1.2万千瓦热电联产等骨干技术改造项目。十是实施开发区配套工程，突出搞好标准化厂房建设和水电路等基础设施配套。十一是实施城乡集中供水村村通工程，完成河口至孤岛自来水主管线和新户乡、太平乡、义和镇分支管线铺设，全区自来水入村率达到60%以上。十二是东部小城镇建设工程，实施仙河镇的神州路配套、滨港路城区段改造、红旗渠城区段清淤和孤岛镇的神仙沟综合治理、朝阳区生活污水处理厂建设。以上工程概算总投资11.7亿元。

三、努力提高政府工作水平，建设人民满意的政府

加快发展、富民强区是时代赋予我们的光荣使命，也是全区人民的重托。各级政府和领导干部必须适应新形势、新任务的需要，按照为民、务实、清廉的要求，进一步加强自身建设，不断提高执政能力和水平，努力建设人民满意的政府。

（一）加强学习培训，全面提高公务员队伍素质。全体公务员特别是政府各级领导干部，要树立终身学习的思想，深学政治理论，精学本职业务，勤学修身知识，丰富头脑，开阔视野，创新观念，不断提高政治理论素养、科学决策水平和驾驭市场经济的能力。重视和加强对公务员的教育、培训。坚持理论联系实际，勇于探索实践，努力增强服务本领，提升工作水平。

（二）强化机关效能建设，提升工作效率。加快转变政府职能，推进管理创新，逐步把政府职能转到经济调节、市场监管、社会管理和公共服务上来。进一步深化行政审批制度改革，精简审批事项，减少审批环节，规范审批行为，提高审批效率。抓好行政服务中心建设和管理，认真落实服务承诺、限时办结等制度，完善“一站式”审批、一条龙服务机制，方便人民群众，提高办事效率。继续加强机关规范化建设，搞好行政效能监察，促进政府工作的规范、高效运转。

（三）改进作风，狠抓工作落实。牢固树立群众观念，始终保持同人民群众的血肉联系，做到权为民所用、情为民所系、利为民所谋，努力维护群众利益。大兴求真务实之风，埋头苦干、真抓实干，少说多做，说实话、办实事、求实效。坚决反对官僚主义、形式主义等不良倾向，大力精简会议和文件，减少不必要

的应酬，腾出时间和精力调查研究，解决实际问题。强化政务督查考核，进一步完善决策目标、执行责任、考核监督“三大体系”，分解任务，落实责任，强化调度，努力抓出实效，干出水平。

（四）搞好廉政建设，增强拒腐防变能力。加强思想道德和纪律教育，强化廉政制度建设，完善落实惩治和预防腐败的机制，对施政行为的全过程实施有效制约监督。牢记“两个务必”，保持艰苦奋斗的优良作风，反对奢侈浪费，提倡勤俭办事业。坚持不懈地开展反腐败斗争，坚决纠正损害群众利益的不正之风，严肃查处违法违纪案件，严惩各类腐败行为。

各位代表，新的目标已经确立，新的形势催人奋进，新的事业任重道远。让我们高举邓小平理论伟大旗帜，在党的十六大和十六届四中全会精神指引下，在中共河口区委的正确领导下，凝聚全区人民的智慧和力量，解放思想，抢抓机遇，励精图治，奋发有为，为全面建设小康社会，推动全区经济社会的跨越式发展而努力奋斗！

政府工作报告

——2006年2月25日在东营市河口区第十五届人民代表大会第四次会议上

东营市河口区人民政府代区长　聂建军

各位代表：

现在，我代表区人民政府，向大会作政府工作报告，请予审议，并请区政协委员和其他列席人员提出意见。

一、“十五”时期政府工作的回顾

过去的五年是不平凡的五年。五年来，在市委、市政府的正确领导下，在历届区领导班子打下的良好基础上，全区人民高举邓小平理论和“三个代表”重要思想伟大旗帜，认真落实科学发展观，凝心聚力，开拓进取，干事创业，全区改革开放和现代化建设取得了新的成就，经济社会步入了新的发展阶段。

——综合经济实力跃上新台阶。2005年，全区生产总值达到33.8亿元，是2000年的3.2倍，年均增长26.1%，高于“十五”计划预期12.8个百分点；地方财政收入达到3.42亿元，是2000年的2.8倍，年均增长23.1%；全社会固定资产投资达到58.2亿元，年均增长70.2%，五年累计完成投资129亿元，是“九五”期间固定资产投资总和的10倍；三次产业比例调整到14.8 ∶ 63 ∶ 22.2，第二产业占生产总值的比重提高了31个百分点。与“九五”时期相比，全区经济总量持续增加、结构逐步优化、质量效益显著提高。

工业经济迅猛扩张。2005年，全区规模以上工业完成增加值14.15亿元、销售收入52.3亿元、工业固定资产投资20.5亿元，分别是“九五”末的11.3倍、17.5倍和21倍。加快培植“三个一批”，石油化工、盐及盐化工发展成为支柱产业，石油综合加工能力达到500万吨，原盐生产能力达到140万吨；全区规模以上工业企业由8家增加到44家，其中销售收入过亿元的达到8家，富海、中海、黄河口家具等骨干企业快速膨胀，支撑带动能力明显增强；一批重点项目相继建成投产，五年实施投资千万元以上项目110个。高新技术产业产值占规模以上工业总产值的比重由17.7%提高到25%。

农业综合效益稳步提高。产业化经营水平不断提升，冬枣、水产等优势产业持续壮大，冬枣种植面积达到12万亩，浅海滩涂护养面积扩大到37万亩，工厂化养殖面积达到2.1万平方米；农业龙头企业发展到35家。农业综合开发力度进一步加大，五年累计投资1.2亿元，开发整理荒碱地14.5万亩，农民人均新增耕地0.7亩。各级对“三农”的支持力度明显加大，五年用于“三农”的财政性投入达到3.5亿元，是“九五”期间的2倍。

服务业快速发展。2005年实现社会消费品零售总额10.43亿元，是2000年的1.9倍；商贸设施日益完善，河口商贸城、黄河口建材批发市场、河颐农贸市场建成投用。金融事业稳步发展，2005年末全区金融机构各项存款余额80.89亿元、贷款余额23.56亿元，分别是“九五”末的2.3倍和4.4倍。民营经济蓬勃发展，全区民营企业、个体工商业户分别发展到1144家和4674户。

——城乡面貌焕然一新。城市建设改造步伐加快，黄河广场、城南生态园、西湖公园、环城水系、污水处理厂等一大批市政公用设施建成投用或正在建设中，城市功能更加完善；新建、改造城区道路26.7公里，形成了“四纵七横”的城市发展框架；新增绿化面积70万平方米，绿地覆盖率达到35%；中心城建成区面积由14平方公里扩大到19.2平方公里。城市管理体制进一步理顺，环境综合整治扎实有效，市容市貌显著改善，荣获全省城市环境综合整治工作先进区和创建省级文明城市工作先进区称号。小城镇和村庄改造建设力度加大，城镇化水平由66.2%提高到70%。公路交通发展迅速，五年投资3.81亿元，建设、改造等级公路117.6公里、农村道路523.6公里。水利建设不断加强，投资1.2亿元，先后实施了王庄二干衬砌改造、东水源建设、沾利河与神仙沟治理等一批重点工程，形成了引蓄排节一体化水系，引水供水能力大大提高。城乡电网改造全面完成，220千伏河口变电站建成投用，电网供电最大负荷达到15亿千瓦。“数字化河口”加快推进，信息化水平不断提高。

——改革开放迈出新的步伐。招商引资取得丰硕成果，五年引进到位外来固定资产投资29.3亿元，为经济和社会发展注入了巨大活力。外经外贸持续扩大，五年累计利用外资4626万美元，完成出口总值6695万美元，分别是“九五”期间的9.7倍和6倍。开发区快速发展，建成区面积达到9平方公里，入驻企业93家，成为对外开放和工业发展的重要载体。企业改革不断深化，乡及乡以上国有、集体企业改制全面完成，济军基地企业和油田存续企业改制稳步推进；财政改革力度加大，政府采购全面推行，集中支付规范运作；区乡机构改革、事业单位改革、农村税费改革、行政审批制度改革进展顺利；经营城市和市政公用事业改革深入实施；投融资、粮食流通、社会保障等领域的改革取得新进展。

——各项社会事业全面进步。“科教兴区”战略深入实施，五年共实施市级以上科技项目64项，引进转化科技成果77项。认真落实教育优先发展的方针，全面推进素质教育，教育教学质量不断提高；加强教育设施建设，办学条件明显改善。医疗卫生事业迅速发展，公共卫生服务水平和突发性公共卫生事件应急处理能力显著增强。人口与计划生育水平进一步提高，耕地资源得到严格保护，环境质量不断提升。国防动员、人民防空和双拥共建工作扎实开展。文体、广电、外事侨务、民族宗教、对台、档案、统计、史志、气象、防震、黄河防汛等工作取得新成绩。妇女儿童、老年人、残疾人权益得到保障。思想道德建设不断深入，群众性精神文明创建活动广泛开展，创建文明城市和“信用河口”建设扎实有效。基层民主不断扩大，普法教育和依法治区深入实施。加强“平安河口”建设，依法严厉打击违法犯罪，妥善化解各类社会矛盾，毫不动摇地抓好安全生产，保持了社会持续稳定。大力推进政府工作提速，加大行政效能监察力度，行政效率和服务水平不断提升，经济发展环境明显优化。

——人民群众生活明显改善。城镇居民人均可支配收入由“九五”末的8597元增加到13505元，农民人均纯收入由2549元增加到4482元，分别高出全省平均水平2825元和682元。2005年被省政府授予全省农民增收先进区。加强农村基础设施建设，实施了城乡集中供水、有线电视入户、农村道路建设、“一池三改”和市场改造工程，基本实现了村村通自来水、通柏油路、通客车、通有线电视，2000余户群众用上了洁净的沼气，极大地提高了群众生活质量。大力减轻农民负担，全面取消农业特产税、农业税及附加，停征了乡村公益事业金，免除了义务教育阶段收费，彻底结束了农民缴粮纳税的历史。扎实做好就业再就业工作，五年新增城镇就业6583人，城镇登记失业率控制在2%以内。加大社会保障力度，初步构建起了以“阳光190”社会救助中心为平台，集医疗救助、教育救助、住房救助、临时救助、法律援助于一体的新型社会救助体系，累计发放救济、救助资金2421万元；建立起了覆盖全区城镇职工、农民和城镇居民的医疗保险网络，有效地解决了群众看病难、看病贵的问题；社会养老保险覆盖面进一步扩大，城乡低保实现了应保尽保；为城镇贫困居民建设安居楼房280套，为农村特困群众建设安居住房240套，解决了部分困难群众住房难的问题。

刚刚过去的2005年，全区人民团结一致，抢抓机遇，埋头苦干，奋发进取，圆满完成了区十五届人大三次会议确定的各项主要任务，实现了经济社会又快又好发展。全区生产总值比上年增长33.5%，全社会固定资产投资增长66.1%，社会消费品零售总额增长15.6%，外贸出口增长44.4%，地方财政收入可比增长37.02%，城镇居民人均可支配收入增长4.4%，农民人均纯收入增长15.8%，为实施“十一五”规划奠定了坚实基础。

各位代表，过去的五年是全区经济持续快速增长、综合实力实现大提升的五年；是城乡面貌日新月异、发生显著变化的五年；是各项事业蓬勃发展、社会全面进步的五年；是人民群众得实惠最多、生活水平大幅改善的五年。这五年里，全区有十项重要经济指标实现了翻番：规模以上工业增加值、产品销售收入翻了四番；地方固定资产投资、实际利用外资翻了三番；全区生产总值、外贸出口总值、各项贷款余额翻了两番；第三产业增加值、地方财政收入、各项存款余额均翻了一番多。五年的成就鼓舞人心，催人奋进！这是在市委、市政府和区委的正确领导下，在区人大及其常委会的监督支持下，全区人民团结奋斗、辛勤劳动的结果；是人民政协、民主党派参政议政、油地军齐心协力、携手共建的结果。在此，我代表区人民政府向全区人民和社会各界，向各位代表和政协委员，向所有为河口建设和发展做出突出贡献的同志们、朋友们表示衷心的感谢并致以崇高的敬意！

五年来，我们不断强化对经济社会发展规律的认识，正确应对各种复杂形势和激烈的竞争，知难而进，勇于探索，大胆实践，积累了丰富的经验。一是始终坚持以科学发展观统揽全局，不断解放思想，更新观念，敢闯敢试，比学赶超，打破常规推进发展，开创了经济社会发展的崭新局面。二是始终坚持把上级指示精神与河口实际相结合，创造性地开展工作，确立了“全党抓经济、重点抓工业、突出抓招商、关键抓投入”的工作思路，实施了工业强区、招商引资、农业产业化、城镇化和民营经济五大战略，促进了经济社会的快速健康发展。三是始终坚持把重点项目建设作为重中之重，扩大投入，加强调度，跟踪落实，以重点项目带动了全局工作的进展。四是始终坚持把群众利益放在工作首位，围绕群众所需所盼，每年实施一批民心工程，尽心竭力为群众办实事、办好事，极大地提高了群众的生产生活水平。五是始终坚持油地军团结共建，认真贯彻“思想抓融合、资源抓整合、项目抓结合”的工作方针，不断加大共建力度，共同推进各项改革，联手共建基础设施，齐抓共管油区治安，促进了区域经济社会各项事业的全面融合。六是始终坚持求真务实抓落实，建立完善科学的责任目标决策、执行、监督体系，强化督查考核，加大工作推动力度，确保了决策科学、执行有力；在推进发展的过程中，广大干部群众始终保持奋发有为、昂扬向上的精神状态和开拓进取、埋头苦干的扎实作风，营造出了和谐稳定、风正气顺、心齐劲足的浓厚氛围。这些经验是全区人民智慧的结晶，是我们战胜困难加快发展的法宝。在今后的工作中，我们一定要认真坚持、完善好这些经验，不断在实践中探索前进，努力开创河口区经济社会发展的新局面！

回顾五年的发展历程，我们也清醒地认识到，在前进道路上还面临着许多困难和问题，政府工作中还存在一些不足和薄弱环节。主要是：经济总量小，经济结构不够合理，增长方式仍比较粗放，特别是对石油资源的依赖过大；自主创新能力不强，能源资源综合利用水平不高；农业产业化水平低，工业支撑拉动能力弱，服务业发展滞后；城市综合功能还不完善，辐射带动能力不强；财源结构不合理，主体税源不稳固；城乡二元结构矛盾突出，城乡差距、贫富差距仍然较大，部分群众生活还比较困难；社会事业发展与群众的需求还有一定差距，维护社会安全稳定、促进协调发展的任务还很艰巨；政府自身建设还需加强，个别部门工作人员作风不扎实、工作效率较低，等等。对此，我们一定高度重视，以对人民、对事业高度负责的态度，采取有力措施，认真加以解决。

二、“十一五”时期经济社会发展的总体要求

从今年起，已进入第十一个五年规划时期。根据市委三届五次全会和区委五届五次全会精神，区政府编制了《河口区国民经济和社会发展第十一个五年规划纲要（草案）》。《纲要（草案）》已印发大会，请一并予以审议。

“十一五”是我区加快发展的关键时期。这一时期，经济全球化趋势将深入发展，科技进步、生产要素和产业转移加快；国家宏观调控更加成熟，宏观发展环境日益完善；环渤海经济圈、山东加工制造业基地和半岛城市群的建设进一步加快，对我区的发展必将产生巨大的拉动作用；东营港扩建、荣乌高速、

东港铁路等基础设施的实施，将进一步打开我区对外开放的通道；经过多年的发展，我区已步入了工业化、城镇化快速推进的阶段，经济社会发展全面加速，发展的活力更强，后劲更足，基础更加牢固。同时，这一时期国内外竞争更加激烈；经济社会发展与资源环境的矛盾日益突出；社会发展滞后于经济发展的“短腿”效应正在显现；社会稳定面临较大压力。总体上看，机遇大于挑战。我们一定要正确把握形势，振奋精神，抢抓机遇，开拓进取，推动全区经济社会在新的起点上继续向前快速迈进。

“十一五”时期全区经济社会发展的指导思想是：以邓小平理论和“三个代表”重要思想为指导，全面贯彻落实科学发展观，坚持“强工、重农、活商、兴城”的发展思路，深入实施工业强区、农业产业化、城镇化、招商引资和科教兴区“五大战略”，优化经济结构，转变增长方式，完善体制机制，推进自主创新，努力提高国民经济整体素质和综合竞争力，为把河口建设成为新型工业化城市和新兴的港口经济区奠定坚实基础。

综合考虑未来五年我区经济社会发展的趋势和条件，“十一五”时期的主要预期目标是：全区生产总值年均增长24%左右；地方财政收入年均增长15%左右；地方固定资产投资年均增长20%左右；规模以上工业增加值年均增长35%左右；城镇居民人均可支配收入年均增长8%以上；农民人均纯收入年均增长12%以上；单位生产总值能耗比“十五”末降低20%以上。

围绕上述奋斗目标，“十一五”时期要突出重点，着力推进“八项工作”，努力实现“八个加快”。

（一）深入推进“工业强区”战略，加快建设化学工业基地。着力转变经济增长方式，坚持走新型工业化道路，以信息化带动工业化。加强企业技术改造，努力提升企业自主创新能力。加快培育石油化工、盐及盐化工、精细化工三大支柱产业，扶持发展纺织、制药、机械电子、农副产品加工四大主导产业，延长产业链条，打造产业集群。力争到2010年，石油综合加工能力达到800万吨以上；原盐、溴素生产能力分别达到200万吨和1万吨，产量达到100万吨和7000吨以上。实施大企业带动战略，鼓励骨干企业搞好战略策划，不间断地扩投入、搞技改、创名牌、上项目，尽快培植一批规模大、竞争力强的企业集团，力争有20家企业销售收入过亿元，其中5家企业过10亿元，2家企业过50亿元；实施“品牌战略”，争创一批名牌产品。按照“产业成链、企业组群、资源循环利用”的总体要求，加快推进园区建设，做大做强开发区，规划建设骨干企业工业园和临港化工园，进一步明确产业方向，完善基础设施，提升项目的承载能力。搞好黄河口高新技术创业园建设，扩大孵化规模，增强孵化能力，逐步建设成为高新技术转化基地和产业集群园区。关心企业家成长，造就一支高素质的企业家队伍。

（二）大力推进农业现代化，加快建设社会主义新农村。按照“生产发展、生活宽裕、乡风文明、村容整洁、管理民主”的目标要求，努力推进新农村建设。一是推进农业现代化。继续培育壮大农业龙头企业，鼓励发展农村合作经济组织，提高农业产业化水平，力争到“十一五”末，全区规模以上农业龙头企业发展到60家，80%以上的农户进入产业链经营。深入实施优势农产品推广提高工程，培育壮大冬枣、水产等优势产业。建立健全农业标准体系、质量检测监管体系和动物疫病防控体系，加强绿色冬枣出口基地、绿色蔬菜区及国家级农业标准化示范区建设，提高农产品质量和竞争力。坚持以耕地增量带动农民增收，大搞农业综合开发，力争“十一五”期间完成中低产田改造8万亩，开发荒碱地20万亩，新增耕地面积11万亩。二是强化新农村的规划与建设。加快编制和实施新农村建设规划，搞好村庄建设改造，积极稳妥地推进村庄合并。抓好农村环境综合整治，全面改善村容村貌。加强农村道路、文教卫生、有线电视、电网等设施建设，引导农民建设宽敞明亮的砖瓦房，力争到2010年基本消除危旧土坯房。积极推进城乡供水一体化工程，确保三年内实现户户通自来水。实施农村清洁能源工程，大力普及农村沼气。三是着力完善城乡统筹发展的长效机制。坚持“多予少取放活”的方针，进一步扩大公共财政覆盖农村的范围，引导社会资金投向农业和农村。建立健全农村信用体系，完善担保机制，切实解决农村融资难问题。扎实开展千村万户农民培训工程，提高农民的劳动技能和科技水平。认真落实农村的各项政策，巩固农村税费改革成果，进一步减轻农民负担。积极开展小康文明村创建活动，加快发展农村各项社会事业，到2010年，全区小康文明村达到80%以上。

（三）积极发展现代服务业，加快建设区域性商贸物流中心。以市场化、产业化、社会化为方向，改造提升传统服务业，大力发展新兴服务业，着力提高服务业整体水平。加快现有商贸服务设施的改造，提高档次，扩大规模，重点抓好中心商业区、各类专业市场和农村集贸市场的改造建设；建设农副产品和生产资料批发市场，培育完善市场体系；大力推进“四进两网”工程，构建农村现代流通服务体系，搞活农村市场。大力发展旅游业，突出“黄河口、大油田、湿地生态”特色，搞好规划，整合资源，加快旅游设施和景点开发建设，搞好推介宣传，打造黄河口生态旅游品牌。依托东营港、荣乌高速公路等交通枢纽，加快发展物流业。整合现有物流资源，发展一批现代化、社会化、专业化的物流配送企业。加快发展第三方物流，搞好物流基地建设，逐步打造面向鲁北和环渤海地区的物流中心。

（四）强化基础设施建设，加快建设黄河三角洲湿地生态城市。突出湿地生态特色，着力改善城市环境，完善城市功能，增强城市的综合竞争力。一是高起点规划城市。加快城市总体规划和土地利用规划修编，搞好详细规划和各类专业规划编制，提高详规覆盖率。加强规划管理，严格规划控制，规范建设行为。二是高水平建设城市。突出水环境和绿色环境建设，全面贯通城区现有水系，开挖改造外环水系，构筑“河河相通、水水相连”的“回”字形大水系；加强城区周边防护林建设和公园、道路、水系、住宅区绿化，建设精品绿地，提升绿化档次。加快推进安康居住工程建设，切实改善广大群众的住房条件。加强道路等城市基础设施建设，完善市政公用设施，重点搞好东湖公园、西湖公园、中心商业区、城区南轴线（海河路）建设及周边区块开发，规划建设医疗保健中心、图书馆、体育馆等标志性建筑。加快“拆旧建新”步伐，推进“城中村”建设改造，逐步搬迁城区内的油田大院子，不断拓展城市发展空间。加强小城镇的规划建设，推进城乡一体化进程。三是高效益经营城市。加大土地征用、储备和招拍挂力度，提高土地使用效益。积极推进市政公用事业改革。坚持油地军共建和市场化运作相结合，构建城市建设资金筹集和使用的良性机制。四是高效能管理城市。建立健全城市管理长效机制，加大城市综合执法力度，强化环境综合整治，塑造优美的城市形象。

进一步加强基础设施建设。大力发展高等级骨干公路，配套完善河辛路，改造升级孤滨路，努力实现港口、高速公路和铁路的对接；规划建设河口至荣乌高速一级路（河虎路）、孤垦路、新港路和防潮堤路；加强县乡路、乡村路改造，提高公路等级，完善路网框架，提高运输能力。积极推进防潮堤规划与建设，构筑沿海发展的防护屏障；加快引、蓄、排、节等水利工程建设，有效增加水资源总量。加强电力设施建设，完善城乡电网，积极发展热电联产，大力推进沿海风力发电。加快 “数字化河口”建设，完善电信网、广电网和互联网等信息基础设施，健全信息服务体系，提高信息化应用水平。

（五）扩大改革开放，加快提升经济外向度。坚持外向拉动不动摇，进一步深化改革，扩大开放，努力为经济发展注入新的活力。一是深入实施招商引资。力争“十一五”期间，引进外来固定资产投资60亿元。在坚持全民招商的基础上，重点实施专业招商、企业招商、以商招商和产业招商，加强项目策划、包装与推介，增强招商针对性，提高成功率。坚持境内外招商相结合，进一步扩大招商领域。境外，重点开拓韩国、日本；境内，集中面向南方发达地区和周边地区。努力提高项目质量，围绕招引大项目，瞄准国内外大企业、大财团，主动联系，登门招商，重点引进一批投资规模大、科技含量高、带动作用强的大项目、好项目。强化项目运作，加大推进力度，提高服务水平，促进项目早开工、早投产、早见效。二是大力发展对外贸易。进一步优化出口产品结构，扩大传统出口产品，培植新兴出口增长点，不断壮大出口规模。鼓励企业加强国际产品质量、环境和安全标准体系认证，提高自营进出口能力。扶持发展创汇型龙头企业，形成一批外贸出口优势产业和拳头产品。鼓励企业实施“走出去”战略，大力发展加工贸易和服务贸易，加快国际化步伐。三是扎实推进各项改革。加快行政管理体制改革，进一步转变政府职能。积极稳妥地推进事业单位综合配套改革。深化企业产权制度改革，完善企业法人治理结构，加快建立现代企业制度。加强市场和政策引导，培育企业集团，积极推进企业上市。深化投融资体制改革，优化投资结构，提高投资效益。推进财政体制改革，调整优化支出结构，加快建立公共财政框架；加强国有资产运营、监管，提高资金使用效益。进一步完善金融监管体制，防范和化解金融风险。四是放手发展民营经济。全面落实鼓励民营经济发展的各项政策措施，努力营造“全民创业”的浓厚氛围。按照“抓龙头、扶骨干、带群体”的思路，加大对民营企业的扶持力度，引导企业扩投入、上项目、上水平。鼓励乡镇立足实际，发挥优势，围绕二三产业，兴办一批各具特色的民营企业，加速壮大乡镇财源。加强和改进对民营经济发展的服务，切实保护好民营企业的合法权益。

（六）坚持开发节约保护并举，加快建设资源节约型和环境友好型社会。立足改善人民群众生产生活环境，促进节约发展、清洁生产、安全发展和可持续发展，建设绿色生态河口。一是大力发展循环经济。按照减量化、再利用和无害化的原则，积极推行清洁生产，鼓励支持资源循环利用项目，拉长产业链条，构筑企业、行业和区域循环经济体系，重点抓好盐业综合开发和石油资源综合利用。二是有效开发和节约资源。积极推广节能技术，采用节能设备和工艺，突出抓好水资源、能源和土地资源的节约利用，最大限度地降低能耗、物耗，提高资源综合利用效益。支持企业引进高新技术和先进适用技术，淘汰落后的设备和工艺，努力节能降耗，减少污染，提高经济效益。三是搞好环境保护。坚持保护优先、开发有序，强化对水源、湿地、林地、草地、海洋等自然资源的生态保护，维护生态平衡，促进生态环境优化。严格执行环境影响评价制度和“三同时”环境管理制度，坚决控制新生污染。加强环境综合治理，提高水源保护和污水、垃圾无害化处理水平，创造良好的人居环境。四是加强生态建设。重点搞好黄河三角洲国家级自然保护区生态防护林、沿海防护林、环城景观经济林、水系绿化、农田林网防护、绿化家园等生态建设工程。力争到2010年，全区森林覆盖率达到20%以上。

（七）深化油地军共建，加快推进区域经济社会大融合。高举团结发展的旗帜，进一步完善油地军结合机制，推动结合向更深层次、更宽领域发展，加快推进区域经济社会一体化。认真落实各项优惠政策，全力支持油田存续企业改革发展，支持油地企业合资合作，支持油田企业进驻工业园区发展。坚持油地军共建共管，加强城市和基础设施建设，共建美好家园。强化油区治安综合整治，建立维护油区稳定的长效机制，确保原油生产持续增产、增效。进一步做好油田帮扶乡镇工作。加快整合区域科技、文化、卫生、体育等社会资源，推动社会事业健康发展。

（八）扎实推进各项社会事业，加快构建和谐河口。大力推进科技进步与创新，建立完善以企业为主体、市场为导向、产学研结合的技术创新体系，搞好高新技术和先进实用技术的转化、普及、推广。全面实施素质教育，深化教育体制改革，优化教育结构，搞好农村幼儿园和中小学布局调整；加快整合教育资源，大力发展职业教育，提高办学效益和水平。健全就业服务体系，建立政府扶助、社会参与的职业技能培训机制，充分发挥市场的引导作用，鼓励自主创业和自谋职业，促进多种形式就业。建立健全与经济发展水平相适应的社会保障体系，合理确定保障标准和方式，认真落实城乡低保政策，努力扩大社会保障覆盖面；完善“阳光190”社会救助机制，不断扩大救助范围，提高救助实效。深化医疗卫生体制改革，推进油地医疗卫生资源整合，加强公共卫生设施建设，完善公共卫生和医疗服务体系。积极发展文化事业，加大政府对文化事业的投入，形成比较完备的公共文化服务体系；积极开展群众性文化活动，培育和发展各具特色的社区文化、乡村文化、企业文化。加强城乡社区体育设施建设，大力开展全民健身活动。加强妇女儿童阵地建设，完善配套妇女儿童和老年人活动设施。严格执行计划生育基本国策，提倡优生优育，提高出生人口素质。加强“信用河口”建设，加快建设文明城市和文明乡镇、小康文明村（居），全面提高社会的文明程度。进一步做好史志档案、优抚安置、国防动员、人民防空等工作。扎实推进“平安河口”建设，大力实施信访“网底工程”，努力把矛盾和问题解决在基层；建立健全社会预警体系和应急救援机制，提高处置突发性事件的能力；加强社会治安综合治理，实行警力下沉，巩固基层基础，依法严打各类犯罪，维护社会稳定；健全安全生产监管体制，严防重特大安全事故的发生；加强各种自然灾害预测预报，提高防灾减灾能力。

三、2006年的目标任务和工作重点

各位代表，2006年是“十一五”规划的开局之年，做好今年的工作，意义十分重大。今年全区经济社会发展的主要预期目标是：生产总值增长26%；万元生产总值能耗降低4%；地方财政收入按可比口径增长17.32%；全社会固定资产投资增长25%以上；外贸出口总值增长20.6%；实际利用外资增长20%以上；城镇居民人均可支配收入增长10%；农民人均纯收入增长10%；城镇登记失业率控制在2%以下；人口自然增长率控制在7.9‰以内。突出抓好六个重点。

（一）继续开展好工业发展年活动。按照“一年打基础、两年上台阶、三年大提高”的工作思路，将工业发展年活动延长到2007年。坚持以扩大投入为中心，大上项目、上大项目、快上项目，以项目建设推动工业经济的快速发展。今年重点实施100万吨重油催化、4.8万千瓦风力发电、12万吨氯碱、8万吨/年无缝钢管等18个大项目，总投资28亿元，其中2006年投资18亿元。加快“一区三园”建设，在强化开发区基础设施配套的同时，起步建设临港化工园，积极推进富海工业园和中海工业园，努力增强项目的吸纳集聚功能。力争全年完成工业固定资产投资32.8亿元，增长60%；规模以上工业增加值、销售收入分别增长60%、72%；新增规模以上工业企业10家，销售收入过亿元的企业达到12家，其中有2家企业突破30亿元。

（二）扎实做好“三农”工作。膨胀壮大主导产业，发展冬枣高产园3万亩，整改提高低产园4.2万亩；推进“上农下渔”9万亩水面综合利用，新建海参养殖池4000亩，新增工厂化养殖面积8000平方米；种植棉花20万亩，建成优质抗虫棉基地10万亩。加强对农业骨干龙头企业的扶持，新上固定资产投资200万元以上的加工项目5个。大力推广先进农业生产技术，重点实施好14万亩耕地测土配方施肥工程。加强农业和农村基础设施建设，搞好荒碱地开发，综合治理挑河及乡镇干沟支渠；继续实施农村特困群众安居工程和“一池三改”工程；积极推进沿海防潮堤的规划建设。全面发展农村教育、文化、卫生、社会保障等社会事业，扎实开展小康文明村创建，推动农村经济社会协调发展。

（三）加大城市和基础设施建设力度。围绕完善城市功能、提升城市品位，集中实施一批城市建设重点项目。抓好水环境建设，实施环城水系北环开挖，全面贯通现有水系，开挖改造外环水系，完善提升西湖公园、南湖生态园、挑河等景观节点；积极推进党政办公楼周边区块和城区西区建设改造，不断提升城市形象；继续深化油地军共建，共同推进东部小城镇建设。实施部分城市道路建设，搞好利六路和新盐路义太段改造，争取开工建设河口至荣乌高速连接线；实施好新户、海港两个110千伏输变电工程，改善电网结构，努力提高供电能力。

（四）深入开展招商引资。继续把招商引资作为壮大工业、推动发展的头号工程，坚持目标不变、力度不减、工作不松，努力实现招商引资新突破，力争年内引进外来固定资产投资10亿元以上。不断创新招商方式和手段，调整优化专业招商布局，强化领导招商，扩大企业招商，大力推进产业招商，提高招商质量和成效。紧紧围绕石油化工、盐及盐化工、精细化工和制造行业，搞好项目策划包装，努力嫁接、引进一批大项目，加快形成优势产业集群和企业集群。严格落实招商项目推进服务责任制，切实提高项目成功率。积极调整出口产品结构，加强出口品牌建设，保持外贸持续快速增长，年内完成外贸出口总值3200万美元。

（五）努力做好财税工作。始终坚持把培植财源放在首位，大力培植地方税源，壮大主体，挖掘潜力，优化经济结构，不断提高财政收入占生产总值的比重和税收占财政收入的比重。坚持依法治税，加强税收征管，确保财政收入稳定增长。按照保工资、保稳定、保法定支出的顺序合理安排支出，厉行节约，减少浪费，集中财力办大事。深化财政体制改革，积极推行国库支付，规范政府采购程序，增强政府对资金的调控能力。加强审计监督和财经监管，严肃财经纪律，维护良好的财经秩序。

（六）全面发展各项社会事业。进一步深化教育改革，努力提高教育质量；推进教育小区建设，加快实施农村中小学标准化建设工程，调整优化农村幼儿园布局。加快城乡公共卫生体系和医疗服务体系建设，加大乡镇卫生院建设改造力度，积极创建省级公共卫生安全区。大力发展文化体育事业，加强文体设施建设，广泛开展群众性文体活动。继续强化人口与

计划生育工作，稳定低生育水平，提高出生人口素质。深化社会治安和油区治安综合治理，及时排查调处社会矛盾纠纷，严厉打击违法犯罪，确保社会安全稳定。大力加强精神文明建设，扎实开展各类创建活动，提高全民的道德文化素质。

在全面推进各项工作的同时，着力为民办好十件实事，实施好十大工程。十件实事：一是实施4万亩荒碱地开发和2万亩中低产田改造；二是完善城乡特困群众救助体系，提高救助标准，扩大救助范围，改善群众生活质量；三是深入实施城乡供水一体化工程，提高农村自来水入户率；四是建设社会主义新农村，编制村庄规划，推进村庄合并，加强小康文明村建设，提升农村文明程度；五是实施健康关爱工程，提高群众健康水平；六是免除城乡学校义务教育阶段课本费、作业本费和杂费；七是推进超市进乡镇、放心店进村和放心粮油进社区；八是完善城乡居民合作医疗体系，扩大医疗保障范围；九是实施广电中心大楼建设和农村户户通有线电视工程；十是深入推进“平安河口”建设，完善治安、信访基础设施，提高防控能力，增强群众的安全感。十大工程：一是城市生态水系建设工程，实施景观水系规划及轮廓开挖、挑河城区段治理与环城水系贯通配套；二是安康居住工程，起步建设安康小区，搞好河滨小区周边区块整治及配套；三是城市道路建设改造工程，实施城区北外环、河聚路建设、渤海路西延和运二路改造；四是沿海防渗排碱河开挖工程，完成马新河至沾利河标段建设；五是城郊绿化工程，实施河辛路绿化，完成城北防护林配套和现有台面绿化；六是东部城镇建设工程，实施仙河镇红旗沟、卫东河改造和孤岛镇光明路拓宽改造、神仙沟景观水系建设；七是“一区三园”建设工程，加强开发区基础设施配套，加快推进富海、中海工业园和临港化工园的规划建设；八是城区西区建设改造工程，完成李坨新村住宅建设；九是城建项目续建工程，重点搞好中心商业区、公园对接和海河路北延等项目建设；十是污水处理厂建设工程，完成厂区建设及管网配套。以上实事和工程概算总投资16.32亿元。对这十件实事、十大工程，我们要严格实行责任制，严格落实招投标制，严格实行工程监理制，强化督查调度，确保说到做到，按期完成，取信于民！

四、加强政府自身建设

各位代表，新形势、新任务对政府工作提出了更高要求。我们必须把政府自身建设摆在更加突出的位置，按照为民、务实、清廉、高效的要求，坚持科学行政、民主行政、依法行政，努力建设党和人民满意的政府。

（一）加强学习，提高综合执政能力。适应新形势、新任务的要求，认真学习掌握政治理论，准确把握上级的路线方针政策，提高科学判断形势的能力；认真研究市场经济发展的内在规律，增强驾驭市场经济的能力；正确处理发展与稳定、当前与长远、兼顾全面与突出重点的关系，提高统筹把握全局和应对复杂局面的能力。

（二）转变职能，提高管理服务能力。加快转变政府工作理念和管理服务方式，全面履行经济调节、市场监管、社会管理和公共服务职能。认真落实宏观调控政策，严格按照市场经济规律办事，注重运用经济和法律手段，引导和调节经济运行。进一步规范行政服务中心管理，完善“一站式”审批、“一条龙”服务机制，提高行政效率，方便人民群众。

（三）强化法治，提高依法行政能力。认真贯彻实施《行政许可法》，严格按照法定权限和程序行使权利、履行职责，规范行政行为。进一步深化行政审批制度改革，营造公开、公正、规范、便捷的行政环境。加强执法队伍建设，落实行政执法责任制和执法过错追究制，努力做到严格执法、公正执法、文明执法，不断提高依法行政水平。自觉接受区人大及其常委会的监督，支持区政协履行政治协商、民主监督和参政议政职能。

（四）廉洁自律，提高拒腐防变能力。不断强化理想、信念、法制教育，严格落实党风廉政建设责任制，强化对各级领导干部廉洁从政情况的监督检查，促进政府机关及广大公务员廉洁自律，执法为民。大力实施“阳光工程”，完善规章制度，加强行政监察，强化对土地批租、工程招标、产权交易、政府采购等关键环节的监督，杜绝暗箱操作，提高透明度。加大审计监督力度，严肃查处违法违纪案件，树立廉洁勤政的良好形象。

（五）改进作风，提高督查落实能力。坚持一切从实际出发，树立正确的政绩观，大兴求真务实之风，摸实情、讲实话、办实事、求实效。努力精简会议，压缩文件，减少应酬，把主要精力和心思放在干工作、抓落实、促发展上来。大力推进决策目标、执行责任、考核监督“三个体系”建设，进一步强化政务督查，加强行政监督，全力抓好工作落实。

各位代表！站在新起点，增创新优势，实现新发展，是时代的呼唤，是人民的重托，是历史赋予我们的神圣职责。让我们高举邓小平理论伟大旗帜，全面贯彻“三个代表”重要思想在中共河口区委的坚强领导下，紧紧依靠全区人民，解放思想，抢抓机遇，同心同德，干事创业，为全面完成“十一五”规划的目标任务，加快建设一个繁荣、富裕、文明的新河口而努力奋斗！

政府工作报告

——2007年1月20日在东营市河口区第十五届人民代表大会第五次会议上

东营市河口区人民政府区长 聂建军

各位代表：

现在，我代表区人民政府向大会作政府工作报告，请予审议，并请区政协委员和其他列席人员提出意见。

一、2006年政府工作回顾

2006年是“十一五”规划的开局之年，也是全区上下真抓实干、取得显著成绩的一年。一年来，在中共河口区委的正确领导下，在区人大和区政协的监督支持下，区政府团结带领全区人民，牢固树立科学发展观，解放思想，干事创业，圆满完成了区十五届人大四次会议确定的目标任务，国民经济和各项社会事业在新的起点上实现了良好发展。

——经济总量跃上新台阶。预计全区实现生产总值48亿元，比上年增长30%。万元GDP综合能耗降低5%。完成地方财政收入3.61亿元，增长29.5%。全社会固定资产投资达到61亿元，增长30%。完成社会消费品零售总额12亿元，增长15%。各项存款余额达到88亿元、贷款余额26.7亿元，分别比年初增长8.8%、13.4%。全区个体工商业户达到5891户、私营企业1553家，上缴税金增长13%。

——工业发展实现新突破。全区规模以上工业完成增加值30亿元、主营业务收入90亿元、利税12亿元、利润6亿元，分别增长63%、70%、70%和90%，保持了高幅增长的良好态势。主导产业快速膨胀。石化产业完成产值55亿元、销售收入53亿元，实现了翻番；盐业开发面积达到40万亩，完成原盐产量30万吨，投资过千万元的盐业企业发展到5家。企业群体不断壮大。新增规模以上工业企业9家，达到53家；新增主营业务收入过亿元的企业3家，达到12家。完成工业固定资产投资30亿元，增长46%；实施投资过1000万元的工业项目39个，其中过亿元的7个。河口经济开发区承载功能不断增强，新入驻企业19家，被省政府批准为省级经济开发区。

——农业和农村经济取得新成效。农业生产喜获丰收。冬枣、棉花、水产、畜牧、芦苇五大主导产业完成产值11亿元，成为带动农民增收的重要支柱。农业产业化水平不断提升。农业龙头企业发展到48家，实施农副产品加工项目12个，完成投资1.53亿元；农村市场体系不断完善，建成乡镇超市9个、村级放心店47个，黄河口冬枣批发市场、黄河口水产品批发市场建成投用。农业基础条件不断改善。完成荒碱地开发4.3万亩，中低产田改造3.6万亩；新增林木面积1.6万亩；挑河疏浚、羊栏河水库衬砌、河王渠改造工程全面完成。新农村建设初见成效。村庄建设总体规划和布局调整规划编制完成，村庄搬迁合并顺利起步，涉及7个村308户；农村基础设施建设不断加强，新建沼气池560个，自来水入户率达到40%。

——对外开放迈出新步伐。产业招商成效显著。共引进正式投产、在建项目416个，到位外来固定资产投资9.9亿元，其中投资过千万元的项目46个，过亿元的项目12个；签订合同项目100个，合同外来投资41.6亿元，超额完成目标任务。对外贸易不断扩大。完成进出口总额3730万美元，增长22%；出口创汇3250万美元，增长22%；实际利用外资

1450万美元；外经贸队伍不断壮大，有出口业绩的企业达到19家。

——城乡面貌发生新变化。城市总体规划修编完成新一轮评审，编制各类修建性详规6项，城区详规覆盖率达到80%。依靠城市经营和油地共建，加大中心城建设力度，新建、改造北外环、河聚路、渤海路西延等城区道路5条13.8公里，新建跨水系桥梁2座，路网框架不断完善；水系建设、中心商业区改造、污水处理厂建设等工程进展顺利，城市功能更加完备；银河公园与黄河广场对接、西湖公园续建工程完成主体景观，城市形象进一步提升。加强城市环境综合整治，市容市貌大为改观。加大城市经营力度，依法招拍挂土地8宗678.9亩，实现收益7605万元；房地产市场日益活跃，新增建筑面积10.4万平方米。基础设施建设步伐加快。滨海大道绿色生态河一期和东营中心渔港一期工程顺利完成，北部海防大堤建设稳步推进；改造乡村道路78条197.2公里，全区公路通车里程达到1855.7公里；电力、通讯、信息网络建设加快推进，承载能力不断增强。

——人民群众生活有了新的改善。城镇居民人均可支配收入15100元、农民人均纯收入5006元，分别增长11.9%和12.1%；城乡人均储蓄存款达到3.3万元，比年初增加940元。新增就业2047人，城镇登记失业率控制在2%以内。社会保障体系逐步完善，城乡低保、城乡居民医疗保障、农村“五保供养”标准进一步提高，共发放社会救济救助资金553.98万元。区直机关安康工程全面启动，河滨小区与220户农村特困群众住房顺利完工入住，群众生活条件明显改善。为民办的十件实事全部达到时间进度，使广大群众得到了更多的实惠。

——各项社会事业取得新进展。科技创新成果显著，实施科技计划项目22个，新申请专利175件，省级以上高新技术企业达到6家。教育事业加快发展，顺利通过省级教育示范区验收；街道中学撤并与职教中心搬迁顺利完成；城乡义务教育收费“三免”政策全面落实，财政补贴资金460万元。群众健康关爱工程圆满完成，乡镇卫生院平稳上划。文化体育事业繁荣发展，成功举办了第三届职工运动会和广场文化艺术节，黄河广场被评为全省十佳文化广场，黄河路社区被评为全国文化先进社区。低生育水平持续稳定，环境保护和耕地保护力度加大，人口、资源、环境实现协调发展。创建省级双拥模范城和基层武装部达标顺利通过验收。审计、物价、统计、广播电视工作不断加强，民族宗教、旅游、人防、打私工作深入开展，食品药品、老龄、妇女儿童、残疾人、档案、史志等工作都取得了新的成绩。“平安河口”建设扎实有效，社会秩序持续稳定。扎实开展信用河口、小康文明村、文明城市等创建活动，社会文明程度进一步提高。

各位代表，过去的一年，我区经济社会发展取得了令人鼓舞的成绩。这些成绩的取得，是市委、市政府和区委科学决策、正确领导的结果，是区人大、区政协依法监督、大力支持的结果，也是油地军团结共建、全区人民顽强拼搏、共同努力的结果。在此，我代表区人民政府向各位人大代表和政协委员，向全区人民和社会各界，向所有为河口建设发展做出贡献的同志们、朋友们，表示衷心的感谢并致以崇高的敬意！

回顾一年来的工作，我们深深体会到，做好新形势下的政府工作，必须牢牢把握以下几点。

第一，必须坚持以解放思想为先导，创新发展思路。面对宏观调控力度加大和区域竞争日益激烈的新形势，始终扭住发展不放松，敢于打破各种陈旧思想束缚，坚定信心，加压奋进，促进了经济社会健康协调发展。面对黄河三角洲高效生态经济区开发建设的新机遇，立足区情，发挥优势，及时调整工作思路，提出了建设化学工业基地、新兴港口经济区和湿地生态家园的总体定位，确定了“一区两园两片”（经济开发区、富海化工园、中海化工园、临港开发片、滨海开发片）的发展布局，拉开了大发展的框架。

第二，必须转变经济增长方式，科学推进发展。不断强化对科学发展观的认识，认真研究经济发展规律，抓住关键环节，实施重点突破，做到了科学施政。工作中，坚持规划先行，注重把握大局，谋划长远，加大各类规划编制力度，为科学发展提供了依据。注重调整优化经济结构，集中精力推进工业、招商引资和基础设施建设等重点工作，着力加强三农、服务业等薄弱环节，促进了经济发展速度、质量、效益相统一。注重解决制约发展的热点难点问题，千方百计融通资金，盘活存量用地，保证了各项重点工程、重点项目的顺利实施。注重运用市场手段推进经济发展，成功运作了华欧国际商贸城、河口北部海防大堤等一批重大基础设施项目。注重强化政策激励，制定出台了关于支持农业产业化经营、扶持油田企业改制和园区外工业发展等一系列政策措施，创造了良好的投资环境。

第三，必须加强油地军共建，凝聚发展合力。按照团结思想向下渗透、具体工作向实发展的指导思想，油地军三方相互理解、相互支持，不断加大结合力度，拓宽结合领域，在共同推进经济发展、共建城市家园、治理油区治安、整合社会资源等方面取得了显著成效，营造了经济社会“大融合”、油地军民“大合唱”的生动局面。

第四，必须执政为民，维护群众利益。始终把维护好群众利益作为一切工作的根本出发点和落脚点，对农民增收、劳动就业、社会保障、困难群众救助等与群众利益息息相关的问题，坚持说了算、定了干，信守承诺，不折不扣地抓好落实。围绕群众所需所盼所求，实施了一批为民办的实事和重点工程。去年，各级面向“三农”的投入达到 1.06 亿元。

第五，必须求真务实，狠抓工作落实。深入开展调查研究，坚持摸实情、说实话、办实事、求实效，保证了整体工作的扎实推进。建立健全决策目标、执行责任、考核监督“三个体系”，不断完善激励机制，把各级主要精力集中到狠抓落实、干事创业上来。围绕年初确定的重大决策和重点项目，明确责任，强化调度，严格督查，一件一件求突破，一项一项抓落实，顺利完成了各项目标任务。

在总结经验、肯定成绩的同时，我们也清醒地看到，当前我区经济社会发展中还面临不少困难和问题。主要是：经济结构性矛盾比较突出，工业支撑、带动作用还不够强，服务业所占比重较低；城乡发展不够协调，乡镇经济相对滞后，农业生产比较粗放，农民增收难度较大；基础设施不够完善，城市建设亮点不多；地方财源规模小、数量少，增收压力较大；改善生态、保持稳定、促进经济社会协调发展的任务仍很艰巨；个别部门工作效率和服务水平有待进一步提高，等等。对这些困难和问题，区政府将认真研究措施，努力加以解决。

二、2007 年政府工作安排

各位代表，今年是全面贯彻落实科学发展观、推进和谐社会建设的重要一年，也是深入实施“十一五”规划、全面加快经济社会发展的关键一年。新的一年里，我们面临着诸多有利发展的机遇和条件。国家继续实施宏观调控政策，必将有利于我区充分发挥土地、电力等资源优势，加快承接国内外产业、项目和资金转移。省委、省政府确定以东营为主战场，实施黄河三角洲开发战略，建设黄河三角洲高效生态经济区，必将为我区加快发展带来重大历史机遇，提供更加广阔的平台。东营港、环渤海高速公路、黄大铁路等重大基础设施建设进入关键时期，东营港经济开发区被市政府确定为两个最大经济增长平台之一，必将对我区经济社会发展起到巨大辐射带动作用。经过多年的发展，我区经济和各项事业迈上了新的台阶，发展环境更加优化；全区上下精神饱满、群情振奋，油地军团结一心，干事创业、加快发展的热情空前高涨。只要我们抓住机遇，发挥优势，真抓实干，一定能够克服各种困难，开创各项工作的新局面。

今年政府工作的总体要求是：坚持以科学发展观统领全局，紧紧抓住黄河三角洲高效生态经济区开发建设的战略机遇，围绕打造化学工业基地、新兴港口经济区和湿地生态家园的总体定位，着力调整优化经济结构、膨胀经济总量，着力推进改革创新、扩大对外开放，着力节能降耗、改善生态环境，努力促进经济社会又好又快发展，为加快建设经济繁荣、环境优美、社会和谐的新兴滨海工业城市奠定坚实基础。

今年经济社会发展的主要预期目标是：全区生产总值增长 23%；社会消费品零售总额增长 12.5%；外贸出口总额增长 15%；实际利用外资增长 10%；万元 GDP 综合能耗降低 5%；地方财政收入增长 15%；全社会固定资产投资增长 15%；城镇居民人均可支配收入增长 10%；农民人均纯收入增长 10%；城镇登记失业率控制在 2% 以内；人口自然增长率控制在 8‰以内。

为实现上述目标任务，工作中要突出重点，统筹兼顾，抓好以下五个方面的工作。

一、突出调整优化经济结构，努力壮大经济综合实力

以经济建设为中心，坚持在调整中推进发展，进一步调整存量、优化增量、膨胀总量，实现经济又好又快发展。

（一）坚定不移地实施工业立区、科技强区战略。

围绕建设化学工业基地的目标，坚持以项目建设为抓手，以科技创新为动力，加速产业升级，壮大工业实力。一是大力培育产业集群。集中做大做强主导产业。继续扩大原油加工规模，大力开发下游产品，努力提高石化产业效益，确保年内完成产值80亿元；扩大原盐产量，努力在盐化工上实现突破，年内原盐产量达到40万吨；围绕医药中间体、合成树脂、高分子材料等领域，加快引进一批高科技、高附加值项目。鼓励发展纺织服装、电子信息、机械制造、木器加工、生物制药、农产品加工等优势产业，搞好规划，聚集项目，培植新的支柱产业。二是实施大企业带动战略。支持企业搞好战略策划，加大技术改造和对外合作力度，努力膨胀规模，加快发展。重点实施好澳纳纺织"绿色纤维"纺纱生产线等10个投资过5000万元的项目，力争年内完成工业固定资产投资44亿元。坚持抓大放小，大力培植骨干企业，提高支撑带动能力；实施黄河口中小企业成长工程，扶持一批潜力大的成长型企业，为工业发展积蓄力量。力争到年底，全区规模以上工业企业达到63家，过亿元企业达到15家。实施名牌带动战略，鼓励企业争创国家和省级名牌。深化银企合作，加强企业家培训，不断优化企业发展环境。三是加快园区建设步伐。精心搞好园区规划、建设与管理，着力提升承载功能，加速产业集聚。重点搞好经济开发区部分区块及精细化工园基础配套，确保年内达到项目入驻条件；加快推进临港开发片、滨海开发片规划建设。四是大力推进科技创新。加快建立以企业为主体的科技创新体系，引导企业加大研发投入，开发一批具有自主知识产权的核心技术和高新技术产品。大力发展高新技术产业，积极运用新技术、新工艺改造提升传统产业，不断增强产业竞争力。依托黄河口高新技术企业创业园，深化产学研结合，建立清华大学河口教学科研基地，加速科技成果的引进、吸收和转化。加强人才队伍建设，努力培养引进一批高层次创新人才。

（二）努力建设富庶文明的新农村。认真落实以工哺农、以城带乡和"多予、少取、放活"的方针，突出生产发展、农民致富和村庄建设，加大对"三农"工作的扶持力度，加快新农村建设步伐。一是大力发展现代农业。以增加农民收入为根本，按照"抓市场、带龙头、建基地"的思路，推进农业产业化经营，努力提高农业综合效益。围绕冬枣、水产、棉花等主导产业，按照专业化、规模化、标准化的要求，重点发展良种棉、大棚冬枣、"上农下渔"淡水养殖、海珍品养殖等特色农产品基地，加速壮大产业规模。认真落实支持农业产业化经营的各项政策，积极扶持壮大加工和销售龙头企业，大力发展专业生产协会和农村合作经济组织，提高产业化水平。完善农业标准化、农产品质量监测和动植物疫病防治体系，加大科技支农力度，引导农民转变生产方式，提高标准化生产能力。加强冬枣、海参、黄河口大闸蟹等特色农产品宣传推介，打响品牌，扩大销量，促进农业高产高效。加快发展农村二、三产业，多渠道促进农民就业。二是加强农业和农村基础设施建设。重点实施马新河疏浚治理、滨海大道绿色生态河二期工程，搞好20万亩耕地测土配方施肥和5.7万亩中低产田开发治理项目，进一步改善农业生产条件。加强农村道路、供水、沼气池建设，新建改造农村公路118公里，新增沼气用户700户，农村自来水入户率达到60%以上。加强农村环境综合整治，搞好旧村、空心村和城中村改造，实施村庄绿化、美化、硬化工程，进一步改善农村居住环境。按照"抓两头、促中间"的思路，认真执行村庄建设规划，不断优化村庄布局。三是进一步加大对"三农"的支持力度。探索完善倾斜"三农"、支持新农村建设的各项工作机制，确保各项支农惠农政策落到实处。继续搞好"千村万户"农民科技培训工程，加快培养一批有文化、懂技术、会经营的新型农民。坚持因地制宜，分类指导，着力抓好示范点、示范片建设，以点带面，全面推进新农村建设。深入推进小康文明村和农村文明信用工程建设，广泛开展群众性精神文明创建活动，培育农村新风尚。

（三）大力发展现代服务业。加快制定服务业发展规划，立足交通、区位和生态环境优势，优化产业布局，培育特色鲜明的服务业体系。提升壮大商贸流通业，加快实施中心商业区二期开发、农村首集市场和专业市场改造，完善商业网络；实施"四进两网"工程，搞活农村市场，扩大农村消费。大力发展现代物流等生产性服务业，搞好临港和城区物流园区规划，建设现代物流基地。加快实施生态旅游资源开发。编制完善旅游业发展规划，优化景点布局，加强基础设施配套，重点搞好城郊农业、水系景观和湿地开发利用，打造精品线路，塑造特色品牌，尽快在旅游产业上实现突破。积极发展金融服务、连锁经营、电子商务等新型业态，支持发展房地产、休闲娱乐、社区服务和教育培训等需求潜力大的行业。制定落实促进服务业发展的意见，放宽市场准入，吸引信贷资金、民营资本和外资进入服务业领域。实施服务业企业培植计划，强化政策扶持，打造一批骨干企业和知名品牌。

（四）加快发展乡镇经济。进一步突出乡镇在区域经济发展中的地位和作用，推动区属经济与镇属经济两个“轮子”一起转，引导乡镇因地制宜，发挥优势，以工业化为龙头，加快培育一批特色主导产业，打造一批工业强乡强镇。完善乡镇经济综合考评体系，理顺区对乡镇财政体制，进一步下放管理权限，提高乡镇自主发展的能力。加快壮大乡镇工业。以现有乡镇工业园为载体，搞好配套建设，强化政策扶持，吸引人才、资金等要素向园区倾斜，鼓励村办企业和招商项目向园区集中，膨胀规模，提升档次，为乡镇工业发展构筑良好平台。

二、突出深化改革和对外开放，努力增强经济发展活力

进一步拓宽开放领域，深化体制机制改革，激发各类投资主体活力，形成开放开发的新热潮。

（一）深入开展招商引资。坚持招商引资战略不动摇，突出重点，创新方式，加大推进力度，努力实现新突破。重点抓好“三个创新”。一是创新招商方式。坚持以产业招商为主线，根据主导产业规划，精心策划、包装、储备一批优势项目，借助网络媒体和各类大型经贸会、展销会，加强宣传，广泛推介，积极捕捉投资信息；依靠专业招商、企业招商和以商招商，加大定向招商力度，努力提高招商成功率。二是创新招商考核机制。根据部门性质，划分经济主管部门、审批服务部门和其他部门三大类，分别进行考核，明确职责定位，搞好分工协作，发挥各个层面力量支持招商引资。三是创新发展环境。坚持把环境建设作为招商引资的生命线来抓，扎实开展“经济发展环境建设年”活动，强化部门服务意识，精简办事环节，提高服务效率；继续实行重大项目领导责任制和跟踪服务机制，加大治乱减负工作力度，严厉查处乱检查、乱收费、乱罚款等加重企业负担的行为，努力营造亲商、富商、安商的良好环境。

积极扩大对外经贸。进一步优化出口产品结构，巩固扩大家具、农产品、纺织品等传统产品出口份额，加快培育精细化工、高新技术等新的出口增长点。大力扶持发展出口骨干企业，促其扩大出口规模，培育出口品牌，增强竞争力。鼓励现有加工型企业加强与国内外大企业联合、协作、配套，借力发展，增强加工能力。支持有条件的企业“走出去”发展，不断扩大对外贸易。

（二）加快推进体制改革。着力推进以部门预算、国库集中支付、非税收入管理、国资管理为重点的财政管理体制改革，依法加强税收征管，调整优化支出结构，逐步建立公共财政框架。深化投融资体制改革，积极扩大信贷投资和民间投资，提高驾驭市场经济的能力。认真落实支持油田存续企业改制以及园区外工业发展的扶持政策，促进油田存续企业转换经营机制，增强发展活力。扎实推进以乡镇机构改革、区乡财政管理体制改革和农村义务教育改革为主要内容的农村综合改革。稳步推进事业单位改革。

（三）大力实施全民创业。坚持放活政策，放手发展，深入开展全民创业活动。完善落实支持民营经济发展的各项政策，充分调动油田职工、下岗失业人员和民营大户等各个层面的创业热情，形成全民创业的浓厚氛围。搞好产业政策和市场预测、信息发布，引导民间资本投向主导产业、基础设施和公益事业，引导本地能人带头创业，兴办各类企业。加大对民营企业的扶持力度，努力培育壮大一批本土企业。加快建设融资担保、信用评价、技术信息、人才培训、法律服务、行业协会等服务体系，为民营经济发展创造良好环境。

三、突出统筹城乡发展，努力提升城镇化水平

围绕建设湿地生态城市和最佳宜居城市的目标，创新思路，完善功能，突出特色，着力构筑大水面、建设大绿地、拓展大空间，创造和谐优美的城市环境。一是提高城市规划水平。坚持近期与远期相结合，加快修编城市总体规划，搞好城区排水、供热、燃气、电力等专项规划，提高城区详规覆盖率。大力推行“阳光规划”，建立领导、专家和群众代表共同参与的规划决策机制，改造建设城市规划展览馆，广泛接受社

会监督，提高规划透明度。二是加强城市环境建设。重点推进五大区块建设改造，带动城市扩张规模、加快发展。东部，重点搞好东湖及周边土地开发，推进油地企业住宅小区建设。南部，重点实施区直机关安康小区和小高层区建设，打造城市新亮点。西部，重点搞好西湖公园配套建设，扩大水体面积，提升景观效果，带动商业开发。北部，重点实施河滨小区周边配套建设，加快推进二吕、六吕、八吕等城中村改造。中部，重点抓好中心商业区改造，实施华欧国际商贸城二期开发与配套，加快建设区域性商业中心。突出抓好水环境建设，完善水系网络，重点搞好沿水景观和绿地建设，实施现有水体开发，形成河湖相连、水绿共生的城市碧水系统，打造水美河口。加强市政设施建设，搞好河兴路等城市道路建设改造，推进河口城区集中供暖工程，建设大型加压储气站，不断完善城市功能。探索建立城市管理长效机制，加大城市环境综合整治力度，强化社区和物业管理，提高城市管理水平。三是进一步搞活城市经营。创新城市建设融资机制，以市场为导向，通过招商引资、BOT 等形式，盘活城市资产，聚集建设资金。加大土地储备、开发和经营力度，提高土地综合利用效益，努力增加政府土地收益。深化市政公用事业管理改革，搞好城市无形资产经营，扩大城市经营领域。四是加快推进小城镇建设。高标准编制城镇发展规划，加强水电路讯等基础设施建设，不断完善功能，增强承载能力，促进城乡一体化发展。五是加强基础设施建设。积极推进北部海防大堤建设，构筑生态安全防护屏障。加快实施中心渔港续建工程，增强辐射带动能力。加强公路建设，重点实施荣乌高速连接线、城区北外环续建和新义路北延工程，完善城乡公路网络，切实增强对经济发展的支撑力。加强通讯和信息网络建设，整合区域网络资源，促进资源共享，加快建设“数字化河口”。

四、突出资源节约与环境保护，努力改善生态环境

生态环境关系到河口的生存和长远发展。必须充分认识节约资源、保护环境的极端重要性，正确处理发展与环保的关系，为子孙后代留下碧水蓝天。一是狠抓环境治理。严格执行环境影响评价 “三同时”制度，加大环保执法力度，强化对重点污染源的监控和整治，切实解决影响经济社会发展和人民健康的环境污染问题。严把项目环评审查关，严禁新上破坏生态和污染严重的项目。二是大力推进节能降耗。重点围绕石油化工、精细化工、电力、纺织、机械制造等行业，引导企业逐步改造、淘汰高耗能设备和工艺；进一步提高项目准入门槛，限制引入高耗能企业。推进机关事业单位节能，倡导健康、节约、环保的消费模式和良好社会风气。大力发展循环经济，鼓励企业循环式生产，实现资源循环利用，积极争创全省循环经济先进区。三是切实加强生态建设。重点搞好农田林网、路域、水系绿化和村庄绿化工程，提高绿化覆盖率；继续开展创建环境优美乡镇、生态文明村、绿色社区、绿色学校和环境友好型企业活动，大力推进生态区建设。

五、突出经济社会协调发展，努力构建和谐社会

（一）切实改善群众生活。坚持以人为本，高度关注民生，让群众更多地享受发展带来的成果。采取积极的就业政策，多渠道扩大就业，年内新增就业人员 2000 人以上。进一步完善社会保障体系，全面落实“两个确保”和农村养老保险、城乡医疗保险、五保老人集中供养、失业、工伤保险等制度，逐步提高保障标准，增强保障能力。努力拓展“阳光 190”社会救助领域，做好抗灾救灾工作，建立社会救助的长效机制。大力发展慈善事业。围绕改善群众生产生活条件，不断加大投入，积极为群众办实事、解难题。

（二）协调发展各项社会事业。坚持教育优先发展的方针，加大教育投入，抓好教育小区续建和义务教育阶段学校标准化建设工程，不断改善办学条件；大力发展职业教育，加快职业教育中心建设。深入开展“健康促进”工程，加强公共卫生安全体系、城乡医疗保障体系建设；实施乡镇卫生院省级达标建设和村级医疗机构规范化改造，积极创建全国城市社区卫生服务示范区。大力发展文化体育事业，不断增强社会发展活力。加快推进有线电视“户户通”工程，入户率达到 75% 以上。严格落实人口与计划生育目标管理责任制，继续稳定低生育水平。进一步做好食品药品、残疾人、妇女儿童、档案、史志、气象、防灾减灾、民族宗教、侨务等工作。搞好国防教育、人民防空工作和民兵预备役建设，推动双拥共建活动深入开展。

（三）不断深化油地军共建。高举油地军团结发展的大旗，按照“资源整合、项目联建、互惠共赢”

的思路，加快推进思想结合和经济社会融合，形成推动区域发展的强大合力。进一步完善油地军协调工作机制，对事关长远发展的重大基础设施项目，联合论证研究，共同推进实施。深入挖掘区域产业发展和技术、人才、资金的潜力，采取多种方式合资合作，培植新的经济增长点。不断拓宽思路，完善措施，推动油田帮扶乡镇工作向纵深发展。加快整合区域科技、教育、文体、卫生等社会资源，强化油区治安综合治理，促进区域经济社会协调发展。

（四）全力维护社会稳定。不断推进工作重心下移，夯实基层基础，完善矛盾纠纷排查调处机制，认真做好人民群众来信来访工作，及时化解人民内部矛盾。加强社会治安综合治理，深入开展“严打”整治斗争，严厉打击各种刑事犯罪和社会黑恶势力，保持社会和谐稳定。严格落实安全生产责任制，认真排查、消除事故隐患，避免重特大事故的发生。健全完善重大自然灾害、公共卫生、社会安全等突发事件的预警和应急处置工作体系，提高政府应对公共危机的能力。

三、加强政府自身建设

各位代表！新的形势，新的任务，对政府工作提出了新的更高要求。我们必须牢固树立和落实科学发展观，按照务实、创新、廉洁、高效的要求，大力加强政风建设，全面提高服务水平，努力建设党和人民满意的政府。

（一）加强学习，提高创新发展的能力。牢固树立终身学习的思想，不断学习新知识，积累新经验，掌握新本领，努力增强思路的前瞻性、工作的创造性和决策的科学性。注重理论与实践相结合，加强政策研究，总结发展规律，提高解决实际问题的能力。始终保持开拓进取、奋发有为的精神状态，大胆探索，勇于创新，敢闯敢试，不断开创政府工作的新局面。

（二）转变职能，提高依法行政的能力。不断深化政府管理体制改革，创新管理模式，自觉运用市场方式、法律手段来调节经济活动。大力推进政府工作提速，完善行政审批制度，建设电子政务平台，强化效能监督，切实提高工作效率和水平。加强和改善行政执法工作，转变执法方式，强化执法监督，规范执法行为，提高执法水平。进一步健全重大事项集体决策、专家咨询、社会公示与听证、决策评估等制度，自觉接受区人大及其常委会的法律监督和区政协的民主监督，认真做好人大代表建议和政协委员提案办理工作。加强政府诚信建设，增强政府的执行力和公信力。

（三）求真务实，提高执政为民的能力。坚持实事求是，倡树求真务实之风，坚决反对形式主义。努力精简会议，压缩文件，集中精力，深入实际、深入基层、深入群众，调查研究，解决实际问题。完善目标责任制，强化政务督查，严格考核奖惩，全力推进各项工作落实。对今年确定为民办的实事和重点工程，明确责任，一抓到底，确保按期完成。

（四）廉洁自律，提高拒腐防变的能力。坚持警钟长鸣，建立健全教育、制度、监督并重的惩治和预防腐败体系，把反腐倡廉的各项工作落到实处。完善规章制度，加强行政监察，重点抓好土地批租、工程招标、产权交易、政府采购等关键环节的监督。认真落实廉政建设责任制，加强审计监督和干部经济责任审计，坚决纠正各种不正之风，严肃查处各类违法违纪案件，树立起清正廉明的良好形象。大力弘扬艰苦奋斗的优良传统，坚持勤俭办事业，珍惜民资民力，反对铺张浪费。

各位代表！新的形势鼓舞人心，新的目标催人奋进。让我们以邓小平理论、“三个代表”重要思想为指导，以科学发展观统领经济社会发展全局，在中共河口区委的坚强领导下，紧紧依靠全区人民，齐心协力攻难关，一心一意促发展，为建设富裕、文明、和谐的新河口而努力奋斗！

开拓进取　奋发图强　为建设富裕文明和谐的新河口而努力奋斗

——2007年12月8日在东营市河口区第十六届人民代表大会第一次会议上

东营市河口区人民政府区长 聂建军

各位代表：

现在，我代表区人民政府向大会作政府工作报告，请予审议，并请各位政协委员和其他列席人员提出意见。

一、过去五年的工作回顾

本届政府任期的五年，是我区发展历程中不平凡的五年。五年来，在市委、市政府和区委的正确领导下，在区人大、区政协的监督支持下，区政府团结带领全区人民，以邓小平理论和“三个代表”重要思想为指导，深入贯彻落实科学发展观，解放思想，开拓创新，抢抓机遇，奋力拼搏，圆满完成了区十五届人大一次会议确定的目标任务，开创了经济社会发展的新局面。

综合经济实力大幅提升。五年来，国民经济保持了较快增长。预计2007年，全区实现生产总值62.5亿元，是2002年的3.8倍，年均增长30.5%。经济结构不断优化，三次产业比例由2002年的12.6∶56.3∶31.1调整为9.6∶63.2∶27.2。地方财政收入达到4.8亿元，其中一般预算收入4.5亿元，是2002年的3.5倍，年均增长28.8%。完成全社会固定资产投资78亿元，是2002年的9.2倍。实现社会消费品零售总额13.9亿元，年均增长14.9%。金融机构各项存款余额86亿元、贷款余额27亿元，分别比2002年增加40.8亿元和17.7亿元。

工业立区战略迈出坚实步伐。突出工业主导地位，深入实施“工业发展年”活动，工业经济质量和效益同步提升。预计2007年，全区规模以上工业增加值达到36亿元，是2002年的12.8倍，年均增长66.5%。产业层次不断提升，石油化工、盐及盐化工、精细化工三大主导产业加快膨胀，纺织服装、机械电子、农产品加工等优势产业初步形成。企业队伍日益壮大，规模以上工业企业由16家增加到84家，主营业务收入过亿元企业由2家增加到18家。项目建设势头强劲，五年累计完成工业固定资产投资68亿元，实施投资过千万元的工业项目99个，过亿元的15个，有力地增强了工业发展后劲。园区建设步伐加快，经济开发区建成区面积达到9平方公里，入驻企业81家，被省政府批准为省级经济开发区。科技创新能力不断增强，高新技术产业产值占规模以上工业总产值比重达到30%，黄河口高新技术企业创业园被认定为“国家高新技术创业服务中心”和“省级专利园区”。

新农村建设取得新进展。加大对“三农”的扶持力度，组织实施了以培育新型农民、发展新型产业、打造新型环境、建设新型班子为主要内容的“四新”工程，农业和农村经济稳步发展。水产、冬枣、棉花等传统产业持续壮大，海参、野鸭等特色产业加快发展，建成优质冬枣基地10万亩、良种棉基地20万亩、生态高效渔业基地40万亩，被省政府授予“全省海洋经济先进区”。规模以上农业龙头企业达到52家，农民专业合作组织发展到27家，产业化水平进一步提高。大力实施农业综合开发，累计开发、整理土地27.8万亩，新增耕地7.5万亩；先后实施了王庄二干节水改造、东水源建设、滨海大道绿色生态河建设等大型水利工程，疏浚治理骨干河道4条95公里，形成了灌排蓄节一体化水系；在全市率先实施“三网”绿化工程，2007年完成路域绿化175公里、水系绿化34公里，植树40万株，林地总面积达到45万亩，较大地改善了生态环境。加强农村公共设施建设，实现了村村通自来水、通有线电视、通柏油路，95%的农户喝上了干净的自来水，2800户农民用上了洁净、环保的沼气。强化农村环境综合整治，创建市级小康文明村44个，村容、村貌、村风发生了显著变化。全面落实各项惠农支农政策，五年来，面向“三农”的投入累计达到6.7亿元，其中区级投入3.4亿元。

改革开放实现新突破。以产业招商为主线，大力推进专业招商、企业招商和挂职招商，五年累计到位外来固定资产投资40.6亿元，引进投资过千万元项目52个、过亿元项目11个，为经济发展注入了强大活力。对外贸易快速增长。2007年完成进出口总值4130万美元，其中出口3570万美元，分别是2002年的4.5倍和6倍；五年累计利用外资6967万美元。各项改革深入推进。民营经济蓬勃发展。全区个体工商业户达到6545户，私营企业达到1008家，上缴税金1.3亿元，是2002年的5.6倍。

基础设施建设得到加强。城市规划建设管理水平不断提高。新一轮城市总体规划修编顺利完成，城区详规覆盖率达到84%。五年累计投入42亿元，实施城建重点项目40个。中心城形成了“四纵七横”的道路框架，建成区面积达到19.8平方公里；黄河广场、城南生态园、河颐广场建成投用，西湖公园建设、银河公园改造等工程顺利实施，新增绿地面积65万平方米、水体面积48万平方米，城市形象大幅提升；供暖、供气、给排水等市政设施不断完善，城市功能明显增强；通过市场化运作，实施了富海花园、河安小区、东湖小区、河阳新区等房产开发项目，油地居民住房条件大为改善。实施城市精细化管理，加大环境综合整治力度，市容市貌明显改观。小城镇快速发展，城镇化率达到72%；孤岛镇、仙河镇被评为全国卫生镇和环境优美乡镇。基础设施更加完备。华欧国际商贸城、东门凤凰城等一批综合商贸设施建成投用；滨海路、新义路、荣乌高速连接线、城区北外环等干线公路建设顺利实施，改造乡村公路810公里，全区公路通车里程达到1882公里；国家级中心渔港一期工程顺利完成；水利、电力、通讯等基础设施进一步完善。

人民生活显著改善。居民收入持续增长，城镇居民人均可支配收入达到18100元，农民人均纯收入达到5600元，居民人均储蓄达到30950元，分别比2002年增长7670元、2680元和13200元，被省政府授予“全省农民增收先进区”。就业再就业不断扩大，五年累计安置城镇就业8900人。社会保障和救助体系不断完善。在全省率先建立了“阳光190”社会救助体系，累计发放各类救助金5456万元；全面落实职工医疗、新型农村合作医疗和城镇居民医疗保险制度，建立起了覆盖城乡的医疗保障体系；城镇、农村养老保险覆盖面分别达到98%、85%，“两个确保”继续保持100%。大力实施特困群众安居工程，建设农村特困群众安居住房664套、城镇下岗职工安居楼房280套，有效缓解了困难群众的住房困难。

社会建设富有成效。各级各类教育快速发展，城乡义务教育“三免一补”政策全面落实，办学条件明显改善，被省政府授予“全省教育工作示范区”。卫生事业健康发展，医疗服务体系基本建立，公共卫生安全得到保障。人口、资源、环境协调发展，人口自然增长率控制在7.1‰以内，依法取缔土（小）污染企业18家，建设污水处理厂3处，区域环境质量得到有效改善。文化体育、广播电视、民族宗教、气象、档案、史志、民兵预备役等事业取得新的成绩。妇女儿童、老年人、残疾人权益得到有效保障。基层民主不断扩大，普法教育和依法治区深入推进。“平安河口”建设取得明显成效。严格落实信访工作责任制和“一岗双责”制度，强化社会治安和油区治安综合治理，加大安全生产监管和整治力度，促进了社会秩序持续稳定。群众性精神文明创建活动广泛开展，顺利通过国家卫生城市、国家环境保护模范城市和省级文明城市验收，获得全省双拥模范区、全省城市环境综合整治先进区等称号。

政府施政能力明显提高。大力推进政府提速，深化行政审批制度改革，行政效能和依法行政水平有了新的提高。完善科学决策机制，自觉接受人大和政协监督，累计办理人大代表建议306件、政协委员提案239件，办结率、面复率均保持100%。坚持执政为民、取信于民，承诺实施的便民实事和重点工程全部按期完成。强化目标责任管理，加强政务督查，促进了各项工作落实。加强廉政建设，强化审计监督和效能监察，机关作风明显转变，树立了良好的政府形象。

即将过去的2007年，是五年中全区经济发展质量最好的一年。一年来，全区上下深入贯彻区第六次党代会精神，坚持整合区域发展资源，以和谐凝聚合力；注重优化经济结构，以产业协调推进经济社会良性互动；着力加强环境建设，努力改善群众生产生活条件；正确处理眼前与长远、局部与整体、开发与保护、发展与民生等方面的关系，实现了经济社会又好又快发展。预计全区生产总值增长24%；规模以上工业增加值增长50%；全社会固定资产投资增长42%；地方财政收入增长15.9%，其中一般预算收入增长25%；社会消费品零售总额增长17%；城镇居民人均可支配收入和农民人均纯收入分别增长 19.8% 和 12%；13 项重点工程和 11 件便民实事顺利实施。

各位代表，过去的五年，是全区综合实力显著提升、城乡面貌深刻变化、各项事业蓬勃发展、人民生活明显改善的五年。五年来取得的成就，为河口今后的发展奠定了坚实的基础。成绩来之不易，这是市委、市政府和区委正确领导的结果，是区人大依法监督和区政协参政议政的结果，是油地军港和全区人民同心同德、团结奋斗的结果。在此，我代表区人民政府向全区人民和社会各界，向所有为河口的建设和发展做出贡献的同志们、朋友们，表示衷心的感谢并致以崇高的敬意！

回顾五年的历程，我们深切体会到，做好新形势下的政府工作，必须牢固树立“五种观念”，始终做到“五个坚持”。一是牢固树立发展是第一要务的观念，坚持科学发展不动摇。始终把推动发展作为解决一切问题的关键，任何情况下，都必须立足又好又快，不能有丝毫动摇。面对不断发展的新形势，及时转变工作指导，调整工作布局，探索出了切合河口实际的发展路子，统一了全区上下的思想认识，激发了工作积极性，为加快发展赢得了主动。二是牢固树立与时俱进的观念，坚持开拓创新求发展。始终以思想大解放推进经济大发展，不断深化对经济社会发展规律的认识，做好上级政策、外地经验与河口实际相结合的文章，创造性地开展工作。注重发挥规划的导向作用，强化政策激励，科学实施决策，促进了又好又快发展。善于运用市场手段推进经济发展，用创新的办法解决资金、土地等制约发展的困难和问题，为经济社会发展提供了保障。三是牢固树立以人为本的观念，坚持维护群众切身利益。始终把执政为民作为政府工作的出发点和落脚点，认真倾听基层呼声，真心关注群众疾苦，切实解决群众困难，实现发展成果与人民群众共享。围绕改善群众生产生活条件，五年累计投资 49.6 亿元，实施便民实事和重点工程 89 项，让群众得到了更多实惠。四是牢固树立和谐发展的观念，坚持油地军港团结共建。始终高举油地军港团结发展的旗帜，本着“讲感情求和谐、讲责任谋发展”的原则，建立实施了油地军港联席会议制度，推进项目共建、资源共享、互惠共赢，形成了团结协作、和谐发展的生动局面。五年累计实施共建项目 103 个，总投资 31.3 亿元，促进了区域经济社会全面融合、一体发展。五是牢固树立重抓落实的观念，坚持求真务实、真抓实干。始终把狠抓落实作为政府的第一责任，不断完善责任目标决策、执行、监督体系，强化督查考核，加大工作推动力度，圆满完成了各项目标任务。

在肯定成绩的同时，也要清醒地看到，经济社会发展中仍然存在一些突出矛盾和问题。主要是：经济实力比较薄弱，产业结构较为单一，对石油资源的依存度过高；经济发展方式较为粗放，科技创新能力不强，生态比较脆弱，节能减排、环境保护的任务十分艰巨；农业产业化水平不高，促进农民增收的长效机制不够完善，城乡差距仍然较大；税源结构不尽合理，增收压力不断加大，收支矛盾逐年突出；发展环境不够宽松，政府工作职能和干部思想、作风还需进一步转变，等等。对于这些问题，我们一定高度重视，采取有效措施，认真加以解决。

二、今后五年的目标任务

各位代表，今后五年是我区全面建设小康社会，努力实现跨越发展的关键时期。综观国内外发展环境，机遇与挑战并存，机遇大于挑战。经济全球化和区域一体化更加深入，科技进步、资本流动和产业转移进一步加快；区域竞争日趋激烈，天津滨海新区、河北曹妃甸已经抢占先机，率先崛起，周边地区凭借各自优势，奋力争先，竞相发展。如何加快经济转型，培育发展优势，在竞争中赢得主动，是我们面临的重大挑战。同时，也要看到，国家把发展黄河三角洲生态高效经济列入“十一五”规划，省委、省政府确定以东营为主战场实施黄河三角洲开发，市委、市政府把黄河三角洲开发作为全市科学发展的总战略，提出“东进西扩、南融北接”的规划部署，大力推进“三路两港一场”等重大基础设施建设，黄河三角洲大开放、大开发的序幕已经拉开。我区地处黄河三角洲开发建设的最前沿，必将承接更多的发展要素，迎来更大的发展空间。经过多年的艰苦努力，我区的经济实力明显增强，发展环境不断改善，为今后加快发展奠定了坚实基础；我区丰富的资源优势和临港、滨海的独特区位优势，为加快发展提供了有利条件；全区上下政通人和，油地军港团结一心，广大干部群众精神振奋，创业热情高涨，为加快发展凝聚了强大力量。机遇稍纵即逝，发展时不我待。我们必须树立忧患意识和危机意识，增强加快发展的责任感和紧迫感，解放思想，抢抓机遇，坚定信心，乘势而上，努力推动全区经济社会在新起点上实现新的跨越。

今后五年，全区经济社会发展的总体要求是：高举中国特色社会主义伟大旗帜，深入贯彻党的十七大精神，全面落实科学发展观，突出和谐发展主题，发挥港口、海洋、生态优势，大力推进经济文明、社会文明、生态文明建设，着力优化经济结构，深化改革开放，强化自主创新，全方位融入黄河三角洲开发总体战略，努力打造海洋经济强区、新兴港口经济区和生态宜居城市，为建设富裕、文明、和谐的新河口而努力奋斗。

今后五年的奋斗目标是：

——综合实力明显增强。生产总值年均增长20%以上，一般预算财政收入年均增长15%以上，规模以上工业增加值年均增长24%以上，全社会固定资产投资年均增长20%以上。全区经济总量不断壮大，发展质量明显提高，现代产业体系初步形成，基础设施更加完善，对外开放取得新的突破。

——社会事业明显进步。社会消费品零售总额年均增长13.3%以上；城镇居民人均可支配收入年均增长9%以上，农民人均纯收入年均增长10.6%以上；城镇登记失业率控制在2%以内。城乡发展更加协调，人民生活显著改善，文化产业取得新的发展，社会政治和谐稳定，文明程度全面提高。

——生态环境明显改善。万元生产总值能耗降低20%以上，二氧化硫排放总量削减4%以上，化学需氧量排放总量削减15%以上，林木覆盖率达到25%以上。循环经济加快发展，资源利用效率有效提高，主要污染物排放得到有效控制，生态文明观念在全社会牢固树立，可持续发展能力进一步增强。

各位代表，全方位融入黄河三角洲开发建设，实现经济社会和谐发展，是当前和今后一段时期必须牢牢把握的工作主题。全区上下务必强化机遇意识和责任意识，依据黄河三角洲开发建设总体规划，进一步明确定位，科学布局，突出特色，重点突破，努力推动经济社会在新起点上实现更好更快发展。重点做好以下六个方面的工作。

一、优化提升产业结构，加快构筑现代产业体系

以提高产业竞争力为核心，进一步优化结构，膨胀总量，增强活力，努力形成以生态高效为特色的现代产业体系。

加快膨胀现代工业。深入实施工业立区战略，着力提升产业层次，发展高端产品，延伸产业链条，培育产业集群。加快壮大石油化工、盐及盐化工、精细化工等支柱产业，扶持发展纺织服装、机械电子、石油装备、农产品加工等优势产业，积极发展高新技术产业。着力培植骨干企业，支持企业加强对外合作，实施品牌战略，不断膨胀规模；力争到2012年，全区规模以上工业企业发展到150家以上，其中主营业务收入过亿元的达到36家，过10亿元的达到8家。放手发展民营经济，鼓励更多的人搞民营、办实业，壮大民营群体；支持油田企业加快改革步伐，转换经营机制，加强对外合作，努力做大做强。着力推进大项目建设，优化投资结构，以增量优化带动存量调整。着力加强园区建设，按照“布局集中、用地集约、产业集聚”的思路，进一步明确功能定位，完善配套设施，创新服务机制，提高项目承载能力；加快推进石油装备工业园、富海工业园等“区中园”建设，集中引进一批大项目，不断壮大园区规模。着力推进科技创新，加快建立以企业为主体的技术创新体系，引进、吸收先进技术，改造提升传统工艺，提高产品附加值；加强黄河口高新技术企业创业园建设，不断增强孵化能力，构建科技创新创业公共服务平台；实施创新人才培养计划，深化科技管理体制改革，营造鼓励创新的良好环境。

大力发展现代农业。培育壮大水产、冬枣、畜牧、棉花等优势产业，建设一批规模化、标准化种植养殖基地；积极发展特色农业、设施农业和休闲观光农业，形成多元化产业体系，拓宽农民增收空间。加大对农业产业化经营扶持力度，五年内，全区规模以上农业龙头企业发展到80家，农民专业合作组织发展到120家，带动90%的农户进入产业链经营。大力推进标准化生产，培育一批黄河口优势农产品品牌，提高农产品竞争力。完善质量标准体系、农产品质量检验检疫体系和动植物疫病防控体系，确保农产品质量安全。进一步改善农业装备条件，提高机械化和信息化水平。用现代科学技术改造农业，推广测土配方施肥等一批重大农业技术，推进农业科技进村入户，努力提高农业综合效益。

繁荣发展现代服务业。坚持把服务业摆到突出位置，进一步优化结构，膨胀规模，不断提高在国民经济中的比重。重点发展生态旅游业和现代物流业。突出黄河口、大油田、原生态特色，整合旅游资源，完善基础设施，开发精品线路，努力在生态旅游上实现突破。依托东营港、国家级中心渔港和荣乌高速连接线等干线公路，加快培育物流市场，建设物流园区，培植龙头企业，构建综合性物流配送体系。改造提升商贸流通等传统服务业，重点实施中心商业区和各类专业市场改造，优化商业网点布局；加快农副产品配送中心和农产品批发市场建设，继续实施“两进”工程，进一步搞活农村市场。加快发展服务外包业，积极发展金融保险、电子商务、社区服务等新兴服务业。

二、突出发展海洋经济，加快建设海洋经济强区

海洋经济是我区在黄河三角洲开发建设中实现率先发展的优势和潜力所在，必须集中优势资源，实施重点突破。一是科学规划发展布局。依托产业发展基础，本着科学布局、协调发展、生态高效的原则，重点开发一条优质高效浅海贝类产业带和北部海洋循环经济、临港产业、东部高效渔业海水综合利用、中部渔业畜牧及农产品加工贸易等四大经济板块，形成海陆资源互补、产业互动、布局互联的海洋经济发展格局。二是培育壮大主导产业。率先突破高效渔业。大力发展设施渔业，以沿海重点养殖区为基础，重点建设40万亩浅海贝类养护基地、3万亩海参养殖基地、10万亩黄河口大闸蟹养殖基地和10万亩对虾养殖基地；培植壮大水产品加工龙头企业，实施品牌带动战略，培育提升文蛤、虾皮和海参等特优水产品品牌。加快发展临港产业。依托临港优势和滩涂资源，大力发展石油化工、盐及盐化工、石油装备、港口物流和先进加工制造业，联动发展海洋运输、船舶维修等配套服务业，壮大临港产业集群，打造生态化工基地和百万吨盐及盐化工基地。三是加强海洋基础设施建设。实施国家级中心渔港二期建设，提高辐射带动能力，建设集商港、旅游港和渔港于一体的综合性港口。推进滨海大道绿色生态河建设，积极争取上级支持，建设连接东营港、东风港和黄骅港的环海高等级公路，带动我区沿海区域的开发建设。推进北部沿海防潮堤建设，尽快形成高标准的闭合防潮体系，构筑安全防护屏障。

三、坚持统筹城乡发展，加快建设生态宜居城市

以建设“生态型、园林式、现代化”宜居城市为目标，进一步完善基础设施，强化服务功能，提升城市品位，改善人居环境，努力增强城市竞争力和辐射带动能力。

加强中心城区建设。坚持规划先行，加快编制各类专业规划和详细规划，不断扩大详规覆盖率；创新规划管理机制，加大规划执行力度，切实维护规划的权威性。着力加强重点区块建设，加快推进河安小区、东湖小区和城区南北轴线建设，改造提升西湖公园、中心商业区、河滨小区及周边区块，积极推进城中村改造，加快城市“退二进三”步伐，不断扩张城市规模、提高城市档次。着力加强城市生态建设，整合城区水资源，实施水系贯通工程，搞好沿岸景观建设，构建河湖相连、水绿共生的碧水系统；高标准实施城区绿化，建设精品绿地，力争绿化覆盖率达到33%以上。着力加强市政建设，实施主干道路改造和供热供气、供水排水等管网改造工程，规划建设广电中心、图书馆、体育馆等标志性建筑，推进油地职工住宅小区建设，全面改善群众生活环境。加快汽车站升级改造，完善城市交通体系。加强电力、通讯等基础设施建设，扩大覆盖网络，提高保障能力。加大城市经营力度，盘活存量资产，搞好土地储备和开发，提高土地使用效益。建立完善城市管理长效机制，严格执行精细化管理制度，强化综合执法，狠抓环境整治，实现高效能管理。

加快小城镇建设。科学编制城镇和村庄建设规划，完善规划体系，优化发展布局。突出加强仙河、孤岛、义和等卫星镇和中心村建设，搞好基础配套，加快城乡一体化步伐。到2012年，全区城镇化率达到75%以上。发挥东部城镇优势，进一步完善功能，优化环境，重点发展临港服务业和配套产业，构筑临港生活服务基地和物流商贸平台；加快实施东部城镇路网改造，提升公路等级，打造半小时通勤圈。大力发展镇域经济。加强分类指导，支持各乡镇因地制宜，发挥优势，以工业为龙头，以乡镇工业园为载体，培育特色主导产业，壮大乡镇财源，加快建设一批强乡强镇。

扎实推进新农村建设。按照中央“二十字方针”

要求，深入实施“四新”工程，建立以工促农、以城带乡长效机制，不断提高新农村建设水平。深化农业结构调整，完善现代农业体系，加快发展农村二、三产业，努力扩大农民增收渠道；鼓励发展村办企业，壮大农村集体经济。健全农村科技创新和服务体系，抓好科技示范乡镇和示范村建设。实施新型农民培训工程，提高农民的生产技能和劳动就业能力。加强农业基础设施建设，实施骨干河道综合治理和田间沟渠节水改造，改善微循环系统，确保水系畅通；继续加强乡村公路、农村自来水、沼气池、数据通信等设施建设和管护，搞好特困户安居住房建设，改善群众生产生活条件。深入开展农村环境综合整治，实施村庄绿化、美化、亮化工程，完善垃圾和污水处理设施，努力改善村容村貌。积极开展小康文明村创建活动，全区小康文明村达到80%以上。加大支农惠农力度，进一步扩大公共财政和公共服务覆盖农村的范围。

四、深入推进各项改革，加快扩大对外开放

围绕区域创新，大力推进重点领域和关键环节的改革，着力构建充满活力、富有效率、更加开放的体制机制。

推进综合配套改革。深化投融资体制改革，充分发挥政府投资的引导作用，扩大市场化运作领域，提高市场化运作水平；完善社会信用体系，创新信用担保机制，拓宽企业融资渠道。深化企业内部改革，完善法人治理结构，推进企业制度创新和管理创新。深化财税体制改革，调整优化支出结构，加快建立公共财政体系；完善收支两条线制度，推进部门预算和国库集中支付改革，加强政府采购和国有资产运营监管，提高资金使用效益。深化人事制度改革，完善事业单位聘用制度，扎实做好工资制度改革。深化农村综合改革，健全土地承包经营权流转机制，切实抓好粮食流通和水利工程管理体制改革。

深入实施招商引资。改进招商方式。突出产业招商和专业招商，加强项目策划、包装与推介，提高招商针对性；大力开展领导招商、企业招商和挂职招商，探索网上招商、中介招商、委托招商等新途径。突出招商重点。围绕重点区域和重点产业，着力引进一批“大、高、外”项目，不断增强经济发展后劲。境内，在巩固东南沿海省市的同时，重点面向胜利油田、石油大学和周边地区，加大招商力度，加快引进一批带动能力强的产业关联项目；境外，在巩固韩国、日本及中国台湾等国家和地区的同时，重点面向外资企业在国内的投资聚集区域，加强政策宣传，实施外资内引，力争实现新的突破。强化项目运作。进一步完善项目推进服务机制，全面提高项目推进效率和服务水平，促进项目及早落户，尽快投产达产。

扩大对外贸易。进一步优化出口结构，扩大传统出口规模，培植新的出口增长点。鼓励企业加强国际产品质量、环境和安全标准体系认证，积极培育出口自主品牌。扶持发展创汇型龙头企业，形成一批外贸出口优势产业和拳头产品。实施“走出去”战略，支持企业大力发展加工贸易和服务贸易，加快国际化步伐。按照优势互补、错位发展、互利共赢的原则，进一步加强区域交流与合作，主动承接天津滨海新区等地的辐射。

五、大力推进生态建设，加快提升区域竞争力

坚持经济建设与生态建设共同推进的理念，加快建设资源节约型、环境友好型社会，努力实现经济持续发展、污染持续下降、生态持续改善。

加强污染治理和环境保护。坚持保护优先、开发有序的原则，强化对水源、湿地、林地、草地、海洋等自然资源的生态保护，保持生态平衡。严格执行环境影响评价制度和“三同时”制度，减少主要污染物排放量，坚决控制新生污染。加大环境监察执法和监测力度，严肃查处环境违法行为。加强工业污染防治，控制农业面源污染，抓好河流污染治理，提高城市污水、垃圾无害化处理水平，保障环境安全。

大力推进节能减排。以节地、节水、节能、节材为重点，积极推广节能技术，最大限度地降低能耗、物耗。依法严格保护耕地，加大国有未利用土地管理力度，清理整治违规行为，提高土地集约利用水平。认真落实固定资产投资项目节能评估和审查制度，严格执行差别电价和超耗能加价政策，杜绝新上高耗能项目。支持企业引进高新技术和先进适用技术，淘汰落后的设备和工艺，努力节能降耗，减少污染，提高经济效益。积极开发利用风能、地热、生物能等新型能源和可再生资源。大力发展循环经济，鼓励支持资源循环利用项目，构筑企业、行业、区域循环

经济体系。积极倡导健康、节约、文明的消费模式，加快建设节约型社会。

全面改善生态环境。坚持“科学规划、规范管理，尊重规律、科学发展，政府主导、市场运作，改革林权、创新机制”的原则，大力推进林网、路网、水网“三网”合一的绿化工程建设，力争通过五年或更长时间的努力，基本实现农田林网化、路域林荫化、水系风景化，努力建设生态家园。按照“上林下渔”“上农下渔”的模式，大力实施农业综合开发，搞好中低产田改造，努力提高土地产出效益。认真实施生态建设规划，积极推进环境优美乡镇、生态文明村建设。

六、全面发展各项事业，加快构建和谐社会

以改善民生为根本目的，创新和谐发展机制，着力解决人民最关心、最直接、最现实的利益问题，努力提高人民安全感、满意度和幸福指数。

加强油地军港团结共建。进一步完善油地军港联席会议制度，创新协作机制，拓宽共建领域，加大决策执行力度，促进四方共建向制度化、规范化发展。充分发挥油地军港优势，整合各方资源，推动基础设施共建共管、社会事业共享共用、招商项目联招联引、油区治安联防联治，携手共创美好家园。扎实做好油田帮扶乡镇工作。进一步强化服务意识，全力支持胜利油田、济军生产基地和东营港开发区加快发展；牢固树立油地军港团结共建的大局观念，积极创造条件，努力提高干部群众生活质量。

着力改善民生。完善就业培训服务体系，实行积极的就业政策，鼓励自主创业和自谋职业，促进多种形式就业。建立统一规范的人力资源市场，促进城乡劳动者平等就业。积极做好高校毕业生就业工作。以人人享有基本生活保障为目标，进一步完善城镇居民基本医疗保险、农民养老保险、农民医疗保险和城乡居民最低生活保障制度，逐步提高保障标准，扩大社会覆盖面。继续做好优抚安置工作，大力发展社会福利和慈善事业，完善“阳光190”社会救助体系，全面提高救助水平。

大力发展社会事业。坚持教育优先发展方针，巩固提高义务教育，加快普及高中教育，大力发展职业教育，高度重视学前教育，促进各类教育协调发展。优化教育资源配置，搞好农村幼儿园和中小学布局调整，进一步改善办学条件。加大教育投入力度，规范教育收费，继续落实“三免一补”政策，健全贫困学生资助制度，确保不让任何一名学生因贫困而失学。深化医疗卫生体制改革，加强农村三级卫生服务网络和城市社区卫生服务体系建设，建设覆盖城乡居民的公共卫生服务体系、医疗服务体系、药品供应保障体系；完善重大疾病防控体系，提高突发公共卫生事件应急处理能力。积极发展体育事业，广泛开展全民健身活动。继续稳定人口低生育水平，人口自然增长率控制在8‰以内，出生婴儿性别比控制在107以下。搞好国防教育、人民防空和民兵预备役建设，巩固扩大双拥共建成果。关心支持妇女儿童、残疾人、老年人工作。全面发展广播电视、统计、档案、史志、气象、防震减灾、民族宗教、外事侨务等社会事业。

扎实推进“平安河口”建设。加强社会管理，深入实施“五五”普法规划，进一步增强全社会法制意识。依法加强信访工作，完善社会利益协调和纠纷调处机制，妥善处理人民内部矛盾。建立维护区域稳定长效机制，整合油地警力资源，加大社会治安和油区治安综合治理力度，依法严打各类犯罪，确保社会长治久安。健全安全生产监管体制，严防重特大安全事故的发生，确保社会安全。

加快建设和谐文化。深入挖掘和整合区域文化资源，努力塑造具有鲜明特色的黄河口文化品牌。积极培育发展文化产业，鼓励文化创新，加强文化宣传交流，营造浓厚的文化氛围。深入开展群众性精神文明创建活动，不断提高全社会文明程度。加强社会公德、职业道德、家庭美德、个人品德建设，引导广大群众自觉履行法定义务、社会责任、家庭责任，培育良好的文明风尚。

各位代表，2008年是新一届政府开局之年。做好明年的工作，对于开好头、起好步，顺利完成今后五年的工作任务，具有十分重要的意义。建议主要预期目标是：全区生产总值增长20%，其中一、二、三产业分别增长6.6%、23%、18%；一般预算财政收入增长15%；全社会固定资产投资增长20.5%；社会消费品零售总额增长15%；外贸出口增长7.8%；万元生产总值能耗降低4.5%，二氧化硫排放量削减2.5%，化学需氧量排放量削减11.4%；城镇居民人均可支配收入和农民人均纯收入分别增长10.5%和10.6%；城镇登记失业率控制在2%以内；人口自然增长率控制在7.8‰以内。围绕实现上述目标，突出抓好以下六项重点工作。一是突出抓好工业经济运行。坚持以项目建设为抓手，加大投入力度，重点实施国华和鲁能两个4.8万千瓦风力发电、富海和中海两个100万吨重油催化裂化、天元化工30万吨烧碱、石大卓越10万吨炼油催化剂等一批投资过亿元的大项目；强化企业扶持，确保新增规模以上工业企业15家、过亿元企业5家，规模以上工业增加值、主营业务收入分别增长25%、30%以上；加强园区建设，搞好经济开发区配套，推进富海石化南部区块开发建设，增强园区承载能力。二是突出抓好“三农”工作。加快推进农业产业化经营，新增农业龙头企业5家，发展农民专业合作组织18家；大力发展特色农业，集中抓好以海参、野鸭为重点的特色养殖和以冬枣、经济林、甜高粱为重点的特色种植，实施休闲观光农业项目8个；加强农业基础设施建设，实施草桥沟综合治理、滨海大道绿色生态河三期、国家级中心渔港二期等重点工程建设，搞好4.7万亩土地开发整理项目，进一步改善农业生产条件。三是突出抓好“三网”绿化建设。以工程造林为主要手段，实施路域绿化159公里、水系绿化51公里、农田林网9.2万亩，基本构筑“三网”绿化系统网络，全区林木覆盖率达到17.8%；深化林业产权制度改革，发挥市场机制作用，吸引社会资金投入“三网”绿化工程；建立森林生态效益补偿基金制度，实现森林生态效益由无偿使用向有偿使用转变。四是突出抓好产业招商。加快编制主导产业发展规划，高标准策划、包装产业项目，加强宣传推介，为招商引资提供科学依据。强化专业招商，优化驻外招商站点布局，提高专业队伍业务水平，增强招商工作的针对性、实效性。加大面向油田招商力度，主动与油田企业搞好对接，推进一批石油装备和先进制造业项目到园区集聚发展。力争全年引进投资5000万元以上的项目10个。五是突出抓好增收节支。坚持把财源建设放在首位，优化税源结构，壮大地方税源，加快培植一批支柱税源和纳税大户，不断提高财政收入占生产总值的比重和税收占财政收入的比重。坚持依法治税与政策激励相结合，完善税控机制，加强税收征管，确保应收尽收；实行纳税大户重奖制度，落实税收优惠政策，积极涵养税源，促进财政收入持续稳定增长。进一步完善收支两条线制度，加强预算支出管理，厉行节约，减少浪费，集中财力办大事。六是突出抓好便民实事和重点工程建设。围绕群众关心的民生问题，继续实施一批便民实事和重点工程，让群众共享发展成果。完善项目建设筹资机制，严格落实责任，强化督查调度，确保按期完成，做到取信于民。

三、加强政府自身建设

各位代表，新的形势和任务，对新一届政府提出了更新、更高的要求。我们必须坚持依法行政，从严治政，科学执政，加快转变政府职能，推进管理创新，树立崭新形象，担负起人民赋予的重任。

（一）转变职能，建设服务型政府。始终把解放思想放在首位，以创新的思维推动发展。加快转变政府职能，注重用市场的手段发展经济，努力减少和规范行政审批，提高服务效率，创造有利于发展的良好环境；注重加强社会管理和公共服务，以发展社会事业和解决民生问题为重点，着力解决人民群众最关心、最直接和最现实的利益问题。加快行政管理体制改革，形成权责一致、分工合理、决策科学、执行顺畅、监督有力的行政管理体制。严格落实服务承诺制、行政问责制和责任追究制，推行“阳光政务”，强化效能监察，促进政府工作提速。

（二）依法行政，建设法治型政府。认真贯彻《全面推进依法行政实施纲要》，严格按照法定权限和程序行使权力、履行职责，依法管理好经济和社会事务，妥善解决各种矛盾和问题。加强和改善行政执法工作，转变执法方式，强化执法监督，规范执法行为，提高执法水平。自觉接受人大依法监督和政协民主监督，鼓励支持社会各界、人民群众、新闻媒体对政府工作进行监督。严格执行民主集中制，进一步健全重大事项集体决策、专家咨询、社会公示与听证、决策评估等制度，促进依法决策、科学决策、民主决策。

（三）狠抓落实，建设责任型政府。弘扬求真务实和开拓创新精神，倡树学习之风、调查研究之风，善于学习新知识、研究新情况、解决新问题、推动新发展。深入开展行风评议活动，力戒形式主义和官僚主义。加强政府诚信建设，增强政府的执行力和公信力。完善决策目标、执行责任、考核监督工作体系，强化督查督办，严格考核评议，狠抓责任追究，雷厉风行推动落实，确保高质量高效率地完成各项工作任务。

（四）从严治政，建设廉洁型政府。坚持标本兼治，建立健全教育、制度、监督并重的惩治和预防腐败体系，把反腐倡廉的各项工作落到实处。严格落实工程招投标、经营性土地使用权出让、政府采购和产权交易制度，加强监督监察，确保公开、公正、透明。加强审计监督和干部经济责任审计，坚决纠正损害群众利益的不正之风，严肃查处各类违法违纪案件，树立起清正廉明的良好形象。

各位代表！站在新起点，增创新优势，实现新发展，是时代的呼唤，是人民的重托，是历史赋予我们的神圣职责。让我们高举中国特色社会主义伟大旗帜，在中共河口区委的坚强领导下，万众一心，开拓奋进，全方位融入黄河三角洲开发大潮，为夺取全面建设小康社会新胜利、建设富裕文明和谐的新河口而努力奋斗！

政府工作报告

——2009年1月4日在东营市河口区第十六届人民代表大会第二次会议上

东营市河口区人民政府区长 聂建军

各位代表：

现在，我代表区人民政府，向大会作工作报告，请予审议，并请各位政协委员和其他列席会议的同志提出意见。

一、2008年政府工作回顾

刚刚过去的2008年，是本届政府的开局之年，也是经济社会发展很不平凡的一年。一年来，在市委、市政府和区委的正确领导下，全区上下坚持以科学发展观统领全局，深入实施“作风立区、产业强区、生态兴区”战略，解放思想，开拓进取，扎实工作，圆满完成了区十六届人大一次会议确定的目标任务，国民经济和社会事业实现了又好又快发展。

——经济综合实力跃上新的台阶。初步统计，2008年全区实现生产总值85亿元，比上年增长24%；其中，一二三产业增加值分别完成7亿元、52亿元、26亿元，增长7.5%、24.5%和26%。完成地方财政收入5.63亿元，其中一般预算收入5.33亿元，增长18%。全社会固定资产投资达到99亿元，增长26%。金融机构各项存款余额102亿元、贷款余额31.8亿元，分别比年初增加13.1亿元、3.2亿元。镇属经济发展迅猛，乡级财政总收入连续两年实现翻番，地方财政收入过千万元的乡镇达到5个。

——产业结构调整取得新的成效。三次产业比例由上年的10.1：62.9：27调整为8.2：61.2：30.6。工业发展速度和效益同步提高。规模以上工业实现主营业务收入220亿元、利税19.7亿元、利润12.1亿元，分别增长38%、45%和45%。主导产业快速壮大，石油化工、盐及盐化工、精细化工、石油装备、纺织服装、农副产品加工六大产业实现产值165亿元，占规模以上工业总产值的比重达到72%。积极推进中海石化与中海油集团战略合作，注册成立了中海石油东营石化有限公司，计划投资60亿元，实施500万吨炼油及配套项目建设，为石化产业发展带来了重大机遇，标志着我区工业经济已进入大投入、大开发、大发展的新阶段。企业规模不断膨胀，民营企业、招商引资企业、油田改制企业成为支撑工业发展的骨干力量；全区规模以上工业企业达到95家，其中主营业务收入过亿元的23家。新开工投资过5000万元的工业项目12个，完成工业固定资产投资16亿元，国华风电、仕通化工、金兴盐化等重点工业项目进展顺利。园区建设步伐加快，启动实施了中海工业园、通海工业园、临港化工园、黄河口农副产品加工园、黄河口海洋渔业产业园等专业园区规划，“一区五园”发展格局初步形成。

农业和农村经济稳步发展。冬枣、水产、畜牧、棉花等传统产业持续壮大，完成冬枣产量2万吨、棉花产量2万吨、肉蛋奶产量2.6万吨、水产品总量13.5万吨；特色种植、养殖产业加快发展，建成特色产业村50余个。农业产业化水平进一步提升，新增农业龙头企业8家，新建农民专业合作组织32家，“黄河口文蛤”顺利通过国家地理标志产品保护专家组评审。加强农业基础设施建设，开发整理荒碱地3.5万亩，改造中低产田1.5万亩，疏浚治理河道3条39.6公里，滨海大道绿色生态河、黄河口国家级中心渔港等重大基础设施建设进展顺利。“三网”绿化工程扎实推进，完成路域绿化150公里、水系绿化76公里、农田林网7万亩，新植树木416万株，生态环境明显改善。新农村建设富有成效，编制完成了300人以上村庄建设规划，创建市级小康文明村15个；改造供水管网320公里，建设乡村公路50公里，农村生产生活条件进一步改善。

现代服务业加快发展。第三产业增加值占生产总值的比重达到30.6%，提高3.6个百分点；完成社会消费品零售总额17.9亿元，增长26%。商贸、餐饮等传统服务业不断膨胀规模、提升档次。现代物流、生态旅游、研发服务等新型产业发展势头良好，神舟物流被省政府授予全省服务名牌企业称号，仙河蓬莱公园、新户百枣园顺利通过国家AA级景区验收，黄河口产业技术研发中心和质量检测中心建成投用，转化科技成果86项。

——对外开放实现新的突破。坚持以产业招商为主线，依托主导产业规划，高标准策划编制项目，加大专业招商、领导招商和企业招商力度，共引进投产、在建项目280个，到位外来固定资产投资11亿元；常青树化工、亿鑫化工、海润钢管、海鑫钻杆等15个投资过亿元的项目相继落户开发区。对外贸易进一步扩大，完成进出口总值4500万美元，增长32.8%，其中出口3600万美元，增长39.3%；吸收外商直接投资1500万美元，与上年持平。

——城乡面貌发生新的变化。顺利完成城市总体规划修编，组织实施了水系景观、抗震防灾、燃气、排水等6项专业规划，城区详规覆盖率达到88%。完善城市建设融资机制，通过市场化运作、油地共建和多方争取，投资13.7亿元，实施城建重点项目21个。环城水系建设完成年度计划任务，高标准实施了西湖公园、城区东西两个入口、昌盛河景观建设和水系清淤工程，新增水面42万平方米、绿地28万平方米，城市品位不断提升。新建改造河仙路、河聚路、渤海路等城市道路10.4公里，改造城区支路6条，配套雨污分流管线5.2公里，道路框架更加完善。河安小区179座楼盘全部竣工，顺利分房到户；河口城区及孤岛、仙河油田职工住房建设全面启动，新增住宅面积95万平方米，居民住房条件得到有效改善。启动实施文体艺术中心、广电中心、第二殡仪馆、计划生育综合服务楼和人民医院迁建工程，城市功能更加完备。加强城市精细化管理，以创建国家优秀旅游城市和文明城市为契机，加大综合执法力度，市容市貌明显改观。

——人民生活水平有了新的提高。城镇居民人均可支配收入达到19800元，农民人均纯收入达到6620元，分别增长15%和16.3%；城乡人均储蓄达到3.65万元，比年初增加5100元。加强就业再就业工作，建立了黄河口油地军港就业联动服务中心，新增城镇就业2400人，转移农村劳动力4550人，城镇登记失业率控制在1.6%以内。“阳光190”社会救助保障体系日益完善，城乡居民医疗保险、最低生活保障、农村“五保供养”标准进一步提高，累计发放各类社会救助资金770万元。重视加强城乡居民住房保障体系建设，新建农村安居住房140套，累计达到800套，安置城镇廉租住房58套，有效解决了困难群众的住房问题。加大食品药品监管力度，妥善做好手足口病和奶粉事件预防处置工作，保障了群众饮食用药安全。

——和谐社会建设取得新的进展。教育事业加快发展，投资1950万元，实施了农村中小学取暖工程、校舍改造工程和职教中心改扩建工程，办学条件明显改善。城乡医疗卫生保障体系不断完善，新建社区卫生服务机构28处，确保了公共卫生安全。全力以赴支援四川抗震救灾，累计筹集捐款650万元，建设过渡板房160套。人口和计划生育工作水平不断提高，顺利通过国家优质服务先进区验收。文化体育事业繁荣发展。第二次全国经济普查工作进展顺利。人事人才管理水平进一步提高。国防教育、人民防空、民兵预备役和双拥工作不断加强，老年人、残疾人、妇女儿童权益得到切实保障，外事侨务、民族宗教、广播电视、应急管理、档案、史志、气象、地震等工作取得新的成绩。污染防治和节能减排力度进一步加大，河口污水处理厂顺利通过环保验收。大力推进“平安河口”建设，公开接访和基层处访工作取得明显成效，圆满完成奥运安保任务；加大社会治安和油区治安综合治理力度，集中开展安全生产专项整治，保持了区域政治社会稳定。切实加强精神文明和民主法制建设，创建文明城市和依法治区工作深入开展。

各位代表，回顾过去一年的工作，我们遇到的困难和压力比预想的要多，但取得的成绩比预想的要好。在国际经济环境急剧变化、国内经济困难明显加大的情况下，全区广大干部群众凝心聚力，顽强拼搏，同心同德，共克时艰，经受住了严峻考验！

一年来的工作实践，使我们深刻体会到，做好新形势下的政府工作，必须牢牢把握以下几点。一是必须坚持科学发展不动摇，加快工作指导转变。牢固树立发展是第一要务的观念，面对复杂多变的宏观形势，立足又好又快发展的基本要求，迅速调整工作布局，转变发展思路，在全区上下进一步统一了思想，凝聚了合力，激发了干劲，为加快发展赢得了主动。实践证明，区委、区政府确定的“作风立区、产业强区、生态兴区”的发展战略是完全正确的，区十六届人大一次会议提出的奋斗目标是符合河口实际的。二是必须坚持以解放思想为先导，加大改革创新力度。以“贯彻落实科学发展观，争当黄河三角洲开发建设排头兵”活动和“记三情、铸三线”活动为抓手，动员全区上下进一步解放思想，转变观念，强化争先创优意识，深化体制机制创新，为经济发展注入了新的活力。工作中，注重发挥规划的导向作用，高起点编制了海洋经济发展规划、服务业发展规划和六大主导产业发展规划，为产业结构调整和区域经济发展提供了依据；注重强化政策激励，围绕培强做大工业企业、支持油公司发展、培育服务业发展载体、推进农业产业化经营等方面，制定出台了一系列政策措施，有效激发了各方面的创业热情；注重用市场经济的手段推动发展，在城市资产经营、基础设施建设、资源开发利用等方面，大力推进市场化运作，有效盘活了闲置资产；注重发挥乡镇在区域经济发展中的载体作用，进一步完善对乡镇的综合考核机制，充分调动了乡镇发展工业、培植税源的积极性，促进了城乡一体化发展。三是必须坚持把群众利益放在首位，切实解决好民生问题。始终把实现好、维护好、发展好广大群众的根本利益作为政府工作的出发点和落脚点，认真倾听基层呼声，关心群众疾苦，扎扎实实为群众办实事、办好事。围绕群众所需所盼所求，投资18.3亿元，组织实施了9项便民实事和12项重点工程，进一步改善了群众生产生活条件。四是必须坚持油地军港团结共建，推动区域和谐发展。始终高举团结发展的旗帜，不断深化油地军港联席会议制度，精诚团结，坦诚相待，共同担负起区域发展的重任，在携手推进城乡建设、合力实施“三网”绿化、联防联治社会秩序、统筹解决社会就业等方面取得了显著成绩。去年共议定实施共建项目21个，总投资17.3亿元。五是必须坚持求真务实、重抓落实的思想，努力提高政府执行力。建立健全决策目标、执行责任、考核监督“三个体系”，完善激励机制，把各级主要精力集中到狠抓落实、干事创业上来。创新工作推进机制，对每项工作都制定目标，明确责任，强化调度，严格督查，顺利完成了区委、区政府确定的各项任务。

经验值得总结，成绩来之不易。这是市委、市政府和区委正确领导的结果，是区人大监督支持和区政协参政议政的结果，是全区上下、油地军港和社会各界团结奋斗、真抓实干的结果。在此，我代表区人民政府向全区人民和社会各界，向所有为河口建设和发展做出贡献的同志们、朋友们，表示衷心的感谢并致以崇高的敬意！

在看到成绩的同时，我们也清醒地认识到，经济社会发展中还存在不少矛盾和问题。主要是：产业结构不尽合理，农业生产比较粗放，标准化、集约化程度不高，工业经济总量还比较小，企业抵御风险的能力不强；城乡发展不够协调，农民增收的基础不够稳固，部分群众生活还比较困难；税源结构单一，地方税源发展缓慢，增收压力不断加大；保护环境、改善民生、维护稳定的任务仍很艰巨；政府职能有待进一步转变，部门服务水平和办事效率与人民群众的要求相比，还存有一定差距，等等。对于这些问题，我们一定高度重视，采取有效措施，认真加以解决。

二、2009年政府工作安排

各位代表，今年是新中国成立六十周年，也是我区加快实施“十一五”规划、推进经济社会跨越发展的关键一年。新的一年里，我们既面临前所未有的严峻挑战，也面临前所未有的重大机遇。从挑战来看，国际金融危机仍在快速扩散和蔓延，对实体经济的冲击将进一步加深，国内经济运行困难增加，下行压力加大。受大环境的影响，我区企业经营困难增多，市场萎缩，经济社会发展中的一些深层次矛盾和问题将会更加突出，保运行、保增长的压力很大。从机遇来看，国家改善宏观调控，实行积极的财政政策和适度宽松的货币政策，有利于我区完善投融资机制，加大投资力度，拉动经济较快增长；省委、省政府出台了促进黄河三角洲高效生态经济区又好又快发展的意见，市委、市政府以此为契机，全力打造“四区一城”主体产业区，加快实施“三路两港一场”、环渤海高等级公路和沿海防潮堤等重大基础设施建设，为我区加快融入黄河三角洲开发建设、推动经济社会跨越发展提供了广阔平台；经过建区二十多年的努力，我区基础条件明显改善，发展环境进一步优化，全区上下政通人和，油地军港团结一心，干部群众精神饱满，干事创业的热情空前高涨，为今后加快发展积蓄了强大力量。挑战与机遇并存，挑战中蕴藏机遇。我们务必要科学判断形势，坚定发展信心，强化忧患意识、竞争意识和责任意识，牢牢把握机遇，主动迎接挑战，努力克服困难，推动经济社会在新起点上实现更好更快发展。

今年政府工作的总体要求是：认真贯彻党的十七大和十七届三中全会精神，全面落实科学发展观，深入实施“作风立区、产业强区、生态兴区”战略，立足保持经济平稳较快发展，着力扩大投资规模，转变发展方式，优化产业结构，推进改革创新，加快构筑以“一区五园一带两线三基地”为主体的产业发展新格局，为全面融入黄河三角洲开发建设奠定坚实基础。“一区五园一带两线三基地”，就是依据我区海洋经济和主导产业发展规划，进一步优化区域发展布局，规划建设以河口经济开发区为核心，以通海工业园、中海工业园、临港化工园、黄河口海洋渔业产业园、黄河口农副产品加工园为骨干的现代产业园区；依托环渤海高等级公路，大力推进沿海地区开发，构筑海洋经济产业隆起带；精心打造神仙沟、滨海长廊两条特色旅游线路；着力建设北部盐业基地、东部渔业基地和港口配套服务基地，尽快形成产业集聚优势，拉开大开发、大发展的框架。

今年经济社会发展的主要预期目标是：全区生产总值增长16%，全社会固定资产投资增长20%，社会消费品零售总额增长16%，一般预算财政收入增长8%，外贸出口总值增长10%，吸收外商直接投资与去年持平，城镇居民人均可支配收入增长8%，农民人均纯收入增长10%，城镇登记失业率控制在2%以内，居民消费价格总水平涨幅控制在4%以内。主要约束性指标是：万元生产总值能耗降低5.8%，二氧化硫排放量与去年持平，化学需氧量削减10%，人口自然增长率控制在6.24‰以内。

围绕实现上述目标任务，重点做好以下七个方面的工作。

（一）千方百计扩大投资，强力拉动经济发展。坚持把扩大投资作为拉动增长的第一动力，拓宽融资渠道，优化投资结构，改善金融环境，不断增强经济发展的后劲。一是创新融资机制。牢固树立融资发展的理念，加快建立“政府引导、市场运作、社会参与”的多元化投资机制。发挥政府资金的引导作用，围绕城市建设、园区配套、“三网”绿化、水利建设等方面，探索成立专业投资公司，通过市场化运作，盘活存量资产，筹集建设资金，搭建政府融资平台。发挥企业投资的主体作用，引导企业抓住国家政策调整带来的机遇，借助信贷手段，扩大投资，增上项目，加快发展。激发民间投资热情，按照“谁投资、谁受益”的原则，完善扶持政策，降低准入门槛，鼓励民间资本更多地进入基础设施建设、社会公益事业和二、三产业经营领域，培育多元投资主体。加大国债资金和上级专项扶持资金争取力度，搞好项目论证储备，力争更多项目列入国家和省市计划盘子。二是优化投资结构。加大政府对投资的调控力度，按照中央和省市政策要求，合理引导资金投向。在保证法定支出的基础上，加大对重大基础设施建设、新农村建设、产业结构调整、生态建设和民生工程等重点领域的投资力度，启动实施一批重点工程、重点项目，拉动经济持续增长。三是优化金融服务环境。鼓励金融机构用足用好适度宽松的货币政策，创新金融产品，改善信贷服务，加大对企业的贷款投放力度。完善中小企业信用担保体系，鼓励发展中小企业信用担保公司和小额贷款公司，设立中小企业互保资金，争取股份制银行到我区设立机构、开展金融业务。积极搭建融资平台，深化银企合作，促进银企互信。加强信贷监管，大力整顿金融市场秩序，提高社会整体信用水平，确保金融环境安全。

（二）调整优化经济结构，加快构筑现代产业体系。培育壮大支柱产业。以培育壮大生态化工、石油装备和高新技术产业为突破口，推进工业经济上规模、上档次。抓住与中海油合作的战略机遇，全力搞好协调服务，加快推进500万吨重油综合利用、350万吨蜡油催化及配套项目建设，带动中海工业园、通海工业园提升档次、扩张规模，促进石油化工、氯碱化工、精细化工三大产业集聚发展，形成产业集群优势，打造绿色生态化工基地。依托石油装备工业园，加大产业招商力度，促进石油装备企业和关联项目集中布局，拉长产业链条，壮大产业规模，打造黄河口石油装备制造业基地。大力发展高新技术产业，积极运用新技术、新工艺改造提升传统产业，支持一批重点企业实施技术改造，增强产业竞争力。鼓励发展风力发电，积极推进太阳能和地热资源综合利用，培植新型能源工业。

加快发展特色农业。按照“稳定粮棉、提升果蔬、做强渔业畜牧”的思路，进一步优化产业布局，集中建设一批优势农产品基地，提高农业综合效益。突出渔业发展主导地位，着力做活水文章，培植大产业，实施海水养殖池塘开发和“上农下渔”修复项目，整合养殖资源，扩大养殖规模，提高产业效益。大力发展生态畜牧业，积极鼓励大户经营，集中培植一批现代畜牧养殖园区。加强农村社会化服务体系建设，加快建立形式多样的农民专业合作组织，指导农民围绕市场需求，调整农业结构，搞好标准化生产，推进农业产业化经营。扶持发展农业龙头企业，重点支持对主导产业带动力强的加工型、销售型企业，拉长产业链条，促进农业增效、农民增收。建立农民小额贷款担保体系，完善农村合作信用机制，切实解决农业大户和农村合作经济组织贷款难、融资难问题。深入实施品牌带动战略，抓好冬枣、文蛤、大闸蟹等特色农产品的质量认证、商标注册和宣传推介，打响黄河口品牌，进一步扩大市场销量。完善农产品流通体系，加快农副产品批发市场和专业市场建设，拓宽农产品销售渠道。建立健全农业标准体系、质量检测监管体系和动植物疫病防控体系，推行标准化生产，提高农产品品质。

突出发展现代服务业。认真落实促进服务业发展的各项政策，进一步优化结构、提升档次、扩大规模，不断提高服务业对经济增长的贡献率。优先发展生产性服务业。立足于服务港口、油田和本地企业发展，加快培育现代物流、服务外包、信息服务、金融保险等新型业态，推动产业结构优化升级；发挥油田改制企业在生产服务领域的优势，强化政策扶持，积极开拓市场，努力打造一批服务业龙头企业。依托黄河口高新技术企业创业园，大力发展科技研发产业，按照“盘活闲置资产，整合研发资源，提升孵化档次，引领产业发展”的要求，进一步扩大孵化规模，提高研发能力，促进高科技成果尽快向现实生产力转化。加快发展文化旅游业。深入挖掘文化资源，组织开展好建区25周年文化庆典活动，塑造文化品牌，提升区域形象；鼓励建立形式多样的文化组织和经济实体，扶持一批重点产业项目，推动文化产业繁荣发展。加大旅游资源综合开发力度，规划建设湿地生态公园，精心打造神仙沟和滨海长廊两条精品旅游线路，搞好项目策划和对外招商，尽快提升旅游业发展水平。改造提升传统服务业。支持商贸流通企业创新经营机制，加强设施改造，拓宽发展空间；充分发挥银座广场、胜大超市、神舟物流等骨干企业的辐射带动作用，大力发展各类专卖店、特色店，促进商贸业繁荣发展。引导居民扩大消费需求，尽快形成一批消费热点。

（三）积极培育发展载体，壮大区域经济综合实力。坚持把骨干企业、工业园区和乡镇经济作为区域发展的重要载体，强化扶持引导，搭建发展平台，壮大经济综合实力。一是赶好“三驾马车”，发展壮大企业群体。深入实施企业带动战略，把民营企业、油田改制企业和招商引资企业作为拉动工业发展的“三驾马车”，加大扶持力度，优化发展环境，尽快做大做强。重点支持骨干民营企业增投入、扩规模、上项目，积极与国内外大企业开展战略合作，延伸产业链条，打造产业龙头；支持油田改制企业加快转换经营机制，盘活闲置资产，积极开拓市场、扩大产能，培植经济发展新优势；支持外来投资企业按照产业规划，加大资金投入，新上后续项目，拉长产业链条。全面清理和规范各种收费，严厉查处乱检查、乱收费、乱罚款、乱摊派行为，切实减轻企业负担。二是建设“一区五园”，发展壮大园区经济。完善落实经济开发区封闭运行机制，理顺管理服务职能，优化投资环境，提高办事效率，加快开发区发展步伐；加大载体招商力度，清理整合闲置土地，促进项目集中布局；以经济开发区总体规划为指导，本着节约用地的原则，进一步搞好基础设施配套建设，实施绿化、美化工程，鼓励建设高层厂房，提升开发区的品位和档次。高标准实施中海工业园、通海工业园基础配套，加大投入力度，启动建设工业污水处理、热电联产和工业用水等功能设施，统筹解决开发区排污、用电和供水问题。加快黄河口海洋渔业产业园、黄河口农副产品加工园和临港化工园建设，明确功能定位，抓好产业招商，促进相关产业集聚发展。三是创新管理体制，发展壮大乡镇经济。坚持区属经济与镇属经济“两个轮子”一起转，进一步下放管理权限，完善体制机制，落实激励政策，提高乡镇加快发展的积极性。鼓励各乡镇、街道发挥优势，突出特色，集中推进一批重点项目建设，加快培植支柱产业，壮大乡镇财源。

（四）充分发挥临港优势，大力发展海洋经济。依据海洋经济发展规划，搞好产业基地建设，促进产业集中布局，提升海洋经济发展水平。一是以黄河口国家级中心渔港为龙头，加快建设现代高效渔业基地。推进中心渔港二期工程建设，积极拓宽融资渠道，提高建设标准，确保尽快投入运营；按照“港园一体”的思路，整体策划中心渔港及海洋渔业产业园的发展定位、基础配套和管理运营，力争通过两年左右的时间，把中心渔港建设成为环渤海地区集水产品加工、仓储物流、修船造船、商业贸易和休闲旅游于一体的高端渔业产业园，打造渔业发展的龙头。同时，发挥东部渔业资源优势，通过土地流转、社会融资等方式，整合社会资源，搞好科技攻关，推进海参、大闸蟹、贝类等特色养殖基地建设，提高渔业综合效益。二是以循环经济为突破口，加快建设盐及盐化工生产基地。以北部沿海为重点，按照“一水多用、梯次开发、循环发展”的思路，把海水养殖、制盐、提溴和精细化工有机结合起来，推进资源综合利用，实现产业集聚发展。依托现有盐业企业，加快发展两碱化工、溴化工和苦卤化工等关联产业，努力在原盐深加工上实现突破。三是以东部城镇为中心，加快建设港口配套服务基地。发挥东部城镇的优势，创新土地利用和建设融资机制，完善城镇功能，大力发展临港服务业和配套产业，构筑港口生活服务基地和物流商贸平台。加快推进河仙路改造和仙河通港公路建设，实施兴凯湖路改造，完善东部城镇路网结构，为承接港口辐射、发展临港经济奠定坚实基础。

（五）加强城乡基础设施建设，努力优化发展环境。着力加强城市环境建设。根据城市总体规划，进一步完善各类专业规划和控制性详细规划，加大规划执行力度，科学指导城市建设。加强环城水系建设，重点搞好西湖公园、昌盛河沿岸绿化和景观设计，实施水系清淤工程，配套建设水上休闲、娱乐设施，努力打造河湖相连、水绿共生的生态碧水系统。加强市政设施建设，实施城区主干道路改造和供气、排水管网改造工程，继续推进人民医院迁建和文体艺术中心、广电中心、第二殡仪馆、计生综合服务楼建设工程，完善城市功能，优化人居环境。大力发展特色街区，实施黄河路两侧立面改造，丰富文化内涵，聚集人气商气，提升城市形象。建立完善城市管理长效机制，强化社区和物业管理，扎实开展城乡环境综合整治活动，提高城市精细化管理水平。加快推进小城镇建设。搞好新一轮城镇建设规划修编，配套基础设施，完善城镇功能，提高小城镇辐射带动能力，促进城乡一体化发展。加强重大基础设施建设，积极争取上级支持，推进沿海防潮堤、环渤海高等级公路和沿海生态防护林建设，构筑区域安全防护屏障，增强基础承载能力。

着力加强农村环境建设。坚持以“四新”工程为抓手，加大对“三农”工作支持力度，不断提高新农村建设水平。进一步加强农田水利基本建设，重点实施孤东干渠、义太支渠、神仙沟综合治理工程，改造新户水库，实施1.5万亩中低产田改造和2.2万亩现代渔业开发；继续加强乡村公路、农村自来水、清洁能源、数据通信等设施建设和管护，搞好特困群众安居住房建设，改善群众生产生活条件。加强农村宅基地管理，禁止乱搭乱建行为；完善农业基础设施管护机制，确保发挥最大效益。深入开展农村环境综合整治，认真抓好市级农村文明示范区和小康文明村创建工作，进一步改善村容村貌。

着力加强生态环境建设。大力推进“三网”绿化工程。突出抓好城乡道路、骨干河道、农田林网和园区绿化，完成绿化面积2.6万亩，植树340万株，全区主要交通干线基本实现全路域绿化。进一步配套灌排体系，落实管护责任，加强质量监管，最大限度地提高林木成活率和保有率。深化林权制度改革，建立完善生态补偿机制，充分调动群众和企业参与“三网”绿化的积极性。强化节能减排和环境保护。集中开展国有土地清理整顿，提高土地集约利用水平；认真落实固定资产投资项目节能、环保评估和审查制度，严把新上项目准入关；大力发展循环经济，组织实施一批节能技术改造示范项目；加大污染治理力度，严肃查处环境违法行为，不断提高环境质量。

（六）深入推进改革开放，提升经济发展活力。坚持把深化改革、扩大开放作为推进发展的内在动力，创新体制机制，努力增强经济发展的活力。

进一步加大改革创新力度。深化农村综合改革。稳定和完善农村基本经营制度，保持现有土地承包关系长久不变；本着依法、自愿、有偿的原则，积极探索土地流转的有效形式，建立土地流转有形市场，适度发展规模经营；深化农村征地制度改革，完善征地补偿机制，维护农民合法权益；深化农村产权制度改革，积极探索农村集体经济的有效实现形式；创新农村金融体制，鼓励更多的信贷资金投向农业和农村；全面落实粮食直补、良种补贴、农资综合补贴、农机购置补贴等强农惠农政策，从根本上调动农民的生产积极性。深化财政管理体制改革，调整优化支出结构，严格执行国库集中支付和政府采购制度，完善国有资产管理机制，强化财政投资跟踪审计，充分发挥财政资金的使用效益。加快行政管理体制改革，健全行政审批集中办公制度，精简审批事项，压缩办事程序，努力提高行政效率。

进一步深化产业招商。继续坚定不移地走产业招商的路子，按照产业规划，加强项目策划包装和推介，增强招商引资针对性，力争取得更大突破。突出抓好专业招商，进一步充实专业招商队伍，加强业务技能培训，完善约束激励机制，确保每个专业招商组年内至少引进一个投资过亿元的大项目。突出重点领域招商，围绕石油装备、生态化工、纺织服装等优势产业，抓住产业转移的有利时机，加强对接联系，搞好宣传推介，吸引更多企业来我区投资发展。突出大企业招商，积极引进战略投资者，鼓励骨干企业与国内外大企业、大集团嫁接合作，靠大联强，借力发展，促进产业结构优化升级。着力提高招商项目质量，严格项目审批管理程序，坚决控制新上高耗能、高污染项目。强化项目运作，完善项目推进服务机制，提高项目推进效率和服务水平，促进项目及早落户，尽快投产见效。

进一步扩大对外贸易。加大出口结构调整力度，着力扶持重点出口企业和产品，培育出口品牌，推动加工贸易转型升级，提升出口规模和效益。做好外派劳务工作，引导油田改制企业发挥优势，走出国门承揽工程业务，开拓国际市场，培育外贸出口新亮点。

（七）高度关注民生问题，促进社会和谐稳定。在加快经济发展的基础上，更加注重社会建设，着力保障和改善民生，不断扩大公共服务，促进社会和谐进步。

深化油地军港团结共建。认真落实油地军港联席会议制度，推进重大决策联商联议、基础设施联建联管、产业项目联招联引、重大活动联办联庆、社会治安联防联治，论证实施一批重点建设项目，形成推动区域发展的强大合力。进一步强化服务意识，全力支持胜利油田、济军生产基地和东营港经济开发区加快发展。深入挖掘区域科技、人才、资金等方面的潜力，采取多种方式合资合作，培植新的经济增长点。扎实做好油田帮扶乡镇工作。加快整合区域内教育、文化体育、卫生等社会资源，促进经济社会协调发展。

切实维护好群众利益。全面落实积极的就业政策，依托黄河口油地军港就业联动服务中心，努力扩大就业规模，年内新增就业2500人以上；严格落实企业工资指导线、最低工资标准、工资支付“三项制度”，进一步增加企业职工收入。切实做好弱势群体、困难群众基本生活保障，扩大城乡居民医疗保险、养老保险、失业保险、工伤保险和生育保险覆盖面，提高社会救助保障水平。积极发展社会福利和慈善事业。重视改善老年人生活，对全区70周岁以上老人发放生活补助，确保农村五保对象集中供养率达到100%。完善住房保障体系，加快油田职工住房建设，启动建设河滨小区二期工程，年内建成经济适用住房300套。

繁荣发展社会事业。坚持教育优先发展战略，全面推行素质教育，提高教育教学水平；规划调整中小学布局，新建河安小学，搬迁河运小学，推进教育小区续建，优化教育资源配置；加大农村教育投入，实施农村中小学抗震校舍安全改造和“两热一暖一改”工程，进一步改善办学条件。加强城乡医疗卫生服务体系建设，搞好乡村卫生设施改造，提高新型农村合作医疗水平，不断增强公共卫生服务和突发事件应急处置能力。做好人口和计划生育工作，落实利益导向政策，切实稳定低生育水平。积极发展文化体育事业，广泛开展全民健身活动。关心支持妇女儿童、残疾人事业，做好老龄工作。加强国防教育，增强全民国防意识，巩固双拥成果。加强机构编制管理，扎实做好民族宗教、外事侨务、统计、史志、档案等方面的工作，推进社会各项事业协调发展。

努力保持社会稳定。完善社会矛盾纠纷预防和调解机制，妥善处理好人民内部矛盾。扎实推进平安河口建设，加强社会治安和油区治安综合治理，深入开展严打整治活动，依法严打各类犯罪，保障人民群众生命财产安全。严格落实安全生产责任制，加大隐患排查整改力度，严防重特大安全事故发生。高度重视产品质量和食品药品安全工作，加强对生产、加工、流通等各个环节的安全监管，严厉打击制假售假行为，确保食品药品安全。建立完善自然灾害、公共卫生、社会安全等突发事件预警应急机制，提高政府应对公共危机的能力。

各位代表，在加快经济社会发展的同时，今年，我们将按照“突出重点、提升内涵、量力筹划、全力推进”的原则，集中精力组织实施好10项重点工程，为民办好10件实事，让群众共享改革发展成果。完善项目建设筹资机制，严格落实责任，强化督查调度，确保按期完成，做到取信于民。

三、加强政府自身建设

各位代表，新的形势和任务，对政府自身建设提出了新的更高要求。我们必须加强学习，深入思考，勇于实践，开拓创新，加快转变工作职能，不断提高政府执行力、公信力和创新力，为经济社会发展提供强有力的行政保障。

（一）解放思想，开拓创新，提高科学发展能力。面对困难和挑战，必须解放思想，实事求是，大胆创新，始终保持拼搏进取、奋发有为的精神状态，牢固树立战胜困难的勇气和信心，努力营造干事创业、比学赶超、争创一流的浓厚氛围。必须深刻理解科学发展观的精神实质，把学习实践科学发展观与促进经济社会平稳较快发展紧密结合起来，着力把握发展规律、创新发展理念、转变发展方式、破解发展难题，着力转变影响和制约科学发展的思想观念和体制机制，着力解决经济社会发展中的突出矛盾和问题，以创新的精神和改革的办法突破困境、推动发展。全体政府工作人员都要加强学习，善于学习，不断丰富头脑，开拓视野，积累经验，增长才干，以新的境界、新的作为开创政府工作的新局面。

（二）转变职能，务实为民，提高公共服务能力。加快转变政府工作职能，注重用市场的手段发展经济，努力减少和规范行政审批，提高服务效率，创造更加有利于发展的良好环境。注重加强社会管理和公共服务，以发展社会事业和解决民生问题为重点，着力解决人民群众最关心、最直接、最现实的利益问题。加快行政管理体制改革，形成权责一致、分工合理、决策科学、执行顺畅、监督有力的行政管理体制。严格落实服务承诺、行政问责和责任追究制，推行“阳光政务”，强化效能监察，促进政府工作提速。

（三）规范运行，强化监督，提高依法行政能力。深化行政执法体制改革，进一步明确执法权限，完善执法程序，提高执法水平。全面推行行政执法责任制，加强行政复议和执法监督，严肃处理和纠正行政不作为、滥用职权、执法不公、以权谋私等行为。自觉接受人大依法监督和政协民主监督，鼓励支持社会各界、人民群众、新闻媒体对政府工作进行监督。严格执行民主集中制，进一步健全重大事项集体决策、专家咨询、社会公示、决策评估等制度，实行依法决策、科学决策、民主决策。

（四）求真务实，真抓实干，提高工作落实能力。大力弘扬求真务实精神，坚持说实话、办实事、求实效，经常深入实际、深入基层、深入群众，加强调查研究，帮助解决实际问题。注重改进文风会风，努力精简会议，压缩文件，最大限度地减少应酬活动，拿出更多时间和精力抓好工作落实。完善决策目标、执行责任、考核监督工作体系，实行严格的责任制，强化督查考核，确保各项工作高质量高效率落实。牢固树立全区“一盘棋”的思想，站在全局思考问题，围绕中心干好工作，加强配合，协调联动，切实克服各自为政、推诿扯皮等问题。严明纪律，认真贯彻执行上级的决策部署，做到令行禁止，确保政令畅通。

（五）执政为民，廉洁勤政，提高拒腐防变能力。坚持标本兼治，建立健全教育、制度、监督并重的惩治和预防腐败体系，把反腐倡廉的各项工作落到实处。完善规章制度，加强行政监察，重点抓好土地批租、工程招标、产权交易、政府采购等关键环节的监督。认真落实廉政建设责任制，加强审计监督和干部经济责任审计，坚决纠正各种不正之风，严肃查处各类违法违纪案件，树立起清正廉明的良好形象。

各位代表，河口正处在加快发展的关键时期，形势逼人，任重道远。让我们高举中国特色社会主义伟大旗帜，在中共河口区委的坚强领导下，团结和依靠全区人民，同心同德，励精图治，负重奋进，锐意进取，为夺取全面建设小康社会新胜利、建设富裕文明和谐的新河口而努力奋斗！

政府工作报告

——2010 年 1 月 5 日在东营市河口区第十六届人民代表大会第四次会议上

东营市河口区人民政府区长 武林中

各位代表：

现在，我代表区人民政府向大会作工作报告，请予审议，并请区政协委员和其他列席会议的同志提出意见。

一、2009 年政府工作回顾

过去的一年，是充满艰辛而又极不平凡的一年。面对国际金融危机的严重冲击和宏观经济形势的深刻变化，全区人民在市委、市政府和区委的坚强领导下，坚定信心，迎难而上，共克时艰，经受住了严峻考验，圆满完成了区十六届人大二次会议确定的目标任务。

（一）积极应对严峻挑战，国民经济保持平稳较快增长。牢牢把握积极作为、科学务实的工作基调，采取有效措施，强化运行调度，各项指标继续保持较快增长。初步统计，全区实现生产总值 105 亿元，增长 17%；其中，一二三产业增加值分别达到 7.6 亿元、64 亿元、33.4 亿元，增长 6%、21% 和 17%。完成全社会固定资产投资 126 亿元，增长 27%。地方财政收入 6.17 亿元，其中一般预算收入 5.87 亿元，增长 10.1%。地区生产总值、规模以上工业增加值、社会消费品零售总额等 10 项指标提前一年完成“十一五”规划。

工业经济逆势增长。全区规模以上工业企业发展到 98 家，比上年增加 12 家，完成增加值 75 亿元、主营业务收入 300 亿元、利税 28 亿元，分别增长 25%、31% 和 30%。石油化工、盐及盐化工、精细化工、石油装备制造、风力发电等支柱产业加快发展，原油一次加工能力突破 300 万吨，原盐产量达到 80 万吨，风电装机总容量达到 14.7 万千瓦。积极应对国际金融危机，全力打好企业运行保卫战，政企联动，携手共渡难关。实行区级领导联系企业和企业特派员制度，设立中小企业互助基金，组建财政性担保公司，开展银企对接活动，有效解决了中小企业融资难问题。制定落实加快工业企业发展的扶持政策，支持骨干企业加大投入，实施技改扩规，当年完成技改投入 15 亿元。园区建设步伐加快，“一区五园”发展框架初步形成。实行经济开发区封闭运行管理，实施污水管网改造、工业水厂建设、园区绿化工程，基础配套日臻完善。盘活开发区闲置土地 210 亩，项目承载能力进一步增强。扎实做好节能减排工作，万元生产总值能耗比上年下降 6.2%，化学需氧量削减 53.2%。科技创新能力不断增强，高新技术产业产值占规模以上工业总产值的比重达到 37%。

农业效益稳步提升。粮棉生产喜获丰收，小麦单产创历史新高，棉花产量达到 2.04 万吨。推进农业产业化经营，建设冬枣标准化生产基地 5 万亩、池塘健康养殖示范区 2 万亩、畜牧标准化养殖小区 37 处，水产品总量、肉蛋奶产量分别达到 11.7 万吨、3.6 万吨，增长 5% 和 12.1%。农业龙头企业发展到 65 家，农民专业合作社达到 60 家，带动 60% 以上的农户进入产业链经营。实施“一村一品”工程，积极发展蘑菇、红薯、肉鸭等特色种植养殖，建成特色产业村 33 个。加大农产品品牌培育和推介力度，成功举办首届黄河口冬枣文化节，冬枣、对虾、海参等 26 个产品获得无公害农产品品牌认证。加强农业基础设施建设，实施土地开发整理项目 3.5 万亩、现代渔业开发项目 3 万亩，疏浚治理河道 4 条 51 公里，农业生产条件进一步改善。滨海大道绿色生态河全线贯通，黄河口国家级中心渔港即将开港运营。加强农村信用平台建设，东营惠农担保公司投入运营。认真落实强农惠农政策，累计发放各类补贴资金 837 万元。着力提高农民科技素质，免费培训农民 5000 余人次。积极推进土地流转，建立区乡土地流转服务中心 6 个，土地流转面积达到 8400 亩。

服务业规模持续扩大。完成社会消费品零售总额 21 亿元，增长 19%；第三产业增加值占生产总值的比重达到 31.8%。精心打造黄河口旅游品牌，全年累计接待游客 25 万人次，实现旅游收入 9870 万元；仙河镇、孤岛镇被评为“山东省旅游强镇”。金融运行态势良好，金融机构各项存款余额 125 亿元，比年初增加 16.6 亿元；各项贷款余额 39 亿元，比年初增加 8.8 亿元。达成银企合作协议 61 项，贷款金额 55.6 亿元，有效缓解了企业资金压力。对外贸易进一步扩大，完成进出口总值 4900 万美元、增长 10%，其中出口 4000 万美元、增长 10%，吸收外商直接投资 1400 万美元。

（二）实施重大项目攻坚，发展后劲进一步增强。在宏观环境趋紧、制约因素增多、困难压力加大的情况下，坚持把扩大投资作为拉动增长的第一手段，强力推进重大项目建设。全年共实施投资过千万元项目 171 个，计划总投资 126.5 亿元。从 8 月份开始，集中 150 天的时间，实施“重大项目攻坚战”。按照“洽谈签约一批、开工建设一批、竣工投产一批、加快推进一批”的要求，对 52 个投资过 2000 万元项目实行重点调度，落实“四个一”推进机制、“两审终审制”和手续代办制，有效提高了项目运作效率。全区洽谈签约项目达到 30 个，计划投资 71.2 亿元；新开工建设项目 24 个，其中过 5000 万元项目 12 个，计划投资 15.7 亿元；竣工投产项目 18 个，其中海鑫钻杆、常青树化工、安诺其纺织等投资过亿元的项目 7 个，完成投资 21.4 亿元。成立 8 个专业招商组，加大产业招商和专业招商力度，当年到位外来固定资产投资 19.3 亿元。积极做好项目编报和争取工作，争取上级扶持项目 38 个，落实资金 1.81 亿元。

（三）加强基础设施建设，城乡面貌发生新的变化。坚持以规划引领发展，启动实施了城市总体规划、土地利用总体规划、道路交通规划和重点区块详细规划的编制工作，城区详规覆盖率达到 89%。提速推进中心城区建设，投资 5.85 亿元，实施城建重点工程 13 项。昌盛河西岸绿化、西湖公园北岸衬砌绿化、朝阳河清淤及修复工程顺利完工，新增绿地面积 20 万平方米。改造延伸河仙路、黄河路、渤海路和仙河镇兴凯湖路，配套雨污分流管线 7 公里。天然气管网改造、河安小区市政配套全面完工，黄河口文体艺术中心、广电中心、第二殡仪馆建设和人民医院迁建工程顺利推进，城市功能更加完备。注册成立了城市建设投资发展有限责任公司和鹤翔资产运营中心，投融资体系进一步完善。加大城市管理执法力度，深入开展城乡环境综合整治，市容市貌明显改观。加快推进村镇建设，启动实施了村庄迁建合并工程，区财政设立专项资金，支持农民新建住房 1623 户、改造住房 664 户，惠及群众 8100 余人。积极创建农村文明示范区，改造城乡供水管网 229 公里，新建清洁沼气池 1000 个，修复农村危桥 10 座、病险水库 1 座，农村生活条件进一步改善。加大生态保护力度，高标准实施“三网”绿化示范区和沿海防护林基干林带建设，新植树木 357 万株，荣获“全省经济林示范区”称号。

（四）全力保障改善民生，社会事业取得新的进展。全区城镇居民人均可支配收入达到 20558 元，农民人均纯收入达到 7138 元，分别增长 13.5% 和 10%。新增城镇就业 2700 人，城镇登记失业率控制在 1.6% 以内。“阳光 190”社会救助体系更加完善，城乡居民医疗保险、养老保险和最低生活保障标准进一步提高，发放各类社会救助金 920 万元。全省社会救助工作会议在我区顺利召开。着力解决困难群众住房问题，新建经济适用房 300 套，落实廉租房 220 套，河口城区和孤岛、仙河 4346 套油田职工住房建设基本完工。城乡公共卫生服务和医疗救治能力不断增强，新建改造村级卫生室 17 处、乡镇卫生院 3 处，新型农村合作医疗参合率达到 98%。甲型 H1N1 流感和手足口病疫情防控扎实有效。基础教育进一步加强，实施了中小学校舍抗震安全改造、职教中心综合教学楼和河安小学建设工程，办学条件明显改善。继续保持人口低生育水平，人口自然增长率控制在5‰以内。文化体育事业繁荣发展，成功举办建区25周年系列庆典活动。扎实开展“迎国庆、保全运、促发展”百日会战行动，圆满完成建国60周年庆典和“十一”运安保任务。加大社会治安和油区治安综合治理力度，强化安全生产隐患排查和食品药品安全监管，社会秩序持续稳定。国防教育、民兵预备役和双拥工作不断加强，老年人、残疾人、妇女儿童权益得到切实保障，民族宗教、广播电视、应急管理、档案、史志、气象、地震等工作取得新的成绩。

（五）注重加强自身建设，政府施政能力进一步提高。扎实推进法治政府建设，清理规范行政审批和收费项目126项，进一步规范了行政处罚自由裁量权。加强政府效能建设，推行网上办公，将公共服务项目、办事程序、办理时限面向社会公开，提高了政府工作的透明度；深入开展“政企联动、共克时艰、力促经济平稳较快发展”活动和“通渠道、除障碍、清死角”专项治理，出台“十条禁令”，严肃查处行政不作为、乱作为行为，进一步优化了经济发展软环境。畅通民意诉求渠道，设立区长公开电话，开办“市民心声”栏目，集中解决了一批事关群众切身利益的热点焦点问题。全年办理人大代表建议71件、政协提案55件，办复率达100%。完善廉政公开承诺制，强化审计监察，认真查处违纪违法案件，反腐倡廉工作取得了新的成效。

各位代表，过去的一年，我们遇到的困难超乎预期，付出的努力非同寻常，取得的成绩来之不易。政府工作的每一点进步、每一份成绩，都得益于省、市和区委的正确领导，得益于各位代表、政协委员的监督支持，得益于全区上下、油地军港和社会各界的团结拼搏、艰苦奋斗。在此，我代表区人民政府向全区人民和社会各界，向所有为河口建设和发展做出贡献的同志们、朋友们，表示衷心的感谢并致以崇高的敬意！

回顾过去一年的政府工作，我们进一步加深了对区域经济发展规律的认识，增强了应对困难和挑战的能力，也逐步积累了推动跨越发展、争取更大进步的宝贵经验。一是坚持发展第一要务，科学判断形势，明确发展定位。面对复杂变化的宏观形势，立足河口实际，抢抓发展机遇，研究确立了“以生态立区、工业强区、关注民生、和谐发展为主题，科学规划‘一区五园一带两线’发展格局，全力打造五大基地，努力在黄河三角洲开发建设中实现率先崛起”的总体发展战略，在全区上下进一步统一了思想，凝聚了合力，激发了工作干劲。实践证明，发展是第一要务，在危机和困难面前，信心比黄金更重要，只要我们坚定信心，善于把握机遇，找准目标定位，就能牢牢把握工作的主动权，推动经济快速发展。二是找准制约区域发展的根本症结，创新运作机制，全力攻坚克难。针对河口发展处于起步爬坡阶段的基本特征，坚持把重大项目建设作为拉动工业化、城市化和解决民生问题的关键，举全区之力实施“重大项目攻坚战”，创新机制，强力推进，取得了丰硕成果，为实施国家战略积累了经验，夯实了基础。实践证明，重大项目建设是实现河口跨越发展的根本出路，只要我们下定决心，敢想敢干，努力攻克大项目、培植大产业，就一定能够在黄河三角洲开发建设中率先崛起。三是时刻把群众利益放在首位，尽心竭力办实事、解难题，让群众共享改革发展成果。围绕事关河口长远发展和群众切身利益的重大问题，研究确定了10项重点工程和10件便民实事，全部完成年度计划，让群众得到了更多实惠。实践证明，越是困难的时候，越要高度关注民生问题，只要我们心里时刻装着群众，一切为了群众，全心全意为群众谋福祉，就一定能够赢得群众的信任和支持，为事业发展积蓄强大力量。四是深化油地军港团结共建，凝聚发展合力，促进区域和谐。始终高举油地军港团结发展的旗帜，本着“以发展促合作、以合作促发展”的原则，不断深化团结共识，完善共建机制，凝聚各方力量，实施共建项目7个，总投资2.3亿元，促进了区域经济社会全面融合。实践证明，推进区域发展、共建美好家园、让生活在这方土地上的人民过上幸福生活，是油地军港的共同责任和共同心愿，只要各方精诚团结、同心同德、荣辱与共，就一定会将我们共同的事业不断推向前进。五是树立重抓落实的思想，求真务实，真抓实干。始终把抓落实作为政府的根本职责，创新工作机制，推行精细化管理，把主要精力向重大项目建设、招商引资和保障改善民生倾斜，实行周调度制度，强化督查考核和行政问责，圆满完成了各项目标任务。实践证明，只要我们树立狠抓落实的强烈责任感，对事业倾注真情，脚踏实地，真抓实干，就一定会战胜各种困难险阻，不断开创政府工作的新局面。

在肯定成绩的同时，也要清醒地看到，发展中还存在不少矛盾和问题。主要是，经济总量仍然偏小，缺乏龙头企业和大项目带动，尚未形成完善的产业体系；城市功能还不完备，城乡发展不够协调，城市建设管理水平与群众期望还有一定差距；农业生产比较粗放，品牌效益发挥不够，产业化水平较低；财政增收压力加大，收支矛盾日益突出；一些民生问题还没有得到有效解决，部分群众生活仍然比较困难；影响社会和谐的因素较多，维护稳定的任务十分艰巨；个别部门和单位服务意识不强，办事效率不高，经济发展环境还需进一步改善。对于这些问题，我们将认真研究措施，尽快加以解决。

二、2010 年政府工作的基本要求和主要任务

各位代表，2010 年，我们面临的形势依然严峻复杂，挑战与机遇并存。当前，国际金融危机的影响仍然存在，国内经济回升基础还不牢固，内需增长后劲不足，保增长的任务十分艰巨。在认清困难和压力的同时，也要充分看到面临的重大机遇和有利条件。一是黄河三角洲高效生态经济区建设已经上升为国家战略，并列入山东半岛蓝色经济区“一区三带”总体规划。河口地处黄河三角洲最前沿，是东营港的腹地支撑区和最强辐射区，既有临港优势，也有丰富的土地、海洋、油气、生态等资源优势，借助国家战略实施的重大机遇，必将迎来一个大开发、大发展、大突破的崭新历史阶段。二是国家继续保持宏观经济政策的连续性和稳定性，更加注重转变经济发展方式和调整经济结构，有利于我们承接产业转移，加大投资力度，拉动经济持续快速增长。三是经过 25 年的努力，我区基础条件不断改善，发展环境进一步优化，主导产业已经步入快速膨胀期，区域发展的大框架正在拉开。特别是当前，全区上下政通人和，油地军港团结一心，干部群众精神振奋，为我们战胜困难、跨越发展提供了有力支撑。机遇难得，形势逼人。我们一定要准确把握大局，解放思想，抢抓机遇，扎实苦干，借势而为，努力夺取全区经济社会发展的新胜利。

今年，是实施黄河三角洲国家战略的开局之年，也是实施“十一五”规划的最后一年。做好今年的工作，意义重大，影响深远。我们要全面贯彻党的十七大和十七届三中、四中全会精神，深入贯彻落实科学发展观，紧紧抓住黄河三角洲国家战略实施的重大机遇，按照“站在新起点、着眼新阶段、树立新目标、开创新局面”的要求，围绕构建“一区五园一带两线”和“五大基地”发展格局，突出“生态立区、工业强区、关注民生、和谐发展”这一主题，深入实施工业化和城镇化“双轮驱动”战略，大力开展重大项目攻坚、和谐城乡建设、政府效能提升“三大行动”，着力转变发展方式，深化改革开放，推进机制创新，保障改善民生，努力实现经济社会平稳较快发展，为推动在黄河三角洲开发建设中率先崛起而努力奋斗。

主要预期目标是：全区生产总值增长 18%，全社会固定资产投资增长 27%，规模以上工业主营业务收入增长 30%，社会消费品零售总额增长 19%，一般预算财政收入增长 11%，外贸出口总值增长 10%，城镇居民人均可支配收入增长 10%，农民人均纯收入增长 11%，城镇登记失业率控制在 2% 以内。主要约束性指标是：万元生产总值能耗、二氧化硫排放量、化学需氧量持续下降，人口自然增长率控制在 6.1‰以内。

各位代表，推进黄河三角洲高效生态经济区建设，实施国家战略，关键是抓好前三年，集中突破今年。做好今年的工作，必须牢牢把握“一条主线”，实施“三大行动”，突出“四个重点”。

一条主线，就是以实施国家战略牵动全局，高点定位，提升境界，全面融入国家战略，立足开发建设最前沿，聚力攻坚，勇挑重担，奋力抢占区域发展制高点，加速推动在黄河三角洲开发建设中率先崛起。

三大行动，就是适应国家战略的新形势，采取得力措施，整合优势力量，集中三年时间，深入开展“重大项目攻坚行动”“和谐城乡建设行动”和“政府效能提升行动”，努力提高大项目支撑带动力、基础设施承载力和政府执行力，为高效生态经济区建设提供有力保证。

四个重点，就是：

（一）以重大项目攻坚为核心，加速膨胀经济总量。坚持以大项目带动大发展，以打造优势产业集群、实现河口经济腾飞为目标，扎实开展“重大项目攻坚行动”，为推动主导产业裂变扩张搭好骨架、储备后劲。今年力争实施投资过 5000 万元项目不少于 30 个，过亿元项目不少于 20 个，过 10 亿元项目不少于 4 个。

着力实现五个突破：

在招大引强上实施突破。坚定不移地把招商引资作为头号工程，打好国家战略牌，大力开展产业招商、专业招商，努力扩大招商成效。依据主导产业规划，精心策划包装项目，锁定重点区域、重点企业，积极开展定向招商、资源招商，提高招商引资的针对性和实效性。注重培养选拔专业招商人才，优化重组专业队伍，创新招商运行机制，确保每个专业招商组年内至少引进1个投资过亿元的大项目。综合运用多种手段，积极探索以商招商、中介招商、委托招商、网络招商等有效模式，千方百计促进项目落地。进一步转变招商理念，强化招商选资意识，坚持把大项目作为主攻方向，围绕主导产业，着力引进战略投资者，增强经济发展的支撑力和爆发力。高度重视节能减排和环境保护，严把项目审批关口，坚决杜绝新上高耗能、高污染项目。

在项目运作上实施突破。完善项目推进服务机制。全面落实“一名领导牵头、一个部门具体承办、一套班子靠上推进、一套方案运作实施”的“四个一”机制，严格执行“两审终审制”和重大项目手续代办制，实行全程跟踪服务，提高项目推进效率和服务水平。着力破解资金、土地等瓶颈制约。抓住国家实施适度宽松的货币政策机遇，进一步深化银企合作，充分发挥商业银行融资主体作用，积极争取黄河三角洲开发产业投资基金向我区倾斜；规范发展小额贷款公司，为项目建设和企业发展提供更加有力的金融支撑。改革土地管理利用方式，用足用活高效生态经济区有关土地政策，保障项目用地需求。

在企业扩规上实施突破。坚持扶优扶强，认真落实加快工业企业发展的扶持政策，实施“骨干企业培育计划”，力争主营业务收入过亿元的工业企业达到30家以上，过10亿元的达到10家以上。重点支持中海石化新上240万吨/年催化裂化和500万吨/年炼油提升项目，支持富海石化加快推进20000立方米气柜、100万吨/年加氢装置、20万吨/年汽油改质和200万吨/年重油催化项目，新上25万吨/年气分、40万吨/年焦化项目。扎实推进“中小企业成长计划”，帮助企业完善发展战略，做大做强主业，加大技改投入，实施一批增资扩产项目，以增量盘活存量，加速成长壮大。完善信用担保体系，启动财政性担保公司，推行联保融资模式，破解企业融资瓶颈。大力扶持油田改制企业，按照“选好试点、以点带面”的原则，帮助解决土地手续等制约企业发展的突出问题，支持新上扩建项目，培育工业经济新的增长点。鼓励支持全民创业，降低准入门槛，强化政策扶持，催生一批专业配套企业，不断壮大企业队伍。

在产业提升上实施突破。按照高效生态经济的要求，以发展高端、高质、高效产业为目标，以新上项目为载体，推进产业结构优化升级。石化产业，抓住与中海油合作的机遇，支持中海、富海满负荷生产，加快扩规项目建设，力争年内产值突破100亿元。盐及盐化工产业，在整合盐业资源、提高原盐产能的同时，集中突破盐化工项目，提升产业附加值，力争完成原盐产量100万吨。重点推进实施大海集团60万吨/年离子膜烧碱及配套项目，延伸化工产业链条，在促进石化、盐化一体化发展上实现突破。石油装备产业，重点推进在建、续建项目尽快投产，实现产业集中布局，打造黄河口石油装备制造业基地。新能源产业，重点推进总投资22亿元的3个风力发电项目、生物质发电项目和光伏太阳能发电项目，以及总投资15亿元的华锐风电设备制造项目，迅速壮大产业规模，打造黄河三角洲新能源产业基地。认真落实服务业发展规划，改造提升商贸餐饮等传统服务业，大力发展临港物流、服务外包等生产性服务业；突出发展文化旅游业，重点搞好景点包装和运营策划，精心打造神仙沟、滨海长廊、石油小镇等精品旅游线路和特色景观，提升旅游产业档次和规模。加快发展高新技术产业，支持企业建立科技创新平台，深化产学研结合，提高科技孵化水平。高度重视节能降耗，积极推行清洁生产，加大污染治理和环境保护力度，大力发展循环经济、低碳经济，努力实现绿色增长。

在园区建设上实施突破。围绕打造“经济发展核心区、招商引资先导区、主导产业聚集区”的总体定位，高水平编制开发区总体规划和分区规划，加大“一区五园”基础配套力度，统筹解决排污、燃气和供水问题，不断增强园区承载能力。规划建设北部新型工业基地，高标准实施基础设施配套，按照高效生态经济的要求，集中布局符合国家产业政策和规划要求的盐化工、精细化工、新能源、新材料项目，加速产业集聚，形成与临港开发区联动发展的格局。坚持土地集约高效利用的原则，加大园区闲置土地清理力度，盘活存量土地，为新上项目腾出发展空间。

（二）以打造湿地之城为目标，加快推进新型城镇化。按照“准确定位、拉开框架、挖掘内涵、提升层次”的思路，深入实施城镇化战略，完善城市功能，优化城乡布局，推动组团发展，全力打造黄河口湿地之城。

坚持高点定位，完善城镇体系规划。坚持生态优先原则，始终把“湿地生态”作为城市基本定位和标志性品牌。注重规划的引领作用，依据黄河三角洲高效生态经济区规划，高起点编制区域战略规划；按照中心城、小城镇、新型农村社区三个层级，进一步完善城镇体系总体规划；加快配套重点区域详细规划，逐步拉开城镇发展框架。建立完善群众参与、专家咨询与领导决策相结合的规划决策机制，着力提升片区、项目和单体设计水平，建设群众满意的精品工程、放心工程。强化规划执法刚性，严查违法建设行为，维护规划的权威性和严肃性。

拓展中心城区，提高辐射带动能力。重点建设三大区块。一是打造西湖区。以建设全国一流的湿地生态景区、文化创意园区为目标，聘请国际知名设计团队，对李坨水库及周边区块进行整体策划，瞄准高端定位，实施深度开发，打造水绿共生的现代城市景观，带动城市向西扩张。二是提升工矿区。强化城市规划约束，提高城区工矿用地使用效益，鼓励油田大院子逐步向城区外围和园区搬迁，优化城市空间布局。加大对城区和周边闲置土地清理力度，统一储备，集约利用，拓展城市空间。三是改造城中村。按照“政府主导、村民自愿、市场运作、稳步推进”的原则，启动实施城中村改造，加快河滨小区二期及周边配套建设，改善城郊面貌，提升城市形象。

完善基础配套，提升城市功能形象。突出抓好“畅、绿、亮、美、洁”五大工程建设。“畅”，就是以路为纲，拉开基础建设框架。重点打通城区断头路，改造提升公园街、黄河路和海宁路；规划建设西外环路，对海盛路、顺河路进行延伸改造，拉动城市扩张发展。“绿”，就是以绿为带，构筑城乡生态景观系统。扎实推进“三网”绿化工程，高标准建设乡镇示范区7处、柽柳林示范区2000亩、保护区4万亩、沿海防护林基干林带5.1公里，新增绿化面积2.1万亩；城区重点搞好道路绿化、空白地绿化和油田大院子绿化，加快构建“森林环抱”的大绿化格局。“亮”，就是实施城市主干道路和沿街建筑亮化工程，扮靓城市夜景，提高道路安全通行能力。“美”，就是抓好城市景观建设，打造一批精品工程，精心搞好策划，融入黄河口、大湿地、石油城等文化内涵，彰显区域特色，提升城市形象。“洁”，就是创新城市管理机制，推行精细化、网格化管理，加大城乡环境综合整治力度，提高城市管护水平。实施河口垃圾处理场扩建和城区污水管网配套工程，在重点路段和居民小区建设压缩式垃圾转运站10个；加强污水处理厂管理运营，狠抓城区污染治理，提高城市保洁水平。

创新融资机制，做好经营城市文章。实行市场化运作，是突破城市建设融资瓶颈最现实、最有效的出路。本着推动城市滚动发展的原则，依托城建投资发展公司、国有资产运营中心和鹤翔资产运营中心三大融资平台，盘活存量资产，搞好策划包装与市场分析，实施分期开发，建立持续的城建资产与资源注入机制。注重发挥财政资金“四两拨千斤”的作用，以政府投资为导向，积极引入BT、BOT、TOT等融资方式，吸引社会资本和战略投资者参与城市建设，放大政府资金投入的倍增效应。整合城区及周边低效利用土地，实行统一规划，统一收储，统一开发，尽快把土地存量优势变为城市发展优势。加快建立城市规划与土地储备相结合的联动机制，严格控制重大基础设施项目周边土地，提高政府对土地的调控能力。进一步探索油地共建共管的新机制、新办法，超前谋划，搞好对接，形成推动城市建设的强大合力。

加强村镇建设，推动城乡一体化发展。加快推进小城镇建设，按照差异化发展原则，搞好乡镇间分工与协作，促进优势互补、协调发展。加强乡镇驻地特别是东部城镇基础设施配套，完善功能，提升形象，增强小城镇辐射带动能力。认真做好“一包三派”和油田帮扶乡镇工作，整合力量，探索建立支持村镇建设发展的长效机制。调整完善村庄建设规划，扎实推进村庄迁建合并工程，培植典型，以点带面，有序推进，确保新建农村住房1560套，改造危房600套。建设新型农村社区5处，与农村文明示范区和卫生、计生、民政等公用设施相结合，实行统一规划，集中布局，实现农村基础设施和公共服务资源共享。继续按照“抓市场、带龙头、建基地”的思路，积极推动农业生产由偏重设施配套向注重产业提质转变，由偏重家庭生产向注重组织化经营转变，由偏重数量规模向注重品牌培育转变，促进农业持续增效、农民持续增收。

推进农业产业化经营。培育壮大农业龙头企业，支持海星、振宇等重点龙头企业扩大基地规模，加快技术改造，提高产品档次，积极开发精深加工项目，促进农产品转化增值。力争年内新增市级以上农业龙头企业5家。加大对农民专业合作组织扶持力度，着力在规范管理、接轨市场上加强指导，搭建服务平台，构筑营销网络，实现产供销一体化经营。依托惠农担保公司，积极开展信用合作，鼓励更多的信贷资金投向农业和农村。充分发挥土地流转服务中心作用，完善扶持政策，鼓励以农业大户、专业合作社为主体发展规模经营，促进土地高效利用。建立完善农业科技支撑体系，实施农村劳动力素质培训和科技入户工程，提高农业综合效益。

加强标准化基地建设。实施“百千万”特优农产品生产基地建设，重点扶持发展30个百亩高产园、10个千亩示范片和2个万亩特优农产品基地。大力发展品牌农业，加强宣传推介，完善营销网络，打响黄河口品牌，提升农产品竞争力，重点建设3万亩黄河口冬枣品牌基地、3200亩黄河口大闸蟹品牌基地和8000亩黄河口海参标准化基地。突出发展生态畜牧业，依托龙头企业和养殖大户，新建提升标准化畜牧养殖小区40个。鼓励发展林下经济和特色种养殖，拓宽农民增收渠道。健全完善农产品质量安全监督监测体系，强化对农业投入品使用、生产过程、产品质量全程监控，确保农产品质量安全。

改善农业生产条件。依托黄河口国家级中心渔港，加快海洋经济产业园规划配套，吸引大企业、大集团落户，实现公司化经营。加强农田水利基本建设，实施王庄二干二分干衬砌改造和义丰干、丰产河清淤疏浚，完成滨海大道绿色生态河建筑物配套工程。实施土地开发整理项目3.6万亩，现代渔业标准化池塘开发项目8000亩，改造中低产田1.5万亩，提高农业综合生产能力。认真落实粮食最低收购价、粮食直补、良种补贴、农机具购置补贴、生猪良种补贴等各项强农惠农政策，积极推进玉米、棉花等政策性农业保险，严格涉农价费监管，切实减轻农民负担。

加快推进农村产权制度改革。深化土地产权制度改革，引导农民依法有偿流转土地承包经营权；加强农村宅基地管理，严格落实“一户一宅”政策，禁止乱搭乱建行为。推进农村集体产权制度改革，支持有条件的村走“村企合一”的发展路子。深化林权制度改革，与土地延包制度有机结合，放活林业生产经营权、落实处置权，加快建立责权利相统一的造林营林新机制。推进小型农田水利产权制度改革，通过租赁、拍卖、股份合作等形式，明晰产权，逐步建立起多元化投入、公司化经营的良性机制。

（三）以改善民生福祉为根本，加快构建和谐社会。本着统筹城乡、以人为本的原则，致力推进基本公共服务均等化，完善社会保障体系，抓好便民实事建设，努力让老百姓分享到更多发展的成果，体验到更多和谐幸福。

努力提高城乡居民生活质量。千方百计扩大就业。坚持用发展的手段解决就业问题，依托油地军港就业联动服务中心，发挥重点工程、重大项目带动吸纳就业的作用，确保新安置城镇就业1400人，转移农村劳动力2700人。健全城乡社保体系。加大社会保险扩面征缴力度，全面推进城乡居民医疗保险，做好新型农村社会养老保险试点工作，年内参保率达到70%以上。完善“阳光190”社会救助体系，认真解决弱势群体和困难群众的生活保障问题。继续推进经济适用房、廉租房等保障性住房建设，发放廉租住房货币化补贴100户，满足困难群众住房需求。

大力发展各项社会事业。落实教育优先发展方针，实施农村中小学校舍抗震安全改造和信息化建设工程，加快教育小区配套和河安小学建设，进一步改善办学条件。以人人享有基本医疗卫生服务为目标，稳步推进医药卫生体制改革，完善公共卫生和医疗服务体系，建成启用区人民医院，改造扩建农村卫生室33处，提高城乡医疗保障水平。做好人口和计划生育工作，持续稳定低生育水平。以打造黄河口文化品牌为目标，加快发展文化事业和文化产业，推进经济文化融合发展，力争黄河口文体艺术中心主体育场和广电中心年内完工投用。关心支持妇女儿童、老年人、残疾人事业，进一步做好民族宗教、外事侨务、人民防空、打私、统计、史志、档案等方面的工作。加强国防教育，抓好民兵预备役建设，巩固扩大双拥共建成果。扎实开展“从我做起、走向文明”主题实践活动，深入推进文明城市创建，提高全社会文明程度。

全力维护社会安全稳定。深入推进“平安河口”建设，构建严密的油地治安防控网络，始终保持严打高压态势，不断提高群众社会安全感和满意度。畅通群众诉求渠道，充分发挥区长公开电话、市民心声、政风行风热线等载体作用，认真研究解决群众反映的热点难点问题。完善矛盾纠纷排查调处机制，坚持领导接访和带案下访制度，着力化解信访突出问题。严格落实安全生产责任制，狠抓重点行业、重点领域专项整治，坚决杜绝重特大事故的发生。实施城区交通安全警示系统建设，在重点路口安装测速拍照和警示装置，在主干路段建设隔离护栏，强化交通秩序专项治理，确保居民出行安全。高度重视食品药品安全工作，严厉打击制假售假行为，坚决杜绝不合格产品进入市场。健全应急管理体制机制，切实提高预防和处置突发公共安全事件的能力。

三、努力建设人民满意的服务型政府

各位代表，新的形势和任务，对政府工作提出了新的更高要求。我们必须与时俱进，开拓创新，切实加强政府自身建设，不断提高管理社会、促进发展、服务人民的能力和水平。

一是解放思想，提高创新力。立足河口区情，准确把握发展大势，始终站在实施国家战略的高度，提升思想境界，树立战略思维，以更加宽广的视野谋划全局，以更加非凡的气魄推动发展。始终坚持用改革的思路、发展的办法和市场的手段，突破体制机制障碍，大胆探索，勇于实践，解决制约发展的深层次矛盾和问题。始终保持奋发有为的精神状态，顽强拼搏，克难奋进，努力战胜前进道路上的一切障碍和困难。

二是加强效能建设，提高执行力。建立科学有效的目标管理责任体系，对重点工作逐一量化分解，层层压实责任，跟踪督查调度，确保落到实处。切实加强机关效能建设，全面落实首问负责、限时办结和超时默认制度，精简审批流程，压缩会议、文件，提高工作效率；高标准建设行政服务大厅，实现一条龙服务，努力优化发展环境。加大绩效评估和奖惩考核力度，强化效能监察，严格行政问责，坚决兑现奖惩。倡导求真务实、真抓实干，推行一线工作法，深入基层，问政于民，问需于民，问计于民，面对面地解决实际问题。

三是坚持依法行政，提高公信力。自觉接受人大法律监督、政协民主监督和社会监督，深入开展民主评议政风行风和群众满意度调查，确保行政权力依法行使、透明运行。健全重大事项专家咨询、社会公示、听证等制度，切实做到科学决策、民主决策。进一步加强普法宣传教育，认真组织“法治河口”创建活动，提高法律服务水平。扎实开展“两清理一规范”活动，健全行政执法责任制。全面推行政务公开，加强电子政务建设，及时了解民意，化解矛盾，改进政府工作。

四是保持清正廉洁，提高约束力。坚持从严治政，廉洁从政，提倡勤俭节约，反对铺张浪费，努力压减开支，强化审计监督，切实从源头上预防和治理腐败。认真落实党风廉政建设责任制，加强对权力运行的监督和制约，加大纠风治乱力度，严查行政不作为、乱作为行为。支持纪检监察机关查办违法违纪案件，坚决纠正损害群众利益的不正之风。注重加强公务员队伍建设，时刻把群众福祉放在心头，把推进发展作为第一责任，把群众评判作为第一标尺，积极投身经济建设第一线，服务群众最前沿，不断砥砺品质，增长才干，争做勤奋敬业、勇挑重担、为民务实的表率。

各位代表，今天的河口已经站在了一个新的历史起点上，人民的期望不允许我们丝毫懈怠，时代的要求召唤我们奋发进取。让我们在市委、市政府和区委的坚强领导下，高举油地军港团结发展的大旗，发扬求真务实、真抓实干的作风，开拓创新，攻坚克难，团结奋进，全面完成今年确定的各项目标任务，为加快推进黄河三角洲高效生态经济区建设、实现河口率先崛起而努力奋斗！

政府工作报告

——2011 年 1 月 13 日在东营市河口区第十六届人民代表大会第五次会议上

东营市河口区人民政府副区长 马保文

各位代表：

现在，我受武林中区长委托，代表区人民政府向大会报告工作，请予审议，并请政协委员和其他列席会议的同志提出意见。

一、“十一五”时期政府工作回顾

“十一五”时期，是河口发展历程中极不平凡的五年。五年来，在市委、市政府和区委的正确领导下，全区上下深入贯彻落实科学发展观，解放思想，干事创业，锐意改革，拼搏进取，积极应对国际金融危机和各种困难挑战，全面推进黄河三角洲高效生态经济区建设，国民经济呈现出又好又快发展的良好势头，圆满完成了“十一五”规划各项目标任务，为全面建设小康社会打下了坚实基础。

经济总量快速膨胀，综合实力大幅提升。五年来，全区经济保持了较快增长。初步统计，2010 年全区生产总值达到 140 亿元，按可比价格，是“十五”末的 2.6 倍，年均增长 21%。工业实力显著增强，全区规模以上工业实现增加值 75 亿元、主营业务收入 380 亿元，分别是“十五”末的 4.4 倍和 7.3 倍；高新技术产业产值占规模以上工业总产值的比重由 25.1% 提高到 38.8%。投资、消费不断扩大，“十一五”期间，全社会固定资产投资累计完成 529 亿元，是“十五”时期的 4 倍，年均增长 23%；社会消费品零售总额达到 28 亿元，年均增长 20%。财税金融稳健运行，2010 年实现一般预算财政收入 7.65 亿元，是“十五”末的 2.7 倍，年均增长 22%；全区金融机构各项存贷款余额达到 135 亿元和 54 亿元，年均分别增长 11%、18%。镇属经济加快发展，镇街财政收入达到 1.4 亿元，是“十五”末的 13 倍。

经济结构不断优化，产业支撑带动能力明显增强。始终把培植壮大主导产业作为重中之重，以大项目建设为载体，着力调整存量、优化增量、膨胀总量，推动产业结构优化升级。三次产业比重由“十五”末的 13.8：58.2：28 调整为 5.9：56.1：38。石油化工、盐及盐化工、精细化工、石油装备、风力发电等支柱产业加速膨胀，原油综合加工能力达到 630 万吨，2010 年原盐产量达到 100 万吨，风电装机总容量达到 19.7 万千瓦。园区经济拉开新的框架，“一区五园”发展格局已经形成。创新园区管理模式，对河口经济开发区实行封闭运行机制，工业总产值五年增长了 6 倍；中海石化和富海工业园累计完成技改投入 8.3 亿元，综合加工能力大幅提升；能源装备制造园落户企业 15 家，初步形成产业集群优势；河口高效生态经济产业园完成起步区配套建设，已联审落户阳谷华泰橡胶助剂、泰岳石化油品质量提升等高端产业项目 8 个，计划总投资 64.7 亿元。实施骨干企业培植工程，全区规模以上工业企业由 44 家增加到 106 家，其中主营业务收入过亿元的达到 53 家，过 10 亿元的达到 11 家；中海石化与中海油集团成功达成战略合作，富海集团入闱全国制造业 500 强。农业产业化水平明显提高，农业龙头企业发展到 70 家，农民专业合作组织发展到 91 家；冬枣、水产、畜牧、棉花等传统产业持续壮大，建成良种棉基地 20 万亩、生态高效渔业基地 40 万亩、畜牧标准化养殖小区 246 处，黄河口冬枣、海参、大闸蟹等一批区域化布局、规模化生产的农产品基地正在形成；加强农业基础设施建设，五年开发整理土地 17.8 万亩，实施农业综合开发 8.1 万亩，新增耕地 5.6 万亩，治理骨干河道 5 条 120 公里，维修病险水库 2 座，农业综合生产能力明显提高。服务业加快发展，占生产总值的比重比“十五”末提高了 10 个百分点；华欧国际商贸城、银座购物广场、安居·中央街、黄河口水产品批发市场等一批综合商贸设施建成投用，物流企业发展到 40 家；生态旅游业实现破题，顺利通过中国优秀旅游城市验收。

基础设施建设进一步加强，统筹城乡发展取得新成效。始终坚持高起点规划的原则，五年共修订编制城乡总体规划、小城镇总体规划、道路交通、湖滨新区等规划30余项，城区详规覆盖率达到89%。加大中心城建设力度，坚持内部提升和外延拓展相结合，高标准实施了银河公园、鸣翠湖公园、环城水系等景观工程，建设了黄河口文体艺术中心、广电中心、第二殡仪馆等公益设施，启动实施湖滨新区开发和李坨旧村改造工程，新建改造海昌路、海宁路、海盛路、河聚路等城市主干道路13条38公里，新增水面138万平方米、绿地120万平方米，中心城建成区面积扩大到19.8平方公里。完善配套市政公用设施，投资4.5亿元，实施了城区集中供热、污水管网配套和天然气管网改造工程，城市功能更加完备。实施城市精细化管理，加大环境综合整治力度，市容市貌明显改观。加快推进村镇建设，启动实施了村庄迁建合并工程，城镇化率达到77.95%；五年建设改造农村公路300余公里、危桥19座，新建农村住房4960户，改造农村危房1288户，新增沼气用户4680户，铺设供水管线2800余公里，农村生产生活条件得到有效改善。加强基础设施建设，黄河口中心渔港开港运营，滨海大道绿色生态河全线贯通，河仙路、北外环、荣乌高速连接线建成通车。创新造林绿化模式，在全市率先实施“三网”绿化工程，累计植树1040万株，绿化面积7.76万亩。加大节能减排和环境保护力度，实施节能技改项目21个，取缔土小污染企业42家，河口污水处理厂投入运营，垃圾处理场二期工程开工建设，圆满完成了“十一五”节能减排目标。

各项改革深入推进，对外开放实现新突破。投融资体制改革取得重大进展，组建了中小企业信用互助会、财政性担保公司和小额贷款公司，市场化运作机制更加完善。农村综合改革不断深化，集体林权制度改革试点通过省级验收；土地流转制度改革顺利实施，建立了区乡两级土地流转服务中心，土地流转面积达到1.3万亩。企业改革取得新成效，油田改制企业达到15家，安诺其纺织材料有限公司实现与总公司捆绑上市。政府机构、医药卫生、粮食、价格、公用事业等各项改革稳步推进。进一步转变招商方式，大力推进产业招商和专业招商。“十一五”期间，共洽谈引进投资5000万元以上项目82个，其中过亿元项目55个，累计到位外来固定资产投资86.4亿元，为经济发展注入了强大活力。积极发展对外贸易，五年累计利用外资8100万美元，完成出口总值1.77亿美元，分别是“十五”期间的1.8倍和2.6倍；全区拥有自营进出口权的企业发展到45家。

社会事业蓬勃发展，保持了和谐稳定的良好局面。五年来，区财政对科技、教育、卫生等方面的投入达到7.7亿元，年均增长23.5%。产学研结合不断深化，五年累计转化科技成果92项、申请专利1128件，组建院士科研工作站1家，被评为“全国科技进步区”。大力发展教育事业，城乡全部实现免费义务教育，中小学适龄儿童入学率均达到100%；不断改善办学条件，实施了低标准建材校舍改造、教学仪器更新、抗震安全改造和“两热一暖一改”试点工程，职教中心综合教学楼、河安小学建设工程顺利完工，被授予“全省教育先进单位”称号。加强医疗卫生服务体系建设，新建改造农村卫生室50处、镇街卫生院4处、城市社区卫生服务机构4处，区人民医院顺利搬迁，通过了国家卫生城市复审。文化体育事业繁荣发展，成功举办了河口区首届油地军港运动会、广场文化艺术节、闹元宵等活动；建设小康文明村71个，镇街综合文化站实现全覆盖，90%以上的行政村建设了文化大院，群众精神文化生活更加丰富。加强计划生育综合管理，人口自然增长率控制在5.8‰以内，被评为“全国人口和计划生育系统先进集体”。深入实施普法依法治理，全面推进依法行政，荣获首批“全国法治县（市、区）创建活动先进单位”和“全省依法行政先进单位”称号。扎实推进“平安河口”建设，加强社会治安和油区治安综合治理，强化安全生产隐患排查和食品药品安全监管，社会秩序持续稳定。人民防空、双拥共建和优抚安置工作成效明显，顺利通过全省新一轮双拥模范区检查验收；老年人、残疾人、妇女儿童权益得到切实保障，外事侨务、民族宗教、应急管理、对台、档案、统计、史志等工作取得新的成绩。

民生保障力度加大，人民生活水平迈上新台阶。千方百计增加城乡居民收入，城镇居民人均可支配收入达到2.2万元，农民人均纯收入达到8065元，年均分别增长10.3%和12.5%。加强就业和再就业工作，建立油地军港就业联动服务中心，五年累计安置城镇就业1.12万人，转移农村劳动力1.99万人，城镇登记失业率控制在2.4%以内。完善社会保障救助体系，城乡低保标准由每人每年3120元、1130元，分别提高到4320元、1620元，农村五保供养标准由每人每年2800元提高到3600元，五年累计发放各类救助金6300万元，“阳光190”社会救助中心被列为全国首批居民经济状况核对试点单位。扎实推进新型农村社会养老保险试点工作，参保率达到95.7%，位列全省试点县区第一名。深化医药卫生体制改革，实行城市社区卫生服务机构、镇街卫生院国家基本药物“零差率”销售，有效缓解了群众看病难、看病贵的问题。积极完善住房保障体系，累计建设农村特困群众安居房690套、农村建国前老党员安居房22套，建设经济适用住房580套、廉租住房60套、货币化补贴156户，政府让利支持油田建设职工住房6186套，群众住房条件大为改善。

刚刚过去的2010年，是实施黄河三角洲高效生态经济区建设国家战略的开局之年。一年来，按照区委“高点定位、率先崛起”的要求，针对制约发展的关键问题，强化措施，集中突破，举全区之力实施重大项目攻坚、和谐城乡建设和机关效能提升“三大行动”，取得了显著成效。重大项目攻坚行动，探索建立了区级领导牵头负责、项目推进评价考核等推进机制，组织实施重大项目集中开工仪式两次，对41个投资过5000万元的重大项目进行重点调度、集中推进，目前已开工建设28个，计划投资89.4亿元；竣工投产12个，其中过亿元项目8个，完成投资21.1亿元，经济发展后劲明显增强。和谐城乡建设行动，组建成立了油地军三方共同参与的领导指挥机构，完善城市建设投融资机制，投资3.84亿元，实施西外环建设、海宁路改造、城区安全警示系统建设、湖滨新区开发、李坨旧村改造等重点工程18项，通过强化调度、一线推进，各项工程全部完成年度计划。机关效能提升行动，从转变机关作风、创新效能监察机制、优化发展软环境入手，健全完善区长公开电话、市民心声等民意诉求渠道，认真办理人大代表建议和政协提案，深化行政审批制度改革，全区行政审批（许可）事项办理平均提速50%以上，全面提升了政府执行力和公信力。

各位代表，过去的五年，是河口经济快速发展、社会全面进步、城乡面貌发生深刻变化、人民群众得到实惠最多的五年。回顾五年的历程，我们深切体会到，做好新形势下的政府工作，必须始终做到“六个坚持”：一是始终坚持加快发展不动摇，面对国际金融危机的严峻挑战和区域竞争更加激烈的严峻形势，自我加压，迎难奋进，在科学发展的道路上迈出了坚实步伐，全区经济总量、固定资产投资、地方财政收入等10项指标均实现了翻番，超额完成了“十一五”规划各项目标任务。二是始终坚持推进黄河三角洲开发建设不松劲，立足河口实际，高点定位，科学运筹，研究确定了“科学规划‘一区五园一带两线’经济发展新格局，全力打造五大基地，努力实现在黄河三角洲开发建设中率先崛起”的总体战略，走出了一条符合河口实际的发展路子。三是始终坚持以解放思想为先导，连续三年开展了学习实践科学发展观活动，全区上下干事创业、争先创优的热情充分激发，在规划引导、政策激励、机制创新和市场化运作等方面取得了重大突破。四是始终坚持以大项目带动大发展，将项目建设作为经济发展的核心支撑，围绕主导产业、园区发展和城市建设，集中实施了一大批重大基础建设项目和工业项目，有力地扩大了投资，拉动了增长，增强了经济发展的后劲。五是始终坚持把保障改善民生作为一切工作的出发点和落脚点，着重围绕就业、教育、医疗、卫生、社会保障等重点领域和群众所需所盼所求，累计投资25.7亿元，实施便民项目、实事50余项，有效改善了群众生产生活条件。六是始终坚持区域和谐发展的原则，高举油地军港团结发展的旗帜，建立实施了油地军港联席会议制度，推进项目共建、资源共享、互惠共赢，形成了团结协作、和谐发展的生动局面。五年累计实施共建项目42个，落实共建资金25.1亿元，促进了区域经济社会全面融合、一体发展。

成绩来之不易，经验弥足珍贵。五年来的生动实践，是对中央、省市和区委科学决策的有力见证；五年来的丰硕成果，凝聚着社会各界、全区干部群众的聪明才智和辛勤汗水。这些成绩的取得，是市委、市政府和区委正确领导的结果，是区人大及其常委会监督支持、人民政协和各民主党派参政议政的结果，是全区上下、油地军港、社会各界齐心协力、共同奋斗的结果。在此，我代表区人民政府向全区人民和社会各界，向各位代表和政协委员，向所有为河口建设和发展做出突出贡献的同志们、朋友们，致以崇高的敬意和衷心的感谢！

在肯定成绩的同时，我们也清醒地看到，经济社会发展中还存在着不少困难和问题。主要是：经济实力比较薄弱，产业结构不够合理，现代服务业和高新技术产业所占比重较低；城乡差别仍然较大，城市功能尚不完善，农村公共服务设施还比较落后；科技创新能力不强，生态比较脆弱，资源环境约束进一步增强；税源结构不尽合理，增收压力不断加大；改善民生、维护稳定、促进协调发展的任务还很艰巨；发展环境还不够宽松，政府职能和干部作风有待进一步转变。对于这些问题，我们一定高度重视，采取有效措施，认真加以解决。

二、“十二五”时期的奋斗目标和总体要求

各位代表，“十二五”时期是我区全面建设小康社会、深化改革开放、加快转变经济发展方式的关键时期，也是全力实施国家战略、实现在黄河三角洲高效生态经济区建设中率先崛起的攻坚时期。根据党的十七届五中全会精神和区委六届十六次全会通过的建议，区政府编制了《河口区国民经济和社会发展第十二个五年规划纲要（草案）》，已印发大会，请一并予以审议。

展望“十二五”，既面临重大机遇，也面临严峻挑战。在经历了国际金融危机之后，世界经济复苏回升势头明显，科技进步、资本流动和产业转移进一步加快；中央积极稳健的宏观政策，有利于促进经济的平稳健康运行；黄河三角洲高效生态经济区、山东半岛蓝色经济区相继上升为国家战略，河口区作为两大经济区的融合交汇点和发展最前沿，支持政策更加密集，区位优势更加突出；特别是随着全市“三路两港一场”立体化交通体系的形成，产业北移步伐加快，河口区作为东营港腹地支撑区，必将最先接受辐射，推动临港经济向纵深拓展，实现港区联动、一体发展。同时，我们也清醒地看到，国内外发展环境更趋复杂，国际金融危机影响深远，经济发展的不确定因素日益增多；特别是天津滨海新区、河北曹妃甸、辽宁“五点一线”沿海经济带已经抢占先机、加速崛起，潍坊、滨州、莱州等周边地区也竞相赶超，发展势头迅猛。如何发挥优势，在新一轮区域竞争中赢得主动、跨越发展，是当前面临的重大挑战。我们务必要增强机遇意识、忧患意识和责任意识，牢牢把握战略机遇，积极应对各种挑战，坚定信心，攻坚克难，乘势而上，更加奋发有为地推动经济社会又好又快发展。

“十二五”时期全区经济社会发展的指导思想是：高举中国特色社会主义伟大旗帜，全面贯彻落实科学发展观和党的十七届五中全会精神，以科学发展为主题，以加快转变经济发展方式为主线，深入实施“科学规划‘一区五园一带两线’经济发展新格局，全力打造五大基地，努力实现在黄河三角洲开发建设中率先崛起”总战略，加快推进工业化、城镇化和农业现代化进程，着力提升产业素质，完善基础设施，深化改革开放，保障改善民生，促进经济社会在新起点上实现新跨越，率先建成黄河三角洲高效生态经济发展先行区、山东半岛蓝色经济发展创新区和中国宜居宜业湿地之城。

“十二五”时期的主要奋斗目标是：

——综合实力显著提升。经济保持平稳较快发展，全区生产总值年均增长17%，一般预算财政收入年均增长17%，固定资产投资年均增长20%，社会消费品零售总额年均增长17%，进出口总值年均增长15%，实际利用外资年均增长15%，打造成为黄河三角洲地区重要的绿色生态化工基地、盐及盐化工基地、装备制造业基地、海洋渔业基地和临港产业配套服务基地。

——产业支撑带动能力显著增强。经济结构进一步优化，三次产业比重调整为4：56：40，高新技术产业产值占规模以上工业产值比重达到42%以上，初步构建起循环经济产业体系、蓝色海洋经济体系、新能源产业体系、绿色高效农业产业体系、生态旅游产业体系、生态水系湿地系统、生态化社会体系等七大高效生态经济社会体系。

——人居环境显著改善。城市框架基本形成，小城镇建设成效明显，城乡一体化进程加快推进，中心城区改造、湖滨新区开发、城镇组团发展取得重大进展，全区城镇化率达到79%以上；全面完成“十二五”节能减排任务，城市污水、生活垃圾实现全收集、全处理，环境空气质量明显改善，林木覆盖率达到20%，打造成为黄河口湿地生态之城。

——人民生活水平显著提高。城镇居民人均可支配收入和农民人均纯收入分别达到3.5万元和1.3万元，年均增长10%以上；就业持续增加，城镇登记失业率控制在2.4%以内；社保体系更加完善，社会事

业加快发展，人民生活更加殷实，社会政治和谐稳定，文明程度全面提高。

为确保实现上述目标任务，“十二五”时期着力推进五项重点工作：

（一）全面推进黄河三角洲高效生态经济区建设，加快构筑区域发展新高地。坚持以园区、城镇和重大基础设施为载体，全面落实国家战略，深度推进开发建设，进一步优化区域发展环境，促进要素集中、项目集聚、产业集群发展，努力推动区域率先崛起。

强化园区带动，加速产业集聚。按照“布局集中、用地集约、产业集聚、错位发展”的原则，集中突破“一区五园”，明确园区定位，实行分类指导，打造产业集聚高地。河口经济开发区，以打造省级一流经济开发区为目标，提升完善配套功能，稳步推进园区西扩，逐步实施化工企业搬迁，集中发展以清洁生产为特征的机械制造、纺织服装、商贸物流、服务外包等产业，推动园区、城区融合发展。河口高效生态经济产业园，进一步完善分区规划，创新运营管理机制，集中发展新能源、新材料、新化工等高端产业，打造黄河三角洲循环经济示范园区，建成为省级经济开发区。黄河口海洋经济产业园，按照“港区联动、陆海统筹、港园一体”的原则，依托东营港、黄河口中心渔港和临港产业区，集中发展现代渔业、船舶制造、海洋化工、港口物流等临港产业，打造环渤海重要的新兴蓝色经济区。黄河口能源装备制造园，以大项目为支撑，着力发展石油装备、风电设备、光伏设备、新型材料等产业集群，打造黄河三角洲重要的能源装备制造基地。富海工业园，高标准实施园区配套，重点推进富海石化油品质量提升及上下游关联项目，以项目建设带动产业链延伸，打造绿色生态化工基地。黄河口农产品精深加工园，依托优势农产品和特色种养殖基地，重点发展生物医药、高档功能食品等产业，集中新上一批蛋白质、多肽、多糖和血红素提取等高科技项目，打造全省重要的绿色农产品加工示范园区。

强化城镇带动，促进区域协调发展。按照“统筹城乡、整体规划、互补联动、组团发展”的原则，加强新型城镇化建设，优化城乡空间布局，增强城镇综合承载能力。提升拓展中心城区，加快实施“南融、北控、东改、西扩”，稳步推进城中村、棚户区和油田大院子改造，集中突破湖滨新区开发，完善道路、水系和市政配套，增强城市辐射带动能力。力争到2015年，中心城建成区面积达到22平方公里。加快推进城镇建设，培育形成以孤岛、仙河为东翼，以义和、新户为西翼的组团发展新格局，完善基础配套，壮大镇域经济，不断提升城镇承载能力。科学规划建设新型农村社区，积极推进村庄迁建合并，推动农村社区集中布局，实现农村基础设施和公共服务资源共享，力争到2015年全区所有行政村全部纳入社区服务网络。

强化重大基础设施带动，提升发展承载能力。按照“统一规划、科学布局、适度超前”的原则，加快交通、水利、能源等重大基础设施建设。在完善现有路网骨架的基础上，优化拓展城区内部交通网络，提速推进西外环路建设，积极推进环渤海高等级公路河口段、河口至东营港疏港公路建设，构筑畅通、快捷的城市干线公路体系；加快黄河口中心渔港建设，重点实施航道整理、码头扩建和产业园基础配套工程，建成环渤海地区最大的综合性港口和渔业集散地；加快完善防潮体系，重点实施潮河—挑河段新堤建设，构筑北部沿海防护屏障；加快引、蓄、排、节等水利工程建设，实施城乡电网升级改造，推进广电网、互联网、通信网“三网”融合，为高效生态经济发展提供完备的基础保障。

（二）转变经济发展方式，加快促进产业结构优化升级。坚持把转方式调结构作为贯穿“十二五”时期的战略任务和发展主线，整合提升传统产业，大力发展高端高质高效产业，以增量优化带动总量膨胀，全面提高产业素质，加快构筑现代产业体系。

做大做强工业经济。按照传统产业高端化、新兴产业规模化、主导产业集群化的要求，着力培植产业集群、骨干企业和拳头产品，优化提升石油化工、盐及盐化工、精细化工等支柱产业，积极推进关联产业、上下游企业整合集聚，扩大生产规模，培育产业集群。力争到2015年，全区石油综合加工能力达到1000万吨以上；原盐、烧碱产能突破200万吨和60万吨。加快发展石油装备制造、风机设备制造、农机具生产等装备制造业，注重错位发展、差异竞争，鼓励发展成套装备、终端产品和特殊组件，提高产品竞争力。加快改造纺织服装、农产品加工等传统产业，实施品牌开发，拉长产业链条，加快膨胀规模。

充分发挥资源优势，积极培育发展新能源、新材料、新医药等新兴产业，完善产业规划，落实扶持政策，集中引进一批大项目，努力抢占新兴战略产业发展制高点。

大力发展现代农业。按照“抓市场、带龙头、建基地”的要求，以农民增收、农业增效为核心，集约发展高效生态农业，培育壮大冬枣、水产、畜牧、棉花等优势产业，积极发展特色养殖、林下经济、休闲观光等特色产业。突出抓好海洋经济产业园、农产品精深加工园和黄河口冬枣、海参、大闸蟹“两园区三基地”建设，规划建设5万亩黄河口无公害冬枣基地、10万亩黄河口优质海参基地和10万亩黄河口大闸蟹基地，提升品质，拓展市场，形成产业规模。深化农业产业化经营，完善政策措施，集中扶持壮大一批骨干农业龙头企业和农民专业合作组织，提高农业生产经营组织化程度。力争到2015年，全区规模以上农业龙头企业发展到90家，70%以上的农户进入产业链经营。大力推进标准化生产，健全完善农业标准化体系、质量检测体系和动植物疫病防控体系，打造黄河口优势品牌。

加快发展现代服务业。坚持把服务业作为繁荣经济、增强发展活力的重中之重，加强规划引导和政策支持，进一步调优结构，膨胀规模，努力提高在生产总值中所占比重。改造提升商贸餐饮等传统服务业，加快发展金融保险、科技信息、服务外包等新兴服务业；大力发展现代物流业，依托东营港、黄河口中心渔港、环渤海高等级公路等交通枢纽，规划建设临港生活服务基地、黄河口渔业集散基地和黄河口仓储物流园等物流园区，构建综合性物流配送体系；重点发展生态旅游业，突出“黄河口、大油田、原生态、金海岸”特色，深入挖掘文化内涵，集中突破神仙沟、滨海长廊两条精品游线，高标准开发一批旅游项目，完善配套服务设施，形成集“吃住行游购娱”于一体的完整旅游产业链条。

（三）坚持开发与保护并举，加快构建绿色低碳生活体系。突出高效生态特色，加大节能减排力度，鼓励推行清洁生产，严格节能评估审核和环境准入，合理控制能源消费总量，引导全社会形成绿色生活模式。坚持保护优先、开发有序，强化对黄河故道、万亩刺槐林、湖滨新区及水源、滩涂等自然资源的保护与开发，深入推进“三网”绿化工程，规划建设环城森林防护带，打造生态宜居新河口。按照减量化、再利用和资源化的原则，大力发展绿色经济、低碳经济、循环经济，重点实施海水综合利用、油盐化工产品接续利用等重大循环经济产业项目，努力争创低碳生态示范城市。

（四）深化体制机制创新，加快改革开放步伐。坚持激发内力与借助外力相结合，加快推进重点领域和关键环节改革，强化创新和开放拉动，努力增强经济发展活力。一是加大自主创新力度。依托黄河口高新技术企业创业园和骨干企业，积极构建以企业为主体、以市场为导向、产学研相结合的技术创新体系，加快组建一批科技研发平台，集中突破一批关键核心技术，促进经济发展由要素驱动向创新驱动转变；深入实施“人才强区”战略，加强人才队伍建设，着力引进高端人才和产业创新团队，为加快发展提供科技支持和智力保障。二是进一步扩大对外开放。适应经济全球化和区域一体化发展的新形势，坚持“走出去”和“引进来”相结合，优化外贸结构，拓宽开放领域，培植新的出口增长点；深入实施招商引资，继续抓好产业招商和专业招商，创新招商机制，提高项目质量，优化服务环境，努力实现新的突破。三是加快推进体制机制创新。深化投融资体制改革，规范政府投融资平台运营，提高市场化运作能力。推进金融体制改革，积极吸引股份制银行到我区设立分支机构，规范发展融资性担保公司和小额贷款公司，积极开展农民金融自助服务终端试点。加快推进土地管理制度改革，积极做好国有未利用地改革试点争取工作，稳步推进城乡建设用地增减挂钩试点。健全完善“一区五园”管理体制，形成科学规范、统一高效、建管一体的运行机制。扎实推进农村各项改革，健全完善农村土地流转和宅基地管理机制，搞好农村产权和集体林权制度改革。全面推进经济体制、文化体制、社会体制、政府机构等各项改革，创新要素配置机制，加快形成有利于科学发展和开发建设的体制机制。

（五）着力保障改善民生，加快推进和谐河口建设。始终坚持把保障改善民生放到更加突出的位置，进一步提高社会保障能力，加快推进基本公共服务均等化，努力让改革发展的成果惠及全区人民。一是着力解决民生问题。采取更加积极的就业政策，完善产业引导就业机制，多渠道增加就业岗位；健全完善社会保障体系，统筹抓好养老、失业、工伤等保险扩面工作，扎实推进新型农村社会养老保险试点，逐步提高保障标准，力争“十二五”末实现社会保险全覆盖；完善住房保障体系，切实解决困难群众的住房问题。二是大力发展社会事业。进一步优化教育资源配置，推动各类教育均衡协调发展，力争到2015年，全区所有中小学均达到省级基本办学条件标准，30%的学校创建为省级规范化学校，60%的学校创建为市级规范化学校。深化医疗卫生体制改革，健全区乡村三级医疗卫生服务网络，实现城乡基本公共服务全覆盖。严格执行计划生育基本国策，稳定低生育水平。关心支持妇女儿童、残疾人、老年人事业，统筹抓好档案史志、双拥共建、防震救灾等工作。三是积极发展先进文化。坚持文化事业和文化产业协调发展，积极推进黄河口文体艺术中心“一场三馆”和区图书馆、博物馆等文体设施建设，扎实推进农村文化大院、农家书屋、农民健身、信息资源共享“四大工程”，广泛开展全民健身和群众文化活动，推动文化事业繁荣发展。四是全力维护社会稳定。加强民主法制建设，扎实开展“六五”普法教育，不断扩大基层民主；推进社会管理创新，统筹协调各方面利益关系，认真解决群众关心的热点难点问题，切实维护群众合法权益；深入推进“平安河口”建设，加强社会治安综合治理，提高突发事件应急处置能力。五是深化油地军港团结共建。牢固树立团结协作、共兴共荣的观念，创新共建机制，拓宽共建领域，整合各方资源，着力在基础设施、社会事业、区域稳定、就业保障等领域深化合作、互惠发展，共同建设和谐幸福新家园。

三、今年的政府工作任务

各位代表，做好今年的工作，对于“十二五”开好局、起好步，以优异成绩迎接建党90周年，具有十分重要的意义。今年全区经济社会发展的主要预期目标是：全区生产总值增长17%以上，一般预算财政收入增长15%，全社会固定资产投资增长不低于20%，社会消费品零售总额增长18%以上，进出口总值增长15%，实际利用外资增长15%，城镇居民人均可支配收入和农民人均纯收入增长10%以上，城镇登记失业率控制在2.4%以内。主要约束性指标是：万元生产总值能耗、二氧化硫排放量、化学需氧量持续下降，人口自然增长率控制在4.2‰以内。围绕实现上述目标，重点抓好五个方面的工作：

（一）努力保持经济平稳较快发展。牢牢把握加快转变经济发展方式这条主线，认真落实国家宏观调控政策，促进三次产业协调发展，全面提高经济质量和效益。

一是着力在扶持骨干企业发展上下功夫。坚持走新型工业化道路，围绕培强做大主导产业，强化规划引领，鼓励中海、富海、通海等骨干企业瞄准行业前沿，围绕石油燃料、有机原料、高端橡塑等上下游链条，引进一批先进工艺设备，带动产业转型升级。坚持扶优扶强，深入实施“骨干企业培育计划”和“中小企业成长计划”，实行分类指导，鼓励企业实施技术改造和开展对外合作，培育一批同行业领先的大企业集团和特色鲜明的中小企业梯队。力争年内规模以上工业企业达到110家以上，主营业务收入过亿元的60家、过10亿元的14家。积极支持油田改制企业转换经营机制，破解发展瓶颈，尽快做大做强，培植新的经济增长点。强化科技支撑，加快省级石油助剂及轻烃产品监督检验中心和金属材料理化分析实验室建设，积极筹建院士科研工作站、博士后科研工作站和中科院老专家工作站，争取设立国家石油装备工程技术研发中心河口分中心，增强企业自主创新能力。深化银企合作，加快推进企业上市，加强上市后备企业梯队建设，年内重点做好常青树化工、金舜钢管等企业上市辅导工作。

二是着力在农民增收农业增效上下功夫。继续实施“百千万”特优农产品生产基地建设，重点建设15个百亩精品园、15个千亩示范片和5个万亩特优农产品基地。大力实施黄河口优势农产品品牌培育工程，重点建设3万亩黄河口无公害冬枣基地、5万亩黄河口优质海参基地和5万亩黄河口大闸蟹基地，年内认证无公害产地产品3个、绿色食品2个，全区“三品”认证食品达到40个以上。加快培育壮大农业龙头企业，扶持发展农民专业合作组织，带动更多农民参与产业化经营。加强农业基础设施建设，实施潮河疏浚治理、义和镇三合片田间节水灌溉和新户镇北李片、河口街道西五片等小流域治理工程，新建改造农村危桥11座，改造中低产田1万亩，实施六合街道土地开发整理0.8万亩，建设现代渔业标准化池塘1万亩。规划建设农业综合信息化服务平台，提高农业信息化水平。认真落实各项强农惠农政策，全部减免农民农业生产性水费，由区、镇分级负担。

三是着力在提升服务业质量层次上下功夫。优先发展生态旅游业，按照旅游业发展规划要求，加大招商引资和市场化运作力度，加快神仙沟和滨海长廊沿线旅游资源开发，加快升级军马场农博园、孤岛植物园、新户百枣园等特色景点，积极推进烟台蓬达温泉游艇度假村、湖滨新区体育公园等项目建设，培育服务业发展新优势。大力发展现代物流业，重点推进富海冷链物流、中海利兴现代物流等项目建设，提高综合性物流配送能力。改造提升商贸流通业，鼓励发展商务服务、金融保险、休闲健身等新兴服务业，加快推进中海商贸城、东营攀登国际汽车博览中心等项目，推动服务业提质升级。

（二）深入实施“三大行动”。今年是实施“三大行动”的第二年，也是见到明显成效、取得实质性突破的关键一年，必须进一步明确重点，加大攻坚力度，着力在完善产业体系、拉开城市框架、提升机关效能上求突破。

一是在重大项目建设上实施突破。充分发挥项目建设在扩大投资、调整结构、拉动增长中的载体作用，继续实施重大项目攻坚行动，重点抓好总投资138亿元的47个重大项目，带动产业膨胀升级。创新项目运作机制，全面落实“四个一”、两审终审、联合审批等制度，继续开展项目集中开工活动，促进各类项目加快建设。重点推进富海石化200万吨/年重油催化裂化、通源石油化工正构烷烃加工、山东戴瑞克新材料等新上项目，加快推进泰岳石化油品质量提升、华锐风机设备制造等续建项目，积极推进海螺10万吨/年塑料型材、神驰精细化工、澳亚集团万头奶牛牧场、香港豪德商贸城等在谈项目，确保早日投产见效。坚定不移地把招商引资作为经济发展的“头号工程”，优化重组专业招商队伍，围绕主导产业和重点区域，集中开展产业招商、专业招商、高端招商，加快落地一批大、高、外项目。加强园区建设，创新融资机制和运营方式，重点抓好河口高效生态经济产业园区域环评和土地整平，建设滨园路、明园路和草桥沟拦河闸，实施兴园路绿化亮化和海防路拓宽改造工程，完善水电讯等功能设施；加快推进河口经济开发区排水管网、道路配套和企业职工公寓建设，清理整合闲置土地，提高项目承载能力。

二是在城市规划建设管理上实施突破。按照“准确定位、拉开框架、挖掘内涵、提升层次”的思路，加快推进城市总体规划、小城镇规划和道路、照明等专项规划修编，完善规划指导体系。改造提升中心城区，高标准实施河聚路两侧美化亮化工程，加快黄河路、渤海路LED路灯改造，重点推进滨湖路南延及河祥路西延，搞好路域、空白地及油田大院子绿化，提升城市形象。启动人防应急指挥中心工程建设。实施城区集中供气改造治理，保障群众生活需要。全力打造湖滨新区，全面铺开鸣翠湖生态湿地景观区建设，实施驳岸衬砌、节点硬化和景区绿化等工程，加快推进黄河路西延、花园路建设，带动城市向西扩张。加快西外环路建设，完善桥梁和绿化配套，构筑城市西部交通干线。加强村镇建设，本着优势互补的原则，促进镇街之间分工协作、协调发展；调整完善村庄建设规划，稳步推进村庄迁建合并工程，新建农村住房1600户，改造农村危房600户，规划建设新型农村社区服务中心5处，农村文明示范区1处，促进农民居住社区化、生活城镇化。

三是在全面提升机关效能上实施突破。进一步深化行政审批制度改革，加快推进便民服务中心建设，启动建设网上行政审批与电子监察系统；继续推进行政审批服务“三集中三到位”、并联审批等机制，优化工作流程，缩短办理时限；坚持严字当头，加大查纠力度，严格落实优化经济发展环境“十不准”规定、涉企检查审核备案和“企业宁静日”制度，继续开展 “政企面对面恳谈”“整治企业周边环境”等活动，营造良好的发展环境。

（三）加强生态文明建设。强化生态优先的理念，加大环境保护力度，严格执行环境保护标准和污染物总量控制制度，加强重点用能企业监管，严禁新上高耗能高污染项目。深入实施全面治理水气污染全民开展环保行动，搞好草桥沟、神仙沟等人工湿地建设，加快推进经济开发区污水处理厂和孤岛仙河污水处理厂建设，实施城区污水管网和生活垃圾处理场配套工程，提高污水垃圾处理能力。扎实推进“三网”绿化工程，高标准建设仙河镇神仙沟片、新户镇天河湾片等绿化示范区4处，完善示范区2处，沿海防护林基干林带9.53公里，新增绿化面积0.7万亩。大力实施“城市洁净工程”，深入开展城乡环境综合整治活动，改善城乡生态环境。全面推进国家环保模范城市复核，确保顺利通过验收。

（四）强化财税收支管理。树立效益型财源观念，突出培植高效支柱财源，巩固壮大优势特色财源，着力抓好新兴后续财源，强化税收和各种非税收入征管，鼓励引导工业企业主辅产业加快剥离，多渠道增加地方财政收入。调整优化支出结构，充分发挥财政资金在结构调整和民生领域的导向作用，重点保运行、保民生、保稳定，集中财力办大事，提高财政资金使用效益。积极推进财税体制改革，继续深化国库集中支付、政府采购等制度改革，提高财政精细化管理水平。加强国有资产管理和运营，盘活有效资产，促进保值增值。进一步强化审计监督，坚决查处违规违纪行为，维护良好的财经秩序。

（五）努力改善群众生活。加大就业再就业力度，设置再就业和高校毕业生就业基金，年内新增城镇就业4100人，转移农村劳动力2000人。健全完善社会救助保障体系，全面推行新型农村养老保险制度，规划建设综合社会福利中心，提高困难群众保障水平。加强城乡保障性住房建设，落实廉租房货币化补贴320户、经济适用房货币化补贴30户，建设公共租赁房210套，满足群众住房需求。稳步推进医药卫生体制改革，全面推广实施国家基本药物制度。坚持教育优先，实施城乡幼儿园标准化建设工程，启用河安小区幼儿园，新建3处中心幼儿园、12处村办幼儿园，加快推进职教中心、实验学校基础配套和河口一中实验楼扩建工程，改善办学条件。全面做好人口和计划生育工作。深入开展“从我做起、走向文明”主题实践活动，积极创建文明城市。扎实开展“六五”普法教育，做好村居换届选举工作。坚持和完善区长公开电话、市民心声制度，畅通社情民意表达渠道。加强安全生产集中整治和社会治安综合治理，强化食品药品安全监管，加快推进城区道路中心隔离护栏和孤岛油区稽查监控中心建设，确保社会秩序持续稳定。

四、加强政府自身建设

各位代表，全面建设小康社会、努力实现率先崛起，对政府工作提出了新的更高的要求。我们必须以更加开阔的视野、更加饱满的热情、更加扎实的工作，义不容辞地肩负起为民、务实、清廉的神圣职责，努力开创政府工作的新局面。

（一）解放思想，提升境界。顺应形势发展的新变化和人民群众的新期待，树立战略的眼光、全球的视野、创新的思维，深入研究全局性、前瞻性重大问题，在实施国家战略背景下考量河口发展，在转方式调结构变化中找准自己定位，既主动承接发达地区产业梯度转移，更抢抓难得发展机遇，努力创造后发优势，不断增强工作的创造性、预见性和主动性。坚持以改革的思路、科学的理念、市场的手段推动工作落实，做到以观念突围开辟空间，以改革创新扫除障碍，努力在黄河三角洲开发建设中探索新路子、实现新突破、建树新作为。

（二）依法行政，科学决策。进一步转变政府职能，加快政府机构改革，优化政府组织结构，不断增强政府提供公共服务的能力。深入推进政务公开，提高政府工作透明度。坚持科学决策、民主决策、依法决策，完善公众参与、专家论证和政府决策相结合的决策机制，增强公共政策制定透明度和公众参与度。全面落实依法行政实施纲要，严格按照法定权限和程序行使权力、履行职责，真正实现行政权力阳光运行。加大行政监督力度，确保严格执法、公正执法、文明执法。严格执行人大及其常委会的决议决定，支持人民政协履行职能，认真办理人大代表建议和政协提案，主动听取各民主党派、工商联、各人民团体和人民群众的意见建议，自觉接受各方面监督。

（三）务实高效，积极作为。面对千载难逢的发展机遇，全体政府工作人员要始终保持奋发有为、干事创业的精神状态，敢于担当责任，勇于攻坚克难，善于开拓创新，努力在推进国家战略和河口跨越发展实践中历练本领、增长才干。要牢固树立公仆意识，坚持问政于民、问需于民、问计于民，多办顺民意、解民忧的实事，多做打基础、谋长远的工作，进一步密切党和政府同人民群众的血肉联系。要大力弘扬求真务实精神，转变工作作风，深入基层和群众，切实在开发建设的主战场、维护稳定的第一线、服务群众的最前沿经受考验，不断提高推动科学发展的能力和水平。要提高工作效率，健全完善科学有效的目标管理责任体系，加强政府执行力建设，对重点工作逐一量化分解，层层压实责任，跟踪督查调度，努力提高工作成效。

（四）执政为民，廉洁勤政。坚持廉洁从政、从严治政，加快推进惩治和预防腐败体系建设，健全完善科技防腐平台，严格规范规划用地、工程招标、资金使用、行政审批等重点领域权力运行，坚决纠正损害群众利益的不正之风。坚持勤俭节约，大兴艰苦奋斗之风，反对铺张浪费，把有限的资金真正用在改善民生、保障发展上，努力构建节约型机关。各级政府和各部门负责人要严格落实廉政建设责任制和廉洁自律规定，勤勉尽责，秉公用权，切实维护政府的良好形象，努力做出经得起实践、人民、历史检验的实绩。

各位代表，再续“十一五”辉煌，开创“十二五”新篇，是时代赋予我们的光荣使命。让我们以邓小平理论和“三个代表”重要思想为指导，深入贯彻落实科学发展观，在中共河口区委的坚强领导下，紧紧依靠全区人民，解放思想，抢抓机遇，奋发有为，继往开来，为全面完成“十二五”规划目标任务，实现在黄河三角洲开发建设中率先崛起而努力奋斗！

全力以赴抓发展　不遗余力惠民生　为实现河口富民强区新跨越而努力奋斗

——2012年2月2日在东营市河口区第十七届人民代表大会第一次会议上

东营市河口区人民政府区长　苟增杰

各位代表：

现在，我代表区人民政府向大会报告工作，请予审议，并请区政协各位委员和其他列席会议的同志提出意见。

一、十六届政府工作回顾

本届政府任期的四年，是河口发展史上极不寻常、极不平凡的四年。四年来，在市委、市政府和区委的正确领导下，在区人大、政协的监督支持下，区政府团结带领全区人民，深入贯彻落实科学发展观，牢牢把握黄蓝两大国家战略叠加实施的历史机遇，解放思想，奋发有为，圆满完成了区十六届人大一次会议确定的目标任务，为实现河口高点定位、率先崛起奠定了坚实基础。

过去的四年，是经济平稳快速增长、综合实力大幅提升的四年。初步统计，2011年全区实现生产总值168亿元，是2007年的1.95倍，年均增长18.2%。工业发展步入快车道，规模以上工业总产值、主营业务收入双双跃上500亿元台阶，达到527亿元，分别是2007年的3.4倍和3.3倍；规模以上工业企业由2007年的84家发展到106家，主营业务收入过亿元企业由12家发展到55家，过十亿元企业达到10家，富海集团跻身全国制造业500强，黄河口家具跃居全国家具制造业“效益十佳”企业前三强，旭业化工等25家企业列入山东省中小企业成长计划。投资、消费不断扩大，全社会固定资产投资达到168亿元，四年累计完成554.5亿元，年均增长20.9%；社会消费品零售总额达到31亿元，年均增长14.9%。财税金融运行稳健，一般预算财政收入实现四年翻番，成功突破十亿元大关；金融机构各项存款余额150亿元、贷款余额65亿元，年均分别增长14%、22.8%，经济建设取得了令人瞩目的巨大成就。

过去的四年，是发展方式加快转变、产业结构日趋优化的四年。三次产业比例由2007年的10.1:62.9:27调整为6:54.8:39.2。工业结构进一步优化，去年全区石油化工、盐及盐化工、精细化工、装备制造、纺织服装五大主导产业实现产值422亿元，占全区工业总产值的80%，原油综合加工能力、原盐产能分别突破750万吨和200万吨；新能源、新材料等新兴产业快速起步，风电装机总容量达到35万千瓦；科技支撑能力明显增强，建成汇海医药院士工作站等各类研发平台16个，高新技术产业产值占规模以上工业总产值的比重达到40%，被评为“全国科技进步区”。现代农业快速膨胀，棉花、小麦等传统农业连年丰收，冬枣、水产、畜牧等优势产业变大趋强，建成冬枣标准化生产基地2万亩，黄河口海参、大闸蟹养殖面积分别达到8.5万亩和3万亩，规模以上农业龙头企业发展到75家，农民专业合作组织发展到135个。服务业日趋繁荣，商贸餐饮、生态旅游、现代物流等产业快速成长，全区物流企业发展到42家，四年累计接待游客106万人次，被授予“中国最具投资价值旅游区”称号。

过去的四年，是基础设施不断完善、城乡面貌显著改观的四年。坚持高起点规划的原则，高标准完成了城乡空间体系规划和湖滨新区、道路交通等16项专项规划，城区详规覆盖率达到82.6%。提速推进中心城区建设，四年油地携手投资29亿元，实施了集中供暖、城区绿化、道路改造等工程64项，新建改造城区道路11条24公里，新增水面55万平方米、绿地89万平方米；银河公园、银座商城、黄河口文体艺术中心等一批便民工程竣工投用，河安小区、河阳新区等23个住宅小区建成入住，中心城区面积扩大到21.6平方公里。加强农业农村基础设施建设，四年改造中低产田4.5万亩，治理骨干河道580公里，新建改造农村公路278公里，新建农村社区17处、农房8934户，改造危房1950户，全部实现了村村通自来水、通柏油路、通乡村客车、通有线电视。加强重大基础设施建设，北外环、河仙路、国家级中心渔港等一批重大工程竣工投用，对经济发展的支撑作用明显增强。注重加强生态建设，累计实施节能减排项目34个，取缔土小污染企业56家，建成河口污水处理厂、生活垃圾处理场等环保设施11座；在全市率先实施“三网”绿化工程，累计植树821万株，绿化面积5.56万亩，生态环境明显改善。

过去的四年，是改革开放全面深化、发展活力持续迸发的四年。财税金融创新成效明显，政府收支分类改革、国库集中支付改革全面实施，中小企业信用互助会、和润小额贷款公司等新型金融组织挂牌营业，金融服务体系更加健全。企业改革继续深化，油田改制企业达到14家，安诺其、汇海医药实现与母公司捆绑上市。土地管理改革顺利展开，在全省率先启动未利用地开发项目建设。农村综合改革稳步推进，集体林权制度改革试点通过省级验收，土地流转制度改革更加深入，建成土地流转服务中心6个，流转总面积达到3.6万亩。区乡机构改革、乡镇行政区划调整圆满完成，粮食、价格、公用事业等各项改革取得明显成效。深入实施“大开放、大招商、大发展”战略，四年招引过5000万元项目143个，到位外来固定资产投资72.5亿元；积极发展对外贸易，四年实现进出口总值2.33亿美元，累计利用外资6035万美元，外贸企业发展到40家，对外开放取得丰硕成果。

过去的四年，是社会事业全面进步、人民生活明显改善的四年。民生投入大幅增加，四年累计投资21.5亿元，实施便民实事55项，就医、入学、养老等一批热点难点问题得到逐步解决，人民生活向着全面小康阔步迈进。就业形势持续稳定，累计新增城镇就业1.1万人次，转移农村劳动力1.9万人次，城镇登记失业率控制在1.8%以内。居民收入较快增长，城镇居民人均可支配收入、农民人均纯收入分别达到25564元和9544元，年均增长10.4%、13.8%。社会保障体系更加完善，先后4次上调城市低保标准、农村低保标准和企业退休人员待遇，3次上调农村五保供养标准，农村老年人生活救助金发放范围扩大到70周岁以上，各项保障标准均居全市最高，走在了全省前列。保障性住房建设力度加大，新建各类保障性住房652套，发放经济适用房、廉租房货币化补贴310余万元。研究出台优惠政策，支持油田新建职工住房5570套。教育事业优先发展，城乡全部实现免费义务教育，投资1.35亿元实施校舍安全改造、教学仪器更新、河安小学建设等工程15项，创建为山东省教育示范区。公共卫生服务体系不断完善，新建改造农村卫生室50处、镇街卫生院4处、城市社区卫生服务站4处，新型农村合作医疗参合率连续5年保持在99%以上，顺利通过国家卫生城市复审。低生育水平持续稳定，人口自然增长率控制在4.98‰以内，被评为全国计划生育优质服务先进单位。文化体育事业繁荣发展，新建文化大院65处、农家书屋104个，创建市级小康文明村55个，成功举办油地军港运动会、山东河口·湿地风情全国摄影大展等活动，荣获“全国全民健身活动先进单位”“省级文明区”等称号。平安河口建设扎实开展，矛盾纠纷调处机制更加完善，生产安全、校园安全、油区安全、食品安全形势持续稳定，先后获得“全省信访工作先进集体”“平安山东建设先进区”“全省食品安全示范区”等荣誉称号。妇女儿童、老年人、残疾人权益得到切实保障，外事侨务、双拥共建、民族宗教、对台事务、防震减灾、档案、统计、史志、援疆等工作取得新的成绩。

过去的四年，是政府职能加快转变、发展环境更加优化的四年。围绕建设服务政府、法治政府、责任政府、廉洁政府，强化社会管理和公共服务，扎实开展机关效能提升行动，执政能力和服务水平明显提高。全力推进政府提速，深化行政审批制度改革，规范精简审批事项 80 项，取消行政收费 55 项，营造了一流的发展环境。集中推进责任落实，在全国率先建立了机关效能 110 快速调处系统，严厉查处松懈散漫、拖沓应付等行为，树立了“重抓执行、狠抓落实”的干部作风。高度重视群众工作，整合各项民生资源，设立了 3612345 民生热线，真诚倾听群众呼声，倾力解决群众难题，日均受理来电 150 余件，打造了为民服务新品牌。广泛接受社会监督，自觉接受人大法律监督和政协民主监督，累计办理人大代表建议、政协委员提案 495 件，办复率达 100%。规范政府工作程序，认真落实依法行政实施纲要，着力推进依法治区，先后获得“全国法治区创建活动先进单位”“全省依法行政先进单位”等荣誉称号。

各位代表，刚刚过去的 2011 年，是实施“十二五”规划的开局之年。这一年，我们着力保运行、保增长，经济社会发展跃上新台阶。围绕农业增产增效，全部减免了农民农业生产性水费，实施了潮河疏浚治理、田间节水灌溉等农田水利工程，累计发放各项支农惠农资金 1175 万元，有效地减轻了农民负担。面对企业流动资金短缺，政府出资 1000 万元，设立了中小企业助保金贷款风险补偿金，撬动银行扶持企业资金 2 亿元，有效缓解了企业融资难题；召开政银企洽谈会，协调 50 家区内重点企业签约贷款 61.7 亿元，资金规模量、到位率均居历年之首，被授予“中国金融生态区”称号。这一年，我们着力扩投入、调结构，重大项目建设实现新突破。围绕企业扩规、链条延伸和产业升级，集中攻坚大项目、培育大产业、助推大发展，成功举办春、夏、秋三次重大项目集中开工仪式，落地项目 30 个，总投资 268.4 亿元，其中，全球最大的塑钢型材制造商—海螺集团、全球第二大风电科技企业—华锐集团、国际知名现代牧业企业—澳亚集团等国内外行业巨头纷纷投资落户，河口已经成为全市最具潜力、最具优势、最为活跃的经济板块，荣获“2011 山东最佳投资城市”称号。这一年，我们着力打基础、谋长远，黄蓝经济区建设打开新局面。把山东河口蓝色经济开发区和湖滨新区作为对接黄蓝国家战略的重要载体，着眼长远科学谋划，立足当前快速突破，绘就了宏伟蓝图，奏响了发展强音。蓝色经济开发区 150 天高标准建成海防路、滨园路、明园路、兴园路 4 条道路，招引落户过亿元项目 15 个，昔日盐碱荒滩变成了如今创业乐园，创造了“蓝区速度”，催生了“蓝区现象”，成为支撑河口工业崛起的新兴增长极。湖滨新区全面掀起开发热潮，新建黄河路西延等道路 5 条，塑造健康养生岛等人工岛屿 5 座，全面完成李坨旧村拆迁，顺利启动区人防应急指挥中心建设，拉开了开发框架，形成了景观雏形，“拥湖开发、跨湖发展”的湖滨新区已经成为生态景观的新亮点、城市发展的新引擎。这一年，我们着力惠民生、增民利，人民生活水平得到新提高。将城市低保年补助标准提高 240 元，达到 4920 元；农村低保、五保供养标准分别提高到 2620 元和 4200 元，全年发放各类社会救助金 1500 余万元。全面实施新型农村养老保险、城镇居民养老保险制度，累计为全区 2462 名老年人发放养老金 416 万元。认真落实生均公用经费，将辖区内外来人员子女教育纳入常规管理，彻底解决了外来经商、务工人员子女入学难问题。努力提高医疗保障水平，将新型农村合作医疗筹资标准提高到 312 元，常规报销最高标准提高到 10 万元；出资 120 万元设立了区级大病救助基金，对高额医药费用实行二次补偿；在基层医疗卫生机构全面实行药物零差率销售，药品平均降价 35% 以上。针对城区供热用气不足问题，我们按照“政府买单、市场运作、群众受益”的原则，启动实施了供暖供气改造工程，新建改造换热站 6 座，更换供热管网 2000 余米，供热效果明显改善；引进芯能燃气公司，实施燃气入户改造 3000 余户，实现了城区所有居民区 24 小时供气，彻底解决了困扰市民多年的生活难题，得到了群众广泛赞誉和高度评价，在全市群众满意度调查中再次名列全市第一。

各位代表，四年辉煌成就，实属来之不易。四年来，我们面对超乎预期的困难，付出非比寻常的努力，在恪守职责中抢抓机遇，在砥砺奋进中迎接挑战，用心血和汗水、勤劳与智慧，书写了河口发展史上蓄势腾飞的豪情篇章。河口能有今天的发展、今天的成就，凝聚着几代人、历届班子的艰苦付出，得益于区委的正确领导和各位人大代表、政协委员的监督支持，得益于全区上下、油地军港、社会各界的锐意进取和顽强拼搏。在此，我代表区人民政府向全区人民和社会各界，向所有为河口的建设和发展做出贡献的同志们、朋友们，致以崇高的敬意和衷心的感谢！

各位代表，四年艰辛探索，经验弥足珍贵。回顾四年的奋斗历程，我们最深刻的体会是：要想把河口的事业不断推向前进，任何时候都要坚持解放思想不动摇，不为风险所惧，不被干扰所惑，不因压力所困，把上级指示精神与河口发展实际紧密结合起来，做到以观念突围开辟发展空间，以改革创新扫除发展障碍，走出一条富有河口特色的发展之路；任何时候都要坚持加快发展不动摇，牢牢把握发展第一要务，发挥自身优势，突破薄弱环节，举全区之力推进重大项目攻坚、和谐城乡建设和机关效能提升“三大行动”，抢占区域发展战略先机，以更高的目标、更实的举措鼓舞士气、引领发展、勇攀高峰；任何时候都要坚持惠民利民不动摇，时刻把群众利益放在首位，从长远考虑，从实际落脚，每年都用心用力解决一批群众关心关注的热点难点问题，让广大群众共享改革发展的成果，以实际行动赢得群众的信赖、拥护和支持；任何时候都要坚持团结共建不动摇，把“促进区域融合、实现全面发展”作为油地军港共同的责任和心愿，全力支持各方改善职工生活、加快经济发展、维护区域稳定，携手并肩、齐心协力，共同创造河口辉煌灿烂的美好明天。

在肯定成绩的同时，我们也清醒地看到，工作中还存在不少困难和问题，主要是：经济总量偏小，综合实力较弱，缺乏龙头企业和大项目带动；产业结构不尽合理，战略性新兴产业刚刚起步，现代服务业发展滞后，转方式调结构的任务还比较繁重；城市功能尚不完备，城乡发展不够协调，农民持续增收的渠道相对单一；科技创新能力不强，资源环境约束加大，财政收支矛盾较为突出；保障改善民生的长效机制不够健全，影响社会和谐稳定的深层次问题依然存在；干部作风与实施国家战略的要求还有不相适应的地方，政府自身建设有待进一步加强，等等。对于这些问题，我们一定高度重视，采取有效措施，认真加以解决。

二、今后五年的目标任务和工作重点

各位代表，今后五年，是河口加快实施黄蓝国家战略、全面建设小康社会的关键时期，也是加速经济转型、实现跨越崛起的攻坚时期。这一时期，国际国内产业转移和资本流动明显加快，河口凭借广袤的土地空间、丰富的油气资源、优越的临港区位和优良的投资环境，必将成为资本汇聚的新兴洼地、项目集聚的重要平台。这一时期，省委、省政府优先推进黄蓝两大国家战略，市委、市政府把“港区城一体发展”列入“十二五”规划纲要，致力于打造全市北部经济增长极，河口作为两大国家战略的融合交汇区和东营港的腹地支撑区，社会各界广泛关注，支持政策叠加聚焦，必将成为开发开放、经济崛起的先行之区。这一时期，尽管国内外发展环境更趋复杂，区域间的竞争更加激烈，但经济发展的基本面和长期向好的趋势并没有改变，特别是经过建区28年来的历练成长，全区上下思想统一，油地军港团结一心，干部群众精神振奋，所有扎根这方热土、关注这方沃土的人们想发展、盼发展的意愿更加强烈，必将成为河口抵御风险、应对挑战的坚强后盾和力量源泉。只要我们坚定信心，抢抓机遇，勇往直前，就一定能够铸就伟业，再创辉煌，谱写新的宏伟篇章！

按照区“十二五”规划和区第七次党代会精神，今后五年，我们要高举中国特色社会主义伟大旗帜，深入贯彻落实科学发展观，紧紧围绕“发挥港口优势，科学规划‘一港三区一带三线一城’经济发展新格局，全力打造五大基地，努力实现在黄河三角洲开发建设中高点定位、率先崛起”的总体发展思路，牢牢把握“港区联动、工业优先、富民强区”的工作基调，全力实施国家战略，深度推进港区融合，着力转变发展方式，推进城乡统筹，深化改革开放，保障改善民生，努力实现经济社会又好又快发展，为全面建设新兴港口城市、实现富民强区新跨越奠定坚实的基础。

围绕上述指导思想，重点抓好以下四个方面：

（一）全面实施国家战略，开创陆海统筹发展新局面。坚持以黄蓝经济区建设统领全局，聚力攻坚，勇挑重担，提速推进开发建设，努力打造多点支撑、多极并进、多园发展的新格局。力争到2016年，河口区和东营港经济开发区地方生产总值达到700亿元，规模以上工业总产值突破3500亿元，全社会固定资产投资完成600亿元，地方财政收入实现38亿元，打造成为全市对外开放的桥头堡和北部经济增长极。坚持把港口建设作为实施黄蓝国家战略的核心引擎。深入实施“以港兴区”战略，围绕建设区域性中心港口和国际物流大港，积极推进东营港八大业主码头建设，加快实施内港池综合整治，恢复启用南港池，全面打通东营至天津、大连和日本、韩国的海上通道，吸引带动资金、信息、物流等各类要素加速向临港区域流动，构建“大港口、大航运、大物流”格局。力争到2016年，港口吞吐能力突破6000万吨，液体化工品一次性仓储能力达到1000万立方。坚持把园区开发作为实施黄蓝国家战略的重要载体。按照“三区统筹、错位发展”的原则，加快推进东营港经济开发区、山东河口经济开发区和山东河口蓝色经济开发区建设，全面提升开发区要素集聚、功能配套、产业支撑和辐射带动能力。东营港经济开发区，借鉴上海金山石化区发展模式，发挥国家级石油化工产业区平台优势，着力培育壮大生态化工、现代物流、海洋装备制造和战略性新兴产业，加快推进华泰、万达等“五大生态化工园”和万通、宝港等“四大仓储物流园”建设，率先建成全国重要的生态化工基地、能源供给基地和区域性物流中心，支撑带动全市高效生态经济区建设；山东河口经济开发区，进一步完善功能配套，优化产业结构，集中布局机械制造、科技研发、商贸物流等清洁产业，打造宜居宜业、创新创业、高端高效的综合性经济园区；山东河口蓝色经济开发区，围绕新能源、新材料、新型生物、新型装备、高端橡塑加工和绿色精细化工六大产业，狠抓项目建设，加速产业集聚，努力打造全省重要的蓝色经济循环产业园区。力争经过五年努力，东营港经济开发区、山东河口蓝色经济开发区建成为千亿元产值开发区，山东河口经济开发区产值突破300亿元，在联手申报国家级经济开发区上实现重大突破，成为领跑东营北部经济增长的“三驾马车”。坚持把项目建设作为实施黄蓝国家战略的重要手段。牢固树立抓项目就是抓发展的理念，每年筛选论证一批重大项目、重点工程，集中优势力量，科学谋划推进，靠项目的攻坚，实现产业的转型、城镇的发展和民生的改善；大力实施产业招商、专业招商，加强与国内外大企业、大财团的战略合作，着力引进战略投资者，增强经济发展的支撑力和爆发力。准确把握上级投资重点和政策变化，搞好项目策划和储备，努力在争取项目、争取资金、争取政策上实现更大突破。坚持把生态高效作为实施黄蓝国家战略的最大特色。树立生态优先理念，鼓励推行清洁生产，提升产业生态门槛，积极创建低碳生态示范城市；注重加强污水、废气等污染治理，全面取缔土小污染企业，率先建成覆盖城乡的生活垃圾处理系统，让河口的天更蓝、水更清、空气更新鲜；深入实施“绿色河口”行动，强化湿地保护修复，加快城市森林、生态林场和沿海防护林建设，启动实施刺槐林恢复工程，利用五年时间，沿刁口河、神仙沟流路再造林带10万亩，总面积达到15万亩，打造成为黄河三角洲地区重要的生态摄影基地、富氧休闲走廊和森林防护屏障。

（二）着力优化产业结构，加快构筑现代产业新高地。围绕高端高质高效发展方向，发挥后发优势，实施增量带动，推动三次产业良性互动、融合发展。一是培育壮大现代工业。按照传统产业高端化、新兴产业规模化、主导产业集群化的要求，积极运用先进技术，改造提升石油化工、装备制造等传统产业，培育壮大新能源、新材料等战略性新兴产业，统筹搞好技术研发、产能扩张、市场培育和流通体系建设，加快形成一批千亿产业、百亿企业和十亿项目，推动工业结构优化升级。力争到2016年，全区规模以上工业实现“产值翻两番、突破2000亿”，原油综合加工能力达到1200万吨，产值超百亿元企业达到10家以上，初步建成黄河三角洲地区重要的高效生态化工基地、高端装备制造基地和风电产业示范基地。二是集约发展现代农业。围绕构建“一带两园四基地”农业产业新格局，加快发展高效生态型、休闲观光型和城郊体验型农业，培育壮大棉花、冬枣、水产、畜牧等优势农产品基地，鼓励发展设施农业、林下经济、休闲观光等特色产业，到2016年，建成高产优质抗虫棉基地30万亩，黄河口冬枣、海参、大闸蟹面积分别达到5万亩、15万亩和5万亩，奶牛存栏突破3万头，建成为全国奶业百强县、环渤海高效生态渔业基地和黄河三角洲特色优质果蔬基地。深化农业产业化经营，实施农业龙头企业和农民专业合作组织数量、质量“双提升”工程，带动农业多环节增值、农民多渠道增收。加快品牌农业建设，健全完善技术推广、标志认证、质量检测和疫病防控等体系，打响黄河口品牌。三是繁荣发展第三产业。把发展服务业摆上更加突出的位置，加强规划引导和政策扶持，积极发展现代物流、金融保险、科技信息等生产性服务业，膨胀提升商贸餐饮等生活性服务业，优化集散中心、批发市场等商业布局，落地一批星级酒店、连锁百货等高端项目，让人民群众生活得更便利、更舒适、更美好；集中突破生态旅游业，精心打造神仙沟、黄河故道、滨海长廊三条精品游线，搞好景点包装和运营策划，努力打造区域一流、国内知名的休闲旅游胜地。

（三）深度推进城乡统筹，加快建设秀美宜居新河口。坚持以城带乡、城乡统筹、一体发展，强化产业支撑和功能完善，提升城镇辐射带动和综合承载能力。到2016年，全区城镇化率达到79%以上。坚持以现代理念引领城市发展。树立区域统筹的理念，加快编制港区一体经济发展规划，修订完善城乡总体规划和城镇体系规划，配套完善交通、燃气、水系等专项规划，推进城市建设与产业、文化、生态全面融合，加快构建“一个中心、两翼推进、组团发展”的城镇发展新格局。坚持以中心城区带动城乡统筹。加快中心城区“南融、北控、东改、西扩”步伐，力争利用3年时间，全面完成城区道路雨污分排、路灯改造和路面修复任务；利用4年时间，全部完成7个城中村改造任务，引导城区工矿企业实施院落改造，优化城市空间布局；利用5年时间，基本建成湖滨新区，湿地公园、海洋公园等核心景观集中凸显，功能区、商务区开发初具规模，一批高端城市综合体和标志性建筑建成投用，商业、办公、居住、展览等城市要素集聚融合，打造成为环湖生活居住区、城市核心商贸区和生态景观展示区。加快小城镇建设，鼓励各镇街依托资源禀赋，发挥比较优势，配套完善基础设施和公共服务设施，形成特色鲜明、产业集聚、人口集中、优势互补的组团发展格局。扎实推进新型农村社区和生态文明乡村建设，稳妥实施迁村并点和合村并居工程，积极推动资源要素向农村配置，力争到2016年，所有行政村全部纳入社区化服务网络，一半以上农村达到生态文明乡村标准，形成环境优美宜居、生活文明健康、家庭幸福和美的农村新风貌。坚持以重大基础设施建设推进城乡一体。着力构筑大交通，全面推进省县乡道和油田生产路升级改造，突出抓好疏港公路、疏港铁路和环渤海高等级公路河口段建设，形成安全通畅、便捷高效、纵横交错的现代交通运输体系；着力兴修大水利，加快实施一批灌渠改造、河堤治理、饮水安全、水库扩容工程，利用5年时间，全面完成辖区7条河道改造治理、6座水库除险加固和4座水闸加固维修，推动水利事业跨越发展；着力构建大屏障，加快推进北部沿海防潮堤建设，全面建成集防潮减灾、公路交通和生态景观于一体的闭合防潮体系，为地方发展和油田生产提供安全保障；着力配置大能源，实施城乡电网升级改造，积极开发风能、地热能等新型能源，支撑区域开发建设需要。

（四）更加关注民计民生，努力建设和谐幸福新家园。坚持以人为本、民生优先，把更多财政投入、政策扶持和公共服务向民生倾斜，努力让改革发展的成果惠及全区人民。一是加强和改进公共服务，着力解决民生问题。认真落实就业再就业政策，鼓励自主创业、自谋职业，努力营造脚踏实地、勤劳致富的社会氛围。健全完善保障体系，逐年提高城乡基本医疗、基本养老、五保供养、工伤失业等保障标准，率先建成覆盖城乡、惠及全民的社会保障体系、医疗保障体系和住房保障体系，使各项保障水平始终走在全省乃至全国前列。坚持教育优先发展，优化教育资源配置，所有中小学率先达到省级基本办学条件标准。强化计划生育优质服务，持续稳定低生育水平。关心支持妇女儿童、残疾人和老龄事业发展。积极推进外事侨务、双拥共建、民族宗教、人民防空、打私、统计、史志、援疆等方面的工作。二是加强和推进文化建设，促进文化繁荣发展。突出完善城乡文体设施，集中推进文化馆、图书馆、体育馆、影剧院和会展中心等“三馆一院一中心”建设，率先实现农村文化大院和农民健身工程全覆盖；着力培育壮大文化产业，设立文化建设发展基金，鼓励发展芦苇工艺、粗布家纺等民间文化，加快培育一批骨干文化企业，提升文化产业层次。深入推进社会公德、职业道德、家庭美德、个人品德建设，扎实开展文明河口、信用河口等精神文明创建活动，培育家庭和美、邻里和睦、人际和谐的社会风尚。三是加强和创新社会管理，全力维护社会稳定。牢固树立包容发展的理念，健全区乡村三级群众工作平台，拓展民生热线服务范围，完善利益协调、诉求表达、矛盾调处、权益保障等机制，着力解决群众关心关注的热点难点问题。深入推进平安河口建设，健全完善社会治安防控体系、突发事件应急预案体系和食品药品安全监管体系，坚决防范和遏制重特大安全事故发生。四是加强和深化团结共建，努力实现融合发展。高举油地军港“团结共建、共兴共荣”的大旗，凝聚发展共识，真心互帮互助，充分整合资金、土地、人才等各方资源，共同研究产业对接、政策扶持、项目安排等重大事项，携手推进城市建设、基础设施建设和生态环境建设，统筹解决就业、教育、住房、治安等民生问题，凝心聚力共谋发展，力保民生共促和谐，四强聚首共创伟业，努力建设和谐幸福的美丽家园、谱写团结奋进的壮丽诗篇。

三、2012年政府工作安排

今年是新一届政府开局之年，做好今年的工作，意义重大，影响深远。综合考虑各种因素，今年全区经济社会发展主要预期目标是：全区生产总值增长17%，全社会固定资产投资增长25%，社会消费品零售总额增长17%，一般预算财政收入增长16%，进出口总值增长15%，实际利用外资增长20%，城镇居民人均可支配收入、农民人均纯收入分别增长11%和12%；人口自然增长率控制在5‰以内；全面完成上级下达的年度节能减排任务。工作中，重点抓好五个方面：

（一）坚定不移地实施强农富民工程，全面推进农村发展繁荣。认真落实“多予、少取、放活”的方针，以繁荣农村、提升农业、富裕农民为目标，研究出台具体政策，启动实施总投资23.82亿元的13项农业农村重点工程，努力让农村更美、农民更富、农业更强。一是加快发展现代农业。按照“抓龙头、建基地、带农户”的思路，集中推进东部畜禽养殖、北部海洋渔业、西部特色果蔬、城郊休闲观光四大板块建设，新建冬枣精品示范园6000亩，开发海参养殖面积5万亩、海参育苗基地12万立方水体，推动全区冬枣品质升级和海参养殖规模扩张，建成为全市最大的海参苗种供应基地；积极发展生态畜牧业，加快推进澳亚现代牧场、和康源生猪养殖等项目，新建提升标准化畜牧养殖小区20个，年内新增奶牛1.3万头、生猪10万头，创建为全省奶业优势产区重点县；深入实施“一乡一业、一村一品”工程，扶持发展林下经济、富硒苹果等特色示范园建设，引导壮大葡萄、地瓜等特色农产品种植规模，拓宽农民增收渠道。深化农业产业化经营，扶持发展晨阳、海星等农业龙头企业，规范提升各类农民专业合作组织，加快推进益生康健海参加工、黄河方舟食品加工等项目，提高农产品附加值。二是改善农业生产条件。实施马新河疏浚治理和仙河镇镇东片节水改造，加快义和镇王集水库南片和河口街道三合片等小流域综合治理，新建改造农村桥闸泵21座，改造中低产田1.2万亩，提高农业综合生产能力；加快新户镇1.7万亩未利用地开发，探索连片规模化开发、园区产业化经营模式，引领带动全区40万亩未利用地有序开发；加强生态文明乡村建设，新建新户镇镜湖社区、义和镇三合社区等农村社区服务中心4处，突出抓好30个村级基础公益设施建设，实施农村有线电视户户通和自来水供水改造工程，新建农村住房1400户、改造危房600户，新建改造乡村公路36公里，建设垃圾转运站6个，年内基本实现城乡环卫一体化。三是加大“三农”支持力度。认真落实粮食直补、良种补贴等强农惠农政策，严格涉农价费监管，切实减轻农民负担。加强农产品流通体系建设，扎实推进万村千乡、农超对接等工程，新建改造农家店、配送中心12处，拓宽农产品销售渠道。加强农产品质量安全检测，规划建设1处市级农药检测中心和36处质量安全检测室，保障市民“菜篮子”安全。健全农村科技创新和服务体系，全面推广棉花深松深耕、大闸蟹成蟹育肥等10项农业新技术；完善农民创业政策，引导能人返乡创业和农民劳务输出，年内转移农村劳动力3000人以上。

（二）坚定不移地实施重大项目攻坚，加快构筑现代产业体系。牢固树立工业优先理念，充分发挥项目建设对稳增长、调结构、促转变的引领作用，扎实开展重大项目攻坚行动，加快推进总投资289.6亿元的47个重大产业项目，带动园区集群发展、企业规模扩张和产业提质升级。一是全力突破园区建设。山东河口经济开发区，进一步修订园区总体规划，实施阳河路、南一路等道路配套工程，规划新建海螺项目区南侧道路，完善照明、绿化、污排等设施，带动园区向西扩张；启动开发区金融商务中心建设，实施自来水厂扩建工程，完善供热、供气管网配套，增强园区基础承载能力。山东河口蓝色经济开发区，实施明园路西延和义三路、海防路、滨园路等道路设施配套，加快污水处理厂、热电联产中心和供水管网建设，年内起步区全部达到“七通一平”；高标准启动核心区建设，扎实推进创业大厦、蓝湖开发等工程，提升园区管理服务水平。统筹推进富海工业园、农产品精深加工园及镇街工业园基础配套和项目建设，努力实现产业互补、错位发展。二是全力扶持企业发展。全面落实扶持中小企业特别是成长型企业发展的优惠政策，搞好煤电油运等生产要素供求衔接，研究探索银企合作新模式，健全完善融资、信息、人才、政策四大支撑平台，确保企业良性经营。坚持扶优扶强，重点实施富海 12 万吨 / 年芳烃抽提技术改造、天信 10 万锭 / 年绿色纺纱等 9 个总投资 35.2 亿元的技改项目，降低企业生产成本，提高企业经营效益。积极鼓励全民创业，强化政策扶持，催生一批专业配套企业，年内新增规模工业企业 8 家以上。三是全力优化产业结构。石化行业，积极支持富海、中海扩大原油供给，延伸产业链条，实现饱和生产；加快推进果阿碳素 30 万吨 / 年煅烧石油焦、利特尔 32 万吨 / 年环氧丙烷等洽谈在建项目，实现石油化工、氯碱化工、精细化工联动发展。装备制造业，鼓励支持海鑫、海润、金开等企业突破成套设备、终端产品和关键部件，提高产业集中度和整体竞争力。战略性新兴产业，重点推进海螺 12 万吨 / 年新型节能型材、格瑞特 500 兆瓦 / 年光伏电池片、新天远景 10 万千瓦风力发电等项目，迅速壮大新兴产业规模。认真落实服务业发展规划，加快富海综合物流、泰富仓储物流等项目建设，启动神仙沟养生旅游度假区综合开发，提升旅游产业档次和规模。积极推进黄河三角洲油品交易中心和新能源服务业基地建设，培育服务业新兴业态。精心举办中国·东营河口湿地槐花节、中国著名书画家河口行等活动，凝聚人气，提升层次，搭建旅游交流合作新平台。

（三）坚定不移地推进和谐城乡建设，增强城市综合承载能力。着眼“拉开框架、完善功能、挖掘内涵、提升层次”，深入实施和谐城乡建设行动，加快推进新型城镇化进程。一是全面拉开城区框架。集中突破湖滨新区，实施鸣翠湖拓宽连通改造，搞好驳岸筑造、节点景观和游艇码头建设，提升鸣翠湖东侧广场，建设主题音乐喷泉，引水入湖，塑造景观，年内形成滨湖湿地特色；加快新区路网建设，新建康宁路、鸣翠湖北路，拓宽西湖路、滨西路，实施黄河路西延、花园路等道路绿化工程，带动新区开发建设。坚持“一村一策”，启动河口街道二吕村和六合街道协胜村等城中村改造，加快李坨村回迁安置楼建设，带动城区向外围扩张、农民向城市集聚。二是完善提升城市功能。重点实施“四大工程”：“畅通工程”，就是实施海康路管涵清淤、雨污分排、改墙透景等工程，优化提升海昌路，拆除黄河路转盘及以西建筑物，打通城区断头路，改善重点路段交通拥挤状况和汛期积水状况，提升城区通行能力。“温暖工程”，就是规划建设城区集中供热中心，对所有居民小区实施供暖供气提升改造，彻底解决城区采暖不佳、供气不足问题。“亮化工程”，就是加快推进黄河路、渤海路、海康路 LED 路灯改造，高标准实施黄河广场、银河公园、河安水系等亮化景观改造，消除城区“有路无灯”盲点，扮靓城市夜景，提升城市形象。“洁净工程”，就是依托数字化城管系统，创新城市管护机制，推行常态化、精细化、网格化管理，增上一批吸尘、洒水机械设备，提高城市管护水平。三是突破重大基础设施。完善交通网络体系，全线贯通西外环路，启动仙河镇至东营港疏港公路建设，实施孤滨路河口至沾化界改建工程，积极争取境内环渤海高等级公路尽早动工，打通河口东西、东北、西北和北部沿海四条环形通道；扎实推进潮河至挑河段防潮堤建设前期工作，为构筑北部沿海防护屏障打牢基础；实施兴北、中合 110 千伏和顺泰、马场 35 千伏输变电工程，增强城乡供电能力。四是加强生态环境建设。深化提升“三网”绿化工程，规划建设耐盐碱苗木繁育中心，集中推进疏港高速路域绿化和刺槐林恢复工程，新建绿化示范区 2 处、沿海防护林带 8.17 公里，加快构建“森林环抱”格局；加强湿地生态保护，重点推进挑河、草桥沟、神仙沟人工湿地建设，疏浚贯通环城水系，连通城区周边水库、湖泊、湿地等水系资源，打造水绿共生、城水相依的独特风貌；继续加强节能减排，启用河口经济开发区污水处理厂和孤岛仙河污水处理厂，实施河口污水处理厂提标工程，严厉打击偷排偷放、超标排放行为，确保环境持续优良。

（四）坚定不移地推进改革开放创新，激发科学发展强大动力。坚持把改革开放创新作为推进开发建设的不竭动力，强化创新驱动、改革促动和开放带动作用，增强经济发展活力。一是坚持以深化改革激活内力。着力推进金融创新，支持完成河口农村合作银行改制，做大做强河口惠农担保有限公司，积极争取成都农商银行、芜湖扬子农商银行等股份制银行在我区设立分支机构，增强金融支撑发展能力。继续深化部门预算改革，稳妥推行公务卡制度，健全完善综合治税体系，多渠道增加地方财政收入。深化投资体制改革，创新重大基础设施项目运作方式，扩大市场化运作领域和规模。加快推进土地管理制度改革，清理整顿闲置低效利用土地，提高土地投资强度和产出效益。稳妥推进农村综合改革，健全完善农村土地流转和宅基地管理机制，建立林权交易服务平台，探索林权抵押贷款模式，争创全国农民林业专业合作社示范区。二是坚持以扩大开放吸引外力。继续把招商引资作为头号工程，用足用好黄蓝国家战略金字招牌，围绕产业链条延伸和新兴产业培育，瞄准世界知名、国内百强和行业龙头企业，加大招商选资力度，加快引进一批财税贡献大、就业拉动强的大项目。力争全年到位外来固定资产投资35亿元以上。积极转变外贸增长方式，全力支持东营港经济开发区申报国家保税港区，加快山东河口经济开发区海关监管直通场站建设，鼓励支持自主品牌和高附加值产品出口，提高对外开放水平。三是坚持以自主创新增添活力。加快筹建中医药工程技术研究中心和盐及盐化工检测中心，引导企业设立博士后科研工作站和院士工作站，年内新增企业研发平台6家以上。深入实施人才强区战略，加大产业领军人才、专业技术人才和科技创新团队的引进培育力度，突出加强企业家队伍建设，组织开展交流培训，促进企业抱团发展。

（五）坚定不移地改善民生增进民利，提高人民群众幸福指数。始终把保障改善民生放在首位，心系百姓疾苦冷暖，注重解决实际问题，不断提高群众的幸福感、安全感和满意度。一是着力解决民生问题。认真落实就业再就业政策，加强就业指导培训，年内城镇登记失业率控制在2.4%以内。坚持拓展受保范围与提升保障标准同步，增加城乡居民大额医药费财政补助，将新农合参合标准由每人每年312元提高到361元，城乡居民基础养老金由每人每月60元提高到130元，城镇居民基本医疗保险筹资标准普遍上调30元；设立老龄事业发展专项资金，将高龄津贴发放范围扩大到80周岁以上，老年人生活救助金范围拓展到70周岁以上城镇非离退休人员；启用区综合社会福利中心，新建区中心敬老幸福园，对全区所有五保老人实行集中供养，实现孤、老、残、弱等群体的综合救助服务，提高城乡群众保障水平。加强城乡保障性住房建设，落实廉租房货币化补贴340户、经济适用房货币化补贴50户，新建公共租赁房120套，满足困难群众住房需求。二是繁荣发展社会事业。坚持教育优先，新建实验学校文化艺术体育馆，加快20所城乡幼儿园和15所中小学办学条件标准化建设，完善教学仪器、电教设备、幼教玩具等教学装备，确保秋季开学前全部完工投用；高度重视职业教育，积极探索校企联合办学模式，保障企业用工需求。深化医药卫生体制改革，实施中医院改扩建和人民医院规范化重症监护室建设，改善群众就医条件。启动幸福家庭创建工程，全面落实小康家庭致富、空巢家庭关爱、爱心帮扶救助等惠民政策，提高计生管理服务水平。扎实开展双拥共建，规划建设烈士陵园。繁荣发展文化事业，开放黄河口文体艺术中心，启用广电中心大楼，继续推进农村电影放映和农民健身工程，满足群众精神文化需求。精心举办东营市第九届运动会，全力打造“绿色九运、人文九运”。三是维护社会安全稳定。创新社会管理机制，加强3612345民生热线运行管理，提高为民服务水平。完善矛盾纠纷调处机制，认真解决群众合理诉求，着力化解信访突出问题。深入推进平安河口建设，加强社会管理综合治理和安全生产集中整治，在城区、镇街、村庄主干路段和重点部位，安装视频监控系统和测速拍照警示装置，构筑覆盖城乡的安全防护体系，保障群众生命财产安全。加强食品药品监管，严厉打击制假售假行为，积极争创省级药品安全示范区。

各位代表，群众利益无小事，民生之计大于天。今年，我们在深入调查研究、广泛征求民意的基础上，确定了总投资6.41亿元的11件便民实事。对这些工程，我们将严格落实责任，明确标准时限，加强督查考核，确保说到做到、全部兑现、取信于民。

四、加强政府自身建设

各位代表，未来五年注定是河口大发展、大变化、大提升的五年，人民群众对政府工作寄予更大期望。新一届政府将以更加昂扬的斗志、更加务实的作风、更加有力的举措，高标准做好各项工作，义不容辞地肩负起为民、务实、清廉的神圣职责。

（一）坚持与时俱进，增强政府创新力。面对前所未有的机遇和挑战，始终站在实施国家战略的高度，准确把握形势变化，自觉加强学习实践，努力做到以宽广的视野审视全局、以超凡的境界谋划发展、以非凡的气魄推进落实，创造性地开展工作。始终保持昂扬向上的精神状态和永不言败的旺盛斗志，勇谋突破之策，力行创新之举，坚持用改革的思路、发展的办法和市场的手段，奋力战胜前进道路上的各种困难，努力在黄蓝经济区开发建设中探索新路子、实现新突破、建树新作为。

（二）规范行政行为，增强政府公信力。认真落实《山东省行政程序规定》，严格按照法定权限和程序行使权力、履行职责，做到规范执法、公正执法、文明执法。积极推进依法科学民主决策，健全重大事项公众参与、专家咨询、社会公示和风险评估等制度，不断提高科学决策、民主决策水平。扎实开展“六五”普法教育，深入推进“法治河口”建设，实施法律援助惠民工程，提高法律服务水平。自觉接受人大法律监督、政协民主监督和社会舆论监督，巩固深化“两评一树”活动成果，全面推行政务公开，确保行政权力依法行使、透明运行。

（三）加强效能建设，增强政府执行力。大力倡导脚踏实地、真抓实干的工作作风，引导政府工作人员把心思放到干事业上，把功夫下到抓落实上，把本领用在促发展上，重实际、说实话、办实事、求实效，真正做到决策在一线落实、问题在一线解决、成效在一线检验。全面推行项目化目标管理机制，层层压实责任，加强督查考核，以责任明确的硬任务、真督实查的硬办法、奖罚分明的硬机制，强力推进工作落实。继续深化行政审批服务改革，建成启用便民服务中心，全面推行网上审批和电子监察系统，下决心精简会议、文件和事务性活动，推动政府提速提效。

（四）保持清正廉洁，增强政府向心力。坚持把廉洁作为立身之本、为政之德、行为之范，旗帜鲜明地反对腐败，自觉为人民掌好权、用好权、服好务；认真落实党风廉政建设责任制，坚持用制度管权、管事、管人，提倡勤俭节约，反对铺张浪费，切实从源头上预防和治理腐败。加大纠风治乱力度，积极支持纪检监察机关依法依纪查办案件，坚决纠正损害群众利益的不正之风。注重加强公务员队伍建设，时刻把群众福祉放在心头，倾听群众呼声，体察群众疾苦，反映群众愿望，争创经得起人民、实践和历史检验的业绩。

各位代表！时代赋予重任，艰辛铸就伟业。让我们更加紧密地团结起来，在市委、市政府和区委的坚强领导下，高举中国特色社会主义伟大旗帜，紧紧依靠全区人民，锲而不舍攻坚克难，励精图治加快发展，奋力开创河口富民强区、率先崛起的灿烂明天，以更加优异的成绩迎接党的十八大胜利召开！

政府工作报告

——2013 年 1 月 3 日在东营市河口区第十七届人民代表大会第二次会议上

东营市河口区人民政府区长 苟增杰

各位代表：

现在，我代表区人民政府向大会报告工作，请予审议，并请区政协委员和其他列席会议的同志提出意见。

一、2012 年政府工作回顾

刚刚过去的一年，是深入贯彻区第七次党代会精神、全面建设生态文明典范区的开局之年，也是我们迎难奋进、成果丰硕的一年。一年来，在区委的坚强领导下，全区上下凝心聚力谋发展，千方百计惠民生，经济社会发展取得了显著成绩。

（一）积极应对各种挑战，经济实现逆势上扬。去年，我区面临着经济下行压力加大、投资增速放缓、企业资金短缺、农业遭受严重自然灾害等种种挑战，保增长、促发展的任务十分艰巨。对此，我们始终保持清醒的头脑，坚持把促进经济平稳较快增长作为首要任务，密切关注农业生产和企业经营，强化经济运行调度，超前研判可能出现的情况问题，有针对性地制定应对措施，确保了全区经济逆势上扬、持续增长，圆满完成了区十七届人大一次会议确定的目标任务。初步统计，全区实现生产总值 198 亿元，增长 18%；

完成全社会固定资产投资207亿元，增长23.3%；公共财政预算收入12.1亿元，增长21.2%；实际利用外资2100万美元，增长26.4%；各项存贷款余额分别达到189亿元、90亿元，比年初增加32.9亿元和16.9亿元。工作中，针对企业资金短缺的实际，设立7000万元中小企业转贷基金，帮助企业妥善化解资金链风险，营造了健康的金融生态环境；全年落实银企签约资金59.8亿元，有力地保障了企业资金供应。面对投资增速放缓的压力，在全区集中开展重大项目攻坚和招商引资突破年活动，实施了总投资341.4亿元的84个重大项目，当年竣工30个；落地过亿元产业项目34个，海螺、正邦等8家全国500强企业，阳谷华泰、国中水务等12家上市公司落户河口，经济发展后劲明显增强。面对发展空间受限的困扰，积极拓展建设用地和环境容量新空间，加快园区配套和项目建设。去年，河口经济开发区产值突破70亿元；河口蓝色经济开发区投产、在建项目达到21个，总投资超过265亿元，形成了快速崛起之势。

（二）着力转变发展方式，产业层次大幅提升。按照“一产调优、二产调强、三产调大”的思路，以增量优化带动结构调整，实现了速度、效益、质量同步增长，三次产业比例由6.2∶55.5∶38.3调整到6.1∶54.4∶39.5。现代农业蓬勃发展。财政出资3000万元设立现代农业发展基金，重点扶持生态养殖、绿色种植等富民产业，建成了亚洲单体存栏规模最大的仙河澳亚牧场，落户了中国农业产业化领军企业—正邦集团，实施了益生康健、通和水产等4个过亿元渔业项目，全区奶牛存栏1.3万头，海参、大闸蟹养殖达到10万亩和3.8万亩。积极推进农业产业化，新增农业龙头企业5家，农民专业合作社发展到175个。完善农业支撑体系，全市首家农药检测中心建成启用；黄河口国家级中心渔港开港运营；改造中低产田1.2万亩，疏浚治理河道39.6公里，农业生产条件进一步改善。工业实力显著增强。规模以上工业总产值、主营业务收入双双跃上700亿元台阶，实现增加值106.2亿元，增速位居全市前列。培育壮大石油化工、加工制造等主导产业，总投资85.7亿元的中海油500万吨大型炼化项目顺利推进，利特尔环氧丙烷等19个石化链条项目、金瑞高频直缝焊管等6个高端制造项目加快实施，两大产业占规模以上工业总产值的比重达到60%以上。新能源、新材料等战略性新兴产业加快发展，海螺节能型材、金信新材料20万吨无氧铜材一期等大项目竣工投产，高新技术产业比重达到35%以上。第三产业日趋壮大。实现社会消费品零售总额35.6亿元，增长16%。生态旅游业快速发展，成功举办湿地槐花节、全国摄影大展等活动，累计接待游客39万人次，实现旅游收入1.7亿元。富海冷链、泰富仓储等物流项目顺利实施。黄河三角洲石油化工交易中心正式运营，入驻企业74家，打造了面向全国的油品交易电子商务平台。

（三）强力推进城乡建设，人居环境更加秀美。按照“城乡统筹、以城带乡”的思路，实施了总投资26.6亿元的27项城乡建设工程，城镇化率达到76.8%，被住建部授予“中国宜居宜业典范区”称号。加快湖滨新区开发步伐，控制性详细规划、景观深化方案编制完成，“一纵三横”路网框架基本贯通，市民广场、音乐喷泉等沿湖景观建成开放，鸣翠湖核心景观初步形成，成为城市发展的新亮点。以创建国家生态园林城市为契机，强力推进老城改造建设。黄河路西延、海康路改造工程竣工通车，城区800盏节能路灯、18公里隔离护栏建成投用，市民出行更加安全便捷。李坨村回迁安置楼即将交付使用，协胜村、二吕村等城中村改造取得阶段性成果，油田大院子“退二进三”实现破题，城市空间布局进一步优化。“五城联动”环境整治取得明显成效，城市面貌有了较大改观。加快推进村镇建设，新建农村社区服务中心4处；改造供水管网193公里、农村公路76公里、危桥21座；农村电网改造升级全面完成；城乡基本实现环卫一体化。加大造林绿化力度，孤岛刺槐林场顺利通过市级验收，新增造林面积3.7万亩。注重加强污染防治，投资2.7亿元新建改造河口城区、孤岛仙河等污水处理厂4座，取缔土小污染企业12家，顺利通过国家环保模范城市、国家卫生城市复核。

（四）着力深化改革创新，发展活力明显增强。金融创新成效明显，河口农村合作银行改制完成；融坤小额贷款公司、民间借贷服务中心等新型金融组织挂牌营业；中成村镇银行获批筹建，实现了我区村镇银行零的突破。未利用地开发取得显著成绩，一期1.74万亩全部完工，二期8.5万亩完成80%土方工程，项目区经营利用和村庄迁建实现破题。农村综合改革扎实推进，集体土地和房屋所有权登记颁证工作全面铺开，集体经济清产核资经验在全省推广；集体土地流转面积4.7万亩，超过以往5年的总和。新户镇被列为全国发展改革试点镇、全市首批试点强镇。行政审批制度改革深入推进，事业单位分类改革全面完成，下放行政审批权限62项，政务环境进一步优化。深入实施创新驱动战略，承担省级以上科研项目12个，全省唯一的石油助剂及轻烃产品检验中心在我区建成投用，金岛实业院士工作站等3家省级以上研发平台获批成立，对产业的支撑力和带动力明显增强。

（五）倾力保障改善民生，群众生活更加幸福。始终把群众利益放在首位，集中财力为群众办实事、办好事，人民生活向着全面小康阔步迈进。创新实施富民工程，多渠道增加居民收入，城镇居民人均可支配收入、农民人均纯收入分别达到29320元和11600元。积极推进创业就业，办好新型农民学校，全年转移农村劳动力3847人，新增城镇就业4535人。完善社会保障体系，发放大病救助、低保救助等各类救助金1860万元，老年人生活救助金、高龄津贴发放范围分别扩大到70、80周岁以上，城乡低保标准上调到每年5520元和2660元，继续保持全市最高。坚持教育优先发展，投资8500万元实施了城乡学校标准化建设工程，17所农村幼儿园建成投用；农村非公办幼师工资保险待遇得到妥善落实；全年发放贫困生助学金227万元。大力发展卫生事业，投资1120万元实施了人民医院重症监护室、中医院病房楼改扩建工程；新农合参合标准由每人每年312元提高到360元，参合农民政策范围内住院费用补偿比例达到75%，提前三年达到国家医改目标。完善住房保障体系，扶持农民新建住房1500户、改造危房405户，新建公共租赁房220套，发放各类保障性住房补贴436万元，出台优惠政策支持油田职工住房建设，油地群众住房条件得到明显改善。城市居民小区燃气改造全部完成，城区全面实现24小时供气。积极创建全国文明城市，市民素质有了新的提升。广泛开展全民健身活动，成功举办市第九届运动会。扎实开展“六五”普法教育，法律援助工作覆盖全区。加强人口计生工作，被评为全国阳光计生行动示范单位。积极推进社会管理创新，扎实开展信访工作，胜利完成十八大安保任务，社会秩序持续稳定。高度重视安全生产，顺利通过省级安全社区验收。加强食品药品安全监管，创建为首批省级药品安全示范区。双拥共建、人民防空、应急管理等工作扎实推进，妇女儿童、残疾人、慈善等事业健康发展，外事侨务、防震减灾、民族宗教、档案史志、气象、统计等工作取得新的成绩。

各位代表，去年我区又有多项民生工作走在全省全国前列：在全省率先实现农村学前三年免费教育，所有农村适龄儿童免费入园；在全省率先实现有线电视“户户通”，免费为所有农村家庭开通了有线电视；在全省率先实现老龄保障城乡一体，基础养老金由每人每月60元跃升至130元，保障标准全省最高、全国领先。

（六）狠抓政府自身建设，行政效能明显提升。认真落实依法行政实施纲要，扎实开展行政程序年活动，出台了《财政资金使用管理办法》《政府投资项目管理办法》等13个规范性文件，政府议事规则和办事程序更加透明规范。深化实施机关效能提升行动，网上审批和电子监察系统上线运行，新的行政服务中心建成投用，全区45个部门、300余项审批事项实现集中进驻，各类业务办理时间缩短了一半以上。加强效能监察和政务督查，查处各类松懈散漫、吃拿卡要等违纪行为92起，广大政府工作人员责任意识、效率意识、自律意识明显增强。自觉接受社会监督，定期向区人大常委会报告工作、向区政协通报情况，办理人大代表建议、政协委员提案177件。充分发挥3612345民生热线作用，全年受理各类群众来电4.7万余件，一批热点、难点问题得到妥善解决。在2012年度全市群众满意度电话调查中，我区以93.92%的历史最好成绩再次高居榜首，八项考量指标中七项位居全市第一。

各位代表，过去的一年，我们遇到的挑战异常严峻，付出的努力非比寻常，取得的成绩来之不易。这些成绩的取得，是区委坚强领导的结果，是人大代表、政协委员监督支持的结果，是全区人民、社会各界团结奋斗的结果，同时，也凝结着全体政府工作人员的努力和汗水。特别是济军生产基地和驻区各油田单位鼎力支持、积极参与，为河口大地蓬勃发展注入了强大动力；广大企业和企业家扎根河口、创新创业，为全区经济强筋壮骨提供了有力支撑。在此，我代表区人民政府，向辛勤工作在各条战线上的广大干部群众，向所有为河口建设和发展做出贡献的同志们、朋友们，表示衷心的感谢，致以崇高的敬意！

各位代表，回顾过去的一年，我们在困难面前没有放慢脚步，在机遇面前没有错失良机，我们深刻地体会到：要想实现富民强区、率先崛起，必须永葆昂扬向上的精神状态。面对全区人民的殷切期待，面对日益激烈的区域竞争，我们唯有牢记发展、心系民生，毫不懈怠、毫不放松，才能在攀登的道路上坚韧不拔、勇攀高峰，才能在发展的大潮中激流勇进、勇立潮头。要想实现富民强区、率先崛起，必须恪守艰苦奋斗的优良传统。如今的河口正处于蓄势待发、拔节登高的关键时期，我们要学习孺子牛的俯首之态、奉献之情、拓荒之劲，把全部心思和精力倾注到干事创业上来，夙夜在公，不惜汗水，埋头苦干，一往无前。要想实现富民强区、率先崛起，必须秉承勇于担当的宝贵品质。前进的道路不会顺风顺水，必然会遇到许多艰难险阻。我们要时刻保持敢为人先的闯劲、勇往直前的拼劲、百折不挠的韧劲，事不避难，攻坚克难，越是艰险越向前。要想实现富民强区、率先崛起，必须弘扬团结包容的协作精神。无论现在，还是将来，我们都要高举油地军港“团结共建、共兴共荣”的大旗，倍加珍视团结，更加精诚团结，凝心聚力，同舟共济，努力建设好我们共同的家园。这些经验和体会是指导我们加快发展的宝贵财富和力量源泉。只要我们始终坚持，发扬光大，就一定能开创河口各项工作的新局面，夺取经济社会发展的新胜利！

在肯定成绩的同时，我们也清醒地看到，工作中还存在不少困难和问题，主要是：经济总量偏小，产业层次较低，自主创新能力还不强，转型升级任务仍很艰巨；财政增收压力加大，收支矛盾日益突出；土地、资金、环境等要素制约依然存在；城乡发展不够均衡，城市功能和基础设施还不完善；农业抵御自然灾害的能力还不强，农民持续增收的渠道相对单一；部分民生问题还没有得到有效解决；政府工作效率和服务质量有待进一步加强。对这些问题，我们一定高度重视，采取有效措施，切实加以解决。

二、2013 年政府工作总体要求和目标任务

各位代表，今年是全面贯彻落实党的十八大精神的开局之年，也是实施“十二五”规划承前启后的关键一年。做好今年的政府工作，责任重大、影响深远。

目前，世界经济复苏缓慢，国内经济企稳回升的基础还不稳固，经济增长下行压力仍然很大。但形势越是严峻，我们越要看到发展机遇，坚定发展信心。一是，党的十八大吹响了全面建成小康社会的进军号角；市委、市政府将生态文明典范城市建设作为贯彻党的十八大精神的具体实践，为我们今后的发展指明了方向；区委七届二次会议审时度势、科学决策，确定了率先全面建成小康社会、率先建成生态文明典范区的奋斗目标，落实好、实现好这一奋斗目标，必将引领河口走向繁荣富强。二是，随着黄蓝国家战略和区港城一体发展战略的深入实施，河口的政策叠加效应、投资高地效应、要素集聚效应充分显现，土地、海洋、油气、生态等资源优势更加凸显，为我们率先崛起带来了重大机遇。三是，经过近 30 年的历练，我区经济发展已经步入快车道，一批在国际国内有分量的大企业相继落地，为我们加快发展奠定了坚实的产业基础。四是，在改革发展的过程中，锤炼了一支想干事、会干事、干成事的干部队伍，广大群众人心思上，油地军港团结一心，干事创业的热情空前高涨。如今的河口，占据天时地利人和。只要我们放手大干、埋头苦干、真抓实干，就一定能不负全区人民的重托！就一定能朝着“两个率先”的目标阔步前进！

今年政府工作的总体要求是：坚持以党的十八大精神为指引，全面落实科学发展观，紧紧围绕“发挥港口优势，科学规划‘一港三区一带三线一城’经济发展新格局，全力打造五大基地，努力实现在黄河三角洲开发建设中高点定位、率先崛起”的总体思路，深入实施黄蓝国家战略，加快推进工业化、信息化、城镇化和农业现代化进程，稳增长、调结构、惠民生、促和谐，努力实现富民强区新跨越。

主要预期目标是：生产总值增长 16%，全社会固定资产投资增长 21%，社会消费品零售总额增长 15%，公共财政预算收入增长 16%，进出口总值增长 15%，实际利用外资增长 10%，城镇居民人均可支配收入增长 13%，农民人均纯收入增长 14%，城镇登记失业率控制在 2.4% 以内，人口自然增长率控制在 5‰ 以内，全面完成上级下达的节能减排任务。

工作中，重点坚持“五个不动摇”、实现“五个

新突破”。

（一）坚持工业强区不动摇，在加速膨胀经济总量上实现新突破。工业化是振兴河口的必由之路、富民强区的关键所在。我们将坚定不移地实施工业强区战略，推动传统产业高端化、新兴产业规模化、主导产业集群化，力争年内规模以上工业总产值突破千亿元，为河口经济腾飞打牢坚实的基础。一是全力培育优势产业。石化行业，突出抓好中海油 500 万吨大型炼化、富海石化 200 万吨重油催化裂化项目，加快实施富宇化工 150 万吨重油加氢裂化等 7 个在建项目，打造集石油炼化、精细化工、仓储物流、油品交易于一体的完整产业链。加工制造业，着力完善技术研发、品牌培育和流通体系平台，加快晨宇机械 500 万套新型铝合金车轮、力之源动力 10 万台柴油发动机等项目建设，鼓励华堃、金开等企业突破成套设备和关键部件，提高核心竞争力和市场占有率。战略性新兴产业，积极推进华能 4×60 万千瓦热电联产项目前期工作，加快实施栋明高性能合金型材、常青树环保型胶黏剂等扩产项目，促进产业向高端提升、产品向高端发展。二是全力突破招商引资。把招商引资作为头号工程，围绕产业链条延伸和新兴产业培育，锁定世界知名、国内百强、行业龙头企业，加快引进一批投资大、层次高、带动强的好项目，确保年内落地过亿元项目 30 个以上，到位外来固定资产投资 45 亿元。强化招商选资意识，严把投资强度、环境容量、亩均税收、科技含量等标准，坚决杜绝新上高耗能、高污染项目。创新项目推进机制，围绕洽谈、立项、开工、运营等各个环节，落实领导包靠和部门负责制，全程服务，跟踪推进，促进项目早日投产达效。三是全力推进园区建设。河口经济开发区，围绕“高端高效、集约集聚、创新创业”的发展定位，加快完善道路、绿化等园区配套，盘活闲置低效存量土地，建立企业信息服务平台，促进中小企业加速成长，提升园区集约化、经济生态化水平。河口蓝色经济开发区，坚持基础配套与项目建设同步，完善园区路网框架，全面启动管理服务区、园区消防站、企业职工公寓等工程建设，加快推进戴瑞克新材料二期等 22 个在建项目，确保年内投产企业达到 13 家以上，成为承接港口辐射的重要平台、拉动经济增长的强大引擎。到年底，河口经济开发区产值突破 100 亿元大关，河口蓝色经济开发区产值跃上 200 亿元台阶。加快重大基础设施建设，实施西外环配套、北外环西延和疏港公路建设，推动环渤海高等级公路、沾利河—草桥沟段沿海防潮堤尽快开工，构筑起北部交通框架和防护屏障，为沿海区域开发提供保障和支撑。四是全力扶持企业发展。借鉴先进地区经验，制定出台扶持企业发展的优惠政策，鼓励银行扩大信贷投放，及时化解潜在资金风险，确保企业生产不停顿、资金不断裂、发展不停步。坚持分类指导、扶优扶强，支持通海、金岛等油田改制企业转换机制、降本增效，扶持海鑫、海润等外贸企业扩大出口、抢占市场，引导海螺、旭业等关联企业合作生产、加工配套，鼓励中海、富海等骨干企业增资扩产、改造升级，确保年内规模以上工业企业突破 120 家。高度重视企业家队伍建设，积极组织企业家相互交流和深造培训，开阔视野，提升境界，当好河口经济腾飞的领头雁。进一步优化企业家的创业和生活环境，在全社会形成关心企业家、爱护企业家、尊重企业家的浓厚氛围。

（二）坚持城乡统筹不动摇，在构筑新型城镇体系上实现新突破。新型城镇化建设是国之大势、省之大略、市之大计，关乎河口的长远发展。我们将抓住机遇，乘势而上，完善城市功能，优化城乡布局，加快新型城镇化进程，努力建设秀美宜居新河口。一是完善城镇规划体系。强化规划引领作用，编制完成区港一体化战略规划；按照中心城、小城镇、新型农村社区三个层级，修订完善城镇体系总体规划，加快配套重点区域详细规划，快速拉开城镇发展框架。增强规划意识，严格规划评审制度，严查违法建设行为，切实维护好规划的科学性、严肃性和权威性。二是做大做美中心城区。同步推进新区开发建设与老城提升改造，促进城区东西对接、加速融合。集中突破湖滨新区。深度开发环湖岸线，完善聚庆路、海湖路等路网框架，规划建设庆典广场、访客中心等便民场所，精心打造湿地片区、健康养生岛等核心景观，积极启动商贸区、住宅区建设，配套游船、步行等水陆慢行系统，在强力开发中集聚人气，在精雕细琢中提升品位，打造群众向往、景色秀美、宜居宜游的城市大客厅。加快老城改造提升。道路改造重点抓好海盛路、和平街改造，投资 1350 万元在渤海路、河滨路等低洼路段建设 3 处强排泵站，实施德盛街、公园街等10条支路管涵清淤，改善汛期积水状况。片区改造重点抓好原水利局、电视台、供销社等区块拆迁，鼓励油田大院子“退二进三”，优化城市空间布局，提升城市整体形象。景观提升重点抓好拆墙透绿和拆迁增绿，严格城市绿线管理控制，大幅增加绿地面积，提升绿化档次和景观层次。城市管护在加大街面保洁力度的同时，重点抓好背街小巷、农贸市场等薄弱环节，理顺油地管护责任，推动管理重心下移，塑造干净整洁、井然有序的城市形象。三是强力推进村镇建设。培育壮大小城镇。坚持放权放活，强化政策扶持，引导支持各镇街因地制宜、提升标杆、加快发展，壮大镇域经济综合实力。用足用好城乡建设用地增减挂钩政策，稳步推进新型农村社区建设，年内突出抓好90个村庄环境综合整治，启动17处村庄迁建合并工程，力争利用三年时间完成城中村、城边村拆迁改造和镇驻地村整体改造任务。仙河镇、孤岛镇发挥油地军共建优势，提升镇区承载功能，年内规划建设镇东、镇苑两处社区，率先实现村庄社区化、全域城镇化。六合街道、河口街道立足城郊优势，实施融城发展，年内完成协胜村、二吕村改造，启动老庙、四扣社区建设，带动外围村庄整合提升。积极支持新户镇试点强镇建设。新户镇、义和镇以驻地村、镇边村为重点，稳妥推进迁村并点和合村并居，年内启动颐祥、颐正、永合等5个社区建设，引导人口加速向社区集中，改善农民生活条件。四是优化城乡生态环境。启动神仙沟生态湿地恢复工程，加快贯通环城水系，实施昌盛河、康宁河衬砌绿化，打造水清岸绿、城水相依的环城景观。深化“三网”绿化工程，完善综合灌排体系，突出抓好节点景观提升和路域断档绿化。加大造林绿化力度，高标准完善孤岛刺槐林场基础配套，全面启动六合1.5万亩生态林场建设，探索长效经营管理机制，打造城郊森林公园。

（三）坚持强农富民不动摇，在现代农业快速崛起上实现新突破。农业不仅是基础产业，而且永远是朝阳产业。我们将按照“抓龙头、建基地、带农户”的思路，以更大力度实施强农富民工程，启动总投资126亿元的11个农业项目，推动现代农业快速崛起，带动农民大幅增收。一是集中培育优势产业。发挥土地广阔、资源丰富的优势，突出水产、畜牧两大产业，规划建设一批规模大、效益好、带动能力强的现代农业园区。水产业，以生态、高效、品牌为目标，全面启动100万亩现代农业高效生态渔业区开发，年内完成10万亩起步区建设，打造全国规模最大的滨海渔业样板区。畜牧业，在鼓励农民发展特种养殖的同时，加快实施澳亚第二个万头奶牛牧场、印尼佳发出栏9万头肉牛养殖、江西正邦百万头生猪养殖、黄河方舟1.2亿只鸡鸭屠宰加工等项目，辐射带动乳品加工、饲草饲料、物流配送、有机肥料等关联产业，确保年内奶牛存栏突破2万头、鲜奶8万吨、种猪2.5万头，争创国家级现代畜牧业示范区。深入实施“一乡一业、一村一品”工程，扶持设施农业、林下经济等特色园区建设，拓宽农民增收渠道。深化农业产业化经营，培育壮大农业龙头企业，鼓励农民专业合作社提供多种生产服务，带动更多的农户进入产业链经营。二是改善农业生产条件。集中推进未利用地开发，高标准完成8.5万亩新户项目二期，加快土地流转和经营开发步伐，打造全国一流的未利用地开发管理改革实验区。加强农田水利基本建设，实施沾利河综合治理、东风片田间排涝和振东片节水改造工程，疏浚治理河道沟渠25公里，新建改造农村桥闸泵23座，改造中低产田1.2万亩，提高农业综合生产能力。继续实施农村饮水安全工程，解决好偏远地区农民安全饮水问题。三是拓宽农民增收渠道。充分发挥富民专项资金引导作用，组建成立惠农担保公司，探索合作社资金互助模式，引导更多资金投向农业领域。认真落实各项强农惠农政策，严格涉农价费监管，切实减轻农民负担。完善农村产权制度和征地制度，积极稳妥地推进土地承包经营权流转，增加农民的资源性、财产性收入。依托新型农民学校，搞好农民培训，全面推广适用技术，提高农民增收致富能力。

（四）坚持三产兴区不动摇，在增强经济发展活力上实现新突破。服务业是我区产业结构的“短板”。我们将把发展服务业摆上更加重要的位置，加强规划引导，强化政策扶持，推动服务业水平提升、比重提高、发展提速。一是改造提升传统服务业。围绕市民多元化消费需求，加强专业市场规范管理，提升商场、超市、餐饮、住宿等业态层次，积极引进五星级酒店、商业综合体等高端项目，拓展数字院线、休闲健身、社区服务、居家养老等新型业态，营造便利实惠、丰富放心的消费环境。深入推进“万村千乡”和农超对接，引导便利店、折扣店进镇入村，完善农村市场流通网络，满足农民消费需求。二是集中突破生态旅游业。积极与济军生产基地加强合作，整合神仙沟、万亩槐林等旅游资源，引进市场投资主体，鼓励发展温泉旅游和假日经济。继续办好全国摄影展、槐林帐篷节等节庆活动，申报中国摄影创作基地，吸引更多的游客走进河口、感受河口。扶持发展休闲观光农业，依托黄河故道和生态林场，积极培育森林木屋、四季采摘等经营项目，引导市民体验农耕风情，带动当地群众增收致富。三是加快发展生产性服务业。积极引进大型高端物流项目，加快区内骨干企业主辅业务剥离，促进现代物流业集聚突破。优化提升科技服务业，鼓励企业组建中医药、有机颜料等工程技术研究中心，积极参与国家行业技术标准制订，引领创新要素向企业集聚。鼓励商业性银行来我区设立分支机构，加快新加坡澳亚集团中国总部落户河口，支持黄河三角洲石油化工交易中心扩展业务，增强三次产业融合互动发展的能力。

（五）坚持惠民利民不动摇，在提高群众幸福指数上实现新突破。改善民生是政府的头等大事。我们将坚持以人为本、民生优先，全心全意解决好群众最关心、最直接、最现实的利益问题，让老百姓分享到更多发展成果。一是完善社会保障体系。进一步加大社会救助力度，建设老年人日间照料中心，将70-79周岁非离退休老年人生活救助金由每年500元提高到800元，80-89周岁提高到1200元，全力保障好低收入家庭、困难群众的基本生活。积极发展社会福利和慈善事业，开展多种形式的捐助和帮扶活动。实施城乡安居工程，扶持新建农房1400户、改造危房200户，新建公共租赁房200套，落实廉租房、经济适用房货币化补贴410户，支持油田启动6310套职工住房建设，改善油地群众住房条件。二是大力发展社会事业。加快教育现代化进程，规划建设教育新区，先行启动区一中迁建；年内完成城乡中小学“两热一改”（食堂、热水、改厕）工程和区实验学校操场建设，改善城乡办学条件；加强与北大附属实验学校等名牌学校的合作发展，切实提高教学质量。按照“三校合一”的思路，整合党员教育、职业教育和农民教育资源，支持区职教中心建设省中等职业合格学校。全面推进公立医院综合改革，取消药品加成，差额部分由政府全额补贴。巩固完善基本药物制度，全面推进城镇医保和新农合整合，将财政补助提高到每年320元以上，免除70周岁以上老年人缴纳费用，大幅度提高困难群众医疗救助比例，建立城乡一体、惠及全民的医疗保险制度。做好人口和计划生育工作，持续稳定低生育水平。繁荣发展文化事业，深入开展全民健身活动，丰富群众文化生活。继续以更大力度深化文明城市创建，加强社会公德、职业道德、家庭美德和个人品德建设，提高全社会文明程度。扎实开展双拥共建，深化军政军民团结。建成开放河口烈士陵园，建立爱国主义教育基地。关心支持妇女儿童、青少年、残疾人事业发展，进一步提高外事侨务、民族宗教、人民防空工作水平，积极推进档案史志、防震减灾、气象、援疆等各项工作。三是全力维护社会稳定。坚持以群众工作统揽全局，夯实社会管理基层基础，拓展民生热线服务领域，着力解决影响稳定的突出问题，从源头上预防和化解社会矛盾。加强公共安全管理，全面排查和消除安全隐患，有效防范和坚决遏制重特大安全事故。强化食品药品安全监管，确保群众饮食用药安全。深化“平安河口”建设，完善立体化社会治安防控体系，严厉打击各类违法犯罪行为，增强广大人民群众的安全感和满意度。

各位代表，今年我们将继续办好十大民生实事：（一）建成启用总投资4470万元的河口中心敬老幸福园，在全省率先实现所有五保老人集中供养。（二）投资2.8亿元，启动区一中新校建设，全面改善基础教育办学条件。（三）投资4450万元，全面实施河宁小区水电路暖等整体改造，提升老旧小区居民生活质量。（四）投资3000万元，实施幸福家庭创建工程，免费为60周岁以上老人每年组织一次健康查体，为60-80周岁老人购买一份意外伤害保险。（五）投资1400万元，实施全区有线电视数字化工程，为城乡群众提供高质量的文化服务。（六）建成启用总投资1.5亿元的区集中供热中心，彻底解决城区供暖问题。（七）投资1.87亿元，实施农村公路畅通工程，从今年开始，三年内完成所有农村公路整修。（八）设立2500万元创业就业帮扶基金，提供贴息贷款，促进创业带动就业5500人以上。（九）实施贫困学生助学行动，大学新生每人3000元、中小学生每人1000元，确保所有孩子都能上得起学。（十）投资

700 万元，建设城乡动态视频监控系统，保障群众生命财产安全。

各位代表，万事民为本，民生大于天。只要我们坚持每年都办成一批惠民利民的好事实事，人民期盼的美好生活就一定能够早日到来！全面建成小康社会的宏伟目标就一定能够早日实现！

三、加强政府自身建设

各位代表，当前河口正处于发展的关键时期，人民群众对政府工作寄予更大期望。我们将始终按照为民、务实、清廉的要求，全面加强自身建设，努力建设堪当重任、人民满意的政府。

（一）心系百姓，执政为民。我们将扎实开展好群众路线教育实践活动，任何时候、任何情况，都把群众安危冷暖记挂心中，凡是涉及群众利益的问题，都认真负责去对待；凡是群众提出的意见建议，都真心诚意去倾听；凡是群众遇到的困难，都千方百计去解决，让群众感到明显的变化、得到真正的实惠。坚持把群众呼声作为政府工作第一信号，想问题首先想想群众是什么感受，办事情首先算算群众得什么实惠，作决策首先听听群众有什么想法，让群众充分参与到政府决策中来，使政府工作更加得民心、顺民意。

（二）解放思想，攻坚克难。我们将始终站在实施国家战略的高度提升思想境界，准确把握区情市情，立足全省全国找准定位，树立更高的目标追求，努力争创一流、勇当排头。注重加强学习研究，紧紧抓住工作中的薄弱环节、关键问题，做好上级政策、外地经验与河口实际相结合的文章，理直气壮地支持改革、鼓励创新，用改革的力量、创新的举措，最大限度盘活资源，最大力度克服困难。只要对河口发展有利、对造福百姓有益，我们就敢闯敢试敢冒，求新创新出新，更好地担负起推动发展的重任。

（三）转变作风，求真务实。我们将以更加坚定的决心致力于转变工作作风，政府班子成员抽出更多的时间，深入基层调查研究，摸实情、听实话、办实事，哪里困难多、问题多，就到哪里去。大力转变文风会风，政府一般性会议原则上不超过 1 小时，大型会议不超过 2 小时，没有实质意义的会议坚决不开，没有实际内容的文件坚决不发，会议能合则合，讲话能短则短，腾出更多的时间抓落实、促发展。注重提升政府效能，严格落实服务承诺和限时办结制，坚决纠正不作为、慢作为、乱作为等不良行为。坚持说了算、定了干，将每项工作都责任化、具体化，确保立说立行、政令畅通。

（四）依法行政，廉洁奉公。我们将始终牢记权力是人民赋予的，不是享受而是责任，不是获取而是奉献，自觉接受各方面监督，扎实推进行政权力阳光运行，自觉做到履行职责为公、行使权力为民。认真落实党风廉政建设责任制，坚持用制度管权管事管人，加强对工程建设、土地出让、政府采购、部门预算等重点领域监管，筑牢拒腐防变的思想道德防线。加大纠风治乱力度，旗帜鲜明地反对腐败，坚决有力地查办案件，用实际行动赢得群众的信任与拥护。

各位代表，油地军港团结协作是河口实现富民强区、率先崛起的最大优势。我们将以更大力度支持油田单位增储上产，解决好职工住房、油区治安等实际问题；以更大力度支持济军基地发展生产、改善民生；以更大力度支持东营港的开发与建设。油地携手，军民同心，区港联动，共谋发展，共建我们美好的家园！

各位代表，担当成就伟业，实干铸就辉煌。让我们以党的十八大精神为指引，在区委的坚强领导下，以更加宽广的视野谋求发展，以更加昂扬的斗志迎接挑战，以更加务实的作风破浪前行，奋力谱写河口富民强区、率先崛起的崭新篇章，共同创造河口人民更加幸福美好的未来！

政府工作报告

——2014 年 2 月 19 日在东营市河口区第十七届人民代表大会第三次会议上

东营市河口区人民政府区长 苟增杰

各位代表：

现在，我代表区人民政府向大会报告工作，请予审议，并请区政协委员和其他列席会议的同志提出意见。

一、2013 年政府工作回顾

刚刚过去的一年，是全面贯彻落实党的十八大精神的开局之年，也是我们迎难奋进、成果丰硕的一年。

一年来，在区委的坚强领导下，全区上下凝心聚力谋发展，心无旁骛抓落实，经济社会发展取得了显著成就。

（一）全力促进经济增长，综合实力跃上新台阶。去年，面对宏观环境复杂严峻、经济下行压力加大、企业经营困难增多的挑战，我们始终咬定发展不放松，综合施策，精准发力，经济保持了平稳较快发展。初步核算，全区实现生产总值220亿元，同比增长14.1%；完成全社会固定资产投资246亿元，增长21.2%；公共财政预算收入突破15亿元大关，增长17%，各项指标增幅均居全市前列。工作中，坚持把保企业、保运行作为重中之重，密切关注企业经营状况，全面落实扶持企业发展的优惠政策，累计落实银企签约资金71.7亿元，有力地保障了企业资金供应、健康运行。去年，全区规模以上工业企业发展到126家，新增场外市场挂牌交易企业2家，中海化工跻身中国民营企业500强。坚持把项目攻坚和招商引资作为拉动经济增长的第一动力，总投资440亿元的52个重大项目开工建设，全年到位外来固定资产投资46.2亿元，成为全市最具潜力、最为活跃的投资热土。强化消费、出口对经济的协调拉动作用，实现社会消费品零售总额40.2亿元，增长13.4%；完成进出口总值1.95亿美元，实际利用外资4080万美元，增幅均居全市第一位。加快完善金融服务体系，民生银行、中成村镇银行落户运营，各项存贷款余额分别达到212亿元和118亿元，比年初增加25.3亿元和28.1亿元，金融服务发展的支撑作用进一步增强。

（二）着力优化产业结构，转型发展取得新成效。三次产业比例由5.7 ∶ 54.8 ∶ 39.5调整到5.3 ∶ 53.9 ∶ 40.8，荣获首批“中国经济转型发展示范区”称号。以农业园区建设为抓手，扶持发展生态养殖、绿色种植等富民产业，拉开了现代农业发展的大框架。东部现代畜牧业示范区强势崛起，印尼佳发肉牛、澳亚神州牧场等龙头项目全面动工，实现奶牛存栏2.8万头，成为伊利、雀巢等知名企业的高端奶源基地；北部百万亩生态渔业区启动开发，海参养殖面积达到15万亩，建成全国最大的单片滩涂养殖基地；西部15万亩未利用地开发全部完成，新增耕地3.8万亩。农村综合改革扎实推进，土地承包经营权确权颁证全面铺开，流转土地超过7万亩，加速了现代农业进程；积极推进农业产业化，新增市级农业龙头企业5家，农民专业合作社23个；加强农田水利建设，疏浚治理河道36.9公里，新增高标准农田6.1万亩，农业生产条件明显改善。以高端高质高效为方向，改造提升石油化工、加工制造等传统产业，中海油500万吨大型炼化项目即将动工，富宇150万吨重油催化裂化、金信新材料10万吨无氧铜材等12个大项目建成投产，全区实现规模以上工业总产值860亿元，高新技术产业比重超过40%，提高了6.2个百分点。强力推进园区建设，河口经济开发区荣获“山东最佳投资环境园区”称号；蓝色经济开发区入驻企业29家，总投资超过350亿元，成为支撑河口工业崛起的强大引擎。以优化产业结构为目标，出台政策鼓励发展第三产业，槐树林温泉旅游度假区晋升为国家3A级景区，创建为山东省摄影家创作基地；总部经济、电子商务取得重大突破，澳亚牧场运营总部、佳发肉牛事业总部落户河口；黄河三角洲石油化工交易中心交易额突破60亿元，入选国家级电子商务集成创新试点。深入实施质量兴区战略，新增省级名牌产品、著名商标3个，富海、通海获评国家级守合同重信用企业，我区张吉平同志荣获首届中国质量奖提名奖。强化科技创新，实施省级以上科研项目7个，新增博士后科研工作站等研发平台5家，对产业的支撑力和带动力明显增强。

（三）强力推进城乡建设，统筹发展迈出新步伐。紧紧抓住新型城镇化建设的重大机遇，全面提升规划建设管理水平，被授予中国新型城镇化示范奖。湖滨新区日新月异，新增公园绿地56万平方米、环湖步道10公里，鸣翠湖核心景观建成开放，提升了城市品位，汇聚了商机人气，成为市民休闲的大客厅和城市发展的新引擎。老城改造稳步推进，康宁河、昌盛河衬砌绿化顺利完成，黄河路、海盛路景观建设提档升级，渤海路、河滨路等3处强排泵站竣工投用；河采、海盛等油田大院子“退二进三”取得重大进展，城市空间布局进一步优化。新型城镇化建设取得良好开端，政府设立2亿元启动资金，优先保障村民权益，稳步推进村庄改造，协胜、二吕等16个城中村、镇驻地村基本拆除，镜湖、镇苑等4000套安置房全面动工，确保了村民当前得利、长远受益。大力实施农村饮水安全和公路畅通工程，铺设供水管网38公里，新建改造农村公路77公里，农民饮水、出行条件明显改善。加强重大基础设施建设，依托仙河镇建设东营港城顺利启动，仙河镇至东营港的兴港路全线动工，区域综合承载能力明显增强。加强环境保护和生态建设，孤岛刺槐林场挂牌成立，新增造林绿化2.2万亩；投资4.6亿元实施挑河人工湿地建设等9项环保工程，新增污水处理能力5.7万吨；查处环境违法行为78起，取缔土小污染企业18家，节能降耗任务圆满完成，生态环境质量持续改善。

（四）倾力保障改善民生，群众生活达到新水平。围绕群众所急所盼所需，投资10.7亿元实施了十大民生工程，是历年来民生投入最大、群众受益最多的一年。坚持以创业带就业、兴家业，设立2500万元创业就业帮扶基金，新增城镇就业3243人，转移农村劳动力4229人；城镇居民人均可支配收入、农民人均纯收入分别达到32104元和12823元。全方位完善保障体系，城市低保标准提高到每人每月490元，农村低保、五保供养标准提高到每人每年3000元和5500元，累计发放各类救助金1920万元。高度关注老年人生活，投资3250万元新建改造养老服务设施11处，免费为60周岁以上老人健康查体，将70-79周岁老年人生活救助金提高到了每年800元，80-89周岁提高到了1200元，为60-80周岁老年人全部购买了意外伤害保险，让全区老人得到了更多关怀和温暖。完善住房保障体系，新建保障性住房1350套，扶持农民改造危房421户，累计发放各类住房补贴204万元；出台政策支持油田6310套职工住房建设，油地群众住房条件明显改善。优先发展教育事业，区一中新校建设顺利启动，与北大附属实验学校联合办学成效明显；13所城乡中小学“两热一改”工程全面完成，“三校合一”扎实推进，全年发放贫困生助学金39万元。大力发展卫生事业，将城乡医保财政补助标准提高到了每人每年320元；取消药品加成，减省群众医药开支976万元，在全省率先实现了医疗保险城乡统筹和基本药物制度全覆盖。繁荣发展文化事业，成功举办市第六届残运会，区图书馆跻身国家二级馆行列，在全省率先完成了城乡有线电视数字化整体转换。积极创建全国文明城市，市容市貌和市民素质有了新的提高。深入开展幸福家庭创建活动，低生育水平持续稳定。建成启用河口烈士陵园，成为全民爱国主义教育基地。积极创新社会管理，健全大调解工作体系，刑事案件、来信来访、交通事故大幅下降，生产安全、油区安全、食品药品安全形势持续稳定。妇女儿童、双拥共建、民族宗教等事业健康发展，应急管理、人民防空、防震减灾、外事侨务、援疆等工作取得新的成绩。

各位代表，过去的一年，我们围绕“思想大解放、作风大转变、民生大改善”，积极探索，勇于实践，解决了一批难点问题，创出了许多典型经验，成为河口争先创优、赶超跨越的生动见证。一年来，我们始终坚持永争一流的目标定位，创造性地开展各项工作，先后荣获全国科技进步先进区、全省首批“四德”工程建设示范区等数十项省级以上荣誉称号；全市现代农业园区、冬春农水会战、实际利用外资等十余个观摩会、现场会在我区召开；发展壮大村级集体经济、统计信息化建设、史志档案修编、气象监测预报等多项经验在全省、全市推广，河口的知名度、美誉度大大增强。一年来，我们始终保持扎实深入的工作作风，全面落实八项规定，自觉接受公众监督，清理规范各类审批事项20项，查处松懈散漫等违纪行为13起；先后邀请人大代表、政协委员、企业群众7次视察政府工作、4次评议政府部门，累计办理建议提案261件；民生热线全年受理群众来电4.9万余件，荣获“山东省服务名牌”称号；各级政府部门的执行力、公信力大大增强。一年来，我们牢固树立一心为民的宗旨意识，扎实办好各项民生实事，启用了总投资4470万元的中心敬老幸福园，成为全省首个实现五保老人区级集中供养的县区；建成了总投资1.6亿元的集中供热中心，彻底解决了困扰市民多年的采暖问题；完成了总投资4450万元的河宁小区整体改造，居民生活条件得到明显改善；生均公用经费、基础养老金等8项标准继续保持全省领先、走在全国前列；在2013年全市群众满意度电话调查中，我区以93.42%的成绩位列五县区之首、荣膺“三连冠”，广大人民群众的幸福感、满意度大大增强。

各位代表，成绩来自砥砺奋进，发展源于合力攻坚。这些成绩的取得，是区委坚强领导、科学决策的结果，是人大政协有力监督、大力支持的结果，是全区人民同心同德、扎实苦干的结果。特别是，济军基地和油田单位融入全局、投身共建，汇聚了区域发展的强大合力；广大企业家和投资者扎根河口、激情创业，筑牢了经济腾飞的坚实根基。在此，我代表区人民政府向全区人民和社会各界，向所有为河口建设和发展作出贡献的同志们、朋友们，致以崇高的敬意，表示衷心的感谢！

在肯定成绩的同时，我们也清醒地看到，工作中还存在不少困难和问题：受宏观环境趋紧、国家政策调整影响，生产总值、消费品零售总额等指标没能达到预期目标；经济总量仍然偏小，产业层次不高，转型发展的任务依然艰巨；新型城镇化建设刚刚起步，城乡发展不够均衡，城市功能和基础设施还不完善；土地、资金等要素制约加大，经济增长与节能减排矛盾依旧存在；农业抵御自然灾害能力不强，农民增收渠道相对单一；部分民生问题尚未得到根本解决；机关作风和服务效能还有很大的提升空间。对这些问题，我们一定高度重视，采取有效措施，认真加以解决。

二、面临的形势和2014年工作总体要求

各位代表，今年是全面贯彻落实党的十八届三中全会精神的开局之年，也是实施“十二五”规划、实现“两个率先”的关键一年。新的一年，市委、市政府对河口发展寄予厚望，在政策、资金、项目等方面给予大力支持，为我们乘势发展带来了重大机遇。新的一年，随着城镇、园区和重大交通设施的完善，河口的资源红利、空间潜力、承载能力将得到更为充分的显现，吸引投资、聚集要素的能力明显增强，为我们跨越发展提供了广阔空间。新的一年，全区上下干事创业的热情更加高涨，油地军港团结发展的意愿更加强烈，特别是经过30年的发展，我们锤炼了一支有激情、敢担当、能干事的干部队伍，为我们加快发展积蓄了强大动力。只要我们坚定信心、不懈努力，就一定能再创佳绩、再立新功，夺取经济社会发展的新胜利！

今年政府工作的总体要求是：以党的十八届三中全会和习近平总书记系列重要讲话精神为指导，牢牢把握“高境界、高标准、高起点、大作为”的总要求，紧紧围绕“实施黄蓝战略、实现两个率先”，更加注重优化经济结构，更加注重推进改革开放，更加注重强化创新驱动，更加注重生态环境建设，更加注重保障改善民生，加快构筑区港城一体发展新格局，奋力打造全市发展速度最快、质量最好、环境最优的重要经济增长极。

主要预期目标是：生产总值增长13%，全社会固定资产投资增长20%，社会消费品零售总额增长13%，公共财政预算收入增长15%，进出口总值增长10%，实际利用外资增长15%，城镇居民人均可支配收入增长11%，农民人均纯收入增长13%，城镇登记失业率控制在1.8%以内，人口自然增长率控制在6.7‰以内，全面完成上级下达的节能减排任务。

实现上述目标，必须准确把握河口区情与发展大势，以发展凝聚共识，以改革激发活力，让前进的步伐更快、更稳。我们将始终坚持跨越发展不动摇，牢固树立“以质量和效益为中心”的理念，紧紧抓住企业发展和项目建设两个关键，稳中求进，好中求快，努力实现转方式、调结构与扩总量、增实力的有机统一，推动河口新一轮发展迈上新台阶、再上新水平！我们将始终坚持惠民利民不动摇，扎实开展群众路线教育实践活动，真心实意解决群众遇到的困难问题，让改革发展的红利最大限度地惠及29万河口人民！我们将始终坚持改革创新不动摇，科学处理好政府与市场的关系，集中精力做好转作风、提效能、优环境三篇文章，抓住关乎发展、惠及民生的关键环节，善学善思、勇于创新，求新求变、敢于突破，努力为河口大地蓬勃发展注入强劲动力！

各位代表，时代召唤我们奋发进取，人民期盼我们再创辉煌。只要全区上下、油地军港、社会各界万众一心，团结奋进，富民强区的目标一定能够早日实现，河口的明天将会更加辉煌灿烂！

三、2014年重点工作

围绕总体要求和目标任务，今年重点推进实施六项工作：

（一）坚定不移地推进工业强区，在增强综合实力上实现更大突破。我们将继续坚持工业强区不动摇，按照传统产业高端化、新兴产业规模化、主导产业集群化的要求，全力招引大项目、培育大企业、建设大园区，构筑起支撑跨越发展的现代工业体系。一是全力扶持企业发展。全面落实资金、土地、市场等要素保障，加强新装备、新技术、新工艺推广应用，确保年内新增规模以上工业企业20家以上；到2015年，全区规模以上企业突破160家，其中销售收入过十亿元的达到25家、过百亿元的达到5家。坚持抓大育小、扶优扶强，鼓励中海、富海等龙头企业增资

扩产、改造升级，引导富宇、金信等投产企业开足马力、加快生产，扶持海鑫、海润等外贸企业扩大出口、抢占市场，支持仙河药业、欣马酒业等改制企业降本增效、扩张产能，加快培育一批支撑河口发展的领军企业。出台扶持小微企业发展的优惠政策，引导成长型、创新型企业茁壮成长，早日进入规模企业行列。牢固树立亲企重商理念，千方百计为企业排忧解难，注重加强企业家培训交流，培养一支懂管理、善经营、能开拓的优秀企业家队伍。二是全力突破项目建设。坚持以大项目带动大发展，突出抓好中海油500万吨大型炼化、富海200万吨重油催化裂化、金信40万吨铝镁合金等总投资284亿元的20个工业项目，确保年内投产13个以上，到位固定资产投资突破100亿元。坚持市内市外并重、开明开放招商，更加突出园区在项目落户、建设、运营过程中的主体责任，不断提高项目履约率、开工率和资金到位率，加快引进一批投资大、层次高、带动强的好项目，确保年内落地过亿元项目30个以上。三是全力突破园区建设。本着“布局集中、用地集约、产业集聚”的原则，加快河口经济开发区、蓝色经济开发区和中海工业园、富海工业园“两区两园”建设，统筹解决好道路、供水、排污等问题，提高园区综合承载能力和产业发展水平。河口经济开发区，深度挖掘空间潜力，重点发展加工制造、新型材料等产业，打造清洁产业的集聚区和城市发展的新空间；蓝色经济开发区，强力推进园区配套和项目攻坚，加快实施营柴动力等34个在建项目，积极推进石大科技等洽谈项目落地，打造全区新一轮发展的最大增长极。

（二）坚定不移地推进强农富民，在振兴现代农业上实现更大突破。实践证明，河口发展现代农业大有空间、大有可为。我们将以更大力度实施强农富民工程，加快实施总投资40亿元的17个农业项目，带动农业生产从农户向基地转变、从规模向链条延伸、从传统向现代迈进，打造全国知名、特色鲜明的现代农业示范区。一是加强农业园区建设。按照“全域一体、板块布局、龙头带动、产业支撑”的原则，编制现代农业园区发展规划，加快落地一批优势项目，带动农业提质增效、农民增收致富。大力发展现代畜牧业，加快澳亚、佳发、正邦等项目建设，全面深化黄河方舟与美国枫叶集团的战略合作，年内存栏奶牛突破5万头，出栏肉牛10万头、生猪50万头、肉鸭4000万只，争创国家级现代畜牧业示范区。加快百万亩生态渔业区开发，在改造提升20万亩核心区的同时，启动10万亩海洋牧场建设，年内发展海参养殖20万亩、贝类养殖30万亩、海参育苗40万立方水体，打造全国最大的滨海优质渔业生产基地。依托畜牧、水产等优势产业，规划建设农副产品加工区，上半年启动澳亚集团30万吨乳制品加工厂、黄河方舟40万吨畜禽饲料加工厂等项目，尽快突破沼气发电、太阳能综合利用等关联业态，构建多业互动、多点支撑、多元发展的循环农业经济模式。二是提升产业经营水平。培育壮大农业龙头企业，支持晨阳、振宇等企业扩张基地规模，提高农产品附加值和市场占有率。规范提升各类农民专业合作组织，鼓励发展订单农业，建立购销关系，带动农业多环节增值、农民多渠道增收。加强农机农艺结合、良种良法配套，搞好新型农民培训，启动实施袁隆平院士超级水稻产业化中心项目，提高农业科技贡献率。高度重视农产品质量安全，大力推进有机、绿色、无公害标志认证，健全市场推广、质量检测和疫病防控体系，争创国家级安全农产品供给基地。三是完善农业基础设施。大力开展农水会战，重点实施总投资1.4亿元的15个农田水利建设项目，年内疏浚治理河道26.5公里，改善除涝面积26万亩，利用3-5年时间，在全区构建起“田成块、林成网、旱能浇、涝能排”的农田灌排体系。加强未利用地开发后续管理，积极招引龙头企业进驻经营，增创现代农业发展新优势。加快中心渔港整体开发，启动渔民新村、综合服务区等配套工程，实现渔船集中停靠、渔民集中居住、渔业集聚发展，培育海洋渔业发展新亮点。

（三）坚定不移地推进城乡统筹，在建设秀美家园上实现更大突破。新型城镇化建设是大势所趋、群众所盼、发展所需。我们将遵循规律，顺势而为，积极推进以人为核心的城镇化，全力打造统筹城乡发展先行区。一是高起点完善规划体系。坚持规划引领发展，统筹处理好城区与村镇、地上与地下、建筑与生态的关系，深化完善区域战略规划、城镇体系规划，加快配套地下管网、沿街区块、水系绿地等详细规划，不断提高控规详规覆盖率。牢固树立品质意识，更加注重环境提升和便民功能，努力让市民生活得更舒适、更美好。增强规划意识，规范报批程序，强化批后监管，切实维护规划的严肃性、权威性和连续性。二是大气力推进城乡建设。围绕建好城市、以城带乡，强力推进新区开发建设、老城改造提升、村庄迁建合并和东营港城开发四大工程，促进城乡一体发展。精心打造湖滨新区，规划建设沙滩浴场、儿童游乐场等休闲场所，完善绿化、雕塑等景观设施，全面提升文化内涵和商业价值，带动商贸区、住宅区加速开发，打造富有现代气息的环湖生活居住区和生态景观展示区，努力创建国家级湿地公园和4A级景区。加快老城改造提升，疏浚贯通环城水系，逐步启动原水利局、档案局区块改造；油地携手推进油田大院子“退二进三”，引导工矿企业实施院落改造，释放城市发展空间。稳步推进村镇建设，按照“一村一策、让利于民”的思路，年内完成协胜、二吕、镜湖等7个社区续建工程，启动明湖、义和等4个新型农村社区建设，同步完善燃气、供热等市政功能，改善农民生活条件。全面启动东营港城开发，加快完善路网水系，迅速拉开开发框架。加强重大基础设施建设，启动西外环南延、新四路改造工程，年内完成兴港路建设和滨孤路改造，积极推动东营疏港铁路、环渤海高等级公路尽快开工，支撑区域开发建设需要。三是高效能推进城乡管理。理顺城乡、油地管护责任，稳妥有序推进市政设施移交工作，提高环卫保洁和市政管理水平，构建常态化、精细化、网格化管理体系。深入开展城乡环境综合整治，在城市，重点搞好社区、道路和裸露土地绿化，加强建筑扬尘、背街小巷、农贸市场等重点领域环境整治，积极创建国家生态园林城市；在农村，大力开展乡村文明建设提升年行动，在整体启动、全面推进的基础上，突出抓好60个村庄硬化、净化、绿化、美化、亮化“五化”提升工程，打造一批省级环境综合整治示范村。全力做好全国文明城市创建工作，共同建设清新整洁、舒适宜居的美好家园。

（四）坚定不移地发展第三产业，在优化产业结构上实现更大突破。我们将用足用好服务业发展引导资金，强化政策扶持，主攻优势业态，不断提高服务业发展的规模、档次和水平。一是优先发展生态旅游业。建立油地军旅游合作发展机制，整合槐林、湿地、温泉等旅游资源，全面启动总投资8亿元的孤岛西韩槐林温泉旅游景区开发，年内完成乡村综合体、农业观光园等休闲设施，打造吃住行、游购娱完整旅游链条，增强景区吸引力和知名度。制定出台扶持乡村旅游发展的优惠政策，加快义和庄园、锦绣农庄等西部乡野休闲景区建设，积极开发农耕体验、生态餐饮等旅游产品，带动当地群众增收致富。二是加快提升传统商贸业。坚持兴商利民，引导住宿、餐饮、娱乐等传统业态提档升级，鼓励健康、物业、养老等新兴业态加快膨胀，吸引便利店、连锁店、品牌店进驻经营，满足群众日益增长的生活消费需求。加强专业市场规范管理，改造提升银座、胜大等区域周边环境，积极推进总投资13.2亿元的豪德国际商贸物流城、协胜综合商贸市场等项目，集聚发展五金建材、汽车配件等业态，打造特色商品交易集散地。扎实推进“万村千乡”和农超对接，搞活农村流通市场，营造便利实惠的农村消费环境。三是积极培育现代服务业。围绕一二产业发展，积极引进大型鲜食冷链配送中心，加快泰富、海跃、富宇等仓储物流项目建设，鼓励工业企业主辅业务剥离，构建便捷高效的现代物流体系。继续办好油品贸易洽谈会，做大做强黄河三角洲石油化工交易中心，促进电子商务与实体经济融合发展。加快湖滨新区现代服务业集聚区建设，启动中海广场等城市综合体项目，吸引星级酒店、总部经济等要素集聚落户，打造引领城市经济发展的龙头。

（五）坚定不移地推进改革创新，在增强发展活力上实现更大突破。改革是解困之道、动力之源、发展之要。我们将以更大决心和力度推进改革创新，以改革增活力、挖潜力、添动力，抢占新一轮发展的先机。一是积极有序推进改革。深化投资体制改革，充分发挥市场在资源配置中的决定性作用，最大限度激发企业投资活力。稳步推进农村综合改革，大力发展村级集体经济，扎实做好各类产权的确权登记颁证工作，探索建立农村产权流转交易市场，赋予农民更多财产权利。继续深化财税体制改革，全面推行公务卡、镇街国库集中支付等改革；健全完善综合治税体系，大力培植高效财源，促进财政收入总量、质量同步增长。扎实推进事业单位分类改革，全面开展事业单位绩效考核。降低市场准入门槛，简化工商登记流程，放开城镇落户限制，稳步有序地推进教育、计生等各项改革。二是创新要素保障机制。坚持用创新的办法破解资金、土地、环境等瓶颈制约。着力推进金融创新，积极争取股份制银行设立分支机构，规范发展各类新型金融组织，增强金融保障发展能力；加强金融信用和担保体系建设，探索企业互助和银企合作新模式，妥善防范化解金融风险；创新重大基础设施融资方式，加强国有资产运营管理，提高政府资本运营能力。加强土地综合管理，盘活闲置低效利用土地，提高投资强度和产出效益；用好城乡建设用地增减挂钩政策，积极争取土地指标供应，保障重大项目建设需要。大力推进绿色河口建设，加强林木日常管护，全面提升景观层次，积极创建山东省绿化模范县区；痛下决心、狠下功夫、铁腕治理水气污染，年内建成焚烧式垃圾处理厂，搞好竣工污水处理厂管理运营，确保企业污水达标排放、环境质量全面改善；实行最严格的环境保护制度，强化日常监管和联合执法，从重从严查处破坏生态环境和危害群众健康的环境违法行为；大力推进节能减排，坚守环保节能底线，严把项目准入关口，积极拓展环境容量新空间。三是强化科技人才支撑。突出企业创新主体地位，加快组建中医药工程技术研究中心、滩涂养殖技术战略联盟等创新平台，促进产学研深度融合，提高科技转化率和产品竞争力。深入实施人才强区战略，积极引进高层次、高技能人才，加大金牌员工、首席技师、优秀企业家等重点人才选育力度，营造尊重人才、支持创业、鼓励创新的社会环境。

（六）坚定不移地保障改善民生，在增进群众福祉上实现更大突破。群众期盼所指，就是政府努力所向。我们将在更广范围、更深层次、更高标准上推进和谐社会建设，努力把河口打造成为最具幸福感的首善之区。一是着力解决民生问题。全面落实就业创业扶持政策，强化指导培训和贷款扶持，年内促进创业带动就业2100人以上。健全完善综合保障体系，深入开展扶贫济困送温暖活动，将城市低保标准提高到每人每月520元，农村低保和五保供养标准提高到每人每年3600元和6300元，免费为残疾人发放轮椅等辅助用品，全力保障好低收入家庭、困难群众的基本生活。实施金色夕阳安康工程，继续组织好老人健康查体，加强中心敬老幸福园服务管理，在镇街和农村社区新建11处养老场所，将城乡养老保险基础养老金提高到每人每月150元，免费为孤寡、困难老人提供居家养老服务。积极发展社会福利、慈善事业和义工队伍，组织开展多种形式的捐助和帮扶活动。加强保障性住房建设，年内扶持农民改造危房490户，新建公共租赁住房284套，落实廉租房、经济适用房货币化补贴430户；投资3042万元实施海宁小区节能改造；积极支持油田单位、济军基地住房建设，加快孤东佳苑、锦绣河彩等在建工程，启动仙河、孤岛等老旧小区改造，改善职工群众住房条件。继续实施农村饮水安全和公路畅通工程，年内新建改造农村公路70公里以上，下气力解决好西部乡镇饮水问题。完善公共交通体系，开通城市公交，增设停车泊位，降低乡村客车收费标准，解决城乡群众出行难、停车难问题。二是积极发展社会事业。坚持教育优先发展，实施中小学课桌椅更新工程，配备完善校舍餐厅、仪器装备等设施，建成启用总投资3.4亿元的区一中新校；加强与名校、名师合作交流，逐步推进小班化教学，争创全国义务教育均衡发展示范区。高度重视职业教育，加快“三校合一”工程建设，探索校企联合办学模式，保障企业用工需求。继续深化医药卫生体制改革，将区级大病救助资金提高到200万元，城乡医保财政补助标准提高到每人每年360元，大幅提高困难群众医疗救助比例；启动人民医院、中医院标准化建设工程，全面改善基层卫生机构诊疗条件，构建起全方位的医疗保障体系。繁荣发展文体事业，扎实开展文化惠民和全民健身活动，年内举办文化活动300场次以上，在10处城市社区、37处农村社区建设体育设施，打造10分钟健身圈。强化计划生育优质服务，提高计生家庭幸福指数。实施油田职工医院殡仪馆搬迁，启动东营市第二殡仪馆公墓建设。规划建设气象信息预警发布平台，提高应对极端天气灾害能力。扎实开展第三次全国经济普查。关心支持妇女儿童、青少年事业发展，积极推进外事侨务、民族宗教、人民防空、档案史志、防震减灾等各项工作。三是加强创新社会管理。坚持以群众工作统揽全局，完善社区综合服务平台，加强民生热线运行管理，从源头上预防和化解社会矛盾。扎实开展“六五”普法教育。做好村居换届选举工作。加强平安河口建设，完善社区警务、油地联防和视频监控网络，构筑覆盖城乡、灵敏高效的治安防控体系。全力抓好安全生产，强化企业主体责任，突出油气管道、交通运输、消防安全等领域监管，坚决防范重特大安全事故。改革完善食品药品监管体制，严厉打击制假售假违法行为，确保人民群众饮食用药安全。

各位代表，民生连着民心，民心凝聚民力。只要我们始终把百姓安危冷暖记挂心中，设身处地为群众着想，真心诚意为群众办事，政府工作就一定会赢得支持，群众生活就一定会美满幸福！

四、加强政府自身建设

各位代表，面对形势发展的新要求和全区人民的新期待，我们将忠诚履责，尽心尽责，勇于担责，扎实开展好群众路线教育实践活动，不断提高管理社会、服务群众、促进发展的能力和水平。

（一）解放思想，攻坚克难，增强创新力。我们将牢固树立担当亮剑的责任意识，破除因循守旧、小成即满的思想障碍，坚持把政府工作放在黄蓝两大战略实施的大格局中来谋划，立足全市找位次，瞄准全省找标杆，放眼全国找榜样，高点定位，争先创优，奋力把河口的各项事业推向前进。注重加强学习实践，找准制约发展的瓶颈问题，拿出逢山开路、遇河架桥的勇气，碰到矛盾不回避，遇到阻力不低头，通过不断的改革创新、尝试摸索，战胜前进道路上的一切困难，更好地担负起发展的重任。

（二）转变职能，高效服务，增强公信力。我们将围绕打造优质高效的政务环境，加快转变政府职能，全面公开政府权力清单，规范各类执法检查活动，把该管的管住管好，把该放的交给市场，确保行政权力依法行使、透明运行。大力推进政府提速，启动新一轮行政审批清理工作，狠治“庸懒散”，消除“中梗阻”，最大限度促进审批提速、服务提质、办事提效。健全重大事项集体决策、专家咨询、风险评估等制度，自觉接受人大法律监督、政协民主监督和社会舆论监督，不断提高科学决策、依法行政水平。

（三）转变作风，狠抓落实，增强执行力。我们将大力弘扬务实苦干的优良作风，待群众如亲人，视企业如家业，抽出更多的时间俯身一线、排忧解难，以昼无为、夜难寐的责任感和紧迫感，锲而不舍推进发展。继续下决心转变文风会风，更大幅度压减会议、压缩时间，带头反对层层开会、部门陪会现象，腾出更多的时间抓落实、促发展。坚持说了算、定了干，调高标准、调佳状态，凡是部署的工作都一抓到底，凡是作出的承诺都坚决兑现，靠实干成就事业，靠实绩赢得民心。

（四）勤俭节约，清正廉洁，增强向心力。我们将始终恪守清正廉洁的政治本色，从政府班子做起，不为奢靡所惑，不为积习所蔽，不为人情所扰，坚决杜绝劳民伤财的形象工程、面子工程，努力树立风清气正的政府形象。坚持勤俭办事业，坚决反对各种浪费行为，全面清退超标准办公用房，逐步推进部门预算和三公经费公开，做到公务接待一律从俭、公车管理一律从严。认真落实党风廉政建设责任制，增强程序意识和制度约束，强化重要岗位、关键环节的监督制约，旗帜鲜明地反对腐败，坚决有力地查办案件，以实际行动争创经得起实践、人民、历史检验的业绩。

各位代表，油地军港团结协作是河口的优势所在、力量所在、希望所在。历经多年发展，油地军港相融共生，各方群众血脉相连。历久弥新，弥足珍贵。我们要倍加珍惜和维护这一大好局面，更加坚定“油地一家人、军民一条心、港区一盘棋”的共识，全心全意帮助各方改善民生、发展生产、维护稳定，用心用力推进区域资源整合、产业融合、工作结合，携手共建我们的幸福美好家园！

各位代表，今年是建区 30 周年。回首过去，我们一草一木相续，一砖一瓦累积，辛勤耕耘，艰苦创业，河口大地发生了沧桑巨变。春华秋实而立年，风劲扬帆正当时。只要我们继承优良传统，坚持和发扬河口人民甘于吃苦、永不服输的拓荒精神，就一定能无愧今天的使命担当，就一定能在新的起点上创造新的辉煌！

各位代表，展望未来，重任在肩；履职践诺，重在实干。让我们更加紧密地团结起来，在区委的坚强领导下，锲而不舍攻坚克难，励精图治加快发展，为实现河口富民强区新跨越、谱写人民幸福生活新篇章而努力奋斗！

政府工作报告

——2015年1月14日在东营市河口区第十七届人民代表大会第四次会议上

东营市河口区人民政府区长 苟增杰

各位代表：

现在，我代表区人民政府向大会报告工作，请予审议，并请区政协委员和其他列席会议的同志提出意见。

一、2014年工作回顾

过去的一年是极不平凡的一年。经济下行压力加大，部分企业运行面临困难，民生诉求更加广泛。面对艰巨繁重的任务，全区上下在区委的坚强领导下，以党的群众路线教育实践活动为统领，沉着应对，扎实苦干，有效避免了经济波动，实现了经济社会健康发展，有18项主要指标提前完成“十二五”规划目标。

（一）积极应对困难和挑战，经济保持平稳较快发展。面对全球经济形势低迷、市场需求不振、石油价格持续走低、企业资金链绷紧、投资后劲明显不足等诸多困难和挑战，我们始终把稳增长摆在突出位置，坚定信心、保持定力，采取一系列有效措施，主动出击、精准发力，收到了明显成效。初步统计，全区实现生产总值248亿元，增长12.8%；完成全社会固定资产投资288亿元，增长17%；公共财政预算收入16.36亿元，税收占比居全市五县区之首；存贷款余额分别达到241.7亿元、127.5亿元，比年初增加29.2亿元和9.9亿元。工作中，坚持把保企业、保运行作为首要任务，加强分析研判和运行调度，强化政银企合作，累计落实签约资金86.8亿元，设立政府应急转贷资金1亿元，有力地保障了企业正常运行和金融生态安全。继续加大招商引资力度，全年落地过亿元项目42个，到位外来固定资产投资53.2亿元；积极争取上级各类扶持资金5.7亿元，有力地支持了经济发展。截至年底，全区规模以上工业企业发展到140家，其中产值过50亿元的达到6家，富海、中海双过百亿，跻身中国民营企业500强。在消费拉动乏力、外贸出口低迷的形势下，完成社会消费品零售总额45.6亿元，增长13.4%；实现进出口3.4亿美元，实际利用外资4673万美元，增幅继续保持全市第一。

（二）加快调整产业结构，转型升级取得新的成效。按照“一产调优、二产调强、三产调大”的工作思路，坚持在压力中增动力、在困难中促转调、在调整中谋发展，实现了速度、质量、效益同步增长。以畜牧、水产为重点，大力发展现代农业。实施了印尼佳发肉牛、澳亚新户牧场等总投资45亿元的13个项目，全区奶牛、肉牛、生猪存栏分别达到4万头、1.8万头和23万头，初步形成了从饲草种植到隔离检疫、从规模养殖到乳制品肉制品加工的现代畜牧产业链。深入推进生态渔业区建设，开发滩涂养殖23万亩、海洋牧场5万亩，总投资超过18亿元。积极推进农业产业化，建成了袁隆平院士领衔的中国北方超级稻产业化中心，新增市级农业龙头企业3家、农民合作社39家。大力实施农水会战，疏浚治理河道27.5公里，改造中低产田9.6万亩，农业生产条件进一步改善。以改造传统产业和培育新兴产业为重点，实施了富海200万吨重催裂化、金信40万吨铝镁合金、彩客有机化学等总投资300亿元的28个工业项目，中海石油东营石化升级改造项目取得突破性进展。全区实现规模以上工业总产值968亿元，高新技术产业比重达到45.6%。大力发展园区经济，河口经济开发区财政收入突破亿元大关；蓝色经济开发区投产、在建项目达到58个，总投资超过430亿元，成为全区跨越发展的重要增长极。以企业非主营业务剥离为突破口，积极培育生态旅游、电子商务等新兴服务业，槐树林温泉旅游度假区入选全省首批八大原生态旅游景区，黄河三角洲石油化工电子商务有限公司交易额突破200亿元，新增非主营业务剥离纳限企业56家，为服务业发展注入了强劲动力。

（三）加强基础设施建设，城乡面貌得到大幅提升。以创建全国文明城市为抓手，加快老城功能提升，实施老旧小区改造、市容市貌整治等六大工程，新增绿地16万平方米、高层建筑58栋，城市面貌发生显著变化，荣获中国人居环境示范城市称号。精心打造湖滨新区，沙滩浴场、游客中心等休闲设施全面建成，以西湖印象为代表的商住区块初具规模，景观、人气大幅提升，获批国家AAA级旅游景区。加快东营港城建设步伐，拆迁任务基本完成，路网配套有序推进，港城建设的框架已经拉开。稳步推进村庄改造，镜湖、二吕、四扣等10个新型农村社区完成主体建设，2300余户农民将乔迁新居。扎实开展乡村文明建设行动，强力推进农村清脏治乱，建立实行区级统管、覆盖城乡的环卫保洁体系，农村整体面貌得到明显改观。加强交通设施建设，兴港公路建成通车，疏港铁路开工建设，滨孤路改造顺利完成，新建改造各类道路248公里，全区交通网络进一步优化。狠抓环境保护和生态建设，投资4.2亿元实施了13项生态环保工程，新增造林绿化2.7万亩；下决心整治环境污染，关停取缔土小企业25家，责令停产整治13家，查处环境违法行为85起，移送公安机关案件2起，环境违法行为得到有效遏制。

（四）着力深化改革创新，内生发展动力不断增强。农村综合改革稳步实施，土地承包经营权确权颁证提前完成，宅基地、林权确权扎实推进，济军基地十七分场等未利用地开发项目全面铺开，累计流转土地11.6万亩。金融改革再结硕果，新增各类金融服务组织6家，在齐鲁股权交易中心挂牌的企业达到3家；旭业新材料成功登陆“新三板”，实现了本地企业上市“零”的突破。医药卫生体制改革不断深化，在全市率先完成社区卫生服务系统与医疗保险支付系统“两网”对接，进一步方便了群众就医。财税体制改革扎实深入，预算公开试点、“营改增”试点有序进行，部门日常公用支出、“三公”经费支出分别压减5%和21%以上，资金使用效益大大提高。行政管理体制改革全面铺开，食药工商质监、卫生计生体制改革顺利完成。工商登记制度改革成效明显，全区新增私营企业601家，比上年翻了一番还多。强化科技创新和品牌支撑，新增省级以上研发平台3家、省级“守合同重信用”企业11家；全市首家园区博士后科研工作站落户河口经济开发区，区创业园获评省级创业孵化示范基地。

（五）全力保障改善民生，人民群众得到更多实惠。坚持教育优先发展，区一中新校主体竣工，“三校合一”扎实推进，数字化校园和营养厨房建设全面实施，荣获全国义务教育均衡发展示范区称号。繁荣发展文体事业，实现了城乡公共体育设施全覆盖，荣获中国摄影创作基地、全省群众体育先进单位称号。完善社会保障体系，将城市低保标准提高到每人每月520元，农村低保、五保供养标准分别提高到每人每年3600元和6300元，城乡医保财政补助标准提高到每人每年360元，累计发放各类救助金2450余万元，保障水平持续走在全省前列。高度关注老年人生活，投资1085万元新建改造养老场所13处，将城乡居民基础养老金上调到每人每月150元，免费为孤寡残弱老人提供居家服务，区中心敬老幸福园被评为全国农村五保供养先进单位。全方位开展助残服务，在全省率先实现了残障补贴全覆盖。高度重视就业工作，累计发放创业就业帮扶资金2400余万元，带动新增城镇就业4967人，转移农村劳动力4029人；城镇居民人均可支配收入、农民人均纯收入分别达到35000元和14360元，增长9%和12%。完善住房保障体系，新建保障性住房2472套，改造农村危房207户，直接发放各类住房补贴665万元；海宁小区改造顺利完成，6310套油田职工住房扎实推进，油地居民住房条件稳步改善。大力开展城市公共安全提升年行动，六个镇街全部通过全国安全社区验收。加强平安河口建设，严厉打击各类违法犯罪，依法做好信访工作，社会秩序持续稳定。妇女儿童权益得到有效保障，创建为全省平安家庭示范区。深化计生优质服务，低生育水平持续稳定。全省首家县级气象灾害预警信息发布平台建成启用。统计工作走在全国前列。关心下一代工作不断加强，双拥共建、外事侨务、青少年、工会、科协等事业健康发展，民族宗教、人民防空、防震减灾、档案史志等工作取得新的成绩。

各位代表，过去的一年，我们紧扣“为民、务实、清廉”主题，扎实开展群众路线教育实践活动，全区干部职工精神面貌焕然一新，在2014年全市群众满意度电话调查中，我区干部作风评议得分再次取得五县区第1名的好成绩。一年来，我们始终坚持为了群众、围绕群众、服务群众的根本观点，把群众的事情当大事办，累计解决群众诉求2.6万件，大幅提高民生保障标准11项，及时办理建议提案262件；特别是，继解决集中供暖、供气等问题之后，我们又顺应民意，投资1150万元开通了城市公交，广大居民拍手称赞。群众普遍反映与政府的距离近了、感情亲了、关系更融洽了。一年来，我们始终坚持正干为基、实干为本、苦干为要的务实作风，投入一线，身体力行，定准标杆，调优作风，真正扑下身子、扎实作为；围绕政府提速，启动了第八轮行政审批事项改革，坚决消除“中梗阻”，狠劲治理“庸懒散”，清理规范区级审批事项127项，各类业务办理时间在原有基础上又压缩了一半以上，各级政府部门的执行力、公信力大大增强。一年来，我们始终坚持廉洁自律、敬畏法纪、行端影正的基本准则，铁腕执纪、狠刹“四风”，全面落实中央八项规定，集中开展了铺张浪费、公车私用、超标用房、干部走读等7大专项整治行动；坚决支持执法执纪部门惩治腐败，全年查处党纪政纪案件19起、20人，其中科级干部11人，处理违反八项规定问题9起、13人，广大群众普遍感到党风正了、政风清了、干部更自律了。一年来的实践，使我们更加深切地体会到：没有一种力量，比来自群众更强大；没有一种根基，比扎根群众更坚实；没有一种资源，比赢得民意更珍贵。实践充分证明，只要我们心里装着群众、一切为了群众，政府工作一定会赢得民心！河口发展一定会大有可为！

各位代表，过去的一年，也是油地军港思想大团结、工作大融合、事业大发展的一年。一年来，我们坚定“油地一家人、军民一条心、港区一盘棋”的共识，心往一处想，劲往一处使，融入全局，投身共建，汇聚了区域发展的强大合力。油地联手实施了基础设施建设、环境污染治理、文明城市创建等一批重大事项，在改善职工住房、打击涉油犯罪、清理管道占压等方面迈出了坚实步伐、取得了丰硕成果。济军基地积极参与地方经济社会建设；地方全力帮助基地发展生产、改善民生，实施了农业开发、低保救助、校舍改造等一批扶持项目，成为军民鱼水情深的生动写照。区港城一体化进程明显加快，特别是随着兴港公路、东营港城等重大基础设施的建设，区港联动、互为支撑的格局已经形成。实践再次证明，油地军港，诚则成，和则兴。只要我们万众齐心、携手同力，就一定能够开创河口的美好未来！

各位代表，过去的一年，成绩来之不易。这是区委坚强领导的结果，是人大代表、政协委员监督支持的结果，是全区上下、油地军港、社会各界团结奋斗的结果。在此，我代表区人民政府，向所有参与、支持、关心河口建设与发展的同志们、朋友们，致以深深的谢意！

在肯定成绩的同时，我们也清醒地看到，工作中还存在不少的困难和问题：经济总量偏小，工业结构偏重，三产发展滞后，质量效益偏低的问题依然突出；受宏观环境影响，经济下行压力大，企业经营困难多，保运行、保增长的难度不可低估；城乡发展不够均衡，农村基础设施还不完善；环境保护和节能减排形势依然严峻；机关作风有待进一步改进，适应经济新常态的能力相对不足。对此，我们一定坚持问题导向，采取有力措施，认真加以解决。

二、2015年政府工作总体要求和目标任务

各位代表，今年是全面深化改革的关键之年，是全面推进依法治国的开局之年，也是全面完成“十二五”规划的收官之年。从面临的形势看，尽管改革发展的压力很大，但我国经济发展进入新常态，改革红利正在加速释放，换挡、调速、提质成为新的趋势。只要我们积极应对，顺势而为，发展的空间会更加广阔。从担负的任务看，市委、市政府提出将我区打造成为北部经济增长极、现代农业示范区和统筹城乡发展先行区，是对河口的准确判断和全新定位，为我们放大自身优势、加快赶超跨越指明了方向。从自身的条件看，经过建区30年的不懈努力，我区的综合实力、经济承载能力和要素集聚能力有了很大提高，资源活力、发展潜力逐步显现，特别是当前，全区上下风清、气正、心齐、劲足，干事创业的热情空前高涨。只要我们忠诚履责、勇于担当，宏伟的目标一定能够圆满实现！河口的明天必将更加美好灿烂！

今年政府工作的总体要求是：以党的十八大和十八届三中、四中全会和习近平总书记系列重要讲话精神为指导，牢牢把握“稳中求进、改革创新”的工作总基调，紧紧围绕“一极两区”的总目标，主动适应经济发展新常态，更加注重做优做强产业，更加注重推进城乡统筹，更加注重生态环境建设，更加注重保障改善民生，努力实现河口富民强区新跨越。

主要预期目标是：生产总值增长10%，全社会固定资产投资增长15%，社会消费品零售总额增长12.5%，公共财政预算收入增长10%，进出口总值增

长15%，实际利用外资增长10%，城镇居民人均可支配收入增长9.5%，农民人均纯收入增长10%，城镇登记失业率控制在2.4%以内，人口自然增长率控制在9.2‰以内，全面完成上级下达的节能减排任务。

这样一个预期目标，是在综合研判、深入论证的基础上提出的，经过努力是完全可以实现的。做好今年的政府工作，我们必须立足大格局、把握大趋势，主动适应经济发展新常态，在顺应趋势、发挥优势中开拓前行，在更高水平上推动河口事业发展。适应经济发展新常态，最关键的是加快施政理念新转变，让政府工作更加理性、更加务实、更富成效。工作中，我们要坚持质效优先的导向，放稳步伐，以实实在在的业绩，加快转调升级，努力实现有质量、高效益、更稳定的增长。要秉承集约高效的理念，坚决摒弃拼资源、拼土地、拼政策的粗放发展方式，向改革要红利、向创新要活力、向开放要动力，以全新的理念抓招商、推项目、筑产业，为未来积蓄更强后劲、提供更广空间。要弘扬求真务实的精神，坚持一切从河口实际出发，凡事尽力而为、量力而行，不搞花拳绣腿，少拉财政饥荒，尽心竭力把好事办好、把实事办实，努力赢得群众真心称赞。继续保持不辞辛劳的干劲、抓铁有痕的拼劲，立言立行，善作善成，以钉钉子精神，在抓基础、抓具体、抓落实上下功夫，一件一件地把河口的事情办好。我们坚信，只要全区上下同心戮力，油地军港团结奋斗，就一定能够战胜一切艰难险阻，河口发展的美好蓝图就一定能够变成生动现实！

三、2015年工作总体安排

（一）以更大力度壮大实体经济，增强区域综合实力。发展是富民之源、强区之本，是解决河口所有问题的关键。我们要始终把加快发展作为第一要务，大力实施工业强区战略，筑牢经济稳中向好的坚实根基。一是全力扶持企业发展。坚持解困助力、扶优培强，密切关注企业资金盈亏、产销动态、劳务供求变化，深挖企业内部潜力，鼓励企业增资扩产，帮助企业降本增效，加快培育一批支撑能力更强的领军企业。千方百计破解融资难题，鼓励企业通过资本市场扩大直接融资，稳妥防范化解金融风险，确保金融环境持续安全；借鉴先进地区经验，探索建立政银企三方联手的融资担保资金池，为企业破解担保瓶颈，为银行降低坏账风险，让金融成为一池活水，更好地浇灌实体经济之树。二是大力发展园区经济。按照“项目集中、土地集约、产业集聚”的原则，加快推进“两区两园”建设，鼓励引导镇街、济军基地和油田企业入园发展，打造项目建设的主战场和企业发展的主阵地。河口经济开发区，清理闲置低效用地，稳定骨干企业生产，加快产业转调步伐，集中发展加工制造、新型材料等清洁产业，打造资源节约型、环境友好型园区。蓝色经济开发区，尽快完善供气、供水、道路等配套，加快彩客、金信等28个在建项目，培育壮大生态化工、有色金属两大支柱产业，支撑引领全区新一轮跨越发展。统筹推进中海、富海等园区建设，完善水电配套，突出大企业引领作用，积极争取中海石油东营石化升级改造项目年内动工，提升园区产业关联度和整体竞争力。三是强力推进项目建设。坚持“推动发展重点抓项目、评价发展重点看项目”，实施总投资356亿元的46个产业项目，确保年内投产28个以上。放宽发展眼界，转变招商理念，既要眼睛向外“招大商”，又要眼睛向内“留好商”，大力倡导产业招商、以商招商和专业招商，更加突出财税贡献、投资强度和吸纳就业的导向作用，力争年内引进过亿元项目25个以上。建立重大项目策划、论证、推进等整套机制，强化环保、安全、土地等“硬约束”，优化审批、服务、效能等“软环境”，最大限度为企业分忧、为发展助力。四是着力提升发展活力。立足产业优势，大力发展仓储物流、电子商务等生产性服务业，构建便捷高效的现代物流体系。放宽市场主体准入条件，鼓励社会资本通过特许经营等方式参与基础建设，激活民间投资热情。积极扩大城乡消费，鼓励外贸企业出口，增强对经济的均衡拉动能力。实施创新驱动战略，支持企业建平台、引人才、搞研发，加快科技成果资本化和产业化，年内新增研发平台6家以上；加大产业领军人才、专业技术人才和科技创新团队的引进培育力度，突出加强企业家队伍建设，让政务环境这棵梧桐树根深叶茂，使更多名企、英才在河口投资兴业。

（二）以更大力度推进强农富民，加快现代农业发展。农业兴则农村稳，农民富才是共同富。我们将千方百计加大农业投入，让农民群众实实在在地享受到改革发展的成果。一是集中培育优势产业。突出现代畜牧、生态渔业、休闲农业三大重点，坚持用现代化理念谋划农业，加快落地一批优势项目，打造国内一流、特色鲜明的现代农业示范区。依托澳亚、佳发、正邦等国际农牧企业，集中培育现代畜牧业，加快总投资12亿元的澳亚乳制品加工厂、晨阳肉牛屠宰场等项目建设，全面培育秸秆利用、沼气发电等关联业态，拉伸产业链，提升价值链。力争年内奶牛存栏突破5万头，出栏肉牛4万头、生猪30万头、肉鸭1500万羽，打造多点支撑、多业共生的现代循环牧业。加快生态渔业区开发，全面贯通园区道路，年内新增滩涂、浅海各类养殖6万亩，耕海牧渔，打造优质渔业生产基地。依托百年黄河故道，整合义和、新户优势资源，大力发展乡村旅游，加强特色村落保护，加快锦绣农庄等十大庄园建设，规划一批四季采摘、休闲观光、农耕体验等娱乐项目，打造绿树成荫、瓜果飘香的乡村旅游品牌。二是改善农业生产条件。建立油地军合作发展机制，整合辖区水库、河道资源，完善蓄水灌排体系，提高防洪抗旱能力；加强农田水利基本建设，实施河口街道城北片、新户镇胜利片等总投资1.1亿元的12个项目，年内疏浚治理河道26.5公里、改善除涝面积26.8万亩，打造旱涝保收丰产田。继续实施农村饮水安全和公路畅通工程，年内铺设2条供水专线，彻底解决西部农村饮水问题；新建改造农村公路118公里，让农民出行更方便，为农村经济发展提供支撑。加快中心渔港开发，年内完成进港道路、防波堤续建等工程，启动综合服务区、鱼粉加工厂、渔民新村等项目，以此为龙头，打造现代渔业产业区。三是提升农业经营水平。积极引进工商资本，搞好新型农村合作金融试点，改善农业经营主体融资环境。整合涉农政策资金，集中投向优势产业和重点区块，提高财政资金的引导作用和使用效益。深化农业产业化经营，鼓励龙头企业增上精深加工项目，引导农民合作社搭建服务流通平台，努力提高农业增加值。加快农业标准化进程，加大疫病防控、良种繁育和农机推广力度，集中做好品牌培育和标志认证两大文章。积极稳妥推进农村改革，完善基层水利服务体系，启动供销合作社综合改革，建立农村产权交易市场，有序推进各类产权确权颁证，拓宽农民增收渠道，释放农业发展活力。

（三）以更大力度推进城乡一体，促进城乡融合发展。建设美丽家园是全区人民的共同心愿。今年我们将继续加大对城镇和农村的投入，加快新型城镇化进程，做好城乡统筹这篇大文章。一是高起点完善规划。突出规划引领作用，探索经济社会、城乡建设、土地利用规划“三规合一”，启动编制城市近期建设规划和公共设施布局规划，合理划定城市发展边界，促进生产、生活、生态合理布局；坚持用发展的眼光建好城市，从产业到生活、从设施到景观、从空间到意境，融入现代元素，努力打造有品位、有内涵、有格调的宜居城市。强化规划执法，严格评审制度，严查违法行为，维护规划的科学性、严肃性和权威性。二是大气力推进城乡建设。围绕主城区、小城镇和新型农村社区三个层级，继续实施湖滨新区建设、老城改造提升、村庄迁建合并和东营港城开发四大工程，促进城乡一体发展。加快湖滨新区建设，完善音乐、灯光等景观设施，深度提升人文内涵和商业价值，打造水绿相映、人城和谐的城市新区。加快老城改造提升，实施雨污分排、供热改造等市政工程，引导油田企业加快院落改造，提升城市整体形象。大力推进村镇建设，突出加大城郊村、驻地村、偏远村改造力度，引导农民向新型社区集中。加快东营港城开发，全面推进水系、道路等配套建设，有序启动成熟地块开发，打造临港高端生活服务基地。加强重大基础设施建设，年内完成中合、马场等5座输变电工程，启动蓝区至港口的疏港公路建设，更好地支撑区域发展。三是全方位提升管理水平。理顺城乡、油地管护责任，建立服务、管理、执法“三位一体”的大城管体制，全面推进管理重心下移，实现城乡管理提标准、上水平。加强城市运行管理，规范提升社区物业水平，提高水电气暖安全运营和保障能力。大力推进城乡环卫一体化建设，充实保洁力量和环卫设施，坚持不懈地开展环境综合整治，改善城区市容环境和公共秩序，巩固扩大农村清脏治乱成果，让农村和城市一样干净美丽。

（四）以更大力度加强生态建设，努力实现绿色发展。生态不仅关乎长远发展，而且直接关系百姓的现实生存和安全健康。我们将充分呼应群众关切，以前所未有的决心和力度，大力实施生态建设。一是多管齐下整治污染。大力开展水气污染综合整治，统筹抓好工业点源、农业面源、建筑扬尘等污染治理，加快淘汰黄标车，彻底清理污水直排口，确保河流水质稳定达标、空气质量持续好转。大力推进工程治污，实施总投资5.1亿元的8项环保工程，突出抓好石化企业脱硫除尘、废气整治和污水处理，督促企业完善各类环保设施，强力整治空气异味问题。建立跨部门、跨区域联合执法队伍，对偷排偷放、超标排放等违法行为，从严打击，顶格处理，决不姑息。全面落实新《环境保护法》，严格环保准入门槛，凡是环境评价没通过的项目一律不准落地，凡是环保设施不健全的企业一律不准运营。二是持之以恒改善生态。加强城乡生态环境建设，加快刺槐林场省级森林公园建设步伐，突出抓好城市林荫、环城林带、路域林网建设，年内新增造林2万亩以上。启动环城防护林工程，按照“统筹规划，逐年推进”的原则，利用3-5年时间在城区东、西、北三面建设城市防护林带，年内建设城北宽1公里、长10公里的防护林，构筑绿色生态屏障。实施友谊河、朝阳河开挖衬砌工程，打通河湖阻隔，年内全线贯通环城水系，打造水清岸绿、城水相依的环城景观。三是千方百计节能降耗。建立节能减排倒逼机制，全面推行重点企业合同能源管理，突出抓好石化、电力、建筑等领域节能，年内再实施一批节能改造项目，为经济发展腾出更多环境空间。大力发展循环经济，鼓励节能新技术、新产品运用，全面推行清洁生产，促进产业向绿色、低碳、清洁转变。统筹推进公共机构、居民生活等领域节能，引导市民从点滴做起、从身边做起，倡树节约环保新风尚，享受低碳健康新生活。

各位代表，加快发展是河口的头等大事，改善生态是政府的职责所在。我们一定牢固树立经济与生态“双赢”理念，决不以牺牲环境换取一时发展，做到既要金山银山、又要碧水蓝天，真正让群众生活的更加富足、舒适、美好！

（五）以更大力度改善民计民生，提高全民幸福指数。政之所兴，在应民愿、顺民心。我们将把民之所望作为施政所向，集中更多财力、资源向民生倾斜，努力使河口的百姓更幸福、生活更甜美。一是进一步完善保障体系。重点实施五大工程：实施就业富民工程，用好创业就业帮扶基金，充分发挥民营经济、项目建设对就业的吸纳作用，年内促进创业带动就业1000人以上，营造脚踏实地、勤劳致富的社会氛围。实施提标扩面工程，将城市低保标准提高到每人每月550元，农村低保、五保供养标准提高到每人每年3960元和6800元，一、二级重度残疾人残障补贴分别提高到每人每月200元和150元，全力保障好困难群众的基本生活。实施老年安康工程，按照每人每月280元标准，加大政府购买居家养老服务力度，加强中心敬老幸福园和28处城乡养老场所管理，鼓励支持油田社区兴建养老机构，努力让所有老人过上有保障、有尊严、有质量的晚年生活。实施城乡安居工程，年内扶持农民改造危房475户，新建公租房414户，落实公租房货币补贴460户，实施济军基地棚户区改造125户，建成油田职工住房4900套以上，改善各方群众住房条件。实施公交惠民工程，优化城市公交线路，启动乡村公交建设，实行老年人、残疾人免费乘坐城市公交，让群众出行更加实惠便捷；严厉打击“黑出租”非法营运，规范客运市场秩序。二是发展更普惠的社会事业。优先发展教育事业，9月份前全面启用区一中新校；投资1400万元改造实验学校和一中老校，促进义务教育“小班化”；年内在城区新办1所公办幼儿园，解决孩子入园难问题。重视发展职业教育，提高服务经济发展的能力。自今年起，集中财力突破卫生事业，力争利用2-3年时间，初步建立起城乡协调的医疗卫生服务网络；年内投资1900万元新建、改造、装备56处一体化村卫生室，启动新户中心卫生院改造工程，为区医院、疾控中心、镇街卫生院添置一批医疗设备，深化与大院、良医交流合作，最大限度方便群众就近就医。继续深化医药卫生体制改革，将城乡医保财政补助标准上调到每人每年400元，孤老残弱等困难群体参保补助上调到每人每年200元；探索建立乡医准入、培养和退出机制，促进医疗资源向农村倾斜。深化计生幸福家庭创建，实施“两癌”患病妇女救助，免费开展孕期健康检查，提高优生优育水平。引进市场投资主体，培育特色文化产业；完善城乡文体设施，丰富群众文化生活；建成开放区图书馆、文化馆，年内举办各类文化活动500场次以上。巩固文明城市创建成果，大力弘扬志愿服务精神，让河口大地充满关爱、彰显文明。扎实开展双拥共建，支持人武、边防等营院建设。关心支持妇女儿童、青少年事业发展，进一步提高民族宗教、人民防空、外事侨务工作水平，积极推进防震减灾、史志、气象、援疆等各项工作。三是实施更有效的社会治理。全面推进法治河口建设，创新社会治理模式，提高运用法治思维和方式化解矛盾的能力。加强民生热线管理，建立诉求反馈体系，更好地改进政府工作。加强平安河口建设，深化平安创建工作，统筹城市、农村、油区三条战线，完善治安综合防控体系，保证治安稳定、社会安定。加强改进信访工作，建成启用市民联合接访中心，依法就地解决群众合理诉求。加强安全监管，建立综合执法队伍，完善检验检测设施，切实保障农产品、食品和药品安全。高度重视安全生产，完善应急救援体系，彻查各类安全隐患，坚决防范重特大安全生产事故。

四、加强政府自身建设

越是面对艰巨繁重的任务，越要全面加强自身建设，不断增强政府公信力和干部执行力，真正担负起推动新一轮跨越发展的重任。

我们深知，成事之要，贵在务实。我们将始终保持创业激情和务实作风，以累不垮的精神、使不完的干劲，为河口发展拼尽全力，为百姓福祉不遗余力；持续巩固教育实践活动成果，引导干部转变作风、服务群众，到矛盾多、困难大、任务重的地方解决问题，在干事创业中实现人生价值；加强干部能力建设，强化政府绩效管理，完善政务考核体系，坚决纠正“慵懒软散”现象，旗帜鲜明地为实干者撑腰、让无为者让位，努力在全区营造讲落实、重落实、抓落实的蔚然风尚。

我们深知，为政之道，重在法治。我们一定严格依照法定权限和程序行使权力、履行职责，自觉接受人大法律监督、政协民主监督和社会舆论监督，让政府工作在“阳光”下运行。积极推进依法科学民主决策，健全法律顾问、风险评估等各类制度，确保政府决策讲程序、守规矩、重法治、被监督。全面推进政府机构改革，优化机构设置和职能配置，建立“一库四平台”权力运行体系，全面公开“权力清单”、“责任清单”和“负面清单”，继续清理、精简行政审批事项，努力实现政府效能的最大化、工作机制的最优化和管理成本的最小化。全体政府工作人员都要增强程序意识、权界意识，内化于心、践之于行，确保政府一切活动都在法治框架内开展，都在法治轨道上运行。

我们深知，修身之本，首在清廉。我们一定严格落实从严治党要求，不为纷乱所扰，不为诱惑所动，不为名利所役，坚持不懈纠正“四风”，持之以恒改进政风。大力弘扬艰苦奋斗的优良传统，全面公开预决算和“三公”经费，按期完成公车改革，从严控制行政成本和政府举债，把节约的资金用到为民办实事上来。坚持用制度管权管事管人，涉及财务、土地、工程、人事等重大问题，绝不允许一个人或少数人说了算。加强行政监察和审计监督，确保行政权力运行到哪里、监督就延伸到哪里。全体政府工作人员都要心有所畏、言有所戒、行有所止，严格遵守中央八项规定精神和廉洁自律各项规定，树立勤政廉政的良好形象。

各位代表，河口是一片充满希望的热土。三十年来，油地军港齐心协力，全区人民披荆斩棘，在大河之滨踏荒拓路，创造了一个又一个奇迹。这种精神历经风雨沧桑，走过峥嵘岁月，并在新的征程上大放异彩。展望未来，我们面临的形势更加复杂、任务更加艰巨、责任更加重大，这就需要我们继续发扬风雨同舟、相携共建的优良传统，始终高举“团结共建、共兴共荣”的大旗，唱响主旋律，汇聚正能量，建树新作为，建设我们共同的家园，书写灿烂美好的明天！

各位代表，困难挑战考验着我们，责任使命激励着我们。让我们在党中央和省、市、区委的坚强领导下，紧密团结，苦干实干，奋力谱写河口富民强区、率先崛起的崭新篇章，共同创造河口人民更加幸福美好的未来！

政府工作报告

——2016年1月18日在东营市河口区第十七届人民代表大会第五次会议上

东营市河口区人民政府代区长 刘斯杰

各位代表：

现在，我代表区人民政府向大会报告工作，请予审议，并请区政协各位委员和其他列席会议的同志提出意见。

一、“十二五”时期政府工作回顾

过去五年，是全区上下砥砺奋进、阔步前行的五年。五年来，在市委、市政府和区委的坚强领导下，全区上下以实施黄蓝国家战略为统领，精诚团结干事业，凝心聚力促发展，圆满完成了“十二五”规划各项目标任务，为全面建成小康社会打下了坚实基础。

过去的五年，是经济平稳快速增长、综合实力大幅提升的五年。初步统计，全区生产总值由2010年的141.3亿元增加到260亿元，按可比口径，年均增长14.3%。工业实力显著增强，工业总产值突破千亿大关，规模以上工业企业发展到135家，主营业务收入过十亿元企业达到14家，中海、富海双双跻身全国民营企业500强。投资拉动作用明显增强，五年累计实施过亿元项目65个，落户上市企业10家，完成全社会固定资产投资1217亿元。财税金融运行稳健，一般公共预算收入实现翻番，达到17.4亿元；金融机构实现存款余额228.8亿元、贷款余额147.4亿元，分别比2010年增长65%和154%。镇域经济加快发展，新户、仙河成为全市试点强镇，镇街财政收入达到2.5亿元，是“十一五”末的1.8倍。

过去的五年，是发展方式加快转变、产业结构明显优化的五年。按照“一产调优、二产调强、三产调大”的思路，加快转型升级步伐，三次产业比例由6.4∶56.4∶37.2调整为5.8∶51.3∶42.9。现代农业迅猛发展，设立1亿元扶持资金，撬动了畜牧、渔业等总投资90亿元的31个产业项目，引进了澳亚、佳发等一批国际知名企业，实施了全国单片面积最大的百万亩生态渔业区建设，建成了国际一流的三大万头奶牛牧场，初步建立起了种养加一条龙的现代农业发展体系，全区优质水产养殖面积达到56万亩，实现奶牛存栏4万头，夯实了现代农业发展的基础。工业经济提质增效，累计实施“两化融合”项目19个、清洁生产项目23个、技术改造项目26个，高新技术产业比重达到45%，比“十一五”末提高了12.8个百分点。园区经济快速壮大，河口经济开发区产值突破百亿元，荣获山东省投资环境十佳园区称号；蓝色经济产业园投产、在建项目总投资超过365亿元，成为拉动区域发展的强大引擎。科技支撑能力明显增强，新增省级以上研发平台10家，获得国家发明专利授权60项，顺利通过全国科技进步先进县区考核。第三产业日趋壮大，生态旅游、现代物流等产业快速成长，新增山东服务名牌企业7家，限额以上服务业企业达到107家，实现社会消费品零售总额50亿元，年均增长13.8%；全区物流企业发展到45家，客货运量年均增长17%以上；创建AAA级旅游景区2个，发展省级旅游强镇4个，被授予中国优秀旅游城市、中国摄影创作基地等称号。

过去的五年，是基础设施不断完善、城乡面貌大为改观的五年。抓住新型城镇化建设的重大机遇，加强城乡规划建设管理，荣获中国人居环境奖、中国新型城镇化示范奖等称号。以创建全国文明城市为契机，加快城区改造提升，五年油地携手投资33.7亿元，新建改造城区道路3条4.3公里，衬砌绿化环城水系7.9公里，改造老旧小区32万平方米，新增绿地73万平方米、水面9.7万平方米；城中村改造和油田大院子“退二进三”取得重大进展，协胜、李坨等村庄改造全部完成，河采、海胜等工矿用地得到高效利用，油地群众在城市共建中得到更多实惠。湖滨新区日新月异，市民广场、音乐喷泉等环湖景观全面建成，西湖印象、盛世豪庭等商住项目相继落地，一个宜居宜业宜游的城市新区在鸣翠湖畔悄然崛起。以乡村文明建设行动为抓手，加强农业农村基础设施建设，相继实施了清脏治乱、农水会战、公路畅通、饮水安全、电网改造五大工程，新建改造农村公路567公里、供水管网231公里，疏浚治理河道92公里，发展节水灌溉18万亩；大力推进迁村并点，新建农村社区11处，19个村庄、2200户农民乔迁新居，群众普遍感到住房改善了、环境整洁了、生活更加方便了。加强生态环境建设，投资4亿元新建改造污水处理厂、垃圾处理厂5座，取缔土小污染企业81家，新增植树造林11万亩，空气优良天数连续5年全市最高。

过去的五年，是改革开放全面深化、发展活力持续迸发的五年。农村综合改革稳步推进，土地承包经营权确权颁证率先完成，林权、集体土地、房屋所有权确权全面铺开，我区成为全省首批农田水利设施产权制度改革试点县区。土地改革成效明显，在全省率先启动未利用地开发，累计开发土地10.5万亩，流转集体土地16万亩，连续五年通过全国国土资源节约集约模范县区考核。金融改革步伐加快，银行分支机构达到12家，新增新型金融组织7家，旭业、常青树登陆新三板，股权交易场所挂牌企业达到6家，创建为中国金融生态区。财税改革深入实施，全面推进部门预决算公开和“三公”经费公开，“营改增”试点有序推进。工商登记制度改革成效明显，新增私营企业1541家，各类市场主体达到1.3万户。政府机构改革不断深化，职务职级并行全面铺开，食药工商质监、卫生计生体制改革顺利完成。公立医院综合改革扎实推进，在全省率先实现基本药物制度全覆盖，减省群众医药开支5200万元。对外开放水平不断提高，五年引进过亿元项目85个，到位外来固定资产投资190亿元；累计利用外资1.5亿美元，完成进出口总额10.6亿美元，分别为“十一五”时期的2倍和4倍多。

过去的五年，是社会事业全面进步、人民生活明显改善的五年。实施就业富民工程，多渠道开发就业岗位，累计新增城镇就业1.87万人、转移农村劳动力2.06万人；城乡居民收入由22464元和8157元分别增加到37500元和15200元，年均增长10.8%和13.3%。集中力量兴办教育，累计投资7.63亿元，对28所学校实施了标准化改造，新建城乡幼儿园、中小学13所，教育投入比“十一五”时期增长了5倍多，创建为全国义务教育发展基本均衡县区。大力发展卫生事业，投资1300万元实施了人民医院重症监护室、中医院病房楼改扩建等工程，顺利通过国家卫生城市复审。健全养老保障体系，投资1.2亿元新建改造养老场所29处，为60周岁以上老人免费查体4.2万人次。完善住房保障体系，新建保障性住房4960套，扶持农民改造危房2154户，发放各类住房补贴2700余万元。实施计生家庭幸福工程，完成妇女两癌筛查3万人次，被授予全国阳光计生行动示范县区。繁荣发展文化事业，在全省率先实现了有线数字电视户户通和农家书屋、健身设施全覆盖，成功创建为省级公共文化服务体系示范区。建成启用河口烈士陵园，被批准为省级革命烈士纪念设施保护单位。扎实推进平安河口建设，刑事案件、来信来访、交通事故连年下降，生产安全、油区安全、食品安全形势持续稳定，先后荣获全国安全社区、省级药品安全示范区、全省平安家庭示范区、全省信访工作先进区等荣誉称号。统计基层基础、史志档案、司法调解等工作走在全省前列。青少年、外事侨务、民族宗教等事业健康发展，人民防空、防震减灾、对口援疆等工作取得新的成绩。

各位代表，五年来，我们围绕群众所急所需所盼，投资36亿元实施了51件便民实事，是民生投入最大、群众受益最多的时期。五年间，我们在全省最早实行农村学前三年免费教育，率先实现残障补贴全覆盖，是全省唯一实现五保老人区级集中供养的县区；五年间，我们5次上调城乡低保和农村五保标准，5次上调城乡医保财政补助标准，3次上调基础养老金标准，2次上调老年生活救助金标准，综合保障水平位居全国前列；五年间，我们创新设立了3612345民生热线，累计受理群众来电29万余件，一大批民生问题得到解决，架起了党群干群关系的连心桥；五年间，我们开通了城市公交，建成了集中供热中心，实现了城区24小时供气，彻底解决了困扰市民多年的生活难题。民之所望就是政府施政所向。我们将持续用力，再接再厉，努力把河口建成全国最具幸福感的城市！

过去的五年，是政府职能加快转变、发展环境不断优化的五年。按照为民、务实、清廉的要求，扎实开展群众路线教育实践活动，严格落实中央“八项规定”精神，先后开展了公款旅游、公车私用、干部走读、超标用房等55个专项整治行动，作风建设取得明显成效。认真落实依法行政实施纲要，围绕财政资金使用、政府投资项目管理等重点领域，制定出台了13个规范性文件；向社会全面公开行政权力清单、责任清单和中介服务收费项目清单，累计清理行政权力事项1253项，被评为全省依法行政先进县区。全力推进政府提速，建立了网上审批、电子监察和行政权力阳光运行系统，先后开展了5轮行政审批事项清理，累计规范精简审批项目183项，取消行政事业性收费39项，各类业务办理时间缩短了一半以上。大力推进正风肃纪，严厉惩治腐败现象，立查党纪政纪案件133件，处理143人。通过卓有成效的治理，群众普遍感到政府效率更高了、机关风气更正了、干部作风更实了，在全市群众满意度调查中，我区五年四夺综合测评第一名，干部作风评议荣膺五连冠。

各位代表，刚刚过去的一年，是“十二五”收官之年。一年来，我们坚持稳中求进、好中求快、危中求机，全力稳定经济增长。面对经济下行压力加大、原油价格持续走低、企业经营困难增多、投资后劲明显不足等不利因素，我们综合施策，精准发力，全力保障企业运行，政银企三方联手，落实企业周转资金1.78亿元、银企签约资金86.5亿元，有效解决了企业融资难题，保障了区域金融安全。坚持以大项目带动大发展，全年落地过亿元项目13个，到位外来固定资产投资28亿元，中海500万吨大型炼化等一批影响力大、带动力强的大项目全面开工，经济发展后劲明显增强。加大“三争”工作力度，争取上级资金4.8亿元、政府债券5.1亿元，有力地支持了经济发展。一年来，我们坚持安全发展、绿色发展、协调发展，全力优化发展环境。以隐患整治为重点，大力开展城市公共安全提升行动，严格落实属地管理、部门监管和企业主体责任，深入开展打非治违，累计整治违法违规行为141起，停产整顿33家，安全生产形势持续稳定。以源头防治为重点，大力开展水气污染整治行动，实施了总投资3.7亿元的17项环保工程，挑河、神仙沟两条省控河流稳定达标；全年查处环境违法行为51起，取缔土小污染企业7家，黄标车淘汰治理全面完成，环境质量得到明显提高。以清脏治乱为重点，大力开展乡村文明建设行动，在48个村庄开展了旱厕改造、污水处理和秸秆综合利用试点，持续巩固净化、硬化、绿化、美化、亮化“五化”提升工程，累计清运垃圾1亿立方米、安装路灯1023盏、硬化道路61.2公里，农民生产生活条件明显改善。一年来，我们坚持倾听民声、顺应民意、尊重民愿，全力保障改善民生。实施社会保障提标扩面工程，将医保财政补助标准提高到每人每年400元，城市低保标准提高到每人每月550元，农村低保、五保供养标准提高到每人每年3960元和6800元，累计发放社会救助金2178万元。继续加大教育投入，新办2所公办幼儿园，9所学校实现小班化教学，总投资4.3亿元的区一中新校全面投用；高考再创佳绩，本科录取率达到71.2%，高出全省30个百分点。集中发展卫生事业，建立乡医准入退出机制，投资675万元新建改造村级卫生室35处，农村诊疗条件大大改善。实施公交惠民工程，老年人、残疾人、伤残军人免费乘坐城市公交，惠及油地军群众4.5万人。一年来，我们坚持油地携手、军民同心、区港联动，全力推进区域发展。油地联手实施了道路设施建设、环境污染治理、管道占压清理等一批重大事项，在改善职工住房、打击涉油犯罪等方面取得了丰硕成果。济军基地积极支持地方经济建设，地方帮助基地实施了农业开发、低保救助等一批扶持项目，探索形成了军地融合发展的成功经验。随着兴港路、蓝埕路等交通网络的形成和东营港城、中心渔港等基础设施的建设，区港之间的产业协作、互为支撑优势更加明显，为联手打造全市北部经济增长极奠定了坚实基础。一年来，我们坚持干部清正、政府清廉、政治清明，全力树立良好形象。以“三严三实”专题教育为统领，出实招抓整改，动真格转作风，建立了政府法律顾问制度，邀请人大代表、政协委员41次视察政府工作，开展了工程招投标、财政专项资金管理使用、小金库问题“三个专项整治”，查处违规问题124个；树立大抓基层导向，选派230名机关干部到一线帮扶村庄、联系企业；坚决支持执法执纪部门惩治腐败，查处案件60件，处理69人。全区广大干部以“严”的作风，干“实”的事业，勇毅担当，积极作为，提振了精气神，增强了公信力，激发了干事创业的活力和热情。

各位代表，五年辉煌成就，见证奋斗历程。五年来，我们面对超乎预期的困难，付出非比寻常的努力，谱写了光辉灿烂的河口篇章。这些成绩的取得，归功于历届班子打下的坚实基础，归功于区委的正确领导和人大代表、政协委员的监督支持，归功于全区上下、油地军港、社会各界的团结协作和共同奋斗。在此，我代表区人民政府，向全区人民和社会各界，向所有为河口的建设和发展做出贡献的同志们、朋友们，致以崇高的敬意，表示衷心的感谢！

各位代表，五年艰辛探索，经验弥足珍贵。回顾五年的工作，我们最深刻的体会是，把河口的事业不断推向前进，任何时候都要坚持解放思想不动摇，不断深化区情认识，提升思想境界，以观念更新开辟发展空间，以思路创新扫除发展障碍，以思想大解放助推事业大发展；任何时候都要坚持科学发展不动摇，以质量和效益为中心，遵循经济规律，在发展中促转型，在转型中促发展，稳扎稳打，苦干实干，努力抢占区域发展的制高点；任何时候都要坚持惠民利民不动摇，想万家灯火，念百姓忧乐，尽心竭力为群众谋福祉、解难题，以实际行动赢得群众的信赖、拥护和支持；任何时候都要坚持真抓实干不动摇，以事业凝聚人心，以正气激发干劲，夙夜在公，无私奉献，殚精竭虑谋发展，不遗余力惠民生；任何时候都要坚持清正廉洁不动摇，从严治政，依法行政，做到立身不忘做人之本、为政不移公仆之心、用权不谋一己之私，永葆共产党人的政治本色；任何时候都要坚持团结共建不动摇，始终高举“团结发展、共兴共荣”的大旗，同心筑梦，携手前行，共同创造河口辉煌灿烂的美好明天。这些经验和体会，凝聚着全区人民的心血和汗水，汇集了油地军港的智慧和力量，是推进河口跨越发展的宝贵财富，必将引领我们在新的起点上创造新的辉煌！

在肯定成绩的同时，我们也清醒地看到，工作中还存在不少困难和问题：经济总量偏小，产业结构不优，产品初级化、低端化特征明显；受经济下行影响，部分企业生产经营困难，财政收支矛盾突出，经济企稳回升的基础还不牢固；城乡发展不均衡，农民增收渠道单一、农村集体经济薄弱等问题还没得到根本解决；要素制约明显加大，环境保护和节能减排形势严峻；仍然存在干部干劲不足、能力不高、办法不多等现象。对这些问题，我们必须采取有力措施，认真加以解决。

二、“十三五”时期的目标任务和工作重点

根据党的十八届五中全会和区委七届八次、九次全会精神，区政府编制了《河口区国民经济和社会发展第十三个五年规划纲要（草案）》，已印发大会，请一并审议。

各位代表，未来五年，是全面建成小康社会的决胜时期。展望未来，我们面临诸多机遇和挑战。从发展的趋势看，经济长期向好的基本面没有改变，随着经济进入新常态，我们仍处于大有作为的重要战略机遇期。从发展的基础看，我区综合实力大大增强，承载能力更加稳固，油地军港团结一心，全区上下人心思进，为我们加快发展积蓄了强大正能量。从发展的优势看，随着区域竞争格局的深度调整，河口的土地、海洋、港口等资源优势更加凸显，在吸引投资、集聚要素等方面潜力更大、空间更广、后劲更足。从发展的前景看，区委七届八次全会审时度势、科学决策，确定了建设美丽幸福新河口的奋斗目标，落实好、实现好这一目标，必将引领河口走向富强。实践证明，一个地区的发展，总有几个关键时期，现在河口就处在这样一个关键时期。只要我们坚定信心、积极作为，宏伟的目标就一定能够实现！河口的明天就一定会更加美好！

今后五年工作的指导思想是：以党的十八大、十八届三中、四中、五中全会精神和习近平总书记系列重要讲话精神为指导，紧紧围绕“四个全面”战略布局，全面适应经济发展新常态，加快产业转型，推进城乡统筹，深化改革开放，保障改善民生，率先全面建成小康社会，全力打造全市北部经济增长极、现代农业示范区和统筹城乡发展先行区，加快建设美丽幸福新河口。

“一极两区”是建设美丽幸福新河口的核心载体，是我们赢得主动、赢得优势、赢得未来的关键所在，关系到河口的前途和命运，关系到全区人民的根本利益。增长极，代表着活力足、潜力大、实力强，我们空间广阔、优势明显，是承接产业转移、构筑产业高地的发展沃土；示范区，代表着高标准、高质量、高水平，我们基础坚实、特色鲜明，是发展现代农业、培育新型农民的典型样板；先行区，代表着见事早、行动快、成效大，我们条件具备、时机成熟，是推进城乡统筹、率先实现小康的现实选择。未来五年，我们要切实增强机遇意识、忧患意识、责任意识，在抢抓机遇中阔步前行，在迎接挑战中砥砺奋进，拿出更大的担当，使出更大的干劲，努力建设经济繁荣、城市秀美、社会和谐、人民富裕的美丽幸福新河口。

——我们要坚持高端高质高效相统一，推动经济

转型升级。这是建设美丽幸福新河口的核心支撑。要牢牢扭住发展第一要务不放松，实施工业倍增计划，优先发展先进制造业、生态化工业等优势产业，培育一批千亿产业、百亿企业和十亿项目；以农业增效、农民增收为目标，推动畜牧、渔业等优势产业向产业链、价值链高端延伸，率先实现农业现代化；加快发展现代服务业，积极培育新业态和新商业模式，构建体量匹配、业态多元的服务经济体系；通过不懈努力，经济实现中高速增长，产业迈向中高端水平，打造河口经济的“升级版”。

——我们要坚持生产生态生活相统筹，建设秀美宜居城市。这是建设美丽幸福新河口的重要保障。要遵循发展规律，尊重群众意愿，引导产业向园区集中、人口向城镇集中、居住向社区集中，提升城市规划建设管理水平，统筹推进小城镇和新农村建设，促进城乡一体、融合发展，到2020年，城镇化率达到85%以上；加强重大基础设施建设，建立快捷畅通的交通体系、配套完善的水利体系和安全清洁的能源保障体系，更好地支撑区域发展；大力发展绿色低碳经济，防止粗放发展、低效增长，杜绝资源浪费、环境污染，全面完成节能减排任务，实现美丽与发展共赢。加强生态环境建设，全面开展水气污染整治，深入实施三年增绿计划，到2020年，林木绿化率达到22%以上，建成天蓝水清、绿满城乡的美好家园。

——我们要坚持创新创业创造相协调，增强社会发展活力。这是建设美丽幸福新河口的内在要求。要全面实施创新驱动战略，推动创新成果与产业需求有机衔接，实现发展由要素驱动向创新驱动转变，到2020年，高新技术产业比重达到48%以上；深化重点领域、关键环节改革，以改革增活力、挖潜力、添动力，促进生产要素充分流动、发展环境全面优化；尊重知识、尊重人才、尊重创造，培养引进创新创业团队、产业领军人才和实用技能人才，促进人才、科技、经济良性互动；鼓励创业促进就业，推进大众创业万众创新，让一切劳动、知识、技术、管理、资本的活力竞相迸发，让一切创造社会财富的源泉充分涌流。

——我们要坚持共建共融共享相结合，提高群众幸福指数。这是建设美丽幸福新河口的根本目的。要坚持以人为本、民生优先，把更多资金、政策和公共服务向民生倾斜，用幸福衡量发展，用民生倒逼转型，让群众得到更多实惠；到2020年，贫困现象彻底消除，城乡差距明显缩小，家庭财富普遍增加，人民生活更加宽裕，城乡居民人均收入比2010年翻一番；建立覆盖城乡、惠及全民、均衡协调的公共服务体系，实施城乡养老、医疗、救助提标扩面工程，全面提高教育教学质量，加强平安河口建设，积极发展公共文化事业，在更广范围、更深层次、更高标准上推进小康社会建设，让群众得到更多获得感和幸福感。

各位代表，我们要建设的美丽幸福新河口，是经济、社会、生态高度融合，人口、资源、环境高度和谐，新型工业化、农业现代化和新型城镇化高度协调的城市。到那时，河口将会成为一座经济繁荣、产业高端、布局合理的实力之城，传统粗放的发展方式被淘汰，产业更加清洁环保，实体经济枝繁叶茂，重工厚商蔚然成风，提供更多就业，创造更多财富，在全市经济布局中占有更大分量。到那时，河口将会成为一座休闲舒适、环境优美、宜居宜业的品质之城，城市森林环抱、水系环绕，农村整洁典雅、厚朴安宁，穿城过乡，人们感受到的是惬意、温馨、舒适，享受着小城市所特有的慢生活和大幸福。到那时，河口将会成为一座生活富裕、崇德向善、文明和谐的幸福之城，群众得到更多实惠、更好保障，人们明理知耻、讲信修睦，社会公平正义、安定和谐，每一个勤劳、淳朴的河口人都能各展所长、各尽所能，河口大地处处充满温情、洋溢幸福！

三、2016年政府工作安排

今年是实施“十三五”规划的开局之年，做好今年的工作，至关重要。面对复杂严峻的经济形势，在深入研判、反复论证的基础上，确定今年的主要预期目标是：生产总值增长7.5%，全社会固定资产投资增长10%，社会消费品零售总额增长10%，一般公共预算收入增长6.5%，城镇居民人均可支配收入增长8%，农村居民人均可支配收入增长10%，城镇登记失业率控制在3%以内，全面完成上级下达的节能减排任务。工作中，重点抓好八个方面：

（一）坚持工业强区，增强区域综合实力。工业是经济发展的基石，是河口必须坚定不移实施的首要战略。我们将坚持工业强区不动摇，做大做强实体经济，筑牢经济稳中向好的坚实根基。一是全力扶持企业发展。把保企业、保运行作为今年经济工作的重中之重，着力在企业融资、市场开拓、技术改造等方面搞好服务，帮助企业渡过难关。下大力气破解融资难题，探索组建园区融资担保公司，撬动金融机构扩大信贷投放，为实体经济发展提供强大支持。强化金融风险防控，严厉打击恶意逃废银行债务和违法追讨债务行为，确保金融环境持续安全。坚持抓大育小、扶优扶强，加快培育一批支撑河口发展的领军企业，到2020年，主营业务收入过亿元企业达到50家、过百亿的突破5家。加快规模企业规范化公司制改制，积极促进油田改制企业发展，引导企业建立现代企业制度，对接资本市场，实现企业浴火重生和产业转型升级。二是大力培育主导产业。围绕生态化工、加工制造和战略性新兴产业，推动核心技术研发和经营模式创新，推动产业向价值链两端延伸。以规模化、清洁化、链条化为方向，全力推进化工产业转型升级，扎实开展“三评级一评价”，启动区港输油管廊建设，支持骨干企业扩大原油供给、拉长产业链条，全面提升产业核心竞争力。以成套化、标准化、智能化为方向，围绕石油装备、汽车部件等领域，加快发展先进制造业，提高产业附加值和市场竞争力。战略性新兴产业，鼓励发展特种玻璃、光伏综合利用、再生有色金属等新能源、新材料，不断壮大新兴产业规模。按照“项目集中、土地集约、产业集聚”的原则，明确园区定位，实行错位发展，打造产业高地。河口经济开发区全面提升集约用地和产业清洁水平，打造资源节约型、环境友好型园区；蓝色经济产业园重点做好配套完善、招商引资和产业布局三篇文章，打造项目建设的主战场和企业发展的主阵地。三是强力推进项目建设。牢固树立“抓项目就是抓发展”的理念，加快中海500万吨大型炼化等总投资125亿元的11个项目建设，力争早日投产达效。创新招商方式，坚持外引内培，大力推进产业链、精准化招商，力争年内引进过亿元项目13个以上。设立产业投资目录，提高项目准入门槛，建立覆盖联审、立项、推进、投产全过程的项目推进机制，落实以地控税、以税节地等措施，提高项目履约率和资金到位率。

（二）坚持农业富民，繁荣发展现代农业。农业是基础产业、富民工程，是河口的靓丽名片和优势所在。我们将认真落实“多予、少取、放活”的方针，集中抓好总投资22.4亿元的7个农业项目，全力打造现代农业示范区。一是提升优化农业规划。深化与大专院校、科研院所的战略合作，高标准编制现代农业规划，科学指导我区农业发展；坚持用现代理念谋划农业，科学规划，合理布局，融入田园景观元素，全力打造富有特色的百里农业观光走廊；整合产权交易、质量检测、规划展示等职能，建设现代农业示范中心，打造农业发展的综合平台和示范窗口。二是集中培育优势产业。深化农业结构调整，推动农业由种养殖向深加工转变，由拉伸产业链向提升价值链转变，打造陆海统筹、优质高效的现代农业体系，力争到2020年，渔业总产值达到50亿元，畜牧业总产值突破百亿元。集中培育现代畜牧业，依托三大万头奶牛牧场、进境肉牛屠宰加工口岸等载体，全面推进澳亚高端乳制品深加工、澳源进口肉牛深加工等项目，力争年内鲜奶产量突破20万吨、屠宰肉牛3万头，推动畜牧业全链条、高端化发展。实施“海上河口”建设，全面提升百万亩生态渔业区配套，年内新建5万亩海洋牧场，鼓励发展渔光互补、渔盐一体等循环利用项目，打造现代渔业生产基地；加强中心渔港配套建设，启动鱼粉加工、冷冻仓储等项目，打造集渔货集散、加工贸易、运输补给等于一体的现代化渔港。三是改善农业生产条件。大力开展农水会战，整合辖区水库、河道资源，完善引蓄灌排体系，提高防洪抗旱能力；加强农田水利基本建设，加快挑河东、民生片1.1万亩未利用地开发，实施沾利河东片土地治理等总投资2.4亿元的8个项目，年内改善灌溉5.5万亩、除涝20.3万亩，提高土地水利化、机械化水平。实施粮改饲试点，年内种植苜蓿、青贮玉米10万亩，推进农牧结合，提高综合效益。四是提升农业经营水平。认真落实强农惠农政策，严格涉农价费监管，切实减轻农民负担。培育农业新型经营主体，鼓励企业增上精深加工项目，引导农民合作社提供多样化生产服务，带动农业多环节增值、农民多渠道增收。加强农机农艺结合、良种良法配套，全面推广海参立体养殖等先进技术，提高农业科技贡献率。加强宣传推介、品牌培育和市场建设，大力推进有机、绿色、无公害标志认证，确保农产品产得好、运得出、销得旺。

（三）坚持三产兴区，增强经济发展活力。服务业是推动转型升级的重要引擎。我们将强化政策扶持，主攻优势业态，推动服务业发展提速、比重提高、层次提升。一是改造提升传统服务业。适应群众个性化、多元化消费需求，引导餐饮、娱乐等传统业态转变经营理念，创新营销模式，推进便利消费、便民服务；提升银座、胜大、商贸市场等周边环境，加快华欧梦想天地等商业综合体建设，吸引大店名品进驻经营，满足群众日益增长的生活消费需求。深入挖掘农村消费潜力，大力推进万村千乡、农超对接，营造便利实惠的农村消费环境。立足产业优势，继续推进企业主辅业务剥离，培育一批仓储、冷链、配送物流企业，面向周边市场提供专业化服务。二是集中突破生态旅游业。依托百年黄河故道，整合业态、文化、村落等资源，扶持一批采摘体验、田园休闲、乡村度假等特色农庄，连点成线，以线带面，打造独具特色的休闲农业品牌；依托孤岛万亩槐林，加快温泉旅游度假区建设，打响槐花节、帐篷节等特色品牌，搞好景点包装和策划运营，增强景区吸引力和知名度；依托奶业、渔业、酒业等优势产业，大力发展科普农业、工业旅游，促进三次产业融合发展。三是加快发展新兴服务业。鼓励发展电子商务，整合物流、金融资源，规划建设电子商务集聚区，突出抓好黄河三角洲石油化工交易中心等大宗商品交易平台建设，办好首届中国·东营国际化工产品博览会，促进电子商务与实体经济竞相发展；支持企业发展电商营销，推动原料采购、业务洽谈、产品销售上网运营，构建网络营销新模式。大力发展科技服务业，吸引研发设计、科技咨询、检验检测等资源集聚发展，培育新的经济增长点。

（四）坚持城乡统筹，建设秀美宜居家园。城市是油地军港的共同家园。我们将坚持以城带乡、城乡融合，全面提升规划建设管理水平，努力争创联合国人居环境奖。一是坚持高起点规划，科学引领发展。突出规划引领作用，推进经济社会、城乡规划、土地利用、生态环保“多规合一”，构建统一有序的空间规划体系；树立长远眼光和战略思维，以河口城区为中心，统筹推进东部和西部小城镇建设，构建“一体两翼”组团发展格局；通过疏建结合，推动城市由外延拓展向内涵提升转变，由集中开发向精细管理转变，实现城区减量化、控制化发展，塑造休闲舒适、秀美宜居的城市特色，让群众生活得更方便、更舒心、更满意。树立品质意识，增强规划深度，加强对空间立体性、平面协调性、风貌整体性、文脉延续性的规划管控，促进风格、色彩、形态和谐统一。增强规划刚性约束，坚持建设按着规划走、项目按着规划落，确保一张蓝图绘到底。二是坚持高标准建设，提升城市品位。实施城区基础设施建设三年行动，不断完善城市功能，增强公共服务能力。加强道路交通建设，改造康宁路、河庆路等老旧道路，实施黄河路整体改造和海宁路绿化提升工程，打造城市景观大道；加强老旧片区改造，引导油田加强院落综合利用，腾出更多空间建设绿地、公园，提高城市景观层次；加强环城水系建设，实施友谊河、康宁河等节点景观建设，配套休闲步道、亲水平台等休闲设施，塑造城水相依风貌；加强湖滨新区建设，提升绿化、亮化等景观设施，启动城市综合馆和森林公园建设，提升文化内涵，打造水绿相映、人城和谐的城市新区。三是坚持高效能管理，优化城乡环境。因地制宜推进新型农村社区建设，加快城中村、镇边村拆迁收尾，完善社区物业、公共服务等功能，做到改造一片、造福一方。扎实开展乡村文明建设行动，集中抓好一批示范村、示范片建设，带动农村面貌整体改善。实施河辛路改线和河民路、海防路改造工程，加快公路安保工程建设，年内改造农村公路169公里，让群众出行更安全、更便捷。加强物业管理，促进社区物业提档升级。理顺城乡、油地管护责任，建立常态化、精细化、网格化管理机制，提高环卫保洁水平；大力实施拆违治乱和建筑市场打霸治痞专项行动，集中清理各类违法建设行为，严厉打击霸痞势力，全面提升城乡管护水平。

（五）坚持改革创新，增强经济发展活力。坚持把改革创新作为推进河口发展的不竭动力，强化创新驱动、改革促动和开放带动，不断增强经济发展活力。一是坚持以深化改革激活内力。稳步推进农村综合改革，加快林权、海域使用权和农田水利设施产权等制度改革，抓好集体土地、新型经营主体承包经营权颁证，扎实开展农村土地承包经营权抵押贷款试点，创新现代农业经营模式。深化投资体制改革，创新推行PPP模式，扩大市场化运作领域和规模。加快土地管理制度改革，清理闲置低效利用土地，促进既有建设用地二次开发。稳妥推进不动产统一登记，推动市场要素便捷入市。深化财税体制改革，加强国有资产运营，强化政府债务管理，规范专项基金使用和转移支付制度；实行国税地税联合办税，提高税收征管效率。全面深化商事制度改革，促进各类市场主体加快发展。深化政府管理体制改革，全面推行移动办公，按期完成公车改革，大幅压减行政成本。二是坚持以扩大开放吸引外力。认真落实外贸稳增长各项政策措施，支持企业拓展境外营销网络，扩大有色金属、石油装备、精细化工等产品出口，确保出口稳定增长。鼓励企业扩大先进技术、关键设备进口，支持富海、富宇等企业争取原油进口资质，促进大宗资源性产品进口。全面推进对外交流合作，积极推进服务业、重大基础设施、农业等领域开放，吸引外资参与地方经济发展。三是坚持以自主创新增添活力。顺应产业升级趋势和市场需求导向，实施一批科技攻关项目，突破一批关键共性技术，增强科技对经济的特殊贡献作用。突出企业创新主体地位，加快科技孵化器、加速器建设，组建海洋渔业技术研究中心、耐盐作物博士科研工作站等研发平台，提高科技转化率。深入实施人才强区战略，积极引进高层次、高技能人才，让各类人才在河口大显身手、大展宏图。突出加强企业家队伍建设，创新交流培训形式，促进企业抱团发展，培养一支懂管理、善经营、能开拓的优秀企业家队伍。

（六）坚持绿色发展，坚守安全环保底线。安全环保是河口发展之基、百姓生存之本。我们将以壮士断腕的决心，下最大气力，用最严举措，持续向安全隐患和环境污染开战，宁可少上项目，也要确保生产持续安全、生态不断改善。一是狠抓安全生产。牢固树立“预防为主”的安全理念，全面推进安全生产网格化、实名制管理，层层落实各方责任，建立全覆盖、无缝隙的责任体系。严格落实企业主体责任，实施安全生产风险抵押金制度，提高企业本质安全水平。大力开展安全生产隐患大排查快整治严执法集中行动，突出抓好危险化学品、油气管道占压、道路交通、消防安全等行业领域整治，坚决遏制较大以上事故发生。二是强力整治污染。实行最严格的环境保护制度，统筹抓好工业点源、农业面源、建筑扬尘等污染治理，实施总投资6.4亿元的18项环保工程，促进环境持续改善。集中推进河流综合治理，全面完成挑河人工湿地建设，加强污水处理厂管理运营，巩固省控河流治理成果。加强饮用水源地保护，实施东水源灌区节水配套改造，确保群众饮水安全。加强大气污染防治，实施企业脱硫、脱硝、除尘改造工程，强力整治空气异味。加强环境监测和联合执法，严厉打击违法排污现象，从严查处环境违法行为，让违法企业承受付不起的代价。三是持续改善生态。实施三年增绿计划，年内实施一批城市林荫、环城林带、路域林网建设工程，利用三年时间，新增绿化7万亩、修复湿地5600亩、封育天然柽柳林1万亩，打造“城在林中、居在园中、人在绿中”的自然风貌。创新营林模式，鼓励刺槐林场发展种苗产业，以经济效益反哺生态效益。在加强城北防护林管护的同时，启动城东、城西防护林建设，年内新增造林1.98万亩，打造森林环抱景观和绿色生态屏障。

（七）坚持惠民利民，努力增进百姓福祉。改善民生是政府的头等大事。我们要把百姓安危冷暖时刻挂在心上，设身处地为群众着想，真心诚意为群众办事，让群众真正感受到生活在河口最温暖、最满意、最幸福。一是建立更完善的保障体系。全面落实就业创业扶持政策，强化指导培训和贷款扶持，年内促进创业带动就业2900人以上。依法打击欠薪行为，保障农民工合法权益。健全养老服务体系，将75—79周岁、80—99周岁非离退休老年人生活救助金提高到每年1200元和1500元，将百岁老人高龄补贴提高到每年1.2万元，让老人安享晚年。加大助残力度，实施特困重度残疾人免费托养制度，为一、二级重度残疾人每年发放960元护理补贴。完善住房保障体系，新建公租房60户，落实新增公租房货币补贴50户，扶持农民改造危房350套，建成油田职工住房5700套，改善群众住房条件。深入开展扶贫济困活动，对低收入家庭和困难群众，我们要格外关注、格外关爱、格外关心，让他们真正感受到党和政府的温暖。二是发展更普惠的社会事业。实施医疗卫生惠民工程，将城乡医疗保险补助标准提高到每人每年430元；设立500万元大病保险资金，对参保居民大病医疗费用进行“二次报销”；投资1.9亿元启动区人民医院综合楼和感染性疾病科建设，投资517万元新建、改造、装备51处标准化村卫生室，利用2—3年时间，建立起城乡协调、惠及全民的医疗卫生服务网络。大力发展教育事业，投资1.25亿元实施实验学校改造工程，完善河口一中场馆配套，启动仙河镇中心小学建设，全面推行中小学小班化教育，全面改善城乡办学条件；建立困难学生救助制度，对初、高中困难学生实施营养餐补助，确保所有孩子都能上得起学。建设职业中专实训基地，培养实用型技能人才。巩固文明城市创建成果，实施广播电视节目无线数字化覆盖工程，建成投用区图书馆、区文化馆，加强农村文化活动室、电子阅览室建设，积极创建国家公共文化服务体系示范区。实施全面两孩政策，强化计生服务管理，提高优生优育水平。扎实开展双拥共建，促进军地军民融合发展。关爱青少年成长，维护妇女儿童权益，全面提高民族宗教、外事侨务工作水平，积极推进防震减灾、档案史志、人防、气象、援疆等工作。三是实施更有效的社会治理。健全社区管理机制，规范村级事务运行，优化社会治理环境。改进信访工作，强化源头治理，依法化解苗头性、倾向性、潜在性问题。启动智慧城市建设，整合民生热线、城市管理等资源，搭建智能化社会管理大平台。加快食安河口建设，新上一批检验检测设施，保障群众食品安全。深化平安河口创建，统筹城市、农村、油区，完善治安综合防控体系，严厉打击违法犯罪行为，增强广大群众的安全感和满意度。

（八）坚持文化引领，培育传承河口精神。文化是城市的灵魂，是全体市民共有的精神家园。虽然河口建区晚，勤劳智慧的河口人民却在特定的历史时期，孕育形成了独特的河口精神。河口精神，是海纳百川、兼容并蓄的包容精神。河口是一座移民城市。百余年前，我们的先辈陆续来到这里，屯居开荒，渔耕生息，是这片土地最早的移民；六十年代，数万油田儿女、马场官兵云集于此，扎根荒原，筚路蓝缕，艰苦创业。不同籍贯、风俗、饮食、乡音，在这里碰撞交融，造就了河口包容开放的文化特质。新时期的河口人，要秉承求同存异、兼容并蓄的理念，尊重个性、尊重多元，积极主动地接受各种新生事物，在和而不同中追求美美与共；要倡树见贤思齐、择善而从的风尚，敞开胸怀，拥抱世界，最大限度地学习借鉴、聚集要素、吸引人才，更好地促进河口发展；要继承精诚团结、合作共赢的传统，油地军港风雨同舟、齐心协力，共同建设我们美丽的家园！河口精神，是不畏艰险、勇闯新路的拓荒精神。河口的发展史，是一部艰苦的创业史，更是一部艰难的奋斗史。老一辈河口人不畏难，不怕苦，胼手胝足，战天斗地，躬耕于这片热土。挖地窝、立井架、牧军马、筑新港，是河口人民拓荒精神的典型缩影。新时期的河口人弘扬拓荒精神，就是发扬那种“为有牺牲多壮志，敢教日月换新天”的豪气，满怀激情，不惧风雨，挥洒汗水，追寻梦想，努力把宏伟蓝图变成美好现实；就是学习那种“与风沙同行，与天地为伴”的斗志，不管路途多遥远、环境多险恶，都不念后路、不留退路，不惧前路多艰险，越是艰险越向前；就是学习那种“志存高远，敢为人先”的勇气，登高望远、负重奋进，脚踏实地、矢志赶超，在激烈的竞争中杀出一条血路、铸就新的辉煌！河口精神，是坚忍不拔、润物不争的柽柳精神。在河口广袤的原野上，株株柽柳用苍劲和粗犷挥写着生命的顽强。河口人就像一株株柽柳，越是盐碱根扎得更深，越是贫瘠枝长得越茂，代代不绝、生生不息，坚守着这片家园，守望着这方热土！如今的河口正处于弯道超车的关键时期，我们要学习柽柳的内敛精神，朴实无华，甘于寂寞，把全部心思和精力倾注于干事创业，不事招摇，埋头生长；要学习柽柳的顽强精神，胜不骄，败不馁，任凭风沙肆虐，任凭盐碱侵蚀，独自扎根荒野，永远顽强向上；要学习柽柳的奉献精神，坚守一隅，涵养水土，默默无闻，不求回报，在广阔的天地里扬枝吐翠、尽情舒展！

各位代表，历史孕育文化，精神引领未来。河口精神是油地军港的精气神、传家宝。只要我们深入挖掘、精心提炼，薪火相传、发扬光大，就一定能激发跨越发展的强大正能量，就一定能开创河口崭新的美好明天！

四、加强政府自身建设

各位代表，全区人民对政府工作寄予厚望、充满期待。我们将按照为民务实清廉和忠诚干净担当的要求，忠诚履责，勇于担责，尽职尽责，真正肩负起推动新一轮发展的历史重任。

（一）坚持解放思想，提升境界标准。我们将牢固树立担当亮剑的责任意识，坚决破除因循守旧、小成即满的思想障碍，立足全市找位次，瞄准全省找标杆，放眼全国找先进，高点定位，争先创优，奋力把河口的事业推向前进。坚定不移地推进改革创新，只要对河口发展有利、对造福百姓有益，我们就坚决干、加油干、一刻不停歇地干，用改革的力量、创新的举措，战胜前进道路上的一切困难，更好地担负起推动发展的重任。始终保持奋发有为的精神状态，发扬“见第一就争，见红旗就扛”的唯旗是夺精神，与快的比速度、与好的比水平、与强的比实力，努力争创一流、勇当排头。

（二）坚持求真务实，狠抓工作落实。我们将大力弘扬务实苦干的优良作风，提振精气神，凝聚正能量，做到干事有激情、做事高标准、遇事敢担当，以踏石留印、抓铁有痕的劲头推进事业发展。坚持令出必行、雷厉风行，全面推行目标管理，做到事有专管之人、人有明确之责、责有限定之期，确保政府工作责任全覆盖、任务全落实。强化政府绩效管理，提速提质提效，治庸治懒治散，使政策落地生根，让福祉惠及百姓。大力压减会议活动，能不开的不开，能少开的少开，能合并召开的合并召开，给基层和部门腾出更多的时间抓落实、促发展。倡树新风正气，关心基层、爱护基层、倾斜基层，把政府工作导向一线，让能干事的人有舞台、干成事的人有位置、不干事的人没市场。

（三）坚持依法行政，规范行政行为。我们将始终坚持规范高效的行政准则，自觉接受人大法律监督、政协民主监督和社会舆论监督，深入实施“七五”普法教育，严格依照法定权限和程序行使权力，争当尊法学法守法用法的表率。完善依法决策程序，健全风险评估、专家论证、合规审查等制度，提高科学决策、依法行政水平。加大简政放权力度，坚持法定职责必须为、法无授权不可为，做到办事有遵循、行为有规范、执行有尺度。深入推进行政审批制度改革，符合政策的事，坚决办；政府承诺的事，立即办；有利于发展的事，全力办；破坏投资环境、损害群众利益、影响政府形象的事，坚决不办，谁敢办就追究谁的责任。

（四）坚持从严治政，建设清廉政府。我们将始终恪守清正廉洁的政治本色，从区政府班子做起，把纪律和规矩挺在前面，严明党纪政纪，强化监督制约，筑牢拒腐防变的思想防线。认真落实党风廉政建设责任制，围绕重点领域、关键环节，扎紧制度的笼子，织密纪律的网子，用制度管权管事管人。加大执法监察和审计监督力度，有案必查、有腐必惩、有贪必肃，严厉查处违纪违法案件，坚决纠正各类不正之风，牢固树立风清气正的政府形象。全体政府工作人员都要讲党性、重品行、作表率，自觉加强党性锻炼，正确行使手中权力，努力树立廉洁勤政的干部形象。

各位代表，建设美丽幸福新河口，是油地军港的共同责任，是全体河口人民的共同愿望。勤劳智慧的河口人民，必将在区委的坚强领导下，高歌猛进，阔步前行，抒写出光辉灿烂的篇章，描绘好幸福美好的未来，绽放出更加夺目的光彩！

政府工作报告

——2017年2月13日在东营市河口区第十八届人民代表大会第一次会议上

东营市河口区人民政府代区长　田兵兵

各位代表：

现在，我代表区人民政府向大会报告工作，请予审议，并请区政协各位委员和其他列席会议的同志提出意见。

一、过去五年政府工作回顾

十七届政府任期的五年，是全区经济社会发展历程中极不平凡的五年。五年来，在市委、市政府和区委的正确领导下，在区人大、区政协的监督支持下，区政府团结带领全区人民，主动适应新常态，积极应对新挑战，全力以赴稳增长、调结构、促改革、惠民生、防风险，圆满完成了区十七届人大一次会议确定的目标任务，为建设美丽幸福新河口奠定了坚实基础。

这五年，经济平稳较快增长，综合实力大幅跃升。初步统计，2016年实现生产总值261.48亿元，是2011年的1.8倍，年均增长12.2%。投资消费不断扩大，完成固定资产投资332.2亿元，年均增长14.6%；社会消费品零售总额57.09亿元，年均增长13.2%。财税金融运行稳健，一般公共预算收入完成18.06亿元，是2011年的1.8倍，年均增长12.5%；全区金融机构发展到37家，存贷款余额分别达到228.8亿元和143.5亿元，年均增长10.8%和14.9%。工业实力显著增强，全区规模以上工业企业发展到123家，实现工业总产值1027.8亿元，是2011年的2.4倍；富海集团主营业务收入达到211.4亿元、位列2016中国石油和化工百强民营企业第15名，中海集团主营业务收入达到169.5亿元、跻身全国民营企业500强。

这五年，转型升级深入推进，产业结构加速优化。三次产业比例调整到5.2:48.5:46.3。现代农业迅猛发展。成功引进实施了澳亚牧场、佳发、正邦、北方超级稻产业化中心等总投资301.8亿元的35个农业龙头项目，建设了全省首家进口澳大利亚肉牛屠宰加工项目，实现奶牛存栏4万头、肉牛存栏1万头、生猪年出栏40万头；规划建设百万亩生态渔业区，2016年全区水产养殖面积达到56万亩。工业转型步伐加快。石油化工、精细化工、装备制造、有色金属等四大主导产业实现产值967亿元，占全区工业总产值的94%；实施富海200万吨重油催化裂化等技改项目18个，累计投资达到46.2亿元。科技支撑能力持续增强，建成各类研发平台29个，高新技术产业产值占比达到48.4%，较2011年提高9.1个百分点。园区经济加速膨胀，河口开发区产值达到133.7亿元、实现财政收入9106万元，荣获“山东最佳投资环境园区”；蓝色产业园入园企业49家，落户了总投资401.2亿元的54个项目，产值达到279亿元，建成全省最大的航空燃料生产基地。服务业不断壮大。生态旅游、现代物流等新兴服务业快速成长，2016年实现服务业增加值121.19亿元，是2011年的1.6倍。全区物流企业发展到45家，总运量突破4000万吨。成功举办了五届湿地槐花节和全国摄影大展等活动，被评为中国优秀旅游城市。积极发展电子商务，与蚂蚁金服签订了战略合作协议；油品贸易洽谈会影响力不断提高，黄河三角洲石油化工交易中心交易额突破170亿元，成为国家级电子商务集成创新试点。

这五年，基础设施不断完善，城乡面貌焕然一新。健全城乡规划体系，编制了全区总体规划、小城镇总体规划及农村社区布局规划等各类规划50余项，城区详规覆盖率达到91.5%。以创建全国文明城市为契机，加快推进主城区建设，实施了总投资114.67亿元的109项工程，改造老旧小区25.8万平方米，新增绿地55万平方米，完成李坨、二吕等4个城中村改造，新建小区13个。建成区集中供热中心，城区供热面积达到135万平方米。油田工矿用地“退二进三”稳步推进。高标准实施了环城水系建设，鸣翠湖、友谊河、昌盛河等景观绿化工程全面完成。湖滨新区日新月异，“一纵三横”路网框架全面打开，市民广场、音乐喷泉、沙滩浴场等环湖景观建成投用；西湖印象、盛世豪庭、中海鸣翠园等商住项目相继实施，成为引领城市发展的新区。村镇建设不断加快，镜湖社区等8个农村社区建成投用，21个自然村4100户农民告别老旧乡村，搬入宽敞舒适、配套完善的新家园。深化乡村文明建设行动，新建改造农村道路596.5公里、供水管网231.4公里，疏浚治理河道91.6公里。重大基础设施建设实现新突破，东营港城建设扎实推进，兴港路、蓝埕路建成通车，新建500千伏变电站1座、铺设电网208.8公里。深入开展水气污染整治专项行动，实施了总投资40亿元的77个水气污染治理项目，建成3座污水处理厂，全面淘汰黄标车，取缔土小污染企业51家；生态建设成效明显，新增绿化面积12.1万亩，环境质量持续改善，空气优良天数连续5年全市最高，先后荣获全国文明城市、中国人居环境奖等称号。

这五年，改革开放持续深化，发展活力日益增强。规范政府权力运行，建立公布了政府部门责任清单、负面清单及中介服务收费项目清单。扎实推进事业单位、中小学、公立医院等重大改革。农村综合改革稳步实施，成为全国首批农村承包土地的经营权抵押贷款试点县区、全省首批农田水利设施产权制度改革试点县区。扎实开展未利用地开发试点，开发未利用土地14.64万亩，全区适度规模经营面积达到23.5万亩。财税金融改革深入推进，“营改增”试点顺利完成，旭业新材料、常青树胶业、华力石油等本土企业登陆新三板，股权交易场所挂牌企业达到11家；全面落实“三证合一、一照一码”登记制度，新增私营企业751家，各类市场主体达到1.46万户。对外开放水平不断提高，五年引进过亿元项目68个，到位固定资产投资176.43亿元；新增进出口资质企业35家，利用外资1.8亿美元。镇域经济加快发展，新户、仙河试点强镇建设迈上新台阶，镇街财政收入达到2.4亿元，是2011年的1.55倍。

这五年，社会事业全面进步，人民生活持续改善。民生累计支出52.1亿元，年均增长10%以上，占公共财政支出的55%。城乡居民人均可支配收入分别达到39198元、15596元，年均增长8.7%和9.8%。社会保障标准持续提高，城乡低保标准分别提高到6960元、4320元，城乡医保补助标准提高到430元，养老金提高到160元。教育事业全面发展，累计投资6.8亿元对15所学校实施了标准化改造，新建城乡幼儿园、中小学14所，创建为全国义务教育发展基本均衡区。公共卫生服务体系不断完善，投资1.42亿元实施了9项重点医疗卫生惠民工程，新建、改建村卫生室67处，顺利通过国家卫生城市复审。深入开展药品安全整治，创建成为省级药品安全先进区。加强人口和计划生育工作，创建为全国计划生育优质服务先进单位。文体事业繁荣发展，成功承办市第九届运动会、第六届残疾人运动会，文化馆、图书馆配套建设基本完成，在全省率先实现了有线数字电视户户通和农家书屋、健身设施全覆盖，创建为省级公共文化服务体系示范区。住房保障不断改善，建设各类保障性住房8639套，改造农村危房1645户。就业形势持续稳定，城镇新增就业2.29万人，实现农村劳动力转移就业1.92万人次。建成启用河口烈士陵园，被批准为省级革命烈士保护单位。开通城区公交，群众出行更加便捷。平安河口、食安河口建设扎实推进，荣获全国安全社区、全省信访工作先进区、全省出口农产品质量安全先进区等荣誉称号。统计基层基础、妇女儿童、社区矫正、对口援疆等工作取得显著成绩。

各位代表，过去的五年，我们倾力保障改善民生，集中财力为民办实事、办好事，是民生投入最大，群众得实惠最多的五年。我们坚持教育优先发展，投资4.5亿元建成了河口区一中新校，在全省率先实现了农村学前三年免费教育。我们全面提升保障水平，3次上调老年人生活救助金标准，4次上调城乡医保财政补助标准，5次上调城乡低保和农村五保供养标准，在全省率先实现了医疗保险城乡统筹和残障补贴全覆盖，综合保障水平位居全国前列。我们高度重视老年人事业，建成启用中心敬老幸福园，在全省率先实现了农村五保老人区级集中供养。民之所望，政之所向。我们将更加突出民生福祉，多谋民生之利，多解民生之忧，努力让民生成为河口更加靓丽的名片！

这五年，政府职能加快转变，作风建设持续深化。扎实开展群众路线教育实践活动、“三严三实”专题教育、“两学一做”学习教育，作风建设不断加强，行政效能全面提升。严格落实中央八项规定精神，集中开展“小金库”、公务用车等专项治理行动，严肃查处损害群众利益的腐败问题。认真开展办公用房专项清理整改，清退办公用房1.08万平方米。自觉接受人大、政协、群众和舆论监督，办理人大代表建议、政协委员提案1049件，满意率达100%。创新成立3612345民生热线，累计办理群众诉求37万余件，荣获山东省服务名牌。建成启用政务服务中心，建立网上审批、电子监察系统，精简行政审批事项，行政效能大幅提升。

各位代表，刚刚过去的2016年是全面实施“十三五”规划的开局之年，也是建设美丽幸福新河口的冲锋之年。一年来，我们抓运行、稳增长，经济平稳健康发展。面对宏观经济下行的严峻形势，把稳增长作为首要任务，综合施策、精准发力，着力帮助企业解决审批、融资、环保等制约难题，协调银行机构发放贷款100.5亿元，启用应急转贷资金1.79亿元；大力推进化工产业转型升级、企业规范化公司制改制等工作，企业生产管理水平进一步提升。支持企业扩大海外市场，深化经贸合作，全年实现外贸进出口24.2亿元，同比增长13.8%。一年来，我们抓项目、扩投入，发展后劲持续增强。突出抓好38个重点工程项目，累计完成投资48.1亿元；加速建设中海石油东营石化500万吨升级改造等总投资122亿元的10个重点工业项目，澳亚高端乳制品深加工、澳源进口肉牛深加工、正邦百万头生猪养殖等农业龙头项目加快推进，“海生•河口”项目、“锦绣河口•黄河故道”现代农业示范区项目全面启动，为全区经济发展注入强大活力。一年来，我们抓建设、强管理，城乡融合加快推进。扎实开展基础设施建设三年行动，投资15.14亿元实施重大城建项目11个。城区改造稳步推进，黄河路、河庆路改造竣工通车，友谊街、广场街等4条道路改造加快实施；新建城乡公厕3座、垃圾中转站3座，顺利通过全国文明城市复核。完善提升湖滨新区，沿湖景观照明系统、导游系统、安全系统建成启用。深化拆违治乱行动，消化存量，严控增量，拆除违法建筑1290处3.56万平方米。加强交通路网建设，河民路、海防路拓宽改造全面动工。扎实开展乡村文明建设行动，安装路灯792盏，完成农村旱厕改造2573户；实施农村道路畅通工程，新建、改建农村公路82.2公里。一年来，我们抓安全、保生态，发展环境不断优化。深入开展安全隐患“大快严”集中行动，扎实推进化工产业“三评级一评价”，取缔非法违法企业20家，企业安全水平进一步提升。深入开展水气污染整治专项行动，全力推进总投资8.2亿元的29个重点污染治理项目，工业污染、城市扬尘、土壤面源污染整治取得阶段性成果。加强生态建设，补植绿化城市裸露土地15.8万平方米，实施挑河人工湿地、环城水系清淤净化等工程，市控以上河流全部达到地表水V类水质标准。一年来，我们抓脱贫、惠民生，人民生活更加幸福。坚持将脱贫攻坚作为首要政治任务和民生工程，构建了区级领导联系帮扶、科级干部结对帮扶、区直部门定点帮扶、驻区油田单位和区内企业商会共建帮扶、下派干部驻村帮扶的全覆盖“1+5+X”精准扶贫模式，大力实施总投资6.9亿元的九大扶贫连片开发项目，创新建设精准扶贫关照中心，探索建立了低保、医疗、教育等六项民生保障体系，401户849名贫困人口全部脱贫，13个省定贫困村全部“摘帽”，在全市帮扶工作群众满意度调查中位居第一。

历史启迪未来，往事昭示前程。五年砥砺奋进，五年积极探索，我们付出了超乎寻常的努力，取得了超乎想象的成效，开创了跨越发展的新局面。回顾五年来的工作，我们深刻体会到，办好河口的事情，推进河口的发展，必须始终坚持党的领导，认真遵照执行党的路线方针政策，认真学习习近平总书记系列重要讲话、治国理政新理念新思想新战略，与党中央保持高度一致，全面贯彻落实区委的决策部署，在全局中定位，在大局下行动，把推动全区改革发展的各项举措落到实处。必须坚守科学跨越的发展理念，牢记发展第一要务，积极适应经济发展新常态，坚持以创新、协调、绿色、开放、共享发展理念为引领，一张蓝图绘到底，一棒接着一棒跑，推动科学发展、转型发展。必须大力弘扬务实担当的精神，面对困难和挑战，始终坚持科学务实的态度，拼搏实干，勇往直前，敢于担当、善于担当，推进工作落实，务求工作实效。必须秉持执政为民的质朴情怀，把保障和改善民生作为一切工作的出发点和落脚点，持续加大民生投入，每年坚持办一批民生实事、好事，下大气力解决群众关心关注的热点难点问题，让发展成果更好地惠及广大人民群众。必须不断深化团结共建，始终高举油地军港“团结发展、共兴共荣”的大旗，树立“大团结大发展，不团结误发展，善团结促发展”的理念，发挥各方才智，调动各方力量，上下同心、左右同力、目标同向，凝聚起干事创业的宏大正能量，共同建设美丽幸福新家园。

各位代表，回首五年，我们共同走过了难忘的奋斗历程，取得了科学发展的辉煌成就。这是区委坚强领导、科学决策的结果，是区人大、区政协和社会各界有效监督、大力支持的结果，是全区上下、油地军港、社会各界同心协力、拼搏进取的结果。在此，我代表区人民政府，向全区人民和社会各界，向所有为河口的建设和发展做出贡献的同志们、朋友们，致以崇高的敬意和衷心的感谢！

在肯定成绩的同时，我们也清醒地看到经济社会发展中还面临着不少困难和挑战：经济总量偏小，带动作用强的大企业、大项目较少；产业结构不优，传统产业偏重、服务业发展不快，产品层次较为低端；区域发展不平衡、不协调，城乡基础设施建设还有不少欠账，群众生产生活条件有待进一步改善；土地、资金等要素制约趋紧，安全生产、环境保护压力较大；部分政府工作人员执政为民的服务意识、依法行政的法治观念还需要强化，等等。发现问题是我们的职责，破解困难是我们的使命。我们将始终坚持问题导向，着力补齐短板，认真加以解决。

二、今后五年的目标任务和工作重点

各位代表，今后五年是河口率先全面建成小康社会的决胜阶段，也是打造“一极两区”、建设美丽幸福新河口的关键时期。区第八次党代会描绘了今后五年河口发展的宏伟蓝图，为河口的发展指明了方向。上下同欲者强，一以贯之者胜。我们一定要抢抓机遇，乘势而上，积极作为，奋力开创河口经济社会发展的新局面。根据党代会的战略部署，政府工作的总体指导思想是：全面贯彻党的十八大和十八届三中、四中、五中、六中全会精神，深入学习习近平总书记系列重要讲话精神，紧紧围绕“五位一体”总体布局和“四个全面”战略布局，落实“五大发展理念”，坚持稳中求进工作总基调，加快产业转型，推进城乡统筹，深化改革开放，加强生态建设，保障改善民生，全力打造全市北部经济增长极、现代农业示范区和统筹城乡发展先行区，努力谱写美丽幸福新河口建设的崭新篇章。

今后五年的预期目标是：牢牢把握区党代会提出的“双倍增”目标，努力实现全区生产总值年均增长7%左右，一般公共预算收入与经济保持同步增长，全社会固定资产投资年均增长11%左右，社会消费品零售总额年均增长10%左右，城镇登记失业率控制在3.5%以内。

围绕上述目标，今后五年，我们将突出抓好以下四个方面的工作：

——着力推进产业强区，提升经济发展质量效益。瞄准高端、高质、高效的发展方向，加速产业转型升级，构建特色鲜明、布局合理、节约集约的现代产业体系，努力建设全省有影响、全国有特色的绿色油化强区、生态食品名城、临港产业高地。坚定不移抓项目，每年论证实施一批重大项目、重点工程，以项目引领产业转型、城镇发展和民生改善。加强园区建设，创新规划建设管理模式，促进项目集中布局，产业集群发展，着力打造引领发展的强大引擎。深入推进质量强区和品牌战略，加强标准化建设，落实企业质量主体责任和品牌建设责任，培育一批影响面广、产业带动力强的知名品牌，积极争创中国质量奖、省长质量奖和市长质量奖。

——着力推进生态立区，建设宜居宜业魅力城市。坚持“生态宜居”定位，扎实推进城乡统筹、产城融合，全面提升城乡规划建设管理水平。依托优势，突出特色，加快建设生态城镇、美丽乡村，创建成为国家生态园林城市。加强重大基础设施建设，积极推进北部沿海防潮堤、环渤海高等级公路河口段、东子线拓宽改造等项目。持续推进生态文明建设，铁腕治理水域、土壤、大气污染，加快构建绿色低碳发展产业体系。积极发展循环经济，建设循环经济示范园区。实施生态保护和修复工程，加大绿化力度，不断提高林木覆盖率、湿地修复面积、空气质量优良天数比例，打造环境优美、休闲舒适的生态家园。

——着力推进富民兴区，厚植创新发展内生动力。坚持创新驱动战略，鼓励支持各类人员创新创业，营造大众创业、万众创新的浓厚氛围。发挥企业创新主体作用，加大研发投入，加快成果转化，提高企业核心竞争力。实施人才强区战略，积极培养和引进高层次领军人才。深化政府机构、财政金融、科技管理等体制机制改革，大力推进户籍制度、知识产权、农村集体产权等重点领域和关键环节改革，激发发展活力。坚持开放发展理念，主动融入京津冀协同发展和“一带一路”战略建设，全面参与国内外竞争合作。大力推进招商引资，着力引进一批高精尖大项目。

——着力建设幸福之区，提高普惠共享民生水平。强化民生为本理念，把更多资源、政策和公共服务持续向民生倾斜，提升群众幸福指数。努力实现社会就业更加充分，城乡居民收入稳步增长。不断完善社会保障体系，城乡低保标准和农村五保供养标准继续走在全省、全国前列。深入实施精准扶贫、精准脱贫，全面完成脱贫攻坚任务。进一步提升公共服务水平，实现教育、医疗、保障等基本公共服务均等化、全覆盖。持续发展老年人、残疾人和慈善事业。保障妇女和未成年人权益。加快发展体育事业，促进全民健身和竞技体育发展。深化平安河口建设，社会更加和谐稳定。

建设幸福之区是油地军港共同的愿望。我们将继续发扬油地军港和衷共济、相携共建的优良传统，油地携手、军民同心、区港联动，全力做好创新驱动、城市建设、民生事业、深化改革、维护稳定五篇文章，齐心协力建设幸福美好家园！

各位代表，经过五年奋斗拼搏，河口的经济发展将更加科学，产业迈向高端，结构优化升级，质量效益全面提升；经过五年奋斗拼搏，河口的生态环境将更加优美，天蓝地绿水清，老城焕发新颜，新区巍然崛起，宜居宜业宜游；经过五年奋斗拼搏，河口的社会发展将更加文明，人民幸福安康，社会祥和安定。我们坚信，一个经济发达、环境优美、生态宜居、百姓富足、社会和谐的美丽幸福之城必将矗立在渤海之滨，犹如一颗光彩夺目的明珠，熠熠生辉！

三、2017年政府工作总体安排

2017年，是全面贯彻落实区第八次党代会精神的开局之年，也是新一届政府任期的第一年，做好今年的工作意义重大。我们要牢牢把握稳中求进这个工作总基调，以提高发展质量效益为核心，以推进供给侧结构性改革为主线，努力推动全区经济社会实现新的发展。综合考虑各种因素，主要预期目标是：全区生产总值增长7%，一般公共预算收入增长6%，全社会固定资产投资增长10%，社会消费品零售总额增长10%，城乡居民人均可支配收入分别增长7.5%和9%，城镇登记失业率控制在3.5%以内，全面完成市下达的节能减排任务。工作中重点做好以下五个方面：

（一）加快产业转型升级，努力构建现代产业体系。深入推进供给侧结构性改革，加快转方式、调结构，努力促进三次产业融合均衡发展。推动工业内涵式发展。坚持工业强区不动摇，努力优化增量、调整存量、提升质量，推动工业经济提质增效。加快企业创新发展，大力开展企业对标提升行动，引导企业弘扬工匠精神，加强技术创新、管理创新、品牌创新。坚持分类施策，推动富海、富宇等大型骨干企业增资扩产，膨胀提升；引导金开石化设备、常青树胶业、海鑫石油装备等成长型企业“攀大附强”，快速成长，年内新增规模以上企业30家。加快推进规范化公司制改制，推动仙河药业、冠森绝缘制品等5家企业实现新三板上市挂牌。加强企业家队伍建设，组织开展企业家高端培训，着力提高企业家综合能力。坚定不移实施项目带动战略，重点抓好中海石油东营石化500万吨升级改造等总投资126.1亿元的15个工业项目。突出抓好招商引资，完善招商体制，创新招商方式，开展企业招商、产业招商、园区招商，切实提高招商成功率，确保全年引进投资过亿元项目15个以上，到位外来固定资产投资30亿元以上。发展壮大园区经济，盘活生产要素，完善公共设施，增强服务功能，提升经济实力，带动全区经济发展。推动现代农业高效发展。围绕生态畜牧、现代渔业、绿色种植三大产业，集中抓好总投资29.2亿元的14个农业重点工程项目，全力建设现代农业示范区。集中培育优势产业，发挥澳亚、佳发、正邦等龙头企业带动作用，抓好澳亚高端乳制品深加工、澳源进口肉牛深加工等重点项目，提升农产品精深加工水平，打造优质畜产品生产基地。深化“海生·河口”渔业科技精准对接，加快百万亩现代渔业区建设；完善中心渔港基础设施，增强渔港服务功能。发展绿色种植业，深入实施“渤海粮仓”科技示范工程，推广“粮经饲”三元种植模式，促进种植结构优化调整。强化与中粮集团、蓝海集团的合作，加快“锦绣河口·黄河故道”现代农业示范区建设。加强农业基础设施建设，实施东水源灌区节水改造等总投资1.15亿元的13个农田水利工程，推进义和、新户未利用地开发，改善农业生产条件。加强农产品品牌建设，积极推行标准化生产，加大“三品一标”认证和管理力度，建设一批“产品可查询、质量可追溯”的标准化生产基地，提升农产品质量安全水平。抓好品牌创建工作，编制河口区农产品品牌发展规划，着力打造“黄河故道”“渤海”“黄河口”等一批特色品牌，加大宣传推介力度，扩大河口绿色优质农产品的影响力。推动服务业做优做强。坚持提升传统服务业与发展现代服务业并举，进一步促进服务业结构优化、业态创新、比重提高。集中突破生态旅游业，树立全域旅游理念，加强景区景点建设，整合神仙沟、万亩槐林等旅游资源，加快推进温泉旅游度假区建设，实现餐饮住宿、休闲观光与温泉养生有机结合；围绕西黄河故道特色农业带，发展以果蔬采摘、休闲体验为主的乡村旅游，创建一批精品乡村旅游点。改造提升传统商贸业，围绕市民多元化消费需求，提升商场、超市、餐饮、住宿等业态层次，支持各类专业市场改造升级。积极推进鸣翠新天地项目建设，打造新的服务业发展集聚区。加快现代物流业发展，推进中心城区物流配送中心、蓝色产业园物流中心等项目建设。大力培育新兴服务业，积极发展电子商务、总部经济、服务外包等新兴业态，探索发展家政服务、健康养老等服务新模式。深化与蚂蚁金服的战略合作，尽快取得实质性突破，开创新的合作局面。

（二）加速推进城乡融合，努力打造秀美宜居家园。以争创国家生态园林城市为目标，深入开展城市建设管理提升年活动，完善基础设施，增强服务功能，全面提升城市发展质量和水平。高起点完善规划体系。启动2020—2030年城市规划战略研究和编制工作，加快完善控制性详细规划和专项规划，推动城乡基础设施和公共服务一体化发展。做精做优做细重点片区、重要街区、重要节点的城市设计，彰显城市特色，提升城市品位。高标准推进城市建设。加快实施黄河路、海盛路等城区主干道路综合改造，推进渤海路、河庆路绿化提升和湖滨路、滨四路景观改造；完善提升城市公园和道路绿化，规划建设森林公园和街头游园；继续实施环城水系贯通改造工程，实现渠通水畅；加快实施老旧小区、油田工矿用地和城中村改造，完成246户老旧住宅小区改造任务；规范提升湖滨新区，完成鸣翠塔、主题雕塑建设，启动实施地下综合管廊工程，加快重点区块开发建设，打造生态新城。加快培育特色城镇，东部挖掘石油文化、军垦文化、生态优势，建设石油小镇、旅游小镇；西部发挥集贸优势、滨海特色，建设商贸强镇、滨海新镇。着力推进重大基础设施建设。完善交通路网体系，全力推进S231河辛路改线、河民路改造、海防路建设等在建工程；配合推进东营港疏港铁路建设；加快建设区港输油管廊；积极推进济东高速连接线、黄河路东延、河广大道河口段等工程前期工作，争取早日开工，彻底打通河口发展的高速交通廊道。高水平加强城乡管理。完善城市管理体制，大力推行城市精细化管理，全面提升城市管理的标准化、网格化、智能化、机械化和市场化水平。深入开展拆违治乱提升行动，打造优美整洁城市环境。强化社区物业管理，提升城乡环卫一体化水平。稳妥做好“三供一业”移交工作。推进智慧城市建设，建设智慧河口综合指挥中心，着力打造智慧产业、智慧民生、智慧政务。加快美丽乡村标准化建设，大力推进“五化”改造提升工程，确保年内30个村庄通过达标验收。

（三）突出抓好安全环保，努力优化区域发展环境。牢固树立安全环保理念，坚守安全底线，划定生态红线，以更大力度、更高标准、更严举措筑牢生态和安全屏障。全力抓好安全生产。扎实推进安全生产分级管控与隐患排查治理“两个体系”建设，全面落实安全生产责任，严厉打击非法违法生产经营建设行为，提升企业安全水平。持续抓好化工产业转型升级，深入开展“四评级一评价”，推动落后产能退出，优化产业整体结构。全面深化环境治理。完善河道长效管理机制，严格落实“河长制”，突出抓好神仙沟、挑河、环城水系净化等项目建设，提升河湖水质，确保每条河都有人负责，每片水都有人爱护。加强饮用水源地保护，确保群众饮水安全。突出抓好大气污染治理，深入推进空气异味综合整治，完善重污染天气应对措施，确保空气质量持续好转。深入实施土壤污染防治行动计划，以耕地为重点，有序开展土壤污染治理与修复。扎实推进节能减排。引入倒逼机制，严把准入门槛，严控“两高”行业发展，逐步淘汰落后产能。开展煤炭清洁高效利用和散煤清洁化治理工作，推进地热资源科学有序开发利用，从源头上减少燃煤污染排放。加快发展循环经济，培育推广节能减排新技术，全面推行清洁生产。持续优化生态环境。加强空间规划，充分利用路域、水系、农田等增绿空间，实施造林绿化工程，率先完成三年增绿计划，新增造林3.11万亩，营造大空间绿化格局。加强林业资源管护，严防森林火灾，严查毁林行为，促进自然生态持续好转。

（四）深入推进改革开放，努力增强经济发展活力。坚持以深化改革统领体制机制建设，以创新驱动和对外开放推动转型升级，不断增强发展活力。加快重点领域改革。加大简政放权力度，深化行政审批制度改革，优化审批流程，推行网上审批、集中审批，提高服务效能。认真落实注册登记便利化、企业营业执照“五证合一”等措施，降低市场准入门槛。扎实开展农村承包土地的经营权抵押贷款试点，盘活农业资源，提升综合效益。深化财税改革，加强预算绩效管理，实行中期财政规划管理；牢固树立公共财政理念，调整优化财政支出结构。稳妥实施综合行政执法体制改革，探索设立区级综合执法机构。继续巩固公立医院综合改革成果，加快建立现代公立医院管理制度。扎实推进事业单位改革，优化职称评审制度。加大科技创新力度。强化企业创新主体地位，支持企业建设研发中心、开展技术合作、组建创新联盟，促进创新要素向企业集聚，为加快争创省级高新区、省级农业高新区创造条件。大力培育高新技术企业、创新型企业和科技型企业，不断提升企业发展的科技含量。继续实施人才强区战略，健全中青年专家、首席技师、金牌员工等重点人才选育机制，注重引进培养科技领军人才、高技能人才和高水平创新团队，为创新驱动提供强大智力支撑。努力扩大对外开放。加快推进富海、富宇进口原油使用资质申报，支持企业加大原油进口力度；加强对外贸企业指导，鼓励帮助企业拓展境外营销网络、开拓国际市场，力争全年进出口总值达到25亿元。进一步提高利用外资水平，力争年内利用外资达到1.67亿元。

（五）持续保障改善民生，努力提升人民幸福指数。不断加大民生投入，兜住民生底线，增进百姓福祉，让人民群众在共建共享中增强获得感。强力推进扶贫攻坚，实现市定标准贫困人口全部脱贫。全力做好就业再就业工作，加强就业指导帮扶和贷款扶持，年内促进创业带动就业1500人以上。实施全民参保计划，推动实现法定人员全面覆盖。完善居民大病保险制度，建立职工大病保险机制。加快保障性住房建设，推进公租房配租，改造农村危房。全面发展教育事业，推进基础教育综合改革，改善中小学、幼儿园办学条件，强化教师队伍建设，培训教师2380人次，招聘教师74人，提升教育教学质量。加强医疗设施建设，推行医疗行业服务标准化，提升公共卫生服务水平。完善计划生育优质服务管理，促进人口长期均衡发展。加快推进养老服务体系建设，重点发展医养结合型养老服务机构。完善区、镇、村三级文化设施网络建设，争创国家公共文化服务体系示范区。建立健全食品安全监督体系，持续开展食品安全整治行动，争创省级食品安全先进区。落实“七五”普法规划，搞好公共法律服务体系建设。全面加强社会治理，完善依法维权和化解纠纷机制，扎实推进法治河口建设。继续深化油地军港团结共建，统筹解决好就业、住房等民生问题。全面做好妇女儿童、双拥共建、广播电视、防震减灾、人民防空、民主法制、史志档案等各项工作。

各位代表，今年区政府将在全面推进民生事业发展的基础上，集中力量办好总投资11.4亿元的十大民生实事。1、基础诊疗能力提升。实施区人民医院门（急）诊暨外科病房综合楼和感染性疾病科建设，为区中医院购置医疗设备，提高医疗卫生服务水平。2、教育基础设施完善。加快推进区实验学校整体改造、河安小学扩建、仙河镇中心小学建设等项目，促进城乡教育均衡发展。3、社会保障水平提标扩面。进一步提升城乡居民社会养老保险和医疗保险水平，提高农村低保标准，保障好群众生活。4、平安河口建设。健全安全隐患排查体系，提升城乡道路监控水平，促进社会平安和谐。5、困难群众住房保障。实施棚户区改造、农村危房改造和公租房货币化补贴，改善困难群众住房条件。6、农村生活条件改善。实施燃气村村通、农村旱厕改造，改善农村生活质量。7、公交便民行动。实施城乡公交一体化，方便群众出行，提升城际公交服务水平，从根本上解决河口群众到东营市区倒车换乘的老大难问题。8、老旧小区改造。改善群众居住环境，提升城市形象。9、城乡卫生环境改善。开展城区控蚊行动，提高城市环卫管理水平。10、文化惠民活动。建设村级文化展览室，开展系列文艺演出活动，丰富城乡居民文化生活。我们一定要把这些民生实事办实办好，给群众更多看得见、摸得着、享受得到的实惠！

四、加强政府自身建设

各位代表，站在新起点，开创新未来。新形势、新任务对政府工作提出了新的更高要求，我们必须按照为民、务实、清廉的要求，进一步解放思想，干事创业，努力建设忠诚、专业、务实、担当、廉洁的人民满意政府。

（一）铸就忠诚品格，建设责任政府。始终在思想上政治上行动上同以习近平同志为核心的党中央保持高度一致，牢固树立“四个意识”特别是核心意识、看齐意识，自觉向党中央看齐。保持政治定力，自觉贯彻党的路线方针政策，自觉落实党中央的决策部署，在区委的统一领导下，忠诚于人民政府的职责使命，把对党、对事业、对人民的忠诚落实到为民服务干事创业上，努力创造一流业绩。

（二）恪守专业理念，建设法治政府。坚持勤奋学习，丰富专业知识，提高专业素养，增强专业能力，努力成为本职工作的行家里手。坚持依法行政，完善重大行政决策机制，遵守政府工作规则，自觉做到法无授权不可为，法定职责必须为。认真执行区人大及其常委会决议决定，做好人大代表建议和政协委员提案办理工作，自觉接受各方面监督。深入推进政务公开，充分发挥媒体作用，利用好网络平台，及时回应社会关切。

（三）锻造务实作风，建设实干政府。大力弘扬求真务实的工作作风，坚持一切从实际出发，说实话、办实事、求实效。注重调查研究，察民情、接地气、出实招。完善工作考核机制，建立惩戒制度，整治“庸懒散”。干工作、推项目、解难题，努力发扬“钉钉子”和“较真”精神，撸起袖子加油干，持续用力，久久为功，不达目的誓不罢休。

（四）弘扬担当精神，建设开拓政府。始终把敢于担当作为全体政府工作人员的自觉行动，切实强化使命担当、责任担当，勇于攻坚克难、敢作善成，创造出经得起历史和人民检验的业绩。牢固树立敢破敢立、敢为人先的理念，以“等不起、坐不住、慢不得”的责任感和紧迫感，奋勇争先，争创一流，勇当发展排头兵。健全完善激励约束制度和容错纠错机制，为改革创新者撑腰壮胆，为敢于担当者担当。

（五）倡树廉洁正气，建设清廉政府。坚持底线思维，时刻绷紧政治纪律和政治规矩这根弦，严格落实党风廉政建设主体责任，切实加强政府系统反腐倡廉建设。坚持用制度管人、管事、管权，加强权力运行监督制约，加大惩治腐败力度，严肃查处重点领域、重点行业侵害群众利益的不正之风和腐败行为，加大行政监察和审计监督力度，着力营造干部清正、政府清廉、政治清明的良好环境。

各位代表，努力奋斗才能梦想成真。让我们在市委、市政府和区委的坚强领导下，紧紧团结和依靠全区人民，以更加饱满的热情、更加昂扬的斗志、更加务实的作风，同心同德、攻坚克难，不忘初心、继续前进，全力打造“一极两区”，加快建设美丽幸福新河口，以更加优异的成绩迎接党的十九大胜利召开！

后 记

《东营市河口区人民代表大会志（1995—2016）》编纂工作，启动于2015年1月，成稿于2016年12月，校定于2017年7月。全书150万字。这是一部记述河口区人民代表大会及其常委会，在中国共产党的领导下，依法行使人民当家作主权力的实践活动和历史沿革情况的志书，实事求是地反映了22年来河口区人民代表大会及其常务委员会的工作全貌、发展历程和历史轨迹。

盛世修志，是时代赋予我们的责任。2015年1月6日，区十七届人大常委会第63次主任会议就《东营市河口区人民代表大会志（1995—2016）》编辑工作进行了专题研究，决定组织编纂《东营市河口区人民代表大会志（1995—2016）》，并将该项工作列入当年重点工作之一。1月23日，区十七届人大常委会第64次主任会议听取了关于河口区人大志编纂方案的工作汇报，决定成立由苟增杰、张胜双任主任的河口区人民代表大会志编纂委员会，并着手开展组建编写班子、搜集资料、分工编写等一系列工作。为借鉴编纂经验，完善工作思路，1月26－27日，区人大常委会副主任丁水林带领编写人员到外地考察学习，为编纂工作做好前期准备。此后，各项编纂工作依次展开。两年多来，区人大常委会领导高度关注志书编纂工作，先后于2015年6月23日和2016年1月28日、5月23日、10月24日在区十七届人大常委会第70次、第84次、第88次、第96次主任会议上听取编纂工作情况汇报，提出明确要求，给予诸多勉励，对加快编写进程、提高志书质量起到了重要作用。2017年9月20日，区十八届人大常委会第14次主任会议对该志书进行了评审。

《东营市河口区人民代表大会志（1995－2016）》编纂出版，是集体智慧的结晶，是团结协作的结果。在区人大常委会的坚强领导下，全体编辑人员按照“尊重客观、实事求是、追求一流、保证质量”的原则，本着“严肃细致、认真负责、精益求精、不留遗憾”的态度，根据“分类得体、归属得当、详今明古、脉络清晰”的要求，统筹谋划，精心编写，利用工作间隙和节假日，不分昼夜，加班加点，用心尽力，执着坚守，终于如期完成了编纂任务。志书编辑采取分工负责制，凡例由王景忠负责；概述由王学军负责；大事记由刘高峰负责；第一编第一章由颜廷涛负责，第二至六章由王学军负责；第二编第一、三章由于晓英负责，第二、六章由颜廷涛负责，第四、五章由崔友朋负责，第七章由王学军负责；第三编由镇街人大的陈守明、张彬、张希亮、李希平、祝升禹、刘晓刚等负责；人物由牛俊昌负责；附录由王学军、崔友朋负责；图片选编由王学军、陈志军负责。王学军负责初稿统编，马士文负责终稿核定，王景忠负责初步审检。2017年上半年，全体编辑人员对稿件进行了全面认真校对和修改补充完善。定稿清样确定后，征求了区人大常委会领导、区人大老领导及有关方面的意见，根据意见进行了再次修改。最后，由河口区人大志编纂委员会主要领导审定后定稿印刷。

编纂过程中，区人大常委会领导高度重视，加强调度，严格要求，周密组织，统筹协调，保证了志书的顺利完成。本志得到了区人大老领导的大力支持和高度关注，并提出了许多指导性意见。区委办公室、区政府办公室、区档案局、区史志办、区党史研究室等有关部门及各镇街人大提供了宝贵资料。丁洪安等提供了相关图片。在此，谨向为《东营市河口人民代表大会志（1995—2016）》编纂工作提供支持和帮助的单位和个人致以诚挚的谢意！

因有些资料和图片遗失，无法编辑，甚是遗憾，敬请见谅。同时，由于编纂水平不高，编志经验不足，人员力量薄弱，难免有疏漏之处，期望方家、同仁和读者不吝赐教，给予指正。

《东营市河口区人民代表大会志》编纂委员会办公室

2017年10月